云南解化清洁能源开发有限公司

云南解化清洁能源开发有限公司由云南煤化工集团有限公司占股60%，中国长江三峡集团公司占股40%，是一家从煤炭开采到煤炭的洁净化综合利用，生产化肥、化工产品的新型煤化工企业。其前身为驻昆解放军化肥厂，是云贵高原第一座氮肥厂，也是国内最早以褐煤为原料、采用鲁奇加压气化技术生产合成氨的企业。经过50多年的发展，公司现已成为中国化肥行业100强企业、中国化工500强企业、云南省百家重点骨干企业，被云南省政府列为首批重点培养的大企业大集团之一。

公司下设云南解化化工分公司，拥有2个控股子公司云南先锋煤业开发有限公司、云南先锋化工有限公司，拥有员工4300余人。现已形成年产褐煤230万吨、合成氨36万吨、粗甲醇20万吨、尿素20万吨、硝酸铵45万吨、二甲醚15万吨的产能，其中硝酸铵产能位居全国第三位，西南地区第一位。2011年，公司实现营业收入22.53亿元，利税总额2.37亿元。

下一步，公司将依托合成氨和甲醇两条产业链，着力打造红河化工园区产业集群、寻甸先锋清洁能源产业集群、昭通褐煤化工产业集群三大产业集群，适时以灵活的方式实施走出去战略，拓展原料来源，扩大煤资源占有量并立足于资源，致力于煤炭洁净化综合利用生产清洁能源，把公司打造成一个符合国家产业政策、涉及从煤炭开采到煤炭的洁净化综合利用、生产清洁能源及高附加值化工产品的、有可靠资源保障、技术领先、管理一流、充满活力，具有核心竞争力、行业内具有影响力、员工拥有归属感的大型煤化工企业。

兖矿集团有限公司
YANCON GROUP CO.,LTD.

煤化分公司
COAL CHEMICAL BRANCH COMPANY

兖矿集团有限公司煤化分公司，成立于2002年6月，现有兖矿鲁南化工有限公司、山东兖矿国际焦化有限公司等10家生产企业，职工1.12万人，资产总额182亿元。主导产品尿素、甲醇、醋酸、焦炭等，年产能分别达到126万吨、125万吨、60万吨、200万吨。

公司注重自主知识产权技术的研发，形成了以水煤浆气化暨煤化工国家工程中心、上海兖矿能源科技研发公司为主体，以现有企业为依托，产学研相结合的技术创新体系，先后完成了包括“煤间接液化催化剂及工艺关键技术”、“新型水煤浆气化技术”和“洁净煤气发电与甲醇联产示范装置”三项国家“863”计划在内的多项煤化工关键技术研发任务。先后建成了20万吨醋酸、1000吨新型气化炉及配套工程项目、200万吨焦炭及20万吨甲醇项目、50万吨甲醇项目，三个项目总投资70多亿元。

积极采用现代化的管理方法和手段，注重品牌建设，提升管理水平。有五家企业通过ISO9001质量管理体系、ISO14000环境管理体系和OHSAS18000职业安全健康管理体系认证。兖矿“峄山牌”尿素被评为中国名牌产品。

鲁南化工有限公司

国际焦化2#焦炉

鲁南化工醋酸合成界区塔群

鲁南化工有限公司醋酸精馏塔

国宏化工有限公司

地址：山东省邹城市矿建西路439号

邮编：273500

电话：0537-5368400

传真：0537-5368099

山西阳煤丰喜肥业

（集团）有限责任公司

山西阳煤丰喜肥业（集团）有限责任公司是一个集化肥、化工、化机制造于一体的国家大型煤化工企业集团，是山西省最大的化工企业之一。综合实力在全国化工企业500强中名列第62位，在全国氮肥企业100强中名列第6位。

总部设在山西省运城经济开发区，注册资本6.69亿元，总资产90亿元，员工10000余人，其中大中专毕业生及各类专业技术人员占到40%。下设临猗、晋丰、重型装备、新绛、礼元、稷山、华瑞、平陆、丰荷、有机、三维丰海、汉枫等12个生产性公司和运销、供应、包装、农资贸易等4个经营及辅助生产性公司。氨醇年生产能力为160余万吨，化肥、化工产品实物总量360万吨以上。其中：尿素200万吨、甲醇40万吨、纯碱20万吨、环己酮6万吨、氯化铵20万吨、碳铵20万吨、复肥40万吨、农业用硝酸钙10万吨、三聚氰胺5.2万吨、二甲醚1万吨、硝酸、硝铵、硝盐等其它产品25万吨、塑料编织袋6000万套，化工机械设备制造能力5万吨，年可实现销售收入80亿元以上。

公司于2001年开始通过ISO9001国际质量体系认证，2004年通过ISO14001国际环境管理体系认证和GB/T28001职业健康安全管理体系认证。主导产品尿素曾先后荣获“中国首届亿万农村消费者信得过产品金奖”、“95中国十大畅销化肥”、“中华化肥精品”、“山西省名牌产品”、“国家免检产品”等称号。“丰喜”商标连年被山西省工商局评定为“山西省著名商标”、“山西省标志性名牌产品”与“质量信誉等级AAA企业”，2006年被评为“中国驰名商标”。丰喜系列产品畅销国内20多个省（市）、自治区，并出口日本、韩国、印度、巴基斯坦、美国、意大利、尼日利亚等国家和地区，深受广大用户的青睐。

展望未来，公司将按照“稳健经营、跨越发展”的总体思路，以化肥化工为基础，以装备制造、物流贸易为两翼，通过持续的技术改造、新产品开发，转变发展方式，调整产品结构，做精基础，做强、做大两翼，打造高质量百亿丰喜，把公司建设成为中国乃至全球最具竞争力的煤化工企业集团。

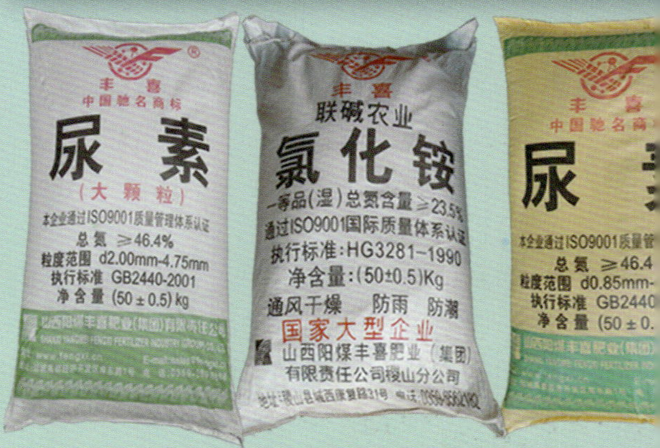

山西阳煤丰喜肥业(集团)有限责任公司
SHANXI YANGMEI FENGXI FERTILIZER INDUSTRY (GROUP) LLC.

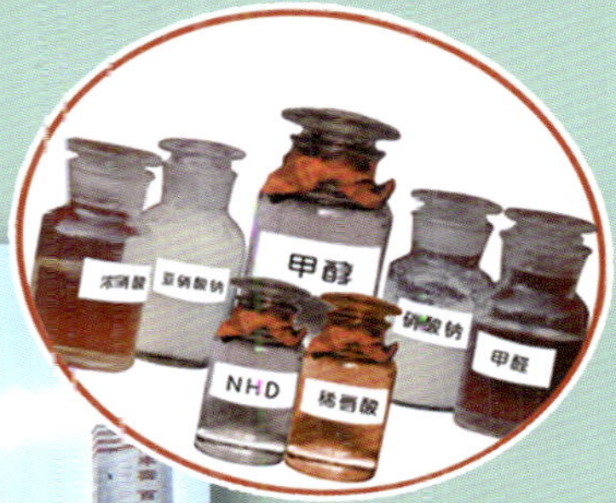

地址： 山西省运城市机场大道库东路1号

邮政： 044000

销售热线：0359-2898888 2898333 2898109

传 真： 86-0359-2898107 2898116 2898109

杨凌博迪森生物科技

以人为本

董事长：王琳

杨凌博迪森生物科技发展股份有限公司于2001年8月31日，经陕西省人民政府（陕政函[2001]第163号）文件批准设立，在陕西省工商行政管理局注册登记的股份有限公司，注册资本4920万元人民币。

公司坐落在中国杨凌农业高新技术产业示范区（农科城）——杨凌。依托杨凌科技优势和人才优势，信息优势，集产品研发、生产、销售、咨询业务于一体。产品“博帝森”牌有机生物复肥、液面肥、固体肥三大系列六十多个品种。主导产品为“博帝森”复混肥，于2002年10月30日通过ISO9001国际质量管理体系认证。公司是陕西省新型肥料生产定点企业、陕西省复混肥料生产定点企业，陕西省配方肥料定点企业、陕西省测土配方施肥定点配肥企业、陕西省高新技术企业、杨凌示范区科技型企业，是陕西省和杨凌示范区重点扶持的骨干涉农企业。

公司在市场经济的浪潮中发展，富有灵活的民营企业管理机制，按照现代企业管理制度规范运作。始终坚持“以人为本、诚义取信”的企业理念，致力于农业高新技术成果的转化，坚持走技术密集型发展之路。公司于2006年经新疆阿拉尔市人民政府（阿政办发[2006]第82号）文件批准，投

发展股份有限公司

诚义取信

资设立全资公司——新疆博迪森农资有限公司，位于拉尔市二号工业园区，注册资本5000万元人民币。现有两条最新喷浆造粒复混肥、滴灌肥生产线，年生产能力达20万吨。

杨凌生产基地占地面积68000平方米；新疆生产基地占地面积82917平方米。拥有两个研究所、三个化验室和七条现代化生产线，为产品开发创新提供了强有力的技术支持和保障。

公司一直采用品牌营销和战略联盟的销售服务体系，产品复合肥、叶面肥、固体肥在陕西、甘肃、河南、山西、山东、内蒙、江苏、河北、四川、云南、黑龙江、新疆等20多个省、市、自治区已形成网络销售。“博帝森”牌系列产品多年来得到了广大经销商和用户的一致认可，在新疆生产建设兵团农一师及各团场、农场使用肥效明显。产品先后获得“中国驰名品牌”、“中国优质名牌产品”、“中国无公害绿色环保肥料”。曾获得“国家产品质量免检证书”，“博帝森”牌商标获得“陕西省著名商标”，2011年被中国化工学会化肥专业委员会评为“2011年中国化肥行业100强”、“2011年中国农民喜爱的化肥品牌”、“2011年陕西省化肥企业5强”等二十多项荣誉。

山东亿丰源生物

山东亿丰源生物科技股份有限公司，成立于2003年7月，是一家专门从事新型、绿色果菜专用肥的开发、生产和销售为一体的龙头骨干企业。公司项目总投资1.6亿元，占地面积150亩，建筑面积40000平方米。公司重视新型有机肥料的研发，拥有国内最精湛的农用微生物和有机物料腐熟剂研发技术；公司拥有最先进的生物有机肥自动化灌装设备，可同时开通有机肥、有机-无机复混肥、冲施肥、复合微生物菌肥等11条生产线。公司产品覆盖9个系列40多个品种。始终如一的产品质量、完善宽泛的市场网络、快捷强大的物流体系、及时细致的售后服务使得亿丰源的产品畅销全国各地，并出口韩国、日本、马来西亚和台湾地区，在肥料市场上具有较高的知名度和信誉度，是全国最大的生物有机肥生产基地。

历经数年不懈努力，公司产品获得了广泛的认可。2003年10月，通过了ISO9001国际质量管理体系和ISO14001国际环境体系认证；2004年3月公司生产的“亿丰园”牌肥料，被农业部评为“国家无公害农产品生产指定专用肥料”；公司自主研制生产的药肥兼施型芝麻粕系列产品，在获得专利的同时，被国家五部委列入“重点推广新产品”；2007年11月公司产品通过有机产品认证。2009年7月，被评为“推动有机肥产业健康发展贡献单位”；2010年7月，公司被评为“中国品牌信誉示范单位”；2011年8月，公司被评为“2011年中国农资十大优秀企业”、“2011年中国农民最信赖的农资品牌”；2011年4月，被评为“信誉建设示范单位”；2011年11月“亿丰源”系列产品被评为“山东农民信赖农资品牌”。2011年12月29日，公司在齐鲁股权托管交易中心托管，并于2012年6月6日挂牌上市。2012年5月19日，公司荣获“2012年中国化肥工业排头兵企业”及“2012年中国农资十大诚信企业”荣誉称号； 2012年7月公司

科技股份有限公司

荣获“枣庄市市长质量奖”。

公司自建立以来，一直十分注重产品的创新。在技术创新与产品研发上，亿丰源与山东省农科院、山东农业大学等科研院所开展了多项合作。2012年2月23日公司与山东省农科院农业资源与环境研究所联合签署了《关于肥料生产技术及农化服务的协议》，双方就开发新产品、密切技术合作、员工培训、无形资产使用等方面达成长期战略合作协议，在科技创新方面打下坚实基础。

在人才引进方面，公司始终坚持“人才是企业的生命”，尊重人才，重用人才。培训人才，科技兴厂，是亿丰源蓬勃发展的成功之路。公司现拥有各类专业技术人员100多名。雄厚的技术人才优势，转化为强大的生产力，不断地推动企业的技术进步。公司已经实施和正在建立的系列人才激励机制为亿丰源各类科技人才创造了良好的工作环境和施展才华的条件。

亿丰源人以“每一粒肥都是承诺”的社会责任理念为主线，从多角度开展和加强企业管理工作，充分分析自身业务对经济、社会、环境的影响，以及环境复杂多变带来的挑战，努力了解利益相关方的需求，重点关注有机肥供应、服务客户、环境保护、员工发展和社会公益五大核心议题，着手研究开展改善企业管理工作规划，并认真实施，努力打造中国有机肥第一品牌。

公司自成立以来始终秉承“服务三农，回报社会”的宗旨，将企业的发展与社会公益事业紧密联系在一起。多年来，公司上下积极投身公益慈善事业，多次向贫困大学生、敬老院等伸出援手，向大地震、干旱、雪灾等自然灾害发生地区慷慨解囊，前后捐款捐物可达1000多万元。

公司地址：枣庄市山亭区工业园区
办公室电话：0632-8829666
传真：0632-8012588
网址：www.china-yfy.com
邮箱：china-yfy@163.com

HUAYI 华屹重工 精心打造复混肥设备制作基地

山东华屹重工有限公司

融天地精华 屹移山之志

Interpretation of HuaYi 走进华屹

山东华屹重工有限公司地处孔孟之乡、南四湖之滨的济宁市区，水陆空交通四通八达。

厂区占地面积4.71万m^2，公司已通过ISO9001质量管理体系认证，并有多年生产复混（合）肥设备的成功经验，结合无机复肥高、中、低含量及有机—无机肥的肥料特性研制改进设备，可满足复肥生产各项工艺指标。主要生产：搅拌机、破碎机、盘式造粒机、转鼓造粒机、喷浆造粒干燥机、干燥机、冷却机、涂膜机、振动筛、振网筛、皮带机、斗提机、包装机、高湿物料烘干设备、缓释增效肥料设备、硫酸钾设备（曼海姆型）、氯化钾干法挤压制粒机（高强度）、工业渣料（造纸污泥、秸秆发酵、味精废液、禽畜粪便、生活污泥等）翻堆发酵设备及有机肥三级抛光造粒成套制肥设备。该设备适用于广大复肥厂、有机肥料厂、养殖场、造纸厂、垃圾处理厂、污水处理厂、味精厂等肥料生产企业。

我公司同时还生产快速高效尿素熔融喷浆造粒设备、转鼓氨化造粒设备（增氮技术）、新型振网筛、有机原料专用粉碎机（中湿粉碎型、高湿粉碎型），经全国多家企业使用表明，设备具有结构紧凑、运行可靠、操作简便、高效节能等特点。我公司承接1万～30万吨/年复混肥设备的工艺设计、生产、安装、调试、配方工艺、人员培训、旧设备改造等交钥匙工程。

我们将以优质的产品，一流的技术，合理的价格，优质的售前、售中、售后服务以满足用户的要求，热忱欢迎新老用户来厂参观、考察、洽谈业务及技术合作。

做有机肥设备制造业的领跑者

ISO9001质量认证

- 禽畜粪便处理制作有机肥成套技术和设备
- 10-500 kt/a 尿素熔融喷浆造粒生产线
- 10-500 kt/a 氨化造粒增氨技术及成套设备
- 10-500 kt/a高温物料专用干燥成套设备
- 10-500 kt/a 高温造粒尿素快速熔融设备
- 10-300 kt/a 高强度干法挤压造粒成套设备
- 10-300 kt/a 高校BB肥成套设备
- 10-300 kt/a 工业有机污泥制肥成套设备
- 10-300 kt/a 高强度有机肥三级抛光造粒及发酵设备

山东金正大6条150 kt/a高浓度复混肥生产线

山东嘉禾生化喷浆造粒生产线

贵州西洋、天津芦阳150 kt/a氨化造粒生产线

越南ABC公司100 kt/a有机肥生产线

四川美三、湖北宜化10～300 kt/a尿素熔融生产线

湖北新都化工、寿光联盟200 kt/a高塔造粒生产线

山东华屹重工有限公司鸟瞰图

建昌县中农化肥有限责任公司

董事长：王志伟

总经理：苏洪彬

建昌县中农化肥有限责任公司成立于2003年6月，是一家以经营化肥、农膜、农药等农资商品为主的民营企业。法人代表王志伟，公司注册资金叁亿肆仟柒佰柒拾柒万元。有职工57人。在公司总经理王志伟的领导下，经过全体员工的共同努力。建昌中农化肥有限责任公司由小到大，由弱到强，现在已发展成为建昌县乃至整个辽西地区经营农资的龙头企业。

我公司具有一定的仓储、运输、配送能力。现在拥有封闭储存库8千多平方米，囤肥平台1万6千多平方米，业务信息大厅1000平方米，仓储能力20万吨以上，5辆配送车。年销售化肥30万吨以上，农药50余吨，农膜60余吨，2011年销售额达8亿多元，总公司下设6个分公司。同时公司创新思路，抓住机遇，销售市场已辐射到朝阳、喀左、凌源、兴城、北票、绥中、河北廊坊、内蒙通辽、赤峰敖汉、吉林白城、辽源、锦州、阜新等地。

公司近年来更新观念，努力开拓延伸了经营触角，扩大营销范围，开拓农村市场形成了沟通上下的连锁网络。同时以服务"三农"为宗旨，坚持科学发展观，以经济效益为中心，紧紧围绕全国供销合作总社提出的"新网工程"和国家商业部"万村千乡市场工程"建设目标要求，积极探索农资连锁经营的新业态，构建农资流通新网络，开创为农服务的新局面，形成了"区域配送中心+乡镇连锁店+村屯连锁店"的模式。现已建立了1个配送中心，18个乡镇连锁店，287个村屯连锁店的农资连销网络，提出了完整的"一个宗旨、二全、三联、四要、五化、六靠的全新经营理念"。即：一个宗旨是以"三农"服务为宗旨；两全是全心全意、全方位提供服务；三联是上联厂家保货源、中联系统建网络、下联农户保市场；四要是要以人为本、要勤俭办企业、要依法治企业、要按规章办事；五靠是靠政策净化市场、靠网络占领市场、靠价格稳定市场、靠科技服务拓宽市场、靠热情周到服务

再接再励，抓住机遇，迎接挑战，
为加快发展县域经济，推进新农村建设做出更大努力。

赢得市场。通过统筹规划，合理布局以公司配送中心为主体，以20个基层供销社农资网店为基础，本着“成熟一个发展一个，巩固一个，辐射一片”的原则，严格准入制度，对整体流通网络实行“六统一”管理模式，即统一组织货源、统一价格标准、统一经销标识、统一店貌招牌、统一配货调剂、统一技术服务，严格做到同货同貌同价。形成了多元化、连锁化、城乡互动的经营网络。

中农公司秉承“新合作”的理念，在市场风云变幻、竞争日益激烈的今天，公司决心增强忧患意识，进一步放宽眼界，谋求发展。现在我们和河北的廊坊、张家口、青龙、抚宁、宽城、迁安、承德，内蒙的通辽、赤峰、奈曼、敖汉等地建立了长期的合作关系。同时我公司已经和国内十几家大型化肥生产厂家建立了长期而稳定的合作关系，其中包括湖北宜化集团、山西丰喜集团、山东瑞星集团、山东红日阿康集团、云南云天化集团、山东华鲁恒升集团、贵州瓮福集团、辽宁华锦集团、河南心连心集团、山东鲁西化工集团、中化辽宁公司、中农成都公司、辽宁化肥有限公司、湖北大峪口化肥公司、锦州西洋集团，为我们的充足货源和优良的质量提供了有力的保障。

公司着力以构建诚信为本，创新服务为理念建立了一流的网络平台，树立了良好的社会形象。在农资连锁网络建设、为三农服务、农资市场供应等各方面均做出了一定成绩，得到了各级领导和部门的表扬，多次获得各级政府和相关部门的奖励和表彰，先后被县政府、市政府评为“优秀民营企业”，被县、市工商局评为“重合同守信用”单位、“消费者满意单位”，县供销联社评为“为农服务先进单位”，市供销社命名为“先进单位”，被县物价监督管理局评为“价格信得过”单位，被县农业发展银行评为信用AA+级单位，2009年建昌县中农化肥有限责任公司被国家商业部命名为“万村千乡市场工程”龙头企业，被省供销社批准为“新网工程”示范配送单位，被市供销社评为“系统先进单位”。目前我公司提出申请并已经县政府批准，在县城东工业新区征地300亩，建一个辽西最大的农资仓储配送中心，可储存化肥40万吨–60万吨，农药450吨，农膜2400吨，农机具3000台套，流通贸易额可达16亿元以上，工程现已开工建设。届时，我公司将成为辽西乃至全国举足轻重的大型农资经营企业。

回顾过去，展望未来，历史是面镜子，可以得到启发，未来是舞台，将由我们拉开帷幕，我们将再接再励，抓住机遇，迎接挑战，为加快发展县域经济，推进新农村建设做出更大努力。

公司营业大厅

公司每周营销例会

公司仓储库房

公司地址：辽宁省葫芦岛市建昌县建昌镇红旗街四段

公司联系方式：0429-7120855　　7120027

公司营业大厅样品室

江苏新港金源化肥有限公司

江苏新港金源化肥有限公司（原新沂市新港化肥有限公司）始建于1995年，座落在江苏省北部东陇海线上第三大城市——新沂市。陇海、新长铁路，京沪、连霍高速公路在城区交汇，205、310国道、京航大运河都从境内穿过。周边80公里内分布徐州观音机场、连云港机场、临沂机场，地理位置优越，交通极为便利。

董事长总经理：訾兆举

江苏新港金源化肥有限公司（原新沂市新港化肥有限公司）始建于1995年，座落在江苏省北部东陇海线上第三大城市——新沂市。陇海、新长铁路，京沪、连霍高速公路在城区交汇，205、310国道、京航大运河都从境内穿过。周边80公里内分布徐州观音机场、连云港机场、临沂机场，地理位置优越，交通极为便利。

企业现占地60000余平方米，现有职工500余人，建有标准厂房20000平方米，拥有固定资产近一亿元，建有四条先进的复合肥生产线，企业于2005年通过ISO9001-2000国际质量管理体系认证，年综合生产能力50万吨，是一家集科研、生产、经营为一体的综合性复合肥料生产企业。企业现拥有“美苗”、“新港”、“福星高照”、“肥力士”四大品牌，主要产品有双酸双螯合系列、氨化造粒硫酸钾系列、缓控释系列、有机无机肥系列、滴灌系列、BB肥系列及各种专用肥系列，产品种类齐全，可满足国内外不同区域、不同作物的用肥需求。产品畅销全国二十多个省、市、自治区，为广大农民朋友施肥的首选品牌。企业及产品先后荣获“中国化肥企业100强”、“全国质量信得过产品”、“全国质量服务消费者满意企业”、“全国肥料双交会名优推介产品”、“江苏农资市场质量信得过产品”、“江苏省名牌产品”、“江苏化肥企业10强”等荣誉称号。

中国化肥企业100强　江苏省名牌产品　国家级星火计划项目

阳光·美苗®
YANGGUANG MEIMIAO

一肥多效 能活化土壤的好肥料
“阳光美苗”牌双酸螯合型系列复合肥

一、双酸双螯合 工艺先进

该系列产品是采用氨基酸、腐殖酸分别与钙、锌、铁等中微量元素螯合，分别形成氨基酸螯合物及腐植酸螯合物，采用先进的造粒工艺化学合成。产品结构稳定性好，能有效促进作物对氮、磷、钾及中微量元素的吸收和利用，适用范围广。

二、养分全面　绿色环保

产品不仅含有氮、磷、钾等主要营养成分，同时富含植物所需的多种氨基酸、腐殖酸、有机质及钙、镁、硫、锌、铁等中微量元素。养分更全，含量更高，颗粒、色泽更均匀，溶解速度更快，养分利用率更高。

三、科学添加土壤调理剂，活化土壤，抗病增产

产品施用后能高效调理土壤结构、活化土壤、预防土壤板结，对作物有显著的增产、抗逆、抗病、改善品质及早熟等功效。通过多种作物田间试验表明一般可增产可15%以上。

四、施用方便，可直接撒施不拍晒

本产品既可适用于小麦、玉米、水稻等大田作物，也适用于棉花、花生、瓜果蔬菜等经济作物。既可作基肥施用，也可作追肥施用，作追肥施用可直接撒施，不用埋、不怕晒，效果显著。

养分配比有17—17—17、16—11—18、15—15—15、16—8—16、16—16—8、28—6—6、30—5—5、30—0—6等配比，可满足不同作物用肥需求。

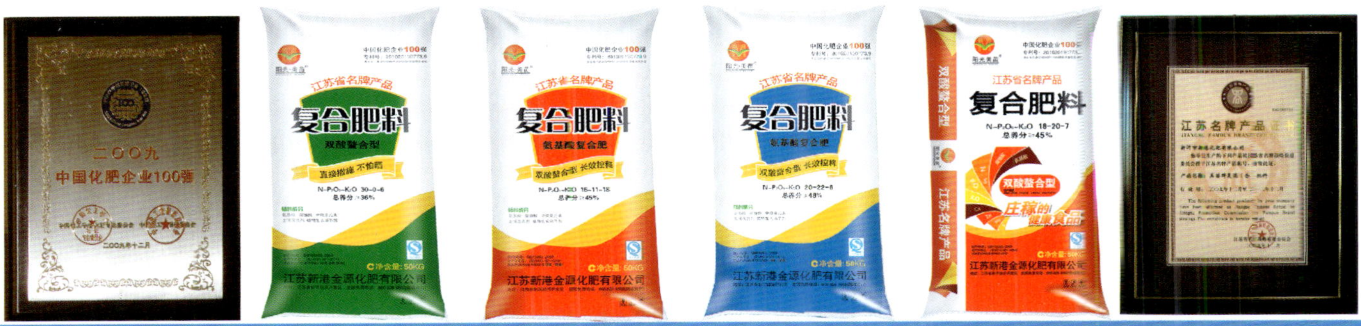

公司地址：江苏省新沂经济开发区上海路
全国招商电话：0516—88992066　88992099
全国免费售后服务电话：800 828 1662　（固话拨打）　http://www.jsxgjy.com
传真：0516—88951288　邮编：221400　E—mail:jajafy@163.com

天立科技
TIANLI TECHNOLOGY

责任　荣誉　和谐　创新
Responsibility, Honor, Harmony, Creation

成都天立化工科技有限公司

CHENGDU TIANLI CHEMICAL ENGINEERING TECHNOLOGY CO., LTD.

湖北宜化集团贵州兴义年产25万吨合成氨40万吨尿素变压吸附脱碳装置
Guizhou Xingyi 400,000 ton/a PSA urea decarburization unit of Hubei Yihua Group.

持续研发变压吸附技术
降低能耗减少有害气体

13000平方米的专用程控阀及液压系统生产厂房

13000m2 of Fabricating Special programme control valve and hydraulic system Plant Shop

江苏恒盛化工有限公司年产30万吨合成氨50万吨尿素变压吸附脱碳装置

This is the 500,000 ton/a PSA urea decarbonization unit of Jiangsu Hengsheng fertilizer CO., LTD.

成都天立化工科技有限公司成立于1999年3月12日，公司现有职工1000余人，注册资金3752万元，资产35，500万元，专注于节能环保的变压吸附气体分离技术研究和开发。公司在该技术的研究上大幅度地提高了有效气体(如H_2、CO、N_2和CH_4等)回收率，降低了公用工程消耗，甚至在尿素脱碳领域取消了人们认为不可能取消的动力设备，开辟了多个应用领域，使变压吸附气体分离这一新兴技术不仅使用在废气回收等小型装置上，而且已经开始在大型工业装置上广泛推广，给绿色环保的变压吸附气体分离技术带来了巨大的发展前景。

公司拥有一批专门从事吸附剂、特种设备和变压吸附技术研究、开发和工业化的专家。在变压吸附气体分离技术领域，已先后开发出26项高新技术，申请了26项国家发明专利和3项国际发明专利，其中16项已经获得国家发明专利证书，发明专利证书号为：ZL011086947、ZL01108691.2、ZL01108692.0、ZL01108693.9、ZL02113672.6、ZL200310104007.X、ZL200410021697.7、ZL200410046596.5、ZL200410046597.X、ZL200410046598.4、ZL200410046599.9、ZL200410046599.9、ZL200610056984.0、ZL200610056985.5、ZL200610056986.X、ZL200610056987.4；3项国际发明专利申请号分别为：PCT/CN2005/000642、PCT/CN2005/000641、PCT/CN2005/000640。这些技术已经成功地应用于大型工业装置中。其中最大处理气量为220,000Nm^3/h，最高操作压力为3.6MPa，该专利技术2007年获得了中国石油和化学工业协会颁发的科技进步一等奖，2008年获得了成都市专利技术金奖，2009年获得了中国氮肥工业协会13项行业支撑技术奖。

公司下属全资子公司成都天立液压特种设备有限公司，注册资金10，060万元，地处成都国家级经济技术开发区，占地110余亩，工厂建筑面积38000平方米，其中厂房面积28000平方米，办公面积10000平方米，主要从事变压吸附专用程控阀、变压吸附专用吸附剂和变压吸附专用液压系统等高新技术产品的开发与生产，变压吸附专用制氧锂吸附剂产能为亚洲最大。变压吸附专用吸附剂年产45000吨，其中：

变压吸附专用硅胶年产25000吨；

变压吸附专用分子筛年产10000吨；

变压吸附专用制氧锂分子筛年产10000吨；

变压吸附专用程控阀年产10000台，程控阀公称直径为DN50～DN600，公称压力等级为PN0.6～PN6.3。

到目前为止，公司有近100套技术先进的变压吸附装置在运行，其中有近30套技术处于世界领先的大型装置（投资规模）开车运行，目前，公司是世界上建设大型（投资规模）变压吸附装置最多、已开车运行压力最高（变压吸附操作压力3.6MPa）、技术最先进的公司。

公司于2003年获国家认定的高新技术企业；2004年获得GC2级压力管道设计许可证；2006年12月22日通过ISO9001：2000质量体系认证；2008年取得D1、D2级压力容器设计许可证；公司至2005年以来连续获得资信等级评定为AAA级；公司具有工程设计乙级资质；公司依靠世界领先的专利技术，在短短的10年内发展成生产规模国际最大的变压吸附专业技术公司。年合同额从最初的200万元发展到4.5亿元。

中国石油克拉玛依石化分公司 36000Nm^3/h重整气变压吸附制氢装置

36000Nm3/h PSA hydrogen purification for reformed gas Unit of PetroChina Karamay Petrochemical Branch Company

兖矿国泰集团公司年产60万吨醋酸变压吸附提纯一氧化碳装置

This is the 600,000 t/a acetic acid PSA carbon monoxide purification unit of Yankuang Guotai Group Company

总经理：宋宇文

地址：四川省成都经济技术开发区（龙泉驿区）北京路367号

网址：www.tianli-tech.com

邮编：610100

电话：028-84879806

传真：028-84873506

E-mail：syw@tianli-tech.com

大连金州重型机器有限公司

dalianjinzhouzhongxingjiqiyouxiangongsi

● 公司董事长兼总经理：王治勇

大连金州重型机器有限公司（以下简称金重公司）创建于1956年，是中国大型石油化工、石油炼制、大型化肥、大型煤化工等装置工艺流程装备的研发制造基地之一。金重公司位于美丽的滨海名城大连。地处大连新市区的中心区域，占地96万平方米，地理位置优越，环境优美，与大连经济技术开发区、大连保税区、国际机场、海港码头、高速公路和铁路紧密相连，交通十分便利。

金重公司是中国建立压力容器制造质量管理体系（QMS）最早的企业之一；是中国化工装备协会和中国石油及石油化工设备工业协会副理事长单位，是辽宁省压力容器学会挂靠单位，是大连市机械行业协会副会长单位，是中国压力容器制造业中许可证级别最高和资质证书最多的企业之一。1982年首批取得国家三类压力容器设计、制造许可证；1986年首批获得美国ASME规范容器设计、制造授权证书及U、U2、R钢印；1998年获得ISO 9001标准质量体系认证；1999年取得国家级压力管道安装证。

金重公司工艺装备实力强大，拥有7万余平方米重型厂房、冷卷150mm/热卷230mm厚的卷板机、6000T油压机、ϕ5200mm封头旋压机、500T龙门式吊车、400T龙门式吊车、100T汽车吊、200T桥式吊车、50米长车床等。金重检验检测手段齐全先进，拥有7.5MeV电子回旋加速器，200居里Co60和Ir192 γ 射线机等。

● 部分出口国外的产品

出口越南的二段炉

出口国外的变换炉

出口越南的氨合成塔

为日本日立公司提供的反应器

世界最大全镍基气/气换热器

大型贮罐装置

● 主导产品之一：煤气化关键设备

当前世界上最大的壳牌煤气化关键装置中的气化炉部分

目前国内最新型鲁奇煤气化炉

当前世界上最大飞灰过滤器

国产化首台科林水冷壁式气化炉

金重公司是行业经营管理的排头兵，企业的经营状况、资信水平、市场份额和市场覆盖率始终占据着行业的最前列。金重公司拥有自己的由辽宁省政府和大连市政府分别授权创立的技术中心，下设研发设计中心、焊接中心、理化计量中心、检测检验中心。能够应用ASME、AD、JIS、KC等国外标准和规范设计、制造压力容器。几十年来，分别取得过挪威船级社、英国劳氏等一系列资质证书；取得了美国德士古公司煤气化炉急冷环在东南亚的独家授权资格；与林德、GE（通用电气）、杜邦等几十家国外大公司合作设计、制造了数千台出口产品。顾客遍布亚、非、欧、美各洲的多个国家和地区。

公司在50余年的专业制造生产中，始终坚持企业自主开发、自主创新与引进国内外先进技术相结合，率先实现了尿素四大关键设备（高压冷凝器、高压洗涤器、CO2汽提塔、尿素合成塔）、大化肥装备中新型氨合成塔内件的国产化，煤气化炉（德士古水煤浆气化炉、壳牌干煤粉关键设备、鲁奇成套煤气化炉、新型多喷嘴对置式水煤浆气化炉、新型科林德士古混合型水冷壁煤气化炉及其它类型煤气化炉）、加氢设备、3.5Ni低温设备、球形储罐等重大装备的国产化，填补了国家空白，多次获得国家及行业协会的表彰，并先后赢得国家金奖和银奖，核心竞争力大增。

金重保持了行业制造尿素设备（吨位/年）最大、数量最多的记录，已制造16～100万吨/年尿素装置中四大关键设备350余台，其国内市场份额达95%。壳牌干煤粉关键装置及飞灰过滤器等国内市场占有率达75%以上，研制成功了国内首台以及世界最大的壳牌干煤粉煤气化炉，制造水平国际先进；低温设备居国内市场份额的90%以上，特别是为西气东输工程新疆克拉2气田制造的低温分离器，获得了曾培炎前副总理的表扬。球形储罐更是多次获得国家级奖励。2008、2009、2010、2011年被连续评为中国化肥设备制造百强企业第一强，2009年被评为中国化工设备制造60强企业第一强和中国石油及石油化工设备制造十大最具影响力企业，2011年被评为中国化工装备制造综合实力50强企业第一强。2011、2012年被评为中国工业行业炼油、化工生产专用设备制造五大排头兵企业。

近十年来，由于金重坚持自主创新，不断优化产品结构，促进了工业总产值、销售收入猛增到7倍，全员劳动生产率猛增到十四倍，实现利润更以惊人速度猛增，实现了跨越式发展，创造了一厂变八厂的奇迹。

金重卓著业绩源于高素质员工队伍，现有员工1000人，其中科技人员200多名。

在半个多世纪压力容器设计、制造中，金重人对祖国石油化工装备事业“情深似海、义重如山、情比金重”！在未来发展的历程中，金重公司将继续发挥金重人创新实干精神，坚持自主开发与引进国内外先进技术并重，走转型升级、可持续发展道路，组建金重集团，把金重建设成更具创造力的一流的中国石化装备研制基地。

四喷嘴水煤浆气化炉

●主导产品之一：尿素四大关键设备

100万吨年尿素关键设备——高压洗涤器

100万吨年尿素关键设备——CO_2汽提塔

100万吨年尿素关键设备——尿素合成塔

100万吨年尿素关键设备——高压甲铵冷凝器

- 2008~2011年中国化肥设备制造百强企业第一强
- 2009年中国化工设备制造企业竞争力60强企业第一强
- 2009年中国石油和石油化工装备制造十大最具影响力企业
- 2011年中国化工装备制造综合实力50强企业第一强
- 2011、2012年中国工业行业炼油、化工生产专用设备制造五大排头兵企业

管理占先、技术抢先、品质领先、用户优先

大连金州重型机器有限公司

● 主导产品之一：低温关键设备

超大型低温甲醇吸收塔

大型甲醇合成塔

大型加氢反应器

国内首台最大超大型异种钢吸收塔

● 企业资质

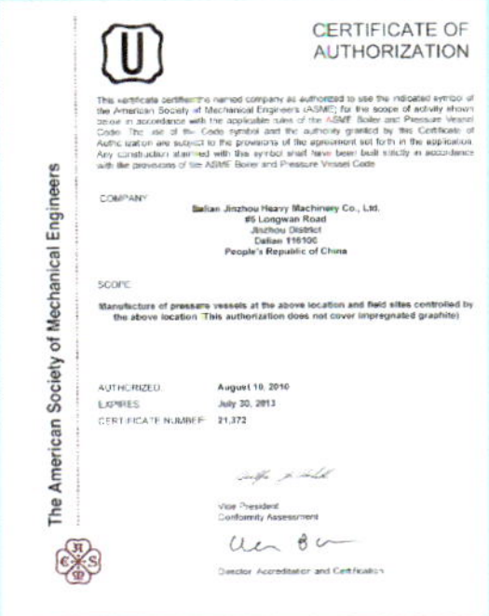

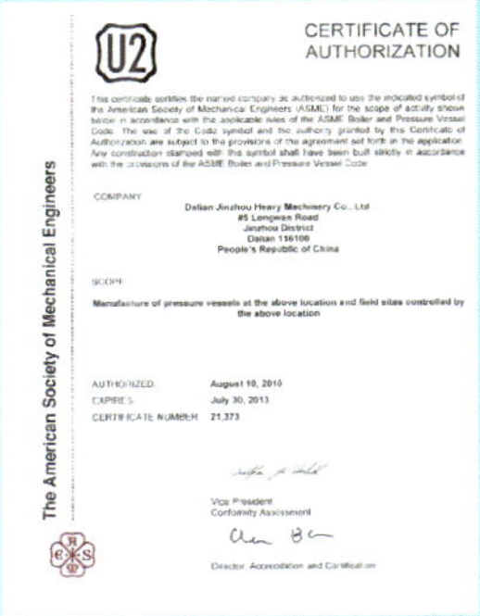

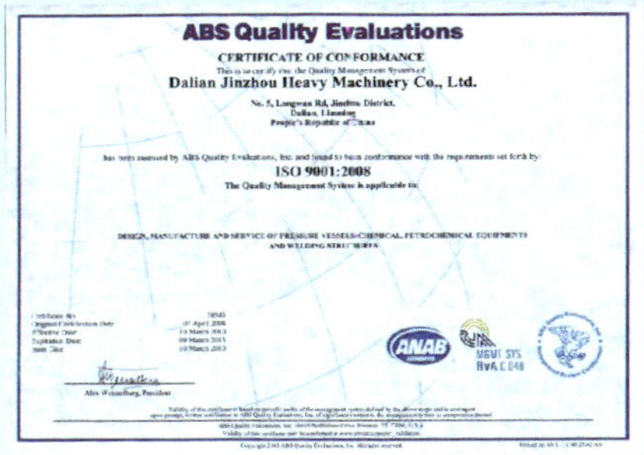

地址：中国 · 大连金州新区龙湾路5号

Add:No.5 Longwan Road, Jinzhou District, Dalian. China

邮 编PC：116100 电 话Tal： 0411-82161888

传 真Fax： 0411-82161111

经营部电话：0411-82161801

网址：http//www.jhm.com.cn

E-mail:jzjhw@mail.dlptt.ln.cn

四川大川压缩机有限责任公司

四川大川压缩机有限责任公司是国内三大压缩机生产企业之一，地处四川简阳成渝高速简阳出口处，占地32万平方米，总资产3.1亿余元。现在职工782人，各类专业技术人员305人，享受国家津贴8人。

公司拥有省级企业技术中心，A1、A2级压力容器设计和制造资格许可证，CG1压力管道设计资格证，大型铸造、锻造、热处理、机械加工设备和压力容器焊接设备等，共664台套。公司拥有诸多高精设备---西班牙加工中心、数控龙门铣、数控160镗床、200落地镗床以及曲轴磨床等。

公司产品质量优良、安全可靠。已通过了ISO9001国际质量管理体系认证、ISO14001环境管理体系认证及OHSAS18001职业健康安全管理体系认证。

在全球宣扬低碳排放,充分利用工业废气制新能源,我公司也做出了应有的贡献。公司与国内、国外用户已签订并生产了所需要的适应低碳要求、质量优良设备。

1、与胜利油田设计院签订的M-4.0/0.45-25 二氧化碳压缩机(工厂代号860)；

2、与河南利源签订的6M-293/39焦炉气压缩机(工厂代号3208)

3、低温技术压缩机：与天津渤海化工签订的DW-10.7/8.4-33.95(工厂代号1679)循环气压缩机，MW-13.5/7-34.45(工厂代号858) 循环气压缩机,

4、出口北欧CE认证MW-2.9/79-0.6/78-79合成气循环气联合压缩机，利用工业排放废气制新能源

5、东方——三菱国内首台F级重型燃气轮机配套，型号4MW-46/4-27无油天然气压缩机，试车一次性成功。

6、2MT10-2.8~11.4/45型天然气变工况增压压缩机、4M8-36/320B型氮氢气压缩机被评为四川省优质产品。

四川大川压缩机凭借优秀的产品，已为化肥、化工、石油、煤碳、军工、塑料、建材、水电等行业提供了数万台套的大型压缩机,CNG加气站用天然气压缩机远销印度、巴基斯坦、尼日利亚等，并有多种产品出口东南亚、非洲、欧洲, 实现美誉与荣誉的双赢！

地址(ADD)：四川省简阳市建设西路
电话（TEL）：028-24039328/24038425
传真(FAX)： 028-27012030/24038000
网址(HTT)：www.scdac.cn -
邮箱（Email）：sdcclied@yahoo.com.cn

2D氢气压缩机

6M40—225-314型氮氢气压缩机

6M25-185-314型氮氢气压缩机

6M50-340-314氮氢气压缩机

中国化肥工业年鉴

Chemical Fertilizer Industry Yearbook Of China

2012 年

主　办

中国化工学会化肥业委员会

国农农化（北京）农业技术推广服务中心

《中国化肥工业年鉴》

编　　者：中国化工学会化肥专业委员会

　　　　　国农农化（北京）农业技术推广服务中心

出 版 社：中国科学文献出版社

　　　　　CHINA SCIENCE LITERATURE PUBLISHING HOUSE

地　　址：新界葵涌大连排道 144-150 号金丰工业大厦 2 座 21S 室

　　　　　FLAT 21S, BLOCK 2, GOLDFIELD IND. BUILDING, 144-150 TAI LIN PAI ROAD, KWAI CHUNG, N.T.

承 印 者：廊坊市兰新雅彩印有限公司

开　　本：16K

字　　数：85.48 万字

版　　次：2012 年 12 月 第 1 版

印　　次：2012 年 12 月 第 1 次印刷

印　　数：1-10000 册

书　　号：ISBN 978-988-16021-9-0

定　　价：380.00 元

版权所有·侵权必究

《中国化肥工业年鉴》编辑委员会

主　　任： 徐大刚

副 主 任： 陈奕峰　王丝平

主　　编： 任晓波

副 主 编： 仪修宪　魏国卿

常务编委： 邵英旭

委　　员： 胡成高　闫文泉　吴洪彬　杨宗祥　孙　越
宋宇文　和　军　褚宏春　李家权　王　静
陈秀娟　张秀琪　李君福　谢红莎　张　静
钱　进　邵　迪　王振方　赵显民　温　馨
朱永涛　姜　志　代　雪　任晓旭　高　群
王　宇　万永强　万　宇　王治勇　赵国栋

责任编辑： 朱艳明

封面设计： 王子祎

装帧设计： 国农农化（北京）农业技术推广服务中心

编 辑 说 明

一、《中国化肥工业年鉴》原名《化肥工业年鉴》由原化工部、上海化工研究院、化学工业部科技局、化学工业部化肥司、化工部化肥情报中心站共同编辑印刷的《化肥工业年鉴》（1982—1987 版属内部资料）总共印刷过 6 卷，该书受到了业内人士的普遍欢迎和认可，在当时产生了很好的社会效益，但是由于种种原因未能继续逐年印刷出版。

二、鉴于此，中国化工学会化肥专业委员会特邀请北京九鼎华风文化传播有限公司于 2006 年联合将《化肥工业年鉴》进行修订并更名为《中国化肥工业年鉴》自 2006 年起逐年出版发行。

三、2012 年《中国化肥工业年鉴》的编辑工作是我部在贯彻落实国家“三农”政策支农精神的重要体现，也是本着客观、公正、科学、权威详实地记录一年来我国化肥工业的成长和发展历程，总结和交流我国化肥工业在企业改制、技术进步、结构调整等方面的业绩和经验及全面反映我国化肥工业生产的基本情况和各项指表、数据。也是对我国化肥工业支持“三农”工作的总结。

四、《年鉴》共分六篇：

（一）综合篇

（二）上下游产业篇

（三）10 年化肥行业分析篇

（四）11 年化肥市场篇

（五）附录及其他

（六）企业篇

五、本版《年鉴》各篇力求介绍详尽。对比和统计引用了部分数字。由于数字来源不同，统计口径不完全一致，可能各部分的数字略有出入。凡是不一致的地方，均以国家统计局发表的相关统计数据为准。由于编辑水平有限，在材料筛选、文字加工、体列统一等方面难免有疏漏和欠妥之处，恳请提出批评与建议。

六、本《年鉴》的编撰和出版过程中，承蒙不少单位和很多同志的大力支持，在此向为本《年鉴》撰稿、核稿的有关单位和同志致以诚挚的谢意。

《中国化肥工业年鉴》编委会

2012 年 12 月

特 别 鸣 谢 单 位

福建三钢（集团）三明化工有限责任公司

江苏新港金源化肥有限公司

连云港市苏维达肥料科技发展有限公司

山东金旺农业开发有限公司

山东远东国际化工有限公司

云南江城裕泰钾肥有限公司

云南祥丰化肥股份有限公司

朝阳千越生物科技发展有限责任公司

成都天立化工科技有限公司

福州三龙喷码科技有限公司

建昌县中农化肥有限责任公司

江苏永丰生态农业科学有限责任公司

齐齐哈尔今鼎丰麦饭石肥业有限公司

青上化工（佛山）有限公司

山东华屹重工有限公司

兖矿集团有限公司煤化分公司

山东亿丰源生物科技股份有限公司

山西富邦肥业有限公司

山西凯盛肥业有限公司

山西阳煤丰喜肥业（集团）有限责任公司

四川大川压缩机有限责任公司

四川龙蟒磷化工有限公司

四川省高宇化工有限公司

唐山市天元化工设备有限公司

武汉时达科学技术研究所

杨凌博迪森生物科技发展股份有限公司

云南煤化工集团有限公司

郑州市安泰科技有限公司

中国化肥工业年鉴全国理事会

理事长

徐大刚　中国化工学会化肥专业委员会主任

副理事长

陈奕峰　中国化工学会化肥专业委员会秘书长

王丝平　中国化工学会化肥专业委员会副秘书长

仪名海　国农农化（北京）农业技术推广服务中心顾问

和　军　云南煤化工集团有限公司董事长

杨建刚　山东兖矿集团有限公司煤化分公司副总经理

王治勇　大连金州重型机器有限公司党委书记、总经理

秘书长

任晓波　国农农化（北京）农业技术推广服务中心主任

常务理事

胡成高　四川高宇集团有限公司董事长、总经理

闫文泉　阳煤丰喜肥业（集团）有限责任公司执行董事党委书记

吴洪彬　青上化工（佛山）有限公司总经理

杨宗祥　云南祥丰化肥股份有限公司董事长

李家权　四川龙蟒集团有限责任公司董事长

宋宇文　成都天立化工科技有限公司总经理

理事

王　琼　杨凌博迪森生物科技发展股份有限公司董事长

朱述尧　山东亿丰源生物科技股份有限公司总经理

孙绪牧　山东华屹重工有限公司董事长

苏洪彬　建昌县中农化肥有限责任公司总经理

訾兆举　江苏新港金源化肥有限公司董事长、总经理

张万资　连云港市苏维达肥料科技发展有限公司总经理

田泽黎　云南江城裕泰钾肥有限公司总经理

陈晓峰　山东金旺农业开发有限公司总经理

李德福　山东远东国际化工有限公司总经理

邵映辉　朝阳千越生物科技发展有限责任公司总经理

陆华福　州三龙喷码科技有限公司董事长

曹延庆　齐齐哈尔今鼎丰麦饭石肥业有限公司董事长

朱玉良　山西富邦肥业有限公司董事长

王开成　山西凯盛肥业有限公司董事长

罗解忠　四川大川压缩机有限责任公司董事长、总经理
董久明　唐山市天元化工设备有限公司总经理
张秀琪　武汉时达科学技术研究所所长
仰华胄　郑州市安泰科技有限公司总经理
李永丰　江苏永丰生态农业科学有限责任公司总经理
赵　鹏　中农兴泰控股集团有限公司总经理
李国宝　吉林省双赢肥业有限公司总经理
王振方　南阳市王振方矿物质制品有限公司董事长
李传伟　章丘市供销兴达农资有限公司总经理
王金亮　寿光丽天化工有限公司总经理
刘明翔　山东福瑞化工有限公司总经理
孙立军　黑龙江神农农业生产资料连锁有限公司总经理
陈百丰　新郑市韩春化工有限公司总经理
杜万法　济源市丰田肥业有限公司董事长
刘学明　河南南阳市惠农达农资集团总经理
张　斌　重庆市万州区顺丰农资有限责任公司副总经理
周伟东　广西乐土生物科技有限公司经理
赵　波　青岛众乐化工有限公司总经理
李典军　河南民丰肥业有限公司董事长
李作山　施可丰化工股份有限公司执行总经理
刘长顺　辽宁绿源生物农业科技有限公司董事长
刘永强　中农舜天生态肥业有限公司总经理
梁秋亮　江苏汉菱肥业有限责任公司总经理
段　礼　晋煤金石化工投资集团有限公司董事长
卢麦田　石家庄大众肥业有限公司总经理
杜茂福　山东创新腐植酸科技股份有限公司总经理
亢树新　山西金象煤化工有限责任公司董事长
刘　浩　绿源生态科技发展有限公司副总经理
弥永丰　陕西陕化化工集团有限公司总经理
杜克宝　湖北南国化工有限公司总经理
陈书华　河北玖农生物肥料有限公司总经理
孙华东　徐州耀德化工有限公司总经理
赵显民　青岛润地丰科技有限公司总经理

目录

山西阳煤丰喜肥业(集团)有限责任公司
SHANXI YANGMEI FENGXI FERTILIZER INDUSTRY (GROUP) LLC.

山西阳煤丰喜肥业(集团)有限责任公司
SHANXI YANGMEI FENGXI FERTILIZER INDUSTRY (GROUP) LLC.

山西阳煤丰喜肥业(集团)有限责任公司
SHANXI YANGMEI FENGXI FERTILIZER INDUSTRY (GROUP) LLC.

第一篇 综合篇

第一章 化肥相关介绍

第一节 化肥的定义及分类

一、化肥的定义及分类

化肥是化学肥料的简称。指用化学和（或）物理方法制成的含有一种或几种农作物生长需要的营养元素的肥料。只含有一种可标明含量的营养元素的化肥称为单元肥料，如氮肥、磷肥、钾肥以及次要常量元素肥料和微量元素肥料。含有氮、磷、钾三种营养元素中的两种或三种且可标明其含量的化肥，称为复合肥料或混合肥料。化肥的有效组分在水中的溶解度通常是度量化肥有效性的标准。品位是化肥质量的主要指标，它是指化肥产品中有效营养元素或其氧化物的含量百分率，如：N、P2O5、K2O；CaO、MgO、S；B、Cu、Fe、Mn、Mo、Zn 的百分含量。作物生长所需要的营养元素有 16 种。按作物生长需要量分两大类：常量营养元素和微量营养元素。常量营养元素又分为三类：一类是碳、氢、氧，作物能直接从空气和水中取得，这不属于肥料的范围；第二类氮、磷、钾，称主要常量营养元素，是化肥的主要内容；第三类钙、镁、硫，称为次要常量营养元素（中国习称中量营养元素），它们在一般土壤中不缺，所以不是重要的化肥内容。

化肥一般是无机化合物，虽然尿素等是有机化合物，但习惯上，将化肥常称作无机肥料；又由于生产化肥的原料多是天然矿物，所以化肥又称矿物肥料。含有作物营养元素的天然有机废物称为有机肥料或天然肥料，这不属于化肥范围。凡只含一种可标明含量的营养元素的化肥称为单元肥料，它们是氮肥、磷肥、钾肥以及次要常量元素肥料（中国习称中量元素肥料）和微量元素肥料。凡含有氮、磷、钾三种营养元素中的两种或三种且可标明其含量的化肥，称为或混合肥料。利用生物技术制造的、对作物具有特定肥效（或有肥效又有刺激作用）的生物制剂泛称生物肥料。在农业方面，利用腐植酸与氮、磷、钾等元素结合制成的称腐植酸类肥料。

二、化肥的分支及其主要产品

（一）氮肥

氮肥是含有作物营养元素氮的化肥。元素氮对作物生长起着非常重要的作用，它是植物体内氨基酸的组成部分、是蛋白质构成的主要元素，蛋白质是细胞原生质组成中的基本物质，氮肥增施能促进蛋白质和叶绿素的形成，使叶色深绿，叶面积增大，促进碳的同化，有利于产量增加，品质改善。氮还能帮助作物分殖。施用氮肥不仅能提高农产品的产量，还能提高农产品的质量。氮是植物生活中具有特殊重要意义的一个营养元素。氮在植物体内的的平均含量约占干重的 1.5%，含量范围在 0.3%～5.0%，可做氮肥的有：尿素 [CO(NH2)2]，氨水 (NH3.H2O)，铵盐如：碳酸氢铵 (NH4HCO3)，氯化铵 (NH4Cl)，硝酸铵 (NH4NO3) 硫酸铵（硫铵 (NH4)2SO4)。一些复合肥如磷酸铵 [磷酸二氢铵 NH4H2PO4 和磷酸氢二铵 (NH4)2HPO4 的混合物]，硝酸钾 (KNO3) 也可做氮肥。

1、硫酸铵（硫铵）：白色或淡褐色结晶体。含氮 20%一 21%，易溶于水，吸湿性小，便于贮

山西阳煤丰喜肥业(集团)有限责任公司
SHANXI YANGMEI FENGXI FERTILIZER INDUSTRY (GROUP) LLC.

存和使用。硫铵是一种酸性肥料，长期使用会增加土壤的酸性。最好做追肥使用，一般每 667 平方米施用量为 15—20 千克。

2、碳酸氢铵（碳铵）：白色细小结晶，含氮 17%，有强烈的刺激性臭味，易溶于水，易被作物吸收，易分解挥发。可作基肥或追肥使用，追肥时要埋施，及时覆土，以免氨气挥发烧伤秧苗。

3、尿素：白色圆粒状，含氮量为 46%。尿素是人工合成的第一个有机物，尿素不如硫铵肥效发挥迅速，追肥时要比硫铵提前几天施用。尿素是固体氮肥中含氮量最高的一种，尿素为中性肥料，不含副成分，连年施用也不致破坏土壤结构。

（二）磷肥

磷肥全称磷素肥料。以磷为主要养分的肥料。磷是形成细胞核蛋白、卵磷脂等不可缺少的元素。磷元素能加速细胞分裂，促使根系和地上部加快生长，促进花芽分化，提早成熟，提高果实品质。肥效的大小和快慢，决定于有效五氧化二磷含量、土壤性质、放肥方法、作物种类等。根据生产方法可分为湿法磷肥和热法磷肥。根据来源又可分为：

（1）天然磷肥，如海鸟粪、兽骨粉和鱼骨粉等；

（2）化学磷肥，如过磷酸钙、钙镁磷肥等。

根据所含磷酸盐的溶解能性可分为：

（1）水溶性磷肥，如普通过磷酸钙、重过磷酸钙等。其主要成分是磷酸一钙。易溶于水，肥效较快。

（2）枸溶性磷肥，如沉淀磷肥、钢渣磷肥、钙镁磷肥、脱氟磷肥等。其主要成分是磷酸二钙。不溶于水而溶于水 2% 枸橼酸溶液，肥效较慢。

（3）难溶性磷肥，如骨粉和磷矿粉。其主要成分是磷酸三钙。不溶于水和 2% 枸橼酸溶液，须在土壤中逐渐转变为磷酸一钙或磷酸二钙后才能发生肥效。磷肥施用适量时，能促进作物分蘖和早熟，加强其抗寒能力，提高其产量和质量。在生产上常用的磷肥有：

过磷酸钙：为灰白色或浅灰色粉末，也有颗粒状的，含 P20512%一 18%，具有吸湿性和腐蚀性，施入土壤后易被土壤固定而降低肥效，可作基肥和追肥使用，在施用时宜集中施用或和有机肥料混合施用，这样可以降低磷的固定，从而提高肥效。也可用作根外追肥，使作物直接吸收。

重过磷酸钙（重钙）：含 P205 约 45% 左右，是一种高效磷肥。施用重钙的有效方法和过磷酸钙相同，重钙有效成分含量高，用量要相对减少。

钙镁磷肥：是一种以含磷为主，同时含有钙、镁、硅等成分的多元肥料，不溶于水的碱性肥料，适用于酸性土壤，肥效较慢，作基肥深施比较好。与过磷酸钙、氮肥不能混施，但可以配合施用，不能与酸性肥料混施，在缺硅、钙、镁的酸性土壤上效果好。

磷酸一铵和磷酸二铵：是以磷为主的高浓度速效氮、磷二元复合肥，易溶于水，磷酸一铵为酸性肥料，磷酸二铵为碱性肥料，适用于各种作物和土壤，主要作基肥，也可作种肥。

（三）钾肥

全称钾素肥料。以钾为主要养分的肥料。钾是肥料三元素之一，植物体内含钾一般占干物质重的 0.2%~4.1%，仅次于氮。钾元素的营养功效可以提高光合作用的强度，促进作物体内淀粉和糖的形成，增强作物的抗逆性和抗病能力，还能提高作物对氮的吸收利用。在植物生长发育过程中，参与 60 种以上酶系统的活化，光合作用，同化产物的运输，碳水化合物的代谢和蛋白质的合成等过程。

肥效的大小，决定于其氧化钾含量。主要有氯化钾、硫酸钾、草木灰、钾泻盐等。大都能溶于水，肥效较快。并能被土壤吸收，不易流失。钾肥施用适量时，能使作物茎秆长得坚强，防止倒伏，促进开花结实，增强抗旱、抗寒、抗病虫害能力。在生产上常用的钾肥有：

1、氯化钾：是易溶于水的速效性钾肥，含K2060%左右，呈白色、淡黄色或紫红色结晶。物理性状好，可作为基肥和追肥使用。在酸性土壤上施用氯化钾应配合石灰和有机肥料。

2、硫酸钾：为白色结晶，溶于水，含K2050%～52%左右。除可作基肥和追肥外，也可作根外追肥使用，根外追肥浓度以0.2%为宜。

（四）复合肥料

化学肥料一般只含一种营养元素，属单元素肥料。复合肥料是指在成分中同时含有氮磷钾三要素或只含其中任何两种元素的化学肥料。其作用是满足不同生产条件下农业需要的多种养分的综合需要和平衡。它具有养分含量高，副成分少，养分释放均匀，肥效稳而长，便于贮存和施用等优点。它们的规格按N-P205-K20的含量百分比进行标记，如15-15-15表示该复合肥料含有N、P205、K20各15%。复合肥料也可含有一种或几种中量和（或）微量营养元素，如12-12-12-5(S)表示复合肥料含有N、P205、K20各12%，还含有S5%。

1、磷酸铵：是以磷为主的氮磷复合肥料，含氮12%～18%，含P20546%～56%，适用于各种作物和多种土壤，最适合条施作基肥，667平方米用量7～10千克，撒施作基肥667平方米25～30千克。其中磷酸一铵呈酸性，磷酸二铵呈碱性，二者均易溶于水，水溶液为中性，有一定的吸湿性。

2、氮磷钾复合肥：含氮磷钾各约10%，淡褐色颗粒。氮钾均为水溶性，有一部分磷是水溶性的。主要用作基肥，667平方米用量25～30千克。

3、磷酸二氢钾：含P20524%、K2021%，白色易溶于水，一般用于黄瓜无土育苗及无土栽培生产。因价格较高，在大面积生产中多用于根外追肥。

（五）生物肥料

生物肥料泛指利用生物技术制造的、对作物具有特定肥效（或有肥效又有刺激作用）的生物制剂，其有效成分可以是特定的活生物体、生物体的代谢物或基质的转化物等，这种生物体既可以是微生物，也可以是动、植物组织和细胞。生物肥料与化学肥料、有机肥料一样，是农业生产中的重要肥源。改善土壤结构，保持农产品品质和环境，为人类的健康生存提供保障。是不污染环境的无公害生物肥料，今后必将会在未来农业生产中发挥重要作用。

生物肥料（微生物肥料）的种类较多，按照制品中特定的微生物种类可分为细菌肥料（如根瘤菌肥、固氮菌肥）、放线菌肥料（如抗生菌肥料）、真菌类肥料（如菌根真菌）；按其作用机理分为根瘤菌肥料、固氮菌肥料（自生或联合共生类）、解磷菌类肥料、硅酸盐菌类肥料；按其制品内含分为单一的微生物肥料和复合（或复混）微生物肥料。复合微生物肥料又有菌、菌复合，也有菌和各种添加剂复合的。

目前国内市场上出现的品种主要有：固氮菌类肥料、根瘤菌类肥料、解磷微生物肥料、硅酸盐细菌肥料、光合细菌肥料、芽胞杆菌制剂、分解作物秸秆制剂、微生物生长调节剂类、复合微生物肥料类、与PGPR类联合使用的制剂以及AM菌根真菌肥料、抗生菌5406肥料等。

山西阳煤丰喜肥业(集团)有限责任公司
SHANXI YANGMEI FENGXI FERTILIZER INDUSTRY (GROUP) LLC.

（六）微量元素肥料

（简称微肥）是指含有微量元素养分的肥料，微量元素是指自然界中含量很低的一种化学元素。部分微量元素具有生物学意义，是植物和动物正常生长和生活所必需的，称为“必需微量元素”或者“微量养分”，通常简称“微量元素”。必需微量元素在植物和动物体内的作用有很强的专一性，是不可缺乏和不可替代的，当供给不足时，植物往往表现出特定的缺乏症状，农作物产量降低，质量下降，严重时可能绝产。而施加微量元素肥料，有利于产量的提高。如硼肥、锰肥、铜肥、锌肥、钼肥、铁肥、氯肥等，可以是含有一种微量元素的单纯化合物，也可以是含有多种微量和大量营养元素的复合肥料和混合肥料。可用作基肥、种肥或喷施等。

按元素区分

有钼肥、硼肥、锰肥、锌肥、铜肥、铁肥等。硼和钼常为阴离子，即硼酸盐或钼酸盐；其它元素为阳离子，常用的是硫酸盐（如硫酸锌、硫酸锰等）。

①硼肥：硼砂、硼酸、硼泥（硼渣）、硼镁肥，硼镁磷肥、含硼过磷酸钙、含硼硝酸钙、含硼碳酸钙、含硼石膏、含硼玻璃肥料、含硼矿物、含硼粘土

②钼肥：钼酸铵、钼酸钠、含钼矿渣、三氧化钼、含钼过磷酸钙

③锌肥：七水硫酸锌、氯化锌、氧化锌、螯合态锌、碳酸锌、硫化锌、磷酸铵锌

④锰肥：硫酸锰、氯化锰、碳酸锰、含锰玻璃、氧化锰、含锰过磷酸钙、磷酸铵盐，锰渣

⑤铜肥：五水硫酸铜、一水硫酸铜、螯合态铜、含铜矿渣、碳酸铜、氧化铜、氧化亚铜、硫化铜、磷酸铵铜

⑥铁肥：硫酸亚铁、硫酸亚铁铵、螯合态铁、硫酸铁、磷酸铵铁

⑦氯肥：氯化钙、氯化铵、氯化钾

按化合物的类型区分

①易溶的无机盐：属于速溶性微肥，例如硫酸盐、硝酸盐、氯化物等。钼肥则为钼酸盐、硼肥为硼酸或硼酸盐。

②溶解度较小的无机盐：属于缓效性微肥，例如磷酸盐、碳酸盐、氯化物等。③玻璃肥料：是含有微量元素的硅酸盐型粉末，是高温熔融或烧结的玻璃状物质，溶解度很低。

④螯合物肥料：是天然的或人工合成的具有螯合作用的化合物，与微量元素螯合的产物。

⑤混合肥料：是在氮磷钾肥中加入一种或多种微量元素制成的混合肥。

⑥复合肥料：是氮磷钾肥与一种微量元素或者几种微量元素制成的化合物。⑦含微量元素的工业废弃物：其中常含有一定数量的某种微量元素，也可做为微量元素肥料使用，一般都是缓效性肥料。

此外，各种有机肥料都含有一定数量的各种微量元素，是微量元素肥料的一种肥源，但不能认为有机肥料能够完全满足农作物对微量元素的需要。

硼肥

主要是硼酸和硼砂。它们都是易溶于水的白色粉末，含硼量分别是17%和13%。通常把0.05～0.25%的硼砂溶液施入土壤里。

锌肥

主要是七水硫酸锌（$ZnSO_4 \cdot 7H_2O$，含 Zn 约 23%）和氯化锌（$ZnCl_2$，含 Zn 约 47.5%）。它

们都是易溶于水的白色晶体。施用时应防止锌盐被磷固定。通常用 0.02 ～ 0.05%的 $ZnSO4 \cdot 7H2O$ 溶液浸种或用 0.01 ～ 0.05%的 $ZnSO4 \cdot 7H2O$ 溶液作叶面追肥。

钼肥

常用的是钼酸铵 [$(NH4)2MoO4$]，含钼约 50%，并含有 6%的氮，易溶于水。常用 0.02 ～ 0.1%的钼酸铵溶液喷洒。它对豆科作物和蔬菜的效果较好，对禾科作物肥效不大。

锰肥

常用的是硫酸锰晶体（$MnSO4 \cdot 3H2O$），含锰 26 ～ 28%，是易溶于水的粉红色结晶。一般用含锰肥 0.05 ～ 0.1%的水溶液喷施。

铜肥

常用的是五水硫酸铜（$CuSO4 \cdot 5H2O$），含铜 24 ～ 25%，是易溶于水的蓝色结晶。一般用 0.02 ～ 0.04%的溶液喷施，或用 0.01 ～ 0.05%的溶液浸种。

铁肥

常用绿矾（$FeSO4 \cdot 7H2O$）。把绿矾配制成 0.1 ～ 0.2%的溶液施用。

（七）腐植酸肥料

腐植酸是自然界中广泛存在的大分子有机物质，广泛应用于农林牧、石油、化工、建材、医药卫生、环保等各个领域，横跨几十个行业。腐植酸及其制品有多种用途。在农业方面，与氮、磷、钾等元素结合制成的腐植酸类肥料（例如：用氨中和腐植酸可制成腐植酸铵肥料），具有肥料增效、改良土壤、刺激作物生长、改善农产品质量等功能；硝基腐植酸可用作水稻育秧调酸剂；腐植酸镁、腐植酸锌、腐植酸尿素铁分别在补充土壤缺镁、玉米缺锌、果树缺铁上有良好的效果。我国腐植酸资源丰富，储量大，分布广，品位好，出口前景很不错。在腐植酸的综合利用方面，虽然起步晚，但由于我国加大了开发力度，因而在世界上并不落后。我国从事腐植酸科研的高等院校、研究院所多达 100 多个，先后获得过几百项科研成果，一些技术产品已达到或超过了国际领先水平。

第二节 化肥行业相关分析

一、2011 年化肥行业相关数据

2011 年以来，在国内外经济环境十分复杂的情况下，化肥产量保持平稳较快的增势，全国化肥的产量达 6027 万吨，同比增长 12.14%。氮肥产量 4178.99 万吨（折纯），同比增长 8.55%；尿素产量 2656.73 万吨，同比增长 5.72%；磷肥产量 1462.4 万吨，同比增长 24.26%；钾肥产量 385.61 万吨，同比增长 10.86%。中国化肥的实物量究竟是多少我们并未见到相关的报道，下面笔者进行相关分析。

我们习惯上将化肥分为基础肥料（包括氮肥、磷肥、钾肥）和复合肥料（包括复合肥和复混肥，一般通称复合肥），由于复合肥是由基础肥料采用物理或化学方法生产的，因此衡量一个国家的化肥产能基本上只统计其基础肥料部分，也就是说以上 6027 万吨的数据仅仅为基础肥料。

山西阳煤丰喜肥业(集团)有限责任公司
SHANXI YANGMEI FENGXI FERTILIZER INDUSTRY (GROUP) LLC.

需要指出的磷铵严格意义上属于二元复合肥的范畴，为了便于计算，笔者暂且将其归入磷肥。

1、氮肥

2011 年全国合成氨产量为 5068 万吨（折纯），同比增长 6%；氮肥产量为 4178.99 万吨（折纯），同比增长 8.55%，与上年同期增速相比，增速加快 9.62 个百分点；；尿素产量为 2656 万吨（相当于实物 5775 万吨）同比增长 5.72%，比上年同期增速上升 13.05 个百分点。

以上数据充分说明了氮肥行业的现状，高浓度氮肥尿素已占到氮肥总产量的 63%。

2011 年度全国氯化铵产量为 1174 万吨，由于氯化铵的主要销售渠道是复合肥企业，用于复合肥中氮素的来源，因此直接面对农民的销售并不多。

碳酸氢铵一直以来是我国氮肥的“当家品种”，但随着尿素产能的增长加之容易板结、挥发和肥效较低，目前已逐渐淡出市场，2011 年的产量为 2300 万吨。

2011 年全国硫酸铵的产量为 350 万吨，硝酸铵产量为 450 万吨，但硝铵主要用于爆炸品用于开矿，只有三分之一农用。

这样算下来目前每年全国氮肥的实物量（扣除复合肥企业采购部分）约为 9300 万吨，包括 5500 万吨尿素、2300 万吨碳铵、1500 万吨其他氮肥（硫酸铵、硝酸铵和氯化铵）。

2、磷肥

2011 年 1-12 月磷肥累计产量为 1462.4 万吨，同比增长 24.26%，增速比上年同期高出 4.11 个百分点；其中 12 月份当月，磷肥产量为 142.6 万吨，同比增长 19.69%，比上年同期增速上升 14.02 个百分点。其中高浓度磷肥磷铵实物产量为 2065.6 万吨，其中磷酸一铵产量为 1059.4 万吨，磷酸二铵产量为 1006.2 万吨。剩下的普钙、重钙产量约 1000 万吨。

考虑磷酸一铵的主要销售渠道也复合肥企业。这样目前每年全国磷肥的实物量（扣除复合肥企业采购部分）约为 1500 万吨，其中磷铵 1500 万吨、其他 500 万吨。

3、钾肥

2011 年 1-12 月钾肥产量累计达 385.61 万吨，同比增长 10.86%，增速比上年同期增速下降 1.85 个百分点；其中 12 月份当月，钾肥产量为 25.6 万吨，同比增长 -5.78%，与上年同期增速相比，增速上升 15.91 个百分点，比本年 11 月份增速上升 10.04 个百分点。全年折合实物量约 800 万吨，其中约一半销售给了复合肥企业。

4、复合肥

2011 年全国的复合肥产量约 5300 万吨。

复合肥的原料均为基础肥料及添加物，添加物按照 800 万吨计，基础肥料为 4500 万吨，基本上可以按照 N:P:K=2:1.5:1 的比例来计算，每年全国用于生产复合肥的基础氮肥、磷肥、钾肥分别为 2000 万吨、1500 万吨和 1000 万吨。

5、小结

由以上数据笔者得出，目前每年中国化肥的实物量为 1.66 亿吨，我们按照出口和进口肥料相抵消来进行简单计算，也就意味着目前中国化肥工业每年提供给农业的肥料总量为 1.66 亿吨。其中：

- 氮肥：　9300 万吨

• 磷肥： 1500 万吨
• 钾肥： 500 万吨
• 复合肥：5300 万吨

从地域结构分析，化肥产量居前五名的省份是：湖北（1-12 月化肥累计产量达到 1018.16 万吨，同比增长了 27.7%）化肥产量居全国的 16.89%；山东（1-12 月化肥累计产量达到 610.03 万吨，同比增长了 11.1%）化肥产量居全国的 10.12%；河南（1-12 月化肥累计产量达到 474.03 万吨，同比增长了 17%）化肥产量居全国的 7.87%；四川（1-12 月化肥累计产量达到 470.68 万吨，同比增长了 17.3%）化肥产量居全国的 7.81%；山西（1-12 月化肥累计产量达到 363.75 万吨，同比增长了 10.2%）化肥产量居全国的 6.04%，其次产量较大的省份还有贵州、云南、青海、安徽、江苏、新疆和湖南，以上省份 1-12 月化肥累计产量在 200 万吨以上。

二、2011 年全年行业价格分析

1. 行业整体：需求萎缩、库存高企，4 季度肥料价格有所回调

2011 年 4 季度，肥料消费进入淡季，国内市场需求不足，加之国际市场疲软，导致肥料企业库存高企，肥料价格有所回调。4 季度末，化肥期末库存较年初增长 41.8%，增速较上季度末提高 18.9 个百分点。12 月，我国肥料出厂价格指数降至 11.9%，较上季度末下降了 6.9 个百分点。

但从全年情况来看，由于通胀水平较高、煤电阶段性供给压力加大，以及全年原材料成本高涨，2011 年肥料价格整体高位运行。2011 年，尿素年均价格 2133 元 / 吨，同比增长 21.0%；磷酸一铵年均价格 2819 元 / 吨，同比增长 27.8%；国产氯化钾年均价格 3076 元 / 吨，同比增长 14.1%；45% 氯基复合肥年均价格 2583 元 / 吨，同比增长 20.6%。

图表 1 2010 年 -2011 年各月肥料出厂价格指数

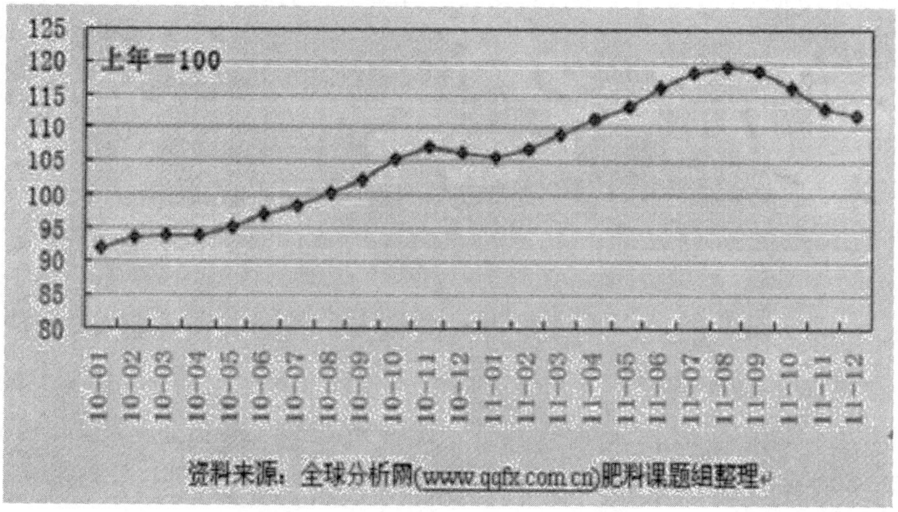

2. 尿素：出口有力支撑，4 季度尿素价格企稳回升

除国内市场需求外，尿素价格受出口影响较大。3 季度，尿素出口受阻，价格下跌的滞后在 8-10 月有所体现；不过进入 11 月，尿素出口量由 11 月的 48.75 万吨提高到 89.61 万吨，对尿素价格起到了有力的支撑作用。11 月份尿素价格下跌减速，12 月份尿素价格开始回升。

山西阳煤丰喜肥业(集团)有限责任公司
SHANXI YANG MEI FENGXI FERTILIZER INDUSTRY (GROUP) LLC.

图表 2 2010 年 -2011 年各月尿素价格走势

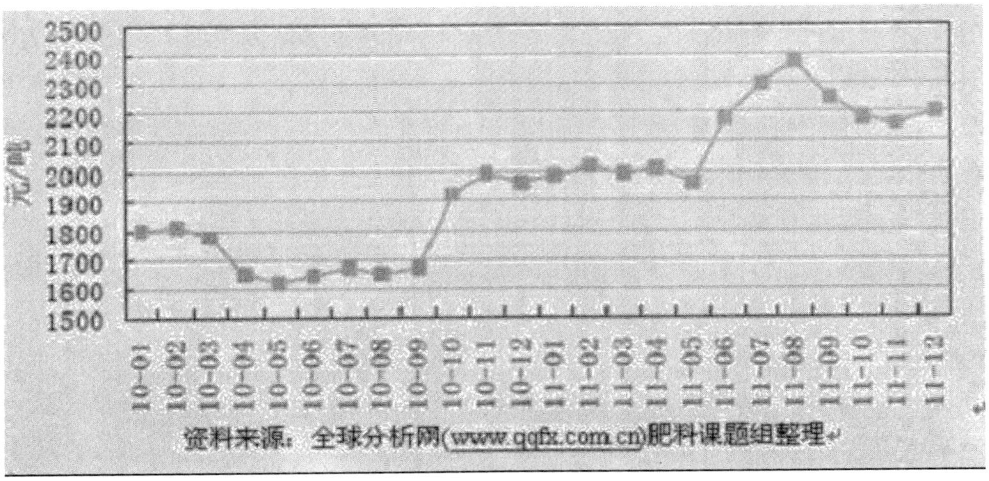

3. 磷肥：市场需求冷清、原材料价格下滑，磷酸一铵、二铵价格高位回落

2011 年，磷酸一铵、二铵价格整体高位运行，主要是因为氮磷二元肥出口需求明显增多，对磷酸一铵、二铵的需求加大。不过进入 12 月份后，2012 年新关税出台，规定对氮磷二元肥出口低关税期缩短为 4 个月，市场对二元肥出口信心减弱，磷酸一铵和二铵的需求再次受挫，从而导致下游厂商对磷酸一铵和磷酸二铵的采购力度减弱，市场需求雪上加霜。受此影响，12 月磷酸一铵、磷酸二铵月均价格分别降至 2800 元 / 吨、3200 元 / 吨。

除了市场需求外，生产成本下降也是磷肥价格回落的主要因素。4 季度，磷酸一铵、二铵的原材料价格出现下滑趋势，其中液氨价格从 3 季度末的 1200 元 / 吨下滑至 4 季度末的 860 元 / 吨。

图表 3 2011 年 1-12 月主要磷肥产品价格

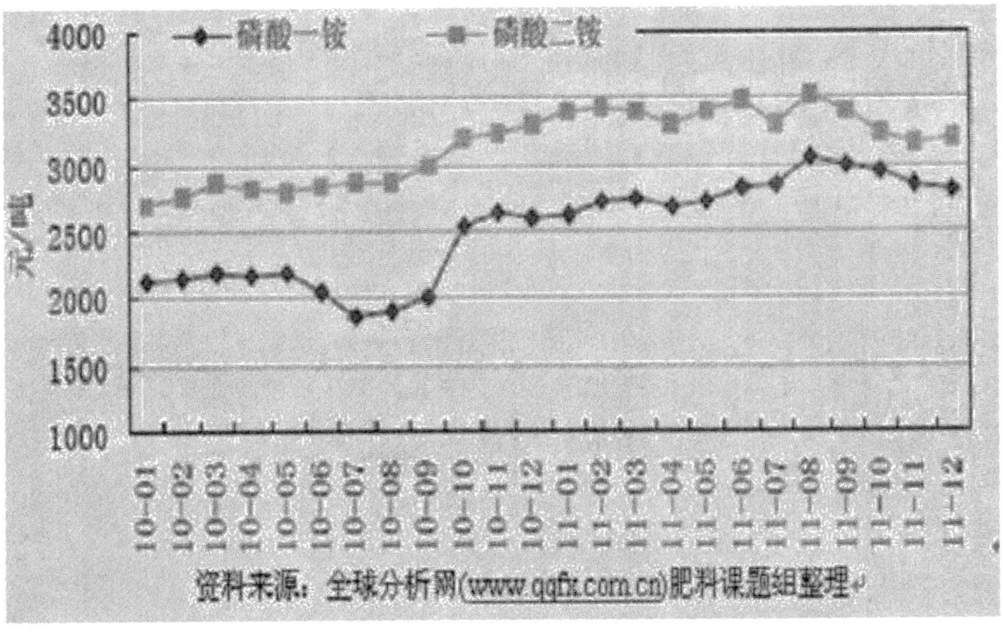

4. 钾肥：需求减弱，输入性涨价压力下降，4季度氯化钾价格震荡下行

我国氯化钾主产区在青海和新疆，2011年前三季度铁路运力紧张严重制约钾肥的供给。运输不力使得氯化钾库存基本维持在70-80万吨之间，而港口库存多在200万吨以上。此后，青海省、铁道部启动的钾肥百日抢运，国内主要消费地区钾肥库存水平明显增加，8-10月国产氯化钾价格显著下滑。进入11月后，国产钾肥价格有所反弹，12月份价格涨至3200元/吨，较9月份下降50元/吨。

进口氯化钾方面，虽然2011年下半年的进口合同价较上半年有所提高，但3季度以后欧债危机的蔓延，使得全球金融不稳定开始渗透到整个国际大宗商品市场，并蔓延到我国市场，进口钾肥行情开始下滑。进口氯化钾价格由8月份的3510元/吨下滑到12月份的3225元/吨。

图表4 2011年1-12月主要钾肥产品价格

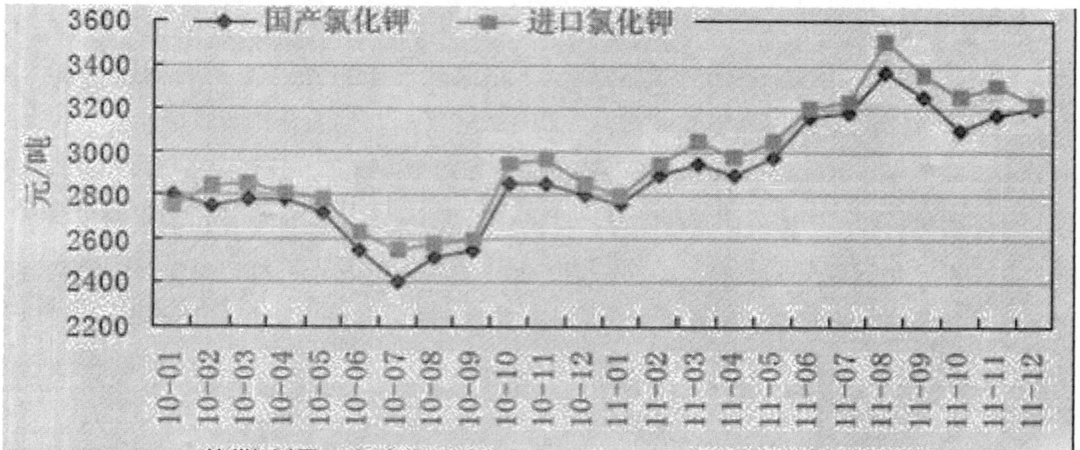

资料来源：全球分析网(www.qqfx.com.cn)肥料课题组整理

5、2011年化肥行业总体呈现良好发展态势

2011年，全行业生产化肥6027万吨（折纯），同比增长12.1%。其中，氮肥4179万吨，增长8.6%；磷肥1462万吨，增长24.3%；钾肥386万吨，增长10.8%。2011年，氮肥增速先升后降，二季度出现恢复性增长，增速突破10%，尿素实现正增长；进入6月份，市场价格普遍上扬，企业生产积极性高涨，开工率上升；8月份，市场进入淡季，生产水平小幅回落；四季度，受市场需求低迷和能源供应紧张等因素影响，开工率下降，增速回落。2011年磷肥生产波动较大，上半年在市场需求的拉动下，生产增速保持在20%以上。但随着《磷肥工业水污染物排放标准》、《磷铵生产准入条件》等政策措施的出台，加上磷矿石价格的上涨，下半年生产增速明显放缓，由6月份50%的年度高位一度下降至10月份9%的低位。2011年，在化肥价格总体上涨的推动下，行业实现产值7294亿元，同比增长39.0%。四季度，受市场需求低迷和能源供应紧张等因素影响，化肥生产水平下降，产值增速明显放缓，由9月的49%逐步下滑至12月的18%。

2011年，化肥行业实现利润444亿元，同比增长74%。其中氮肥实现利润136亿元，同比增长129.7%；磷肥实现利润45亿元，同比增长66.8%。行业销售利润率从2010年的4.6%提到5.7%，但仍有1/4左右的企业处于亏损。氮肥行业资产利润率只有3.6%，远低于中长期贷款利率。2011

山西阳煤丰喜肥业(集团)有限责任公司
SHANXI YANG MEI FENGXI FERTILIZER INDUSTRY (GROUP) LLC.

年行业投资增速仍保持增长态势，但资金投向不断优化，调控政策对过剩产能的抑制作用开始显现。2011 年，化肥行业完成投资 1253 亿元，同比增长 27.5%；施工项目 1833 个，同比下降 5.1%；新开工项目 1284 个，同比下降 5.0%。其中，氮肥行业在施工项目同比下降 20.2% 的情况下，投资增长 26.5%，大型化、集约化发展趋势明显；产能过剩的磷肥行业完成投资 89.3 亿元，同比下降 10.6%，施工及新开工项目分别下降 11.5% 和 13.8%。

三、2011 年利润分析

1. 农产品价格高企带动国际化肥涨价

根据国际肥料业协会表示，目前农产品价格持续处于高位，驱使全球农业生产者加大对种植业的投入，将带动肥料需求不断上升。预计 2011-12 作物年度全球肥料消费将达 1.783 亿吨，创历史新高，同比增长 3%，增速低于 2010-11 作物年度的 6.2%。尽管近期部分农产品国际市场价格有所回落，但以历史标准看仍处于相当高的水平。比如目前小麦价格比一年前的峰值低 30%，但仍比过去 5 年的平均值高出 80%。农产品价格高涨可能将带动农业经济繁荣，美国农业部预计 2011 年美农业收入将首次达到 1000 亿美元，农业为美国经济创造的净增加值将达 1974 年以来最高水平。由于农业基本面表现强劲，全球主要肥料生产厂商都对未来需求充满信心。

2. 国内方面：2011 年化肥行业利润明显回升

中国石油和化工联合会提供的数据显示，2011 年 1-9 月份，全国化肥行业利润总额 302.97 亿元，同比增长 109.9%。其中，氮肥利润达 93.56 亿元，同比增长 350.3%；磷肥利润达 28.42 亿元，同比增长 115.9%；钾肥利润达 54.74 亿元，同比增长 53.6%；复混肥利润 92.32 亿元，同比增长 61.6%。利润水平大幅提高主要原因是产品价格上涨。如 2011 年尿素、氯化钾（60%）的全国出厂平均价分别为 2065 元／吨、3050 元／吨，同比分别上涨 24.8%、22.9%。

3. 近期国内尿素、磷酸二铵价格在小幅调整后继续呈上涨态势

总体来看，2011 年以来国内化肥市场价格呈持续上涨态势，到 9 月份达到年内最高点，进入 10 月份开始下滑，近期尿素、磷酸二铵出厂价出现不同幅度上涨，氯化钾价格相对平稳。截至 11 月中旬，山东地区尿素出厂价降至 1950 元／吨，较 10 月初下降约 260 元／吨。由于南方部分地区用肥需求增加，加之国内电价上调及部分经销商和复合肥生产企业少量采购，市场价格开始反弹，目前山东地区出厂价已涨至 2100 元／吨左右。在磷酸二铵方面：10 月底云南、湖北陆续有生产企业下调磷酸二铵东北到站价至 3100 元／吨，但经销商备货积极性仍然不高，随后出厂价呈小幅上涨态势，截至目前湖北、云南、贵州等地生产企业东北地区到站价已涨至 3300-3400 元／吨。

此外在春节过后，早春开始，农民对于农药化肥的需求将会大幅增加，在国际化肥涨价的背景下，国内化肥也有望跟随涨价，所以农药化肥股或有望迎来机会。在个股方面，建议关注六国化工、华阳科技、大成股份、四川美丰、湖北宜化等。

四、化肥产业发展前景分析

“民以食为天”，农业稳产、增产是保障国家粮食安全的前提。化肥作为农业生产中重要的生产资料，其快速平稳发展具有重要的意义。随着化肥工业“十二五”发展规划的出台，国家政策层面上的鼓励和引导将进一步促进化肥工业的结构调整与产业升级。“十二五”期间，我国化肥工业

要在提高产业集中度、优化产品品种、推动技术进步这“三驾马车”上取得进展。

压力与动力

有机构预测，2015年中国人口达到14亿，人口压力将直接转化为对粮食的刚性需求。一方面是不断增长的刚性需求，另一方面是我国可耕地面积的增速缓慢，提高粮食单位产能成为破解粮食刚性需求难题的唯一途径。化肥，被誉为“粮食的粮食”，促进化肥工业科学发展是最快、最有效、最重要的粮食增产措施。

因此，伴随着进一步提高粮食单位面积产量，化肥的需求量将进一步增加。自2010年以来，我国食品价格上涨过快，粮食价格上涨必然会导致化肥等相关行业产品价格和需求量的上涨。

2010年我国化肥产量达6620万吨，“十一五”期间年均增长5%，主要产品产量均保持较快增长。在产业规模不断增长的同时，产业结构得到了一定的优化，具有自主技术产权的技术装备更是取得了重大的突破，百万吨级钾肥工艺技术达到了国际先进水平。

在肯定“十一五”期间化肥工业取得长足发展的同时，化肥工业所暴露出的企业竞争力弱、能源资源约束大、传统品种过剩、新品种发展不规范、生产与使用脱节等问题日益凸现，成了化肥工业进一步发展的桎梏。以氮肥行业为例，2010年消耗煤炭资源8500万吨、天然气100亿立方米。能源价格的大幅上涨更是让生产成本持续上升，大部分企业一直处于亏损边缘。

想要继续保持“十一五”期间的快速发展势头，保障不断提升的刚性需求，化肥工业迫切需要进行结构调整与产业优化，不断提高技术水平和资源保障能力。

结构与品种

不久前正式出台的《化肥工业“十二五”发展规划》表明，“十二五”期间，我国化肥工业要在提高产业集中度、优化产品品种、推动技术进步这“三驾马车”上取得进展。

在产业集中度提高方面，规划提出到2015年，氮肥、磷肥和复混肥企业数量要大幅减少，大中型氮肥企业产能比重在80%以上，大型磷肥企业产能比重在70%以上，逐步形成以大型化肥企业为主导的生产经营格局，鼓励大型企业通过兼并重组、淘汰落后及建设化肥基地等方式，进一步扩大经营规模和提升实力。

在优化品种结构方面，规划鼓励按照适应现代农业发展和环境友好的要求，改进提升尿素、磷铵、氯化钾和硫酸钾（镁）等基础肥料，适度发展硝基肥料、熔融磷钾肥料、液体肥料等多元肥料，鼓励发展按配方施肥要求的复混肥和专用肥，重视发展中、微量元素肥料、缓控释肥料。

在推动技术进步方面，规划分别从氮肥、磷肥、钾肥、复混肥角度进行了分别的说明。以氮肥工业为例，针对其能耗较高的特点，规划中指出，要利用造气炉渣、煤末、吹风气等资源，采用循环流化床锅炉，实现热电联产，鼓励提高锅炉压力等级，开展能源梯级利用。

转变与发展

对于国家化肥工业的“十二五”规划，相关分析人士认为，中国化肥工业政策导向已由多年来的“促发展”转变为“重调控”，即逐步改变化肥工业发展方式。

具有科技含量的新型肥料企业将具有相当大的发展优势。1月5日，《农业部关于深入推进科学施肥工作的意见》要求加快示范推广新型肥料。2月1日，新世纪以来指导“三农”工作的第9个中央“一号文件”发布，该文件也将重点放在了科技兴农上。如此密集的政策发布，无疑预示着

山西阳煤丰喜肥业(集团)有限责任公司
SHANXI YANGMEI FENGXI FERTILIZER INDUSTRY (GROUP) LLC.

我国新型肥料示范推广的全面提速，相关企业将迎来发展的春天。

此外，结构调整将是化肥产业转型的主基调。

化肥工业存在一些问题，主要是氮肥、磷肥、复混肥仍面临产能过剩、产业链不平衡的制约，特别是上游面临煤炭、硫黄、磷矿等资源性产品价格波动，下游面临购买力不足的农民，两者之间存在矛盾。

此外，比如投资过热，市场供大于求，产能增幅过快也造成了化肥工业的结构性问题。必须加快“从发展基础化工、化肥原料向发展高端、新型化工、新型原料产品，从发展初级化工产品向差异化、精细化产品，从粗放型生产向资源节约型、环境友好型生产”这3个方面的转变，以结构调整为基调，才能实现化肥行业在“十二五”期间更好地发展。

山西阳煤丰喜肥业(集团)有限责任公司
SHANXI YANGMEI FENGXI FERTILIZER INDUSTRY (GROUP) LLC.

第二篇　上下游产业篇

山西阳煤丰喜肥业(集团)有限责任公司
SHANXI YANGMEI FENGXI FERTILIZER INDUSTRY (GROUP) LLC.

第一章 化肥工业上下游需求分析

第一节 上游资源供应紧张化肥行业亟待优化产业结构

据海关统计，2011年前7个月山东口岸进口矿物肥料及化肥（以下简称“化肥”）61.6万吨，比去年同期（下同）减少14.7%；价值2.6亿美元，下降1%。同期，山东口岸出口化肥114.5万吨，减少15.9%；价值4.1亿美元，增长1.8%。

今年以来山东口岸化肥进、出口量低位波动的主要原因

（一）国内钾肥市场买卖双方的观望情绪导致钾肥成交平淡，抑制钾肥进口。今年，粮食价格的不断攀升以及上游原料价格走高对国际市场化肥价格形成有力支撑，而由于国内多个省份接连遭遇罕见自然灾害，对农业生产造成较大影响，化肥施用量明显减少。上述原因造成今年前7个月国内化肥市场有价无市的局面。年初我国钾肥进口商与白俄罗斯钾肥公司（BPC）签订的2011年上半年钾肥合同到岸价格为400美元/吨，比2010年每吨上涨50美元，涨幅达14%。上涨的价格使国内市场保持观望态度，也导致了上半年化肥进口的低迷。7月1日，我国进口商与EPC签订下半年钾肥进口合同，价格为470美元/吨，比上半年上涨17.5%。下半年钾肥进口大合同的签订再次提振了市场价格，使国内市场继续保持观望态度，近期国内钾肥实际成交量保持在低位。

（二）对化肥出口调控力度的加大导致化肥出口大幅回落。继2010年12月份我国将尿素、磷酸铵（磷酸氢二铵、磷酸二氢铵及其与磷酸氢二铵的混合物）的出口税率由淡季税率调整为旺季税率后，今年我国进一步缩短了淡季出口关税期，其中尿素、磷酸铵的淡季出口关税期分别为7-10月和6-9月，其余均为旺季关税期。尿素是山东口岸主要的化肥出口品种，从去年12月份起至今年6月份，尿素出口一直处于旺季关税期，出口需按110%的旺季税率征税，受此影响上半年山东口岸尿素出口量减少68%，导致同期化肥出口量减少34%。7月份，尿素进入淡季出口关税期，当月出口量恢复同比增长，增幅28.1%，拉动山东口岸化肥出口量大幅回升。但由于以下原因，今年尿素淡季出口关税期的出口增速受到抑制：为抬高淡季关税期的出口门槛，今年我国将尿素淡季出口基准价格由去年的2300元/吨下调至2100元/吨，出口价格不高于基准价时，税率为7%，而高于基准价时税率将高于7%，具体税率按照实际申报价格推算，即申报价格超过基准价越多，出口税率越高。今年尿素上游原料价格走高，尿素市场价格保持在高位，由于海关对化肥出口实行严格的审价制度，今年尿素出口申报价格均远高于基准价格，关税成本的提高压缩了企业的出口利润，在一定程度上抑制了尿素出口的增长。

（三）产销成本增加限制化肥产量增长，影响出口。今年前5个月全国平均到厂原料煤1456元/吨，比去年同期上涨340元/吨左右；化肥用天然气从2010年6月开始普调40%左右，且供应紧张。气头化肥企业如中原大化今年一季度因化肥生产直接亏损近5000万元。此外仓储、运输等费用上涨也增加了化肥生产成本，导致化肥企业开工率下降。今年上半年，尿素生产企业开工率仅76.5%，同期全国尿素产量同比下降4%，产量的下降也对化肥出口造成了影响。

目前国内化肥进、出口面临的主要问题

尽管我国粮食增产的需要对国内化肥需求形成长期稳定的支撑，但受以下因素影响，使优化产业结构、根据国内实际情况平衡产能与进、出口之间的关系成为未来一段时间内我国化肥行业亟需解决的问题：

（一）上游资源供应形势不容乐观。为防范价格波动的风险，加大对市场的控制力，近年来，全球化肥行业的竞争呈现向上游原料蔓延的趋势，天然气、煤炭、磷矿、硫矿以及钾盐等资源均成为全球争夺的目标。上游资源争夺战不仅加剧了化肥原料供应紧张的局面，而且推动原料价格不断上涨。特别是我国对钾、硫资源的进口依赖性较高，供应紧张和价格的上涨使国内行业面临严峻挑战。在这种情况下，控制产能、改进工艺、优化产品结构是化肥行业有效利用资源、实现可持续发展的必由途径。

（二）化肥施用严重超量不仅破坏环境而且威胁食品安全。目前我国化肥平均施用量是发达国家化肥安全施用上限的 2 倍，60 年间我国化肥施用量增长了 100 倍，但平均利用率仅 40%左右 [8]。过量施用化肥除了浪费资源外还会带来以下危害：一是环境污染，施用过多的化肥，会导致土壤水溶性养分等物质被雨水和农田灌水淋溶到地下水及河流中，造成地下水和河流污染；二是土壤性状恶化，过量的化肥易使土壤养分结构失调，物理性状变差，有害金属和有害病菌超标；三是农产品品质下降，化肥施用过量及不平衡，不仅导致农产品营养失调，还会造成农产品中有害物质残留超量。

因此建议：一是建立科学合理的市场准入和淘汰机制，推动行业向高效、环保、节能的方向迈进；二是提高产业集中度，促进化肥产业结构优化调整；三是引导农民根据土壤以及农作物的特性科学施肥，在提高化肥利用率的同时实现农作物的优质、高产。

第二节 化肥工业下游需求分析

由于我国农业稳产、增产是保障国家粮食安全的重要举措，化肥刚性需求仍然存在，预计到 2015 年，化肥总产量年复合增长率为 0.9%。随着施肥节气到来，复合肥开工启动，氮肥、磷肥及钾肥市场将好转。此外，随着化肥工业“十二五”发展规划近期出台，国家 2012 年进一步提粮食最低收购价格及加大对农业补贴力度，都将进一步刺激农民种田的积极性，下游市场对化的需求将进一步走旺。

粮食压力刺激化肥需求

2015 年中国人口将达到 14 亿，为了满足对粮食的刚性需求，使粮食自给率保持在 95% 以上，国家一方面要增加农作物播种面积，另一方面要努力提高单位面积粮食产量。作为“粮食的粮食”，化肥是最快、最有效、最重要的增产措施。数据显示，化肥增产作用占到农作物产量的 30-50%。因此，随着进一步提高单位面积产量，化肥需求量将进一步增加。

自 2010 年以来，我国食品价格上涨过快，其中，粮食价格上涨 12.4%。在一系列惠农政策和不断提高粮食最低收购价格的刺激下，粮食产量也实现了连续 7 年增长，年均复合增速达到高达 3.49%。国家通过惠农政策提高农民种植积极性，粮食价格上涨必然会导致化肥等相关行业产品价格和需求量的上涨，预期化肥市场将继续走高。

“十二五”规划推动行业发展

山西阳煤丰喜肥业(集团)有限责任公司
SHANXI YANGMEI FENGXI FERTILIZER INDUSTRY (GROUP) LLC.

化肥作为重要农资，直接关系到农业生产发展和广大农民的切身利益，被列为国家重点鼓励和发展的产业，因此受政策影响较大。近日，《化肥工业“十二五”发展规划》正式出台。“十二五”期间，我国化肥工业要在提高产品集中度、结构产品优化、推动技术进步、加快兼并重组等方面取得成效。

产业集中度提高：《规划》提出到 2015 年，氮肥、磷肥和复混肥企业数量要大幅减少，大中型氮肥企业产能比重达到 80% 以上，大型磷肥企业产能比重达到 70% 以上，2 家大型钾肥企业集团规模进一步壮大。

优化品种结构：鼓励发展按配方施肥要求的复混肥和专用肥，重视发展中、微量元素肥料、缓控释肥料。复合肥、缓控释肥行业在“十二五”期间将迎来发展机遇，

加快兼并重组：逐步形成以大型化肥企业为主导的生产经营格局，鼓励大型企业通过兼并重组、淘汰落后及建设化肥基地等方式，进一步壮大经营规模和实力。

氮肥企业面临整合

2011 年，我国尿素产量较去年上涨 5.58%，达到 2656.70 万吨，近期国内氮肥市场受供求关系影响，尿素价格小幅回落，生产成本居高不下，出口下降。目前国家化肥商业储备工作已经开始，预计明年春季尿素的保本销售成本将在 2100-2200 元 / 吨左右，同比增加 200-300 元。

当前尿素生产企业利润被煤炭价格上涨严重挤压，随着煤价、电价、天然气价格、人工费用等不断攀升，尿素生产企业中有多家停产，产能发挥率不足 70%。由于氮肥具有资源加能源性质，属于国家重视、必须保证国内供应量和价格稳定的农资产品，无法指望国家放松出口政策实现外销达到产销平衡，所以国内氮肥市场竞争加剧，行业内整合速度加快，资源优势企业将从中获益。关注云天化、赤天化、鲁西化工、华鲁恒升等个股未来走势。

资源优势给力磷肥行业

截止 2007 年，我国磷矿经济储量达 37 亿吨，但可采储量的平均品位也仅有 23%，远低于 30% 的全球平均水平。国内磷矿石 71% 用于生产磷肥，在磷矿石价格存在涨价空间，磷肥价格具有隐形天花板及磷肥市场未来竞争加剧的情况下，磷肥企业若能获取上游资源，将在成本方面更具竞争优势。

由于现有产能完全能够满足国内市场 2015 年以前农业需求，因此在 2011 年公布的《磷铵生产准入条件征求意见稿》和《磷复肥行业“十二五”发展思路》均提出 3 年内原则上不再新建或改扩建湿法磷酸装置，当前国内“基础肥料向资源产地转移”的产业布局目标更加明确。近年我国磷肥行业发展迅速，国内磷肥生产能力达到 2000 万吨 / 年，产能过剩比例均超 100%。但近四年国际磷肥供应趋势偏紧，如在保证国内磷肥供应基础上适度宽松磷肥出口政策，将会是磷肥企业发展和全球扩张的黄金时机，关注湖北宜化、兴发集团。

钾肥生产垄断明显

由于国内钾肥资源不足，且我国农作物对钾肥需求旺盛，施用量持续以较高速度增长，所以我国每年需要大量进口钾肥，进口量占国内消费量的 50% 以上。国家公布加快国内钾矿资源勘探，开发利用难溶性钾矿资源，加快钾肥工业“走出去”步伐，力争在境外建成 200 万吨氯化钾生产基地等相关政策将推动钾肥产业快速发展。

钾肥是化肥子行业中产业集中度较高的行业。截至2011年9月份，钾肥制造业主营业务收入达到151.9亿元，利润总额达到54.7亿元，利润率为36.01%。当前国内钾肥生产主要垄断在几家大型厂商的手中，氯化钾国内厂商盐湖集团，占国内产能的80%以上，国内三分之二的钾需要靠进口来满足。钾肥产能扩张，将有助于盐湖股份、辉隆股份业绩的提升。

复合肥是产业未来主题

近十年来，我国复合肥施用量增速显著高于氮肥、磷肥及化肥总施用量增速，表明随着科学施肥、平衡施肥知识的推广和普及，复合肥越来越得到农民认同。化肥复合化率是衡量一个国家化肥工业发展水平和农业发展水平的重要标志，目前我国化肥复和率仅30%，远低于欧美的70%，按照《规划》提出的要求，到2015年我国化肥复合化率要提高至40%左右，未来五年复合肥的年均增长率将达到7%。

复合肥生产技术门槛低，因此我国复合肥生产企业数量众多，行业集中度很低，整个行业呈现充分竞争态势。复合肥上游原料主要是尿素、磷酸一铵、磷酸二铵、钾肥等单质肥料，复合肥企业核心竞争优势体现在具有行业内最流畅的销售渠道和具有抵抗原材料波动的上游资源优势，关注复合肥行业龙头史丹利和金正大未来走势。

缓控释肥将迎来高发展

缓控释肥具有提高肥效、降低化肥使用量等特点，在解决资源过度消耗、减少农业面源污染、降低农业生产成本等方面具有重要作用。目前国内缓控释肥产能不足200万吨，不到国内化肥总产能的1%，随着国内对环保要求的提高和相关支持政策的相继出台，缓控释肥的市场空间将不断放大。

目前缓控释肥发展的最大障碍是价格较高，未来国家有望出台补贴政策来推广缓控释肥。近日国家发改委公布的《产业结构调整指导目录（2011年本）》首次将缓控释肥纳入优先发展产业，农业部首次将缓控释肥列为主推技术，科技部将缓控释肥列入“十二五”科技支撑计划，全国农技推广中心把金正大缓控释肥示范推广到23个省（区、市），预示我国缓控释肥产业将在“十二五”期间迎来跨越发展。

第三节 气价改革破冰利好产业链上游

下游工业用气企业生产成本将相应增加

在经历了连续几年的“气荒”之后，天然气价格改革于年前取得突破。自2011年12月26日起，在广东、广西两省（区）开展天然气价格形成机制改革试点，将现行以“成本加成”为主的天然气定价方法，改为按“市场净回值”法定价，建立天然气与可替代能源价格挂钩调整的机制。这是自2005年末国家发改委公布天然气价格形成机制改革目标后，气价改革第一次真正意义上的推进。

上游企业受益明显我国天然气价格改革的最终目标，是放开天然气出厂价格，由市场竞争形成，政府只对具有自然垄断性质的天然气管道运输价格进行管理。2011年5月，我国上调了国产陆上天然气出厂基准价，虽然较2005年的定价有大幅提高，但仍然未能有效反映市场供求和资源稀缺程度。

天然气产业链可自上而下分为勘探生产、长输管道、下游应用三个部分，涉及价格主要包括出厂价、管输价和城市输配价。目前我国天然气出厂价格实行国家指导价，跨省输送费用也由国家统

山西阳煤丰喜肥业(集团)有限责任公司
SHANXI YANGMEI FENGXI FERTILIZER INDUSTRY (GROUP) LLC.

一制定，城市输配价格由省一级价格主管部门管理。

天然气价格的市场化机制，将直接利好中石油、中海油等天然气上游企业。目前，中石油上游的天然气业务规模最大。目前供给广东、广西的天然气主要通过西二线输送，到达广东的门站成本至少在 3.2 元 / 立方米以上。据广州燃气方面介绍，原先的广东门站价格为 1.79 元 / 立方米，气改后门站价上调整到 2.74 元 / 立方米。这样，每输一立方米气到广东亏损从 1.21 减少到 0.46 元。此次价改将缓解中海油天然气业务的亏损压力，有利于企业的可持续发展和提高进口天然气的积极性。

非常规天然气受到鼓舞

国家发改委公布的改革方案，对页岩气、煤层气、煤制气三种非常规天然气，出厂价格实行市场调节，由供需双方协商确定。这使得一直受到定价机制困挠的非常规天然气开发利用看到了希望。

以煤制天然气为例，国家已先后核准了中国大唐、新疆庆华、内蒙古汇能等 4 个煤制天然气项目，产能达 151 亿立方米。此外，神华集团拟在内蒙古鄂尔多斯、宁夏分别建 20 亿立方米煤制天然气和 40 亿立方米煤制天然气项目，两项目均处可研阶段；中电投拟在新疆伊犁建两个煤制天然气项目，规模分别为 60 亿立方米和 3×20 亿立方米；中海油则计划在内蒙古和山西大同建两个规模分别为 80 亿立方米及 40 亿立方米的煤制天然气项目。据了解，目前全国规划中的煤制天然气项目多达 20 多个，产能高达 1000 亿立方米。

然而，煤制天然气成本相对较高。据研究，假设在新疆或内蒙古东部地区，采用碎煤固定床加压气化工艺建设煤制天然气项目，生产规模为年产 40 亿立方天然气，原料煤、燃料煤均为褐煤，价格为 170 元 / 吨（含税价），2011 年测算得到的天然气单位生产成本为 1.6 元 / 立方米左右；西气东输一线天然气主要由塔里木气田供给，供气价格为 0.522 元 / 立方米；陕京一、二线主要由长庆气田供给，供气价格为 0.681 元 / 立方米。按这样的气价，所有煤制天然气项目均难以与西气东输一线和陕京线国产天然气相竞争。

而一旦实行“市场净回值”法定价，逐步放开市场，将提高煤制天然气、页岩气、煤层气等非常规天然气的开发速度，通过天然气的多元竞争，使供求关系达到平衡，真正破解我国“少气”困局。

上调幅度低于预期

此前业内对天然气门站价格涨价已有预期，但发改委此次公布的广东、广西两地门站价格的上调幅度低于预期。

虽然改革后的价格形成机制目前在试点地区不会引起天然气价格明显波动，但如果推广到全国，西气东输沿线城市原有的价格优势会被颠覆，天然气价格的上涨将比较明显。有专家分析称，若全国推行现行价改定价机制，部分地区包括北京、上海等大型城市天然气价格将大幅提高，但相信政府推行前会采取补贴或阶梯气价等措施，保证居民正常生活平稳。 天然气价格上涨后，处于产业链最下游的工业用气企业的生产成本将相应增加，涉及气头化工和天然气发电的企业将受到影响。对于天然气管网建设运营公司而言，价格改革是否构成利好的关键在于管输费率是否相应调整。天然气涨价往往是系统性的，因此管输价格存在较大上涨预期。

未来随着试点的扩大以及各省份门站价格上调幅度不一，相关企业受到的影响将逐渐显现。

第二章 煤炭行业

我国是世界上最早利用煤的国家，目前这一阶段的世界能源消费构成中，原油、天然气和煤炭三大能源各占 30% 左右，而对于中国来说，煤炭却提供了 76% 的能源和 60% 以上的化工原料，可以说中国是以煤炭为主要能源的少数国家之一。煤炭是化工行业的主要原料，也是生产化肥的主要原材料之一，煤炭市场行情的变化更是影响化肥市场变化的主要因素。中国是石油、天然气及水资源等相对贫乏的国家，煤炭在以后数十年里仍将作为中国比较现实的和不可替代的能源基础，煤炭行业的发展状况关系到化工产业的发展，特别是化肥工业的发展。因此，煤炭对于我国的化工产业和化肥工业来说具有特别意义。

第一节 煤炭的介绍及分类

一、煤炭的介绍及分类

煤炭是古代植物埋藏在地下经历了复杂的生物化学和物理化学变化逐渐形成的固体可燃性矿物。一种固体可燃有机岩，主要由植物遗体经生物化学作用，埋藏后再经地质作用转变而成。俗称煤炭。煤炭被人们誉为黑色的金子，工业的食粮，它是十八世纪以来人类世界使用的主要能源之一。

现在虽然煤炭的重要位置已被石油所代替，但在今后相当长的一段时间内，由于石油的日渐枯竭，必然走向衰败，而煤炭因为储量巨大，加之科学技术的飞速发展，煤炭汽化等新技术日趋成熟，并得到广泛应用，煤炭将成为人类生产生活中的无法替代的能源之一。

二、煤炭的开采过程

1、矸石排放：煤矿生产排放量最大的固体废物，也是中国工业固体废物中产生量和堆积量最大的固体废物，产生量一般为煤炭产量的 10% 左右。中国煤矸石年排放量大约在 1.5 亿 ~2.0 亿吨之间。截止 2002 年底，全国煤矸石积存量约 34 亿吨，占地 2.6 万公顷，是中国工业固体废物中产出量和累计积存量最大的固体废物。2004 年，全国煤矸石综合利用量为 1.35 亿吨，利用率 54%。

2 矿井水的排放：在煤矿建设和生产过程中，各种类型的水源水会通过不同的途径进入巷道和工作面，为了保证采矿安全，防止水害发生，需将矿井涌水排出。据不完全统计，在采煤过程中，2004 年全国煤矿矿井水排放约 30 亿 m³，平均每吨煤涌水量约为 2m³。资源化利用率仅占 22% 左右。

3 瓦斯抽放与矿井通风：在煤炭开采前和开采中抽放瓦斯气，是保证煤矿安全的重要措施。但将抽放的瓦斯排入大气，会产生强烈的温室效应，瓦斯中所含甲烷的温室效应比二氧化碳大 20 倍。另外煤矿在生产过程中，井下巷道每秒钟都需要数十万乃至数百万立方米的空气，它们主要是通过矿井通风来完成，矿井通风同样含有瓦斯，并且还有大量粉尘。据近几年有关评价估算，全国煤层瓦斯资源量为 3×106Mm³。2002 年中国重点煤矿煤层瓦斯产生量为 9773.37Mm³，其中利用瓦斯量为 517.49Mm³，利用率 5% 左右。

山西阳煤丰喜肥业(集团)有限责任公司
SHANXI YANGMEI FENGXI FERTILIZER INDUSTRY (GROUP) LLC.

传统煤炭开采忽略其它共生、伴生矿物的开采、加工、利用，造成了资源的浪费。中国煤系共生、伴生 20 多种矿产，目前绝大多数没有利用，另外矿物的随意存放丢弃还会造成环境污染，破坏生态环境。

4、生态破坏：煤炭开采破坏了地壳内部原有的力学平衡状态。引起地表塌陷，原有生态系统受到破坏。这种破坏使原有土地收益的减少或丧失，同时也造成地表水利设施的破坏和生态环境恶化。每年因开采引起的地表塌陷面积已达 40 万 hm2，且平均每年以 1.5 万 hm2 的速度增加。

三、煤炭的作用

煤炭的用途十分广泛，可以根据其使用目的总结为两大主要用途：(1) 动力煤，(2) 炼焦煤。

我国动力煤的主要用途有：

1) 发电用煤：我国约 1/3 以上的煤用来发电，目前平均发电耗煤为标准煤 370g/(kW·h) 左右。电厂利用煤的热值，把热能转变为电能。

2) 蒸汽机车用煤：占动力用煤 2% 左右，蒸汽机车锅炉平均耗煤指标为 100kg/(万吨·km) 左右。

3) 建材用煤：约占动力用煤的 10% 以上，以水泥用煤量最大，其次为玻璃、砖、瓦等。

4) 一般工业锅炉用煤：除热电厂及大型供热锅炉外，一般企业及取暖用的工业锅炉型号繁多，数量大且分散，用煤量约占动力煤的 30%。

5) 生活用煤：生活用煤的数量也较大，约占燃料用煤的 20%。

6) 冶金用动力煤：冶金用动力煤主要为烧结和高炉喷吹用无烟煤，其用量不到动力用煤量的 1%。

炼焦煤

我国虽然煤炭资源比较丰富，但炼焦煤资源还相对较少，炼焦煤储量仅占我国煤炭总储量 27.65%。

炼焦煤类包括气煤（占 13.75%），肥煤（占 3.53%），主焦煤（占 5.81%），瘦煤（占 4.01%），其它为未分牌号的煤（占 0.55%）；非炼焦煤类包括无烟煤（占 10.93%），贫煤（占 5.55%），弱碱煤（占 1.74%），不缴煤（占 13.8%），长焰煤（占 12.52%），褐煤（占 12.76%），天然焦（占 0.19%），未分牌号的煤（占 13.80%）和牌号不清的煤（占 1.06%）。炼焦煤的主要用途是炼焦炭，焦炭由焦煤或混合煤高温冶炼而成，一般 1.3 吨左右的焦煤才能炼一吨焦炭。焦炭多用于炼钢，是目前钢铁等行业的主要生产原料，被喻为钢铁工业的“基本食粮”。

中国是焦炭生产大国，也是世界焦炭市场的主要出口国。2003 年，全球焦炭产量是 3.9 亿吨，中国焦炭产量达到 1.78 亿吨，约占全球总产量的 46%。在出口方面，2003 年我国共出口焦煤 1475 万吨，其中出口欧盟 458 万吨，约占 1/3。2004 年，中国共出口焦炭 1472 万吨，相当于全球焦炭贸易总量的 56%，国际焦炭市场仍供不应求。2008 年我国焦炭产量总计约 32700 万吨，2009 年 1 月至 9 月焦炭产量 25276.87 万吨。

四、煤炭的分类

有褐煤、烟煤、无烟煤、半无烟煤等几种。

（1）褐煤：多为块状，呈黑褐色，光泽暗，质地疏松；含挥发分 40% 左右，燃点低，容易着火，燃烧时上火快，火焰大，冒黑烟；含碳量与发热量较低（因产地煤级不同，发热量差异很大），燃烧时间短，需经常加煤。

（2）烟煤：一般为粒状、小块状，也有粉状的，多呈黑色而有光泽，质地细致，含挥发分30%以上，燃点不太高，较易点燃；含碳量与发热量较高，燃烧时上火快，火焰长，有大量黑烟，燃烧时间较长；大多数烟煤有粘性，燃烧时易结渣。

（3）无烟煤：有粉状和小块状两种，呈黑色有金属光泽而发亮。杂质少，质地紧密，固定碳含量高，可达80%以上；挥发分含量低，在10%以下，燃点高，不易着火；但发热量高，刚燃烧时上火慢，火上来后比较大，火力强，火焰短，冒烟少，燃烧时间长，粘结性弱，燃烧时不易结渣。应掺入适量煤土烧用，以减轻火力强度。1989年10月，国家标准局发布《中国煤炭分类国家标准》(GB5751-86)，依据干燥无灰基挥发分Vdaf、粘结指数G、胶质层最大厚度Y、奥亚膨胀度b、煤样透光性P、煤的恒湿无灰基高位发热量Qgr，maf等6项分类指标，将煤分为14类。即褐煤、长焰煤、不粘煤、弱粘煤、1／2中粘煤、气煤、气肥煤、1／3焦煤、肥煤、焦煤、瘦煤、贫瘦煤、贫煤和无烟煤。

五、世界煤炭储藏量

煤炭是地球上蕴藏量最丰富，分布地域最广的化石燃料。据世界能源委员会的评估，世界煤炭可采资源量达4．84×104亿t标准煤，占世界化石燃料可采资源量的66．8%。据《1997世界能源统计评论》统计，至1996年底，世界煤炭探明的可采储量为1.03161×104亿t，储采比为224年，其中七个储量最大的国家依次为美国、俄罗斯中国、澳大利亚、印度、德国、南非和波兰。

六、煤炭的产地分布

在各大陆、大洋岛屿都有煤分布，但煤在全球的分布很不均衡，各个国家煤的储量也很不相同。中国、美国、俄罗斯、德国是煤炭储量丰富的国家，也是世界上主要产煤国，尤其中国是世界上煤产量最高的国家。中国的煤炭资源在世界居于前列，仅次于美国和俄罗斯。

七、中国煤炭工业的发展

中国煤炭资源丰富，除上海以外其它各省区均有分布，但分布极不均衡。在中国北方的大兴安岭、太行山、贺兰山之间的地区，地理范围包括煤炭资源量大于1000亿吨以上的内蒙古、山西、陕西、宁夏、甘肃、河南6省区的全部或大部，是中国煤炭资源集中分布的地区，其资源量占全国煤炭资源量的50%左右，占中国北方地区煤炭资源量的55%以上。在中国南方，煤炭资源量主要集中于贵州、云南、四川三省，这三省煤炭资源量之和为3525.74亿吨，占中国南方煤炭资源量的91.47%；探明保有资源量也占中国南方探明保有资源量的90%以上。

2007年度中国能源矿产新增探明资源储量有较大增加，17种主要矿产新增大型矿产地62处，其中煤炭新探明41处大型矿产地，其中资源储量超过10亿吨的特大型矿产地有14处，净增查明资源储量448亿吨。中国已经查证的煤炭储量达到7241.16亿吨，其中生产和在建已占用储量为1868.22亿吨，尚未利用储量达4538.96亿吨。

2006年1-12月中国煤炭开采和洗选行业实现累计工业总产值698,829,619,000元，比上年同期增长了23.45%；实现累计产品销售收入709,234,867,000元，比上年同期增长了23.72%，实现累计利润总额67,726,662,000元，比上年同期增长了25.34%.

2007年1-12月中国煤炭开采和洗选行业实现累计工业总产值916,447,509,000元，比上年同期增长了28.06%。2008年1-10月中国煤炭开采和洗选行业实现累计工业总产值1,155,383,579,000元，比上年同期增长了57.81%。“十一五”期间是煤炭工业结构调整、产业转型的最佳时期。煤炭

山西阳煤丰喜肥业(集团)有限责任公司
SHANXI YANG MEI FENGXI FERTILIZER INDUSTRY (GROUP) LLC.

是中国的基础能源，在一次能源构成中占70%左右。“十一五”规划建议中进一步确立了“煤为基础、多元发展”的基本方略，为中国煤炭工业的兴旺发展奠定了基础。“十一五”期间需要新建煤矿规模3亿吨左右，其中投产2亿吨，转结“十二五”1亿吨。中国煤炭工业将继续保持旺盛的发展趋势，今后一个较长时期内，中国煤炭工业的发展前景都将非常广阔。

第二节 中国煤炭行业分析报告（2011年1季度）

2011年1季度中国煤炭开采和洗选业总体运行态势良好。市场需求旺盛，煤炭产销量增加；库存有所增长；价格维持高位运行；由于国际煤价高位运行，进口减少，出口略有增加；受国家政策影响，投资有所回落。

2011年1季度，中国煤炭开采和洗选业企业景气指数为168.5，高于上年同期18.4点，总体上看，中国煤炭开采和洗选业企业景气指数处于“较强景气”状态。

2011年1季度，中国煤炭开采和洗选业呈现平稳增长的趋势。截至2011年3月末，中国煤炭开采和洗选业资产总计为30882.54亿元，同比增长27.27%，增速比2010年2月上升了1.59个百分点；企业单位数为7550个，比2010年2月减少了1541个；亏损企业数为1144个，比2010年2月减少了171个；全部从业人员年平均人数为500.25万人，同比增长8.41%，增速比2010年2月上升了3.44个百分点。

由于市场需求旺盛，2011年1季度中国煤炭开采和洗选业工业销售产值为5779.05亿元，同比增长34.65%；产品销售收入为6512.28亿元，同比增长40.17%。受4月份大秦线检修预期的影响，用煤企业有意识提前储煤，2011年1季度中国煤炭开采和洗选业存货为1434.56亿元，同比增长39.42%。

受国家政策影响，中国煤炭开采和洗选业的利润总额持续增长，但增速有所放缓。2011年1～3月，中国煤炭开采和洗选业利润总额为388.06亿元，同比增长38.34%。

中国煤炭开采及洗选业的投资增长明显回落。2011年1～3月，中国煤炭开采及洗选业累计固定资产投资额为404.37亿元，同比增长8.4%。

1.2011年1～3月煤炭行业整体运行形势分析

2011年1季度，中国煤炭开采和洗选业整体运行态势良好，景气指数呈现攀升之势，继续高于采矿业企业景气指数。2011年1季度，中国煤炭开采和洗选业企业景气指数为168.5，高于上年同期18.4点，比同期采矿业企业景气指数高17.3点。

中国煤炭开采和洗选业的高景气得益于市场对煤炭的旺盛需求。其一，来自下游产业的需求增加，特别是电力行业。2011年伊始，新开工率上升造成了工业用电增加；由于天气仍然偏冷，民用电需求旺盛。其二就是企业开始储煤，由于存在2011年4月份大秦铁路年度检修的预期，电厂开始有意识的储煤。其三就是国际煤炭价格高于国内煤炭价格，进而增加了对国内煤炭的需求。

二、总体情况

2011年以来，中国煤炭开采和洗选业呈现平稳增长的趋势，产业规模持续扩大。截至2011年

3 月末，中国煤炭开采和洗选业资产总计为 30882.54 亿元，同比增长 27.27%，增速比 2010 年 2 月上升了 1.59 个百分点；负债合计为 18311.43 亿元，同比增长 26.39%，增速比 2010 年 2 月上升了 1.61 个百分点；流动资产年平均余额为 13529.47 亿元，同比增长 35%，增速比 2010 年 2 月上升了 2.69 个百分点；企业单位数为 7550 个，比 2010 年 2 月减少了 1541 个；亏损企业数为 11442 个，比 2010 年 2 月减少了 171 个；全部从业人员年平均人数为 500.25 万人，同比增长 8.41%，增速比 2010 年 2 月上升了 3.44 个百分点。

三、销售情况

从总体上看，得益于市场的需求旺盛，2011 年 1 季度中国煤炭开采和洗选业产销情况良好。1 ～ 3 月，中国煤炭开采和洗选业工业销售产值为 5779.05 亿元，同比增长 34.65%，增速比 2010 年 2 月下降了 10.42 个百分点；产品销售收入为 6512.28 亿元，同比增长 40.17%，增速比 2010 年 2 月下降了 16.77 个百分点；出口交货值为 12.71 亿元，同比增长 26.71%，增速比 2010 年 2 月上升了 55.05 个百分点。

四、存货情况

受 4 月份大秦线检修预期的影响，用煤企业有意识提前储煤，2011 年 1 季度存货明显增加。截至 2011 年 3 月末，中国煤炭开采和洗选业存货为 1434.56 亿元，同比增长 39.42%，增速比 2010 年 2 月上升了 12.31 个百分点；产成品资金占用为 572.82 亿元，同比增长 27.89%，增速比 2010 年 2 月上升了 11.32 个百分点；应收帐款净额为 1953.85 亿元，同比增长 34.39%，增速比 2010 年 2 月上升了 9.77 个百分点。

五、利润情况

（一）利润总额

从总体上看，中国煤炭开采和洗选业的利润总额持续增长，但增速有所放缓。

这主要是受国家政策的影响。在通胀压力下，2010 年 12 月 6 日国家发改委发布了《关于做好 2011 年煤炭产运需衔接工作的通知》（发改运行 [2010]2880 号），明确要求 2011 年重点电煤合同价保持 2010 年水平，不得以任何形式上涨。这一限价政策对煤炭行业利润增长造成了减速效应。

2011 年 1 ～ 3 月，中国煤炭开采和洗选业利润总额为 888.06 亿元，同比增长 38.34%，增速比 2010 年 2 月下降了 53.59 个百分点；亏损企业亏损总额为 31.88 亿元，同比增长 58.20%，增速比 2010 年 2 月上升了 91.71 个百分点。

（二）成本费用

2011 年以来，在国内外通胀压力进一步显现的背景下，中国煤炭开采和洗选业企业的成本也随之上升。截至 2011 年 3 月末，中国煤炭开采和洗选业成本费用总额为 5428.86 亿元，比 2010 年 2 月增加了 2971.87 亿元；产品销售成本为 4713.50 亿元，同比增长 43.90%，增速比 2010 年 2 月下降了 14.38 个百分点；产品销售费用为 161.63 亿元，同比增长 24.91%，增速比 2010 年 2 月下降了 11.33 个百分点；管理费用为 458.46 亿元，同比增长 18.64%，增速比 2010 年 2 月下降了 10.97 个百分点；财务费用为 95.27 亿元，同比增长 31.68%，增速比 2010 年 2 月上升了 1.29 个百分点；税金总额为 603.35 亿元，同比增长 30.33%，增速比 2010 年 2 月下降了 25.46 个百分点。

（三）出厂价格指数

山西阳煤丰喜肥业(集团)有限责任公司
SHANXI YANGMEI FENGXI FERTILIZER INDUSTRY (GROUP) LLC.

2011 年一季度，中国煤炭开采和洗选业工业品出厂价格指数呈高位下落、趋稳的态势。一季度，中国煤炭开采和洗选业工业品出厂价格指数分别为 112.3、111.3 和 111.1。

六、运行绩效

（一）营运能力

2011 年 1 季度中国煤炭开采和洗选业的营运能力有明显提高。

2011 年 1 ～ 3 月，中国煤炭开采和洗选业总资产周转率为 21.09%，比 2010 年 2 月增加了 8.79 个百分点；流动资产周转次数为 0.48 次，比 2010 年 2 月增加了 0.18 次；产成品周转率为 8.23 次，比 2010 年 2 月增加了 3.59 次。

（二）盈利能力

受人工费用等成本增加较快的影响，中国煤炭开采和洗选业的盈利能力略有下降。

2011 年 1 ～ 3 月，中国煤炭开采和洗选业毛利率为 27.62%，比 2010 年 2 月减少了 0.66 个百分点；销售利润率为 13.64%，比 2010 年 2 月增加了 0.13 个百分点；成本费用利润率为 16.36%，比 2010 年 2 月增加了 0.33 个百分点；资产利润率为 2.88%，比 2010 年 2 月增加了 1.22 个百分点；净资产利润率为 7.06%，比 2010 年 2 月增加了 3.02 个百分点。

（三）偿债能力

2011 年 1 ～ 3 月，中国煤炭开采和洗选业资产负债率为 59.29%，比 2010 年 2 月增加了 0.35 个百分点；利息保障倍数为 10.32 倍，比 2010 年 2 月增加了 0.44 倍；产权比率为 145.66%，比 2010 年 2 月增加了 2.14 个百分点。

（四）发展能力

截至 2011 年 3 月末，中国煤炭开采和洗选业销售收入增长率为 40.17%，比 2010 年 2 月减少了 16.77 个百分点；资产总额增长率为 27.27%，比 2010 年 2 月增加了 1.59 个百分点；资本保值增值率为 128.57%，比 2010 年 2 月增加了 1.57 个百分点。

七、固定资产投资

煤炭工业作为中国基础的能源产业，是国民经济快速发展的重要保障。2011

年伊始，随着国家加大对能源基础工业的调整力度，中国煤炭开采及洗选业的投资增长明显回落。

2011 年 1 ～ 3 月，中国煤炭开采及洗选业累计固定资产投资额为 404.37 亿元，同比增长 8.4%，增幅比上年同期下降了 21.5 个百分点。煤炭开采及洗选业累计固定资产投资额占采矿业固定资产投资额的比重为 37.50%，占比比上年同期上升了 1.11 个百分点。

一、主要产品产量情况

（一）原煤

2011 年 1 ～ 3 月，中国累计生产原煤 79200 万吨，同比增长 8.30%，增幅比上年同期下降了 20.36 个百分点。

分月度来看，2011 年 1 月中国生产原煤 26826.30 万吨，同比增长 4.75%，增幅比上年同期下降了 43.85 个百分点；2 月生产原煤 24749.49 万吨，同比增长 16.21%，增幅比上年同期上升了 7.86 个百分点；3 月生产原煤 32088.87 万吨，同比增长 14.68%，增幅比上年同期下降了 5.19 个百分点。

（二）洗煤

2011 年 1 ～ 3 月，中国累计生产洗煤 23088.7 万吨，同比增长 18.50%，增幅比上年同期下降了 12.98 个百分点。

分月度来看，2011 年 1 月中国生产洗煤 7093.5 万吨，同比增长 12.37%，增幅比上年同期下降了 30.16 个百分点；2 月生产洗煤 7030.4 万吨，同比增长 25.6%，增幅比上年同期上升了 12.0 个百分点；3 月生产洗煤 9046.4 万吨，同比增长 16.8%，增幅比上年同期下降了 21.8 个百分点。

二、主要产品销售情况

2011 年伊始，恰逢中国春节期间，煤炭生产处于淡季，而冬季又是用煤高峰期，市场需求旺盛，煤炭销售持续增长，增速一路上行。

2011 年 1 ～ 3 月，中国重点煤矿累计销售 46428.5 万吨，同比增长 24.9%，增幅比上年同期上升了 6.3 个百分点。

分月度来看，2011 年 1 月中国重点煤矿销售 15332.5 万吨，同比增长 18.23%，增幅比上年同期下降了 10.02 个百分点；2 月重点煤矿销售 14224 万吨，同比增长 27.6%，增幅比上年同期上升了 16.44 个百分点；3 月重点煤矿销售 16872 万吨，同比增长 29.21%，增幅比上年同期上升了 12.65 个百分点。

三、主要产品价格

进入 2011 年 1 季度，正处煤炭生产淡季，而煤炭需求依然旺盛，特别是在国际煤价高位震荡、国内物价整体上涨的压力下，中国煤炭价格持续上涨。

预测 2011 年全年市场煤价将保持上涨趋势，继续在高位运行。其一，2010 年国家发改委对于 2011 年的合同煤价作出了严格的限制要求，因而，在合同煤价格不能上调的情况下，市场煤价势必成为煤炭企业提高盈利能力的唯一方向；其二，2011 年，日本灾后重建工作将带动国际煤炭需求，受此影响，国际煤价将维持在高位运行或者有可能继续冲高，中国煤炭进口量将会下滑，进而增加了对国内煤炭的需求，进一步支撑了国内煤炭的价格。因此，2011 年全年中国煤炭价格将维持高位运行，大幅下降的可能性不大。

2011 年 1 季度，国际煤价高位运行，国内外煤价倒挂，中国煤炭进口大幅下滑，而出口低位平稳运行。

一、原煤

2011 年 1 ～ 3 月，中国煤累计出口额为 9.88 亿美元，同比增长 100.7%，增速比上年同期上升了 149.1 个百分点；累计进口额为 36.84 亿美元，同比增长 -10.6%，增速比上年同期下降了 263.3 个百分点；实现贸易逆差 26.96 亿美元，比上年同期的贸易逆差 36.59 亿美元，逆差减少了 9.63 亿美元。

（一）出口情况

2011 年 1 ～ 3 月，中国煤累计出口额为 9.88 亿美元，同比增长 100.7%，增速比上年同期上升了 149.1 个百分点；

（二）进口情况

2011 年 1 ～ 3 月，中国煤累计进口额为 36.84 亿美元，同比增长 -10.6%，增速比上年同期下降了 263.3 个百分点。

山西阳煤丰喜肥业(集团)有限责任公司
SHANXI YANGMEI FENGXI FERTILIZER INDUSTRY (GROUP) LLC.

（三）贸易平衡

2011 年 1 ～ 3 月，中国煤实现贸易逆差 26.96 亿美元，比上年同期的贸易逆差 36.59 亿美元，逆差减少了 9.63 亿美元。

二、无烟煤

（一）出口情况

2011 年 1 ～ 3 月，中国无烟煤累计出口量为 124 万吨，同比增长 50.9%，增速比上年同期上升了 35.8 个百分点；累计出口额为 22102.2 万美元，同比增长 154.7%，增速比上年同期上升了 193.9 个百分点；出口单价为 178.24 美元 / 吨，比上年同期增加了 77.77 美元 / 吨。

（二）进口情况

2011 年 1 ～ 3 月，中国无烟煤累计进口量为 551 万吨，同比增长 -8.1%，增速比上年同期下降了 5.2 个百分点；累计进口额为 49671.6 万美元，同比增长 2.6%，增速比上年同期下降了 37.2 个百分点；进口单价为 90.15 美元 / 吨，比上年同期增加了 9.46 美元 / 吨。

（三）贸易平衡

2011 年 1 ～ 3 月，中国无烟煤实现贸易逆差 2.76 亿美元，比上年同期的贸易逆差 4.15 亿美元，逆差减少了 1.39 亿美元。

三、炼焦煤

（一）出口情况

2011 年 1 ～ 3 月，中国炼焦煤累计出口量为 169 万吨，同比增长 632.9%，增速比上年同期上升了 402.2 个百分点；累计出口额为 43403.7 万美元，同比增长 1213.6%，增速比上年同期上升了 1111.8 个百分点；出口单价为 256.83 美元 / 吨，比上年同期增加了 113.73 美元 / 吨。

（二）进口情况

2011 年 1 ～ 3 月，中国炼焦煤累计进口量为 1049 万吨，同比增长 -3.5%，增速比上年同期下降了 219.3 个百分点；累计进口额为 166843.7 万美元，同比增长 6.0%，增速比上年同期下降了 195.0 个百分点；进口单价为 159.05 美元 / 吨，比上年同期增加了 14.47 美元 / 吨。

（三）贸易平衡

2011 年 1 ～ 3 月，中国炼焦煤实现贸易逆差 12.3 亿美元，比上年同期的贸易逆差 15.4 亿美元，逆差减少了 3.06 亿美元。

Ⅳ 2011 年 1 ～ 3 月煤炭开采和洗选业市场竞争状况

一、按地区

（一）产品销售收入

2011 年 1 ～ 3 月，中国煤炭开采和洗选业累计实现产品销售收入 6512.28 亿元。其中：累计实现产品销售收入前 5 个省（市、区）是山西、内蒙古、河南、山东、河北，累计实现产品销售收入分别为 1404.23、743.53、728.04、660.70、474.49 亿元，其累计实现产品销售收入合计占全国的比重为 61.59%。累计实现产品销售收入集中度（CR5）比 2010 年 1 ～ 2 月（63.43%）下降了 1.84 个百分点。

1 ～ 3 月，中国煤炭开采和洗选业累计实现产品销售收入同比增长 40.17%。其中，累计实现产品销售收入同比增长较快的是天津、湖北、贵州、四川、湖南等省（市、区），累计实现产品销售收入同比增长分别为108.11%、80.00%、57.98%、54.93%、53.99%，增速分别高于全国平均水平67.94、39.83、17.81、14.76、13.82个百分点。

（二）利润

2011年1～3月，中国煤炭开采和洗选业累计利润总额为888.06亿元。其中：累计利润总额前5个省（市、区）是山西、内蒙古、陕西、山东、河南，累计利润总额分别为200.26、172.11、124.97、110.27、93.87亿元，其累计利润总额合计占全国的比重为78.99%。累计利润总额集中度（CR5）比2010年1～2月（79.16%）下降了0.17个百分点。

1～3月，中国煤炭开采和洗选业累计利润总额同比增长38.34%。其中，累计利润总额同比增长较快的是江苏、青海、黑龙江、安徽、江西等省（市、区），累计利润总额同比增长分别为194.20%、116.49%、97.70%、67.34%、61.05%，增速分别高于全国平均水平155.86、78.15、59.36、29.00、22.71个百分点。

（三）亏损企业亏损总额

2011年3月末，中国煤炭开采和洗选业亏损面为15.15%，比2010年2月末（14.46%）基本持平。

1～3月，中国煤炭开采和洗选业累计亏损企业亏损总额为31.88亿元。其中：累计亏损企业亏损总额前5个省（市、区）是山西、贵州、内蒙古、黑龙江、安徽，累计亏损企业亏损总额分别为13.03、5.42、1.92、1.38、1.15亿元，其累计亏损企业亏损总额合计占全国的比重为71.85%。累计亏损企业亏损总额集中度（CR5）比2010年1～2月（61.70%）上升了10.15个百分点。

1～3月，中国煤炭开采和洗选业累计亏损企业亏损总额同比增长58.20%。其中，累计亏损企业亏损总额同比增长较快的是甘肃、广西、安徽、北京、山东等省（市、区），累计亏损企业亏损总额同比增长分别为411.95%、340.26%、335.23%、240.14%、207.84%，增速分别高于全国平均水平353.75、282.06、277.03、181.94、149.64个百分点。

（四）亏损深度

2011年1～3月，中国煤炭开采和洗选业亏损深度为3.59%。其中，亏损深度较大的有广西、湖北、贵州、新疆、黑龙江等省（市、区），亏损深度分别为103.41%、52.32%、32.06%、28.71%、22.68%，增速分别高于全国平均水平99.82、48.73、28.47、25.12、19.09个百分点。

二、按企业规模

（一）产品销售收入

2011年1～3月，中国煤炭开采和洗选业累计实现产品销售收入6512.28亿元，同比增长40.17%，增幅比2010年1～2月下降了16.77个百分点。其中：大型企业累计实现产品销售收入3577.98亿元，同比增长30.74%，增幅比2010年1～2月下降了17.93个百分点，增幅比行业平均水平低9.43个百分点。累计实现产品销售收入占全国的54.94%，占比比2010年1～2月下降了3.60个百分点；

中型企业累计实现产品销售收入898.11亿元，同比增长44.95%，增幅比2010年1～2月上升了0.90个百分点，增幅比行业平均水平高4.78个百分点。累计实现产品销售收入占全国的13.79%，占比比2010年1～2月上升了0.98个百分点；

山西阳煤丰喜肥业(集团)有限责任公司
SHANXI YANGMEI FENGXI FERTILIZER INDUSTRY (GROUP) LLC.

小型企业累计实现产品销售收入2036.19亿元，同比增长57.86%，增幅比2010年1～2月下降了27.58个百分点，增幅比行业平均水平高17.69个百分点。累计实现产品销售收入占全国的31.27%，占比比2010年1～2月上升了2.62个百分点。

（二）利润

2011年1～3月，中国煤炭开采和洗选业累计利润总额为888.06亿元，同比增长38.34%，增幅比2010年1～2月下降了53.59个百分点。其中：

大型企业累计利润总额为475.84亿元，同比增长20.85%，增幅比2010年1～2月下降了48.67个百分点，增幅比行业平均水平低17.49个百分点。累计利润总额占全国的53.58%，占比比2010年1～2月下降了2.54个百分点；

中型企业累计利润总额为223.55亿元，同比增长79.24%，增幅比2010年1～2月下降了59.00个百分点，增幅比行业平均水平高40.90个百分点。累计利润总额占全国的25.17%，占比比2010年1～2月上升了4.26个百分点；

小型企业累计利润总额为188.68亿元，同比增长52.8%，增幅比2010年1～2月下降了71.96个百分点，增幅比行业平均水平高14.46个百分点。累计利润总额占全国的21.25%，占比比2010年1～2月下降了1.72个百分点。

（三）亏损企业亏损总额

2011年1～3月，中国煤炭开采和洗选业亏损企业亏损总额为31.88亿元，同比增长58.2%，增幅比2010年1～2月上升了91.71个百分点。其中：

大型企业亏损企业亏损总额为8.55亿元，同比增长92.88%，增幅比2010年1～2月上升了128.45个百分点，增幅比行业平均水平高34.68个百分点。亏损企业亏损总额占全国的26.83%，占比比2010年1～2月上升了0.35个百分点；

中型企业亏损企业亏损总额为7.66亿元，同比增长13.49%，增幅比2010年1～2月上升了67.51个百分点，增幅比行业平均水平低44.71个百分点。亏损企业亏损总额占全国的24.04%，占比比2010年1～2月上升了6.34个百分点；

小型企业亏损企业亏损总额为15.66亿元，同比增长74.72%，增幅比2010年1～2月上升了95.89个百分点，增幅比行业平均水平高16.52个百分点。亏损企业亏损总额占全国的49.13%，占比比2010年1～2月下降了6.69个百分点。

（四）亏损深度

2011年1～3月，中国煤炭开采和洗选业亏损深度为3.59%，比2010年1～2月下降了1.57个百分点。其中：

大型企业亏损深度为1.80%，比2010年1～2月下降了0.64个百分点，比行业平均水平高0.93个百分点；

中型企业亏损深度为3.43%，比2010年1～2月下降了0.93个百分点，比行业平均水平高0.63个百分点；

小型企业亏损深度为8.30%，比2010年1～2月下降了4.23个百分点，比行业平均水平低2.66个百分点。

三、按企业类型

（一）产品销售收入

2011年1～3月，中国煤炭开采和洗选业累计实现产品销售收入6512.28亿元，同比增长40.17%，增幅比2010年1～2月下降了16.77个百分点。其中：国有企业累计实现产品销售收入2012.08亿元，同比增长26.78%，增幅比2010年1～2月下降了21.88个百分点，增幅比行业平均水平低13.39个百分点。累计实现产品销售收入占全国的30.90%，占比比2010年1～2月下降了9.27个百分点；

集体企业累计实现产品销售收入112.00亿元，同比增长31%，增幅比2010年1～2月下降了31.04个百分点，增幅比行业平均水平低9.17个百分点。累计实现产品销售收入占全国的1.72%，占比比2010年1～2月下降了0.72个百分点；

股份合作企业累计实现产品销售收入66.47亿元，同比增长107.07%，增幅比2010年1～2月上升了31.31个百分点，增幅比行业平均水平高66.90个百分点。累计实现产品销售收入占全国的1.02%，占比比2010年1～2月上升了0.13个百分点；

股份制企业累计实现产品销售收入366.96亿元，同比增长40.37%，增幅比2010年1～2月上升了4.23个百分点，增幅比行业平均水平高0.20个百分点。累计实现产品销售收入占全国的5.63%，占比比2010年1～2月下降了0.38个百分点；

私营企业累计实现产品销售收入1207.62亿元，同比增长49.32%，增幅比2010年1～2月下降了26.38个百分点，增幅比行业平均水平高9.15个百分点。累计实现产品销售收入占全国的18.54%，占比比2010年1～2月上升了1.70个百分点；

外商和港澳台投资企业累计实现产品销售收入271.95亿元，同比增长65.14%，增幅比2010年1～2月上升了78.21个百分点，增幅比行业平均水平高24.97个百分点。累计实现产品销售收入占全国的4.18%，占比比2010年1～2月上升了1.72个百分点；

其他企业累计实现产品销售收入2475.22亿元，同比增长45.04%，增幅比2010年1～2月下降了29.61个百分点，增幅比行业平均水平高4.87个百分点。累计实现产品销售收入占全国的38.01%，占比比2010年1～2月上升了6.82个百分点。

（二）利润

2011年1～3月，中国煤炭开采和洗选业累计利润总额为888.06亿元，同比增长38.34%，增幅比2010年1～2月下降了53.59个百分点。其中：

国有企业累计利润总额为289.18亿元，同比增长34.39%，增幅比2010年1～2月下降了65.54个百分点，增幅比行业平均水平低3.95个百分点。累计利润总额占全国的32.56%，占比比2010年1～2月下降了4.62个百分点；

集体企业累计利润总额为11.72亿元，同比增长45.14%，增幅比2010年1～2月下降了104.38个百分点，增幅比行业平均水平高6.80个百分点。累计利润总额占全国的1.32%，占比比2010年1～2月下降了1.16个百分点；

股份合作企业累计利润总额为14.06亿元，同比增长209.27%，增幅比2010年1～2月上升了65.19个百分点，增幅比行业平均水平高170.93个百分点。累计利润总额占全国的1.58%，占比比

山西阳煤丰喜肥业(集团)有限责任公司
SHANXI YANGMEI FENGXI FERTILIZER INDUSTRY (GROUP) LLC.

2010 年 1 ～ 2 月上升了 0.75 个百分点；

股份制企业累计利润总额为 93.79 亿元，同比增长 9.71%，增幅比 2010 年 1 ～ 2 月下降了 26.68 个百分点，增幅比行业平均水平低 28.63 个百分点。累计利润总额占全国的 10.56%，占比比 2010 年 1 ～ 2 月下降了 3.90 个百分点；

私营企业累计利润总额为 133.17 亿元，同比增长 50.27%，增幅比 2010 年 1 ～ 2 月下降了 111.43 个百分点，增幅比行业平均水平高 11.93 个百分点。累计利润总额占全国的 15.00%，占比比 2010 年 1 ～ 2 月下降了 0.34 个百分点；

外商和港澳台投资企业累计利润总额为 33.42 亿元，同比增长 -1.32%，增幅比 2010 年 1 ～ 2 月下降了 81.27 个百分点，增幅比行业平均水平低 39.66 个百分点。累计利润总额占全国的 3.76%，占比比 2010 年 1 ～ 2 月下降了 0.23 个百分点；

其他企业累计利润总额为 312.72 亿元，同比增长 51.7%，增幅比 2010 年 1 ～ 2 月下降了 38.94 个百分点，增幅比行业平均水平高 13.36 个百分点。累计利润总额占全国的 35.21%，占比比 2010 年 1 ～ 2 月上升了 9.49 个百分点。

（三）亏损企业亏损总额

2011 年 1 ～ 3 月，中国煤炭开采和洗选业亏损企业亏损总额为 31.88 亿元，同比增长 58.2%，增幅比 2010 年 1 ～ 2 月上升了 91.71 个百分点。其中：国有企业亏损企业亏损总额为 11.36 亿元，同比增长 74.06%，增幅比 2010 年 1 ～ 2 月上升了 101.19 个百分点，增幅比行业平均水平高 15.86 个百分点。亏损企业亏损总额占全国的 35.63%，占比比 2010 年 1 ～ 2 月上升了 1.61 个百分点；

集体企业亏损企业亏损总额为 0.90 亿元，同比增长 39.23%，增幅比 2010 年 1 ～ 2 月上升了 72.40 个百分点，增幅比行业平均水平低 18.97 个百分点。亏损企业亏损总额占全国的 2.83%，占比比 2010 年 1 ～ 2 月下降了 1.52 个百分点；

股份合作企业亏损企业亏损总额为 0.07 亿元，同比增长 -9%，增幅比 2010 年 1 ～ 2 月上升了 66.21 个百分点，增幅比行业平均水平低 67.20 个百分点。亏损企业亏损总额占全国的 0.23%，占比比 2010 年 1 ～ 2 月下降了 0.22 个百分点；

股份制企业亏损企业亏损总额为 0.76 亿元，同比增长 11.13%，增幅比 2010

年 1 ～ 2 月上升了 1.81 个百分点，增幅比行业平均水平低 47.07 个百分点。亏损企业亏损总额占全国的 2.38%，占比比 2010 年 1 ～ 2 月上升了 0.15 个百分点；

私营企业亏损企业亏损总额为 7.78 亿元，同比增长 35.54%，增幅比 2010 年 1 ～ 2 月上升了 95.69 个百分点，增幅比行业平均水平低 22.66 个百分点。亏损企业亏损总额占全国的 24.42%，占比比 2010 年 1 ～ 2 月上升了 4.03 个百分点；

外商和港澳台投资企业亏损企业亏损总额为 1.71 亿元，同比增长 475.91%，增幅比 2010 年 1 ～ 2 月上升了 556.61 个百分点，增幅比行业平均水平高 417.71 个百分点。亏损企业亏损总额占全国的 5.35%，占比比 2010 年 1 ～ 2 月上升了 3.89 个百分点；

其他企业亏损企业亏损总额为 9.30 亿元，同比增长 50.56%，增幅比 2010 年 1 ～ 2 月上升了 43.38 个百分点，增幅比行业平均水平低 7.64 个百分点。亏损企业亏损总额占全国的 29.16%，占比比 2010 年 1 ～ 2 月下降了 7.93 个百分点。

（四）亏损深度

2011 年 1 ～ 3 月，中国煤炭开采和洗选业亏损深度为 3.59%，比 2010 年 1 ～ 2 月下降了 1.57 个百分点。其中：

国有企业亏损深度为 3.93%，比 2010 年 1 ～ 2 月下降了 0.79 个百分点，比行业平均水平高 0.78 个百分点；

集体企业亏损深度为 7.69%，比 2010 年 1 ～ 2 月下降了 1.36 个百分点，比行业平均水平高 0.21 个百分点；

股份合作企业亏损深度为 0.52%，比 2010 年 1 ～ 2 月下降了 2.28 个百分点，比行业平均水平低 0.71 个百分点；

股份制企业亏损深度为 0.81%，与 2010 年 1 ～ 2 月″基本持平，比行业平均水平高 1.58 个百分点；

私营企业亏损深度为 5.85%，比 2010 年 1 ～ 2 月下降了 1.01 个百分点，比行业平均水平高 0.56 个百分点；

外商和港澳台投资企业亏损深度为 5.10%，比 2010 年 1 ～ 2 月上升了 3.21 个百分点，比行业平均水平高 4.78 个百分点；

其他企业亏损深度为 2.97%，比 2010 年 1 ～ 2 月下降了 4.46 个百分点，比行业平均水平低 2.90 个百分点。

Ⅳ 2011 年 1 季度行业热点

一、热点事件

（一）2011 年春节期间全国万余处矿井停产

国家安监总局调度统计数据显示，2011 年春节期间，全国煤矿停产矿井数

为 10746 处，停产能力为 24.04 亿吨。截至 2 月 18 日，已复产矿井数量为 1184 处，占停产矿井数量的 11%，复产能力为 6.66 亿吨，占停产矿井能力的 27.7%。

原国有重点煤矿已复产矿井数量和复产能力分别为 429 处、4.91 亿吨，分别占春节期间停产检修矿井数量和能力的 41.8%、50.3%。国有地方煤矿已复产矿井数量和复产能力分别为 295 处、1.28 亿吨，分别占停产检修矿井数量和能力的 24.4%、28.1%。乡镇煤矿已复产矿井数量和复产能力分别为 460 处、0.46 亿吨，分别占停产矿井数量和能力的 5.4%、4.8%。

重点产煤省份中，山西已复产矿井数量和复产能力分别为 92 处、1.6 亿吨，分别占春节期间停产检修矿井数量和能力的 10.7%、19.9%。黑龙江已复产矿井数量和复产能力分别为 130 处、6328 万吨，分别占春节期间停产检修矿井数量和能力的 13.9%、56.4%。山东已复产矿井数量和复产能力分别为 208 处、1.7 亿吨，分别占春节期间停产检修矿井数量和能力的 93.3%、101.1%。河南已复产矿井数量和复产能力分别为 53 处、3579 万吨，分别占春节期间停产检修矿井数量和能力的 8.4%、30.7%。

2011 年 1 月 1 日至 2 月 20 日，煤矿共发生各类事故 75 起，死亡 90 人，同比分别减少 55 起、146 人，分别下降 42.3%、61.9%。然而，个别地方仍存在未经复工验收私自开采行为。2 月 16 日，湖南省衡阳市耒阳市小水镇州里村煤矿井下发生瓦斯爆炸事故，当班 11 人下井，6 人安全升井，3 人死亡，2 人受伤。该矿为私营煤矿，正处于基建施工阶段，事故发生时，尚未经过耒阳市煤炭局

山西阳煤丰喜肥业(集团)有限责任公司
SHANXI YANGMEI FENGXI FERTILIZER INDUSTRY (GROUP) LLC.

节后复工验收。

（二）神华集团“十二五”计划完成投资 5152 亿元

“十二五”期间，神华集团公司将积极调整能源战略结构，抓住西部大开发的大好机遇，计划 5 年里完成投资 5152 亿元，年平均投资 1030 亿元。

为建成具有国际竞争力的世界一流煤炭综合能源企业，实现可持续安全发展、清洁发展、和谐发展，“十二五”期间，神华集团煤炭将新建新增产能 2 亿吨，铁路新建正线 1500 公里，港口新吞吐能力净增 1 亿吨，电力新增装机 3000 万千瓦。

同时，在内蒙古、陕西、山西、新疆 4 省区，分别建设褐煤转化、能源化工、煤焦化、煤制油大型基地。

2011 年，神华集团计划基本建设投资 882 亿元，具体确定了 10 大项目：北京低碳能源研究所及技术创新基地、准池铁路、神朔及朔黄扩能改造、黄骅港三期工程、西湾煤矿、黄玉川煤矿、新准铁路、甘泉铁路、徐州电厂、准东五彩湾露天煤矿。

到 2015 年，神华集团煤炭总量将超过 6 亿吨，铁路运营里程超过 3300 公里，港口吞吐能力达到 2.3 亿吨，电力装机规模达到 7000 万千瓦时，煤制油化工年产量达到 1000 万吨。

（三）晋煤集团打造矿用材料研发与生产基地

进入“十二五”，晋煤集团瞄准矿用材料广阔市场，早着手、早谋划，积极进行工业园区的规划建设，着力打造国内矿用材料研发与生产的重要基地。工业园区的建成将充分发挥矿用材料产品的聚集优势，进一步改善投资环境，促使企业开放型经济得到全面发展。

近年来，随着晋煤集团乃至全国煤矿开采强度与产量的大幅度提高，不断出

现深部高地应力巷道、特大断面巷道、受强力采动影响巷道、沿空留巷等复杂困难条件下的支护难题，支护产品市场需求也呈现出巨大的发展潜力。早在 2009 年 1 月，晋煤集团就与国家煤炭总院强强联合，成立了集科研、设计、开发、生产经营于一体的煤炭科学研究总院开采分院矿用材料研发基地，并成为中国煤炭物产集团公司支护产品定点生产厂家之一。在完成晋煤集团各生产矿井 90% 支护产品供应需求的同时，仅系列锚杆单项年销售达 300 余万套，锚固剂产量突破 800 万支。

（四）宁夏首个由采矿权人履职的矿山环境治理工程完工

2011 年 3 月，宁夏第一个由采矿权人履职的矿山环境治理恢复工程，通过了自治区国土资源厅、财政厅和环境保护厅的联合验收。标志着宁夏矿山开发走上不再拖欠地质环境“新账”的良性轨道。截至 2011 年 3 月 1 日，宁夏矿山企业缴存环境治理和生态恢复保证金近 1 亿元。

宁夏自 2008 年开始实施矿山环境治理和生态恢复保证金制度，按照“企业所有、政府监管，专款专用”的原则，由矿山企业预提，以矿山企业法人名义专户存储，用于保证矿山企业履行矿山环境治理和生态恢复义务。这项制度的实施，

从根本上解决了新建和在建矿山产生的矿山环境问题。

（五）全国千万吨以上煤企达 50 家，占全国产量过半

据国家统计局最新发布的“十一五”经济社会发展成就系列报告显示，“十一五”5 年间，中国工业经济不仅经受住了国际金融危机、汶川地震等一系列历史罕见的严峻考验，保持了平稳较快发展，成为国民经济企稳回升的主要推动力量，在结构调整和优化方面也迈出了令人欣喜的步伐，

为“十二五”乃至更长时期工业经济的可持续发展奠定了重要基础。

据初步统计，2010 年中国发电量达到 42065 亿千瓦小时，是 2005 年的 1.7 倍；原煤产量 32.4 亿吨，是 2005 年的 1.4 倍；化肥 6740.6 万吨，是 2005 年的 1.3 倍；粗钢 6.27 亿吨，是 2005 年的 1.8 倍；水泥 18.8 亿吨，是 2005 年的 1.8 倍；汽车 1827 万辆，是 2005 年的 3.2 倍；微型计算机 2.46 亿台，是 2005 年的 3 倍。目前工业产品产量居世界第一位的已有 220 种，粗钢、煤、水泥产量已连续多年稳居世界第一。水泥产量 2009 年已占世界总产量的 60%。2010 年粗钢产量占世界钢产量的 44.3%，煤炭产量占世界总产量的 45%。

电力行业“上大压小”，5 年间累计关停煤耗高、污染重的小火电机组超过 7000 万千瓦。煤炭资源加大整合力度。累计关闭小煤矿 9000 处，淘汰落后产能 4.5 亿吨 / 年。煤炭产业集中度不断提高。全国千万吨级以上煤炭企业集团达到 50 家，产量 17.3 亿吨，占全国产量的一半多。海上原油产量超过 5000 万吨，再造了一个“海上大庆”。炼油工业结构升级，千万吨级炼厂 17 座，原油一次加工能力达到 5 亿吨 / 年。可再生能源和核能取得显著进展。风电装机容量连续翻番增长，已跃居世界前列；水电、核电发展步伐明显加快，中国已成为水电装机容量第一大国和在建核电机组最多国家。

二、行业政策

（一）国家煤炭应急储备方案获批

2011 年 3 月国务院批准通过《国家煤炭应急储备方案》。根据批准通过的方案和 2011 年国家煤炭应急储备工作会议部署，2011 年第一批国家煤炭应急储备计划为 500 万吨。

国家第一批应急煤炭储备点共确定 10 家大型煤炭、电力企业和秦皇岛港、黄骅港、舟山港、广州港、武汉港、芜湖港、徐州港、珠海港等 8 个港口企业。储备点新建、改扩建所需资金，可从中央预算内投资中安排投资补助。此外，方案将对煤炭应急储备贷款给予利息补贴，对场地占用费和保管费给予定额补贴。

目前，中国煤炭储备基地建设正在启动之中，北京、山西、山东、湖北、江苏、安徽、辽宁等地纷纷提出了建设煤炭战略储备基地的规划，部分煤炭储备基地项目已开工建设和已建成投入运营。

建立国家煤炭储备体系，不仅可以提高中国的能源安全保障水平，而且从市场角度讲，短期会增加社会库存量，对市场有一定拉动作用；长期来看也对于稳定市场、化解区域突发性供需矛盾、化解煤电之争具有积极作用。

（二）中国证监会批准大连商品交易所开展焦炭期货交易

2011 年 3 月 22 日，中国证监会批准大连商品交易所开展焦炭期货交易，焦炭期货成为 2011 年期货市场上第二个获批的期货新品种。

为贯彻落实国务院《关于推进资本市场改革开放和稳定发展的若干意见》（国

发［2004］3 号）关于“稳步发展期货市场，在严格控制风险的前提下，逐步推出为大宗商品生产者和消费者提供发现价格和套期保值功能的商品期货品种”的精神，近日中国证监会批准大连商品交易所（以下简称大商所）开展焦炭期货交易。按照《期货交易管理条例》和《期货交易所管理办法》的相关规定，在各项准备工作就绪和相关程序履行完毕后，中国证监会将批准大商所挂牌焦炭期货合约。

开展焦炭期货交易，有利于完善焦炭价格形成机制，更好地帮助现货企业及时、准确地把握市

山西阳煤丰喜肥业(集团)有限责任公司
SHANXI YANGMEI FENGXI FERTILIZER INDUSTRY (GROUP) LLC.

场变化趋势，增强决策的预见性和科学性，促进焦炭和钢材市场的平稳运行，还可以为现货企业提供有效的避险工具，提高抵御风险的能力，进一步增强企业的竞争力。同时，焦炭行业是近年来国家抑制产能过剩、淘汰落后产能的重点行业之一，上市焦炭期货，发挥期货市场的功能，有利于引导社会投资，抑制行业盲目发展，利用市场化的手段促进国家宏观调控政策的贯彻落实。例如，

焦炭生产企业申请成为交割库以及套期保值额度的必须为行业主管部门已经公告的符合《焦化企业准入条件》企业，钢铁企业申请成为交割库的必须符合国家产业政策和发展方向。

（三）国务院办公厅发布关于继续深化“安全生产年”活动通知

2011 年 3 月国务院办公厅日前发布关于继续深化“安全生产年”活动的通知，要求各地有效防范和坚决遏制重特大事故，促进安全生产形势进一步稳定好转，确保“十二五”时期安全生产工作开好局、起好步。

通知要求，以强化企业安全生产主体责任为重点，继续深入开展“安全生产年”活动，加强基础建设，加强责任落实，加强依法监督，深化安全生产执法、治理、宣教“三项行动”和法制体制机制、保障能力、监管监察队伍“三项建设”。

通知指出，推进科技进步，提高安全保障和应急救援能力。大力推进安全科技创新，积极推广应用先进适用技术装备，加快建设高效实用的应急救援体系。

通知提出，推进安全达标，强化安全基层基础。有序推进企业安全标准化达标升级，加快推进班组安全建设，加大安全培训力度，加强安全宣传教育。

通知要求，推进长效机制建设，构建安全生产防范体系。编制实施安全生产规划，进一步完善落实各项经济政策，继续加强安全法制建设和监管监察队伍建设。

第三节　中国煤炭行业分析报告（2011 年 2 季度）

2011 年上半年，我国宏观经济基本面向好，煤炭产销保持了较快增长，市场需求旺盛，市场价格持续上涨，煤炭供需保持基本平衡，4、5 月份局部地区煤炭市场出现供需偏紧态势，“淡季不淡”的特点再次出现。受煤炭市场需求旺盛、煤价高企的影响，我国煤炭开采和洗选业维持在高景气区间运行。

2011 年上半年我国煤炭生产供应能力继续保持较快增长，1 ～ 6 月份原煤产量达 17.85 亿吨，同比增长 13%。受大秦铁路检修等因素影响，4、5 月份，部分区域电煤供应出现偏紧现象。受下游高耗能产品产量大幅增长的影响，上半年煤炭销量为 17.11 亿吨，同比增长 13.8%。受煤炭市场供需的影响，2011 年上半年煤炭库存呈现“V”型态势。

2011 年一季度，市场煤炭价格基本保持平稳态势。进入 2 季度以后，由于电厂积极补库存以及水电出力同比减少，煤炭价格一路高歌上扬。

我国煤炭出口配额的政策效应非常明显，2011 年上半年煤炭出口量呈倒“V”型下滑；而进口量呈“V”型反弹，量跌价升，进口额基本不变。煤炭行业固定资产投资持续增长，受国家宏观调

控及淘汰落后产能政策的影响，自2009年起，投资增速逐渐放缓。2011年上半年，煤炭行业固定资产投资总额为1708.61亿元，同比增长19.5%，同比下降1.4个百分点。

2011年上半年，受我国煤炭市场需求旺盛、煤炭价格高企的影响，我国煤炭行业整体经营形势持续向好，产品销售收入大幅上涨；同时由于通胀压力较大，煤炭行业成本大幅上升，行业利润总额增速趋于放缓。预计2011年下半年我国宏观经济持续向好趋势不变；国内煤炭市场需求仍将继续保持旺盛态势，煤炭固定投资持续增加，供应能力稳步提高，煤炭价格保持高位。预计全年煤炭市场仍将维持供需基本平衡，受多重因素影响，结构性过剩与区域阶段性偏紧并存的态势依然存在。

一、煤炭市场运行情况

（一）行业景气："较强景气"区间内波动煤炭行业是国民经济的基础性产业，其景气程度与宏观经济的运行密切相关。

2011年上半年我国宏观经济基本面向好，受煤炭市场需求旺盛、煤价高企的影响，煤炭开采和洗选业企业景气指数继续攀升，2季度小幅回落，但维持在"较强景气"区间。

预计2011年下半年我国宏观经济持续向好趋势不变 国内煤炭市场需求仍将继续保持旺盛态势，煤价仍维持高位运行，加之煤炭企业的兼并重组和煤炭资源整合，以及核电安全等因素的影响，煤炭行业的高景气仍将持续。

（二）供给：产出继续保持快速增长，二季度供应趋紧2011年上半年，我国煤炭生产供应能力继续保持较快增长。主要产煤地区产量大幅增加，春节过后，煤矿逐步进入正常生产期，加之一些地方资源整合矿井陆续投产，煤炭产量出现较快增长势头。

2011年上半年，我国原煤产量达17.85亿吨，同比增长13%。其中，山西，内蒙古和陕西的产量分别为4.1亿吨，4.5亿吨和1.94亿吨，同比分别增长21.53%，34.80%和12.51%，"三西"地区累计贡献产出增量达2.1亿吨。

2011年一季度煤炭供应较为充足，而进入4、5月份，部分区域电煤供应出现偏紧现象。除了煤炭市场需求旺盛的影响之外，还有以下几个原因：一是铁路运输瓶颈仍然存在，加之4月份开始大秦、侯月、太焦等主要运煤线路检修，影响煤炭供应；二是部分产煤省省内需求增长，外调量减少；再加上煤炭净进口量的大幅减少，均造成了煤炭供应的趋紧。进入6月份后，随着水电出力大幅增加，煤炭市场供给趋紧现象得以缓解。

（三）需求：煤炭需求旺盛，"淡季不淡"再现

2011年上半年，下游高耗能产品产量大幅增长，带动煤炭需求快速增长，上半年煤炭销量为17.11亿吨，同比增长13.8%。"淡季不淡"这一特点再次出现，进入4月份本应是煤炭市场的需求淡季，而与2010年一样，煤炭市场需求并未由旺转淡，反而越加旺盛。具体来看，主要有以下几个方面的原因：其一，高耗能产业吞噬90%的煤炭，高耗能产品产量的增长，直接导致了煤炭需求的大幅增加。而且，2011年正值"十二五"开局之年，投资项目增多，同时"十一五"末因国家节能减排政策而放缓的项目目前有一定的释放，导致市场对电力需求量加大。另外，一季度第三产业以及居民用电的增长速度加快也导致了电力短缺。

其二，南方水讯来迟，水电出力不佳，火力发电负担加重，推高煤炭需求。

其三，国内外煤价倒挂，沿海消费企业加大国内煤炭采购量，推高煤炭需求。

山西阳煤丰喜肥业(集团)有限责任公司
SHANXI YANGMEI FENGXI FERTILIZER INDUSTRY (GROUP) LLC.

随着电厂煤炭库存的回升，进口煤炭的增加，南方水电出力加大，三季度煤炭需求旺盛的态势将得以缓解。

（四）价格：二季度煤价一路高歌

2011 年一季度，市场煤炭价格基本保持平稳态势。进入 4 月份，由于进口煤下降和大秦线检修促进了沿海地区煤炭市场的供求活跃度，加上电力供应紧张，电厂积极补库存，这些因素均提高了市场对煤炭供求及价格走高的预期，市场煤炭价格一路高歌。2011 年 1 ～ 6 月份，我国煤炭开采和洗选业工业品出厂价格指数呈高位下落、趋稳态势，价格持续增长，增速放缓。

进入 6 月份，随着供求矛盾缓和，市场煤价走势明显趋于平稳。以秦皇岛港 5500 大卡市场动力煤平仓价格为例，一季度波动幅度仅有 10 ～ 15 元 / 吨，较去年同期明显收窄，自 4 月份起价格持续上涨，到 6 月 1 日价格为 835 ～ 845 元 / 吨，比 3 月末价格上涨约 65 元 / 吨。

（五）库存：受淡季不淡影响严重，成“V”型态势

煤炭的库存与煤炭市场供需形势密切相关。2011 年一季度煤炭市场供需基本平衡，局部趋紧，受高耗能产品产量的大幅增长的影响，煤炭市场需求旺盛，煤炭社会库存、港口库存和电厂库存持续下降。进入 4 月份，本应是煤炭市场需求淡季，煤炭库存本应增加，然由于受大秦铁路检修、水电出力不佳等因素影响，导致煤炭市场供需紧张，煤炭库存一度跌入低谷。进入 6 月份后，随着煤炭市场供需紧张态势趋缓，煤炭库存再次增加。总体上看，2011 年上半年煤炭库存呈现“V”型态势。

二、煤炭行业进出口情况

（一）出口：配额效应明显，呈倒“V”型下滑

自 2004 年起，国家发改委、商务部和海关总署联合制定了《煤炭出口配额管理办法》，自此之后，配额数量连年下降，至今已连降 7 年。2010 年我国商务部仅下发煤炭出口配额 2550 万吨，但是，由于全年煤炭出口量仅有 1900 万吨左右，再加上 2010 年前三个月出口所用的是上年配额，所以估计 2010 年剩余配额尚有 1000 多万吨。2011 年煤炭出口配额总量确定为 3800 万吨，增长 49%，其中第一批配额 1800 万吨已经于 3 月份下发至各出口企业。2010 年剩余配额再加上新下发的出口配额，使得我国煤炭出口量在 3 月份骤然增加到 259 万吨，同比增长 14.4%。

我国煤炭出口配额的政策效应非常明显，受其影响，加之我国煤炭价格持续上涨，与国际煤价相比竞争优势不大，在 3 月份之后，我国煤炭出口量急速下滑，6 月份煤炭出口量仅为 70 万吨，同比下降 43.9%。

（二）进口：2011 年上半年进口量呈 V 型反弹，量跌价升，进口额基本不变在国家宏观经济形势向好，能源需求逐步回升的大背景下，2009 年我国首次成为煤炭净进口国。进入 2010 年，我国煤炭进口保持快速增长，全年进口煤炭 16483 万吨，同比增长 30.99%。这一进口总额刷新了我国煤炭进口历史最高纪录。

2011 年以来，受国际煤价、供需波动等影响，我国煤炭进口变化明显。2011 年 1 月份，我国煤炭进口量高达 1656 万吨，仅次于去年 12 月历史新高。3、4 月份延续下滑态势，5 月份开始由降转升。6 月份，煤炭进口 1373 万吨，同比增长 7%。总体呈 V 型反弹趋势。

2011 年 1 ～ 6 月，我国进口煤 7049 万吨，比去年同期下降 11.8%，进口均价为每吨 109.6 美元，比去年同期上涨 11.9%。煤炭进口数量的下降和进口均价的上涨几乎互相抵消，煤炭进口总金额基

本不变。

在下半年国内煤炭需求继续保持旺盛势头的情况下，局部地区煤炭供求仍会有所偏紧，部分煤炭需求要依靠进口来满足。为鼓励增加煤炭进口，国家发改委正在研究降低煤炭进口增值税和港口相关费用的具体细则。一旦实施，进口量或有所恢复，但仍受制于高企的国际煤炭价格。从目前进口态势看，未来煤炭净进口的增长也难以获得全球范围内的资源支持，其补充国内煤炭供给的作用下降。

三、煤炭行业投资情况

煤炭行业固定资产投资持续增长，受国家宏观调控及淘汰落后产能政策的影响，自2009年起，投资增速逐渐放缓。2011年上半年，煤炭行业固定资产投资总额为1708.61亿元，同比增长19.5%，同比下降1.4个百分点。由于2010年已开工的项目不大可能停工，2011年计划完成1000万套保障性住房，因此，对煤炭的需求依然强劲，可以预计下半年煤炭行业投资增速不会大幅下滑。

四、煤炭行业整体经营情况

2011年上半年，我国煤炭市场需求旺盛，煤炭价格高企，受此影响，我国煤炭行业整体经营形势持续向好，产品销售收入大幅上涨，涨幅维持在40%左右。2011年1～6月我国煤炭行业实现产品销售收入14542.14亿元，同比增长39.44%由于通胀压力较大，煤炭行业成本大幅上升，行业利润总额增速趋于放缓。2011年1～6月我国煤炭行业实现利润总额2012.56亿元，同比增长32.96%，同比下降近50个百分点。

Ⅲ政策解读

一、《关于落实全国人大常委会节约能源法执法检查报告及审议意见的报告》

《关于落实全国人大常委会节约能源法执法检查报告及审议意见的报告》

制定日期与单位2011.8.25，国家发改委

目标

加强能源消费总量控制和节能管理，深化资源性产品价格改革，形成能源消费总量倒逼机制，抑制高耗能行业过快增长。

重点

• 加快研究建立能源消费总量控制目标分解落实机制，把总量控制目标分解落实到地方政府，加大考核和监督力度，实行目标责任制管理；

• 深化资源性产品价格改革，理顺煤、电、油、气、水、矿产等资源产品价格关系，加快推行居民用电阶梯价格，完善电力峰谷分时电价，按程序加大差别电价、惩罚性电价实施力度，形成客观反映资源稀缺性和供需关系的价格机制；

• 对电力、煤炭、钢铁、有色、建材、石油石化、化工等高耗能行业及电冰箱、洗衣机、平板电脑等终端用能产品，参照能效领先水平设定具有引导性的“领跑者”标准，明确实施时限，并将“领跑者”标准作为新上项目能评、节能产品推广应用的重要依据；

• 将原油、天然气和煤炭资源税由从量征收改为从价征收并适当提高税负水平。

影响

未来煤炭价格和资源税改革，将推动煤炭行业转型，淘汰高能耗、低技术含量的企业，抑制煤

山西阳煤丰喜肥业(集团)有限责任公司
SHANXI YANG MEI FENGXI FERTILIZER INDUSTRY (GROUP) LLC.

炭行业产能过剩的局面。从价征收的资源税，不仅能够反映市场供求变化带来的价格变动，还能制约资源开采中采富弃贫的现象，可以使煤炭开采、加工、运输以及燃烧过程中造成的外部成本内部化，从而起到环境保护和节能减排的作用。

二、《关于“十二五”期间煤层气勘探开发项目进口物资免征进口税收的通知》

《关于“十二五”期间煤层气勘探开发项目进口物资免征进口税收的通知》

制定日期与单位 2011.8.8，财政部

目标

降低企业开采成本，鼓励企业加大对煤层气的开采力度，支持煤层气的勘探开发和煤矿瓦斯治理。

《关于“十二五”期间煤层气勘探开发项目进口物资免征进口税收的通知》

重点 • 自 2011 年 1 月 1 日至 2015 年 12 月 31 日，中联煤层气公司及其国内外合作者，在中国境内进行煤层气勘探开发项目期间，进口国内不能生产或国内产品性能不能满足要求，并直接用于勘探开发作业的设备、仪器、零附件、专用工具，免征进口关税和进口环节增值税；

• 国内其他从事煤层气勘探开发的单位，在实际进口发生前可按有关规定程序向财政部提出申请，经财政部商海关总署、国家税务总局等有关部门认定后，比照中联煤层气公司享受上述进口税收优惠政策。

影响

中国的煤层气藏具有低压、低渗透的储层特性，开采成本非常高。目前，国内的煤层气开采尚处于商业开发初期，煤层气开采技术和装备被外国公司垄断。对煤层气勘探开发项目的进口物资实行免税政策，有利于降低企业的进口费用和开采成本，提高企业加大煤层气开采力度。

三、《关于进一步加强煤矿防治水工作的通知》

《关于进一步加强煤矿防治水工作的通知》

制定日期与单位 2011.8.4，国家煤矿安全监察局

目标

吸取今年以来煤矿水害事故教训，进一步加强煤矿防治水和安全生产工作，严厉打击非法违法生产建设行为。

重点

• 高度重视煤矿防治水工作；

• 进一步加强防治水基础工作；

• 认真落实井下放防水措施；

• 严禁在水体下、采空区水淹区域下开采急倾斜煤层；

• 严禁违规在井下构筑防水墙；

• 要加强汛期水害防治工作；

• 严格事故调查工作。

影响

今年以来，小煤矿水害事故占煤矿事故的 70% 左右，因此小煤矿将成为此次加强煤矿防治水工

作的重点，不具备安全生产条件的煤炭将面临停产整顿或关闭的危险，这有利于煤炭行业的安全生产水平的提高，促进整个行业的整合和转型。

四、《关于深入实施西部大开发战略有关税收政策问题的通知》

《关于深入实施西部大开发战略有关税收政策问题的通知》

制定日期与单位 2011.7.27，财政部

目标深入落实西部大开发战略，进一步支持西部大开发。

《关于深入实施西部大开发战略有关税收政策问题的通知》

重点

• 对西部地区内资鼓励类产业、外商投资鼓励类产业及优势产业的项目在投资总额内进口的自用设备，在政策规定范围内免征关税；

• 自 2011 年 1 月 1 日至 2020 年 12 月 31 日，对设在西部地区的鼓类

产业企业减按 15% 的税率征收企业所得税；

• 鼓励类产业企业是指以《西部地区鼓励类产业目录》中规定的产业项目为主营业务，且其主营业务收入占企业收入总额 70% 以上的企业。《西部地区鼓励类产业目录》另行发布。

• 享受企业所得税"两免三减半"优惠的交通、电力、水利、邮政、广播电视企业，其享受的企业所得税"两免三减半"优惠可以继续享受到期满为止。

影响

由于《西部地区鼓励类产业目录》尚未公布，煤炭行业是否存在其中尚有不确定性，但在今年 4 月发改委下发的《产业结构调整指导目录（2011 年本）》中，煤炭行业被归类在鼓励类中。目前处于西部地区的煤炭企业主要包括：中国神华，国际实业，靖远煤电，盘江股份，平庄能源，露天煤业，ST 贤成。

五、《产业结构调整指导目录（2011 年本）》

《产业结构调整指导目录（2011 年本）》

制定日期与单位 2011.4.25，国家发改委

目标

加快经济发展方式转变，推动产业结构调整和优化升级，完善和发展现代产业体系。

重点

• 煤炭鼓励类主要包括：鼓励 120 万吨 / 年及以上高产高效煤矿（含矿井、露天）、高效选煤厂建设；鼓励煤层气勘探、开发、利用和煤矿瓦斯抽采、利用；鼓励煤电一体化建设；鼓励大型煤炭储运中心、煤炭交易市场建设等；

•煤炭限制类主要包括：单井井型低于以下规模的煤矿项目——山西、内蒙古、陕西 120 万吨 / 年；重庆、四川、贵州、云南 15 万吨 / 年；福建、江西湖北、湖南、广西 9 万吨 / 年；其他地区 30 万吨 / 年；采用非机械化开采工艺的煤矿项目等；

• 煤炭淘汰类主要包括：国有煤矿矿区范围（国有煤矿采矿登记确认的范围）内的各类小煤矿；2011 年底前全国范围内将全部淘汰单井井型低于 3 万吨 / 年的煤矿矿井等。

影响

山西阳煤丰喜肥业(集团)有限责任公司
SHANXI YANGMEI FENGXI FERTILIZER INDUSTRY (GROUP) LLC.

资源整合进一步深入、煤电一体化以及煤炭储备基地的建设将成为"十二五"煤炭行业的发展方向，未来煤炭生产将形成以大型煤炭企业、大型煤炭基地和大型现代化煤矿为主的基本格局，到2015年形成10个亿吨级、10个5000万吨级特大型煤炭企业，承担起稳定国内市场、保障煤炭供应和参与国际竞争的任务。

六、《国家发展改革委关于规范煤化工产业有序发展的通知》

《国家发展改革委关于规范煤化工产业有序发展的通知》

制定日期与单位 2011.3.23，国家发改委

目标

加强宏观调控和引导，科学合理开发利用煤炭资源，严格煤炭资源管理，抑制煤化工业的盲目发展。

重点

·高度重视煤化工盲目发展带来的问题：加大产业风险、加剧煤炭供需矛盾、增加节能减排工作难度、引发区域水资源供需失衡；

·切实加强煤化工产业的调控和引导：严格产业准入政策、加强项目审批管理、强化要素资源配置、落实行政问责制；

·统筹规划，做好试点示范工作：国家发展改革委、国家能源局正在组织编制《煤炭深加工示范项目规划》和《煤化工产业政策》；

·在国家相关规划出台之前，将暂停审批单纯扩大产能的焦炭、电石项目，禁止建设不符合准入条件的焦炭、电石项目，加快淘汰焦炭、电石落后产能，对合成氨和甲醇实施上大压小、产能置换等方式，禁止建设年产50万吨及以下煤经甲醇制烯烃项目，年产100万吨及以下煤制甲醇、煤制二甲醚、煤制油项目，年产20亿立方米及以下煤制天然气项目，年产20万吨及以下煤制乙二醇等项目。

影响

国内煤化工项目产能过剩情况较为严重，甲醇装置开工率只有60%左右，二甲醚装置也大量闲置，相当一部分企业面临破产倒闭。此次明确煤化工产业准入标准，加大了行业整理力度，有助于提高焦炭、电石等行业的集中度，整合主体将以中小民营企业为主。而基于现有产能的整合，可能会给部分公司带来机会。此外，对晋陕蒙宁新等煤炭资源大省而言，煤化工是其未来经济转型的出路，多个项目被纳入地方"十二五"规划，此次国家发改委上收煤化工项目审批权限，反映出国家煤化工政策与地方政府发展思路出现冲撞。

Ⅳ热点研究

一、蒙陕甘宁能源金三角规划已上报国家发改委

蒙陕甘宁能源金三角规划已上报国家发改委

来源中国证券报，2011年6月28日

事件

蒙陕甘宁能源金三角规划已上报国家发改委，有望于近期出台。蒙陕甘宁能源金三角规划核心区包括宁夏宁东能源化工基地、内蒙古鄂尔多斯市、陕西榆林市、甘肃陇东地区。根据规划，将通过10年努力，把"金三角"地区建设成为我国重要的能源综合生产供应基地、能源高密集产业聚集区、

循环经济示范区、西部开发战略高地和国家西部重要的生态屏障。到2020年，“金三角”地区煤炭产量将达到14.5亿吨，石油产量达到5400万吨，天然气产量达到550亿立方米，火电装机达到1.4亿千瓦，可再生能源发电装机达到1800万千瓦，现代煤基化产品折合甲醇当量达到7000万吨。

影响

蒙陕甘宁能源金三角的设立，有利于区域内资源整合和统一配置，同时也有利于优惠政策集中实施。当地能源企业将享有诸多优惠，未来国家对煤矿等矿产开采权限可能部分放开，新上项目审批可能会更加宽松，在一些资源的开发方面可能对非国有企业放开，允许私人资本进入。但从目前情况来看，“金三角”中的各地区资源结构相似，未来发展都以煤化工为主，存在同质竞争，重复建设的风险，以及产业基础薄弱的问题。

二、国家发改委：正在研究调整煤炭进口增值税和港口相关费用

国家发改委：正在研究调整煤炭进口增值税和港口相关费用

事件

针对今年出现的煤电油气供应紧张状况以及煤炭进口大幅下降的情况，国家发改委负责人表示有关部门正在研究相关政策来抑制这一趋势，并称这些政策“大体涉及到增值税以及进口港口有关费用的调整”。发改委指出能源进口下降是导致近期能源供应偏紧的原因之一，并提出要通过鼓励增加煤炭进口等途径，保证增加煤炭有效供应。

影响

据了解，目前进口煤炭增值税征收税率为17%，这一税率在2009年前曾下调至13%，但从2009年1月1日起，将金属矿采选产品、非金属矿采选产品增值税税率由13%恢复到17%。如果进口增值税和港口费用下调，将大幅缩小国际煤炭与国内煤炭的价差，增加煤炭的进口需求，既可以缓和华东、华南的煤炭供应紧张，也能起到平抑国内煤价的作用，这将对煤炭行业形成一定负面影响。

此外，增加煤炭进口还将有利于对国内煤炭资源的保护。

三、煤炭工业发展“十二五”规划征求意见稿出炉煤炭工业发展“十二五”规划征求意见稿出炉

来源上海证券报，2011年5月27日

事件

到2015年，煤炭产量达到37.9亿吨，比2010年增长5.5亿吨，将主要加大发电用煤和化工原料煤的生产，适度控制优质炼焦用煤的生产；煤矿建设将控制东部，稳定中部，大力发展西部，其中内蒙古获得的新开工产能指标高达1.3亿吨/年，占全国的26%，陕西和山西位列其次；坚持培育大型煤炭集团，鼓励兼并重组，规划的目标是：形成10个亿吨级、10个5000万吨级特大型煤炭企业，煤炭产量占全国的60%以上；提高煤炭外运能力，内蒙煤炭外运和山西煤炭外运是其主要内容；在三晋地区，将对优质炼焦煤和无烟煤资源实行保护性开发。

影响

根据规划，“十二五”期间中国煤炭产量的增量比“十一五”期间大幅减少，

新增产能和煤炭外运的重点主要集中在西部，内蒙古、陕西的煤炭企业将充分受益于政策的倾斜。组建大型煤炭集团、提高国有煤矿的绝对比重也是煤炭工业“十二五”规划的重点内容。此外，国家对稀缺性煤种控制力度加大，大型焦煤和无烟煤企业将受益于资源整合。

山西阳煤丰喜肥业(集团)有限责任公司
SHANXI YANGMEI FENGXI FERTILIZER INDUSTRY (GROUP) LLC.

四、国家能源局要求煤炭企业最迟上半年完成兼并重组

国家能源局要求煤炭企业最迟上半年完成兼并重组

来源中国广播网，2011 年 5 月 7 日

事件

2010 年 10 月，《国务院办公厅转发发展改革委关于加快推进煤矿企业兼并重组若干意见的通知》下发，要求各地做好煤矿企业兼并重组总体规划，制定矿区兼并重组方案，确定兼并重组主体企业。为了使该文件落到实处，国家能源局要求各地尽快上报方案，最迟不能超过上半年。

影响

山西、河南、山东已经基本完成兼并重组工作，河北、内蒙古、黑龙江、福建、湖南、四川、云南、贵州等省区也已陆续拉开了煤炭资源整合的大幕，中国煤炭行业“多小散乱”的格局将被彻底改变；未来中国煤炭生产将形成以大型煤炭企业、大型煤炭基地和大型现代化煤矿为主的基本格局，到 2015 年将形成 10 个亿吨级、10 个 5000 万吨级特大型煤炭企业，全国煤矿采煤机械化程度达到 75% 以上，千万吨级煤矿达到 60 处；从目前的重组模式来看，大型煤炭企业将从中受益，其产能将得到大幅提升，但兼并重组整合的不仅仅是资源，还有社会责任、生态责任，利益纠葛纷杂，大型煤炭企业虽然享有强大的政策推动力，依然要面临并购价格确定、并购资金来源、并购后企业的管理等三大最为现实的问题。

五、国务院批准 2011 年第一批国家煤炭应急储备方案

国务院批准 2011 年第一批国家煤炭应急储备方案

来源国家煤炭工业网，2011 年 3 月 22 日

事件

国家第一批应急煤炭储备点共确定 10 家大型煤炭、电力企业和秦皇岛港、黄骅港、舟山港、广州港、武汉港、芜湖港、徐州港、珠海港等 8 个港口企业，计划储煤 500 万吨；根据相关规定，储备点新建、改扩建所需资金，可从中央预算内投资中安排投资补助；此外，对煤炭应急储备贷款给予利息补贴，对场地占用费和保管费给予定额补贴。

影响

国家煤炭储备体系建成后，将大大提高我国的能源安全保障水平。此外，短期内增加煤炭库存量，对煤炭市场将起到一定拉动作用；从长期来看，对于稳定市场、化解区域突发性供需矛盾、化解煤电之争也具有积极作用。目前，国家煤炭储备基地建设正在启动之中，北京、山西、山东、湖北、江苏、安徽、辽宁等地纷纷提出了建设煤炭战略储备基地的规划，部分煤炭储备基地项目已开工建设和已建成投入运营。

第四节 中国煤炭行业分析报告（2011 年 3 季度）

三季度，全国煤炭经济运行总体保持平稳，煤炭需求旺盛，产销量较快增长，出口下降，进口回升，市场供需基本平衡，价格稳步上涨。从供应侧看，有关部门加大电煤供应保障，原煤产量较快上升，铁路煤炭运量、港口发运量快速增长，煤炭供应高位震荡；从需求侧看，国民经济增长虽趋缓但总体仍较快增长，投资建设规模仍相对较大，包含有大量中小型建设项目、更具爆发力的社会自主投资正在起动过程中，主要流域来水不足，水电生产形势严峻，使得煤炭消费保持基本旺盛；在国内煤炭价格高于国际煤炭价格的形势下，煤炭出口下降而进口回升，净进口创历史新高。

从市场表现看，三季度，重点发电企业存煤先减后增，存煤水平基本合理；重点钢厂和主要港口存煤持续下降，库存水平略显宽松；全国煤矿煤炭库存继续下降，存煤水平较低。煤炭价格稳步上涨，7、8、9 月份煤价持续上涨且涨幅有所加大，9 月末市场交易煤炭平均价格比 6 月末略有上涨，秦皇岛港煤炭价格波动上行。

煤炭产业经济运行基本良好，大型煤炭企业原煤产量、商品煤销售量、主营业务收入、利润等各项指标均体现了强劲成长性。但也显露一些不良势头，政策性增支因素增多，有的地方政府涉煤收费项目增多，煤炭企业主营业务成本上升，税费及应收账款增长。从发展动向看，煤炭产业投资增速减缓，小煤矿整顿关闭和资源整合工作持续推进，产业集中度进一步提高。

预计未来一段时期，煤炭供应将继续增加，四季度煤炭生产日均水平将可随煤炭需求走高而上升，但部分区域、部分时段或将偏紧。预计全年煤炭产量将达到 36.4 亿吨，同比增长 9.4% 左右。而煤炭需求在四季度至春节前日均水平有可能再创新高，波动幅度取决于气候变化，预计全年煤炭需求量将达到 37.57 亿吨左右，比上年增长 10.1%。

一、煤炭市场运行情况

（一）供给：部分资源整合煤矿陆续投产，煤炭供给能力继续增强

今年前三季度，内蒙古等省区煤矿建设项目相继竣工投产。目前，各地区煤炭资源整合进一步深化，部分资源整合煤矿也将在今年陆续投产，煤炭供给能力继续增强。根据中国煤炭工业协会数据，前三季度，全国原煤产量完成 27.83 亿吨，同比增加 3.73 亿吨，增长 15.47%。

其中：国有煤矿原煤产量完成 16.19 亿吨，同比增加 1.52 亿吨，增长 10.32%；非国有煤矿原煤产量完成 11.64 亿吨，同比增加 2.21 亿吨，增长 23.50%。其中，主要产煤省区产量快速增长，前三季度，山西、内蒙古和陕西原煤产量分别为 6.33 亿吨、7.20 亿吨和 2.98 亿吨，同比分别增加 1.11 亿吨、1.74 亿吨和 0.40 亿吨，同比分别增长 21.3%、31.98% 和 15.31%。

（二）需求：煤炭需求旺盛，消费量继续上升

前三季度，我国经济保持平稳较快增长，国内生产总值增长 9.4%。其中，规模以上工业增加值增长 14.2%，固定资产投资增长 24%，房地产开发投资增长达到 32%，这也带动全国主要耗煤行业产品产量也保持较快增长。

前三季度，火电发电量、生铁、粗钢、水泥、平板玻璃和合成氨同比分别增长 14.4%、10.4%、

山西阳煤丰喜肥业(集团)有限责任公司
SHANXI YANGMEI FENGXI FERTILIZER INDUSTRY (GROUP) LLC.

10.7%、18.1%、17.9%和5.5%。受高耗能产品过快增长影响，煤炭消费量增长较快。据测算，前三季度煤炭消费量27.76亿吨，增长10.3%；其中电力、钢铁、建材、化工四行业分别为14.54亿吨、4.44亿吨、3.8亿吨和1.19亿吨，同比分别增长12.5%、8.3%、10.5%和12.9%。

（三）价格：在多重因素助推下，煤炭价格总体呈小幅上涨的走势

2011年前三季度，受市场季节性需求增加、生产经营成本增加、铁路运力仍然偏紧、国际市场价格上涨等因素影响，煤炭价格总体上呈小幅上涨的态势。市场动力煤价格9月下旬开始回升，10月17日，秦皇岛港5500大卡市场动力煤价格达到845～855元/吨，比8月末、9月末分别上涨2.4%和1.2%。

（二）运输：主要煤运通道运量继续保持增长

前三季度，全国铁路煤炭发送量累计完成16.77亿吨，同比增加1.93亿吨，增长13%。主要煤运通道运量继续保持增长，大秦线完成运量3.26亿吨，增长7%；侯月线完成1.37亿吨，增长2.2%。从煤炭装车趋势看，1～9月份，国家铁路煤炭日均装车分别完成69869车、69624车、67923车、65573车、68787车、69206车、68584车、68564车、69157车。10月前10日完成70134车。前三季度，全国主要港口累计发运煤炭4.95亿吨，同比增加0.83亿吨，增长20.2%。北方主要下水港发运煤炭4.39亿吨，增长19.4%；其中，秦皇岛港发运1.89亿吨，增长14.7%；唐山港（包括京唐港和曹妃甸港）发运0.91亿吨，增长36.3%。

（五）库存：煤炭总体库存水平合理，其中港口库存下降较为明显

2011年三季度，煤炭市场总体保持销售顺畅，整体库存水平合理，其中，港口库存下滑，电厂库存水平回升。但生产与消费的区位差异以及运输瓶颈，导致淡季时期的用煤紧张仍然存在。

大秦线于9月下旬开始检修，影响到北方主要港口煤炭调入量，港口煤炭库存出现较快下降，以秦皇岛港为例，9月24日，秦皇岛港库存为621万吨，10月1日，秦皇岛港库存为445万吨，短短的7天时间，库存下降了176万吨。港口库存的快速下降显示出大秦线检修和山西北部产能受限的后续影响仍在继续，这也带动了煤价的上涨。

二、煤炭行业进出口情况

（一）出口：国内煤炭企业出口积极性提高，三季度煤炭出口量环比增加

三季度国际煤炭价格出现上涨，而国内煤炭价格出现小幅下降，国内煤炭企业出口积极性提高，导致三季度我国煤炭出口量环比增加。而受欧洲债务危机和日本用煤需求不旺的影响，三季度我国煤炭出口量同比下降。

三季度煤炭累计出口336.9万吨，日均煤炭出口量达到3.66万吨，环比今年二季度增长11.9%，较去年同期大幅回落31.9%。其中，7月份和8月份出口量月度环比分别上涨28.2%和37.4%，9月份环比下降3.2%；7、8、9月份出口同比分别下滑52.7%、36%和53.7%。

（二）进口：采购煤炭陆续到港，三季度煤炭进口量有所增加

二季度国内外煤炭价差进一步扩大，进口煤炭在价格优势上得到进一步恢复，国内企业采购国际煤炭的积极性提升。二季度采购的煤炭，在三季度陆续到港，导致三季度煤炭进口量增加。沿海地区六大电力企业中的浙能、粤电进口煤所占份额明显增加，浙能旗下六横岛储煤基地所存煤炭中的外贸煤占据一半左右，而广东地区进口煤也呈现增势。

三季度，我国累计进口煤炭 5323.8 万吨，同比上升 28%，日均煤炭进口量回升至 57.9 万吨，比二季度环比增长近 38%。其中，7 月份和 9 月份，煤炭进口量月度环比分别上升 27.7% 和 15.3%，8 月份煤炭进口量环比下降 5.4%；在同比方面，7、8 和 9 三个月份进口量同比分别增长 33.9%、25.1% 和 25.5%。

三、煤炭投资情况

2011 年以来，我国煤炭行业固定资产投资总额保持较快增长。前三季度累计完成固定资产投资 3268.8 亿元，同比增长 24.6%，增幅比去年同期回升 6.2 个百分点，但比前三季度全社会固定资产投资增速低 0.3 个百分点。

四、煤炭行业经营情况

前三季度，在产销量和价格同比双增长的背景下，煤炭行业经营情况良好。但成本上涨因素较为突出，收入增速高于利润增幅。前三季度，90 家大型煤炭企业（集团）主营业务成本 12998.3 亿元，同比增长 37.9%；主营业务收入 16534.03 同比亿元，增长 35.2%；实现利润（补贴后）1629.15 亿元，同比增长 26.7%。

Ⅲ趋势预测

一、煤炭供给预测

近几年是我国煤矿建设的集中期，主要产煤省份均开展了不同程度的煤炭资源整合工作，一大批新建、改扩建矿井将陆续投产，全国煤炭生产、供应能力有了较大提升。据国家统计局数据，2010 年全国煤矿新投产能力达 3.87 亿吨 / 年，年度在建规模 13.77 亿吨 / 年，推算年末在建规模 9.9 亿吨 / 年，详情见图 50，判断 2011 年可新投产煤矿 3.5 亿吨 / 年左右，年度新增产能在 3.7 亿吨 / 年左右。据中国煤炭工业协会不完全统计，2011 年煤矿新增资源供应量在 3 亿吨以上。

从主要产煤省区看，前三季度，内蒙古煤矿建设项目竣工投产 23 个，新增产能 4080 万吨，平均单矿（井）能力 177 万吨 / 年。而河南的煤炭资源整合也基本完成，全省复工复产数量达到 272 处，占计划完成数量的 107.4%。四川省下半年将全面推进煤矿企业兼并重组，力争全年 80 户以上整合矿井竣工投产，新增生产能力 500 万吨 / 年以上，全年全省原煤生产有望达到 7000 万吨。据此判断煤炭产能基本充足，不存在产能制约。

不过，近期部分地区发生矿难事件，特别是 9 月 16 日山西朔州发生煤矿透水事故，朔州大量煤矿处于关停状态，影响了煤矿产能发挥。今年下半年以来，特别是 7.23 重大铁路交通事故发生后，国家对包括煤矿、交通在内的重点行业的安全更加重视，国家于 10 月开始开展安全大检查，各主产煤省区也相继展开煤矿安全检查，并且今后几个月将经历元旦、春节等重要节日，国家将进一步加大煤矿的安监力度，这或将在一定程度上影响煤炭供给。另外，由于中东部煤炭调入量增加，主要产煤省河南已由煤炭调出大省转为净调入省，而京津冀鲁的调入量则大幅增加，煤炭区域平衡难度日益加大。

总体看，预计未来一段时期，煤炭供应将继续增加，四季度煤炭生产日均水平将可随煤炭需求走高而上升，但部分区域、部分时段或将偏紧。预计全年煤炭产量将达到 36.4 亿吨，同比增长 9.4% 左右。

二、煤炭需求预测

山西阳煤丰喜肥业(集团)有限责任公司
SHANXI YANGMEI FENGXI FERTILIZER INDUSTRY (GROUP) LLC.

通常情况下，四季度至春节前后是冬季储煤、耗煤旺季，目前水库蓄水仍不理想，水电出力继续处于低位的可能性较大。但气候因素存在不确定性，如果 11 月份以后气候偏温，则气候因素所带动煤炭需前低后高的波动幅度会明显小于正常年份；如果气温偏低而成为放大需求的因素，则气候因素所带动的煤炭需求仍会保持正常或略高的环比增幅。

综合经济基本面和气候因素两个方面，预测煤炭需求在四季度至春节前日均水平有可能再创新高，波动幅度取决于气候变化，预计全年煤炭需求量将达到 37.57 亿吨左右，比上年增长 10.1%。

三、煤炭运输预测

从煤炭运输看，京沪高铁、集张线等铁路运营增大了整个铁路网的货运能力，

7 月 1 日全国铁路列车运行图调图使货运能力增长 6%；近期大秦线与北同蒲线检修结束，煤炭运能有所增加。

港口方面，今年，秦皇岛港、天津港、曹妃甸港、京唐港、国投京唐港和黄骅港六大港口预计发运煤炭将达到 5.5 亿吨，同比增加 8300 万吨。其中，秦皇岛港今年实际输送煤炭数量将达到 2.45 亿吨，煤炭下水数量占全国港口下水煤炭的比重高达 41%。总体看，煤炭运输能力可基本满足运输需求，但由于区域之间运力增长不均衡，同时不排除出现极端天气影响煤炭运输，加之后期春运因素，判断煤炭供应在部分区域、部分时段仍会受到比较严重的运输瓶颈制约。

四、煤炭行业经营效益预测

今年以来，煤炭产业经济运行基本良好，利润保持较快幅度增长。从后期走势来看，受下游行业企业运营资金周转困难，煤炭企业应收账款大幅增加，银行承兑汇票比例上升等因素影响，煤炭企业财务费用仍将较快增加。此外，随着资源税的上调、安全成本、环境成本以及人工、材料费用成本的不断上升，煤炭成本仍将继续上升。

从煤炭价格走势来看，为了减轻通胀压力，国家仍将对电煤价格进行管制，今年国家将出台重点电煤涨价 5%，5500 大卡下水煤将限价 800 元 / 吨的政策。综合来看，预计煤炭行业经营效益将呈逐步回落态势。

Ⅳ政策解读

一、《关于开展矿产资源综合利用示范基地建设工作的通知》

《关于开展矿产资源综合利用示范基地建设工作的通知》

制定日期与单位 2011.7.18，国土资源部、财政部

目标全面实施矿产资源规划，加快转变矿业发展方式和推动矿业结构调整。

重点

• 中国在“十二五”期间加大投入力度，建设一批矿产资源综合利用示范基地。其中，在煤炭领域，开展晋、陕、内蒙古等地区特厚煤层及煤系伴生资源的综合利用等，建立新型煤炭资源开发利用模式。

• 国土资源部、财政部将按照规划分批确定示范基地名单，签署示范基地建设合作协议。

影响

• 通过示范基地建设，中国将提高矿产资源开发效率，盘活大批资源提高矿产资源供给能力。

• 通过统筹推进示范基地的资源综合利用、技术创新、环境保护、节能减排，中国将全面推进绿色煤矿建设，保证煤矿行业的可持续发展。

二、《“十二五”节能减排综合性工作方案》

《“十二五”节能减排综合性工作方案》

制定日期与单位 2011.9.7，国务院

目标降低能源消耗强度，减少主要污染物排放总量，合理控制能源消费量。

10

《“十二五”节能减排综合性工作方案》

重点

该方案中，与煤炭行业节能减排相关的有：

·在大气联防联控重点区域开展煤炭消费总量控制试点；

·推广煤炭清洁利用，提高原煤入洗比例，加快煤层气开发利用；

·推动煤矸石、粉煤灰综合利用，废弃物实现就地消化，减少转移；

·深化资源性产品价格改革，理顺煤、电、油、气、水、矿产等资源性产品价格关系；

·积极推进资源税费改革，将原油、天然气和煤炭资源税计征办法由从量征收改为从价征收并适当提高税负水平；

影响

·“十二五”时期，中国污染减排面临的形势十分严峻，存在推进难度增大、监管不力等问题。这种状况如不及时改变，不但“十二五”节能减排目标难以实现，还将严重影响经济结构调整和经济发展方式转变。该方案顺应了国际上绿色低碳发展的潮流，是推进“十二五”节能减排工作的纲领性文件，标志着中国节能减排工作由行政主导迈入依法管理阶段。

三、《安全生产“十二五”规划》

《安全生产“十二五”规划》

制定日期与单位 2011.10.1，国务院

目标

到 2015 年，企业安全保障能力和政府安全监管能力明显提升，各行业安全生产状况全面改善。

重点

该规划中，与煤炭安全生产相关的有：

·煤矿百万吨死亡率下降 28% 以上；

·煤炭行业开展全面、系统、彻底的安全隐患排查治理，防范瓦斯、水害、火灾等重特大煤矿事故。

·完善煤矿安全生产责任体系，强化生产过程管理领导责任。

·将煤矿技术人员配备列入安全准入基本条件，严格煤炭建设、生产领域的企业准入标准。

影响

当前中国煤矿安全生产工作仍然存在违法生产经营建设、水害事故增多、区域性事故多发等突出问题。特别是 2011 年 3 季度以来，贵州、黑龙江、陕西和重庆连续发生煤矿重大事故，再次暴露出一些地方煤矿安全制度和管理还存在漏洞，一些部门煤矿安全监管力度还不够。该政策的出台，对于有效防止煤矿重特大事故发生的具有重要意义。

四、《关于“十二五”期间进一步推进煤炭行业淘汰落后产能工作的通知》

山西阳煤丰喜肥业(集团)有限责任公司
SHANXI YANGMEI FENGXI FERTILIZER INDUSTRY (GROUP) LLC.

《关于“十二五”期间进一步推进煤炭行业淘汰落后产能工作的通知》

制定日期与单位 2011.11.1，国家发改委、能源局、安监总局、国家煤炭安全监察局

11

《关于“十二五”期间进一步推进煤炭行业淘汰落后产能工作的通知》

目标淘汰煤炭落后产能，建设大型煤炭基地和煤炭企业。

重点

“十二五”期间，以下六类煤矿为落后产能煤矿，应予以淘汰：

• 不符合煤炭产业政策、矿产资源规划和矿区总体规划的煤矿；

• 单井井型低于 3 万吨 / 年的煤矿；

• 乱采滥挖，资源浪费严重，采区回采率连续 3 年平均低于 50% 的煤矿；

• 采煤工作面采用人力或畜力运输煤炭、掘进工作面采用手镐掘进及人力装岩的煤矿；

• 存在煤与瓦斯突出、自燃发火、冲击地压、水害威胁等重大安全生产隐患，经论证在现有条件下难以有效防治的煤矿；

•煤矿生产安全相关法律、法规、规章、规程、标准和技术规范等明令禁止或淘汰的其他类型煤矿。

影响

• “十二五”期间，全国煤炭行业将淘汰落后产能 9718 万吨，2917 处小煤矿退出市场；

• 该通知下达后，煤炭产业将迎来新一轮产业调整，近 3000 座小煤矿将在此轮调整中淘汰出局，煤炭资源进一步向大型企业集团集中。但短期内，小煤矿的关停可能会改变区域煤炭流通格局，使煤炭供需出现失衡。

五、《中华人民共和国资源税暂行条例实施细则》《中华人民共和国资源税暂行条例实施细则》

制定日期与单位 2011.10.28，财政部，国家税务总局

目标调节资源级差收入，体现资源有偿开采，促进资源节约使用。

重点

• 征收资源税的煤炭，是指原煤，不包括洗煤、选煤及其他煤炭制品。

• 根据细则，原油、天然气资源税将进行从价计征，税率均为 5%；煤炭资源税维持从量计征方式，其中焦煤税率为 8 元 / 吨，其他煤炭的税率具体到各个省市，每个省市一个税率，为 2 ～ 4 元 / 吨不等，其中安徽的税率最低为 2 元 / 吨，河南的税率最高为 4/ 元。

影响

• 这次资源税改革仅涉及原油、天然气，没有调整煤炭的税率标准，因而不会影响煤炭的价格，也不会增加相关下游企业及消费者的负担。

• 业界普遍反映，相对于目前 500 ～ 700 元 / 吨的煤炭价格，煤炭资源的税率标准较低，平摊到煤价上近似于没有征收，煤炭资源税仅有象征意义，对煤炭上下游行业的实际影响不大。

第五节 中国煤炭行业分析报告（2011 年 4 季度）

2011 年四季度，一方面随着各地煤炭资源整合取得明显成效，煤炭产能释放逐步加快，供应能力显著增强；另一方面，煤矿事故仍时有发生，仅 11 月份就发生 5 起矿难，春节前，国家安监部门不断加大煤矿安监力度，地方政府也相应加强煤炭安全检查，煤炭供给受到一定影响，原煤产量增速呈逐月回落态势。10 月、11 月、12 月份，原煤产量增速分别为 7.3%、4.4% 和 3.8%。

从煤炭行业下游需求看，从 2011 年 8 月开始，房地产投资增速受到调控政策影响逐月回落；国内生铁、粗钢、钢材产量均呈逐月递减态势；受基础建设领域固定资产投资及房地产投资增速快速回落影响，水泥的市场需求相应减弱，市场供给过剩问题已越显突出，多数水泥企业已采取“限产保价”措施。受此影响，四季度煤炭消费量呈逐月回落态势，10 月、11 月、12 月煤炭消费量分别为 3.17 亿吨、3.14 亿吨和 3.42 亿吨，分别同比增长 16%、8.2% 和 4.6%。

受到国际煤价以及国内市场供需变化影响，2011 年，我国煤炭进口整体呈现前低后高、先降后升态势。我国全年共进口煤炭 18240 万吨，同比增长 10.8%。而根据日本财务省公布的数据显示，2011 年日本进口煤炭 1.752 亿吨，同比下降 5.1%。

至此，我国打破了日本保持了 30 多年的煤炭进口第一的纪录，成为世界煤炭进口第一大国。

煤炭供给保持较快增速，进口量刷新历史最高纪录，同时相关耗煤行业需求增速放缓，导致 2011 年我国煤炭市场供需整体平衡，煤炭库存较高，煤炭价格高位盘整。至 2011 年 12 月末，全国社会煤炭库存为 2.53 亿吨，比年初增加 3609 万吨，增长 16.6%；秦皇岛港 5500 大卡山西优混煤炭价格由 11 月份的 865 元 / 吨回落至 825 元 / 吨。

展望 2012 年，煤炭产能将继续增长，但铁路运煤能力没有明显增加，与需求小幅增长相比，供需增长基本同步，全年煤炭供求有望保持总体基本平衡态势，但不同区域、不同品种仍可能出现结构性失衡的问题。

一、煤炭市场运行情况

（一）节前安全检查力度加大，煤炭供应受到一定影响

2011 年四季度，一方面各地煤炭资源整合取得明显成效，部分煤矿项目陆续投产，煤炭产能释放逐步加快，供应能力显著增强；另一方面，煤矿事故仍时有发生，春节前，国家安监部门不断加大煤矿安监力度，地方政府也相应加强煤炭安全检查，煤炭供给受到一定影响，原煤产量增速呈逐月回落态势。10 月、11 月、12 月份，原煤产量增速分别为 7.3%、4.4% 和 3.8%。全年累计生产原煤 35.5 亿吨，同比增长 7.6%。

（二）国内煤炭需求明显放缓，供需整体平衡略显宽松

从煤炭行业下游需求看，从 2011 年 8 月开始，房地产投资增速受到调控政策影响逐月回落，房地产企业面临融资与销售的双重压力，降低投资及延长开发周期是必然选择。另外，受动车事故影响，铁路融资建设总体也呈放缓势头。2011 年四季度，国内生铁、粗钢、钢材产量均呈逐月递减态势，尤其是 2011 年 9 月以后，产量加速下滑，日均粗钢产量由 6 月的 200 万吨回落到 12 月份的 168 万吨。

山西阳煤丰喜肥业(集团)有限责任公司
SHANXI YANGMEI FENGXI FERTILIZER INDUSTRY (GROUP) LLC.

建材行业，受基础建设领域固定资产投资及房地产投资增速快速回落影响，水泥的市场需求相应减弱。而产能方面，水泥行业产能扩张速度远远高于需求增速市场供给过剩问题已越显突出，多数水泥企业已采取“限产保价”措施。

受此影响，四季度工业领域煤炭消费量呈逐月回落态势。不过，冬季低温天气影响下，北方采暖用煤需求旺盛，年末煤炭消费量明显提升。10月、11月、12月煤炭消费量分别为3.17亿吨、3.14亿吨和3.42亿吨，分别同比增长16%、8.2%和4.6%。全年煤炭消费量37.2亿吨，同比增长9.1%，增速比上年提高3.8个百分点。

（三）煤炭价格上涨动力不足，在年底出现高位盘整态势

四季度，由于国内出现暖冬，采暖需求处于低位，电厂耗煤不高，采购意愿不强，下游需求对市场拉升动力不足，市场煤价逐渐止涨趋稳，11月份煤炭市场价格基本达到年内高位，并且呈高位盘整走势。

2011年底，电厂的存煤可用天数一直维持在18～20天的高位，再加上之前发改委推出的“限价令”在一定程度上压缩了贸易商的操作空间，限价政策一出，贸易商对于市场的悲观情绪愈发增强，许多煤炭贸易商出于回笼资金以及对后市悲观等多方面的因素，纷纷压低价格以求提振成交量，但效果依旧不好，从而加速了煤价的下滑。2011年12月26日，秦皇岛港5500大卡山西优混煤炭价格已由11月份的865元/吨回落至825元/吨。

（四）煤炭运输能力有所增强，但雨雪等恶劣天气影响了运力的畅通

进入四季度，因春节以及迎峰度冬，铁道部继续加大煤炭等特点物资的运输力度，确保用煤需求。包西铁路内蒙古段全线建成通车、太中银线开通运营等增强了煤炭运输通力。四季度煤炭日均装车量明显多于三季度，其中11月份，煤炭日均装车量71314车，同比增长11.3%，处于近两年来最高水平。

另一方面，由于雨雪等恶劣天气影响了部分煤炭运输通道的运输畅通，同时适逢我国春运，铁路力保旅客运输，货运的大幅调减使得电煤运输受到阶段性制约。

4月大秦线开始为期一个月的“开天窗”检修，加之国家对铁路安全更为重视，在一定程度上影响了煤炭运输。1～12月份，我国累计发运煤炭22.7亿吨，同比增长13.4%，增速呈逐月回落态势。

（五）煤炭企业和发电企业煤炭库存处于较高水平

煤炭供给保持较快增速，进口量刷新历史最高纪录，同时相关耗煤行业需求增速放缓，导致2011年我国煤炭市场供需整体平衡，煤炭库存较高。至2011年12月末，全国社会煤炭库存为2.53亿吨，比年初增加3609万吨，增长16.6%。其中，煤炭企业库存为5240万吨，比年初增加140万吨，增长2.8%；重点发电企业存煤8165万吨，比年初增加2558万吨，增长45.6%。

二、煤炭行业进出口情况

（一）煤炭进口量屡创新高，全年呈现前高后低态势

受到国际煤价以及国内市场供需变化影响，2011年，我国煤炭进口整体呈现前低后高、先降后升态势。从2010年四季度开始，国际煤价呈现持续上涨走势2011年1月份以来，国内、国际煤炭价格开始出现倒挂，企业进口积极性受到明显抑制，2月份我国煤炭进口量同比出现大幅萎缩。

随后，国内煤价不断高涨，而国际煤价却相对走低，国际、国内煤价的差价不断缩小，进口量

呈现出连续环比逐月递增的走势，并于7月、9月和11月三次刷新单月进口量历史最高纪录，7～10月份，我国月度煤炭进口量同比增幅均在25%以上，11月份同比增幅高达60.3%。12月份，我国煤炭进口2138万吨，当月同比增长23.8%，连续第八个月保持煤炭进口两位数以上的增速。

2011年全年，我国煤炭累计进口量达到18240万吨，同比增长10.8%。而根据日本财务省公布的数据显示，2011年日本进口煤炭1.752亿吨，同比下降5.1%。至此，我国打破了日本保持了30多年的煤炭进口第一的纪录，成为世界煤炭进口第一大国。

（二）煤炭出口继续保持较低水平，全年累计出口同比大幅下降

由于我国实行严格的控制资源品出口政策，煤炭出口一直保持较低增长水平。3月份单月出口量达到年中最高的259万吨，6月出口量最低时仅为71万吨，全年累计出口不足1500万吨，为1466万吨，同比下降23%。累计出口金额由2010年的22.6亿美元增长至27.2亿美元，累计出口均价由2010年的118.3美元/吨上扬到185.3美元/吨，增长高达56.6%。全年我国煤炭共实现净进口16774万吨。

三、煤炭投资情况

2011年以来，一方面，煤炭资源整合正在逐步深化，其中的技术改造升级，

需要大量的资金投入；另一方面，煤炭市场仍处在供不应求阶段，投资者对于煤矿开采的投资热情高涨，中国煤炭行业投资总额保持较快增长。2011年，煤炭行业累计完成固定资产投资4896.86亿元，同比增长25.9%，增幅比去年同期回升3.6个百分点。

四、煤炭行业经营情况

2011年四季度，在产销量和价格同比双增长的背景下，煤炭行业经营情况良好，销售收入和利润均保持了30%以上的增长速度。但与前三季度相比，由于成本上涨因素较为突出，加上国家发改委于年末出台控制电煤价格上涨的政策，使得煤炭行业的收入和利润增速有所回落。截至12月末，我国煤炭行业共实现销售收入32593.92亿元，同比增长37.83%；实现利润总额4341.73亿元，同比增长了33.39%。

III趋势预测

一、煤炭供给预测

从煤炭生产来看，煤炭生产能力将大幅增长。目前来看，国内煤矿建设规模较大。根据国家统计局的数据，2009年、2010年全国煤矿新开工规模分别为4.82亿吨/年和5.74亿吨/年。新建煤矿建设周期一般都在2～3年之间，资源整合矿井在1～3年之间，据此判断2012年新投产煤矿规模应该在4亿吨/年左右，产能增量巨大，其中80%的产能增量在内蒙、陕西、山西和宁夏等省区，产能增长的区域布局极不均衡。同时，由于传统的煤炭调出省，河南、贵州等省近年来煤炭调出量明显下降，将会对湖北、湖南、江西、广西等周边地区的煤炭供需平衡带来较大影响。

二、煤炭需求预测

从经济基本面看，中央经济工作会议确定2012年将按照稳中求进的方针，实施积极的财政政策和稳健的货币政策。多数专业机构预测2012年我国经济增速在8%～9%，全社会固定资产投资

山西阳煤丰喜肥业(集团)有限责任公司
SHANXI YANGMEI FENGXI FERTILIZER INDUSTRY (GROUP) LLC.

可比价增长率在 13 ～ 16%。

从主要耗煤行业来看，2012 年，重工业用电增势将趋缓，主要耗煤行业需求增速放缓。工业用电量增速会进一步回落，第三产业及居民用电需求将成为全社会用电量增长的主要支撑力量。据中国电力企业联合会预测，2012 年发用电量增长 9.7%，增速比 2011 年回落 2 个百分点左右，2012 年全国新增电力装机容量将比 2011 年减少 1000 万千瓦左右，是 2006 年以来投产最少的一年。随着房地产开发增速放缓、投资结构发生较大变化等因素多重影响，钢铁和建材产品需求增长将放缓。目前看国际油价在高位振荡的可能性较大，国内的煤炭转化产业有望保持相对较快发展。总的来看，2012 年，电力、钢铁、建材、化工等耗煤产业增长趋缓，煤炭需求增长速度将明显减慢。

从气候方面看，季节性因素仍将是煤炭需求的不确定因素，目前看水电出力可能相对偏小，4 月以后会不会明显回升尚难以确定；迎峰度夏和冬季供暖期的煤炭需求水平也难以判断。

综上，预计全国煤炭需求较快增长势头在 2012 年将发生根本变化，将趋于平缓，如果不出台新一轮财政投资政策，煤炭需求极可能会出现阶段性下降。

三、煤炭运输预测

从煤炭运输来看，煤炭运输增长空间十分有限。铁路方面，2012 年没有新建或改扩建运煤干线投入运营，但其它各类铁路将投产新线 6366 公里，是 2011 年新线投产长度的 3.1 倍，可以预见，整个铁路网的疏运能力将有所增强，一些运煤干线因疏运能力不足而受到制约的状况有望改善。因此，2012 年铁路运输瓶颈相对于煤矿总产能的制约程度会加剧，但铁路运煤量仍会保持增长，而且，受车辆不足和疏运不畅制约比较严重的运煤铁路有望实现相对较大的增量。

港口方面，2012 年北方主要港口煤炭运输中转能力将有增加，但港口煤炭运输能力发挥仍存在不确定性，一方面，2012 年新投产港口多在下半年投入运营，当年新增有效运力有限；另一方面，北方主要港口主要通过大秦线调入煤炭，但 2012 年大秦线增量不大。综上，预计 2012 年全国煤炭运输能力增量有限，煤炭需求增量主要在煤炭产地通过就地转化得以实现。

四、煤炭行业进出口预测

2012 年，由于世界经济前景的不乐观，我国经济发达地区的经济发展将处在相对低迷状态，煤炭需求略有下降。财政部于 2011 年年底表示，2012 年对煤炭实施较低的进口暂定税率，将可能促使国内钢铁企业增加采购进口炼焦煤。

出口方面，我国控制煤炭出口的政策力度不会减弱，2011 年 12 月 22 日，国家发改委发放了 2012 年度第一批煤炭出口配额，为 1800 万吨。从 2011 年煤炭出口配额的实际使用情况来看，煤炭累计出口量仅为出口配额的约 1/3，因此，预计 2012 年我国煤炭出口仍在低位波动，并略有下降。

热点研究

一、我国建成首个 2 亿吨级商品煤生产基地

我国建成首个 2 亿吨级商品煤生产基地

来源新华网，2012 年 1 月 4 日

事件

• 2011 年，神华神东煤炭集团公司完成商品煤生产 2.02 亿吨。这是神华神东矿区继 2010 年建成 2 亿吨级原煤生产基地之后，又一次建成我国首个 2 亿吨级商品煤生产基地；

·神东矿区地处陕西省榆林市北部和内蒙古鄂尔多斯市南部，总面积3．12万平方公里，探明储量2236亿吨，是目前我国已探明储量最大的整装煤田。

影响

·神华神东煤炭集团公司原煤产量连续12年均以千万吨速度递增，百万吨死亡率控制在0．02以下，是美国等发达国家平均数的三分之一，在安全、经济、技术等主要指标上达到了国内第一、世界领先水平。

·该基地的建成，是我国建设大型煤炭基地、进行资源集中、高效开采的良好榜样，有助于为各大煤炭集团走煤炭开采集约化、规模化的道路提供示范。

二、首个中外合作煤层气开发项目获批

首个中外合作煤层气开发项目获批

来源中国煤炭报，2011年12月16日

事件

·中联煤层气有限公司和亚美大陆煤层气有限公司宣布，山西晋城潘庄区块煤层气资源开采总体开发方案已经正式获得国家发改委的核准批复，标志着潘庄区块成为国内第一个正式进入商业性开发的中外合作煤层气项目。

·潘庄区块是亚美大陆公司在山西沁水盆地进行煤层气勘探及开发的一个主要区块，占地面积为150平方公里，探明储量为300亿立方米，目前先导性试验产能达1亿立方米，预计在2013年形成5亿立方米产能。该项目开发期总投资额为12.57亿元，两个公司的投资比率各占50%，预计投资回报期为7年左右。该项目可保持每年5亿立方米煤层气稳定供应12年，所产资源将通过管道主要供应山西、河南等省。

影响

·总体开发方案的获批，是中国煤层气对外合作开发的一个成功范例，将极大促进中国煤层气对外合作勘探开发的进程。

·根据规划，“十二五”末，中联公司将拥有煤层气产能40亿立方米、产量30亿立方米。

三、中煤进出口公司哥伦布拉勘探项目前景看好

中煤进出口公司哥伦布拉勘探项目前景看好

来源中国煤炭报，2011年12月12日

中煤进出口公司哥伦布拉勘探项目前景看好

事件

·2010年4月，中煤进出口公司与澳大利亚都市煤炭公司签署合作协议，成立中煤资源有限公司，共同勘探开发哥伦布拉项目。同年底，第一个钻孔在澳大利亚开钻；

·截至2011年11月，哥伦布拉项目完成施工钻孔36个，累计进尺20101米，在预计储量5.4亿吨的范围内，探明储量为12.97亿吨，翻番有余。

影响

山西阳煤丰喜肥业(集团)有限责任公司
SHANXI YANGMEI FENGXI FERTILIZER INDUSTRY (GROUP) LLC.

• 哥伦布拉项目的勘探成果大大好于预期。随着钻孔增多，地下煤炭赋存情况逐渐清晰，中方已探明的储量翻番，澳方公司在澳大利亚股市上的股价一路飙升。

• 到 2012 年底，哥伦布拉项目将完成煤田的精查勘探；预计 2015 年至 2016 年，将建成 1 座年产 1000 万吨的煤矿，露天与井工配合开采；后期，再建设 3 座同等规模的矿井，形成年产煤炭 4000 万吨的能力。

四、中国电力联姻中煤能源提速煤电联营

中国电力联姻中煤能源提速煤电联营

来源北京商报，2011 年 11 月 3 日

事件

• 中国电力发布公告称，将与中煤能源共同投资 49.8 亿元成立一家名为“中电神头发电有限责任公司”的合资公司，合资期限为 30 年，注册资本为 10 亿元，由中国电力及中煤能源按出资比例分别持股 80% 及 20%；

• 根据合同，中煤能源将确保合资公司所需的煤炭供应，并在同地区五大国有发电公司所属电厂的市场煤炭价格上给予优惠。中国电力还称，双方将在未来其他的煤电联营项目中进一步合作。

影响

• 煤电联营即在煤矿区根据统一规划、同步建设煤矿和发电厂，并使两家企业联合经营，以取得最大综合效益。中国电力与中煤能源的合作是典型的煤电联营案例，这也是我国多年来一直倡导的解决煤电矛盾的主要措施；

• 双方煤电联营可以使煤炭企业和电力企业建立一种互补的、长效的利益共享、风险共担的机制，减少煤电间不必要的摩擦，降低因为煤炭市场价格波带

来的经营风险，有利于将外部风险转化为内部风险。

五、河南煤炭企业兼并重组基本完成

河南煤炭企业兼并重组基本完成

来源人民网，2011 年 10 月 19 日

事件

• 截至 9 月底，河南省各煤炭企业基本完成了兼并重组工作。复工复产及关闭退出矿井数量分别达到 272 处和 166 处，占计划完成数量的 107.4% 和 111.4%，取得了实质性成果；

• 全省 272 处矿井通过省辖市和省骨干煤炭企业组织的联合验收，具备安全生产条件并已复工复产，占保留兼并重组矿井总数的 82.2%。其中，复产矿井 111 处、复工 161 处。

影响

• 河南省是我国煤炭大省之一，小煤矿安全问题较为突出。河南省历经一年半，基本完成了煤炭企业兼并重组，对于提高煤炭产业集中度，提升煤矿安全生产水平，加快煤炭企业转型升级，促进全省煤炭工业发展方式转变具有十分重要的意义。

第三章 石油与天然气

第一节 天然气与石油的概述

一、天然气

天然气是存在于地下岩石储集层中以烃为主体的混合气体的统称。包括油田气、气田气、煤层气、泥火山气和生物生成气等。主要成分为甲烷，通常占85-95%；其次为乙烷、丙烷、丁烷等。它是优质燃料和化工原料。

天然气是一种清洁高效的能源，是化肥行业推进清洁能源生产、发展绿色化工基础，我国蕴藏着丰富的天然气资源，新中国成立以来，我国天然气生产有了很大发展。特别是“八五”以来，天然气探明储量快速增长，天然气产业进入高速发展时期。大力发展天然气工业，培育和完善天然气市场，对于改善我国能源消费结构、缓解石油供需矛盾、保障我国国民经济发展以及国家能源安全，具有重要的战略意义。2009年我国油气勘探再获突破，全年天然气新增探明储量7234亿立方米，与2008年相比有大幅增长。从主要盆地油气探明分布来看，天然气新增探明地质储量主要位于鄂尔多斯、四川、塔里木和准噶尔4个盆地。

大多数发达国家的天然气在一次能源中的消费比例都在20～30%之间，其中独联体为55%，英国为35%，加拿大为29%，美国为26%，德国为21%，就连油气资源贫脊的日本，天然气的消费也占一次能源总量的12%。而我国目前仅占3%，远低于世界平均水平，与亚洲平均8.8%的水平也有较大差距，远远滞后于世界发达国家，和中国能源消费地位极其不协调。我国能源发展“十一五”规划提出，天然气占一次能源消费总量的比例将在5年内提高2.5个百分点，到2010年达到5.3%。在此基础上，近些年我们天然气行业的发展受到极大的鼓励。

21世纪以来，我国天然气市场进入大规模发展阶段，天然气消费量以每年两位数的速度增长。2009年我国生产天然气830亿立方米，同比增长7.7%。全国天然气表观消费量为874.5亿立方米，与2008年相比增长11.5%。与国内产量相比，国内天然气供需缺口达40多亿立方米。我国天然气管网和配套基础设施的大规模建设也推动了我国天然气利用范围和规模的不断扩大，我国第一条西气东输管线工程已于2004年底投入商业运营，直接拉动了天然气消费市场的扩大，我国目前加快了天然气管网的建设和布局。将产自四川普光气田的天然气输送到长三角地区的川气东送工程建设于2007年8月底正式启动。我国第二条西气东输管线于2008年全线开工。这条管线将从新疆输送主要来自中亚的天然气，满足珠三角和长三角地区的能源需求。管道设计输气规模为300亿立方米/年，预计2010年建成通气。我国对天然气消费的推动主要从“十一五”开始，随着中亚天然气管道、西气东输二线西段的投产运营以及我国液化天然气项目的加速发展，随着骨干管道的建成，天然气消费迅猛增长，近几年的年增长率约在20%，远远高于世界2-3%的增长水平。 为了缓解国内天然气供应不足，我国LNG进口量正在不断增多。2009年我国进口了约350万吨液化天然气，相当于2009年全国天然气总消费量的近6%。与世界天然气消费相比，我国的天然气利用还有很大

山西阳煤丰喜肥业(集团)有限责任公司
SHANXI YANG MEI FENGXI FERTILIZER INDUSTRY (GROUP) LLC.

的空间。预计未来我国天然气进口量将有较大幅度的增长。

随着国家对能源需求的不断增长，提高天然气在能源结构中的比重和引进 LNG 将对优化中国的能源结构，有效解决能源供应安全和生态环境保护，实现经济和社会的可持续发展发挥重要作用。天然气供应已经成为国家能源安全中越来越重要的组成部分。未来中国天然气需求增长速度将明显超过煤炭和石油。随着居民生活水平提高，对清洁能源需求增加，中国天然气需求将继续旺盛。未来中国将形成国产气为主，进口气为辅的多气源资源保障体系，国内天然气供应将呈现西气东输、北气南下、就近供应以及海气登陆四大格局。到 2020 年，我国天然气市场需求有望达到 2000 亿立方米，占整个能源构成的 10%。天然气工业发展前景广阔。

一、天然气行业的特征

1. 自然垄断性和地域性。从天然气运行过程的相关阶段（生产、输送和销售）来看，天然气行业的经营必须依赖输送管网进行，这就决定了其自然垄断性的特点。由于天然气行业赖以生存的管网建设，受到人口集中程度限制。因此，不可能建设一个全国性的网络系统，只能是以单个城市为基础的地区性网络。另外，除瓶装气外，天然气企业的产品和服务具有固定的消费群体。也就是说，城市常住人口一旦初次消费（用户交纳了管网建设配套费），便成为永久性用户。这使天然气企业具有稳定的客户群，必然形成区域的垄断性经营格局。

2. 较强的替代性。一方面，作为一种能源，城市天然气有诸如瓶装燃气、电、煤和油等作为替代品。用户对管输天然气的需求要受到它与其替代晶间的比价、质量和服务水平的影响。另一方面，与替代品相比，天然气行业的发展仍具有其他替代行业不可比的优势。例如，天然气替代煤等燃料，对空气的质量改善有一定的积极作用；与替代性较强的瓶装燃气相比，天然气具有方便、安全、易管理、利环境、降低交通运输压力等优势，克服了瓶装供气的缺点。为鼓励人们使用天然气，政府应该给予一定的政策支持其发展。

3. 消费的季节性。天然气的主要用户有居民用户、工业用户、商业用户、电力用户等。各类用户尤其是占很大比重的居民用户对天然气的需求是波动的，一年之中差别很大。一般来说，冬季需求量为夏季的 5 倍；一月之中节假日前后以及一日之中各时点均会出现峰谷波动。天然气消费时间和消费数量的波动性，导致了生产的显著不均衡性。因此，天然气企业除了保证供应外，还需要具有调峰能力，即协调用气高峰和低谷的能力，以实现供需平衡。

二、中国天然气价格管理存在的主要问题

目前，中国在天然气生产阶段，只有中石油、中石化和中海油三家公司，形成强寡头垄断之势，并且长距离传输管道分别由这三家拥有，实际上构成了生产与传输的纵向一体化。相对于城市管道燃气公司，有些地方是自然垄断，有些地方形成了寡头垄断。

1. 天然气与可替代能源比价不合理。天然气的可替代能源，主要是电、燃料油、液化石油气、煤气等。如果不考虑环境因素，煤炭也是可替代能源之一。天然气与煤、电、液化石油气的比价不够合理，导致用户对天然气的接受率不高。目前，能源比价没有充分体现天然气优质能源的价格优势。例如，北京市天然气与煤炭的比价达到 4：1（其中民用 5.2：1，工业 4.1：1），而发达国家一般为 2：1 左右，这一差距意味着用户将更多的选择煤炭为原料，天然气在与煤炭的竞争中处于不利地位。

2. 天然气购销价格比例不合理。中国在城市天然气定价偏低，天然气销售与购买价格比为 1.5

左右，而国际比价一般在3-4之间，中国城市天然气价格补偿水平偏低。事实上，中国天然气价格偏低掩盖了用户为得到天然气服务付出的综合成本。表1数据显示：与气源距离的远近，是决定天然气定价的主要因素。但销售价格比购气价格提升的幅度不尽相同。北京、上海等地的购气价格偏高，但其销售价格提升幅度居中，远低于沈阳、哈尔滨等城市。

3. 天然气收费不合理。中国城市天然气收费分为接驳费和燃气费。目前，各个城市接驳费收费标准差异很大，在800-5000元之间不等。由于天然气价格偏低，接驳费作为企业收入的重要部分，起着“以费养气”的作用。四川省成本价格研究所的报告称：成都市由于实行“低价供气”的价格政策，成都市煤气公司天然气输供业务一直处于亏损状态，而天然气用户安装包干费、天然气用户维修费、城市建设燃气配套费不仅弥补了公司天然气输供业务的亏损，而且成为成都市天然气城市管道建设主要的资金来源。

4. 价格构成不合理。天然气从井口传输到用户包括三个环节：一是气田勘探、开发、净化；二是长输管道输送；三是城市气化和配送。这三个环节由不同企业分别建设和管理；天然气的价格也由这三部分构成，分别为气田收取的井口价及净化费、长输管道收取的管输费、城市收取的城市管网费。目前，中国对这三部分价格的管理采取中央和地方分别管理的体制。井口价及净化费由国家发展和改革委员会确定，管输费由各地物价局提出意见，报国家发展和改革委员会审批；城市管网费则由各省物价局直接确定。这种天然气价格的管理体制遵循成本加成原则。政府部门与相关企业之间的信息不对称，使价格主管部门无法掌握企业的实际成本，只能根据掌握的有限信息，在与被管制者的讨价还价中制定或调整价格。这种价格的制定或调整行为显然缺乏科学性，不符合市场供求变化的要求，不利于发挥市场调节的作用。

二、石油

石油又称原油，是从地下深处开采的棕黑色可燃粘稠液体。主要是各种烷烃、环烷烃、芳香烃的混合物。它是古代海洋或湖泊中的生物经过漫长的演化形成的混合物，与煤一样属于化石燃料。石油主要被用来作为燃油和汽油，燃料油和汽油组成目前世界上最重要的一次能源之一。石油也是许多化学工业产品如溶液、化肥、杀虫剂和塑料等的原料

原油的分布从总体上来看极端不平衡：从东西半球来看，约3／4的石油资源集中于东半球，西半球占1／4；从南北半球看，石油资源主要集中于北半球；从纬度分布看，主要集中在北纬20°-40°和50°-70°两个纬度带内。波斯湾及墨西哥湾两大油区和北非油田均处于北纬20°-40°内，该带集中了51.3%的世界石油储量；50°-70°纬度带内有著名的北海油田、俄罗斯伏尔加及西伯利亚油田和阿拉斯加湾油区。

原油的颜色非常丰富，有红、金黄、墨绿、黑、褐红、甚至透明；原油的颜色是它本身所含胶质、沥青质的含量，含的越高颜色越深。原油的颜色越浅其油质越好！透明的原油可直接加在汽车油箱中代替汽油！原油的成分主要有：油质（这是其主要成分）、胶质（一种粘性的半固体物质）、沥青质（暗褐色或黑色脆性固体物质）、碳质（一种非碳氢化合物）。

目前中国已取代日本成为全球第二大石油消耗国（仅次于美国），预估10年内中国的石油需求将从目前的每日600万桶膨胀近一倍至1150万桶。十年前中国进口石油占整体石油需求的比例才6%，现在已经提高到三分之一，到2020年预期将有60%的石油都必须来自进口。汽车工业将是

山西阳煤丰喜肥业(集团)有限责任公司
SHANXI YANGMEI FENGXI FERTILIZER INDUSTRY (GROUP) LLC.

汽柴油消费最主要的生意推动力。乙烯二业的发展将使化工用油进一步上升，中国需要进口更多的石脑油。今后 20 年，国内原油产量虽然将继续呈上升趋势，但增幅有限，预计 2010 年和 2020 年产量将分别达到 1.7 亿吨和 1.8 亿吨左右。

石油由碳氢化合物为主混合而成的，具有特殊气味的、有色的可燃性油质液体；天然气是以气态的碳氢化合物为主的各种气体组成的，具有特殊气味的、无色的易燃性混合气体。

石油经过加工提炼，可以得到的产品大致可分为四大类：

一石油燃料

石油燃料是用量最大的油品。按其用途和使用范围可以分为如下五种：

1、点燃式发动机燃料有航空汽油，车用汽油等。

2、喷气式发动机燃料（喷气燃料）有航空煤油。

3、压燃式发动机燃料（柴油机燃料）有高速、中速、低速柴油。

4、液化石油气燃料即液态烃。

5、锅炉燃料有炉用燃料油和船舶用燃料油。

二润滑油和润滑脂

润滑油和润滑脂被用来减少机件之间的摩擦，保护机件以延长它们的使用寿命并节省动力。它们的数量只占全部石油产品的 5% 左右，但其品种繁多。

三蜡、沥青和石油焦

它们是从生产燃料和润滑油时进一步加工得来的，其产量约为所加工原油的百分之几。

四溶剂和石油化工产品

后者是有机合成工业的重要基本原料和中间体。

我国主要的油田与世界石油的分布

我国主要油田

1、大庆油田 2、胜利油田 3、长庆油田 4、辽河油田 5、克拉玛依油田 6、四川油田 7、华北油田 8、大港油田 9、中原油田 10、吉林油田 1、河南油田 12、江汉油田 13、江苏油田 14、青海油田 15、塔里木油田 16、土哈油田 17、玉门油田 18、滇黔桂石油勘探局 19、冀东油田 20、中国海洋石油南海东部公司

我国石油资源集中分布在渤海湾、松辽、塔里木、鄂尔多斯、准噶尔、珠江口、柴达木和东海陆架八大盆地，其可采资源量 17.2 亿吨，占全国的 81.13%；天然气资源集中分布在塔里木、四川、鄂尔多斯、东海陆架、柴达木、松辽、莺歌海、琼东南和渤海湾九大盆地，其可采资源量 18.4 万亿立方米，占全国的 83.64%。

自上世纪 50 年代初期以来，我国先后在 82 个主要的大中型沉积盆地开展了油气勘探，发现油田 500 多个。以下是我国主要的陆上石油产地。

1 大庆油田：

位于黑龙江省西部，松嫩平原中部，地处哈尔滨、齐齐哈尔市之间。油田南北长 140 公里，东西最宽处 70 公里，总面积 5470 平方公里。1960 年 3 月党中央批准开展石油会战，1963 年形成了 600 万吨的生产能力，当年生产原油 439 万吨，对实现中国石油自给自足起到了决定性作用。1976

年原油产量突破 5000 万吨成为我国第一大油田。目前，大庆油田采用新工艺、新技术使原油产量仍然保持在 5000 万吨以上。

2 胜利油田：

地处山东北部渤海之滨的黄河三角洲地带，主要分布在东营、滨洲、德洲、济南、潍坊、淄博、聊城、烟台等 8 个城市的 28 个县（区）境内，主要开采范围约 4.4 平方公里，是我要第二大油田。

3 辽河油田：

主要分布在辽河中上游平原以及内蒙古东部和辽东湾滩海地区。已开发建设 26 个油田，建成兴隆台、曙光、欢喜岭、锦州、高升、沈阳、茨榆坨、冷家、科尔沁等 9 个主要生产基地，地跨辽宁省和内蒙古自治区的 13 市（地）32 县（旗），总面积 10 万平方公里，产量居全国第三位。

4 克拉玛依油田：

地处新疆克拉玛依市。40 年来在准噶尔盆地和塔里木盆地找到了 19 个油气田，以克拉玛依为主，开发了 15 个油气田，建成了 792 万吨原油配套生产能力（稀油 603.1 万吨，稠油 188.9 万吨），从 1900 年起，陆上原油产量居全国第四位。

5 四川油田：

地处四川盆地，已有 60 年的历史，发现油田 12 个。在盆地内建成南部、西南部、西北部、东部 4 个气区。目前生产天然气产量占全国总量近一半，是我国第一大气田。

6 华北油田：

位于河北省中部冀中平原的任丘市，包括京、冀、晋、蒙区域内油气生产区。1975 年，冀中平原上的一口探井任 4 喷出日产千吨高产工业油流，发现了我国最大的碳酸盐岩潜山大油田任丘油田。1978 年原油产量达到 1723 万吨，为当年全国原油产量突破 1 亿吨做出了重要贡献。直到 1986 年，保持年产量原油 1 千万吨达 10 年之久。目前原油产量约 400 多万吨。

78 大港油田：

位于天津市大港区，其勘探地域辽阔，包括大港探区及新疆尤尔都斯盆地，总勘探面积 34629 平方公里，其中大港探区 18628 平方公里。现已在大港探区建成投产 15 个油气田 24 个开发区，形成年产原油 430 万吨和天然气 3.8 亿立方米生产能力。目前，发现了千米桥等上亿吨含油气构造，为老油田的增储上产开辟了新的油气区。

8 中原油田：

地处河南省濮阳地区，于 1975 年发现，经过 20 年的勘探开发建设，已累计探明石油地质储量 4.55 亿吨，探明天然气地质储量 395.7 亿立方米，累计生产原油 7723 万吨、天然气 133.8 亿立方米。现已是我国东部地区重要的石油天然气生产基地之一。

9 吉林油田：

地处吉林省扶余地区，油气勘探开发在吉林省境内的两大盆地展开，先后发现并探明了 18 个油田，其中扶余、新民两个油田是储量超亿吨的大型油田，油田生产已达到年产原油 350 万吨以上，形万了原油加工能力 70 万吨特大型企业的生产规模。

10 河南油田：

地处豫西南的南阳盆地，矿区横跨南阳、驻马店、平顶山三地市，分布在新野、唐河等 8 县境内。

山西阳煤丰喜肥业(集团)有限责任公司
SHANXI YANGMEI FENGXI FERTILIZER INDUSTRY (GROUP) LLC.

已累计找到 14 个油田，探明石泊地质储量 1.7 亿吨及含油面积 117.9 平方公里。

11 长庆油田：

勘探区域主要在陕甘宁盆地，勘探总面积约 37 万平方公里。油气勘探开发建设始于 1970 年，先后找到了油气田 22 个，其中油田 19 个，累计探明油气地质储量 54188.8 万吨（含天然气探明储量 2330.08 亿立方米），目前已成为我国主要的天然气产区，并成为北京天然气的主要输送基地。长庆油田已成为我国重要能源基地和油气上产主战场。2009 年长庆油田油气当量将达到 3000 万吨。2015 年长庆油田油气当量将达到 5000 万吨。

12 江汉油田：

是我国中南地区重要的综合型石油基地。油田主要分布在湖北省境内的潜江、荆沙等 7 个市县和山东寿光市、广饶县以及湖南省境内衡阳市。先后发现 24 个油气田，探明含油面积 139.6 平方公里、含气面积 71.04 平方公里，累计生产原油 2118.73 万吨、天然气 9.54 亿立方米。

13 江苏油田：

油区主要分布在江苏的扬州、盐城、淮阴、镇江 4 个地区 8 个县市，已投入开发的油气田 22 个。目前勘探的主要对象在苏北盆地东台坳陷。

14 青海油田：

位于青海省西北部柴达木盆地。盆地面积约 25 万平方公里，沉积面积 12 万平方公里，具有油气远景的中新生界沉积面积约 9.6 万平方公里。目前，已探明油田 16 个，气田 6 个。

15 塔里木油田：

位于新疆南部的塔里木盆地。东西长 1400 公里，南北最宽外 520 公里，总面积 56 万平方公里，是我国最大和内陆盆地。中部是号称“死亡之海”的塔克拉玛干大沙漠。1988 年轮南 2 井喷出高产油气流后，经过 7 年的勘探，已探明 9 个大中型油气田、26 个含油气构造，累计探明油气地质储量 3.78 亿吨，具备年产 500 万吨原油；100 万吨凝折、25 亿立方米天然气的资源保证。

吐哈油田

新疆吐鲁番、哈密盆地境内，负责吐鲁番、哈密盆地的石油勘探。盆地东西长 600 公、南北宽 130 公里，面积约 5。3 万平方公里。于 1991 年 2 月全面展开吐哈石油勘探开发会战。截止 1995 年底，共发现鄯善、温吉桑等 14 个油气油田和 6 个含油气构造探明含油气面积 178.1 平方公里，累计探明石油地质储量 2.08 亿吨、天然气储量 731 亿立方米。

玉门油田：

位于甘肃玉门市境内，总面积 114.37 平方公里。油田于 1939 年投入开发，1959 生产原油曾达到 140.29 万吨，占当年全国原油产量的 50.9。创造了 70 年代 60 万吨稳产 10 年和 80 年代 50 万吨稳产 10 的优异成绩。誉为中国石油工业的摇篮。

世界石油的分布

一、中东波斯湾沿岸

中东海湾地区地处欧、亚、非三洲的枢纽位置，原油资源非常丰富，被誉为“世界油库”。据美国《油气杂志》2006 年最新的数据显示，世界原油探明储量为 1804.9 亿吨。其中，中东地区的原油探明储量为 1012.7 亿吨，约占世界总储量的 2/3。在世界原油储量排名的前十位中，中东国家占了五位，依次是沙特阿拉伯、伊朗、伊拉克、科威特和阿联酋。其中，沙特阿拉伯已探明的储量为355.9亿吨，居世界首位。伊朗已探明的原油储量为186.7亿吨，居世界第三位。

二、北美洲

北美洲原油储量最丰富的国家是加拿大、美国和墨西哥。加拿大原油探明储量为245.5亿吨，居世界第二位。美国原油探明储量为29.8亿吨，主要分布在墨西哥湾沿岸和加利福尼亚湾沿岸，以得克萨斯州和俄克拉荷马州最为著名，阿拉斯加州也是重要的石油产区。美国是世界第二大产油国，但因消耗量过大，每年仍需进口大量石油。墨西哥原油探明储量为16.9亿吨，是西半球第三大传统原油战略储备国，也是世界第六大产油国。

三、欧洲及欧亚大陆

欧洲及欧亚大陆原油探明储量为157.1亿吨，约占世界总储量的8%。其中，俄罗斯原油探明储量为82.2亿吨，居世界第八位，但俄罗斯是世界第一大产油国，2006年的石油产量为4.7亿吨。中亚的哈萨克斯坦也是该地区原油储量较为丰富的国家，已探明的储量为41.1亿吨。挪威、英国、丹麦是西欧已探明原油储量最丰富的三个国家，分别为10.7亿吨、5.3亿吨和1.7亿吨，其中挪威是世界第十大产油国。

四、非洲

非洲是近几年原油储量和石油产量增长最快的地区，被誉为“第二个海湾地区”。2006年，非洲探明的原油总储量为156.2亿吨，主要分布于西非几内亚湾地区和北非地区。专家预测，到2010年，非洲国家石油产量在世界石油总产量中的比例有望上升到20%。

利比亚、尼日利亚、阿尔及利亚、安哥拉和苏丹排名非洲原油储量前五位。尼日利亚是非洲地区第一大产油国。目前，尼日利亚、利比亚、阿尔及利亚、安哥拉和埃及等5个国家的石油产量占非洲总产量的85%。

五、中南美洲

中南美洲是世界重要的石油生产和出口地区之一，也是世界原油储量和石油产量增长较快的地区之一，委内瑞拉、巴西和厄瓜多尔是该地区原油储量最丰富的国家。2006年，委内瑞拉原油探明储量为109.6亿吨，居世界第七位。2006年，巴西原油探明储量为16.1亿吨，仅次于委内瑞拉。巴西东南部海域坎坡斯和桑托斯盆地的原油资源，是巴西原油储量最主要的构成部分。厄瓜多尔位于南美洲大陆西北部，是中南美洲第三大产油国，境内石油资源丰富，主要集中在东部亚马孙盆地，另外，在瓜亚斯省西部半岛地区和瓜亚基尔湾也有少量油田分布。

六、亚太地区

亚太地区原油探明储量约为45.7亿吨，也是目前世界石油产量增长较快的地区之一。中国、印度、印度尼西亚和马来西亚是该地区原油探明储量最丰富的国家，分别为21.9亿吨、7.7亿吨、5.8亿吨和4.1亿吨。中国和印度虽原油储量丰富，但是每年仍需大量进口。

由于地理位置优越和经济的飞速发展，东南亚国家已经成为世界新兴的石油生产国。印尼和马来西亚是该地区最重要的产油国，越南也于2006年取代文莱成为东南亚第三大石油生产国和出口国。印尼的苏门答腊岛、加里曼丹岛，马来西亚近海的马来盆地、沙捞越盆地和沙巴盆地是主要的原油分布区。

山西阳煤丰喜肥业(集团)有限责任公司
SHANXI YANGMEI FENGXI FERTILIZER INDUSTRY (GROUP) LLC.

中国原油市场化历程及相关政策

中国原油进口和消费量均排世界第二位，中国在国际原油市场的采购和贸易活动对国际原油价格影响举足轻重。

中国国内原油定价与国际接轨，由具备原油生产和经营资质的企业自行定价。由于我国市场经济的深入推进，中国原油市场政策逐步放开搞活。随着我国加入WTO协定过渡期限的结束，我国能源市场的改革与开放已是大势所趋，社会经济发展的必然。

近年中国重要石油政策如下：

2009年5月8日：国家发改委发出通知，发布了《石油价格管理办法（试行）》。《办法》中规定：

1，原油价格由企业参照国际市场价格自主制定；2，国内成品油价格以国际市场原油价格为基础，加国内平均加工成本、税金、合理流通费用和适当利润确定。

《办法》的颁布进一步遵循了市场化发展规律，意味着一种机制化运行方式的形成，未来的油价调整将遵循这一机制来运行。

2008年，我国出台了《反垄断法》为我国石油市场改革开放保驾护航。这都为原油现货交易市场发展奠定了良好的宏观政策环境与基础。

中国近10年石油市场化历程及相关政策：

1998年3月之前，几大巨头各自分业经营。中国石油天然气总公司负责陆地原油的勘探与生产；中国海洋石油总公司负责海上原油的勘探与生产；中国石油化工总公司负责原油的炼制与化工；中国化工进出口总公司独家垄断石油进出口贸易。

1998年3月，国务院宣布重组石油工业，变分业经营为混业经营，组建两大全业务的石油集团，即“中石油”和“中石化”集团。

1999年5月，国务院办公厅转发经贸委等八部门的38号文（国办发【1999】38号）表明，两大集团之外，不允许独立的成品油批发企业存在。

2001年9月，国务院办公厅转发了国家经贸委等五部门“关于进一步整顿和规范成品油市场秩序的意见”（国办发【2001】72号）。

2004年底，商务部公布了《成品油零售企业管理技术规范》（商务部公告90号），对促进成品油零售企业经营的规范化起到了积极作用。

2005年2月25日，国务院发布《关于鼓励支持和引导个体私营等非公有制经济发展的若干意见》，因文件内容共36条，简称为“非公36条”。非公36条规定，非公资本将被允许进入电力、电信、铁路、民航、石油等垄断行业和领域。

2006年12月6日，商务部公布了（商务部令2006年第23号）《成品油市场管理办法》和（商务部令2006年第24号）《原油市场管理办法》。这两部文件均在2007年1月1日开始实施，这普遍被认为是中国认真履行“入世”承诺、进一步扩大石油市场开放的标志性规章。

第二节 中国石油及天然气开采行业发展分析报告

2011年我国GDP增幅为9.2%，CPI涨幅为5.4%，全年石油和化工行业规模以上企业累计总产值11.28万亿元，比上年增长31.5%，占全国规模工业总产值的13.2%。在经济增速有所放缓和通货膨胀较为明显的情况下，2011年，中国化石能源需求增速放缓，但油气能源供应局势依然紧张。展望2012年，国内石油需求增速将略有回升，但仍低于近年来平均水平。

回顾2011年——

产销状况：

原油产量与上年持平，天然气产量低速增长。2011年全国石油产量2.01亿吨，与去年持平。其中大庆石油产量仍稳产在4000万吨；胜利2734.00万吨；中国海油天津2709.46万吨；中国石油长庆2002.01万吨。2011年国内天然气产量低速正增长，增长势头急速下滑。全国累计生产天然气1025.31亿立方米，同比增长6.9%，增速同比下降5.17个百分点。

原油需求增速放缓，天然气消费持续高速增长。2011年全年我国原油表观消费量累计为4.55亿吨，同比增长3.2%，增速较上年同期下降12.9个百分点；与此同时，原油产量同比仅增长0.3%，仍慢于需求增速，导致供需缺口持续扩大。2011年，我国原油供需缺口为2.51亿吨，同比增长6.34%。2011年，天然气表观消费量1307.1亿立方米，比上年增长20.5%，为2008年来最大增幅，增幅较上年提高3个百分点，占石油天然气表观消费总当量的20.1%，较上年提高2.2个百分点。

原油对外依存度达55.2%：2011年我国原油净进口2.5亿吨，对外依存度达55.2%，同比增加1.5个百分点，主要进口来源国达24个，前三位分别是沙特阿拉伯（19.6%）、安哥拉（12.1%）和伊朗（10.9%）；天然气净进口281.8亿立方米，对外依存度达21.56%，同比增加9.4个百分点。

开采成本高企：2011年，石油天然气开采固定资产投资3056.92亿元，同比增幅达到12.5%，但仍明显低于全国平均投资增长水平（23.8%）。投资增长较缓的主要原因：一是开采难度加大，成本大幅上升。目前我国油气田很大部分是低渗透和特低渗透油田，经多次采油，成本很高。经初步测算，2011年，我国吨油当量年均生产成本达约2185元，比年初上升16%；供应链成本达约2763元，比年初上升21.8%。2005-2011年，我国石油天然气吨油当量生产成本年均升幅为17.3%；供应链成本年均升幅达22.0%。二是税金增长过快。2011年，税金同比增幅达到50.9%，税金的快速增长主要受资源税和特别收益金拉动。

效益维持在高位：2011年以来，根据国际原油价格的走势，我国原油和天然气开采业工业品出厂价格维持在相对较高位，再加上油气需求的不断增加，保证了该行业销售收入的快速增长。2011年其销售收入为12466.49亿元，同比增长29.19%，虽然增速也达到近30%，但较2010年销售收入增速有所下降。2011年，原油和天然气开采业实现利润总额达4044.29亿元，同比增长达44.79%。

展望2012年——

原油供应持续偏紧，非常规油气资源将成为勘探开发重点：中国经济“软着陆”是基本趋势，国内石油需求增速将略有回升，但仍低于近年来平均水平，预计全年油气产量增速在2011年水平上略有回升，2012年，我国原油产量将在2-2.2亿吨左右。其中，陆上石油产量仍将占90%左右，

山西阳煤丰喜肥业(集团)有限责任公司
SHANXI YANGMEI FENGXI FERTILIZER INDUSTRY (GROUP) LLC.

原油供应持续偏紧。天然气勘探开发力度进一步加大，非常规油气资源将成为勘探开发亮点，产量将在 1100 亿立方米。

原油价格仍有望保持上涨：在伊朗问题影响下，2012 年国际油价迎来新年“开门红”。业内人士预计，原油价格 2012 年仍有望保持上涨，但受宏观经济、地缘政治和实际供需基本面因素的影响，原油价格走势也存在诸多变数。2012 年最大的不确定性莫过于欧债危机和伊朗问题。若欧债问题得以缓解，伊朗战事不爆发，基于对原油需求和供应的判断，原油全年均价或小幅攀升至 105-110 美元 / 桶。若伊朗战事爆发，以其在油市中的重要地位，油价短时间可能飙升至 120 美元 / 桶以上。

风险依然较大：2012 年，原油和天然气开采行业面临的不确定性增加、变化具有复杂性，风险因素有增无减。原油和天然气开采行业存在的主要风险有：全球地缘政治局势以及国内外经济环境的不确定性风险；产业政策的风险；需求减弱的风险；出口市场不景气的风险；人民币汇率上升的风险。同时在环保节能成为潮流的时代，石油面对清洁能源的冲击也不可忽略。石油及天然气开采行业在外购和信贷方面也均存在风险。

总体投资原则：2012 年，对于原油和天然气开采行业总体投资原则是：总量控制、结构调整、区别对待、择优进入。2012 年，对原油和天然气开采行业的总体投资规模进行适度控制，审慎维持原有规模；严格执行国家的产业政策，加强资金投放的控制管理，强调准入客户的产能装备先进、手续合规、产品具备竞争优势，对存量资产加大结构调整力度，尽快退出产能落后、规模较小、经营亏损的客户；对行业内客户实行区别对待，增量资产主要投向有市场竞争力的企业；与大型优势原油和天然气开采企业建立良好的合作关系，选择具有盈利能力强、产能合规的大中型生产企业，关注具有资源优势的企业。

一、石油及天然气开采业是国民经济的基础性行业

石油及天然气在工业生产中是重要的燃料动力资源，它们具有许多优点是其他燃料所无法比拟的。先说石油，在物理性质上，石油是可以流动的液体，比重小于水，比其他燃料容易开采；占有的容积小，容易运输。同时，与一般燃料比较，它的可燃性好，发热量高，1 千克石油燃烧起来可以产生 1 万多大卡的热量，比煤炭的发热量高 1 倍，比木柴的发热量高 4-5 倍。此外，石油又有易燃烧、燃烧充分和燃后不留灰烬的特点，正合于内燃机的要求。所以，在陆地、海上和空中交通方面，以及在各种工厂的生产过程中，石油都是重要的动力燃料。在现代国防方面，新型武器、超音速飞机、导弹和火箭所用的燃料都是从石油中提炼出来的。石油除用作工业燃料外，还是重要的化工原料。现代有机化学工业就建立在石油、煤炭、天然气等资源的综合利用之上。从石油中可提取几百种有用物质，其经济价值远远超过作为燃料燃烧的经济意义。石油化工可生产出成百上千种化工产品，如塑料、合成纤维，合成橡胶、合成洗涤剂、染料、医药、农药、炸药和化肥等等。石油产品不仅在民用中占有重要地位，现代化的工业、农业、国防都需要石油及石油产品，尤其对工业意义重大。

再看天然气，天然气与煤炭、石油等能源相比，天然气在燃烧过程中产生的能影响人类呼吸系统健康的物质极少，产生的二氧化碳仅为煤的 40% 左右，产生的二氧化硫也很少。天然气燃烧后无废渣、废水产生，具有使用安全、热值高、洁净等优势。天然气也可用作化工原料。以天然气为原料的一次加工产品主要有合成氨、甲醇、炭黑等近 20 个品种，经二次或三次加工后的重要化工产品则包括甲醛、醋酸、碳酸二甲酯等 50 个品种以上。以天然气为原料的化工生产装置投资省、能耗低、占地少、人员少、环保性好、运营成本低。

基于以上多种优点，石油多被称为“工业的血液”，而天然气也有“工业的氧气”之称，石油及天然气开采业的产品直接构成了国民经济生产的基本性产品，更为重要的是它们还是国民经济得以保持活力、正常运转的动力之源。石油的发展保障了经济增长。一般而言，石油消费增长速度与国民经济发展速度正相关；人均石油消费水平与国民生产总值也正相关。如 20 世纪 50 年代美国石油消费的年均增长率为 4.1%，工业生产年均增长率仅为 4.9%，而同期的日本石油消费年均增长率为 33.7%，其工业生产年均增长率则高达 15.8%。可以说，石油及天然气开采业是国民经济诸多生产部门的源头，是国民经济发展的基础性行业。

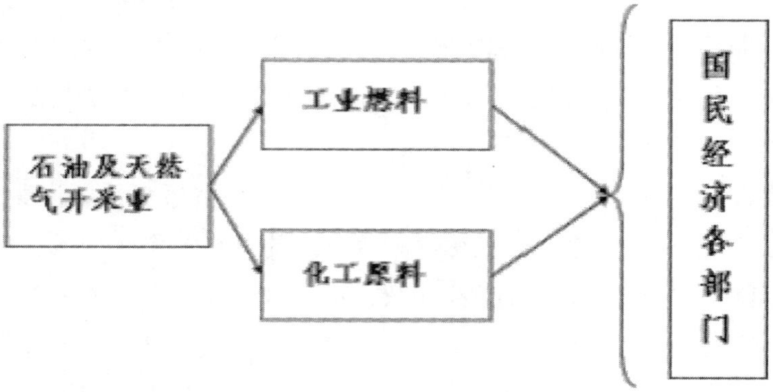

资料来源：世经未来研发部

石油及天然气开采业作为我国国民经济基础性行业示意图

二、石油及天然气开采业是国民经济和社会发展的重要组成部分

石油及天然气开采业作为工业部门中的基础性行业，是国民经济发展的源头。其行业工业总产值占 GDP 的比重一般在 2%-4% 左右，2011 年占比为 2.8%，所占比重连续两年增加

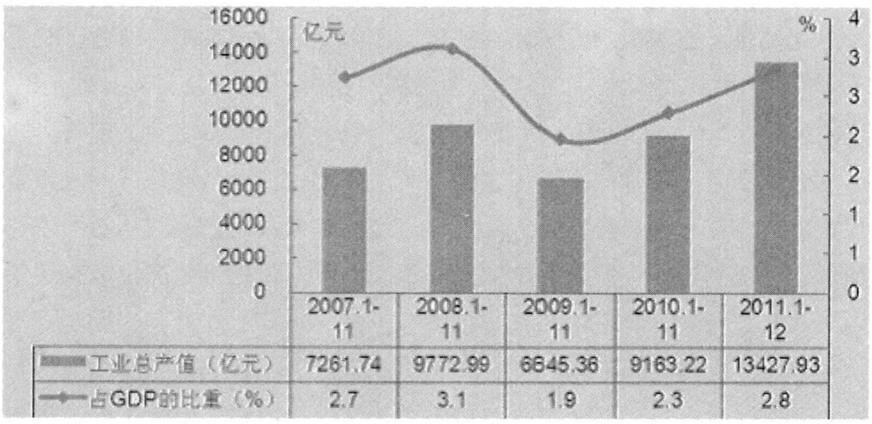

石油及天然气开采业工业总产值及其占 GDP 比重

虽然石油及天然气开采行业在 GDP 中所占比重不是很大，但是由于资源的稀缺性，石油和天然气在国民经济发展中又具有重要的战略意义，能源安全将是关系到中国未来发展的瓶颈问题，种种迹象表明，欧美正在通过石油等能源领域对中国的发展进行钳制，美籍旅欧学者恩道尔曾著书指出，

山西阳煤丰喜肥业(集团)有限责任公司
SHANXI YANGMEI FENGXI FERTILIZER INDUSTRY (GROUP) LLC.

欧美等西方发达国家正在对包括以中国为主的发展中国家进行一场看不见的战争——石油战争。

石油对外依存度代表了一个国家石油对国外的依赖程度，对这个国家的能源安全具有预警作用。从国际上来看，石油对外依存度 50％是一条警戒线，目前中国石油对外依存度已达到 55% 以上，已突破了这条警戒线。中国应须考虑建立战略石油储备作为保障石油供应的手段之一。它是国家整个能源安全战略中的一个重要组成部分。如果在未来的 10 年内，中国的原油和天然气开采行业无法在勘探和开采领域取得重大的突破，那么中国经济的快速发展速度将放缓，中国经济的发展速度将受制于原油和天然气开采行业的增长速度。

三、石油及天然气价格是经济发展的先行性指标，与国民经济各行业密切相关

根据国际能源署的一项研究估计，国际油价每上涨 10 美元，会拉低中国经济 0.8 个百分点，而同时增加通货膨胀 0.8 个百分点。近年来，我国石油和成品油进口逐年增加，2007 年我国超过日本，成为世界第二大石油进口国，而国际油价的上涨，可能导致我国外汇支出增加。自 2000 年以来我国原油进口单价处于不断上扬态势，价格由 2000 年的 211.5 美元 / 吨上涨到 2011 年的 775.1 美元 / 吨，上涨了 563.6 美元 / 吨。

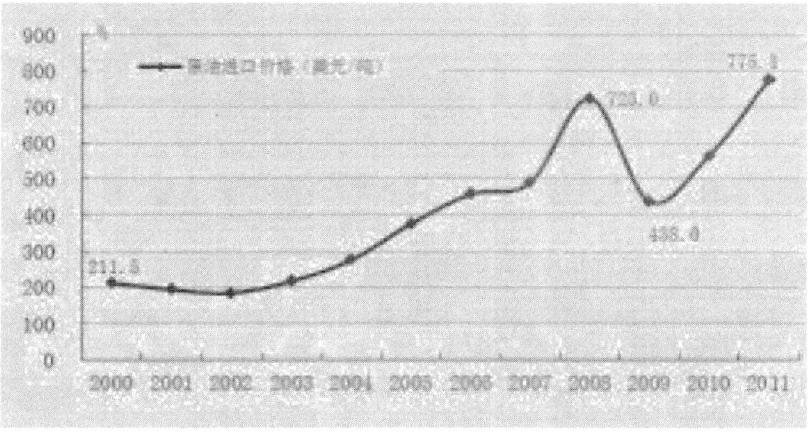

2000 年 -2011 年进口原油价格走势图

原油已经成为我国进出口贸易中逆差最大的单一品种，油价高涨还抵消了我国外汇储备的增加。国际油价的一路飙升不仅导致外汇支出增加，外汇储备财富缩水，而且增大了国民经济整体运行的成本，给经济持续稳定快速发展带来了不确定因素。

包括石油、农产品和铁矿石在内的全球性初级产品涨价波涛汹涌，输入型通涨的影响明显。据有关方面测算，如果初级产品进口价格上涨 1%，将带动我国进口价格上涨 0.17%，影响国内消费价格指数上涨 0.02%，投资品上涨 0.033%。尤其要注意的是，随着国内企业降低成本潜力的逐渐释放，进口涨价开始渗透到产业末端和家庭消费领域，进口产品价格上涨的传导加快。进口产品涨价对国内物价的影响已经达到十分严重的程度。近期国家对成品油、电力价格的调整也必然会相应带来一些影响，下游产品价格可能继续上涨。通货膨胀阴霾难散，外部需求减弱的影响可能加大，使得我国宏观调控面临十分复杂的局面，难度加大。

石油及天然气价格上涨还将增加下游相关行业成本，造成其经济效益下降。最突出的是汽车、交通运输和化工三大行业。在高油价的影响下，居民购车意愿受到抑制，汽车产量和销售量增速会

减缓：交通运输企业受到油料成本上升的不断挤压，利润空间缩小；化工行业虽然受到石油价格影响大，但其产品在整体供大于求的市场条件下价格总体变化不大。总之，以石油作为燃料和原料的行业，尽管石油价格涨了很多，但由于市场环境的制约，提供的产品和服务的价格不能顺出去，这必然会带来经济利益的损失，影响经营活动的正常运行。

一、2011 年石油及天然气开采行业发展环境分析

一、国内宏观经济运行

2011 年，面对复杂多变的国际形势和国内经济运行出现的新情况新问题，党中央、国务院以科学发展为主题，以转变发展方式为主线，坚持实施积极的财政政策和稳健的货币政策，不断加强和改善宏观调控，国民经济继续朝着宏观调控预期方向发展，实现了“十二五”时期经济社会发展良好开局。

2011 年宏观经济主要指标情况

指标	1-12 月	
	绝对量	同比增长（%）
一、国内生产总值（亿元）	471564	9.2
第一产业	47712	4.5
第二产业	220592	10.6
第三产业	203260	8.9
三、规模以上工业增加值		13.9
分轻重工业		
轻工业		13
重工业		14.3
四、固定资产投资（不含农户）（亿元）	301933	23.8
五、房地产开发		
六、社会消费品零售总额（亿元）	181226	17.1
七、进出口（亿美元）		
进出口总额	36421	22.5
出口额	18986	20.3
进口额	17435	24.9
八、年末货币供应量（万亿元）		
广义货币（M2）	85.2	13.6
狭义货币（M1）	29	7.9
流通中现金（M0）	5.1	13.8
九、居民消费价格		5.4
十、工业生产者出厂价格		6
十一、工业生产者购进价格		9.1
十四、居民收入和支出（元 / 人）		
城镇居民人均可支配收入	21810	8.4
城镇居民人均消费性支出	15161	6.8

数据来源：国家统计局

山西阳煤丰喜肥业(集团)有限责任公司
SHANXI YANGMEI FENGXI FERTILIZER INDUSTRY (GROUP) LLC.

（一）国内生产总值同比增长 9.2%

初步测算，全年国内生产总值 471564 亿元，按可比价格计算，比上年增长 9.2%。分季度看，一季度同比增长 9.7%，二季度增长 9.5%，三季度增长 9.1%，四季度增长 8.9%。分产业看，第一产业增加值 47712 亿元，比上年增长 4.5%；第二产业增加值 220592 亿元，增长 10.6%；第三产业增加值 203260 亿元，增长 8.9%。从环比看，四季度国内生产总值增长 2.0%。

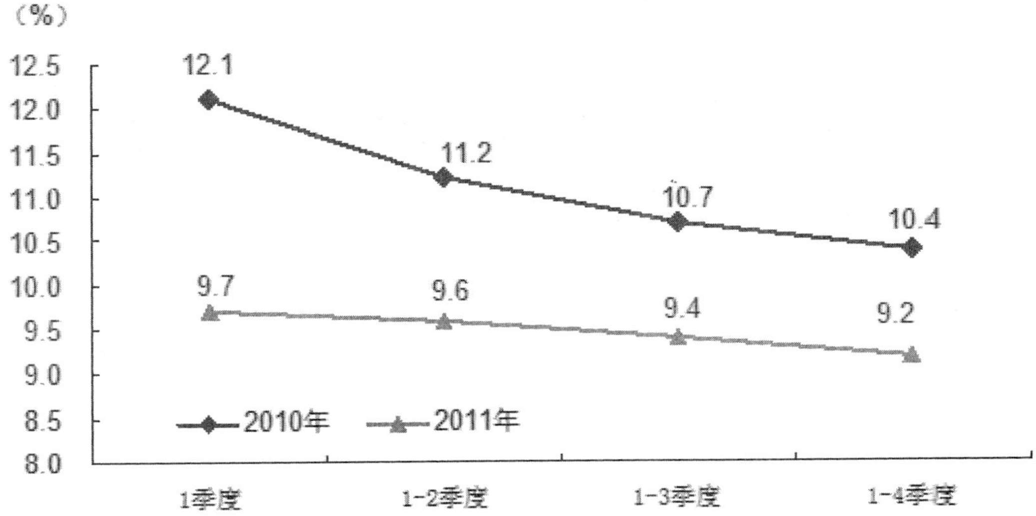

数据来源：国家统计局

国内生产总值同比增长速度

（二）工业生产平稳较快增长，企业利润继续增加

全年全国规模以上工业增加值按可比价格计算比上年增长 13.9%。分登记注册类型看，国有及国有控股企业增加值比上年增长 9.9%，集体企业增长 9.3%，股份制企业增长 15.8%，外商及港澳台商投资企业增长 10.4%。分轻重工业看，重工业增加值比上年增长 14.3%，轻工业增长 13.0%。分行业看，39 个大类行业增加值全部实现比上年增长。分地区看，东部地区增加值比上年增长 11.7%，中部地区增长 18.2%，西部地区增长 16.8%。分产品看，全年 468 种产品中有 417 种产品比上年增长。其中，发电量增长 12.0%，钢材增长 12.3%，水泥增长 16.1%，十种有色金属增长 10.6%，乙烯增长 7.4%，汽车增长 3.0%，其中轿车增长 5.9%。全年规模以上工业企业产销率达到 98.0%，比上年下降 0.1 个百分点。规模以上工业企业实现出口交货值 101946 亿元，比上年增长 16.6%。12 月份，规模以上工业增加值同比增长 12.8%，环比增长 1.1%。

1-11 月份，全国规模以上工业企业实现利润 46638 亿元，同比增长 24.4%。在 39 个大类行业中，36 个行业利润同比增长，3 个行业利润同比下降。1-11 月份，规模以上工业企业主营业务成本占主营业务收入的比重为 84.98%，比前三季度微降 0.09 个百分点。11 月份，规模以上工业企业主营业务收入利润率为 7%。

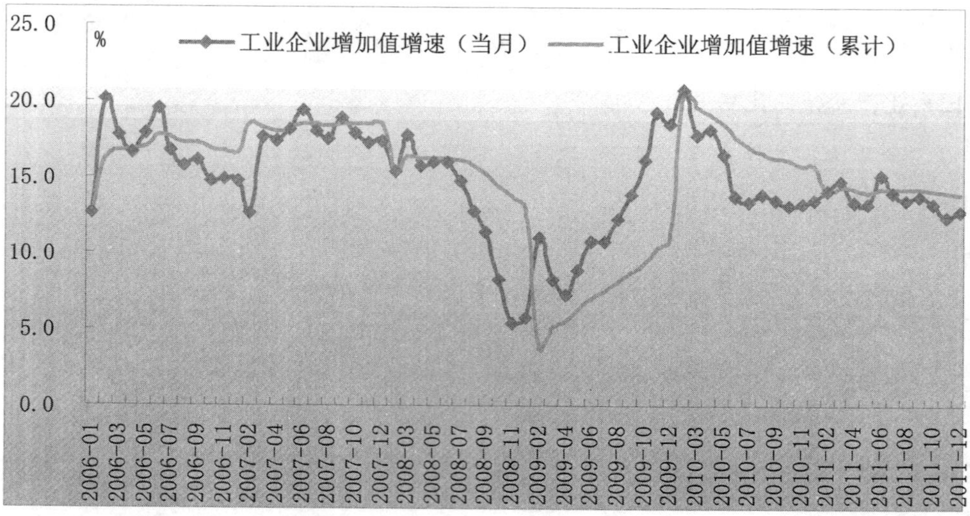

数据来源：国家统计局
2006 年 1 月 -2011 年 12 工业增加值增速

（三）固定资产投资保持较快增长，投资结构继续改善

全年固定资产投资（不含农户）301933 亿元，比上年名义增长 23.8%（扣除价格因素实际增长 16.1%）。其中，国有及国有控股投资 107486 亿元，增长 11.1%。

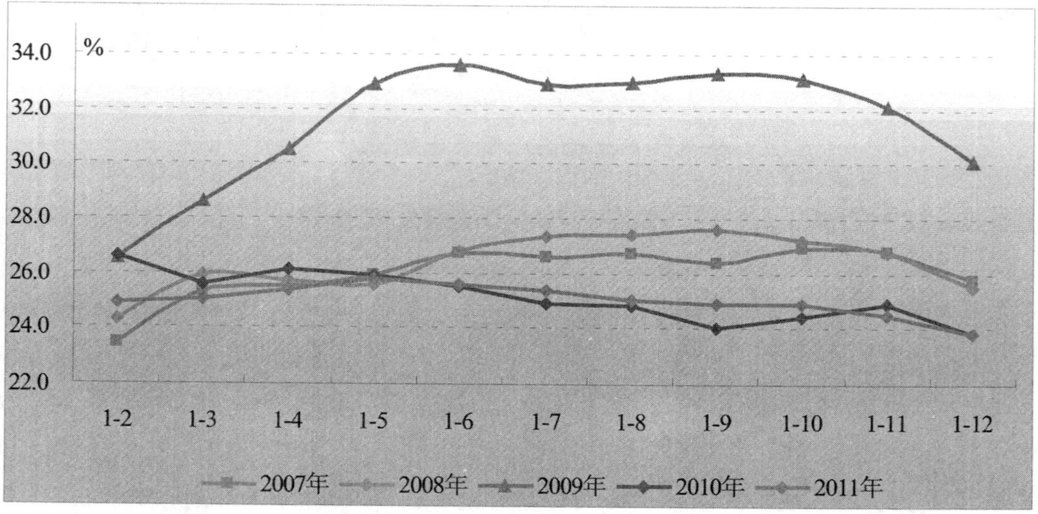

数据来源：国家统计局
2007 年 1 月 -2011 年 12 月各月固定资产投资累计增速

分产业看，第一产业投资 6792 亿元，比上年增长 25.0%；第二产业投资 132263 亿元，增长 27.3%；第三产业投资 162877 亿元，增长 21.1%。在第二产业投资中，工业投资 129011 亿元，比上年增长 26.9%；其中，采矿业投资 11810 亿元，增长 21.4%；制造业投资 102594 亿元，增长 31.8%；电力、燃气及水的生产和供应业投资 14607 亿元，增长 3.8%。全年基础设施（不包括电力、燃气及水的生产与供应）投资 51060 亿元，比上年增长 5.9%，增速比上年回落 14.3 个百分点。

分地区看，东部地区投资比上年增长 21.3%，中部地区增长 28.8%，西部地区增长 29.2%。

山西阳煤丰喜肥业(集团)有限责任公司
SHANXI YANGMEI FENGXI FERTILIZER INDUSTRY (GROUP) LLC.

从到位资金情况看，全年到位资金 334219 亿元，比上年增长 20.3%。其中，国家预算内资金增长 10.8%，国内贷款增长 3.5%，自筹资金增长 28.6%，利用外资增长 8.2%，其他资金增长 9.0%。

全年新开工项目计划总投资 240344 亿元，比上年增长 22.5%；新开工项目 332931 个，比上年增加 431 个。从环比看，12 月份固定资产投资（不含农户）下降 0.14%。

（四）房地产开发呈回落态势，商品房销售增速回落

全年全国房地产开发投资 61740 亿元，比上年名义增长 27.9%（扣除价格因素实际增长 20.0%），增速比前三季度回落 4.1 个百分点，比上年回落 5.3 个百分点；其中住宅投资增长 30.2%，分别回落 5.0 和 2.6 个百分点。

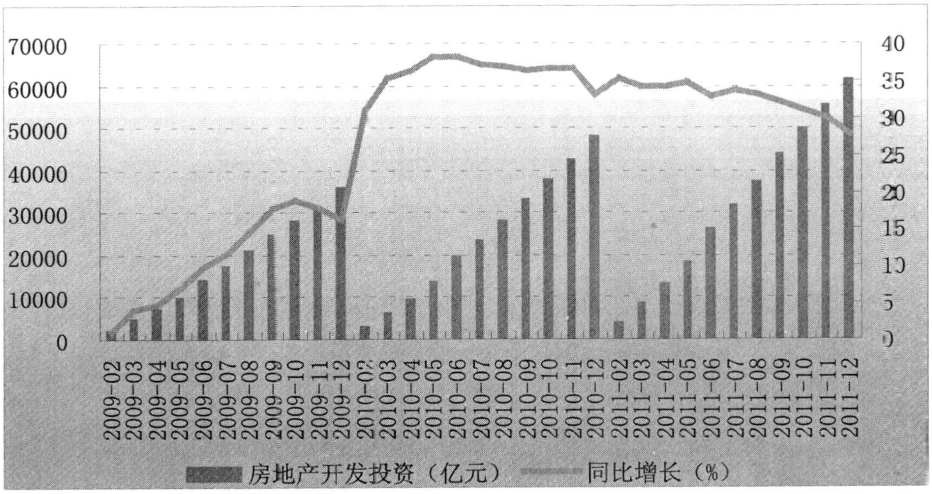

数据来源：国家统计局

2009 年 2 月 -2011 年 12 月房地产投资及同比增长情况

房屋新开工面积 190083 万平方米，比上年增长 16.2%，增速比前三季度回落 7.5 个百分点，比上年回落 24.4 个百分点；其中住宅新开工面积增长 12.9%，分别回落 8.4 和 25.8 个百分点。

全国商品房销售面积 109946 万平方米，增长 4.9%，增速比前三季度回落 8.0 个百分点，比上年回落 5.7 个百分点；其中住宅销售面积增长 3.9%，分别回落 8.2 和 4.4 个百分点。全国商品房销售额 59119 亿元，增长 12.1%，增速比前三季度回落 11.1 个百分点，比上年回落 6.8 个百分点；其中住宅销售额增长 10.2%，分别回落 11.0 和 4.6 个百分点。

全年房地产开发企业土地购置面积 40973 万平方米，比上年增长 2.6%，增速比上年回落 22.6 个百分点。全国商品房待售面积 27194 万平方米，增长 26.1%，增速比上年加快 18.0 个百分点。

全年房地产开发企业本年资金来源 83246 亿元，比上年增长 14.1%，增速比前三季度回落 8.6 个百分点，比上年回落 12.1 个百分点。其中，国内贷款增长与上年持平，自筹资金增长 28.0%，利用外资增长 2.9%，其他资金增长 8.6%。

（五）市场销售平稳增长，汽车销售回落幅度较大

全年社会消费品零售总额 181226 亿元，比上年名义增长 17.1%（扣除价格因素实际增长 11.6%）。其中，限额以上企业（单位）消费品零售额 84609 亿元，比上年增长 22.9%。

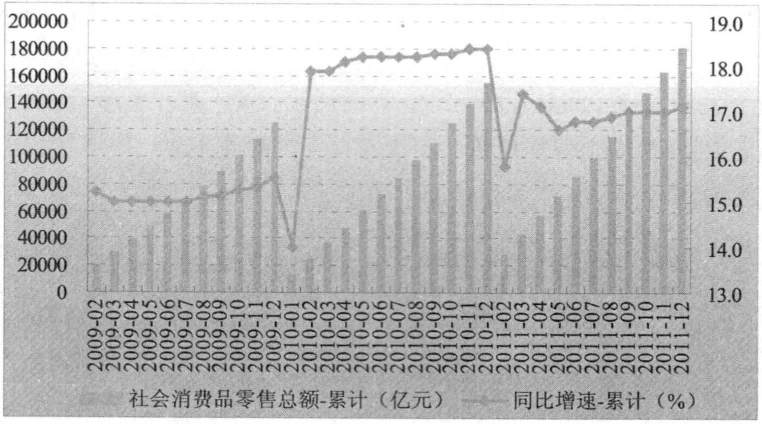

数据来源：国家统计局
2009 年 2 月 -2011 年 12 月社会消费品零售总额及同比增速

按经营单位所在地分，城镇消费品零售额 156908 亿元，比上年增长 17.2%；乡村消费品零售额 24318 亿元，增长 16.7%。

按消费形态分，餐饮收入 20543 亿元，比上年增长 16.9%；商品零售 160683 亿元，增长 17.2%。在商品零售中，限额以上企业（单位）商品零售额 78164 亿元，增长 23.2%。其中，汽车类增长 14.6%，增速比上年回落 20.2 个百分点；家具类增长 32.8%，回落 4.4 个百分点；家用电器和音像器材类增长 21.6%，回落 6.1 个百分点。12 月份，社会消费品零售总额同比名义增长 18.1%（扣除价格因素实际增长 13.8%），环比增长 1.41%。

（六）进出口保持较快增长，外贸顺差继续收窄

全年进出口总额 36421 亿美元，比上年增长 22.5%；出口 18986 亿美元，增长 20.3%；进口 17435 亿美元，增长 24.9%。进出口相抵，顺差 1551 亿美元，比上年减少 264 亿美元。贸易方式继续改善。进出口总额中，一般贸易进出口 19246 亿美元，增长 29.2%，占进出口总额的 52.8%，比上年提高 2.7 个百分点；加工贸易进出口 13052 亿美元，增长 12.7%。出口额中，一般贸易出口 9171 亿美元，增长 27.3%；加工贸易出口 8354 亿美元，增长 12.9%。进口额中，一般贸易进口 10075 亿美元，增长 31%；加工贸易进口 4698 亿美元，增长 12.5%。

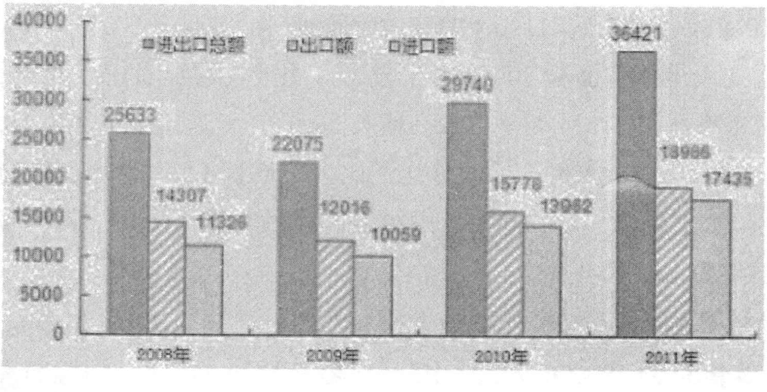

数据来源：海关总署
2008-2011 年我国进出口总额情况

山西阳煤丰喜肥业(集团)有限责任公司
SHANXI YANG MEI FENGXI FERTILIZER INDUSTRY (GROUP) LLC.

（七）货币供应量平稳回落，新增贷款有所减少

12 月末，广义货币（M2）85.2 万亿元，比上年末增长 13.6%，增速比上年末回落 6.1 个百分点；狭义货币（M1）29.0 万亿元，增长 7.9%，回落 13.3 个百分点；流通中现金（M0）5.1 万亿元，增长 13.8%，回落 2.9 个百分点。全年金融机构人民币各项贷款余额 54.8 万亿元，新增人民币各项贷款 7.5 万亿元，比上年少增 3901 亿元。人民币各项存款余额 80.9 万亿元，各项存款增加 9.6 万亿元，比上年少增 2.3 万亿元。

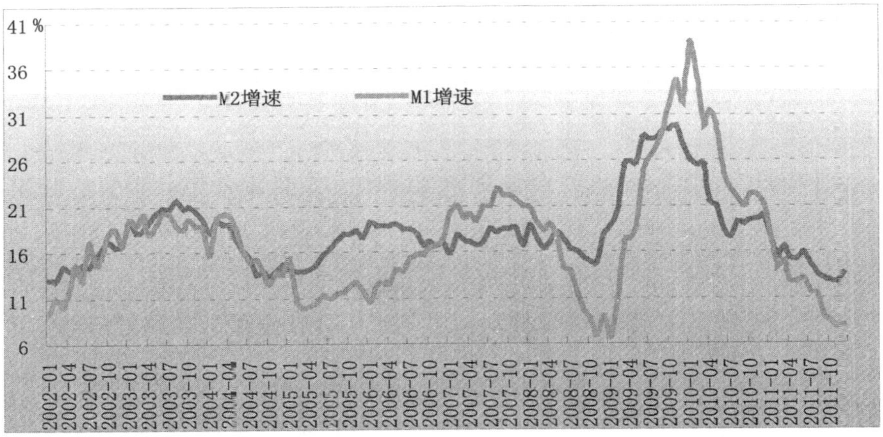

数据来源：国家统计局
2002 年 1 月 -2011 年 12 月 M2 以及 M1 同比增速

（八）市场物价同比上涨，7 月份后同比涨幅连续回落

全年居民消费价格比上年上涨 5.4%。其中，城市上涨 5.3%，农村上涨 5.8%。分类别看，食品上涨 11.8%，烟酒及用品上涨 2.8%，衣着上涨 2.1%，家庭设备用品及维修服务上涨 2.4%，医疗保健和个人用品上涨 3.4%，交通和通信上涨 0.5%，娱乐教育文化用品及服务上涨 0.4%，居住上涨 5.3%。7 月份居民消费价格同比涨幅达到高点 6.5% 后，涨幅连续回落。12 月份，居民消费价格同比上涨 4.1%，环比上涨 0.3%。全年工业生产者出厂价格比上年上涨 6.0%，12 月份同比上涨 1.7%，环比下降 0.3%。全年工业生产者购进价格比上年上涨 9.1%，12 月份同比上涨 3.5%，环比下降 0.4%。

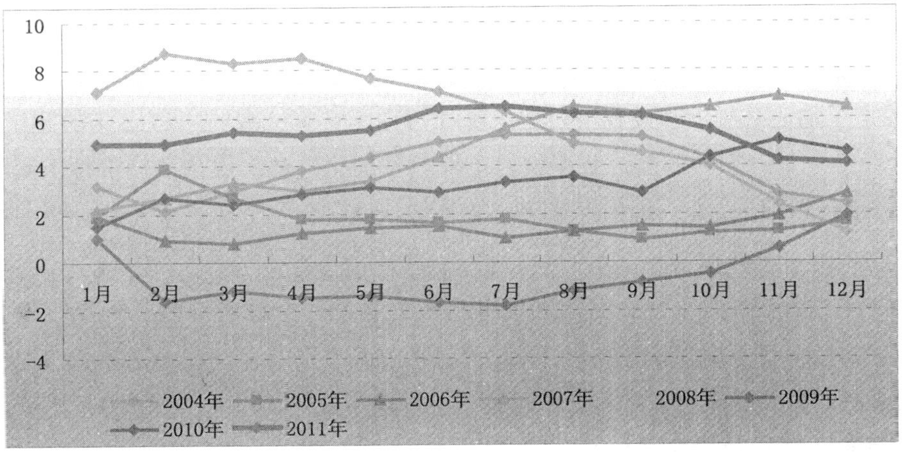

数据来源：国家统计局
2004 年 -2011 年 12 月居民消费价格指数（CPI）月度同比增长率

（九）城乡居民收入稳定增长，农村居民收入增速快于城镇

全年城镇居民人均总收入 23979 元。其中，城镇居民人均可支配收入 21810 元，比上年名义增长 14.1%，扣除价格因素，实际增长 8.4%。在城镇居民人均总收入中，工资性收入比上年名义增长 12.4%，转移性收入增长 12.1%，经营净收入增长 29.0%，财产性收入增长 24.7%。农村居民人均纯收入 6977 元，比上年名义增长 17.9%，扣除价格因素，实际增长 11.4%。其中，工资性收入比上年名义增长 21.9%，家庭经营收入增长 13.7%，财产性收入增长 13.0%，转移性收入增长 24.4%。全年城乡居民收入比为 3.13：1（以农村居民人均纯收入为 1，上年该比值为 3.23：1）。全年农民工总量 25278 万人，比上年增加 1055 万人，增长 4.4%；其中本地农民工 9415 万人，外出农民工 15863 万人。外出农民工月均收入 2049 元，比上年增长 21.2%。

二、国内经济趋势判断

第十一届全国人民代表大会第五次会议和政协第十一届全国委员会第五次会议，分别于 2012 年 3 月 5 日和 3 月 3 日在北京开幕，两会确立了 2012 年宏观政策基调是“稳中求进”。会议决定 2012 年继续实施积极的财政政策和稳健的货币政策，保持宏观经济政策的连续性和稳定性，增强调控的针对性、灵活性、前瞻性，继续处理好保持经济平稳较快发展、调整经济结构、管理通胀预期的关系。

从经济发展趋势来看，2012 年中国宏观经济将呈现以下发展趋势：

（一）经济预测：增速下滑的稳定增长

经济增长将重归调整期，向可持续增长水平回归（7%-8%）。主要原因在于：短期来看，出口增长大幅回落；金融货币存在内在紧缩机制；地方财政收入增长放慢的制约主要表现在生产资料价格回落，大型企业利润减少以及房地产调整，土地出让收入减少。长期来看，国内需求不足、结构调整增长缓慢以及体制问题依旧存在。

固定资产投资增速将维持 18-20%。主要增长来源是市场力量推动的投资需求。全社会居民消费名义增速 16-17%。短期看，在通货膨胀预期下降和经济增长放缓的背景下，消费增长的动力将有所放缓，但其波动性进小于投资，仍是经济增长的稳定因素；长远看，在劳动工资持续上涨和生产性投资增速放缓的情况下，消费和消费相关领域将持续稳步扩张。

居民消费价格涨幅控制在 4%左右，低于 2011 年实际涨幅。主要考虑是：一方面，当前我国总供给和总需求基本平衡，绝大多数产品供应充足，特别是粮食生产实现“八连增”，为保持物价总水平基本稳定奠定了物质基础；引发物价过快上涨的短期因素有所减弱，2012 年的翘尾影响约为 1．1 个百分点，低于上年。另一方面，要素价格上涨呈长期化趋势，成本推动价格上涨的压力将持续存在；全球流动性仍比较充裕，输入性通胀因素不容低估；而且要为疏导价格矛盾、推进价格改革留出一定空间。

出口增速维持在 12-15% 的水平。受欧洲债务危机的影响，全球经济增长预期下调，欧洲进入衰退的可能性正在加大，我国出口增速继续下调；贸易顺差水平仍有可能在千亿美元，同比增速下降，对 GDP 贡献为负。

（二）政策取向：货币政策环境趋松

2012 年总体将继续“一积极一稳健”的宏观经济政策。货币政策回到正常水平，货币政策外松

山西阳煤丰喜肥业(集团)有限责任公司
SHANXI YANGMEI FENGXI FERTILIZER INDUSTRY (GROUP) LLC.

内紧。预计货币政策会有局部松动，结构性财政政策税收政策。

金融货币政策适度松动；财政税收政策的结构性调整。财政对于中小企业的扶持；结构性减税和税改。

在经济减速和通胀压力下降的背景下，2012 年货币政策环境将好于 2011 年。尽管未来政策调整的力度仍存在较大的不确定性，但相对 2011 年而言，维稳 + 结构性调整，将是较为明确的预期。

如果经济增长下滑明显和海外经济形势严峻，不排除央行在 2012 年上半年有 1-2 次下调存款准备金率的可能。虽然 2011 年底西方一些央行已经开始降息，但从国内形势看，尽管短期通胀压力明显下降，但未来的 3-6 个月 CPI 同比还会处于较高水平，实际负利率的状况仍不能有效改善，因此，2012 年上半年央行降息可能性较小。

财政政策而言，以目前国内外经济前景偏弱的形势判断，较为积极的财政政策仍将是 2012 年政府的不二选择。由于未来的经济发展将更多依赖于内需拉动，因此财政政策的调整与改革将会围绕对收入分配制度的适当调整，引导服务业和新兴产业的投资和发展；由于地方债务负担问题和房地产调控影响，地方政府财政扩张余地受到严重制约，因此，政府维护经济增长势头的着眼点必然会放在制度性改革和调整上，以期引导市场资金发挥作用。

（三）对是原油和天然气开采行业行业影响：发展环境缓和，供需低速增长

2012 年，宏观经济的稳定增长，以及政策环境趋松，对于原油和天然气开采行业来说，发展环境缓和，市场需求有了支撑。货币政策的调整，对于经济保持稳定增长，有重要的作用，下游行业的需求才有保障。另外，固定资产投资，以及重大基建项目、保障性住房建设的实施，都对石油与天然气行业的需求有拉动。总之，在 2012 年的经济发展预期下，我国石油与天然气行业的供需增速将保持稳定，变化不大。

三、国际经济环境分析

2011年作为全球经济主要带动力量的发达经济体经济走势瞬息万变，整体拖累全球经济走向暗淡。

（一）全球经济暗淡前行

2011 年 3 月，日本发生的特大地震及随后引发的海啸和核泄漏是 2011 年以来全球经济遭受的第一轮冲击。由于日本在全球产业链中的重要地位，这场灾难也直接冲击了全球市场，使全球汽车、电子等主要产业链一度出现中断风险。

美国经济下行走向也在 2011 年一步步显现。在房地产依旧低迷、个人消费支出难以大幅增长、失业率依旧居高不下的经济背景下，美国的债务违约问题进一步打击了全球经济的复苏势头。

对于全球经济来说，2011 年以来最大的冲击仍是欧债危机的不断恶化。希腊、爱尔兰和葡萄牙等国主权债务问题持续恶化，意大利和西班牙等欧元区核心国家债务风险也进一步加剧。同时，欧债危机从欧元区边缘国家向核心国家扩散，从公共财政领域向银行体系扩散。

联合国《2012 世界经济形势与展望》报告警告说，全球经济正在“二次衰退”的悬崖边上“蹒跚前行”。即使在假设欧洲主权债务危机得到控制的前提下，预计 2012 年世界经济增速也将从 2011 年的 2.8% 下滑至 2.6%，远低于前期 3.6% 的预测值。

（二）新兴经济体成“增长绿洲”

以金砖国家为代表的主要新兴经济体凭借较稳固的基本面和有针对性的措施在 2011 年保持了

增长势头，并有望在2012年继续成为全球经济的“增长绿洲”。

2011年，金砖国家中的部分国家经济增长可谓先扬后抑。在经历2011年强劲复苏后，2011年上半年主要新兴经济体保持了较快增长，但受外部需求减弱和自身调控影响，下半年出现增幅回落趋势。虽然受发达经济体低迷拖累，2012年发展中国家增速将进一步放缓，但仍为全球经济引擎。

（三）对原油和天然气开采行业影响：进口原油价格有可能进一步上扬

2011年11月，国际能源署在其年度能源报告中称，2010-2035年，世界石油需求量将提高14%。值得注意的是，石油需求净增长几乎全部源自新兴经济体。

根据国家统计局最新数据，2011年我国GDP增速为9.2%。虽然中国经济增速减缓，但仍远高于2011年全球平均水平4.0%。这也使得中国被认为是未来一段时间世界石油消费增长最重要的国家。而以中国为代表的新兴经济体虽然经济增速趋于放缓，但仍被国际机构认为是拉动全球原油需求增长的主要动力

据美国能源资料协会（EIA）最新预测，2012年中国日均石油需求将较2011年增长5.4%。此外，据野村证券近日预测，2012年中国和印度合计将占全球经济增长的近60%。

2012年两会确立2012年国内经济增长目标位7.5%，增速虽较往年有所下降，但增速仍然较高。因此对于原油和天然气的需求量仍然较大。在需求拉动下，2012年国际原油价格有可能进一步上扬。

2012年1月13日，北京理工大学能源与环境政策研究中心发布《2012年国际原油价格分析与趋势预测》。其中指出，2012年美国西得克萨斯轻质（WTI）原油均价会小幅超过2011年，达到95-105美元/桶，与北海布伦特的差价将保持在10-15美元/桶之间。此预测与中国科学院预测科学研究中心的预测结果类似，后者预计，2012年WTI均价将同比上涨约11.3%，上扬至105美元/桶左右。1月11日，中国石油和化工联合会发布的预测报告也认为，2012年石油价格仍将上涨。在国外，《纽约时报》近日也发表文章称，全球油价2012年将大致在100-200美元/桶区间波动。

石油资源不仅对经济发展具有相当的牵制作用，而且事关国家安全和长期发展。为此，中国在应对国际油价风险时，也须科学制定长短期战略。主要包括以下几个方面：

应密切跟踪分析国际石油价格走势，灵活运用现行石油定价机制，防止国际油价暴涨冲击国内经济。我们认为，进一步放开准入，促进竞争格局和即时反映供求变化的市场价格的形成，更是其中关键。

加快国家石油战略储备的建设步伐，稳步推行石油期货交易，规避石油价格风险。在这里，国家石油战略储备建设，还包括要抓紧有关法律、法规和政策制定工作，尽快建立起比较完善的国家石油战略储备体系。

加快实施“走出去”战略，鼓励和扶持国内企业到国外参与石油合作勘探和开发。

中国单位GDP的能耗水平比发达国家高出一到两倍，节能降耗的潜力巨大。同时，要不断改善能源结构，并从税收、价格、融资等方面建立完善激励机制，充分利用水电、风电、地热、太阳能等可再生能源，大力促进可再生能源发展。由于能源利用率的大幅提高难以一蹴而就，通过各种经济和政策手段加快和推进这一进程，其重要性无论如何强调都不过分。

二 2011年产业政策环境分析

一、产业政策分析

山西阳煤丰喜肥业(集团)有限责任公司
SHANXI YANGMEI FENGXI FERTILIZER INDUSTRY (GROUP) LLC.

原油和天然气开采行业是国民经济的基础性产业，其在我国的工业化、城镇化发展进程中发挥了重要作用。同时，在原油和天然气开采行业的发展历程中，国家相关部门出台了一系列产业政策指导、规范、推动原油和天然气开采行业的发展。下表列出 2011 年以来与原油和天然气开采行业相关的主要产业政策。

2011 年原油和天然气开采行业相关产业政策汇总

颁布日期	产业政策
2011.2.6	发改委发布消息，自次日零时起，汽柴油出厂价格每吨上调 350 元，全国 93 号汽油和 0 号柴油平均每升分别提高 0.28 元和 0.30 元。具体到北京市场上，97 号汽油每升上涨 0.3 元至 7.93 元，93 号汽油每升上涨 0.28 元至 7.45 元。
2011.4.6	发改委发出通知，决定自 4 月 7 日零时起将汽油价格每吨提高 500 元，柴油价格每吨提高 400 元，调整后的汽、柴油供应价格分别为每吨 8580 元和 7730 元，涨价幅度汽油折合约 0.37 元 / 升，柴油折合约 0.34 元 / 升。
2011.5.4	《关于保障当前成品油市场稳定供应的通知》
2011.5.24	《关于我国石油企业在境外从事油（气）资源开采所得税收抵免有关问题的通知》
2011.5.27	《石油和化工行业“十二五”发展指南》
2011.6.24	《关于调整部分商品进口关税的通知》
2011.8.1	《关于对 2011 ～ 2020 年期间进口天然气及 2010 年底前“中亚气”项目进口天然气按比例返还进口环节增值税有关问题的通知》
2011.10.13	《关于发展天然气分布式能源的指导意见》
2011.11.1	《中华人民共和国资源税暂行条例实施细则》11 月 1 日起施行。原油、天然气税率按照销售额的 5% 征收。对于从价计征的应税产品，应纳税款由独立核算的单位按照每个开采地或生产地的销售量、单位销售价格及适用税率计算划拨。资源税应纳税销售额为纳税人销售应税产品向购买方收取的价款和价外费用，不包括收取的增值税销项税额。
2011.11.8	《关于“十二五”期间石油流通行业发展的指导意见》
2011.12.26	《关于在广东省、广西自治区开展天然气价格形成机制改革试点的通知》

数据来源：世经未来研发部根据相关资料整理

二、重点政策解读

（一）石油和化工行业“十二五”发展指南

2011年5月27日，中国石油和化学工业联合会全文发布了《石油与化学工业“十二五”发展指南》（以下简称《指南》）。《指南》提出了六大战略目标，并预计“十二五”期间，行业年均增长速度将保持在 10% 以上，到 2015 年，行业总产值达到 16 万亿元，并初步形成资源节约型、环境友好型、本质安全型的发展模式。《指南》称，“十二五”期间，行业年均增长速度将保持在 10% 以上，到 2015 年，行业总产值达到 16 万亿元。

《指南》指出十二五”行业发展方向主要是通过科技创新，促进传统产业的结构调整和转型升级，培育化工新材料、高端专用化学品、新能源、生物化工和节能环保产业等战略性新兴产业，培养一批新的行业增长点，全面提升行业的整体竞争能力，实现行业与资源、环境、社会的和谐发展。

油气开采：重点开拓海域及主要油气盆地和陆地油气新区，完善油气干线管网和配套设施建设。

按照“稳定东部、加快西部、开发海域、拓展海外”的思路，重点开拓海域及主要油气盆地和陆地油气新区。依靠科技进步，大幅提高油气田采收率。推动天然气产业快速发展。加强境外油气资源合作开发。

完善油气干线管网和配套设施建设。逐步形成以油田和大型原油码头为中心，覆盖主要炼化企业，东西衔接，南北贯通，国内原油、进口原油和成品油灵活调节的管道输送网络。扩建和新建原油储备基地，在长三角、珠三角、环渤海和成渝地区建设成品油储备基地。扩大 LNG 进口来源和渠道，在沿海地区适当建设液化天然气接收站。

原油加工：提高准入门槛，提高综合加工和炼化一体化能力

提高准入门槛，控制炼油产能盲目扩张。新建炼油项目需按大型化、炼化一体化要求，规模控制在 1000 万吨 / 年以上。严格控制现有小型炼油装置再次扩大原油加工能力，加快淘汰 200 万吨 / 年及以下的小炼油企业，防止以沥青、重油加工等名义新建小炼油项目。

在统筹兼顾全国总量平衡和消除区域供需失衡前提下，以现有企业改造扩建为主，努力建设具有世界先进水平的产业基地和产业聚集区。争取到 2015 年，形成若干个 2000 万吨 / 年级的炼油生产基地，长三角、珠三角和环渤海地区的炼油能力比重进一步提高，炼油企业平均规模达到 700 万吨左右。

完善原油一次、二次加工配套装置，提高综合加工和炼化一体化能力，积极推动油品质量升级改造。争取到 2015 年，原油加工能力控制在 6.5 亿吨 / 年以内，成品油产量达到 3 亿吨左右。汽油质量标准达到国Ⅳ以上，柴油质量标准达到国Ⅲ以上，轻油收率达到 78%。吨原油加工耗标油低于 60 千克。

（二）关于在广东省、广西自治区开展天然气价格形成机制改革试点的通知

自 2011 年 12 月 26 日起，国家发展改革委发出通知决定在广东省、广西自治区开展天然气价格形成机制改革试点。

通知指出，我国天然气价格改革的最终目标是放开天然气出厂价格，由市场竞争形成，政府只对具有自然垄断性质的天然气管道运输价格进行管理。近期，选择在广东、广西开展改革试点，主要是探索建立反映市场供求和资源稀缺程度的价格动态调整机制，逐步理顺天然气与可替代能源比价关系，为在全国范围内推进改革积累经验。

这次天然气价格形成机制改革试点的主要内容有五个方面：1、将现行以“成本加成”为主的天然气定价方法，改为按“市场净回值”法定价。2、将现行区别气源、路径，分别制定出厂价格和管道运输价格的做法，改为分省制定统一的门站价格。3、国家制定的统一门站价格为最高上限价格，供需双方可在不超过这一价格水平的前提下，自主协商确定实际交易价格。4、门站价格实行动态调整机制，根据可替代能源价格变化情况，每年调整一次，并逐步过渡到每半年或每季度调整。5、对页岩气、煤层气、煤制气三种非常规天然气，出厂价格实行市场调节，由供需双方协商确定；进入长途管道混合输送的，执行统一门站价格。

“成本加成”的天然气定价方法难以适应形势：随着经济快速发展，天然气需求增长很快，而国内天然气资源相对不足，2006 年我国已成为天然气净进口国，且进口数量快速增长，对外依存

山西阳煤丰喜肥业(集团)有限责任公司
SHANXI YANGMEI FENGXI FERTILIZER INDUSTRY (GROUP) LLC.

度不断提高进口天然气价格显著高于国内天然气。随着西气东输一线、二线，以及陕京线、川气东送等多条管道相继投产，覆盖全国的天然气管道网络已初步形成，供气方式逐步由单气源、单管道转变为多气源、多路径、网络化供应。终端用户难以区分天然气来源和流向，再按现行机制分别制定出厂和管输价格已不能适应形势变化，价格监管的难度增大。

尤其是进口的哈萨克斯坦的天然气成本高，导致中石油积极性受到影响。

“市场净回值”方法定价，即将天然气的销售价格与由市场竞争形成的可替代能源价格挂钩，在此基础上倒扣管道运输费后回推确定天然气各环节价格。“市场净回值”的定价方法，已在欧洲等主要国家广泛采用。新机制逐步建立后，将有利于充分地发挥市场机制的作用，利用价格杠杆，引导天然气资源合理配臵，促进经营者增加生产、扩大进口，引导消费者合理用气、节约用气。

由国务院价格主管部门确定两省（区）的天然气门站价格：选取上海市场（中心市场）作为计价基准点，以市场形成价格的进口燃料油和液化石油气（LPG）作为可替代能源品种，并按照60%和40%权重加权计算等热值的可替代能源价格。然后，按照0.9的折价系数，即把中心市场门站价格确定为等热值可替代能源价格的90%。两省（区）最高门站价格分别为每千立方米2740元和2570元，虽然高于目前广东进口的澳大利亚天然气价格，但较大幅度低于其他气源价格，价格具有比较优势，总体上不会增加用户负担。

天然气的价格长期上涨趋势已经确立：我国天然气价格改革的最终目标是放开天然气出厂价格，探索建立反映市场供求和资源稀缺程度的价格动态调整机制，逐步理顺天然气与可替代能源比价关系。虽然短期天然气价格上涨较少，随着定价机制改革的逐步推行长期看天然气的价格上涨趋势已经确立。对于中石油和中石化长期是利好，短期影响不大。对于采用天然气为原料的化工企业（如天然气尿素和甲醇公司）意味着成本的不断上涨。

有利于页岩气、煤层气、煤制气行业的发展：通知指出对页岩气、煤层气、煤制气三种非常规天然气，出厂价格实行市场调节，由供需双方协商确定；进入长途管道混合输送的，执行统一门站价格。有利于页岩气、煤层气、煤制气等行业的成长，对于相关的开发和设备企业是重大利好。

三、产业政策发展趋势

2012年，针对原油和天然气开采行业的产业政策主要的关注点是：

油气价格改革：2011年12月16日，国家发改委主任张平在全国发展和改革工作会议上表示，要积极稳妥地推进资源性产品价格改革，推进传统行业跨区域、跨行业、跨所有制兼并重组。国家发改委将发布实施“十二五”服务业发展规划。会议提出，2012年要择机推出成品油价格改革方案。

《天然气产业“十二五”规划》以及《石油和化学工业“十二五”发展规划》的发布，针对具体的内容执行，细分的产业政策将会陆续出台，关注细分政策对于行业发展的影响。

对于原油和天然气开采行业影响较大的政策关注点还包括：准入标准、企业生产经营管理规范政策、进出口政策以及环境保护政策等。

三 2011年行业发展社会环境分析

一、行业发展社会环境概述

原油和天然气开采行业是国民经济的基础产业，石油和天然气既是是国民经济中其它大部分行业的必选材料，也是消费者直接消费的产品。原油和天然气开采行业受到社会环境各因素影响的分析如下表：

原油和天然气开采行业社会环境因素分析

因素	对原油和天然气开采行业影响
社会结构	从石油与天然气在消费市场中所处的位置可知，原油和天然气开采行业受社会环境中的社会结构、社会风格、文化习惯、宗教信仰等因素的影响很小。
社会风格	
文化习惯	
宗教信仰	
消费习惯	随着社会经济水平的升高，普通消费者的消费习惯和消费方式也在跟着改变，。终端消费者对产品的质量、档次等有了更高要求，这些变化都会影响到石油及天然气开采行业产品的改变。总之，消费习惯的改变，主要是要求原油和天然气开采行业提供性能更为优良的高端产品，这也就会加快行业的结构调整，产品升级换代。
环保观念	环保节能是现在逐渐流行起来的一个热门词汇，环保节能的理念也逐渐改变着人们的价值观。重视环保，节约能源，成为社会和政府在日常运行中的选择。对于石油与天然气行业，由于是一个基础性的原料行业，在环保和节能方面需要做的工作量较大。随着经济的发展，对于环保意识的增强，都要求原油和天然气开采行业在发展过程中，不断提高开采技术，减少漏油和泄气的情况发生，较少人身和财产伤害。

二、节能环保环境分析

原油和天然气开采行业在节能环保方面主要涉及到的是石油开采行业，下面主要分析以下我国石油行业环境污染的现状和特点，以及针对这些问题需要采取的对策措施。

（一）我国石油行业环境污染的现状及特点

石油行业体系庞大，生产环节众多，生产工艺复杂，为了得到原油和石油制成品，在生产过程中会产生大量的废水、废气、废渣和有毒有害的流体混合物质。从总体上看，石油行业环境污染呈现出以下几大特点：

石油行业环境污染总量较大。据2005年的统计数据，我国陆上石油行业企业的废水排放总量为7.017亿吨/年，占国内同期工业废水排放总量的2.1%。陆上石油行业企业的废气排放总量为4.711×1011m3，占国内同年工业废气排放量的3.42%。

石油行业环境污染环节多。在石油行业的产业链条上，工艺复杂，施工类型多，工序差别大。在生产过程中多种工序流水作业，不同作业的工艺又有各自的排污特点，造成了发生污染可能性的环节多。因为加工方式和操作目的不同，以及石油及其产品本身的特性，在这些繁复工序中都会产生不同程度的污染，造成对周边生态环境的损害。尤其是在不少作业环节中经常会出现非常规性污染，此类污染具有较大的临时性、随机性和突发性，加大了防范难度。

石油行业环境污染类型复杂工艺阶段的不同，由此产生的污染物类型也比较复杂。例如，在测井作业中需要使用到放射性物质，可能造成放射性污染。

石油行业环境污染和生态影响严重。我国油气资源分布广，使得油田开发企业的油气井分布比

山西阳煤丰喜肥业(集团)有限责任公司
SHANXI YANGMEI FENGXI FERTILIZER INDUSTRY (GROUP) LLC.

较分散，并且石油石化企业遍布各地，造成了我国石油行业排污范围相当大。目前我国不少油气田处于环境恶劣的沙漠、荒滩等地区，这些地区的生态环境脆弱，自净能力差，生态破坏难以恢复，一旦发生污染，将对生态环境造成严重破坏。不仅如此，石油行业生产流程的复杂性，决定了石油行业生产特别容易发生因安全生产事故引起的事故性环境污染。

（二）对策

石油行业企业在生产过程中，不可避免地会产生各类污染物，如果不采取适当的预防、治理和管理措施，将带来不同程度的环境污染，给周边居民造成身体健康的损害和财产的损失，于是就会在石油行业企业和周边居民之间产生纠纷。这些纠纷不是普通的私人纠纷，往往牵涉的主体较多，损害较大，社会反映也比较强烈，在传统道德和习惯的框架内不易解决。因此，石油行业环境污染所形成的特定社会关系，需要在法律制度的框架内予以规范和调整；另一方面，伴随着石油行业企业排污和环境污染，在石油行业企业和政府环保职能部门之间，又形成了环境管理的行政关系，这一行政关系同样需要法律来引导。法律将可持续发展纳入其价值体系，严禁各种污染环境的行为，以达到有效地控制包括石油行业企业在内的工业企业污染环境行为的目的，维持整个社会的可持续发展。

1. 制定统一的陆上石油勘探开发环境保护法律或法规

我国从 20 世纪 70 年代末期开始环境立法工作，目前，已经初步形成了以《环境保护法》为基干的环境法律体系。但是，尚没有一部全国性的陆上石油勘探开发环境保护方面的法规或条例。随着我国经济的进一步发展，对石油的需求不断加大，石油勘探开发企业的生产量也在不断提高，对环境的影响也在加剧。而且，我国石油勘探开发地点分散，要集中统一管理，就需要一部统一的立法支持。为了进一步提高可执行法律的权威性，避免过去“末端治理”、“末端管理”的思想，有效引导石油勘探开发企业在石油生产的整个过程中加强环境保护工作，国家可在现有立法条件下，制定一部石油行业环境保护方面的法规或条例，颁布与之配套的相关标准，例如，石油行业特征污染物的处理处置标准、生命周期评价标准、各个具体生产环节环境保护推荐做法标准等，提出石油生产全过程的环境保护要求，从法律角度督促石油企业推行清洁生产，建设资源节约和环境友好型企业。

2. 进一步理顺行政执法关系提高环境监管水平和监管质量

石油行业领域的环境污染和生态破坏事件中，通常遭受污染影响的客体种类多（如大气、水、土地、植被等），因此涉及到的环境保护执法部门也较多，包括环保部门、林业、农业、海洋、水利、自然保护区管理机构等，在同一个污染事件中依据法律规定的行政职责会有不同的部门介入。如果是安全生产事故引起的污染事件，常常还有安全生产监督管理部门的参与。要改变这一现状，需要进一步理顺行政执法关系，可组成专门的联合执法组，由环境保护主管部门牵头，会同相关部门，共同参与、互相协助、明确分工、统一执法。由联合执法组对事件予以最终处理，这样既保证了程序公正性，又提高了执法效率。

3. 协调法律的外部控制与石油行业企业内部管理

我国石油行业主体由中国石油天然气集团公司、中国石油化工集团公司和中国海洋石油集团公司这三大石油集团所组成。我国三大石油企业集团脱胎于政府部门，具有较强的行政管理色彩，所属公司仍习惯于企业内部的管理，使负有环境保护主管职责机关的外部管理面临着石油行业的门槛。解决这一棘手问题要求石油行业企业能够转变自身的角色定位，建立企业内部的环境管理体系，完善环境管理制度，组织本企业的污染治理、节能降耗、清洁生产、生态保护等工作，同时主动接受地方环境行政主管部门的业务监督和管理。另一方面，地方环境行政主管部门要提高执法水平，避免行业技术的障碍，同时充分发挥行业主管部门的作用，使执法更科学和客观。

4. 制订石油行业领域突发环境事件应急预案

在生产和加工石油的过程中，因操作不当或发生自然灾害，常常会引起恶性的环境污染事故。这些事故在给公众的生命健康和财产造成了严重损害的同时，也给社会造成了不稳定，影响到了社会的有效运转和经济的正常发展，从而使得制订石油行业突发环保事件的应急处理预案成为必需。通过制订石油行业领域突发环保事件紧急预案，明确规定企业、政府相关职能部门及其他社会组织的责任，建立政府与企业之间的信息沟通机制和职能的联动机制，切实保证在事故发生后能够有效救助受灾群众，最大限度地降低灾难后果。

四 2011 年行业技术环境分析

一、行业劳动生产率稳步提升

2011 年，我国原油和天然气开采行业劳动生产率达 10.79 万元 / 人 / 月，为近五年以来的最高水平，也是两年连续增长。行业劳动生产率的提高一方面与开采地的地质条件有关，另一方面也与行业开采的技术水平和技术人员的基本素质有关。

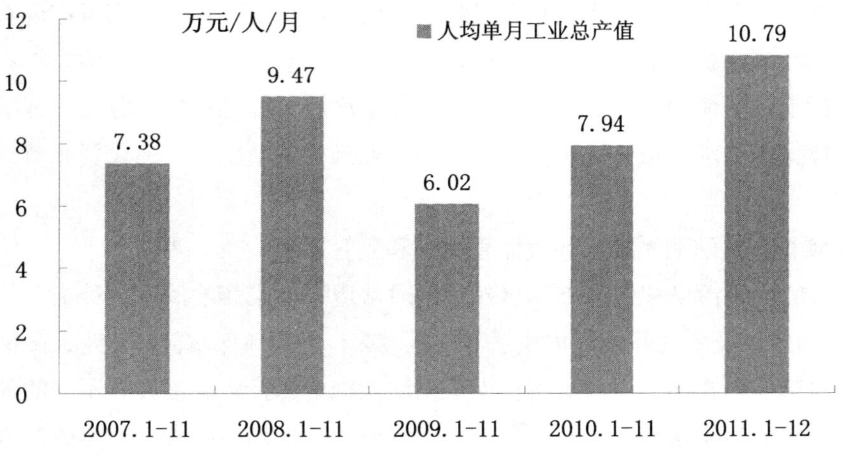

数据来源：国家统计局

2007 年 -2011 年原油和天然气开采行业劳动生产率

山西阳煤丰喜肥业(集团)有限责任公司
SHANXI YANGMEI FENGXI FERTILIZER INDUSTRY (GROUP) LLC.

四、行业技术发展方向

石油及天然气开采业产值巨大，利润丰厚，但行业平均技术水平较高，技术发展迅猛，近些年来，为了将一些开采难度更大的油气资源开发利用，行业技术更是获得了突飞猛进的发展，总体来说，石油及天然气开采业呈现出以下几大发展方向：

（一）连续指数增长的计算机、高速网络、探测器和智能设备的高度融合

连续指数增长的计算机、高速网络、探测器和智能设备的高度融合，将是未来发展的第一大趋势。由于高度依赖于数字测量、计算机和复杂的网络系统，上游工业受到了极大的冲击。这些技术的融合用于测量、计算和传输将会产生新一代仪器和设备。例如，探测器、处理器和无线网络系统组合产生一个平台，用于支持一个新的离散智能测量系统，用以提高油藏开采的可靠性和产能。微型电机系统（MEMS）的出现把组合工程提到了一个全新的高度，自动微型设备可在井眼环境中进行控测、监视、修理等活动。融合技术还包括自动控制系统、微型机器和神经网络等先进技术。这些技术最初不是石油天然气工业开发的，但都可用于优化生产。海底和海下生产设施以及深海作业是推动这项技术应用的重要经济因素

（二）石油及天然气开采钻井技术日新月异

近些年来，相继开发了涡轮钻、电钻及螺杆钻钻探新技术；实现了空气和泡沫冲洗、电动钻探（交流－可控硅整流－直流）；发展了定向钻井、超深井钻探（深于6000米）。由常规钻探发展到以下3种钻探：①喷射钻探，利用钻头喷嘴每秒大于100米的高速射流破岩、排除岩屑。②平衡钻探，使钻井液的液柱压力与地层压力接近相等，以防止污染、损害油气层。③优化钻探，用计算机采集、处理、反馈钻探参数，使钻探工程的整体经济效果达到优化。

为了进一步提高钻速、保证钻井质量，必须采用计算机辅助钻探，研制高耐磨性钻头、高强度钻杆、各种防斜器具、随钻测量仪等。为了取得原始承压地层岩心，需开发新型压力密闭取心工具，同时又需继续研制新型的钻井液处理剂与净化设备，发展钻井液流变性能的调控技术，完善中途测试技术，地层压力检测技术以及新型完井液等。

正在研究的新技术、新方法：①把喷射、平衡、优化钻探三者结合起来，用计算机优选水力参数与其他钻探参数。②提高钻机和钻井泵的工作能力，强化水力参数，发挥水力破岩作用。③进一步完善聚合物钻井液及净化技术。

（三）资产寿命周期监控技术广泛应用

时间推移（四维）油藏监控同样为石油及天然气有效开采起着重要的作用。三维地震成为勘探开发重要的手段，因三维地震成本不断降低，可在整个资产寿命周期内重复使用地震资料。安装在海底或井眼地震采集系统，在目的层段进行着三维测量，在生产开发阶段有助于四维常规监测。广泛使用三维的主要推动力是单价成本的降低、预测资料齐全及功能日益增强的解释工具。在计算、数字数据储存和可视化方面的成本——动态曲线组合明显改善了当前三维的价格构成。四维将来也会遵循同一条路线，当四维辅助解释工具比较便宜时，四维将呈现极度的增长势头。

2011年原油和天然气开采行业运行情况分析

一、供给总量分析

（一）产值：工业总产值大幅增长

2011 年，原油和天然气开采行业实现工业总产值 13427.93 亿元，同比增长 31.78%。2009 年受到全球经济增速放缓的影响，原油和天然气开采行业的工业增加值规模及增速都有所下降，近三年以来又保持持续增长，2011 年增速再次回升至 30% 以上，达 31.78%，增速较上年有所降低。

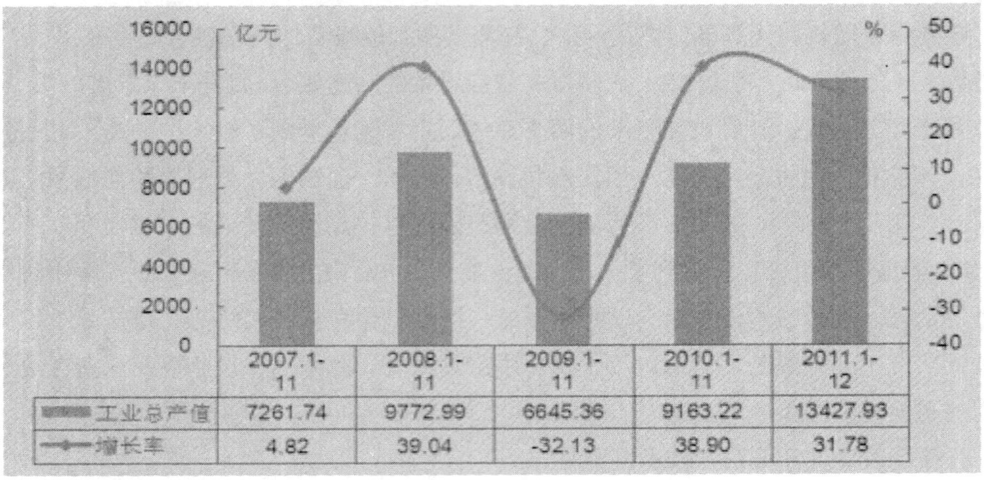

数据来源：国家统计局

2007-2011 年原油和天然气开采行业工业总产值

（二）产量：原油产量增长缓慢天然气产量持续增长

2011 年全国石油产量 2.01 亿吨，与去年持平。其中大庆石油产量仍稳产在 4000 万吨；胜利 2734.00 万吨；中国海油天津 2709.46 万吨；中国石油长庆 2002.01 万吨。

2011 年 1-12 月，国内天然气产量低速正增长，增长势头急速下滑。产量数据显示：2011 年 1-12 月全国累计生产天然气 1025.31 亿立方米，同比增长 6.9%，增速同比下降 5.17 个百分点。

2000 年至 2011 年石油及天然气产量及增速

年份	原油		天然气	
	产量（万吨）	同比增长	产量（亿立方米）	同比增长
2000 年	16300	1.88%	272	7.95%
2001 年	16396	0.59%	303.29	11.50%
2002 年	16700	1.85%	326.61	7.69%
2003 年	16960	1.56%	350.15	7.21%
2004 年	17587	3.70%	414.6	18.41%
2005 年	18135	3.12%	493.2	18.96%
2006 年	18477	1.89%	585.53	18.72%
2007 年	18632	0.84%	692.4	18.25%
2008 年	19043	2.21%	789.32	14.00%
2009 年	18949	-0.49%	852.69	8.03%
2010 年	20301	7.13%	948.48	11.23%
2011 年	20400	0.49%	1025.31	6.90%

数据来源：国家统计局

山西阳煤丰喜肥业(集团)有限责任公司
SHANXI YANGMEI FENGXI FERTILIZER INDUSTRY (GROUP) LLC.

1. 受油田开发进展缓慢诸多因素影响，原油月度产量同比持续负增长

2011 年以来，我国原油产量增长缓慢。从长期因素来看，主要是受陆上石油资源储量有限且开采难度日益加大、油田开发进展缓慢等因素影响；从短期情况看，中海油漏油事件对近期中国原油产量产生消极影响，中海油海上原油漏油事件使一些油井关闭，一些油井开发延期。这些综合因素导致原油产量增长潜力有限。2011 年全年，原油产量 2.04 亿吨，同比仅增长 0.3%，增速较上年明显回落。

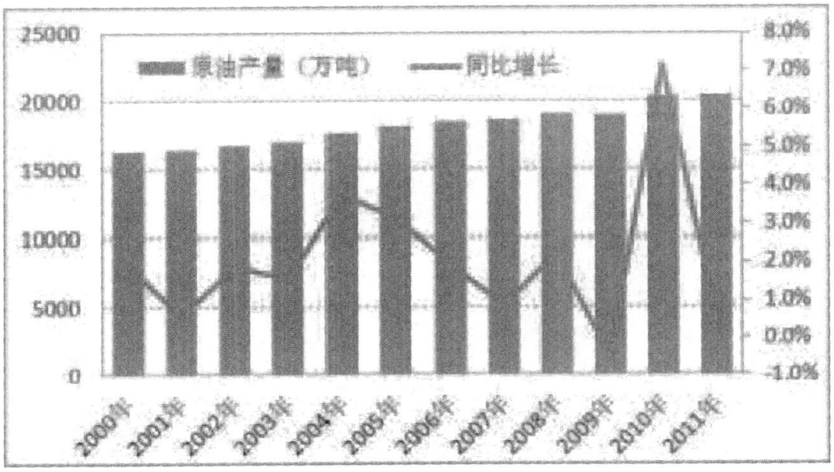

数据来源：国家统计局

2001 年 -2011 年我国天然原油产量及同比增速

2. 天然气产量增长稳定

近年来，随着四川盆地、鄂尔多斯盆地、柴达木盆地、塔里木盆地等天然气项目的大规模开发，我国天然气产量呈现稳定增长的势头。在短期内，影响天然气产量最主要的因素为冬季采暖，随着天然气管道建设的加快，中国越来越多的居民家庭冬季采用天然气取暖，天然气需求旺盛，为保证供应，石油公司采取多种措施加快生产，力保供应。2011 年，我国天然气产量突破 1000 亿立方米，达到 1025.3 亿立方米，同比增长 6.9%，同时非常规天然气勘探步伐明显加快。

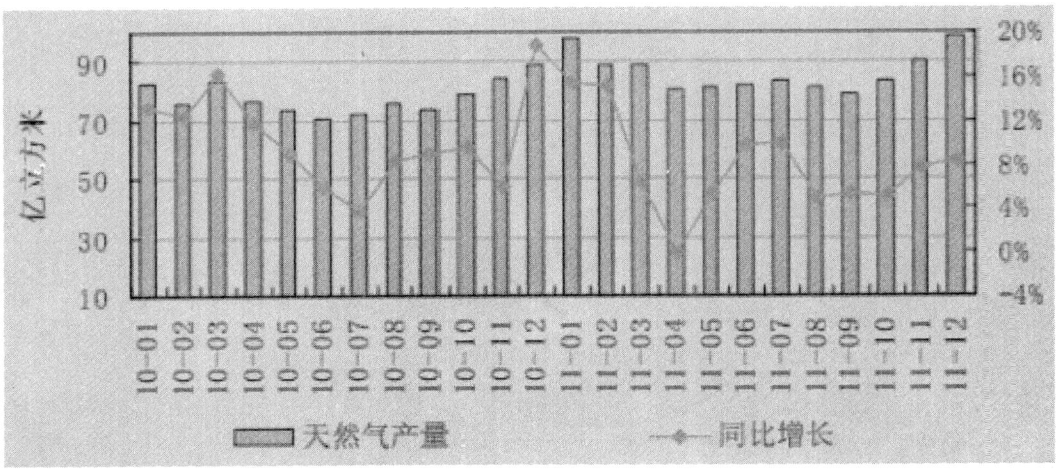

数据来源：国家统计局

2010 年以来我国天然气月度产量及同比增速

二、供给结构变化分析

（一）主要产品供给结构

2011年全国石油产量2.01亿吨，与去年持平。其中大庆石油产量仍稳产在4000万吨；胜利2734.00万吨；中国海油天津2709.46万吨；中国石油长庆2002.01万吨。

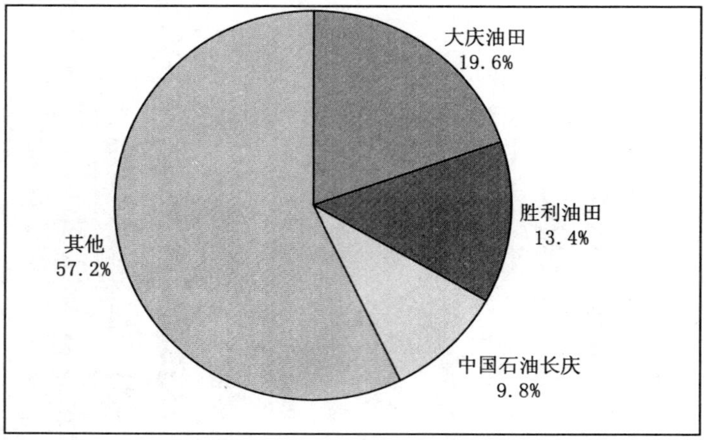

数据来源：国土资源局

2011年我国石油产量企业结构

2011年1-12月全国累计生产天然气1025.31亿立方米，同比增长6.9%，增速同比下降5.17个百分点。从天然气产地分布来看，截至12月底天然气累计产量最高的是陕西，1-12月累计生产天然气272.21亿立方米，同比增长21.8%；四川天然气累计产量攀居第二，1-12月累计生产天然气267.76亿立方米，同比增长7.5%；新疆天然气累计产量退居第三，1-12月累计生产天然气234.05亿立方米，同比增长-6.3%；广东天然气累计产量仍稳居第四，1-12月累计生产天然气83.28亿立方米，同比增长6.3%。截至12月底青海本年天然气累计产量第五，1-12月累计生产天然气65亿立方米，同比增长15.9%。

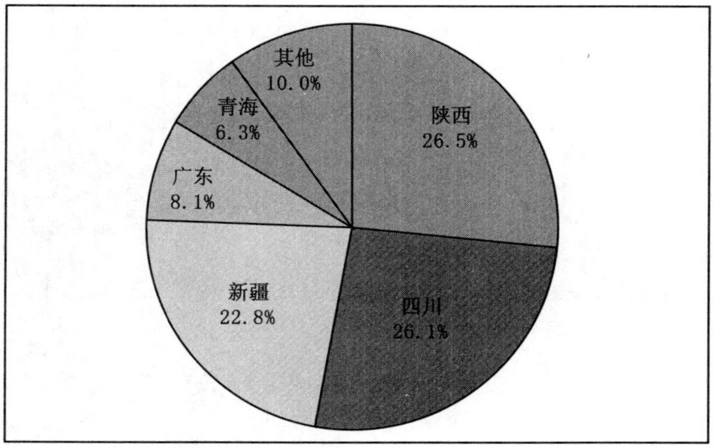

数据来源：国土资源局

山西阳煤丰喜肥业(集团)有限责任公司
SHANXI YANG MEI FENGXI FERTILIZER INDUSTRY (GROUP) LLC.

2011 年我国天然气产量区域结构

（二）主要品种自给率

2011 年我国原油进口依赖度再度突破 50%，创历史新高达 55.11%。这是继 2009 年之后第三次突破 50% 了，这意味着一方面我国原油消耗由主要靠国内保障转为主要靠进口满足。然而这并不意味着自产石油地位的下降，相反，中国自产石油将更成为平抑国际市场油价的一个重要因素。另一方面这也标志着我国国内能源供求将更多受制于国外。原油进口依存度超过 50%，意味着我国在不拥有国际石油定价权的情况下，将一半以上的石油需求放在国际上，这无疑增大了能源风险。国际油价的波动，并不单受供求关系的影响，很大程度也受石油投机、地缘政治、气候变化的影响，而这些不确定因素是中国不能左右的。这就使中国不但在供求上存在风险，而且在运输和价格上也存在风险。

但是，原油进口超过 50%，并不意味着中国失去能源供求保障能力。一者，我国石油供应中有 2.03 亿吨的自产量，这有利于中国应对国际能源危机。二者，三大石油企业实施“走出去”战略，海外油气业务发展迅速。目前我国三大石油企业已在全球 50 多个国家和地区、共拥有油气项目 100 多个，逐步形成五大海外油气生产区，同时，海外油气作业产量和权益产量不断增加。三者，我国加快了石油储备建设步伐。我国三大石油公司都进入油气储量增长高峰期。我国石油战略储备一期工程已顺利完成。新的国家石油战略储备基地和中石化、中石油的多个商业石油储备库项目也先后开工投建。我国和俄罗斯、巴西、委内瑞拉等国签订 600 多亿美元贷款换石油的协议，每年可获得 7500 万吨原油保障。最后，中国大力推动经济结构调整，将节能减排作为强化政府责任的约束性指标，这必将减轻进口能源依赖的压力。

2012 年我国经济稳中求进，石油需求同比增长将在 5% 左右，但增速低于近十年平均水平，进口量依然会继续增长。预计全年石油进口量将在 2.8 亿吨左右，石油对外依存度将继续攀升，预计将达 57%。成品油增速将呈现前低后高趋势。

自 2006 年到 2010 年，美国石油对外依存度明显下降，在时隔 62 年的 2011 年，美国重新成为成品油出口国。美国经验证明，对外依存度高的石油消费大国完全可以在技术进步的强力支撑下，转变能源发展方式，有效提高石油独立性。

随着科技水平的提高，石油的供给水平会提高，而资源的使用效率会得到改善，加上我国政府为保证能源安全，因而我们认为我国的石油对外依存度水平将是一个缓慢下降长期均衡的过程。

三、供给预测

（一）探明储量分析

2005 年以来，通过深入贯彻落实《国务院关于加强地质工作的决定》，尤其是国土资源部确定了“358”宏伟目标后，全国范围找矿突破战略行动全面展开，矿产勘查力度明显加大并取得重要进展，根据矿产资源储量快报统计，2011 年全国石油天然气探明储量大幅增加，在“十二五”开局之年开了个好头。

石油勘探获新突破，2011 年全国石油勘查新增探明地质储量 13.70 亿吨，同比增长 20.6%，是新中国成立以来第 9 次超过 10 亿吨的年份。新增探明技术可采储量 2.66 亿吨，同比增长 21.4%。2011 年石油新增探明地质储量大于 1 亿吨的盆地有 5 个，其中鄂尔多斯盆地新增 4.43 亿吨，塔里木盆地新增 1.98 亿吨，渤海湾盆地新增 1.97 亿吨，准噶尔盆地新增 1.95 亿吨，渤海海域新增 1.37 亿吨。合计新增探明地质储量 11.71 亿吨，占全国新增探明地质储量的 85.5%。

2011 年全国天然气年探明地质储量仍保持“十五”以来的高速增长态势，天然气勘查新增探明地质储量 7659.54 亿立方米，同比增长 29.6%。新增探明技术可采储量 3956.65 亿立方米，同比增长37.6%。2011 年新增探明地质储量超过千亿立方米的大气田有 2 个，分别为长庆苏里格和南方元坝。

（二）供给预测

中石油经济技术研究院于 2012 年 2 月 9 日发布的《2011 年国内外油气行业发展报告》分析预测，2012 年，我国原油产量将在 2-2.2 亿吨左右。其中，陆上石油产量仍将占 90% 左右。我国石油地质储量以每年约 5 亿吨的速度增长，但品位较差，开发难度大，能有效转化为可采储量的数量有限，导致我国石油产量未来增长空间有限，需要进一步加大开发技术攻关力度，提高石油采收率，为我国未来能源供应提供有力保障。

2012 年，天然气勘探开发力度进一步加大，非常规油气资源将成为勘探开发重点，产量将在 1100 亿立方米。非常规油气资源将会成为各大石油公司发展的重点。比如，非常规油气产量将在中石油天然气增长中担当重任，2015 年四川页岩气实现年产 10 亿方规模开发。“十二五”末将形成年产煤层气 20 亿方的商品产量，并奠定 40 亿方生产基础。页岩气开发占据中石化非常规发展战略的重要位置，计划在 3 年内投入 5.9 亿元，作为打造上游产业的重要组成部分。

二、需求分析及预测

一、需求总量分析

（一）销售收入：增速有所回落

2011 年 1-12 月，我国原油和天然气开采行业实现销售收入 12466.49 亿元，同比增长 29.19%，增速较上年有所回落，减慢 5.66 个百分点。

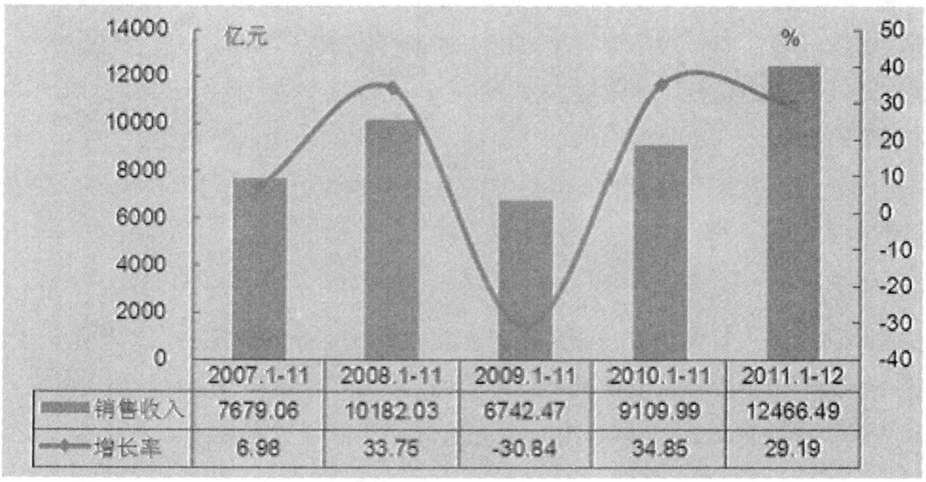

	2007.1-11	2008.1-11	2009.1-11	2010.1-11	2011.1-12
销售收入	7679.06	10182.03	6742.47	9109.99	12466.49
增长率	6.98	33.75	-30.84	34.85	29.19

数据来源：国家统计局

2007-2011 年石油及天然气开采行业销售收入变化趋势

二）表观消费量：原油需求增速放缓，天然气消费持续高速增长

2011 年全年我国原油表观消费量累计为 4.55 亿吨，同比增长 3.2%，增速较上年同期下降 12.9 个百分点；与此同时，原油产量同比仅增长 0.3%，仍慢于需求增速，导致供需缺口持续扩大。2011 年，我国原油供需缺口为 2.51 亿吨，同比增长 6.34%。

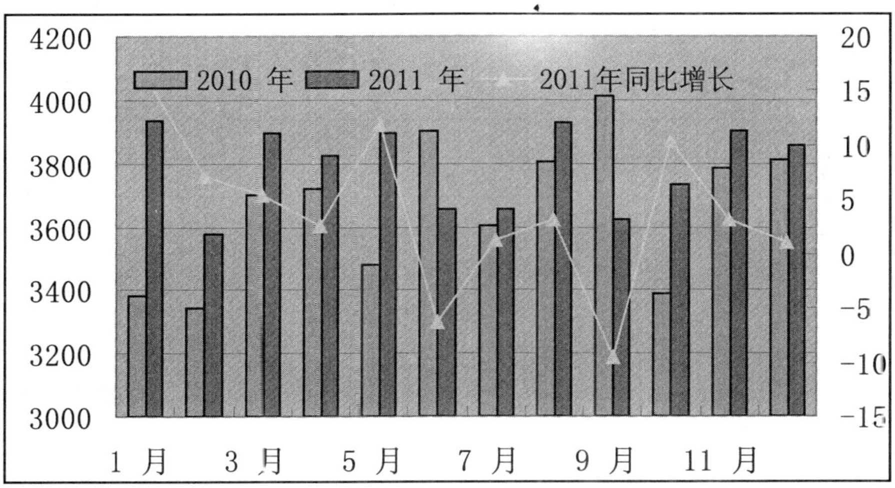

数据来源：国家统计局、海关总署
2010-2011 年各月我国原油表观消费量及同比增速

2011 年，天然气表观消费量 1307.1 亿立方米，比上年增长 20.5%，为 2008 年来最大增幅，增幅较上年提高 3 个百分点，占石油天然气表观消费总当量的 20.1%，较上年提高 2.2 个百分点。

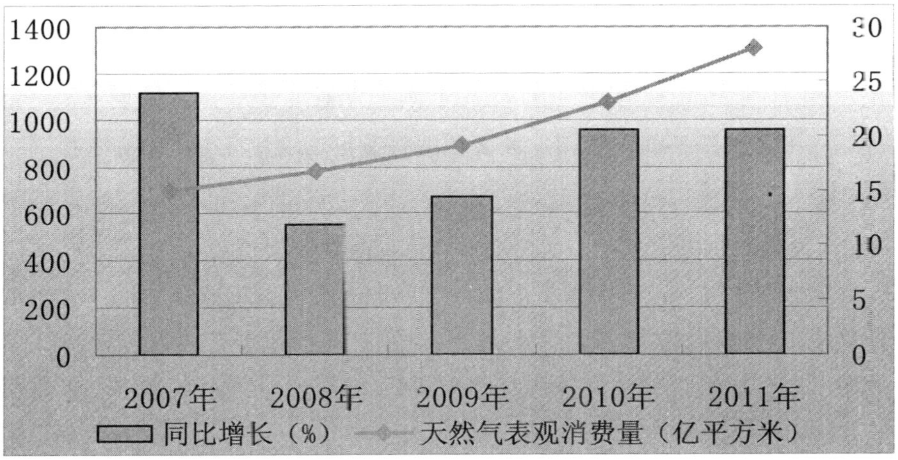

数据来源：国家统计局、海关总署
2007-2011 年我国天然气表观消费量及同比增速

二、需求结构变化分析

我国能源消费结构中石油及天然气消费占比相对偏低，主要是受到我国石油及天然气产量有限的制约，这与我国交通运输等消费石油为主的行业不断扩大的规模预期比较相符，故而从需求结构来分析我国石油及天然气需求非常巨大，远非目前的表观消费量能够表示。

从国内能源的消费结构来看，伴随我国能源消费总量的增加，煤炭消费占比将逐步趋于下降，受重工业发展带动，石油、天然气占比明显提升。

2006-2011 年我国能源消费结构变化

	能源消费总量（万吨标准煤）	石油占比 (%)	天然气占比 (%)
2006	246270	20.4	3
2007	265583	19.7	3.5
2008	285000	18.7	3.8
2009	310000	18	3.4
2010	325000	19.08	4.4
2011	348000		

数据来源：国家统计局

三、需求预测

由于我国正处于城镇化、工业化中后期发展阶段，扩大内需将成为未来经济工作的主要着力点，因此，油气以及主要化学品的市场需求将继续保持较快增长。

我国能源结构调整加快，天然气在油气中的比重呈平稳快速攀升之势，天然气在能源结构中的地位日益凸显。随着天然气价格改革逐步到位，以及未来页岩气的开发利用，我国能源结构“气化”进程将进一步加快。去年前 11 个月，我国天然气表观消费量 1179.4 亿立方米，增幅为 20.7%，连续五个月维持 20% 以上，占石油天然气表观消费总当量的 19.9%。

预计中国 2012 年天然气表观消费量预计超过 1500 亿立方米，年率增长 16.3%，进口总量预计将超过 450 亿立方米，年率增 45%。其中液化天然气 (LNG) 进口量预计将超过 1600 万吨，年率增 35.6%。“十二五”期间，我国原油表观消费量年均增幅 5.0% 左右，天然气年均增幅将达 19.4% 左右。

预计，2012 年国内原油表观消费量将达 4.8 亿吨，增长 5.3%，成品油表观消费量约 2.8 亿吨，增长 5.8%。预计“十二五”期间，我国原油表观消费量年均增幅 5.0% 左右。

三、市场分析及预测

一、供需平衡分析及预测

由中国石油企业协会与中国石油大学中国油气产业发展研究中心编写的《中国油气产业发展分析与展望报告蓝皮书 (2011-2012)》，于 3 月 26 日正式向社会发布。《蓝皮书》指出，2011 年，中国化石能源需求增速放缓，但油气能源供应局势依然紧张。展望 2012 年，国内石油需求增速将略有回升，但仍低于近年来平均水平。

中国 2011 年 GDP 增幅为 9.2%，CPI 涨幅为 5.4%，全年石油和化工行业规模以上企业累计总产值 11.28 万亿元，比上年增长 31.5%，占全国规模工业总产值的 13.2%。在经济增速有所放缓和通货膨胀较为明显的情况下，国内化石能源需求增速放缓，2011 年全年原油油表观消费量为 4.53 亿吨，同比增长 3.3%，比 2010 年降低 3.6 个百分点；但全年天然气表观消费量 1,307 亿方，同比增长 20.5%，比 2010 年上升 4.6 个百分点。同时，国内原油和天然产量增速也有所放缓，全年生产原油共 2.03 亿吨，同比增长 1%，增速比 2010 年降低约 5.9 个百分点；天然气产量约 1,025.3 亿立方米，同比增长约 6.90%，增速比上年降低 5.2 个百分点。但中国油气能源供应局势依然紧张，

山西阳煤丰喜肥业(集团)有限责任公司
SHANXI YANGMEI FENGXI FERTILIZER INDUSTRY (GROUP) LLC.

油气企业着眼资源可持续性，加大油气勘探力度，2011 年实现油气动用储量替代率 100%。下游方面，2011 年底中国炼油总能力达到 5.4 亿吨 / 年，是仅次于美国的全球第二大炼油国；2011 年中国成品油产量达 2.67 亿吨，同比增长 5.9%，增速比上年降低 3.8 个百分点。展望 2012 年，中国经济“软着陆”是基本趋势，国内石油需求增速将略有回升，但仍低于近年来平均水平，预计全年油气产量增速在 2011 年水平上略有回升，原油供应持续偏紧，成品油供需总体平衡，汽油将继续供大于需，柴油供应偏紧。

2011 年，影响全球油气产业的因素陡然增多，呈现出错综复杂的局面。但总的看来，大体可以从三方面来看：经济上，愈演愈烈的“欧债危机”、继续萎靡的美国经济和新兴市场经济增速放缓和通货膨胀使得国际石油市场的前景不容乐观；政治上，中东和北非的政治动荡严重影响了全球石油供应量和供应持续性，使得国际原油价格上升至百元并相对稳定；生态上，日本福岛核泄漏事故使近年来全球持续升温的以发展核电替代传统化石能源受到质疑，并对未来全球能源结构调整产生深远影响。2012 年，国际油价波动或将更为剧烈，中国油气产业或将面临更为艰难的一年。

2011 年，在全球油气最为富集的中东北非地区发生剧烈政治动荡，中国油气产业国际合作遇到了前所未有的困难。在此背景下，中国石油企业海外并购活动出现较大回落，支出收购金额约 180 亿美元。但是，中国企业保持了海外油气产量的快速增长。2011 年，中国海外油气权益产量首次突破 8,000 万吨台阶，合计产量约 8,500 万吨油当量，同比增长超过 10%。2012 年，国内油气需求仍将保持巨大缺口，油气贸易需求较大。但是受到国际油气市场动荡和国内炼油厂产能限制，2012 年的油气进口将有较大压力。

二、价格变化分析及预测

2011 年以来，欧美债务危机等系统性风险以及利比亚内战、伊朗局势紧张等地缘政治的负面影响不断显现，国际原油价格的走势呈现先升后降，后期宽幅震荡的特点。总的来看，突发事件和地缘政治是支撑油价上涨的最主要因素，而世界经济增长的不确定性则是打压油价的重要原因。

8 月初以来，美债和欧洲债务危机打击了投资者信心，市场对欧美经济二次探底担忧加剧，国际市场油价震荡回落，尤其是 9 月下旬以来加速下跌，年末，受伊朗政治危机及美国商业原油库存大幅下降影响，原油价格出现回升势头。12 月份，WTI 原油现货价格月平均价格为 98.25 美元 / 桶；布伦特原油月平均价格为 108.18 美元 / 桶，两种原油现货之间的价差从 10 月份的每桶 25.34 美元缩小到 12 月的 9.93 美元。总体来看，4 季度原油平均价格较 3 季度上涨 1.2%。

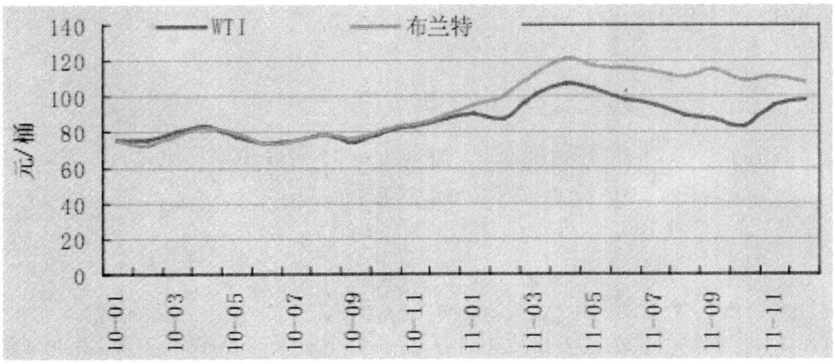

数据来源：普氏现货，世经未来

2010 年以来国际原油月平均价格

在伊朗问题影响下，2012 年国际油价迎来新年“开门红”。业内人士预计，原油价格 2012 年仍有望保持上涨，但受宏观经济、地缘政治和实际供需基本面因素的影响，原油价格走势也存在诸多变数。

对 2012 年原油市场而言，行情的发展仍然受到诸多因素的影响，但在目前世界原油供应总体保持充足的状态下，各国的原油需求对行情走势起到了重要作用。整体来说，正常情况下 2012 年世界原油需求总体稳中有升。

首先，美国经济正处于缓慢复苏阶段，美联储正试图调整其政策传达策略，而这可能是其朝放松货币政策迈出的重要一步。2012 年为美国的大选之年，为赢得民众支持，执政党很可能继续实施工资税减税、紧急失业福利政策以及其他提振经济的措施。欧洲方面，尽管 2011 年遭遇重重危机和诸多困境，但欧洲原油需求较前两年也仅仅是小幅下调，目前其需求量依然占世界的 15%。

其次，中国经济软着陆的可能性增大。2012 年 GDP 普遍预期增速为 8%，而 CPI 也拐头向下，我国开始实施积极的财政政策和稳健的货币政策，把拉动内需、关注民生作为未来经济发展的重点，同时针对微小企业推出一系列辅助措施。因此，中国原油需求有望保持稳定。

2012 年最大的不确定性莫过于欧债危机和伊朗问题。若欧债问题得以缓解，伊朗战事不爆发，基于对原油需求和供应的判断，原油全年均价或小幅攀升至 105-110 美元 / 桶。若伊朗战事爆发，以其在油市中的重要地位，油价短时间可能飙升至 120 美元 / 桶以上。

四 2011 年全球市场及我国进出口情况分析

一、全球市场情况分析

（一）生产

1. 2011 年全球石油产量微降

美国《油气杂志》发布的年度报告显示，2011 年全球石油探明储量为 2082.2 亿吨，比去年的 2013.7 亿吨增加了 3.4%；天然气探明储量为 189.7 万亿立方米，增幅近 1.4%。

欧佩克 2011 年油气探明储量分别较 2010 年增长了 5% 和 4%，其中厄瓜多尔和伊拉克的探明石油储量增幅最大，分别为 11% 和 24%，储量分别增至 9.88 亿吨和 196 亿吨。伊朗和利比亚的天然气探明储量增幅较大，分别为 12% 和 3%，储量增至 33 万亿立方米和 1.5 万亿立方米。

尽管欧佩克的年度报告称委内瑞拉的石油探明储量已从去年的 289.3 亿吨增至 406.2 亿吨，但《油气杂志》报告中未采用此数字。页岩气开发帮助美国大幅提高了天然气探明储量，该杂志援引美国能源信息署的报告称，美国今年的湿气储量增长了 11%，其中增量的 77% 来自路易斯安那州的海恩斯维尔页岩区。

2011 年的石油产量出现微降。该杂志称，2011 年全球石油平均日产量为 993.97 万吨，略低于去年的 994.77 万吨 / 日，其中美洲和中东地区的石油产量分别有近 2% 和 5% 的增长，非洲则减少 11%。按照日产量 993.97 万吨计算，2011 年全球石油产量约为 36.28 亿吨。

2. 主要油气生产国产量情况

（1）俄罗斯：日产量为 1027 万桶达到苏联解体 20 年来最高值

2011 年俄罗斯石油日产量为 1027 万桶，达到苏联解体 20 年来的最高值。2011 年俄石油开采量较 2010 年增长 1.25%，仍为世界第一大石油生产国。分析认为，对俄罗斯石油需求的增长主要

山西阳煤丰喜肥业(集团)有限责任公司
SHANXI YANGMEI FENGXI FERTILIZER INDUSTRY (GROUP) LLC.

得益于日本核危机及利比亚战乱。

（2）沙特阿拉伯：11 月日产量触及三年以来的高位

2011 年 12 月，沙特阿拉伯原油产量为 981 万桶 / 日，环比下降 2.36%，11 月曾触及三年以来高位 1004.7 万桶 / 日。从理论上而言，沙特的石油生产能力可以达到 1250 万桶 / 天，据悉，沙特长期以来的石油政策将 150 万桶 / 天设定为保护性限制产能。若沙特的石油产量稳定维持在 100 万桶 / 天，可以直接使全球石油市场的供应问题得到缓解。2011 年 6 月，尽管石油输出国组织（OPEC）未能就增产达成一致，但沙特阿拉伯、科威特和阿联酋三个海湾国家计划单方面提高产量，以弥补利比亚战争造成的石油供应缺口，满足扩大的市场需求。

（3）美国：日均产量达到 587.7 万桶 / 天创 1999 年以来最高水平

2011 年美国石油产量同比增长 7.4%，日均产量达到 587.7 万桶 / 天，创下自 1999 年以来的最高水平。这已是美国石油产量连续第三年出现增长，这是自 1980 年代初以来最长的增长周期。

2011 年美国石油需求同比下降 1.8%，或 34.5 万桶 / 天至 1883.5 万桶 / 天。这已是过去六年中美国年石油需求第五次出现下降，2010 年美国石油需求下降了 2.2%。2011 年美国汽油需求同比下降 2.9% 至 873.6 万桶 / 天，创下 10 年来的新低。汽油是美国最大的油品消费品种。

（4）伊朗：2011 年日均原油产量为 390 万桶

2011 年，伊朗每天液态碳氢化合物产量（原油、液化天然气和凝析油）产量达 450 万桶。其中前 11 个月，伊朗日均原油产量达 390 万桶。

（二）趋势：2012 年全球原油需求将有所下降

国际能源署（IEA）称北半球 2012 年的暖冬天气，以及经济可能出现的严重放缓，恐将导致 2012 年全球石油需求增长下滑。IEA 将 2012 年全球石油日需求增长预测调降至 110 万桶，较上月月报中的预估调降 22 万桶。IEA 还将 2012 年第一季度的全球石油需求预期再次下调 50 万桶 / 日。

因天气暖和、经济低迷以及高油价等因素挤压了市场需求，全球石油消费量在年第四季度出现了自 2009 年第四季度以来的首次下滑。另外，IEA 调低了对全球原油加工量的预估。IEA 表示，估计去年第四季度全球日原油加工量为 7430 万桶，这较去年 12 月份时的预估值减少了 25 万桶。由于欧洲经济前景和需求前景近期恶化，预估 2012 年第一季度全球原油日均加工量为 7490 万桶，较去年 12 月份时的预估值减少 17 万桶。

从短期的情况看，因为进口增长迅速，美国最新一周的原油库存可能连续第四周增加。分析师预计，截至 1 月 13 日当周，美国国内原油库存增加 280 万桶。根据美国能源资料协会（EIA）上周公布的数据，截至 1 月 6 日当周，美国原油库存较前一周增加 496 万桶至 3.3465 亿桶。

全球石油供应面临着多重风险，不仅仅是伊朗原油出口可能受西方制裁而导致供应不足的风险。若不是直接进入衰退，而只是经济增速大幅放缓的几率增加，那么 2012 年全球石油需求将极可能出现零增长。

“西方对伊朗原油出口制裁的深远影响，预计要到年中才能显现，但预计届时市场将有足够弹性来避免油价出现大幅波动。”IEA 表示，“沙特 1 月原油日产量可能达到 1000 万桶，它对西方国家石油出口将增加。”

不过，欧盟对伊朗的原油禁运可能在不久后付诸实施，这可能增加原油市场的变数。最新消息称，欧盟外交官表示，欧洲国家计划在 7 月初之前对伊朗实施石油禁运，这将允许相关企业有时间逐步退出现有合同。

伊朗与西方国家之间的紧张关系，对短期油价走势构成了负面影响，这可能掩盖了美国与中国强于预期以及欧洲危机蔓延风险下降等因素对油价短期走势的积极影响。即使围绕伊朗的紧张局势得以缓解，预计原油价格仍将获得有力支撑。2012 年油价的上涨倾向加大。

二、进口情况分析

（一）原油进口同比增速放缓

2011 年，我国原油进口量为 25378 万吨，同比增长 6%。这一增速较 2010 年原油进口 17.5% 的增速相比，显著下滑。2011 年石油进口增速的下滑受到了国内经济结构调整以及对耗能大户需求抑制的影响，另外经济增速放缓也直接带动了原油消费增速下滑。不过，由于消费领域如汽车、公路投资的增长，国内石油消费整体仍在持续增加。石油消费的持续增长仍带动 2011 年石油对外依存度持续上升，进口依存度达 55.1%，同比提高 1.3 个百分点。

从分月度进口情况看，2011 年 12 月份，我国进口原油 2192 万吨，同比增加 5.1%，环比减少 3.4%，单月进口量为年内仅次于 11 月份的第 2 高位。从价格情况看，全年原油进口均价维持在高位运行，5 月份达到每吨 843.4 美元，为 2010 年以来最高值，此后高位震荡，12 月进口均价为每吨 806.1 美元，同比上涨 31.4%，环比上涨 3.4%。原油进口均价的高企，加大了国内炼厂的成本压力。

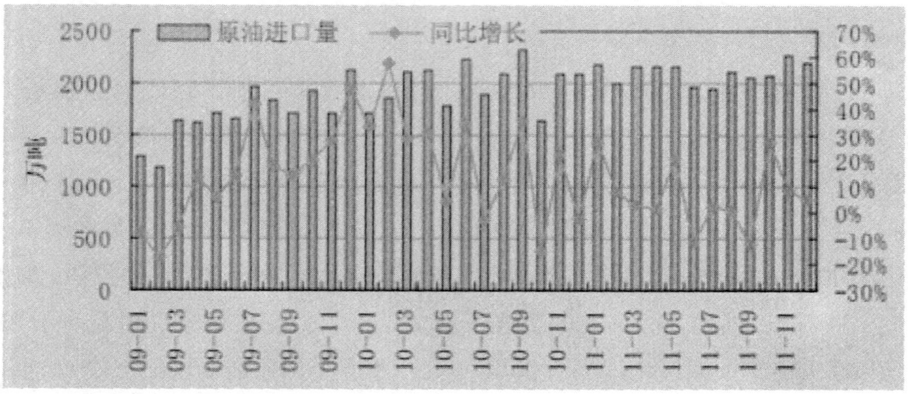

数据来源：中国海关总署，世经未来

2009 年以来我国月度原油进口量及同比增速

1-12 月，我国原油进口量较大的省份有：浙江原油进口量 3814.7 万吨，同比增长 7.2%；广东原油进口量 3760.6 万吨，同比增长 0.9%；山东原油进口量 3478.5 万吨，同比增长 6.5%；辽宁原油进口量 2799.4 万吨，同比增长 -15.7%；上海原油进口量 1683 万吨，同比增长 -7.6%；江苏原油进口量 1479.8 万吨，同比增长 -5.1%；河北原油进口量 1466.8 万吨，同比增长 67.9%；黑龙江原油进口量 1298.3 万吨，同比增长 38.8%；广西原油进口量 1118.8 万吨，同比增长 194.2%；新疆原油进口量 1061.8 万吨，同比增长 9.9%；福建原油进口量 1015.9 万吨，同比增长 -11%；海南原油进口量 895.5 万吨，同比增长 6.8%；北京原油进口量 867.7 万吨，同比增长 6.9%。

从进口来源情况来看，我国原油进口过于依赖局势动荡的中东地区，原油运输过于依赖马六甲海峡，使我国原油供应面临风险。沙特阿拉伯、安哥拉、伊朗为前三大进口来源国，三者合计占同

山西阳煤丰喜肥业(集团)有限责任公司
SHANXI YANGMEI FENGXI FERTILIZER INDUSTRY (GROUP) LLC.

期我国原油进口总量的 43%。

2011 年我国十大原油来源国分布

进口来源国	进口量（万吨）	同比增长（%）
沙特	5027.77	12.61
安哥拉	3114.97	-20.9
伊朗	2775.66	30.19
俄罗斯	1972.45	29.42
阿曼	1815.32	14.4
伊拉克	1377.36	22.57
苏丹	1298.93	3.1
委内瑞拉	1151.77	52.66
哈萨克斯坦	1121.1	11.51
科威特	954.15	-2.94

数据来源：海关总署

（二）天然气供不应求致进口量持续增加

受城镇化建设和城镇管网改造不断发展、天然气长输管网快速推进、节能减排和环保要求不断提高等因素影响，2011 年以来，我国天然气需求快速发展，供不应求。同时，由于石油资源相对有限，再加上原油价格维持在相对较高位，引起国家更加重视天然气对其的替代，企业进口积极性也在增长。此外，在进口管道和 LNG 接收站不断建成投产带动下，我国天然气进口量大幅增长。2011 年全年，我国天然气进口达 2258.1 万吨，同比增长 89.0%。全年天然气对外依存度达 21.6%，较上年提高 10 个百分点。

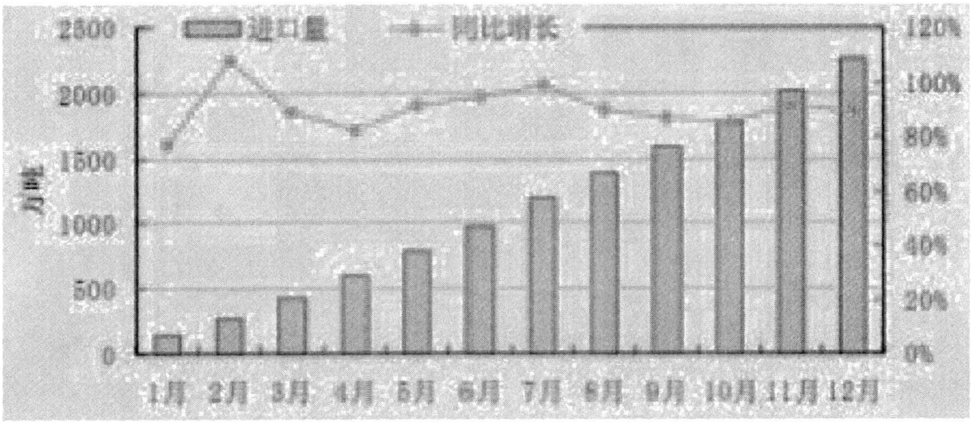

数据来源：海关总署
2011 年以来我国天然气累计进口量及同比增速

三、出口情况分析

2011 年，我国原油和天然气开采行业实现出口交货值 86.77 亿元，同比下降 16.68%。

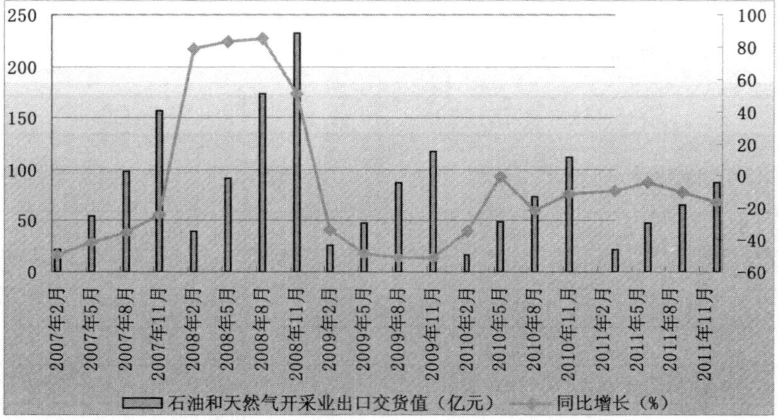

数据来源：国家统计局

2007 年 -2011 年我国原油和天然气开采行业出口交货值及同比增长率

2011 年我国原油出口增速有所下降。1-12 月，我国原油出口量 252.2 万吨，同比下降 17.1%，比上年同期增速上升 23.3 个百分点；累计出口金额 19.0915 亿美元，同比增长 14.9%；2011 原油出口平均价格为每吨 757 美元，同比增长 38.6%。

2011 年，我国原油出口量较大的省份有浙江原油出口量 92.1 万吨，同比下降 2.1%，出口金额 7.1656 亿美元，同比增长 32.3%；黑龙江原油出口量 52.6 万吨，同比增长 -0.4%，出口金额 5.1836 亿美元，同比增长 59.1%；北京原油出口量 25.3 万吨，出口金额 8937 万美元；天津原油出口量 27.6 万吨，出口金额 18368 万美元；福建原油出口量 27.2 万吨，出口金额 21413 万美元；广东原油出口量 15.5 万吨，出口金额 11103 万美元。12 月当月，浙江、黑龙江和天津、福建、辽宁五地均出口了原油。

五投融资分析及预测

一、固定资产投资分析

（一）投资总额：增速增速较为缓慢

2011 年，石油天然气开采固定资产投资 3056.92 亿元，同比增幅达到 12.5%，但仍明显低于全国平均投资增长水平（23.8%）。

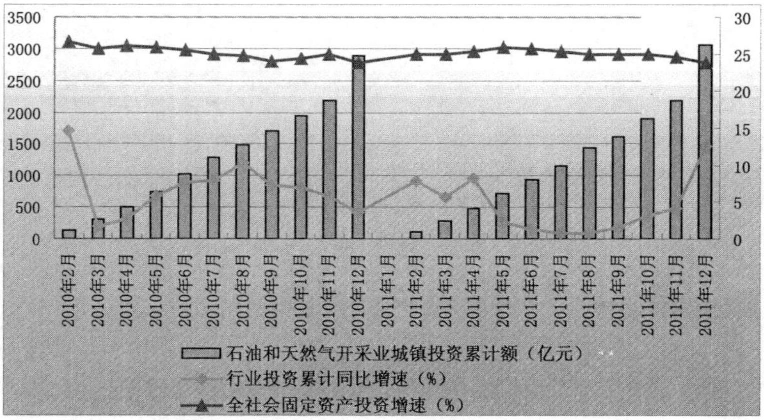

数据来源：国家统计局

2010 年 -2011 年原油和天然气开采行业固定资产投资情况

油气开采是高投入行业，投资规模有可能对未来油气生产产生长远和重大影响。分析投资增长较缓的主要原因：一是开采难度加大，成本大幅上升。目前我国油气田很大部分是低渗透和特低渗透油田，经多次采油，成本很高。经初步测算，2011 年，我国吨油当量年均生产成本达约 2185 元，比年初上升 16%；供应链成本达约 2763 元，比年初上升 21.8%。2005-2011 年，我国石油天然气吨油当量生产成本年均升幅为 17.3%；供应链成本年均升幅达 22.0%。二是税金增长过快。2011 年，税金同比增幅达到 50.9%，税金的快速增长主要受资源税和特别收益金拉动。

（二）投资结构分析

从原油和天然气开采行业固定资产投资资金来源结构看：2010 年，国家预算内资金为 25.7 亿元，占总投资的 1%；国内贷款为 389 亿元，占总投资额的 13%；利用外资为 58.4 亿元，占总投资额的 2%；自筹资金为 2296.7 亿元，占总投资额的 79%；其他资金 152.7 亿元，占总投资额的 5%。

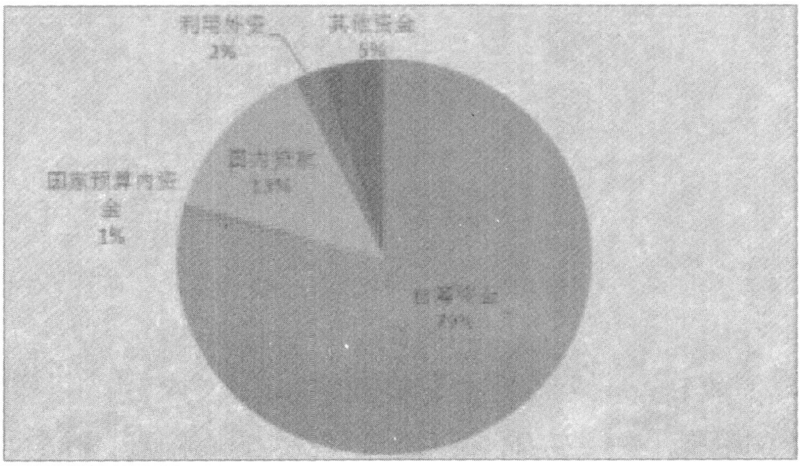

数据来源：国家统计局
原油和天然气开采行业城镇固定资产投资资金来源结构

从原油和天然气开采行业固定资产投资额构成看：2010 年，原油和天然气开采行业城镇固定资产投资额为 2928 亿元，其中建筑安装工程投资为 2103.5 亿元，占行业总投资额的 72%；设备工器具购置费用为 584.1 亿元，占总投资额的 20%；其他费用为 240.4 亿元，占共投资额的 8%。

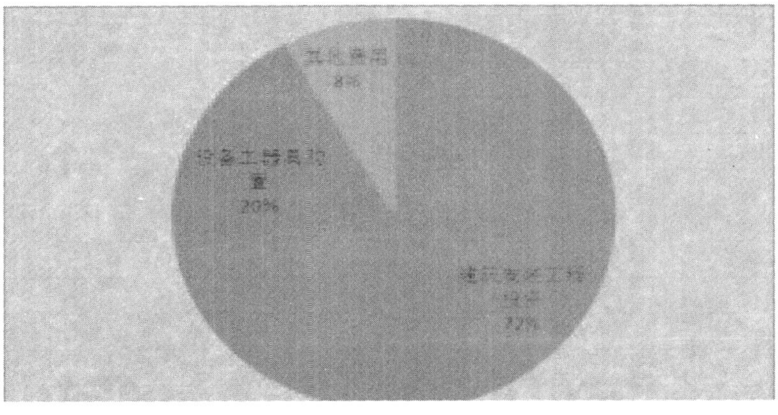

数据来源：国家统计局
原油和天然气开采行业城镇固定资产投资构成

从原油和天然气开采行业城镇固定资产投资建设类型看：2010 年，行业总投资额 2928 亿元。其中新建投资 1405 亿元，占总投资的 50%；扩建投资 744.5 亿元，占总投资额的 26%；改建投资 2843.2 亿元，占总投资的 24%。

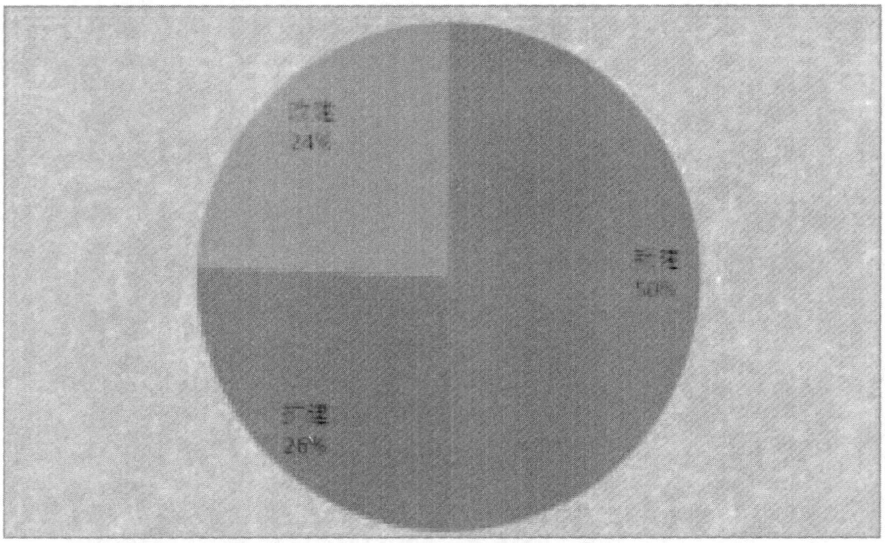

数据来源：国家统计局
原油和天然气开采行业城镇固定资产投资建设类型结构

二、兼并重组情况：油气资源的稀缺带动油企海外并购活跃

近年来我国经济的快速发展，带动了油气需求的快速增长，当前我国油气资源虽然处于勘探早中期阶段，但在现有的经济技术水平下，短时间内难以大规模有效动用。这就迫使我国加紧海外收购，通过管道和 LNG 等方式获取稳定的海外油气资源。

2011 年，全球油气并购市场共发生 600 起，预计全年并购交易金额为 1500 亿美元，比 2010 年下降超过 30%。而以中石化为首的国内油气巨头在海外的并购金额仍然高达近 200 亿美元，仅次于 2010 年，成为有史以来第二高的纪录。

2011 年以来我国三大石油公司海外并购情况

时间	收购方	出售方	交易金额	地区	国家
2011 年 1 月	中海油	Chesapeake	13	北美	美国
2011 年 3 月	中海油	TullowOil	14	非洲	乌干达
2011 年 4 月	中石化	康菲，Origin	15	亚太	澳大利亚
2011 年 5 月	中石油	BowEnergy	5.4	亚太	澳大利亚
2011 年 7 月	中海油	OPTI	21	北美	加拿大
2011 年 10 月	中石化	Daylight	29	北美	加拿大
2011 年 11 月	中石化	壳牌	5.6	非洲	喀麦隆
2011 年 11 月	中石化	Galp	51	南美	巴西

资料来源：中国石油集团经济技术研究院，

山西阳煤丰喜肥业(集团)有限责任公司
SHANXI YANGMEI FENGXI FERTILIZER INDUSTRY (GROUP) LLC.

六经营情况分析及预测

一、行业规模：企业数量减少资产规模稳定扩张

2011年，石油和天然气行业的生产相对平稳，产量继续快速增长，行业的扩张速度保持相对稳定。

具体来看：规模以上企业数量由于统计标准的变化，以及行业兼并重组的进行，行业内企业数量和从业人员数量均有所减少；资产增速较上一年增加近2个百分点；但同时企业的负债增长率较高，较上年增加19.38个百分点。表明行业目前扩张速度有所放缓，但兼并重组所带来的协同效应还未显现。

2007-2011年原油和天然气开采行业主要指标统计

单位：个，人，亿元，%

	企业数量	从业人员	资产总计	增长率	负债总计	增长率
2007.11	175	894360	9954.57	23.23	4156.82	37.14
2008.11	208	937967	11610.53	19.05	5071.06	23.66
2009.11	291	1004104	14548.85	25.78	6865.46	28.74
2010.11	333	1049089	16247.03	11.01	6843.05	0.34
2011.12	274	1036767	18190.15	13.09	8730.36	19.71

数据来源：国家统计局

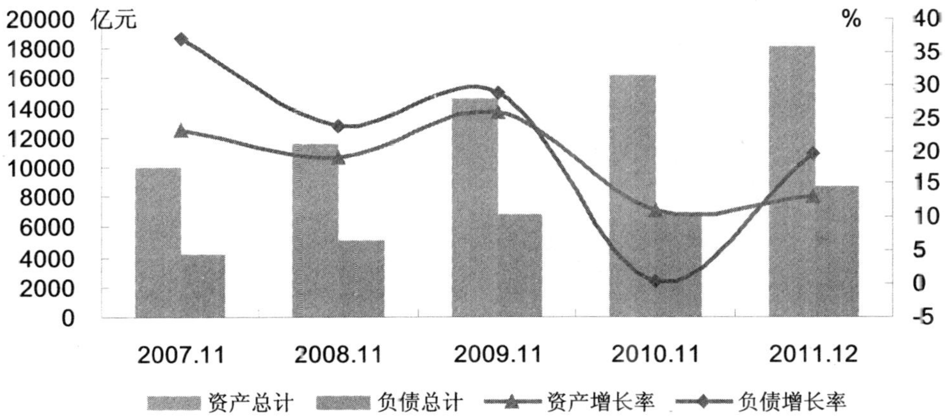

数据来源：国家统计局

2007-2011年原油和天然气开采行业资产及负债变化趋势

二、三费变化：财务费用大幅提高企业融资成本上升

2011年，原油和天然气开采行业的销售收入大幅增长，相关费用也出现不同程度的增长。销售费用的增长幅度小于销售收入的增长幅度，行业在销售支出方面的控制表现较好；管理费用的增长水平有提高，为21.76%；财务费用的支出增长比较明显，同比增速达到46.07%，表明在2011年国家紧缩的货币政策环境下，企业的融资成本有大幅度上升。

2007-2011年原油和天然气开采行业三费变化情况

单位：亿元，%

	销售收入	销售收入增速	销售费用	销售费用同比	管理费用	管理费用同比	财务费用	财务费用同比
200711	767905515	6.98	4776059	21.41	30553749	15.28	3978029	34.85
200811	1018203315	33.75	4797105	5.37	34916421	16.29	4794341	18.85
200911	674246984	-30.84	3300655	-3.48	46375721	30.42	5836884	22.27
201011	910998790	34.85	3895024	15.94	53573168	14.74	6065317	3.02
201112	1246649302	29.19	4919662	-10.63	73931251	21.76	6053336	46.07

数据来源：国家统计局

从增速上看，2011年，原油和天然气开采行业费用增速最快的为财务费用，其次为管理费用，再是销售费用。销售费用增速较上年有所下降，管理费用和财务费用增速均较上年有所加快。

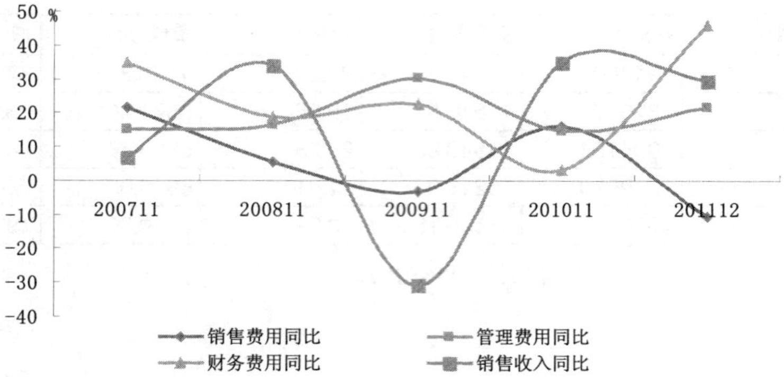

数据来源：国家统计局
2007-2011年原油和天然气开采行业三费同比增速图

从占比情况看，2011年，原油和天然气开采行业费用占比最大的仍然是管理费用，其次是财务费用，最后是销售费用。其中管理费用所占比重较上年有所上升财务费用和销售费用占比较上年有所下降。

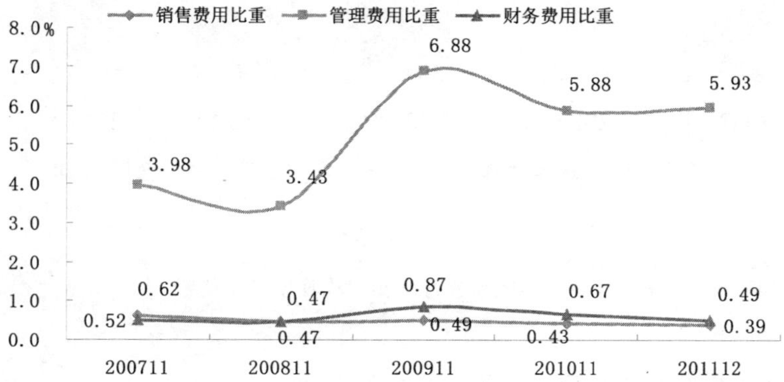

数据来源：国家统计局
2007-2011年原油和天然气开采行业三费比重变动图

三、经营效益：高收入、高利润、亏损面增加

从经营效益的三项指标看，2011年，原油和天然气开采行业呈现出以下特征：高收入、高利润、

山西阳煤丰喜肥业(集团)有限责任公司
SHANXI YANGMEI FENGXI FERTILIZER INDUSTRY (GROUP) LLC.

亏损面增加。行业销售收入和利润总额保持稳定高速增长，行业的亏损面有所增加。

2007-2011 年原油和天然气开采行业经营效益指标

	销售收入	增速	利润总额	增速	亏损额	增速
2007.1-11	7679.06	6.98	3348.17	-7.72	10.14	-23.21
2008.1-11	10182.03	33.75	4565.66	37.51	38.41	171.79
2009.1-11	6742.47	-30.84	1686.52	-60.74	91.89	197.78
2010.1-11	9109.99	34.85	2789.21	65.69	61.82	-36.07
2011.1-12	12466.49	29.19	4044.29	44.79	165.57	6.99

数据来源：国家统计局

2011 年以来，根据国际原油价格的走势，我国原油和天然气开采业工业品出厂价格维持在相对较高位，再加上油气需求的不断增加，保证了该行业销售收入的快速增长。2011 年其销售收入为 12466.49 亿元，同比增长 29.19%，虽然增速也达到近 30%，但较 2010 年销售收入增速有所下降。

2011 年，原油和天然气开采业实现利润总额达 4044.29 亿元，同比增长达 44.79%。而同时，其下游石油加工行业利润则继续出现大幅缩水，全年亏损额达 108.22 亿元，其主要原因在于上游资源性产品价格大幅攀升影响，而成品油价格机制不顺畅，导致部分炼油企业效益状况恶化，出现巨额亏损。

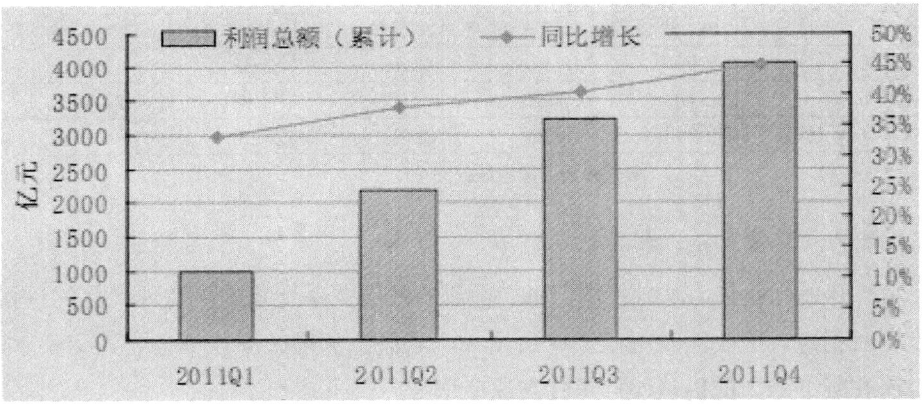

数据来源：国家统计局

2011 年以来原油和天然气开采业利润及同比增速

四、财务指标分析

（一）盈利能力：较上年所有增强

从盈利能力上看，由于国内油气资源的紧缺及垄断，我国油气开采业继续保持着极高的销售利润率，利润率水平远高于全社会平均水平。2011 年全年，我国油气开采业销售利润率为 32.44%。

2007-2011 年原油和天然气开采行业盈利能力指标

	2011 年 12 月	2010 年 11 月	2009 年 11 月	2008 年 11 月	2007 年 11 月
销售毛利率（%）	52.49	46.45	38.34	56.01	53.77
销售利润率（%）	32.44	30.62	25.01	44.84	43.60
资产报酬率（%）	22.57	19.14	13.08	43.35	37.13

数据来源：国家统计局

（二）营运能力：提升明显，经营管理水平提高

营运能力主要是行业的生产经营管理水平，管理经营水平的高低对于行业应对经营环境的变化有重要作用。从2011年的表现看，原油和天然气开采行业的整体经营管理水平有了提高，各项指标都有改善，从而有利于原油和天然气开采行业的持续稳定健康发展。

2007-2011年原油和天然气开采行业营运能力指标

	2011年12月	2010年11月	2009年11月	2008年11月	2007年11月
应收帐款周转率（次）	25.67	17.19	11.79	23.11	18.21
产成品周转率（次）	55.91	49.65	28.37	36.27	24.89
流动资产周转率（次）	2.91	2.57	2.51	4.31	3.13

数据来源：国家统计局

（三）偿债能力：较上年有所增强

原油和天然气开采行业的偿债能力主要与行业的负债比例、生产经营效益实现情况有关。2011年，行业负债率有所增加，为47.99%，但仍在较为合理的范围内；亏损面为15.33%，较2010年有所下降；同时利息保障倍数为67.81倍，较2010年有所增加。总的来看，行业的偿债能力有所增强。

2007-2011年原油和天然气开采行业偿债能力指标

	2011年12月	2010年11月	2009年11月	2008年11月	2007年11月
负债率（%）	47.99	42.12	47.19	43.68	41.76
亏损面（%）	15.33	18.92	25.77	22.12	17.14
利息保障倍数（倍）	67.81	46.99	29.89	96.23	85.17

数据来源：国家统计局

（四）发展能力：环境复杂，相对稳定

原油和天然气开采行业作为基础性的产业，行业的发展关系到我国工业现代化的进程。2011年，行业发展速度相对稳定。应收账款增长率有所增加，利润总额增长率和销售收入增长率较上年有所放缓，虽然增速有所下降，但仍然保持了较高速度增长。

2007-2011年原油和天然气开采行业发展能力指标

	2011年12月	2010年11月	2009年11月	2008年11月	2007年11月
应收帐款增长率（%）	26.94	-4.88	22.30	9.20	32.25
利润总额增长率（%）	44.79	65.69	-60.74	37.51	-7.72
资产增长率（%）	13.09	11.01	25.78	19.05	23.23
销售收入增长率（%）	29.19	34.85	-30.84	33.75	6.98

数据来源：国家统计局

（五）总体评价：发展态势良好

2011年，原油和天然气开采行业总体运行态势良好，国内产品需求旺盛，生产平稳增长，但行业经济效益水平仍然较低。从具体指标来看，2011年，石油和天然气行业的盈利能力、偿债能力、营运能力均较上年有所增强，发展能力保持相对稳定。

山西阳煤丰喜肥业(集团)有限责任公司
SHANXI YANGMEI FENGXI FERTILIZER INDUSTRY (GROUP) LLC.

2007-2011 年原油和天然气开采行业主要财务指标对比分析

	2011 年 12 月	2010 年 11 月	2009 年 11 月	2008 年 11 月	2007 年 11 月
	盈利能力				
销售毛利率（%）	52.49	46.45	38.34	56.01	53.77
销售利润率（%）	32.44	30.62	25.01	44.84	43.60
资产报酬率（%）	22.57	19.14	13.08	43.35	37.13
	偿债能力				
负债率（%）	47.99	42.12	47.19	43.68	41.76
亏损面（%）	15.33	18.92	25.77	22.12	17.14
利息保障倍数（倍）	67.81	46.99	29.89	96.23	85.17
	发展能力				
应收帐款增长率（%）	25.94	-4.88	22.30	9.20	32.25
利润总额增长率（%）	44.79	65.69	-60.74	37.51	-7.72
资产增长率（%）	13.09	11.01	25.78	19.05	23.23
销售收入增长率（%）	29.19	34.85	-30.84	33.75	6.98
	营运能力				
应收帐款周转率（次）	25.67	17.19	11.79	23.11	18.21
产成品周转率（次）	55.91	49.65	28.37	36.27	24.89
流动资产周转率（次）	2.91	2.57	2.51	4.31	3.13

数据来源：国家统计局

《页岩气发展规划（2011-2015 年）》正式公布，这一规划的期限为 2011 年至 2015 年，展望到 2020 年。主要思路是“十二五”期间攻克页岩气关键技术，建立完善的页岩气产业体系，为“十三五”页岩气快速发展奠定基础。发展目标为到 2015 年：一、基本完成全国页岩气资源潜力调查与评价；二、建成一批页岩气勘探开发区，初步实现规模化生产，页岩气产量达到 65 亿立方米／年；三、突破页岩气勘探开发关键技术，主要装备实现自主化生产，形成一系列国家级页岩气技术标准和规范，建立完善的页岩气产业政策体系，为“十三五”页岩气快速发展奠定坚实基础。

页岩气是从页岩层中开采出来的天然气，是一种重要的非常规天然气资源。页岩气的形成和富集有着自身独特的特点，往往分布在盆地内厚度较大、分布广的页岩烃源岩地层中。近年来随着水力压裂法的出现吹响了“页岩气革命”的号角。由于全球分布比石油分散，且环境影响小于石油和煤炭，页岩气在国际上被寄予厚望。

页岩气属于非常规天然气的一种。非常规天然气是相对于储层物性好、资源丰度大、单井产量高的常规天然气而言的，主要是指尚未充分认识、还没有可以借鉴的成熟技术和经验进行开发的一类天然气资源。非常规天然气资源的埋藏、赋存状态与常规天然气资源既有相似之处，也有较大的差别，其主要差别在于其资源品味相对较低。随着常规天然气和开发和利用逐渐发展和技术的进步，非常规天然气也正在逐步转化为常规化发展。

页岩气开发所涉及的相关设备、关键部件、天然气储运等环节的民营科技公司，效益已经体现，甚至提前反应利好。我们认为结合我国目前页岩气勘探开发的特点，率先受益的将是勘探开采服务和管网建设与设备供应企业，但在目前天然气行业面临整体性发展机遇的背景下，整个天然气产业链都将面临明确的行业发展机遇。

预计，2012年原油和天然气开采行业的效应有望进一步提高。

四 2011年原油和天然气开采行业竞争状况及发展特征

一、行业竞争状况分析

一、进入壁垒：投资规模大，政策限制多

石油产业是一个规模经济效果明显的产业，其一次性投资巨大，专业化生产程度高，资产专用性强，沉淀费用高，是一种具有较高进入壁垒的产业。

石油产业的进入壁垒主要有以下几种：(1)政策性壁垒：由于石油资源的稀缺性及其重要的战略地位，许多国家对石油产业实行特许经营，禁止特许以外的企业进入石油产业。中国政府授权中国石油天然气集团公司、中国石化集团公司、中国海洋石油总公司从事陆上及海上石油资源的勘探、开发、运输、炼制和销售，特许以外的企业禁止进入。(2)资源性壁垒：石油产业的发展完全依赖于油气资源的储量，新企业若要进入此行业，需花费相当大的费用购买资源，由此产生进入此行业的巨大障碍。(3)技术性壁垒：石油产业是技术密集型产业，在勘探、开发、运输、炼制等领域有大量的关键技术，如保密性专利或专有技术，这些无法取得或掌握的关键技术就成为进入壁垒。(4)规模经济壁垒：采油、炼油以及石油化工都要达到一定的规模才有效益。根据国外经验，年炼油能力在250万吨才能达到起始规模经济产量。现有企业为了追求利润最大化，必然努力扩大生产规模，以获得规模经济效益，增强成本优势。除非进入者实力强大，能承受初始进入时的成本劣势，才能逾越规模经济壁垒。(5)巨额的资金及沉淀费用壁垒：石油产业投资巨大，如果投资不到位，达不到经济规模，则在竞争中就会处于成本劣势。但是，若某企业能够筹措大量资本，并在进入早期遭到失败时能尽快退出，资金巨额化从理论上说就不成为强大的进入壁垒，这时，起重要作用的是“沉淀费用”，由于石油产业资产专用性强，退出时大量的资产不能转做他用，这时，投入的资本不能完全收回，这种沉淀费用也就成为进入壁垒。

二、退出壁垒：专业性高，资金退出困难

退出壁垒，就是企业在退出某个行业市场时所遇到的限制等，很显然，退出壁垒的因素和进入壁垒的因素密切相关，一般来讲，进入壁垒高的行业，退出壁垒也较高。

原油和天然气开采行业退出壁垒较高。如前所述，原油和天然气开采行业一次性投资大，专业化生产程度高，资产专用性强（包括技术、信息、管理经验和人力资源的专用性也非常强），沉淀费用高，不仅原有资产和资源向其他产业转移沉淀费用高，而且对资产转移的配套投资量要求非常大，这直接加大了生产要素流动的困难。

三、准入条件：行业准入标准仍未出台

2006年4月26日，由国土资源部起草的中国石油业准入标准的征求意见稿已经完毕，并送达国家发改委和国家能源办待批。根据这份准入意见，包括民营资本在内的各投资主体在进入石油业时将有章可循、有法可依。

此次国土资源部起草的石油业准入标准的文件，内容有20多条，详细地规定了石油业注册资本、专家人数、技术安全、环保等方面的最低准入门槛。据称，文件中对于民企准入的注册资本已经从最初的60亿元提高到了100亿元；另外，还要求企业的勘探高级工程师要占到技术人员的10%－20%。

山西阳煤丰喜肥业(集团)有限责任公司
SHANXI YANGMEI FENGXI FERTILIZER INDUSTRY (GROUP) LLC.

100 亿元的注册资本对民营石油企业来说尽管有些高，但跳着脚还能够得着，因为江浙一带的民营企业现在已经很有实力，规模大的石油企业每年销售的成品油可达 10 万吨，年销售总额在 10 亿元以上，规模小的年销售额也达到数千万元。这些企业已经拥有了销售终端、完善的销售网络、较大库存容量、物流体系和码头资源等条件。在石油经营方面，以各种油品贸易为主，油业加工、油业科研为辅，有的还拥有自己的加油站、油库和专业码头。难以达到的标准主要是’高级工程师’一项。民营企业缺的就是这方面的人才，即使从国外请也需要一定的时间。如果这样的标准出台，对于民营石油企业来说，等于是’没有门对进不来，有了门也很难进来。这实际上还是缺乏放开的诚意，应该对标准再进行修改，不然民营石油企业依然处在不公平的竞争中。

二、行业竞争结构分析

一、“波特五力”模型分析

按照波特的观点：一个行业的激烈竞争，根据在于其内在的竞争结构。在一个行业中存在五种基本的竞争力量，即：行业中现有企业间的竞争、新进入者的威胁、供应者讨价还价的能力、用户讨价还价的能力、替代品或服务的威胁。这五种竞争力量的现状，消长趋势及其综合作用强度，决定了行业竞争的激烈程度和行业获利能力。

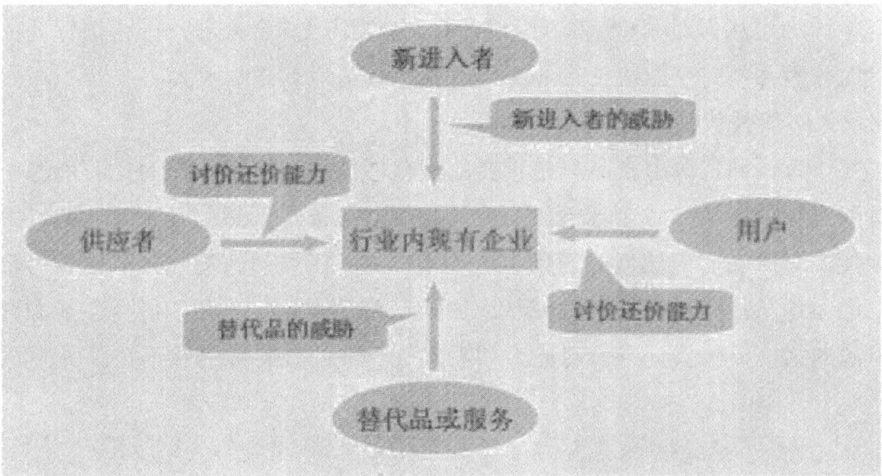

行业竞争结构

二、竞争特点

（一）上游供应商谈判优势较小

对于石油及天然气开采行业来说，其上游产业主要是石油、天然气钻采设备制造商以及石油、天然气勘探行业，但是一般而言，鉴于石油及天然气在国家安全中的重要地位和作用，以及石油、天然气勘探等行业的高进入门槛、高风险性，我国石油及天然气开采行业往往产业链较长，石油及天然气开采业企业往往也是石油及天然气勘探企业，石油钻采设备则多由垄断型企业单独设立专门研究单位或者生产厂家加以研制生产，对一些市场生产且竞争较为充分的设备来源，则交由市场生产，但是由于需求方单一且占有优势地位，议价能力强，最后定价权一般也掌握在石油及天然气开采业企业手中，总体而言，上游供应商对石油及天然气开采业的影响较为有限，

（二）现有企业数量较少竞争不充分

目前国内成品油市场分额的90%被中国石油和中国石化两大集团占据，市场处于高度垄断状态，石油及天然气开采行业也主要由中石油、中石化垄断，尽管我国目前有一半左右的原油来自国外，但也基本为中石油、中石化、中海油等企业所垄断经营。因此行业内竞争主要表现为三大国有油企之间的竞争，考虑到企业数量较少，该行业基本属于寡头类市场结构，行业竞争不充分，往往还由于寡头之间互相勾结形成反竞争的状态。

（三）下游用户讨价还价能力较弱

石油及天然气开采行业的下游用户涉及国民经济的方方面面，从化工、汽车等很多行业都是石油及天然气产品的使用者，下游用户众多且较为分散，对石油及天然气产品的议价往往难以形成合力。其实我国当前的油价、气价主要由国家加以制定实施，当前正在推进的成品油定价改革，则试图在油价、气价形成机制中加入更多的市场化因素，因此，未来石油及天然气开采业产品的定价将更多的取决于全球供需形势的变化，下游用户讨价还价的影响相对较小。

（四）新进入者很少，外部威胁小

国内原油对外依存度高，而国内原油的勘探处于垄断，民营资本很难进入，而成品油价格由政府部门定价，尚未市场化，每次价格的调整具有一定的滞后性。如果原油价格走高，煤制油和新能源的市场份额有望增加，从而对其价格具有一定的抑制作用。综合来看，国内该行业的竞争主要体现在资源方面，而盈亏并不完全取决于行业变化，国家政策对其影响很大。

（五）石油及天然气替代品具有局限性面临威胁小

原油与天然气作为一种资源型产品，是重要的战略性能源。但由于作为化石能源所具有的不可再生性，以及对温室气体排放导致全球气候变化的担忧，原油与天然气开采行业的最大竞争来自发展清洁和可再生能源对原油和天然气的替代。近年来世界各国虽然普遍加强清洁和可再生能源利用的研究和推广，但无论从技术的可操作性或从应用的经济性来看，清洁和可再生能源开发短期内不会实现对化石能源的大规模替代，当前对原油和天然气行业的威胁性仍然不大。

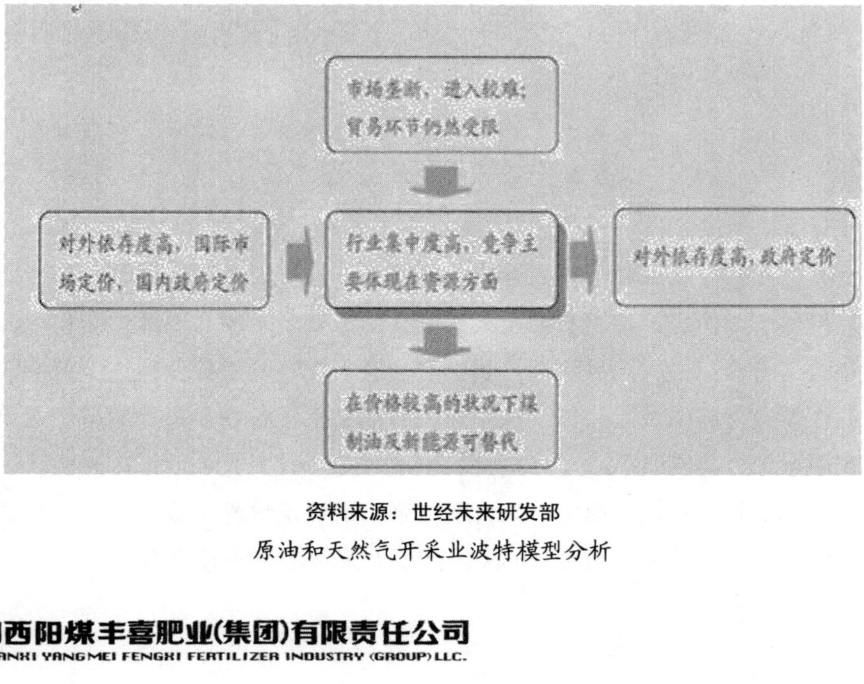

资料来源：世经未来研发部

原油和天然气开采业波特模型分析

山西阳煤丰喜肥业(集团)有限责任公司
SHANXI YANGMEI FENGXI FERTILIZER INDUSTRY (GROUP) LLC.

三、行业发展特征分析

一、规模经济特征典型

原油和天然气开采、钢铁等产业的规模经济曲线呈 L 型或 U 形，即随着生产能力的扩大，其长期平均成本曲线呈递减，或至少至某一规模之后，其成本曲线才递增。原油和天然气开采行业作为多投入多产出的资本密集型行业，只有达到市场集中度较高，投入产出效率较明显时才能为规模经济效应的发挥的前提。规模经济型特征明显

二、资本和技术密集型产业

原油和天然气开采行业是一个多投入多产出的资本密集型产业。该行业具有投资高、周期长、风险大等特点，受能源、运输等条件约束较大，同时行业进入和退出壁垒非常高，行业基本上被几个实力强大的企业垄断，已经进入行业内的企业具有明显优势。

三、顺经济周期行业

原油和天然气开采行业是顺周期性行业，受国民经济的周期影响较大。原油和天然气开采工业的发展与国民经济社会发展水平和经济增长速度密切相关，与宏观经济周期保持同步。

四、环境保护重点关注行业

原油和天然气开采行业是原料开采型产业，面临环保压力较大。原油和天然气开采行业的环境污染较严重，是国家实现节能降耗、降低环境污染、实现可持续发展的重点整治目标。

五 2011 年原油和天然气开采行业产业链分析

一原油和天然气开采行业产业链介绍

原油和天然气开采行业随着经济的发展，在我国的的地位将越来越重要。原油和天然气开采行业的上游行业包括物探、测井、钻井、完井、地面工程建设等石油工程技术服务以及相关技术研发、装备制造和材料制造等；下游包括原油转化和利用形成以汽油和燃料加工为转化方向的原油加工及石油制品加工业和以石油化工原料加工为转化方向的基础化工原料生产业及对基础化工原料进行深加工的化工行业，主要为合成材料制造业、化学纤维制造业、农药制造业、化肥制造业和日用化学品制造业等。

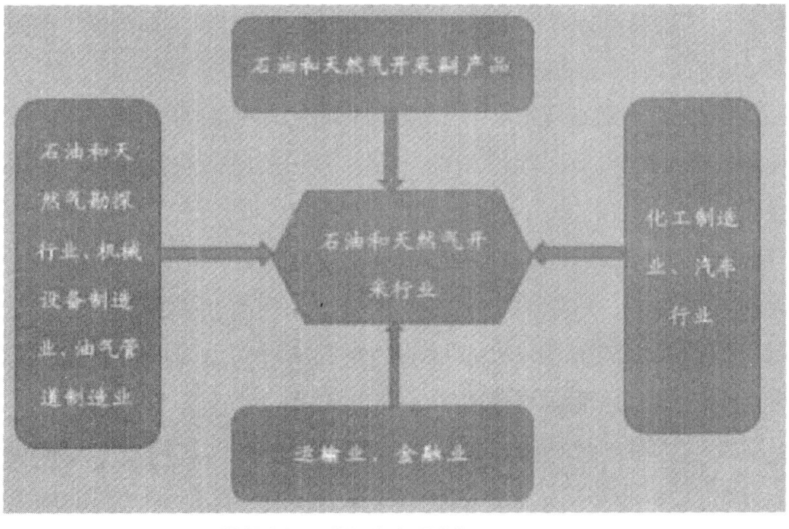

数据来源：世经未来研发部

石油行业产业链简图

二节原油和天然气开采行业上游产业分析

一、石油及天然气勘探业：海上油气将是勘探重点

目前在能源紧缺的大背景下，油气资源的勘探开发被各国列为战略重点，世界范围内勘探开发投资规模巨大，并保持了较高的增长速度。

投资银行 DahlmanRose&Co. 的最新调查显示，尽管全球经济前景堪忧，但 2012 年全球能源公司在油气勘探及开采领域的投资将继续增加。调查结果显示，受油气公司增加非常规页岩资源以及深水项目投资的刺激，2012 年全球能源公司在油气勘探及开采领域的投资将达到 5950 亿美元，比 2011 年增加 9.3%。

2012 年美国油气勘探和开采领域的投资将连续第三年呈现增长，主要是受到页岩油气领域水平钻井投资强劲增长的刺激。2012 年美国油气勘探和开采领域的投资预计增长 11%，增长速度位居全球第一。雪佛龙、康菲、埃克森美孚和道达尔公司等全球石油巨头正加大美国页岩油气领域的投资力度。

而美国以外全球其它地区油气勘探和开采投资将增长 9%，这是连续第二年出现增长，主要受到国际石油巨头加大投资力度的刺激，其中投资增速最快的是非洲和亚太地区，而俄罗斯、拉美和欧洲地区的投资增速最慢。

根据国内油气资源分布特点及未来发展潜力，未来我国油气勘探的总体思路将继续围绕“深化东部、强化中西部加快海上、开拓新区”展开。在这一总体思路下，未来油气的开发和勘探将集中于五个方面：

（1）大力研发提高采收率技术，进一步挖掘老油田开发潜力。目前，国内很多油田均已进入产量递减阶段，特别是东部区油田，尽管其产量占全国份额有所下降，但就生产绝对量而言，依然是国内油气生产开发的主力。因此，未来将大力研发提高采收率技术，进一步挖掘老油田开发潜力。

（2）加大低渗透油气资源的勘探投入，实现规模有效开发。

（3）紧抓天然气发展机遇期，积极加强天然气勘探开发。伴随着需求的快速增长和管网的进一步完善，天然气进入了快速发展期，未来 20 年将是天然气发展的重要战略机遇期。

（4）进军海上油气勘探开发，大力提高深水油气产量。全球海洋油气资源非常丰富，其中大陆架占据主要部分，约为 60%左右；深水、超深水的资源量也不容小觑，约占全部海洋资源量的 30%。海上油气勘探开发，特别是深海，已经成为世界油气勘探的重点方向。目前，中国海上油气资源总体勘探程度还比较低，黄海、南海南部广阔海域还未进行油气钻探，未来勘探发现大型油气田的可能性依然存在。

（5）加大非常规油气资源勘探开发力度，弥补常规油气资源不足。非常规油气资源包括煤层气、油砂、油页岩、天然气水合物、致密砂岩气等，我国非常规油气资源丰富。丰富的资源基础为非常规油气资源的发展提供了广阔的前景。在常规油气资源难以满足国内快速需求的背景下，非常规资源的发展必将成为未来油气资源勘探开发的主战场之一。

油气勘探的不断发展，无论是从设备还是技术上，对于石油及天然气开采行业而言都是利好消息。而成本角度的分析，则可以认为上游行业不会对石油及天然气开采行业的成本带来大的影响，这主要是考虑到我国的石油及天然气开采企业往往自行对油气资源进行勘探，企业经营范围往往涉

山西阳煤丰喜肥业(集团)有限责任公司
SHANXI YANGMEI FENGXI FERTILIZER INDUSTRY (GROUP) LLC.

及上下游产业。故总体而言，石油及天然气开采行业上游勘探业的发展对其而言是利好的。

三、油气管网建设行业：是原油和天然气开采行业的动脉

油气管网在油气产业链运行中具有承上启下的重要功能，油气管网建设状况在一定程度上能够体现一个国家的油气工业发展水平。我国的油气管网建设事业在新中国成立前基本处于停滞状态。新中国成立60多年来，油气管网建设取得了长足的进展。透视不同时期的发展状况可以发现，我国管网建设的阶段性特征明显，各个时期的建设成就带有浓厚的历史烙印和时代特色。

（一）我国油气管网建设历史回顾

在不同的历史时期，油气管道的建设规模、发展速度以及科技水平不尽相同。总体看来，国内油气管道建设历程可以划分为五个阶段。

1. 起步阶段（1949—1969年）

新中国成立之初，百废待兴，发展油气管道建设事业的基础几乎为零。在经历了1949—1952年三年国民经济恢复调整和1953—1957年第一个五年计划后，我国于1958年年底建成克拉玛依至独山子炼油厂的输油管道。该管道全长147公里，年输油能力为53万吨。这是新中国自成立以来完全依靠自己的力量建设的第一条长距离输油管道，在国家油气管道建设史中具有里程碑式的意义。之后的1961年，中国建成了四川巴县石油沟至重庆化工厂的供气管道，这是新中国第一条长距离天然气管道。这一时期的油气管道建设基本上是在缺乏技术和资金的条件下进行的，局部虽有突破，但整体上处于起步阶段。

2. 恢复发展阶段（1970—1975年）

1970年8月3日，国务院作出了开展东北地区“八三工程”会战的决议，使得停滞近10年的油气管网建设再次被提上议事日程，油气管网建设事业也从此得以恢复和继续。此后的5年内，经过艰苦奋战，我国于1975年先后建成了庆抚线、庆铁线、铁大线、铁秦线、抚辽线、抚鞍线、盘锦线、中朝线8条管线，管网总长度2471公里。

3. 加快建设阶段（1976—1986年）

十一届三中全会以后，改革浪潮席卷全国，石油工业进入蓬勃发展阶段。胜利油田、辽河油田、华北油田、中原油田相继进入快速开发期，我国再次掀起了油气管道建设的高潮。到1986年，先后建成了秦京线、鲁宁线、东临线、东黄线、东黄复线、任沧线、任京线、沧临线、濮临线、中开线、中沧线、马惠线12条油气管道，总长度3400公里，形成了中国东部油气管网。

4. 快速发展阶段（1987—2004年）

1987年，我国在塔里木盆地、陕甘宁盆地、四川盆地、柴达木盆地和沿海地区石油勘探取得重大突破。中国石油工业按照“稳定东部，发展西部”的方针，再一次加快了建设油气管道的步伐。至2004年，先后建成56条管道，长度达到近4万公里，形成了连接中国西部和东部地区的油气管网大动脉。

三大石油公司是油气管道建设事业的主要承担者。在此期间，中国石油先后建成了西气东输、陕京线、陕京二线、涩宁兰线、兰成渝线、忠武线、鄯乌线、轮库线、安延线等油气管道24条，长度达到33908公里；中石化在中国南方地区先后建成了沪宁线、茂贵昆线、常杭线、青安线、镇莫线、镇杭线、上潜线等油气管道18条，长度达到4069公里；中海油在海域建成了海底油田登陆

油气管道 14 条，长度达 1929 公里。

5. 稳定发展阶段 (2005 年至今)

西气东输是我国油气管道建设的标志性工程，该工程的顺利建成标志着我国在油气管道的设计、施工、管理等方面已经整体上达到了 20 世纪末的世界先进水平。以西气东输工程为契机，三大国家石油公司又开始了西气东输二线、川气东送、中俄石油管道、中亚天然气管道以及中缅油气管道等工程项目建设。到 2008 年，中国油气管网长度已达到 65000 公里。

（二）发展现状

油气管网运输效率高、耗能小、对环境的影响程度小，一次投资可以使用多年，相比交通工具的油气运输优点众多，当前油气资源的运输尤其是国内运输管网化的趋势越发明显，油气管网建设行业对石油及天然气开采行业的影响也越来越大。在过去的“十一五”期间，我国油气管道建设如火如荼，管网迅速延伸，形成了横跨东西、纵贯南北、覆盖全国，连通海外的管网大格局。

目前我国油气管线总里程约为 6.8 万公里，其中原油管道约为 1.9 万公里，成品油管道约为 1.6 万公里，天然气管道约为 3.3 万公里，。而在“十五”末，我国的油气管道总里程为 4 万多公里。在这 5 年间，管线里程以每年约 5000 公里的速度增长。如今，国内西气东输基干管道已经形成，国内连通海外、资源多元、调度集中的油气供应体系初步形成。

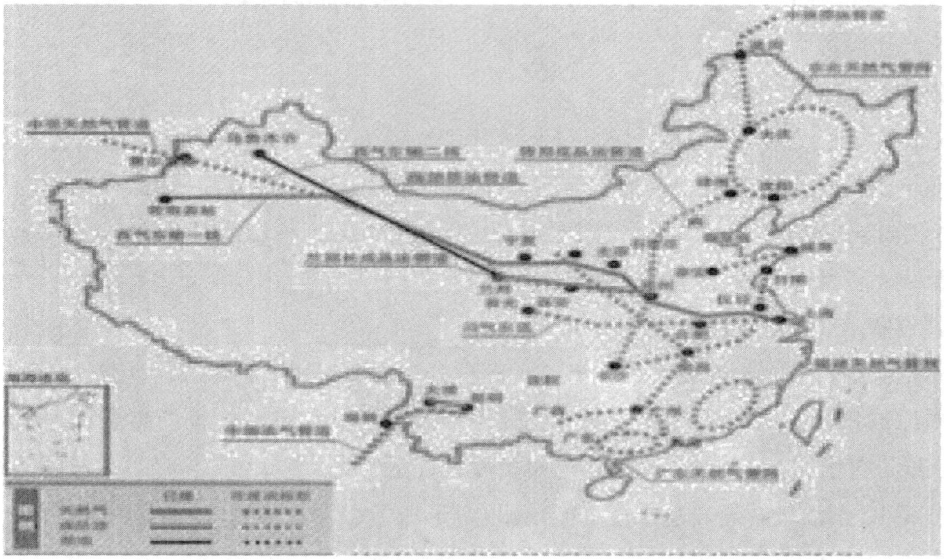

资料来源：世经未来研发部

我国油气管网建设情况

2011 年 12 月 21 日，全国最大的原油管道在山东日照全线贯通。山东省日照港到江苏仪征和日照港到东明的两条输油管线相继投入使用，使日照港成为鲁南地区最大的石化运输基地，作为日照港 4 座 30 万吨级原油码头大的配套工程，日照到江苏仪征和日照到东明输油管线全线贯通后，在鲁南地区形成大码头、大罐区、大管道的原油运输、存储、分拨体系。这也是目前国内最大的原油输送管道，全部投产后，经日照进口的原油接卸量将达到 5000 万吨，这样的话，全省接卸的原油输出量会翻番。据了解，第三期日照到河南濮阳的 2000 万吨输油管线正在规划建设中，建成后，日照港原油运输能力将达到 8000 万吨，占全国原油运输能力总量的三分之一。

山西阳煤丰喜肥业(集团)有限责任公司
SHANXI YANGMEI FENGXI FERTILIZER INDUSTRY (GROUP) LLC.

2011年，中国首条跨国原油管道——中哈原油管道进口原油1093万吨，年进口原油量创历史新高，在我国陆路能源进口大通道中发挥了重要作用，据新疆博尔塔拉蒙古自治州政府统计，截至2011年12月31日，中哈原油管道全年进口原油1093万吨，同比增长10.3%，是管道运营以来输油量最高的一年，这条大型长输管线西起哈萨克斯坦阿塔苏，经过中哈边界的阿拉山口口岸进入中国，最后到达中石油独山子石化分公司，全长1200多公里，自2006年7月投入商业运营以来，中哈原油管道进口原油量以年均20%的速度递增，截至去年12月，累计输送量已突破4000万吨，相当于大庆油田2011年全年的原油产量，2012年，随着中哈原油管道二期二阶段11号泵站工程投产运营，管道年输油能力还将提高200万吨。

（三）趋势预测

国内油气管网建设正步入高潮。"十二五"规划提出，"加快西北、东北、西南和海上进口油气战略通道建设，完善国内油气主干管网。"中国石油规划总院海外管道研究所副主任寇忠透露，到2015年，国内油气管道总长度约14万公里。目前，中国油气管道长度7.7万公里，将新增6万余公里。其中，原油管道建设1万公里以上，成品油管道将在1万~1.5万公里以上。天然气管道建设将在3万公里以上，建设速度和规模超过原油和成品油管道。初步测算，油气管线建设共需约3500亿元投资。其中，天然气管道建设需2500亿元，成品油管道需500亿元，原油管道需500亿元。

石油天然气用管类型主要分为两类：一类是油气输送用管；另一类是油气开采用管。有关机构指出，从我国目前的能源结构来看，油气能源发展潜力巨大，我国油气输送管需求增长空间巨大。我国能源中，煤炭占比太高，石油占比为IEA成员国平均水平的一半，而天然气占比仅为IEA成员国的1/10。我国石油、天然气资源在陆地主要位于西北地区，而能源消耗集中的地区在东南沿海，因此能源运输距离较长，对油气输送管的需求较大。

未来原油管道建设方向是，以国内外两种石油资源为基础，以炼化企业布局和加工量为导向，改造和完善现有系统。为进口俄罗斯、哈萨克斯坦及缅甸原油需要建设相应的跨国原油管道。

在成品油管道上，将加快构建与资源结构相适应，覆盖东北、西北、华北、中南和鲁西地区的成品油管网系统，形成"北油南调、西油东送"的管网运输格局。成品油一次运输的管输比例只有20%. 虽然在西北、西南和珠三角地区建成骨干输油管道，但尚未形成区域性成品油管道供应网络。

天然气管道将围绕全国天然气管道联网，进行配套城市分输支线建设，建成"横跨东西、纵贯南北、连通海外"基本框架，形成以四大气区（新疆、青海、陕甘宁、川渝）外输管线和进口天然气管线为主干线，连接海气登陆管线和进口LNG等气源的全国性天然气管网。

有关机构指出，"十二五"期间，油气管网建设增长潜力巨大，2012年主干线项目将陆续启动。中石油规划5年内增长5.4万公里，到2015年末油气输送管道长度达到11万公里。新铺设公里数的五年内平均增速达25%。有关机构近期从有关部门获悉：西气东输三线西段，自霍尔果斯到宁夏中卫，已进入环评阶段；西气东输四线已经完成了线路勘察，如果进行顺利也有望在2012年开建。由此，2012年可能出现两个大项目开工建设期重叠的情况，需求将集中释放，使油气输送管需求进入上升周期。油气输送管的供给因资质要求形成壁垒，因此供给相对集中，需求上行周期有望为油气管网生产公司带来业绩提升。

三原油和天然气开采行业下游产业分析

一、整体需求分析

（一）2011 年原油需求增速放缓，天然气消费持续高速增长

2011 年全年我国原油表观消费量累计为 4.55 亿吨，同比增长 3.2%，增速较上年同期下降 12.9 个百分点；与此同时，原油产量同比仅增长 0.3%，仍慢于需求增速，导致供需缺口持续扩大。2011 年，我国原油供需缺口为 2.51 亿吨，同比增长 6.34%。

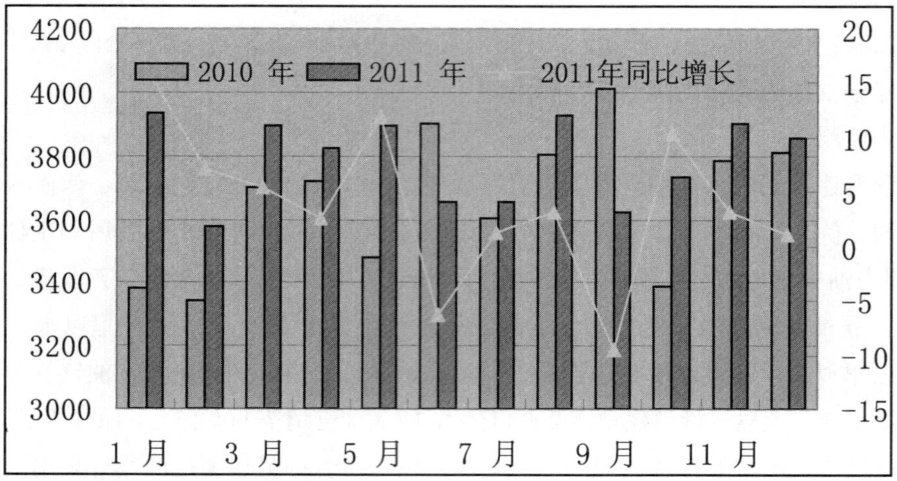

数据来源：国家统计局、海关总署

2010-2011 年各月我国原油表观消费量及同比增速

2011 年，天然气表观消费量 1307.1 亿立方米，比上年增长 20.5%，为 2008 年来最大增幅，增幅较上年提高 3 个百分点，占石油天然气表观消费总当量的 20.1%，较上年提高 2.2 个百分点。

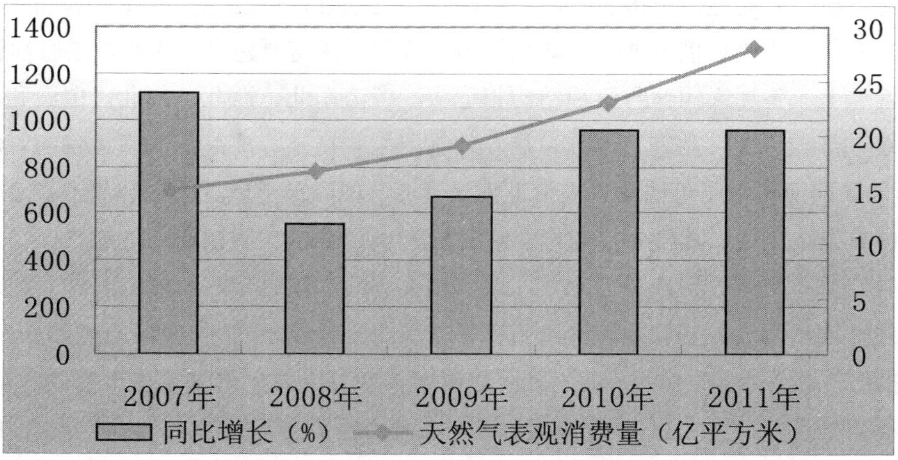

数据来源：国家统计局、海关总署

2007-2011 年我国天然气表观消费量及同比增速

（二）需求结构分析

据 2009 年数据统计，2009 年天然原油消费总量为 38128.59 万吨，其中工业消费 37975.17 万吨，交通运输、仓储及邮电通信业消费 153.42 万吨。原油消费主要是工业行业。在工业各行业中，

山西阳煤丰喜肥业(集团)有限责任公司
SHANXI YANGMEI FENGXI FERTILIZER INDUSTRY (GROUP) LLC.

又有 90% 用于石油加工、炼油及核燃料加工；化学原料及化学制品制造业消费量占工业行业消费总量的 7%；原油和天然气开采业消费量占工业行业总消费量的 3%。

数据来源：国家统计局
天然原油消费结构

据 2009 年数据统计，2009 年天然气消费总量为 895.2 亿立方米，其中：工业消费 577.9 亿立方米，占总消费量的 64%；城乡居民生活消费 178 亿立方米，占总消费量的 20%；交通运输、仓储及邮电通信业消费 91.07 亿立方米，占总消费量的 10%；批发和零售贸易、餐饮业及其他行业的消费占总消费量均为 3%。

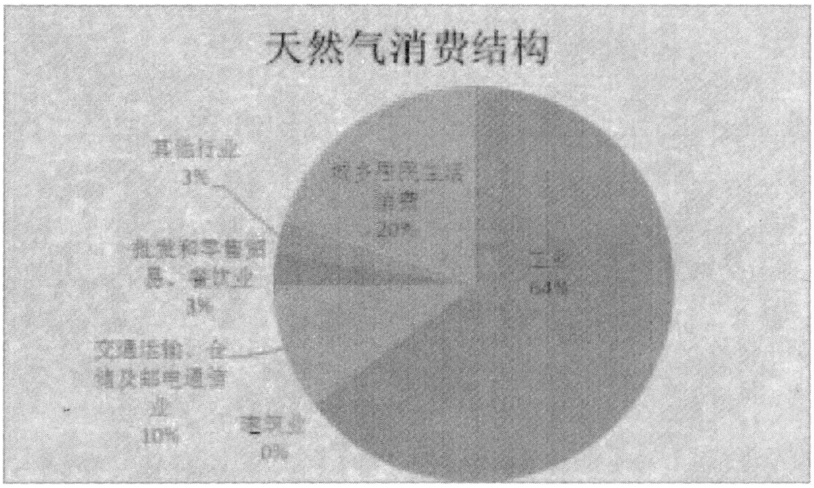

数据来源：国家统计局
天然气消费结构

二、化工行业

（一）行业现状

1. 供给：结构继续优化，但结构调整的任务依然巨

2011 年，化工行业供给结构继续优化，最能代表化工行业技术含量、过去一直是行业短板的专用化学品和合成材料制造业产值增速较快。2011 年，专用化学品制造业累计工业产值达到 16641.6

亿元，同比增长 36.0%，占化工行业总产值的比重为 25.15%；合成材料制造业累计工业产值 11005 亿元，同比增长 35.3%，占化工行业总产值的比重为 16.63%。尽管如此，传统产能过剩的基础化学原料制造业和肥料制造业工业总产值增速依然较快，尤其是肥料制造业，化工行业节能减排、抑制产能过剩、结构调整的工作依然艰巨。2011 年，肥料制造业累计工业产值同比增速高达 39%。

2011 年 1-12 月化工行业工业总产值结构（分行业）

单位：亿元，%

行业	2011 年 1-12 月累计	同比增长
化学工业	66171.8	33.9
其中：基础化学原料制造	16862.9	34.9
肥料制造	7293.5	39
化学农药制造	2024.4	27.7
涂料、油墨、颜料及类似产品制造	25.4	
合成材料制造	11005	35.3
专用化学产品制造	16641.6	36
橡胶制品业	7282.3	27.2
化学矿采选业	403.9	48.9

数据来源：中国石油和化学工业协会，世经未来

（1）基础化学原料产量保持增长

2011 年，硫酸产量 7416.6 万吨，同比增长 12.23%。烧碱产量 2466.3 万吨，同比增长 15.24%。纯碱产量 2303.3 万吨，同比增长 13.4%。碳化钙（电石）产量 1737.7 万吨，同比增长 22.34%。乙烯产量 1527.4 万吨，同比增长 7.46%。精甲醇产量 2226.7 万吨，同比增长 36.27%。

2011 年 1-12 月主要有机化学原料产量及表观消费量

产品	累计产量	同比增长	表观消费量	对外依存度
乙烯	1527.4	7.46	1632.45	6.44
纯苯	665.8	22.14	673.33	1.12
精甲醇	2226.7	36.27	2795.47	20.35
冰醋酸	424.9	10.78	-	-

数据来源：国家统计局

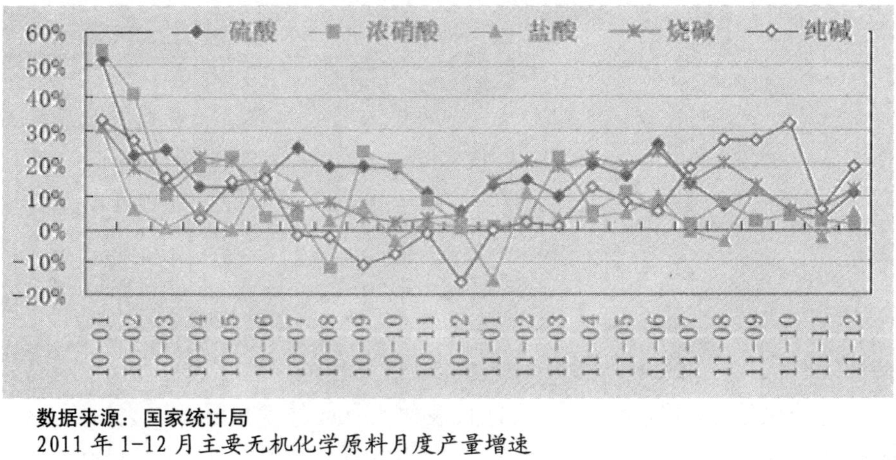

数据来源：国家统计局

2011 年 1-12 月主要无机化学原料月度产量增速

山西阳煤丰喜肥业(集团)有限责任公司
SHANXI YANGMEI FENGXI FERTILIZER INDUSTRY (GROUP) LLC.

（2）合成材料产量

2011 年，合成树脂产量 4798.2 万吨，同比增长 9.28%；合成橡胶产量 348.7 万吨，同比增长 12.92%；合成纤维单体累计产量 1771.4 万吨，同比增长 9.53%；合成纤维聚合物累计产量 1501.3 万吨，同比增长 17.76%。

2011 年 1-12 月合成材料产量及表观消费量

单位：万吨，%

合成树脂（塑料树脂及共聚物）	4798.2	9.28	7461.96	35.7
聚氯乙烯树脂	1295.2	12.52	1382.63	6.32
聚丙烯树脂	980.5	8.87	1341.75	26.92
合成橡胶	348.7	12.92	465.5	25.1
合成纤维单体	1771.4	9.53	–	–
合成纤维聚合物	1501.3	17.76	–	–
聚酯	877.82	12.72	–	–

数据来源：国家统计局

（3）化肥产品产量出现不同程度的增长磷肥同比增速最快

2011 年，我国化肥累计产量 6027.01 万吨，同比增长 12.14%。其中：磷肥产量为 1462.4 万吨，同比增长 24.26%，是化肥品种中增速最高的化肥产品。

2011 年 1-12 月化肥产品产量及表观消费量

单位：万吨，%

产品	累计产量	同比增长	表观消费量	对外依存度
合成氨	5068.97	6.02	-	-
化肥（折纯）	6027.01	12.14	5751.01	-4.8
氮肥	4178.99	8.55	3825.29	-9.25
尿素	2656.73	5.72	-	-
磷肥	1462.4	24.26	1156.6	-26.44
钾肥	385.61	10.36	769.01	49.86

数据来源：国家统计局

（4）化学农药产量同比增长 21.53%

2011 年，农药产量累计 264.87 万吨，同比增长 21.53%。其中：2011 年杀虫剂累计产量 70.9 万吨，同比增长 16.55%；杀菌剂累计产量 15.0 万吨，同比下降 0.19%；除草剂累计产量 117.5 万吨，同比增长 12.65%。

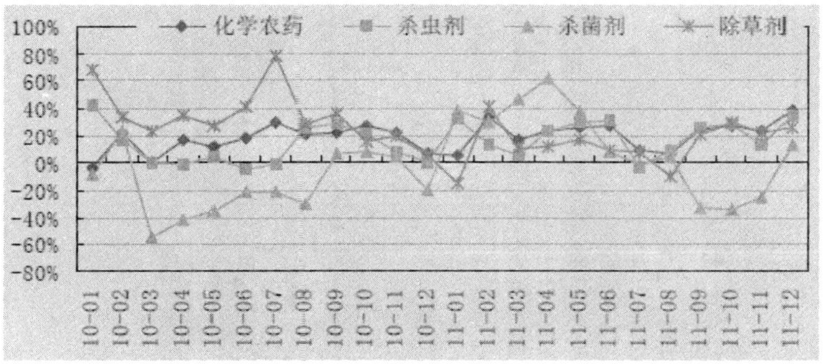

数据来源：国家统计局

2010 年 -2011 年化学农药月度产量及增速

2. 需求：需求增速持续放缓

2011 年，化工行业累计实现销售产值 65021.88 亿元，同比增长 34.5%。7 月份以来，化工行业销售产值增速出现明显下滑。一方面，国内经济增速持续放缓，尤其在调控政策作用下，汽车、房地产等市场相继陷入低迷，纺织、家电等相关行业增速持续放缓，对化工原料和制品需求有限，内需增长乏力；另一方面，受欧债危机不断深化等因素影响，欧美经济形势低迷，全球经济增长态势不明朗，导致国际市场拉动中国化工产品需求的后劲不足，外需大幅萎缩。

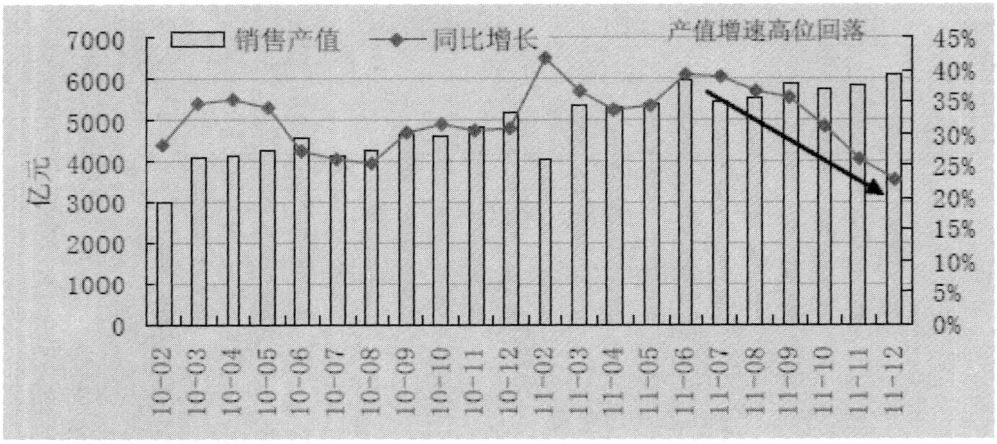

数据来源：国家统计局

2010 年 -2011 年化工行业月度销售产值及增速

3. 价格：受需求不足影响下半年价格出现持续回落

2011 年下半年，受欧债危机升级影响，国际原油价格和大宗商品价格震荡回落，国内化工企业生产成本的压力剧减。进入 4 季度，国内外经济形势明显恶化，化工行业市场需求大幅萎缩，行业供大于求的局面更加严峻。在需求萎缩、库存高企、成本回落的形势下，4 季度国内化工产品价格骤然下降，价格水平显著回落。

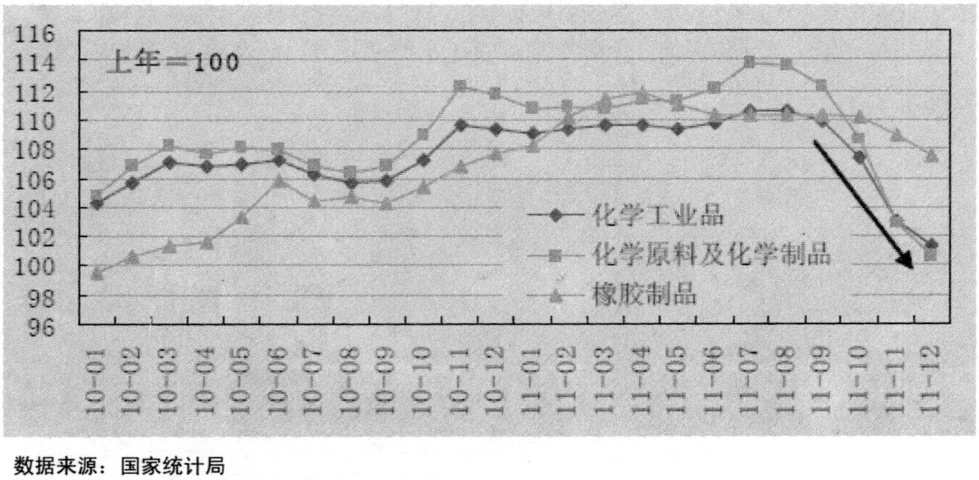

数据来源：国家统计局

2010 年 -2011 年化学工业品月度出厂价格指数

山西阳煤丰喜肥业(集团)有限责任公司
SHANXI YANGMEI FENGXI FERTILIZER INDUSTRY (GROUP) LLC.

（二）发展趋势

2011年，中国石油化工行业不得不承受来自国内、国外的双重压力：国内经济增速下降，通胀水平上升；世界经济增长放缓，局部形势复杂多变，引发了全球石化市场的动荡。

从外部因素看，2011年，欧洲债务危机蔓延，世界经济增长不确定性增加，对我国外部需求产生直接影响，加之以油价为代表的国际大宗商品价格波动充满不确定性，输入性通胀压力没有得到根本消除。从内部因素看，2011年，我国通胀水平居高难下，综合成本上升较快，石油化工企业生存压力明显加大。同时，我国石油化工产业也面临结构性过剩矛盾日益突出，科技创新能力总体不足，产业集中度仍然偏低，节能减排任务艰巨等问题。

优胜劣汰是市场生存的根本法则。为了应对挑战，2011年，我国石油化工行业抓住"十二五"规划的发展契机，通过科技创新，促进传统产业的结构调整和转型升级，培育了化工新材料、高端专用化学品、新能源、生物化工和节能环保产业等战略性新兴产业，培养了一批新的行业增长点，全面提升了行业整体竞争能力，实现了行业与资源、环境、社会的和谐发展。

2011年，"调结构、转方式"成效逐步显现，高技术、高附加值产品在化学工业利润增长中的比重不断攀升，成为提高行业经济增长质量的主要动力。2012年1月中旬，中国石油和化学工业联合会常务副会长李寿生在接受记者采访时说，去年全行业经济运行平稳，在技术创新、结构调整上取得了新进展。

2011年，我国石油化工行业经济增长结构进一步优化，效益进一步改善，运行质量进一步提高：油气产量稳中有升，持续增长；石油石化市场需求旺盛，产品销售持续增长，利税平稳增加，投资不断优化，进出口贸易快速增长；石油石化保供能力不断增强，基本满足国内日益增长的消费需求，实现了"十一五"良好开局的目标。

我国的工业化和城镇化对油品仍有旺盛需求，我国人均油品消费具有较大潜力。与全球炼油行业持续低迷、产能压缩相反，我国相关产业近年来高速发展，产值规模继续扩大，增幅明显提高。

2011年，石油化工行业经济实现平稳较快增长，国内市场需求强劲是拉动行业增长的主要引擎。预计全年行业总产值突破11万亿元，达到11.2万亿，增长31%；主营业务收入达10.9万亿元，增长30%；利润总额8100亿元，增幅约为19%；投资1.37万亿元，增长20%；进出口总额约为6000亿美元，增长32%。在未来一段时间内，石油石化行业还会延续此前淘汰落后产能、规模化发展的轨迹，新的大型炼化基地仍在布局中。

2011年，我国石油化工产业结构继续优化，专用化学品、合成材料、有机化学原料不仅在经济规模上占据化学工业超过"半壁江山"，产值占比56.3%，而且在行业效益的增长中举足轻重。近几年来，专用化学产品、合成材料等高技术高附加值产品在化学工业利润增长中的比重不断攀升。2011年，我国专用化学品利润占化学工业利润总额的比重约为31.4，较2010年上升约1.5个百分点。化肥、橡胶制品等传统化学品在利润增长中的比重不断下降。

2012年，化工行业经济运行将面临诸多困难（如资金成本上升，煤、电、运等供应偏紧，资源利用率较低，国际经济复苏不明朗等），但支撑行业稳步增长的基本面没有改变（如工业化城镇化仍在快速进行，汽车市场将小幅回暖，700万套保障性住房开工建设等）。因此，预计2012年化工行业将继续保持平稳增长的势头，但增幅比2011年明显放缓，可能呈现前低后高的走势，预计

2012 年行业总产值达到 7.8 万亿元左右，比 2011 年增长 18%-20%。

（三）需求预测

2000 年，我国化学原料及化学制品制造业消耗天然气 90.32 亿立方米，2002 年消耗量突破 100 亿立方米，2007 年消耗量突破 200 亿立方米，2009 年消耗量又下降至 176.84 亿立方米，预计 2012 年行业天然气消耗量在 200-250 亿立方米左右。

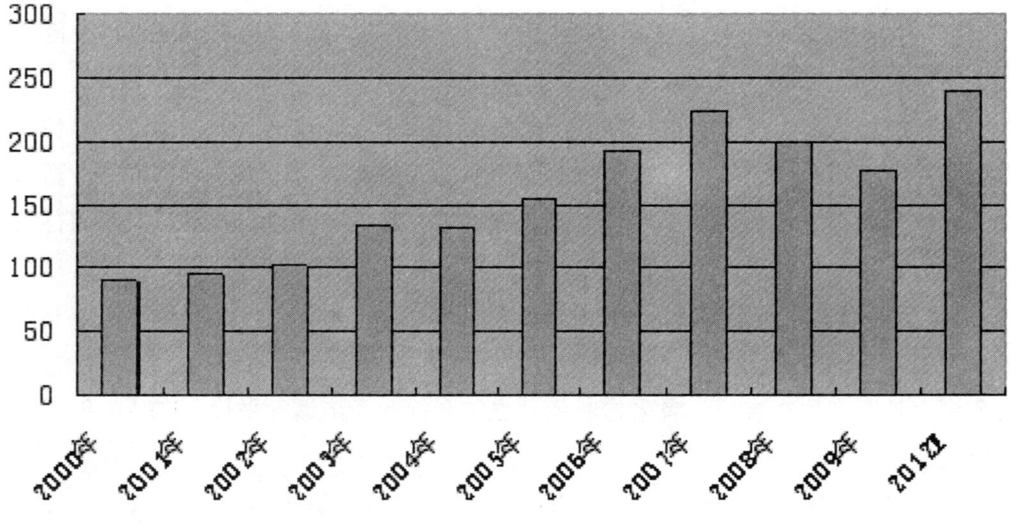

数据来源：国家统计局

历年化工行业天然气消费量及 2012 年预测

2000 年，我国化学原料及化学制品制造业原油消费量为 1809.79 万吨，2003 年突破 2000 万吨，消费 2002.53 万吨，预计 2012 年，化学原料及化学制品制造业原油消费量将达到 3200 万吨左右。

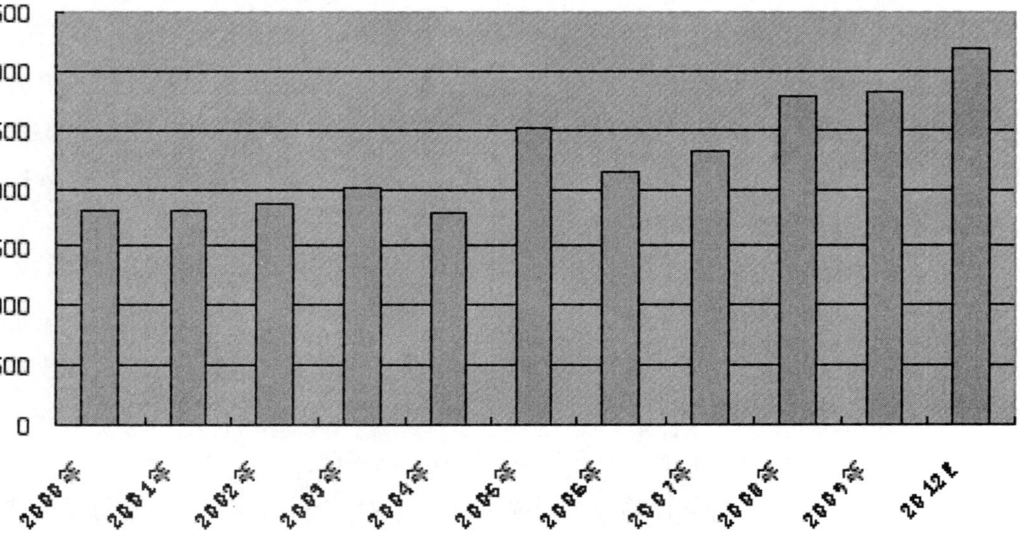

数据来源：国家统计局

历年化工行业原油消费量及 2012 年预测

三、汽车行业

（一）行业现状：政策影响下的产销增速大幅下降

2011 年 1-12 月，汽车生产 1841.89 万辆，同比增长 0.84%。其中：乘用车生产 1448.53 万辆，同比增长 4.23%；商用车生产 393.36 万辆，同比下降 9.94%。

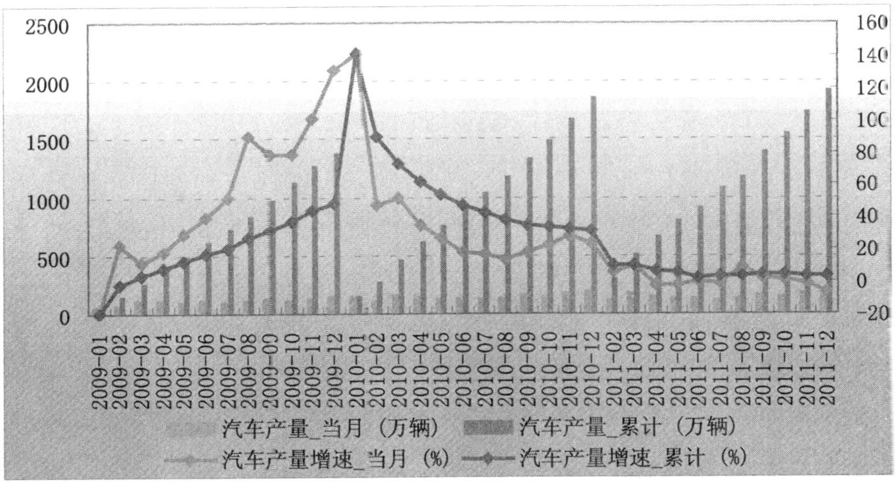

数据来源：国家统计局
2009 年 1 月 -2011 年 12 月汽车产量及增长率

2011 年，汽车销量 1850.51 万辆，同比增长 2.45%。其中：乘用车产销量 1447.24 万辆，同比增长 5.19%；商用车销量 403.27 万辆，同比下降 6.31%。

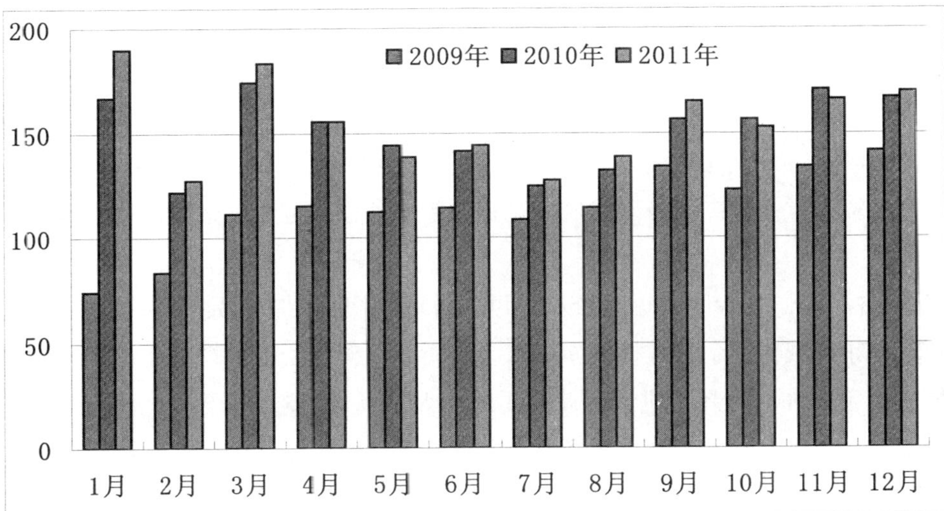

数据来源：中国汽车工业协会
2009-2011 年汽车销量月度对比图

2011 年汽车行业增速明显放缓，这主要是一系列因素综合作用的结果，包括 2009 年以来的一系列鼓励汽车消费相关政策退出、通胀背景下消费者信心减弱、北京等部分城市治堵限购、信贷收紧等。

（二）发展趋势：恢复性增长，回归常态

2012年，相关政策的负面影响基本消失，汽车市场恢复性增长，需求回归常态化发展，预计汽车行业的产销平缓增长，增速前低后高，企业盈利能力逐步恢复。预计2012年汽车销量增长8%-10%，乘用车表现好于商用车。

从汽车需求角度分析，汽车销量的增长空间仍在，刚性需求逐渐释放。人均保有量水平仍处在较低水平，我国大部分家庭一次购车尚未完成，具备购车实力以及超前消费理念的70、80后进入购车高峰期；中西部地区、三四线城市购买潜力仍较大，购车需求刚刚启动；更新换代以及第二辆车需求加大；减税和提升人均收入水平增加潜在汽车消费需求。所以我国汽车消费的市场仍处于扩张之中，2012年汽车消费增长可期，只是增速已不能达到2009-2010年的非常态水平。

从汽车行业的细分领域看，乘用车消费增速可能超预期，中高端产品表现较好；合资品牌汽车占据竞争优势，自主品牌汽车面临较大挑战；客车需求在城市化进程中稳健增长；重卡需求有望逐步恢复；新能源汽车的政策支持会增加，尤其是是对于天然气汽车的支持政策会增强，因此对于油气的消费量都将会进一步增加。

在政府和市场的双重驱动下，到2010年底，十年间我国天然气汽车保有量从2000年的不足1万辆发展到目前的100万辆，位于世界第七位。我国天然气汽车的顺利发展，除了天然气发动机技术日趋成熟之外，还有一个重要原因是得益于科技部、环保部、工信部、发改委、各级地方政府等紧密协作，切实保证了政策的连续性和一致性。

1999年12月7日，由科技部、原国家环保总局牵头，会同国家有关部委联合出台《关于实施“空气化工程——清洁汽车行动”的若干意见》，决定在占汽车保有量10%，占总行驶里程40%—50%的公共汽车和出租车行业中推广天然气等清洁汽车，并确定了北京、上海、天津、重庆等19个清洁汽车重点推广应用城市，从而开启了我国清洁燃料汽车研发与应用的新历程。

如今，19个重点推广城市天然气汽车保有量由示范初期的不足1万辆发展到60多万辆。已经成长为亚太第四、世界第六大天然气汽车市场。同时还掌握了增压中冷、缸内直喷等关键技术，国产加气设备市场占有率接近90%。450个天然气汽车车型（包括底盘）进入了国家机动车新产品公告，整车年产量超过6万辆，重点推广城市天然气汽车行业年产值已超过150亿元，社会效益、经济效益显著。

目前又有30个省、市、自治区的近百个城市以及香港、澳门两个特别行政区，正进行天然气汽车的推广。城际间和区域化的示范考核不断深入。四川、重庆、新疆等地正在组织开展天然气汽车城际间和区域化示范，并取得显著进展。此外，液化天然气（LNG）汽车的示范应用也已取得阶段成果，新疆、贵阳、湛江、海南等地正积极开展LNG汽车示范工作，国内LNG汽车保有量已达到3000辆。仅示范城市每年的燃油替代量就已经超过300万吨，不到汽车总保有量1%的天然气汽车实现了超过3%的燃油替代效果，每年节约燃料费近百亿元，示范城市大气环境质量均得到不同程度的改善。

天然气汽车生产已纳入机动车新产品公告管理。燃气汽车产品管理日益规范，天然气汽车重点推广城市新增天然气汽车OEM单燃料车的比例由2006年的32.5%增长到2010年的90%。重点推广城市改装车已逐步退出新增天然气汽车市场，从源头上保障了安全可靠运行。

山西阳煤丰喜肥业(集团)有限责任公司
SHANXI YANGMEI FENGXI FERTILIZER INDUSTRY (GROUP) LLC.

在市场和政府的双重推动下，中国已形成较为完整的天然气汽车产业链。系列齐全的天然气汽车产品体系已经形成。截至目前，累计有450个燃气汽车车型（包括底盘）进入国家机动车新产品公告。天然气汽车生产企业的数量超过60家，整车年产量超过8万辆。据统计，示范推广城市天然气汽车行业年产值已超过150亿元。

总的来说，我国汽车消费量仍将保持一定的增速增长，同时新能源汽车的发展速度也将加快，对于油气的需求量都将会保持持续增长的态势。

六 2011年原油和天然气开采行业区域发展分析

一原油和天然气开采行业区域分布总体分析

一、产销分布：陕西、新疆是我国天然原油和天然气的主要产销区

从原油产量区域分布情况看：黑龙江、陕西、天津是我国原油的主要产区。

从天然气产量区域分布情况看：四川、陕西、新疆是我国天然气的主要产区。

陕西和新疆既是我国原油的主要产区也是我国天然气的主要产区。

2011年1-11月我国原油产量18670.29万吨，与2010年同期相比增长0.58%。从原油产地分布来看，截至11月底本年累计产量最高的是黑龙江省，数据显示：该省1-11月累计生产原油3668.87万吨，增速与上年同期持平；11月底陕西累计原油产量高居全国第二，达到2956.4万吨，同比增长7.5%；天津市累计原油产量高居第三，达到2931.01万吨，同比增长-3.5%；原油产量居第四的山东省，累计产量为2545.89万吨，增速比上年同期增长0.3%；原油产量居第五的新疆，原油累计产量为2386.96万吨，同比增长1.8%。截至11月底22011年原油累计产量增速最快的是甘肃省，产量增速达到10%；其次是四川省，原油累计产量增速达8.6%，陕西省原油累计产量增速位居第三，达7.5%。

2011年1-11月，全国累计生产天然气930.16亿立方米，同比增长7.13%，增速同比下降4.67个百分点。从天然气产地分布来看，截至11月底本年天然气累计产量最高的是四川，1-11月累计生产天然气244.58亿立方米，同比增长8.3%；陕西天然气累计产量攀居第二，1-11月累计生产天然气242.63亿立方米，同比增长19.8%；新疆天然气累计产量退居第三，1-11月累计生产天然气209.71亿立方米，同比增长-6.5%；广东天然气累计产量仍稳居第四，1-11月累计生产天然气77.39亿立方米，同比增长9.2%。截至11月底青海本年天然气累计产量第五，1-11月累计生产天然气58.51亿立方米，同比增长14%。

2011年1-11月我国天然原油和天然气产量区域分布

	天然原油（吨）				天然气（万立方米）	
	企业数（个）	1-11月累计	同比±%	占比（%）	1-11月累计	占比（%）
全国	91	186702901	0.6	100	9301557	100
天津	2	29310128	-3.5	15.7	168354	1.8
河北	2	5384258	-1.9	2.9	112515	1.2
辽宁	1	9148970	5.8	4.9	66419	0.7
吉林	38	6903499	4.4	3.7	126670	1.4
黑龙江	3	36688729	0	19.7	286133	3.1
上海	1	75431	-0.5	0.0	27519.68	0.3
江苏	2	1728441	1.6	0.9	5073	0.1

山东	10	25458885	0.3	13.6	47342.6	0.5
河南	3	4482864	-3.4	2.4	46272	0.5
湖北	2	805371	4.1	0.4	42708.3	0.5
广东	7	10524494	-9.8	5.6	773920	8.3
广西	1	21355	-13.2	0.0	0	-
海南	1	180185	-0.5	0.1	18096	0.2
重庆	0	0	—	0.0	15358.59	0.2
四川	4	151750	8.6	0.1	2445822	26.3
陕西	3	29564026	7.5	15.8	2426345	26.1
甘肃	3	586000	10	0.3	1774	0.0
青海	1	1786624	4.3	1.0	585087	6.3
宁夏	2	32254	6.2	0.0	9088	0.1
新疆	5	23869638	1.8	12.8	2097060	22.5

数据来源：国家统计局

2011 年，我国原油和天然气开采行业共实现销售收入 12466.49 亿元，同比增长 29.19%。其中黑龙江省的销售收入最高，为 2210.68 亿元，同比增长 33.61%，占全国总比重为 17.73%；其次为新疆省，当年销售收入为 1589.58 亿元，同比增长 27.32%，占全国比重为 12.75%；第三位是陕西省，当年实现销售收入为 1560.47 亿元，同比增长 29.91%，占全国比重为 12.52%。

2011 年 1-12 月我国原油和天然气开采行业各区域销售情况

企业类型	销售收入（亿元）	同比增长（%）	比重（%）
全国	12466.49	29.19	100.00
黑龙江省	2210.68	33.61	17.73
新疆	1589.58	27.32	12.75
陕西省	1560.47	29.91	12.52
天津市	1522.92	28.49	12.22
山东省	1347.91	28.73	10.81
四川省	653.10	22.39	5.24
广东省	601.92	24.59	4.83
吉林省	521.83	37.23	4.19
河南省	518.59	14.27	4.16
辽宁省	454.60	35.57	3.65
河北省	320.67	31.48	2.57
甘肃省	280.58	63.24	2.25
湖北省	274.14	31.18	2.20
北京市	177.95	10.93	1.43
青海省	161.88	27.32	1.30
江苏省	94.63	36.32	0.76
山西省	33.97	35.43	0.27
海南省	11.79	27.44	0.09
上海市	11.75	-0.38	0.09
重庆市	8.55	0.65	0.07
宁夏	1.84	39.11	0.01

数据来源：国家统计局

山西阳煤丰喜肥业(集团)有限责任公司
SHANXI YANGMEI FENGXI FERTILIZER INDUSTRY (GROUP) LLC.

二、规模分布：陕西、黑龙江、新疆领先

分析钢原油和天然气开采行业的资产分布情况，我国原油和天然气开采行业的资产主要集中于陕西、黑龙江、新疆、四川、山东以及天津等地；其中陕西省资产总额大，2011 年其资产总额为 3123.27 亿元，同比增长 15.31%，占全国比重为 17.17%；位居资产总额第二位的是黑龙江省，资产总额为 2785.1 亿元，同比增长 11.11%，占全国比重为 15.31%；位列资产总额第三位的是新疆省，为 2285.01 亿元，同比增长 9.33%，占全国总比重的 12.56%。

前五个省市的资产合计占到了我国原油和天然气开采行业总资产的 63.46%；前十个省市的资产合计占到了我国原油和天然气开采行业总资产的 85.61%。

2011 年原油和天然气开采行业资产区域分布情况

地区	企业数量	比重（%）	资产总计（亿元）	同比增长（%）	比重（%）
全国	274	100.00	18190.15	13.09	100.00
陕西省	29	10.58	3123.27	15.31	17.17
黑龙江省	22	8.03	2785.11	11.11	15.31
新疆	24	8.76	2285.01	9.33	12.56
四川省	18	6.57	1770.57	19.45	9.73
山东省	17	6.20	1578.86	26.47	8.68
天津市	10	3.65	1160.84	2.02	6.38
吉林省	76	27.74	906.99	8.24	4.99
辽宁省	14	5.11	751.94	2.11	4.13
河北省	0	0.00	606.25	-2.24	3.33
广东省	10	3.65	603.75	12.50	3.32
河南省	7	2.55	557.82	6.19	3.07
北京市	4	1.46	478.14	30.42	2.63
甘肃省	7	2.55	396.05	26.30	2.18
青海省	0	0.00	304.53	19.39	1.67
湖北省	5	1.82	297.26	19.49	1.63
江苏省	0	0.00	202.46	28.78	1.11
山西省	9	3.28	115.88	52.02	0.64
上海市	0	0.00	36.78	-2.39	0.20
海南省	0	0.00	24.88	-2.99	0.14
重庆市	0	0.00	4.87	5.08	0.03
宁夏	0	0.00	3.30	27.13	0.02

数据来源：国家统计局

三、效益分布：黑龙江、新疆、天津利润总额居前

分析原油和天然气开采行业的利润分布情况，利润较多的省市是黑龙江、新疆、天津、陕西、山东、广东以及河北等；具体的省市中，黑龙江、新疆以及天津市的利润实现表现较好，利润都超过了 600 亿元；天津市的资金利润率最好，达到 226.29%；广东省的销售利润率较高，达 45.51%。

2011 年原油和天然气开采行业盈利区域分布情况

地区	利润总额（亿元）	同比增长（%）	比重（%）	资金利润率（%）	销售利润率（%）
全国	4044.29	44.79	100.00	94.53	32.44
黑龙江省	950.03	36.12	23.49	139.83	42.97
新疆	669.12	40.11	16.54	146.60	42.09
天津市	616.31	22.55	15.24	226.29	40.47
陕西省	535.79	70.16	13.25	90.10	34.34
山东省	418.27	37.94	10.34	116.17	31.03
广东省	273.93	19.68	6.77	255.89	45.51
河北省	125.43	221.45	3.10	136.69	39.11
甘肃省	116.02	69.27	2.87	154.44	41.35
吉林省	107.27	108.08	2.65	44.56	20.56
辽宁省	90.55	-480.73	2.24	41.26	19.92
青海省	52.72	36.95	1.30	61.46	32.57
四川省	29.95	-35.83	0.74	6.77	4.59
河南省	20.62	78.05	0.51	13.42	3.98
江苏省	14.10	30.15	0.35	29.12	14.90
海南省	5.91	17.00	0.15	648.66	50.14
山西省	4.64	53.06	0.11	12.85	13.65
上海市	4.18	21.69	0.10	15.28	35.58
宁夏	0.60	35.58	0.01	36.68	32.39
湖北省	0.51	-178.81	0.01	0.48	0.19
重庆市	0.45	58.31	0.01	19.58	5.30
北京市	-3.35	-218.80	-0.08	-1.73	-1.89

数据来源：国家统计局

2011 年，我国原油和天然气开采行业亏损情况加重。从亏损额的增长速度看，部分省区市的亏损额都有较大的减少。亏损最多的省市分别是：陕西、四川、吉林、北京、天津、江苏、新疆以及辽宁等；前五个省市的原油和天然气开采行业亏损额占全国的 83.87%；前十个省市的原油和天然气开采行业亏损额占全国的 98.91%。

2011 年原油和天然气开采行业不同区域亏损情况对比

类型	企业个数	亏损企业	亏损面	亏损总额(亿元)	同比增长（%）	比重（%）
全国	274	42	15.33	165.57	6.99	100.00
陕西省	29	3	10.34	76.58	43.30	46.25
四川省	18	1	5.56	28.93	93.06	17.47
吉林省	76	16	21.05	16.79	6.08	10.14
北京市	4	2	50.00	8.56	137.44	5.17
天津市	10	4	40.00	7.99	-3.99	4.83
江苏省	0	1	#DIV/0!	7.11	72.57	4.29
新疆	24	1	4.17	6.76	-54.08	4.08
辽宁省	14	1	7.14	5.00	-79.16	3.02
河南省	7	2	28.57	3.78	23.24	2.28
湖北省	5	1	20.00	2.09	-17.71	1.26
山西省	9	3	33.33	0.86	58.13	0.52
山东省	17	1	5.88	0.34	598.17	0.20
黑龙江省	22	2	9.09	0.30	#DIV/0!	0.18

山西阳煤丰喜肥业(集团)有限责任公司
SHANXI YANGMEI FENGXI FERTILIZER INDUSTRY (GROUP) LLC.

甘肃省	7	1	14.29	0.05	#DIV/0!	0.03
广东省	10	1	10.00	0.04	3300.92	0.02

数据来源：国家统计据

二行业布局情况及发展趋势

一、布局现状：石油主要分布在东部地区，天然气分布在中西部地区

2000 年中国石油天然气股份有限公司组织了全国近 300 名高层次的资源评价专家，历经两年半的时间，在深入研究 28 个含油气盆地石油地质条件的基础上，基本摸清全国油气资源家底：28 个盆地可探明的地质资源量，石油 443.8 亿吨，天然气 22.66 万亿立方米；石油探区剩余油气地质资源量，石油 224.8 亿吨，天然气 15.5 万亿立方米，它们主要集中于地层油气藏、前陆盆地、海相碳酸盐岩和老区扩展四大领域，分别占剩余地质资源的 74% 和 93%。

石油资源主要分布在东部地区（习惯上称“老油区”），包括东北、华北、江淮地区，前两个主体是松辽和渤海湾盆地，后一个包括河南和苏北等盆地，这里的累积探明石油储量占全国的近 3/4，东部的储量又集中在松辽和渤海湾盆地，它们共占全国储量的 70.53%，居全国之首。若换个角度看，石油储量的大部分分布在我国的北方，即昆仑山—秦岭—大别山等山脉以北。如果以长江为界，江南几乎没有油田，目前长江以南只有百色、三水、景谷三个小盆地探明了小油田，占全国储量不到 0.1%，这些特点决定了北油南运、东油西送的总格局。显然，最缺油的是西南部的西藏、云南、贵州等省区。

东部以外的油气储量主要是在新疆和海上，前者占全国储量的 16.65%。目前新疆的储量又主要分布在准噶尔盆地、塔里木盆地和吐—哈盆地，分别占全国储量的 8.28%、6.82% 和 1.55%。目前海上的石油勘探成果也与大陆上的相似，即主要集中在渤海湾和珠江口盆地，浙江省以东海域的东海陆架盆地中部的西湖凹陷也相继发现了平湖等 8 个油气田，但渤海湾盆地的探明储量成倍增长，石油储量主要在北部。

我国天然气的地质储量分布比石油的储量分布相对均衡些，多数气田的分布远离经济发达区中心，中部区和海区的天然气距经济发达区相对近些。我国天然气田总体规模偏小，大型气田主要分布在中部（9 个）和西部（6 个），像位于内蒙古鄂尔多斯市境内的中国目前第一特大型气田———苏里格气田（累计探明地质储量 5336.52 亿立方米）；而我国东部仅有一个大型气田，这些特点决定了我国西气东输的格局，也将对我国天然气价格产生影响。

自上世纪 50 年代初期以来，我国先后在 82 个主要的大中型沉积盆地开展了油气勘探，发现油田 1000 多个（三级构造油气田）。目前我国主要油田包括：大庆油田、胜利油田、长庆油田、辽河油田、克拉玛依油田 6、四川油田、华北油田、大港油田、中原油田、吉林油田、河南油田、江汉油田、江苏油田、青海油田、塔里木油田、土哈油田、玉门油田、滇黔桂石油勘探局、冀东油田、中国海洋石油南海东部公司。以下是我国主要的陆上石油产地。

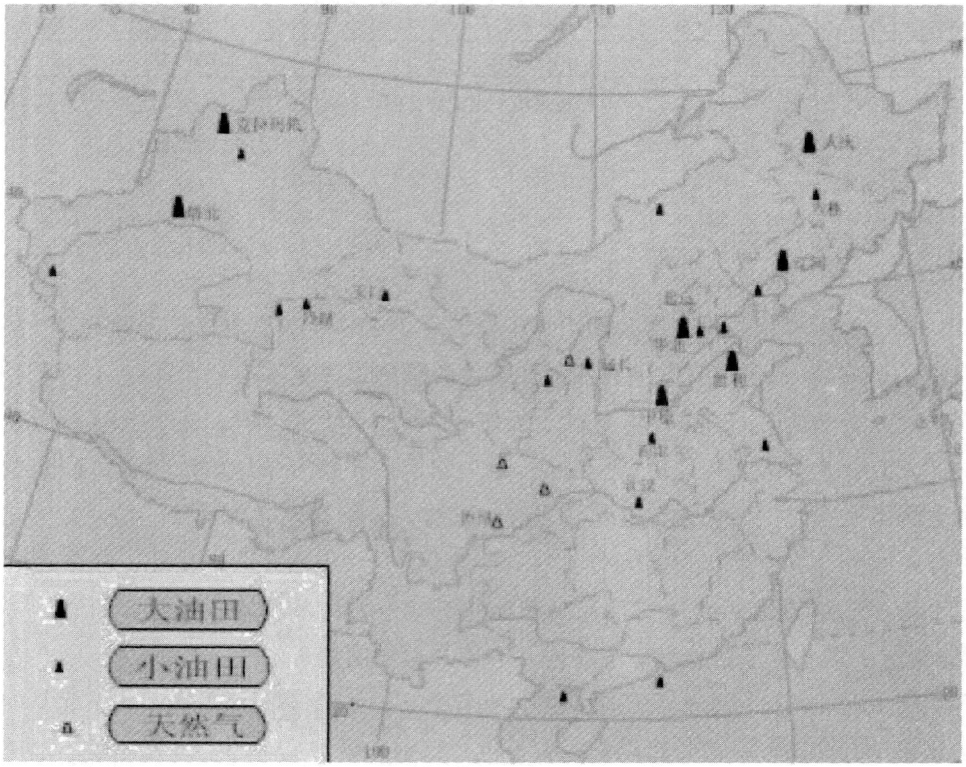

中国主要油气田分布

大庆油田：位于黑龙江省西部，松嫩平原中部，地处哈尔滨、齐齐哈尔市之间。油田南北长140公里，东西最宽处70公里，总面积5470平方公里。1960年3月党中央批准开展石油会战，1963年形成了600万吨的生产能力，当年生产原油439万吨，对实现中国石油自给自足起到了决定性作用。1976年原油产量突破5000万吨成为我国第一大油田。目前，大庆油田采用新工艺、新技术使原油产量仍然保持在4000万吨以上。

胜利油田：地处山东北部渤海之滨的黄河三角洲地带，主要分布在东营、滨洲、德洲、济南、潍坊、淄博、聊城、烟台等8个城市的28个县（区）境内，主要开采范围约4.4平方公里，是我要第二大油田。

辽河油田：主要分布在辽河中上游平原以及内蒙古东部和辽东湾滩海地区。已开发建设26个油田，建成兴隆台、曙光、欢喜岭、锦州、高升、沈阳、茨榆坨、冷家、科尔沁等9个主要生产基地，地跨辽宁省和内蒙古自治区的13市（地）32县（旗），总面积10万平方公里，产量居全国第三位。

克拉玛依油田：地处新疆克拉玛依市。40年来在准噶尔盆地和塔里木盆地找到了19个油气田，以克拉玛依为主，开发了15个油气田，建成了792万吨原油配套生产能力（稀油603.1万吨，稠油188.9万吨），从1900年起，陆上原油产量居全国第四位。

四川油田：地处四川盆地，已有60年的历史，发现油田12个。在盆地内建成南部、西南部、西北部、东部4个气区。目前生产天然气产量占全国总量近一半，是我国第一大气田。

华北油田：位于河北省中部冀中平原的任丘市，包括京、冀、晋、蒙区域内油气生产区。1975年，冀中平原上的一口探井任4喷出日产千吨高产工业油流，发现了我国最大的碳酸盐岩潜山大油田任丘油田。1978年原油产量达到1723万吨，为当年全国原油产量突破1亿吨做出了重要贡献。直到

1986年，保持年产量原油1千万吨达10年之久。目前原油产量约400多万吨。

大港油田：位于天津市大港区，其勘探地域辽阔，包括大港探区及新疆尤尔都斯盆地，总勘探面积34629平方公里，其中大港探区18628平方公里。现已在大港探区建成投产15个油气田24个开发区，形成年产原油430万吨和天然气3.8亿立方米生产能力。目前，发现了千米桥等上亿吨含油气构造，为老油田的增储上产开辟了新的油气区。

中原油田：地处河南省濮阳地区，于1975年发现，经过20年的勘探开发建设，已累计探明石油地质储量4.55亿吨，探明天然气地质储量395.7亿立方米，累计生产原油7723万吨、天然气133.8亿立方米。现已是我国东部地区重要的石油天然气生产基地之一。

吉林油田：地处吉林省扶余地区，油气勘探开发在吉林省境内的两大盆地展开，先后发现并探明了18个油田，其中扶余、新民两个油田是储量超亿吨的大型油田，油田生产已达到年产原油350万吨以上，形万了原油加工能力70万吨特大型企业的生产规模。

河南油田：地处豫西南的南阳盆地，矿区横跨南阳、驻马店、平顶山三地市，分布在新野、唐河等8县境内。已累计找到14个油田，探明石油地质储量1.7亿吨及含油面积117.9平方公里。

长庆油田：勘探区域主要在陕甘宁盆地，勘探总面积约37万平方公里。油气勘探开发建设始于1970年，先后找到了油气田22个，其中油田19个，累计探明油气地质储量54188.8万吨（含天然气探明储量2330.08亿立方米），目前已成为我国主要的天然气产区，并成为北京天然气的主要输送基地。长庆油田已成为我国重要能源基地和油气上产主战场。2009年长庆油田油气当量将达到3000万吨。2015年长庆油田油气当量将达到5000万吨。

江汉油田：是我国中南地区重要的综合型石油基地。油田主要分布在湖北省境内的潜江、荆沙等7个市县和山东寿光市、广饶县以及湖南省境内衡阳市。先后发现24个油气田，探明含油面积139.6平方公里、含气面积71.04平方公里，累计生产原油2118.73万吨、天然气9.54亿立方米。

江苏油田：油区主要分布在江苏的扬州、盐城、淮阴、镇江4个地区8个县市，已投入开发的油气田22个。目前勘探的主要对象在苏北盆地东台坳陷。

青海油田：位于青海省西北部柴达木盆地。盆地面积约25万平方公里，沉积面积12万平方公里，具有油气远景的中新生界沉积面积约9.6万平方公里。目前，已探明油田16个，气田6个。

塔里木油田：位于新疆南部的塔里木盆地。东西长1400公里，南北最宽外520公里，总面积56万平方公里，是我国最大和内陆盆地。中部是号称“死亡之海”的塔克拉玛干大沙漠。1988年轮南2井喷出高产油气流后，经过7年的勘探，已探明9个大中型油气田、26个含油气构造，累计探明油气地质储量3.78亿吨，具备年产500万吨原油；100万吨凝析、25亿立方米天然气的资源保证。

吐哈油田：新疆吐鲁番、哈密盆地境内，负责吐鲁番、哈密盆地的石油勘探。盆地东西长600公、南北宽130公里，面积约5。3万平方公里。于1991年2月全面展开吐哈石油勘探开发会战。截止1995年底，共发现鄯善、温吉桑等14个油气油田和6个含油气构造探明含油气面积178.1平方公里，累计探明石油地质储量2.08亿吨、天然气储量731亿立方米。

玉门油田：位于甘肃玉门市境内，总面积114.37平方公里。油田于1939年投入开发，1959生产原油曾达到140.29万吨，占当年全国原油产量的50.9。创造了70年代60万吨稳产10年和80

年代50万吨稳产10的优异成绩。誉为中国石油工业的摇篮。

二、发展趋势：海上油气将成为我国未来石油资源的主要接替区

海洋蕴藏着丰富的油气资源，全球近十年发现的大型油气田中，海洋油气田已占60%以上，尤其是300米以上的深水海域，尚有2000亿桶未探明的油气储量。国际能源界早已形成共识，海洋油气特别是深海油气，将是未来世界油气资源接替的重要区域。

2009年海洋石油产量已占全球石油总产量的33%，预计到2020年，这一比例升至35%；海洋天然气产量占全球天然气总产量的31%，预计2020年，这一比例升至41%。此外，海洋中还蕴藏极其丰富的可燃冰资源。可燃冰通常赋存于水深200米～1500米的海底地层中，被公认为是21世纪的新型能源。初步统计显示，海底多金属结核总资源量3万亿吨，有商业开采潜力的高达750亿吨。

虽然全球深水油气资源储量丰富，但分布十分不均匀，主要分布在巴西、墨西哥湾、西非三大热点区域，通常称为“金三角”。目前全球100多个国家开展海上油气勘探活动，其中30多个国家涉足“深水区”。

始于20世纪40年代的海洋石油工业发展迅猛。1998年，海洋地质学家对“深水”的界定才从200米的大陆架边缘扩展为300米。而最近10年，全球海上油气勘探领域已从水深300米的浅水区扩展到3000米的深水区。《油气杂志》预测，未来油气田平均储量将随水深而大幅增加，超过1000米水深的油气田平均储量将是浅水区域的两倍以上。

2002年～2008年，在全球634个海上油气开发项目中，超过500米的深水项目占48%，超过1500米的超深水项目占22%。深水将成为未来油气资源争夺的主战场，其原因主要表现在两个方面，一是深水油气勘探开发有利可图。剑桥能源咨询公司计算结果表明，国际油价每桶55美元～85美元，深水油气项目便有经济效益；二是陆上油气资源重大发现概率越来越小。统计显示，截至2008年底，全球已有66个国家能源生产达到峰值。从上个世纪90年代开始，世界主要产油区年均产量降低2.6%。

与之相反，1999年～2009年，全球海上油气探明储量稳中有升。截至2009年，海上油气探明储量452亿吨，估计这仅占全部储量的20%，尚处于勘探早期阶段。

近几年，国际石油公司不断加大深水油气勘探开发力度。剑桥能源咨询公司数据显示，2004年～2009年，全球海上勘探开发资本支出迅速上升，从570亿美元升至1520亿美元。预计2013年，海上勘探开发资本支出超过3600亿美元。投资热点依然是“金三角”，亚洲也将成为未来海上油气勘探开发的一个新亮点。

随着我国经济连续多年的高速发展，石油对外依赖程度快速上升趋势愈加明显，自1993年开始成为成品油净进口国，1996年成为原油净进口国后，我国石油进口稳步快速上升，进口费用也在逐年增长。根据国际能源机构测算，2010年我国对外石油依赖程度将达到61%，到2020年将达到破天荒的76.9%。如此之高的进口石油依存程度，一旦遇上国际政治等不确定因素影响，将对我国国民经济建设造成不可估量的损失。因此，加强海洋油气勘探开发已经成为立足国内油气资源，保障我国石油供应安全的不二选择，也是国际应对陆上资源日趋枯竭的战略性举措。

我国近海已发现的大型含油气盆地有10个，它们是渤海盆地、北黄海盆地、南黄海盆地、东海盆地、台湾西部盆地、南海珠江口盆地、琉东南盆地、北部湾盆地、莺歌海盆地和台湾浅滩盆地。已探明的各种类型的储油构造400多个。截至2002年底，全国累计探明石油地质储量227亿吨，

山西阳煤丰喜肥业(集团)有限责任公司
SHANXI YANGMEI FENGXI FERTILIZER INDUSTRY (GROUP) LLC.

累计探明可采储量64亿吨，石油可采资源探明率为46%。而其中，海域勘探程度更低，总体尚处于勘探早期阶段，拥有石油可采储量25亿吨，已探明的可采储量为3.9亿吨，只占全部可开采储量的16%。

被国际誉称为“第二个波斯湾”的南海，据测算油气总储量达300亿吨，已探明的可采储量只有8.1亿吨，占总储量的2.7%；南海面积达350万平方公里，目前已勘探的海区只有16万平方公里，占总面积的4.57%。

根据科学家估算，我国的海洋石油储量可达22亿吨，天然气储量达480亿立方米，而且各个大海区不断有新的油气田发现。据估计，我国的海底石油资源储量约占全国石油资源储量的10%-14%；我国的海底天然气资源量约占全国天然气资源的25%-34%。如此看来，我国进行海上油气资源开发具有十分广阔的前景，可以说，海上油气将成为我国未来石油资源的主要接替区。

三原油和天然气开采行业重点区域发展分析

一、陕西省：第一油气大省

（一）行业规模：扩张速度减缓

2011年，陕西省原油和天然气开采行业有29家企业，较2010年的61家减少32家；资产总额为3123.27亿元，同比增长15.31%；负债总计1811.92亿元，同比增长18.34%。企业数量的减少、资产总额增速的放缓都表明行业的扩张速度在放缓

2011年陕西省原油和天然气开采行业企业规模状况

	企业数量	从业人员	资产总计	增长率	负债总计	增长率
2007.11	5	88268	1550.73	18.87	1003.65	38.71
2008.11	20	89046	1805.60	16.06	1074.20	6.74
2009.11	58	86106	2277.29	46.54	1325.40	48.98
2010.11	61	100458	2654.05	15.93	1401.29	5.47
2011.12	**29**	**107541**	**3123.27**	**15.31**	**1811.92**	**18.34**

数据来源：国家统计局

（二）企业类型：以股份制企业为主

2011年，陕西省原油和天然气开采行业资产总额为3123.27亿元，同比增长15.31%，占全国比重为17.17%。其中股份制企业资产额为2877.7亿元，同比增长14.98%，占全省比重为92.14%。可见，陕西省原油和天然气开采行业内企业主要以股份制企业为主。

2011年陕西省原油和天然气开采行业各企业类型资产情况

所有制	资产总计（亿元）	同比增长（%）	比重（%）
全部	3123.27	15.31	100.00
股份制企业	2877.70	14.98	92.14
国有企业	213.85	16.23	6.85
私营企业	14.78	30.37	0.47
其他	11.51	61.10	0.37
股份合作企业	4.76	71.79	0.15
集体企业	0.67	12.66	0.02

数据来源：国家统计局

（三）产销：2011 年产量突破 5000 万吨

陕西是中国重要的石油和天然气资源大省。陕西地区的油气资源主要集中在陕北地区，这里属于鄂尔多斯盆地的一部分。鄂尔多斯盆地是我国第二大沉积盆地，横跨陕西、甘肃、宁夏、内蒙古、山西五省区，蕴藏着极为丰富的石油和天然气资源。到 2006 年底，陕西石油探明储量 14 亿吨，居全国第五位；天然气探明储量 1.02 万亿立方米，居全国第三位。

2011 年陕西省天然原油产量超天津跃居第二，达 3225.4 万吨，同比增长率为 6.9%。2011 年 1-12 月陕西省天然气产量达 272.2 亿立方米，同比增长率为 21.81%，占全国天然气产量的 26.5% 份额，产量居全国首位。2011 年岁末，随着陕西延长石油和长庆石油两大油田开发油气当量双双创出低渗透油气田持续增产新纪录，陕西全年开发油气当量突破 5000 万吨大关，同比增长 14.3%，跃居全国第一油气大省。

2011 年，陕西原油和天然气开采行业实现工业总产值 1622.53 亿元，同比增长 36.07%。

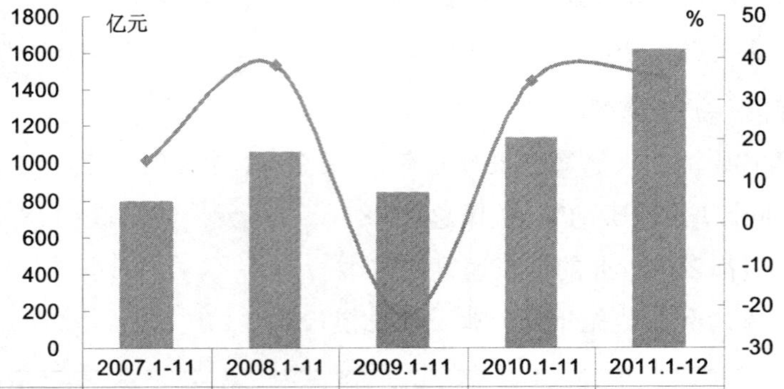

	2007.1-11	2008.1-11	2009.1-11	2010.1-11	2011.1-12
工业总产值	793.80	1057.79	839.50	1140.20	1622.53
增长率	14.96	38.02	-22.41	34.42	36.07

数据来源：国家统计局

2011 年陕西省原油和天然气开采行业工业总产值情况

2011 年，陕西省原油和天然气开采行业实现销售收入 1560.47 亿元，同比增长 29.91%。

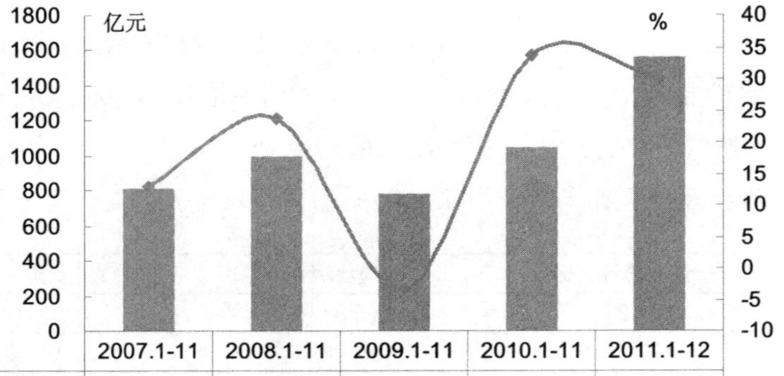

	2007.1-11	2008.1-11	2009.1-11	2010.1-11	2011.1-12
销售收入	807.81	1001.29	779.54	1053.66	1560.47
增长率	13.00	23.68	-3.57	33.68	29.91

数据来源：国家统计局

2011 年陕西省原油和天然气开采行业销售收入情况

山西阳煤丰喜肥业(集团)有限责任公司
SHANXI YANGMEI FENGXI FERTILIZER INDUSTRY (GROUP) LLC.

（四）效益状况：继续好转

2011 年，陕西省原油和天然气开采行业的经营效益较上一年继续好转，基本上各项指标都好于 2010 年，其中销售利润率为 34.34%，较上年加快 2.43%；利息保障倍数为 94.48 倍，较上一年增长 56.05 倍；应收账款周转率为 82.98 次，较上一年增加 48.79 次。

2011 年陕西省原油和天然气开采行业效益状况

	2011 年 12 月	2010 年 11 月	2009 年 11 月	2008 年 11 月	2007 年 11 月
盈利能力					
销售毛利率（%）	54.96	50.32	45.21	49.71	43.55
销售利润率（%）	34.34	31.91	27.60	41.11	35.54
资产报酬率（%）	17.34	14.19	10.66	25.43	20.78
偿债能力					
负债率（%）	58.01	52.80	58.20	59.49	64.72
亏损面（%）	10.34	8.20	8.62	50.00	20.00
利息保障倍数（倍）	94.48	38.43	30.40	45.39	35.53
发展能力					
应收帐款增长率（%）	-27.72	-31.23	-2.14	-19.89	-3.58
利润总额增长率（%）	70.16	55.84	-17.63	43.37	-1.75
资产增长率（%）	15.31	15.93	46.54	16.06	18.87
销售收入增长率（%）	29.91	33.68	-3.57	23.68	13.00
营运能力					
应收帐款周转率（次）	82.98	34.19	17.30	21.13	13.93
产成品周转率（次）	61.37	39.52	50.46	84.28	26.76
流动资产周转率（次）	2.62	1.79	1.50	2.46	2.19

数据来源：国家统计局

二、新疆省：发展较为稳定

（一）行业规模：近三年来较为稳定

近四年来，新疆省原油和天然气开采行业企业数量保持在 20 多家左右，变化不大。资产规模增速保持在 10% 左右，表明目前新疆省原油和天然气开采行业发展较为稳定。

2011 年新疆省原油和天然气开采行业规模情况

	企业数量	从业人员	资产总计	增长率	负债总计	增长率
2007.11	19	108039	1527.64	15.53	668.52	11.16
2008.11	22	97822	1580.12	10.43	667.67	4.37
2009.11	28	120306	1832.61	8.65	808.62	8.85
2010.11	27	101751	2057.05	12.20	767.47	-5.08
2011.12	24	102242	2285.01	9.33	968.80	7.98

数据来源：国家统计局

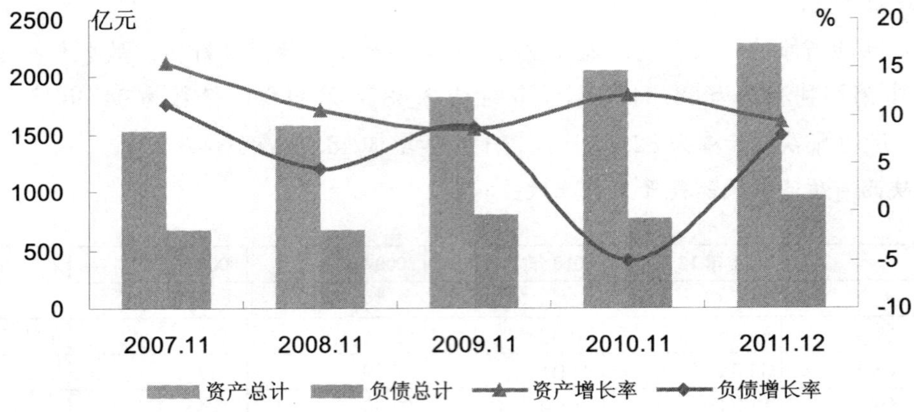

数据来源：国家统计局

2011 年新疆省原油和天然气开采行业资产和负债情况

（二）企业类型：以股份合作制企业为主

2011 年，新疆省原油和天然气开采行业资产总额为 2285.01 亿元，同比增长 9.33%。其中股份制企业资产额为 2118.58 亿元，同比增长 8.66%，占全省比重为 92.72%。可见，新疆省原油和天然气开采行业内企业主要以股份制企业为主。

2011 年新疆省原油和天然气开采行业企业类型

所有制	资产总计（亿元）	同比增长（%）	比重（%）
全部	2285.01	9.33	100.00
国有企业	120.14	21.01	5.26
股份合作企业	4.94	37.49	0.22
股份制企业	2118.58	8.66	92.72
私营企业	9.38	-0.37	0.41
其他	31.96	14.75	1.40

数据来源：国家统计局

（三）产销：保持较高增长速度

2011 年，新疆省原油产量为原油累计产量为 2615.63 万吨，同比增长 2.2%，占全国的 12.8%。其中：克拉玛依油田 2011 年原油产量达 1090 万吨，占新疆省全省原油产量的 42%。2011 年中石油克拉玛依油田在石油探明方面发展较快，在准噶尔盆地东部探明万吨级整装油藏，含油面积 16.88 平方公里，储量规模 5057 万吨。中石油克拉玛依油田是新中国成立以来的第一个大油田，同时也称新疆油田公司，经过 50 多年的勘探，已形成乌尔禾稀油、风城稠油、陆东天然气 3 个亿吨级油气区。目前建成了 2000 万吨级炼油加工基地，原油产量连续 10 年超过千万吨，成为中国西部第一个千万吨大油田，

2011 年，新疆省原油和天然气开采行业实现工业总产值 1574.12 亿元，同比增长 35.14%，

山西阳煤丰喜肥业(集团)有限责任公司
SHANXI YANGMEI FENGXI FERTILIZER INDUSTRY (GROUP) LLC.

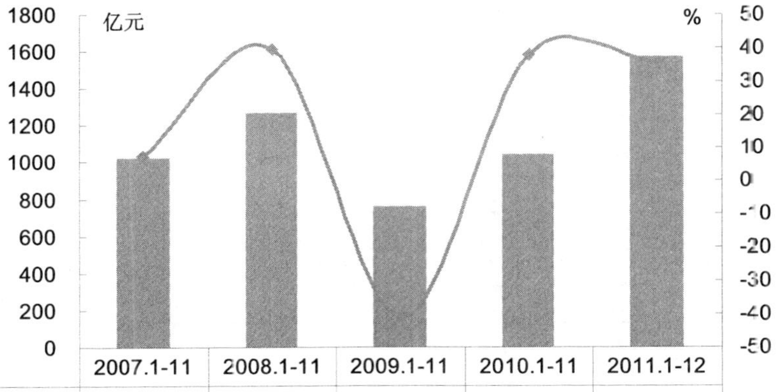

	2007.1-11	2008.1-11	2009.1-11	2010.1-11	2011.1-12
工业总产值	1019.99	1270.72	759.09	1046.74	1574.19
增长率	7.51	39.28	-41.13	37.82	35.14

数据来源：国家统计局

2011 年新疆省原油和天然气开采行业工业总产值情况

2011 年，新疆原油和天然气开采行业实现销售产值 1585. 58 亿元，同比增长 27 32%。

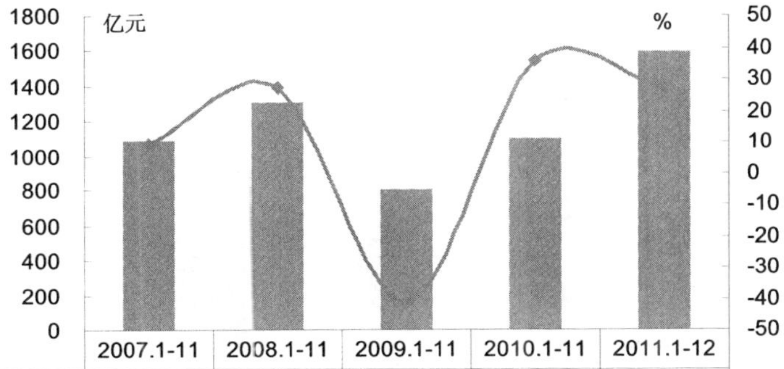

	2007.1-11	2008.1-11	2009.1-11	2010.1-11	2011.1-12
销售收入	1085.29	1305.90	807.15	1097.63	1589.58
增长率	9.45	26.91	-41.29	35.88	27.32

数据来源：国家统计局

2011 年新疆省原油和天然气开采行业销售收入情况

（四）效益状况：利润率水平较高亏损额为近三年以来最低

2011 年，新疆省原油和天然气开采行业财务状况较 2010 年更好，其中比较抢眼的是：销售毛利率和销售利润率保持较高水平，2011 年分别为：59. 55%，42. 09%。另外利息保障倍数也达到 92. 07 倍。行业的效益状况较好。

2011 年新疆省原油和天然气开采行业效益状况

	2011 年 12 月	2010 年 11 月	2009 年 11 月	2008 年 11 月	2007 年 11 月	
盈利能力						
销售毛利率（%）	59.55	55.43	48.78	68.62	60.00	4.12
销售利润率（%）	42.09	41.28	33.61	56.78	49.43	0.82
资产报酬率（%）	29.60	24.45	16.73	51.79	38.88	5.16
偿债能力						
负债率（%）	42.40	37.31	44.12	42.25	43.76	5.09
亏损面（%）	4.17	37.04	46.43	27.27	15.79	-32.87

利息保障倍数（倍）	92.07	58.44	28.90	87.37	68.26	33.62
发展能力						
应收帐款增长率（%）	24.11	-38.76	27.09	-13.72	26.84	62.86
利润总额增长率（%）	40.11	66.86	-63.31	38.30	1.03	-26.75
资产增长率（%）	9.33	12.20	8.65	10.43	15.53	-2.87
销售收入增长率（%）	27.32	35.88	-41.29	26.91	9.45	-8.56
营运能力						
应收帐款周转率（次）	30.52	14.59	6.61	23.76	13.52	15.93
产成品周转率（次）	42.99	18.84	15.67	15.57	15.27	24.15
流动资产周转率（次）	3.48	2.43	2.19	4.56	3.33	1.05

数据来源：国家统计局

2011 年，新疆省原油和天然气开采行业亏损总额为 6.76 亿元，同比下降 54.08%。亏损水平为近三年以来的最低。

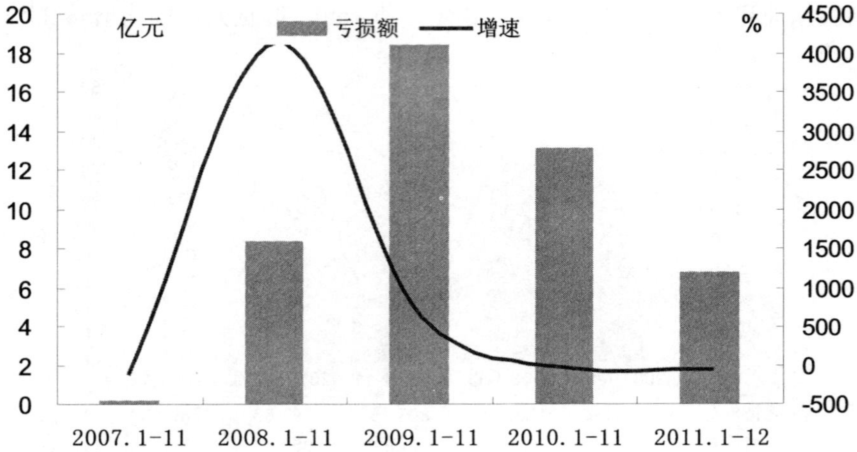

数据来源：国家统计局

2011 年新疆省原油和天然气开采行业亏损情况

三、黑龙江省：产销保持高速增长

（一）行业规模：企业数量变化不大资产增速放缓

2011 年，黑龙江省原油和天然气开采行业企业数量为 22 家，近五年以来行业企业数量没有较大变化，保持在 22 家左右。2011 年，黑龙江省行业资产总额为 2785.11 亿元，同比增长 11.11%，同比增速为近三年以来最低，表明省内行业发展较为稳定。

2011 年黑龙江省原油和天然气开采行业规模情况

	企业数量	从业人员	资产总计	增长率	负债总计	增长率
2007.11	23	110578	1471.80	23.49	472.15	52.29
2008.11	25	126679	1581.79	7.38	415.80	-11.99
2009.11	22	123442	2139.27	35.09	670.45	59.80
2010.11	26	124007	2507.69	17.20	617.75	-7.92
2011.12	22	122465	2785.11	11.11	823.96	37.83

数据来源：国家统计局

山西阳煤丰喜肥业(集团)有限责任公司
SHANXI YANG MEI FENGXI FERTILIZER INDUSTRY (GROUP) LLC.

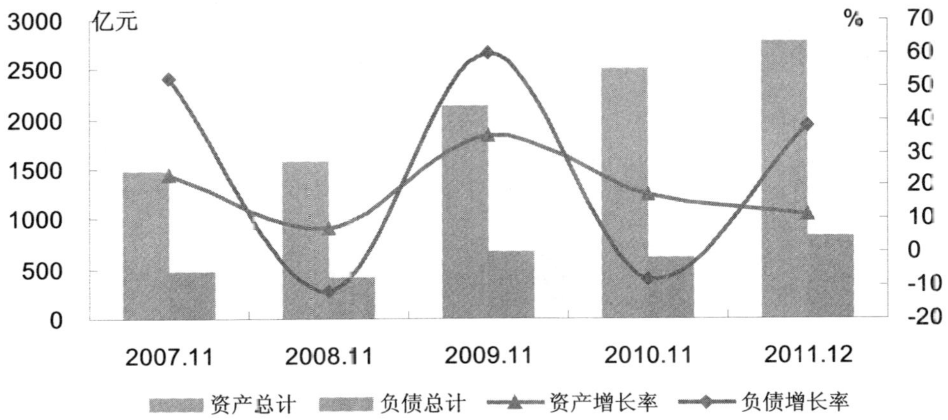

数据来源：国家统计局

2011 年黑龙江省原油和天然气开采行业资产和负债情况

（二）企业类型：国有企业和私营企业都不是省内行业企业的主要类型

2011 年，黑龙江省原油和天然气开采行业企业资产额为 2785.11 亿元，同比增长 11.11%。其中国有企业、集体企业和私营企业都不是行业内主要的企业类型，主要以其他类型方式存在，其他类型企业的资产额为 2617.16 亿元，占全省资产总额的 93.97%。

2011 年黑龙江省原油和天然气开采行业企业类型

所有制	资产总计（亿元）	同比增长（%）	比重（%）
全部	2785.11	11.11	100.00
国有企业	63.20	175.27	2.27
集体企业	21.53	-2.65	0.77
私营企业	6.01	-3.93	0.22
外商和港澳台投资企业	77.21	147.00	2.77
其他	2617.16	7.96	93.97

数据来源：国家统计局

（三）产销：保持较高速度增长

2011 年，黑龙江省原油和天然气开采行业实现工业总产值 2205.38 亿元，同比增长 36.81%。这是继上一年增速达到 37.43% 以后，增速继续保持在 35% 以上的高位。

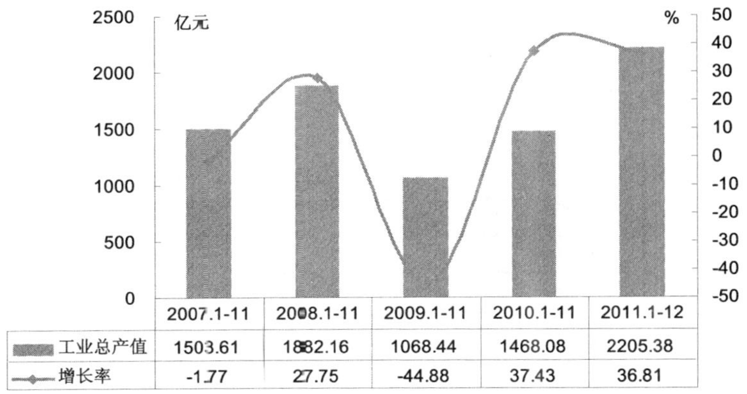

数据来源：国家统计局

2011年，黑龙江省原油和天然气开采行业实现销售收入2210.68亿元，同比增长33.61%，也是连续两年以来增速保持在30%以上。

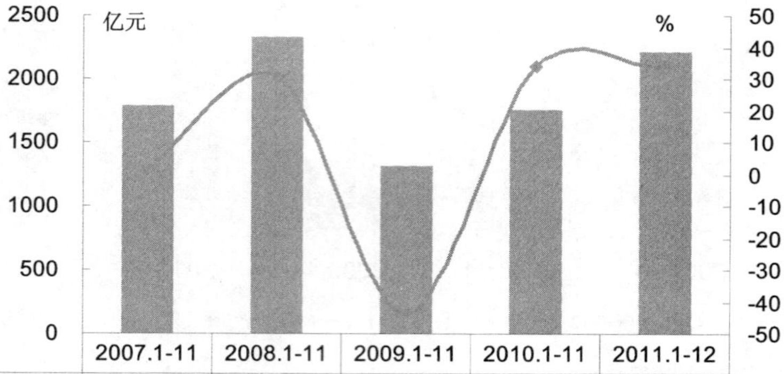

	2007.1-11	2008.1-11	2009.1-11	2010.1-11	2011.1-12
销售收入	1782.66	2330.97	1319.21	1764.25	2210.68
增长率	1.26	30.77	-43.47	33.72	33.61

数据来源：国家统计局

2011年黑龙江省原油和天然气开采行业工业总产值情况

（四）效益状况：较上一年稍有好转

从盈利状况看，2011年黑龙江省原油和天然气开采行业各项指标较上一年均有好转，其销售毛利率、销售利润率以及资产报酬率分别为：72.45%、42.97%、33.72%，分别较上一年增上14.59%、4.95%、4.62%。

从偿债能力指标看，其负债率增加，亏损面稍有减少，利息保障倍数有所好转，但仍然较低，行业的偿债能力基本与上一年持平。

从发展能力指标看，其发展能力较上年有所增强。

从营运能力指标看，各项指标基本与上年持平。

总的来说，行业效益状况较上年有所好转。

2011年黑龙江省原油和天然气开采行业效益状况

	2011年12月	2010年11月	2009年11月	2008年11月	2007年11月
盈利能力					
销售毛利率（%）	72.45	57.86	50.72	66.59	65.66
销售利润率（%）	42.97	38.03	40.27	59.15	57.11
资产报酬率（%）	33.72	29.11	27.09	94.81	75.24
偿债能力					
负债率（%）	29.58	24.63	31.34	26.29	32.08
亏损面（%）	9.09	15.38	27.27	28.00	39.13
利息保障倍数（倍）	-86.89	-359.59	-13088.03	-345.67	-340.62
发展能力					
应收帐款增长率（%）	43.74	4.83	-16.67	7.41	38.08
利润总额增长率（%）	36.12	26.30	-61.47	35.42	-10.59
资产增长率（%）	11.11	17.20	35.09	7.38	23.49
销售收入增长率（%）	33.61	33.72	-43.47	30.77	1.26
营运能力					
应收帐款周转率（次）	215.25	244.91	193.65	280.85	345.61

山西阳煤丰喜肥业(集团)有限责任公司
SHANXI YANG MEI FENGXI FERTILIZER INDUSTRY (GROUP) LLC.

产成品周转率（次）	29.83	45.38	48.81	56.82	40.84
流动资产周转率（次）	3.25	2.80	4.00	6.97	4.92

数据来源：国家统计局

四、四川省：行业内的黑马

（一）行业规模：保持一定速度扩张

2011 年，四川省原油和天然气开采行业企业数量为 29 家，较上年增加 12 家。同时资产总额为 3123.27 亿元，同比增长 15.31%，表明行业规模仍然在保持一定速度的扩张。

2011 年四川省原油和天然气开采行业规模情况

	企业数量	从业人员	资产总计	增长率	负债总计	增长率
2007.11	14	67022	566.85	32.41	283.33	47.67
2008.11	16	60118	734.82	31.12	389.75	25.52
2009.11	19	88835	1023.81	20.03	581.43	17.4[illegible]
2010.11	17	92490	1470.65	41.54	851.95	42.97
2011.12	29	107541	3123.27	15.31	1811.92	18.34

数据来源：国家统计局

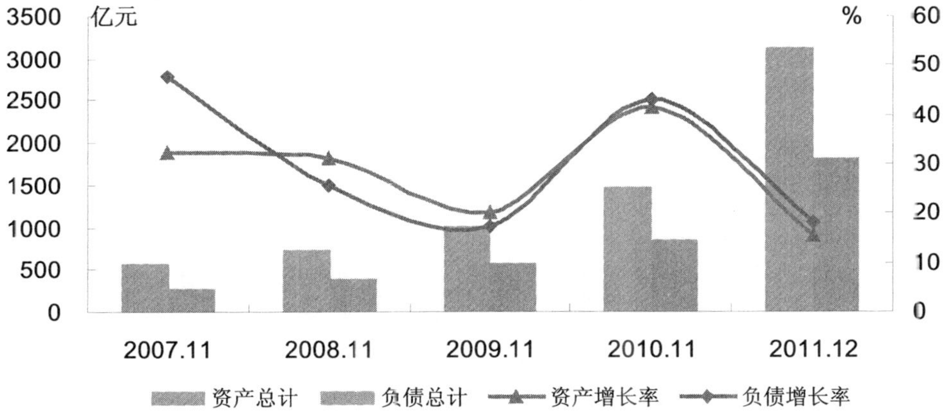

数据来源：国家统计局

2011 年四川省原油和天然气开采行业资产和负债情况

（二）企业类型：国有企业和股份制企业各占半壁江山

2011 年，四川省原油和天然气开采行业资产总额为 1770.57 亿元，同比增长 19.45%。其中国有企业和股份制企业资产分别为 948.36 亿元、806.31 亿元，分别占省内行业总资产的 53.36%、45.54%。

2011 年四川省原油和天然气开采行业企业类型

所有制	资产总计（亿元）	同比增长（%）	比重（%）
全部	1770.57	19.45	100.00
国有企业	948.36	14.20	53.56
股份制企业	806.31	26.50	45.54
私营企业	1.03	16.19	0.06
其他	14.87	9.93	0.84

数据来源：国家统计局

（三）产销：大幅增长工业总产值和销售产值双双超过 1000 亿元

2011 年，四川省原油和天然气开采行业实现工业总产值 1622. 53 亿元，同比增长 36. 07%；实现销售收入 1560. 47 亿元，同比增长 29. 91%。行业工业总产值和销售收入均保持大幅度增长，同时双双超过千亿元大关。

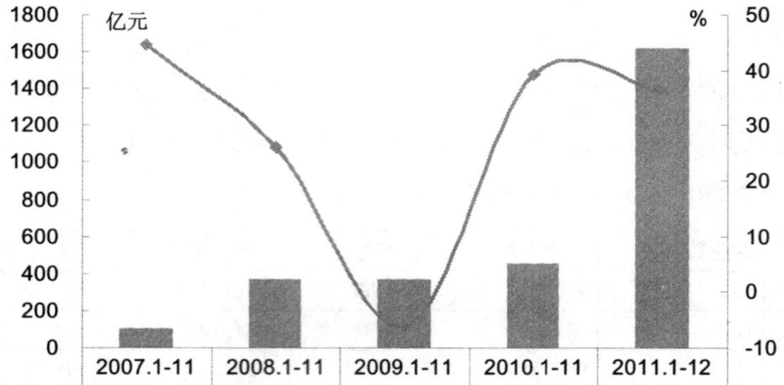

	2007.1-11	2008.1-11	2009.1-11	2010.1-11	2011.1-12
工业总产值	103.82	367.21	370.87	451.06	1622.53
增长率	44.76	26.08	-6.36	39.35	36.07

数据来源：国家统计局

2011 年四川省原油和天然气开采行业工业总产值情况

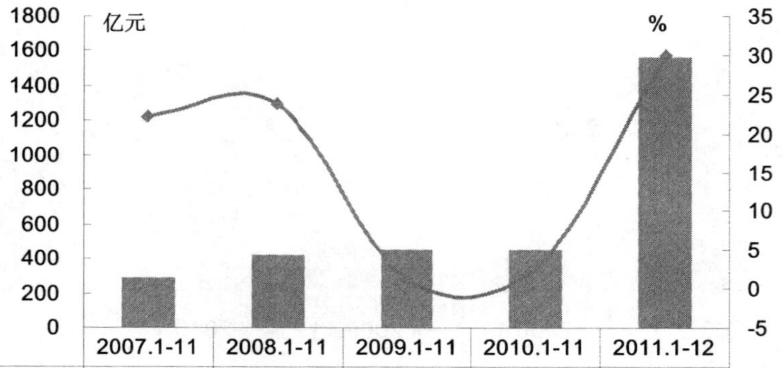

	2007.1-11	2008.1-11	2009.1-11	2010.1-11	2011.1-12
销售收入	286.21	416.78	447.94	455.92	1560.47
增长率	22.15	23.74	1.24	2.74	29.91

数据来源：国家统计局

2011 年四川省原油和天然气开采行业销售收入情况

（四）效益状况：较 2010 年明显好转

2011 年，四川省原油和天然气开采行业的效益状况较 2010 年明显好转。不管是从盈利能力、还是偿债能力、还是发展能力还是营运能力上看，各项指标均有较大幅度好转，行业效益状况较 2010 年有明显好转。

2011 年四川省原油和天然气开采行业效益状况

	2011 年 12 月	2010 年 11 月	2009 年 11 月	2008 年 11 月	2007 年 11 月
盈利能力					
销售毛利率（%）	54.96	17.33	14.92	10.26	21.84

山西阳煤丰喜肥业(集团)有限责任公司
SHANXI YANGMEI FENGXI FERTILIZER INDUSTRY (GROUP) LLC.

销售利润率（%）	34.34	12.51	2.59	8.33	9.37
资产报酬率（%）	17.34	4.96	1.82	5.76	5.66
偿债能力					
负债率（%）	58.01	57.93	56.79	53.04	49.98
亏损面（%）	10.34	5.88	10.53	6.25	14.29
利息保障倍数（倍）	94.48	6.77	3.12	9.59	11.48
发展能力					
应收帐款增长率（%）	-27.72	3.49	43.80	131.51	55.03
利润总额增长率（%）	70.16	400.86	-66.22	64.52	13.62
资产增长率（%）	15.31	41.54	20.03	31.12	32.41
销售收入增长率（%）	29.91	2.74	1.24	23.74	22.15
营运能力					
应收帐款周转率（次）	82.98	5.69	5.78	8.00	11.58
产成品周转率（次）	61.37	435.58	206.09	117.88	57.37
流动资产周转率（次）	2.62	1.47	1.96	2.36	0.75

数据来源：国家统计局

五、山东省：发展中的不确定性增加

（一）行业规模：资产和负债规模均大幅增长

2011 年，山东省原油和天然气开采行业企业数量与上一年持平，均为 17 家。资产额为 1578.86 亿元，同比增长 26.47%；负债为 754.7 亿元，同比增长 422.12 亿元。近几年来省内行业资产和负债增速并不稳定，表明行业在扩张过程中还有较多不确定性因素，面临较多风险。

2011 年山东省原油和天然气开采行业规模情况

	企业数量	从业人员	资产总计	增长率	负债总计	增长率
2007.11	13	65132	783.47	25.21	-81.04	-33.43
2008.11	12	72801	867.80	19.41	-128.06	31.30
2009.11	15	74166	1055.85	23.05	-71.04	-49.11
2010.11	17	111770	1141.26	7.61	123.64	-273.94
2011.12	17	111525	1578.86	26.47	754.70	422.12

数据来源：国家统计局

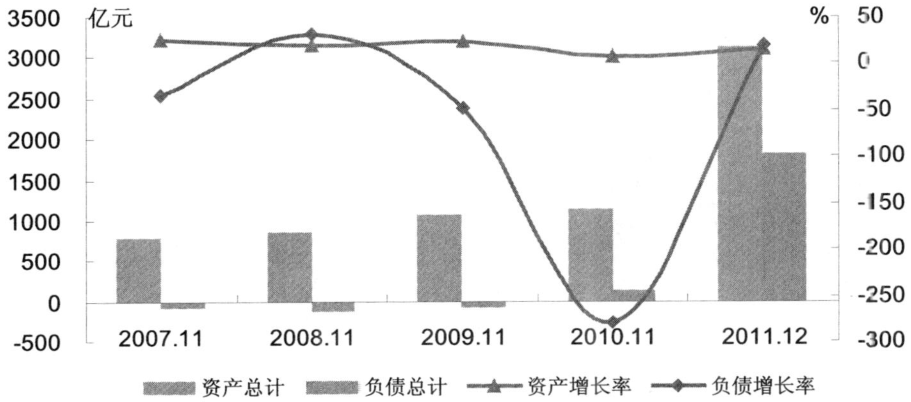

数据来源：国家统计局
2011 年山东省原油和天然气开采行业资产和负债情况

（二）资源状况：连续29年探明储量过亿吨

截至2011年12月31日，胜利油田新增探明石油地质储量1.5亿吨，生产原油2734万吨，生产天然气5亿立方米，圆满完成生产经营各项任务，实现“十二五”开门红。

以“发现50周年、产油10亿吨”为巨大动力，胜利油田围绕“加快海上、加大低渗、优化稠油、深化水驱、提升三采”五大主攻方向，强化开发理念创新和开发方式优化，依靠科技进步加快转变发展方式，在老区再次找到超过1亿吨的新增探明储量，实现连续29年探明储量过亿吨，连续9年探明、控制、预测三级储量均过亿吨。在西部新区，胜利油田成立西部上产会战运行小组，新组建新春采油厂，从东部调集钻井、作业、油建、运输等后勤保障力量，全力支持西部上产会战，发现了一个新的油田——春晖油田，实现了新增探明储量逾4000万吨，年度三级储量合计超过1亿吨。

（三）企业类型：其他类型企业是主角

2011年，山东省原油和天然气开采行业资产额为1578.86亿元，同比增长26.47%，其中其他类型企业资产总额为1567.63亿元，同比增长27.33%，占省内行业企业总资产比重为99.29%。表明省内行业内国有企业、股份制企业和私营企业均不是行业内的主要企业类型，主要是其他类型企业。

2011年山东省原油和天然气开采行业企业类型

所有制	资产总计（亿元）	同比增长（%）	比重（%）
全部	1578.86	26.47	100.00
国有企业	4.83	-44.96	0.31
股份制企业	1.90	-59.87	0.12
私营企业	3.48	21.43	0.22
外商和港澳台投资企业	1.03	22.30	0.07
其他	1567.63	27.33	99.29

数据来源：国家统计局

（四）产销：保持较高速度增长

2011年，山东省实现工业总产值1342.6亿元，同比增长28.97%。

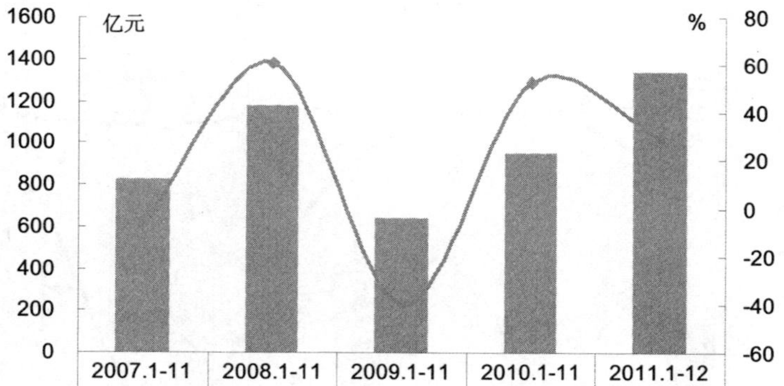

	2007.1-11	2008.1-11	2009.1-11	2010.1-11	2011.1-12
工业总产值	826.93	1177.26	642.57	950.35	1342.60
增长率	-6.89	61.21	-40.12	52.39	28.97

数据来源：国家统计局

2011年山东省原油和天然气开采行业工业总产值情况

2011 年，山东省原油和天然气开采行业实现销售收入 1347.91 亿元，同比增长 28.73%。

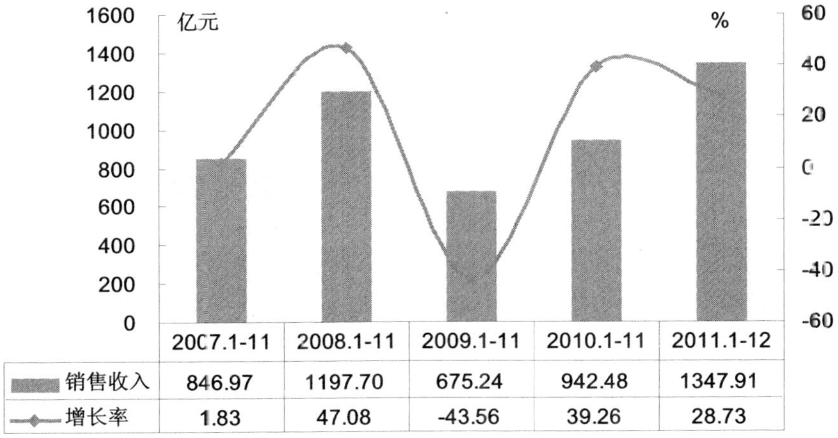

数据来源：国家统计局

2011 年山东省原油和天然气开采行业销售收入情况

（五）效益状况：基本与上年持平

2011 年，山东省石油和天然气行业的各项效益指标基本与上年持平。

2011 年山东省原油和天然气开采行业效益状况

	2011 年 12 月	2010 年 11 月	2009 年 11 月	2008 年 11 月	2007 年 11 月
盈利能力					
销售毛利率（%）	61.27	55.83	45.40	67.50	56.77
销售利润率（%）	31.03	30.38	25.53	42.18	41.12
资产报酬率（%）	26.79	27.92	18.51	64.54	49.62
偿债能力					
负债率（%）	47.80	10.83	-6.73	-14.76	-10.34
亏损面（%）	5.88	5.88	6.67	16.67	7.69
利息保障倍数（倍）	90.86	50.49	26.65	62.92	43.96
发展能力					
应收帐款增长率（%）	-45.25	33.68	-33.72	-15.44	-19.18
利润总额增长率（%）	37.94	65.85	-66.03	50.84	-16.58
资产增长率（%）	26.47	7.61	23.05	19.41	25.21
销售收入增长率（%）	28.73	39.26	-43.56	47.08	1.83
营运能力					
应收帐款周转率（次）	320.40	99.45	95.41	132.38	57.33
产成品周转率（次）	52.62	52.46	16.69	16.75	21.73
流动资产周转率（次）	3.74	15.24	12.17	18.12	11.61

数据来源：国家统计局

第三章 农业

第一节 全国粮食生产状况报告

一、中国粮食生产在世界的地位

1、幅员广，耕地少，产量低

2011 年中国与一些国家国土资源比较表

国家	国土面积（万平方公里）	人口（亿）	人均国土（平方公里）	人口密度（人／平方公里）
中国	960	13.2	72.82	141.3
日本	37.8	1.277	29.58	350.5
韩国	9.9	0.485	20.4	490.8
美国	936.3	3.013	310.75	32.9
德国	36	0.823	43.74	235.9
俄罗斯	1707.5	1.421	1201.6	8.7
加拿大	997.1	0.330	3023.3	3.6

这一组数据说明：中国人均的国土资源少，人口负担大。虽然比日本、德国、韩国人均占有多，但人均国土面积是美国、俄罗斯的 1 / 15，加拿大的 1/43 意味着中国国土的人口负担相对大一些。

2、人均耕地少，粮食生产有局限性。

2011 年中国与一些国家耕地对比表

国家	耕地面积（万公顷）	占陆地面积比重（%）	人均耕地（亩）
中国	13330	15.3	1.5
日本	436	12.0	0.5
韩国	162	16.4	0.5
美国	17445	19.0	8.9
德国	1190	34.1	2.2
俄罗斯	12178	7.4	12.8
加拿大	4566	5.0	21.2

这组数据反映，中国的耕地面积还是很大，仅次于美国。其人均占有只有 1.5 亩，除日本、韩国以外的其他国家比较少很多。说明中国这样一个国土面积大，人口众多的国家可耕地资源相对贫乏，粮食生产具有很大的局限性。但是，中国人民在党的领导下进行农村改革，调动农民的积极性，利用世界 1 / 10 的耕地养活了占世界 20%的人口，是对人类的巨大贡献。

3、依靠政策，调动农民积极性，粮食生产水平逐年上升。

各国粮食生产量比较表

山西阳煤丰喜肥业(集团)有限责任公司
SHANXI YANGMEI FENGXI FERTILIZER INDUSTRY (GROUP) LLC.

国家	总产量（万吨）		每公顷产量（公斤）		人均生产量	
	（公斤）	2008	1981	2008	1990	2008
中国	32502	57121	2734	5535	326	363
日本	1522	1213	4921	6004	117	95
美国	39332	40377	3697	6625	1143	1328
德国	2447	5010	4517	7116	535	610
俄罗斯	—	10539	1405	2388	704	750
加拿大	5155	5603	2344	3388	1827	1682
法国	4656	7009	4632	7293	967	1130

中国粮食生产增长速度之快，1981—2008 年 27 年间总产量增长 48%，年均增长 1.5%以上，粮食总产已居世界第一位。这是中国实行农村改革，改变生产关系解放农业生产力的结果。

在粮食增产中，国家重视科技投入，单位面积产量有显著提高。27 年间每公顷粮食产量提高一倍多，年递增率达到 2.8%，超过法国的 1.7%和德国的 1.8%速度。

尽管粮食增产幅度较大，但人口平均的粮食占有量仍然很低。1990 年人均粮食只有 326 公斤，2008 年达到 363 公斤，比美国、德国、加拿大、法国差距甚大。粮食安全问题，依然是中国的第一个大问题。

虽然耕地少，但潜力还是很大的。中国每公顷产量达到日本、德国、法国和美国的水平，产量还可以增加 1—1.5 亿吨。

二、中国粮食生产状况

改革开放以来，我国逐步改革统购统销的体制，提高粮食收购价格，减少定购数量，使粮食生产实现高速增长。我国粮食产量总体呈曲线增长趋势，波动比较频繁，具体可分为四个阶段：

第一阶段是 1978—1984 年。1980—1984 年我国粮食产量连续 5 年增产，由 1980 年的 32056 万吨增加到 1984 年的 40731 万吨，平均增长率为 5.4%，增长幅度较大。其原因主要有：改革开放初期以家庭联产承包制为核心的农业生产和经营体制的变革，有效激励机制的建立成为农业尤其是粮食生产迅速发展的制度保障；1979—1982 年国家连续 3 年大幅度提高粮食的收购价格，农民从粮食生产中获得了历史性的发展机遇；1980—1984 年国家在农业基础设施建设方面进行了长期的积累，为体制改革后粮食生产的快速发展提供了必要的物质基础。

第二阶段是 1984—1999 年。这一时期市场波动的特征很明显，频率周期很有规律。这一阶段粮食生产经历了五个短周期，每个短周期为三年，即 1984—1987 年、1987—1990 年、1990—1993 年、1993—1996 年、1996—1999 年，波动曲线都是下降期为一年，上升期为 2 年。在这一时期，我国由计划经济向市场经济过渡，从粮食购销双轨制到粮食市场价格放开后，市场价格对粮食产量的影响力加大。1985 年开始采取抑制粮食生产的政策，致使 1985 年粮食播种面积比 1984 年减少。1990 年以后政府从投入、资金及政策方面采取多种办法鼓励粮食生产，使粮食生产能够摆脱下滑趋势。从 1994 年开始实行的“粮食省长负责制”，使粮食播种面积从 1995 年起逐年增加。1997 年实行的“四分开、一并轨”政策，1998 年实行的“三项政策、一项改革”，使得 1996—1998 年基本上保持了 5000 万吨的平台。

第三阶段是 1999—2003 年。1999—2003 年连续五年减产（其中 2002 年产量略有回升），产量由51230万吨减少到43070万吨，低于1990年的粮食产量（44624万吨）。这主要是由于20世纪90年代中后期，粮食连续丰收，库存积压，出现了农民“卖粮难”、“储存难”的局面，政府财政负担加重，各级政府放松了粮食生产；另一方面，市场价格长期低迷，种粮直接成本接近或高于粮食零售价格，严重挫伤了农民的积极性，加之这段时间农业结构的调整和退耕还林、退耕还湖政策的实施，致使粮食播种面积大幅度减少。所以，这一段时间粮食产量一直处于下降的趋势。

第四阶段是2004—2011年。2004—2011年连续九年增产，产量由2004年的46946.9万吨增加到2011年的57121万吨，其间产量一直平稳增长。其主要原因是：第一，从1998—2003年连续5年我国粮食减产，导致了2003年底的粮价上涨，引起了政府的高度重视。政府连续出台6个中央一号文件，采取了一系列惠农政策，有力地促进了粮食增产。第二，受全球粮食减产及粮食用做生物能源等影响，造成国际粮食价格大幅度上涨，并影响到国内，从而刺激农民生产粮食的积极性。

三、农民收入现状

改革开放以来，我国农业在传统农业资源开发及农业产业组织方式下，由于其中的粮食生产等基本产业的产业利润率明显偏低，种植业、畜牧业、林果业等产业改造缓慢，农产品加工、贮藏、运输、销售等农业相关产业发育滞后，导致农民收入增长缓慢。具体说来，我国农民收入增长呈现出明显的阶段性，大体可分为六个阶段。

第一阶段，从1979年到1984年，这是建国以来农民收入增幅最快的时期。在这六年间，农民人均年纯收入由134元增加到355元，扣除物价上涨因素后，增长1.3倍，年均实际增长14.8%。

第二阶段，从1985年到1988年，我国经济发展的重心由农村转向城市，农业生产连续三年徘徊不前，但由于乡镇企业的迅猛发展，农民人均年纯收入仍以5%的速度保持增长，但增长势头较前一时期有所减缓。

第三阶段，从1989年到1991年，农业生产走出低谷，粮棉油等主要产品出现恢复性增长，但在同时出现了农民增产不增收甚至减收的局面。这3年农民人均纯收入年均增长0.7%，其中1989年还出现了负增长。农民收入基本上处于停滞状态，退到了农村改革以前的增长水平。

第四阶段，从1992年到1996年，农民收入增长形势逐渐好转。扣除物价上涨因素后，这5年间农民收入实际年增长5.6%，但其间波幅较大。

第五阶段，从1997年到2002年，农民增收面临新的形势，农民收入增长再度缓慢，增幅回落。1997年农民人均纯收入增长4.6%，较1996年下降了4.4个百分点。1998年农民人均纯收入为2162元，扣除物价因素，比1997年实际增长4%，增幅比1997年回落0.6个百分点。1998年农民收入增长主要是来自工资性劳动报酬收入的增加，而农民从农业中获得的收入却出现改革开放以来的首次负增长。1999年全国农民人均纯收入2217元，扣除物价因素，比上年实际增长3.84%，直至2002年，增幅仍在回落。但2003年，中央加大了解决“三农”问题的力度，实现了农业结构稳步调整，农村经济稳步发展，农村改革稳步推进，使农民人均纯收入比上年实际增长了4.3%。

第六个阶段，从2003年至2011年，农民增收的幅度较前五个阶段有大的提升，主要原因是以2004年第一个加大农民补贴的一号文及2006年全面实施取消农业税。2011年全年全国全年农村居民人均纯收入6977元，是2003年全年全国农民人均纯收入2622元的2.66倍。

四、中国粮食进出口贸易状况

山西阳煤丰喜肥业(集团)有限责任公司
SHANXI YANGMEI FENGXI FERTILIZER INDUSTRY (GROUP) LLC.

自1980年以来，中国每年都要从国际市场上进口一定数量的粮食，多数年份进口粮食数量超过1000万吨。入世后国的年度进口粮食增加相对较快，2009年已经突破5000万吨。1980～2000年期间，每隔几年粮食进口数量相对较多之后，然后接下来就会减少粮食进口数量。

中国是一个主要粮食作物高度自给的国家，更是一个出口倾向相对较低的国家。入世后，中国粮食进出口规模迅速扩大。其中，粮食进口规模扩大得相对较快，而出口规模趋于缩小。2010年，中国粮食出口金额不足20亿美元，在全年中国农产品出口金额中不足5%。但是，中国粮食（包括大豆）进口在中国农产品进口中则具有相对较大的份额。2010年，中国进口谷物及其制品达到27亿美元，进口大豆251亿美元，二项合计接近280亿美元，在当年中国农产品进口总额中所占比重接近40%。

中国粮食进出口格局变化的基本原因主要在于应对国内市场的调节需求。而粮食进出口规模的变化在每个中短期波动区间内，往往是受国内粮食总产量、国内粮食价格因素的影响。从现在的情况来观察，未来中短期内中国的粮食进出口可能会进入明显的调整期。

入世以来，中国农产品进出口规模每年以100亿美元到200亿美元的速度在迅速扩大。我们可以对中国农产品进出口规模变化分入世前后做一个简单的比较。2001年以前，中国农产品进出口总额每年增加幅度一般不会超过100亿美元。比如，2000年，中国农产品进出口总额为268.5亿美元。2001年，中国农产品进出口总额达到278.1亿美元，较上年增加9.6亿美元。2002年，中国农产品进出口总额超过300亿美元，达到304.4美元。2003年，中国农产品进出口总额超过400亿美元，达到401.5亿美元。2004年，中国农产品进出口总额超过500亿美元，达到512.2亿美元。2006年，中国农产品进出口总额超过600亿美元，达到630.2亿美元。2007年，中国农产品进出口总额超过700亿美元，达到775.9亿美元。2008年，中国农产品进出口总额接近1000亿美元，达到985.5亿美元。2010年，中国农产品进出口总额已经达到1208.0亿美元。

2004年是中国农产品进口规模超过出口规模的标志性年份。2003年以前，中国农产品基本上是出口规模超过进口规模，农产品国际贸易顺差大约在20亿美元到60亿美元之间。可到了2004年，中国农产品进口金额达到了281.3亿美元，当年农产品贸易逆差达到50.4亿美元。2005年～2007年，中国农产品国际贸易持续呈现为逆差状态，但是每年的逆差规模没有超过50亿美元。到了2008年，中国农产品国际贸易逆差保持着较大规模，而且增幅较大，当年农产品进口总额达到583.3亿美元，当年逆差达到181.1亿美元。2010年，中国农产品进口总额达到719.2亿美元，当年农产品国际贸易逆差达到230.4亿美元。

五、中国粮食现阶段发展存在的问题

2012年，改革开放走过了三十多个年头，农民收入从开始的食不果腹，到现在的丰衣足食，已经取得了辉煌的成绩，但是离发达国家的农业含金量还有很大的差距。

1、总体上说，农村经济最大的弊端就是经营粗放，缺乏集约化、产业化经营。实际上，建国后我们的农业生产经历了“合久必分、分久必合”的趋势，1956年实行合作社，把家家户户的生产集中起来，后来过了十几年改革开放了，又实行联产承包责任制，土地分割到户，现在，农业生产又面临着小农实力、抗灾害能力、基建能力低下的困境，走到了合作的面前。2006年以前没有取消农业税，没有补贴的时候，农产品在市场上没法和外国产品竞争，因为西方国家的农场主都是拿着政府的高额农业补贴去生产，而且他们信息畅通，技术强大，产品无往不利。缺乏国家的支持，只要成本上涨点、气候变化点，再加上点地方的苛捐杂税，我们的农民就很容易承受不住。之所以收入不高，同这方面有很大关系——他们实际上是在跟美国、欧洲的财政部竞争。改革家们已经认识到这个问题了，近几年不断加强财政对农业的投入，取消了全部农业税，增加了农产品补贴，同时想方设法稳定农产品价格。再就是酝酿下一次大的农业改革，尝试新的大农业生产。

2、信息渠道匮乏，信息沟通度较低。农民缺少新产品、新技术的信息，不知道面对新的生产形势如何去选择。在发达国家，有很多服务于农业生产的信息公司，他们专门搜集农业信息，了解、分析最有利的信息，提供给农场主，这样既保证了生产者的获利最大化，同时保证了市场各种产品的充足供应，有效避免了物价飞涨的情况。在中国，目前还没有成熟的为农民服务的信息产业。

3、产品深加工不足，质量粗糙。中国的大米1块钱斤卖不出去，日本大米100块钱照样有人抢购。解决办法就是建立粮食加工产业，提高粮食质量，增强高端产品竞争力。

第二节化肥与农业的关系现代农业的基本特点是农业劳动生产率的极大提高，一个劳动力生产的农产品，可以满足十几个人甚至几十个人的需求。其中，充分和合理地施用化肥，发挥了无可替代的重要作用。一、使用化肥之必然生产和使用化肥，是农业生产和科学研究发展到一定阶段的专必然产物。农业生产的不同历史阶段，有不同的主要肥源。刀耕火种时代，人们把播种的土地上的植物烧成灰肥，这是最早的，也是最原始的肥源和施肥方法。随着家畜的驯养和畜牧业的发展，人们从残留过粪便的土地上收到了好庄稼，由此总结了使用粪肥的经验，促进农牧业的结合和共同发展。至今“粪”字仍然是当代大多数国家用以代表肥料的一个词。以后随着宜垦地的减少和土地轮休制的扩大，要求更快更好地恢复地力。人们又发现了像苜蓿、紫云英（红花草）这样的豆科植物，能更好地恢复地力，使后作的产量增高。于是豆科绿肥又成了重要的肥源。人们虽未认识到，但实际上利用了生物固氮。但是，灰肥、粪肥和绿肥的数量，均受到一定面积耕地上植物产品的产量和农牧业比例的限制，也不可能超脱一定耕地上农业物质自然（有机）循环的局限。这是因为人们开垦荒地种植农作物，其实是利用荒地在长期自然循环下因不取走农产品而积累的自然肥力。荒地一旦变为耕地而年年种植，收获农产品，则只有这些产品被人畜利用后的废、副产物（秸秆、粪便等）才可能还田，显然不足以弥补和保持其地力，使人们不得不一方面从其他土地上收集有机废弃物作肥料，另一方面采用耕地休闲和轮种绿肥、牧草以恢复和保持地力，限制了耕地生产力的提高。直到19世纪中叶以后，由于植物生理学和农业化学的发展，人们才逐渐认识到可以用无机养分，即化肥来归还土壤，不断增加作物单产，丰富农牧产品。到了20世纪初，由于大规模合成氨方法的问世，化肥工业获得了迅速发展。今天一座年产30万t合成氨或50万t尿素的化肥厂，一年能生产的氮素大约相当于种植80万hm2豆科绿肥或饲养3000万头猪的猪厩肥所能提供的氮素。更为重要的是，化肥作为一种新肥源，突破了用农业废、副产品还田和农业物质自然（有机）循环的局限。它可以完全不依赖于土地及作物本身，不受气候和其他自然条件的影响，采用现代工业生产的方法，大量提供作物必需的养分，从而在现代农业中大放异彩。上述肥源发展的每一个阶段，都以增加一种新肥源，不断丰富施肥内容和促进农业生产为其特征。但只有到了普遍使用化肥的阶段，才真正进入高生产力的现代农业阶段（图1）。前苏联学者普里亚尼施尼柯夫（д.Н. ПрЯ н иIIIн и к о в）根据对20世纪30年代一些欧美国家农业发展的统计结果认为，

山西阳煤丰喜肥业(集团)有限责任公司
SHANXI YANGMEI FENGXI FERTILIZER INDUSTRY (GROUP) LLC.

粮食产量主要与这些国家的化学化指数（单位面积 N+P205+K20 施用量）呈密切相关。人口密度高的国家，化学化发展越快，化学化指数越高（表 1）。

（图：图 1 农业生产中肥源发展阶段）

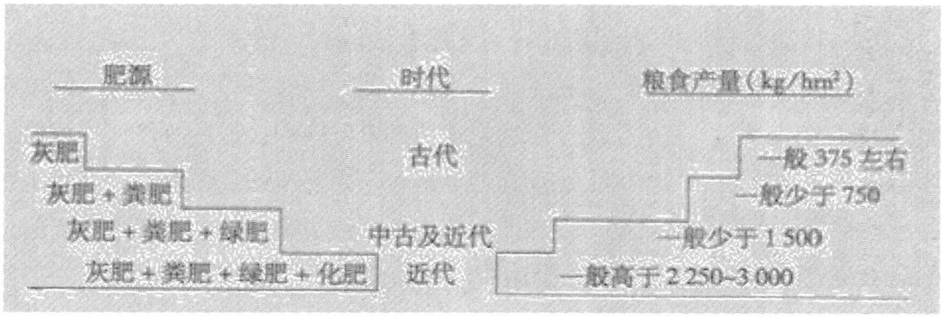

（表：表 1 若干国家粮食年产与化学化机械化发展程度的关系）

国别	粮食单产（t/hm2）	化学化指数 N=P205+K20（kg/hm2）	机械化指数（拖拉机台数／千 hm2）	人口密度（人／km2）
荷兰	3.0	109	＜1	217
比利时	2.75	89	＜1	257
日本	2.7	75	＜1	157
德国	2.2	67	＜1	138
法国	1.5	22	＜1	95
美国	0.9	12	10	13

注释：注：本表引自普里尼施尼柯夫著（王天铎译），《在植物生活和农业中的氮素》，科学出版社，1956。

这已为一个多世纪以来不同国家的农业现代化实践所证明。那些耕地潜力有限的国家，如西欧各国和日本，农业现代化都从增施化肥起步。即在一个时期内，主要以化肥形式对农业增加投入，以提高作物单产为首要目标，进而实现农业机械化。而像美国这样拥有大量耕地，工业化早，工业基础雄厚，劳动力又昂贵的国家，则以发展机械化和扩大耕地面积为农业现代化的起点。主要目标是保持粮食总产的稳定增长，并解脱农业劳动力使之投向工业，进而机械化和化学化并举，保持作物单产和总产的更快据增长。例如 1937-1938 年度，全世界消费化肥养分 920 万 t，其中西欧消费 470 万 t，占一半以上，使其粮食单产普遍达到 2.6~3.0t/hm2；而当时的美国，尽管在 20 世纪 30 年代已完成农业机械化，1940 年拥有拖拉机 154.4 万台，但每公顷使用化肥少于 7.5kg，主要作物玉米的单产只有 1.64t/hm2，与 1910-1914 年玉米单产 1.63t/hm2 相似。而到 1970 年，美国化肥的平均施用量增至 88.5kg/hm2 对玉米的使用量达到 5.63t/hm2。化肥消费水平的差异，也是发达国家与发展中国家农业水平差异的一个重要原因。因而，从 20 世纪 70 年代以后，发展中国家如中国、印度和一些亚洲国家，其化肥使用水平提高很快，这也是其农业生产快速发展的主要原因（表 2）。

（表：表 2 世界上不同国家的化肥消费状况）

国家类型	人口耕地比例 (%)		化肥消费比例 (%)		化肥消费水平 (kg/hm2)		
	人口	耕地	1950	1975	1967	1983	1989
发达国家	25	40	95	75	71.6	121.6	124.7
发展中国家	75	60	5	25	11.7	54.1	76.8

注释：注：①化肥指养分量。②资料来源：国际钾肥研究所报告（1980）及 FAO 肥料年鉴。

二、化肥的巨大作用由于历史的原因，对于化肥的一些传统观念甚至偏见深入人心。我国从 20 世纪 1901（台湾）-1906（上海）年间引进和使用化肥开始，就有“化肥破坏土质（或破坏土壤结构）”之说，更有甚者，说施化肥如同吃“白粉”（毒品），能上“瘾”，不可为之。但事实是，欧洲大量使用化肥一个半世纪，我国使用化肥一个世纪来，都未发现和报道过有任何一块耕地是因施用化肥而被破坏后弃耕的。原因很简单，上述观念最早是对个别现象的片面解释，以后是在这种片面解释基础上的一种推论，而无任何实据。但却被一代代地流传下来，发展成一个传统偏见，认为“目前施用化肥是不得已而为之，将来总有一天化肥会被有机肥所全部代替”。因此，需要重复和全面认识化肥在农业生产中的积极作用，谨简析于下。1. 增加作物产量。据联合国粮农组织（FAO）统计，在 1950-1970 年的 20 年中，世界粮食总产增加近 1 倍，其中因谷物播种面积增加 10600 万 hm2，所增加的产量占 22%；由于单位面积产量提高所增加的产量占 78%。而在各项增产因素中，西方及日本科学家一致认为，增加化肥要起到 40%~65% 的作用。据全国化肥试验网 1981-1983 年在 29 个省（自治区）18 种作物上完成的 6000 个田间试验结果，其中对粮食作物（水稻、小麦、玉米），每千克化肥养分平均可增产粮食 9.4kg（每千克 N，P205 和 K20 分别增产 10.8，7.3 和 3.4kg），其投入量比例为 1:0.4:0.1（加权平均）。进入 20 世纪 90 年代后，由于化肥平均施用量的提高和肥效报酬递减等原因，氮、磷养分的增产作用有所降低，钾素养分的增产效果有所提高。按 1986-1995 年部分试验资料统计，平均肥效降低约 20%，即每千克化肥养分均可增产粮食 7.5kg。这与鲁如坤（1998）据 FAO 在世界不同地区的试验结果相似（表 3）。

作物	试验数 n	N		P2O5		K2O	
		用量 (kg/hm2)	PI	用量 (kg/hm2)	PI	用量 (kg/hm2)	PI
小麦	9506	90~120	9.1	60~100	7.0	45~85	5.4
水稻	12929	63~120	9.4	45~90	7.7	30~87	6.3
玉米	4121	45~124	11.1	45~90	9.9	30~97	4.8

注释：注：①引自鲁如坤，1998，土壤－植物营养学，PI 系每千克化肥养分的增产量，称生产指数，即我国所称的肥效。②鲁如坤据 FAO 结果改算。

由于近半个世纪以来，在世界不同地区不同作物上的肥效试验结果颇为一致，故世界各国对化肥增产作用的评价也基本相同。大致而言，化肥在粮食中的作用，包括当季肥效和后效，可占到 50% 左右（表 4）。

（表：表 4 化肥在粮食增产中的作用）

年份	作者	化肥增产作用 (%)	备注
1981-1983	中国全国化肥试验网	约 47.8	水稻、小麦、玉米
1989	FAO	51.4	1961-1986 年 6.9 万个试验平均
1990	R.G.Hoeft	40~50	对氮肥效果评价
1990	中国全国化肥试验网	53	70 个 5 年以上定位试验结果

注释：注：部分资料转引金继运、林葆编，《化肥利用率研讨会会议资料》，1996。

山西阳煤丰喜肥业(集团)有限责任公司
SHANXI YANGMEI FENGXI FERTILIZER INDUSTRY (GROUP) LLC.

据张世贤统计（1996），我国1952-1995年，粮食产量与化肥技入量同步增长密切相关。20世纪末，我国年生产粮食约计5亿t，年投入化肥约4200万t。化肥中如按75%投放于粮食作物，并按我国近期每千克化肥养分平均增产粮食7.5kg计，则由化肥增产的粮食每年为2.363亿t，占年粮食总产的47.3%。因此，在对化肥多方面积极作用的认识上，对其在粮食增产中作用的评价最为一致。2. 提高土壤肥力。国内外10年以上的长期肥效试验结果证明，连续地、系统地施用化肥都将对土壤肥力产生积极的影响。什么是土壤肥力？教科书上有多种定义性描述，且在不断发展。如将组成土壤肥力的因子从水和肥发展到“水、氧、气、热、磁”等。但作者认为，土壤肥力可以明确地认为就是“土壤生产力”。能长好应稼，多打粮食的土壤就是高肥力和高生产力的土壤，就是肥地；反之，就是低肥力土壤或瘦地。因此，威廉斯对土壤肥力的最基本描述“土壤能同时地、最大限度地满足作物对水分和养分需求的能力”，仍应是经典的定义。因为单位面积土壤所能接受到的光能和热量，近地空气的组成等，均受所处地理位置（如纬度）、大气环流、季节变换以及生态环境的影响。只有作物每时每刻需要的水分和养分存在于一定环境下的土壤中，土壤水分和空气共存于土壤孔隙中，是互相联系，互为消长，两者体积相加等于土壤孔隙总体积的两个因子。水多则气量少，水少则气多。如果一种土壤能满足作物不同生育阶段的水分需求，说明这种土壤的空气状况良好。如果该种土壤又能同时满足作物对养分的需求，说明这种土壤的温度和水分状况都较适宜，有较好的微生物活性，有机质的分解、腐殖质的形成和相应的速效养分供应水平。因此，一种土壤如能同时和最大限度地满足作物对水分、养分的需求，则这种土壤的“气”、“热”和其他因子也必然适宜，显然是一块肥沃的土壤。那么化肥如何影响土壤肥力呢？每年每季投入农田的化肥，一方面直接提高土壤的供肥水平，供应作物的养分；另一方面，在当季作物收获后，将有相当比例养分残留土壤（N约30%，P约70%，K约40%），尽管其残留部分（如N）可能会经由不同途径继续损失，但其大部分仍留在土壤中，或被土壤吸持，或参与土壤有机质和微生物体的组成，进而均可被第二季、第二年以及往后种植的作物持续利用，这就是易被人们忽视的化肥后效。而且如连续多年合理施用化肥，其后效将叠加，土壤有效养分持续增加，作物单产不断提高，使耕地的肥力不但能保持，而且将越种越肥。化肥连续后效使土壤生产力不断提高的一个重要证据是，对一个地区不同阶段的同一种作物，在当季不施肥条件下，其单产能呈现不断增加的趋势。如上海郊区的水稻，当季不施肥的单产从建国初期（1950-1952）的约1.5t，到20世纪60年代低施肥量下的2.25~3.0t/hm2，70年代末的4.5t/hm2，达到20世纪末连续高施肥量下的约6t/hm2。根据1995-1998年试验的统计，小麦当季无肥区单产为3.05t/hm2，单季晚稻为5.85t/hm2。两季相加，不施肥下粮食产量可达8.9t/hm2。当然与一季无肥种植不同，若耕地连续无肥种植，粮食作物单产将每季递减285~390kg/hm2，4~6年后，无肥区稻麦的单产将回复到20世纪50年代的1.5t/hm2左右，积累的肥料后效将耗尽。因此，当季无肥区作物单产的不断增加，是土壤肥力（土壤生产力）持续提高的标志。可以认为，所谓培肥土壤或提高土壤肥力，说到底是提高土壤在无肥条件下的生产力，而连续和系统地施用化肥和有机肥，则是提高土壤肥力或生产力的最有效方式。应当看到，高产地区或田块之所以高产，是其长期高施肥量下培育的结果，并能在高施肥量下保持其高产水平，也是低产地区或田块不能期望一步跃上高产水平之原因所在。1995-2000年我国农业生产连续全面丰收，除政策、气候等因素外，一个无可否认的重要事实是，我国在1985-1988年后化肥施用量快速递增，

10~15 年连年叠加的化肥后效发挥了重要作用。正确认识化肥对土壤肥力的影响的一个核心问题，就是化肥是否只会单向消耗土壤有机质，使土壤有机质含量不断下降甚至消耗殆尽？众所周知，土壤有机质是由土壤生产的有机物，以不重同方式（根茬、秸秆或有机废弃物等）残留和归还土壤并长期积累的。作物产量越高，单位面积收获的农产品越多，自然残留和归还土壤的有机物也越多。例如根茬的残留量，据沈善敏（1998）汇总的资料，水稻、小麦和玉米的根茬占其地上部籽粒产量的百分比为：29%~44%、29%~59%、29%~53%，大豆为 21%~60%，油菜为 19%~53%。如以众数 35% 计，若每公顷收获籽实 6t，则相应残留的根茬有机质为 2.1t/hm2 或有机碳 1.22t/hm2。显然对土壤有机质的补偿和积累有重要意义。而化肥入土后被土壤微生物利用可转化为微生物体，也可直接参与土壤中有机物的降解和有机中间产物的再合成（如形成腐殖物质），也都能增加土壤有机质含量和促进有机物的代谢更新。另一方面，以多种方式施用和归还农田的有机废弃物（秸秆、有机肥等），也是补偿和增加土壤有机质的重要途径。但对其增加有机质的重要性必须要有深一层的认识，不能简单化。因为有机肥一旦进入土壤，一般不能长久保持其原有的数量和形态，而首先在微生物的作用下被不断降解、转化，甚至消亡，即经历一个阶段的矿质化，然后由其降解的中间产物或微生物体等进入能形成较稳定的有机质，如胡敏酸等腐殖化阶段。尽管不同土壤中新鲜有机物经历矿质化和腐殖化的相对比例与时间各有不同，但都是必经过程。因此，任何耕地土壤，只要中断补充新鲜的有机物质（包括根茬残留和施用有机肥），中断土壤中微生物的新鲜能源供应，则土壤中积累的较稳定的腐殖物质也会降解消亡。如有大量有机质的黑钙土，开垦耕种数年后，有机质量剧减，即是这种消亡的实例。因而，人们使用多种有机物归还土壤，是在不断转化和更新的条件下，维持乃至提高土壤中有机物的数量和组成的表观平衡。增施化肥恰恰是通过作物生产以提高有机物的生产总量，增加根茬残留量和有机物还田量的最基本手段。国外连续数十年至百年的长期试验结果表明，在化肥区的作物产量略高于有机肥区，无肥区产量仅为化肥区或有机肥区 35%~40% 的水平下，连续施用 NPK 化肥区，其保持的土壤有机碳含量虽比有机肥区明显为少，但仍比无肥区高。英国、前苏联、丹麦、日本等 7 个平均经连续 47 年的长期试验结果，无肥区、化肥区和有机肥区土壤有机碳的含量为 1.12%（100%）；1.27%（114%）和 1.75（156%）。由中国农业科学院土壤肥料研究所主持，在我国不同轮作区完成的连续 10 年的肥效定位试验，获得相似结果。如以 10 年前开始试验时的土壤有机质含量为 100%，则施用单一氮肥区的有机质含量，经 10 年后平均下降到为 5%，为基础样的 89%~100%；NPK 化肥区平均增高 3.5%，为基础样的 100%~106%，且全氮量明显增加，平均比 10 年前增加约 15%；而在 NPK 化肥基础上连续增施有机肥，其有机质和全氮含量平均可提高 10%（104%~118%）和 20%（112%~132%）。单施氮肥区 10 年后土壤速效 P、K 都有下降，而 NPKE 化肥区和化肥加有机肥区则都有上升，尤其是速磷（表 5）。

（表：表 5 长期施肥对土壤有机质、全氮和速效磷的影响）

处理	项目	双季稻（n=4~8）			水旱两熟（n=7）			旱作两熟（n=7~8）			旱作一熟		
		N	NPK	NPK+M	N	NPK	NPK+M	N	NPK	NPK+M	N	NPK	NPK+M
有机质(%)	基础样	2.64	2.64	2.64	2.25	2.25	2.25	1.41	1.41	1.41	1.92	19.2	1.92
	第十年	2.34	2.63	3.11	2.23	2.33	2.43	1.41	1.49	1.46	1.84	1.99	2.13
	相对(%)	89	100	118	99	104	108	100	106	104	96	104	111

山西阳煤丰喜肥业(集团)有限责任公司
SHANXI YANG MEI FENGXI FERTILIZER INDUSTRY (GROUP) LLC.

全　氮(%)	基础样	0.139	0.139	0.139	0.153	0.153	0.153	0.081	0.153	0.153	0.102	0.102	0.102
	第十年	0.135	0.165	0.183	0.150	0.157	0.171	0.083	0.087	0.094	0.102	0.133	0.124
	相　对(%)	97	119	132	98	103	112	102	107	116	100	130	122
速　磷(%)	基础样	11.2	11.2	11.2	11.2	11.2	11.2	16.0	16.0	16.0	13.7	13.7	13.7
	第十年	4.0	22.4	46.0	2.9	11.6	28.6	5.0	21.0	38.0	5.4	15.9	28.3
	相　对(%)	36	200	411	26	104	255	31	131	238	39	116	206
速　钾(%)	基础样	56	-	-	95	-	-	121	-	-	177	-	-
	第十年	39	59	85	69	91	95	110	132	157	129	162	214
	相　对(%)	70	105	152	73	96	100	91	109	130	73	92	121

注释：注：①引自林葆等主编，《长期施肥的作物产量和土壤肥力变化》，1996。②相对（%）以基础样含量为100%。③M代表有机肥。

由于20世纪80年代后，我国农业生产中，对农作物施用单一氮肥的状况已基本改变，多种有机肥源正在被充分利用，因而我国大部分农业区对大田作物和经济作物的施肥，都能配合施用化肥和有机肥，尽管所施化肥中NPK的比例不尽合理，所施有机肥的数量可能不足，也不一定能充分腐熟，但全国多数地区耕地土壤有机质和全氮含量呈现出持续增加的趋势表明，我国的施肥制度正在成熟，化肥的持续大量施用，对我国多数耕地土壤的肥力正在发挥积极作用。作者早期对化肥用量较高，增长较快、较早的上海郊区36个点的半定位调查结果表明，1973-1975年与1962-1964年相比，耕层土壤有机质增加0.56%±0.14%（折有机碳增加0.33%±0.08%），全氮增加0.01%~0.02%，近5年（1996-2001年）我国农业部和有关省、市发表的类似调查统计，其结果基本相似。3. 发挥良种潜力。现代作物育种的一个基本目标是培育能吸收和利用更多肥料养分的作物新种，以增加产量、改善品质。因此，高产品种可以认为是对肥料具有高效益的品种。例如，以德国和印度各自的小麦良种与地方种相比，每100kg产量所吸收的养分量基本相同，但良种的单位面积养分吸收量是地方种的2.0~2.8倍，单产是地方种的2.14~2.73倍（表6）。因此，被誉为“绿色革命之父”的小麦育种专家N.E.Borlaug一再强调，肥料对于以品种改良为突破口的“绿色革命”具有决定性意义。

（表：表6良种和地方种小麦对养分吸收的差异）

国家	小麦品种	单　产（t/hm2）	养分吸收量（kg/hm2）			单位产量吸收养分（kg/t）		
			N	P205	K20	N	P205	K20
德国	地方种	2.8	84	36	73	30	12.9	26.7
	良种	6.0	165	72	155	27.5	12	25.8
印度	地方种	2.2	59	29	67	26.8	13.2	30.1
	良种	6.0	168	75	175	28	12.5	29.2

我国杂交稻的推广也与肥料投入量密切相关。据湖南省农业科学院土壤肥料研究所报告（1980），常规种晚稻随施肥量增加，其单产增加不明显，而杂交晚稻（威优6号）则随施肥量增加而增产显著，单产提高约1.5t/hm2，每公顷产量（稻谷加稻草）的养分吸收量，杂晚较常晚多吸收N21~54kg，P2051.5~15kg，K2019.5~67.5kg。因此，肥料投入水平成为良种良法栽培的一项核心措施。4. 补

偿耕地不足。生产实践表明，增加施肥量，可以从较小面积耕地上收获更多农产品，如降低施肥量，则必须用较大面积耕地去收获相同数量的农产品。因此，对农业增施化肥，实质上与扩大耕地面积的效果相似。例如，按我国近几年化肥平均肥效，每吨养分增产粮食 7.5t 计，若每公顷耕地的平均粮食单产也是 7.5t，则每增施化肥 1t，即相当于扩大耕地面积 1hm2。因此，那些人多地少的国家，无一不是借助增加投肥量以谋求提高作物单产，弥补其耕地的不足。表 7 是几个国家的化肥投入与耕地利用之间的对比资料。

（表：表 7 几个国家的化肥投入与谷物单产的比较）

国家	化肥投入量		人均耕地（hm2/人）	谷物单产（kg/hm2）	相对单产（前苏联为 100%）
	对耕地（kg/hm2）	对人口（kg/人）			
日本	415.0	15.8	0.0418	5848	269
荷兰	649.6	41.0	0.0561	7093	327
美国	93.6	72.2	0.7552	4749	219
前苏联	117.0	95.1	0.8070	2171	100
中国	250.4	28.3	0.1106	3478	160

由表 7 可见，人多地少的日本、荷兰，其施肥量是美国、前苏联的 3~5 倍，而粮食单产量则达到美国、前苏联的 2~3 倍。也就是说，日本、荷兰两国通过增加化肥投入量，使其耕地面积相对增加 60%~227%。显然，如能将这种认识变成全社会的强烈意识和国策，将对我国今后农业生产的稳定和发展产生重大影响。

5. 增加有机肥量。化肥投入量的增加，与作物产量的提高和畜牧业的发展有关。统计表明，德国从 1850-1965 年的 115 年间，化肥从无到有，直到平均使用量增至 300kg/hm2，随着粮食增产和畜牧业发展，施用于农田的有机肥也从 1.8~2.0t/hm2，增加到 8~9t/hm2，增长达 4.5 倍。我国从 1965-1990 年，投入农田的化肥量增加 14.7 倍，有机肥实际投入量则增加 1 倍（表 8），而以秸秆和根茬等形式增加的有机质总量则更多。

（表：表 8 我国耕地的化肥投入量对有机肥投入量的影响）

年份	化肥养分投入量		有机养分投入量	
	万 t	%（1965 年为 100% 计）	万 t	%（1965 年为 100% 计）
1965	176.0	100	798.4	100
1975	536.0	305	1171.9	147
1980	1269.4	721	1218.2	153
1985	1775.8	1009	1442.4	181
1990	2590.3	1472	1536.8	192

注释：注：有机肥指投入农田量，而非全部产量。

由此可见，农牧产品的生物循环必然将相当数量的化肥养分保存在有机肥中。有机肥成为化肥养分能不断再利用的载体。因此，充分利用有机肥源，不仅可发挥有机肥的多种肥田作用，也是充分发挥化肥作用，使化肥养分能持续再利用的重要途径。6. 发展绿色资源。化肥作为一种基本肥源，是发展经济作物、森林和草原等绿色资源的重要物质基础。据统计，我国在较充足地施用化肥，实现连年粮食丰收、人民温饱的条件下，经济作物也获得大幅度发展。1995 年前的 10 年中，糖料、油料、

山西阳煤丰喜肥业(集团)有限责任公司
SHANXI YANGMEI FENGXI FERTILIZER INDUSTRY (GROUP) LLC.

橡胶、茶叶等作物增加 50%~80%，瓜、菜增加 150%~170%；水果增加 250%。且随着农村种植业结构的调整，还在继续发展，极大地增强了我国城、乡市场和农产品的出口能力。粮食和多种农副产品的丰足，也有力地促进退耕还林、还草的大面积实施和城乡的大规模绿化，为在宏观上治理水土流失，保护和改善生态环境提供可靠的基础。我国有 1.42 亿 hm2 森林（FAO，1990）长期在雨养的自然条件下生长。如能有重点的施用肥料（尤其对那些次生林），即可加速成材和扩展覆盖率。我国有 3.18 亿 hm2 草原（FAO，1990），长期缺水少肥，载畜率极低，有的每公顷年产肉量不到 15kg。如能对有一定水源的草原适量施肥，可较快地提高生草量和载畜率。一些发达国家，其耕地平均施肥量之所以较高，因其有相当数量化肥用于林业和草地，用于发展多种经济作物和实施城乡大规模绿化。使其农业劳动生产率得以提高，畜牧业发达，农牧产品丰富，而且因其能充分开发和利用绿色资源而使其能保持，优美的生态环境（参阅作者另文：化肥与生态环境的宏观视角）。三、化肥与生物能增殖

农作物生产的本质，就是利用绿色植物所含叶绿素的光合作用，将太阳能转化为作物能贮藏的生物能，进而将贮藏生物能的农产品供人类和动物利用。由于适量施用化肥，作物生长旺盛，叶面积扩展快，叶绿素含量高，单位时间内光合产物和转化贮藏的太阳能就多。如此年复一年地施用化肥，作物产量及贮存的生物能也将不断增殖。根据作者计算，1964-1975 年 11 年间，上海郊区氮素化肥施用量（N）从 115kg/hm2 增加到 287kg/hm2，相应的粮食产量由 7.2t/hm2 提高到 10.1t/hm2，秸秆也随之增加。而每年每公顷农田收获的生物能总量也由 278.8GJ（100%）提高到 390.6GJ（140%）（表 9）。

（表：表 9 化肥对作物转化太阳能的影响）

年份	化肥 (N) 施量		粮食产量		秸秆产量		作物产品贮能	
	kg/hm2	%	t/hm2	%	t/hm2	%	GJ/（hm2?年）	占年太阳辐射 (%)
1964	115	100	7.20	100	8.64	100	278.8	0.58
1975	287	250	10.1	140	12.1	140	390.6	0.82

注释：注：计算参数：每克作物产品贮能 17.58kJ；生产 1g 化肥 N 耗能 104.7kJ；每公顷农田每年接受的太阳能辐射为 477 亿 kJ（上海）。

美国 20 世纪 70 年代以玉米计算的资料表明，每 4.1868kJ 化学形式的矿物能，可从玉米籽粒中回收 6~8 倍 25.4~33.5kJ 的生物能，其能量的投入产出为 1:6~8。如果计算化肥的连续后效，化肥增殖生物能的效益将更高。由此可见，平衡和合理地施用化肥，实质上是一种利用矿物能以转化和增殖生物能的有效手段，是发展现代农业的基本途径。因此，不同的肥源发展阶段，具有不同的农业物质与能量的循环方式，具有不断发展的循环量。一旦年复一年地将化肥矿物能引入循环，为断增产农产品，则由农作物转化和贮存的化学能将不断增殖，促使农业物质与能量的循环相应增大（图 2）。

（图：图 2 肥源与施肥量对农业物质循环的影响）

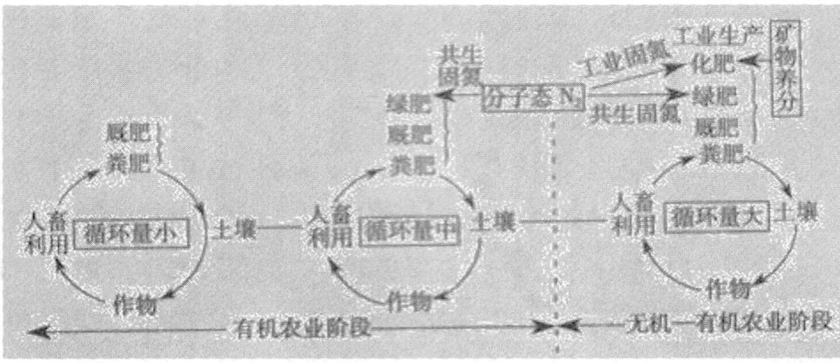

为了便于讨论，把图 2 左边以有机物形态投入和产出的物质循环，即循环量小的和循环量中的循环，可称之为有机循环或有机农业阶段；而将不断引入化肥后循环量增大的农业物质循环，称之为无机－有机循环或无机－有机农业阶段。很明显，在有机农业阶段，作物的单产主要受制于耕地土壤的自然肥力和有机物的还田量。因而，每年粪肥、绿肥等有机肥的使用量就显得特别重要。当有机肥量不足时，只能采用轮休或轮作豆科植物，赖以恢复和保持地力。而当发展到无机－有机农业阶段，随着化肥投入农田量的增加，有机肥的供肥（养分）作用将不断为化肥所代替，作物产量不断提高，农业物质循环量迅速增大，直至相对稳定在较高的循环量水平，即在一定的作物品种、气候及水利等生产条件下能达到的较高水平。无机－有机物质及其中能量的不断循环，也使化肥和有机肥的作用得到统一。这两种肥料都须通过土壤而为作物利用，都能促进作物增产，并随物质和能量的循环，相互发生形态的转化。前一年施入的化肥，增产了粮食（籽粒和秸秆），通过人和畜禽的利用，产生的有机废弃物（粪便、垫料等），将有相当部分变成下一年的有机肥。因此，施用化肥既是当季作物的直接肥源和增产手段，又可为下一季作物增加有机肥源。这也是我国农民通俗地称之为“无机”换“有机”的途径，或另一种形式的“肥（化肥）多粮多－粮多猪多－猪多肥（有机肥）多”的良性循环。由此可见，有机肥和化肥虽然形态不一，各具特点，但都是农业物质和能量循环中的两种基本肥料形态。在循环过程中对立而统一，殊途而同归，共同促进农作物的持续增产和土壤肥力的不断提高。诚然，化肥与世界上任何其他事物一样，也决不是完美无缺的。它同样具有值得人们充分重视的另一个侧面。大量连续地施用化肥，特别是在不平衡与不合理施用的状况下，化肥的一些负面影响或副作用会日益显现出来。如对水体的富营养化，增加环境中硝态氮含量；对某些土壤物理性质（如结构性）的影响；对若干蔬菜、水果的口感品质影响等，都是现实存在的问题。由此需要促进人们对平衡施肥概念的认识和发展，对有机废弃物再循环和还田的高度重视，以及力求全面提高化肥在经济、社会和生态方面的综合效益。

山西阳煤丰喜肥业(集团)有限责任公司
SHANXI YANGMEI FENGXI FERTILIZER INDUSTRY (GROUP) LLC.

第三篇 2010 年中国化肥市场分析

第一章 化肥行业基本情况

第一节 行业发展概况

2010 年化肥产业取得了不错的效益，实现产值 5773 亿元，同比增长 25.5%；前 11 个月，化肥产业实现利润 244 亿元，比 2009 年同期增长 59.8%。2010 年国内受益于宏观经济的快速增长、农村居民收入快速增长以及粮价上升，外部受全球经济复苏和粮食短缺、粮价上涨等有利因素影响，化肥国内需求量和出口量明显增加，化肥行业效益取得了较好的成绩。预计 2011 年受相同因素的影响，化肥价格将整体上扬，行业盈利能力将有所增强。

（一）行业供需分析

2008 － 2010 年实物产销率反映了国内化肥市场整体过剩的局面。我国化肥行业的整体产能出现结构性过剩是长期存在的一个问题。氮肥仍处于最重要的化肥品种，2010 年总体供需平衡；钾肥方面，国内钾肥需求量将不断增加，但供应能力增加非常有限，供应紧张，仍需大量进口钾肥满足国内需求；磷肥方面，2010 年，我国磷肥产量创记录地达到 1701.4 万吨，而国内每年消费量在 1200 万吨左右，加上出口约 400 万吨，仍有 100 多万吨的过剩，不改过剩局面。综合而言，我国在较长时间内仍将面对氮肥、磷肥过剩和钾肥紧缺的局面。

（二）价格情况

2010 年化肥价格总体回升，就年内来看，四季度以前，国内化肥产品价格基本处于低迷状态，但进入四季度，受多种因素共同影响，国内尿素、磷铵、钾肥、复合肥等化肥产品的价格已全面摆脱低迷状态并快速上涨，11 月尿素、硫酸钾等产品的月平均价格已升至 2010 年最高价位，磷酸一铵、磷酸二铵在年初暴跌之后也再创年内新高。

受全球经济复苏和粮食短缺、粮价上涨等有利因素影响，2011 年全球化肥需求量将明显增加，化肥价格将整体上扬，行业盈利能力将有所增强，但国内化肥市场将有所分化。预计氮肥、钾肥价格将持续小幅上涨，磷复肥价格则基本保持稳定，难以出现大幅上涨。其中，2011 年尿素出厂价将在 1700 ～ 2300 元（吨价，下同）之间波动，较 2010 年抬高 300 元左右；2011 年氯化钾出厂价将在 2300 ～ 3200 元，价格中枢将较 2010 年上翘 400 元左右；预计 2011 年磷肥主流出厂价将分别在 2500 ～ 3300 元和 2300 ～ 3100 元，全年平均价格将与 2010 年基本持平。

（三）进出口

2010 年我国累计进口化肥 718 万吨，价值 25.59 亿美元，分别比 2009 年同比增长 74.6% 和 28.8%。从进口结构上讲，主要是钾肥，占比为 74.01%，其次是复合肥。近年来，钾肥一直占据着化肥进口的主导地位，这与我国资源禀赋密切相关。我国钾肥短缺的局面短期内不会改变，预计 2011 年我国还将进口相当数量的钾盐，复合肥方面由于产能存在过剩，预计 2011 年复合肥进口量会出现一定程度的下降，但进口价值将有一定量上升，幅度大小主要取决于国际主要出口市场。

2010 年我国累计出口化肥 1657 万吨，价值 53.86 亿美元，分别比 09 年增长 83% 和 110.8%。出口均价为每吨 325 美元，同比上升 15.13%。从出口结构上讲，2010 年仍为氮肥和磷肥，主要出口产品为尿素和磷酸铵肥产品。由于中国氮肥和磷肥产能过剩，需要出口缓解产能压力，氮肥和磷肥将继续占据着化肥出口的主导地位。

2011 年实施新的化肥出口政策，尿素旺季时间由原来的 7 个月增加为 8 个月，磷铵出口旺季时间由原来 6 个半月变成了 7 个月；同时降低化肥淡季出口基准价格，抑制尿素及磷铵类产品出口，而尿素和磷铵类产品是主要出口产品，预计 2011 年出口量将出现较大程度的下降，而出口价格基本保持稳定。

二、行业财务状况分析

与 09 年的惨淡经营相比，2010 年 1-11 月，化肥行业的整体表现较好，基本回归常态，经济效益出现大幅上升。具体地，化肥行业的销售收入实现 5193.92 亿元，同比上升 27.55%，主要得益于化肥价格上涨；2010 年 1-11 月，各项盈利能力指标均比 2009 年有所提高，但仍处于 2006 年以来的次低水平，说明化肥行业虽然有所好转，但仍比较艰难；营运能力均较 2009 年有所提高，反映了化肥行业的生产经营管理水平在不断提高，不断进步中；由于亏损面减少以及利息保障倍数提高，偿债能力有所上升。近五年来，化肥行业资产均处于增长中，反映了行业的扩张，但需求增长并没有跟上，导致产能过剩。

三、区域及子行业发展情况

我国化肥行业主要分布在山东、湖北、四川、河南、青海等省份，2010 年 11 月末，我国共有规模以上化肥企业 2777 家，其中 9 个省份超过 100 家。整体而言，化肥行业区域分布比较分散，不利于发挥规模经济优势和资源优势。2010 年 1-11 月，我国化肥行业销售收入排名前三名是山东、湖北和河南；利润排名前三的是山东、青海和湖北；销售利润率方面，海南的销售利润率最高，为 43.78%，其次为青海，远远高于其他地区。

2010 年，氮肥行业受金融危机影响而导致需求疲软、产能过剩的局面略有好转，前三季度，由于内旱、涝、冰冻等自然灾害接连不断，导致氮肥市场旺季不旺，氮肥产品价格屡创新低，进入 10 月，国内尿素价格摆脱低迷状态并快速上涨，11 月尿素月平均价格已升至 2010 年最高价位，随后却遭遇了关税上调，出口受到抑制，价格也有所回落；磷肥行业受金融危机的负面影响渐趋消退，产销两旺，销售收入和产量均实现大幅度增长，经济效益大幅度提高，利润大幅度增长，从 2009 年的微利增长 22 倍至 20.32 亿元，但利润总水平仍低于 08 年高峰时水平，2011 年将有 300 多万吨新增磷肥产能释放，产能过剩将愈发严重。氮肥和磷肥行业的出路在于淘汰落后产能，推动产业升级；企业的出路在于做大做强，这样供需矛盾才能得到根本化解。复混肥行业发展较好，销售收入和实

山西阳煤丰喜肥业(集团)有限责任公司
SHANXI YANGMEI FENGXI FERTILIZER INDUSTRY (GROUP) LLC.

现大幅度增长，经济效益大幅度提高，我国复混肥行业的出路不在通过产能扩张降低成本和获得竞争优势，而在于高端复混肥。

我国水资源日趋匮乏，国家在大力推广节水农业，这给复混肥行业发展带来新的机遇，滴灌灌溉技术的进步、推广，需要大量的水溶性肥料，硝基复肥、聚磷酸铵、硫代硫酸铵等产品都将得到大力发展。另外，由于专用复混肥比通用型肥料更能满足作物生长需要，并且提高化肥利用率，改善作物品质，增产增收，随着我国测土施肥工作的推进，复混肥品种、配方将不断增加，针对不同区域、不同作物和作物不同的生长时期，生产企业将结合实际情况适时推出某作物专用复混肥，以及某些作物生长周期内的系列复混肥，以更好的满足农业生产需要。

四、行业发展趋势分析

在调整和振兴规划等一系列政策措施推动下，2009年以来化肥产业逐步回稳，2010年回升的势头进一步明显，产业总体呈现持续稳定发展态势，较好的完成了保障农业生产用肥和价格基本稳定的任务。但是，产业发展受高品位磷、硫、钾矿资源不足约束，产能过剩的同时，低成本产品产能不足和钾肥紧缺等问题仍然存在。

未来，氮肥行业将开展原料和动力结构调整，资源地大规模建厂将成为主流；随着高品位矿资源的消耗，提升开采技术，综合开发中低品位磷、硫、钾资源将成为一种趋势；国内外钾矿资源勘探开发力度也将强化；另外，未来政策将进一步鼓励企业兼并重组，这也是淘汰落后产能、提升低成本化肥供应保障能力的重要手段。

五、行业风险分析

经历了金融危机的洗礼，2010年化肥行业整体逐步走出了危机的阴霾，化肥总产量保持稳定增长，工业总产值实现快速增长，但是行业仍面临总体产能过剩和产业结构不合理等困境，呈现出复杂多变的波动走势。2011年，受全球经济进一步复苏、粮食短缺和粮价上涨等有利因素影响，全球化肥需求量将明显增加，国际化肥价格将整体上扬，全球化肥行业盈利能力将有所增强，但对国内化肥制造企业来说，生产经营活动仍存在某些风险。化肥行业存在的主要风险有：经济环境的风险；产业政策风险；供需不平衡的风险；产品结构风险；价格风险；原材料风险；人民币汇率风险；兼并重组风险；技术风险等。

从整体上看，化肥行业的风险评级是维持类，风险固然存在，但仍有不少投资机会，可选择性介入。其主要原因是：化肥行业是国家发展的基础性行业，我国正处于从化肥大国向化肥强国转变阶段，企业也正从盲目扩张产能向做大做强的阶段过渡，行业的发展趋势是行业内兼并重组、产业结构调整和产业优化升级，通过支持符合行业发展趋势和政策鼓励的项目和企业，将会有良好的回报。

六、行业信贷建议

2010年中国化肥市场呈现出复杂多变的波动走势。一方面，在粮食等农产品价格上涨、政府继续加强对“三农”的投入和补贴、国际化肥市场回暖等利好因素下，化肥市场出现明显回升，至年底各类化肥价格已全面超越09年价位，其消费量也有较大幅度增长。另一方面，政策环境收紧、原材料成本走高、市场竞争加剧、产能过剩等负面因素也不断发展，导致2010年上半年出现化肥价格旺季走跌的反常局面，年内价格走势出现多次较大幅度波动。

由于供需状况总体偏于宽松和2010年底的价位较高，化肥价格在2011年难以出现大幅上涨。同时，由于化肥施肥季节性变化、政策调控频繁以及竞争日趋激烈的影响，化肥市场走势的波动性将继续增强，因此我们对化肥行业在2011年的利润预期保持中性。“十二五”化肥行业发展规划，把目标指向了发展转型上，重点发展缓释肥、控释肥及各种专用肥、功能肥等。2011年是“十二五”的开局之年，规划指向无疑对行业发展将产生重要影响。

2011年，化肥行业的信贷总体原则是：顺应国家产业政策导向，对应用新技术、新工艺的项目给予信贷支持，对行业兼并重组、淘汰落后产能的项目给予支持，对单纯扩大产能项目限制信贷，退出落后产能项目，从而在信贷上推动化肥行业的产业结构调整。

第二节 2010年化肥行业在国民经济中的地位

我国是世界上人口最多的国家，粮食生产在农业生产的发展中占有重要的位置。通常增加粮食产量的途径主要有扩大耕地面积和提高单位面积产量。虽然我国尚有许多未开垦的土地，但大多存在投资多、难度大的问题，继续扩大耕地面积的潜力有限。这就决定了我国粮食增产必须依靠提高单位面积产量。施肥不仅能提高土壤肥力，更是提高作物单位面积产量的重要措施。化肥是农业生产最基础而且是最重要的物质投入。据联合国粮农组织（FAO）统计，化肥在对农作物增产的总份额中约占40%～60%。我国用不到世界9%的耕地养活了世界近21%的人口，可以说化肥起到非常重要的作用。

新中国成立伊始，我国化肥工业仅能生产氮肥，磷肥和钾肥生产一片空白，且1949年化肥总产量仅为0.6万吨（折纯量），经过几代人的努力和国家政策的推动发展，2009年我国化肥总产量6700多万吨（折纯量），与60年前相比增长了一万多倍。目前中国的化肥产量和使用量处于世界之首，但供需结构非常不平衡，氮、磷肥工业产能过剩，钾肥工业一直处于供不应求的局面，一半左右钾肥产品仍需依赖进口。

在调整和振兴规划等一系列政策措施推动下，2009年以来化肥产业逐步回稳，2010年回升的势头进一步明显，产业总体呈现持续稳定发展态势。一是产业总量稳步增长，2010年化肥产业实现产值5773亿元，同比增长25.5%。生产化肥6620万吨（折纯，下同），同比增长2.5%，其中磷肥、钾肥产量均实现两位数增长，增幅分别为20.2%和12.7%；二是经济效益显著改善，2010年前11个月，化肥产业实现利润244亿元，同比增长59.8%。虽然化肥产业在2010年进一步回升，但是我国化肥产业发展仍受高品位磷、硫、钾矿资源不足约束，低成本产品产能不足等问题仍然存在。

2006-2010年化肥行业工业总产值、增长率及占GDP比重

单位：亿元，%

	国内生产总值（现价）	增长率	化肥行业工业产值	增长率	比重
2006	183217	10.4	2869.88	17.53	1.57
2007	211924	11.6	3192.64	27.57	1.64
2008	257306	13.0	4233.26	35.12	1.79
2009	335353	8.7	4027.89	3.64	1.34
2010	397983	10.3	5071.1	25.29	1.39

数据来源：国家统计局

山西阳煤丰喜肥业(集团)有限责任公司
SHANXI YANGMEI FENGXI FERTILIZER INDUSTRY (GROUP) LLC.

2006-2008 年我国化肥工业保持高位增长趋势，2009 年受众多不利因素影响，化肥工业产值的增长率大幅低于 GDP 增长率，而 2010 年化肥工业产值则经历了 V 型反转，增长率再次回到高位。

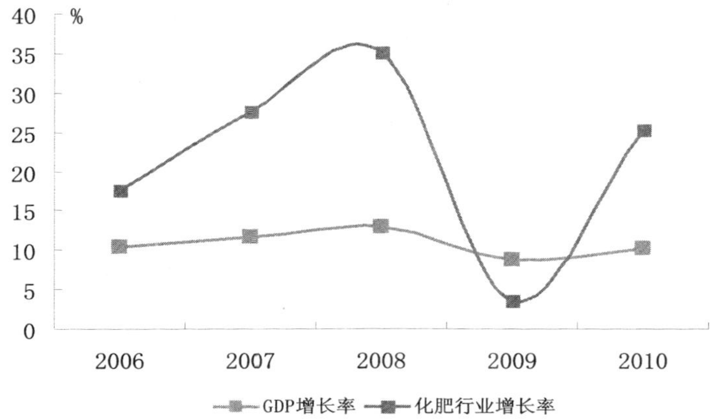

数据来源：国家统计局
2006-2010 年化肥工业产值增长率与同期 GDP 增长率比较

化肥工业作为发展农业的必备行业，是国民经济基础性行业。2009 年我国化肥工业遭遇较大危机，增速迅速放缓，工业产值占 GDP 比重显著降低，2010 年在调整和振兴规划等一系列政策措施推动下，化肥工业企稳回升，工业产值占 GDP 比重略有回升，预计 2011 年化肥工业产值占 GDP 比重将继续小幅上升。

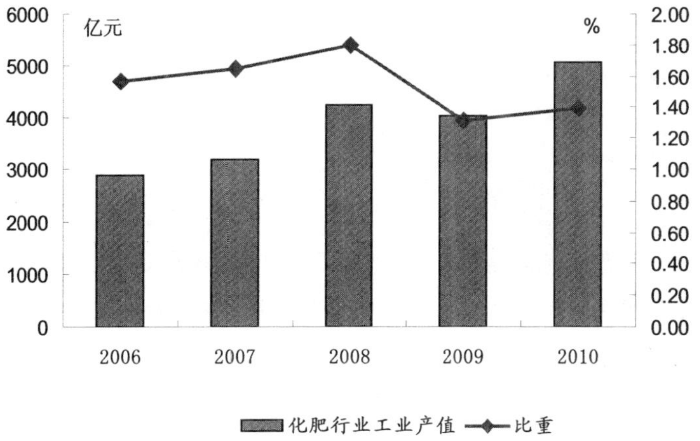

数据来源：国家统计局
2006-2010 年化肥工业产值及占同期 GDP 比重

农民增收问题一直是政府关注的焦点，巩固和加强农业的基础地位、改善农民的生活及生计是我国长期坚持的基本国策。近几年，中共中央、国务院 1 号文件均把发展农村经济、实现粮食稳定增产作为重要工作。

由于化肥是确保粮食增产的重要物质，国家制定了大量的政策鼓励化肥行业快速发展，但是我国化肥利用率较低，给我国资源带来了较大压力；同时，大量流失的化肥，还造成了水体富营养化和大气温室效应，形成了较大的环保压力，企业、行业以及政府都在探索低成本、高效率且对环境友好的化肥产业发展。

第二章 2010年化肥行业发展环境分析

第一节 2010年宏观经济环境分析

一、国内宏观经济运行

（一）国民经济快速增长

2010年，我国国内生产总值397983亿元，按可比价格计算，比09年增长10.3%，增速比09年加快1.1个百分点。有效巩固和扩大了应对国际金融危机冲击成果，国民经济运行态势总体良好。

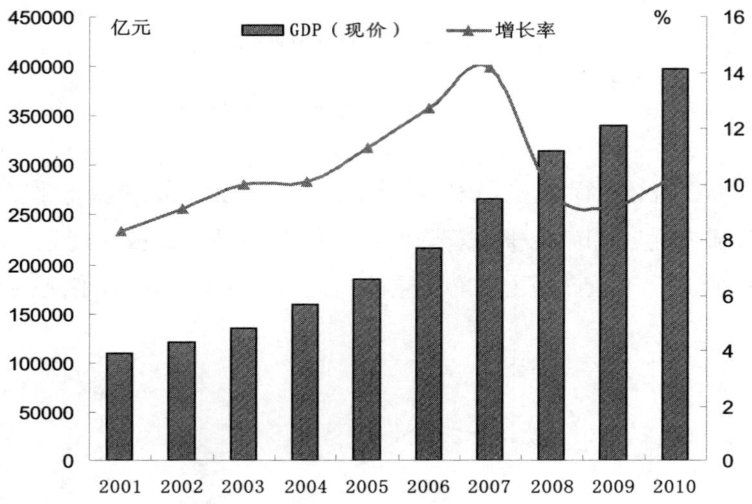

数据来源：国家统计局

2001-2010年各年度GDP及增长率

分季度看，国民经济经历了前高后低的走势，2010年一季度同比增长11.9%，二季度增长10.3%，三季度增长9.6%，四季度增长9.8%。分产业看，第一产业增加值40497亿元，增长4.3%；第二产业增加值186481亿元，增长12.2%；第三产业增加值171005亿元，增长9.5%，与2009年相比，第二产业增速明显加快。

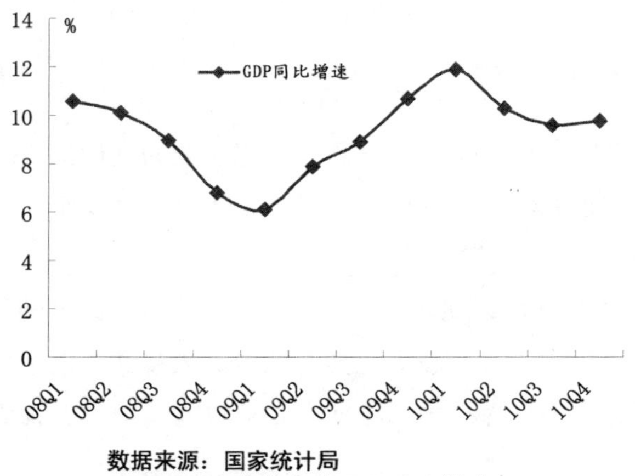

数据来源：国家统计局

2008-2010年各季度GDP同比增速

山西阳煤丰喜肥业(集团)有限责任公司
SHANXI YANGMEI FENGXI FERTILIZER INDUSTRY (GROUP) LLC.

总体而言，2010年我国宏观经济进一步巩固了2009年以来的V型反转走势，并且实现了平稳着落，宏观经济调控成效显著。预计2011年国民经济仍将保持快速增长，基本走势为前低后高。

（二）工业生产平稳增长

2010年工业生产平稳增长，企业效益大幅提高，规模以上工业增加值比09年增长15.7%，增速比09年加快4.7个百分点。分季度看，前高后低，一季度同比增长19.6%，二季度增长15.9%，三季度增长13.5%，四季度增长13.3%。分行业看，在39个大类行业中，38个行业实现比09年增长。分地区看，区域经济更加平衡，其中东部地区增长14.9%，中部地区增长18.4%，西部地区增长15.5%。

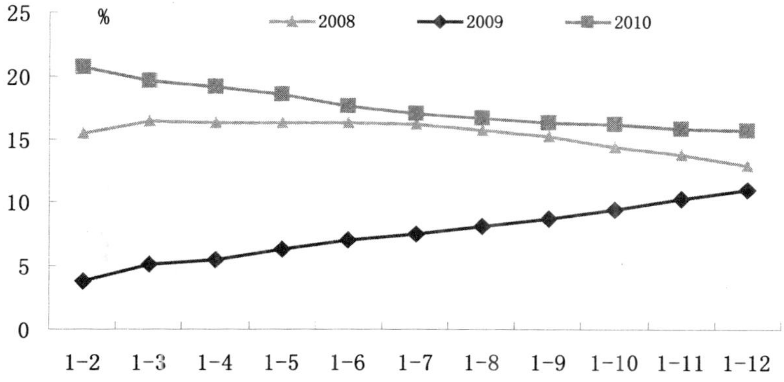

数据来源：国家统计局
2008年-2010年工业增加值累计增速

工业产销衔接状况良好，2010年规模以上工业企业产销率达到97.9%，比09年提高0.2个百分点。受宏观经济调控和2009年翘尾因素影响，2010年工业增加值累计增速逐月回落，实现了平稳着落。

（三）投资增速回落

2010年全社会固定资产投资278140亿元，比09年增长23.8%，增速比09年回落6.2个百分点，扣除价格因素，实际增长19.5%。分地区看，东部地区投资增长22.8%，中部地区增长26.9%，西部地区增长26.2%。

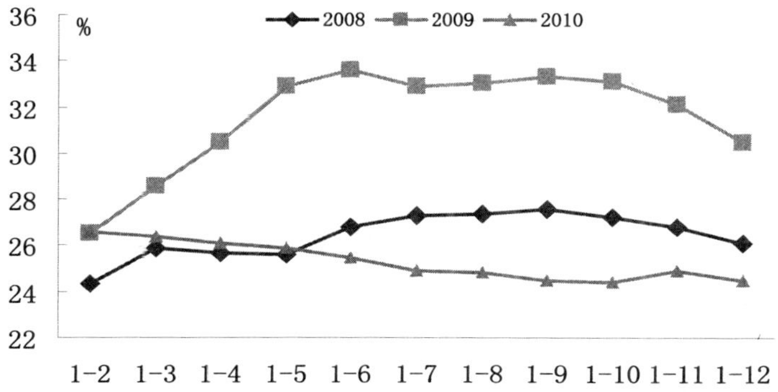

数据来源：国家统计局
2008年以来固定资产投资累计增速

高额的固定资产投资在2009年显著提振了经济，2010年随着经济增长回归常态，政策也回归正常，投资增长减缓，投资对经济增长的刺激效应也会逐渐减弱。预计2011年固定资产投资将有所分化，调结构的特征将更加明显。

（四）消费平稳较快增长

2010年社会消费品零售总额154554亿元，比09年增长18.4%；扣除价格因素，实际增长14.8%。按经营单位所在地分，城镇消费品零售额133689亿元，增长18.8%；乡村消费品零售额20865亿元，增长16.1%。按消费形态分，餐饮收入17636亿元，增长18.0%；商品零售136918亿元，增长18.5%。其中，限额以上企业（单位）商品零售额58056亿元，增长29.9%。另外，热点消费快速增长，其中金银珠宝类增长46.0%，家具类增长37.2%，汽车类增长34.8%，家用电器和音像器材类增长27.7%。

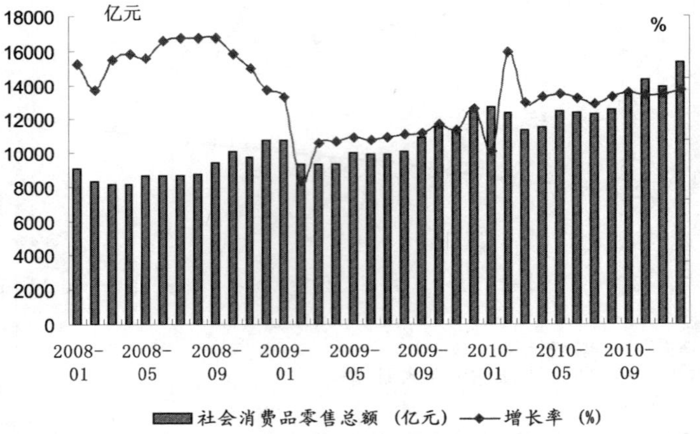

数据来源：国家统计局
2008年-2010年各月社会消费品零售总额及增速

由于消费的刚性特点，消费将保持平稳增长，预计2011年我国社会消费品零售总额将继续保持稳定增长态势。

（五）进出口总额较快增长

2010年进出口总额29728亿美元，比09年增长34.7%。其中，出口15779亿美元，增长31.3%；进口13948亿美元，增长38.7%。进出口相抵，顺差1831亿美元，比09年下降6.4%。

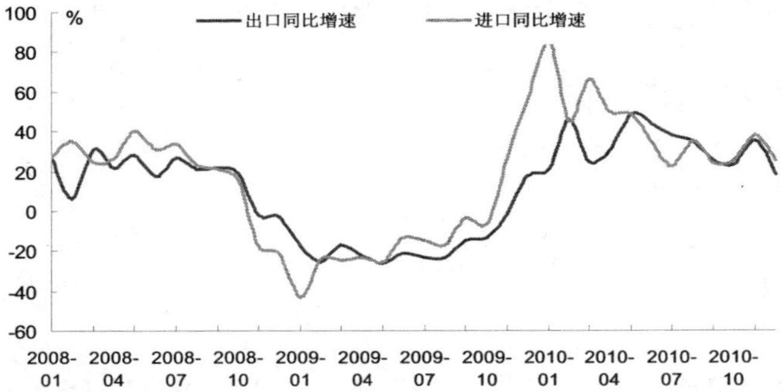

数据来源：国家统计局
2008-2010年我国进、出口月度增速

我国外贸进出口经历了自2009年3月份开始企稳反弹，并在2009年12月份进口和出口同时出现强劲增长。2010年世界经济逐渐回归常态，中国的进出口实现了快速增长，预计2011年中国

山西阳煤丰喜肥业(集团)有限责任公司
SHANXI YANGMEI FENGXI FERTILIZER INDUSTRY (GROUP)LLC.

进出口将继续保持较快增长，顺差进一步降低。

二、金融运行及货币政策

（一）货币供应量稳定增长

货币供应量稳定增长，2010 年 12 月末，广义货币（M2）余额 72.6 万亿元，比 09 年末增长 19.7%，增幅同比回落 8 个百分点，但仍然超过 2010 年 M2 目标；狭义货币（M1）26.7 万亿元，增长 21.2%，回落 11.2 个百分点；流通中货币（M0）4.5 万亿元，增长 16.7%，加快 4.9 个百分点。经历了 2009 年的高速增长后，2010 年货币供应量逐步回归常态，预计 2011 年 M2 增速将保持在 17% 左右。

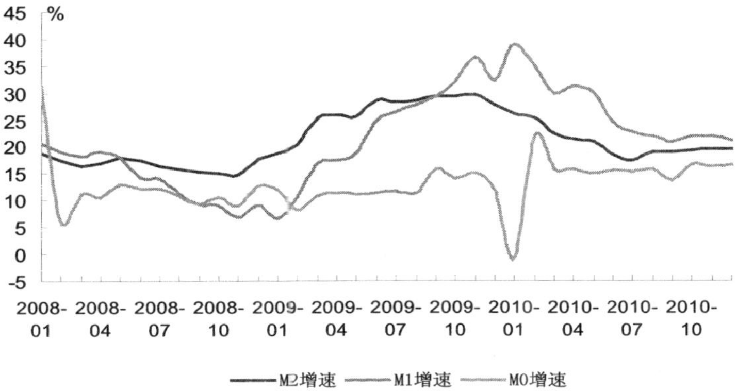

数据来源：国家统计局
2008-2010 年我国货币供应量增速

（二）信贷平稳增长

2010 年金融机构人民币各项贷款余额 47.9 万亿元，同比增长 19.9%，增速比 09 年低 11.8 个百分点，比年初增加 7.9 万亿元，比 09 年少增 1.6 万亿元；各项存款余额 71.8 万亿元，比年初增加 12.0 万亿元，少增 1.1 万亿元。贷款节奏更加均衡，各季新增贷款分别为 2.60 万亿元、2.03 万亿元、1.67 万亿元和 1.64 万亿元。其中，中长期贷款比年初增加 4.2 万亿元，同比少增 7938 亿元。票据融资比年初减少 9051 亿元，同比多减 1.4 万亿元。总体看，2010 年金融机构大体保持着压票据融资增一般贷款的态势。

2009 年为了应对金融危机，银行信贷增量创历史新高，政策的效果也比较明显，但随着经济的逐渐复苏好转和通胀压力的不断增大，2010 年人民币贷款增速高位回落后总体走稳，回归正常水平。

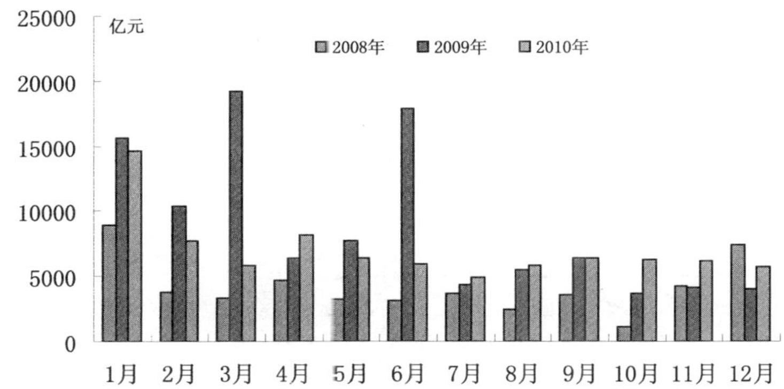

数据来源：国家统计局
2008-2010 年我国月度信贷投放规模

（三）通胀压力上升

2010年居民消费价格同比上涨3.3%。其中，城市上涨3.2%，农村上涨3.6%。分类别看，食品上涨7.2%，烟酒及用品上涨1.6%，医疗保健和个人用品上涨3.2%，娱乐教育文化用品及服务上涨0.6%，居住上涨4.5%，衣着下降1.0%，交通和通信下降0.4%，家庭设备用品及维修服务持平，全年原材料、燃料、动力购进价格同比上涨9.6%。

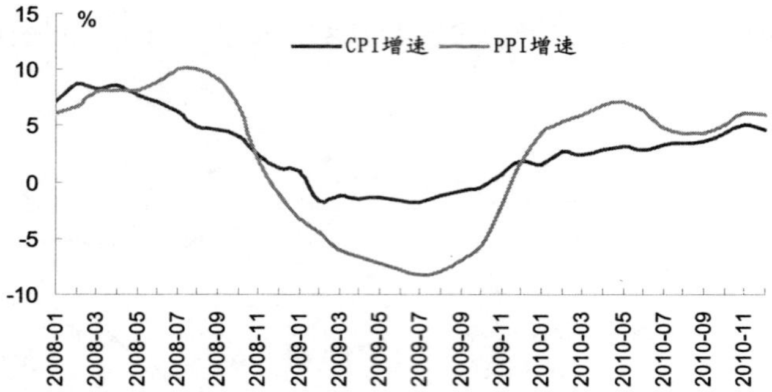

数据来源：国家统计局
2008-2010年CPI、PPI走势

国内受2009年以来信贷大规模扩张、劳动力成本上升以及资源价格改革等因素的影响，外部受美元等主要计价货币总体贬值输入型通胀压力进一步上升，2010年CPI逐月攀升，通货膨胀压力不断加大。价格上涨风险不容忽视，通货膨胀也成为2011年中国经济的最大的不确定性。

（四）人民币汇率升值

2010年6月进一步推进人民币汇率形成机制改革以来，人民币小幅升值，双向浮动特征明显，汇率弹性明显增强，人民币汇率预期总体平稳。2010年年末，人民币对美元汇率中间价为6.6227元，升值幅度为3%；人民币对欧元为1欧元兑8.8065元人民币、较2009年末升值11.25%。2005年人民币汇率形成机制改革以来至2010年年末，人民币对美元汇率累计升值24.97%，对欧元汇率累计升值13.71%。

根据国际清算银行的计算，2010年，人民币名义有效汇率升值1.8%，实际有效汇率升值4.7%；2005年人民币汇率形成机制改革以来至2010年12月，人民币名义有效汇率升值14.7%，实际有效汇率升值23.2%。

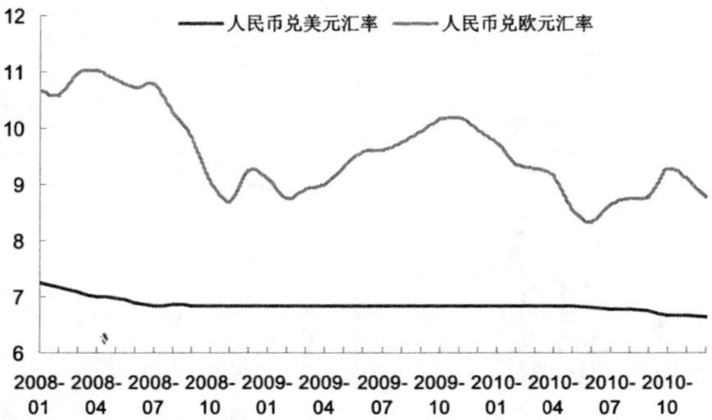

数据来源：国家统计局
2008-2010年人民币兑美元及欧元加权平均汇率走势

山西阳煤丰喜肥业(集团)有限责任公司
SHANXI YANGMEI FENGXI FERTILIZER INDUSTRY (GROUP) LLC.

虽然人民币自2005年汇率改革以来已经显著升值，但是目前中国仍然存在着巨额的贸易顺差，人民币升值压力依然显著，不仅来自于发达国家，也来自于国际组织和发展中国家，预计2011年人民币汇率依然会渐进式升值。

（五）货币政策

2010年，中国人民银行继续实施适度宽松的货币政策，着力提高政策的针对性和灵活性，处理好保持经济平稳较快发展、调整经济结构和管理通胀预期的关系，逐步引导货币条件从反危机状态向常态水平回归。

1. 大额发行央行票据

2010年以来，中国人民银行加强对国内外经济金融形势和银行体系流动性变化的分析监测，按照货币调控的要求灵活开展公开市场操作，不断优化操作工具组合，促进银行体系流动性总体适度，灵活开展公开市场操作，进一步加大了流动性回收力度。2010年全年累计发行中央银行票据4.2万亿元，开展正回购操作2.1万亿元；截至2010年年末，中央银行票据余额约为4万亿元。

2. 上调存款准备金率

受全球流动性宽松和中国国际收支顺差仍然较大影响，2010年总体上仍面临银行体系流动性供给偏多的格局，中国人民银行在灵活开展公开市场操作的同时，较多地使用了存款准备金率工具，发挥其深度冻结流动性的作用。2010年，中国人民银行分别于1月18日、2月25日、5月10日、11月16日、11月29日和12月20日6次上调存款类金融机构人民币存款准备金率各0.5个百分点，累计上调3个百分点。

3. 上调存贷款利率

2010年前三季度，利率政策保持稳定。第四季度以来，为稳定通货膨胀预期，抑制货币信贷快速增长，中国人民银行于10月20日、12月26日两次上调金融机构人民币存贷款基准利率。其中，1年期存款基准利率由2.25%上调至2.75%，累计上调0.5个百分点；1年期贷款基准利率由5.31%上调至5.81%，累计上调0.5个百分点。12月26日同时上调中国人民银行对金融机构贷款利率，其中1年期流动性再贷款利率由3.33%上调至3.85%；1年期农村信用社再贷款利率由2.88%上调至3.35%；再贴现利率由1.80%上调至2.25%。

4. 优化信贷结构

2010年，人民银行继续鼓励和引导金融机构合理调整信贷结构和投放节奏，加大金融支持经济结构调整和经济发展方式转变的力度，引导金融机构加大对国家重点产业调整振兴、节能环保、战略性新兴产业、服务业、经济社会薄弱环节、就业、消费、区域经济协调发展、巨灾应对和灾后重建等重点产业、重点领域和重点地区的金融支持与服务，积极改进和完善涉农和中小企业金融服务；严格控制对“两高”行业、产能过剩行业以及不符合国家政策规定的地方政府融资平台公司贷款。

信贷结构继续优化，金融机构对“三农”和中小企业的信贷支持进一步增强，个人住房贷款增长明显回落。银行业机构中小企业人民币贷款比年初增加3.3万亿元，年末余额同比增长22.4%，其中，小企业贷款比年初增加1.7万亿元，年末余额同比增长29.3%，增速比中型企业高11.5个百分点，比大型企业高16.0个百分点，中小企业融资难问题初步得到缓解。

二、国际宏观经济运行

（一）世界经济金融形势

2010年，全球经济持续复苏，全球贸易增长恢复至金融危机前的水平，大宗商品价格企稳回升，但各经济体复苏不均衡。主要发达经济体复苏缓慢，财政可持续性堪忧，失业率居高不下。美国经济复苏在第四季度出现积极迹象，但受困于高失业率、巨额的财政赤字与贸易逆差，前景仍不明朗；欧元区受主权债务危机拖累，整体经济复苏缓慢，德国经济复苏较好，成为带动欧元区复苏的主要动力，但是其他欧元区国家复苏乏力，希腊、爱尔兰和西班牙等受主权债务危机波及的国家甚至陷入负增长或零增长；日本通货紧缩和就业状况无明显改善，2010年核心CPI同比下降1%，全年平均失业率为5.1%，增长动力减弱。

新兴市场经济体增长强劲，但面临资本流入及通胀压力上升，部分国家逐步收紧了货币政策。2010年以来，受国内需求增长及大宗商品价格企稳回升影响，亚洲、拉美等地区的新兴及发展中经济体复苏强劲，成为拉动全球经济增长的主要动力。IMF预计印度、巴西、俄罗斯2010年经济增长分别达到9.7%、7.5%、3.7%。由于全球流动性持续过剩和发达经济体复苏乏力，套利资本大量流入经济增长相对强劲、利差较大的新兴经济体，加剧了新兴市场股票、房地产等资产价格的上涨压力及货币升值压力。资本流入还增大了新兴市场的输入性通胀压力，印度、巴西和俄罗斯央行预计2010年CPI将分别达到8%、4.7%和7.0%。

国际货币基金组织（IMF）在2011年1月份的《全球经济展望》中指出，2010年全球经济增长率为5.0%，其中美国、欧元区、日本、新兴经济体2010年的经济增长率分别为2.8%、1.8%、4.3%和7.1%，比2009年分别高5.4个、5.9个、10.6个和4.5个百分点。

（二）主要经济体货币政策

2010年，经济复苏不均衡使各国货币政策呈明显差异。发达经济体央行继续通过低利率和加大量化宽松政策等手段刺激经济增长，部分增长强劲和通胀压力较大的经济体则收紧了货币政策。

为促进经济和就业增长，美联储、欧央行、英格兰银行2010年继续将基准利率水平分别维持0-0.25%、1%和0.5%不变。11月3日，美联储宣布推出6000亿美元的第二轮量化宽松政策（QE2），旨在支持经济复苏并使通胀率回升至目标水平，并在此后表示资产购买规模可能超过6000亿美元。10月5日，日本银行时隔四年多重启零利率政策，宣布将银行间无担保隔夜拆借利率从现行的0.1%降至0-0.1%，并推出了总额5万亿日元的资产购买计划。12月7日，日本银行表示将为国内106家金融机构提供9983亿日元贷款，以刺激银行业向实体经济放贷。欧央行在量化宽松政策方面相对谨慎。为应对主权债务危机，欧央行等先后与希腊、爱尔兰政府达成1100亿欧元和850亿欧元的救助方案，并通过再融资操作、证券市场计划等措施向市场提供流动性支持。英格兰银行也继续将短期利率维持在0.5%，并维持2000亿英镑的资产购买规模不变。

部分经济复苏强劲、通胀压力较大的经济体逐步加快了货币政策正常化的步伐。印度、韩国、越南、智利、澳大利亚、瑞典等为抑制通胀相继提高利率。为阻止投机资本大量流入和汇率持续过快升值，部分新兴经济体加强了资本流入管制和外汇市场干预。巴西宣布调高外国投资者购买本国证券的金融交易税和国内银行外汇头寸的准备金要求，印尼央行宣布加强银行业短期外债限额管理，并逐步提高银行外汇资产准备金率，土耳其央行则通过实施差别存款准备金率和降息等手段抑制投机资本流入。

山西阳煤丰喜肥业(集团)有限责任公司
SHANXI YANGMEI FENGXI FERTILIZER INDUSTRY (GROUP) LLC.

（三）国际经济形势展望

展望未来，全球经济复苏仍将继续，新兴经济体仍将引领全球经济复苏，但不稳定和不确定因素仍较多。发达经济体高失业和低增长状况短期内难以明显改观，欧洲主权债风险、发达经济体加强财政整顿也将影响需求回升。IMF 在 2011 年 1 月发布的《全球经济展望》中指出，世界经济的“双速复苏”仍在继续，预计 2011 年世界经济将增长 4.5%，相对 2010 年 10 月预测上调了约 0.25 个百分点。

其中，新兴经济体和发展中国家将继续保持强劲的增长，2011 年国内生产总值增速有望继续保持在 6.5% 的水平，比 2010 年的 7% 略有放缓；发达经济体国内生产总值将增长 2.5%，考虑到 2009 年经济衰退的程度，这一增速仍然较低。

三、宏观经济运行对化肥行业的影响

2010 年化肥产业取得了不错的成绩，实现产值 5773 亿元，同比增长 25.5%；前 11 个月，化肥产业实现利润 244 亿元，比 2009 年增长 59.8%。

国内受益于粮价大幅上涨，农民收入大幅提高，2010 年农民人均纯收入 5919 元，增长 14.9%。首先，农村居民人均纯收入的快速增长保障了对化肥的购买力；其次，粮价上涨促进了农民种粮积极性，进一步增加对化肥的需求量。外部受益于全球经济复苏及国际粮价上涨，2010 年化肥出口量同比大幅增长，特别是氮肥和磷肥出口量同比均实现了 100% 左右的增长，大大缓解了国内氮肥和磷肥产能过剩的困境，同时 2010 年主要化肥产品的出口价格如尿素、磷酸氢二铵与 09 年相比均有较大幅度上升，进一步增加了出口化肥企业的利润，但化肥出口依然面临着人民币汇率升值带来的冲击。

2011 年，货币政策对化肥行业的影响将主要体现在信贷政策的调整上，一方面淘汰落后产能，加快行业重组；另一方面，化肥行业作为农业的重要基础，国家信贷政策予以扶持，集中体现在钾肥生产以及运用新工艺新技术化肥生产领域。总之，调整产业内部结构、推进产业升级是未来货币政策对化肥行业的主要影响。

综上所述，2010 年国内受益于宏观经济的快速增长、农村居民收入快速增长以及粮价上升的影响，外部受全球经济复苏和粮食短缺、粮价上涨等有利因素影响，化肥国内需求量和出口量明显增加，化肥行业效益取得了较好的成绩。预计 2011 年受相同因素的影响，化肥价格将整体上扬，行业盈利能力将有所增强。

第二节 2010年化肥行业政策环境分析

一、重点政策汇总

2010年，国家颁布的化肥行业相关的政策中，最主要就是运用税收手段调节化肥市场，同时保障化肥物资安全和降低能耗、保护资源、促进行业可持续发展也是政策的主要着力点。

2009-2010年化肥行业相关政策汇总

时间	政策名称及举措	政策思路
2009.01	改革化肥价格形成机制	促进化肥价格市场化，确保化肥产品的稳定生产供应
2009.02	完善钾肥价格管理政策	完善钾肥进口价格管理
2009.02	石化产业振兴规划通过	调整化肥生产结构，完善化肥淡季储备制度
2009.02	部分化肥生产许可证下放省级审批	简化化肥生产审批
2009.05	石化产业振兴规划细则出台	细化说明振兴规则，提出未来三年内化肥行业发展方向
2009.06	磷肥行业产业结构调整意见出台	促进磷肥行业科学发展
2009.07	部分化肥产品出口关税下调	促进化肥出口，解决过剩产能
2009.08	关于进一步深化化肥流通体制改革的决定	放开化肥经营限制，鼓励连锁集约经营
2010.02	做好2010年春耕化肥供应工作	保障国内春耕化肥产品供应
2010.3	加强化肥农药行业管理	保障国内化肥物资安全
2010.04	补贴测土配方施肥项目实施	促进科学施肥
2010.09	《尿素单位产品能源消耗限额（征求意见稿）》公示	降低能耗，促进行业可持续发展
2010.11	2011年磷矿石出口配额申报	保护资源和环境，促进行业可持续发展
2010.11	调整2010年12月化肥出口关税	保障国内化肥产品供应
2010.12	调整2011年化肥出口关税	保障国内化肥产品供应

数据来源：相关部委、世经未来研发部

二、重点政策及重大事件分析

（一）调整2011年化肥出口关税政策

2010年12月2日，国务院关税税则委员会发布了《关于2011年关税实施方案的通知》，宣布自2011年1月1日起，对尿素、磷酸氢二铵、磷酸二氢铵及磷酸二氢铵与磷酸氢二铵的混合物等上述化肥产品的出口关税进行调整。

2011年化肥关税政策与2010年的主要区别

	2011年关税新政	2010年关税政策
尿素	基准价格为2100元/吨	基准价格为2300元/吨
	旺季（1-6月，11、12月）：税率为110%	旺季（2-6月，9月16日-10月15日，12月1日-12月31日）：税率为110%
	淡季（7-10月）：当出口价格不高于基准价格时，税率7%；当出口价格高于基准价格时，税率=（1.07-基准价格/出口价格）*100%	淡季（1月，7月1日-9月15日,10月16日-11月30日）：当出口价格不高于基准价格时，税率为7%；当出口价格高于基准价格时，税率=（1.07-基准价格/出口价格）*100%

山西阳煤丰喜肥业(集团)有限责任公司
SHANXI YANGMEI FENGXI FERTILIZER INDUSTRY (GROUP) LLC.

磷铵	二铵基准价格为 3400 元 / 吨，一铵基准价格为 2900 元 / 吨	二铵基准价格为 4000 元 / 吨，一铵基准价格为 3700 元 / 吨
	旺季（1-5 月，10-12 月）：税率为 110%。	旺季（2-5 月，9 月 1 日 -10 月 15 日，12 月 1 日 -12 月 31 日）：税率为 110%。
	淡季（6-9 月）：当出口价格不高于基准价格时，税率 7%；当出口价格高于基准价格时，税率 =（1.07- 基准价格 / 出口价格）*100%	淡季（1 月，6-8 月，10 月 16 日 -11 月 30 日）：当出口价格不高于基准价格时，税率为 7%；当出口价格高于基准价格时，税率 =(1.07- 基准价格 / 出口价格)*100%

数据来源：相关部委、世经未来研发部

2011 年的化肥关税政策与 2010 年的政策相比有了两大变化：

一是淡旺季时间的变化，2011 年化肥出口关税的旺季时间整体延长。具体来看，2011 年，尿素出口旺季时间增加了 1 月份和 11 月份，取消了 2010 年 9 月 16 日 -10 月 15 日的旺季时间，旺季时间由原来的 7 个月变成了 8 个月，增加了一个月时间；2011 年旺季磷铵出口旺季时间增加了 1 月份、10 月份和 11 月份，取消了 2010 年 9 月 1 日 -10 月 15 日的旺季时间，旺季时间由原来 6 个半月变成了 7 个月。

二是 2011 年化肥淡季出口基准价格降低。具体来看，尿素基准价格由 2010 年的 2300 元 / 吨降到 2100 元 / 吨，每吨减少 200 元；二铵基准价格由 2010 年的 4000 元 / 吨降到 3400 元 / 吨，每吨减少了 600 元；一铵基准价格由 2010 年的 3700 元 / 吨减少到 2900 元 / 吨，每吨减少了 800 元。

政策点评：

这是 2010 年年内化肥关税的第一次调整，也是令企业反响最大的一次调整。出口关税是调控产品出口量，保障国内市场供应、稳定价格的有力工具，我国经常利用出口关税来调整化肥供应和价格，也会根据客观情况的变化而适时调整关税政策。具体来说，此次关税政策调整主要是出于以下几方面的考虑：第一，2010 年四季度以来化肥以及农产品等价格上涨较快，而抑制农产品价格快速上涨需要从源头上平抑农资价格，这是化肥出口关税调整的根本原因；第二，国内化肥产量下降，出口急剧上升影响国内市场供应，提高出口关税将增加出口压力，这是此次关税调整的直接原因；第三，化肥行业存在结构性的产能过剩矛盾，而且化肥生产能耗较大，通过关税政策可以促进化肥行业结构调整升级，并严控两高一资产品出口，这是该政策出台的深层次原因。

因此，这次紧急上调化肥出口关税最重要的目的是通过大幅提高化肥出口关税，严控化肥出口量，保证国内化肥市场供应充足和价格基本稳定，从而从源头上抑制当前农产品价格过快上涨势头。

从维护农资市场稳定，保证国家粮食安全的大局来看：国家上调化肥出口关税的最直接影响就是抑制尿素及磷铵类产品出口，抑制农化产品价格的上涨，总体来说有利于国内化肥市场稳定和农民基本利益；但是从化肥生产企业角度来看，新政将对国内化肥企业造成较大的不利影响，特别是加剧国内化肥市场竞争。

化肥企业一方面成本不断攀升，另一方面新政造成化肥出口受限，这将导致化肥行业的整体盈利能力下降，尤其是中小化肥企业处境将尤为艰难，而资源或技术优势较大的企业则容易获得超额利润。行业有望借此进入新一轮兼并重组和洗牌局面，从而有利于淘汰过剩产能，促进行业结构调整升级。

（二）必和必拓收购阿萨巴斯卡钾盐公司

2010 年 1 月底，必和必拓以每股 8.35 加元总值 3.41 亿加元的价格，收购了位于加拿大萨斯克彻温省的阿萨巴斯卡钾盐公司。据保守测算，必和必拓的计划产能至少已经达到了 1000 万吨，占现在全球钾肥产量的 1/4，是我国整整一年的钾肥需求总量。

事件点评：

此次必和必拓对该公司进行收购，进一步昭示了其在全球布局钾肥市场的野心。同时，也折射出我国钾肥行业在对外开采钾资源方面的努力程度不够。我国钾肥需求量在 1000 万吨左右，虽然经过“十一五”的发展，我国钾肥自给率已经由 30% 提升至 50% 左右，但供需缺口仍达 500 万吨。假如对这些基础资源不能实现自我控制，我国将来整个粮食生产和人们的生活状况都会有被他人控制的危险。

（三）稳定性肥料壮大

2010 年 11 月 13 日“2010 年稳定性肥料产业发展论坛暨稳定性肥料行业标准新闻发布会”在江苏南京隆重召开。此次会议由中国磷肥工业协会、全国农业技术推广服务中心、全国肥料和土壤调节剂标准化技术委员会、中国土壤学会土壤肥力与肥料专业委员会和中国化工信息中心共同主办，施可丰化工股份有限公司承办。政府相关主管部门、行业协会、科研院所、生产企业、流通企业等 200 多名代表参加了会议。

《稳定性肥料行业标准》将分别对稳定性肥料的要求、试验方法、检验规则、标识、包装、运输和贮存等有关方面作出了明确规定，适用于氮肥、磷肥、钾肥、复混肥料、复合肥料等产品所有颗粒经特定工艺加工而成的稳定性肥料，以及在包装容器上标有“稳定性肥料”字样或标称稳定性肥料（复合肥料）或缓控释掺混（BB）肥料。

事件点评：

稳定性肥料是了未来肥料发展方向之一，标准的出台，标志着稳定性肥料作为一个新兴产业在化肥领域正式形成并已经壮大。它也必将为稳定性肥料产业的持续健康发展，对约束稳定性肥料生产厂家质量行为、规范稳定性肥料市场、保护消费者权益、推动稳定性肥料产业健康快速发展起到重要作用。稳定性肥料行业标准，不仅将保证和规范稳定性肥料产业行业发展，而且对保护消费者权益、促进产业升级起到积极的推动作用。

三、政策未来发展趋势

近年来我国化肥行业处于产能过剩状态，在我国化肥价格形成与流通领域放开之后，继续调整产业结构、用关税政策调节化肥出口、推进产业升级、明确化肥生产施用标准等四个方面是未来化肥产业政策所要解决的主要问题。

一是调整产业结构。我国化肥行业的典型特征就是产业结构不合理，一方面氮肥、磷肥、复合肥产能过剩，靠出口解决部分产能；另一方面钾肥自给率在 50% 左右，还需进口，这就要求政策更好的引导钾肥的产能扩大，鼓励钾肥生产，抑制过剩产能生产。

二是用关税政策调节化肥出口。我国化肥关税政策，经历了由出口退增值税，到取消出口退税，再到加征出口关税，再到目前加征特别出口减税的历程，体现了政府保障国内市场供应和保护农民基本利益的决心。出口关税是调控产品出口量，保障国内市场供应、稳定价格的有力工具，我国经常利用出口关税来调整化肥供应和价格，也会根据客观情况的变化而适时调整关税政策。

三是推进产业升级。我国是化肥生产、施用大国，但是化肥是高能耗产业，我国用不到世界 9%

山西阳煤丰喜肥业(集团)有限责任公司
SHANXI YANGMEI FENGXI FERTILIZER INDUSTRY (GROUP) LLC.

的耕地养活了世界近 21% 的人口，却消耗了世界 35% 的化肥，平均每亩化肥施用量是世界平均水平的 3 倍。传统肥料不仅利用率低，消耗能源多，而且流失的化肥也对环境造成了污染。因此，推进化肥产业向提高肥料利用率、降低化肥施用量、减少污染、节能环保、省时省力的方向发展非常必要。

四是明确化肥生产施用标准。化肥生产标准的不规范及部分假冒伪劣化肥产品的存在使农民遭受巨大损失；没有科学的施肥标准，过量施肥导致土地恶化、环境污染等诸多现象尤其严重，预期国家将明确化肥生产及施用的合理标准。

第三节 2010 年化肥行业社会环境分析

一、行业发展社会环境概述

化肥行业属于国家基础性行业和鼓励发展的行业，是保障国内粮食安全的重要基础。化肥产品与农业生产密不可分，化肥产品的消费者主要是广大农民，在耕地面积不断减少的情况下，化肥已成为农业生产稳定的最重要的保障。也就是说，化肥行业通过对农业的直接影响成为与国家安全相关的重要行业。

化肥行业受到社会环境各因素影响的分析如下表：

化肥行业社会环境因素分析

因素	对化肥行业影响
社会结构	从化肥产品在消费市场中所处的位置可知，化肥行业受社会环境中的社会结构、社会风格、价值观和文化等因素的影响很小。
社会风格	
价值观	
文化	
消费习惯	随着人们生活水平提高，人们对绿色有机食品更加青睐，而传统农业中农民往往施放大量的化肥来增加产量，这与绿色有机的概念不符，绿色农业倡导科学施肥，化肥的施用量少于传统农业，也就是说，人们对绿色概念的重视将导致化肥需求的减少。
环保观念	环保节能的理念也逐渐改变着人们的价值观。重视环保，节约能源的理念已经深入人心。由于化肥行业是一个高能耗高污染的行业，在环保和节能方面需要做的工作量较大，而且在我国滥施化肥所导致的土地、水污染现象尤其严重。目前，淘汰落后产能，产品结构升级，是我国整个化肥行业的产业政策，以后随着环保意识的不断普及，农民合理施肥的理念越来越强，化肥需求将减少。

数据来源：世经未来研发部

二、具体社会环境分析

我国化肥土地污染、水污染极为严重。

我国是世界上生产和使用化肥最多的国家，也是受害最严重的国家。我国用不到世界 9% 的耕地养活了世界近 21% 的人口，却消耗了世界 35% 的化肥，平均每亩化肥施用量是世界平均水平的 3 倍。2010 年我国农用化肥施用量在 5600 万吨左右，而 1977 年只使用了 723 万吨化肥，30 年多来化肥增长了近 7 倍。

施用化肥只有 1/3 被农作物吸收，2/3 的化肥进入天空，水体，土壤及农产品中，污染环境。多施化肥不仅导致作物贪青倒伏，病虫害增加，而且导致农产品中销酸盐含量严重超标，氮富营养化，同时化肥成为河流、湖泊、水库富营养化的重要污染源，此外也污染了地下水。化肥的数量不下降，生态环境污染永远搞不好。

使用化肥对土地的影响是持续性的，土地→化肥→土质退化→更多化肥→土质更退化……如此往复，土地对化肥就像对毒品一样，已经离不开了。

这个在我国正在发生的沉痛的事实给国家特别是化肥行业敲响了警钟，我国农民长久以来对施肥的错误认识，导致化肥污染非常严重。化肥生产要更加注重质量而不是单纯扩大产能，另外，在农业生产中，国家施肥指引标准的设立以及引导农民进行科学施肥显得格外重要。我国目前仍然是化肥的生产和使用大国，随着科学技术的发展和人们环保意识的增强，农业对化肥的依赖性将逐步降低，从而达到合理的施肥区间。

第四节 2010 年化肥行业技术环境分析

一、行业主要技术术语及简要解释

下表中包含了化肥行业涉及的大多数专业术语，以及本报告涉及的主要术语和简写。

化肥行业主要技术术语、简写及解释

技术术语	简要解释
脱硫	为防止烃类原料中的硫使转化催化剂中毒，在转化工段前将所有烃类原料中的所有微量硫脱除的过程。
转化	脱硫后，天然气与过热蒸汽混合，预热到 315-425 摄氏度，然后通过燃烧炉中装有镍催化剂的管子进行化学反应生成氢和碳氧化物气体的过程。
变换反应	水煤气变换是脱除导致合成催化剂中毒的一氧化碳的一种简便经济方法，原料氧先冷却到约 370 摄氏度，蒸汽含量可以根据需要调节，然后气体通过铁路催化剂使一氧化碳和水生成二氧化碳和氢气的化学反应。
贫液	用来脱除氢气中的二氧化碳和一氧化碳的各种循环洗涤液的统称。如一乙醇胺、热碳酸钾、醋酸铜氨液等。
富液	在吸收塔的吸收操作中，易溶组分在塔内被吸收剂吸收后，于塔底流出的溶液（其中包含有被吸收组分），称为富液。
氨合成	在氨合成塔内，氢和氮在催化剂作用下放热并反应生成氨的过程。
尿液合成	由二氧化碳压缩机送来的二氧化碳气体、高压氨泵送来的液氨和高压甲铵泵送来的甲铵液同时送入合成塔底部，反应生成尿液的过程
中压分解	尿液在一段分解塔闪蒸，液相在精馏段与一段分解分离器来的气体进行逆流传热，尿液被进一步分离。液相进入一段分解加热器加热，加热后的尿液在一段分解分离器中进行气液分离。
中压吸收	从一段分解塔从出来的气体和低压甲铵泵送来的稀甲铵液一起进入一段蒸发加热器下部的热利用段，然后进入一段吸收塔底部生成气氨的过程。
低压分解、吸收	在一定的工艺条件下，使低压系统的甲铵分解率和总氨蒸出率都达到 98% 以上，同时将分解出来的气相汇同解吸塔出口气体，经加水冷凝吸收后分别在两个吸收冷凝器内以稀甲铵液和氨水形式，返回解吸塔。
蒸发	尿液经热利用段和加热段加热，在一段蒸发分离段分离出的尿液去二段蒸发器，被管间蒸汽加热后进入二段蒸发分离器进行气液分离的过程。
解吸	又称气提或汽提，吸收的逆过程，是液相中的溶质组分向与之接触的气（汽）相转移的传质分离过程。
造粒	液相的熔融尿素送往造粒喷头进行旋转喷洒造粒的过程。
转鼓	离心机、气体流量计、造粒机、磨面机等设备中的转动部件。
捕沫器	用于分离塔中气体夹带的液滴，以保证有传质效率，降低有价值的物料损失和改善塔后压缩机的操作，一般多在塔顶设置捕沫器。

数据来源：世经未来研发部

山西阳煤丰喜肥业(集团)有限责任公司
SHANXI YANGMEI FENGXI FERTILIZER INDUSTRY (GROUP) LLC.

二、行业生产工艺技术

（一）生产工艺流程

1. 合成氨

合成氨是将 H 和 N 以 3：1（体积）的混合物在高温高压和有铁催化剂存在下合成氨，反应式如下：$N_2+3H_2 \rightleftharpoons 2NH_3$（该反应为可逆反应，等号上反应条件为：“高温高压”，下为：“催化剂”），具体过程如下：

(1) 原料气制备将煤和天然气等原料制成含氢和氮的粗原料气。对于固体原料煤和焦炭，通常采用气化的方法制取合成气；渣油可采用非催化部分氧化的方法获得合成气；对气态烃类和石脑油，工业中利用二段蒸汽转化法制取合成气。

(2) 净化是对粗原料气进行净化处理，除去氢气和氮气以外的杂质，主要包括 CO 变换过程、脱硫脱碳过程以及气体精制过程。①一氧化碳变换过程在合成氨生产中，各种方法制取的原料气都含有 CO，CO 变换反应既是原料气制造的继续，又是净化的过程，通过反应使大部分 CO 转变为 CO_2 和 H_2，为后续脱碳过程创造条件。②脱硫脱碳过程，各种原料制取的粗原料气，都含有一些硫和碳的氧化物，为了防止合成氨生产过程催化剂的中毒，必须在氨合成工序前加以脱除，原料气在进入合成工序前，必须进行原料气的最终净化，即精制过程。

(3) 氨合成将纯净的氢、氮混合气压缩到高压，在催化剂的作用下合成氨。氨的合成是提供液氨产品的工序，是整个合成氨生产过程的核心部分。氨合成反应在较高压力和催化剂存在的条件下进行，由于反应后气体中氨含量不高，一般只有 10%~20%，故采用未反应氢氮气循环的流程。

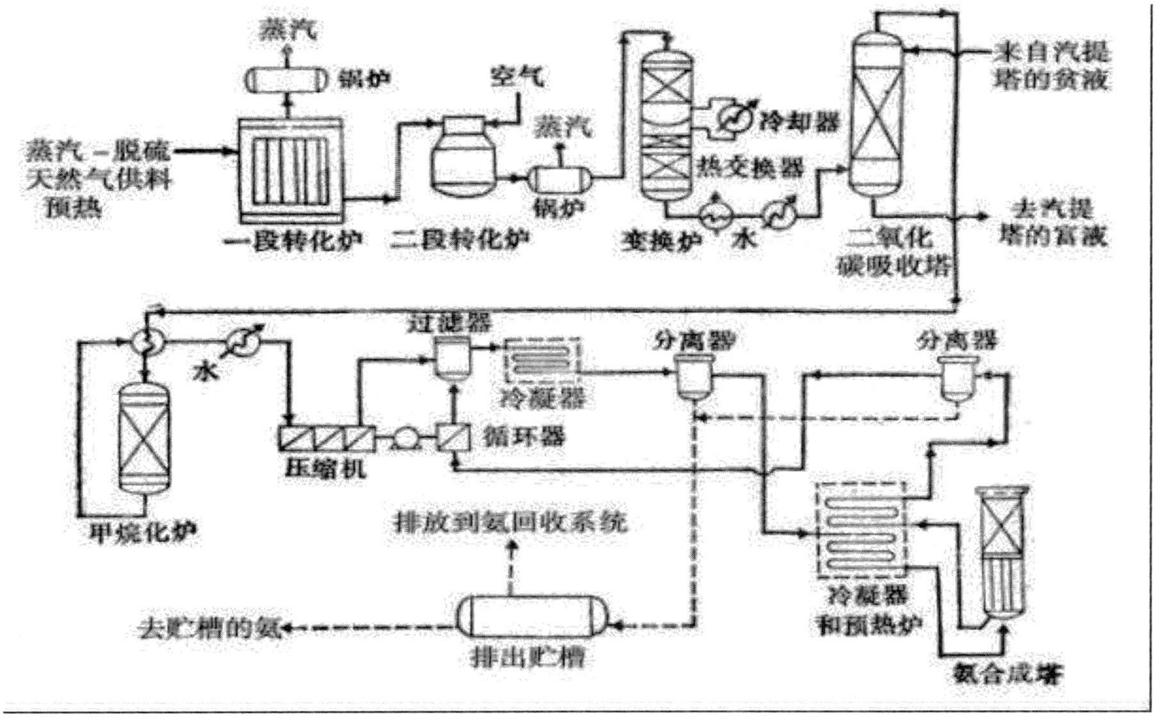

数据来源：世经未来研发部

合成氨工厂流程图

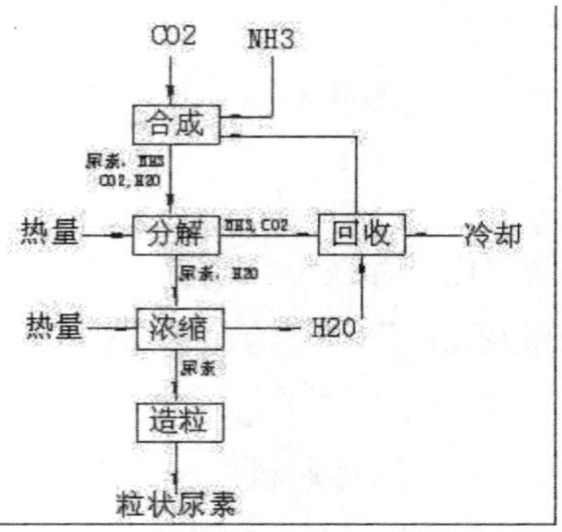

2. 尿素

工业上用液氨和二氧化碳为原料，在高温高压条件下直接合成尿素，化学反应如下：$2NH_3+CO_2 \rightarrow NH_2COONH_4 \rightarrow CO(NH_2)_2+H_2O$；

数据来源：世经未来研发部

尿素合成图

3. 重过磷酸钙

生产重过磷酸钙的主要反应式为：$Ca_{10}F_2(PO_4)_6+14H_3PO_4+10H_2O \longrightarrow 10Ca(H_2PO_4)_2 \cdot H_2O+2HF$

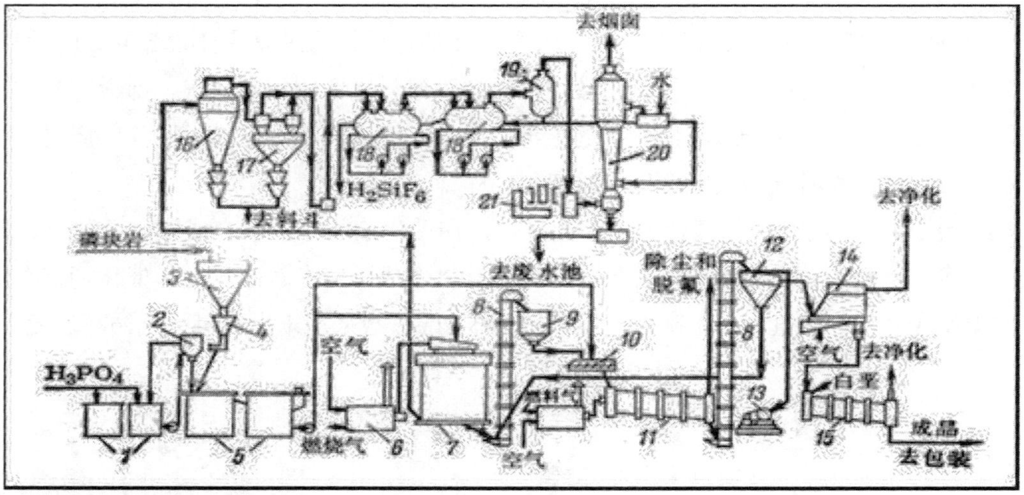

数据来源：世经未来研发部

连续法生产颗粒重过磷酸钙流程图

（二）技术路线分析

对于化肥行业而言，生产不同种类的化肥所需要的技术均是不同的，而且就每种特定的化肥产品，生产工艺也有不同手段，下面以几种主要的化肥及相关产品说明：

1. 合成氨

氮肥是我国化肥生产中产量最大也是最重要的品种，而氨作为氮肥生产的主要原料，合成氨工业在化肥生产中占有非常重要的基础地位。

目前所有使用的合成氨工艺均是在原先的Haber-Bosch法基础上改进的，H_2和N_2以3：1（体积）的混合物在高温高压和有铁催化剂存在下合成氨。在氨合成生产中，常以煤、重油、天然气为原料，由于选用的原料不同和净化方法不同，生产合成氨的工艺也不相同。我国常用的氨合成生产流程主要包括：

①天然气制氨。天然气先经脱硫，然后通过二次转化，再分别经过一氧化碳变换、二氧化碳脱除等工序，得到的氮氢混合气，其中尚含有一氧化碳和二氧化碳约0.1%～0.3%（体积），经甲烷化作用除去后，制得氢氮摩尔比为3的纯净气，经压缩机压缩而进入氨合成回路，制得产品氨。

山西阳煤丰喜肥业(集团)有限责任公司
SHANXI YANGMEI FENGXI FERTILIZER INDUSTRY (GROUP) LLC.

以石脑油为原料的合成氨生产流程与此流程相似。

②重质油制氨。重质油包括各种深度加工所得的渣油，可用部分氧化法制得合成氨原料气，生产过程比天然气蒸气转化法简单，但需要有空气分离装置。空气分离装置制得的氧用于重质油气化，氮作为氨合成原料外，液态氮还用作脱除一氧化碳、甲烷及氩的洗涤剂。

③煤（焦炭）制氨。随着石油化工和天然气化工的发展，以煤（焦炭）为原料制取氨的方式在世界上已很少采用，但仍占据我国合成氨工业的主导地位。

2. 尿素

尿素作为最重要的氮肥品种，在我国化肥工业中占有十分重要的位置，尿素生产中，均以液氨和二氧化碳为原料，生产方法主要分为两大类：

①水溶液全循环法。水溶液全循环法是将未反应的氨和二氧化碳用水吸收生成甲铵或碳酸铵水溶液循环返回合成系统。应用此方法生产尿素能耗较低，投资较小，因此曾被广泛采用，但是也有其自身的主要问题，集中体现在：能量得不到利用、一段甲铵泵存在问题、流程过于复杂，这些问题制约了水溶液全循环法的发展，针对这些问题，人们通过不断改革逐渐发现应用了气提法。

②气提法。由于气提剂的作用，能在较高分解压力下，使合成反应液中未转化的甲铵和过剩氨达到较高的分解率。采用气提法是尿素生产工艺的重要改进。气提法有二氧化碳气提法、氨气提法和变换气气提法等。实际中大型尿素生产一般多应用气提法生产，以二氧化碳气提法为例，与水溶液全循环法的显著不同在于：在分解合成塔出口的熔融液中未转化的氨与二氧化碳时，除加热外，还采用原料二氧化碳作为气提剂，将未分解的氨与二氧化碳从溶液中提取出来。二氧化碳气提法实质上是采用二段合成原理，即液氨和气体二氧化碳生成甲铵在高压冷凝器内进行，而甲铵脱水生成尿素是在合成塔中进行。

3. 磷酸铵

磷酸铵是我国最主要的复合肥品种，2010年全年磷酸铵产量达到2329.9万吨（实物量），磷酸铵是磷酸一铵、磷酸二铵和磷酸三铵的总称，是高效的复合肥料，含有农作物所需要的水溶性磷和氮两种主要营养元素。磷酸铵的生产方法有两种：一种是磷酸（萃取磷酸或热法磷酸）加氨中和反应制得磷酸铵盐，另一种是以农用氯化铵和普钙为原料，通过离子交换法制造。

（三）国内外技术对比分析

对于化肥行业而言，生产不同种类的化肥所需要的技术均是不同的，而且就每种特定的化肥产品，也有不同的生产技术与工艺。

合成氨方面，与国外先进产能相比，我国合成氨工业应用煤（焦炭）比例仍然偏高，这与我国资源禀赋有关，我国煤资源相对丰富，而石油、天然气资源非常稀缺。另外，我国合成氨工厂平均产能规模偏小，工厂平均产能不足10万吨/年，而国外平均超过30万吨/年。此外我国合成氨能耗高，污染较重，而目前国外已经研发出近乎无污染的合成氨处理技术。合成氨技术改进的重点在于采用低能耗工艺、充分回收及合理利用能量上，主要方向是研制性能更好的催化剂、降低氨合成压力、开发新的原料气净化方法、降低燃料消耗、回收和合理利用低位热能等。值得注意的是，近期美国俄勒冈大学的化学家宣布找到一种新方法，使常温常压下用氮气合成氨成为可能。尽管从科学研究到应用生产还需要一个很漫长的过程，但是这也代表了世界最先进的也是未来最有前景的合成氨技术。

尿素方面，我国大型尿素装置均为引进装置，其技术水平、装备水平、自控水平、管理水平都比较先进，其中七、八十年代引进的装置，经过多年达标管理，以及采用先进技术对传统工艺实施了节能和增产技术改造，使得这些装置在产能、消耗、产品质量、环保水平等方面一直处于国内化肥行业领先水平。中小型尿素装置多采用国内技术，中型尿素中有水溶液全循环和等压双气提工艺。随着技术的进步，已有近一半的产能采用二氧化碳汽提工艺、氨汽提工艺等非水溶液全循环工艺。总体来看，我国尿素生产技术总体水平是比较先进的。在国际上目前众多典型工艺流程中，建厂最多的是二氧化碳汽提和氨汽提工艺。随着汽提法尿素工艺的日趋成熟，原料利用率和能量利用率已达到预期目标。为实现以最小投入获得最大效率和效益的新目标，汽提工艺的技术专利商积极实施了对传统工艺流程的完善改造，重点突出了改善装置运转的安全性、降低消耗、减少环境污染等方面，把技术进步放在提高装置整体效率上；尤其是在九十年代后期，随着新型耐蚀材料和设备结构的改进，促进了尿素生产技术水平的提高。

我国钾肥生产虽然产量仍然不足以满足国内生产需求，但生产工艺却已经迈入了世界前列。例如青海100万吨钾肥项目核心技术采用了由我国科研人员自行开发研究的“反浮选－冷结晶”生产工艺，盐湖集团在这个项目上采用的工艺使我国钾肥工业工艺技术达到当今世界先进水平，“反浮选－冷结晶”生产工艺被国家专利局和世界知识产权局评为专利金奖。

三、2010年行业劳动生产率

衡量行业劳动生产率的指标是全行业人均单月总产值，2006年化肥行业人均单月产值为3.28万元，发展到2010年已经达到6.46万元，增长接近一倍。近五年化肥工业产值实现稳步增长，从业人员数量较为稳定，略有下降，行业劳动生产率逐步提高。

2006-2010年我国化肥行业全行业人均单月产值

	化肥工业产值	从业人员人数	人均单月产值
2006	28698789.4	728546	3.28
2007.1-11	31926445.5	710380	4.09
2008.1-11	42332613.1	712073	5.40
2009.1-11	41084459.6	705486	5.29
2010.1-11	50711018.1	713559	6.46

数据来源：国家统计局

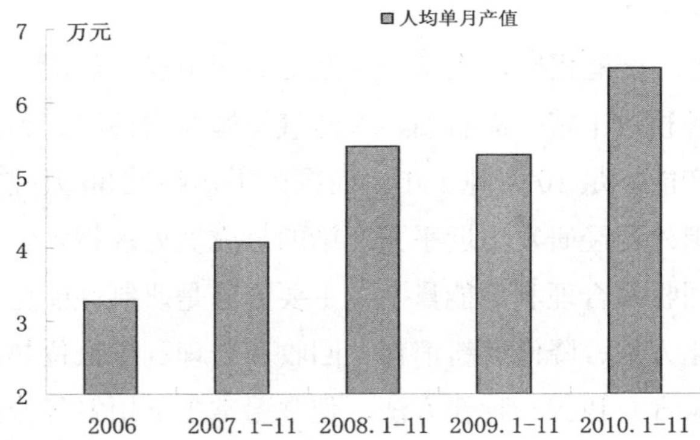

数据来源：国家统计局

2006-2010年我国化肥行业全行业人均单月总产值

山西阳煤丰喜肥业(集团)有限责任公司
SHANXI YANGMEI FENGXI FERTILIZER INDUSTRY (GROUP) LLC.

四、行业技术未来发展趋势预测

近年来，国内化肥工业通过引进国外先进技术以及自主研发设计，已经具备较高的化肥生产工业技术，未来技术发展方向主要是提高化肥利用率、保护环境、节约资源，具体分子行业来看，未来行业技术发展有以下主要趋势：

氮肥：先进煤气化技术，包括采用劣质煤、高硫煤为原料的加压气化技术，扩大化肥原料煤来源，实现原料本地化；先进净化合成技术，包括高效率、大型化的脱硫脱碳、变换、气体精制、氨合成技术；热电联产技术，采用循环流化床锅炉，综合利用造气炉渣、煤末、吹风气等资源，实现热电联产；鼓励提高锅炉压力等级，实现能量的多级利用。大型化合成氨、尿素成套国产化技术及装备开发。

磷肥：中低品位磷矿富集及综合利用技术，包括选矿技术、磷矿分级利用技术、磷矿伴生资源综合利用技术、磷酸分级利用技术；大型硫酸、磷酸、磷铵技术；氟回收技术；硫铁矿综合利用技术，弥补我国铁矿资源不足；废弃物回收制酸技术，如低浓度烟气回收制酸、磷石膏制酸联产水泥技术等；硫酸余热利用技术，低位热量回收利用技术。

钾肥：盐湖卤水综合利用技术，综合开发钾、钠、镁、锂等资源，提高资源利用率；盐湖卤水直接提取硫酸钾技术开发；难溶性钾资源综合利用技术开发；硝酸钾生产技术开发。

磷硫矿山：缓倾斜中厚磷矿体露天和地下开采技术；露天矿陡帮开采技术；先进的采掘穿爆设备。中低品位胶磷矿的选矿技术和药剂；风化矿的圈定方法和擦洗技术设备；共、伴生多金属硫铁矿和煤系硫铁矿的综合利用技术。

第三章 2010年化肥行业发展情况分析

第一节 2010年化肥行业规模分析

2010年底，我国共有规模以上化肥生产企业2777家，从业人员70多万人，资产总计6300多亿，销售收入达5000多亿元，实现利润240多亿元，同比增长60%左右。

2006年-2010年化肥行业主要指标统计

单位：个，人，亿元，

	企业数量	从业人员	资产总计	负债总计	销售收入	利润总计
2006	2058	728546	3607.25	2153.93	2774.9	183.15
2007.11	2184	710380	4113.7	2475	3137.6	211.57
2008.11	2328	712073	5162.25	3198.27	4066	297.77
2009.11	2573	705486	5433.32	3417.08	4072.07	150.19
2010.11	2777	713559	6370.7	3993.83	5193.92	243.99

数据来源：国家统计局

2010年，化肥行业的销售收入、资产增长都完成了V型反转，特别由于2009年利润的低基数，并且2010年受益出口改善、价格上涨，化肥行业利润增长实现了大幅增长。预计2011年煤炭等原材料价格将继续在高位运行，与2010年基本持平，而化肥价格受益粮价上涨、农民收入增长等有利因素影响将整体上扬，行业盈利能力将有所增强。

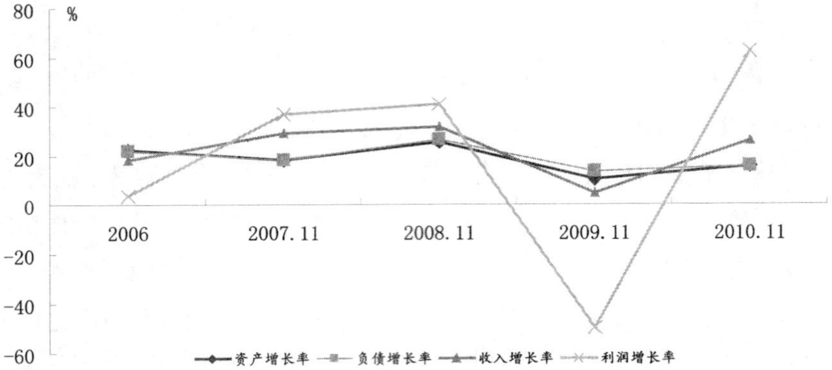

数据来源：国家统计局
2006-2010 年化肥行业资产、负债、销售收入及利润变化趋势

第二节 2010 年化肥行业供给分析及预测

一、供给总量及速率分析

（一）产值

2010 年 1-11 月，化肥行业完成工业总产值 5172.52 亿元，同比增长 25.29%，增速与 2009 年同期相比加快了 21.65 个百分点，工业总产值的快速增长的主要原因是化肥价格的上涨。

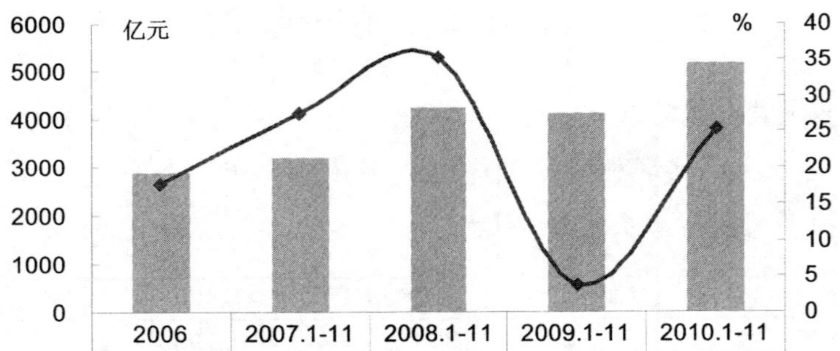

	2006	2007.1-11	2008.1-11	2009.1-11	2010.1-11
工业总产值	2869.88	3192.64	4233.26	4108.45	5172.52
增长率	17.53	27.57	35.12	3.64	25.29

数据来源：国家统计局
2006-2010 年化肥行业工业总产值变化趋势

（二）产量分析

2010 年，我国化肥行业产量小幅增长，2010 年全年化肥累计产量达到 6620 万吨，同比增长 2.5%，其中氮肥产量为 4521.1 万吨，同比下降 3.6%；磷肥产量为 1701 万吨，同比增长 20.2%；钾肥产量为 396.76 万吨，同比增长 12.7%。与 2009 年化肥行业价跌量升不同，2010 年化肥行业实现了价量齐增。

山西阳煤丰喜肥业(集团)有限责任公司
SHANXI YANGMEI FENGXI FERTILIZER INDUSTRY (GROUP) LLC.

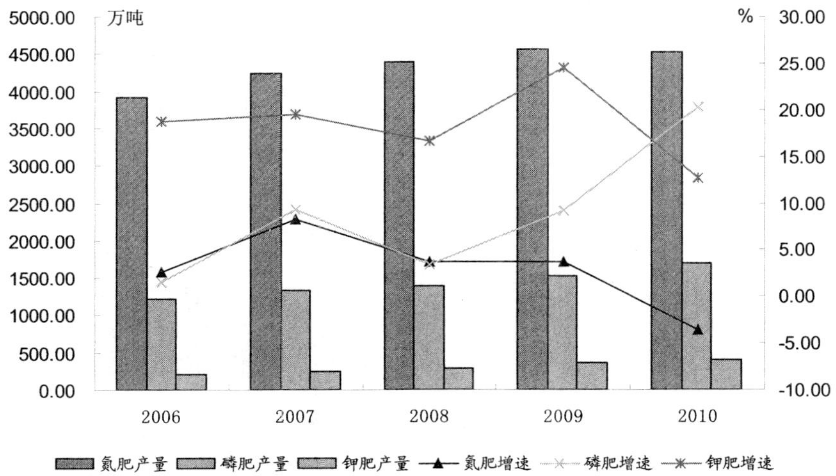

数据来源：中国石油和化学工业协会
2006-2010 年氮肥、磷肥及钾肥产量情况

二、供给结构变化分析

1. 合成氨

合成氨是生产尿素、磷酸铵、硝酸铵等化肥的主要原料，以天然气或煤炭为原料，通过水蒸气重整工艺制得氢气，然后与氮气进行高压合成制得合成氨。按终端用途来分，约 85%-90% 的合成氨用作化肥。近年来，我国合成氨产量基本保持稳定，产量多年来稳居世界第一，2010 年合成氨产量达到 4963.2 万吨，比 09 年下降 172.31 万吨，同比减少 3.36%，主要原因是氮肥行业产能过剩，对合成氨的需求疲软。另外，2010 年是“十一五”的最后一年，地方政府为完成“十一五”节能减排指标纷纷拉闸限电，加之三季度以来天然气、煤炭等原材料成本上涨等因素严重影响了企业的开工率。

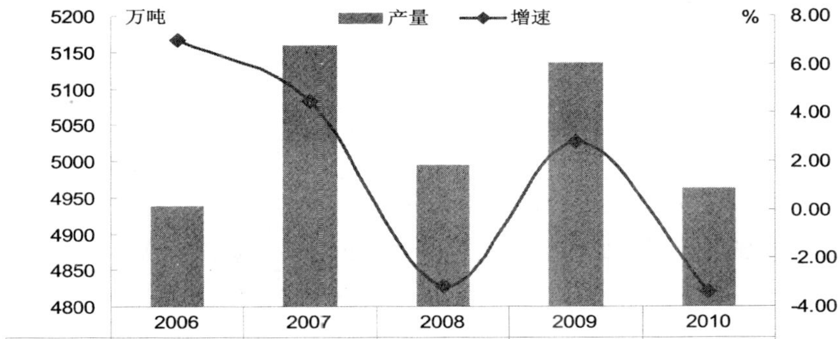

	2006	2007	2008	2009	2010
产量	4937.9	5158.9	4995.14	5135.51	4963.2
增速	7.00	4.48	-3.17	2.81	-3.36

数据来源：中国石油和化学工业协会
2006-2010 年合成氨产量及增速

2. 尿素

氮肥是我国最重要的化肥，而尿素是氮肥的主要产品，作为我国最重要的化肥产品，产量一直保持基本保持稳定，有小幅增长。

2006-2010 年尿素产量、增速及占化肥量之比

	产量	增速	占比
2006	2232.63	13.3	42.09
2007	2485.7	11.5	43.64
2008	2591.23	3.68	44.16
2009	2932.42	10.49	43.72
2010	2516.11	-7.3	38.01

数据来源：中国石油和化学工业协会

受上半年价格低迷、天然气供不应求、煤炭价格上涨和供应紧张等因素制约，2010 年全国氮肥企业开工率持续走低，全年尿素产量为 2516 万吨（折纯），同比下降 7.3%，化肥总产量为 6620 万吨（折纯），我们以此计算得到尿素占化肥总产量的比例达到 38%，在化肥行业中仍占有非常重要的位置，但是比重比 2009 年下降 5.71 个百分点，主要原因是氮肥行业需求疲软，产能过剩，另外，2010 年是“十一五”的最后一年，地方政府为完成“十一五”节能减排指标纷纷拉闸限电，加之三季度以来天然气、煤炭等原材料成本上涨等因素严重影响了企业的开工率。

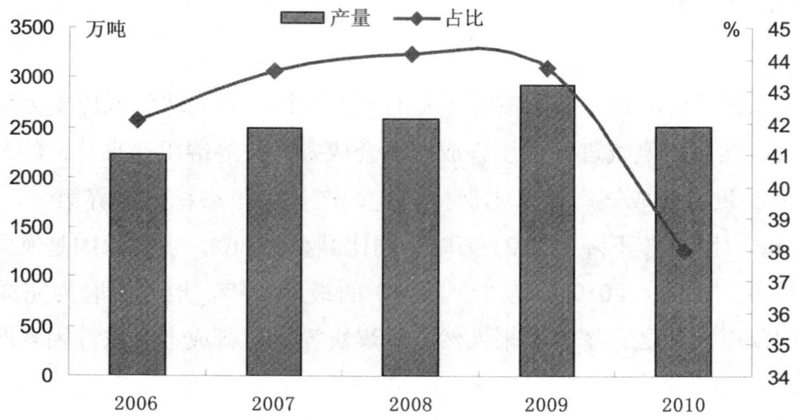

数据来源：中国石油和化学工业协会
2006-2010 年尿素产量及占化肥比重

3. 磷酸铵

磷酸铵是重要的复合肥料，除 2008 年出现小幅下降外，2006 年以来产量保持高速增长，从 2006 年全年产量的 1172.77 万吨快速增长到 2010 年全年产量的 2330 万吨，接近翻番。

从磷酸铵产量占化肥总产量之比可以看出，磷酸铵工业在化肥产业中地位越来越重要，特别是 2010 年，全年产量 2330 万吨，同比增长 28.72%，占化肥产量比重达到 35.2%，与尿素比重相当。

2006-2010 年磷酸铵产量、增速及占化肥量之比

单位：万吨，%

	产量	增速	占比
2006	1172.77	27.88	22.11
2007	1496.72	27.62	26.28
2008	1386.98	-7.33	23.64
2009	1810.11	30.51	26.99
2010	2330	28.72	35.2

数据来源：中国石油和化学工业协会

山西阳煤丰喜肥业(集团)有限责任公司
SHANXI YANG MEI FENGXI FERTILIZER INDUSTRY (GROUP) LLC.

（二）主要品种自给率

我国化肥行业的快速发展，化肥产量逐年提高，化肥产品的自给率也不断攀升，除钾肥外，主要品种均出现不同程度的供大于求现象，完全可以实现自给自足。

2010 年产销总量平衡表

单位：万吨，%

产品名称	产量	进口量	出口量	表观消费量	对外依存度（%）
化肥合计（折纯）	6619.8	386.3	732.6	6273.6	-5.52
氮肥（折含 N100%）	4521.1	26.4	462	4085.6	-10.66
尿素（折含 N100%）	2516.3	0.61	323.2	2193.7	-14.7
磷肥（折含 P2O5100%）	1701.4	38.6	264.9	1475.2	-15.34
钾肥（折含 K2O100%）	396.8	321.3	5.8	712.3	44.29
磷酸铵肥（实物量）	2329.9	45.5	492.3	1883.1	-23.72
硝酸磷肥（实物量）	107.6	1.09	74.9	33.8	-218.34

数据来源：中国石油和化学工业协会

综上而言，我国化肥行业主要品种基本满足自给自足，但钾肥供给仍存在较大的缺口，2010 年对外依存度高达 44.29%。因此，压氮肥、磷肥产能，增钾肥产能是我国化肥行业产品结构调整的一个重要方向。

三、2011 ～ 2013 年供给预测

（一）在建及拟建项目分析

从项目分布地区来看，化肥行业投资主要集中在湖北、山东、河南、四川等传统化肥大省。

2010 年及以后中国投产化肥项目列表

地区	项目名称	投资总额（万元）	所处阶段	建设区间
安徽	年产 45 万吨氨酸复合肥项目	1200	开工在建	2010 至 2011-9
河南	年产 30 万吨 NPK 复合肥项目	2000	开工在建	2010 至 2011-7
陕西	年产 30 万吨合成氨、52 万吨尿素项目（更新）	228000	开工在建	2009 至 2011-10
湖北	年产 100 万吨磷复肥项目	200000	开工在建	2010 至 2011-10
广西	年产 13 万吨尿素装置技改项目	10000	施工准备	2011 至 2012
新疆	年产 2 万吨液氨、15 万吨甲醛及 3 万吨乌洛托品项目	9342	开工在建	2010 至 2011-5
山西	年产 18 万吨合成氨及 30 万吨尿素项目	94000	施工准备	2010-12 至 2011
福建	年产 20 万吨磷铵项目	60000	施工准备	2010 至 2011
安徽	年产 28 万吨合成氨系列产品项目	300000	开工在建	2010 至 2012
湖北	高塔缓释复合肥料生产项目	6000	开工在建	2010 至 2011-3
湖北	年产 10 万吨生物有机复混肥建设项目	9500	开工在建	2010 至 2011
陕西	年产 5 万吨合成氨及 20 万吨碳铵项目	18484.43	施工准备	2010 至 2011
山东	年产 100 万吨缓控释肥项目	33000	开工在建	2010-5 至 2010-12
湖北	年产 30 万吨磷酸一铵项目	5000	开工在建	2010 至 2011
湖北	年产 40 万吨合成氨、30 万吨尿素技改项目	100000	开工在建	2010 至 2011
贵州	年产 30 万吨合成氨装置	100000	施工准备	2010 至 2011
贵州	年产 50 万吨合成氨项目	280000	开工在建	2009-5 至 2011
青海	年产 18 万吨合成氨项目	42000	开工在建	2009-9 至 2010
安徽	年产 2 万吨食品级磷酸项目	17098	施工准备	2010 至 2011

四川	年产60万吨磷铵及其配套（一期）项目	81600	开工在建	2009年3月-2010年
四川	年产60万吨磷铵及其配套（二期）项目	54400	施工准备	2010年6月-2011年
山东	氨酸复合肥扩建项目	9822	开工在建	2009年-2011年
河南	年产20万吨新型增值复合（混）肥料项目	6032	开工在建	2009年-2010年
四川	年产8万吨合成氨技改迁建项目	15200	开工在建	2008年-2010年
安徽	年产30万吨尿素产品结构调整项目	22600	开工在建	2009年-2010年4月
湖北	年产68万吨高浓度磷复肥改造工程	49729	开工在建	2009年-2010年
山东	年产100万吨生物有（无）机复合肥项目	80905	开工在建	2009年-2010年
山东	年产40万吨控释肥及能量优化工程	8000	开工在建	2009年-2010年
四川	合成氨、尿素及复合肥生产项目	96000	开工在建	2009年-2011年
湖北	精细磷酸盐项目	21120	开工在建	2009年10月-2010年
河南	年产20万吨复混肥、掺混肥、有机肥项目	2039	开工在建	2009年10月-2010年
湖北	120万吨磷酸铵扩建及配套工程	166000	开工在建	2009年-2011年
河南	碳酸氢铵改产尿素工程	9100	开工在建	2009年-2010年
新疆	年产30万吨合成氨、52吨尿素工程	230000	开工在建	2009年-2011年
湖北	年产30万吨新型复合磷肥及3万吨生物有机肥项目	10000	开工在建	2009年-2010年
河北	年产30万吨合成氨异地搬迁改造项目	73000	开工在建	2009年9月-2010年
浙江	年产12万吨合成氨生产线技术改造工程	26427	开工在建	2009年-2010年
宁夏	泸天化大化肥项目	417000	开工在建	2009年-2011年
吉林	100万吨控释肥项目	100000	开工在建	2009年-2012年
四川	年产60万吨长效缓释肥项目	58890	开工在建	2009年-2010年
内蒙	年产60万吨合成氨（一期）项目	99000	工程设计	2010年-2011年
陕西	大化工合成氨联产甲醇项目	200000	开工在建	2009年-2010年
湖北	年产8万吨合成氨搬迁工程	24190	工程设计	2010年-2011年
黑龙江	年产60万吨合成氨、100万吨尿素工程	600000	开工在建	2009年-2012年
山东	年产30万吨合成氨项目	59000	工程设计	2010年-2012年
四川	年产30万吨湿法磷酸项目	94451	开工在建	2009年10月-2011年
广西	新方向化工30万吨化肥项目	18000	施工准备	2010年-2011年

数据来源：世经未来研发部

（二）2011～2013年供给预测

2010年1-11月化肥行业的工业产值是5071.1亿元，同比增长25.29%。2011年、2012年、2013年受益于农村居民收入快速增长以及粮价上升的影响，化肥价格将稳中略有上升，化肥产量继续保持稳定，化肥的工业产值将有所增长。

化肥行业产值预测表

单位：亿元、%

单位：万吨

	工业产值	增长率
2006	2869.88	17.53
2007.1-11	3192.64	27.57

山西阳煤丰喜肥业(集团)有限责任公司
SHANXI YANGMEI FENGXI FERTILIZER INDUSTRY (GROUP) LLC.

2008.1-11	4233.26	35.12
2009.1-11	4108.45	3.64
2010.1-11	5071.1	25.29
预测部分		
2011（E）	5578.21	10
2012（E）	6136.03	10
2013(E)	6749.63	10

数据来源：国家统计局，世经未来预测

2010年全年，我国化肥行业的产量达到6619.8万吨（折纯），同比增长2.52%。根据石化振兴规划的三年发展目标，到2011年化肥产量达到6250万吨（折纯），钾肥产量达到400万吨（折纯），即重在产品结构调整上，体现为淘汰过剩的行业产能，增加钾肥产能。预计未来产量基本保持稳定，钾肥会略有上升，但受限于中国钾资源，扩产有限。

化肥产量供给预测表

单位：万吨，%

	氮肥产量	氮肥增速	磷肥产量	磷肥增速	钾肥产量	钾肥增速
2006	3911.54	2.69	1225.46	1.60	209.00	18.75
2007	4233.13	8.22	1339.28	9.29	249.88	19.56
2008	4392.42	3.76	1385.50	3.45	291.22	16.54
2009	4553.36	3.66	1513.14	9.21	362.78	24.57
2010	4521.00	-3.60	1701.00	20.20	396.76	12.70
预测部分						
2011（E）	4611.42	2	1666.98	-2	412.63	4
2012（E）	4496.13	-2.5	1625.31	-2.5	433.26	5
2013(E)	4586.06	2	1657.81	2	441.93	2

数据来源：国家统计局，世经未来预测

第三节 2010年化肥行业需求分析及预测

一、需求总量分析

2010年1-11月，化肥行业完成销售收入5193.92亿元，同比增长25.73%，增长率比2009年同期加快了20.79个百分点。销售收入的变化趋势与工业总产值变化一致，2010化肥需求量基本保持稳定，总体价格稳中有升，所以化肥行业的销售收入增长较快。

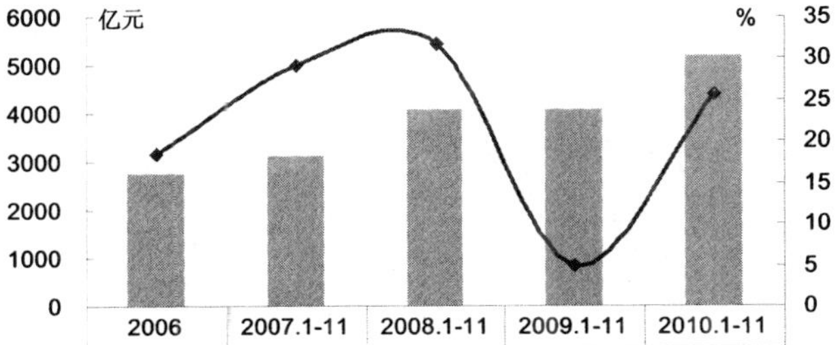

	2006	2007.1-11	2008.1-11	2009.1-11	2010.1-11
销售收入	2774.94	3137.64	4066.02	4072.07	5193.92
增长率	18.40	29.22	31.68	4.94	25.73

数据来源：国家统计局

2006-2010年化肥行业销售收入变化趋势

（二）消费量分析

化肥需求主要有两个途径，一为农用化肥，二为工业用肥，其中农用化肥占主要部分。2006 年至 2010 年，农用化肥施用量占化肥产量比重逐年降低，反映了化肥行业产能整体过剩的局面日益严重。

2006-2010 年农用化肥消费量及其比重

单位：万吨

	农用化肥产量	农用化肥施用量	比重
2006	5345.05	4927.7	92.19
2007	5824.98	5107.8	87.69
2008	6028.05	5239	86.91
2009	6385.01	5404.4	84.64
2010	6764.36	5566（估计）	82.28

数据来源：国家统计局，世经未来预测

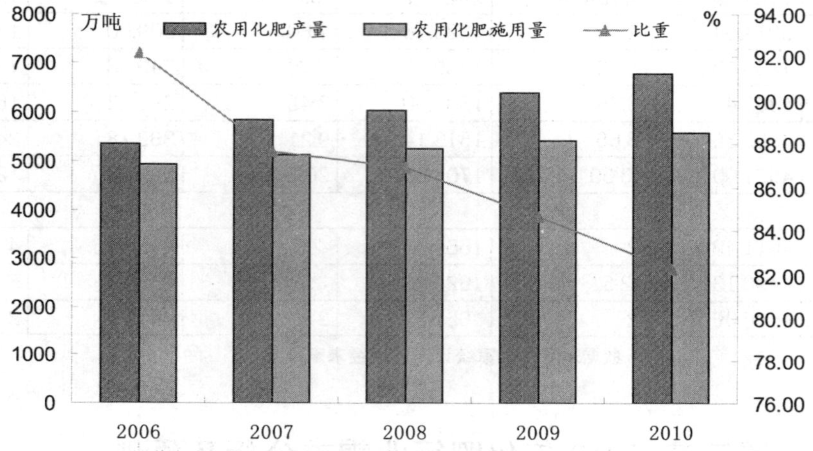

数据来源：国家统计局，世经未来预测

农用化肥产量、施用量及比重

二、需求结构变化分析

在我国，氮肥仍处于最重要的化肥品种，尤其是尿素在化肥产品中一直处于最主要的位置。国内工农业对尿素、合成氨的需求依然强劲，预计 2011 年对尿素的需求约为 5000 万吨左右，另外还有出口部分；钾肥方面，随着春耕生产的到来，国内钾肥需求量将不断增加；磷肥方面，近年来国内每年消费量在 1200 万吨左右，预计 2011 年需求量将与基本 2010 年持平。

综合而言，需求结构短期来看不会发生明显的变化，目前传统化肥仍占据主导地位，但长期来看，利用率高、环保节能、绿色有机的新型化肥使用将越来越普遍，占比也会逐步提高。

三、2011 ～ 2013 年需求预测

一号文件提出，“十二五”期间将实现新增农田有效灌溉面积 4000 万亩等目标，平均每年新增 533.3 公顷，本文预测有效灌溉面积正是基于此目标。化肥施用量预测是基于 1970-2009 年的化肥施用量与有效灌溉面积之间简单的线性回归分析。方程为：

HF=-10055.475+0.265*MJ，其中 HF 表示化肥，MJ 表示有效灌溉面积。

山西阳煤丰喜肥业(集团)有限责任公司
SHANXI YANGMEI FENGXI FERTILIZER INDUSTRY (GROUP) LLC.

2006-2010 年农村有效灌溉面积、化肥施用量情况

单位：万吨，千公顷，%

年份	化肥施用量	增长率	有效灌溉面积	增长率
2006	4927.7	3.39	55750.5	1.31
2007	5107.8	3.65	56518.3	1.38
2008	5239	2.57	58472	3.46
2009	5404.4	3.16	59261	1.35
2010	5566（估计）	2.99	59083	-0.30
预测部分				
2011(E)	5765.3	3.58	59616.3	0.90
2012(E)	5906.9	2.46	60149.6	0.89
2013(E)	6068.3	2.73	60682.9	0.89

数据来源：国家统计局，世经未来预测

第四节 2010 年化肥行业市场分析

一、供需平衡分析及预测

（一）产能利用率

近几年来，由于化肥行业产能整体过剩，从整体上来看产能利用率不高，基本维持在 80%~90% 之间。分产品类别看，氮肥方面，近几年氮肥新增产能一直维持 1%~2%，2010 年 1-12 月氮肥总产量达到 4521 万吨（折纯），同比下降 4.7%；2010 年尿素总产能已达到了 6900 万吨，全年尿素产量为 5782 万吨（实物量），产能利用率约为 83.8%。

磷肥方面，2010 年 1-12 月总产量达到 1701 万吨（折纯），同比增长 20.2%；2010 年我国磷肥产能已经达到 2000 万吨（折纯），产能利用率约 85.05%，与尿素相当，国内磷肥需求量为 1200 万吨左右，需要靠出口来释放剩余产能。

与氮磷肥所面临情况不同，钾肥方面受国内资源禀赋影响，国内固体钾矿较少，供给缺口较大，2010 年钾肥对外依存度超过 45%，这导致我国钾肥产能利用率一直居高不下。

（二）库存变化

库存是由化肥产品的生产与消费不同步产生的，库存量的变化反映了化肥市场的供需变化情况。

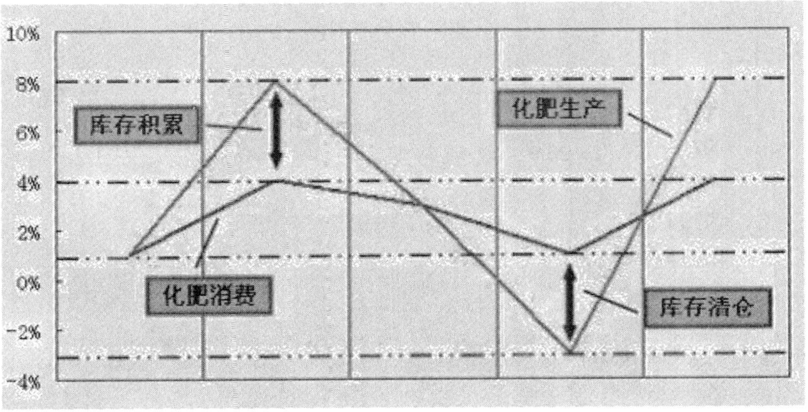

数据来源：世经未来研发部

化肥生产、消费和库存的形成

库存变化反映了2008年化肥市场跌宕起伏，经历了“冰火两重天”的洗礼；2009年则遭遇了供大于求、价格大幅下降的困境。与2008年、2009年库存起伏很大不同，2010年化肥行业库存量起伏较小，这也从侧面反映了2010年化肥市场运行较为平稳，但受恶劣天气的影响，2010年的库存变化也表现与往年明显的不同，往年一季度是化肥的销售旺季，库存一般在一季度末达到最低，但2010年化肥库在第一、二季度逐步攀高，反映了受干旱等自然灾害影响，2010年春耕化肥销售“旺季不旺”的局面。

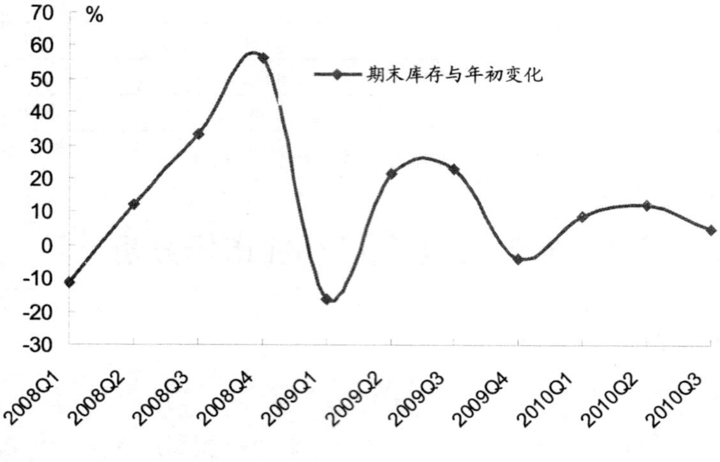

数据来源：国家统计局
2008-2010年3季度化肥行业库存季度与年初变动

（三）供需平衡分析

产销率是指工业企业在一定时期已经销售的产品总量与可供销售的工业产品总量之比，它反映工业产品生产实现销售的程度，即生产与销售衔接程度，这一比率越高，说明产品符合社会现实需要的程度越大，反之则小。2008－2010年实物产销率反映了国内化肥市场整体过剩的局面。2010年产销率为100.41%，较09年上升0.21个百分点。

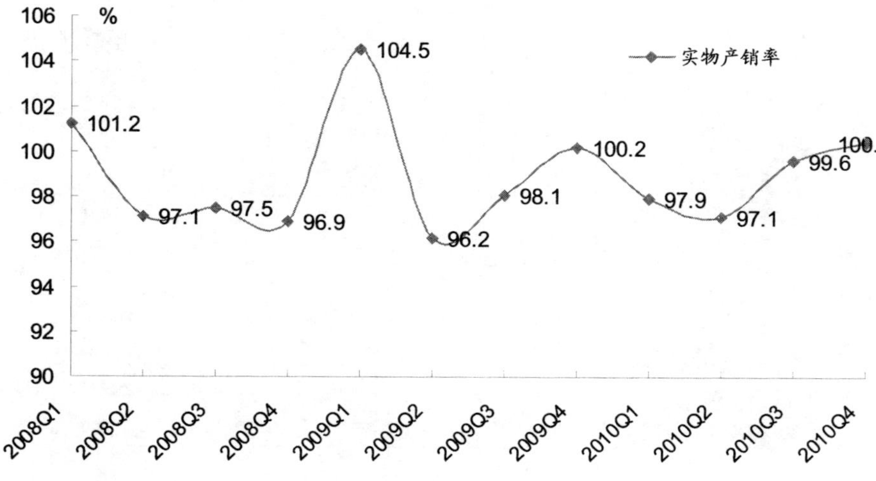

数据来源：国家统计局
2008年-2010年化肥行业成品产销率趋势图

山西阳煤丰喜肥业(集团)有限责任公司
SHANXI YANGMEI FENGXI FERTILIZER INDUSTRY (GROUP) LLC.

（四）供需平衡预测

我国化肥行业的整体产能出现结构性过剩是长期存在的一个问题。氮肥仍处于最重要的化肥品种，尤其是尿素在化肥产品中一直处于最主要的位置，预计2011年对尿素的需求约为5000万吨左右，加上出口部分，尿素市场2011年总体供需平衡；钾肥方面，随着2011年春耕生产的到来，国内钾肥需求量将不断增加，但供应能力增加非常有限，供应紧张，仍需大量进口钾肥满足国内需求；磷肥方面，2010年，我国磷肥产量创记录地达到1701.4万吨，而国内每年消费量在1200万吨左右，算上出口约400万吨，仍有100多万吨的过剩，与2010相比，预计2011年需求量将持平，产量略有下降，但不改过剩局面。综合而言，我国仍将长期面对氮肥、磷肥过剩和钾肥紧缺的局面。

二、价格变化分析及预测

（一）价格变化分析

从价格变换趋势看，2010年化肥价格总体回升，就年内来看，四季度以前，国内化肥产品价格基本处于低迷状态，但进入四季度，受多种因素共同影响，国内尿素、磷铵、钾肥、复合肥等化肥产品的价格已全面摆脱低迷状态并快速上涨，11月尿素、硫酸钾等产品的月平均价格已升至2010年最高价位，磷酸一铵、磷酸二铵在年初暴跌之后也再创年内新高。

2010年氮肥产品价格在年初1-2月份时价格坚挺，但是进入春耕时节，以尿素为代表的氮肥价格却急转直下，之后一直处于低位盘整之中，直到进入秋天，在节能减排导致产量下降、加大出口等影响下氮肥价格开始回升，但是氮肥过剩的阴霾一直不能散去，这给2011年氮肥价格带来压力。

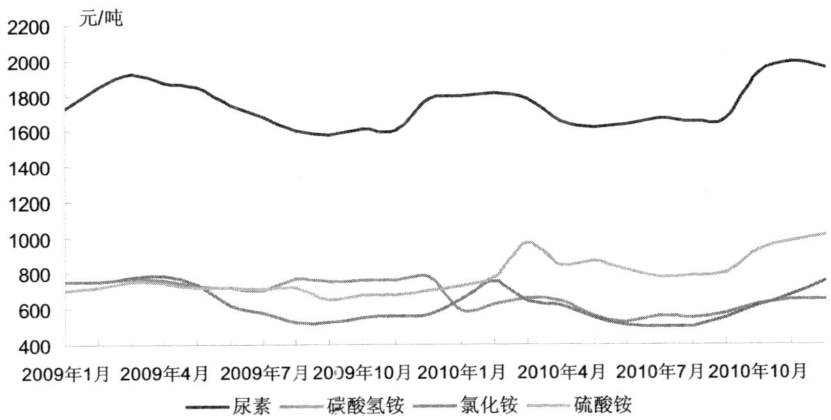

数据来源：国家统计局

2009-2010年主要氮肥产品价格走势

2010年磷肥有所分化，普通过磷酸钙从2009底开始回升，但均价仍比2009年低；磷酸一铵价格出现小幅波动，年初至4月份，价格高位徘徊，但随后小幅下跌，进行9月份后则大幅回升，创下了2009年以来的新高；磷酸二铵从2010年初开始稳步回升。随着2010年12月份调整关税，抑制化肥出口，部分化肥产品出现了一定程度的回落。

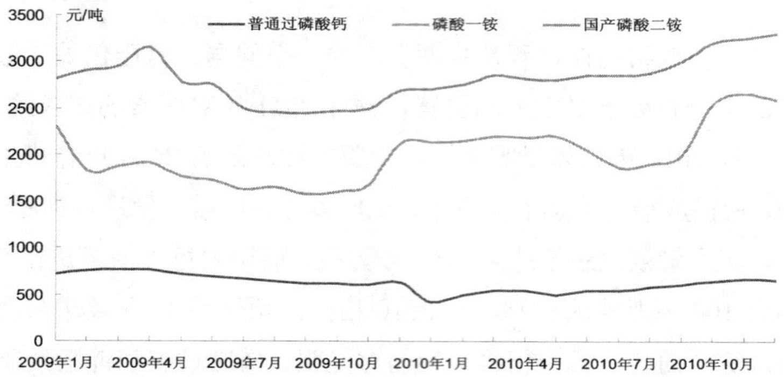

数据来源：国家统计局
2009-2010 年主要磷肥产品价格走势

2010 年钾肥市场起伏较大，上半年国内钾肥市场是持续下滑，下半年市场走势是先扬后有所回落，但国产硫酸钾从 9 月份以后一路高歌猛进，但仍低于 2009 年底的价格水平。

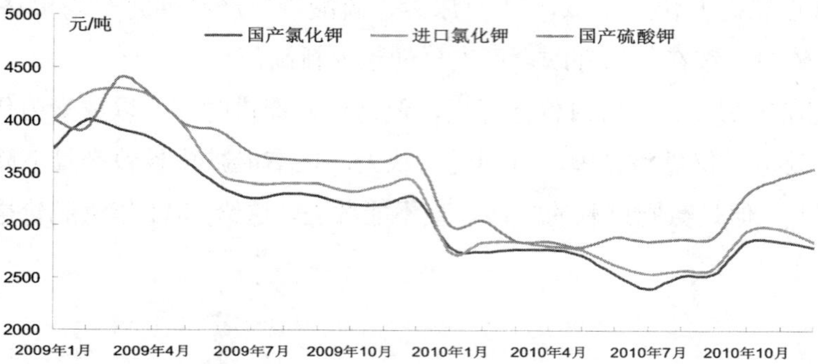

数据来源：国家统计局
2009-2010 年主要钾肥产品价格走势

2010 年，中国的复合肥市场走势曲折，第一季度平稳运行，第二季度价格小幅下滑，第三季度价格缓慢上行，受原材料价格支撑以及国际复合肥价格推动，四季度初价格出现迅猛上涨。

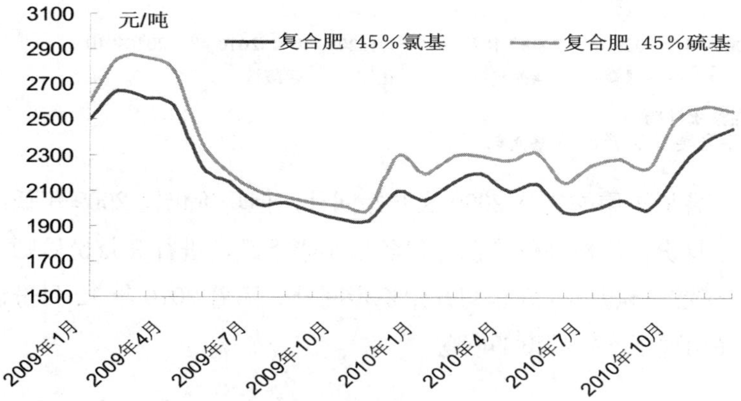

数据来源：国家统计局
2009-2010 年主要复合肥产品价格走势

山西阳煤丰喜肥业(集团)有限责任公司
SHANXI YANGMEI FENGXI FERTILIZER INDUSTRY (GROUP) LLC.

（二）价格预测

受全球经济复苏和粮食短缺、粮价上涨等有利因素影响，2011 年全球化肥需求量将明显增加，化肥价格将整体上扬，行业盈利能力将有所增强，国内化肥市场将有所分化。其中，预计氮肥、钾肥价格将持续小幅上涨，磷复肥价格则基本保持稳定，大幅上涨的可能性微乎其微。

氮肥方面，工农业对尿素、合成氨的需求依然强劲，加上出口部分，2011 年尿素市场总体供需平衡，局部时期供应还可能略显紧张，将推动尿素价格持续高位运行或小幅上涨。预计 2011 年尿素出厂价将在 1700 ～ 2300 元（吨价，下同）之间波动，较 2010 年抬高 300 元左右。

钾肥方面，经过“十一五”的发展，我国钾肥自给率已经由 30% 提升至 50% 左右，但供需缺口仍达 500 万吨。国内随着春耕生产的到来，国内钾肥需求量将不断增加，推动钾肥价格小幅持续上扬，国际上钾肥产能扩张跟不上需求增长将推动国际市场价格上涨。预计 2011 年氯化钾出厂价将在 2300 ～ 3200 元，全年价格中枢将较 2010 年上翘 400 元。

磷肥方面，受产能严重过剩和出口限制等因素制约，2011 年市场的走势将明显弱于全球化肥市场，难以走出有力度的上涨行情。2010 年 12 月，财政部下发通知，对 2011 年化肥出口关税政策再次调整，核心是确保国内供应和价格稳定，基本关闭了磷肥出口，而且磷肥主要原料硫黄全球供应已经由紧缺转为过剩，价格难以大幅上扬，也不支持磷肥价格上扬。以磷酸二铵和磷酸一铵为例，预计 2011 年主流出厂价将分别在 2500 ～ 3300 元和 2300 ～ 3100 元，全年平均价格将与 2010 年基本持平。

第五节 2010 年化肥行业投融资情况分析

一、行业投融资体制

化肥企业资金主要用于投资项目扩大再生产、技术改造以及日常经营周转资金需求。我国化肥企业固定资产投资主要用于新化肥项目建设，已有项目改扩建等方面。从资金来源上看，化肥企业资金主要来自于留存收益、银行贷款以及资本市场融资等渠道，其中企业留存收益是最容易受到化肥市场影响而发生变化的。

化肥工业作为国家的基础性工业，是保障国家粮食安全、提升粮食单产的重要基础。在很长一段时间内主要资金均来自于国家资金支持，随着化肥工业的不断发展，市场化改革地不断推进，市场经济体制不断完善，国家直接支持资金越来越少，而其他融资手段，如银行贷款、留存收益以及资本市场融资发挥日益重要的作用，政府将主要通过相关政策支持化肥行业发展。

对高耗能高污染的化肥行业，信贷控制将越来越严格，在国家产业政策的导向下，未来信贷方向主要是应用新科技而减少能耗、降低污染的化肥生产项目，以及具备较高质量即高浓度高品位的化肥生产项目和钾肥生产项目。此外，鼓励兼并重组也需要银行给与相应的资金支持。

资本证券市场也是化肥企业的重要资金来源，目前已经有超过 20 家化肥企业上市融资，这也为企业将来通过增发、发行债券来融资奠定基础。另外，行业外资金通过兼并重组、新设投资进入化肥行业成为新特征。

二、固定资产投资

2010年全年，化肥行业共完成固定资产投资988.1亿元，同比增幅7.0%，增速为近10年来最低，其主要原因是氮肥投资的大幅下降。在投资规模增速显著放慢的同时，投资项目数量也出现下滑。2010年，化肥新开工项目共计1159个，同比下降13.9%。同期竣工项目则为1081个，同比减少1.5%。

2006-2010年化肥行业固定资产投资

单位：亿元

	全社会固定资产投资总额	制造业投资额	化肥实际投资额
2006	109998.2	34089.5	456.98
2007	137239	44505.13	543.98
2008	172291	46345	736.23
2009	224846	58683	923.66
2010	278140	74528	988.1

数据来源：国家统计局

2010年，化肥行业固定资产投资占全社会固定资产投资总额比重出现了明显下滑，创下了2006年以来的新低，仅为0.36%，主要原因是2010年全社会固定资产投资大幅增长，但化肥行业仅增长7%。

2006-2010年化肥行业固定资产投资比重

单位：%

	制造业占全社会比重	化肥业占制造业比重	化肥业占全社会比重
2006	30.99	1.34	0.42
2007	32.43	1.22	0.40
2008	26.90	1.59	0.43
2009	26.10	1.57	0.41
2010	26.80	1.33	0.36

数据来源：国家统计局

三、投资结构分析

按子行业统计，氮肥子行业完成投资337.4亿元，同比下降16.1%；磷肥、钾肥和复混肥子行业则分别完成105.1亿元、43.2亿元和315.9亿元，同比增幅分别为8.3%、35.3%和34.1%；氮、磷、钾和复混肥子行业的新开工项目数量同比降幅分别为12.2%、28.9%、20.6%和9.3%。

2006-2010年化肥各子行业固定资产投资

单位：亿元

	化肥实际投资额	氮肥	磷肥	钾肥	复混肥	其他
2006	456.98	223.98	26.04	26.07	131.3	49.59
2007	543.98	301.12	38.02	35.26	115.5	54.04
2008	736.23	399.25	57.8	23.01	169.1	87.05
2009	923.66	402.18	97.02	31.91	235.5	157.01
2010	988.1	337.4	105.1	43.2	315.9	186.5

数据来源：国家统计局

从投资结构来看，氮肥子行业占比在2007年达到最高点55.35%后逐年下滑，2010年降为34.15%；而复混肥行业占比则在2007年达到最低点21.24%后逐年上升，2010年达到31.97%，与

山西阳煤丰喜肥业(集团)有限责任公司
SHANXI YANGMEI FENGXI FERTILIZER INDUSTRY (GROUP) LLC.

氮肥行业基本持平。氮肥子行业投资比重下降的主要原因是氮肥子行业不景气。

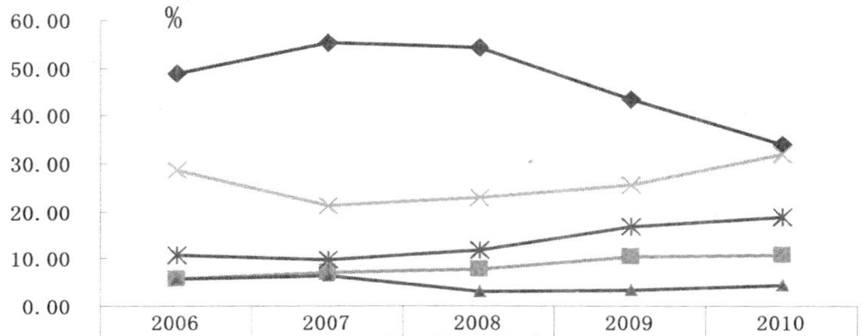

	2006	2007	2008	2009	2010
氮肥	49.01	55.35	54.23	43.54	34.15
磷肥	5.70	6.99	7.85	10.50	10.64
钾肥	5.70	6.48	3.13	3.45	4.37
复混肥	28.73	21.24	22.97	25.50	31.97
其他	10.85	9.93	11.82	17.00	18.87

数据来源：国家统计局

2006-2010 年化肥行业固定资产投资结构

四、兼并重组情况分析

2009 年以来，我国化肥行业的企业兼并重组有所进展，一些资源型企业通过兼并重组延伸自身产业链到下游；一些大型化肥企业通过对外兼并中小化肥企业扩张产能。下表是 2009-2010 年化肥行业主要的兼并重组情况。

2009-2010 年化肥行业主要兼并重组情况

参与方	兼并重组内容
山东盛大科技公司、济南化肥厂	山东盛大科技公司对济南化肥厂进行改制重组。济南化肥厂的全部产权采用协议转让，一次性整体转让给山东盛大科技公司，重组后的企业承接原企业全部债权债务，并接收安置全部职工。
新疆百花村股份有限公司等	拟向农六师国资公司、建设兵团投资公司等非公开发行股份，购买其合计持有的鸿基焦化 100% 股权、豫新煤业 51% 股权和天然物产 30% 股权。
盐湖钾肥、盐湖集团、青海国投、中化集团等	盐湖钾肥将通过发行新股收购盐湖集团 100% 的股份，而盐湖集团被注销。换股吸收合并后，盐湖集团现第一大股东青海国投将成为盐湖钾肥的第一大股东，中化化肥在盐湖钾肥的持股将从 18.5% 降至 9%。
中国农业生产资料集团公司、湖北农资公司	中国农业生产资料集团公司将采取出资入股方式，入主湖北农资公司，入主之后的湖北农资公司将改组为“湖北农资集团”。
石家庄金石化肥公司、安徽龙源化工有限公司	金石公司对安徽龙源化工进行增资扩股，并将其更名为安徽晋煤金龙源化工有限责任公司。金石持有金龙源化工 35% 的股权，同时受让金龙源化工其他股东委托的 16% 表决权，持有金龙源化工 51% 的股东表决权。
晋煤金石化工投资集团有限公司、冀州市银海化肥有限责任公司	金石集团出资受让银海化肥 51% 的股权，成为银海化肥第一大股东。
合肥市工业投资控股有限公司、中盐安徽红四方股份有限公司	双方决定将安徽锦邦化工股份有限公司、安徽天辰化工股份有限公司、合肥四方磷复肥有限责任公司 3 户市属化工企业 100% 股权转让给中盐安徽红四方股份有限公司。
宜昌兴发集团、湖北宜昌磷化工业集团有限公司	宜昌市国资委持有的宜昌磷化工业集团的股权全部转让给宜昌兴发集团，重组后兴发集团将持有磷化集团 95.9% 的股权
河北正元化工集团股份有限公司、阳泉煤业（集团）有限责任公司	河北省最大的氮肥企业正元化工集团正式更名为河北阳煤正元化工集团股份有限公司，阳泉煤业（集团）有限责任公司成为其第一大股东；
湖北宜化集团有限公司	兼并了河北景县化肥厂、河南兴华化工有限公司
山西晋煤集团	合并了寿光联盟公司、明水大化公司、章丘日月公司
山西阳煤集团	合并了鲁一化公司、莱阳巨力公司、青岛恒源公司、恒通化工公司

数据来源：世经未来研发部

目前，我国化肥、农药新建装置还在增加，产能过剩、产业集中度低已成为制约行业发展的关键因素，淘汰落后产能才能为新增产能让出市场。化肥行业兼并重组的方向主要有两个，一是资源型企业通过兼并重组向下游延伸拓展产业链，壮大产业核心竞争力，实现优势互补、资源共享、降低成本，从而提高企业的抗风险能力；二是大化肥企业则通过向外扩张，走向资源富集地。

通过企业重组，一方面是实现资源整合、达到资源优化配置的一个好方法；另一方面是提高行业集中度、壮大产业核心竞争力的重要手段。预计国家将会尽快出台鼓励政，化肥企业间和化肥产业链扩张的兼并重组进程有望加快

第六节 2010年化肥行业运行主要特点

在调整和振兴规划等一系列政策措施推动下，2009年以来化肥产业逐步回稳，2010年回升的势头进一步明显，产业总体呈现持续稳定发展态势。一是产业总量稳步增长。2010年化肥产业实现产值5773亿元，同比增长25.5%。生产化肥6620万吨（折纯，下同），同比增长2.5%，其中磷肥、钾肥产量均实现两位数增长，增幅分别为20.2%和12.7%，而氮肥产量出现小幅下降。二是经济效益显著改善。2010年前11个月，化肥产业实现利润244亿元，同比增长59.8%，其中磷肥行业利润20.3亿元，基本恢复到金融危机前正常水平。三是投资增速明显减缓。2010年化肥产业累计完成投资988.2亿元，同比增长7%，增速低于全社会国定资产投资增幅约18个百分点；新开工项目1159个，同比下降13.9%。

2010年，化肥产业较好的完成了保障农业生产用肥和价格基本稳定的任务。但产业发展受高品位磷、硫、钾矿资源不足约束，产能过剩的同时，低成本产品产能不足等问题仍然存在。未来，氮肥行业将开展原料和动力结构调整，资源地大规模建厂将成为主流；随着高品位矿资源的消耗，提升开采技术，综合开发中低品位磷、硫、钾资源将成为一种趋势；国内外钾矿资源勘探开发力度也将强化；另外，未来政策将进一步鼓励企业兼并重组，这也是淘汰落后产能、提升低成本化肥供应保障能力的重要手段。

第四章 2010年化肥行业全球市场及我国进出口情况分析

第一节 2010年化肥行业全球市场情况分析

一、2010年化肥行业全球产量分析

受到2009年养分施用率低迷传统市场（拉丁美洲、北美、大洋洲及西欧）强劲回升以及新兴市场消费持续增长的拉动作用，2010年世界肥料需求旺盛而且范围广泛，化肥市场各种主要产品产量均有增长。在氮素工业，2010年合成氨和尿素产量相对稳定，略有增长；磷酸产量略有上升，但增幅较小；由于2009年基数较低，2010年钾盐产量大幅增加，基本恢复到金融危机前水平。

山西阳煤丰喜肥业(集团)有限责任公司
SHANXI YANGMEI FENGXI FERTILIZER INDUSTRY (GROUP) LLC.

2006-2010 年全球各种主要化肥产品产量

单位：百万吨

	合成氨	尿素	磷酸	钾盐
2006	147.9	134.8	35.0	30.0
2007	155.0	143.3	37.0	34.0
2008	151.9	146.0	33.6	33.0
2009	152.5	147.5	33.2	21.0
2010	158.8	149	37	31.1

数据来源：国际肥料工业协会

二、2010 年化肥行业主要国家生产情况分析

世界上主要化肥生产地有中国、美国、印度、俄罗斯等国家地区，我国的氮肥和磷肥均居世界第一。钾肥生产主要被世界三大阵营所垄断：第一阵营是加拿大的 PotashCorp、美国的 Mosaic、加拿大的 Agrium 组成的加拿大 Canpotex 公司，3 家公司的钾盐产能在 1600 万吨左右，占世界钾盐产能的 40%，第二大阵营是俄罗斯的 Uralkali、Silvinit 和白俄罗斯的 BPC 组成的 IPC 公司，3 家公司的钾盐产能在 1240 万吨，占世界产能的 31%，第三大阵营是由中东以色列的 IsraelchemicalLtd 公司和约旦的 ArabPotash 公司组成的联盟，产能约为 180 万吨，占世界产能的 4.5%，三大阵营的产能占到世界钾肥总产能的 75.5%，成为世界主要的钾肥供给国。青海盐湖钾肥股份有限公司和青海盐湖工业集团股份有限公司合并后，新建钾肥投产后，氯化钾产能有望达到 330 万吨，从而跻身世界钾肥公司前列。

产能增加方面，传统化肥大国（如中国、俄罗斯）和石化资源丰富国家（如中东）是主要力量。合成氨产能增长将主要发生在东亚（中国和越南）、非洲（阿尔及利亚和埃及）、西亚（卡塔尔，伊朗和沙特）和南亚（印度和巴基斯坦）。东亚将会贡献尿素产能净增长的 32%；磷酸产能增长将主要出现在中国、沙特和摩洛哥；钾肥产能增长将主要出现于加拿大和俄罗斯。

三、2011 年化肥行业全球市场发展趋势预测

（一）全球产量预测

受经济回暖、种植业恢复以及农产品价格上涨影响，2010 年全球肥料生产、消费和贸易量比 2009 年明显增加，生产同比增加 11%，消费同比增加 5.2%。根据当前经济形势、农产品价格以及全球新增项目建设情况，预期 2011 年全球化肥市场全面回暖，市场供应和需求同步增加。肥料及原材料潜在盈余量降低。预计 2011 年氮肥产量略增 3.5% 至 1.394 万吨，其中尿素将会略增 4.5% 至 1.641 亿吨；预计磷酸（P205）将与 2010 年基本持平，略增 90 万吨至 4060 万吨；钾盐（K20）会小幅增长 80 万吨至 3860 万吨。

（二）全球消费量预测

由于化肥消费会受到农产品价格变化的巨大影响，而农产品价格可能将是高度波动性的，只要农业市场基础条件依旧向好，则 2011 年度全球肥料需求将会持续增长，预计所有地区的需求均将出现增长。预计 2011 年化肥需求将增长 2-3%，达到 2.20-2.22 亿吨；钾盐（K20）需求将会继续全面回升，增长 7.9% 至 3260 万吨；预计氮肥和磷肥增速会更加温和一些，其中氮肥增长 2.8%，至 133.8 亿吨，磷酸（P205）增长 4.5%，至 39.1 万吨。

四、2010 年化肥行业全球贸易政策分析

（一）美众议院通过《汇率改革促进公平贸易法案》

2010 年 9 月 29 日美国会众议院通过《汇率改革促进公平贸易法案》，旨在对所谓低估本币汇率的国家征收特别关税。根据该法案，如果中国或其他国家的汇率政策对该国出口商品构成不公平的补贴，该法案将允许惩罚性征收这些国家输美商品的关税，法案的通过无疑使中国出口企业遭受严重打击。

中国为世界主要的氮肥和磷复肥出口国之一，特别是 2010 年，由于国内市场无法化解国内不断加剧的供大于求的矛盾，国内主要化肥生产企业出口欲望非常强烈，都把目光集中在国际市场，将国际市场作为企业生产经营的主要市场之一。该法案在美国众议院通过以及人民币汇率升值，使化肥行业的出口面临很大的不确定性。

（二）印度化肥补贴改革

2010 年 4 月 1 日印度政府对化肥补贴政策进行改革，改革包括提高尿素零售价格，解除其他 18 种化肥价格限制，并根据养分含量提供补贴，此举是为了增大尿素产量，缩小国内日益严重的供求差距。自 2 月政府决定采用改革建议以来，印度生产企业纷纷“重整旗鼓”，印度化肥市场将迎来期待已久的春天。

除价格调整外，此次印度化肥补贴政策改革的重点还在由过去的产品补贴制改为养分补贴制，即根据产品中养分含量的多少向生产企业发放补贴。新的化肥政策最终能使专用化肥的生产商直接得到补贴，而不是通过购买补贴化肥得到较少的实惠。改革后，印度国内产能将获得扩张，预计未来进口量将会下降。

（三）俄罗斯禁止小麦出口

受旱灾影响，俄罗斯、乌克兰等小麦主产国减产严重。2010 年 6 月以来，受 130 多年不遇的旱灾影响，俄罗斯、乌克兰、哈萨克斯坦等小麦产区出现大面积减产。俄罗斯总理普京 8 月 5 日宣布，从 8 月 15 日到 12 月，俄罗斯暂时禁止出口小麦等谷物和其他农产品俄罗斯禁止小麦出口，进一步强化粮价上涨预期，恶化了全球小麦贸易前景。俄罗斯是全球第三大小麦出口国，出口量约占全球贸易量 14%，而化肥价格和粮价相关度较高。小麦价格带动玉米等其余谷物价格上行，则化肥价格跟随上行。

（四）印尼政府取消化肥进口关税

印尼政府决定取消57种商品的进口关税，小麦，大豆，化肥和动物饲料都在关税取消的商品之列，旨在保证国内供应充足及食品价格稳定。

第二节 2010 年化肥行业进口情况分析

2010 年我国累计进口化肥 718 万吨，价值 25.59 亿美元，分别比 2009 年同比增长 74.6% 和 28.8%。

2006-2010 年我国化肥进口情况

山西阳煤丰喜肥业(集团)有限责任公司
SHANXI YANGMEI FENGXI FERTILIZER INDUSTRY (GROUP) LLC.

单位：亿美元，%，万吨

	进口总值	增速	进口数量	增速
2006	24.67	-18.7	1129	-19.2
2007	29.02	17.6	1169	3.6
2008	34.74	19.7	622	-46.8
2009	19.86	-42.8	411	-34.3
2010	25.59	28.8	718	74.6

数据来源：国家统计局、海关总署

二、2010 年化肥行业进口结构分析

从进口结构上讲，主要是钾肥，其次是复合肥。2010 年我国进口氯化钾 524 万吨，同比增长 164.6%；进口氮、磷、钾复合肥 108 万吨，同比下降 17.6%；进口磷酸氢二铵 42 万吨，比 2009 年减少 1 万吨。

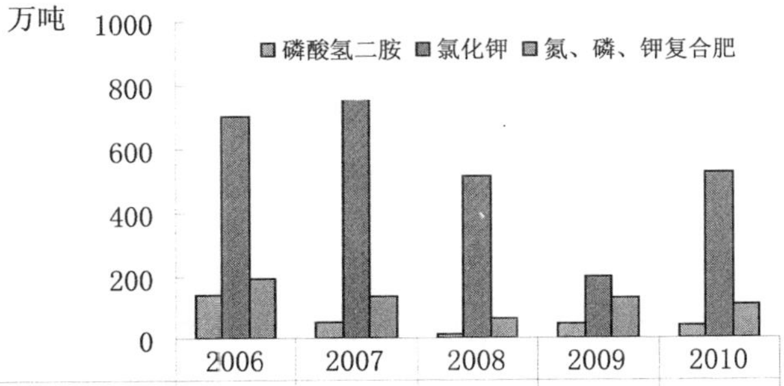

	2006	2007	2008	2009	2010
磷酸氢二胺	144	54	10	43	42
氯化钾	705	941	514	198	524
氮、磷、钾复合肥	195	135	64	131	108

数据来源：国家统计局、海关总署
2006 年 -2010 年我国主要进口品种数量

三、2010 年进口特点分析

近年来，钾肥一直占据着化肥进口的主导地位，这与我国资源禀赋密切相关。我国钾盐资源相对贫乏导致我国需要大量进口钾肥以满足国内需求，2007-2010 年占化肥进口量比重居高不下，2010 年占比为 74.01%。2010 年我国主要进口国仍为俄罗斯、白俄罗斯以及欧盟。

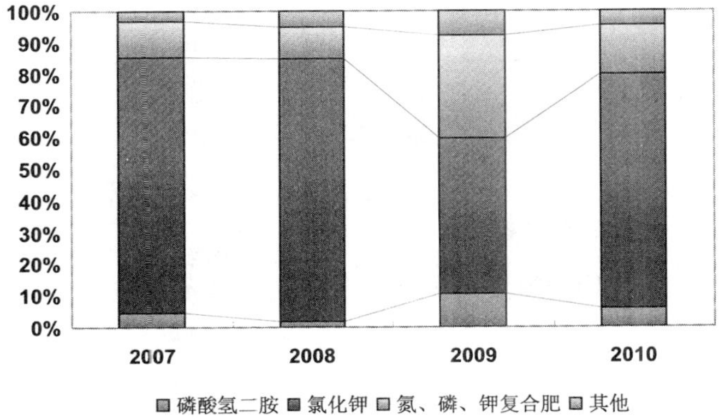

数据来源：国家统计局、海关总署
2007-2010 年各主要进口品种数量比重

四、2011 年进口预测

我国钾肥短缺的局面短期内不会改变，预计 2011 年我国还将进口化肥相当数量的钾盐，复合肥方面由于产能存在过剩，预计 2011 年复合肥进口会出现一定程度的下降，但鉴于国际化肥价格特别是钾肥价格有逐步上升的趋势，因此整体来看进口价值将有一定量上升，幅度大小主要取决于国际化肥价格。

2011 年我国化肥行业进口情况预测

单位：亿美元，%，万吨

	进口总值	增速	进口数量	增速
2006	24.67	-18.7	1129	-19.2
2007	29.02	17.6	1169	3.6
2008	34.74	19.7	622	-46.8
2009	19.86	-42.8	411	-34.3
2010	25.59	28.8	718	74.6
预测部分				
2011(E)	28	9.4	680	-5.3

数据来源：国家统计局、世经未来预测

第三节 2010 年化肥行业出口情况分析

一、出口数量及金额分析

2010 年我国累计出口化肥 1657 万吨，价值 53.86 亿美元，分别比 09 年增长 83% 和 110.8%。出口均价为每吨 325 美元，同比上升 15.13%。

2006-2010 年我国化肥出口金额情况

单位：亿美元，%，万吨

	出口总值	增速	出口数量	增速
2006	11.40	15.8	541	18.2
2007	37.07	225.1	1353	150.2
2008	43.21	16.7	945	-30.1
2009	25.55	-40.9	905	-7.9
2010	53.86	110.8	1657	83

数据来源：国家统计局、海关总署

二、2010 年化肥行业出口结构分析

从出口结构上讲，2010 年仍为氮肥和磷肥，主要出口产品为尿素和磷酸铵肥，2010 年我国出口尿素 323.2 万吨，占同期我国化肥出口总量的 44.1%，出口磷酸铵肥（实物量）492.3 万吨。从出口国家上来讲，2010 年东南亚仍为主要出口市场，主要包括东盟、印度和孟加拉国。

2010 年化肥行业出口结构（折纯）

山西阳煤丰喜肥业(集团)有限责任公司
SHANXI YANG MEI FENGXI FERTILIZER INDUSTRY (GROUP) LLC.

单位：万吨

产品名称	产量	出口量
化肥合计（折纯）	6619.8	732.6
氮肥（折含 N100%）	4521.1	462
尿素（折含 N100%）	2516.3	323.2
磷肥（折含 P2O5100%）	1701.4	264.9
钾肥（折含 K2O100%）	396.8	5.8
磷酸铵肥（实物量）	2329.9	492.3
硝酸磷肥（实物量）	107.6	74.9

数据来源：国家统计局、海关总署

三、2010 年出口特点分析

2010 年化肥出口量同比大幅增加，同时国际化肥价格有一定程度上升，出口总值与 2009 年相比同比翻番。

2006-2010 年化肥行业出口结构（折纯）

单位：万吨

	化肥	氮肥	磷肥	钾肥
2006	211.6	111.4	80	20.2
2007	593.4	358.2	220.9	14.3
2008	396.8	266.9	115.5	14.4
2009	394.2	230.3	140.6	23.3
2010	732.6	462	264.9	5.8

数据来源：国家统计局、海关总署

由于中国氮肥和磷肥产能过剩，需要出口缓解产能压力，近年来，氮肥和磷肥一直占据着化肥出口的主导地位，2006-2010 年两者出口量占出口总量比重都超过 90%，而钾肥出口都在 10% 以下，特别是 2010 年，钾肥出口量占比不到 1%，反映了我国化肥行业产业结构的特征：氮肥和磷肥产能过剩，钾肥则供应不足。

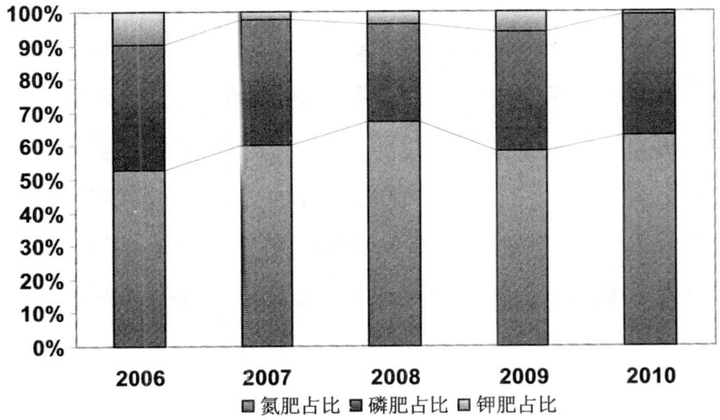

数据来源：国家统计局、海关总署
2006-2010 年化肥行业出口结构（折纯）

四、2011 年出口预测

2011 年实施新的化肥出口政策，尿素旺季时间由原来的 7 个月增加为 8 个月，磷铵出口旺季时间由原来 6 个半月变成了 7 个月；同时降低化肥淡季出口基准价格，抑制尿素及磷铵类产品出口，而尿素和磷铵类产品是主要出口产品，预计 2011 年出口量较出现较大程度的下降，而出口价格基本保持稳定。

2010 年我国化肥行业出口金额预测

单位：亿美元，%

	出口总值	增速	出口数量	增速
2006	11.40	15.8	541	18.2
2007	37.07	225.1	1353	150.2
2008	43.21	16.7	945	-30.1
2009	25.55	-40.9	905	-7.9
2010	53.86	110.8	1657	83
预测部分				
2011(E)	35	-35	1000	-39.7

数据来源：国家统计局、海关总署、世经未来预测

第五章 行业竞争状况分析

第一节 2010 年化肥行业进入与退出壁垒分析

一、资金分析

化肥行业具有较典型的规模经济特征，其行业特点表现为：资金密集、技术密集、生产技术装备专业化和日趋大型化。该行业存在较高的进入壁垒，主要表现在三方面：一是对资金要求很大，初始投资规模巨大，就 2010 年新上马的项目来看，耗费数亿元、数十亿元的新建项目比比皆是；二是近年来化肥行业原材料、能源供应日趋紧张，新进企业较难获得必需的生产资源。三是化肥生产成本较高，受国际市场因素影响较大，经营风险较大。国家产业政策支持化肥行业做大做强，努力淘汰落后产能，支持兼并重组，提高产业集中度，这些因素决定了行业较高的进入壁垒。

化肥市场存在大量中小企业，他们经营普遍没有优势，特别是在行情不好的环境下，很容易出现资金运转不灵，效益下降，生产难以维持等多种状况。企业面临的退出壁垒就是高额购建的生产设备的处理问题，也就是在勉强维持生产与低价处理设备之间的权衡利益关系。如果厂商觉得小额亏损维持生产仍然比处理设备有利，那这就在某种程度上构成了行业的退出壁垒。

二、技术分析

化肥生产技术广泛，从先进到落后都有相应生产技术，一般而言，越是先进的技术所需投入的初始投资额度就越高，而对小投资者来讲，想进入化肥生产领域则只能选用相对低成本的落后技术，

山西阳煤丰喜肥业(集团)有限责任公司
SHANXI YANGMEI FENGXI FERTILIZER INDUSTRY (GROUP) LLC.

但是这与市场环境和国家政策不符。因此，新进的化肥企业必须具备相当高的生产技术，实质上是对资金实力的要求，进入壁垒较高。而一个企业如想退出化肥生产领域，在技术上并不存在任何障碍。

三、政策分析

在政策层面上，国家支持代表化肥业发展趋势的新企业进入，而对于单纯为扩大产能的进入者不支持，具体而言，会在产业规模和环保标准上给与限制。在企业退出领域，国家支持优势化肥企业对其他企业并购重组，鼓励淘汰落后产能。总之，在政策层面上，进入壁垒较高，退出壁垒较低。

第二节 2010年化肥行业竞争结构分析

一、“波特五力”模型分析

按照波特的观点：一个行业的竞争程度根本在于其内在的竞争结构。在一个行业中存在五种基本的竞争力量，即：行业中现有企业间的竞争、潜在进入者的威胁、供应商讨价还价的能力、购买者讨价还价的能力、替代品或服务的威胁。这五种竞争力量的现状，消长趋势及其综合作用强度，决定了行业竞争的激烈程度和行业获利能力。

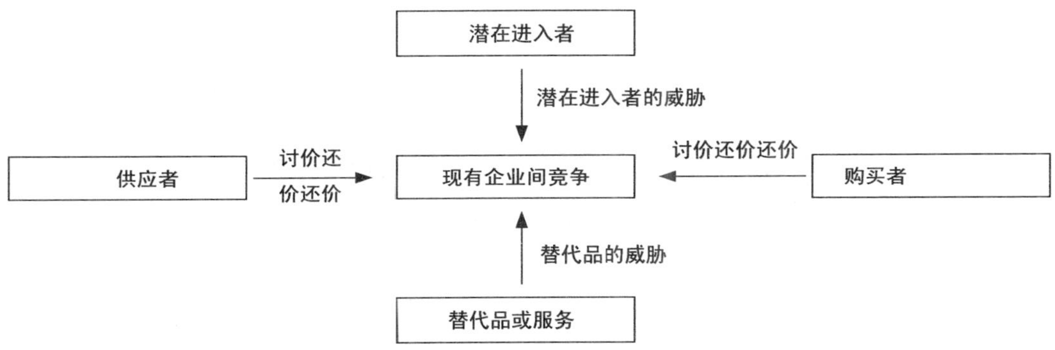

行业竞争结构

（一）上游供应商讨价还价能力

化肥行业的上游供应商是石油化工产品及相关矿产资源。对于氮肥而言，合成氨为主要原材料，而合成氨的原料是天然气和煤；对磷肥、钾肥企业而言，磷矿与钾矿资源是其最重要的原材料。虽然我国磷资源相对丰富，但矿石品位较低、资源利用水平较差、开采技术落后，同时又伴随着磷肥工业的迅速发展，磷资源将越发紧张，生产成本将面临长期上涨压力；对于钾肥生产企业，目前我国钾矿资源比较稀缺，主要位于青海境内，产能只能满足约1./2国内需求。由于国内供给不足，钾肥对国外需求一直保持较高水平，这也增加了与国外供应厂商的议价难度，俄罗斯、白俄罗斯作为我国钾矿资源的主要进口国，两国钾矿公司已开展合作，更是将提高其钾矿垄断地位。

目前而言，天然气、煤、电等多种原料的价格上涨对化肥工业成本造成巨大压力，进而将影响到其下游氮肥企业生产。整体来看，我国化肥企业对其上游供应商讨价还价能力较差，议价空间较低，生产成本的自我控制能力不足。

在我国，化肥行业是一个竞争性很强的产业，尤其在近些年由于产能过剩、供需关系紧张，行业内部竞争更显激烈。2010 年 11 月末，我国规模以上化肥生产企业数量已达 2777 家，比 09 年同期增加 204 家，而这还是在行业产能过剩已经非常严重的 2010 年。

化肥行业具有比较明显的规模经济性质，规模较大的企业在现有市场的竞争中往往占据一定的优势，未来大型优质化肥企业依靠产品技术优势和规模生产的低成本相对中小企业具备很强的竞争优势。

（三）下游用户讨价还价能力

化肥产业下游用户一般是从事农业生产的农民，国内施用方面，我国农民数量庞大，但由于分散所以没有讨价还价能力，现在政府放开化肥价格，仅给与农民农资补贴，化肥产业的国内下游用户无讨价还价能力；出口方面，价格基本由国际市场决定，化肥企业并没有定价权。

（四）新进入者的威胁

化肥行业属规模经济特征，该行业对新进入者资金实力要求较高，整体上讲，新进入者的困难较大。从目前实际情况来看，国家支持代表化肥业发展趋势的新企业进入，而对于单纯为扩大产能的进入者不支持。也就是说，同类化肥产能新进入者威胁不大，但应用新技术新工艺的企业进入仍然较便利。

（五）替代品的威胁

替代品是指那些与客户产品具有相同功能的或类似功能的产品。由于化肥是农业生产的必需品，其替代品主要是畜牧业和家禽业带来的动物肥料，但是这些动物肥料仅能用于当地生产，不能对化肥规模化生产造成威胁。但是，在化肥价格较高的情况下，农民会自发的应用动物肥料来代替应用化肥，这将降低市场的需求。

二、行业当前竞争特点总结

通过对化肥行业的竞争结构分析可知，目前的化肥行业竞争状况呈现以下特征：资源为王，与上游供应商的讨价还价中，化肥企业相对处于弱势地位，另外行业内由于产能过剩，供需矛盾比较突出，现有企业之间的竞争将趋于激烈，但是国内农民没有讨价还价能力，这给化肥企业一定的利润空间。另外，化肥产品刚性需求非常明显，在可预见的未来不会出现大规模替代化肥产品的威胁，但是受国家产业政策支持，新工艺新技术的新进入者威胁较高。

第二节 2010 年化肥行业生命周期分析

产业生命周期是指每个产业都要经历的一个由初创到衰退的演变过程，一般分为初创阶段、成长阶段、成熟阶段和衰退阶段四个阶段。识别产业生命周期所处阶段的主要标志有：市场增长率、需求增长潜力、产品品种、竞争者数量、市场占有率状况、进入及退出壁垒，技术革新和用户购买行为等。

山西阳煤丰喜肥业(集团)有限责任公司
SHANXI YANGMEI FENGXI FERTILIZER INDUSTRY (GROUP) LLC.

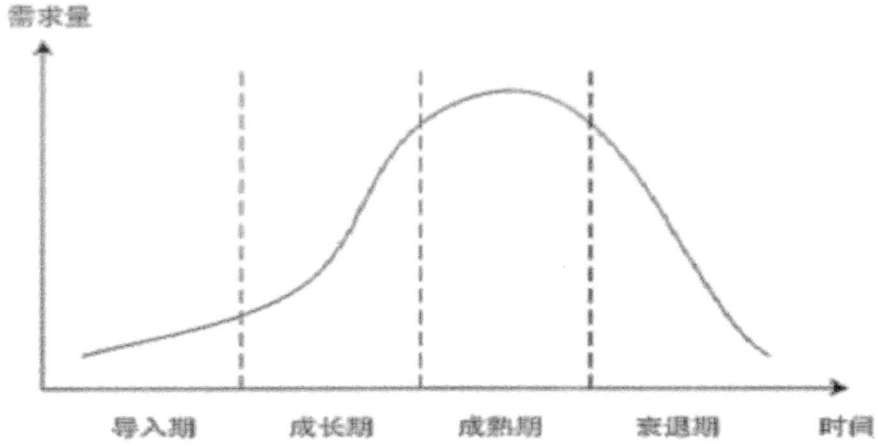

数据来源：世经未来研发部
产业生命周期

从化肥行业的各个特征分析，目前我国化肥行业的生命周期处于成熟期。下面表格中是对化肥行业各个特征的具体分析：

化肥产业生命周期特征分析

特征	现状
产量增长	目前我国化肥产量和使用量均居世界首位，氮肥和磷肥除能自给自足外还出口一部分；钾肥紧缺的主要原因在于国内钾矿资源的匮乏，除非发现新的钾矿，不然国内产能很难有进一步扩大的空间。产能过剩导致竞争加剧在可预见的未来不存在产量飞跃式增长的可能。另外，化肥产品具有不可代替的刚性需求，世界范围内化肥需求稳中有升，因此在较长的一段时期内也不存在衰退的可能。
需求增长	人口从长期来看是呈缓慢增长趋势的，对粮食的需求也是长期增长的，因而化肥需求也是长期缓慢增长的。化肥业之所以处于成熟期，与这个特点有着重要的关系，农业的刚性需求既决定了化肥需求不存在快速增长的可能，又决定了化肥需求不存在大幅下降的可能性，只可能是与人口规模、农业发展成正相关　在一定合理区间上小幅波动。
经济发展阶段	不论经济社会的发展到达何种阶段，人对粮食的生理需求是刚性的，因而经济发展对化肥产品的影响也是很小的。经济环境只能在短期内对化肥企业所处环境、资金政策等客观因素方面造成影响，对行业长期发展的影响较小。
产品品种需求	目前，农业生产对化肥产品有多种需求，除了氮磷钾肥以外，各种高浓度高品位的复混肥以及近年来发展迅速的生物肥等有机肥都有良好的市场需求，同时我国化肥产业的发展也能够基本上满足多种产品的需要，不仅在氮肥上有着完备的工业基础，在磷肥和复合肥上能够生产各种产品，同时在弱项钾肥上也发挥了国内可用的资源和条件。因而从产品种类角度上可以说，我国化肥产业已经基本发展成为一个多层次、多品种的成熟产业。
结构调整	近年来，我国化肥产业结构调整呼声越来越高，同时也正在逐渐实施，在传统的生产结构中，氮肥和磷肥生产过多，钾肥生产较少，同时高能耗高污染的肥种生产较多，新科技新工艺生产肥种较少，在我国化肥产量陷入瓶颈发展的情况下，调整生产结构是未来一段比较长的时期内最重要的一项任务。

数据来源：世经未来研发部

第六章 2010年化肥行业产业链分析

第一节 化肥行业产业链介绍

化肥行业为农业生产提供了极其重要的生产资料，是保障国家粮食安全的重要物质基础的产业。从化肥行业的产业链来看，其上游主要包括合成氨、钾矿、磷矿及煤炭等生产原料，下游主要为农田消费使用。

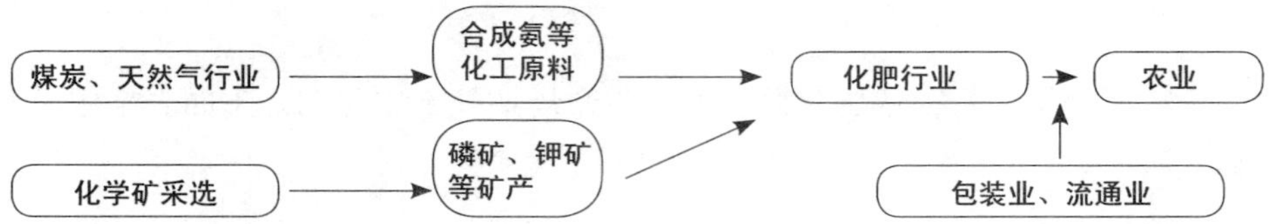

数据来源：世经未来研发部
化肥行业产业链简图

第二节 2010年化肥行业上游产业分析

一、上游行业对化肥行业影响分析

化肥行业的上游主要包括钾矿、磷矿、煤炭及天然气等生产原料，另外还有电力等能源供应，其本质是资源。目前来看，资源供应形势不容乐观。

一是天然气供应和价格难以保证。包括化肥用气在内的天然气价格上涨已成定局。由于我国天然气消费增长快，需求潜力大，天然气资源不足，价格上涨压力大，参照进口的天然气价格，“十二五”期间，我国可能是世界上天然气价格最高的国家之一。用天然气生产化肥，不仅成本高，而且供应也难有保障。

二是煤资源供应仍持续偏紧。随着国家大型煤矿基地的建设和煤气化技术突破，引起化肥用煤种多元化，化肥用煤资源紧张的状况今后将相对缓解。但在相当长的时期，我国能源和煤资源供应仍持续偏紧。

三是磷资源总量虽然大，但高品位磷矿短缺，我国高品位磷矿仅可供应十几年。中低品位磷矿蕴藏量虽然巨大，但由于磷矿品位下降，造成生产成本上升。

四是硫资源仍依赖进口，价格波动的风险较大。

五是钾资源短缺的局面较难扭转。青海柴达木盆地和新疆罗布泊仍是我国主要的钾资源产地，

山西阳煤丰喜肥业(集团)有限责任公司
SHANXI YANGMEI FENGXI FERTILIZER INDUSTRY (GROUP) LLC.

“十二五”期间，新发现大规模钾资源难度较大。我国还将长期依赖进口钾盐来满足国内需求。

综合来看，目前上游行业对化肥行业的供应不容乐观。另外，由于我国化肥企业对其上游供应商讨价还价能力较差，议价空间较低，生产成本的自我控制能力不足。

二、煤炭开采和洗选行业发展情况分析

煤炭开采和洗选行业是化肥行业的重要原料，是支撑化肥行业发展的重要物质基础。煤炭开采和洗选行业供应状况和价格走势是影响化肥行业供给的重要因素。

（一）行业规模

近五年来，从企业数和从业人数来看，我国煤炭开采和洗选行业的规模扩张速度较快，即使在金融危机最为严重的2009年也保持较快的增长。2010年11月末，行业共有规模以上企业9243家，比2009年同期略有增长，有从业人员511万，比09年增加了10余万。

2006-2010煤炭开采和洗选业规模指标

单位：个、人、亿元、%

	企业数	从业人数	资产总计	增长率	负债总计	增长率
2006	6224	4453147	10828.11	27.29	6542.52	25.06
2007.11	7066	4597276	13257.39	25.06	8224.87	24.85
2008.11	8109	4740683	18149.23	36.27	10970.21	33.53
2009.11	9213	5003369	23276.65	26.06	13956.65	25.29
2010.11	9243	5109890	29940.06	29.8	17651.22	28.91

数据来源：国家统计局

从资产负债来看，2006年以来，资产和负债增长都较快，2010年11月末行业总资产、总负债比2006年底增长了接近两倍，分别达到29940.01亿元和17651.22亿元。

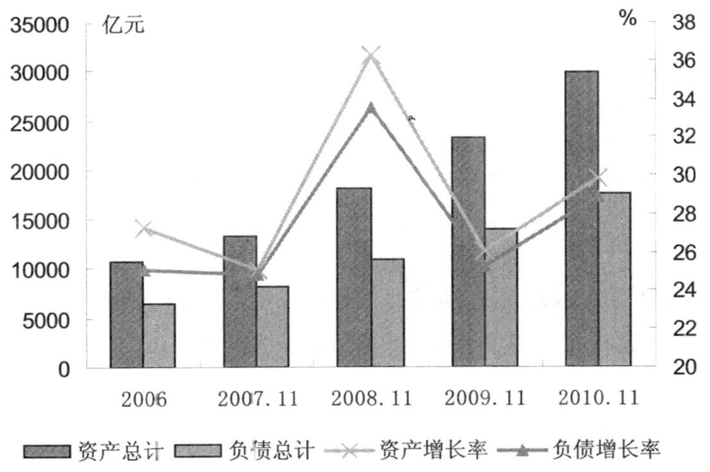

数据来源：国家统计局

2006-2010年煤炭开采和洗选业资产及负债变化情况

（二）供求状况

2010年1-11月，煤炭开采和洗选业规模以上企业累计实现行业总产值20896.46亿元，与09

年相比，大幅度增长，同比增长 30.13%，增速实现了 V 型反转。

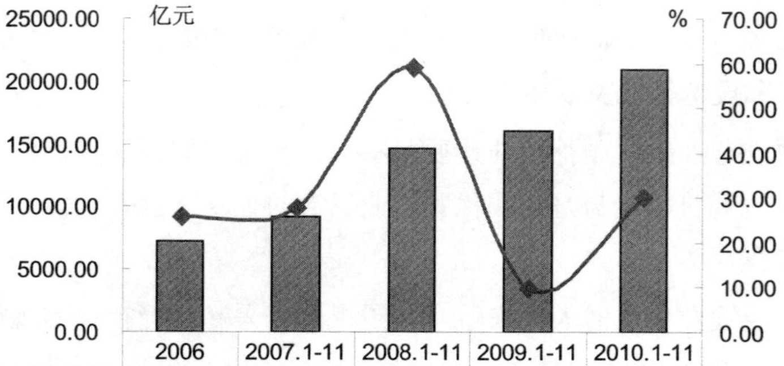

	2006	2007.1-11	2008.1-11	2009.1-11	2010.1-11
工业总产值	7207.61	9201.83	14625.92	16057.94	20896.46
增长率	25.95	27.67	58.95	9.79	30.13

数据来源：国家统计局

2006-2010 年煤炭开采和洗选业总产值情况

2010 年 1-11 月，我国煤炭开采和洗选业实现产品销售收入 21154.96 亿元，同比增长 41.77%，增速实现了 V 型反转，已经恢复到危机前水平。

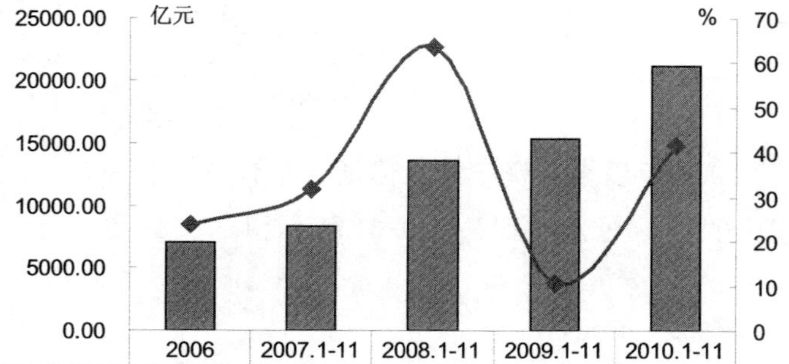

	2006	2007.1-11	2008.1-11	2009.1-11	2010.1-11
销售收入	7092.35	8365.83	13621.03	15419.74	21154.96
增长率	23.72	31.66	63.38	10.42	41.77

数据来源：国家统计局

2006-2010 年基础化学原料制造业销售收入情况

（三）价格水平

2006、2007 年煤炭价格较为平稳，进入 2008 年，煤炭价格大幅攀升，并在 2008 年底达到最高水平。2009 年受金融危机影响，煤炭价格大幅下跌，并在 2009 年末跌到底部。2010 年上半年，随着经济复苏、煤炭生产成本上升，煤炭价格快速上升，下半年受宏观政策调控影响以及对高耗能工业的限制，对煤炭的需求有所放缓，但整体呈现震荡上升的态势。

山西阳煤丰喜肥业(集团)有限责任公司
SHANXI YANGMEI FENGXI FERTILIZER INDUSTRY (GROUP) LLC.

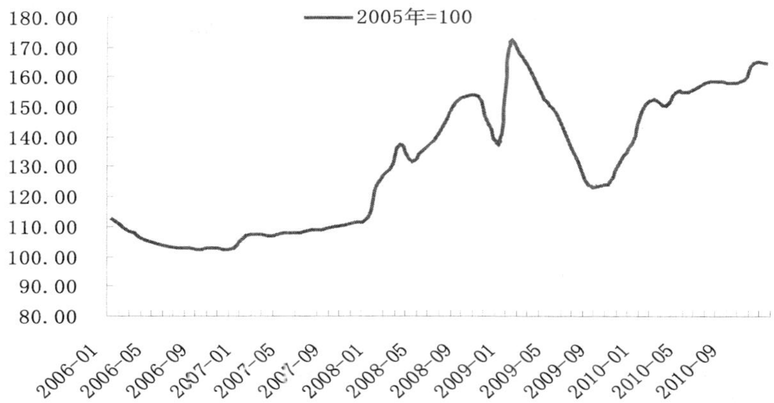

数据来源：国家统计局
2006 年 -2010 年煤炭开采和洗选业工业品出厂价格指数（2005 年 =100）

受自然灾害影响，2010 年春耕化肥销售“旺季不旺”，氮肥需求持续疲软，合成氨产量整体回落，无烟煤的价格也在 2010 年一季度小幅上升后，在二季度开始下滑。进入 8 月份开始，国际市场氮肥价格一路高涨，我国尿素出口快速回升，国内尿素价格同样快速上扬，促使 10 月份之后国内合成氨、尿素产量有所回升，增加了对无烟煤的需求，无烟煤价格稳步回升。

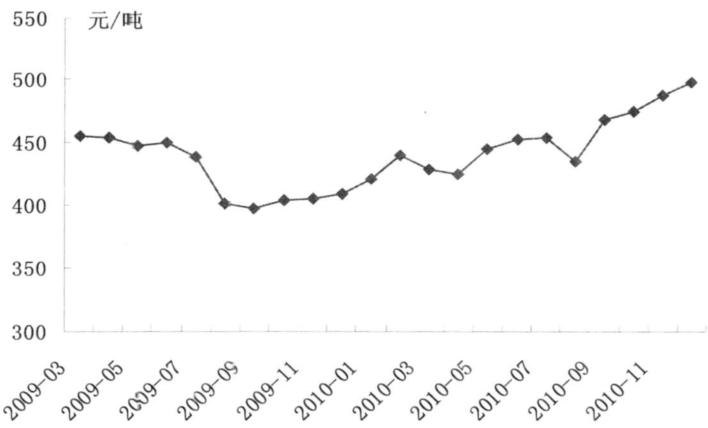

数据来源：国家统计局
2009 年 -2010 年国内无烟煤出厂价格

（四）发展趋势

2010 年，原煤产量继续增长，生产重心继续西移。2010 年前 11 个月，全国累计完成原煤产量 30.39 亿吨，与 2009 年同期相比增加 4.18 亿吨，增长 15.5%。其中，山西、内蒙古、陕西分别完成原煤产量 48508 万吨、44989 万吨以及 23658 万吨，分别同比增长 17.67%、32.20% 以及 42.64%（不包括神华、中煤、华能伊敏所属煤炭产量），对全国原煤产量延续快速增长势头起了关键作用。随着西部地区煤炭资源开发进程加快，以及山西、河南等前期进行煤炭资源整合的省区完成资源整合任务，这些地区的煤炭产量有望实现较快增长。同时，由于东部省区煤炭资源不足，在西部地区原煤产量快速增长的同时，煤炭生产重心也将继续西移。

由于我国煤炭生产与消费在地域上严重失衡，煤炭生产重心西移将继续给整个煤炭市场带来影响。一方面，运输距离增大将增加煤炭运输成本，从而抬高煤炭市场整体价格，在原油价格不断上扬的情况下，运输成本的增加或将对煤炭价格上涨起到较大推动作用；另一方面，在运输距离扩大的同时，西部多数地区铁路、公路运输瓶颈依然存在，这导致西部地区新增煤炭产量不一定都能转变为有效供给。

近两年我国煤炭进口量快速增长，国际市场对国内的影响日益加深一方面，随着世界经济继续复苏，国际市场煤炭需求将进一步恢复，但是，由于主要煤炭出口国澳大利亚的核心煤炭产区昆士兰州遭遇历史罕见洪涝灾害，正常煤炭生产受到较大影响，中短期国际市场煤炭供求形势有所转变；另一方面，在世界经济缓慢复苏的同时，主要发达经济体仍然实行极为宽松的货币政策，部分国家甚至仍在实行量化宽松，这将支撑 2011 年国际市场大宗商品价格将在高位运行。

无烟块煤需求以稳为主。一方面，尿素出口受限可能会在一定程度上影响尿素需求。2010 年 12，经国务院批准的《2011 年关税实施方案》正式下发，《方案》将 2011 年尿素出口旺季时间由原来的 7 个月变成了 8 个月，增加了一个月时间，尿素淡季出口基准价格由上年的 2300 元 / 吨降到 2100 元 / 吨，每吨减少 200 元；旺季磷铵出口旺季时间季时间由原来 6 个半月变成了 7 个月，二铵淡季出口基准价格由上年的 4000 元 / 吨降到 3400 元 / 吨，每吨减少了 600 元；一铵淡季出口基准价格由上年的 3700 元 / 吨减少到 2900 元 / 吨，每吨减少了 800 元，这一政策将冲击 2011 年尿素出口。另一方面，受粮食价格上涨影响，农民种粮积极性势必会有所提高，农用尿素需求或会有所增加。综合来看，预计 2011 年，尿素需求将以稳为主，无烟块煤需求也将基本保持平稳。

2011 年煤炭市场的利空和利多因素互相交织。利多因素主要表现在：煤炭生产重心进一步西移导致运输成本的增加，势必会支撑煤炭价格；主要发达经济体宽松的货币政策引发国际市场大宗商品价格上涨，给国内煤价增加输入性的上涨压力；煤炭企业市场控制力的不断提升，使得煤价越来越易涨难跌等等。利空因素主要表现在：原煤产量继续保持较快增长；铁路运力继续提升；继续加快经济结构调整和发展方式转变等等。综合来看，2011 年煤炭价格的支撑因素仍然居于主要地位，预计煤价将呈高位运行态势。

三、化学矿采选业发展情况分析

化学矿采选业是指对化学矿和肥料矿物的开采，其产品硫磺矿、磷矿石、钾矿等矿产资源均是化肥的重要原材料。近年来，我国硫、磷、钾矿产资源的保障程度在不断提高，但仍然需要多种渠道来提高矿产资源的供应保障能力。

（一）行业规模

2010 年 1-11 月，化学矿采选业的规模扩张速度有所加快，值得注意的是，2010 年，行业扩张的同时从业人数却出现了下降，人均占有资产有所提高。近年来，在下游化肥行业的拉动下，化学矿采选业实现了快速发展，与 2006 年底相比，2010 年 11 月底，企业数也增长 60%，资产规模增长了 160%。

2006-2010 年化学矿采选业规模指标

单位：个、人、亿元、%

	企业数	从业人数	资产总计	增长率	负债总计	增长率
2006	213	52425	123.54	9.88	69.80	11.56
2007.11	260	55337	172.61	33.00	89.96	25.13

山西阳煤丰喜肥业(集团)有限责任公司
SHANXI YANGMEI FENGXI FERTILIZER INDUSTRY (GROUP) LLC.

2008.11	290	55280	228.75	30.98	118.23	28.91
2009.11	340	58054	289.30	21.26	152.37	19.40
2010.11	347	55098	322.85	21.34	177.64	29.4

数据来源：国家统计局

2010 年 1-11 月，行业的资产规模和负债的增速分别为 21.34% 和 29.4%，比 09 年有所加快。

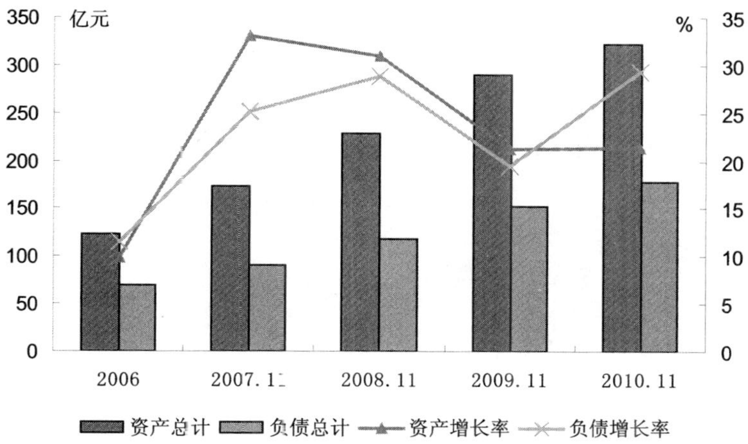

数据来源：国家统计局
2006-2010 年化学矿采选业资产及负债变化情况

（二）供求状况

2010 年前 11 个月，我国化学矿采选业规模以上企业累计实现行业总产值 251.56 亿元，比 09 年同期增长 30.5%，增速比 2009 年加快了 14.15 个百分点，已经恢复到危机前水平了。

2006-2010 年化学矿采选业行业总产值情况

单位：亿元、%

	行业总产值	同比增长
2006	107.32	37.63
2007.1-11	128.80	24.64
2008.1-11	184.26	42.83
2009.1-11	206.12	16.35
2010.1-11	251.56	30.5

数据来源：国家统计局

近五年来，化学矿采选业行业的工业总产值增长非常快，除在 09 年因遭遇金融危机而导致增长率仅为 16.35% 外，其他各年增速均超过 20%；化学矿采选业作为上游行业，化肥行业对其的需求具有一定刚性，加之采矿技术的发展，行业将处于快速发展中。

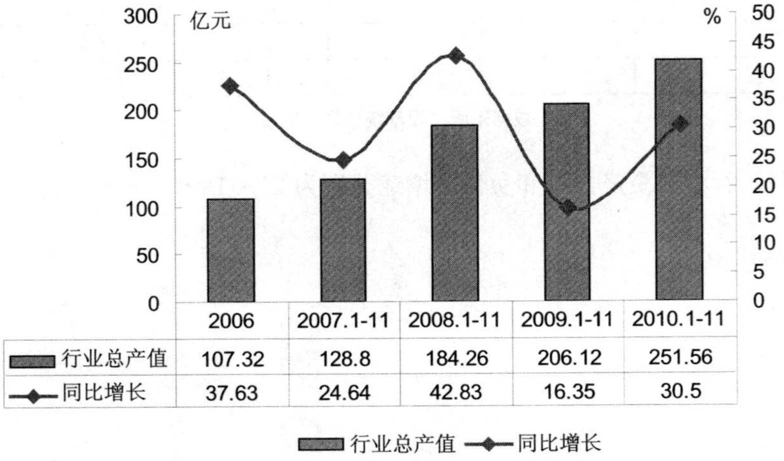

数据来源：国家统计局

2006-2010 年化学矿采选业总产值情况

2010 年 1-11 月，我国化学矿采选业规模以上企业累计实现产品销售收入 233.73 亿元，比 09 年同期增长 36.7%，增速比 2009 年 1-11 月加快了 31.68 个百分点。

化学矿采选业行业的销售收入情况与产值情况类似，销售收入的快速增长主要原因是化肥行业整体复苏，特别是 2010 年磷肥产量大幅度增长，增速超过 20%，另外价格有所上涨，从而使矿石原料需求快速增长。

2006-2010 年化学矿采选业销售收入情况

单位：亿元、%

	销售收入	增长率
2006	102.44	30.26
2007.1-11	128.87	35.40
2008.1-11	184.02	42.65
2009.1-11	193.52	5.02
2010.1-11	233.73	36.7

数据来源：国家统计局

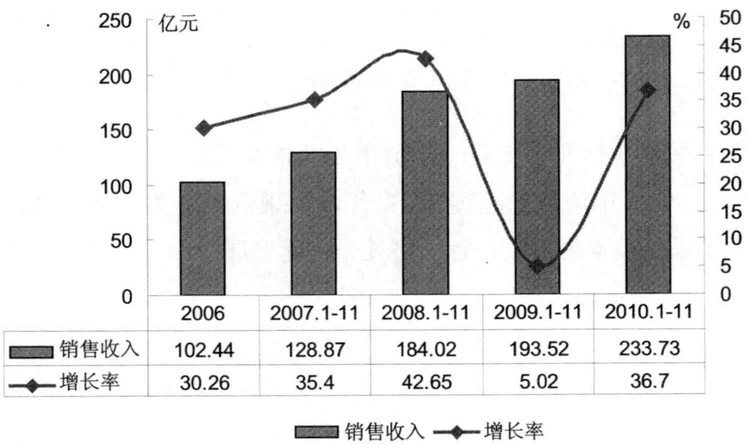

数据来源：国家统计局

2006-2010 年化学矿采选业销售收入情况

山西阳煤丰喜肥业(集团)有限责任公司
SHANXI YANGMEI FENGXI FERTILIZER INDUSTRY (GROUP) LLC.

2010年1-11月，我国化学矿采选业产销率为92.91%，较09年1-11月有所下降，呈现供过于求的现象。2007年以来，行业的产销率一直处于下降趋势中，这反映出行业存在产能过剩的情况，行业供给快速发展，但需求增长并没有跟上。

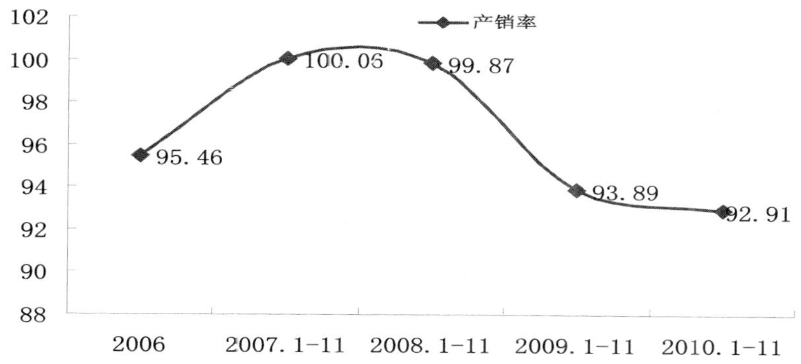

数据来源：国家统计局

2006-2010年化学矿采选业产销率

2010年，我国磷矿石产量累计达6807.1万吨，较09年同期增长18.5%。分省看，湖北、云南、贵州、四川和重庆五省磷矿石产量占据前五位，占全国总产量的99%以上。近五年来，磷矿石产量保持着较快速度增长，2010年产量比2006年增加了近3000万吨。

2006-2010年我国磷矿石产量和增速

单位：万吨、%

时间	产量	同比增速
2006	3895.95	22.3
2007	4541.7	18.3
2008	5074.1	8.9
2009	6020.89	14.28
2010	6807.1	18.5

数据来源：国家统计局

（三）价格水平

1. 硫磺

从2007年5月份开始，硫磺价格开始稳步上涨，进入2008年，硫磺价格更是呈现暴涨态势，这主要是受国际大环境影响，国际大宗商品价格也在2008年飙升；进入08年下半年，金融危机暴发，国际大宗商品价格暴跌，硫磺也不例外，价格从最高峰接近6000元/吨，已经跌至2008年低不到1000元/吨的价格了；2009年则是一个价格寻底的一年，在2009年9月份开始探底回升。

2010年，硫磺价格基本上是震荡回升的走势。上半年，硫磺价格就走出了稳步上涨的格局，但受化肥旺季不旺的影响，5月份出现回落，进入四季度，在国际化肥市场的带动下，硫磺价格重拾升势，12月份价格已经回升至1600元/吨左右。

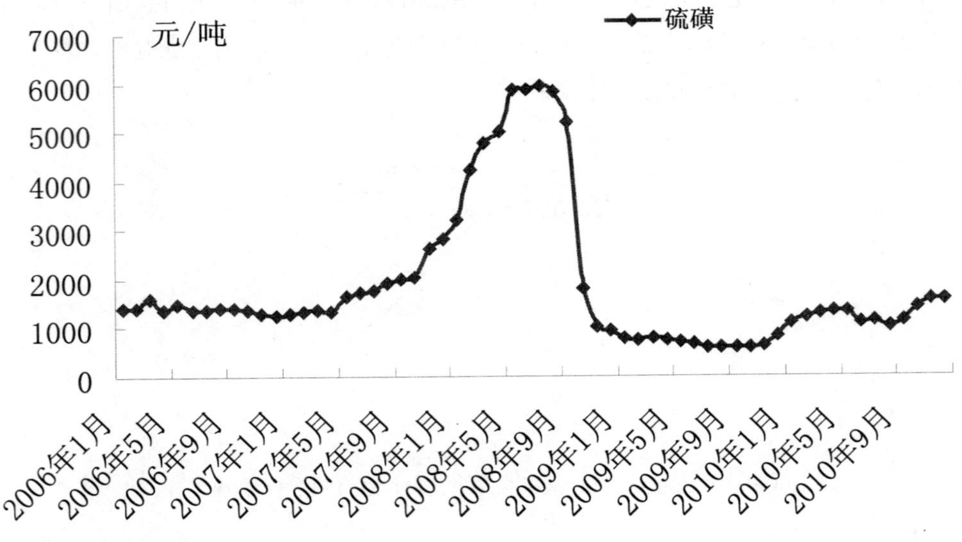

数据来源：国家统计局

2006 年 -2010 年国内硫磺（粉状 200 目）价格变动

2. *磷矿石*

2009 年以来，我国磷矿石市场走势基本处于震荡回升的态势，但整体波动不是很大。进入 2010 年，磷矿石价格波动区间更小了，全年维持在 400-500 元 / 吨之间。原材料价格的稳定有利于磷肥生产，2010 年，我国磷肥产量增长超过 20%。

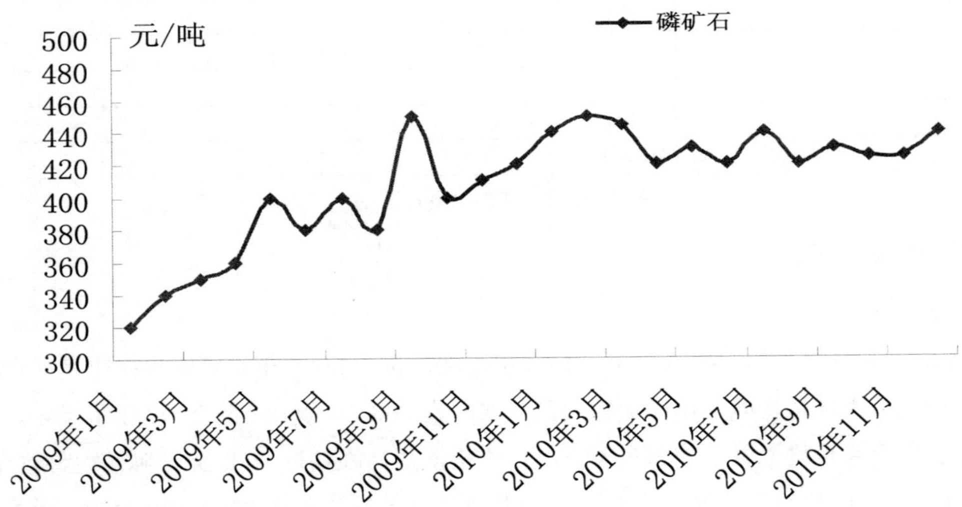

数据来源：国家统计局

2009 年 -2010 年国内磷矿石价格（折合 30%P205）

同磷矿石价格，2009 年以来黄磷价格整体呈震荡上升趋势，但波动不大；特别是 2010 年，全年黄磷价格基本维持在 14000-17000 元 / 吨之间，原材料的稳定非常有利于化肥企业的生产。

山西阳煤丰喜肥业(集团)有限责任公司
SHANXI YANGMEI FENGXI FERTILIZER INDUSTRY (GROUP) LLC.

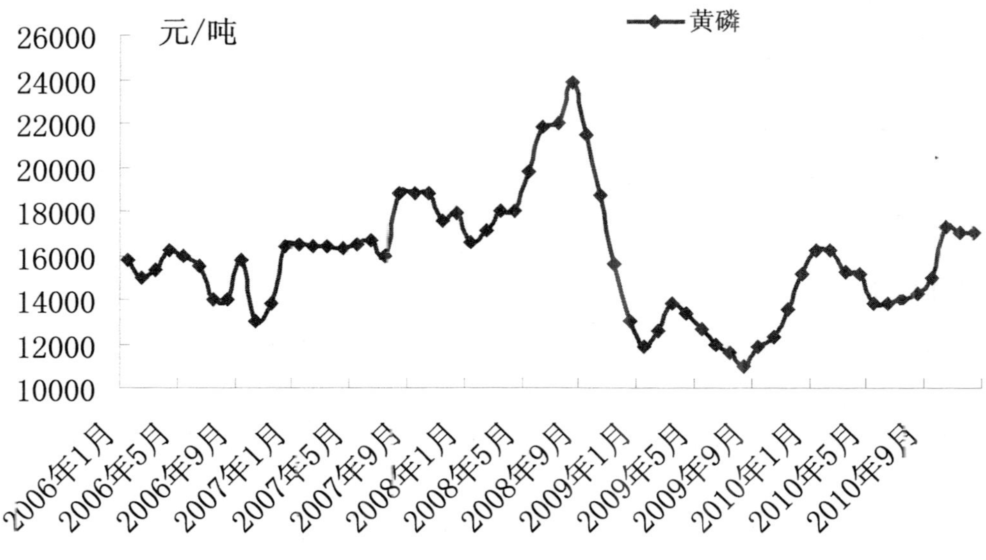

数据来源：国家统计局

2006-2010年黄磷（≥99.9%）

（四）财务状况

2010年，化学矿采选业盈利能力指标有所分化，销售毛利率、销售利润率比2009年略有提高，但资产报酬率却出现进一步下滑，主要原因是大多数矿石价格虽然比2009年有所提高，但涨幅不大。

截至2010年11月底，化学矿采选业的资产负债率为55.02%，比09年同期稍有上升，为55.02%；行业的亏损面有所下降，同时利息保障倍数稍有下滑，总体而言，化学矿采选业整体的偿债能力基本保持稳定，偿债压力不大。

从发展能力来看，2010年的各项指标各项指标全面好转，其中销售收入增长率和资产增长率最快，均为36.7%，利润总额增速较小，但也达到21.91%。近五年来，行业扩张较快，资产增速较高，行业处于较快的发展之中。

2010年，营运能力指标有所分化，但总体向好。其中，应收账款周转率、产成品周转率均有所好转，特别是产成品周转率明显提高，而流动资产周转率稍有下降。

2006-2010年化学矿采选业效益分析

	2010年11月	2009年11月	2008年11月	2007年11月	2006年
			盈利能力		
销售毛利率（%）	30.39	29.77	34.37	33.56	36.45
销售利润率（%）	9.11	9.02	16.03	15.28	7.[illegible]1
资产报酬率（%）	7.36	7.69	15.17	13.16	14.58
			偿债能力		
负债率（%）	55.02	52.67	51.69	52.11	56.50
亏损面（%）	17.00	19.41	14.48	14.23	14.08
利息保障倍数（倍）	6.88	6.93	13.80	18.24	16.48
			发展能力		
应收帐款增长率（%）	14.32	1.12	38.44	36.90	20.18

利润总额增长率（%）	21.91	-41.68	51.66	29.90	56.09
资产增长率（%）	36.7	21.26	30.98	33.00	9.88
销售收入增长率（%）	36.7	5.02	42.65	35.40	30.26
			营运能力		
应收帐款周转率（次）	9.9	9.64	9.86	9.28	9.69
产成品周转率（次）	12.18	9.69	9.49	10.46	10.05
流动资产周转率（次）	1.52	1.68	1.88	1.67	1.81

数据来源：国家统计局

（五）发展趋势

2011 年我国化肥总产量将基本保持稳定，但不同子行业可能出现分化，其中，以磷矿石为原村料的磷肥很难保持快速增长，甚至可能出现下降，但是全球经济仍处于复苏状态，而且全球粮价高位徘徊，全球对化肥的需求将保持旺盛，作为化肥上游行业的化学矿采选业也将获得比较好的发展机会。

从采销率来看，近年来化学矿采选业一直处于供大于求的局面，受国家抑制化肥产能过剩的影响，2011 年化学矿采选业仍将面临着产能发展受抑制的尴尬局面。这些因素对该行业中长期发展影响将比较明显。

第三节 2010 年化肥行业下游产业分析

化肥行业下游可以分为农业用肥和工业用肥两部分，而农业化肥消费占据绝对主导地位。在农业生产中，粮食作物产量、化肥施用量、粮食作物播种面积及粮食价格等对化肥需求量产生直接影响，而农民人均纯收入、人口数量和人均粮食消费量等则间接影响化肥需求。

一、农村居民收入

2010 年农村居民人均纯收入 5919 元，增长 14.9%，剔除价格因素影响，实际增长 10.9%，增速同比提高 2.4 个百分点，是 1985 年以来增长最快的一年。农村居民人均纯收入大幅度增长的主要原因是农村劳动力务工工资水平上涨较多、外出务工人数和时间有所增加以及粮食、蔬菜、棉花等主要农产品价格大幅上涨的影响。

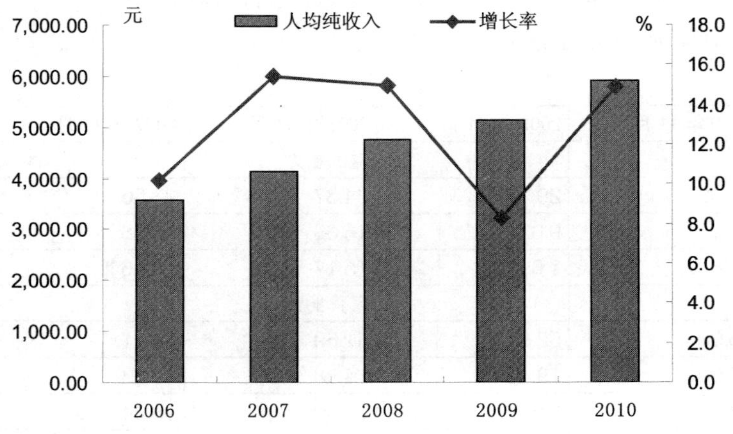

数据来源：国家统计局
2006-2010 年农村居民收入变化趋势

山西阳煤丰喜肥业(集团)有限责任公司
SHANXI YANG MEI FENGXI FERTILIZER INDUSTRY (GROUP) LLC.

农民收入的提高将增加农民的购买力，从而增加对化肥的需求。化肥的需求与农民人均纯收入呈现高度正相关关系，两者相关系数高达 0.97，因此，随着我国农民人均纯收入的快速增长，对化肥的需求也呈现逐年增加的趋势。2010 年农村居民人均纯收入 5919 元，增长 14.9%，是 1985 年以来增长最快的一年，预计 2010 年化肥施用量也有所增长，在 5566 万吨左右。

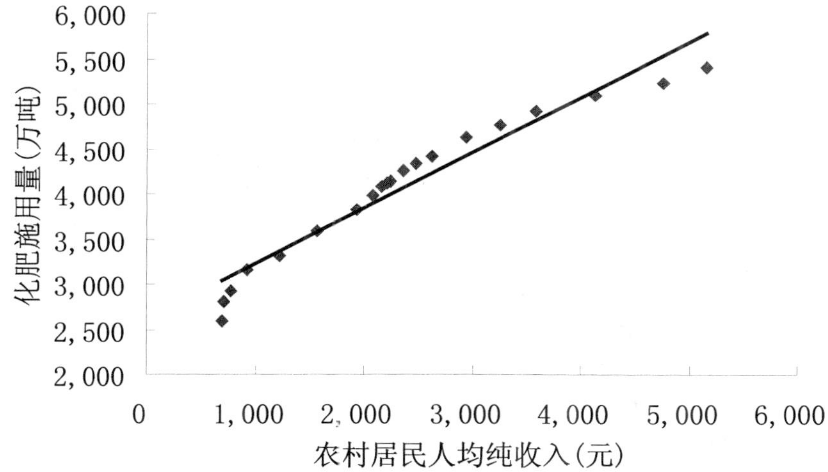

数据来源：国家统计局
1990-2009 年化肥施用量和农民人均纯收入散点图

在我国三大粮食作物生产成本构成中，化肥占据了 23% 的比重，已经接近 1/4，比重已经相当高了。目前农用化肥施用量对化肥价格比较敏感，化肥价格上涨，将会较大幅度地减少对化肥的需求量。

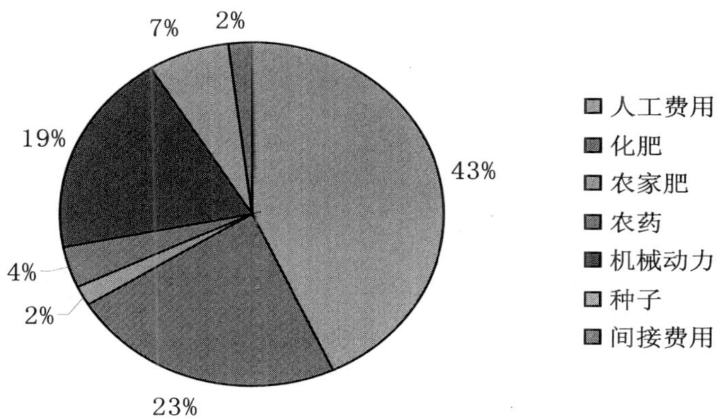

数据来源：世经未来研发部
我国三大粮食作物（水稻、小麦、玉米）生产成本构成

二、农业播种面积

适量施肥有利于增加粮食和各类经济作物产量。2010年，我国粮食播种面积达到109872千公顷，比09年扩大886千公顷，增长0.8%。

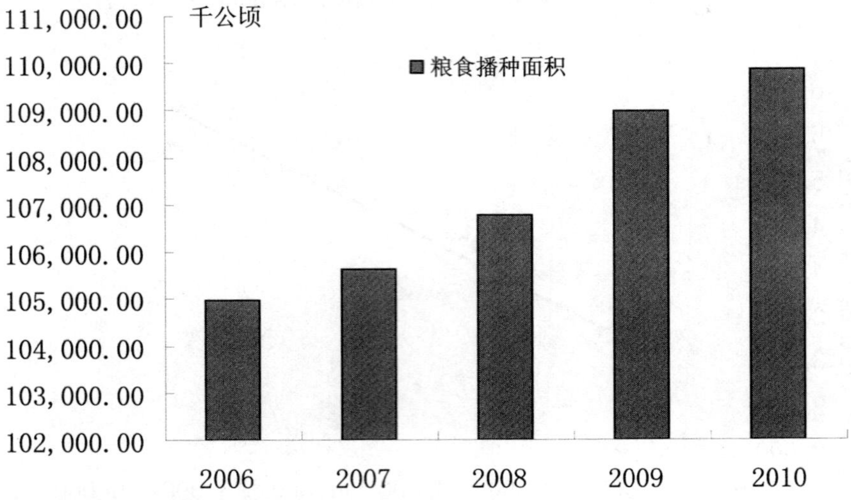

数据来源：国家统计局
2006-2010年我国粮食作物播种面积

总体上讲，我国粮食播种逐年增加，化肥的需求与粮食播种面积呈正相关关系，两者相关系数在0.8左右，因此随着播种面积增长，对化肥的需求也基本上呈逐年增加的趋势。

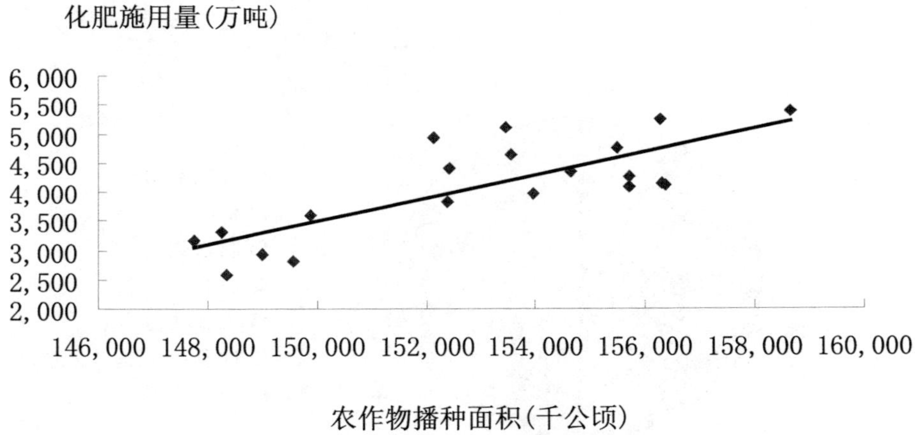

数据来源：国家统计局
1990-2009年化肥施用量和农作物播种面积散点图

三、农产品价格

2010年，中央"一号"文件再次聚焦"三农"。《意见》提出要努力保持粮食生产稳定发展，稳定发展粮食生产的信号不能变、要求不能松、支持不能减。稳定粮食播种面积，着力优化品种和区域结构，提高单产水平。

2010年，国家发改委2月20日宣布，提高稻谷最低收购价格，早籼稻（三等，下同）、中晚籼稻、

山西阳煤丰喜肥业(集团)有限责任公司
SHANXI YANGMEI FENGXI FERTILIZER INDUSTRY (GROUP) LLC.

粳稻最低收购价分别提高到每 50 公斤 93 元、97 元、105 元，比 2009 年分别提高 3 元、5 元、10 元，提高幅度分别为 3.3%、5.4%、10.5%。提高粮食收购价，有利于提高农民种粮积极性，有利于增加产量，平抑较高的粮食涨价预期，进一步促进粮食生产发展，这将对化肥行业的产品需求有正效应。

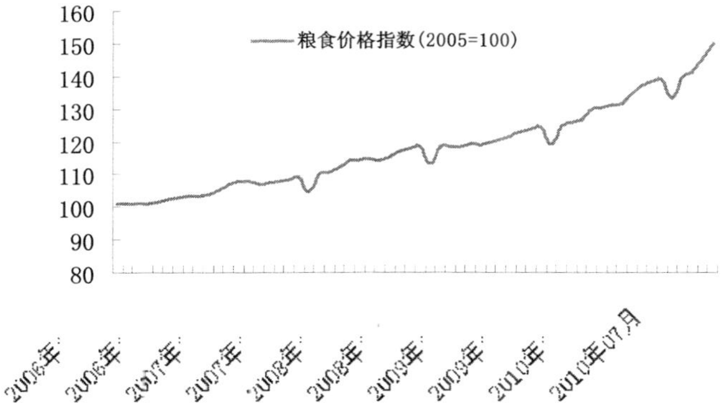

数据来源：国家统计局
2006-2010 年全国粮油批发价格综合指数

四、下游行业对化肥行业的影响分析

化肥行业的下游行业主要是农民施用农用化肥，可以说，化肥行业的发展取决于农用化肥的需求状况。农用化肥的需求将直接影响化肥的价格、化肥企业和行业的生产经营效益。农用化肥的需求量则主要取决于农村居民人均纯收入和农作物播种总面积。随着农民人均纯收入的提高以及粮价的上涨也将促使农村播种更多的面积，预计未来农用化肥施用量仍将稳步提升。

第七章 2010 年化肥行业财务状况分析

第一节 2010 年化肥行业三费变化情况

2010 年 1-11 月，化肥行业的销售收入同比 09 年增长 25.73%，相关费用出现不同程度的增长。其中，销售费用同比增长 32.65%，管理费用同比增长 18.35%，财务费用同比增长 28.92%。

2006-2010 年化肥行业三费变化情况

单位：亿元

年份	销售收入	增长率	销售费用	增长率	管理费用	增长率	财务费用	增长率
2006	2774.94	18.40	65.09	32.9	121.63	2.69	49.14	32.90
2007.1-11	3137.64	29.22	69.31	20.44	130.53	21.14	56.94	30.23
2008.1-11	4066.02	31.68	136.55	21.21	157.85	23.25	76.39	33.51
2009.1-11	4072.07	4.94	84.72	10.95	148.50	0.05	68.87	-0.38
2010.1-11	5193.92	25.73	114.14	32.65	175.51	18.35	93.86	28.92

数据来源：国家统计局

从份额看，销售费用和财务费用占销售收入的比重都有所上升，而管理费用则延续五年来逐年下降的趋势，但仍是三项费用中占销售收入比重最高的。从趋势上来看，2006-2010 年，管理用费占比一直处于下降中，财务费用占比虽然有升有降，但基本保持稳定，销售费用除在 2008 年大幅增长外，也基本保持稳定。

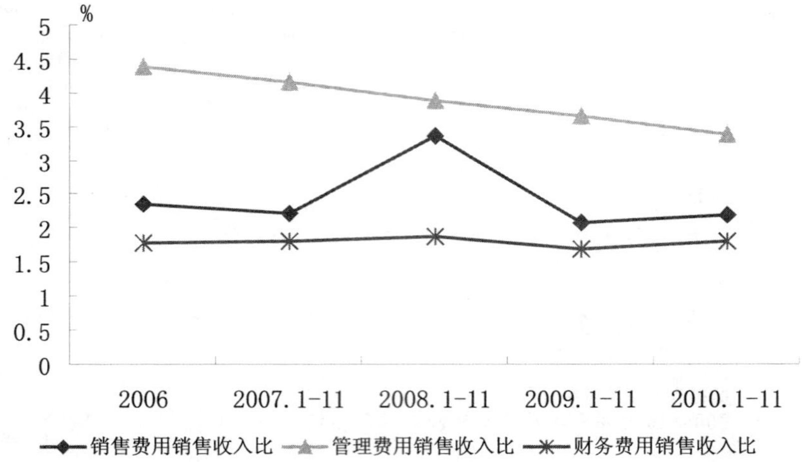

数据来源：国家统计局

2006-2010 年化肥行业三费销售收入比

第二节 2010 年化肥行业经营效益分析

一、化肥行业效益状况

2010 年 1-11 月，与 09 年的惨淡经营相对比，化肥行业的经济效益出现大幅上升。具体地，化肥行业的销售收入实现 5193.92 亿元，同比上升 27.55%，由于 2010 年产销量仅小幅上升，销售收入增长主要得益于化肥价格上涨；化肥行业的利润是 62.45 亿元，同比增长 62.45%，创五年来利润增长最快，但利润总额仍低于危机前水平；化肥行业的亏损额为 54.27 亿元，同比降低了 21.54%，但亏损额仍处于五年来次高水平。

2006-2010 年化肥行业经营效益指标

单位：亿元，%

	销售收入	增长率	利润总额	增长率	亏损额	增长率
2006	2774.94	20.21	183.15	3.71	16.33	113.66
2007.1-11	3137.64	25.55	211.57	33.90	20.46	56.81
2008.1-11	4066.02	29.59	297.77	40.74	26.69	30.44
2009.1-11	4072.07	0.15	150.19	-49.56	69.17	159.19
2010.1-11	5193.92	27.55	243.99	62.45	54.27	-21.54

数据来源：国家统计局

二、行业盈利能力分析

2010 年 1-11 月销售毛利率为 12.91%，销售利润率为 4.7%，资产报酬率为 5.79%，各项盈利能

山西阳煤丰喜肥业(集团)有限责任公司
SHANXI YANGMEI FENGXI FERTILIZER INDUSTRY (GROUP) LLC.

力指标均比2009年有所提高，但仍处于2006年以来的次低水平，说明化肥行业虽然有所好转，但仍比较艰难。

2006-2010年化肥行业盈利能力指标

	2010年11月	2009年11月	2008年11月	2007年11月	2006年
销售毛利率(%)	12.91	10.77	14.83	14.91	13.93
销售利润率(%)	4.70	3.69	7.32	6.74	6.60
资产报酬率(%)	5.79	4.40	7.91	7.12	6.44

数据来源：国家统计局

三、行业营运能力分析

营运能力主要是行业的生产经营管理水平。2010年1-11月，化肥行业的营运能力均较2009年有所提高，其中产成品周转率为20.63，总资产周转率为0.88，处于近五年来最好水平，应收帐款周转率为26.26，仅比2008年略低，流动资产周转率为2.27，仅比2007年略低。从营运能力指标来看，化肥行业的生产经营管理水平在不断提高，不断进步中。

2006-2010年化肥行业营运能力指标

营运能力	2010年11月	2009年11月	2008年11月	2007年11月	2006年
应收帐款周转率（次）	26.26	25.18	31.11	24.07	20.28
产成品周转率（次）	20.63	16.36	11.40	16.13	14.58
流动资产周转率（次）	2.27	2.23	2.26	2.31	2.23
总资产周转率（次）	0.88	0.80	0.86	0.83	0.85

数据来源：国家统计局

四、行业偿债能力分析

偿债能力主要与行业的负债、效益情况相关。2010年，化肥行业的偿债能力是有所上升。具体地，2006-2010年化肥行业资产负债率基本维持在60%左右，变化不大；2010年1-11月由于化肥企业的生产经营比09年有所提高，从而使得行业的亏损面降低，为16.49%，基本恢复到危机前水平，处于五年来次低水平；化肥行业的利息保障倍数在近五年呈现下滑的趋势。行业的利息保障倍数则扭转了近年来不断降低的局面，为3.6倍，比09年略有提高，但仍处于近五年次低水平。

2006-2010年化肥行业偿债能力指标

	2010年11月	2009年11月	2008年11月	2007年11月	2006年
资产负债率（%）	62.69	62.89	61.96	60.16	59.71
亏损面（%）	16.49	22.23	15.72	17.81	21.04
利息保障倍数(倍)	3.60	3.18	4.90	4.72	4.73

数据来源：国家统计局

五、行业发展能力分析

2009年应收帐款大幅增长而销售收入仅小幅增长，反映了化肥行业销售质量不好，回款不力，而2010年1-11月，应收帐款与销售收入基本同步增长，反映了行业处于正常情况；近五年，化肥行业资产均处于增长中，反映了行业的扩张，但需求并没有大幅增长，导致产能过剩；利润增长率近几年波动较大，反映了化肥行业受外部因素较大，如产品价格和原料价格。

2006-2010 年化肥行业发展能力指标

发展能力	2010 年 11 月	2009 年 11 月	2008 年 11 月	2007 年 11 月	2006 年
应收帐款增长率（%）	23.60	33.56	1.54	-1.41	18.99
利润总额增长率（%）	59.81	-46.07	45.47	36.70	4.06
资产增长率（%）	15.87	10.77	25.45	18.19	22.34
销售收入增长率（%）	25.73	4.94	31.68	29.22	18.40

数据来源：国家统计局

第三节 2010 年化肥行业财务状况总体评价

综合上面的分析，我们能够得到如下的结论，2010 年 1-11 月，化肥行业的整体运行较为平稳，基本从 2009 年全行业危机中企稳复苏。总的来说，2010 年化肥行业的财务状况整体表现较好，基本回归常态。

2006-2010 年化肥行业主要财务指标对比分析

	2010 年 11 月	2009 年 11 月	2008 年 11 月	2007 年 11 月	2006 年
			盈利能力		
销售毛利率（%）	12.91	10.77	14.83	14.91	13.93
销售利润率（%）	4.70	3.69	7.32	6.74	6.60
资产报酬率（%）	5.79	4.40	7.91	7.12	6.44
			偿债能力		
负债率（%）	62.69	62.89	61.96	60.16	59.71
亏损面（%）	16.49	22.23	15.72	17.81	21.04
利息保障倍数（倍）	3.60	3.18	4.90	4.72	4.73
			发展能力		
应收帐款增长率（%）	23.60	33.56	1.54	-1.41	18.99
利润总额增长率（%）	59.81	-46.07	45.47	36.70	4.06
资产增长率（%）	15.87	10.77	25.45	18.19	22.34
销售收入增长率（%）	25.73	4.94	31.68	29.22	18.40
		营运能力			
应收帐款周转率（次）	26.26	25.18	31.11	24.07	20.28
产成品周转率（次）	20.63	16.36	11.40	16.13	14.58
流动资产周转率（次）	2.27	2.23	2.26	2.31	2.23
总资产周转率（次）	0.85	0.83	0.86	0.80	0.88

数据来源：国家统计局

2010 年，化肥行业的盈利能力上升，各项盈利指标从 09 年的低点开始反弹，但仍处于五年来次低水平。

山西阳煤丰喜肥业(集团)有限责任公司
SHANXI YANGMEI FENGXI FERTILIZER INDUSTRY (GROUP) LLC.

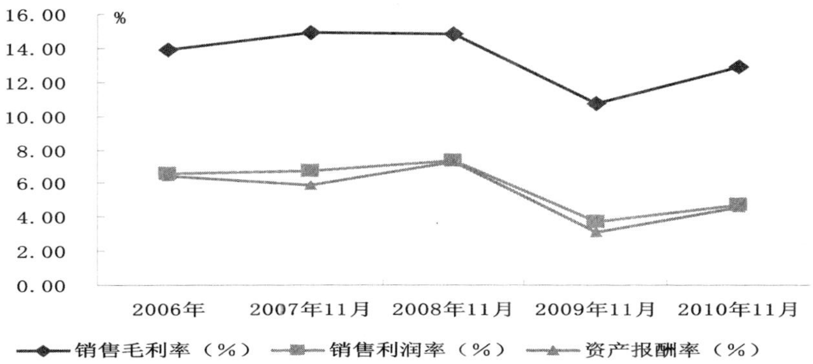

数据来源：国家统计局

2006-2010 年化肥行业盈利能力指标

2010 年，化肥行业的偿债能力上升，各项偿债能力指标均从 09 年的低点开始反弹，但仍处于五年来较低水平；

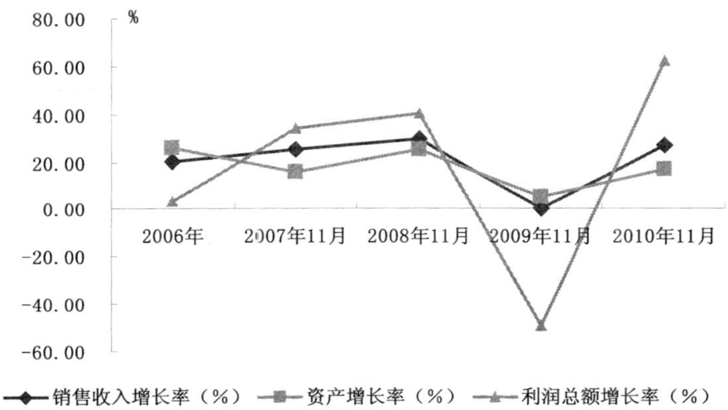

数据来源：国家统计局

2006-2006-2010 年化肥行业偿债能力指标

2010 年，化肥行业的发展能力上升，各项发展能力指标均从 09 年的低点开始反弹，但利润增长率波动较大。

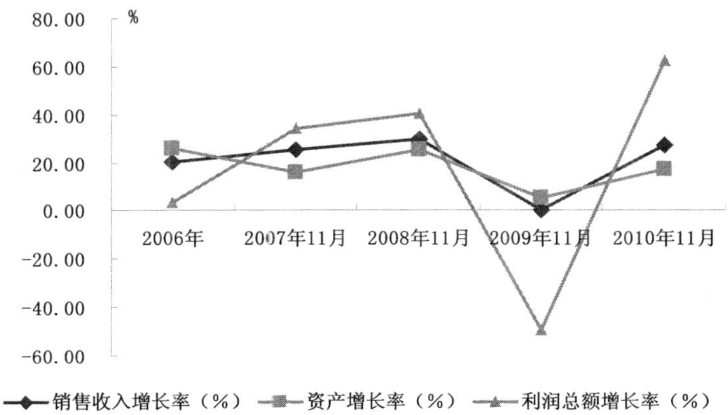

2010 年化肥行业发展能力指标

2010 年营运能力提高较大，各项营运能力指标均有所提高，并且处于五年来最高水平。

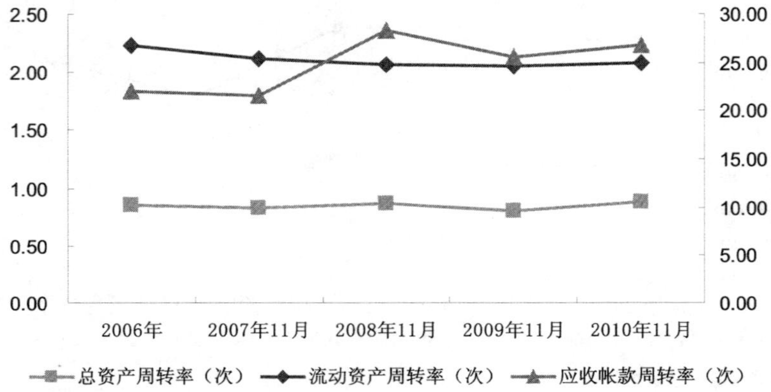

数据来源：国家统计局

2006-2010 年化肥行业营运能力指标

第八章 2010 年化肥行业区域发展情况分析

第一节 化肥行业区域分布总体分析及预测

我国化肥行业主要分布在山东、湖北、四川、河南等省份，2010 年 11 月末，我国共有规模以上化肥企业 2777 家，其中 9 个省份超过 100 家。整体而言，化肥行业区域分布比较分散，不利于发挥规模经济优势和资源优势。

2010 年 1-11 月全国各省份化肥企业分布情况

单位：家、%

	企业数量	占比		企业数量	占比
山东省	433	15.59	贵州省	56	2.02
湖北省	282	10.15	黑龙江省	51	1.84
四川省	188	6.77	内蒙	46	1.66
河南省	181	6.52	山西省	43	1.55
辽宁省	173	6.23	浙江省	43	1.55
江苏省	164	5.91	青海省	42	1.51
安徽省	145	5.22	江西省	37	1.33
湖南省	137	4.93	新疆	26	0.94
河北省	102	3.67	甘肃省	23	0.83
云南省	93	3.35	北京市	18	0.65
广西	91	3.28	天津市	15	0.54
广东省	81	2.92	宁夏	14	0.50
吉林省	78	2.81	上海市	10	0.36
福建省	71	2.56	海南省	8	0.29
陕西省	64	2.30	西藏	7	0.03
重庆市	61	2.20	全国	2777	100

数据来源：国家统计局

山西阳煤丰喜肥业(集团)有限责任公司
SHANXI YANGMEI FENGXI FERTILIZER INDUSTRY (GROUP) LLC.

二、行业规模指标区域分布分析及预测

2010 年 11 月末，我国化肥行业总资产达到 6370.73 亿，主要集中于山东、辽宁、湖北、青海、云南、河南、和贵州等地；山东省是拥有化肥企业最多的省份，资产规模也最大，占全国总资产的 13.03%；值得注意的是，青海省化肥行业总资产达 501.08 亿，规模全国第四位，但其企业数量仅为 42 家，排名仅为 22 名，表明青海省化肥企业行业更具规模优势，这其中青海盐湖钾肥股份有限公司和青海盐湖工业集团股份有限公司占据了 70%资产规模。

2010 年 1-11 月化肥行业资产区域分布情况

单位：亿元，%

	总资产	同比增长	比重		总资产	同比增长	比重
山东省	830.10	17.41	13.03	海南省	115.62	3.95	1.81
辽宁省	582.90	18.08	9.15	湖南省	102.07	6.74	1.60
湖北省	509.23	25.02	7.99	新疆	86.57	-8.95	1.36
青海省	501.08	28.99	7.87	吉林省	72.98	23.15	1.15
云南省	428.23	18.23	6.72	广东省	59.39	18.69	0.93
河南省	412.10	15.67	6.47	黑龙江省	48.71	21.47	0.76
贵州省	403.27	23.70	6.33	福建省	47.30	13.42	0.74
山西省	373.43	5.73	5.86	江西省	40.10	-4.96	0.63
四川省	372.95	11.18	5.85	浙江省	35.57	9.58	0.56
安徽省	275.41	25.10	4.32	甘肃省	28.54	8.65	0.45
河北省	255.42	9.91	4.01	宁夏	26.60	17.69	0.42
江苏省	217.71	4.27	3.42	北京市	12.63	22.58	0.20
重庆市	149.84	5.25	2.35	天津市	6.97	-9.86	0.11
内蒙	130.78	12.43	2.05	上海市	4.47	25.90	0.07
广西	123.65	21.07	1.94	西藏	1.85	-37.98	0.02
陕西省	116.82	8.00	1.83	全国	6370.73	15.87	100.00

数据来源：国家统计局

2010 年 1-11 月，我国化肥行业销售收入排名前列的是山东、湖北、河南、辽宁、四川、安徽、贵州、云南、江苏、河北和山西等地；前五个省市的销售收入合计占到了全行业的 53.51%，集中度比 09 年有所提高。

2009 年 1-11 月化肥行业销售收入区域分布情况

单位：亿元，%

	销售收入	同比增长	比重		销售收入	同比增长	比重
山东省	1086.62	20.43	20.92	广西	87.89	31.52	1.69
湖北省	586.28	36.33	11.29	陕西省	71.13	8.47	1.37
河南省	377.22	18.62	7.26	广东省	70.86	23.98	1.36
辽宁省	375.80	116.41	7.24	黑龙江省	54.25	57.17	1.04
四川省	353.33	23.96	6.80	福建省	44.54	24.21	0.86
安徽省	275.00	27.70	5.29	江西省	41.67	13.38	0.80
贵州省	239.41	16.40	4.61	浙江省	35.40	28.93	0.68
云南省	236.12	17.92	4.55	新疆	31.77	22.57	0.61
江苏省	213.99	9.27	4.12	甘肃省	27.09	25.90	0.52
河北省	191.45	31.30	3.69	海南省	25.56	9.20	0.49
山西省	173.88	12.80	3.35	宁夏	18.25	20.51	0.35

吉林省	129.45	55.76	2.49	北京市	12.70	55.57	0.24
内蒙	118.96	-3.43	2.29	天津市	5.96	-22.58	0.11
重庆市	109.19	13.10	2.10	上海市	4.13	-10.95	0.08
湖南省	101.38	6.46	1.95	西藏	0.98	27.39	0.01
青海省	94.57	24.37	1.82	全国	5193.92	25.73	100.00

数据来源：国家统计局

三、行业效益指标区域分布分析及预测

2010年利润较多的省市是山东、青海、湖北、四川、内蒙、海南、河南、贵州、云南、江苏等；其中前五个省市的利润总额占全国范围利润总额的64.74%，比09年有所下降，但仍远高于资产和销售收入的集中度。山东利润总额最高，为67.23亿元；海南的销售利润率最高，为43.78%，其次为青海，远远高于其他地区。

2010年1-11月化肥行业盈利区域分布情况

地区	利润总额（亿元）	同比增长（%）	比重（%）	资金利润率（%）	销售利润率（%）
山东省	67.23	36.71	27.55	21.63	6.19
青海省	36.87	0.23	15.11	16.44	38.98
湖北省	27.19	89.27	11.15	10.79	4.64
四川省	14.87	22.19	6.09	10.42	4.21
内蒙	11.80	15.54	4.84	21.99	9.92
海南省	11.19	0.69	4.59	63.87	43.78
河南省	10.24	88.64	4.20	6.64	2.72
贵州省	10.00	1827.19	4.10	6.84	4.18
云南省	9.03	-195.91	3.70	6.38	3.82
江苏省	8.45	26.37	3.46	6.80	3.95
安徽省	7.78	230.93	3.19	6.32	2.83
新疆	7.35	70.89	3.01	26.93	23.13
河北省	4.80	361.64	1.97	4.01	2.50
吉林省	3.94	43.96	1.61	19.74	3.04
黑龙江省	3.61	58.60	1.48	18.24	6.65
广东省	3.55	58.29	1.45	10.55	5.01
重庆市	3.28	-9.33	1.34	6.31	3.00
辽宁省	1.76	-0.85	0.72	0.93	0.47
广西	1.29	-191.85	0.53	2.53	1.47
浙江省	0.84	-223.94	0.35	4.35	2.39
湖南省	0.82	114.01	0.34	2.29	0.81
甘肃省	0.72	135.80	0.29	7.33	2.65
北京市	0.51	1985.55	0.21	4.99	3.98
福建省	0.43	-1435.11	0.18	1.95	0.96
江西省	0.41	-649.03	0.17	2.75	0.98
上海市	0.03	-57.23	0.01	1.26	0.77
西藏	0.00	429.63	0.00	2.35	6.37
陕西省	-0.15	-237.06	-0.06	-0.35	-0.21
宁夏	-0.18	-57.64	-0.07	-1.71	-0.99
天津市	-0.19	82.90	-0.08	-5.23	-3.24

山西阳煤丰喜肥业(集团)有限责任公司
SHANXI YANGMEI FENGXI FERTILIZER INDUSTRY (GROUP) LLC.

山西省	-3.47	21.34	-1.42	-2.73	-1.99
全国	243.99	59.81	100.00	9.76	4.70

数据来源：国家统计局

2010年1-11月，我国化肥行业亏损有所好转，亏损总额和亏损面都有所下降。亏损最严重的省市分别是：广东、广西、辽宁、吉林和山东。

2010年1-11月化肥行业亏损区域分布情况

单位：家，%，亿元

	亏损面	亏损总额	同比增长	比重
全国	11.87	49.83	30.02	100.00
广东省	26.00	5.50	12.09	11.03
广西	22.57	4.80	40.92	9.64
辽宁省	14.95	3.64	5.22	7.31
吉林省	9.15	3.61	80.14	7.25
山东省	4.47	3.26	21.57	6.54
福建省	16.76	3.15	34.46	6.32
浙江省	20.40	3.08	130.54	6.19
黑龙江省	15.41	2.69	44.73	5.40
河北省	16.74	1.84	151.67	3.69
新疆	36.21	1.73	249.34	3.47
北京市	40.17	1.73	-23.89	3.46
四川省	11.08	1.49	44.25	2.98
云南省	31.50	1.44	-8.47	2.90
江苏省	7.30	1.32	-41.61	2.64
湖北省	8.06	1.30	82.46	2.60
安徽省	11.10	1.20	40.83	2.41
内蒙	9.69	1.09	-15.50	2.19
上海市	28.04	1.04	32.11	2.09
河南省	2.44	0.99	114.84	1.99
甘肃省	23.05	0.78	121.16	1.56
海南省	43.53	0.76	-0.47	1.52
天津市	28.66	0.73	7.28	1.46
湖南省	4.69	0.72	82.94	1.44
山西省	27.08	0.70	43.24	1.41
重庆市	6.15	0.37	155.25	0.74
陕西省	17.97	0.33	-37.52	0.67
贵州省	34.21	0.23	-7.02	0.46
宁夏	38.10	0.20	21.49	0.41
江西省	4.68	0.06	-11.63	0.12
青海省	32.35	0.05	274.60	0.10
西藏	0.00	0.00	0.00	0.00

数据来源：国家统计局

第二节 山东化肥行业发展分析及预测

一、山东化肥行业的地位变化

山东化肥行业在我国化肥行业中举足轻重，无论是企业数量、资产规模还是销售收入和利润总额，都居全国首位，而且化肥产量也连续多年位居全国第一，山东化肥行业在全国同行业中地位稳定，其发展有独特的优势性，但也有自身的劣势。

具体而言，山东化肥产业有其独特的优势：山东省地处化肥市场的中心区域，本地市场容量巨大；另外山东省拥有发展化肥产业必不可少的人才、技术优势。但是山东发展化肥产业的劣势也是很明显的，首先是缺乏原料优势；另外，缺乏资本优势。山东省的化肥工业是从中小企业逐步发展起来的，不具备购买矿山和企业外延发展的能力。

2010 年 1-11 月，资产比重与往年相比变化不大，而收入比重和利润比重都比 2009 年有不同程度的下降，尤其是利润比重有较大幅度的下降，但仍高于危机前往年水平，表明山东化肥行业抗风险能力较全国平均水平更强。山东省以较低的资产比重占据了较高的利润和收入比重，表明山东省化肥行业发展态势较好。

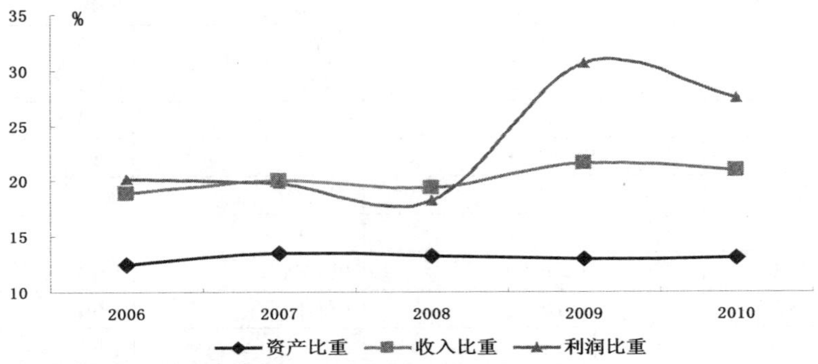

数据来源：国家统计局

2006-2010 年山东省化肥行业地位变化情况

二、山东化肥行业的规模和效益分析

（一）规模

截至 2010 年 11 月末，山东省共有 433 家规模以上化肥企业，超过 10 万的从业人员，资产总计 830.1 亿元，负债总计 484.49 亿元。近年来，山东省化肥行业经历了较快的扩张，行业资产规模增长速度除 2009 年遭遇金融危机等外部影响而有所放缓外，近年来都维持在 15% 以上。

2006-2010 年山东省化肥行业规模指标

单位：个、人、亿元、%

	企业数量	从业人员	资产总计	增长率	负债总计	增长率
2006	295	95661	450.50	24.19	283.93	28.26
2007.11	327	98560	556.64	22.19	348.48	19.72
2008.11	348	100040	680.90	22.50	443.23	15.29

山西阳煤丰喜肥业(集团)有限责任公司
SHANXI YANGMEI FENGXI FERTILIZER INDUSTRY (GROUP) LLC.

2009.11	402	108026	703.94	4.05	440.16	5.12
2010.11	433	107939	830.10	17.41	484.49	10.34

数据来源：国家统计局

从工业总产值来看，近年来，山东省化肥行业经历了较快的增长，行业工业总产值增长速度除 2009 年遭遇金融危机影响而有所放缓外，近年来都维持在 15% 以上，2006 年、2007 年和 2008 年增长速度更高达 25% 以上。

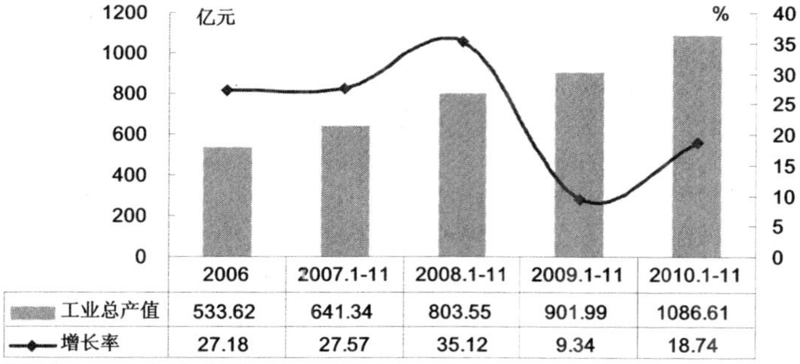

数据来源：国家统计局

2006-2010 年山东省化肥行业工业总产值及趋势

（二）效益

与工业总产值类似，近年来，山东省化肥行业销售收入也实现了快速增长，除 2009 年遭遇金融危机增长速度放缓外，其他年份增长速度都维持在 20% 以上。

2006-2010 年山东省化肥行业经营效益

单位：亿元，%

	销售收入	增速	利润总额	增速	亏损额	增速
2006	524.20	28.58	36.89	14.74	0.96	90.79
2007.1-11	629.97	38.79	41.84	31.82	0.86	-19.41
2008.1-11	788.62	26.28	54.38	30.78	2.70	204.40
2009.1-11	880.53	9.71	45.97	-15.57	10.69	305.58
2010.1-11	1086.62	20.43	67.23	36.71	5.31	-49.99

数据来源：国家统计局

2010 年 1-11 月，山东省化肥行业实现利润总额 67.23 亿元，同比增长 36.71%，大幅度扭转了 2009 年的负增长。

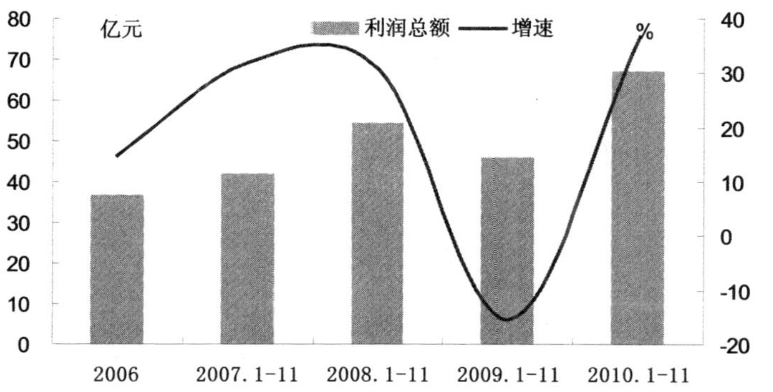

数据来源：国家统计局

2006-2010 年山东省化肥行业利润总额及增速

利润大幅度增长的同时，亏损额也实现了 50% 的下降，反映了山东省化肥行业在 2010 年取得了较好的效益。

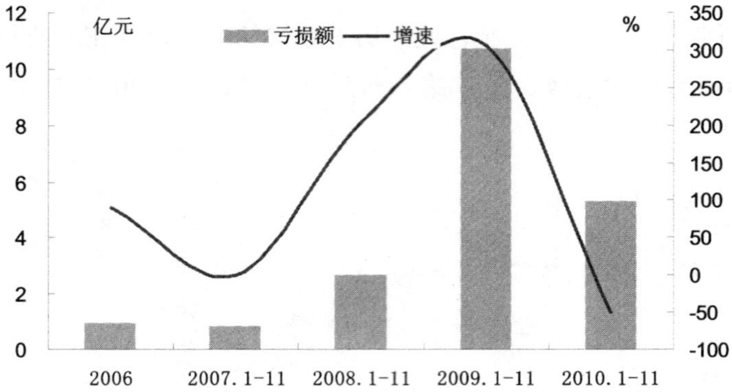

数据来源：国家统计局

2006-2010 年山东省化肥行业亏损额及增速

三、区域行业财务状况分析

2010 年，山东省化肥行业财务状况有所改善。

盈利能力方面，2010 年 1-11 月，各项指标出现全面好转，销售毛利率、销售利润率和资产报酬率均比 2009 年同期有明显的改善。

偿债能力方面，2010 年 11 月末，资产负债率有所下降，为 58.36%，创近五年来新低；亏损面有所改观，比 09 年降低了将近 3 个百分点，同时利息保障倍数有所提高，并创近五年来新高，偿债压力较小。

发展能力方面，2010 年 1-11 月，各项指标都比 09 年有明显好转，其中利润总额增长率较快。

营运能力方面，2010 年 1-11 月，各项指标有所分化，其中产成品周转率比 09 年提高 100% 左右，应收账款周转率有小幅度提高，但是流动资产周转率略有下降，但总体而言，营运能力有所改善。

2006-2010 年山东化肥行业主要财务指标三、区域行业财务状况分析

2010 年，山东省化肥行业财务状况有所改善。

盈利能力方面，2010 年 1-11 月，各项指标出现全面好转，销售毛利率、销售利润率和资产报酬率均比 2009 年同期有明显的改善。

偿债能力方面，2010 年 11 月末，资产负债率有所下降，为 58.36%，创近五年来新低；亏损面有所改观，比 09 年降低了将近 3 个百分点，同时利息保障倍数有所提高，并创近五年来新高，偿债压力较小。

发展能力方面，2010 年 1-11 月，各项指标都比 09 年有明显好转，其中利润总额增长率较快。

营运能力方面，2010 年 1-11 月，各项指标有所分化，其中产成品周转率比 09 年提高 100% 左右，应收账款周转率有小幅度提高，但是流动资产周转率略有下降，但总体而言，营运能力有所改善。

2006-2010 年山东化肥行业主要财务指标

	2010 年 11 月	2009 年 11 月	2008 年 11 月	2007 年 11 月	2006 年
			盈利能力		

山西阳煤丰喜肥业(集团)有限责任公司
SHANXI YANGMEI FENGXI FERTILIZER INDUSTRY (GROUP) LLC.

销售毛利率（%）	11.49	9.76	14.48	14.52	12.73
销售利润率（%）	6.19	5.22	6.90	6.64	-7.42
资产报酬率（%）	10.45	8.39	10.60	9.90	9.75
			偿债能力		
负债率（%）	58.36	62.53	65.09	62.60	63.02
亏损面（%）	6.47	9.20	6.03	5.50	6.44
利息保障倍数（倍）	6.48	5.03	5.60	5.82	6.25
			发展能力		
应收帐款增长率（%）	22.84	22.72	22.01	2.44	-6.45
利润总额增长率（%）	36.71	-15.57	30.78	31.82	14.74
资产增长率（%）	17.41	4.05	22.50	22.19	24.19
销售收入增长率（%）	20.43	9.71	26.28	38.79	28.58
			营运能力		
应收帐款周转率（次）	68.19	63.06	75.68	73.40	59.25
产成品周转率（次）	38.61	19.09	19.09	35.00	24.02
流动资产周转率（次）	3.81	4.00	3.69	3.66	3.21

数据来源：国家统计局

四、区域行业发展趋势预测

山东省化肥行业在全国地位呈现相对稳定的态势，发展基本与全国同步。2010年山东省化肥行业的盈利能力、偿债能力、发展能力以及营运能力都有所改善，预计将来，山东省化肥行业仍将保持龙头地位，并且省内行业兼并重组将会加速，从而达到调整行业产品结构、推进产品升级的目的。

第三节 湖北化肥行业发展分析及预测

一、湖北化肥行业地位变化

湖北省化肥行业在我国化肥行业中实力位居前列，企业数量仅次于山东排名第二。2010年1-11月，湖北化肥行业销售收入全国第二，仅次于山东，资产规模和利润总额位居全国第三。与此同时，湖北更是磷肥行业的第一大省，磷矿石资源和磷肥产能均属前列。

2010年1-11月，湖北省资产比重、收入比重和利润比重都比2009年有不同程度的提高，尤其是利润比重和收入比重有较大幅度的提高。2008年以来，湖北省化肥行业的资产比重、收入比重和利润比重都处于不断提高中，表现湖北省化肥行业的地位在不断提高。

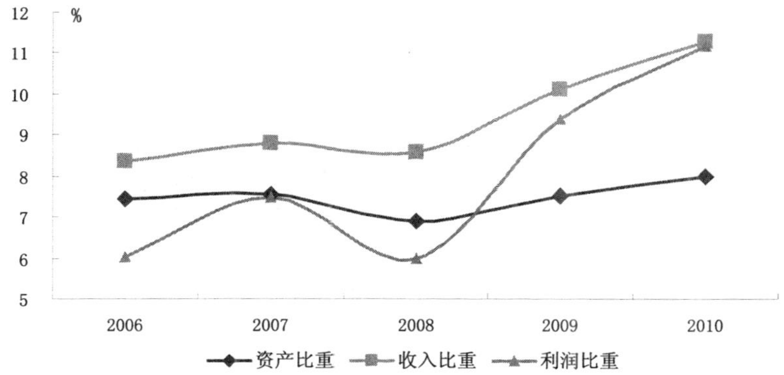

数据来源：国家统计局
2006-2010年湖北省化肥行业地位变化情况

二、湖北化肥行业的规模和效益分析

（一）规模

截至 2010 年 11 月末，湖北省共有 282 家规模以上化肥企业，接近 6 万的从业人员，资产总计 509.23 亿元，负债总计 339.72 亿元。近年来，湖北省化肥行业经历了快速的扩张，行业资产规模增长速度都维持在 15% 以上，即使在 2009 年遭遇金融危机时，资产增长率仍然达到了 17.08%。

2006-2010 年湖北省化肥行业规模指标

	企业数量	从业人员	资产总计	增长率	负债总计	增长率
2006	182	52107	268.12	38.09	176.17	45.86
2007.11	202	51623	310.56	23.78	197.75	17.58
2008.11	218	49859	355.75	26.27	230.16	28.69
2009.11	258	54036	407.49	17.08	265.45	16.46
2010.11	282	58834	509.23	25.02	339.72	26.24

数据来源：国家统计局

从工业总产值来看，近年来，湖北省化肥行业经历了快速的增长，除 2009 年受金融危机影响外，行业工业总产值增长速度都维持在 25% 以上。

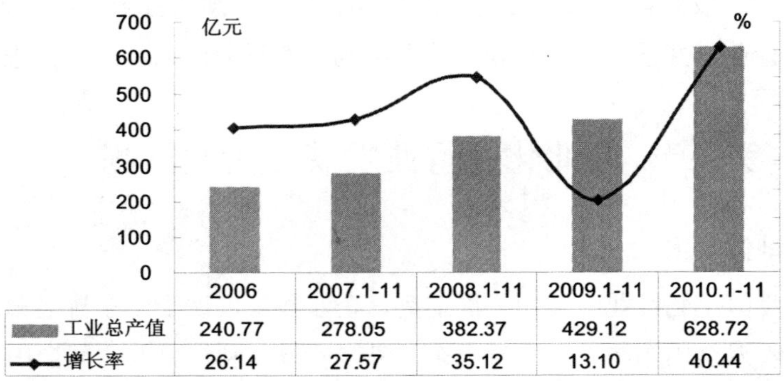

数据来源：国家统计局

2006-2010 年湖北省化肥行业工业总产值及趋势

（二）效益

与工业总产值类似，近年来，湖北省化肥行业销售收入也实现了快速增长，除 2009 年外，其他年份增长速度都维持在 25% 以上。

2006-2010 年湖北省化肥行业经营效益

单位：亿元，%

	销售收入	增速	利润总额	增速	亏损额	增速
2006	231.86	25.38	11.04	48.84	0.88	39.83
2007.1-11	275.99	33.56	15.82	81.20	0.55	-30.14
2008.1-11	349.01	38.67	17.84	24.10	0.23	-53.21
2009.1-11	411.30	13.64	14.10	-3.29	1.58	238.93
2010.1-11	586.28	36.33	27.19	89.27	0.88	-36.95

数据来源：国家统计局

山西阳煤丰喜肥业(集团)有限责任公司
SHANXI YANG MEI FENGXI FERTILIZER INDUSTRY (GROUP) LLC.

2010年1-11月，湖北省化肥行业实现利润总额27.19亿元，同比增长89.27%，大幅度扭转了2009年的负增长。

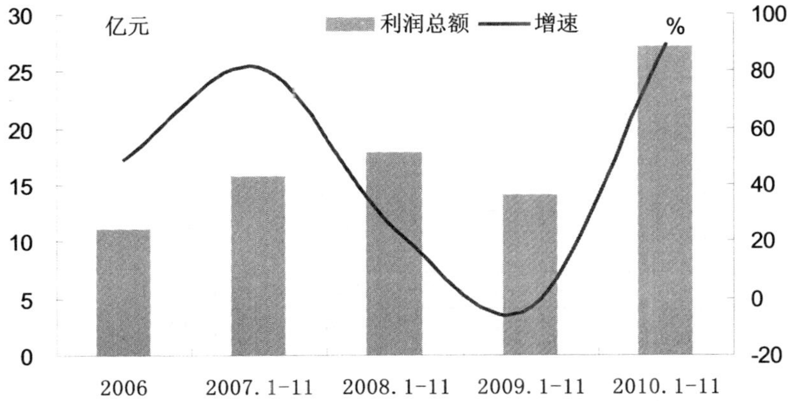

数据来源：国家统计局

2006-2010年湖北省化肥行业利润总额及增速

利润大幅度增长的同时，亏损额也实现了36%的大幅下降，反映了湖北省化肥行业在2010年取得了较好的效益。

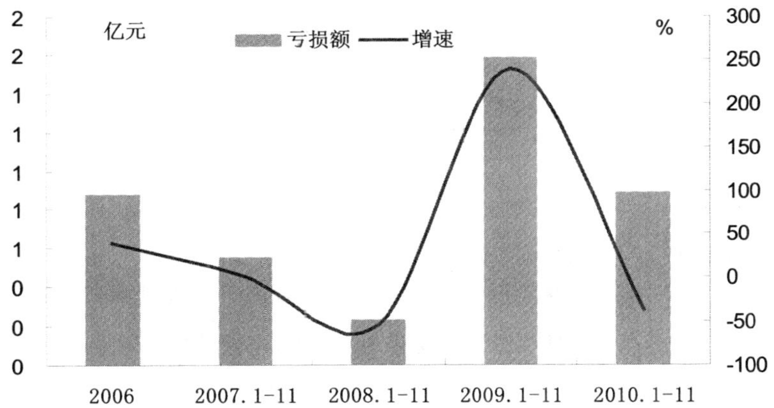

数据来源：国家统计局

2006-2010年湖北省化肥行业亏损额及增速

三、区域行业财务状况分析

2010年，湖北省化肥行业财务状况全面获得改善。

盈利能力方面，2010年1-11月，各项指标出现明显改善，销售毛利率、销售利润率和资产报酬率均比2009年同期有显著的改善。

偿债能力方面，2010年11月末，资产负债率小幅上升，达到66.71%，创近五年来新低；亏损面有所改观，比09年降低了超过6个百分点，同时利息保障倍数有所提高，并创近五年来新高，偿债压力较小。

发展能力方面，2010年1-11月，各项指标都比09年有明显好转，其中应收帐款周转率下降表明销售的回款质量很高，另外利润总额取得了大幅度的增长。

营运能力方面，2010 年 1-11 月，各项指标有所分化，其中产成品周转率和应收账款周转率都有显著提高，但是流动资产周转率略有下降，但总体而言，营运能力明显改善。

2006-2010 年湖北化肥行业主要财务指标

	2010 年 11 月	2009 年 11 月	2008 年 11 月	2007 年 11 月	2006 年
			盈利能力		
销售毛利率（%）	11.59	8.84	8.91	11.51	9.19
销售利润率（%）	4.64	3.43	5.11	5.73	-13.95
资产报酬率（%）	7.59	5.48	7.43	7.36	5.60
			偿债能力		
负债率（%）	66.71	65.14	64.70	63.68	65.71
亏损面（%）	12.77	18.99	12.84	14.85	26.92
利息保障倍数（倍）	4.29	3.21	3.79	4.08	3.78
			发展能力		
应收帐款增长率（%）	-0.55	-4.03	7.67	32.80	96.61
利润总额增长率（%）	89.27	-3.29	24.10	81.20	48.84
资产增长率（%）	25.02	17.08	26.27	23.78	38.09
销售收入增长率（%）	36.33	13.64	38.67	33.56	25.38
			营运能力		
应收帐款周转率（次）	60.43	46.37	40.93	27.64	31.20
产成品周转率（次）	32.01	28.51	15.45	20.37	14.45
流动资产周转率（次）	2.54	2.65	2.46	2.50	2.74

数据来源：国家统计局

四、区域行业发展趋势预测

2008 年以来，湖北省化肥行业的资产比重、收入比重和利润比重都逐年提升，表明湖北省化肥行业发展明显快于全国平均水平，地位获得明显得到，化肥大省的地位也得到进一步巩固。预计湖北省将依托大企业、资源优势来进一步发展，这也就对磷肥生产企业的环保标准以及产品质量提出了更高更长期的要求，因而随着湖北磷复肥产能的不断增加，如何科学绿色发展磷化工、中低品位磷矿开采技术将成为湖北化肥行业长期需解决的难题。

第四节 青海省化肥行业发展分析及预测

一、青海省化肥行业地位变化

青海省丰富的钾肥资源和我国钾肥产量不能满足国内需求共同决定了青海省化肥行业的地位。青海作为全国钾肥生产的集中地，基本上垄断了国内的钾肥生产，区内聚集着众多蕴涵丰富钾矿的盐湖资源，这是发展钾肥生产所必备的核心资源。在资产比重和收入比重都较低的情况下，青海省化肥行业的利润却仅次于山东省，可见效益之好。

山西阳煤丰喜肥业(集团)有限责任公司
SHANXI YANG MEI FENGXI FERTILIZER INDUSTRY (GROUP) LLC.

2010 年 1-11 月，青海省资产比重小幅增长，收入比重基本持平，但是利润比重出现大幅度地下降。2006 年以来，青海省化肥行业的收入比重稳步提高，收入比重基本保持稳定。而利润比重则波动较大，经历了山车。主要原因是在化肥全行业危机的 2009 年，其他化肥价格出现大幅下跌时，青海主导产品钾肥价格保持坚挺，而 2010 年在其他化肥产品价格有所回升时，钾肥平均价格却比 2009 年还低。

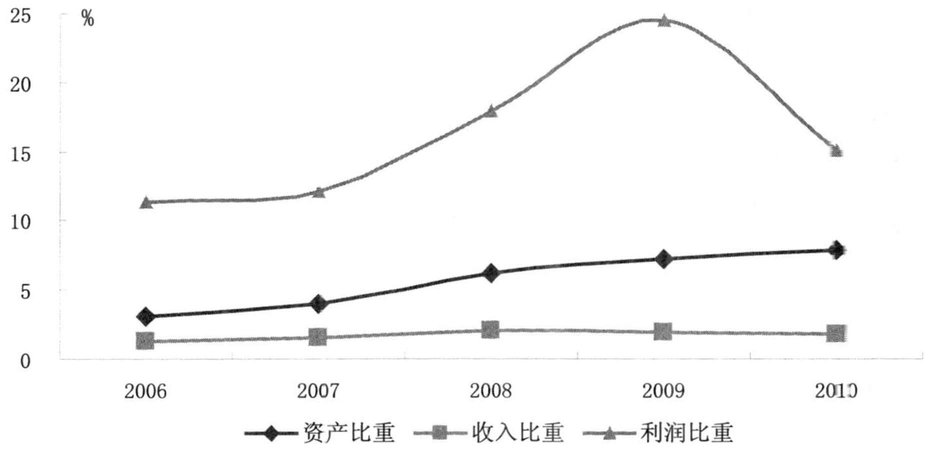

数据来源：国家统计局

2006-2010 年青海省化肥行业地位变化情况

二、青海省化肥行业的规模和效益分析

（一）规模

截至 2010 年 11 月末，青海省共有 42 家规模以上化肥企业，共有 1.7 万的从业人员，资产总计 501.08 亿元，负债总计 261.61 亿元。近年来，青海省省化肥行业经历了快速的扩张，行业资产规模增长速度都维持在 20% 以上，即使在 2009 年遭遇金融危机时，资产增长率仍然达到了 23.44%。

2006-2010 年青海省化肥行业规模指标

单位：个、人、亿元、%

	企业数量	从业人员	资产总计	增长率	负债总计	增长率
2006	23	8363	113.46	51.04	41.94	28.91
2007.11	50	10571	165.47	64.13	66.32	50.45
2008.11	57	14447	320.72	61.56	158.15	76.35
2009.11	50	15959	391.59	23.44	207.20	32.73
2010.11	42	16875	501.08	28.99	261.61	27.56

数据来源：国家统计局

从工业总产值来看，近年来，青海省化肥行业经历了快速的增长，除 2009 年出现小幅度下降外，行业工业总产值增长速度都维持在 20% 以上。

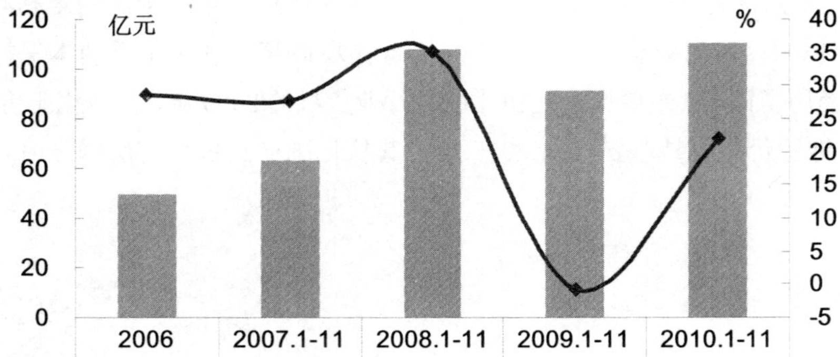

	2006	2007.1-11	2008.1-11	2009.1-11	2010.1-11
工业总产值	49.40	62.99	107.77	91.47	110.74
增长率	28.71	27.57	35.12	-0.88	22.03

数据来源：国家统计局

2006-2010 年青海省化肥行业工业总产值及趋势

（二）效益

与工业总产值类似，近年来，青海省化肥行业销售收入也实现了快速增长，除 2009 年受金融危机影响外，其他年份增长速度都维持在 24% 以上。

2006-2010 年青海省化肥行业经营效益

	销售收入	增速	利润总额	增速	亏损额	增速
2006	35.50	45.34	20.68	48.73	0.15	115.63
2007.1-11	50.19	53.88	25.66	38.80	0.16	95.89
2008.1-11	82.54	55.53	53.37	101.03	0.17	-1.34
2009.1-11	76.62	-6.99	36.81	-26.93	0.53	-67.88
2010.1-11	94.57	24.37	36.87	0.23	0.75	44.76

数据来源：国家统计局

2010 年 1-11 月，青海省化肥行业实现利润总额 36.87 亿元，与 2009 年基本持平，比 2009 年的负增长稍微有所好转。

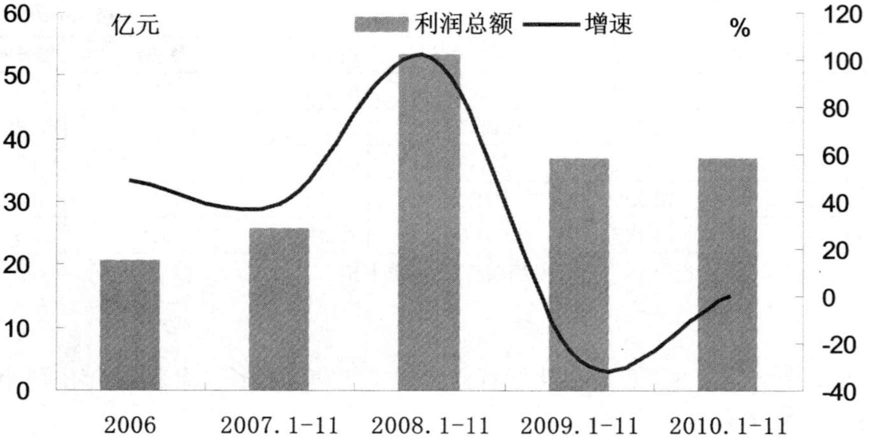

数据来源：国家统计局

2006-2010 年青海省化肥行业利润总额及增速

山西阳煤丰喜肥业(集团)有限责任公司
SHANXI YANGMEI FENGXI FERTILIZER INDUSTRY (GROUP) LLC.

利润略微增长的同时，亏损额也增长了 44.76%，反映了青海省化肥行业在 2010 年钾肥价格有所下跌的情况下，日子并不好过。

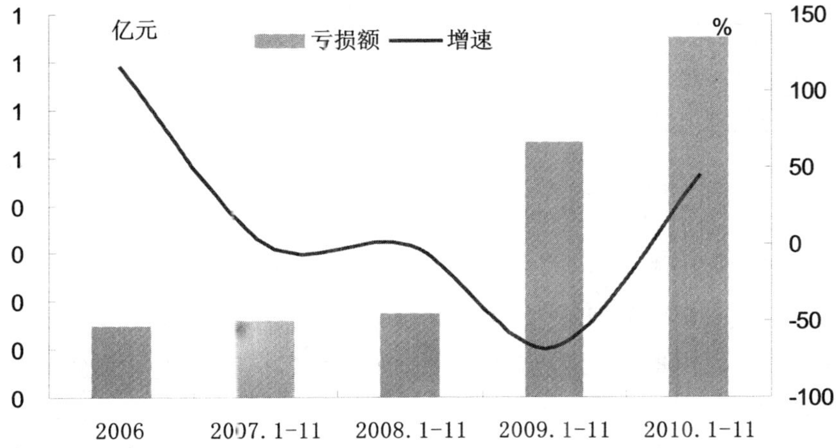

数据来源：国家统计局

2006-2010 年青海省化肥行业亏损额及增速

三、区域行业财务状况分析

2010 年，青海省化肥行业财务状况有所改善。

盈利能力方面，2010 年 1-11 月，指标出现明显分化，销售毛利率提高了 4.4 个百分点，但是销售利润率和资产报酬率均比 2009 年同期有显著的下降。

偿债能力方面，2010 年 11 月末，资产负债率小幅下降，为 52.21%，但仍处于五年来次高水平；亏损面略有改观，比 09 年降低了不到 2 个百分点，同时利息保障倍数有较大幅度下降，但总体而言，偿债压力较小。

发展能力方面，2010 年 1-11 月，各项指标都比 09 年有明显好转，其中应收帐款周转率下降表明销售的回款质量很高，另外资产增长率和销售收入增长率较高。

营运能力方面，2010 年 1-11 月，指标有所分化，其中产成品周转率和应收账款周转率比 09 年同期都有显著提高，但是流动资产周转率略有下降，但总体而言，营运能力明显改善。

2006-2010 年青海省化肥行业主要财务指标

	2010 年 11 月	2009 年 11 月	2008 年 11 月	2007 年 11 月	2006 年
			盈利能力		
销售毛利率（%）	55.89	51.49	73.01	60.69	68.39
销售利润率（%）	38.98	48.05	64.66	51.13	38.35
资产报酬率（%）	8.84	11.04	19.03	17.76	19.30
			偿债能力		
负债率（%）	52.21	52.91	49.31	40.08	36.96
亏损面（%）	26.19	28.00	21.05	28.00	30.43
利息保障倍数（倍）	10.87	14.08	21.72	21.00	18.09
			发展能力		
应收帐款增长率（%）	-9.14	123.33	52.72	-70.52	9.28

利润总额增长率（%）	0.23	-26.93	101.03	38.80	48.73
资产增长率（%）	28.99	23.44	61.56	64.13	51.04
销售收入增长率（%）	24.37	-6.99	55.53	53.88	45.34
			营运能力		
应收帐款周转率（次）	7.15	5.22	12.49	30.81	11.96
产成品周转率（次）	1.29	1.02	1.19	3.52	3.44
流动资产周转率（次）	0.46	0.49	0.56	0.70	0.70

数据来源：国家统计局

四、区域行业发展趋势预测

青海省作为我国最大最集中的钾肥生产基地，拥有绝对的钾盐资源优势，钾肥产销量占据国产钾肥绝对主导优势，未来青海省将立足盐湖资源的开发，依托柴达木盆地丰富的矿产资源，做好钾、钠、镁、锂等资源的综合利用。通过多种矿产资源的结合，建设具有地方资源优势、技术先进成熟、市场容量大、发展前景好、竞争力强的大型项目。

第九章 2010年化肥行业子行业发展情况分析

第一节 氮肥发展情况分析

一、行业规模

氮肥行业在化肥行业中规模最大，2010年11月底，共有规模以上氮肥企业472家，延续了从2006年开始呈逐年递减趋势，与此同时，从业人员数量也逐年减少，至10年11月末已不足38万人。

2006-2010年氮肥行业主要指标统计

单位：个，人，亿元，%

	企业数量	从业人员	资产总计	增长率	负债总计	增长率
2006	551	435128	2119.19	22.38	1271.74	19.27
2007.11	518	411247	2343.06	15.22	1434.52	17.59
2008.11	505	406915	2892.64	23.39	1828.35	24.39
2009.11	485	396126	3174.32	9.26	2082.25	16.20
2010.11	472	378524	3522.10	10.53	2395.48	14.66

数据来源：国家统计局

2010年1-11月，氮肥行业的资产增长率是10.54%，负债增长率为14.66%，反映氮肥行业规模增长速度处于近五年来较低水平。

山西阳煤丰喜肥业(集团)有限责任公司
SHANXI YANGMEI FENGXI FERTILIZER INDUSTRY (GROUP) LLC.

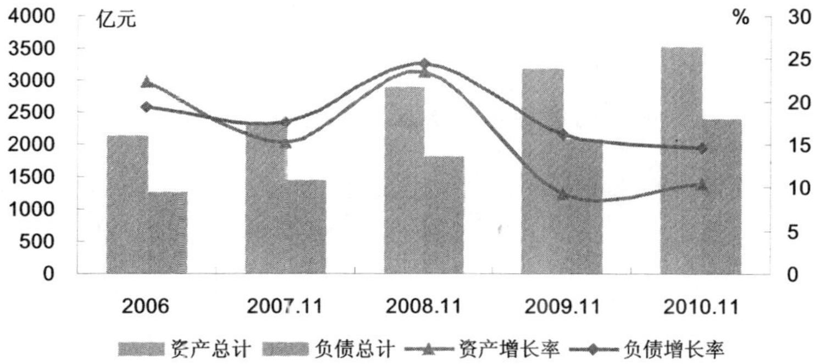

数据来源：国家统计局
2006-2010 年氮肥行业资产及负债变化趋势

二、供求状况

（一）生产情况

2010 年 1-11 月，氮肥行业的产量为 4521 万吨，同比下降 3.6%，这主要是由于上半年氮肥价格疲软、三季度以来节能减排、拉闸限电和天然气等原材料成本上涨，氮肥企业特别是尿素企业开工不足。

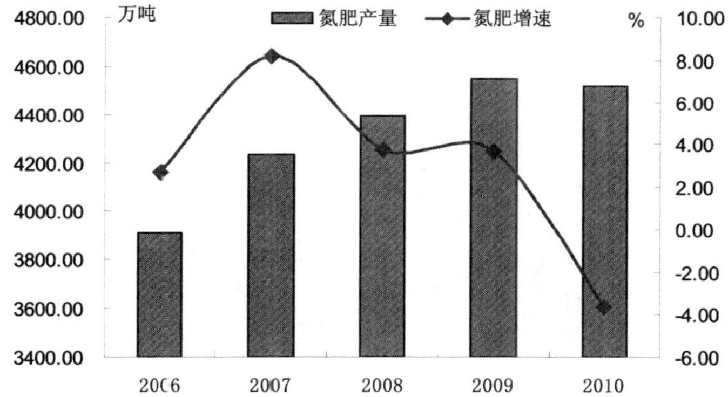

数据来源：国家统计局
2006-2010 年氮肥行业总产量情况

2010 年 1-11 月，氮肥行业工业总产值达到 1960.07 亿元，同比增长 21.49%，扭转了 09 年负增长的局面。这主要是由于 2010 年化肥行业价格较 09 年有一定幅度的上升，尽管产量略有下降。

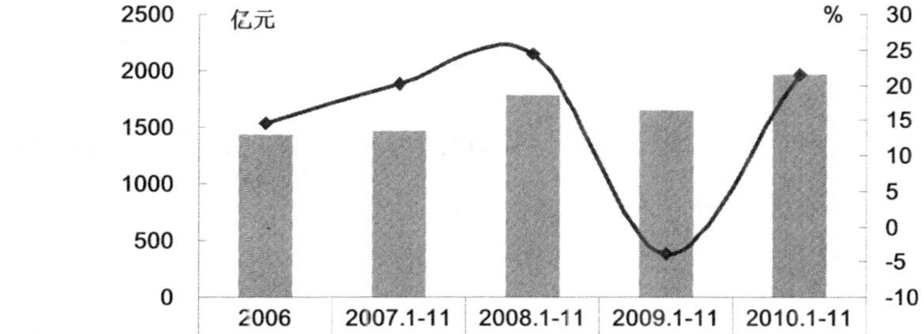

	2006	2007.1-11	2008.1-11	2009.1-11	2010.1-11
工业总产值	1431.92	1459.87	1780.76	1653.59	1960.07
增长率	14.48	20.12	24.34	-3.88	21.49

数据来源：国家统计局
2006-2010 年氮肥行业总产值情况

（二）需求情况

2010 年 1-11 月，我国氮肥行业实现产品销售收入 2027.4 亿元，比 09 年同期增长 21.74%，氮肥行业的销售收入增速较高的原因与产值情况类似，同样得益于产品价格的上升。

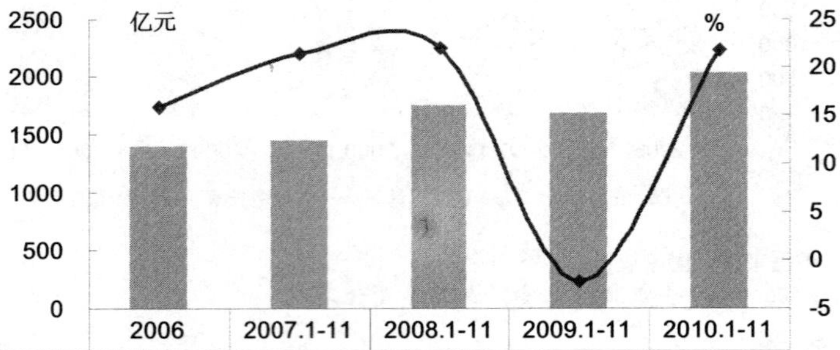

	2006	2007.1-11	2008.1-11	2009.1-11	2010.1-11
销售收入	1394.55	1447.86	1742.25	1677.69	2027.40
增长率	15.81	21.46	22.07	-2.26	21.74

数据来源：国家统计局
2006-2010 年氮肥行业销售收入情况

（三）供求平衡情况

从产销率看，2010 年 1-11 月氮肥行业产销率为 103.43%，比 09 年有所提高，并且达到近五年来最高水平，反映了氮肥行业产销衔接较好，主要原因在于 2010 年氮肥企业开工不足，在需求略有上升的情况下产量下降。

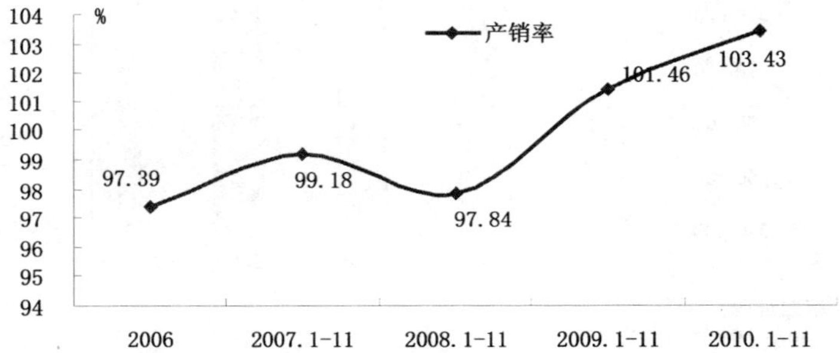

数据来源：国家统计局、世经未来研发部
2006-2010 年氮肥行业产销率

三、财务情况

2010 年，氮肥行业受金融危机的负面影响并未像其他行业那样渐趋消退，而是持续低迷，四季度前，氮肥产品价格屡创新低。

盈利能力方面，2010 年 1-11 月，氮肥行业的销售毛利率、销售利润率和资产报酬率均比 2008 年有所下降，销售利润率和资产报酬率甚至比 2009 年都低。

偿债能力方面，2010 年 11 月末，资产负债率有所上升，达到 68.01%，创近五年来新高；行业的亏损面未有所改观，达到 40.89%，仅比 09 年降低 3 个百分点，同时利息保障倍数下降，氮肥行业整体的偿债能力下滑，偿债压力较大。

发展能力方面，2010 年 1-11 月，各项指标都比 09 年有所好转，但仍处于五年来较低水平。

营运能力方面，2010 年 1-11 月，各项指标未有全面好转，只有产成品周转率比 09 年略高，并

山西阳煤丰喜肥业(集团)有限责任公司
SHANXI YANGMEI FENGXI FERTILIZER INDUSTRY (GROUP) LLC.

且创下了近五年新高，但应收账款周转率和流动资产周转率都略有下降，但总体而言，氮肥行业的营运能力较为稳定。

2006-2010年氮肥行业财务分析

	2010年11月	2009年11月	2008年11月	2007年11月	2006年
			盈利能力		
销售毛利率（%）	9.70	9.23	14.53	14.94	13.77
销售利润率（%）	1.73	2.36	7.23	7.44	-21.76
资产报酬率（%）	2.75	2.77	6.30	6.46	5.94
			偿债能力		
负债率（%）	68.01	65.60	63.21	61.22	60.01
亏损面（%）	40.89	43.92	26.93	27.80	29.58
利息保障倍数（倍）	1.66	1.96	4.07	4.46	4.40
			发展能力		
应收帐款增长率（%）	34.05	24.23	-0.56	7.38	0.56
利润总额增长率（%）	-0.77	-67.91	26.15	30.08	-2.65
资产增长率（%）	10.53	9.26	23.39	15.22	22.38
销售收入增长率（%）	21.74	-2.26	22.07	21.46	15.81
			营运能力		
应收帐款周转率（次）	24.03	25.44	32.93	27.23	28.28
产成品周转率（次）	25.15	24.69	16.09	21.18	19.67
流动资产周转率（次）	1.87	1.89	2.05	2.16	2.22

数据来源：国家统计局

四、运行特点

2010年1-11月，氮肥行业受金融危机的负面影响并未渐趋消退，而是持续低迷，四季度前，氮肥产品价格屡创新低。进入10月，国内尿素价格摆脱低迷状态并快速上涨，11月尿素月平均价格已升至2010年最高价位，随后却遭遇了关税上调，出口受到抑制，价格也有所回落。

从亏损情况看，2010年1-11月氮肥行业的亏损额增大，比09年同期增长近6个百分点，延续了近五年亏损额逐年递增的局面；利润总额有所下降，比09年同期下降0.77%，创下了利润总额近五年的新低，总的来说，氮肥行业仍未有明显好转。

2006-2010年氮肥行业经营效益

单位：亿元，%

	销售收入	增速	利润总额	增速	亏损额	增速
2006	1394.55	15.81	97.27	-2.65	11.72	126.17
2007.1-11	1447.86	21.46	107.70	30.08	11.21	43.04
2008.1-11	1742.25	22.07	125.94	26.15	16.18	44.31
2009.1-11	1677.69	-2.26	39.52	-67.91	41.27	153.56
2010.1-11	2027.40	21.74	35.12	-0.77	46.81	5.94

数据来源：国家统计局

近五年来，氮肥行业利润波动起伏很大，但总的来说呈现出下降趋势，反映了氮肥行业受外部影响较大且景气下降。

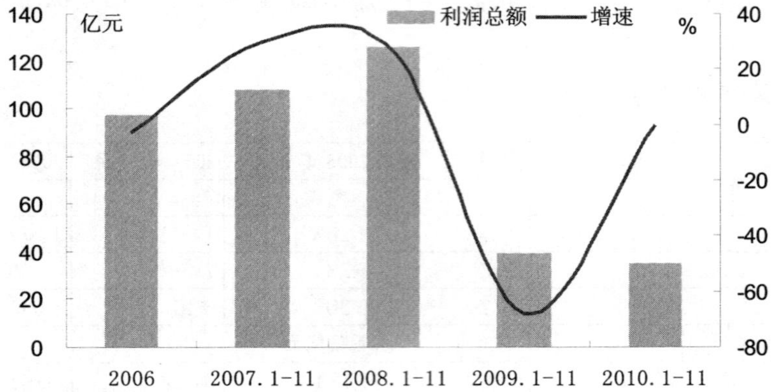

数据来源：国家统计局
2006-2010年氮肥行业利润情况

近五年来，氮肥行业亏损额逐年上升，其中2006年和2009年亏损额比09年增长都超过100%，反映了氮肥行业景气下降，前景不明朗。

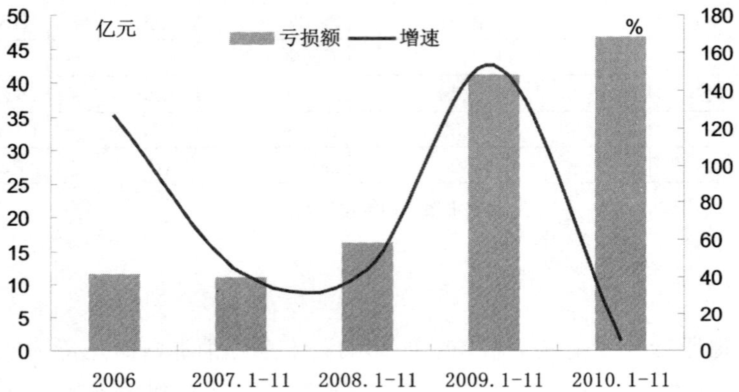

数据来源：国家统计局
2006-2010年氮肥行业亏损情况

五、发展趋势

氮肥生产的原料来源分为煤、石油、天然气三种。我国能源结构的特点是"缺油、少气、富煤"。近年来以油为原料的氮肥生产企业，已失去市场竞争优势而逐步退出市场；以天然气为原料的氮肥生产企业的产能约占我国氮肥生产总量的28%，但随着民用领域的普及，其在工业领域的使用受到了国家产业政策的限制；以煤炭为原料的氮肥生产企业的产能约占我国氮肥生产总量的70%，在我国的氮肥行业中居于主导地位。

（一）产业发展趋势

氮肥作基础化肥品种，近年来发展遭遇困难，产能过剩非常严重，产品的价格水平持续低迷，氮肥企业亏损面极大。2011年，我国调整了化肥出口关税，对作为主要的出口产品的氮肥极为不利。氮肥行业的出路在于淘汰落后产能，推动产业升级；氮肥企业的出路在于做大做强，这样供需矛盾才能得到根本化解。

国家也在着力对氮肥行业进行产业结构调整，旨在逐步淘汰一批高污染、高能耗、规模小，且

山西阳煤丰喜肥业(集团)有限责任公司
SHANXI YANGMEI FENGXI FERTILIZER INDUSTRY (GROUP) LLC.

没有资源优势的氮肥生产企业。随着氮肥行业原材料、能源供应和水资源的日趋紧张，一些位于煤炭调入区且远离煤炭产地的企业，由于难以获得必需的生产资源和不具备竞争优势将逐步退出市场。氮肥行业的产能正逐步向管理规范、装备先进、原料本地化和节能减排成效显著的优势企业集中。

（二）技术发展趋势

（1）在全球能源紧张、环境保护要求日趋严格的大背景下，氮肥行业的发展通过采用国内外先进技术和设备，正由高消耗、高排放、低效益的现状向低能耗、低排放、高效益的发展模式转变。

（2）各种新型的原料处理技术、净化合成技术、节能节水降耗技术、热能回收技术、废物处理和再利用技术等先进高效技术的研发和工业化进程加快。

（3）对氮肥生产过程排放物，如吹风气、煤渣、煤末等进行综合利用，大力发展联产技术，实现废弃物资源化。

第二节 磷肥行业发展情况分析

一、行业规模

磷肥行业在化肥行业中规模次于复混肥行业和氮肥行业，但大于钾肥行业。

2010 年 11 月末，磷肥行业共有规模以上企业为 366 家，比 09 年同期减少了 5 家，从业人员人数为 78542 人，变化不大。

2006-2010 年磷肥行业主要指标统计

单位：个，人，亿元，%

	企业数量	从业人员	资产总计	增长率	负债总计	增长率
2006	395	104839	422.25	20.86	264.30	23.24
2007.11	400	93105	443.93	18.29	282.49	19.05
2008.11	392	88334	604.57	22.22	381.85	29.32
2009.11	371	78809	452.80	0.64	292.97	0.82
2010.11	366	78542	556.36	23.95	358.16	24.75

数据来源：国家统计局

2010 年 11 月末，磷肥行业资产总计 556.36 亿元，同比增长 23.95%，负债总计 358.16 亿元，同比增长 24.75%，行业规模扩张已经恢复到危机前水平。

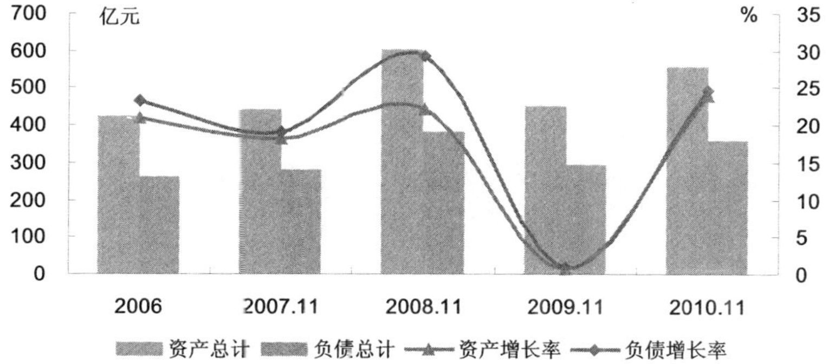

数据来源：国家统计局

2006-2010 年磷肥行业资产及负债变化趋势

二、供求状况

（一）生产情况

2010 年 1-11 月，磷肥产量高速增长，折纯产量达到 1701 万吨，同比增长 20.2%，但国内需求基本保持在 1200 万吨左右，产量的快速增长加剧了产能过剩，只能依靠大量出口缓解产能压力。

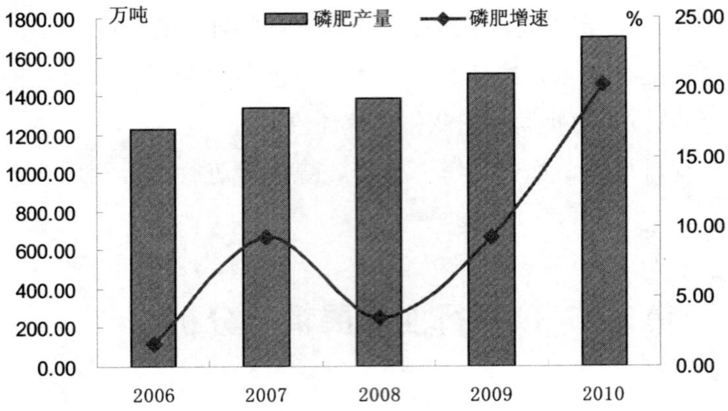

数据来源：国家统计局
2006-2010 年磷肥行业总产量情况

2010 年 1-11 月，磷肥行业工业总产值实现 456.61 亿元，同比增长 22.04%，扭转了 09 年工业总产值的负增长，与产量增长基本保持同步，但仍低于 08 年高峰时水平。

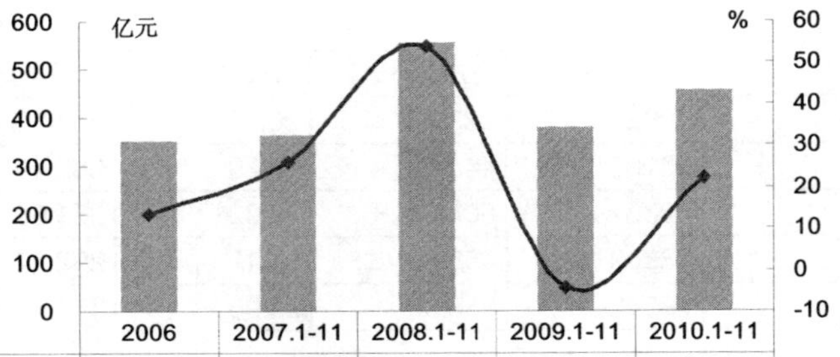

	2006	2007.1-11	2008.1-11	2009.1-11	2010.1-11
工业总产值	352.33	363.92	554.34	379.38	456.61
增长率	13.27	26.00	53.73	-4.62	22.04

数据来源：国家统计局
2006-2010 年磷肥行业总产值情况

（二）需求情况

近几年，除 09 年受金融危机影响外，磷肥行业的销售收入快速增长。2010 年 1-11 月，我国磷肥行业实现产品销售收入 499.93 亿元，比 09 年同期增长 24.36%，但仍低于 2008 年高峰时 550 亿元的销售收入。销售收入大幅上升的最主要原因是磷肥产量保持快速增长，同时磷肥产品价格略有上涨。

山西阳煤丰喜肥业(集团)有限责任公司
SHANXI YANGMEI FENGXI FERTILIZER INDUSTRY (GROUP) LLC.

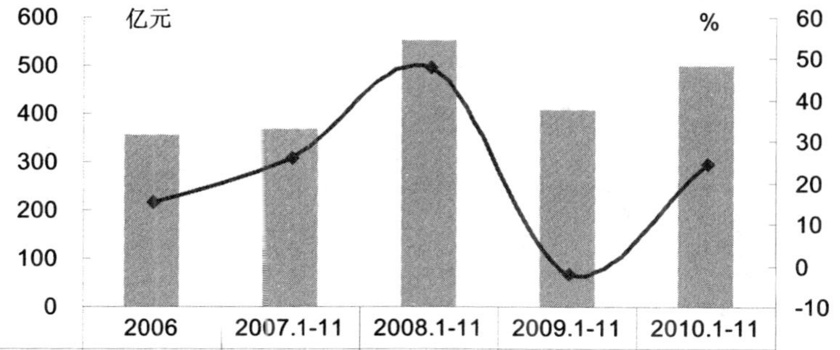

	2006	2007.1-11	2008.1-11	2009.1-11	2010.1-11
销售收入	354.15	367.72	550.47	406.82	499.93
增长率	14.97	26.09	47.73	-2.26	24.36

数据来源：国家统计局
2006-2010 年磷肥行业销售收入情况

（三）供求平衡情况

近五年来，磷肥产销率呈现上升趋势，除 08 年外均高于 100，反映了磷肥行业的产销衔接较好。2010 年 1-11 月磷肥行业产销率为 109.49%，比 09 年同期有小幅提高，并且创下了近五年的新高。

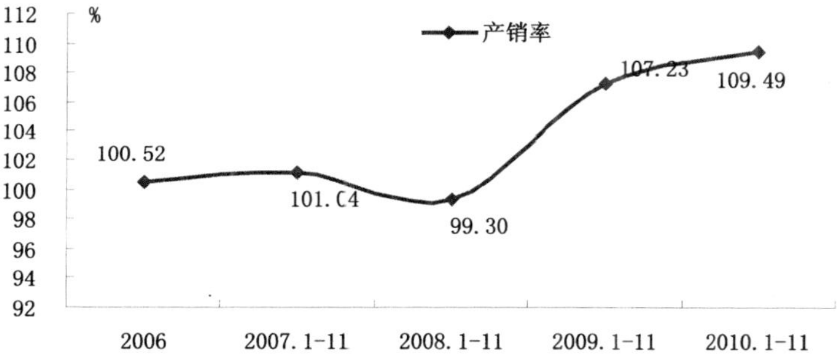

数据来源：国家统计局、世经未来研发部
2006-2010 年磷肥行业产销率

三、财务情况

2010 年，磷肥行业受金融危机的负面影响渐趋消退，产销两旺。

盈利能力方面，2010 年 1-11 月，磷肥行业的销售毛利率、销售利润率和资产报酬率均比 2009 年有较大幅度的提高，并且处于近五年较高水平。

偿债能力方面，2010 年 11 月末，磷肥行业资产负债率小幅下降，为 64.37%；行业的亏损面有所改观，为 21.04%，比 09 年降低 4.57 个百分点，同时利息保障倍数大幅度提高，但仍处于五年来次低水平，总的来说，磷肥行业整体的偿债能力上升。

发展能力方面，2010 年 1-11 月，各项指标都比 09 年有所好转，特别是利润增幅高达 22 倍，资产和销售收入也都保持较快增长。

营运能力方面，2010 年 1-11 月，各项指标全面好转，产成品周转率创下了近五年新高，应收账款周转率和流动资产周转率都略有提高，但总体而言，磷肥行业的营运能力有所提高。

2006-2010 年磷肥行业财务分析

	2010年11月	2009年11月	2008年11月	2007年11月	2006年
			盈利能力		
销售毛利率（%）	14.65	9.69	14.38	15.40	13.06
销售利润率（%）	4.06	0.18	5.42	5.34	-20.57
资产报酬率（%）	6.22	1.51	7.40	6.64	5.55
			偿债能力		
负债率（%）	64.37	64.70	63.16	63.63	62.59
亏损面（%）	21.04	25.61	14.29	19.00	24.30
利息保障倍数（倍）	2.78	1.14	3.67	3.67	3.23
			发展能力		
应收帐款增长率（%）	16.16	50.48	-9.83	-4.00	57.44
利润总额增长率（%）	2281.68	-95.18	38.20	85.51	2.31
资产增长率（%）	23.95	0.64	22.22	18.29	20.86
销售收入增长率（%）	24.36	-2.26	47.73	26.09	14.97
			营运能力		
应收帐款周转率（次）	19.98	18.53	33.41	20.92	13.11
产成品周转率（次）	14.91	12.91	6.94	11.35	10.76
流动资产周转率（次）	2.30	2.26	2.32	2.41	2.16

数据来源：国家统计局

四、运行特点

2010年，磷肥行业受金融危机的负面影响渐趋消退，产销两旺。销售收入和产量均实现大幅度增长，经济效益大幅度提高。

2006-2010年磷肥行业经营效益

单位：亿元，%

	销售收入	增速	利润总额	增速	亏损额	增速
2006	354.15	14.97	16.19	2.31	2.02	116.70
2007.1-11	367.72	26.09	19.64	85.51	0.93	-58.90
2008.1-11	550.47	47.73	29.82	38.20	1.05	30.75
2009.1-11	406.82	-2.26	0.75	-95.18	7.33	768.65
2010.1-11	499.93	24.36	20.32	2281.68	1.81	-74.89

数据来源：国家统计局

2010年1-11月，磷肥行业利润大幅度增长，从2009年的微利增长22倍至20.32亿元，但利润总水平仍低于08年高峰时水平。

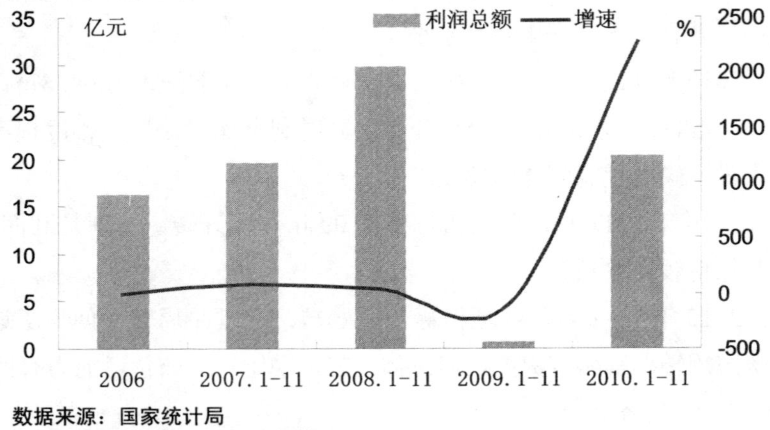

数据来源：国家统计局

2006-2010年磷肥行业利润情况

山西阳煤丰喜肥业(集团)有限责任公司
SHANXI YANGMEI FENGXI FERTILIZER INDUSTRY (GROUP) LLC.

五、发展趋势

2010 年，我国磷肥产量创记录地达到 1701.4 万吨，而我国每年磷肥消费量在 1200 万吨（折纯），出口 400 万吨左右，仍然过剩 100 多万吨。2011 年，我国调整了化肥出口关税，磷肥出口将受到严重冲击。预计受产能严重过剩和出口限制等因素制约，2011 年磷肥市场的走势将明显弱于全球化肥市场，难以走出有力度的上涨行情。另外 2011 年将有 300 多万吨新增磷肥产能释放，产能过剩将愈发严重。磷肥行业的出路在于淘汰落后产能，推动产业升级；企业的出路在于做大做强，这样供需矛盾才能得到根本化解。短期来看，2011 年氮肥行业运行仍不乐观。

第三节 复混肥行业发展情况分析

一、行业规模

复混肥行业在化肥行业中规模仅次于氮肥行业。

2010 年 11 月末，复混肥行业规模以上企业为 1307 家，比 09 年同期增加了 125 家，从业人员人数为 194133 人，比 09 年同期增加了近两万人。

2006-2010 年氮肥行业主要指标统计

	企业数量	从业人员	资产总计	增长率	负债总计	增长率
2006	848	155055	858.16	19.93	528.84	27.65
2007.11	935	168927	1034.83	17.51	626.70	14.18
2008.11	1012	170222	1169.55	23.86	726.12	21.16
2009.11	1182	176267	1202.19	11.93	710.68	4.21
2010.11	1307	194133	1531.60	24.20	869.84	18.25

数据来源：国家统计局

2010 年 11 月末，复混肥行业资产总计 1531.60 亿元，同比增长 24.20%，负债总计 869.84 亿元，同比增长 18.25%，行业规模仍处于快速扩张中。

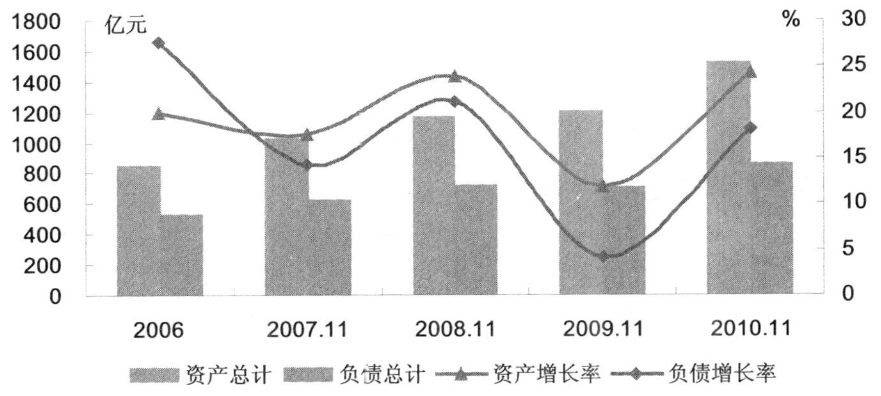

数据来源：国家统计局
2006-2010 年复混肥行业资产及负债变化趋势

二、供求状况

（一）生产情况

2010 年 1-11 月，复混肥行业工业总产值实现 2201.8 亿元，同比增长 26.64%，金融危机过后，复混行业又恢复快速增长的势头。

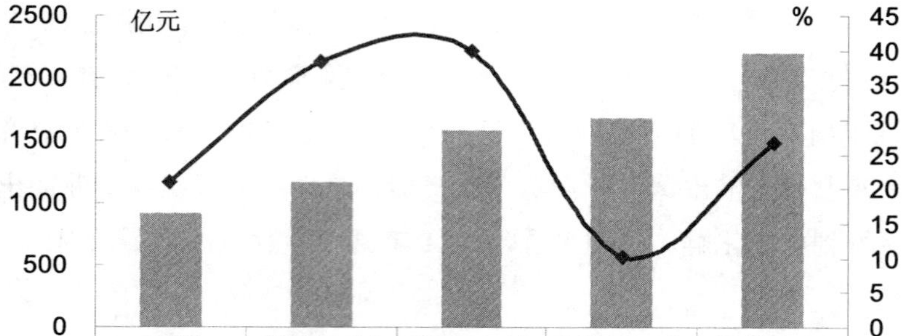

	2006	2007.1-11	2008.1-11	2009.1-11	2010.1-11
工业总产值	914.30	1162.29	1576.71	1678.57	2201.80
增长率	21.12	38.49	40.02	10.33	26.64

数据来源：国家统计局

2006-2010 年复混肥行业总产值情况

（二）需求情况

近五年，即使在 09 年受金融危机影响，复混肥行业的销售收入都保持着快速增长的势头。2010 年 1-11 月，我国复混肥行业实现产品销售收入 2138.84 亿元，比 09 年同期增长 26.64%。

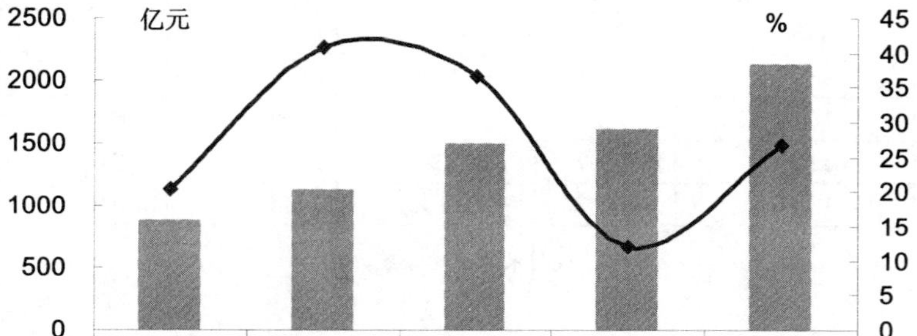

	2006	2007.1-11	2008.1-11	2009.1-11	2010.1-11
销售收入	876.61	1139.06	1495.56	1620.85	2138.84
增长率	20.38	40.70	36.47	11.91	26.64

数据来源：国家统计局

2006-2010 年复混肥行业销售收入情况

（三）供求平衡情况

近五年来，复混肥产销率均低于 100%，且走势较为波折，2008 年底以来，行业产销率逐步走高，但仍小于 100%，反映了复混肥行业的产销衔接不足。

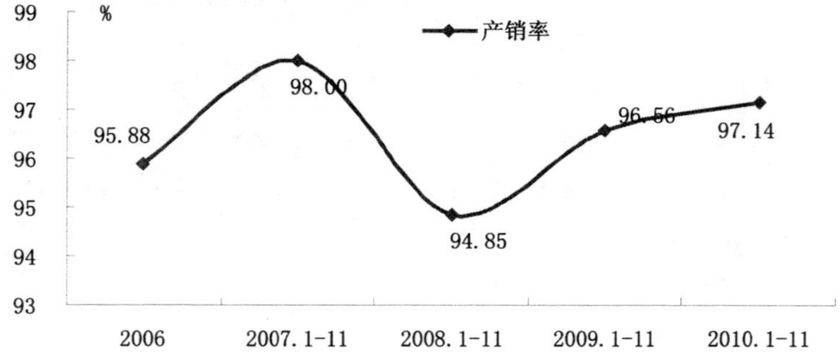

数据来源：国家统计局、世经未来研发部

2006-2010 年复混肥行业产销率

山西阳煤丰喜肥业(集团)有限责任公司
SHANXI YANGMEI FENGXI FERTILIZER INDUSTRY (GROUP) LLC.

三、财务情况

2010 年，复混肥行业发展较好。

盈利能力方面，2010 年 1-11 月，复混肥行业的销售毛利率、销售利润率和资产报酬率均比 2009 年有明显的提高，并且各项指标均处于近五年最高水平。

偿债能力方面，2010 年 11 月末，复混肥行业资产负债率略有下降，为 56.79%；行业的亏损面大为改观，为 10.86%，比 09 年降低 5 个百分点，同时利息保障倍数大幅度提高，并且各项指标均处于近五年最好水平。总的来说，复混肥行业整体的偿债能力获得显著提高。

发展能力方面，2010 年 1-11 月，复混肥行业发展能力指标比 09 年有所好转，特别是利润增幅高达 91.13%，资产和销售收入也都保持较快增长，而且帐款回收较为顺畅。

营运能力方面，2010 年 1-11 月，复混肥行业营运能力指标全面好转，各项指标都创下了近五年新高，总体而言，磷肥行业的营运能力获得显著提高。

2006-2010 年复混肥行业财务分析

	2010 年 11 月	2009 年 11 月	2008 年 11 月	2007 年 11 月	2006 年
			盈利能力		
销售毛利率（%）	12.86	9 95	11.96	12.18	11.88
销售利润率（%）	5.51	3.48	5.06	4.42	-9.27
资产报酬率（%）	9.90	6.60	8.92	6.98	6.07
			偿债能力		
负债率（%）	56.79	59.12	62.09	60.56	61.62
亏损面（%）	10.86	15.99	12.06	13.58	16.75
利息保障倍数（倍）	6.54	4.45	4.82	4.17	4.71
			发展能力		
应收帐款增长率（%）	19.39	27.85	-0.06	-3.44	24.81
利润总额增长率（%）	91.13	-24.96	57.23	40.06	0.49
资产增长率（%）	24.20	11.93	23.86	17.51	19.93
销售收入增长率（%）	26.64	11.91	36.47	40.70	20.38
			营运能力		
应收帐款周转率（次）	38.51	34.88	33.30	22.68	18.21
产成品周转率（次）	26.03	18.65	11.67	14.98	12.69
流动资产周转率（次）	3.13	3.11	2.92	2.69	2.40

数据来源：国家统计局

四、运行特点

2010 年，复混肥行业发展较好，销售收入和实现大幅度增长，经济效益大幅度提高。

2006-2010 年复混肥行业经营效益

	销售收入	增速	利润总额	增速	亏损额	增速
2006	876.61	20.38	41.06	0.49	2.01	58.72
2007.1-11	1139.06	40.70	50.31	40.06	7.65	272.48
2008.1-11	1495.56	36.47	75.74	57.23	7.54	-0.83
2009.1-11	1620.85	11.91	56.40	-24.96	17.34	564.18
2010.1-11	2138.84	26.64	117.75	91.13	4.30	-75.23

数据来源：国家统计局

2010年1-11月，复混肥行业利润大幅度增长，从2009年的56.4亿元大幅增长91.13%至117.75亿元，为历史最高水平。

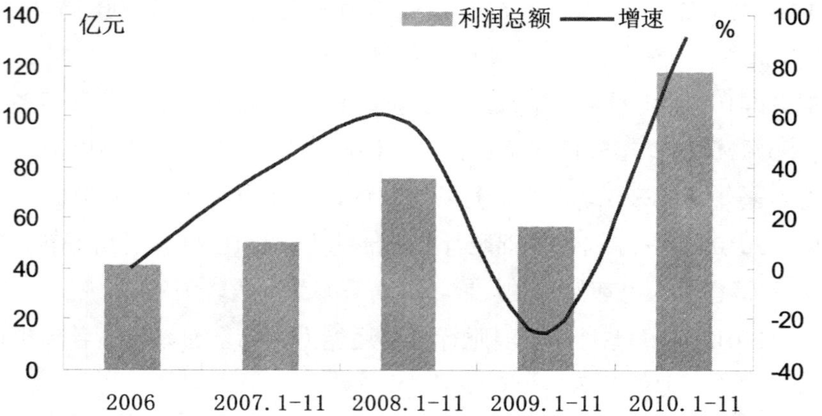

数据来源：国家统计局

2006-2010年复混肥行业利润情况

2010年1-11月，亏损额从09年的17.34亿元大幅降低至4.3亿元，同比减少了75%。

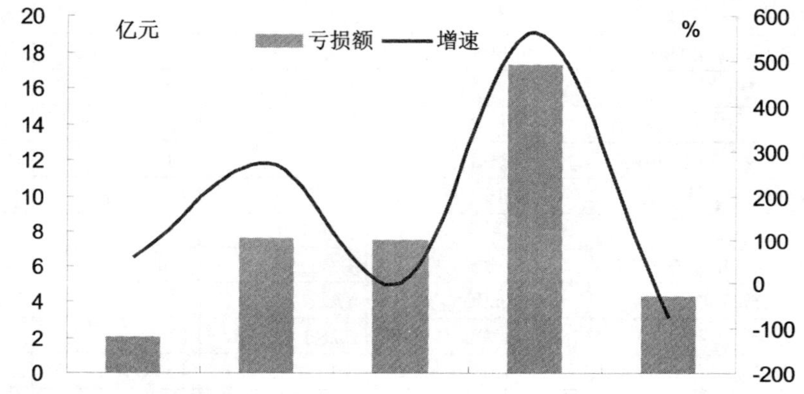

数据来源：国家统计局

2006-2010年复混肥行业亏损情况

五、发展趋势

中国复混肥的生产和施用起步较晚，但产能扩张很快而水平不高，特别是高端复合肥。我国复混肥行业的出路不在通过产能扩张降低成本和获得竞争优势，而在于高端复混肥。

我国水资源日趋匮乏，国家在大力推广节水农业，这给复混肥行业发展带来新的机遇，滴灌灌溉技术的进步、推广，需要大量的水溶性肥料，硝基复肥、聚磷酸铵、硫代硫酸铵等产品都将得到大力发展。另外，由于专用复混肥较之通用型肥料更能满足作物生长需要，并且提高化肥利用率，改善作物品质，增产增收，随着我国测土施肥工作的推进，复混肥品种，配方将不断增加，针对不同区域、不同作物和作物不同的生长时期，生产企业将结合实际情况适时推出某作物专用复混肥，以及某些作物生长周期内的系列复混肥，以更好的满足农业生产需要。

山西阳煤丰喜肥业(集团)有限责任公司
SHANXI YANGMEI FENGXI FERTILIZER INDUSTRY (GROUP) LLC.

第五节 子行业对比分析

盈利能力方面，化肥三个主要子行业：氮肥、磷肥、复混肥普遍都不高，近五年来，各年份毛利率均低于 16% 的水平，09 年遭遇金融危机时三个子行业均不可避免陷入困境时，2010 年全球经济复苏，磷肥和复混肥行业盈利能力恢复得比较快，复混肥 2010 年的毛利率已经创下了五年新高，而氮肥复苏较慢，毛利率提高不显著。

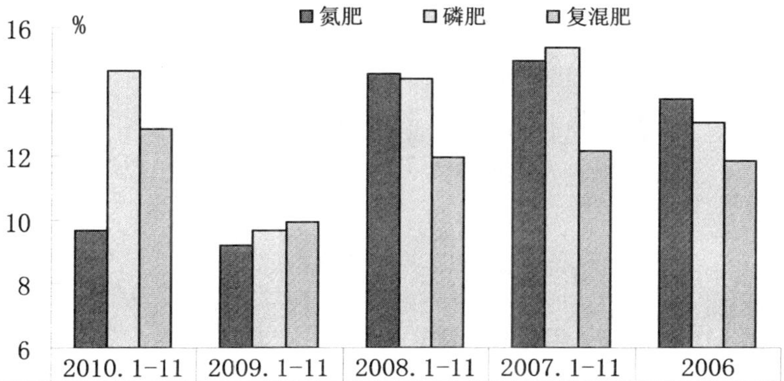

	2010. 1-11	2009. 1-11	2008. 1-11	2007. 1-11	2006
■ 氮肥	9.7	9.23	14.53	14.94	13.77
□ 磷肥	14.65	9.69	14.38	15.4	13.06
▣ 复混肥	12.86	9.95	11.96	12.18	11.88

数据来源：国家统计局

化肥子行业毛利率对比图

从资产负债率来说，氮肥行业相对较高，截至 2010 年 11 末，氮肥、磷肥和复混肥三者的负债率分别是 68.01%、64.37% 和 56.79%；从趋势上来说，近五年，氮肥行业的负债率逐年上升，2010 年 11 月比 2006 年底上升了 8 个百分点，反映了行业自身积累不能满足产能扩张；而复混肥行业的负债率逐年下降 2010 年 11 月比 2006 年底降低了近 5 个百分点；磷肥行业略有上升，但变化不大。

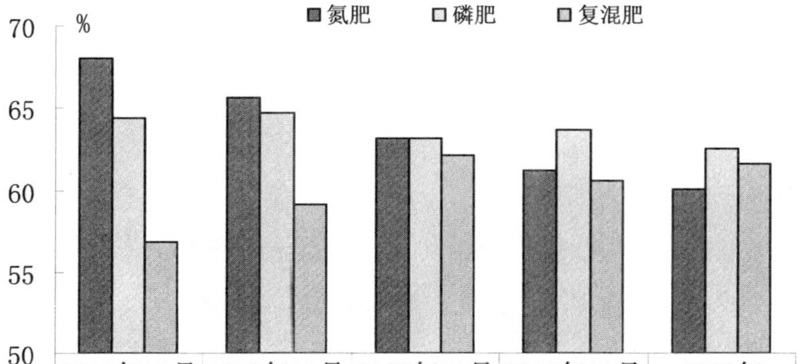

	2010年11月	2009年11月	2008年11月	2007年11月	2006年
■ 氮肥	68.01	65.6	63.21	61.22	60.01
□ 磷肥	64.37	64.7	63.16	63.63	62.59
▣ 复混肥	56.79	59.12	62.09	60.56	61.62

数据来源：国家统计局

化肥子行业资产负债率对比图

从流动资产周转率来说，复混肥行业相对较高，截至 2010 年 11 末，氮肥、磷肥和复混肥的分别是 1. 87、2. 3 和 3. 13；从趋势上来说，近五年，氮肥行业流动资产周转率逐年下降，2010 年 11 月比 2006 年底降低了 0. 35，反映了行业资产利用率逐年下降；而复混肥行业流动资产周转率逐年上升，2010 年 11 月比 2006 年底上升了 0. 73，反映了行业生产经营状况逐年改善；而磷肥行业变化不大，保持在 2. 3 左右。

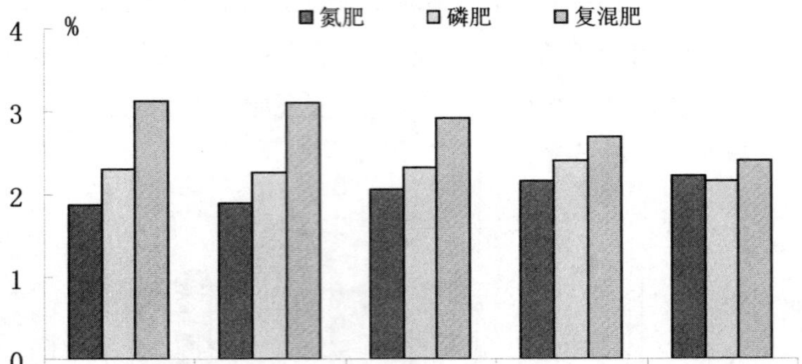

	2010年11月	2009年11月	2008年11月	2007年11月	2006年
■ 氮肥	1. 87	1. 89	2. 05	2. 16	2. 22
□ 磷肥	2. 3	2. 26	2. 32	2. 41	2. 16
□ 复混肥	3. 13	3. 11	2. 92	2. 69	2. 4

数据来源：国家统计局

化肥子行业流动资产周转率对比图

第十章 2010 年化肥行业企业发展情况分析

第一节 行业内企业竞争情况分析

一、企业规模特征分析

截止到 2010 年 11 月，我国化肥行业内共有规模以上企业 2777 家，其中大型企业有 62 家，占 2. 23%；中型企业 394 家，占 14. 19%；小型企业 2321 家，占 83. 58%。大中型企业的数量比例较少，小型企业数量占有较大比例。

化肥行业是典型的规模化生产行业，固定投资额比较大，无论是从企业和企业还是从国家的产业布局来说，规模化发展都是上最好的选择。目前我国化肥行业的企业数量多，规模小，因此大力推进行业内兼并重组、淘汰落后产能、提高行业的集中度水平是化肥行业产业结构调整的一项重要内容。

山西阳煤丰喜肥业(集团)有限责任公司
SHANXI YANGMEI FENGXI FERTILIZER INDUSTRY (GROUP) LLC.

数据来源：国家统计局
20010 年化肥行业企业规模分布情况

（一）大型企业资产规模占主导

截至 2010 年 11 月末，大型企业资产比重达到 47.53%，在全行业内占据主导地位，单个企业平均资产接近 50 亿元，远超过中小企业的规模水平；2010 年前 11 个月，全行业资产规模增长 15.87%，其中，小型企业的资产最快，达到 32.43%，大型企业的资产增速也较快，中型企业的资产增长速度相对较慢，不同类型企业资产增长格局与 2009 年相同。

2010 年化肥行业内不同规模企业资产情况

企业类型	资产总计（亿元）	同比增长（%）	比重（%）	平均资产（亿元）
全部	6370.73	15.87	100.00	2.29
大型	3028.07	16.52	47.53	48.84
中型	2231.38	8.30	35.03	5.66
小型	1111.27	32.43	17.44	0.48

数据来源：国家统计局

（二）大中型企业亏损较为严重

与 2009 年同期相类似，2010 年前 11 个月大中型企业亏损较为严重。亏损面方面，全行业亏损面为 16.49%，大、中型企业的亏损面则较高，分别达到了 33.87% 和 35.28%，而小型企业的亏损面低于全国平均水平，只有 12.84%；亏损总额方面，大型企业的亏损总额最多，达到 24.77 元，占全国的 45.64%，小型企业的亏损额最少，仅有 9.19 亿元，占全国的 16.94%；从亏损额的增长情况来看，2010 年 1-11 月我国化肥行业的亏损情况有所改观，全行业亏损额较 09 年降低 24.43%，其中中型企业亏损情况改善最为明显，亏损额降低了 34.62%；总的来说，化肥行业整体经营状况有所好转，大中型企业受固定资产折旧影响亏损情况相对严重。

2010 年化肥行业内不同规模企业亏损情况

类型	企业个数	亏损企业	亏损面（%）	亏损总额（亿元）	同比增长（%）	比重（%）
全部	2777	458	16.49	54.27	-24.43	
大型	62	21	33.87	24.77	-18.27	45.64
中型	394	139	35.28	20.31	-34.62	37.43
小型	2321	298	12.84	9.19	-11.95	16.94

数据来源：国家统计局

（三）中型企业盈利增速最高

2010 年 1-11 月，化肥行业内中型企业的销售收入取得了快速增长，大、中、小型企业的销售收入均实现较快增长，分别达到 28.41、16.68% 和 33.97；而在利润总额方面，大、中、小型企业都取得了 50% 以上的增长，其中，中型企业增速最高；销售利润率方面，中型企业最高，为 4.83%。

2010 年化肥行业内不同规模企业盈利情况

企业类型	销售收入（亿元）	同比增长（%）	利润总额（亿元）	同比增长（%）	销售利润率（%）
全部	5193.92	25.73	243.99	59.81	4.70
大型	1866.16	28.41	85.38	50.32	4.58
中型	1751.76	16.69	84.69	73.96	4.83
小型	1576.00	33.97	73.91	56.64	4.69

数据来源：国家统计局

二、企业所有制特征分析

我国化肥行业内企业的所有制形式众多，包括：国有企业、集体企业、股份合作企业、股份制企业、私营企业、外商和港澳台投资企业等，基本涵盖了我国现存的全部企业类型。从数量上来看，在我国的 2777 家规模以上化肥企业中，私营企业数量达到 1589 家，占比达到 57.22%，在数量上占据较大比例。

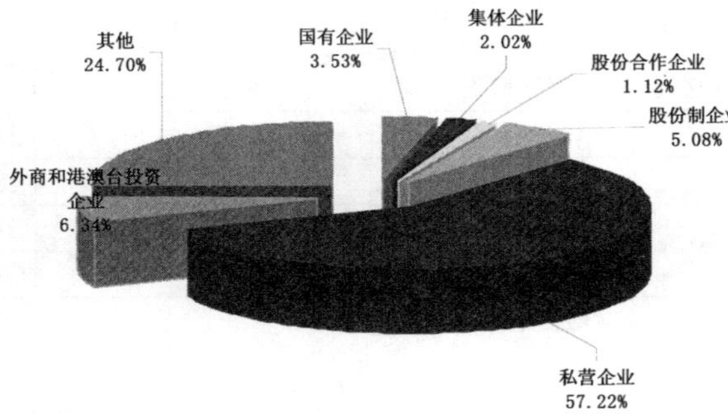

数据来源：国家统计局

2010 年我国化肥行业内企业所有制类型分布

（二）所有制集中程度较低

2010 年 11 月末，我国化肥行业不同所有制类型企业的资产规模都有所增长，其中，集体所有制企业的资产扩张速度较快，达到 44.47%，外商和港澳台投资企业的扩张速度最慢，仅增长 1.71%；从资产规模比重方面来看，所有制集中程度较低，国有企业的规模占比最大，但也仅有 22.27%，其次为股份制企业和私营企业。

2010 年化肥行业内不同所有制企业资产情况

所有制	资产总计（亿元）	同比增长（%）	比重（%）
全部	6370.73	15.87	100.00
国有企业	1418.46	11.34	22.27
集体企业	41.68	44.47	0.65
股份合作企业	28.38	6.57	0.45
股份制企业	1097.27	15.45	17.22
私营企业	1038.36	24.54	16.30
外商和港澳台投资企业	349.85	1.71	5.49
其他	2396.73	17.45	37.62

数据来源：国家统计局

山西阳煤丰喜肥业(集团)有限责任公司
SHANXI YANGMEI FENGXI FERTILIZER INDUSTRY (GROUP) LLC.

（三）私营企业亏损面最小

截至2010年11月末，我国化肥行业平均亏损面达到16.49%，其中，私营企业的亏损面最小，仅为9.94%；亏损额方面，其他类型企业亏损额最高，为27.85亿元；从亏损额增速来看，化肥行业亏损同比减少24.43%，其中集体企业是唯一出现亏损额增长的，达到了39.09%。

2010年化肥行业内不同所有制企业亏损情况

类型	企业个数	亏损企业	亏损面（%）	亏损总额（亿元）	同比增长（%）	比重（%）
全部	2777	458	16.49	54.27	-24.43	100.00
国有企业	98	40	40.82	14.23	-29.35	26.22
集体企业	56	8	14.29	0.23	39.09	0.41
股份合作企业	31	4	12.90	0.04	-19.02	0.07
股份制企业	141	31	21.99	4.03	-38.87	7.42
私营企业	1589	158	9.94	4.01	-34.75	7.38
外商和港澳台投资企业	176	44	25.00	3.90	-43.60	7.18
其他	686	173	25.22	27.85	-12.51	51.31

数据来源：国家统计局

（四）股份制企业销售利润率最高

2010年1-11月，我国化肥行业，不同所有制企业销售收入都较2009年同期实现了不同程度的增长，其中私营企业销售收入增长最快，同比增长33.88%，外资和港澳台投资企业的销售收入增速最慢，为12.12%；利润总额方面，私营企业利润最高，为75.71亿元；2010年前11个月，全所有制类型企业利润总额有有所增长，其中其他类型企业的利润总额增长最快，达到126.74%，其次为国有企业，为93.19%，而集体企业和股份合作企业的利润增速低，分别为13.56%和14.3%；从代表盈利能力的销售利润率来看，股份制企业和集体企业的盈利能力相对较强，销售利润率都超过了8%。

2010年化肥行业内不同所有制企业盈利情况

企业类型	销售收入（亿元）	同比增长（%）	利润总额（亿元）	同比增长（%）	销售利润率（%）
全部	5193.92	25.73	243.99	59.81	4.70
国有企业	840.80	15.43	43.82	93.19	5.21
集体企业	56.07	17.89	4.56	13.56	8.14
股份合作企业	35.14	14.11	0.98	14.30	2.78
股份制企业	630.71	13.63	59.28	23.51	9.40
私营企业	1480.28	33.88	75.71	58.98	5.11
外商和港澳台投资企业	363.12	12.12	24.16	74.45	6.65
其他	1787.80	33.46	35.47	126.74	1.98

数据来源：国家统计局

三、企业集中度分析

目前，我国化肥行业的总体特征是磷肥、氮肥供给充足并且产能过剩严重，钾肥国内供应不足，目前只能满足50%左右的需求，另外的一半需要进口，产品结构不合理。虽然我国氮肥、磷肥产能过剩，但每年仍不断有新增产能，其主要原因是我国化肥行业集中度太低，竞争太过激烈。目前我国化肥产能过剩、产业集中度低已成为制约行业发展的关键因素，淘汰落后产能才能为新增产能让出市场。通过企业重组，一方面是实现资源整合、达到资源优化配置的一个好方法；另一方面是提高行业集中度、壮大产业核心竞争力的重要手段。预计国家将会尽快出台鼓励政策的细则，化肥企业间和化肥产业链扩张的兼并重组进程有望加快，化肥行业的产业集中度将有所提升。

第二节 行业内上市公司综合排名及各项指标排名

一、总资产排名

截至2010年前三季度末，我国化肥行业上市公司中总资产排名前三的依次是辽通化工、盐湖集团、云天化。

2010年前三季度化肥行业上市公司总资产排名

单位：亿元

企业缩写	总资产	相对标准分	排名
辽通化工	276.01	100.00	1
盐湖集团	240.40	87.10	2
云天化	224.99	81.51	3
湖北宜化	165.73	60.04	4
盐湖钾肥	110.32	39.97	5
鲁西化工	98.14	35.56	6
赤天化	94.15	34.11	7
华鲁恒升	72.98	26.44	8
泸天化	72.32	26.20	9
金正大	45.13	16.35	10
沧州大化	43.19	15.65	11
柳化股份	41.25	14.94	12
四川美丰	37.64	13.64	13
川化股份	33.55	12.16	14
华昌化工	33.34	12.08	15
六国化工	32.08	11.62	16
*ST 河化	10.69	3.87	17
昌九生化	10.38	3.76	18
芭田股份	8.39	3.04	19
ST 天润	5.84	2.12	20

数据来源：国泰安数据库

二、主营业务收入排名

2010年前三季度，我国化肥行业上市公司主营收入排名前三位的企业分别是辽通化工、湖北宜化、鲁西化工。

2010年前三季度化肥行业上市公司主营收入排名

山西阳煤丰喜肥业(集团)有限责任公司
SHANXI YANGMEI FENGXI FERTILIZER INDUSTRY (GROUP) LLC.

单位：亿元

企业缩写	主营收入	相对标准分	排名
辽通化工	153.06	100.00	1
湖北宜化	82.67	54.01	2
鲁西化工	53.49	34.95	3
云天化	50.38	32.91	4
盐湖集团	47.71	31.17	5
金正大	43.24	28.25	6
盐湖钾肥	40.34	26.36	7
华鲁恒升	33.57	21.93	8
泸天化	26.73	17.46	9
四川美丰	26.42	17.26	10
华昌化工	23.41	15.30	11
六国化工	19.09	12.47	12
沧州大化	18.97	12.40	13
柳化股份	15.89	10.38	14
川化股份	15.06	9.84	15
芭田股份	11.93	7.79	16
赤天化	9.01	5.88	17
昌九生化	6.55	4.28	18
*ST 河化	4.61	3.01	19
ST 天润	1.18	0.77	20

数据来源：国泰安数据库

三、净利润排名

2010年前三季度，我国化肥行业上市公司净利润排名前三位的企业分别是盐湖集团、盐湖钾肥、湖北宜化。

2010年前三季度化肥行业上市公司净利润排名

单位：亿元

企业缩写	净利润	相对标准分	排名
盐湖集团	14.36	100.00	1
盐湖钾肥	10.40	72.43	2
湖北宜化	4.49	31.24	3
金正大	2.61	18.15	4
云天化	2.08	14.48	5
华鲁恒升	1.46	10.13	6
鲁西化工	1.45	10.07	7
赤天化	0.88	6.10	8
沧州大化	0.85	5.91	9
四川美丰	0.79	5.50	10
芭田股份	0.71	4.94	11
六国化工	0.67	4.67	12
柳化股份	0.56	3.91	13
辽通化工	-0.17	-1.20	14
*ST 河化	-0.17	-1.22	15
川化股份	-0.48	-3.36	16

昌九生化	-0.59	-4.14	17
泸天化	-0.60	-4.20	18
华昌化工	-0.63	-4.42	19
ST 天润	-0.69	-4.79	20

数据来源：国泰安数据库

四、净利润增长率排名

2010 年前三季度，我国化肥行业上市公司净利润增长率排名前三位的企业分别是芭田股份、柳化股份、云天化。

2010 年前三季度化肥行业上市公司净利润增长率排名

单位：%

企业缩写	净利润增长率	相对标准分	排名
芭田股份	31552.73	100.00	1
柳化股份	2623.18	8.31	2
云天化	459.92	1.46	3
湖北宜化	155.49	0.49	4
六国化工	70.75	0.22	5
*ST 河化	62.74	0.20	6
沧州大化	60.72	0.19	7
金正大	41.51	0.13	8
华昌化工	28.52	0.09	9
盐湖集团	26.75	0.08	10
盐湖钾肥	11.29	0.04	11
鲁西化工	7.49	0.02	12
昌九生化	-20.33	-0.06	13
赤天化	-36.62	-0.12	14
四川美丰	-46.33	-0.15	15
华鲁恒升	-56.11	-0.18	16
辽通化工	-107.28	-0.34	17
ST 天润	-130.05	-0.41	18
川化股份	-157.55	-0.50	19
泸天化	-178.81	-0.57	20

数据来源：国泰安数据库

五、综合排名

根据总资产规模、销售收入规模、净利润规模和净利润增长率对行业内上市公司进行综合排名，结合化肥行业特点拟定 4 个指标的权重。总资产权重赋予 40% 的权重；销售收入赋予 25% 的权重；净利润赋予 25% 的权重；净利润增长率赋予 10% 的权重。

在综合排名中，2010 年前三季度化肥行业上市公司中排名前五的依次是盐湖集团、辽通化工、湖北宜化、盐湖钾肥和云天化。

2010 年前三季度化肥行业上市公司主要指标综合排名

山西阳煤丰喜肥业(集团)有限责任公司
SHANXI YANGMEI FENGXI FERTILIZER INDUSTRY (GROUP) LLC.

企业缩写	资产标准分	主营收入标准分	净利润标准分	净利润增长率标准分	加权标准分	综合排名
盐湖集团	87.10	31.17	138.06	0.08	77.16	1
辽通化工	100.00	100.00	-1.66	-0.34	64.55	2
湖北宜化	60.04	54.01	43.13	0.49	48.35	3
盐湖钾肥	39.97	26.36	100.00	0.04	47.58	4
云天化	81.51	32.91	19.99	1.46	45.98	5
鲁西化工	35.56	34.95	13.91	0.02	26.44	6
金正大	16.35	28.25	25.06	0.13	19.88	7
华鲁恒升	26.44	21.93	13.99	-0.18	19.54	8
赤天化	34.11	5.88	8.42	-0.12	17.21	9
芭田股份	3.04	7.79	6.82	100.00	14.87	10
泸天化	26.20	17.46	-5.80	-0.57	13.34	11
四川美丰	13.64	17.26	7.59	-0.15	11.65	12
沧州大化	15.65	12.40	8.16	0.19	11.42	13
柳化股份	14.94	10.38	5.39	8.31	10.75	14
六国化工	11.62	12.47	6.45	0.22	9.40	15
华昌化工	12.08	15.30	-6.10	0.09	7.14	16
川化股份	12.16	9.84	-4.64	-0.50	6.11	17
*ST 河化	3.87	3.01	-1.68	0.20	1.90	18
昌九生化	3.76	4.28	-5.71	-0.06	1.14	19
ST 天润	2.12	0.77	-6.61	-0.41	-0.66	20

第十一章 2011 年化肥行业风险分析

经历了金融危机的洗礼，2010 年化肥行业逐步走出了危机的阴霾，化肥总产量保持稳定增长，工业总产值实现快速增长，但是行业仍面临总体产能过剩和产业结构不合理等困境，呈现出复杂多变的波动走势。2011 年，受全球经济进一步复苏、粮食短缺和粮价上涨等有利因素影响，全球化肥需求量将明显增加，国际化肥价格将整体上扬，全球化肥行业盈利能力将有所增强，但对国内化肥制造企业来说，生产经营活动仍存在某些风险。化肥行业存在的主要风险有：经济环境的风险；产业政策风险；供需不平衡的风险；产品结构风险；价格风险；原材料风险；人民币汇率风险；兼并重组风险；技术风险等。

从整体上看，化肥行业的风险评级是维持类，风险固然存在，但仍有不少投资机会，可选择性介入。其主要原因是：化肥行业是国家发展的基础性行业，我国正处于从化肥大国向化肥强国转变的成长阶段，企业也正处于从盲目扩张产能向做大做强阶段过渡，行业的发展趋势是行业内兼并重组、产业结构调整和产业优化升级。通过支持符合行业发展趋势和政策鼓励的项目和企业，将会有良好的回报。

风险评价标准：对行业按照生命周期、供需状况、国家政策支持程度、产品替代可能性、行业壁垒、与经济周期同步性、议价能力及成本控制能力等7个方面进行评分。评分范围为0.8-1.0，0.9为平均值，各评分方面权重如下表。化肥行业的综合得分为0.92分，为维持类。

支持类：综合评分在0.95以上

维持类：综合评分在0.9-0.95之间

退出类：综合评分在0.9以下

化肥行业各项评级因素判断结果

行业评价指标	行业现状	权重	评分
生命周期	成熟	15%	0.9
供需状况、总量预期	产能过剩，竞争加剧	15%	0.9
国家政策支持程度	较大	15%	0.95
产品替代可能性	很小	12.5%	0.98
行业壁垒	钾肥生产壁垒高，尿素和磷肥等则较低	12.5%	0.9
与经济周期同步性	与经济周期同处于触底回升阶段	15%	0.9
厂商议价能力及成本控制能力	较小	15%	0.9
综合评分	0.92		

数据来源：世经未来研发部

化肥行业主要风险因素分析

类别	风险因素	风险特点	影响企业范围
宏观环境风险	宏观经济风险	通货膨胀加剧带来的不确定性	所有化肥企业
	汇率风险	人民币汇率继续上升	化肥出口企业
产业政策风险	节能减排政策风险	淘汰标准提高，执行力度加强；	存在落后产能的企业
	出口政策风险	上调出口关税	化肥出口企业
	优惠、补贴取消风险	对原材料、税收优惠等政策依赖较强	所有化肥企业
经营环境风险	原材料风险	原材料成本上升，不能保障供应	所有化肥企业
	价格风险	化肥价格波动较大	所有化肥企业
	技术风险	化肥施用技术提高，化肥用量减少	所有化肥企业
	兼并重组风险	中小企业面临兼并、收购	中小化肥企业
企业风险	产品结构风险	产品品种少，抗需求波动能力差	产品结构单一企业
	安全风险	生产工艺复杂，生产环境高危；造成农产品生产安全隐患	所有化肥企业
	行业内部竞争风险	化肥企业数量多，竞争激烈	进入壁垒低的化肥产品生产企业
细分化肥品种风险	氮肥、磷肥	产能过剩，供大矛盾加剧	氮肥、磷肥生产企业

第一节 经济环境风险

化肥行业对宏观经济波动的反应比较敏感，受国内外宏观经济波动的影响明显。2009年，全球经济在各国大规模经济刺激政策作用下，逐渐走出金融危机，2010年经济复苏更加明显。

2010年国内生产总值397983亿元，按可比价格计算，比09年增长10.3%，增速比09年加快1.1

山西阳煤丰喜肥业(集团)有限责任公司
SHANXI YANGMEI FENGXI FERTILIZER INDUSTRY (GROUP) LLC.

个百分点。分季度看，受宏观经济政策调控和翘尾因素的影响，国民经济经历了前高后低的走势，2010年一季度同比增长11.9%，二季度增长10.3%，三季度增长9.6%，四季度增长9.8%，有效巩固和扩大了应对国际金融危机冲击成果，国民经济运行态势总体良好。受益于粮价大幅上涨，农民收入大幅提高，2010年农民人均纯收入5919元，增长14.9%。化肥需求与经济增长、农民收入呈正相关关系，经济的快速增长以及农业收入的快速增长将带动化肥需求的增长。

2010年，全球经济持续复苏，全球贸易增长恢复至金融危机前的水平，大宗商品价格企稳回升，但各经济体复苏不均衡。主要发达经济体复苏缓慢，财政可持续性堪忧，失业率居高不下，美国、欧洲、日本仍在遭受高失业率的痛苦；新兴市场经济体增长强劲，但面临的资本流入及通胀压力上升，部分国家逐步收紧了货币政策。展望2011年，全球经济复苏仍将继续，新兴经济体仍将引领全球经济复苏，但不稳定和不确定因素仍较多。发达经济体高失业和低增长状况短期内难以明显改观，欧洲主权债风险、发达经济体加强财政整顿也将影响外部需求回升；新兴经济体和发展中国家将继续保持强劲的增长，但同时面临着通货膨胀以及资本流入的压力。

2011年，我国同样面临通货膨胀的压力，预计我国将继续采取积极的财政政策，实施稳健的货币政策，实质是货币环境偏向紧缩。积极的财政政策将着力优化财政支出结构，增加对"三农"的投入，提升农民的购买力，从而增加对化肥的需求；稳健的货币政策的实质是紧缩银根，信贷额度偏紧，贷款成本上升，这无疑将对资本密集型的化肥行业产生负面影响。另外，化肥行业作为高污染、高能耗产业，银行对化肥行业的信贷投放将受到限制，这将给化肥行业的现金流带来风险。

风险防范措施：

在银根紧缩、信贷额度偏紧的情况下，银行选择客户应该以微观层面（目标客户）为主，以宏观层面（宏观经济）为辅，选择经营现金流量充沛、偿债能力强的企业。

第二节 产业政策风险

节能减排政策：我国为保护生态环境，实现可持续发展战略目标，国家表示将对化肥行业的环保治理实行越来越严格的标准，企业将不断增加节能减排成本。化肥行业开始进入高环保要求时代，不符合环保要求的企业将面临淘汰的风险。2009年国家出台的石化行业产业政策产关于化肥行业的主要精神是通过修订完善产业政策、建立产能退出机制、推进企业技术改造等手段，加快淘汰落后产能。发改委明确提出将通过上大压小、产能置换等方式，淘汰技术落后、资源利用不合理的化肥产能。随着国家对环境保护和资源保护的重视，淘汰标准将提高，执行力度将不断加强，这将使整个化肥加大成本。

优惠、补贴政策变动：2009年进行的旨在建立市场为主导的化肥价格形成机制改革，但是保留对化肥生产用电、用气、铁路运输价格的优惠政策和税收优惠政策，同时粮食收购价格在不断上调。粮价上涨和行业的优惠、补贴政策是化肥行业的一贯利好，但是将来补贴降低或取消，就会导致企业产品成本上升；如果取消税收优惠政策，那么企业的利润将受到直接影响。

出口关税方案变动：中国化肥出口政策的变动，无疑影响着化肥行业的出口和企业对未来的预期。2010年12月，国务院关税税则委员会发布《关于2011年关税实施方案的通知》，与2010年相比，该方案延长了化肥出口的旺季时间，降低了化肥淡季出口基准价格，使整体产能过剩的化肥行业雪上加霜。关税政策旨在保障国内化肥供应，维护国内化肥市场稳定，和保护农民利益。从深远层面来说，上调化肥出口关税与中央加快转变经济发展方式，充分发挥对外贸易对维持宏观经济总量平衡、促进产业结构调整和节能减排的重要作用的大政方针是一致的。如果今后进一步上调化肥出口关税，那么中国化肥行业产能过剩的矛盾会更加突出，加剧竞争，特别是对处于竞争劣势的企业来说无异于雪上加霜。

风险防范措施：

国家的产业政策是规范行业发展的主要标准，银行应密切注意行业的产业政策变动，避免参与与国家产业政策不符的项目，积极响应政策变动寻求好的投资项目，从而避免政策风险。

第三节 市场供需风险

一、供需不平衡风险

2010年，我国化肥产量达到6620万吨，产能更大，但化肥施用量只有5600万吨，过剩情况非常为严重，而且化肥行业产能仍在进一步扩张之中。具体地，受原料结构和资源禀赋的制约，我国氮肥和磷肥产能过剩，而钾肥生产不足，不能满足农业生产需求。例如中国最主要的化肥产品尿素，中国氮肥工业协会数据显示，2009年我国新增尿素产能约430万吨，使国内尿素产能达到了6300万吨，2010年我国又将新增尿素产能600万吨，尿素产能将达到近7000万吨，大大超过目前每年5000万吨左右的国内消费量。

需求方面，我国农民收入偏低，在化肥成本已经占农产品总成本比重已经较高时，农民对化肥的需求增长不可能快速增长，每年基本维持在2%-4%之间。

2011年，在供给存在结构性过剩的情况下，我国化肥行业的供求矛盾还将存在，存在风险。

风险防范措施：

从整体看，2011年化肥行业的供给过剩的压力还将存在。作为信贷机构，在全局存在供求风险的情况下，应着重于细分市场的供求分析，选择供求矛盾小的化肥细分品种如钾肥和高浓度磷肥等，进而减少信贷风险。

另外，产品结构的差异，对企业的生产和销售将会产生重要的影响。对于银行，需要对化肥企业各产品需求结构有清晰认识，根据企业的产品生产结构是否在市场中占优，进行优质企业选择，从而减少风险。

二、价格风险

我国化肥行业价格主要受国际市场影响，自主定价权不强。受经济回暖、种植业恢复以及农产品价格上涨影响，2010年全球肥料生产、消费和贸易量比2009年明显增加，生产同比增加11%，消费同比增加5.2%。根据当前经济形势、农产品价格以及全球新增项目建设情况，预计2011年全

山西阳煤丰喜肥业(集团)有限责任公司
SHANXI YANGMEI FENGXI FERTILIZER INDUSTRY (GROUP) LLC.

球化肥市场回暖，市场供应和需求将同步增加。其中，氮肥和磷肥方面，国内产能过剩，很大程度上靠出口缓解过剩的产能压力，出口价格随着国际市场变动而变动，预计2011年全球对氮肥需求增长2.6%，达到1.069亿吨，潜在盈余为880万吨，与2010年基本持平；预计2011年对磷肥的需求增长4.7%达到4170万吨，潜在盈余在170万吨左右，与2010年基本持平。钾肥方面，国内钾肥企业采取跟随策略，即出厂跟着进口钾肥价格走，预计2011年全球对钾肥的需求增长7.2%，达到2940万吨，潜在盈余下降到640万吨左右，对钾肥价格提供支持。另外，国内自然灾害将减少对化肥的需求，从而对化肥价格形成压力。价格是由供求关系决定的，化肥行业面临价格低迷和价格大幅度上涨的双重风险。化肥产品价格低迷时，企业盈利减弱，抗风险能力也随之降低；如果价格大幅度上涨，那么化肥行业作为重要的支农行业，很可能遭遇政策调控，例如在2010年四季度化肥产品价格大幅度上涨，在2010年12月初就遭遇了国务院关税税则委员会调整2011年出口关税。

三、原材料风险

受原料结构和现有布局的制约，我国氮肥和磷肥低成本产品比重偏低；钾肥生产不足，不能满足农业生产需求。氮肥方面，天然气和煤炭是生产氮肥的主要原料，但是我国天然气资源紧缺，价格偏高，生产化肥经济性较差；煤炭是目前氮肥生产的主要原料，70%左右的煤制氮肥产能以货紧价高的山西无烟块煤为原料，生产成本高；磷肥方面，我国磷矿丰而不富，平均品位仅17%，品位高于30%的富矿只占6.6%，大部分磷矿需精选后才能用于高浓度磷复肥生产，增加了磷肥生产成本，且胶磷矿多，洗选难度大，另外我国年需硫资源1600多万吨，对外依存度超过50%，磷肥生产受硫资源短缺制约；钾肥方面，我国至今没有找到具有工业开采价值的固体钾资源，钾肥生产只能以盐湖卤水为原料，品位仅1.5～3.2%，且数量有限，不能满足农业生产需求。

煤炭作为化肥行业的主要原料，煤炭的价格特别是无烟煤快的价格对化肥行业产生决定性影响。受国际市场煤价格高位运行以及国内市场需求增加的影响，预计我国2011年市场煤价仍将会维持高位运行，市场价格下降的可能性不大，但也很难出现大幅上涨的行情。另外，包括化肥用气在内的天然气价格上涨已成定局。由于我国天然气消费增长快，需求潜力大，天然气资源不足，价格上涨压力大，参照进口的天然气价格，"十二五"期间，我国可能是世界上天然气价格最高的国家之一。煤炭以及天然气价格的高位运行将给化肥行业带来成本上升的风险。

第四节 其他风险

一、技术风险

目前就整个行业来说，多数化肥产品尤其是低端产品的生产工艺已经比较成熟，预计短期内技术提升空间不是很大。我国化肥利用率率普遍较低，目前我国的化肥利用率约在30%～40%之间，与世界先进国家50%～60%还有很大的差距，不仅浪费了化肥资源，增加了农业生产成本，还造成环境的严重污染，但另一方面也说明我国提高化肥利用率的潜力十分巨大。

农业科技进步，如配方施肥（平衡施肥）、化肥深施、种衣剂以及微生物肥料、植物生长调节剂等先进科学技术的推广应用，将有效地提高化肥的利用率，进一步节约用肥，降低农业的生产成本，而且不能排除生物技术、生化技术、转基因技术等高科技取得突破性的进展对化肥使用产生重大影响。化肥利用技术的提高将在一定程度上降低化肥的施用量。

风险防范措施：

类似于政策风险，生产水平的高低是银行需要密切关注的指标。将生产集中度高、生产技术水平相对先进的企业与行业内其他企业做横向比较，以排除劣质企业；与前一时期的技术发展水平做纵向比较，发现优质企业，唯有如此才能最大化避免技术风险。此外，银行还应通过纵向比较把握行业未来的发展趋势，对因农业技术进步而带来的需求影响作出合理评估，把握好信贷资金在各行业中的分配比例。

二、兼并重组风险

从我国化肥行业的发展趋势看，加快化肥企业间的兼并重组是提高行业集中度，淘汰落后产能的重要手段，在国内化肥整体产能过剩的情况下，预计支持化肥企业兼并重组的政策很可能会出台，从而从政策上推进化肥企业的兼并重组。随着相关政策的出台，化肥行业的兼并重组进程将会明显加快，众多化肥企业将会牵涉其中，对相关企业，乃至整个行业产生深远影响。

风险防范措施：

作为信贷机构，在化肥行业的兼并重组浪潮中，应避免选择弱势、被淘汰企业进行信贷服务，从而减少信贷风险。信贷机构可以谨慎选择参与大型实力企业的兼并重组项目，这类行业或区域领导型企业将是良好的信贷对象。

三、人民币汇率风险

国内氮肥、磷肥产能过剩的情况非常严重，化肥行业依靠出口缓解产能过剩压力。2010 年，我国生产的化肥总产量中有 11% 是出口的，其中磷酸铵肥超过 20% 是出口的，硝酸磷肥 70% 是出口的，而人民币汇率升值将无疑将冲击化肥出口企业。2005 年人民币汇率形成机制改革以来至 2010 年年末，人民币汇率已经显著升值，其中对美元汇率累计升值 24.97%，对欧元汇率累计升值 13.71%，但是目前中国存在着巨额的贸易顺差，人民币升值压力依然显著，不仅来自于发达国家，也来自于国际组织和发展中国家。2011 年，美元受巨额的贸易和财政双逆差以及数量宽松政策影响，将会继续瘫软；欧元受欧洲主权债务危机影响也很难走出上涨行情，预计 2011 年人民币汇率对世界主要货币依然会渐进式升值，化肥出口企业将面临出口利润减少的风险。

风险防范措施：

对于人民币汇率风险，银行应帮助化肥出口企业做好外币套期保值，对冲掉人民币升值或者贬值给企业带来的不确定性。

四、安全风险

化肥生产方面，化肥企业生产工艺较为复杂，处于“高温、高压、高电流”状态。因此，安全生产始终是企业生产的头等大事和首要工作。随着国家对安全生产监督检查力度的加大，企业必然被迫加大安全生产方面的投入，从而防止大的化肥生产安全事故的发生带来的损失。

化肥使用方面，化肥具有使用广泛、使用方便、肥效快等特点，在我区农业生产中具有重要作用。但是，化肥施肥技术不合理，肥料利用率不高，是不争的事实。目前施用的化肥中，只有 1/3 被农作物吸收，1/3 进入大气，1/3 沉留在土壤中。化肥污染已成为影响我区农业生产环境和农产品生

山西阳煤丰喜肥业(集团)有限责任公司
SHANXI YANGMEI FENGXI FERTILIZER INDUSTRY (GROUP) LLC.

产安全的重要隐患。随着我国对环境保护的逐渐重视，高毒化肥的需求将大幅下降，平衡配方施肥新技术、秸秆还田新技术及有机肥的应用将是农产品生产安全性大大提高，但也在一定程度上减少了化肥销量。

风险防范措施：

对于使用方面的安全风险，银行应做到响应国家政策，投资于绿色、优质、高效的化肥项目。而防范生产安全方面，银行应积极跟踪放贷效果，在信贷合同中明确双方在应对安全事故时的责任义务，规定化肥企业承担一定量意外事故风险损失，从而调动企业平稳安全生产的积极性。

第十二章 投资及信贷建议

第一节 行业总体授信原则

2010年中国化肥市场呈现出复杂多变的波动走势。一方面，在粮食等农产品价格上涨、政府继续加强对“三农”的投入和补贴、国际化肥市场回暖等利好因素下，化肥市场出现明显回升，至年底各类化肥价格已全面超越09年价位，其消费量也有较大幅度增长。另一方面，政策环境收紧、原村料成本走高、市场竞争加剧、产能过剩等负面因素也不断发展，导致2010年上半年出现化肥价格旺季走跌的反常局面，年内价格走势出现多次较大幅度波动。

2010年化肥生产和国内消费、出口均有明显增长，并创历史新高。但不同种类的化肥出现明显分化，其中氮肥出现了多年罕见的产量下降的局面。在2010年化肥供需状况总体上继续转为宽松，不利于行业整合的顺利进展。受宏观形势及资源产品价格上涨的影响，中国化肥行业在煤炭、天然气、硫磺等方面的原料成本，成品油和电力等方面的燃料成本，以及人力、环保等方面的成本费用都呈上涨趋势，导致化肥生产成本在2010年全面走高。

展望2011年，由于政府继续将支持农业生产作为经济政策的重点，加上粮食价格长期走高对化肥消费的拉动，化肥作为支农产业仍有望在2011年获得较强支撑。我们预计2011年化肥生产仍将实现小幅增产，其中氮肥产量将出现回升，而磷肥高速增产的势头将明显放慢，甚至出现负增长，另外化肥消费量有望继续走高，但出口量则难以达到2010年的历史最高水平。总体上，供需关系基本平衡，供给略大于需求。

但是，2011年化肥企业的运营环境将更为严峻。行业政策方面，限制投资和产业发展，环保压力加大，淡季低出口关税时间缩短，淡季基准价格降低；原材料方面，煤炭、天然气等原料价格政策全面放开等都进一步打压了化肥企业的盈利能力，各项成本（生产、物流、环保、人力等）均将继续走高。

由于供需状况总体偏于宽松和2010年底的价位较高，化肥价格在2011年难以出现大幅上涨。同时，化肥施肥季节性变化、政策调控频繁以及竞争日趋激烈的影响，化肥市场走势的波动性将继续增强，但是国际化肥需求有所上升，因此我们预计化肥行业在2011年的利润略有增长。“十二五”

化肥行业发展规划，把目标指向了发展转型上，重点发展缓释肥、控释肥及各种专用肥、功能肥等。2011 年是“十二五”的开局之年，规划指向无疑对行业发展将产生重要影响。

2010 年，化肥行业的信贷总体原则是：顺应国家产业政策导向，对应用新技术、新工艺的项目给予信贷支持，对行业兼并重组、淘汰落后产能的项目给予支持，对单纯扩大产能项目限制信贷，退出落后产能项目，从而在信贷上推动化肥行业的产业结构调整。

第二节 鼓励类信贷政策建议

就具体项目而言，银行应采用鼓励类信贷政策的有：

1、生物肥料、高浓度化肥（钾肥磷肥）、高端复合肥料生产

2、有机废弃物无害化处理及有机肥料产业化技术开发及应用

3、资源节约和环保型氮肥装置建设以及原料本地化、经济化改造；

4、优质磷复肥、钾肥及各种专用复合肥生产

5、企业整合和重组，淘汰落后产能

就具体制肥工艺来说包括：

氮肥：包括采用劣质煤、高硫煤为原料的加压气化技术，扩大化肥原料煤来源，实现原料本地化；先进净化合成技术，包括高效率、大型化的脱硫脱碳、变换、气体精制、氨合成技术和新型催化剂；热电联产技术，利用造气炉渣、煤末、吹风气等资源，采用循环流化床锅炉，实现热电联产；鼓励提高锅炉压力等级，实现能量的多级利用；大型化合成氨、尿素成套国产化技术及装备开发。

磷肥：中低品位磷矿制酸技术，包括选矿技术、磷矿分级利用技术、磷矿伴生资源综合利用技术、磷酸分级利用技术；大型硫酸、磷酸、磷铵装置国产化技术和装备；氟回收和高附加值氟产品生产技术；硫铁矿铁综合利用技术，包括对硫铁矿中的铁资源进行综合回收和利用，弥补我国铁矿资源不足；含硫废弃物回收制酸技术，包括低浓度烟气回收制酸、煤化工硫回收等；磷石膏综合利用技术，包括磷石膏制砖、石膏板、缓凝剂等；磷石膏制酸联产水泥技术等；硫酸余热利用技术，低位热量回收利用技术。

钾肥：盐湖卤水综合利用技术，综合开发钾、钠、镁、锂等资源，提高资源利用率；盐湖卤水直接提取硫酸钾技术开发；难溶性钾资源综合利用技术开发；硝酸钾生产技术等。

复混肥工业：缓控释肥料和掺混肥料生产技术及装备；新型包裹材料和制剂生产技术等。

磷硫矿业：缓倾斜中厚磷矿体露天和地下开采技术；露天矿陡帮开采技术；先进采掘穿爆设备；中低品位磷矿和胶磷矿选矿技术和药剂；风化矿圈定方法和擦洗技术设备；共、伴生多金属硫铁矿和煤系硫铁矿综合利用技术等。

山西阳煤丰喜肥业(集团)有限责任公司
SHANXI YANG MEI FENGXI FERTILIZER INDUSTRY (GROUP) LLC.

第三节 允许类信贷政策建议

对大部分有特色、有创新、有升级的新建项目，商业银行应该着力考察其产品标准是否符合国家化肥标准，如果产品质量符合优等品标准，可以考虑上升到鼓励类政策，如果产品质量符合一等品标准，应该采取允许类信贷政策，如果产品质量符合合格品标准，可以考虑下降到限制类标准。但总的规则是产品必须质量达标，如果在现有工艺上有所进步，那么大类上要采取允许信贷政策。

下面列举几种主要化肥产品的国家标准：

（一）尿素标准

尿素技术要求

指标名称	工业用			农业用		
	优等品	一等品	合格品	优等品	一等品	合格品
颜色	白色			白色或浅色		
总氮（N）含量（以干基计）≥	46.3	46.3	46.3	46.3	46.3	46.0
缩二脲含量≤	0.5	0.9	1.0	0.9	1.0	1.5
水分（）含量≤	0.3	0.5	0.7	0.5	0.5	1.0
铁含量（以 Fe 计）≤	0.0005	0.0005	0.0010			
碱度（以计）≤	0.01	0.02	0.03			
硫酸盐含量（以计）≤	0.005	0.010	0.020			
水不溶物含量≤	0.005	0.010	0.040			
粒度（0.85-2.80mm）≥	90	90	90	90	90	90

数据来源：中国国家标准化管理委员会

（二）硝酸磷肥标准

硝酸磷肥技术要求

项目	优等品	一等品	合格品
总氮（N）含量≥	27.0	26.0	25.0
有效磷（以 P205 计）含量≥	13.5	11.0	10.0
水溶性磷占有效磷百分数≥	70	55	40
水分（流离水）≤	0.6	1.0	1.2
粒度（1.00-4.00mm）≥	95	85	80
颗粒平均抗压碎力（2.00-2.80mm）N ≥	50	40	30

数据来源：中国国家标准化管理委员会

（三）重过磷酸钙标准

粉状重过磷酸钙标准（%）

项目	优等品	一等品	合格品
总磷（以 P205 计）的质量分数≥	44	42	40
有效磷（以 P205 计）的质量分数≥	42	40	38
水溶性磷（以 P205 计）的质量分数≥	36	34	32
游离酸（以 P205 计）的质量分数≤	7	—	—
游离水的质量分数≤	8	—	—

数据来源：中国国家标准化管理委员会

粒状重过磷酸钙标准（%）

项目	优等品	一等品	合格品
总磷（以 P205 计）的质量分数≥	46	44	42
有效磷（以 P205 计）的质量分数≥	44	42	40
水溶性磷（以 P205 计）的质量分数≥	38	36	35
游离酸（以 P205 计）的质量分数≤	5	—	—
游离水的质量分数≤	4	—	—
粒度（2.00mm—4.75mm）的质量分数≥	90	—	—

数据来源：中国国家标准化管理委员会

第四节 限制类信贷政策建议

首先，对单纯为扩大产能而新建的项目要限制信贷。目前，部分氮肥、磷肥、复合肥产能过剩，供需矛盾突出，而部分地区投资化肥项目的热情依然高涨，以扩大产能为目的的新兴项目频频上马，商业银行应彻底的限制此类项目信贷规模，从根本上遏制产能过剩进一步扩大。

其次，贯彻国家天然气限制政策，对以下三类工程予以限制：①以天然气为原料生产甲醇②在大型煤炭基地所在地区建设基荷燃气发电站③以大、中型气田所产天然气为原料建设液化天然气项目。这是因为天然气是制造化肥的主要原料之一，应用天然气制造化肥工艺要比应用煤制造化肥能耗更低、也更环保，但近年来许多化肥企业却由于天然气供应不稳定而开工不足，09 年这一现象在氮肥生产企业中尤其严重。《天然气利用政策》的实施，不仅将确保“国家批准”建设的化肥项目获得长期稳定的天然气供应，从而促使其充分利用产能、降低生产成本；而且还将导致部分未经“国家批准”的“小化肥”被淘汰，从而达到淘汰落后产能的产业调整目的。

总体而言，天然气政策的实施，对化肥产业及企业均是一个利好，银行一方面要严格贯彻天然气政策所限制的三类工程项目信贷，另一方面可以关注大中型化肥生产企业，并积极关注符合国家生产标准的小型化肥生产企业进行信贷。

第五节 退出类信贷政策建议

高能耗、高污染的化肥生产企业；

小化肥生产企业；

产品不符合国家标准的化肥生产企业；

对于化肥行业，环保的生物化肥和有机肥料已经成为未来发展趋势，而高污染高能耗，原料利用率不高的化肥企业将逐步退出市场。

山西阳煤丰喜肥业(集团)有限责任公司
SHANXI YANGMEI FENGXI FERTILIZER INDUSTRY (GROUP) LLC.

第四篇 2011 年中国化肥市场分析

山西阳煤丰喜肥业(集团)有限责任公司
SHANXI YANGMEI FENGXI FERTILIZER INDUSTRY (GROUP) LLC.

第一章 化肥行业基本情况

2011 年，我国化肥行业整体形势是氮肥、磷肥产能过剩，钾肥自给率低，国家不断出台政策重点要求控制氮肥和磷肥产能的继续扩张，调整化肥行业内产业结构。展望 2012 年，肥料制造业将以产业结构优化升级为主要发展目标，其中产能严重过剩的氮肥和磷肥生产将受到抑制，钾肥自给率将进一步提高。环境友好型有机肥料市场需求将逐步提高。

回顾 2011 年——

产量整体下降，工业产值大增。我国化肥产量整体呈下降态势，其中氮肥、磷肥下降较为明显，钾肥同比实现增长。与 2010 年相比，2011 年氮肥增速增长最快，磷肥增速小幅增加，钾肥增速小幅下降。2011 年，我国化肥行业实现工业总产值 7274.21 亿元，同比增长 39.16%，增幅较 2010 年同期上涨 13.87 个百分点。2011 年化肥原材料价格的不断上涨引起化肥价格整体上涨，这使化肥行业工业总产值大幅增加。

化肥价格高位运行。自 2011 年伊始，尿素、磷铵等各种化肥的价格就涨声不断。尿素出厂价由去年的 1600 元 / 吨上涨到 2100 元 / 吨以上，磷酸一铵出厂价由去年 1800 元 / 吨上涨到 3000 元 / 吨，氯化氨出厂价由去年 500 元 / 吨飙升至 1100 元 / 吨。下半年与钾肥供应商签订的钓进口合同价则继续攀升，达 470 美元 / 吨。这让国内化肥市场全年都处于高价位运行。

企业压力不断增长。2011 年，对于化肥行业来说，尤其是氮肥和磷肥等产能过剩的子行业，企业目前一方面面临原材料、人工成本不断攀升导致生产成本加大；另一方面通过新的关税政策等出口限制政策造成化肥出口受限，这将进一步导致化肥行业的整体盈利能力下降，尤其是中小化肥企业处境将尤为艰难，而拥有资源或技术优势的企业将获得核心竞争优势。

小肥种出口成新突破。2011 年国内化肥市场出口主要集中于零关税或者低关税化肥品种。高低关税的设置决定了化肥出口的品种格局，由于尿素受高关税影响出口量减少至 2010 年的一半，但是执行 7% 关税或者零关税的品种出口比较多。

兼并重组和扩展激烈。2011 年，化肥企业竞争较为激烈，兼并重组或扩张激烈，化肥生产或流通企业上市不断增多，行业整合发展趋势加大。

随着煤价、电价、天然气价格、人工费用等不断攀升，企业生产成本压力相对较大，产能发挥率存在不能全额运作情况。由于氮肥具有资源加能源性质，属于国家重视、必须保证国内供应量和价格稳定的农资产品，无法指望国家放松出口政策实现外销达到产销平衡，所以国内氮肥市场竞争加剧，行业内整合速度加快。

展望 2012 年——

化肥产业提升空间大。化肥作为重要的农资生产资料，直接关系到农业生产发展和广大农民的切身利益，被列为国家重点鼓励和发展的产业。同时，受国家政策粮食压力增大和粮食价格快速上升，将不断刺激化肥供给和需求上升。

产能过剩情况依然存在。预计 2012 年我国，化肥产业工业总产值将进一步加大，但产能过剩情况将继续存在，产量增速或将继续放缓。其中，氮肥产量增速明显放慢，并且有可能出现负增长；磷肥产量增加速度也会放慢，但是受磷矿石资源稀缺的影响，产量增速下降，但整体趋势还是产量增加；钾肥产量受政策影响会不断增加。

价格或将会上涨。2012 年春季，由于随着春耕作业的展开，春耕用肥的增加，各种氮磷钾肥、硫酸铵、复合肥将会有一定的上涨压力，短期上调的幅度在每吨 100 － 150 元。

小品种化肥出口设限。2012 年化肥出口关税中，小品种化肥的出口在 2011 年为主体，而新出台的关税将尿素以外的其他氮肥品种也开始设置门槛，窗口期与尿素相同。

企业压力仍将很大。受电价，人力成本，煤炭、天然气等原材料资源因素影响，2012 年我国化肥行业企业竞争压力依然很大。行业运行仍具有一定的压力和风险。

兼并重组或将加剧。2012 年化肥行业将步入整合期。化肥行业已逐步形成以大型化肥企业为主导的生产经营格局，基础肥料也正向资源产地和优势企业集中。资源型企业通过兼并重组进入产业链发展趋势将更加集中，企业兼并重组或将加剧。

2012 年化肥行业总体投资原则：对我国化肥行业总体投资原则是“优选客户，审慎介入，紧跟政策，结构调整”。化肥行业是资源、资金、技术密集型行业，同时受国家政策因素影响较大，对化肥行业增量投资应紧跟政策，集中于大型化肥生产企业升级改造，并择优支持盈利能力良好、清洁环保、技术创新的中小型企业。对技术落后、盈利能力弱、排放超标的企业投资逐步压缩退出，实现资金资源向行业内优秀企业集中。重点关注行业大中型、节能环保的优质企业。资源、成本优势明显企业抗风险能力较强，将长期保持优势地位。

第一节 行业地位：国家重要农资生产资料

我国是农业大国，化肥对粮食增产的贡献率在 40% 以上；我国也是化肥生产和消费大国，化肥的总产量和消费量均占世界 1/3。随着世界人口膨胀，食物需求的上升，为提高土壤生产力和补偿土壤流失的养分，对化肥的需求也必然会增加。今后一个时期，化肥对农业生产、农民增收，以及经济发展的作用仍然不可替代。化肥行业对农业、石油化工、国民经济等的支撑作用仍将不断增强，是国民经济发展必不可缺的支撑力量，整个行业在国民经济中的支柱地位还将存续相当长时间。

2011 年，化肥行业总产值占全国 GDP 的 1.54%，化肥行业的产值及占经济总量的比重一直较低；化肥工业在整个石化工业中的比重逐年下降，但在农业大国中的地位依然不可动摇，化肥行业是国民经济的基础行业，它直接与农业生产相关联，关系到国家的粮食安全问题，化肥安全已经上升到

山西阳煤丰喜肥业(集团)有限责任公司
SHANXI YANGMEI FENGXI FERTILIZER INDUSTRY (GROUP) LLC.

国家战略高度，化肥行业也显得非常重要。

2007-2011 年化肥行业工业产值与 GDP 情况

单位　亿元，%

	化肥行业总产值	全国 GDP	所占比重
2007	3482.88	265810.3	1.31%
2008	4618.10	314045.4	1.47%
2009	4481.95	340902.8	1.31%
2010	5642.75	401202.0	1.41%
2011	7274.21	471564.3	1.54%

数据来源：国家统计局

注 1：2007-2010 年石化行业工业总产值为 1-11 月累计额，在计算工业产值比重时年化为 12 个月的产值进行计算。
注 2：国内生产总值按现价计算，其增长速度按不变价计算。

第二章 2011 年化肥行业发展环境分析

第一节 国内经济环境对行业的影响

一、国内经济环境分析

2011 年宏观经济主要指标情况

指标	1-12 月	
	绝对量	同比增长（%）
国内生产总值（亿元）	471564	9.2
其中：第一产业	47712	4.5
第二产业	220592	10.6
第三产业	203260	8.9
规模以上工业增加值	-	13.9
固定资产投资		
（不含农户）（亿元）	311022	23.6
其中：第一产业	6792	25.0
第二产业	132263	27.3
第三产业	162877	21.1
房地产开发投资（亿元）	61740	27.9
其中：住宅	44308	30.2
社会消费品零售总额（亿元）	183919	17.1
居民消费价格	-	5.4
工业生产者出厂价格	-	6.0
工业生产者购进价格	-	9.1
农产品生产价格	-	16.5
城镇居民人均可支配收入中位数(元)	19118	13.5

数据来源：国家统计局

（一）季度 GDP 增速持续放缓

全年国内生产总值 471564 亿元，按可比价格计算，比上年增长 9.2%。分季度看，一季度同比增长 9.7%，二季度增长 9.5%，三季度增长 9.1%，四季度增长 8.9%。分产业看，第一产业增加值 47712 亿元，比上年增长 4.5%；第二产业增加值 220592 亿元，增长 10.6%；第三产业增加值 203260 亿元，增长 8.9%。从环比看，四季度国内生产总值增长 2.0%。

2011 年，在化肥价格总体上涨的推动下，行业实现产值 7294 亿元，同比增长 39.0%。四季度，受市场需求低迷和能源供应紧张等因素影响，化肥生产水平下降，产值增速明显放缓，由 9 月的 49% 逐步下滑至 12 月的 18%。

（二）工业生产平稳较快增长，重工业增速快于轻工业

2011 年全年全国规模以上工业增加值按可比价格计算比上年增长 13.9% 增速比上年减缓 1.8 个百分点。全年工业增速呈现稳中见缓的运行态势，其中 10、11、12 月份分别回落到 13.2%、12.4% 和 12.8%，总体仍处在较快增长区间。其中，重工业增速快于轻工业。全年轻、重工业增加值同比分别增长 13% 和 14.3%，重工业增速快于轻工业 1.3 个百分点。

（三）固定资产投资保持较快增长，投资结构继续改善

全年固定资产投资（不含农户）301933 亿元，比上年名义增长 23.8%（扣除价格因素实际增长 16.1%）。其中，国有及国有控股投资 107486 亿元，增长 11.1%。分产业看，第一产业投资 6792 亿元，比上年增长 25.0%；第二产业投资 132263 亿元，增长 27.3%；第三产业投资 162877 亿元，增长 21.1%。

2011 年，化肥行业完成投资 1253 亿元，同比增长 27.5%，高于同期全社会固定资产投资增速 3.7 个百分点；施工项目 1833 个，同比下降 5.1%；新开工项目 1284 个，同比下降 5.0%。其中，氮肥行业在施工项目同比下降 20.2% 的情况下，投资增长 26.5%，大型化、集约化发展趋势明显；产能过剩的磷肥行业完成投资 89.3 亿元，同比下降 10.6%，施工及新开工项目分别下降 11.5% 和 13.8%。

（四）农业生产稳定增长，粮食连续八年增产

全年全国粮食总产量达到 57121 万吨，比上年增产 2473 万吨，增长 4.5%，连续八年增产。其中，夏粮产量 12627 万吨，比上年增长 2.5%；早稻产量 3276 万吨，增长 4.5%；秋粮产量 41218 万吨，增长 5.1%。全年棉花产量 660 万吨，比上年增长 10.7%；油料产量 3279 万吨，增长 1.5%；糖料产量 12520 万吨，增长 4.3%。

（五）农村居民收入增速快于城镇

农村居民人均纯收入 6977 元，比上年名义增长 17.9%，扣除价格因素，实际增长 11.4%。其中，工资性收入比上年名义增长 21.9%，家庭经营收入增长 13.7%，财产性收入增长 13.0%，转移性收入增长 24.4%。全年城乡居民收入比为 3.13：1（以农村居民人均纯收入为 1，上年该比值为 3.23：1）。

（六）本币升值挫伤出口，外贸顺差继续收窄

全年进出口总额 36421 亿美元，比上年增长 22.5%；出口 18986 亿美元，增长 20.3%；进口 17435 亿美元，增长 24.9%。进出口相抵，顺差 1551 亿美元，比上年减少 264 亿美元。贸易方式继

山西阳煤丰喜肥业(集团)有限责任公司
SHANXI YANGMEI FENGXI FERTILIZER INDUSTRY (GROUP) LLC.

续改善。11 月初，人民币对美元汇率创下了 1 美元兑 6.31 元人民币的记录。本币升值降低了国内商品的出口竞争力，以劳动密集型、低附加值为特征的中国出口企业受到严重影响。2011 年我国海关当月出口额同比增速较2010年明显回落，顺差大幅萎缩，外汇占款出现了46个月以来的负增长。

（七）市场物价同比上涨，7 月份后同比涨幅连续回落

2011 年，我国 CPI 同比增速一直在高位运行，全年居民消费价格比上年上涨 5.4%。其中，7 月份 CPI 在猪肉带动下出现 6.5% 的年内峰值，至 8 月份在翘尾因素减弱下逐步回落。为对抗通胀，央行上半年连续 6 次提高存款准备金率，至 21.5% 的历史峰值，7 月份居民消费价格同比涨幅达到高点 6.5% 后，涨幅连续回落。12 月份，居民消费价格同比上涨 4.1%，环比上涨 0.3%。全年工业生产者出厂价格比上年上涨 6.0%，12 月份同比上涨 1.7%，环比下降 0.3%。全年工业生产者购进价格比上年上涨 9.1%，12 月份同比上涨 3.5%，环比下降 0.4%。

（八）货币供应量平稳回落，新增贷款有所减少

截止12月末，广义货币（M2）85.2万亿元，比上年末增长13.6%，增速比上年末回落6.1个百分点；狭义货币（M1）29.0 万亿元，增长 7.9%，回落 13.3 个百分点；流通中现金（M0）5.1 万亿元，增长 13.8%，回落 2.9 个百分点。全年金融机构人民币各项贷款余额 54.8 万亿元，新增人民币各项贷款 7.5 万亿元，比上年少增 3901 亿元。人民币各项存款余额 80.9 万亿元，各项存款增加 9.6 万亿元，比上年少增 2.3 万亿元。

二、国内经济趋势判断

2012 年，中国经济发展内外环境趋于复杂，不确定性因素增加。从 2011 年 12 月 14 日总结的中央经济工作会议精神和“稳中求进”，妥善处理速度、结构、物价三者关系的要求看，2012 年中国经济发展将呈现出经济增长适度回落、物价总水平基本稳定、经济结构调整取得积极进展的格局。

（一）经济预测：增速回落的稳定增长

经济增速方面，综合短期因素和中长期因素叠加的影响，我们认为 2012 年中国经济增长适度回落，预计出口增速在 10%左右，固定资产投资增长预计达到 20%左右，在不爆发全球金融危机的情况下，全年经济增长有望达到 8.5%左右。

经济结构方面，我们认为 2012 年中国经济结构调整有望取得积极进展：预计贸易顺差占 GDP 比重将进一步下降到 2%以下；预计社会消费品零售总额增长 17%左右，增长略高于 2011 年；中西部地区将保持较快速度增长；农民收入增速有望继续高于城市居民，地区和城乡差距将有所缩小。

物价总水平方面，2012 年中国经济增速平稳回调，物价上涨的需求压力将有所减轻；M1 和 M2 增速不断回落，控物价的货币条件将得到持续改善，由此，我们认为短期内即 2012 年国内物价水平基本稳定 CPI 涨幅有望回落至 4%以下。但受刺激政策消退、欧债危机恶化、主要经济体改革乏力等因素影响，物价上涨的中长期因素没有根本消除，我们认为长期内国内通货膨胀隐患依然存在。

（二）政策取向：货币政策定调稳健

沿袭此前中共中央政治局的定调，中央经济工作会议提出，要继续实施积极的财政政策和稳健的货币政策。2012 年，在继续实施积极财政政策和稳健货币政策的同时，将更加注重宏观政策的前瞻性及中期效果，视条件变化而相机决策，努力化解各种风险。加快完善货币政策的微观机制，

更加重视价格工具的运用，发挥财政政策在结构调整中的优势，积极推进结构性减税。

政策导向上，政府在抑制资产泡沫的同时，会着力支持实体经济发展；在深化垄断行业改革的同时，着力改善中小企业的生存和发展环境；在调整和优化结构的过程中，着力推进各种类型的创新活动；在促进内外平衡的过程中，着力利用外部资源提升中国产业的长期竞争力，将经济工作的重点放到调结构、促改革、转方式上来，向“十二五”预定目标稳步迈进。

（三）对化肥行业的影响：受宏观经济波动影响较小

2011 年我国粮食种植、加工、养殖业、生物能源、农副产品的出口等均表现较好，行业运行稳定，化肥施用量稳定增长。化肥行业上游石油、煤炭行业运行受宏观环境因素影响相对较大。同时，化肥行业主要用于农业，而农业受国内外经济周期较小，受宏观环境冲击不大，但是外部宏观环境会影响化肥行业的生产成本与采购、销售价格等。国内多数化肥行业子行业都面临产能过剩的问题，包括产能较低，需求较高的钾肥在 2011 年也面临产能过剩的挑战。

化肥行业的上下游，直接涉及石油、化工等行业，间接涉及房地产、纺织等行业，下游主要涉及农产品种植面积、农民收入及消费水平等，上下游受宏观经济因素影响较大。就化肥行业而言，由于其资源品价格处于高位，行业成本转嫁能力较强，市场化肥价格仍然强劲走高。下游需求旺盛，使得化肥行业出现产销两旺并且在局部地区出现供给偏紧的局势，这些都为化肥企业提价创造了条件。行业效益提升明显，现金流较为充沛，紧缩的货币政策对行业影响较小。

预计 2012 年，国民经济发展速度会放慢，经济结构将不断得到调整，化肥行业也面临着结构调整的问题，部分行业产能会被淘汰。

第二节 国际经济形势对行业的影响

一、国际经济环境

回顾 2011 年，全球经济复苏步伐明显放缓。2011 年全球产出按购买力平价计算将达到 78.85 万亿美元，比上年增加 4.47 万亿美元，实际增长率为 4.0%，远低于 2010 年的 5.1%。2012 年世界经济将面临更多的不稳定和不确定性，全球继续维持低速增长的可能性很大。

2011 年世界经济形势复杂严峻，主要呈现以下几个特征：

（一）发达国家经济复苏乏力

根据国际货币基金组织预测，2011 年发达经济体总体增长率仅为 1.6%。其中美国经济增速为 1.7%，失业率徘徊在 9% 左右。欧元区经济增长率为 1.6%，日本为负 0.5%。

发达国家经济复苏乏力的主要原因在于总需求不足和与之密切相关的市场信心不足。手中有大量现金的美国企业不愿投资，存款超过贷款上万亿美元的美国商业银行谨慎行事，既是市场信心不足的结果也是总需求不足的原因。欧洲的银行因持有大量“问题国家”的债券而造成资产质量下降，迫使它们为充实资本金和去杠杆化而收缩业务，进而使得债务危机更为严峻。地震、海啸和核泄漏沉重打击了日本经济，其债务与国内生产总值的比率高达 220%，经济发展显然受到拖累。

山西阳煤丰喜肥业(集团)有限责任公司
SHANXI YANGMEI FENGXI FERTILIZER INDUSTRY (GROUP) LLC.

（二）新兴经济体增长态势总体良好，但也有隐忧

新兴经济体在世界经济中的地位进一步提升，但经济增速有所减缓。2011 年新兴与发展中经济体产出增长率为 6.4%，同比下降了 0.9 个百分点，但仍远高于发达经济体。从经济总量来看，2011 年新兴与发展中经济体按购买力平价和市场汇率计算的国内生产总值将分别达到 38.63 万亿美元和 25.10 万亿美元，在全球经济中的比重分别占到 49.0% 和 35.9%，分别比 2010 年提高 1.1 和 1.6 个百分点。

新兴与发展中经济体 2011 年增速放慢的主要原因是受发达经济体状况不佳拖累，同时也与控制通货膨胀政策的实施有关。2008 年国际金融危机爆发后，主要新兴经济体大都采取了积极的应对措施，这些措施又或多或少地引发了后来的物价上涨。俄罗斯的情况相对特殊，因为其经济增长表现和大宗商品价格波动高度相关。

二、国际经济趋势判断

（一）经济预测：经济形势不确定性增加

从全球形势来看，欧洲主权债务危机和美国财政政策是左右 2012 年全球经济运行态势的两个重大不确定性因素。2012 年 1 季度为欧洲重债国的债务集中清偿期，若没有得力的政策措施出台，巨大的债务清偿压力可能给资本市场带来新的冲击；美债问题是市场面临的潜在风险。国际三大信用评级机构对美国的主权信用评级展望全部为负面，一旦美国财政政策出现超预期收紧，必将会拖累美国经济增长并构成 2012 年全球经济运行的重大不确定性因素。

（二）对化肥行业的影响：进口原料价格影响较大

化肥是石油和煤化工行业的中间或中断产品，国际煤炭、石油、天然气、硫磺等原材料价格的波动直接影响化肥行业的价格，进而影响化肥生产和流通企业库存商品。国际上化肥所需原材料价格不断上涨会影响国内肥料价格，影响消费者需求积极性，但是因农业的特殊性，消费需求受价格影响较小，只是对企业影响较大会引起更大规模的产能过剩，进而企业间竞争激烈。

同时，受国家保护资源影响，我国化肥出口关税政策，我国化肥肥种对外出口资源受国家宏观调控指导，与 2011 年化肥出口政策对比来看，2012 年国家对于化肥出口的政策限制进一步提高，化肥受国际经济影响更多在于上游原材料资源影响。

第三节　产业政策对行业的影响

一、重点政策汇总

化肥对农业生产、农民增收，以及经济发展的作用仍然不可替代。我国既是农业大国，也是化肥生产和消费大国，国家不断出台支持化肥行业发展的产业政策指示，下表列出了 2009 年以来国家出台的化肥行业相关政策。

2009 年以来化肥行业相关产业政策

序号	出台日期	政策名称	政策内容
1	2012.02.03	化肥工业“十二五”发展规划	重点是提高产业集中度，提出到2015年，氮肥、磷肥和复混肥企业数量要大幅减少，大中型企业产能比重将达到80%以上。在提高总量、产业集中度和产业结构的同时，使企业技术进步达到提高产量并能够节能减排也是化肥工业“十二五”期间的一项重要目标。
2	2011.12.09	国务院关税税则委员会关于2012年关税实施方案的通知	对尿素、复合肥、磷酸氢二铵三种化肥的配额税率执行1%的税率。
3	2011.10.11	商务部公告2011年第63号公布2012年化肥进口关税配额总量、分配原则及相关程序	2012年化肥进口关税配额总量为1365万吨。其中，尿素330万吨；磷酸二铵690万吨；复合肥345万吨。2012年化肥国营贸易配额数量分别为：尿素297万吨，磷酸二铵352万吨，复合肥176万吨。非国营贸易配额数量分别为：尿素33万吨，磷酸二铵338万吨，复合肥169万吨。企业申领化肥进口关税配额实行先来先领。
4	2011.09.19	磷铵行业准入条件	主要内容有：1.三年内，原则上不再新建或扩建湿法磷酸及配套的磷酸一铵、磷酸二铵装置（按照区域规划搬迁项目除外）；2.按照区域规划需搬迁的企业再新建湿法磷酸及配套的磷酸一铵、磷酸二铵装置时，必须有磷、硫资源，保障鼓励利用冶炼副产硫酸资源，鼓励磷酸梯级利用等等。
5	2011.03.23	财政部认定尿素淡季出口基准价不含税	今年执行的基准价2100元应为不含税的价格，今年淡季尿素到港价控制在2030元以下，报关价不高于2100元即可享受7%的税率，折尿素出厂价约在1900-2000元/吨左右。
6	2011.03.10	农业部办公厅关于印发《2011年全国测土配方施肥工作方案》的通知	深化“示范县”创建；狠抓“配方肥”下地；强化“示范片”到村；强化“培训班”进田；强化“建议卡”上墙等。
7	2011.01.27	关于做好2011年春耕化肥供应工作的通知（发改经贸[2011]150号）	保障化肥生产原料供应：保障化肥企业正常生产用电、用气供应，不得对化肥企业拉闸限电；指导和协调地方煤炭企业向化肥企业供应所需无烟块煤等。
8	2010.04.08	国务院关税税则委员会关于调整化肥等部分产品出口关税的通知	取消部分化肥及化肥原料的特别出口关税，主要包括黄磷、磷矿石、合成氨、磷酸、氯化铵、重过磷酸钙、二元复合肥等，共计27项产品等。
9	2009.08.24	国务院关于进一步深化化肥流通体制改革的决定（国发〔2009〕31号）	放开化肥经营限制、规范企业经营行为、鼓励连锁集约经营、强化市场监督管理。
10	2009.02.06	国家发展改革委关于完善钾肥价格管理政策的通知	改进价格管理、建立钾肥价格备案制度、加大对钾肥价格的监督检查力度。

二、重点政策及重大事件分析

（一）化肥工业“十二五”发展规划

化肥工业“十二五”发展规划的重点是提高产业集中度，提出到2015年，氮肥、磷肥和复混肥企业数量要大幅减少，大中型企业产能比重将达到80%以上。规划指出将控制化肥生产总量作为首要任务。同时还提出，推进行业技术进步、加大企业兼并重组力度，延伸行业产业链，布局上游产业，以改善行业经济效益。“十二五”末期，我国需要氮肥产量4330万吨，需要产能4800万吨；2015年磷肥产能将超过2150万吨，产量将达到1600万吨。行业规划提到，“十二五”时期尤以产能过剩造成的市场供求矛盾和原料价格造成的成本效益矛盾更为突出。

根据规划，“十二五”期间，我国化肥工业要在提高产品集中度、产品结构优化、技术进步、加快兼并重组等方面取得成效。

1. 提高产品集中度

山西阳煤丰喜肥业(集团)有限责任公司
SHANXI YANGMEI FENGXI FERTILIZER INDUSTRY (GROUP) LLC.

行业集中度的提高有助于化肥行业健康发展，避免化肥价格的大幅波动。到2015年，我国化肥企业数将大幅减少，大中型氮肥企业产能占比达到80%以上，大型磷肥企业产能占比达到70%以上。目前已上市化肥公司的规模在同行业中属于较大的，因而这些公司在未来化肥市场的话语权会增强。

2. 产品结构优化

在产品结构方面，单质肥复合化率、大颗粒尿素比重将逐步提高，重视发展缓控释肥料。复合肥行业在“十二五”期间将迎来发展机遇。大颗粒尿素比重将逐步提高，重视发展缓控释肥料。复合肥行业在“十二五”期间将迎来发展机遇，金正大等大型复合肥公司将受益。

3. 兼并重组

加快兼并重组，逐步形成以大型化肥且有为主导的生产经营格局。预计此前整体上市没有成功的云天化，以及泸天化与川化股份的整合在“十二五”期间有望取得突破，从而有助于发挥这两家公司在云南和四川化肥市场的主导作用。

4. 低品位磷矿的利用将越来越多

根据规划，“十二五”期间将重点开发和推广中低品位磷矿制酸及磷酸精制技术。在云南、贵州建设1800万吨的磷矿采选能力。这些举措的实施表明，目前国家已认识到磷矿资源的紧缺，由于30%以上品位的富矿越来越少，如何将低品位磷矿洗选成为可供下游使用的精矿将是“十二五”期间要重点解决的问题之一。选矿量的提升，将为磷矿石价格的上涨提供有力支撑，兴发集团等公司将受益。

5. 产能过剩

产能过剩是近年来氮肥行业发展中最为严重的问题之一。“十二五”期间，青海将新增100万吨钾肥产能，新疆力争新增170万吨钾肥产能，磷肥产能过剩的情况也已经凸显，近两年来行业的快速发展引发局部地区硫磺（硫铁矿）、磷矿、合成氨等供应紧张，以及硫钾资源过度依赖进口已使行业面临严峻挑战。国内消费增长缓慢，出口受限的情况将长期存在。

（二）2012年化肥进口关税配额总量、分配原则及相关程序

商务部发布2011年化肥进口关税配额总量、分配原则及相关程序的公告；2011年10月11日，商务部发布2012年化肥进口关税配额总量、分配原则及相关程序的公告。这两个文件有关化肥进口配额的比较如下表。

2010年与2011年有关化肥进口关税配额政策比较

指标	2012年公告	2011年公告
化肥进口关税配额总量	2012年化肥进口关税配额总量为1365万吨。其中，尿素330万吨；磷酸二铵690万吨；复合肥345万吨。	2011年可分配的化肥关税配额总量分别为：尿素330万吨，磷酸二铵690万吨，复合肥345万吨。
国营贸易关税配额	2012年化肥国营贸易配额数量分别为：尿素297万吨，磷酸二铵352万吨，复合肥176万吨，国营贸易企业中国中化集团公司、中国农业生产资料集团公司在国营贸易总量内申请配额。	2011年化肥国营贸易配额数量分别为：尿素297万吨，磷酸二铵352万吨，复合肥176万吨。申请化肥国营贸易关税配额的单位为：农业生产资料公司；农业三站（土肥站、种子站、农技站）；其他经营范围含“生产或销售化肥”的企业。
非国营贸易关税配额	2012年化肥非国营贸易配额数量分别为：尿素33万吨，磷酸二铵338万吨，复合肥169万吨。非国营贸易企业中国化工建设总公司、华垦国际贸易有限公司在非国营贸易总量内申请配额。	2011年化肥非国营贸易进口关税配额数量分别为：尿素33万吨，磷酸二铵338万吨，复合肥169万吨。申请化肥非国营贸易关税配额的单位为：边境小额贸易企业；自用及生产产品需要进口化肥的外商投资企业；其他符合条件的新的申请者。

两次政策制定对化肥进口关税配额总量、国营贸易关税配额和非国营贸易关税配额的要求一致，没有什么变化，但是对申请国营贸易关税配额的企业要求有多不同，2012 年中化集团公司、中国农业生产资料集团公司可以在申请国营贸易关税配额，2011 年申请化肥国营贸易关税配额的单位为：农业生产资料公司；农业三站（土肥站、种子站、农技站）；其他经营范围含“生产或销售化肥”的企业。此外，2012 年中国化工建设总公司、华垦国际贸易有限公司在非国营贸易总量内申请配额；而 2011 年边境小额贸易企业；自用及生产产品需要进口化肥的外商投资企业；其他符合条件的新的申请者均可申请化肥非国营贸易关税配额。

（三）2012 年二元复合肥出口关税政策公布

2012 年化肥出口关税政策：尿素旺季（1-6 月 11、12 月）35%+75%，淡季出口价格在基准价 2100 以内 7%；其它氮肥（1-6 月 11、12 月）7%+75%，淡季 7%。一铵、二铵旺季（1-5 月 10-12 月）35%+75%，淡季出口价格在基准价 2900/3400 以内 7%；除普钙外小磷肥（1-5 月 10-12 月）7%+75%，淡季 7%；普钙全年 7%。三元复合肥 1-9 月 35%+75%，10-12 月 20+75%；pk 二元全年 7%；NP 二元旺季（1-5 月 10-12 月）7%+75%，淡季 7%。10 公斤小包装旺季（1-5 月，10-12 月）7%+75%，淡季 7%。

注：出口价格包括货物的货价、境内运输及相关费用、保险费其中包含的出口关税税额应当予以扣除。

2012 年二元复合肥出口关税政策

化肥产品	旺季	税率	淡季	税率	备注
尿素	1-6 月，11、12	110%	7-10 月	7%	基准价 2100
重钙、钙镁磷肥	1-5 月，10-12 月	82%	6-9 月	7%	
小包装	1-5 月，10-12 月	82%	6-9 月	7%	
普钙	全年执行 7% 出口税率				
一铵、二铵	1-5 月，10-12 月	110%	6-9 月	7%	二铵基准价 3400；
					一铵基准价 2900；
氮磷二元	1-5 月，10-12 月	82%	6-9 月	7%	
磷钾二元	全年执行 7% 出口税率				
三元复合肥	1-9 月	110%	10-12 月	95%	
肥料用氯化铵	1-6 月，11、12	82%	7-10 月	7%	

点评：1. 本次关税方案中，尿素、二铵、一铵、三元复合肥出口政策未发生变化。2011 年，尿素、二铵、一铵通过降低基准价的方式，限制化肥出口，取得了较好效果，尿素等产品出口较 2010 年大幅减少。尿素、二铵、一铵等大肥种明确基准价扣除关税，相关于变相提高出口基准价，有一定的利好作用。

2. 重钙、其他磷肥、其他氮磷二元肥、小包装肥料实行淡旺季差别化出口关税政策。市场预期 2012 年关税政策将对二元复合肥及小品种肥料出口进行限制，本次税则对氯化铵和氮、磷二元肥、小包装化肥、其他氮肥、其他磷肥等实施淡旺季差别化出口关税，对相关化肥品种的出口将其限制作用，并可能通过价格传到及比价效应影响磷铵、尿素等主流化肥品种。

（四）《磷铵生产准入条件（征求意见稿）》

2011 年工业和信息化部公布了《磷铵生产准入条件（征求意见稿）》，政策内容有：三年内，

山西阳煤丰喜肥业(集团)有限责任公司
SHANXI YANGMEI FENGXI FERTILIZER INDUSTRY (GROUP) LLC.

原则上不再新建或改扩建湿法磷酸及配套的磷酸一铵、磷酸二铵装置(按照区域规划搬迁项目除外)，搬迁的新建或改扩建项目须符合国家产业政策及有关政策规定。意见稿还要求，现有硫铁矿制酸企业副产的矿渣必须全部回收利用，现有磷铵企业必须配套建有规范的磷石膏堆场，未建磷石膏堆场的企业三年内必须完成装置建设，且磷石膏利用率在三年内必须达到年产生量的15%，达不到以上要求的企业必须关停。

磷铵是重要的化肥产品，国内磷铵化工产业的集中度很分散，目前磷矿资源开采比较混乱。准入条件直接拔高了新入企业的门槛，在小规模或不达标企业被逐步淘汰或受限制的同时，龙头企业则将获得更有利的市场地位。这将有效遏制磷复肥行业盲目投资，防止低水平重复建设，规范磷复肥行业发展，促进产业结构优化升级。

三、政策未来发展趋势

为了保障粮食生产安全，2012年国家将会继续保留化肥行业的优惠政策，如税收减免、原料、运输及电价优惠等。国家化肥产业“十二五”规划已经颁布，各地关于化肥产业的政策，规划有望陆续颁布出台；关于复合肥、硝基复合肥，水溶性肥料、功能性肥料等新型化肥品种等的具体区域扶持政策有望出台，确立国内高端肥料供应商的技术优势和龙头地位；未来我国对农业扶持的力度仍将加大，预计除财政投入外，将会有更多的扶持性财政政策于2012年上半年出台；粮食生产对化肥的依赖程度越来越高，也令化肥行业自然成为三农政策的受益行业。

但随着市场化程度的提高，这些优惠将会逐步减弱。同样，为了保证国内化肥持续正常供应，出口控制将更加严格，氮磷二元素等原来低关税的品种或许提高关税。

第四节 行业社会环境分析

一、行业社会环境概述

化肥行业属于国家基础性行业和鼓励发展的行业，是保障国内粮食安全的重要基础。化肥产品与农业生产密不可分，化肥产品的消费者主要是广大农民，在耕地面积不断减少的情况下，化肥已成为农业生产稳定的最重要的保障。也就是说，化肥行业通过直接影响农业生产，进而成为与国家安全相关的重要行业。

化肥行业社会环境因素分析

因素	对化肥行业影响
社会结构 社会风格 价值观 文化	从化肥产品在消费市场中所处的位置可知，化肥行业受社会环境中的社会结构、社会风格、价值观和文化等因素的影响很小。
消费习惯	随着人们生活水平提高，人们对绿色有机食品更加青睐，而传统农业中农民往往施放大量的化肥来增加产量，这与绿色有机的概念不符，绿色农业倡导科学施肥，化肥的施用量少于传统农业，也就是说，人们对绿色概念的重视将导致化肥需求的减少。
环保观念	环保节能的理念也逐渐改变着人们的价值观。重视环保，节约能源的理念已经深入人心。由于化肥行业是一个高能耗高污染的行业，在环保和节能方面需要做的工作量较大，而且在我国滥施化肥所导致的土地、水污染现象尤其严重。目前，淘汰落后产能，产品结构升级，是我国整个化肥行业的产业政策，以后随着环保意识的不断普及，农民合理施肥的理念越来越强，化肥需求将减少。

二、节能社会环境分析

（一）环保部发布《磷肥工业水污染物排放标准》

为贯彻《中华人民共和国环境保护法》、《中华人民共和国水污染防治法》、《中华人民共和国海洋环境保护法》、《国务院关于落实科学发展观加强环境保护的决定》等法律、法规和《国务院关于编制全国主体功能区规划的意见》，保护环境，防治污染，加强对磷肥企业废水排放的控制和管理，制定了《磷肥工业水污染物排放标准》（GB15580-2011），代替《磷肥工业水污染物排放标准》（GB15580-95），并由环保部与国家质量监督检验检疫总局于2011年4月2日联合发布。该标准于2011年10月1日起实施，同时《磷肥工业水污染物排放标准》（GB15580-95）废止。

该标准规定了磷肥工业企业或生产设施水污染物排放限值，适用于现有磷肥工业企业或生产设施水污染物排放管理，适用于磷肥工业建设项目的环境影响评价、环境保护设施设计、竣工环境保护验收以及其投产后的水污染物排放管理。

（二）磷复肥行业将加大整合力度

中国石油和化学工业联合会披露的《磷复肥行业“十二五”发展思路》显示，3-5年内不再新建和改扩建湿法磷酸及配套磷复肥项目；有磷酸的企业由目前的约90家减少到50家左右。《思路》称，企业在研发方面的投入到达销售收入的3%左右，其他化工品的销售收入占到总销售收入的10%；湿法磷肥净化替代热法磷酸150万吨；全行业磷石膏的利用率要达到年产生量得40%。

（三）财政补贴推进测土配方施肥普及行动

2011年中央财政投入补贴资金8亿元，支持2489个项目县（场、单位）开展测土配方施肥。各级农业部门大力开展测土配方施肥普及行动，采取整村、整乡、整县等整建制推进的方式，在更高层次和更大规模上推进测土配方施肥。

各地在整建制推进试点中，通过组织方式创新、工作机制创新和服务手段创新，吸引了一批大中型化肥企业生产供应配方肥，为技术熟化、物化提供了载体，逐步实现了企业和农民均受益的良性循环，测土配方施肥技术覆盖率、入户率和到位率明显提高，整建制推进的模式和机制初步确立。各地以推动农民“按方施肥”和“施用配方肥”为路径，探索示范了“政府主导合力推进、合作社带动、配方肥直供、定点供销服务、统测统配统供、现场混配供肥”等六大典型模式，带动全国技术推广面积达到12亿亩以上，为1.7亿农户提供了测土配方施肥技术服务，为粮食“八连增”做出了重要贡献。

（四）财政补贴开展土壤有机质提升工作

2011年中央财政投入补贴资金7亿元，支持545个县（市、区）开展土壤有机质提升补贴工作。项目区重点实施补贴秸秆还田、绿肥种植、施用商品有机肥、障碍土壤改良等技术模式。截至2011年，土壤有机质提升补贴项目已覆盖30个省（区、市）的545个县，补贴面积3200多万亩。

项目实施6年来，土壤有机质提升技术模式日益成熟，推广队伍得到锻炼，工作机制逐步完善，培肥改土成效明显。通过使用秸秆腐熟剂，大幅度缩短了农作物秸秆腐熟时间，项目区耕地土壤有机质含量增幅8%以上，化肥用量减少10%，作物产量增加，产品品质改善，农作物单产增幅8%左右。通过利用冬闲田推广种植绿肥，有效避免了表土裸露，增加了土壤有机质含量，改善了土壤理化性状，提高了肥料利用率。项目区下茬作物平均减少化肥使用量10%以上。通过推广商品有机肥，带动了

山西阳煤丰喜肥业(集团)有限责任公司
SHANXI YANG MEI FENGXI FERTILIZER INDUSTRY (GROUP) LLC.

有机肥的生产使用，对于培肥土壤地力、消纳有机废弃物、改善生态环境都起到了积极的作用。

第五节 行业技术水平及工艺流程

一、行业主要技术术语及简要解释

化肥行业主要技术术语、简写及解释

技术术语	简要解释
脱硫	为防止烃类原料中的硫使转化催化剂中毒，在转化工段前将所有烃类原料中的所有微量硫脱除的过程。
转化	脱硫后，天然气与过热蒸汽混合，预热到315-425摄氏度，然后通过燃烧炉中装有镍催化剂的管子进行化学反应生成氢和碳氧化物气体的过程。
变换反应	水煤气变换是脱除导致合成催化剂中毒的一氧化碳的一种简便经济方法，原料氧先冷却到约370摄氏度，蒸汽含量可以根据需要调节，然后气体通过铁路催化剂使一氧化碳和水生成二氧化碳和氢气的化学反应。
贫液	用来脱除氢气中的二氧化碳和一氧化碳的各种循环洗涤液的统称。如一乙醇胺、热碳酸钾、醋酸铜氨液等。
富液	在吸收塔的吸收操作中，易溶组分在塔内被吸收剂吸收后，于塔底流出的溶液（其中包含有被吸收组分），称为富液。
氨合成	在氨合成塔内，氢和氮在催化剂作用下放热并反应生成氨的过程。
尿液合成	由二氧化碳压缩机送来的二氧化碳气体、高压氨泵送来的液氨和高压甲铵泵送来的甲铵液同时送入合成塔底部，反应生成尿液的过程
中压分解	尿液在一段分解塔闪蒸，液相在精馏段与一段分解分离器来的气体进行逆流传热，尿液被进一步分离。液相进入一段分解加热器加热，加热后的尿液在一段分解分离器中进行气液分离。
中压吸收	从一段分解塔从出来的气体和低压甲铵泵送来的稀甲铵液一起进入一段蒸发加热器下部的热利用段，然后进入一段吸收塔底部生成气氨的过程。
低压分解、吸收	在一定的工艺条件下，使低压系统的甲铵分解率和总氨蒸出率都达到98%以上，同时将分解出来的气相汇同解吸塔出口气体，经加水冷凝吸收后分别在两个吸收冷凝器内以稀甲铵液和氨水形式，返回解吸塔。
蒸发	尿液经热利用段和加热段加热，在一段蒸发分离段分离出的尿液去二段蒸发器，被管间蒸汽加热后进入二段蒸发分离器进行气液分离的过程。
解吸	又称气提或汽提，吸收的逆过程，是液相中的溶质组分向与之接触的气（汽）相转移的传质分离过程。
造粒	液相的熔融尿素送往造粒喷头进行旋转喷洒造粒的过程。
转鼓	离心机、气体流量计、造粒机、磨面机等设备中的转动部件。
捕沫器	用于分离塔中气体夹带的液滴，以保证有传质效率，降低有价值的物料损失和改善塔后压缩机的操作，一般多在塔顶设置捕沫器。

二、行业劳动生产率稳步提高

我国化肥行业人均单月产值是衡量化肥行业劳动生产率的重要指标，自2007年以来，除2009年受国际金融危机影响人均单月产值下降外，人均单月产值逐年增加，由2007年的4.49万元增加到2011年的10.62万元。我国化肥行业工业产值不断增加，从业人员小幅下降，人均单月产值不断增加，劳动生产率不断提高。

2007-2011 年我国化肥行业全行业人均单月产值

单位：万元，人，万元／人

	化肥工业产值	从业人员人数	人均单月产值
2007.1-11	3192640	710380	4.49
2008.1-11	4233260	712073	5.94
2009.1-11	4108450	705486	5.82
2010.1-11	5172520	713559	7.25
2011.1-12	7274210	684718	10.62

数据来源：国家统计局

三、行业技术不断升级

（一）缓控释肥技术

2011 年 3 月 2 日，农业部首次将缓控释肥作为主推技术，号召各地结合全国农技推广示范县建设，组织专家、技术指导员，在关键农时、关键技术生产环节集中开展缓控释肥技术的示范展示和培训，指导科技示范户推广应用。与此同时，全国农业技术推广服务中心又在临沂召开“2011 年全国缓控释肥推广工作会议”，重点部署在全国 23 个省区市的示范推广工作，缓控释肥产业发展业已上升到国家战略高度，此举意味着我国缓控释肥产业发展将驶入快车道，迎来跨越式发展新时期。

缓控释肥“种肥同播”技术是一项施肥新技术，即在作物播种时一次性将缓控释肥施下去，以此解决农民对作物需肥用量把握不准的问题。

（二）滴灌酸性液体肥料

滴灌酸性液体肥料是中国科学院过程工程研究所国家生化工程中心新型科技产品。该肥料所特有的酸性可以解决滴孔堵塞的难题，并可提高肥料利用率 30%，节约肥料成本 20%，增产 15%。由于肥料采用磷肥促溶剂解决了肥料难溶于水的问题，大大提高了液体肥料的浓度，使包装和运输成本降低。该产品的生产工艺由多项先进技术集成，其最大特点是采用常温溶解工艺。

（三）控释肥技术升级至第四代

针对控释肥释放期短、包膜材料难降解等难题，中国海油化肥板块——中国海油化学股份有限公司研制出了第四代控释肥生产技术。

我国控释肥发展经历了硫包衣、聚烯烃、水溶液三个阶段。硫包衣型释放期太短，易造成土壤酸化；聚烯烃膜材不能降解，污染土壤；水乳液生产工艺复杂，膜材消耗大，这些都是不容忽视的硬伤。为此，中海化学去年引进了国家“十二五”科技支撑计划成果植物性树脂包膜技术，并自主设计、开发了与膜材料相配套的第四代包膜控释肥料生产线，形成了完善的包膜控释肥料生产工艺。

该技术以植物油和酯类物质为主要包膜材料，包膜过程不需要任何溶剂，且肥效释放后，包膜材料在 1-2 年内会自然降解，使控释肥生产和使用更加环保。另一方面，采用原位表面成膜原理，小分子单体在肥料表面直接聚合成膜，膜材料用量少，1 吨化肥只需要 30-50 千克膜材，成本控制处于同类技术领先地位。此外，包膜肥料初期溶出率可稳定控制在 10% 以下，适用于不同地区不同作物的需求。

山西阳煤丰喜肥业(集团)有限责任公司
SHANXI YANGMEI FENGXI FERTILIZER INDUSTRY (GROUP) LLC.

第三章 2011 年化肥行业发展情况分析

第一节 供给分析及预测

一、供给总量及速率分析

（一）产值：价格整体上涨，工业产值大增

我国化肥行业整体形势是，氮肥、磷肥产能过剩，钾肥自给率低，国家不断出台政策重点要求控制氮肥和磷肥产能的继续扩张，调整化肥行业内产业结构。

2011 年，我国化肥行业实现工业总产值 7274.21 亿元，同比增长 39.16%，增幅较 2010 年同期上涨 13.87 个百分点。2011 年化肥原材料价格的不断上涨引起化肥价格整体上涨，这使化肥行业工业总产值大幅增加。

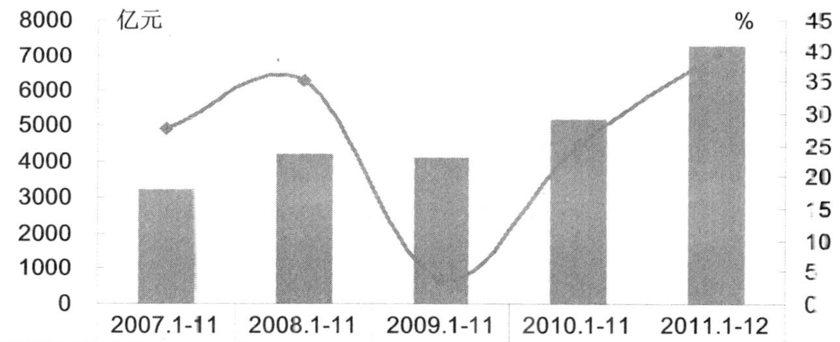

	2007.1-11	2008.1-11	2009.1-11	2010.1-11	2011.1-12
工业总产值	3192.64	4233.26	4108.45	5172.52	7274.21
增长率	27.57	35.12	3.64	25.29	39.16

数据来源：国家统计局
2007-2011 年化肥行业工业总产值变化趋势

（二）产量：整体略有下降

我国化肥产量整体呈下降态势，其中氮肥、磷肥下降较为明显，钾肥同比实现增长。2011 年，我国化肥行业实现产量（折纯）6027.2 万吨，同比增长 12.1%，增幅较 2010 年增加 9.6 个百分点，其中，氮肥（折含 N100%）产量为 4179 万吨，同比增加 8.6%，其中，尿素 2657 万吨，同比增长 5.72%；磷肥（折含 P205100％）产量为 1462.4 万吨，同比增长 24.3%；钾肥（折含 K2O100%）产量为 385.6 万吨，同比增长 10.8%。

化肥产量增速方面，与 2010 年相比，2011 年氮肥增速增长最快，磷肥增速小幅增加，钾肥增速小幅下降。

2006 年 -2011 年化肥行业主要产品产量情况

	氮肥	增速	尿素	增速	磷肥	增速	钾肥	增速
	（万吨）	(%)	（万吨）	(%)	（万吨）	(%)	（万吨）	(%)
2006-12	3869.01	13.3	2232.63	13.3	1226.4	16.5	208.92	18.5
2007-12	4187.1	10.7	2485.7	11.5	1256.7	8.5	249.6	10.6
2008-12	4331.18	2.75	2591.23	3.68	1258.88	-3.27	277.48	3.4
2009-12	4863.68	14.08	2932.42	10.49	1479.74	21.88	362.78	24.57
2010-12	4521.07	-3.57	2516.11	-7.33	1701.5	20.15	396.76	12.71
2011-12	4178.99	8.55	2656.73	5.72	1462.4	24.26	385.61	10.86

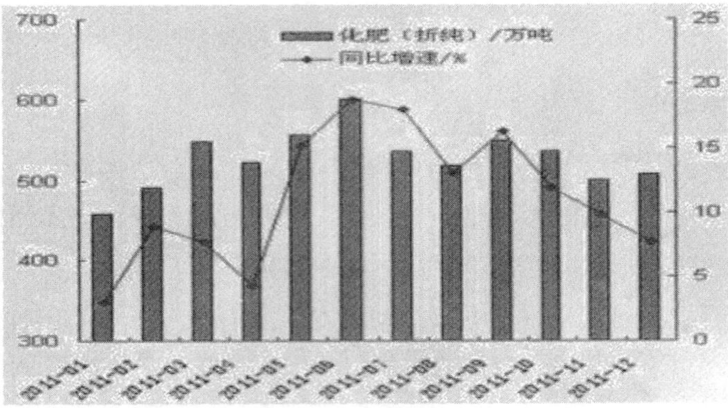

2011 年化肥（折纯）产量及同比增速情况

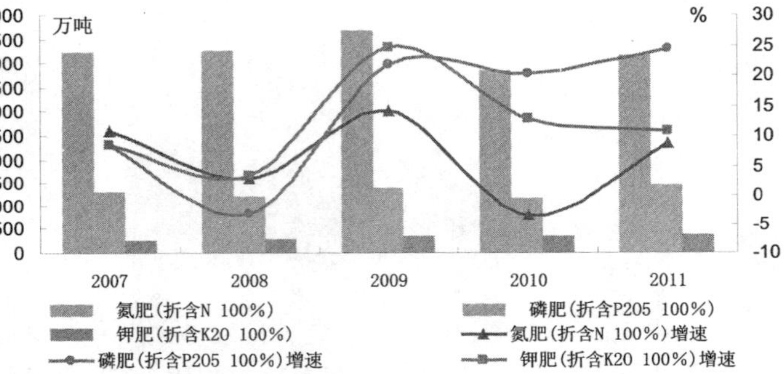

2007-2011 年氮肥、磷肥及钾肥产量情况

二、供给结构变化分析

（一）细分品种：钾肥生产垄断明显

化肥主要可以分为氮肥、磷肥、钾肥和复合肥等。

1. 氮肥：全年氮肥小幅增加

2011 年全年氮肥产量小幅增加；农业需求稳中有升，工业需求明显增加；尿素出口大幅下降，氮肥出口降幅不大；全年供需呈紧平衡，社会库存明显下降，结转到 2012 年的资源量与去年同期基本持平。2011 年氮肥产能为 6619 万吨，其中长期停产产能 409 万吨，弹性产能（视天然气为原料）为 510 万吨，有效产能为 5700 万吨。

合成氨：

我国合成氨产品主要分为农业用氨和工业用氨两大类。农业用氨主要用于生产尿素、硝铵、碳铵、硫酸铵、氯化铵、磷酸一铵、磷酸二铵、硝酸磷肥等多种含氮化肥产品。工业用氨主要用于生产硝

山西阳煤丰喜肥业(集团)有限责任公司
SHANXI YANGMEI FENGXI FERTILIZER INDUSTRY (GROUP) LLC.

酸、纯碱、丙烯腈、己内酰胺等多种化工产品。

目前，我国农业用氨主要用于生产尿素和碳铵，其消费量约占合成氨总消费量的75%，用于生产硝铵、氯化铵等其它肥料的合成氨约占合成氨总消费量的15%，工业用氨量约占合成氨总消费量的10%。

2011年，我国合成氨（无水氨）产量达5068.7万吨，同比增长6%，增速较2010年同期增加8.4%。近几年，我国合成氨产量涨跌交错，2010年跌幅较大。

尿素：

国内生产尿素，主要分为煤头尿素生产企业和气头尿素生产企业。2011年，化肥行业尿素（折含N100%）产量2656.7亿元，同比增长5.7%，增幅较2010年同期上涨13个百分点，但是我国尿素企业的开工率仍然较低。近年来，我国新建、扩建的尿素生产装置很多，尿素扩张迅速。自2010年我国尿素产量终止了连年大幅上涨的势头，出现了下滑的态势。

2007-2011年尿素产量、增速及占化肥量之比

单位：万吨，%

	尿素（折含N100%）	占化肥行业的比重	同比增长率
2007	2498.8	43.18%	11.5
2008	2654	46.01%	3.7
2009	2715.4	42.05%	10.5
2010	2513	46.76%	-7.3
2011	2656.7	44.08%	5.7

数据来源：国家统计局

2. 磷肥：磷肥宏观调控效果较为明显

2011年，磷肥累计产量1462.4万吨，同比增长24.26%。在我国抑制磷肥产能过剩、提高磷肥生产进入门槛的宏观调控政策影响下，磷肥宏观调控效果较为明显。其中，6月份磷肥产量达到峰值；但进入下半年以来，产量增速整体下行。

磷酸铵是重要的复合肥料，其中主要有磷酸一铵和磷酸二铵。2011年磷酸铵产量达2301万吨，同比增长28.65%，增速较2010年同期下降2.35个百分点；磷酸铵产量占化肥行业比重为38.18%，较2010年同期下降5.17个百分点。其中，2011年磷酸一铵产量为1139.6万吨，同比增长27.4%；磷酸二铵产量为1161.4万吨，同比增长25.1%。

磷酸铵产量增加及占行业比重情况

单位：万吨，%

	磷酸铵	同比增长率	占化肥行业的比重
2007	1505.9	20.7	26.02%
2008	1349.3	-7.9	23.39%
2009	1811.5	34.2	28.06%
2010	2329.9	28.6	43.35%
2011	2301	26.25	38.18%

数据来源：国家统计局

3. 钾肥：国内产能扩大

我国钾肥对外依赖性大，2011年我国钾肥发展主要立足于扩大产能、提高自给率。2011年国内钾肥总产能479.3万吨（实物量），同比增长12.33%；2011年我国累计生产钾肥385.61万吨，较上年同期增长10.86%；2011年国产钾肥产量折氯化钾达604万吨，创历史新高，比上一年增长

13.8%；国内全年钾肥消费量为1040万吨氯化钾。我国钾肥自给率已由2010年的50%提高到58%，钾肥产不足需局面进一步缓解。

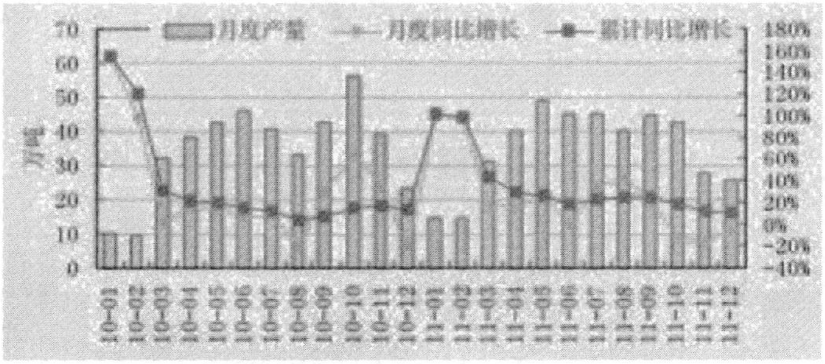

2011年1-12月我国钾肥产量及同比增速

由于国内钾肥资源不足，且我国农作物对钾肥需求旺盛，施用量持续以较高速度增长，所以我国需要大量进口钾肥，2011年钾肥进口量占国内消费量的50%以上。

目前，在国内高浓度钾肥供应格局中，国产钾肥约占48%，其中青海盐湖、新疆罗钾两家占31%，其他小厂占17%；进口钾肥约占52%，其中中化、中农、中海化学的长期合同进口占34%，短期边境贸易进口占18%。由此可见，在进口钾肥价格中，长期合同进口谈判确定的价格是影响国内市场价格的最主要因素。

4. 复混肥料：全年快速发展

2011年是复合肥行业快速发展的一年，这一年，国内总体产能在原有2亿吨的基础上持续增加，行业有效产能从5300万吨增加到5600万吨左右，产量较去年也有小幅增加，但产品结构有了显著变化，二元复合肥和低含量三元复合肥在3-8月份占据了出口总量的主体。

5. 新型肥产品：产品不断创新

2011年，相对于产能过剩、利润过低、利用率不高的传统尿素产品，新型氮肥在2011年如雨后春笋般焕发勃勃生机，增效氮肥、新型氮肥、缓释尿素、多肽尿素、硝基肥等新型氮肥不断推出，产品差异化不断丰富，企业产品结构竞争力逐步增强。目前，新型肥料的发展表现出高效化、复合化、长效化的趋势。虽然新型肥料具有众多优点，但是所占的比例只占肥料总量（折纯量）的1%~1.2%。

三、2012年供给预测

根据近几年氮肥、磷肥和钾肥产量的变化增长情况，并结合国家政策，预计2012年我国氮肥产量增速明显放慢，并且有可能出现负增长；磷肥产量增加速度也会放慢，但是受磷矿石资源稀缺的影响，产量增速下降，但整体趋势还是产量增加；钾肥产量受政策影响会不断增加。

氮肥：2012年国家将继续推行节能减排行动，而我国氮肥产量仍然过剩，氮肥总产量增加幅度有限，预计在4482.4万吨左右；国内消费将继续增长，预计在4331.9万吨左右；2012年国家将进一步限制资源出口，氮肥出口量也将有所下降，预计在279.3万吨，届时氮肥库存消费比将下调至38.1%。

尿素：预计2012年煤头尿素生产企业，生产更为稳定。尿素仍处于产能过剩，出口量较2010年减少一半左右，但价格较为稳定。

磷肥：2012年受磷矿石等原料开采难度以及开采成本增加等因素影响，磷肥产量增幅将依然有限，预计在1606.7万吨左右；2012年国家将进一步限制资源出口，磷铵等出口量也将有所下降，

山西阳煤丰喜肥业(集团)有限责任公司
SHANXI YANGMEI FENGXI FERTILIZER INDUSTRY (GROUP) LLC.

预计在 292.6 万吨，磷肥库存消费比将上调至 23.4%。

钾肥：预计 2012 年全年的钾肥总供应量预计将达到 1300 万吨氯化钾，其中国内产量约 650 万吨氯化钾，创历史最高，比 2011 年增长 5.5%，自给率进一步提高。全年的钾肥需求量将维持 2011 年 1040 万吨氯化钾或略高的水平。

2012 年化肥主要产品产量供给预测表

单位：万吨，%

年	氮肥（折含N100%）	同比增长	磷肥（折含P205100%）	同比增长	钾肥（折含K20100%）	同比增长
2007	4217.3	10.7	1301.8	8.5	291.2	10.6
2008	4263.2	2.7	1214.1	-3.3	291.2	3.4
2009	4688.3	14.1	1415.9	21.9	352.1	24.6
2010	3849.6	-3.6	1176.6	-16.9	347.9	-1.1
2011	4179	8.6	1462.4	24.3	385.6	10.8
预测部分						
2012（E）	4482.4	9.22	1632.0	2.26	650	5.5

数据来源：国家统计局，世经未来预测

第二节 需求分析及预测

一、需求总量分析

2011 年，我国化肥需求平稳增长，化肥行业实现销售收入 7290.92 亿元，同比增长 38.22%，增长率比 2010 年同期增加了 12.49 个百分点。

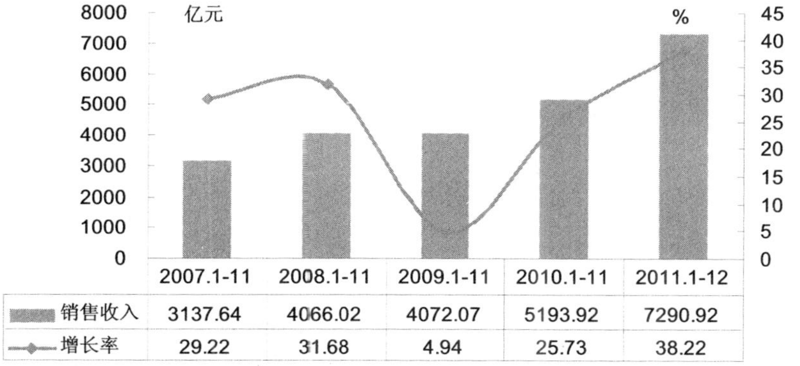

数据来源：国家统计局

2007-2011 年化肥行业销售收入变化趋势

二、需求结构分析

2011 年，从化肥需求量看，我国对氮肥的需求量最大，其次是对磷肥的需求量较大，对钾肥的需求量较少。我国化肥需求一直都保持这种需求结构，这与我国季节、土壤结构特诊和农作物生长周期等因素密切相关。预计未来几年，我国依然会保持这种化肥需求结构。

但是近几年行业环境恶化，需求疲软，使本来就过剩的产能无法得到有效释放，生产企业开工率下降，流通企业提前备货积极性不高，导致大量的产能闲置，供需矛盾依然比较明显。

钾肥：需求较 2010 年有所减少

2011 年全国钾肥需求量较去年小幅下滑。2011 年钾肥价格持续走高，在一定程度上影响了农民的需求。干旱高温等恶劣天气造成了需求减少。同时，复合肥工厂生产了大量的氮磷二元素复合肥用于出口，降低了钾肥需求。科学施肥和秸秆还田减少了钾肥用量。

氮肥：消费量高于 2010 年

2011 年国家淘汰落后产能以及节能减排力度较大，氮肥产量降低至 43816 万吨左右；氮肥消费量高于 2010 年，在 4234.5 万吨左右；在国家收紧尿素等出口关税政策下，氮肥出口量降低至

其中尿素方面，中国是世界最大的尿素消费国，占全球产量的 39%，主要依赖国内自给。2011 年 1-11 月，我国共消费尿素 5086.6 万吨，较 2010 年同期·(全年）基本等同，2011 年尿素表观消费量的上涨。尿素仍处于产能过剩，出口量较 2010 年减少一半左右，但价格较为稳定。

我国尿素需求年增长率一般在 3% 左右。考虑到蔬菜水果等经济作物价格波动，及测土配方施肥大力推广，提高化肥利用率，减少氮肥用量等等，预计 2012 年我国尿素需求量仍将保持在 5200 万吨左右，与 2011 年基本持平。预计 2012 年农业消费尿素 4100 万吨，工业消费 1100 万吨。

磷肥：需求继续增长

由于预期出口政策的收紧，预计 2012 年国内磷肥行业仍然保持较高景气度的概率较小。预计 2012 年磷肥国内消费将继续增长，预计在 1379.6 万吨左右。

复合肥：需求量不断上升

2011 年，我国复合肥施用量增速显著高于氮肥、磷肥及化肥总施用量增速，预计 2012 年复合肥的需求年均增长率将达到 7%。

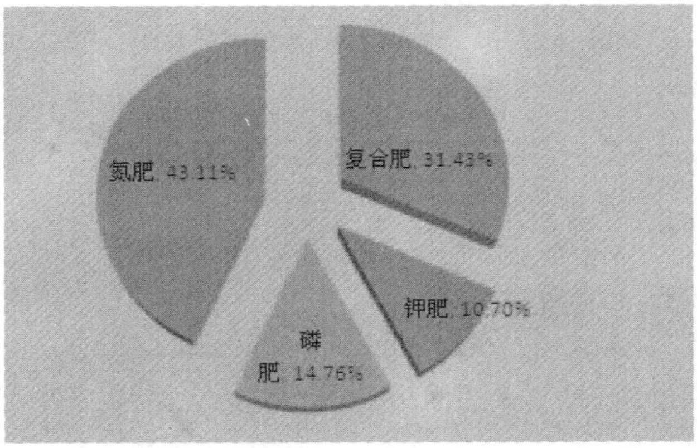

2011 年我国化肥消费比例情况

三、2012 年需求预测

（一）粮食压力增大刺激化肥需求

2015 年，中国人口将达到 14 亿，按 400 公斤的人均消费量，中国每年的粮食需求量在 5.6 亿吨左右。为了满足对粮食的刚性需求，使粮食自给率保持在 95% 以上，一方面要增加农作物播种面积，另一方面要努力提高单位面积粮食产量。

在可利用耕地面积减少的压力增大下，农作物种植面积上升空间有限。化肥的增产作用占到农作物产量的 30%-50%。因此，随着粮食播种面积的增加及进一步提高单位面积产量，化肥的需求量会进一步增加。

山西阳煤丰喜肥业(集团)有限责任公司
SHANXI YANGMEI FENGXI FERTILIZER INDUSTRY (GROUP) LLC.

（二）粮食价格快速上升，刺激化肥需求

自 2010 年以来，我国一直面临着较高的通货膨胀水平，物价指数中，食品价格上涨尤其过快。粮食价格上涨必然会导致农机、农药、化肥、种子等相关上游行业产品价格和需求量的上涨，因此预期 2012 年化肥的市场将继续走高。

（三）农业补贴力度加大，支撑化肥需求

2011 年国家对农业补贴的力度不断加大，中央财政共安排粮食直补 151 亿元，农资综合补贴 860 亿元，两项补贴合计 1011 亿元，刺激农民种植积极性不断提高，对化肥市场形成有力支撑。

2007-2011 年粮食产量、化肥施用量情况

单位　万吨，%

	粮食产量	同比增长	化肥使用量	同比增长
2006	49804.2		4927.7	
2007	50160.3	0.71	5107.8	3.65
2008	52870.9	5.40	5239	2.57
2009	53082	0.40	5404.4	3.16
2010	54641	2.94	5460	1.03
2011	57121	4.54	6027	10.38
预测部分				
2012（E）	59977	5	6268	4

数据来源：国家统计局，世经未来预测

第三节 市场分析及预测

一、供需平衡分析及预测

（一）产能利用率有所提高

氮肥：2011 年，氮肥过剩量维持在低水平，产能利用率比较高。2011 年全年氮肥需求旺盛，促使 2011 年全球合成氨和尿素产量增长了 4%。预计 2012 年潜在过剩量不足 250 万吨（N，折纯）。

尿素：2011 年我国尿素产能总体扩大。2011 年下半年及 12 年年初，我国约有 520 万吨新建项目投产，总产能将达到 7200 万吨上下。2011 年受生产成本、资金紧张等因素影响，约有 500 万吨上下的尿素产能处于长期停产状态或破产。即使这部分长期停产的尿素厂家在 2012 年继续停产，2012 年的有效尿素产能仍在 6600 万吨上下。我国尿素产能过剩的现象仍难缓解。

磷肥：2011 年，磷肥产量增长缓慢，需求比较旺盛，部分产能用于出口，产能利用率稍低。预计 2012 年全球磷酸产能将增加 210 万吨，至 5410 万吨（P205，折纯）。全球磷酸供应 / 需求关系表明，2011 年磷酸供应相对紧张，进入 2012 年之后情况基本一致，潜在过剩仅为 230 万吨（P205，折纯）。

钾肥：2011 年，钾肥过剩增加，产能利用率较 2010 年明显下降。由于需求旺盛，预计到 2012 年，全球氯化钾产能将达到 7450 万吨。除了中国的扩产之外，全部产能增长均出现在出口国家。

（二）库存较上年略有增加

截至 2011 年 11 月份，国内流通环节化肥库存约 2012 万吨，同比增长 5.59%。其中，尿素库存 665.13 万吨，同比下降 4.97%；磷酸二铵库存 173.2 万吨，同比增长 8.8%。由于尿素市场价格波

动较大，流通环节尤其是基层经销商尽量减少存货。2011 年前 7 个月尿素生产企业库存量逐月下降，进入 8 月份开始呈上升态势，截至 10 月底全国生产企业尿素库存为 160.2 万吨，较去年同期增长 28.4%。

截至 2011 年 12 月 31 日，国家化肥淡储政策下，承储企业累计调入化肥超过 1880 万吨，其中尿素 1110 万吨；库存化肥 1670 万吨以上，其中尿素约 900 万吨。

（三）供需平衡分析：国内供过于求

2011 年，化肥行业产销率 100.23%，较 2010 年降低 0.81 个百分点。自 2008 年以来，化肥行业产销率不断上升，但是到 2011 年又小幅下降，这主要是因为近几年化肥行业投资规模不断扩大，产能逐渐过剩，再者国家不断出台政策调控化肥出口税率减少出口，使国内供过于求，产销率下降。

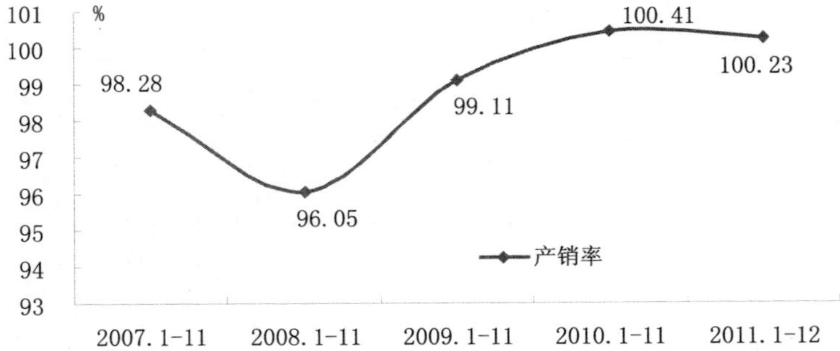

数据来源：国家统计局

2007-2011 年化肥行业成品产销率趋势图

（四）供需平衡预测：供求基本达到平衡

目前，我国化肥供需已经达到基本平衡状态。其中，氮肥和磷肥供过于求，略有节余；钾肥的自给率为 50%。

氮肥与磷肥方面，氮肥与磷肥一直是化肥行业中产能过剩比较严重的两个子行业，预计 2012 年，这两个子行业的产量依然会增加，但是增幅明显回落，受国家产业结构调整政策的影响，产量增幅明显放慢，但是依然供大于求的局面短期内依然不会改善。

尿素方面，供需略显过剩。2011 年 12 月底积压结转到 2012 年的尿素达 300 万 -350 万吨，加上 2012 年 1-4 月 1500 万 -1850 万吨的产量，春耕期间，全国尿素供应量可达 1800 万 -2200 万吨。而全国春耕尿素需求量不会超过 1500 万吨。如果没有出口消化，国内尿素至少过剩 300 万吨，必将打压价格下行或低位徘徊。

钾肥方面，供需过程趋势逐步显现，2012 年国内市场钾肥价格走势主要看与国际钾肥供应商谈判的进口合同价。中国钾肥谈判采取的是联合对外谈判形式，在谈判中有较大的话语权，一直是世界钾肥低洼地。预计国内进口商可能会成功拒绝国外上游厂商涨价的要求，而继续维持 2011 年的价格不变，进而引起钾肥市场供应量的增加。

二、价格变化分析及预测

（一）价格变化分析：价格上涨

2011 年国内化肥产品（氮磷钾）价格同比均出现上涨。其中尿素年均价 2070.60 元 / 吨，较去年均价水平同比上涨 18.57%；磷酸二铵年均价 3272.00 元 / 吨，较去年均价水平同比上涨

山西阳煤丰喜肥业(集团)有限责任公司
SHANXI YANGMEI FENGXI FERTILIZER INDUSTRY (GROUP) LLC.

13. 54%；氯化钾年均价 3165. 81 元 / 吨，较去年均价水平同比上涨 24. 68%。整体来讲，2011 年我国肥料市场价格运行稳中有升。

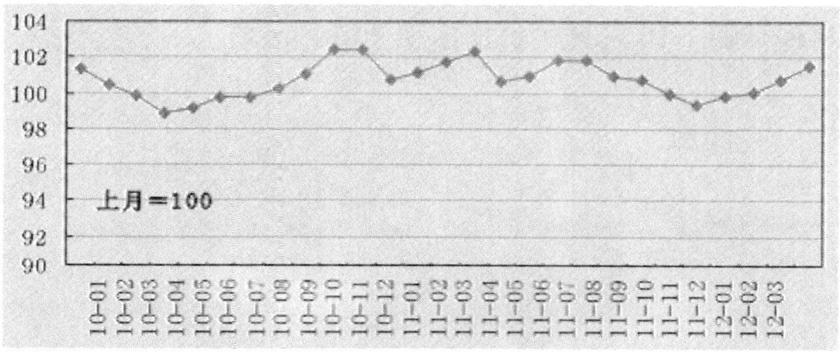

2011 年以来各月化肥出厂价格指数

2007 年 -2011 年国内化肥行业年均价

单位：元 / 吨

	尿素	磷酸二铵	氯化钾			
	单价	同比	单价	同比	单价	同比
2007	1667.31	1.40%	2682.63	11.08%	2074.64	19.27%
2008	2038.73	22.28%	4159.8	55.06%	4145.69	99.83%
2009	1690	-17.11%	2484.81	-40.27%	3435.24	-17.14%
2010	1746.35	3.33%	2881.73	15.97%	2539.22	-26.08%
2011	2070.6	18.57%	3272	13.54%	3165.81	24.68%

尿素：相对于两年尿素价格大起大落，2011 年我国以尿素为主的氮肥价格稳定，平均出厂价没有低于 1800 元 / 吨，全年没有大起大落。3 月份价格下跌至 1840 元 / 吨左右，到 6 月份价格一度上涨至 2420 元 / 吨左右。进入 10 月份国内尿素市场整体继续呈现下滑趋势，随着需求减弱北方价格由 2200 元 / 吨左右降至年底的 1950-2000 元 / 吨，降幅接近 300 元 / 吨。

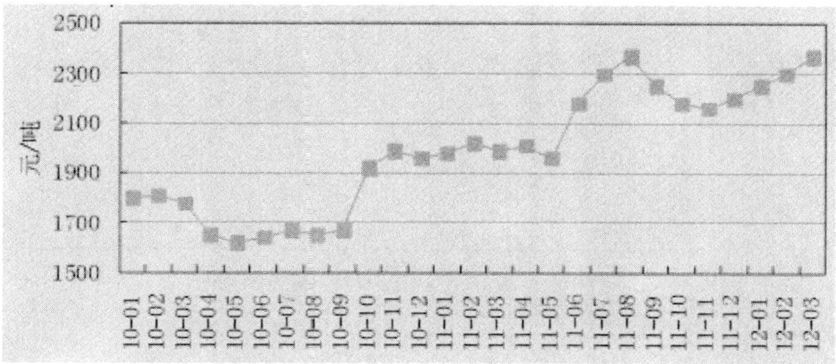

2010 年以来各月尿素价格走势

磷铵：2011 年初受原料价格拉动，一铵价格一路攀升，由于经销商的营销方式发生转变终端市场成交不畅使得下半年一铵市场渐冷。2011 年下半年的二铵市场，在磷复肥会议后龙头企业率先大幅下调二铵整个市场陷入低迷，价格持续回落。

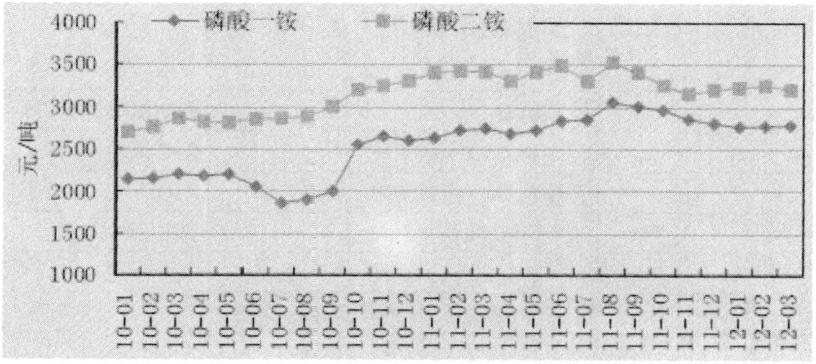

2010 年以来磷肥价格走势

复合肥：2011 年复合肥价格整体呈现抛物线的走势在二元肥出口的拉动下 5-8 月份价格一路攀升 45%，氯基主流出厂价由 2350-2400 元 / 吨上涨至 2750-2800 元 / 吨，高端价格甚至达到 2900-2950 元 / 吨；9 月价格保持稳；10 月开始价格出现下滑，市场进入观望状态。

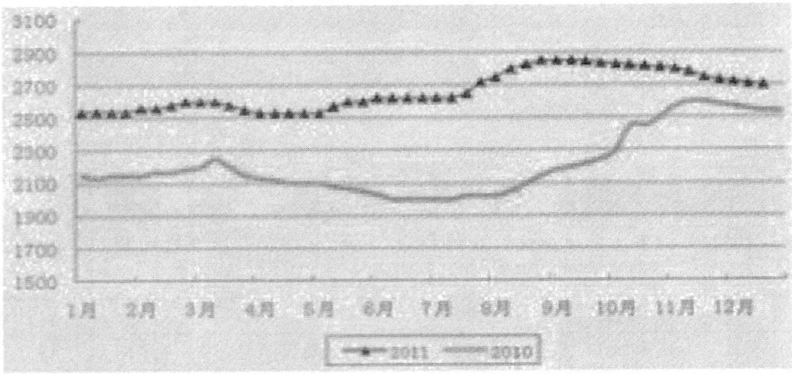

2011 年复合肥价格走势图

钾肥：2011 年钾肥市场走势呈现出一定的规律，上半年受国际市场高价和国内库存紧张的影响价格一路上涨；但下半年受到其他原材料价格下滑和需求低迷的影响价格一路下跌。同时，2011 年我国钾肥进口谈判首次采用半年合同机制，分别在 1 月和 6 月签订合同，均取得全球钾肥价格洼地。

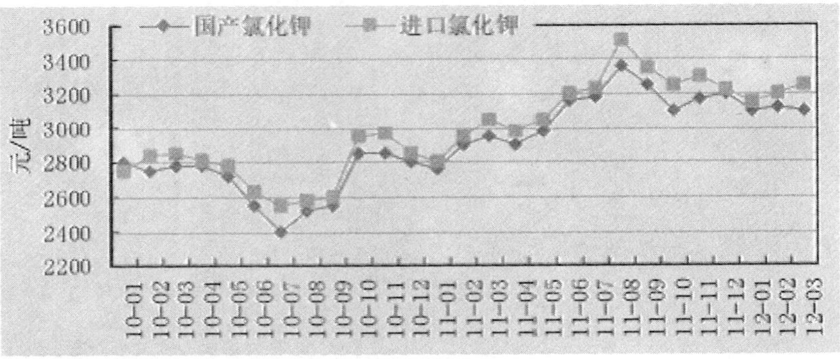

2010 年以来钾肥价格走势

通过近几年，钾肥价格谈判价格走势来看，钾肥价格依然存在上涨空间，2011 年我国钾肥进口谈判首次采用半年合同机制，分别在 1 月和 6 月签订合同，均取得全球钾肥价格洼地。预计 2012 年钾肥价格仍将保持上涨趋势

2007 年 -2011 年钾肥谈判价格及当期氯化钾进口量

日期	谈判价格	当期氯化钾进口量
2007 年	离岸价 180 美元 / 吨	692 万吨
2008 年	离岸价 565 美元 / 吨	213 万吨
2009 年	未与 BPC 达成协议	198 万吨
2010 年	离岸价 350 美元 / 吨	490 万吨
2011 年 2 月	到岸价 400 美元 / 吨(380 美元 / 吨)	
2011 年 7 月	到岸价 470 美元 / 吨(450 美元 / 吨)	

山西阳煤丰喜肥业(集团)有限责任公司
SHANXI YANGMEI FENGXI FERTILIZER INDUSTRY (GROUP) LLC.

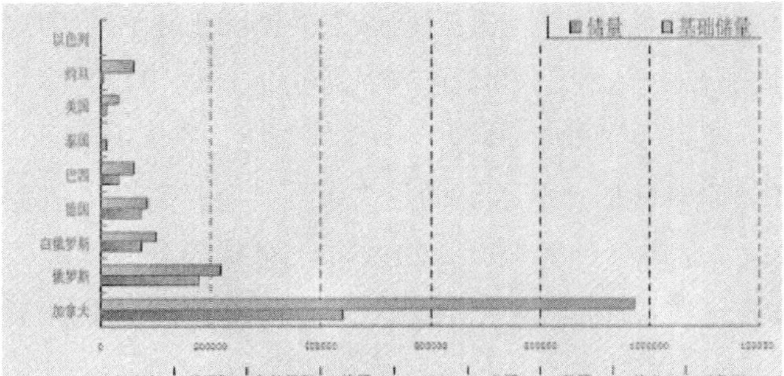

	加拿大	俄罗斯	白俄罗斯	德国	巴西	泰国	美国	约旦	以色列
基础储量	970000	220000	100000	85000	60000		30000	58000	3000
储量	440000	180000	75000	71000	30000	10000	9000	4000	2200

世界主要氯化钾资源分布

（二）价格预测：价格稳中略升

2012 年春季，由于随着春耕作业的展开，春耕用肥的增加，各种氮磷钾肥、硫酸铵、复合肥将会有一定的上涨压力，短期上调的幅度在每吨 100 — 150 元。

尿素方面，目前，尿素行情未见好转冬储情况并不乐观，但煤炭、电价等成本的增加为价格的下滑提供了有利的支撑，因此预计 2012 年春季市场价格也是跌涨不一。同时，自 2011 年 12 月 26 日起，我国在广东省、广西壮族自治区开展天然气价格形成机制改革试点，2012 年我国将开始逐步推行天然气定价市场化，逐步取消化肥优惠供气，我国气头尿素企业气荒是较为严重的，这将进一步加剧我国尿素供需矛盾，进而推动尿素价格上涨。

磷铵方面，短期一铵需求不旺企业销售压力逐渐明显大型企业仍执行前期订单预计后期以停产、限产或库存为主，55% 一铵出厂报价降至 2700-2750 元 / 吨。国内市场二铵到货量不大下游仍处于观望状态静待新价格出台。随着用肥季节的到来终端经销商只能选择随行就市，57% 二铵出厂报价稳定在 2750-2800 元 / 吨。

钾肥方面，钾肥受原材料磷矿石和硫磺价格不断攀升的影响，预计 2012 年钾肥价格下降的空间较小，钾肥会继续高位运行，但是价格涨幅会明显回落。

由于进口钾肥仍占国内市场份额的一半以上，2012 年影响国内市场价格的主要因素将是进口钾肥价格。

第四节 2011 年全球市场及我国进出口情况分析

一、全球化肥需求回升供应过剩空间缩小

自 2008 年全球化肥市场低迷之后，化肥市场一直回暖，2011 年，全球养分需求继续回升。其中，北美、拉丁美洲、南亚及中欧地区的肥料需求旺盛，同时东欧、中亚呈现回升势头，东亚、西亚和西欧的需求增长速度则有所放缓。

2011 年全球养分表观消费总量较 2010 年增长 5%，达到 2.27 亿吨（纯养分），其中近 2/3 的

增长量来自于肥料产业。2011 年，世界养分供应增长主要体现在各地区国内销售强劲。全球范围内，各地区仅国内交货量增长了 6%，达到 1.75 亿吨（纯养分），而出口总量较 2010 年增长不到 3%，至 5200 万吨（纯养分）。

在需求旺盛的情况下，全球化肥产量能够满足需求，甚至是超过了消费总量。合成氨、磷矿石和钾盐的产量总计达到 2.27 亿吨（纯养分）。2011 年，全球养分产能增长速度慢于产量，产能新增近 1100 万吨（纯养分），较 2010 年增长 4%。全球范围而言，工业开工率为装机产能的 83%，2010 年为 82%。

2011 年国际贸易的主要发展形势表现为，几乎全部产品的进口相当稳定，南亚和拉丁美洲进口需求旺盛，北美和东亚肥料需求和进口量有所回升。与过去两年一样，中国的出口关税继续对全球尿素和二铵贸易产生影响。中国出口的减少为其他出口国创造了销售机遇，即使这样，中国也始终占据着印度和东南亚氮肥和磷肥巨大市场份额。

氮肥过剩量维持在低水平

2011 年全年氮肥需求旺盛，促使 2011 年全球合成氨和尿素产量增长了 4%。2012 年全球氮肥供应与需求数据调查表明，2012 年潜在过剩量不足 250 万吨（N，折纯）。

2011 年全球合成氨贸易缓慢增长 2%，达到 1770 万吨（NH3）。预计 2012 年，海运贸易量将达到 1850 万吨（NH3）。总体来看，预计 2012 年全球合成氨产能将增长 5%，达到 2.08 亿吨（NH3）。

2011 年全球尿素产能接近 1.84 亿吨，2012 年达到 1.96 亿吨。全球尿素供应与需求数据表明，2011 年潜在过剩量较低，为 360 万吨产品。到 2012 年，这一过剩将依然稳定，2012 年新增产能的大部分要到下半年才会投产。

2011 年磷肥产量增长缓慢

2011 年全球磷酸盐需求依然旺盛，巩固了 2010 年的回暖势头。几乎全部消费国的磷酸盐产品需求均有所增加，因此支撑着较高的产量水平。全球磷酸盐销量较 2010 年扩大了 6%，增长全部来自于各地区国内交货量的的提高。

在磷酸一铵、磷酸二铵、重钙方面，2011 年和 2012 年全球磷肥产能将分别达到 4050 万吨和 4200 万吨（P205，折纯）。2011 年中国和沙特有磷酸二铵和磷酸一铵新产能出现。其中，2012 年，产能增量将主要来自于中国

2011 年，全球范围内没有新的磷酸产能投产。到 2012 年，预计全球磷酸产能将增加 210 万吨，至 5410 万吨（P205，折纯）。全球磷酸供应 / 需求关系表明，2011 年磷酸供应相对紧张，进入 2012 年之后情况基本一致，潜在过剩仅为 230 万吨（P205，折纯）。

钾肥过剩较为严重

由于需求旺盛，2011 年全球钾盐产量较 2010 年增长 5%-7%。2011 年全球氯化钾销量估计为 5570 万吨，而 2010 年为 5520 万吨。2011 年世界钾盐产能将增长 6%，达到 4460 万吨（K20，折纯），2012 年全球钾盐产能预计将再扩大 5%，至 4680 万吨（K20，折纯）。按产品计，到 2012 年，全球氯化钾产能将达到 7450 万吨。除了中国的扩产之外，全部产能增长均出现在出口国家。

钾盐供应 / 需求平衡关系表明，2011 年和 2012 年存在 600-650 万吨氯化钾的强力潜在过剩，供应增长将可能被需求新增量所消化。

山西阳煤丰喜肥业(集团)有限责任公司
SHANXI YANG MEI FENGXI FERTILIZER INDUSTRY (GROUP) LLC.

硫磺持续供应紧张

2012 年，预计世界硫产品产量将较 2011 年增长 7%，达到 5460 万吨（S，折纯）。基于工业部门需求的重要增长以及肥料消费的相对坚挺，全球硫产品消费量预计将达到 5550 万吨（S，折纯），在 2011 年基础上强劲增长 4.5%。供应和需求之间的持续不平衡将持续至 2012 年，但伴随着产量的增长，不平衡程度有所下降。

二、进口情况分析

2011 年 12 月，中国共计进口肥料 43 万吨，金额为 2.16 亿美元。2011 年 1-12 月，全国共计进口肥料达 795 万吨，同比增长 10.7%；进口金额达 34.65 亿美元，同比增长 33.5%。其中，尿素、重过磷酸钙、肥料用硝酸钾、其他氯化钾和氮、磷、钾三元肥进口量较大。

具体而言，自 2007 年以来，尿素进口量在不断下降，下降幅度不断增加；近两年肥料用其他氯化钾进口量不断增加，氮、磷、钾三元肥进口量逐年减少，但是 2011 年下降幅度较 2010 年降低。

2007 年 -2011 年我国化肥进口情况对比

单位：吨，%

产品名称	2011		2010		2009		2008		2007	
	1-12 月累计	同比增长	1-12 月累计	同比增长	1-12 月累计	同比增长	1-12 月累计	同比增长	1-12 月累计	同比增长
尿素	2052	-84.5	13256	-65.8	38798	—	67	-87.6	1051863	95.5
重过磷酸钙	83656	19.3	70126	106.6	33947	324.4	7999	—	237028	30.1
肥料用硝酸钾	21867	-49.3	43147	45.3	29692	-10	32984	-54.1	1[illegible]25	279
其他氯化钾	6401876	22.2	5240899	164.3	1983168	-61.4	5142454	-45.4	59667	12.8
氮、磷、钾三元肥	1018173	-6.4	1087973	-17	1310397	103.3	644603	-52.3	1350486	-30.8

数据来源：国家统计局

2011 年初我国钾肥进口商与白俄罗斯钾肥公司（BPC）签订的 2011 年上半年钾肥合同到岸价格为 400 美元 / 吨，比 2010 年每吨上涨 50 美元，涨幅达 14%。上涨的价格使国内市场保持观望态度，也导致了上半年化肥进口的低迷。7 月 1 日，我国进口商与 BPC 签订下半年钾肥进口合同，价格为 470 美元 / 吨，比上半年上涨 17.5%。下半年钾肥进口大合同的签订再次提振了市场价格，使国内市场继续保持观望态度，国内钾肥实际成交量保持在低位。

三、出口情况分析

2011 年 1-12 月，全国出口尿素量和氮、磷、钾三元肥量较 2010 年大幅下降，出口重过磷酸钙较 2010 年大幅上涨；其他肥料出口量也较 2010 年有较大幅度的回升，同比增长 27.3%，

2007 年 -2011 年我国化肥出口情况对比

单位：吨，%

产品名称	2011		2010		2009		2008		2007	
	1-12 月累计	同比增长	1-12 月累计	同比增长	1-12 月累计	同比增长	1-12 月累计	同比增长	1-12 月累计	同比增长
尿素	3558820	-49.3	7025783	107.9	3379137	-22.5	4359701	-17	5254011	284.3
硝酸钠	23996	-5.7	25445	83.3	13878	159.8	5343	-56.2	12187	-29.1
重过磷酸钙	1732560	42.8	1212906	13	1073459	9.3	982424	-11.1	1105481	70.7
氮、磷、钾三元肥	23790	-32	34985	32.2	26460	-92.7	363671	-39.3	599266	207
磷酸二氢铵	4017515	0.7	3988019	92.4	2073053	153.8	816918	-58.6	1971433	150.8
其他肥料	153354	27.3	120489	245.2	34906	-70.8	119386	-29.3	168804	17.9

数据来源：国家统计局

近几年来，国家对于高耗能、高污染和资源性产品的出口限制越来越严格，而出口化肥相当于间接出口国内的煤炭、磷矿和能源，化肥的出口受政策限制较大。化肥出口关税氛围淡季出口关税和旺季出口关税，后者关税更高。

为了满足国内需求旺季时农民用肥的供应，国家调整尿素淡旺季关税，使得国际需求旺季与高关税期重合，而到低关税期后国际市场已回归平淡，国际市场价格甚至略低于国内，使得厂家将已经集港的货源重新返销国内市场，压缩企业的盈利空间。

2011 年，为抬高淡季关税期的出口门槛，我国将尿素淡季出口基准价格由 2010 年的 2300 元 / 吨下调至 2100 元 / 吨，出口价格不高于基准价时，税率为 7%，而高于基准价时税率将高于 7%，具体税率按照实际申报价格推算，即申报价格超过基准价越多，出口税率越高。2011 年尿素上游原料价格走高，尿素市场价格保持在高位，由于海关对化肥出口实行严格的审价制度，2011 年尿素出口申报价格均远高于基准价格，关税成本的提高压缩了企业的出口利润，在一定程度上抑制了尿素出口的增长。

2011 年，大多数磷肥企业为了确保利润，生产出口部分未受调控或者出口关税较低的品种，例如其他氮磷二元复合肥、重钙、普钙、硫酸铵等，使得国内小品种的化肥出口增长较快。

但 2012 年，出口关税政策，制定了小品种的肥的出口。2012 年化肥出口政策主要调整变化集中在小品种化肥上，化肥小品种出口的火爆景象将不会在 2012 年出现，出口形势不容乐观。

第五节 投融资分析及预测

一、固定资产投资

2011 年，化肥行业固定资产投资实际完成额 1252.96 亿元，同比增长 27%，增速为近 10 年来增长 20 个百分点，2011 年，因为化肥价格的上涨，化肥生产企业为抓住时机追求更高利润利润而扩大再生产引起投资规模急剧扩张。

2007-2011 年化肥行业固定资产投资

单位：亿元、%

	全社会固定资产投资总额	化肥实际投资额	同比增长	化肥业实际投资额占全社会比重
2007	137239	543.98	19	40
2008	172291	736.23	35	43
2009	224846	923.66	25	41
2010	278140	988.1	7	36
2011	301933	1252.96	27	41

二、投资结构分析

2011 年，我国化肥行业投资同比增长三成，新型肥料投资增幅大幅提高。氮肥完成投资 417.82 亿元，同比增加 9.2%；磷肥完成投资 89.26 亿元，同比下降 1.4%；钾肥完成投资 43.10 亿元，同比增加 50.6%；复混肥完成投资 361.3 亿元，同比增加 19.5%；有机肥料及微生物肥完成投

山西阳煤丰喜肥业(集团)有限责任公司
SHANXI YANGMEI FENGXI FERTILIZER INDUSTRY (GROUP) LLC.

资 28. 38 亿元，同比增加 88. 2%。；复混肥完成投资 361. 3 亿元，同比增加 19. 5%。

2007-2011 年化肥各子行业固定资产投资

单位：亿元

	化肥实际投资额	氮肥	磷肥	钾肥	复混肥	有机肥料及微生物肥	其他
2007	543.98	301.12	38.02	35.26	115.5	227.9	54.04
2008	736.23	399.25	57.8	23.01	169.1	141.86	87.05
2009	923.66	402.18	97.02	31.91	235.5	111.73	157.01
2010	988.1	337.4	105.1	43.2	315.9	50.74	186.5
2011	1252.96	417.82	89.26	43.1	361.3	28.38	113.56

数据来源：国家统计局

从近年投资变化态势看，氮肥产业投资在经过 2008、2009 年持续高速增长后，2010 年出现明显下滑，一直到 2011 年 4 月份才开始回升；磷肥、钾肥投资依然维持同比下滑态势，但从单月投资水平来看，钾肥投资已出现增长迹象；复混肥、有机肥料及微生物肥、其他肥料投资明显保持高速增长态势。

投资结构上，氮肥固定资产投资规模最大，2011 年较 2010 年有较大幅度的增加；2007 年以来，复混肥固定资产投资呈直线上升趋势；近几年，钾肥固定资产投资规模不断扩大，但是整体规模较小，而有机肥料及微生物肥料固定资产投资逐年下降；2007-2010 年磷肥固定资产投资规模不断扩大，但是 2011 年投资规模却较 2010 年下降。

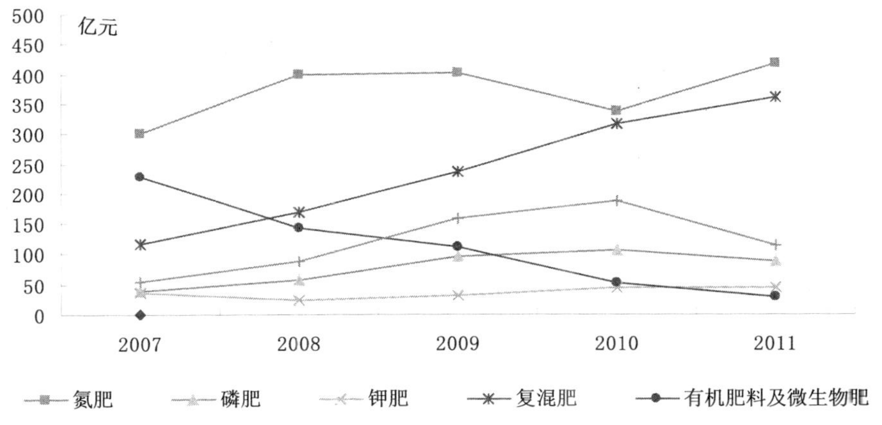

数据来源：国家统计局

2007-2011 年化肥行业固定资产投资结构

值得关注的是，在氮肥产能已经过剩的情况下，我国氮肥投资依然维持稳定增长态势。氮肥新增产能多来自大型环保设备投入，且呈逐渐向新疆、内蒙古、山西等煤炭资源产地集中态势。由于近几年氮肥市场持续低迷，部分产能已经退出。

2011 年，全国现有的 6600 万吨尿素产能中，有 525 万吨产能是无效产能，虽然 2011 年计划有 500 万吨新建产能投产，但绝大多数都推迟到 2012 年或更靠后。随着我国氮肥产业结构调整的推进，全国区域间氮肥产能差异越来越大。

2011 年我国化肥行业新建和扩建项目

序号	省市区	企业／地址	产品／规模	说明
1	湖北	新洋丰肥业股份有限公司——河北徐水	尿基包膜缓控释肥料，产能 60 万 t/a	投资 3 亿元，2010 年 9 月开工，2011 年底建成
2	湖北	诚丰科技有限公司——湖北荆州松滋市工业园	30 万 t/a 硫铁矿制硫酸	投资 5 亿元，2012 年 6 月建成
3	四川	德阳昊华清平磷矿有限公司—绵竹经济开发区	30 万 t/a 硫酸制硫酸，20 万 t/a 磷铵	2011 年 9 月开工
4	四川	三嘉复合肥有限公司—四川绵竹	复合肥 200 万 t/a 项目，一期：15 万 t/a 硫酸钾、15 万 t/a 磷酸二钙、30 万 t/a 复合肥料、20 万 t/a 硫基复肥。二期：70 万 t/a 复合肥料、50 万 t/a 硫基复肥。三期：资源循环利用 t/a	总投资 30.9 亿元
5	四川	雷波凯瑞化工有限公司	黄磷／磷酸盐项目：6 万 t/a 黄磷、18 万 t/a 工业磷酸盐、10 万 t/a 三聚磷酸钠、10 万 t/a 磷酸二氢钾、公用工程等	投资 117580 万元，由成都新都化工有限公司投资，2012 年底建成。年销售收入 22.46 亿元，年利税 1.79 亿元。总投资 30.9 亿元
6	安徽	司尔特肥业股份有限公司—宜州经济开发区	30 万 t/a 磷石膏开发利用项目	投资 7000 万元
7	安徽	司尔特肥业股份有限公司—宁国市	35 万 t/a 硫铁矿制硫酸余热发电	投资 1.13 亿元，年销售收入 1.77 亿元，年均利润 4231 万元
8	贵州	瓮福磷肥厂—福泉市马场坪	25 万 t/a 磷石膏制硫酸铵项目：由粒状磷酸一铵改产	投资 1000 万元，建设周期 18 个月
9	贵州	遵义新都化工有限公司	长效复合肥项目。一期: 30 万 t/a 硫铁矿制酸、30 万 t/a 长效缓释肥。二期：30 万 t/a 硫铁矿制酸、20 万 t/a 磷酸一铵、30 万 t/a 长效缓释肥	总投资 5.8 亿元。一期：投资 3.6 亿元，2013 年底建成。二期：投资 2.2 亿元，2014 年 3 月建成
10	贵州	双龙实业集团龙腾磷化工公司——贵州黔南州瓮安县青坑工业园	10 万 t/a 脱氟磷酸三钙	投资 9600 万元，2011 年 7 月动工，建设期 13 个月，年产值 4.5 亿元，年创汇 6500 万美元
11	河北	硅谷化工有限公司	高塔有机硅水溶长效复肥总产能为 60 万 t/a。一期为 20 万 t/a 有机硅水溶长效复肥	总投资 3.3 亿元，一期 2011 年内投产
12	山西	太钢哈斯科科技有限公司——太原市阳曲县	钢渣综合利用 150 万 t/a，包括硅钙钢渣复合肥等 6 类产品	总投资 5 亿元，2011 年 5 月开工
13	山东	衮煤加拿大资源有限公司——加拿大萨斯喀彻温省	收购加拿大萨省 19 项钾矿资源探矿权项目。其中：德文湟钾肥公司 11 项，北大西洋钾肥公司 8 项	收购费 2.6 亿美元，探矿覆盖面积为 5363.84km
14	山东	天山丰耘生态肥业有限公司——山东定陶县经济开发区	20 万 t/a 缓控释肥	投资 3 亿元，2010 年 10 月开工，2011 年 3 季度建成
15	河南	佰利联化学股份有限公司所属焦作高泰精细化工有限公司——焦作市	60 万 t/a 硫酸项目，包括：30 万 t/a 硫磺制酸、25 万 t/a98% 硫酸、5 万 t/a 发烟硫酸、45t/h 余热副产蒸汽	2011 年 9 月完工
16	新疆	新疆罗布泊钾盐公司——新疆若羌县罗布泊地区	罗布泊钾肥二期工程，新增钾肥产能 170 万 t/a，包括：10 万 t/a 硫酸钾镁肥厂、60 万 t/a 硫酸钾厂、100 万 t/a 硫酸钾镁肥厂	罗布泊地区探明资源量约 1.2 亿 t，可采利用量 3600 万 t。2015 年企业总产能达到 300 万 t/a

山西阳煤丰喜肥业(集团)有限责任公司
SHANXI YANGMEI FENGXI FERTILIZER INDUSTRY (GROUP) LLC.

17	新疆	新疆北方福瑞生态工程有限公司	年产60万t/a高浓度缩水溶肥	项目总投资15亿元，其中，一期30万t生产线项目计划投资8亿元，建设工期一年，计划2012年8月底前完成
18	广东	嘉美好肥料有限公司——肇庆高新开发区	20万t/a高塔熔体造粒复合肥	投资5000万元，产品含有口微量元素。2011年9月试生产
19	甘肃	刘家峡化工集团——白银工业区	25万t/a硝基复合肥	投资20亿元，2011年7月开工，企业现有合成氨40万t/a，尿素70万t/a

三、兼并重组情况分析

当前，化肥行业已经逐渐步入整合期。化肥行业已逐步形成以大型化肥企业为主导的生产经营格局，基础肥料也正向资源产地和优势企业集中。实际上，这也是当前各类涉农行业的一个共性。大型企业通过兼并重组扩大产能与市场份额，资源型企业通过兼并重组进入产业链下游发展。

2011年化肥行业主要兼并重组情况

时间	参与方	兼并重组内容
12月2日	徽六国化工股份有限公司、江西贵溪化肥有限责任公司	安徽六国化工股份有限公司公告称，公司竞买江西贵溪化肥有限责任公司51%股权，以4700万元的价格成交
10月14日	金正大、云南中正化学工业有限公司	金正大还公告称，公司拟出资1亿元，收购云南中正化学工业有限公司部分股权
8月23日	史丹利	拟在河南以自筹资金2亿元投资建设100万吨新型化肥公司，发展复合肥及其他新型肥料产业
8月24日	金正大、贵州建设磷资源循环利用产业园	金正大未来五年投资近60亿元于贵州建设磷资源循环利用产业园，直接进军上游
3月30日	成都新都化工股份有限公司、湖北新楚钟肥业有限公司	使用超募资金以增资扩股方式并购湖北新楚钟肥业有限公司

第六节 经营情况分析及预测

一、行业规模：稳步扩张，集中度不断提高

2011年，我国化肥行业资产与负债规模均不断扩大，而企业数量和企业人数减少。截止到2011年12月，我国规模以上化肥生产企业共有2048家，从业人员684718人；资产总计6993.83亿元，同比增长17.32%；负债总计4281.70亿元，同比增长14.48%；销售收入7290.92亿元，同比增长38.22%；利润总额444.02亿元，同比增长73.99%。

2007-2011年化肥行业主要指标统计

单位：人、亿元、%

	企业数量	从业人员	资产总计	增长率	负债总计	增长率	销售收入	增长率	利润总额	增长率
2007.11	2184	710380	4113.7	18.19	2475	18.2	3137.64	29.22	211.57	36.7
2008.11	2328	712073	5162.25	25.45	3198.27	26.45	4066.024	31.68	297.77	45.47
2009.11	2573	705486	5433.32	10.77	3417.08	13.56	4072.07	4.94	150.19	-46.07
2010.11	2777	713559	6370.73	15.87	3993.83	15.84	5193.92	25.73	243.99	59.81
2011.12	2048	684718	6993.83	17.32	4281.7	14.48	7290.92	38.22	444.02	73.99

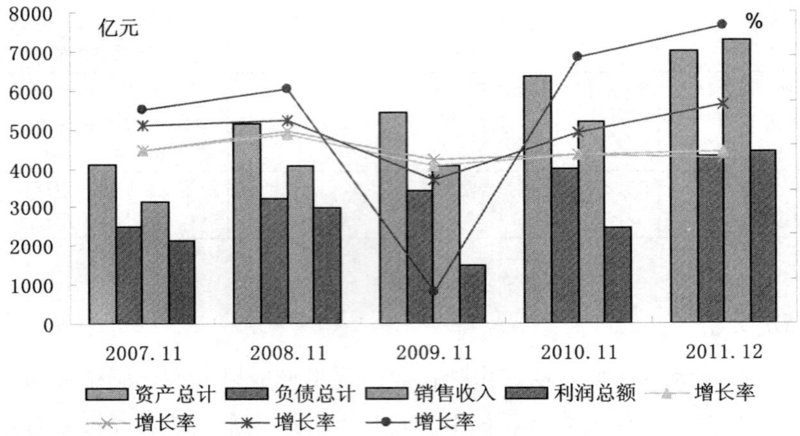

数据来源：国家统计局

2007-2011年化肥行业资产、负债、销售收入和利润变化趋势

二、费变化：融资成本上升，财务费用增加

2011年，化肥行业销售收入大幅增加，同比增加38.22%，与生产相关的各种费用也大增上涨。具体而言，2011年化肥行业销售费用156.42亿元，同比增长28.42%，增速较2010年下降4.24个百分点；管理费用235.84亿元，同比增长24.83%，增速较2010年增加6.48个百分点；财务费用128.25亿元，同比增长25.1%，增速较2010年增加6.18个百分点。

2011年，化肥行业企业并购现浪潮日益明显，行业内企业数量减少，企业规模变大，企业管理费用也随之上升；国家不断调整法定存款准备金率，影响贷款利率，企业融资成本上涨，财务费用也不断增加。

2007-2011年化肥行业三费变化情况

时间	销售费用	同比增长	管理费用	同比增长	财务费用	同比增长
2007.01-2007.11	69.31	20.44	130.53	21.14	56.94	30.23
2008.01-2008.11	136.55	21.21	157.85	23.25	76.39	33.51
2009.01-2009.11	84.72	10.95	148.5	0.05	68.87	-0.38
2010.01-2010.11	114.14	32.65	175.51	18.35	93.86	18.92
2011.01-2011.12	156.42	28.42	235.84	24.83	128.25	25.1

数据来源：国家统计局

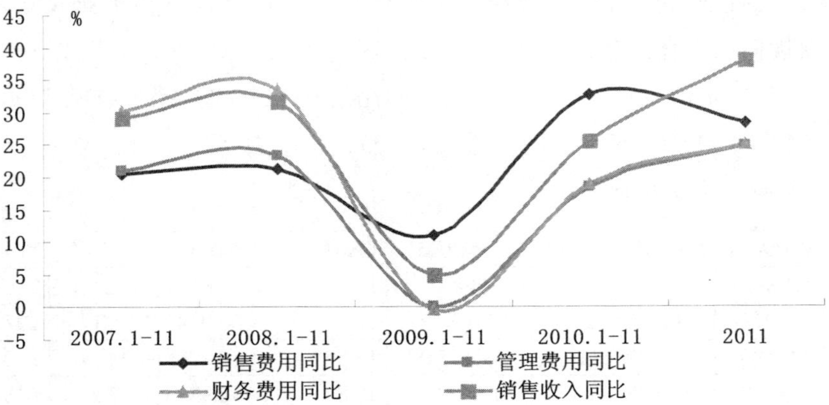

2007-2011年化肥行业三费增长率变化情况

山西阳煤丰喜肥业(集团)有限责任公司
SHANXI YANGMEI FENGXI FERTILIZER INDUSTRY (GROUP) LLC.

从三费所占比重看，2011年销售费用、管理费用和财务费用占销售收入的比重均较2010年下降。2011年销售费用、管理费用和财务费用占销售收入的比重分别为2.15%、3.23%和1.76%。

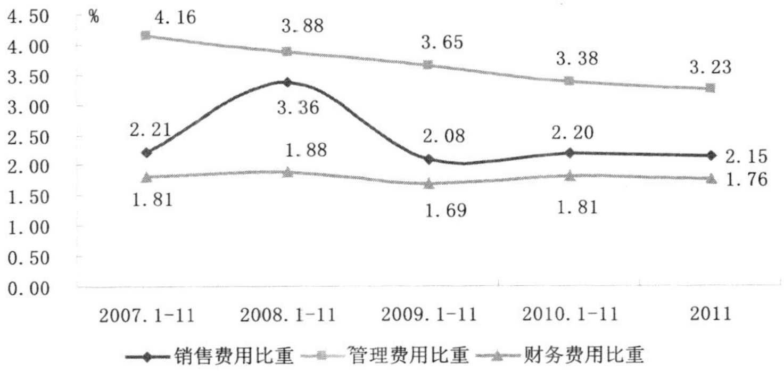

2007-2011年化肥行业三费占销售收入比重变化情况

三、经营效益：收入、利润均有增加

2011年，化肥行业实现利润444亿元，同比增长74%。其中氮肥实现利润136亿元，同比增长129.7%；磷肥实现利润45亿元，同比增长66.8%。行业销售利润率从2010年的4.6%提到5.7%，但仍有1/4左右的企业处于亏损。氮肥行业资产利润率只有3.6%，远低于中长期贷款利率。2011年行业投资增速仍保持增长态势，但资金投向不断优化，调控政策对过剩产能的抑制作用开始显现。

2011年，资产与负债规模均较2010年变大；销售收入较2010年同期也有较大幅度的提高，销售收入较2010年同期增长38.22%，增速较2010年增加12.49个百分点；利润总额较2010年同期增长73.99%，增速较2010年同期增加14.18个百分点。可见，2011年化肥行业利润增速超过销售收入增速，经营效益较好。

2007-2011年化肥行业经营效益指标

	资产总计	增长率	负债总计	增长率	销售收入	增长率	利润总额	增长率
2007.11	4113.7	18.19	2475	18.2	3137.64	29.22	211.57	36.7
2008.11	5162.25	25.45	3198.27	26.45	4066.024	31.68	297.77	45.47
2009.11	5433.32	10.77	3417.08	13.56	4072.07	4.94	150.19	-43.07
2010.11	6370.73	15.87	3993.83	15.84	5193.92	25.73	243.99	59.81
2011.12	6993.83	17.32	4281.7	14.48	7290.92	38.22	444.02	73.99

数据来源：国家统计局

四、财务指标分析

（一）盈利能力：明显提高

2011年，化肥行业盈利能力明显提高，销售毛利率、销售利润率和资产报酬率增速分别比2010年提高1.3%、1.39%和2.39%。同时，资产报酬率和销售毛利率均达到2007年以来的最大值。

2007-2011年化肥行业盈利能力指标

	2011年12月	2010年11月	2009年11月	2008年11月	2007年11月
销售毛利率(%)	14.21	12.91	10.77	14.83	14.91
销售利润率(%)	6.09	4.7	3.69	7.32	6.74
资产报酬率(%)	8.18	5.79	4.4	7.91	7.12

数据来源：国家统计局

（二）营运能力：提升明显，经营管理水平提高

2011年，化肥行业应收帐款周转率和流动资产周转率较2010年提高，产成品周转率与2010年基本持平，总体而言，营运能力提高，这也说明化肥行业经营管理水平得到改善。这将更利于后期企业合并，行业内大企业集团的发展。

2007-2011年化肥行业营运能力指标

	2011年12月	2010年11月	2009年11月	2008年11月	2007年11月
应收帐款周转率(次)	30.55	26.26	25.18	31.11	24.07
产成品周转率（次）	20.48	20.63	16.36	11.4	16.13
流动资产周转率(次)	2.45	2.27	2.23	2.26	2.31

数据来源：国家统计局

（三）偿债能力：明显提升短期偿债风险变小

2011年化肥行业负债率和亏损面分别为61.22%和10.16%，较2010年分别下降1.47%和6.33%，利息保障倍数较2010年增加0.86%，化肥行业偿债能力明显增强，短期偿债风险较小。

2007-2011年化肥偿债能力指标

	2011年12月	2010年11月	2009年11月	2008年11月	2007年11月
负债率（%）	61.22	62.69	62.89	61.96	60.16
亏损面（%）	10.16	16.49	22.23	15.72	17.81
利息保障倍数（倍）	4.46	3.6	3.18	4.9	4.72

数据来源：国家统计局

（四）发展能力：小幅提高较去年提高速度放慢

2011年，化肥行业应收帐款增长率、利润总额增长率、资产增长率和销售收入增长率较2010年同期分别增长4.78%、14.18%、1.45%和12.49%。除2009年化肥行业亏损严重外，2007-2011年，衡量行业发展能力的各项指标均表现良好，行业发展能力不断提高。

2007-2011年化肥行业发展能力指标

	2011年12月	2010年11月	2009年11月	2008年11月	2007年11月
应收帐款增长率(%)	28.38	23.6	33.56	1.54	-1.41
利润总额增长率(%)	73.99	59.81	-46.07	45.47	36.7
资产增长率（%）	17.32	15.87	10.77	25.45	18.19
销售收入增长率(%)	38.22	25.73	4.94	31.68	29.22

数据来源：国家统计局

山西阳煤丰喜肥业(集团)有限责任公司
SHANXI YANGMEI FENGXI FERTILIZER INDUSTRY (GROUP) LLC.

第四章 2011 年化肥行业竞争状况及发展特征

第一节 行业竞争情况分析

一、行业进入壁垒：存在较高资金和政策壁垒

化肥行业技术和资金壁垒较高，属于资源型、资本密集型和技术密集型的行业，行业有着典型的规模经济效应。企业发展具有规模经济，大型化肥企业具有较好的市场竞争力。规模效益和工艺技术上的先进是化肥企业能否持续经营的必要条件，规模经营和高新技术的采用使得进入该行业的初始投资巨大；同时政府对某些项目的限制，对新建项目的审批也会提高行业准入门槛。

该行业存在较高的进入壁垒，主要体现在两个方面：一是初期投资巨大，推磨效应及工艺技术上的优势大小是企业能够持续发展的必要条件，规模经营及高新技术的采用，将使得进入该行业的初期投资巨大；二是近年来化肥行业原料、能源供应日益紧张，新进企业较难获得必要的生产资源。国家产业政策重点支持氮肥企业做大做强，力图改变产业集中度低、布局分散的格局，努力淘汰技术落后、能耗高、污染环境的小企业。这些因素都决定了化肥行业的进入壁垒较高。

二、行业退出壁垒：退出壁垒较大

化肥行业是集资源密集型与技术密集型于一体的行业，化肥行业内企业退出化肥这个行业，资源可以转卖给其他企业或政府，但是已经投入生产的设备等转换成其他行业生产设备的成本较高，成为化肥生产企业退出该行业的重要退出壁垒，并且化肥行业生产设备所占用的资金占行业所需资金的较大比重，对行业发展影响较大。这将导致，化肥行业内企业在化肥生产与销售形势不好的情况下，依然在化肥行业内坚持，让原本竞争激烈的市场竞争更加激烈。

三、行业准入条件：各子行业规范性准入条件

化肥行业准入条件较多，我国不断出台化肥子行业或细分领域的准入条件。2011 年国家陆续出台合成氨、磷肥等行业准入条件。

合成氨行业准入条件较多，其中两项就是装置规划及技术装备和能源消耗标准。要求新建合成氨生产装置，单套生产装置应不低于 1000 吨 / 日，新建合成氨生产装置应采用先进技术和装备，鼓励采用具有自主知识产权的国产化技术，限制采用铜氨溶液洗涤一氧化碳工艺和半水煤气氨水液相脱硫工艺。配套新建尿素的新建合成氨生产装置采用加压连续煤气化工艺，氨合成压力应不高于 22.0MPa。国家对合成氨单位产品综合能耗限额限定值和合成氨单位产品综合能耗限额准入值都有明确的规定，详见下表。

合成氨单位产品综合能耗限额限定值（GB21344-2008）

原料类型	合成氨单位产品综合能耗限额限定值（kgce/t）
优质无烟块煤	≤ 1900
非优质无烟块煤、焦炭、型煤	≤ 2200
天然气、焦炉气	≤ 1650

备注：标准以外煤种参照非优质无烟块煤、焦炭、型煤类
数据来源：国家统计局

合成氨单位产品综合能耗限额准入值（GB21344-2008）

原料类型	合成氨单位产品综合能耗准入值（kgce/t）
优质无烟块煤	≤ 1500
非优质无烟块煤、焦炭、型煤	≤ 1800
天然气、焦炉气	≤ 1150

备注：标准以外煤种参照非优质无烟块煤、焦炭、型煤类
数据来源：国家统计局

第二节 行业竞争结构分析

一、“波特五力”模型介绍

按照波特的观点：一个行业的激烈竞争，根据在于其内在的竞争结构。在一个行业中存在五种基本的竞争力量，即：行业中现有企业间的竞争、新进入者的威胁、供应者的谈判能力、用户的谈判能力、替代品或服务的威胁。这五种竞争力量的现状，消长趋势及其综合作用强度，决定了行业竞争的激烈程度和行业获利能力。

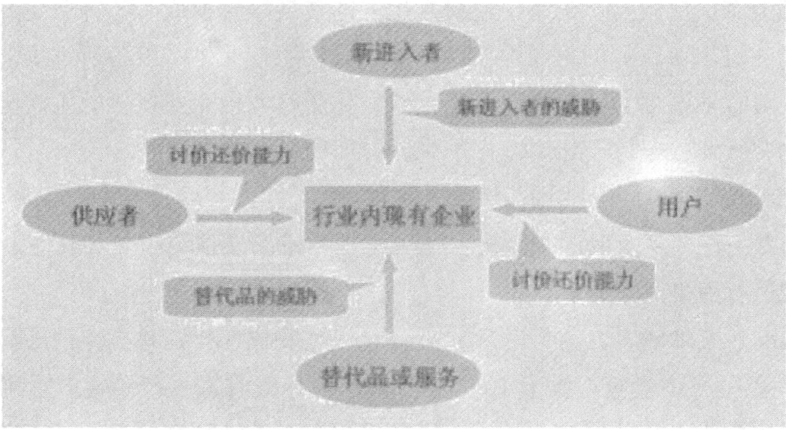

“波特五力”模型

二、“波特五力”模型分析

（一）现有企业间的竞争

2011 年，我国化肥行业企业有 2048 家，企业间竞争比较激烈，其中竞争力较强的主要有云天化、

山西阳煤丰喜肥业(集团)有限责任公司
SHANXI YANGMEI FENGXI FERTILIZER INDUSTRY (GROUP) LLC.

鲁西化工、湖北宜化等二十余家企业。化肥作为必需的农用生产物资，市场比较稳定，大量企业涌入化肥行业会严重影响行业内企业的利润。2011年化肥行业企业数量与从业人员较2010年明显减少，稍微缓解行业内企业间的竞争压力。但是，行业内产能依然过剩，企业竞争依然比较激烈，尤其是大企业之间的竞争。

目前生产基础化肥的企业差别化比较低，有一半的产能都是生产尿素，在尿素产品中绝大部分都是普通尿素，定位于相同的市场，竞争激烈。化肥行业的转化成本比较高，大化肥企业原来生产普通尿素要改为大颗粒尿素的，需要较大的投资。

（二）潜在的新进入者

化肥作为必需的农用生产物资，市场比较稳定，这对寻求稳定增长的资本也有一定吸引力，特别是一些相关产业的大企业，像中石油、国投、中海油、中兵器、中核等。可以预见的是，国内的石油石化巨头及其他一些有实力的企业甚至国外企业将会更多的介入化肥行业，这将对现有的化肥企业产生一定影响。

（三）购买者的讨价还价能力

化肥对于农民（购买者）来说，是生产必需品且无替代品，是购买者的劣势。但化肥生产企业众多，产品同质性强，差异化不明显，且目前国内生产能力已略为超过需求，这又使得购买者在讨价还价中处于优势。国家发改委下发了《国家发展改革委、财政部关于改革化肥价格形成机制的通知》，目的在于充分发挥市场配置资源的基础性作用，促进化肥行业持续健康发展，保证国内化肥供应，保障国家粮食安全，保护农民利益。经国务院批准，决定推进化肥价格改革，建立以市场为主导的化肥价格形成机制。综合看来，目前购买者讨价还价能力不强，对化肥产业竞争程度影响不强。

（四）供应商的讨价还价能力

化肥行业的原料供应者主要为石油、天然气和煤的生产商。天然气和石油都是属于垄断程度极高的行业。因此，使用这两种原料的企业，其供应商的议价力量极强，特别是石油生产商。化肥行业在其整个业务中的位置很小，石油价格又已与国际价格接轨，供应商在讨价还价中处于明显优势。对天然气，国家则限定价格，化肥行业在天然气生产商整个业务中占据了一定位置，使得这些企业在价格谈判中的状况稍好。虽然化肥行业在煤炭生产商业务所占比重较小，但煤炭行业的垄断程度要低得多，他们的价格谈判能力要低于石油和天然气供应商。对化肥企业来说，无论采用哪种原料，其成本在生产成本中所占的比重都很大，使得整个行业在与供应者的价格谈判中居于劣势，供应者对化肥产业竞争程度影响较大。

第三节 行业发展特征

一、受国家政策影响大

国家对化肥行业实行保护与限制两种政策。首先，是限制为保护农民种粮的积极性，国家对大部分化肥实行限价、采取出口不退税和征收季节性出口关税的政策。同时，为了促进化肥行业发展，国家还给予了税收和能源价格优惠。对化肥行业目前实行免征增值税的优惠，中西部地区，化肥占主营业务收入70%以上的，按15%缴纳所得税，同时还有天然气的价格优惠政策。因此，化肥行业就是在国家的限制与保护中发展，政策市场的特征明显。

二、行业竞争激烈集中度低

我国化肥行业企业众多，分布广泛，且地方壁垒严重，由此造成了行业集中度低，产品劣质化严重，低水平市场竞争激烈。以氮肥为例，全国约700家企业生产尿素，但年产量在300kt以上的不足40家，不能形成规模优势。

三、在市场价值链竞争中处于劣势

化肥行业所在的市场价值链，最简单的描述如下：煤炭、电力、天然气等资源性行业—化肥—农业，从其价值链不难看出，一方面国家对农业采取基本保护政策，终端价格被基本限定；另一方面，上游能源价格在全球范围内刚性长期上涨，化肥行业除了享受部分政策性价格优惠外，由于市场集中度低、能源依赖的弹性小，在对能源价格的谈判上发言权很小。因此化肥行业两端受挤，行业竞争劣势极为明显。

四、进出口对行业影响不大

由于国家的进出口限制政策，目前除钾肥的进口量占国内使用量的70%之外，其余品种的进出口量约占国内产量的5%左右，因此，进出口对行业的影响较小。目前从总体看，国际市场价格普遍高于国内。结合国外发达国家农业发展来看，我国化肥行业“放开价格、取消优惠、直补农民、完善调控”的改革方向已定，但没有明确时间表，政策实施的时间和步骤仍要视我国农业和化肥市场的发展变化而定。未来我国化肥行业的市场趋势，就是行业整合，资源优化。钾肥由于资源的稀缺性，国内目前主要资源控制在盐湖钾肥一家公司中，受国际的影响较大，前景较为明朗；而氮肥和磷肥企业，则面临着重大的行业整合机会。部分高耗能、高污染的中小氮肥企业已经出现亏损，这部分产能将渐渐退出化肥行业；磷肥行业受产能过剩、原材料价格上涨双重挤压，未来我国磷肥行业会保持较低的毛利率水平。这就为行业整合创造了市场机会。

第五章 化肥行业产业链分析

第一节 行业产业链简介

一、化肥行业产业链简介

农业是国民经济的基础。化肥作为重要的支农物资，与农业增产、农民增收紧密相关，保持化肥行业平稳发展意义。化肥行业生产的下游主要是农户发展农业经济对化肥的需求，同时会有小部

山西阳煤丰喜肥业(集团)有限责任公司
SHANXI YANGMEI FENGXI FERTILIZER INDUSTRY (GROUP) LLC.

分工业需求，而上游行业主要是煤炭、电、各种生产用原材料等，具体包括磷矿、硫磺等原材料。各种用于生产化肥的矿类原材料成本占化肥产成品最终成本的 70% 以上，这些原料的供应量和价格都会严重影响化肥行业的发展。

农业经济发展的强劲与疲软，直接影响着市场对化肥的需求，进而影响生产企业开工生产的积极性，影响市场的供给。

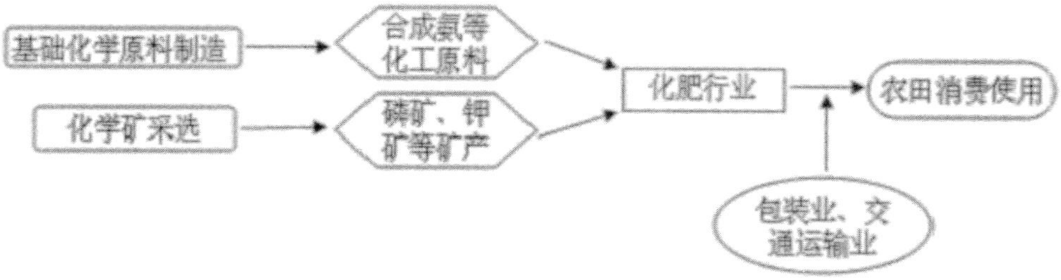

化肥行业产业链简介

二、化肥行业产业链特征分析

我国化肥行业产业链的突出特征有以下六个方面：

1. 化肥产业链始于国家垄断行业，现在依然受到政府干预

首先，其产业前身是由国家控制的；其次，化肥的上游产业包括电力、煤炭等产业依然是国家垄断。

2. 化肥产业链始终以小农经济为基础

中国农业大部分是家庭式小农经济，两三亩地的小本经营不可能有很高收入。很多从业人员在外打工，只留老弱妇幼经营土地，对现代农业付出的成本很难承担得起。

3. 化肥产业链效率不高

中国化肥单位投入量高，但是粮食的人均产量不高，中国的分销渠道中间环节多、价值链长，产业链效率不高。

4. 经营业务单一

经销化肥的主体大多为单一性经营者，跨行业操作的比较少，主营业务主要是化肥，涉及相关行业较少，因此承担风险比较大。

5. 化肥产业链的季节性波动较大

农业生产的季节性和农户的兼业性使得化肥消费的季节性也很强，这导致了农业收入的季节性也很强，进而带动了整个产业链的季节性波动。

第二节 上游行业运行及对本行业的影响

一、煤炭行业：平稳运行，市场供需平衡

2011年我国煤炭经济运行总体保持平稳，煤炭需求旺盛，供给总量增加，市场供需基本平衡，价格波动。煤炭行业的平稳快速发展对于化工行业中的电石、甲醇、合成氨等化工原料起到了积极推动作用。但价格的提升在一定程度上影响了化工行业的成本。

2011年我国煤炭产量平稳增长。大型煤炭企业煤炭产量为21.8亿吨，同比增长10.9%。主要产煤省（自治区）煤炭产量增长较快，山西省全年煤炭产量8.72亿吨、内蒙古为9.79亿吨、陕西省为4亿吨，三省（自治区）合计产量约22.5亿吨。

煤炭运量方面，2011年全国铁路发运煤炭22.69亿吨，同比增长13.4%。煤炭运量占货运总量的57.9%，比2010年提高3.3个百分点。主要运煤通道中，大秦线完成运量4.4亿吨，同比增长8.7%；侯月线完成1.84亿吨，同比增长3%。全年主要港口预计转运煤炭6.5亿吨，同比增长17%。

煤炭消费量继续增长。主要耗煤行业中，预计电力行业2011年消费煤炭19.5亿吨，同比增长10.8%；钢铁行业消费煤炭5.7亿吨，同比增长6.3%；建材行业消费煤炭5.1亿吨，同比增长7.9%；化工行业消费煤炭1.6亿吨，增长13.5%。

煤炭库存增加。2011年12月末，全国社会煤炭库存为2.53亿吨，比年初增加3609万吨，增长16.6%。其中，煤炭企业库存为5240万吨，比年初增加140万吨，增长2.8%。重点发电企业存煤8165万吨，比年初增加2558万吨，增长45.6%，电厂存煤平均可用19天。

煤炭价格和成本均有上升，煤炭企业应收账款增加。前11个月，90家大型煤炭企业（集团）原选煤平均售价464.61元/吨，同比增加30.27元/吨，增长6.97%；原选煤单位成本379.47元/吨，同比增加26.98元/吨，增长7.66%；应收账款净值1516亿元，同比增长41.9%，比年初增加629亿元，增长70.9%。从市场煤价看，全年呈现波动态势，年底市场煤价回落。12月末，山西北部5500大卡市场动力煤“上站”价650-670元/吨，比上月末下降15元/吨；秦皇岛港5500大卡市场动力煤平仓价格800-810元/吨（2012年1月11日降至785-795元/吨），比上月末下降40元/吨；广州港5500大卡市场动力煤提货价格880-900元/吨，比上月末下降50元/吨，与年初价格基本持平。

全国煤炭产能较快增长，净进口增加，供应总量充足，有力地保障了国民经济和社会发展对煤炭的需求。全国煤炭市场供需基本平衡，价格波动，区域发展不平衡和企业发展不平衡的问题依然突出，并呈扩大态势。2012年我国煤炭需求仍将适度增加，但增速将放缓，形势不容乐观。全国煤炭产能将继续增长，煤炭进口仍将保持高位，煤炭供应能力将进一步提高。预计全年煤炭供求整体呈现总量基本平衡、略有宽松、结构性过剩与区域阶段性偏紧并存的态势。

山西阳煤丰喜肥业(集团)有限责任公司
SHANXI YANGMEI FENGXI FERTILIZER INDUSTRY (GROUP) LLC.

二、石油和天然气开采业：规模和增速均有大幅增长

（一）行业规模

截止 2011 年，我国石油和天然气开采业共有规模以上企业 274 家，从业人员 103.7 余万人；行业资产规模达到 18190.15 亿元，比去年同期增长了 13.09%；行业的负债规模达到 8730.36 亿元，比去年同期增长了 19.71%。总体来看，2011 年石油和天然气开采业在规模上和增速上均有大幅增长。

2007-2011 年我国石油和天然气开采业规模情况

单位：个、人、亿元、%

	企业数量	从业人员	资产总计	增长率	负债总计	增长率
2007.11	175	894360	9954.57	23.23	4156.82	37.14
2008.11	208	937967	11610.53	19.05	5071.06	23.66
2009.11	291	1004104	14548.85	25.78	6865.46	28.74
2010.11	333	1049089	16247.03	11.01	6843.05	0.34
2011.12	274	1036767	18190.15	13.09	8730.36	19.71

资料来源：国家统计局

（二）供求分析

2011 年，我国石油和天然气开采业内规模以上企业共实现工业总产值 13427.93 亿元，比去年同期上升了 31.78%，增幅略有下滑。

2007-2011 年石油和天然气开采行业工业总产值

单位：亿元，%

	工业总产值	增长率
2007.1-11	7261.74	4.82
2008.1-11	9772.99	39.04
2009.1-11	6645.36	-32.13
2010.1-11	9163.22	38.90
2011.1-12	13427.93	31.78

资料来源：国家统计局

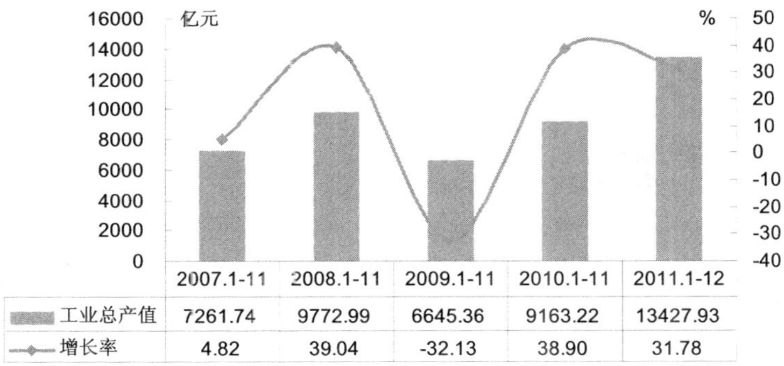

资料来源：国家统计局

2007-2011 年我国石油和天然气开采业工业产值

2011 年，我国石油和天然气开采业内规模以上企业共实现销售收入 12466.49 亿元，比去年同期上升了 29.19%；行业销售收入增幅有所放缓，但增势依然强劲。

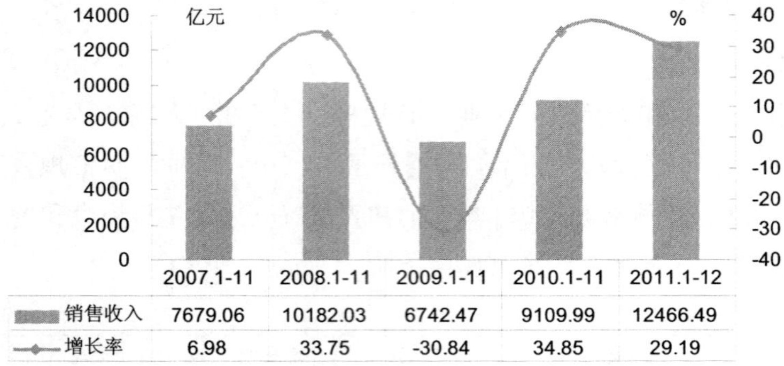

资料来源：国家统计局

2007-2011 年我国石油和天然气开采业销售收入

虽然产销率并不是代表行业供需情况的最科学指标，但仍可以衡量产销平衡情况。2011 年 1-12 月，我国石油和天然气开采行业的产销率出现了较大幅度的下滑，仅为 92.84%，产销差距拉大。

2007-2011 年我国石油和天然气开采业产销率

	产销率（%）
2007.1-11	105.75
2008.1-11	104.19
2009.1-11	101.46
2010.1-11	99.42
2011.1-12	92.84

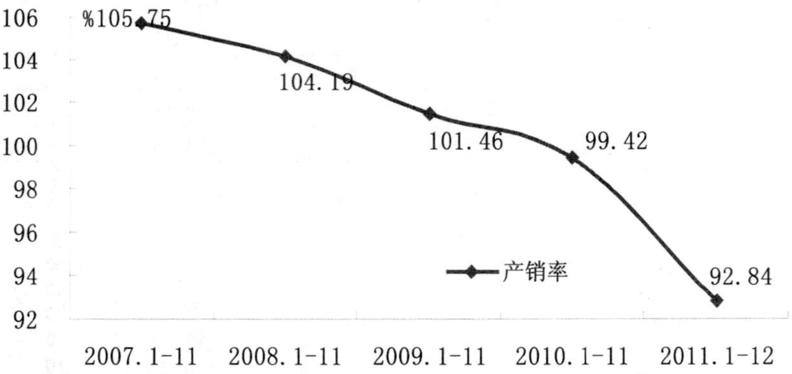

资料来源：国家统计局

2007-2011 年我国石油和天然气开采业产销率

我国在增加天然气产量的同时，供需缺口也将进一步拉大。2011 年，我国天然气产量首次突破千亿立方米，达到 1025.3 亿立方米。其中进口天然气 316 亿立方米，LNG188 亿立方米，管道进口 128 亿立方米。

预计到 2015 年，我国天然气产量有望达到 1850 亿立方米，需求量达 2600 亿立方米，而供需缺口为 750 亿立方米。迫于天然气短缺，目前我国已经形成了西气东输、川气东送、海气登陆、进口管道气和进口液化天然气多途径共供格局。

山西阳煤丰喜肥业(集团)有限责任公司
SHANXI YANG MEI FENGXI FERTILIZER INDUSTRY (GROUP) LLC.

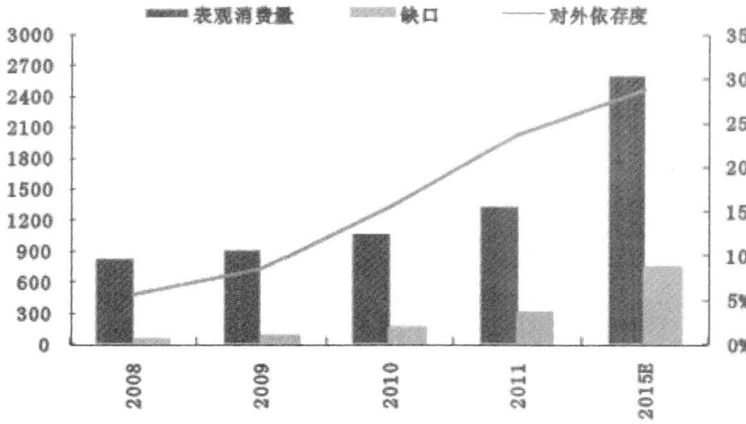

我国天然气表观消费量、缺口及对外依存度（单位：亿立方米）

（四）价格变化

2011 年 11 月，WTI 和布伦特原油平均价格（普氏现货）分别为 95.64 美元 / 桶和 111.18 美元 / 桶，同比分别上涨 14.09% 和 31.16%。我国石油进口对外依存度依然很高，且近几年一直呈上升趋势，国际油价对国内油价的控制力较强。总体来看，2011 年原油价格一路上涨，带动石油和天然气开采业产品价格上升。

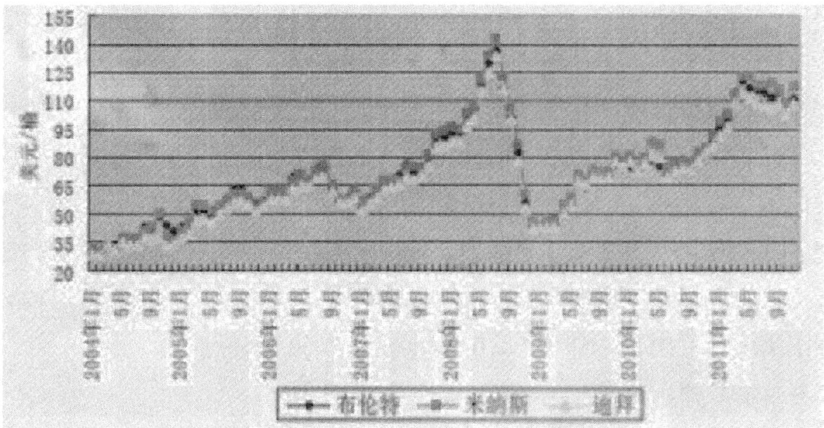

资料来源：世经未来

2004 年 -2011 年国家原油现货市场价格

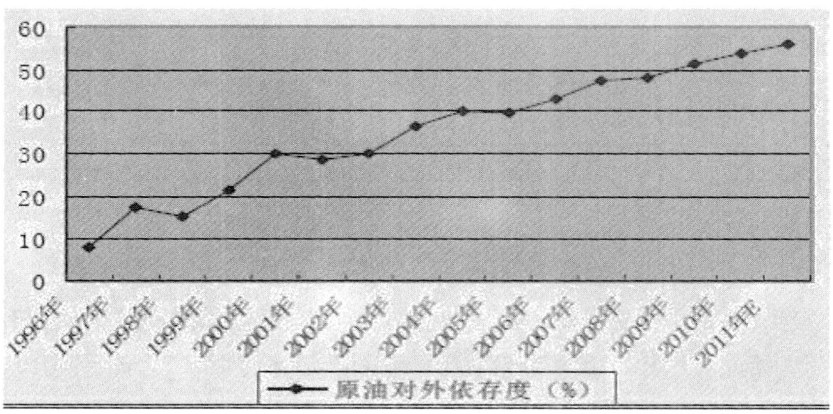

资料来源：世经未来

我国原油对外依存度示意图

（五）行业预测：需求或有下降

10、11 月间，世界石油市场延续弱势。需求增长放缓，供给较宽松，原油价格略有反弹，库存继续下降。我国原油产量月度同比连续第三个月下降，原油进口增速略有反弹。展望 2012 年，中东局势仍较复杂，供给端仍应保持一定的谨慎。欧债危机导致财政紧缩，我国经济走弱迹象明显，这些因素都将导致需求的下降。因此，不排除原油价格再次出现一定幅度回调的可能。但是，本轮调整应该较温和，促涨油价的因素依然存在。

三、磷矿资源：产量大幅上升，价格稳步走高

（一）供需分析

磷矿石是生产磷复肥的主要原材料，我国磷矿资源虽然比较丰富，已探明的资源储量仅次于摩洛哥和美国，居世界第 3 位，但与世界有关国家相比，在矿石质量、可选性和磷矿石开采等方面都有较大的差异。

由于我国磷矿资源分布不均匀和矿石质量的差异，形成了我国“南磷北运”和“西磷东调”的格局。长距离的运输和较高的运输费，给磷肥企业的原料供给和产品成本带来较大的影响，同时也制约了矿山企业生产能力的发挥和云南、贵州等主要磷矿省份的资源开发。

我国磷矿开采因资源条件不同和矿业开发程度不一，主要开采省份是云南、贵州和湖北三省，四川和湖南次之，上述五省磷矿石产量约占全国产量的 97%，是我国为磷肥和磷化工生产提供原料的主要省份。

目前世界磷矿石的消费构成：90%用于生产各种磷肥，3.3%生产磷酸盐饲料，4%生产洗涤剂，2.7%用于轻工和国防等工业。我国磷矿石消费构成：磷肥约占82%，黄磷占13%，其他磷制品占5%。

1. 供给分析

2011 年，受国内磷矿石需求增加及价格上升影响，我国磷矿石产量有较大幅度上升。国家统计局发布的数据显示：2011 年，我国磷矿石（折含 P20530%）产量达 8122.3 万吨，较 2010 年增加 1315.3 万吨，同比增长 33.2%，增速较 2010 年增加 14.7 个百分点。

全国硫铁矿与磷矿石产量

	硫铁矿（折含 S35%）		磷矿石（折含 P20530%）	
	产量	同比 ±%	产量	同比 ±%
2007	1200.5	1.4	4541.7	18.3
2008	1243.5	2.5	5074.1	8.9
2009	1248	-2.4	6020.9	14.3
2010	1512.9	23.5	6807	18.5
2011	1583.8	8.7	8122.3	33.2

数据来源：国家统计局

2. 需求分析

2011 年，受国内化工行业发展较快及消费者对这个市场运行比较乐观的影响，2011 年磷矿石产销率较 2010 年有所回升。2011 年 3 月份我国磷矿石产销率达 100.7，高于 2010 年最大值 95.8；2011 年每个季度的产销率均比较高，在 96.6 以上。

磷矿石产销率

山西阳煤丰喜肥业(集团)有限责任公司
SHANXI YANG MEI FENGXI FERTILIZER INDUSTRY (GROUP) LLC.

	磷矿石产销率_累计（%）
2010-03	93
2010-06	91.6
2010-09	95.8
2010-12	95.5
2011-03	100.7
2011-06	96.6
2011-09	97.1
2011-12	98.9

数据来源：国家统计局

（二）价格分析

国内磷矿石市场经历了两次上涨、三轮平静期，10 月份创出年度高位，均价 529 元 / 吨，1 月份为年度低位，均价 402 元 / 吨。整体走势有平有涨，全年稳步走高。

第一轮上涨：2 月初，春节过后农业需求放量，春耕用肥量增加，磷矿石下游黄磷、磷酸、磷铵及磷复肥企业全面提高开工率，磷矿石需求短时间内激增；而此时国内矿企大多仍未恢复开采，库存矿石无法满足下游缺口，磷矿石供需矛盾急剧锐化，短短一个月内，迅速拉涨磷矿石价格，到 3 月份上旬，国内均价已飙升至 435 元 / 吨的新高，涨幅高达 8.28%。

第二轮平静期：3 月初 -5 月下旬，随着国内矿企陆续恢复开采，磷矿石供应紧张的局面有所缓解；农业方面春耕用肥行情有所回落，复合肥及磷矿石一系列下游产品，需求和价格均有不同程度回落。然而 2011 年 3 月 25 日，国家发改委工业和信息化部原材料工业司发布了《磷铵生产准入条件（征求意见稿）》，标志着国家开始收紧磷化工行业政策，配合 2011 年第一批磷矿石出口配额的减少，为国内磷化工企业指明了政策风向。因此，在需求回落的两个月中，磷矿石价格并没有走软，相反正在为后市进一步走高积蓄着力量。

第二轮上涨：5 月底 -10 月初，随着近年来我国磷矿石品质和储量的下降，其稀有属性愈发明显；在供需及政策三方利多作用下，磷矿石持续看涨的市场预期，引得国内众多磷化工企业竞相出手，欲于货源供应方面占得一席之地，采购屯矿甚至收购矿山，不亦乐乎。5 月 31 日，发改委宣布上调上网电价，每度平均上调 1.67 分，导致磷矿石开采支出每吨上涨 0.94 元；加上各种税费增加、炸药涨价、整修安全巷道、4 月份国内柴油均价上涨至 8500 元 / 吨左右高位，磷矿石开采成本全面增加，由此打破了前期价格的平衡，酝酿已久的涨价风暴正式拉开大幕。该轮涨势由 5 月底持续至 10 月初，由均价 435 元 / 吨，一路涨至 528 元 / 吨，中间几无下行和震荡，一路走稳冲高，气势惊人。

第三轮平静期：10 月初，在经历了一轮狂飙之后，考虑到产业链下游产品的承受能力，磷矿石涨价势头开始趋缓，价格逐渐步入一个理性盘整的阶段。10 月初至 11 月初，磷矿石下游需求保持平稳，供需基本达到平衡，各矿企价格稳定；11 月初，下游企业年末矿石采购基本完成，黄磷、磷酸企业受限限电政策，开工下滑，需求减弱；磷铵、复合肥企业出口窗口关闭，冬储行情清淡，产能无法释放，大多停产检修，导致价格小幅下调。然而随着 12 月份国内矿企完成全年开采任务，逐渐限采停采；磷铵企业逐步接到复合肥新单，对矿石需求有所回升，再次为矿石价格攀升提供支撑。

由于年底国内多家磷矿企业均已签订 2012 年新单，价格涨幅在 40-60 元 / 吨之间，可以预期，

2012 年磷矿石价格仍将稳定上行，年内矿石均价在 520 元 / 吨左右盘整走稳。

国内磷矿类产品价格指数

	磷矿		含五氧化二磷 30%		磷矿粉		磷矿砂	
	以上月价格为 100	以上年同月价格为 100	以上月价格为 100	以上年同月价格为 100	以上月价格为 100	以上年同月价格为 100	以上月价格为 100	以上年同月价格为 100
2007	100.41	104.41	101.97	107.74	99.26	105.5	100	100
2008	98.53	102.09	96.3	99.94	99.3	106.32	100	100
2009	100.69	95.22	100.94	96.53	101.14	89.13	100	100
2010	102.01	103.86	101.6	105.98	99.97	99.5	104.47	106.1
2011	122.1	100.4	-	93	-	-	-	-

数据来源：国家统计局

四、硫磺资源：供应缺口加大，对外依存度较高

硫磺和磷矿石是生产磷复肥的主要原材料。

2011 年中国硫磺产能已达 680 万吨，实际产量在 400 万吨左右，产量比上年增长 10% 以上。2012 年炼油预计新增产能较多，如中石油广东揭阳 2000 万吨 / 年大炼油项目、中石油重庆 1000 万吨 / 年大炼油项目、中石化南沙 1500 万吨 / 年炼化项目、中石油与俄国在天津拟建 1000 万吨 / 年炼油项目、中化国际泉州 1200 万吨 / 年大炼油项目。综合测算，相配套的硫磺回收装置产能将超过 100 万吨 / 年。在天然气脱硫方面，罗家寨天然气净化厂有望 2012 年恢复投产，设计硫磺回收装置产能为 130 万吨 / 年，将成为继普光天然气净化厂之后的第二大硫磺生产基地。若 2012 年上述企业顺利投产，国内硫磺产能有望超过 900 万吨 / 年，实际产量有望达到 450 万吨 / 年，硫磺对外依存度继续降低。

中国硫磺市场供应缺口大，对外依存度超过 60%。2011 年硫磺进口数量较 2010 年约下降 10%，国内表观消费量增长到 1300 万吨左右。自 2012 年 1 月 1 日起，进口硫磺关税将由 3% 降至 1%，由于成本下降，资源量将有所增加。国内硫磺市场去库存化时期已进入末期，社会库存资源替代了部分进口硫磺市场份额。随着时间的推移，社会库存资源量逐步减少，未来中国进口硫磺资源量将增多，预计 2012 年进口量将超过 1000 万吨。

原材料硫磺的价格 2011 年涨涨跌跌，硫磺酸的价格支撑作用不足，上游原材料价格高位企稳，下游市场不买账，磺酸在 2011 年下半一直处于夹缝中生存的状态。年末由于化肥关税的确定，化肥市场稍有提振，磺酸市场稍有回暖，相对于上半年 98% 硫磺酸出厂报价在 870 元 / 吨的价格，年末 98% 硫磺酸处于 510 元 / 吨的下跌价格区。预计 2012 年硫磺、磷肥价格大起大落的行情将逐步趋缓，稳步小幅推升或将成为主基调。

山西阳煤丰喜肥业(集团)有限责任公司
SHANXI YANGMEI FENGXI FERTILIZER INDUSTRY (GROUP) LLC.

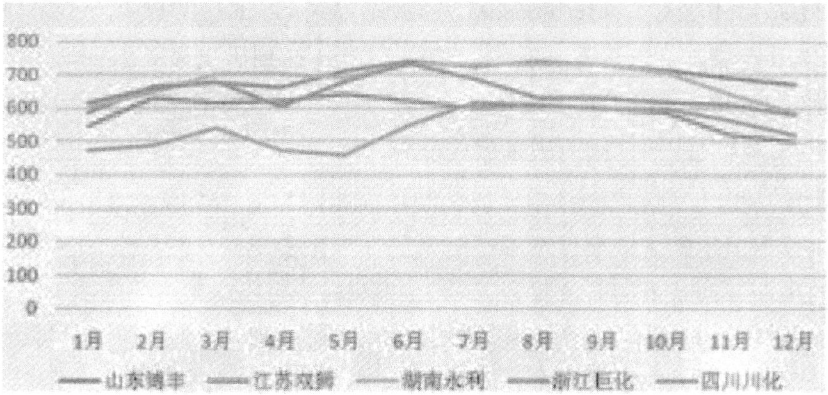

数据来源：中国产业数据网
2011 年 1-12 月中古国 98% 硫磺酸重点厂家价格走势图

2012 年，预计世界硫产品产量将较 2011 年增长 7%，达到 5460 万吨（S，折纯）。基于工业部门需求的重要增长以及肥料消费的相对坚挺，全球硫产品消费量预计将达到 5550 万吨（S，折纯），在 2011 年基础上强劲增长 4.5%。供应和需求之间的持续不平衡将持续至 2012 年，但伴随着产量的增长，不平衡程度有所下降。

第三节 下游行业运行及对本行业的影响

一、农业对化肥行业的影响分析

化肥的主要销售对象就是农业用户，农业与化肥关联性强。农民收入的提高以及农产品种植业回报率提高，进一步刺激了对化肥的需求。

化肥行业下游可分为农业用肥和工业用肥两部分，而农业化肥消费占据绝对主导地位。在农业生产中，粮食作物产量、粮食作物播种面积及粮食价格等对化肥需求量产生直接影响，而农民人均纯收入、人口数量和人均粮食消费量等则间接影响化肥需求。

2011 年中国粮食种植面积 11057 万公顷，比上年增加 70 万公顷。2011 年粮食、棉花、蔬菜种植面积增加，受国家扶持粮食生产政策和市场价格拉动。油料、糖料种植面积持平略减。2011/12 年我国小麦种植总面积预计为 24101 千公顷，较上年下降 0.71%；全年产量 1.163 亿吨，较上年增长 0.95%。

2011 年我国种植面积、粮食单产、总产实现“三增加”。夏粮、早稻、秋粮三季粮食单产均创历史新高，秋粮增产 404 亿斤，占全年粮食增量比重的 81.6%；玉米增产 290 亿斤，占全年粮食增量比重的 58.6%；稻谷增产 101 亿斤，占全年粮食增量比重 20.3%。

全国区域内基本市县均衡增产，东北四省区的贡献突出，内蒙古、辽宁、吉林、黑龙江增产量占全国增产总量的 56%。

（一）玉米分析

供给方面来看，2011 年玉米市场的特点是产量有明显的增长，2011 年 1-12 月份，全国玉米播种面积将增长到3343万公顷，同比增加93万公顷，增幅2.9%。2011年全国玉米单产达到5.736吨/公顷，较2010年增加282公斤/公顷，增幅5.2%，达到历史最高水平，单产对于产量提高的贡献较往年增强。2011年全国玉米产量达到19175万吨，较上年增长1450万吨，增幅8.2%，玉米产量再创历史新高，极大改善了国内玉米供应能力。

需求方面来看，2011年国内经济增速放缓的担忧加剧，玉米市场需求出现减弱趋势。近年来，深加工业的发展使得玉米的工业属性增强，玉米的需求更多受到宏观经济的影响，在未来宏观经济存在回稳降速的预期下，玉米的需求收到了一定的影响。

综合来看，2011年度国内玉米丰产形势明朗，国内经济增速放缓的担忧削弱需求，玉米供需格局较为宽松。

2008-2011年中国玉米供需平衡表

项目	2008/09	2009/10	2010/11	2011/12
播种面积	29864	31183	32500	33430
单位产量	5556	5258	5454	5736
生产量	165917	163270	177245	191750
新增供给	165964	165270	191750	195750
国内消费	146230	170700	178000	185910
出口量	172	151	110	100
总消费量	146402	170851	178110	186010
年度结余	19562	-5581	114	9740

2011年度国内玉米总消费为18591万吨，较2010年增加791万吨，增幅4.4%。从图19可以看出，2008年以来我国玉米消费总量增长的态势比较明显，但是增长的速度有所放缓。2011年宏观经济维持稳定，消费保持正常增量，在供给大幅增加的情况下，年度结余呈现出了恢复性增长。

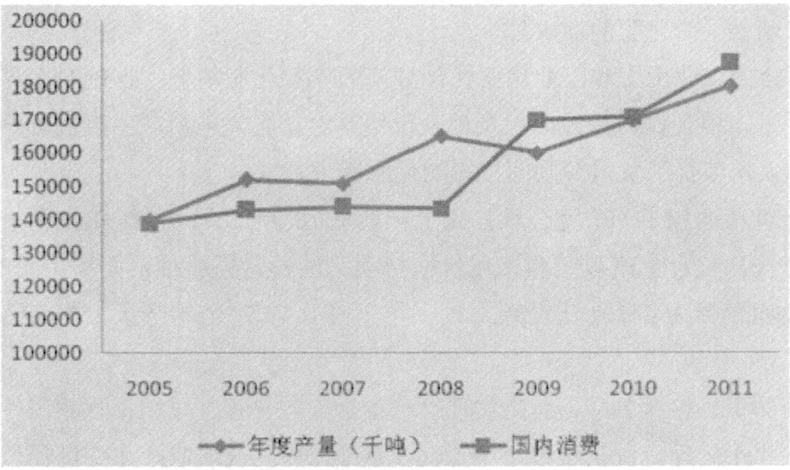

中国玉米年度产量与国内总消费对比

（二）大豆分析

2011年全国大豆种植面积继续下降。由于大豆种植比较收益低，主产区农户改种玉米等效益较高的作物，全国大豆种植面积连续第二年下降，2011年全国大豆种植面积在2亿hm2左右，比

山西阳煤丰喜肥业(集团)有限责任公司
SHANXI YANGMEI FENGXI FERTILIZER INDUSTRY (GROUP) LLC.

2010 年减少 100 万 hm2，降幅达 11.2%。其中大豆主产区面积下降较多，黑龙江是全国最大的大豆产区，2011 年全省大豆种植面积在 320 万 hm2 左右，比上年减少 35.33hm2 左右，降幅达 10%，这也是该省大豆面积连续第三年减少。综合来看，2011 年我国大豆种植面积和产量出现了大幅下降。

（三）趋势预测

需求方面来看，2012 年在欧债危机引发对全球经济衰退的担忧越来越大、国内经济本身面临放缓局势的背景下，玉米、大豆消费将很大程度上受宏观因素的影响。价格方面来看，我们认为较 2011 年度，2012 年度的农产品市场可能出现以下几点变化：一是价格从底部继续抬升，二是价格波动缩小，三是价格上涨高度将小于上年。

二、2011 年农产品批发价格指数继续回落

从 2011 年 9 月底开始，农产品批发价格快速下降，截止到 12 月初见底为 188.6，然后又大幅上涨。目前，农产品价格依然是上涨的趋势。

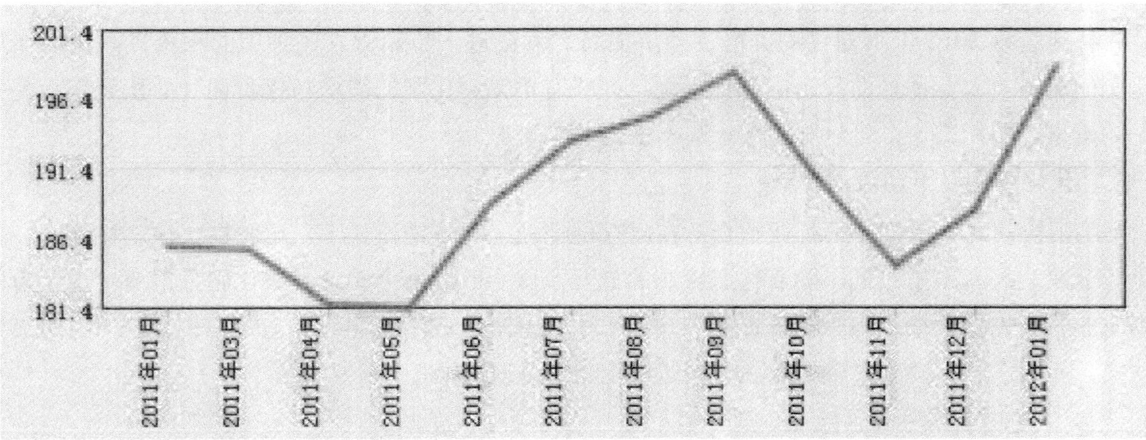

数据来源：国家统计局

2011 年以来农产品批发价格总指数走势图

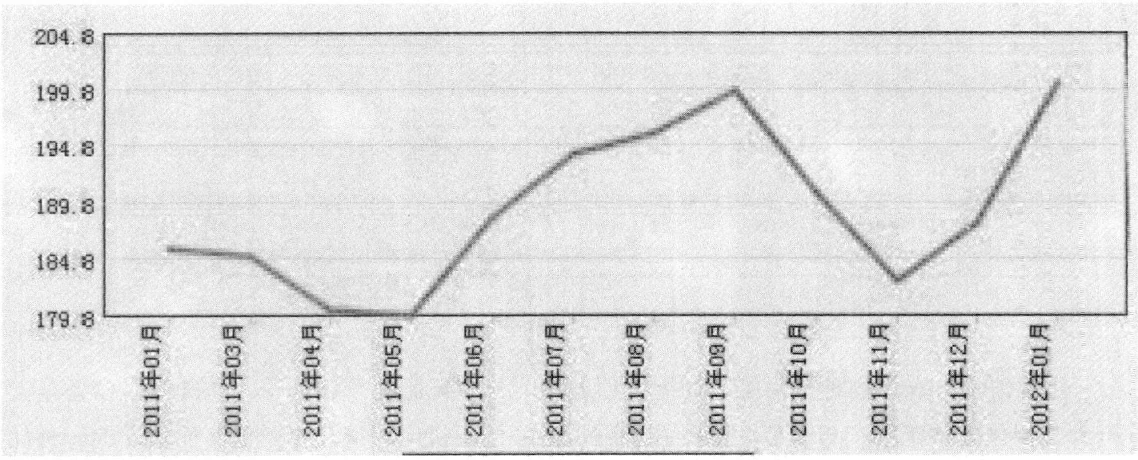

数据来源：国家统计局

农业部“全国农产品批发价格指数”——月度指数

时间	农产品批发价格总指数			“菜篮子”产品批发价格指数		
	定基指数	同比指数	环比指数	定基指数	同比指数	环比指数
2012 年 1 月	198.7	106.9	105.4	200.4	107.8	106.5
2011 年 12 月	188.6	107.7	102.2	188	108.5	102.8
2011 年 11 月	184.5	104.8	96.6	182.9	104.2	95.8
2011 年 10 月	191	111.3	96.3	190.8	111.6	95.5
2011 年 9 月	198.3	116	101.6	199.8	117	101.9
2011 年 8 月	195.2	112.9	100.9	196.1	113.1	101
2011 年 7 月	193.5	117.4	102.4	194.2	118.5	102.9
2011 年 6 月	188.9	119.8	104.1	188.6	121.2	104.9
2011 年 5 月	181.4	112	99.8	179.8	111.9	99.7
2011 年 4 月	181.8	108.1	97.9	180.4	107.4	97.4
2011 年 3 月	185.7	110	97.5	185.2	109.6	97
注：定基指数以 2000 年为 100 计算，同比指数以上年同期为 100 计算，环比指数以上月为 100 计算。						

数据来源：国际统计局

随着国家将 2012 年小麦收购价格进一步提高，将会进一步刺激农民种田的积极性，进而增加对化肥的需求。农业播种面积基本保持平稳，并略有增幅；化肥的需求与粮食播种面积呈正相关关系，随着播种面积增长，对化肥的需求基本上也逐年增加。

三、化肥淡储及下游流通环节

化肥销售模式变革推动了行业整合：在原有供销社统购统销模式下，化肥销售被严格管制，各级化肥分销利润率水平较低。随着化肥管制的放开及国企改制，全国及省级化肥分销商（主要为原供销企业）开始探索渠道扁平化以提高利润率水平，逐渐形成“企业 + 分销中心 + 客户”的两级分销模式，而市、县、镇级农资企业逐渐被边缘化而部分退出。

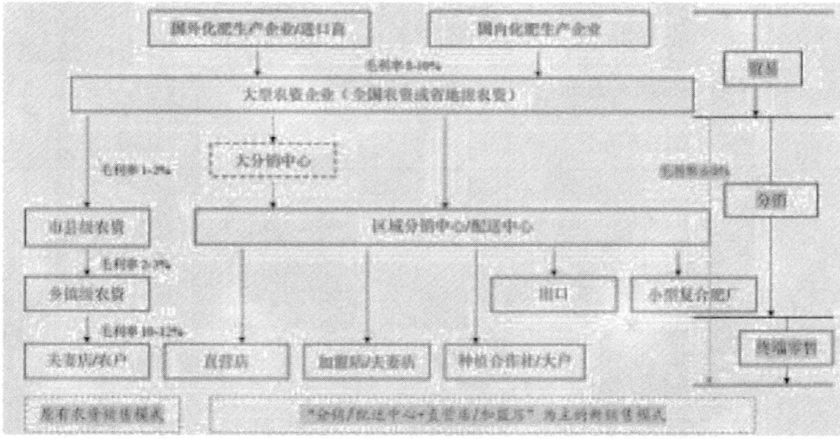

化肥产业流通环节

由于化肥消费与农作物种植用肥时间周期相适应，分为化肥旺季和淡季。化肥淡季储备是国家和省里为缓解化肥常年生产与季节性消费的矛盾、保障化肥供应、调控化肥价格而建立的一种储备与经营相结合的制度。

每年十月份进入化肥使用淡季后，由国家发展改革委和财政部通过招标方式选择部分流通、生产企业承担化肥淡季商业储备任务，将企业淡季生产的化肥收储一部分，由国家贴补淡季储备的利

山西阳煤丰喜肥业(集团)有限责任公司
SHANXI YANGMEI FENGXI FERTILIZER INDUSTRY (GROUP) LLC.

息，存到第二年三月份春耕用肥旺季到来时投放市场。化肥淡储主要停留在化肥产业流通体系一、二层级环节。

2011/2012 年度化肥淡季商业储备协议，本次签署的淡储化肥任务量为 1530 万吨（另有 70 万吨磷肥专项储备正在承储中），由 1025 万吨上年度延续任务和 505 万吨新年度重新招标任务组成。

此次签署淡储化肥协议的企业中，流通企业占 41.5%，生产企业占 14.6%，生产业与流通企业的联合体占 43.9%。

截至 2011 年 12 月 31 日，承储企业累计调入化肥超过 1880 万吨，其中尿素 1110 万吨；库存化肥 1670 万吨以上，其中尿素约 900 万吨。其中，内蒙古农资、浙江农资、四川农资、甘肃农资、鲁西化工等 16 家企业任务完成进度超过 100%。

化肥淡季储备政策对化肥流通量、库存量、平衡化肥的价格具有较大影响。

第六章 2011 年化肥行业子行业发展情况分析

第一节 子行业简介

氮肥制造指矿物氮肥及用化学方法制成含有作物营养元素氮的化肥的生产。氮肥包括：硫酸铵、硝酸铵、尿素、碳酸氢铵、氯化铵、石灰氮、氨水等化学氮肥；硝酸、硫硝酸、亚硝酸盐、硝酸钾、硝酸钠、碳酸铵等。

磷肥制造指以磷矿石为主要原料，用化学或物理方法制成含有作物营养元素磷的化肥的生产。包括：—过磷酸钙、重过磷酸钙、磷酸二钙、钙镁磷肥、脱氟磷肥、磷矿粉肥、炉渣磷肥、钢渣磷肥等。

钾肥制造指用天然钾盐矿经富集精制加工制成含有作物营养元素钾的化肥的生产。我国的钾肥制造主要是以用青海察尔汗盐湖的光卤石制造的氯化钾为主，近年来新疆也发现了大量含钾矿盐田，多用于制造硫酸钾和硫酸钾镁肥。

复混肥料制造指经过化学或物理方法加工制成的，含有两种以上作物所需主要营养元素（氮、磷、钾）的化肥的生产，这里所说的至少有两种养分是构成复混肥料的基础，否则，就属于单一肥料或单质肥料，如尿素、硫酸铵、过磷酸钙等。其中两种以上的单质肥料是由化学方法合成的，或由物理的掺混方法，以及在生产过程中既有化学反应，又有物理掺混而制成的产品，通称为复混肥料。复混肥料制造包括通用型复混肥料和专用型复混肥料。具体包括：—磷酸铵肥、硝酸磷肥、钙镁磷钾肥、三元复合肥、磷酸二氢钾肥；—用外购尿素、氯化钾、硝酸钾等化肥品种混配而成的复混肥料。

有机肥料及微生物肥料制造，主要包括有机肥和微生物肥制造。

有机肥料（manure）天然有机质经微生物分解或发酵而成的一类肥料。中国又称农家肥。其特点有：原料来源广，数量大；养分全，含量低；肥效迟而长，须经微生物分解转化后才能为植物所吸收；改土培肥效果好。常用的自然肥料品种有绿肥、人粪尿、厩肥、堆肥、沤肥、沼气肥和废弃物肥料等。微生物肥料制造是指微生物（细菌）肥料，简称菌肥，又称微生物接种剂。它是由具有特殊效能的微生物经过发酵（人工培制）而成的，含有大量有益微生物，施入土壤后，或能固定空气中的氮素，或能活化土壤中的养分，改善植物的营养环境，或在微生物的生命活动过程中，产生活性物质，刺激植物生长的特定微生物制品。

微生物肥料制造，简称菌肥制造。它是由具有特殊效能的微生物经过发酵（人工培制）而成的，含有大量有益微生物，施入土壤后，或能固定空气中的氮素，或能活化土壤中的养分，改善植物的营养环境，或在微生物的生命活动过程中，产生活性物质，刺激植物生长的特定微生物制品。

第二节 氮肥发展情况分析

一、行业规模：集中度进一步提高

化肥行业中，氮肥子行业所占市场份额较大。氮肥行业，2011 年行业规模较 2010 年扩大，企业数量较 2010 年减少 91 家，企业从业人员较 2010 年减少 36498 人；资产和负债均较 2010 年增加，分别同比增加 10.53% 和 14.66%。

2007-2011 年氮肥行业主要指标统计

	企业数量	从业人员	资产总计	增长率	负债总计	增长率
2007.11	518	411247	2343.06	15.22	1434.52	17.59
2008.11	505	406915	2892.64	23.39	1828.35	24.39
2009.11	485	396126	3174.32	9.26	2082.25	16.20
2010.11	472	378524	3522.10	10.53	2395.48	14.66
2011.12	381	342026	3768.67	10.20	2435.14	8.31

数据来源：国家统计局

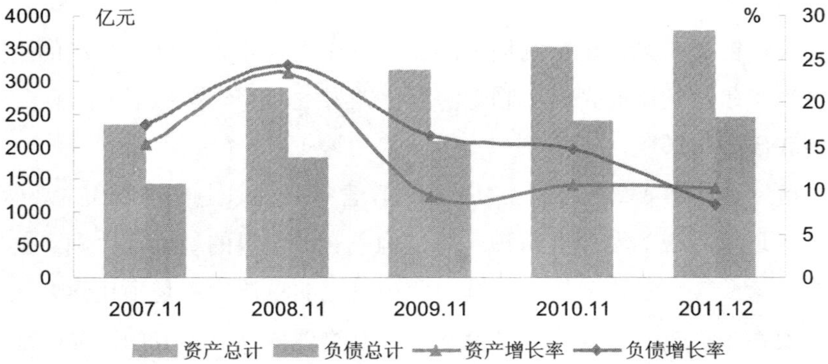

数据来源：国家统计局

2007-2011 年氮肥行业资产及负债变化趋势

二、供求状况：供给大于需求

（一）生产情况

2011 年氮肥产量略有回落，但增速有所提高。2011 年 1-12 月，全国氮肥产量为 4178.99 万吨，

山西阳煤丰喜肥业(集团)有限责任公司
SHANXI YANGMEI FENGXI FERTILIZER INDUSTRY (GROUP) LLC.

同比下降 13.4%。

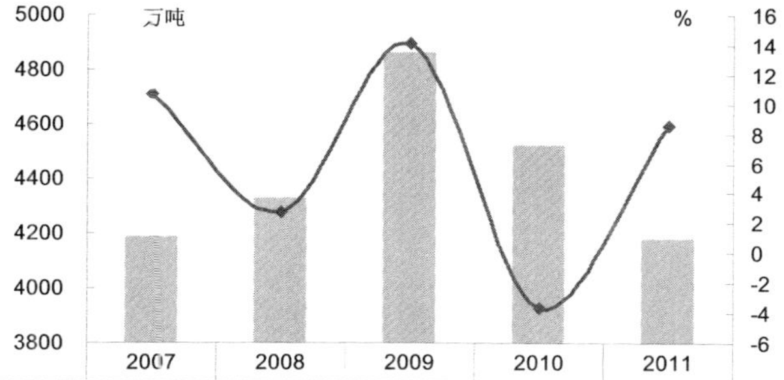

	2007	2008	2009	2010	2011
氮肥(折含N 100%)	4187.1	4331.2	4863.7	4521.1	4179
增长率	10.7	2.7	14.1	-3.6	8.6

数据来源：国家统计局
2007-2011 年氮肥行业总产量情况

2011 年，氮肥行业工业产值实现较大幅度的回升。2011 年 1-12 月，氮肥行业工业实现产值 2880.66 亿元，较 2010 年增加 920.59 亿元，同比增长 33.16%，增速较 2010 年增加 11.67 个百分点。

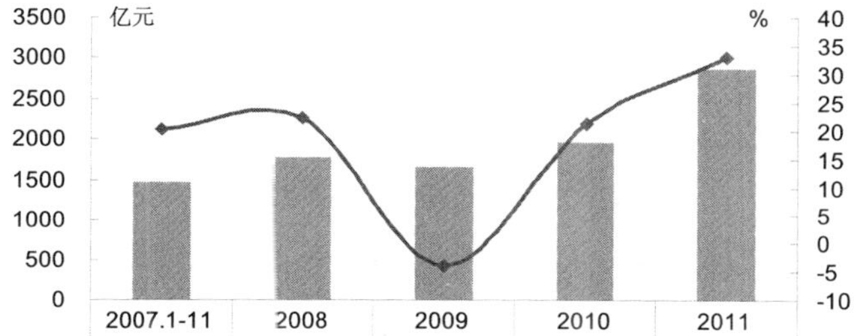

	2007.1-11	2008	2009	2010	2011
工业总产值	1473.18	1772.87	1653.59	1960.07	2880.66
增长率	20.40	22.21	-3.88	21.49	33.16

数据来源：国家统计局
2007-2011 年氮肥行业总产值情况

（二）需求情况

2011 年，我国氮肥行业销售收入大幅增加，发展势头较 2010 年强劲。2011 年，我国氮肥行业实现产品销售收入 2914.86 亿元，较 2010 年增加 887.46 亿元，同比增长 21.46%，增速较 2010 年提高 8.59 个百分点。

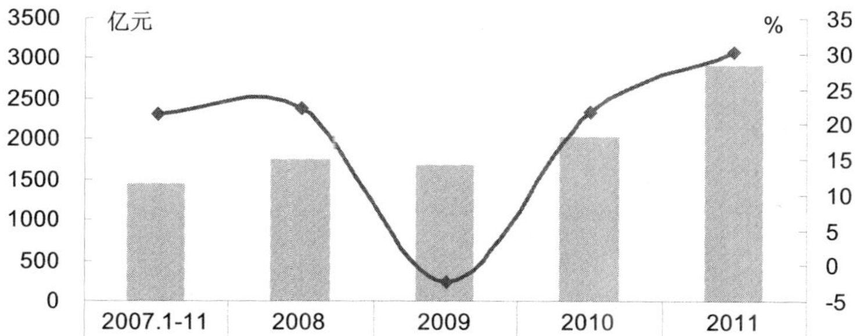

	2007.1-11	2008	2009	2010	2011
销售收入	1447.86	1742.25	1677.69	2027.40	2914.86
增长率	21.46	22.07	-2.26	21.74	30.33

数据来源：国家统计局
2007-2011 年氮肥行业销售收入情况

（三）供求平衡情况

2011年，我国氮肥行业供给大于需求。具体而言，2011年氮肥行业产销率为91.47%，较2010年下降9.73个百分点。这说明2011年我国氮肥行业生产大于需求，出现库存积压现象，主要是因为2011年化肥价格大幅上涨，部分商家不顾市场容量而盲目扩大生产带来，同时市场上对化肥的需求比较稳定，没有吸收生产厂商的剩余产量。

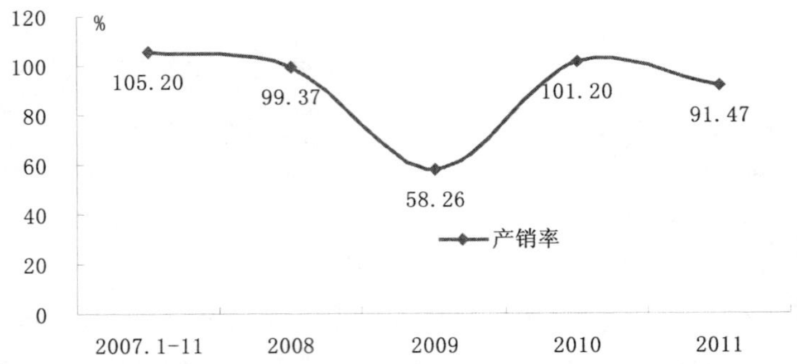

数据来源：国家统计局、世经未来研发部

2007-2011年氮肥行业产销率

三、财务情况：财务情况良好

从财务各项指标分析氮肥行业财务情况，整体上，氮肥行业财务情况较好。

盈利能力方面，2011年，氮肥行业的销售毛利率、销售利润率和资产报酬率各项指标均比2010年明显提高，整体盈利能力较2010和2009年提高，但是较2008与2007年有所下降。

偿债能力方面，2011年，氮肥行业资产负债率与产权比率均较2010年下降，利息保障倍数较2010年提高，说明氮肥行业短期偿债能力提高。

发展能力方面，2011年，氮肥行业应收账款增长率明显下降，这与盈利能力提高、偿债能力等相协调，同时，氮肥行业资产增长率和销售收入增长率均较2010年有小幅上升，利润总额增长率较2010年大幅增加，可见氮肥行业发展能力较2010年提高。

营运能力方面，2011年，氮肥行业产成品周转率与流动资产周转率较2010年有小幅下降趋势，应收账款周转率较2010年有所提高，整体上，2011年氮肥行业运营能力小幅下降。

2007-2011年氮肥行业财务分析

	2011	2010	2009	2008	2007.1-11
盈利能力					
销售毛利率（%）	12.64	9.70	9.23	14.53	14.94
销售利润率（%）	4.65	1.73	2.36	7.23	7.44
资产报酬率（%）	5.53	3.36	5.08	23.10	6.46
偿债能力					
负债率（%）	64.62	68.01	65.60	63.21	61.22
产权比率（%）	182.61	212.62	190.67	171.79	157.89
利息保障倍数（倍）	2.86	1.66	1.96	4.07	4.46
发展能力					
应收账款增长率（%）	2.19	34.05	24.23	-0.56	7.33
利润总额增长率（%）	129.70	-0.77	-67.91	26.15	30.08
资产增长率（%）	10.20	10.53	9.26	23.39	15.22

山西阳煤丰喜肥业(集团)有限责任公司
SHANXI YANGMEI FENGXI FERTILIZER INDUSTRY (GROUP) LLC.

销售收入增长率（%）	30.33	21.74	-2.26	22.07	21.46
营运能力					
应收账款周转率（次）	37.69	29.36	46.63	120.75	27.23
产成品周转率（次）	25.87	30.74	45.27	59.01	21.18
流动资产周转率（次）	2.20	2.29	3.46	7.53	2.16

数据来源：国家统计局

四、运行特点：新投产项目较多

2011 年，受国内农业快速发展、欧洲氮肥需求大幅增加、国际形势较 2010 年好转等多方面因素影响，氮肥行业销售收入、利润总额均较 2010 年有较大幅度的增加，亏损额也较 2010 年有较大幅度的下降。

2007-2011 年氮肥行业经营效益

	销售收入	增速	利润总额	增速	亏损额	增速
2007.1-11	1447.86	21.46	107.70	30.08	11.21	43.04
2008.1-11	1742.25	22.07	125.94	26.15	16.18	44.31
2009.1-11	1677.69	-2.26	39.52	-67.91	41.27	153.53
2010.1-11	2027.40	21.74	35.12	-0.77	46.81	5.94
2011.1-12	2914.86	30.33	135.56	129.70	29.65	-33.60

数据来源：国家统计局

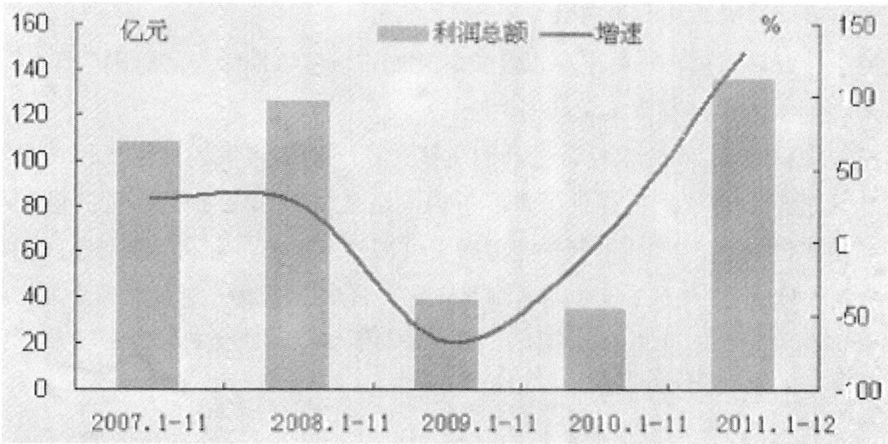

2007-2011 年氮肥行业利润情况

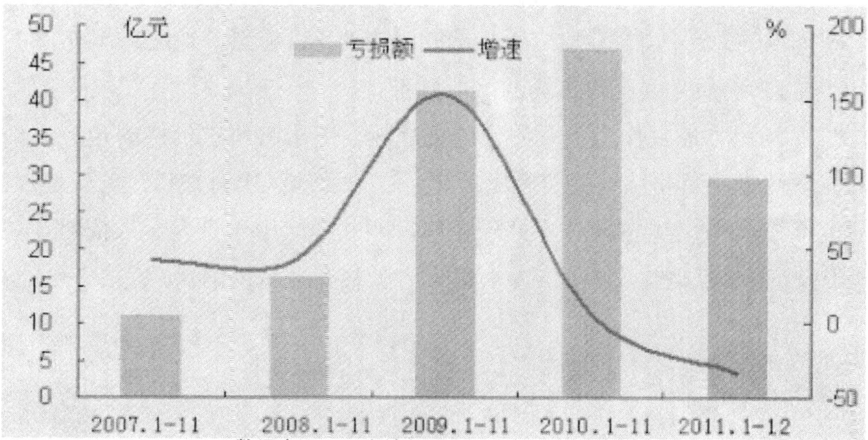

数据来源：国家统计局

2007-2011 年氮肥行业利润情况

新投产项目主要集中在新疆、内蒙古地区，新疆地区外发运输一直比较紧张，新项目投产以后疆内尿素竞争会较为激烈，而内蒙古地区新项目投产以后将在东北市场与山西、山东、河北地区尿素形成主要竞争，山东等省在东北地区减少的销量预计将主要流向南方市场。综合来看，2012年国内尿素供需矛盾仍然突出，产业整合还将持续。未来几年，我国新建尿素仍会主要集中在内蒙古、新疆、山西等煤炭资源比较丰富的地区。

2011 下半年 -2012 年上半年投产尿素项目

单位：万吨

项目	合成氨	尿素	建设进度
湖北潜江金华润	40	52	已投产
山东鲁西化工	30	52	已投产
内蒙古国电赤峰	30	52	即将投产
内蒙古天润	30	52	即将投产
内蒙古呼伦贝尔金新	50	80	正在试车
安徽临泉化工	30	50	已投产
山西金象煤化工	18	30	——
大唐呼伦贝尔	18	30	即将投产
奎屯锦江化工	45	70	即将投产
新疆宜化	30	52	正在试车

五、发展趋势：有望实现产销两旺

受农业需求向好、原材料价格上涨以及国际化肥市场延续回暖走势等因素影响，2012年春季氮肥市场总体形势好于去年，有望实现产销两旺。

“稳中求进”已成为2012年粮食生产的主线。这一切必将大大加快现代农业的发展步伐，农业的现代化为化肥产业继续发展提供了重要机遇，这是2012年春农资市场的最大利好，是期待农资市场平稳向上关键因素。2012年春季国内尿素供需基本平衡，有利于氮肥市场的稳定。

产业整合集中度提高。2011年，随着湖北宜化、晋煤、阳煤、中海油等几大氮肥集团的崛起，行业内的整合不断推动，产业集中度不断提高，成本优势、市场优势、规模优势、资金优势、原料优势不断在这几大企业中显现。

国际市场方面，2012年国际化肥市场将延续2011年的回暖走势，保税区尿素的回流可能性不大。2012年，农产品价格、能源价格依然高位运行，国际氮肥市场整体仍被看好，虽然全球经济形势不乐观，但化肥市场的总趋势将延续2011年的回暖走势。目前黑海地区离岸价380～390美元/吨，2012年春保税区的尿素回流到国内市场的可能性不大。

国内市场方面，北方地区作为春季尿素的主战场，需求将决定价格的走势，总体来看，华北地区供需基本平衡，短期内价格将维持小幅上行走势；东北地区仍有缺口，尤其是吉林地区缺口较大，春季市场的销售价格和成交氛围预计将好于往年，西北地区由于供大于求依然存在，随着气温的回升，企业将开工投产，一旦运输不畅的话，大部分产量将在区域内消化，价格有可能在旺季出现下跌。

山西阳煤丰喜肥业(集团)有限责任公司
SHANXI YANGMEI FENGXI FERTILIZER INDUSTRY (GROUP) LLC.

第三节 磷肥行业发展情况分析

一、行业规模：扩张进度加快

化肥行业中，磷肥子行业所占市场份额小于氮肥行业占化肥行业的市场份额。具体而言，2011年，磷肥行业企业数量及从业人员较氮肥行业分别多出149家和269136人，磷肥行业资产与负债规模均是氮肥行业资产与负债规模的6倍多。

2011年磷肥行业资产与负债规模较2010年分别增加143.78亿元、75.17亿元，资产与负债同比增长29.36%、28.25%，增速较2010年分别增长5.41个百分点和3.5个百分点。2011年磷肥行业资产与负债规模不断扩大，而行业内企业数量与从业人员却有在不断减少，这说明国家淘汰落后产能，实现行业内企业兼并重组提高行业运行效率的政策指引已经开始见效。整体上，2011年磷肥行业规模较2010年不断扩大。

2007-2011年磷肥行业主要指标统计

单位：个，人，亿元，%

	企业数量	从业人员	资产总计	增长率	负债总计	增长率
2007.1-11	400	93105	443.93	18.29	282.49	19.05
2008.1-11	392	88334	604.57	22.22	381.85	29.32
2009.1-11	371	78809	452.80	0.64	292.97	0.82
2010.1-11	366	78542	556.36	23.95	358.16	24.75
2011.1-12	232	72890	700.14	29.36	433.33	28.25

数据来源：国家统计局

2009年以来，磷肥行业资产与负债总额不断增加，资产与负债规模不断扩大，二者增速也在不断增加，行业规模扩大进度加快。

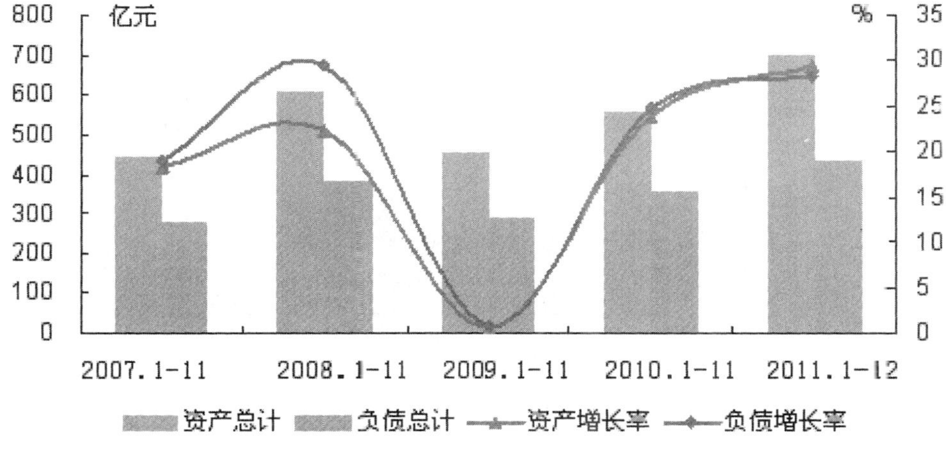

数据来源：国家统计局

2007-2011年磷肥行业资产及负债变化趋势

二、供求状况：供给略大于需求

（一）生产情况

2011 年磷肥产量回落，但增速较 2010 年有所提高。具体而言，2011 年 1-12 月，全国磷肥（折含 P205100％）产量为 1462.4 万吨，同比增长 24.3%，增速较 2010 年上升 4.1 个百分点。2011 年农产品价格上涨，激发了农业对化肥的需求，同时磷矿石价格上涨带动磷肥价格上涨，这些因素共同作用使行业内生产企业增加磷肥供给量。

2011 年，磷肥行工业总产值达 695.78 亿元，同比增长 44.63%，增速较 2010 年增加 22.59 个百分点。2009 年以来，磷肥行业工业总产值不断回升，且幅度较大，行业环境利好。

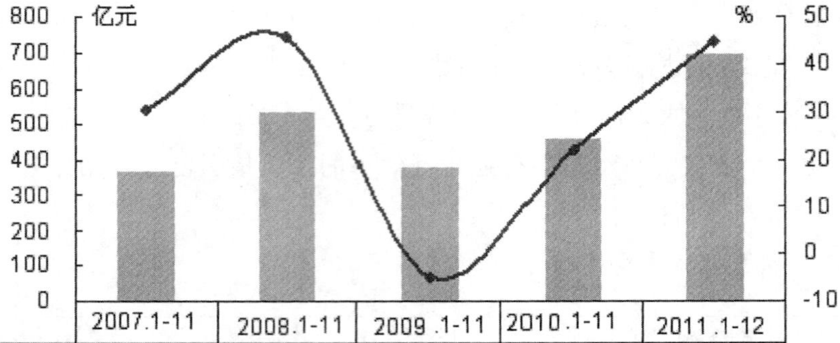

	2007.1-11	2008.1-11	2009 .1-11	2010.1-11	2011 .1-12
工业总产值	365.94	535.41	379.38	456.61	695.78
增长率	30.48	45.58	-4.62	22.04	44.63

数据来源：国家统计局
2007-2011 年磷肥行业总产值情况

（二）需求情况

2011 年，我国磷肥行业销售收入大幅增加，市场需求规模较 2010 年扩大。2011 年，我国磷肥行业实现销售收入 762.17 亿元，较 2010 年增加 262.24 亿元，同比增长 44.53%，增速较 2010 年提高 20.17 个百分点。

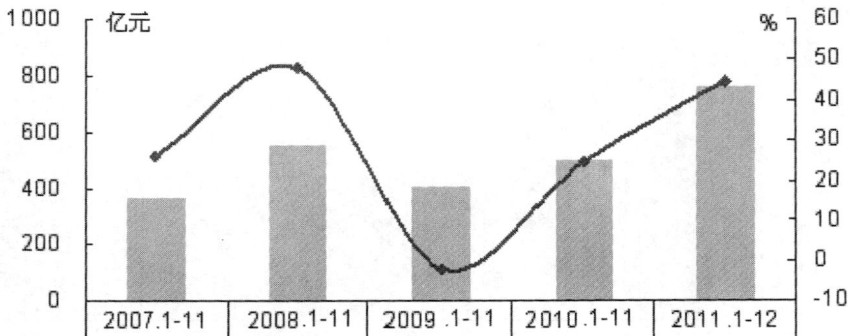

	2007.1-11	2008.1-11	2009 .1-11	2010.1-11	2011 .1-12
销售收入	367.72	550.47	406.82	499.93	762.17
增长率	26.09	47.73	-2.26	24.36	44.53

数据来源：国家统计局
2007-2011 年磷肥行业销售收入情况

山西阳煤丰喜肥业(集团)有限责任公司
SHANXI YANGMEI FENGXI FERTILIZER INDUSTRY (GROUP) LLC.

（三）供求平衡情况

2011 年，我国磷肥行业供给略大于需求，供需平衡情况不如 2010 年。具体而言，2011 年磷肥行业产销率为 99.79%，较 2010 年下降 1071 个百分点。这说明 2010 年供给小于需求，而 2011 年我国磷肥行业生产大于需求，但是差额较小，可以说市场供需基本平衡。

这主要是因为 2011 年需求小幅增加，而产量受价格上涨影响大幅增加，市场无法快速消化多余的产量，导致供给大于需求，行业产销率下降。其次是有机肥市场规模不断扩大使中国这块土地不缺磷，抑制了磷肥行业部分需求。

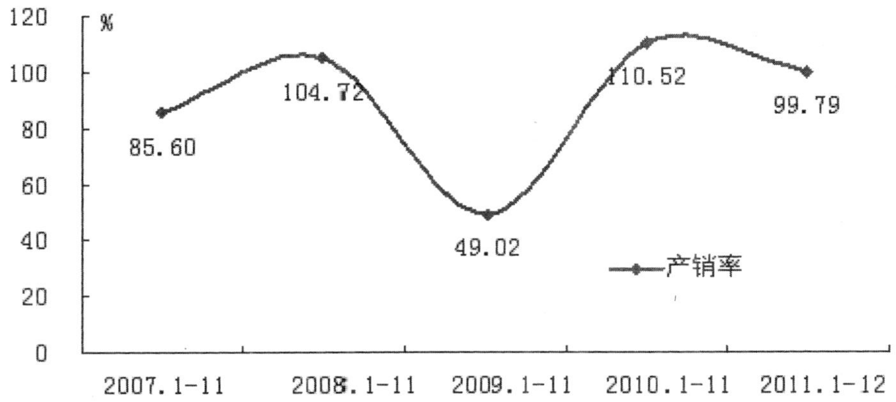

数据来源：国家统计局、世经未来研发部
2007-2011 年磷肥行业产销率

三、财务情况：财务指标良好

2011 年，从财务各项指标分析氮肥行业财务情况，磷肥行业整体财务情况比 2010 年表现要好。

盈利能力方面，2011 年，磷肥行业的销售利润率和资产报酬率各项指标均比 2010 年有所改善，而销售毛利率较 2010 年下降。2011 年，磷肥行业整体盈利能力较 2010 小幅提升，但是较 2008 年依然有较大差距。

偿债能力方面，2011 年，磷肥行业资产负债率与产权比率均较 2010 年分别下降 2.48% 和 18.29%，利息保障倍数较 2010 年提高 1.47 个百分点，磷肥行业偿债能力有所增强。

发展能力方面，2011 年，磷肥行业应收账款增长率、资产增长率和销售收入增长率较 2010 年增加，其中应收账款增长较快，其次是销售收入有较大幅度的增长，但是利润总额增长率较 2010 年下降。整体上，磷肥行业发展能力较 2010 年小幅提升，部分指标表现如入 2010 年。

营运能力方面，2011 年磷肥行业运营能力下降。2011 年，磷肥行业产成品周转率、流动资产周转率较 2010 年下降，应收账款周转率较 2010 年有所提高。

2007-2011 年磷肥行业财务分析

	2011	2010	2009	2008	2007
盈利能力					
销售毛利率（%）	13.01	14.65	9.69	14.38	15.40
销售利润率（%）	5.93	4.06	0.18	5.42	5.34
资产报酬率（%）	8.45	7.60	2.77	27.13	6.64

偿债能力					
负债率（%）	61.89	64.37	64.70	63.16	63.63
产权比率（%）	162.41	180.70	183.29	171.45	174.98
利息保障倍数（倍）	4.25	2.78	1.14	3.67	3.67
发展能力					
应收账款增长率（%）	43.41	16.16	50.48	-9.83	-4.00
利润总额增长率（%）	66.78	2281.68	-95.18	38.20	85.51
资产增长率（%）	29.36	23.95	0.64	22.22	18.29
销售收入增长率（%）	44.53	24.36	-2.26	47.73	26.09
营运能力					
应收账款周转率（次）	26.52	24.42	33.97	122.49	20.92
产成品周转率（次）	11.81	18.22	23.66	25.43	11.35
流动资产周转率（次）	2.22	2.82	4.14	8.50	2.41

数据来源：国家统计局

四、运行特点：利润增速大幅下滑

2011 年全年磷肥行业景气度较高各季度经营情况平稳其中二、三季度是产销旺季销售收入高于全年平均水平约 13%，一、四季度销售淡季则低于全年平均约 10% 四个季度盈利能力基本波动幅度不大在 9~11% 之间。

2007-2011 年磷肥行业经营效益

单位：亿元，%

	销售收入	增速	利润总额	增速	亏损额	增速
2007.1-11	367.72	26.09	19.64	85.51	0.93	-58.90
2008.1-11	550.47	47.73	29.82	38.20	1.05	30.75
2009.1-11	406.82	-2.26	0.75	-95.18	7.33	768.65
2010.1-11	499.93	24.36	20.32	2281.68	1.81	-74.89
2011.1-12	762.17	44.53	45.21	66.78	0.70	-44.22

数据来源：国家统计局

2011 年，磷肥行业利润增长，利润增速较 2010 年均有较大幅度回落。

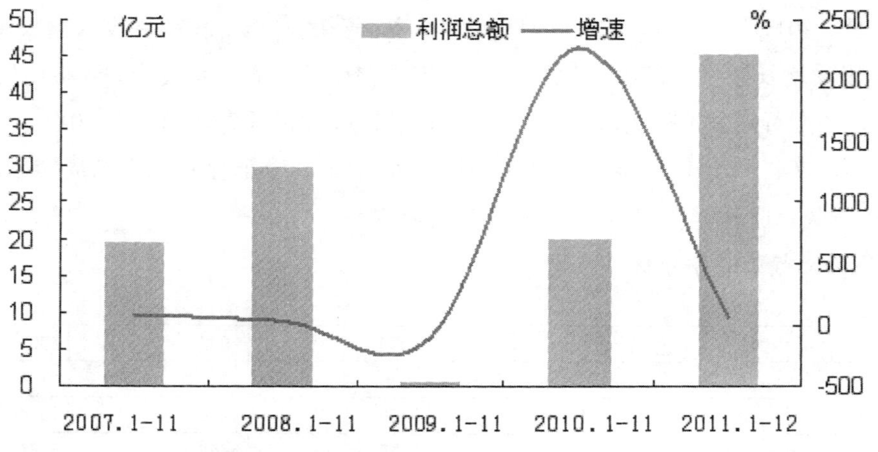

数据来源：国家统计局

2007-2011 年磷肥行业利润情况

山西阳煤丰喜肥业(集团)有限责任公司
SHANXI YANG MEI FENGXI FERTILIZER INDUSTRY (GROUP) LLC.

2011 年，亏损额从 2010 年的 1.81 亿元大幅降低至 0.70 亿元，同比减少了 44.22%，下降幅度较大。

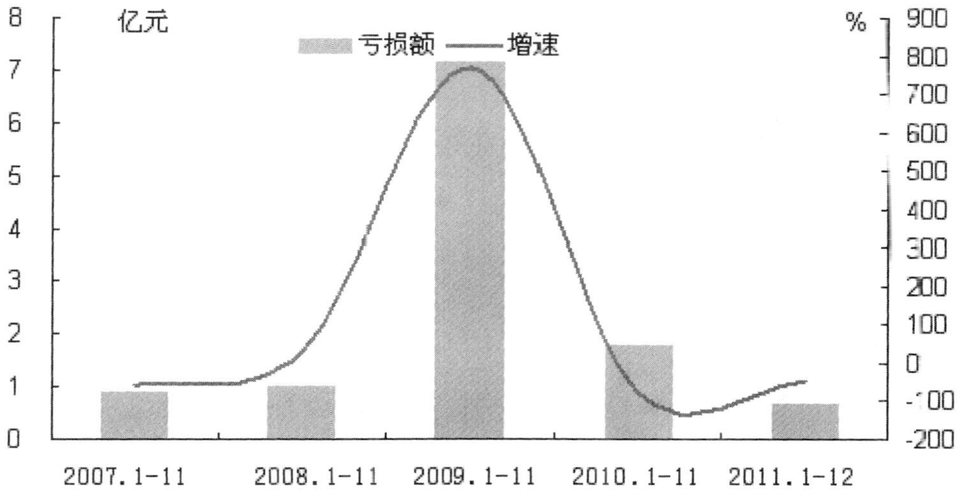

数据来源：国家统计局

2007-2011 年磷肥行业亏损情况

五、发展趋势：行业景气度或低于上年

2011 年，云南和贵州的磷矿石资源基本完成整合，其中云南 70% 以上的磷矿资源集中于云天化集团，而贵州 70% 以上的磷矿资源由瓮福集团和开磷集团拥有。未来最具有整合潜力的是湖北、四川两地。

2011 年，磷肥国际市场供销情况比较好，但是新的出口关税政策规定，重钙、氮磷二元肥、小包装肥料实行淡旺季差别化出口关税政策，其中 6 ～ 9 月出口关税税率为 7%，其余时间加征 75% 的特别关税，这一政策从 2012 年 1 月 1 日开始实施，会给企业的生产、仓储、供销周转造成很大的压力。

2012 年，预计受重钙出口限制的影响，国内大部分磷肥企业一定会从重钙转而生产普钙、富钙等低浓度磷肥，从而使低浓度磷肥产能过剩。各企业生产工艺不同，成本差别较大，造成普钙价格的混乱，这对行业必将造成不利的影响。

2012 年磷肥的国内国际市场很可能不比 2011 年。如春耕备肥期间，本应是需求最旺、价格最坚挺的时候，而 2012 年磷酸一铵、磷酸二铵的价格每吨与前阶段相比下降了 100 ～ 200 元，相比于 2011 年同期磷肥价格一直处于上升通道，2012 年价格下滑可见一斑。同时国际磷肥市场需求下降，价格也在下调，俄罗斯、美国、北非等一些国家和地区的生产商已经在安排减产。受国际出口限制，2012 年国内市场必然出现磷肥杀价现象，上半年国内市场不容乐观，在出口窗口期打开之后情况可能才会有所缓解。目前，国家化肥关税政策已出台，国际采购商给中国企业的订单已不多，多从北非、南亚采购，让中国企业备感无奈。

2012 年初国内磷肥市场价格下滑一方面是由于前期复合肥企业的备货相对充足，且对磷肥的采购较为谨慎；而一方面是由于今年国家不仅限制了磷铵等大化肥品种的出口，同时还对重钙、普钙等小化肥品种的出口进行了限制，之前生产重钙的企业开始生产磷肥，这使得磷肥的供给增多，由此也会导致磷肥市场价格的下滑。

虽然现在国内磷肥市场价格有所下滑，但是由于磷矿石资源较为紧张，且其价格不断上涨，这将会对国内磷肥价格形成支撑。而且，2012年的春耕备肥即将启动，届时磷肥的需求量将会大幅提高，这也会对国内磷肥市场价格形成利好，预计后期国内磷肥市场行情将会出现好转。

第四节 钾肥行业发展情况分析

一、行业规模：规模进一步壮大

钾肥子行业规模占化肥行业比重较小，2011 年钾肥行业企业数量较 2010 年减少较多，但是从业人员和资产规模均有较 2010 年有所扩大。

具体而言，2011 年钾肥行业，企业数量较 2010 年减少 25 家，企业从业人员较 2010 年增加 1568 人次，盐湖股份、国投罗钾两家大型钾肥企业集团规模进一步壮大；钾肥行业资产和负债均较 2010 年增加，分别同比增长 15.07% 和 10.04%。

2007-2011 年钾肥行业主要指标统计

单位：个，人，亿元，%

	企业数量	从业人员	资产总计	增长率	负债总计	增长率
2007.1-11	78	16864	236.86	61.13	107.95	59.64
2008.1-11	87	19757	381.37	61.01	203.85	76.87
2009.1-11	81	18843	444.11	26.17	249.94	40.16
2010.1-11	75	21737	561.29	16.05	296.34	8.29
2011.1-12	50	23305	610.50	15.07	326.37	10.04

数据来源：国家统计局

钾肥行业的资产增长率和负债增长率在2008年达到最高值之后，均呈现出增速逐渐放缓的趋势。具体体现为，2008 年钾肥行业资产增长率达到 61.01%，负债增长率达到 76.87%。之后两者的增长速率都呈现不同程度的下降。但负债增长率在 2010 年达到了 8.29%，又在 2011 年呈现出微弱的上浮趋势。这与资产增长率的逐年下降略有不同。

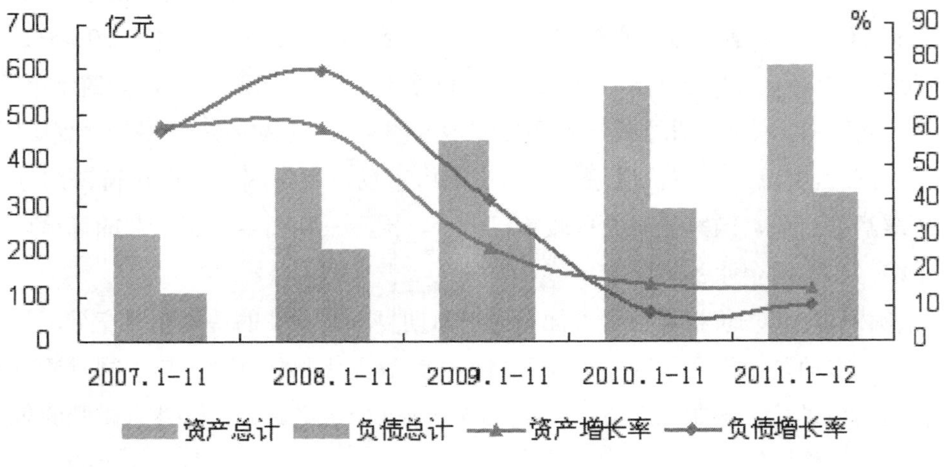

数据来源：国家统计局

2007-2011 年钾肥行业资产及负债变化趋势

山西阳煤丰喜肥业(集团)有限责任公司
SHANXI YANGMEI FENGXI FERTILIZER INDUSTRY (GROUP) LLC.

二、供求状况：产不足需有所缓解

（一）生产情况

2011 年，钾肥产量及产量增速均较 2010 年均有小幅回落。2011，全国钾肥产量（折含 K20100%）为 385.6 万吨，同比下降 10.8%，增速较 2010 年回落 1.9%。

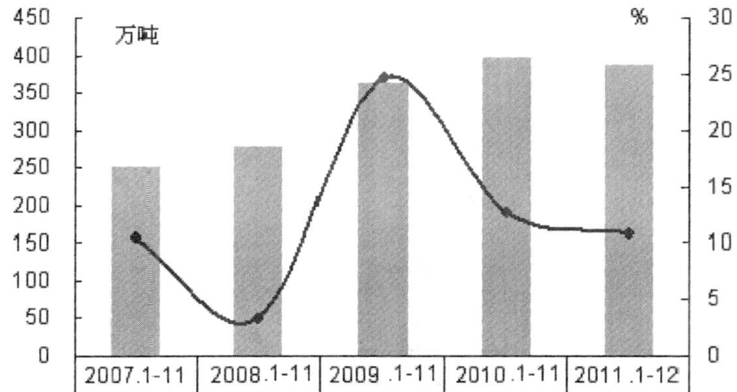

	2007.1-11	2008.1-11	2009 .1-11	2010 .1-11	2011 .1-12
钾肥(折含K2O 100%)	249.6	277.5	362.8	396.8	385.6
增长率	10.6	3.4	24.6	12.7	10.8

数据来源：国家统计局
2007-2011 年钾肥行业总产量情况

2011 年，钾肥行业工业产值较 2010 年回落，增速也明显下降。2011 年，钾肥行业工业实现产值 202.29 亿元，较 2010 年增加 35.09 亿元，同比增长 14.39%，增速较 2010 年下降 9.43 个百分点。

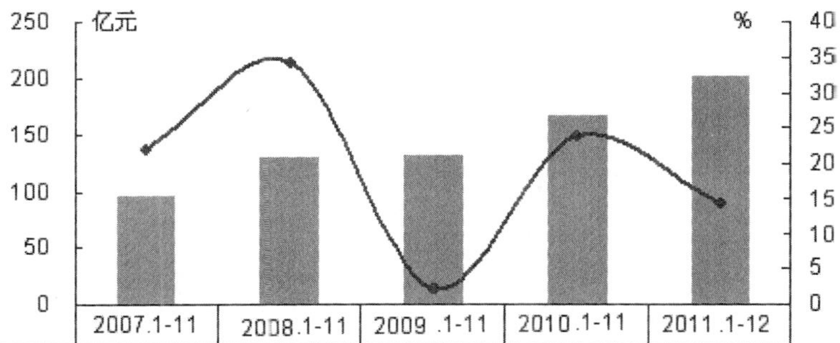

	2007.1-11	2008.1-11	2009 .1-11	2010 .1-11	2011 .1-12
工业总产值	96.95	129.86	131.91	167.20	202.29
增长率	21.83	34.02	2.41	23.82	14.39

数据来源：国家统计局
2007-2011 年钾肥行业总产值情况

2011 年，国内钾肥总产能达 479.3 万吨（折纯量），同比增长 12.33%。其中，氯化钾生产企业 38 家，累计产能达 594 万吨，青海盐湖集团产能达 220 万吨；硫酸钾生产企业 6 家，累计产能达 174 万吨，国投罗布泊钾盐有限责任公司产能达 132 万吨。

整体看，产业大型企业少、小企业多的态势依然明显。在国家宏观调控及一系列利好政策的刺激下，2011 年我国累计生产钾肥 385.61 万吨，较上年同期增长 10.86%，国内钾肥自给率达 58.1%，与 2006 年的 35.8% 相比有大幅度的提高，钾肥供需紧张的局面进一步缓解。

（二）需求情况

从需求两来看，2011 年，国内钾肥消费量为 1040 万吨氯化钾。从销售收入来看，2011 年，我国钾肥行业销售收入达 205. 78 亿元，较 2010 年增加 54. 43 亿元，同比增长 29. 75%，增速较 2010 年增加 3. 93 个百分点。

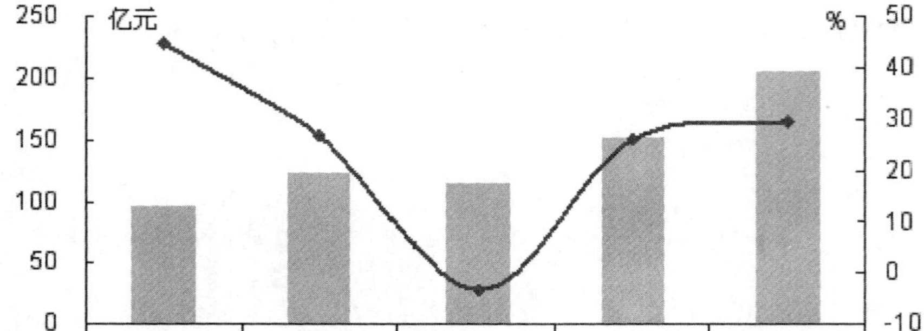

	2007.1-11	2008.1-11	2009 .1-11	2010.1-11	2011.1-12
销售收入	96.63	123.21	114.76	151.36	205.78
增长率	44.99	26.66	-3.33	25.81	29.75

数据来源：国家统计局
2007-2011 年钾肥行业销售收入情况

（三）供求平衡情况

我国钾肥自给率已由 2010 年的 50% 提高到 58%，钾肥产不足需的局面进一步缓解。2011 年价格波动范围为 550 元，比 2010 年 800—900 元的波动范围大大收窄。

2011 年，我国钾肥行业需求远大于供给，产销率为 206. 77%，较 2010 年增加 98. 42%，说明我国钾肥市场需求旺盛，供给增加满足不了市场需求的增加，钾肥市场发展环境较好。

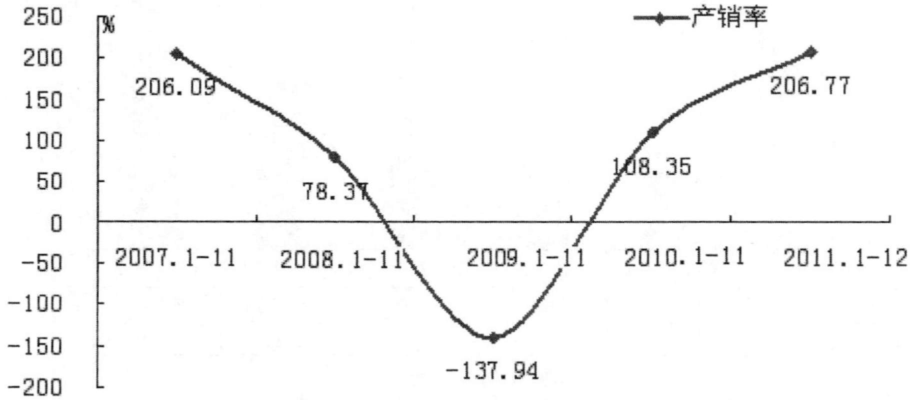

数据来源：国家统计局、世经未来
2007-2011 年钾肥行业产销率

三、财务情况：发展能力和营运能力明显提高

从财务各项指标分析钾肥行业财务情况，整体上，钾肥行业发展能力和营运能力明显提高，营运能力和偿债能力表现欠佳。

盈利能力方面，2011 年，钾肥行业能力与 2010 年基本持平。2011 年钾肥行业销售毛利率、销售利润率较 2010 年小幅增加，资产报酬率也有小幅下降，总体上，盈利能力提高不明显，与 2010

山西阳煤丰喜肥业(集团)有限责任公司
SHANXI YANGMEI FENGXI FERTILIZER INDUSTRY (GROUP) LLC.

年基本持平。

偿债能力方面，2011年，钾肥行业资产负债率与产权比率均较2010年下降，负责率和产权比率均较2010年提高，利息保障倍数小幅增加。

发展能力方面，2011年，钾肥行业发展能力增强，应收账款增长率、利润总额增长率均较2010年有大幅增加，销售收入增长率也叫2010年有所上涨。

营运能力方面，2011年，钾肥行业营运能力明显提高，应收账款周转率和产成品周转率均较2010年有较大幅度上涨，流动资产周转率也较2010年增加，整体上，营运能力明显增强。

2007-2011年钾肥行业财务分析

	2011.1-12	2010.1-11	2009.1-11	2008.1-11	2007.1-11
盈利能力					
销售毛利率（%）	45.41	44.82	40.22	53.52	43.44
销售利润率（%）	32.29	30.15	32.98	44.81	29.58
资产报酬率（%）	11.85	12.04	18.64	60.90	13.98
偿债能力					
负债率（%）	53.46	52.80	56.28	53.45	45.57
产权比率（%）	114.87	111.35	128.72	114.83	83.74
利息保障倍数（倍）	12.27	10.04	11.72	20.34	17.04
发展能力					
应收账款增长率（%）	5.12	-1.38	105.99	93.87	-50.44
利润总额增长率（%）	47.77	12.48	-29.25	91.79	31.42
资产增长率（%）	15.07	16.05	26.17	61.01	61.13
销售收入增长率（%）	29.75	25.81	-3.33	26.66	44.99
营运能力					
应收账款周转率（次）	10.42	11.21	14.61	62.23	24.75
产成品周转率（次）	5.75	2.88	3.06	9.07	6.05
流动资产周转率（次）	0.85	0.80	1.21	2.82	1.06

数据来源：国家统计局

四、运行特点：利润增速不断上升

2011年，受国内农业快速发展、钾肥需求大幅增加等多方面因素影响，钾肥行业销售收入、利润总额均较2010年又较大幅度的增加，亏损额也较2010年有较大幅度的下降。

具体而言，2011年，钾肥行业销售收入同比增长30.33%，较2010年增加8.59个百分点；利润总额同比增长129.7%，较2010年增加130.47个百分点；亏损额同比下降33.6%，较2010年下降39.54个百分点。

2007-2011年钾肥行业经营效益

单位：亿元，%

	销售收入	增速	利润总额	增速	亏损额	增速
2007.1-11	96.63	44.99	28.58	31.42	0.46	81.18
2008.1-11	123.21	26.66	55.21	91.79	1.54	234.36
2009.1-11	114.76	-3.33	37.85	-29.25	1.54	-8.45
2010.1-11	151.36	25.81	45.64	12.48	0.88	-39.17
2011.1-11	205.78	29.75	66.45	47.77	1.02	28.37

数据来源：国家统计局

2011 年，我国钾肥行业利润总额较 2010 年提高，增速也一直处于不断上升的态势。自 2009 年以来，我国钾肥行业利润总额增速不断上升。

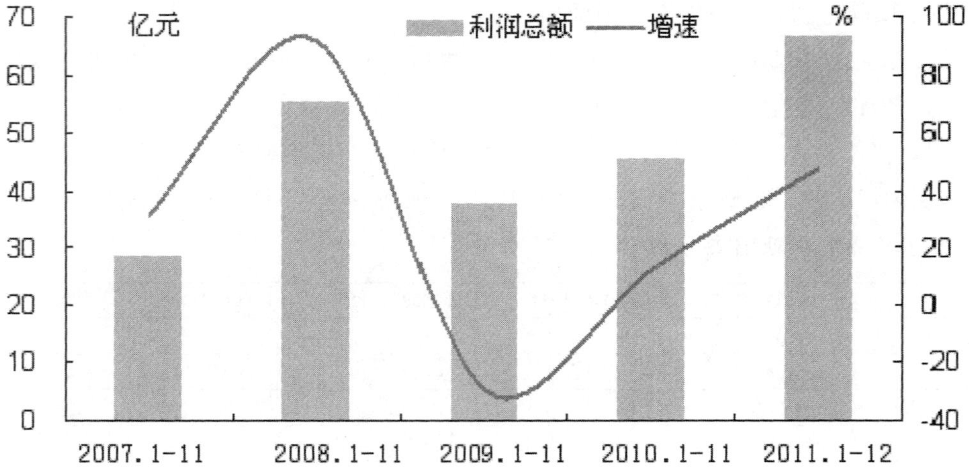

数据来源：国家统计局

2011 年，我国钾肥行业亏损额较 2010 年增加。自 2009 年以来，我国化肥行业亏损额不断上升，亏损额增速不断增加。

2007-2011 年钾肥行业亏损情况

单位：亿元，%

	亏损额	增速
2007.1-11	0.46	81.18
2008.1-11	1.54	234.36
2009.1-11	1.54	-8.45
2010.1-11	0.88	-39.17
2011.1-12	1.02	28.37

数据来源：国家统计局

五、发展趋势：产能过剩价格上浮空间不大

产能方面，从世界钾肥现有的生产装置和现在正在建设的钾肥生产装置来看，全球的钾肥产品将出现严重过剩，有 6000 万吨的剩余产品无处消化，我国钾肥生产企业要警惕将要出现的产能过剩危机。预计未来几年，在国家测土配方以及农资直补力度不断加大下，预计钾肥需求每年增速将在 1.5-2.5%。未来几年，我国钾肥国内产量将继续增加，但增速不会很大，预计在 3.0-5.0%。

价格方面，钾肥是化肥子行业中产业集中度较高的行业。当前国内钾肥生产主要垄断在几家大型厂商的手中，氯化钾国内厂商盐湖集团，占国内产能的 80% 以上，国内三分之二的钾需要靠进口来满足。国内钾肥价格中长期内趋于稳定：国外巨头与中国签订的 2012 年上半年钾肥进口大合同，到岸价 470 美元 / 吨，与去年下半年价格相同，未来国内钾肥价格出现大幅上涨的可能性不会太大。

产量方面，预计未来几年，在国家测土配方以及农资直补力度不断加大下，预计钾肥需求每年增速将在 1.5-2.5%。未来几年，我国钾肥国内产量将继续增加，但增速不会很大，预计在 3.0-5.0%。

进出口方面，中国钾肥企业积极在海外建厂，钾肥供应将由国内供应、海外建厂供应以及与钾肥主产国进口三部分组成。随着中国对钾肥需求的不断增加，中国对钾肥进口将长期依赖，整体上来看，未来几年钾肥进口量将呈增加趋势。

山西阳煤丰喜肥业(集团)有限责任公司
SHANXI YANGMEI FENGXI FERTILIZER INDUSTRY (GROUP) LLC.

第五节 复混肥行业发展情况分析

一、行业规模：规模扩大、集中度提高

2011年，复混肥行业企业从业人员、资产总额和负债总额较2010年逐步扩大，增长率也较2010年有所提高。总的而言，复混肥行业规模扩大，但是扩张速度远小于钾肥行业。我国取得取得生产许可证的复混肥生产企业，平均规模产能不足5万吨/年。

2007-2011年复混肥行业主要指标统计

	企业数量	从业人员	资产总计	增长率	负债总计	增长率
2007.1-11	935	168927	1034.83	17.51	626.70	14.18
2008.1-11	1012	170222	1169.55	23.86	726.12	21.16
2009.1-11	1182	176267	1202.19	11.93	710.68	4.21
2010.1-11	1307	194133	1531.60	24.20	869.84	13.25
2011.1-12	988	204060	1677.34	28.56	996.24	25.37

数据来源：国家统计局

2011年，复混肥行业资产总计1677.34亿元，同比增长28.56%，增速较2010年提高4.36个百分点；负债总计996.24亿元，同比增长25.37%，增速较2010年增加7.12个百分点。

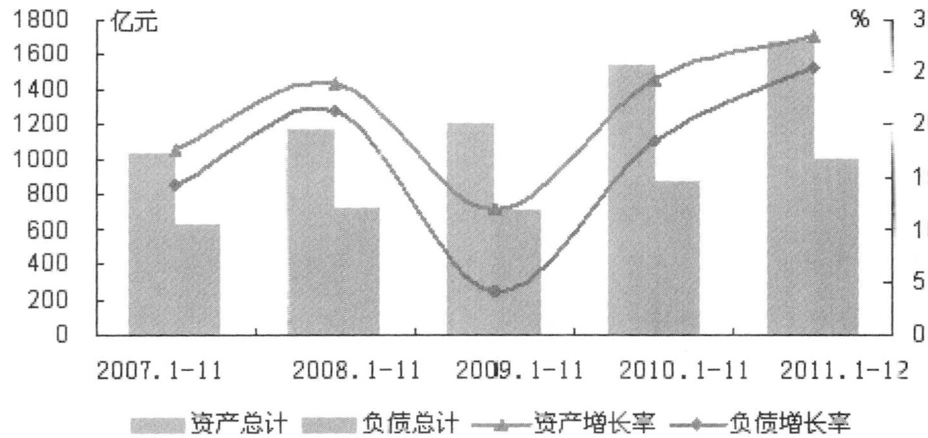

数据来源：国家统计局

2007-2011年复混肥行业资产及负债变化趋势

二、供求状况：供给大于需求

（一）生产情况

2011年，复混肥行业工业总产值达2890.96亿元，较2010年增加689.16亿元，同比增长43.07%，增速较2010年提高16.43个百分点。自2009年受金融危机影响，复混肥行业工业产值和增速大幅下降之后，2010年逐步回升以来，这个行业的工业产值和增速一直保持高速增长。

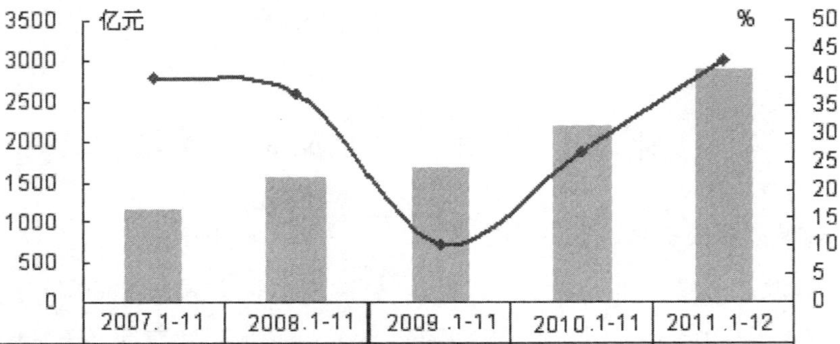

	2007.1-11	2008.1-11	2009.1-11	2010.1-11	2011.1-12
工业总产值	1174.13	1552.41	1678.57	2201.80	2890.96
增长率	39.99	36.96	10.33	26.64	43.07

数据来源：国家统计局

2007-2011 年复混肥行业总产值情况

（二）需求情况

2011 年，受化肥行业利好市场环境影响，复混肥行业销售收不断增加，增速大幅回升。2011 年，复混肥行业实现销售收入 2814.51 亿元，较 2010 年增加 675.67 亿元，同比增长 42.16%，增速较 2010 年提高 15.53 个百分点。自 2009 年以来，复混肥行业销售收入不断增加，增速逐年提高。

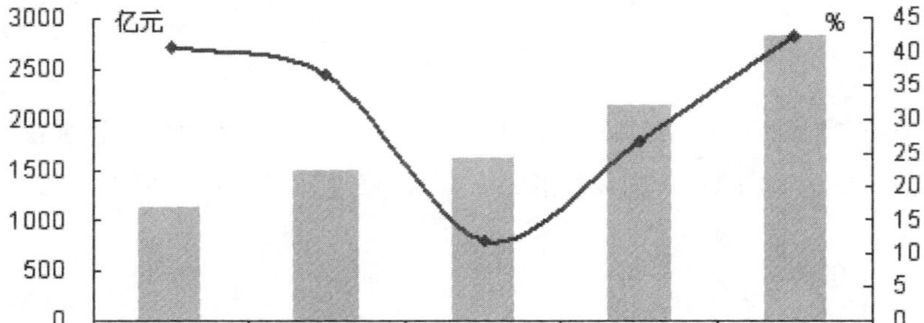

	2007.1-11	2008.1-11	2009.1-11	2010.1-11	2011.1-12
销售收入	1139.06	1495.56	1620.85	2138.84	2814.51
增长率	40.70	36.47	11.91	26.64	42.16

数据来源：国家统计局

2007-2011 年复混肥行业销售收入情况

（三）供求平衡情况

自 2009 化肥行业遭受金融危机影响以后，复混肥行业产销率不断下降，2011 年产销率跌至 97.88%，市场供给大于需求，产销衔接不足。

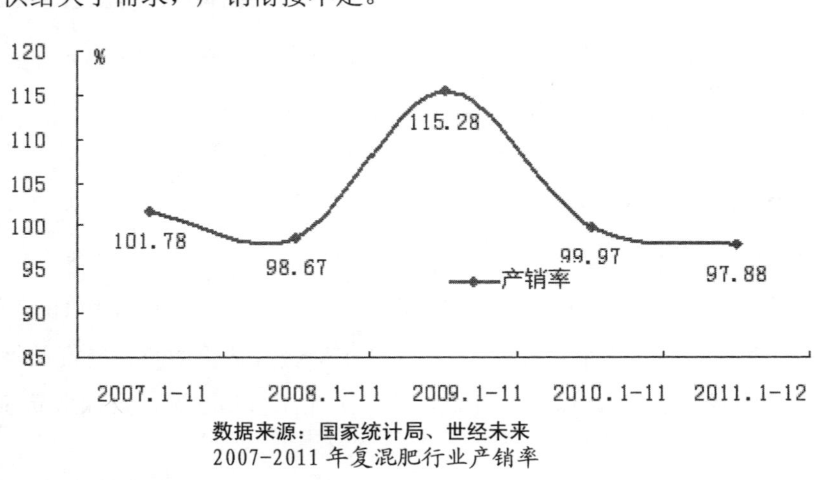

数据来源：国家统计局、世经未来

2007-2011 年复混肥行业产销率

山西阳煤丰喜肥业(集团)有限责任公司
SHANXI YANGMEI FENGXI FERTILIZER INDUSTRY (GROUP) LLC.

三、财务情况：财务指标略差于上年

2011 年，从财务各项指标分析复混肥行肥行业财务情况，复混肥行业整体财务情况不如 2010 年。

盈利能力方面，2011 年，复混肥行业整体盈利能力较 2010 年下降。因为 2011 年复混肥行业的销售利润率和资产报酬率各项指标均比 2010 年下降，而销售毛利率较 2010 年小幅上升。

偿债能力方面，2011 年，复混肥行业偿债能力下降，该子行业资产负债率与产权比率均较 2010 年提高，而利息保障倍数较 2010 年下降。

发展能力方面，2011 年，复混肥行业发展能力下降，该子行业应收账款增长率、资产增长率和销售收入增长率较 2010 年增加，其中应收账款增长较快，其次是销售收入有较大幅度的增长，但是利润总额增长率较 2010 年下降幅度较大。

营运能力方面，2011 年复混肥行业运营能力下降，衡量运营能力的应收账款周转率、产成品周转率和流动资产周转率均较 2010 年大幅下降。

2007-2011 年复混肥行业财务分析

	2011	2010	2009	2008	2007
盈利能力					
销售毛利率（%）	13.16	12.86	9.95	11.96	12.18
销售利润率（%）	5.18	5.51	3.48	5.06	4.42
资产报酬率（%）	10.46	12.10	12.10	32.69	6.93
偿债能力					
负债率（%）	59.39	56.79	59.12	62.09	60.56
产权比率（%）	146.27	131.44	144.59	163.75	153.55
利息保障倍数（倍）	5.93	6.54	4.45	4.82	4.17
发展能力					
应收账款增长率（%）	49.38	19.39	27.85	-0.06	-3.44
利润总额增长率（%）	49.16	91.13	-24.96	57.23	40.06
资产增长率（%）	28.56	24.20	11.93	23.86	17.51
销售收入增长率（%）	42.16	26.64	11.91	36.47	40.70
营运能力					
应收账款周转率（次）	37.04	47.07	63.95	122.09	22.68
产成品周转率（次）	21.14	31.81	34.19	42.78	14.98
流动资产周转率（次）	3.01	3.83	5.70	10.71	2.69

数据来源：国家统计局

四、运行特点：利润增速明显下降

2011 年，复混肥行业发展比较好，销售收入、利润总额及增速均较 2010 年增加，亏损额及增速也较 2010 年下降，但是利润额增速明显下降，增速较 2010 年下降 41.7 个百分点。

2007-2011 年复混肥行业经营效益

	销售收入	增速	利润总额	增速	亏损额	增速
2007.1-11	1139.06	40.70	50.31	40.06	7.65	272.48
2008.1-11	1495.56	36.47	75.74	57.23	7.54	-0.83
2009.1-11	1620.85	11.91	56.40	-24.96	17.34	564.18
2010.1-11	2138.84	26.64	117.75	91.13	4.30	-75.23
2011.1-12	2814.51	42.16	145.83	49.16	2.22	-56.91

数据来源：国家统计局

2011 年，复混肥行业利润增速较 2010 年明显回落，回落 41.7 个百分点。

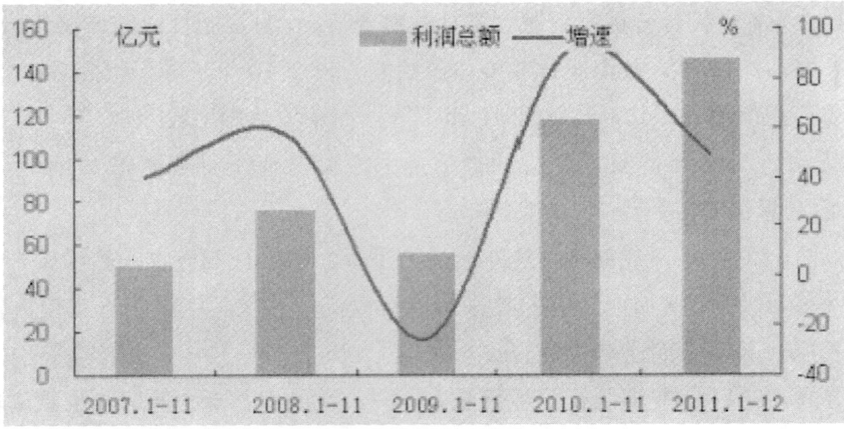

数据来源：国家统计局

2007-2011 年复混肥行业利润情况

2011 年，复混肥行业亏损额从 2010 年的 4.3 亿元大幅降低至 2.22 亿元，同比减少了 56.91%。

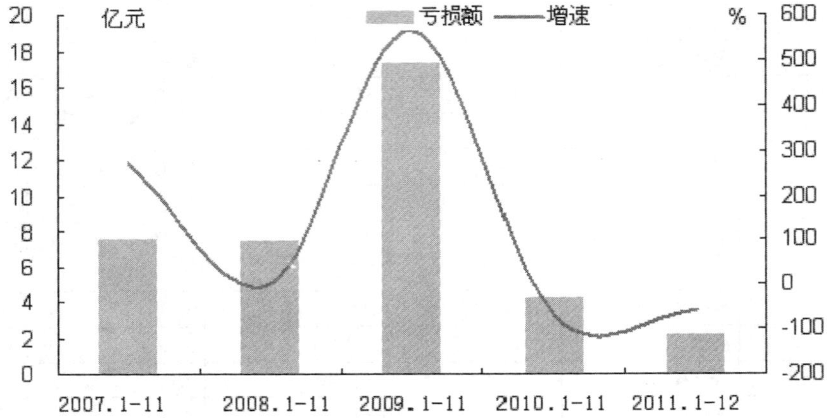

数据来源：国家统计局

2007-2011 年复混肥行业亏损情况

五、发展趋势：复混肥向消费区域集中

复混肥具有养分含量高、副成分少、物理性状好等优点，对于平衡施肥，提高肥料利用率，促进作物的高产稳产有着十分重要的作用。我国粮食产量的提高，土壤缺素的现象已经表现出来，随着我国缓控释肥等技术的推广，现在农民开始更多地选用多元复合肥。

化肥和农药“十二五”发展规划指出，行业整合向优势企业集中，基础肥向资源集中；复合肥向消费区域集中。主要目标：到 2015 年，钾肥、磷肥和复混肥企业数量大幅减少。

复混肥和掺混肥料主要在消费区域建立加工、集散、分销和使用服务体系。复合肥生产技术门槛低，我国复合肥生产企业数量众多，行业集中度很低，整个行业呈现充分竞争态势。复合肥上游原料主要是尿素、磷酸一铵、磷酸二铵、钾肥等单质肥料，复合肥企业核心竞争优势体现在具有行业内最流畅的销售渠道和具有抵抗原材料波动的上游资源优势。复合肥生产将重点向消费区域集中。

山西阳煤丰喜肥业(集团)有限责任公司
SHANXI YANGMEI FENGXI FERTILIZER INDUSTRY (GROUP) LLC.

第六节 有机肥料及微生物肥料行业发展情况分析

一、行业规模：规模较小，扩张增速较大

化肥行业中，有机肥料及微生物肥料规模接近钾肥，规模较小，远小于氮肥、复混肥、磷肥的行业规模。

2011年有机肥料及微生物肥料行业资产与负债规模较2010年分别增加45.65亿元、21.32亿元，资产与负债同比增长46.35%、51.24%，增速较2010年分别增长5.69个百分点和23.64个百分点。2011年有机肥料及微生物肥料行业资产与负债规模有所扩大，增速水平均较高。

2007-2011年有机肥料及微生物肥料行业主要指标统计

	企业数量	从业人员	资产总计	增长率	负债总计	增长率
2007.1-11	185	13859	39.03	29.98	16.23	28.24
2008.1-11	249	18781	58.53	31.18	24.67	27.96
2009.1-11	358	26490	89.84	31.73	39.69	20.72
2010.1-11	454	33669	163.53	40.66	58.49	27.60
2011.1-11	328	35460	209.18	46.35	79.81	51.24

数据来源：国家统计局

2009年以后，有机肥料及微生物肥料行业开始快速扩张，资产总和负债总额大幅增加，增速也快速上升。

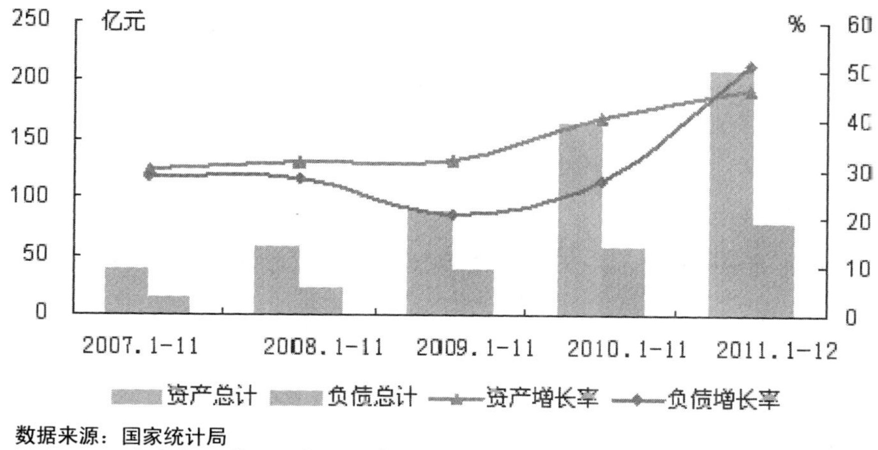

数据来源：国家统计局

2007-2011年有机肥料及微生物肥料行业资产及负债变化趋势

二、供求状况：供不足需

（一）生产情况

2011，有机肥料及微生物肥料行工业总产值达528.39亿元，较2010年增加205.25亿元，同比增长59.93%，增速较2010年增加12.68个百分点。2009年以来，有机肥料及微生物肥料行业工业总产值不断回升，行业发展较好。

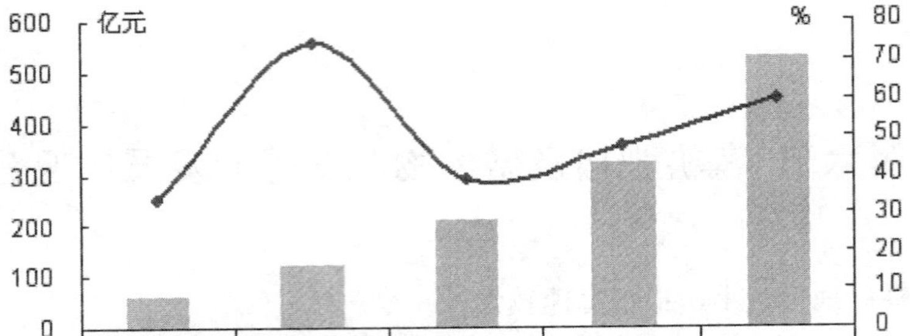

	2007.1-11	2008.1-11	2009.1-11	2010.1-11	2011.1-12
工业总产值	65.54	125.65	211.96	323.14	528.39
增长率	33.58	74.22	38.99	47.25	59.93

数据来源：国家统计局

2007-2011 年有机肥料及微生物肥料行业总产值情况

（二）需求情况

2011 年，我国有机肥料及微生物肥料行业销售收入大幅增加，市场需求规模较 2010 年小幅扩大，扩张进度小于 2010 年较 2009 的扩张速度。2011 年，我国有机肥料及微生物肥料行业实现销售收入 519.14 亿元，较 2010 年增加 201.51 亿元，同比增长 61.3%，增速较 2010 年提高 8.16 个百分点。

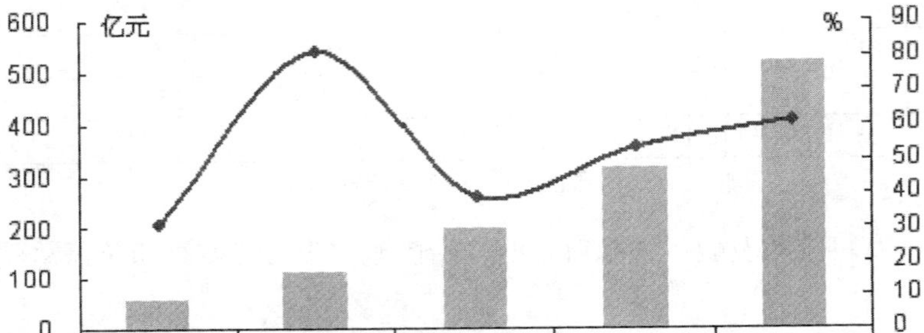

	2007.1-11	2008.1-11	2009.1-11	2010.1-11	2011.1-12
销售收入	59.68	115.97	200.60	317.63	519.14
增长率	31.49	80.76	39.10	53.14	61.30

数据来源：国家统计局

2007-2011 年有机肥料及微生物肥料行业销售收入情况

（三）供求平衡情况

自 2007 年以来，我国有机肥料及微生物肥料行业隔年上下波动，但是波动幅度较小，产销率基本维持在 100-112% 之间，整体上需求大于供给。

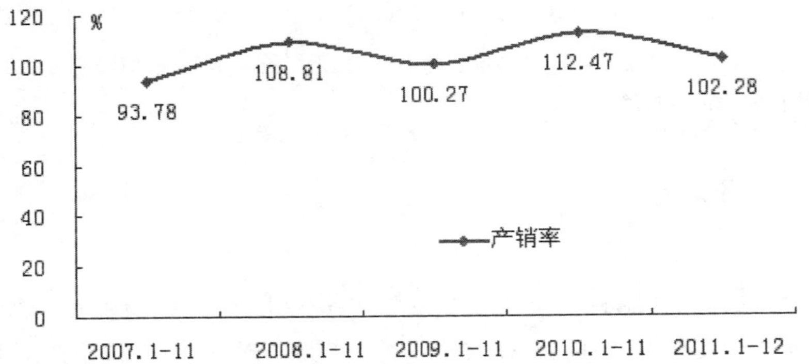

数据来源：国家统计局、世经未来

2007-2011 年有机肥料及微生物肥料行业产销率

山西阳煤丰喜肥业(集团)有限责任公司
SHANXI YANGMEI FENGXI FERTILIZER INDUSTRY (GROUP) LLC.

三、财务情况：盈利、发展能力较强

2011 年，从财务各项指标分析氮肥行业财务情况，有机肥料及微生物肥料行业整体财务情况比 2010 年表现要好。

盈利能力方面，2011 年，有机肥料及微生物肥料行业的销售毛利率、销售利润率和资产报酬率三个指标均较 2010 年提高，行业营运能力增强。

偿债能力方面，2011 年，有机肥料及微生物肥料行业资产负债率与产权比率均较 2010 年分别提高，利息保障倍数较 2010 年下降，整体上，偿债能力较 2010 年下降。

发展能力方面，2011 年，有机肥料及微生物肥料行业发展能力较 2010 年增强，应收账款增长率、利润总额增长率、资产增长率和销售收入增长率均较 2010 年提高。

营运能力方面，2011 年有机肥料及微生物肥料行业运营能力下降，应收账款周转率、产成品周转率和流动资产周转率均较 2010 年下降。

2007-2011 年有机肥料及微生物肥料行业财务分析

	2011	2010	2009	2008	2007
盈利能力					
销售毛利率（%）	18.01	15.37	13.36	14.67	16.78
销售利润率（%）	8.91	6.53	5.61	6.17	6.24
资产报酬率（%）	24.73	18.68	28.48	55.37	11.95
偿债能力					
负债率（%）	38.16	35.77	44.17	42.15	41.57
产权比率（%）	61.70	55.63	79.12	72.87	71.16
利息保障倍数（倍）	9.44	10.61	8.34	8.56	7.77
发展能力					
应收账款增长率（%）	88.46	36.84	32.89	24.55	23.27
利润总额增长率（%）	107.97	66.56	43.95	82.73	44.37
资产增长率（%）	46.35	40.66	31.73	31.18	29.98
销售收入增长率（%）	61.30	53.14	39.10	80.76	31.49
营运能力					
应收账款周转率（次）	15.40	30.09	47.27	85.37	16.65
产成品周转率（次）	32.80	39.37	32.47	64.17	16.58
流动资产周转率（次）	4.28	6.53	10.27	18.48	4.34

数据来源：国家统计局

四、运行特点：利润和亏损增长均较快

2011 年，有机肥料及微生物肥料行业销售收入和利润总额较 2010 年有较大幅度的回升，但是亏损额也快速增加，由 2010 年的 0.29 亿元增至 0.65 亿元，上涨近 100.99%。

2007-2011 年有机肥料及微生物肥料行业经营效益

单位：亿元，%

	销售收入	增速	利润总额	增速	亏损额	增速
2007.1-11	59.68	31.49	3.73	44.37	0.14	87.57
2008.1-11	115.97	80.76	7.16	82.73	0.23	36.28
2009.1-11	200.60	39.10	11.26	43.95	0.37	37.15
2010.1-11	317.63	53.14	20.76	66.56	0.29	-23.67
2011.1-12	519.14	61.30	46.25	107.97	0.65	100.99

数据来源：国家统计局

2011年，有机肥料及微生物肥料行业利润总额增加，利润增速较2010年提高，自2009年以来有机肥料及微生物肥料行业利润总额历年都在创新高，增长幅度较大。

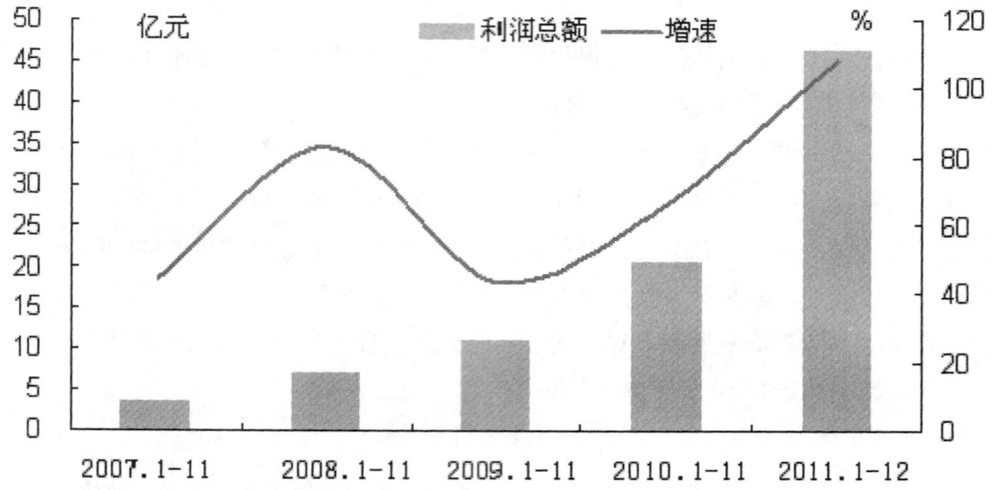

数据来源：国家统计局

2007-2011年有机肥料及微生物肥料行业利润情况

2011年，有机肥料及微生物肥料行业亏损额从2010年的0.29亿元增加至0.65亿元，同比增长100.99%，增速较2010年增加124.65个百分点，亏损面不断扩大。

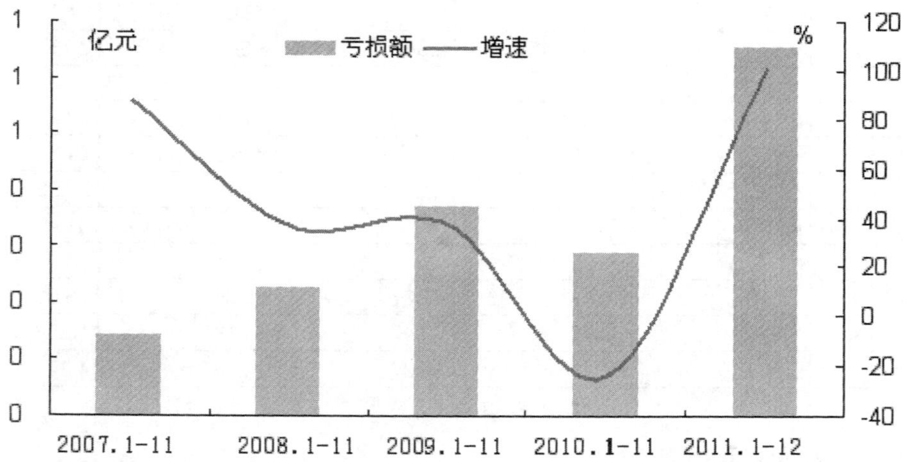

数据来源：国家统计局

2007-2011年有机肥料及微生物肥料行业亏损情况

五、发展趋势：前景广阔

我国有机肥料及微生物肥料在农业上的作用已逐渐被人们所认识，目前约有250家企业年产约数十万吨有机肥料及微生物肥料应用于生产。这虽与同期化肥产量和用量不能相比，但确已开始在农业生产中发挥作用，取得了一定的经济效益和社会效应，已初步形成正规工业化生产阶段。随着研究的深入和应用的需要不断扩大新品种的开发，有机肥料及微生物肥料现已形成：（1）由豆科作物接种剂向非豆科作物肥料转化；（2）由单一接种剂向复合生物肥转化；（3）由单一菌种向复合菌种转化；（4）由单一功能向多功能转化；（5）由用无芽胞菌种生产向用有芽胞菌种生产转化

山西阳煤丰喜肥业(集团)有限责任公司
SHANXI YANG MEI FENGXI FERTILIZER INDUSTRY (GROUP) LLC.

等趋势。

此外，现已有许多国家建立了行业或国家标准及相应机构以检查产品质量。我国也在有机肥料及微生物肥料发展形势下加大了研究力度。随着科学的进步，研究和生产发展的需要及监督制度的完善，有机肥料及微生物肥料会为农业增收发挥其应有的作用，前景将是非常广阔的。

第七节 子行业对比分析

一、综合竞争力分析

综合考虑化肥各子行业规模、效益及财务状况，对各指标进行评分并给予相应权重，可以得出细分行业竞争力综合评分，如下表：

2011 年化肥细分行业竞争力评价

子行业	规模评分	效益评分	财务状况评分	综合评分
氮肥制造	27.56	57.63	2.12	34.50
复混肥料制造	33.60	40.69	3.04	30.32
有机肥料及微生物肥料制造	21.79	46.70	5.74	28.54
磷肥制造	16.90	32.99	2.37	20.43
钾肥制造	8.75	23.83	2.98	13.62
其他肥料制造	9.99	15.91	3.94	11.15

通过上述综合评价可以看出，氮肥制造、复混肥料制造及有机肥料及微生物肥料制造综合评价较好，在行业内综合竞争力处于领先水平。具体而言，氮肥制造行业效益最好，综合评分也最高；有机肥料及微生物肥料制造财务指标表现最好；复混肥料制造行业的规模效益最好。

二、子行业 SWOT 分析

（一）氮肥制造

1. 优势

我国氮肥工业原料主要有煤炭和天然气两种，其中利用煤炭生产氮肥产量约占到 55%。而我国煤炭资源优势明显，发展氮肥工业具有资源优势。

此外，氮肥制造行业规模较大，效益和财务状况较好，氮肥作为农业生产资料，氮肥行业抵抗风险的能力较强。

2. 劣势

新建产能仍在大量增加，产能过剩压力逐步加大。氮肥行业中的尿素行业为一个高污染，尤其是一些小化肥企业的污染、能耗更为严重。

3. 机遇

化肥投入总量将增加，预计 2030 年我国人均耕地只有 1.2 亩左右，在有限的土地上增收，对化肥产业来说需求量大。化肥区域分配将逐步走向平衡，相比华北、华东地区千万吨水平的化肥投入总量，西部地区投入总量较小，不能满足农业生产的需要，随着西部大开发，这一需求将逐步增加。石油价格的上涨，使氮肥进口速度放缓的同时，也为国内企业出口创造了机遇。

4. 面临的威胁

氮肥生产中排放的有害物质如氮的氧化物（硝酸铵生产）、粉尘和烟雾等污染空气；向水中排放的铵离子或硝酸根离子污染水源等会污染环境，给环境承载能力带来威胁。此外，各地区政府都制订和颁布限制这些有害物质排放的标准，会给氮肥制造行业带来政策性风险。

（二）磷肥制造

1. 优势

磷肥属于资源密集型行业，主要依赖磷矿石和硫磺资源，其中，我国磷矿石储备量较多，截止2011年，我国磷矿经济储量达58亿吨，我国有着磷矿丰富的资源优势。

2. 劣势

国家将磷肥制造视作高能耗、高污染行业，经常出台相关政策限制出口，而磷肥制造国内产能过剩，限制出口会影响磷肥制造行业利润，加大市场竞争压力。此外，我国磷矿储备世界第一，但是生产磷肥所需的硫磺却有近六成需要进口，并且硫磺进口价格不断攀升，国内需要出口磷肥平抑硫磺价格的大幅上涨，而国家限制出口势必影响磷肥的价格竞争力及销售情况。

3. 机会

磷素是人体必需的一种重要元，并且这种元素通过人们从农作物当中汲取；同时全球土地资源有限，化肥对粮食增产起着重要作用，高浓度磷肥的发展将成为未来发展的重点。

4. 威胁

磷矿开发难度较大，硫磺进口价格较高，这会严重危险到磷肥的生产与销售情况，影响行业内企业竞争力。此外，国家对磷肥出口限制较多，容易让过多的磷肥产量在国内被消化吸收，企业竞争压力大。

（三）钾肥制造

1. 优势

钾肥价格较高，刺激国内生产，扩大国内钾肥供应量，市场供给较稳定。

2. 劣势

中国是一个缺钾的国家。国际上氮磷钾肥料的合理搭配比例是1 ： 0.4 ： 0.4，而到了中国，这个比例降为1:0.4:0.16。其直接结果是，耕地缺钾状况日趋严重，制约了农业生产，并危及粮食安全以及农民利益。

3. 机会

目前，中国长联石油、中川国际、盐湖太极集团、兖州煤业等企业在国外取得钾盐探矿权的力度。这会改善我国生产钾肥所用钾原料主要依赖进口的境况，稳定钾原料进口价格，降低国内钾肥价格，提高竞争力。

加拿大是全球钾矿资源最丰富的地区，许多国外企业进入加拿大钾盐领域，开采钾矿，建设钾肥装置。仅中国就有长联石油、中川国际、盐湖太极集团、兖州煤业等企业已经在加拿大萨斯喀彻温省拿到了钾盐探矿权。由于中国进军萨斯喀彻温省的企业所收购的钾矿储量、开采面积以及拟建的生产装置规模较大，引起加方钾肥企业的高度关注。

4. 威胁

面临全球钾肥大整合威胁。面对全球钾肥企业不断整合、趋于垄断的发展态势，如果钾肥定价

山西阳煤丰喜肥业(集团)有限责任公司
SHANXI YANGMEI FENGXI FERTILIZER INDUSTRY (GROUP) LLC.

权像铁矿石一样旁落矿业巨头，钾肥资源本就匮乏的中国，无疑又将腹背受敌。如果政府能大力支持民企“走出去”自主开发，或将改变钾肥市场今后受制于人的局面。

（四）复混肥料制造

1. 优势

化肥行业中，复混肥料制造子行业规模较大，财务状况较好，行业综合实力仅次于氮肥制造行业，竞争能力较强。

2. 劣势

随着二元复合肥的出口受到限制，而原材料价格又居高不下，复混肥企业利润受到严重挤压，加上产品同质化竞争激烈，企业生产经营面临更多困难，市场上复混肥的假冒伪劣情况更加突出。

3. 机会

我国不少单位开始生产专用复混肥料，如棉花专用肥、西瓜专用肥等。越来越多的化肥企业逐步加大对掺混肥事业的投入，这预示着复混肥或将成为我国化肥工业发展的方向。

4. 威胁

目前，复混肥市场出现了一些新动向，给制售假冒伪劣产品提供了可乘之机，对正规企业造成了严重影响。具体而言，复混肥市场产品质量良莠不齐，扰乱市场正常运行秩序，再加上地方管理部门以罚代管、配方一登记的管理制度等威胁到复混肥料制造行业健康良性发展。

（五）有机肥料及微生物肥料制造

1. 优势

无污染、无公害，生物复合肥是天然有机物质与生物技术的有效组合；含有大量有机物质、腐殖酸类物质和保肥增效剂，养分齐全，速缓相济，供肥均衡，肥效持久；可替代化肥进行一次性施肥，降低生产成本；与施用化学肥料相比，可使产品中硝酸盐含量降低20—30%，VC含量提高30—40%，可溶性糖可提高1—4度；产品口味好、保鲜时间长、耐储存。

2. 劣势

有机肥料及微生物肥料制造以有益微生物的种类、生命活动是否旺盛为基础，其肥效与活菌数量、强度及周围环境条件密切相关，包括温度、水分、酸碱度、营养条件及原生活在土壤中土著微生物排斥作用都有一定影响，这要求农民对有机肥料及微生物肥料的适用要有一定技术水准，否则效果不明显，而农民技术水平普遍不高，导致农民对这类肥料的需求规模不大。

3. 机会

有机肥料及微生物肥料制造是一种比较天然、绿色的化肥，对环境污染较小，迎合国家化肥行业政策，而国民环保意识较强对这类肥料的有着较大的潜在需求。

自2008年以来，与微生物肥料相关的生物产业无论是国家政策，还是产业化专项，均是有史以来力度最大、涉及面最广的时期，为我国微生物肥料发展提供了极其良好的机遇。

此外，国家加大对微生物肥料科研方面的支持力度，与农业相关的科研院校科研人员在从事有关微生物肥料作用机理等方面的研究。随着微生物肥料科研方面研究的深入，必将为微生物肥料的发展提供强有力的理论和技术支撑。

4. 威胁

国家管理力度不够，不少未登记的企业或产品，甚至假冒伪劣产品还在大张旗鼓的宣传、生产和销售。少数企业在宣传上扩大使用效果，使用不正当经营手段，甚至生产假冒伪劣产品，给农民造成损失，降低了微生物肥料的声誉。

此外，行业内企业规模小，行业内没有知名的大企业的集团，产品质量参差不齐，行业未来发展方向不定，市场比较混乱，面临市场被其它化肥子行业替代的危险。

三、子行业对比分析

（一）各子行业规模效益对比分析

化肥行业中，企业数量方面，我国复混肥料制造行业企业数量占行业比重近 50%，其次是氮肥制造行业企业数量较多，然后是有机肥料及微生物肥料制造行业，接着是磷肥制造企业数量较多，钾肥制造企业数量占行业比重最小。

资产方面，氮肥制造资产规模占行业比重为 54.1%，其次是复混肥料制造资产规模占行业比重为 21.08%，磷肥与钾肥资产规模占行业比重较小，有机肥料及微生物肥料制造资产规模占行业比重最小。但是，有机肥料及微生物肥料制造资产规模增速最快，其次是复混肥料制造和磷肥制造，钾肥资产规模扩张速度较慢，氮肥最慢。

效益方面，氮肥制造和复混肥料制造的销售收入与利润总额最高；销售收入方面，磷肥制造和有机肥料及微生物肥料制造的销售收入高于钾肥，但是利润总额方面，钾肥的利润总额高于磷肥制造和有机肥料及微生物肥料制造。增速方面，氮肥制造和有机肥料及微生物肥料制造的增速较高均在 100% 以上，其次是磷肥制造，然后是钾肥和复混肥料制造。

亏损情况看，磷肥制造和有机肥料及微生物肥料制造的亏损较少，亏损额分别为 0.7 亿元和 0.65 亿元；氮肥制造亏损较严重，亏损额为 29.65 亿元，其次是复混肥料制造，然后是钾肥制造的亏损较大。亏损额增速方面，有机肥料及微生物肥料制造和钾肥制造亏损额增速分别为 100.99% 和 28.37%，亏损扩张较严重。

2011 年化肥行业各子行业规模及效益情况

		单位	氮肥制造	磷肥制造	钾肥制造	复混肥料制造	有机肥料及微生物肥料制造	合计
企业数量	企业数量	个	381	232	50	988	328	1979
	占比	%	19.25	11.72	2.53	49.92	16.57	100.00
资产总额	资产总额	亿元	3768.67	700.14	610.5	1677.34	209.18	6965.83
	同比增长	%	10.2	29.36	15.07	28.56	46.35	-
	占比	%	54.10	10.05	8.76	24.08	3.00	100.00
销售收入	销售收入	亿元	2914.86	762.17	205.78	2814.51	519.14	7216.46
	同比增长	%	30.33	44.53	29.75	42.16	61.3	-
	占比	%	40.39	10.56	2.85	39.00	7.19	100.00
利润总额	利润总额	亿元	135.56	45.21	66.45	145.83	46.25	439.3
	同比增长	%	129.7	66.78	47.77	49.16	107.97	-
	占比	%	30.86	10.29	15.13	33.20	10.53	100.00
亏损额	亏损额	亿元	29.65	0.7	1.02	2.22	0.65	34.24
	同比增长	%	-9.33	-44.22	28.37	-56.91	100.99	-
	占比	%	86.59	2.04	2.98	6.48	1.90	100.00

数据来源：国家统计局

山西阳煤丰喜肥业(集团)有限责任公司
SHANXI YANGMEI FENGXI FERTILIZER INDUSTRY (GROUP) LLC.

（二）各子行业财务指标分析

偿债能力方面，有机肥料及微生物肥料制造偿债能力最强，其次是钾肥制造，接着是磷肥制造和复混肥料制造，氮肥制造的偿债能力最差。

盈利能力方面，钾肥的盈利能力最强，其次是有机肥料及微生物肥料制造，然后是复混肥料制造和磷肥制造，氮肥的盈利能力较弱。

营运能力方面，氮肥制造和复混肥料制造的营运能力较强，其次是磷肥制造和有机肥料及微生物肥料制造，钾肥制造的营运能力最弱。

成长能力方面，有机肥料及微生物肥料制造成长能力最高，其次是复混肥料制造和磷肥制造，氮肥成长能力稍弱。

2011 年化肥行业子行业财务状况

指标	单位		氮肥制造	磷肥制造	钾肥制造	复混肥料制造	有机肥料及微生物肥料制造	
偿债能力	资产负债率	%	64.62	61.89	53.46	59.39	38.16
	产权比率	%	182.61	162.41	114.87	146.27	61.7
	利息保障倍数	倍	2.86	4.25	12.27	5.93	9.44
盈利能力	销售毛利率	%	12.64	13.01	45.41	13.16	18.01
	销售利润率	%	4.65	5.93	32.29	5.18	8.91
	资产报酬率	%	5.53	8.45	11.85	10.46	24.73
营运能力	应收账款周转率	次	37.69	26.52	10.42	37.04	15.4
	产成品周转率	次	25.37	11.81	5.75	21.14	32.8
	流动资产周转率	次	2.2	2.22	0.85	3.01	4.28
成长能力	应收帐款增长率	%	2.19	43.41	5.12	49.38	88.46
	利润总额增长率	%	129.7	66.78	47.77	49.16	107.97
	资产增长率	%	10.2	29.36	15.07	28.56	46.35
	销售收入增长率	%	30.33	44.53	29.75	42.16	61.3

数据来源：国家统计局

第七章 化肥行业区域竞争力分析

第一节 化肥行业区域分布

一、产量分布：中西部地区产量较高

产量分布特征方面，2011 年，我国化肥行业产量主要来自于湖北省、山东省、河南省和四川省，这四个省份的化肥产量历年都会稳居全国化肥产量全国排名前五位，其中，2011 年湖北省化肥产量全国第一。山西省、贵州省、云南省和青海省化肥产量仅次于以上四位，化肥产量也较大。2011 年，新疆、云南省和贵州省化肥产量增长较快，分别同比增长 41.2%、27% 和 23.8%。

2007-2011 年全国各省份化肥（折纯）产量情况

单位：吨，%

地区	2007		2008		2009		2010		2011	
	化肥产量	同比增长	化肥产量	同比增长	化肥产量	同比增长	化肥产量	同比增长	化肥产量	同比增长
全国	56974211	10.2	58675469	1.4	67061914	16.3	66196701	2.5	60270053	12.1
湖北	4942130	14.4	5898524	6.5	8525811	40.7	8994323	12	10181626	27.7
山东	8709552	11.8	8573667	-3.6	8737894	9.2	9769699	11.6	6100334	11.1
河南	5239791	25.9	5360392	12.3	5547669	6.7	4392525	-20.7	4740299	17
四川	3751669	3.3	3675136	-3.3	4643687	27.4	5101205	8.9	4706849	17.3
山西	3666841	21.6	4128327	7.1	3751680	-4.6	3318424	-6.8	3637529	10.2
贵州	3218381	3.8	2622089	-18.5	3472812	31.8	3849174	17.9	3603700	23.8
云南	3132304	4.4	3350798	0.6	3552113	10.9	3621886	4.1	3218972	27
青海	2449793	11.6	2439476	-0.3	2779180	14.9	3125722	13.9	2628802	-0.2
安徽	2273728	10.2	2385639	2.1	2900890	21.4	2554301	-5.3	2578005	5.5
江苏	2599336	4.5	2558327	-4.8	3173441	4.8	2419551	1	2437034	2.8
新疆	1380755	7.5	1584381	14.7	1837620	16	1582506	4	2268656	41.2
湖南	2797950	10.3	2915984	1.9	3678064	27.7	3574912	-1.4	2082699	-18.7
河北	2169554	0.8	2112748	-0.9	2144168	7.3	1781926	-9.5	1754075	-0.3
重庆	1541993	18.3	1543483	1.5	1519977	12.3	1814895	16.2	1695241	5.9
内蒙古	842969	11.6	890493	6.8	2615339	94.5	1808163	-6.7	1260624	7.6
广西	892442	4.4	842700	-4.3	925718	11.3	855570	0.1	961188	16.2
宁夏	863500	6.6	1091558	18.5	917689	-1.8	951710	4.5	926634	-0.6
陕西	1122628	5.3	1387145	23	868217	-10	827434	0.6	920094	0.9
黑龙江	615094	20.3	558012	-2.4	624172	10.2	650052	-10.9	675624	4.5
海南	616694	-4	651389	9.3	606280	-8.3	665600	9.7	671226	0.8
辽宁	893853	12.6	891298	-6.7	848159	4.7	743135	-20.8	633697	-4.1
甘肃	781627	-5.1	713459	-7.6	809979	16.7	813248	2.9	621667	-8.9
福建	629507	-1.5	591233	-5.3	596695	3.7	578746	-3	521402	-7.6
广东	294093	20	503724	59.1	637725	3.3	621520	2.5	518714	-2.7
江西	538347	3.1	541691	-0.7	487059	0	1134188	-1.8	294602	-21.4
吉林	214889	3.3	178964	-4.2	204914	1.6	276757	19.2	276708	13.9
浙江	543756	0.4	476313	-12.4	464735	-1.7	326869	-26.4	264391	2.5
天津	216244	2.8	170858	1.5	151905	-6.5	14934	-81.5	63451	-
上海	29082	-3.3	29659	2	36151	21.8	25394	-5.3	26209	3.2
北京	5707	-36.6	8001	41.9	2170	-12.8	2333	7.5	0	-100

数据来源：国家统计局

二、规模分布：山东、湖北规模领先，辽宁、山西规模锐减

化肥行业资产分布方面，我国化肥行业资产主要分布在山东省、湖北省、河南省、青海省、贵州省、辽宁省和云南省等地区，这七个省份的资产总额占化肥行业的61%；山东省依然是我国化肥生产规模大省，规模远超其他省份；吉林省、江西省、新疆、河南省和安徽省的化肥资产规模快速扩张，资产总额速度均在30%以上，而山东省化肥资产总额增速只有20.51%；辽宁省和山西省化肥资产规模增长出现负增长，即化肥生产规模缩小。

2011年钢铁行业资产区域分布情况

山西阳煤丰喜肥业(集团)有限责任公司
SHANXI YANGMEI FENGXI FERTILIZER INDUSTRY (GROUP) LLC.

	企业个数	资产总额（亿元）	同比增长（%）	比重（%）	累计比重（%）
全国	2048	6993.83	17.32	100.00	
山东省	322	885.71	20.51	12.66	12.66
湖北省	174	634.30	23.83	9.07	21.73
河南省	170	549.94	32.95	7.86	29.60
青海省	23	542.14	15.77	7.75	37.35
贵州省	37	527.89	22.54	7.55	44.90
辽宁省	142	516.13	-2.82	7.38	52.28
云南省	78	509.98	16.03	7.29	59.57
四川省	156	424.99	24.41	6.08	65.64
安徽省	109	357.90	31.52	5.12	70.76
山西省	31	287.65	-5.84	4.11	74.88
河北省	74	221.46	8.36	3.17	78.04
江苏省	111	206.03	20.19	2.95	80.99
重庆市	33	172.03	15.61	2.46	83.45
广西	62	130.10	16.03	1.86	85.31
海南省	6	130.08	10.99	1.86	87.17
新疆	19	118.25	33.63	1.69	88.86
湖南省	114	115.23	9.07	1.65	90.51
陕西省	43	100.74	5.22	1.44	91.95
吉林省	72	81.10	49.18	1.16	93.11
广东省	66	58.73	5.19	0.84	93.95
黑龙江省	33	49.73	8.30	0.71	94.66
福建省	50	48.92	12.31	0.70	95.36
江西省	21	43.62	37.78	0.62	95.98
甘肃省	11	29.32	12.34	0.42	96.40
宁夏	8	26.91	11.28	0.38	96.78
浙江省	15	25.44	12.76	0.36	97.15
北京市	13	11.55	4.00	0.17	97.31
上海市	9	4.73	12.64	0.07	97.38
天津市	4	3.89	12.70	0.06	97.44

数据来源：中国产业数据网

三、效益分布：中部、西南地区效益好，沿海发达城市效益较差

化肥行业利润总额主要集中在山东省、湖北省、青海省、四川省、河南省和海南省，这六个省份的利润总额占行业利润总额的54.5%；海南省、新疆和青海省的销售利润率比较高，均在35%以上，其中，海南省和新疆的资金利润率非常高，分别为88.4%和50.76%。

2011年化肥行业盈利区域分布情况

地区	利润总额（亿元）	同比增长（%）	比重（%）	资金利润率（%）	销售利润率（%）
全国	444.02	73.99	100.00	14.89	6.09
山东省	72.23	60.19	16.27	17.64	5.91
湖北省	43.06	28.05	9.70	13.28	4.64
青海省	42.52	24.54	9.58	20.26	35.79
四川省	34.28	114.51	7.72	20.73	6.32
河南省	26.00	144.59	5.85	10.24	4.49
海南省	23.88	93.09	5.38	88.40	45.87

新疆	23.40	144.41	5.27	50.76	39.45
贵州省	19.94	66.17	4.49	9.22	5.32
江苏省	19.72	111.11	4.44	15.99	7.23
安徽省	17.20	59.05	3.87	9.75	4.19
辽宁省	16.38	207.40	3.69	10.31	2.71
云南省	15.69	30.18	3.53	8.33	4.17
河北省	12.42	78.59	2.80	12.05	5.02
重庆市	10.67	160.28	2.40	14.83	6.37
吉林省	8.31	17.52	1.87	22.66	3.94
黑龙江省	4.87	101.91	1.10	17.00	6.75
广东省	4.30	-3.71	0.97	12.92	4.12
湖南省	3.21	538.76	0.72	9.37	2.15
广西	3.10	282.21	0.70	5.34	2.89
陕西省	2.14	-198.50	0.48	5.57	2.28
江西省	2.00	102.89	0.45	8.62	3.58
山西省	1.98	-340.12	0.45	1.83	0.91
浙江省	1.74	35.07	0.39	13.11	5.85
甘肃省	1.14	56.56	0.26	10.65	3.16
福建省	0.91	-41.49	0.21	4.18	1.48
宁夏	0.17	476.64	0.04	1.52	0.65
天津市	0.06	-33.66	0.01	2.26	1.39
上海市	0.05	-64.60	0.01	1.70	0.93
北京市	-0.05	-107.45	-0.01	-0.61	-0.31

数据来源：中国产业数据网

2011 年，化肥行业中，河南省、山东省、山西省、云南省、陕西省和四川省的亏损额较高，但是整体均较 2010 年又较大幅度的下降，其中，山东亏损规模下降幅度较小；广东省、福建省、甘肃省、北京市和上海市的亏损额大规模上升，亏损额增长率均在 100% 以上，亏损规模不断扩大。

2011 年化肥行业不同区域亏损情况对比

类型	企业个数	亏损企业	亏损面	亏损总额（亿元）	同比增长（%）
全国	2048	208	10.16	34.4	-34.15
河南省	170	14	8.24	8.01	-28.38
山东省	322	11	3.42	4.73	-12.59
山西省	31	10	32.26	4.13	-24.43
云南省	78	20	25.64	3.47	-36.13
陕西省	43	15	34.88	2.01	-48.86
四川省	156	10	6.41	1.98	-54.01
湖南省	114	12	10.53	1.29	-54.84
湖北省	174	13	7.47	1.12	86.45
福建省	50	12	24	1.06	113.62
广东省	66	9	13.64	0.83	164.73
贵州省	37	9	24.32	0.79	-30.73
青海省	23	5	21.74	0.71	15.46
宁夏	8	5	62.5	0.68	11.74
广西	62	11	17.74	0.63	-40.01
黑龙江省	33	3	9.09	0.45	-52.92

山西阳煤丰喜肥业(集团)有限责任公司
SHANXI YANGMEI FENGXI FERTILIZER INDUSTRY (GROUP) LLC.

安徽省	109	8	7.34	0.42	-21.33
江苏省	111	6	5.41	0.36	-51.66
甘肃省	11	4	36.36	0.35	680.51
北京市	13	3	23.08	0.31	320.97
江西省	21	3	14.29	0.23	-62.63
辽宁省	142	6	4.23	0.2	-92.3
河北省	74	6	8.11	0.18	-91.94
上海市	9	3	33.33	0.04	247.05
新疆	19	3	15.79	0.04	-77.24
浙江省	15	2	13.33	0.02	-53.43
吉林省	72	2	2.78	0.01	-96.84
天津市	4	0	0	0	0

数据来源：中国产业数据网

第二节 化肥行业布局及发展趋势

一、行业布局：化肥产能布局较为分散

我国化肥生产主要集中在中部地区的湖北省、山东省、安徽省和山西省，西南地区的贵州省、云南省和四川省，以及东北辽宁省。这几个地区的化肥生产企业综合竞争力较强，全国大部分化肥产量主要集中在这几个省份，化肥销往全国各地，占领近乎我国全部的市场份额。

此外，吉林省、广东省、黑龙江省、福建省、江西省、甘肃省、宁夏、浙江省、北京市、上海市和天津市也有化肥生产企业，但是这几个省份的产量所占全国市场份额较小，均不足 1%。

我国资源分布具有明显的地域特征，资源存在约束大影响。我国磷肥主要集中在西南云贵川渝和湖北地区，占全国产量 65% 左右，华东、河南、华南等其他地区产量占全国 25% 左右。目前我国配套磷酸装置的磷肥企业 90 余家（其中磷铵企业 80 家），80% 的磷酸企业规模不到 10 万吨 / 年。青海盐湖、新疆罗布泊钾肥规模正逐步扩大。

二、布局规划及发展趋势：向资源产地和优势企业集中

2012 年，化肥工业“十二五”规划指出，要促进基础肥料向资源产地和优势企业集中。结合兼并重组、原料结构调整和上大压小，支持企业在能源产地和有条件的粮棉主产区建设大型尿素生产基地。在云南省、贵州省、湖北省、四川省等磷资源产地，依托现有企业完善大型磷肥基地建设。重点依托青海和新疆钾肥资源优势建设大型钾肥基地，青海基地进一步优化资源配置，新增 100 万吨钾肥产能（实物量），新疆基地力争新增 170 万吨钾肥产能（实物量）。同时加快境外钾肥基地建设步伐。复混肥和掺混肥料主要在消费区域建立加工、集散、分销和使用服务体系。

未来，未来磷肥行业发展将逐步形成以云贵川渝为中心的西南地区、以湖北为中心的华中地区、以安徽六国四方和山东鲁北等为中心的华东地区三大企业集群。前两个集群偏占资源优势，第三集群偏占市场优势。钾肥生产集中在青海和新疆，而复混肥和掺混肥料则会分散在化肥消费各个区域。

第三节 化肥行业重点区域竞争力分析

一、山东省：规模效益型

（一）规模：第一化肥生产大省

山东地理位置优越，水陆、陆路交通便利，是农业大省、用肥大省等。截至 2011 年 12 月末，山东省化肥行业资产总额达 885.71 亿元，资产规模全国排名第一，占行业比重约 13%；规模以上化肥企业共 322 家，位于全国第一位，占全国企业数量的 15.72%。

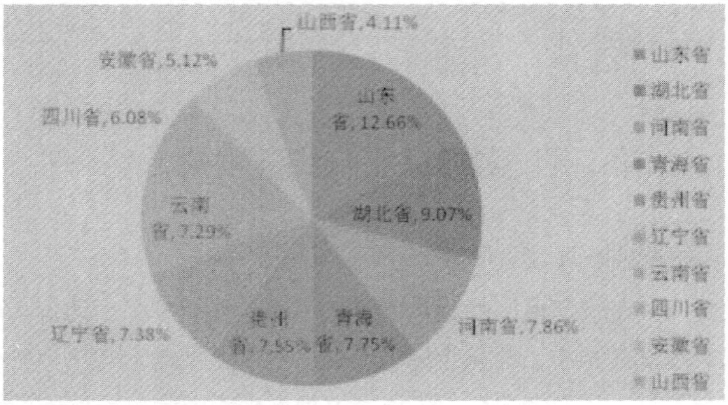

2011 年资产规模较大省份的资产占比情况

（二）经营效益：效益水平有所提高

2011 年，山东省化肥行业经营效益情况，总体表现良好。实现销售收入 1221.23 亿元，占全国总销售收入的 16.75%，销售收入增速为 30.94%，低于全国销售收入增速 7.28 个百分点；实现利润总额为 72.23 亿元，占全国利润总额的 16.27%，利润增速为 60.19% 低于全国利润增速 13.8 个百分点；2011 年山东省化肥行业销售收入和利润总额增速较 2010 年水平同比提高较大，行业整体运行情况趋好。山东省化肥行业 2011 年亏损额为 4.73%，同比为负增长，亏损额同比有所下降。

山东省化肥产业规模效益情况

	2011 年 1-12 月	2010 年 1-11 月
规模情况		
企业数量（个）	322	433
从业人员（人）	101787	107939
资产总计（亿元）	885.71	830.10
增长率（%）	20.51	17.41
负债总计（亿元）	571.18	484.49
增长率（%）	25.74	10.34
效益情况		
销售收入（亿元）	1221.23	1086.62
增速（%）	30.94	20.43
利润总额（亿元）	72.23	67.23
增速（%）	60.19	36.71
亏损额（亿元）	4.73	5.31
增速（%）	-12.59	-49.99

山西阳煤丰喜肥业(集团)有限责任公司
SHANXI YANGMEI FENGXI FERTILIZER INDUSTRY (GROUP) LLC.

2011年，山东省盈利能力与2010年基本持平，销售毛利率小幅回升，销售利润率小幅下降；偿债能力下降，各项指标表现较2010年差；发展能力明显回升，应收帐款增长率、利润总额增长率较2010年大幅提高，其他指标也较2010年小幅上涨；营运能力明显下降。

山东省化肥产业经营效益情况

	2011年	2010年	2009年	2008年	2007年1-11月
盈利能力					
销售毛利率（%）	12.08	11.49	9.76	14.48	14.52
销售利润率（%）	5.91	6.19	5.22	6.90	6.64
资产报酬率（%）	10.46	10.45	8.89	10.60	9.90
偿债能力					
负债率（%）	64.49	58.36	62.53	65.09	62.60
亏损面（%）	3.42	6.47	9.20	6.03	5.50
利息保障倍数（倍）	4.54	6.48	5.03	5.60	5.82
发展能力					
应收帐款增长率（%）	67.31	22.84	22.72	22.01	2.44
利润总额增长率（%）	60.19	36.71	-15.57	30.78	31.82
资产增长率（%）	20.51	17.41	4.05	22.50	22.19
销售收入增长率（%）	30.94	20.43	9.71	26.28	38.79
营运能力					
应收帐款周转率（次）	54.37	68.19	63.06	75.68	73.40
产成品周转率（次）	25.47	38.61	35.03	19.09	35.00
流动资产周转率（次）	2.98	3.81	4.00	3.69	3.66

数据来源：国家统计局

（三）企业：中小企业为主

山东无论是氮肥还是磷肥，均由中小企业发展起来，缺少骨干核心企业。现存的57家氮肥厂按能力划分，年产合成氨20万吨以上的占14%，10-20万吨的占21%，6-10万吨的占21%，6万吨以下的占44%。从产品结构看，重复产品多，精细化程度低，产品链不明显，发展循环经济基础不扎实。从整体看，全省缺少龙头骨干企业，缺少航母式的大型企业集团。

（四）集中度：产业集中度较高

山东省化肥行业产业集中度较高，目前，已形成五大产业集群。五大化肥产业集群涵盖19个氮、磷肥企业和4个新型肥料企业，合成氨生产能力766万吨，占全省产能的79.26%；尿素972万吨，占全省产能90.08%；磷肥71万吨，占全省产能69.6%，三元肥375万吨，占全省产能74.5%。

山东省化肥产业五大产业集群

序号	集群	涵盖范围
1	鲁北地区产业集群（德州、滨州）	主要包括山东华鲁恒升、中化平原化肥、宁津永兴化工、中农禹城润田、鲁北化工
2	鲁西地区产业集群（聊城、泰安）	主要包括集鲁西化工、山东瑞星、山东阿斯德
3	鲁南地区产业集群（济宁、枣庄、临沂）	主要包括兖矿鲁南化肥、兖矿峄山化工、滕州凤凰、恒通化工、济宁恒立化工
4	鲁中地区产业集群（潍坊、济南、青岛）	主要包括山东联盟化工、安丘奥宝集团、济南明水大化、章丘日月化工、淄博齐鲁一化、阳煤青岛恒源

5	临沂新型肥料产业集群（临沂）	主要包括施可丰集团、金正大集团、红日阿康、春雨集团

（五）行业发展趋势：降低上游原料资源限制

2011年山东省化肥企业面临的成本、工艺上的压力十分突出。山东是化肥生产大省，也是化肥消费大省，化肥行业总体发展趋势良好。作为全国化肥第一生产大省的山东，其尿素年产能约占全国的1/6，但是生产所需的原料煤却全部依赖省外，每年从山西购进的用作原料的无烟煤就达600多万吨。由于受矿难频繁、国家治理整顿及运输难等多种不利因素影响，原料煤供应一直处于紧张状态，且市场价格坚挺，导致山东很多化肥企业成本倒挂。原料煤供应的区域性和季节性矛盾较大。

2012年，山东化肥行业将加大力度推动大型化肥企业实施原料结构调整，以降低行业成本。立足国内采用先进成熟、具有自主知识产权的水煤浆气化技术、HT-L粉煤加压气化、非熔渣－熔渣分级气化、山西热力研究院的两段式干煤粉加压气化等技术进行原料路线改造，使氮肥原料结构中的30%改为烟煤气化，就地取材，每年减少从山西购煤250万吨，降低对山西无烟煤的依赖，使山东氮肥原料供应状况发生实质性的变化。

二、湖北省：磷肥独树一帜

（一）规模：规模水平较高

截至2011年12月末，湖北省化肥行业资产总额达634.30亿元，资产规模全国排名第二，占行业比重约9.07%；资产增产率高于全国化肥行业6.52个百分点，略低于去年同期水平。湖北省负债总计425.11亿元，增长率为25.06，高于全国化肥行业负债增速水平。

（二）经营效益：利润增速较低

2011年，湖北省化肥行业企业数量174家，较2010年1-11月有所降低，行业集中度进一步提高。2011年湖北化肥行业资产和负债增速均低于去年同期水平，但销售收入、亏损增速远高于全国平均水平，利润增速低于全国45.94个百分点。

湖北省化肥产业规模效益水平对比

	2011年1-12月	2010年1-11月
规模情况		
企业数量（个）	174	282
从业人员（人）	63735	58834
资产总计（亿元）	634.3	509.23
增长率（%）	23.83	25.02
负债总计（亿元）	425.11	339.72
增长率（%）	25.06	26.24
效益情况		
销售收入（亿元）	928.64	586.28
增速（%）	43.93	36.33
利润总额（亿元）	43.06	27.19
增速（%）	28.05	89.27
亏损额（亿元）	1.12	0.88
增速（%）	86.45	-36.95

山西阳煤丰喜肥业(集团)有限责任公司
SHANXI YANGMEI FENGXI FERTILIZER INDUSTRY (GROUP) LLC.

2011 年，湖北省盈利能力与 2010 年基本持平；偿债能力下降，亏损面较大；发展能力明显下降，各项指标表现较差；营运能力也小幅下降。

湖北省化肥产业经营效益情况

	2011 年	2010 年	2009 年	2008 年	2007 年 1-11 月
盈利能力					
销售毛利率（%）	12.03	11.59	8.84	8.91	11.51
销售利润率（%）	4.64	4.64	3.43	5.11	5.73
资产报酬率（%）	8.75	7.59	5.48	7.43	7.36
偿债能力					
负债率（%）	67.02	66.71	65.14	64.70	63.68
亏损面（%）	7.47	12.77	18.99	12.84	14.85
利息保障倍数（倍）	4.46	4.29	3.21	3.79	4.08
发展能力					
应收帐款增长率（%）	145.12	-0.55	-4.03	7.67	32.80
利润总额增长率（%）	28.05	89.27	-3.29	24.10	81.20
资产增长率（%）	23.83	25.02	17.08	26.27	23.78
销售收入增长率（%）	43.93	36.33	13.64	38.67	33.56
营运能力					
应收帐款周转率（次）	50.56	60.43	46.37	40.93	27.64
产成品周转率（次）	32.09	32.01	15.45	15.45	20.37
流动资产周转率（次）	2.87	2.54	2.65	2.46	2.50

数据来源：国家统计局

（三）湖北：全国最大磷肥基地

湖北省化肥产量居全国第二位，产能达 1000 万吨 / 年（折纯），是全国最大的磷肥生产基地，2011 年产量占全国的 34.1%。湖北省化肥以磷铵、尿素、氮磷钾复合肥等生产为主。湖北襄阳（保康）磷矿与贵州开阳磷矿、云南昆阳磷矿并称中国三大磷矿。2011 年湖北省高浓度的磷酸铵肥产量位于全国首位。2012 年以后，湖北省将重点建设宜昌、荆门、襄阳等市大型高浓度磷复肥生产基地和磷精细化工生产基地，宜昌、潜江等市尿素生产基地，应城市氯化铵生产基地等。

（四）品种：着重发展化肥新品种

湖北省的化肥市场主要以全溶、速溶、速散等化肥品种为主，速效肥料效期短，在生产上必须通过分次追肥，才能满足作物整个生育期对养分的需求，不仅费工、增加施肥成本，而且追肥时表施肥料损失量大，难以充分发挥肥料的增产效应。

2012 年，湖北省将充分发挥湖北省磷矿资源禀赋优势，积极发展高浓度优势化肥，积极开发化肥新品种。严格控制新建磷铵、尿素、普钙、碳铵、低浓度复混肥等化肥项目。支持（微）量元素肥料、缓控释肥、生物化肥等高端化肥品种发展。鼓励发展按配方施肥要求的掺混肥、复混肥和专用肥料。适度发展硝基肥料、熔融磷钾肥料等多元肥料品种。

（五）发展趋势：产业集中度进一步提高

2011年，湖北省政府出台《关于加快全省化肥产业结构调整促进转型升级的意见》明确指出加快全省化肥产业结构调整，促进转型升级。到2015年，化肥企业数量减少30%，80%以上的化肥企业有序迁入规划化工园区，化肥年产量稳定在1000万吨左右（折纯），基本形成以大企业集团为主的集约化产业格局，化肥企业的废水、废气、废固基本得到综合治理和回收利用。

三、四川省：气头资源生产大省

（一）规模

截至2011年12月末，四川省化肥行业资产总额达424.99亿元，资产规模全国排名第八，占行业比重约6%；负债227.60亿元，增速为15.74，资产和负债增速均高于全国化肥行业平均水平，行业运行平稳增长。四川省化肥产业以民营企业为主体。

（二）经营效益：化肥行业盈利性强

2011年，四川省化肥行业盈利水平显著提高，实现销售收入495.6亿元，利润总额34.28亿元，销售收入增速、利润增速水平远高于去年同期水平，远高于2011年全国化肥行业增速水平。

四川省化肥产业经营效益水平对比

	2011年1-12月	2010年1-11月
规模情况		
企业数量	156	188
从业人员	52466	53947
资产总计	424.99	372.95
增长率	24.41	11.18
负债总计	227.60	217.24
增长率	15.74	20.84
效益情况		
销售收入（亿元）	495.60	353.33
增速（%）	42.66	23.96
利润总额（亿元）	34.28	14.87
增速（%）	114.51	22.19
亏损额（亿元）	1.98	2.58
增速（%）	-54.01	628.83

2011年，四川省盈利能力较2010年明显回升；偿债能力也较2010年增强；发展能力整体上较2010年提高，应收账款周转率小幅下降；营运能力较2010年回升。

四川省化肥产业经营效益情况

	2011年	2010年	2009年	2008年	2007年1-11月
盈利能力					
销售毛利率（%）	15.90	11.45	11.90	17.36	17.57
销售利润率（%）	6.92	4.21	4.22	9.29	9.17
资产报酬率（%）	9.90	5.69	5.24	11.04	10.08
偿债能力					
负债率（%）	53.55	58.25	56.17	51.45	49.07
亏损面（%）	6.41	7.98	11.41	13.59	11.18
利息保障倍数（倍）	5.40	4.25	4.56	7.04	7.77

山西阳煤丰喜肥业(集团)有限责任公司
SHANXI YANGMEI FENGXI FERTILIZER INDUSTRY (GROUP) LLC.

发展能力					
应收帐款增长率（%）	-13.89	40.54	118.93	-6.63	12.23
利润总额增长率（%）	114.51	22.19	-49.90	23.53	37.84
资产增长率（%）	24.41	11.18	14.89	19.11	14.61
销售收入增长率（%）	42.66	23.96	9.16	26.59	32.99
营运能力					
应收帐款周转率（次）	28.45	16.35	17.86	37.63	26.[illegible]5
产成品周转率（次）	25.73	24.15	11.67	11.67	10.51
流动资产周转率（次）	3.00	2.70	2.64	2.80	2.78

数据来源：国家统计局

（三）原材料：受天然气资源影响较大

气头尿素主产区川渝、云贵地区，四川省化肥产业多以气头类型企业为主，受天然气价格运行影响较大，在天然气价格上涨并且供应紧张的情况下，省内企业开工负荷量受影响较大。四川天然气资源丰富，是产气大省，但天然气分配是由国家发改委下达用气指标，再由中石油、中石化等石油巨头供应，地方并没有太多话语权。而省内化肥企业基本上都是以天然气为原料。冬季是天然气使用高峰，化肥企业就经常面临天然气供应不稳定的情况。低负荷运转，企业每次重新启动设备就要花费数百万元，成本较大。

（四）磷资源也相对丰富

四川省磷矿资源相对丰富。四川的磷矿属于磷矿行业的边际矿，其成本对行业边际成本影响较大，2012年是四川地震灾后税收优惠到期的年份，磷矿石的开采需要征收15元/吨的资源税，目前四川磷矿企业转嫁成本的意愿也非常强，磷肥生产企业成本有加大趋势。

（五）发展趋势

四川省化肥行业总体发展趋势良好。化肥业仍将得到大力支持，四川是农业大省，有西南地区"尿罐子"之称。化肥业是支农惠农的战略性资源产业。四川省化肥企业将积极向煤化工方向发展，将煤化工作为天然气化工的补充，逐渐改变对天然气的绝对性依赖。但煤化工项目水耗高、环保压力大，煤炭同样存在供应和价高问题，且设备改造成本较大。

四、贵州省：资源地优势明显

（一）规模

截至2011年12月末，贵州省化肥企业数量总计为37个，资产总额达527.89亿元，资产规模全国排名第五，占行业比重约7.5%，高于云南省和四川省。资产负债率为350.79亿元，增长率为23.12%；贵州省资产和负债增速水平均高于全国化肥行业平均水平。2011年贵州省化肥出口量较大，占贵州省外贸出口份额比重较大。贵州省化肥生产企业正竞相做大做强，行业发展动力强劲。

（二）经营效益

2011年1-12月，贵州省化肥行业共实现销售收入374.82亿元，同比增速为42.81，高于去年同期水平26.41个百分点；实现利润总额19.94亿元，同比增速为66.17%，亏损额为0.79亿元。产业规模进一步壮大，行业集中度进一步提高，盈利能力较去年有所增强。

贵州省化肥产业规模效应水平对比

	2011 年 1-12 月	2010 年 1-11 月
规模情况		
企业数量	37	56.00
从业人员	29037.00	28053.00
资产总计	527.89	403.27
增长率	22.54	23.70
负债总计	350.79	264.41
增长率	23.12	28.08
效益情况		
销售收入（亿元）	374.82	239.41
增速（%）	42.81	16.40
利润总额（亿元）	19.94	10.00
增速（%）	66.17	-
亏损额（亿元）	0.79	1.74
增速（%）	-30.73	-66.09

2011 年，贵州省盈利能力较 2010 年小幅下降，销售毛利率大幅下降；偿债能力较 2010 年明显提高；发展能力较 2010 年小幅提高，营运能力与 2010 年基本持平。

贵州省化肥产业财务指标对比

	2011 年	2010 年	2009 年	2008 年	2007 年 1-11 月
盈利能力					
销售毛利率（%）	8.23	15.27	10.31	17.70	19.08
销售利润率（%）	5.32	4.18	-0.58	3.84	5.58
资产报酬率（%）	5.42	5.10	1.22	3.71	4.88
偿债能力					
负债率（%）	66.45	65.57	63.69	64.99	58.85
亏损面（%）	24.32	48.21	45.16	32.79	46.88
利息保障倍数（倍）	3.30	2.13	0.77	2.52	2.49
发展能力					
应收帐款增长率（%）	38.66	21.64	55.28	-7.34	-8.01
利润总额增长率（%）	66.17	87.19	-115.85	-6.63	25.47
资产增长率（%）	22.54	23.70	-0.52	21.78	27.92
销售收入增长率（%）	42.81	16.40	5.70	35.15	35.88
营运能力					
应收帐款周转率（次）	21.41	15.26	16.05	23.45	16.11
产成品周转率（次）	9.19	11.37	12.86	5.21	9.55
流动资产周转率（次）	1.73	1.79	1.74	1.68	1.80

数据来源：国家统计局

（三）贵州是第二大磷矿石生产省

我国高品位的磷在贵州，贵州磷矿探明储量 26.87 亿吨，占全国的 16.8%，居第二位。我国是磷肥生产大国，我国因高浓度复合肥发展迅猛而居磷肥产量之首。在国内磷肥行业的排位中，云天化集团有限公司磷肥产能高居榜首，贵州开磷和瓮福分别排在二、三位。

（四）发展趋势：适度发展磷系肥

贵州将做大做强磷化工产业，将适度控制磷系复合肥规模，重点发展高附加值的精细化工产品。在控制磷肥总量的前提下，将磷复肥发展成为全国排头兵，进一步做强做精以磷铵为代表的高浓度

山西阳煤丰喜肥业(集团)有限责任公司
SHANXI YANG MEI·FENGXI FERTILIZER INDUSTRY (GROUP) LLC.

磷复肥，积极发展智能型、功能性控释、缓释、有机、无机复合肥新肥种，将贵州建设成为国内实力最强的高浓度磷复肥基地。

五、安徽省：小化肥占据我国半壁江山

（一）规模

2011 年，安徽省共有企业数量 109 个，资产总计 357.9 亿元，增长率为 31.54，资产增速高于去年同期水平 6.42 个百分点，资产增长率高于全国平均水平 14.20 个百分点；负债总计为 194.02 亿元，增长率为 22.19，负债增速低于去年同期水平，但高于全国负债水平 7.71 个百分点。安徽省化肥行业规模不断扩大，行业集中度进一步提升。

（二）经营效益

2011 年 1-12 月，安徽省化肥行业共实现销售收入 410.55 亿元，增速为 39.68%，远高于去年同期水平，高于全国化肥行业平均水平；实现利润总额 17.20 亿元，增速为 59.05%，利润增速较去年同期下降较多，同时低于全国利润增速平均水平；仅亏损 0.42 亿元，增速为负，表现较好。

2011 年安徽省化肥行业规模和效益水平对比

	2011 年 1-12 月	2010 年 1-11 月
规模情况		
企业数量	109.00	145.00
从业人员	39844.00	42036.00
资产总计	357.90	275.41
增长率	31.52	25.10
负债总计	194.02	163.11
增长率	22.19	22.40
效益情况		
销售收入（亿元）	410.55	275.00
增速（%）	39.68	27.70
利润总额（亿元）	17.20	7.78
增速（%）	59.05	230.93
亏损额（亿元）	0.42	1.21
增速（%）	-21.33	-39.80

2011 年，安徽省化肥行业营运能力、偿债能力、发展能力均较去年同期水平略有走弱趋势，但盈利能力表现较好。

2011 年安徽省化肥行业财务指标分析

	2011 年 12 月	2010 年 11 月	2009 年 11 月	2008 年 11 月	2007 年 11 月
盈利能力					
销售毛利率（%）	10.83	8.61	6.72	12.14	10.14
销售利润率（%）	4.19	2.83	1.07	3.14	2.32
资产报酬率（%）	6.07	4.29	2.28	5.18	3.85
偿债能力					
负债率（%）	54.21	59.22	60.66	64.37	61.55
亏损面（%）	7.34	14.48	25.22	21.78	20.22
利息保障倍数（倍）	4.79	3.55	2.01	3.44	2.63
发展能力					
应收帐款增长率(%)	-2.87	99.65	5.58	42.64	1.68

利润总额增长率(%)	59.05	230.93	-66.31	67.15	114.41
资产增长率（%）	31.52	25.1	12.64	20.32	15.64
销售收入增长率(%)	39.68	27.7	1.81	33.64	30.35
营运能力					
应收帐款周转率(次)	37.16	21.99	33.85	35.1	36.61
产成品周转率（次）	18.89	24.02	21.46	11.77	18.45
流动资产周转率(次)	**2.33**	**2.43**	**2.46**	**2.79**	**2.9**

（三）行业：化肥行业在全国表现较好

2011 年安徽省肥料产业表现较好，其中小化肥一直占据我国化肥工业的半壁江山。2011 年生产合成氨 301.4 万吨；尿素 275.9 万吨；碳铵 186 万吨；磷铵 129.5 万吨；普钙 48.5 万吨；复混肥 303.5 万吨；硫酸 139.5 万吨；硫磷矿 371.4 万吨，还有部分硫铵、有机肥、叶面肥等，每年提供 1000 多万吨化肥（实物），有力地支援了农业生产。

安徽省化肥工业发展很快，尤其是小氮肥技术进步更快。尿素和高浓度复合肥产量逐年增加。小氮肥企业投资不大，却应用了一大批我国自主研发的新技术、新工艺。小化肥行业产业集中度进一步提高。

（四）化肥生产技术领先

安徽省氮肥行业在原料路线改造方面，位于全国领先行列，淮化的多元料浆气化技术和德士古气化技术、安庆石化的壳牌炉技术、中能化工航天炉没煤气技术均是我国氮肥行业不同炉型的先驱者；例外，安徽华谊的四喷嘴气化炉技术也即将投入使用。

（五）产能过剩问题存在

安徽省化肥行业主要是氮肥、磷肥、复混肥仍面临产能过剩、产业链不平衡的制约，特别是上游是煤炭、硫磺、磷矿等资源性产品，下游面临购买力不足的农民，两者之间存在矛盾。受国内化肥大行业环境影响，安徽小氮肥企业有 1/3 企业生存困难。

2011 年安徽省停产尿素企业仅有 3 家，新产能却超过淘汰的产能 10 倍以上。磷复肥供大于求，2011 年仍新开工项目 48 个；钾肥紧缺，近 60% 依靠进口。特别是由于产能过剩导致竞争加剧。

（六）发展趋势

由于化肥市场产能过剩，2012 年，安徽省骨干化肥企业数量将进一步减少，安徽化肥产业也将在重组、兼并中得到成长壮大。作为产粮大省和化肥产量的重要省份，安徽未来化肥行业的改革方向和调整措施，对全国整体肥料行业发展至关重要。

安徽年产化肥 1000 万吨以上，常年生产、季节销售的特点加上近些年供求失衡导致淡季产品大量积压，生产企业季节性资金困难凸显，而省级化肥商业淡储却长期将生产企业排斥在外。未来，安徽省有望将生产企业纳入到省级化肥商业淡储体系之中。

山西阳煤丰喜肥业(集团)有限责任公司
SHANXI YANG MEI FENGXI FERTILIZER INDUSTRY (GROUP) LLC.

第四节 化肥行业其它区域分析

化肥行业其他区域分析

	发展环境	企业结构	产业政策	发展特点
青海省	钾原料资源优势；十二五规划在青海省扩大投资规模，重点发展钾肥；政策良好	私营企业为主体，大型企业投资较多	青海盐湖钾肥规模逐步扩大。重点依托青海钾肥资源优势建设大型钾肥基地，青海基地进一步优化资源配置，新增100万吨钾肥产能（实物量）	着力发展钾肥，发挥资源地优势
辽宁省	港口优势，化肥需求大省	中化化肥为龙头，以民营企业为主体	优化品种结构，加快产业调整	氮肥（尿素）、复合肥为主
山西省	煤炭资源优势，产肥大省	丰喜肥业，中小型企业为主	加快行业整合	煤头类型企业为主体，受资源和电力成本控制较强
河北省	煤炭资源优势，化肥消费大省，产肥大省	迁安化肥，国有企业和民营企业共同发展	加快行业整合，推动技术进步	复合肥略增，尿素产业整合加剧，供大于求
江苏省	煤炭资源，国内外市场为主	恒盛化肥等，企业数量全国第二位，民营企业为主体	加快行业整合，推动技术进步	氮肥、复合肥、磷肥企业较多，有机肥料及微生物肥料制造与复混肥料制造具有优势
内蒙古	煤炭资源丰富，以本省及东北市场为主体	民营企业为主体，大型企业来投资较多	国家、自治区政府政策支持力度大；煤化工为主	新建项目较多，以氮肥、复合肥为主
新疆	煤炭、钾等资源优势明显，政策良好	民营企业为主，众多大企业设点	新疆罗布泊钾肥规模逐步扩大。重点依新疆钾肥资源优势建设大型钾肥基地，新疆基地力争新增170万吨钾肥产能（实物量）	煤头化肥企业发展良好；国内众多企业布局新疆
河南省	化肥需求大省、生产大省	大型企业心连心，私营企业为主体	欲建立化肥淡储制度；加快产业整合，集中度进一步提高	发展复合肥及其他新型肥料产业

资料来源：世经未来

第八章 2011年化肥行业企业竞争力分析

第一节 行业内企业竞争情况分析

一、企业规模特征分析

（一）大中型企业数量较少从业人员较多

截止2011年12月，全国化肥生产企业共有2014家，其中大型企业58家，占行业比重2.88%；中型企业370家，占行业比重的18.37%；小型企业1586家，占行业比重的78.75%。全行业企业数量以小型企业占比较大，大型、中型企业相比企业数量较少。

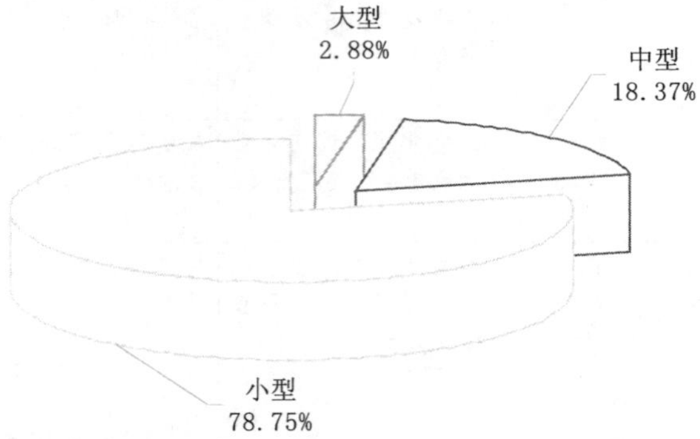

数据来源：国家统计局

2011年化肥行业企业规模分布情况

（二）小型企业资产规模大于中小型企业

截止2011年12月，我国化肥行业资产总计为6047.74亿元，同比增长13.86%，全国化肥企业平均资产为3亿元；其中，小型企业资产同比增长增速较快，达到26.3%，高于大、中型企业；大型企业资产比重占47.95%，平均资产为49.99亿元。

2011年化肥行业大中小型企业资产规模情况

企业类型	资产总计（亿元）	同比增长（%）	比重（%）	累计比重	平均资产（亿元）
全部	6047.74	13.86	100.00		3.00
大型	2899.65	11.66	47.95	47.95	49.99
中型	2268.31	12.41	37.51	85.45	6.13
小型	879.78	26.30	14.55	100.00	0.55

（三）小型企业效益较好

截止2011年12月，我国化肥行业中，中型企业亏损面和亏损额大于大型和小型企业，大中型企业亏损额同比增长速度较快，中型企业亏损额占行业比重超过50%，大型企业亏损额占行业比重大38.45%，小型企业亏损额占行业比重较小且亏损额增速呈现负值，这说明小型企业效益较好，大中型企业效益较低，尤其是中型企业。

2011年化肥行业大中小型企业亏损情况

山西阳煤丰喜肥业(集团)有限责任公司
SHANXI YANGMEI FENGXI FERTILIZER INDUSTRY (GROUP) LLC.

类型	企业个数	亏损企业	亏损面（%）	亏损总额（亿元）	同比增长（%）	比重（%）
全部	2014	321	15.94	14.94	4.07	
大型	58	14	24.14	5.74	8.50	38.40
中型	370	129	34.86	7.57	7.02	50.67
小型	1586	178	11.22	1.63	-18.15	10.93

截止2011年12月，小型企业销售收入实现较快增长，大型企业销售收入增长仅次于小型企业，中性企业表现较大型和小型企业有一定的落差；大中型利润总额较高，但是小型企业利润增速远高于大中型企业；大中小型企业销售利润率相当。

2011年化肥行业大中小型企业销售情况

企业类型	销售收入（亿元）	同比增长（%）	利润总额（亿元）	同比增长（%）	销售利润率（%）
全部	1544.61	39.61	79.65	48.62	5.16
大型	589.84	44.00	29.89	35.09	5.07
中型	543.23	30.53	28.19	46.35	5.19
小型	411.54	46.68	21.57	76.73	5.24

二、企业所有制特征分析

（一）私营企业与国营企业数量较多

我国化肥行业中，私营企业所占行业市场份额最大，达到54.47%，其次是其他类型的企业，然后是外商和港澳台投资企业、股份制，国有企业市场份额略低于股份制企业，集体企业和股份合作企业所占市场份额最小。

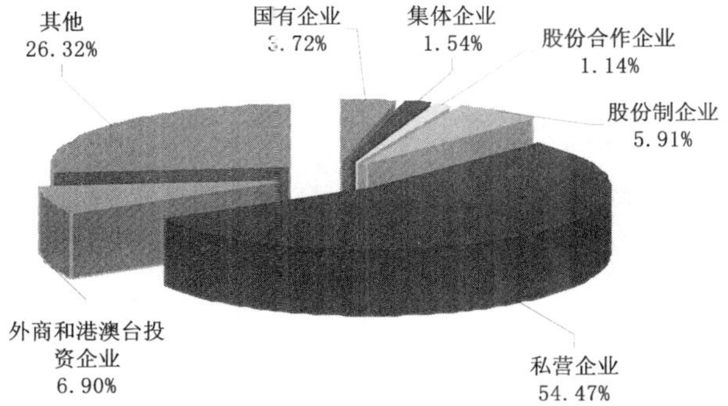

数据来源：国家统计局

2011年我国化肥行业内企业所有制类型分布

（二）国有企业、股份制企业和私营企业资产规模较大

截止2011年12月，我国化肥行业资产中，国有企业资产规模较大，其次一次是股份制企业和私营企业。具体而言，其他类型企业占比38.33%，国有企业占比20.41%，股份制企业占比18.89%，私营企业占比15.22%

2011年我国化肥行业不同所有制类型企业资产规模情况

所有制	资产总计（亿元）	同比增长（%）	比重（%）
全部	6047.74	13.86	100.00
国有企业	1234.09	3.82	20.41
集体企业	31.23	44.19	0.52
股份合作企业	24.16	5.27	0.40
股份制企业	1142.38	18.28	18.89
私营企业	920.40	23.80	15.22

外商和港澳台投资企业	377.36	12.35	6.24
其他	2318.13	14.03	38.33

（三）国有企业、私营企业效益较好

截止 2011 年 12 月，我国化肥行业中，其他类型企业、国有企业和股份制企业亏损面和亏损额较大，集体企业和私营企业亏损面与亏损额较小；股份合作企业和股份企业亏损额增速较快，集体企业和私营企业亏损额不断减少，亏损额增速为负增长；国有企业亏损额占行业比重较大，其次是股份制企业，私营企业亏损占比较低

2011 年我国化肥行业不同所有制类型企业亏损情况

类型	企业个数	亏损企业	亏损面（%）	亏损总额（亿元）	同比增长（%）	比重（%）
全部	2014	321	15.94	14.94	4.07	100.00
国有企业	75	25	33.33	3.48	7.51	23.28
集体企业	31	5	16.13	0.03	-19.57	0.18
股份合作企业	23	2	8.70	0.03	85.54	0.21
股份制企业	119	29	24.37	2.23	82.24	14.93
私营企业	1097	110	10.03	1.35	-18.82	9.04
外商和港澳台投资企业	139	24	17.27	0.81	5.17	5.45
其他	530	126	23.77	7.01	-5.41	46.91

截止 2011 年 12 月，其他类型企业、集体企业和私营企业销售收入同比增长较快，股份制和股份合作制企业销售收入同比增长较慢不超过 30%；国有企业和私营企业利润总额增加较快；私营企业销售毛利率占行业比重最高，其次是国有企业和股份制企业。

2011 年我国化肥行业不同所有制类型企业盈利情况

企业类型	销售收入（亿元）	同比增长（%）	利润总额（亿元）	同比增长（%）	销售利润率（%）	同比增长（%）
全部	1544.61	39.61	79.65	48.62	5.16	100.00
国有企业	246.10	40.51	11.12	73.00	4.52	15.93
集体企业	17.30	45.80	2.16	49.78	12.48	1.12
股份合作企业	11.21	29.98	0.23	14.39	2.05	0.73
股份制企业	197.30	24.27	14.07	-23.09	7.13	12.77
私营企业	395.55	43.13	20.52	63.44	5.19	25.61
外商和港澳台投资企业	116.50	26.30	9.32	41.45	8.00	7.54
其他	560.65	46.25	22.24	174.93	3.97	36.30

第二节 行业内上市公司分析

2011年，我国化肥行业上市公司主要有辽宁通化、云天化、盐湖钾肥湖北宜化、华鲁恒升、赤天化、泸天化、金正大、六国化工、沧州大化、四川美丰、华昌化工、芭田股份、盐湖集团、川化股份等。

一、上市公司规模水平分析

山西阳煤丰喜肥业(集团)有限责任公司
SHANXI YANGMEI FENGXI FERTILIZER INDUSTRY (GROUP) LLC.

截止 2011 年 12 月 31 日，我国化肥行业上市公司总资产排名中，盐湖股份居于首位，资产总计、负债总计、利润水平均表现较好，资产回报率水平最高，毛利率、净利润率遥遥领先于其他上市公司；但与去年同期水平相比，盐湖股份净利润增长率仍为负值。其中，仅有云天化 2011 年净利润为 -1.71 亿元，云南盐化净利润为 -0.15 亿元，云南盐化净资产增长率为 -2.14。

2011 年化肥行业重点上市公司规模情况

单位：亿元，%

	代码	简称	资产总计	负债合计	利润总额	净利润	资本回报率	毛利率	净资产收益率	净利润增长率	净资产增长率
1	000792	盐湖股份	311.20	154.26	33.54	5.41	12.05	63.04	3.81	-34.58	18.56
2	000059	辽通化工	291.96	214.68	10.39	1.72	7.32	14.68	2.24	-57.89	9.72
3	600096	云天化	275.69	192.30	2.67	-1.71	3.18	14.19			30.92
4	000422	湖北宜化	252.89	182.07	14.94	3.06	7.92	18.38	5.63	34.59	91.07
5	600426	华鲁恒升	117.83	66.27	4.18	0.79	4.95	13	1.54	-26.21	5.51
6	600227	赤天化	104.55	64.43	1.24	0.14	1.02	19.83	0.41	32.12	2.94
7	000912	泸天化	102.43	68.89	0.34	0.63	1	17.03	2.74		3.1
8	600141	兴发集团	99.49	73.60	3.06	0.67	5.47	12.97	3.37	70.93	13.2
9	002470	金正大	59.29	27.15	5.47	1.69	10.01	14.65	5.35	42.69	10.99
10	600470	六国化工	51.65	26.44	1.62	0.17	3.69	6.36	0.75	-20.58	3.68
11	600230	沧州大化	47.94	32.57	0.70	0.43	1.18	22.1	3.34	757.36	5.91
12	000731	四川美丰	39.18	17.64	3.28	0.28	9.03	4.24	1.32	85.27	12.97
13	002274	华昌化工	38.38	24.38	0.99	0.07	4.83	7.25	0.48	-24.7	5.91
14	002588	史丹利	38.28	17.36	2.98	0.54	8.58	12.35	2.56	45.65	182.3
15	002053	云南盐化	28.86	18.16	0.12	-0.15	0.78	24.09			-2.14
16	002170	芭田股份	11.94	3.88	0.91	0.32	7.08	18.17	4.01	51.73	15.87

二、上市公司财务指标分析

其中，从上市公司财务指标来看，上市公司财务指标均表现较好。其中，芭田股份流动比率、速动比率均较高，位于所选 16 家上市公司之首，同时资产负债率较低，利息保障倍数较高，企业财务指标运行优秀。从利息保障倍数来看，云南盐化和云天化两家上市公司利息保障倍数较低。从应收账款周转率来看，史丹利应收账款周转率最高，达到 1946.73 次，其次为辽通化工应收账款周转率达到 213.77 次。从总资产周转率来看，

辽通化工企业总资产周转率最快，达到 1.36 次，高于其他上市公司。

上市公司主要财务指标对比分析

	代码	简称	流动比率	速动比率	资产负债率 %	利息保障倍数（倍）	存货周转率（次）	应收账款周转率（次）	总资产周转率（次）
1	000059	辽通化工	0.67	0.31	73.55	1.91	1.92	213.77	1.36
2	000422	湖北宜化	0.95	0.66	73.64	2.92	1.22	9.5	0.78
3	000731	四川美丰	1.57	1.24	44.93	4.78	5.51	47.5	1.4
4	000792	盐湖股份	1.21	0.97	49.23	10.48	0.35	17.01	0.34
5	000912	泸天化	1.08	0.81	64.09	2.85	1.14	11.06	0.47
6	002053	云南盐化	1.25	0.98	61.49	0.06	1.74	7.53	0.64
7	002170	芭田股份	2.4	1.42	30.74	16.43	1.44	8.91	2.43
8	002274	华昌化工	0.62	0.41	62.98	1.37	2.05	5.21	1.16
9	002470	金正大	2.38	1.42	42.65	19.6	1.13		1.55
10	002588	史丹利	2.05	1.24	41.96		1.33	1946.73	1.53

11	600096	云天化	0.82	0.57	68.99	0.09	1.05	2.38	0.39
12	600141	兴发集团	0.52	0.32	69.58	2.26	4.33	5.08	0.91
13	600227	赤天化	1.18	0.86	60.4	13.34	0.83	3.01	0.2
14	600230	沧州大化	1.12	0.8	65.1	3.03	1.76	53.51	0.62
15	600426	华鲁恒升	0.98	0.78	52.31	3.1	2.19	72.66	0.53
16	600470	六国化工	1.19	0.71	52.95	2.22	1.78	29.34	0.77

山西阳煤丰喜肥业(集团)有限责任公司
SHANXI YANGMEI FENGXI FERTILIZER INDUSTRY (GROUP) LLC.

第九章 2012 年化肥行业风险分析

2011 年，氮肥市场是上半年处于紧平衡状态，下半年趋向饱和，预计 2012 年我国氮肥产能过剩仍如影随形。磷肥行业目前遇到的最大困难就是成本压力较大——重要生产原料硫黄主要靠高价进口，导致企业成本很高，预计 2012 年企业将主要依赖出口来解决成本高价格低利润少的难题，如果 2012 年不能出口，磷肥企业就别无选择，将主要依靠提升竞争力，通过创新来转型。受金融危机、欧债危机影响，全球经济形势并不好，但农业板块是受冲击最小的一块，2011 年钾肥市场表现较好，预计 2012 年钾肥市场比较稳定，但也存在不确定性。

2012 年，从整体上看，化肥行业依然属于维持类行业，化肥行业评级依然维持中级水平，行业内依然有投资发展的机会，依然有部分领域存在风险波动。这主要源于以下几点：一是化肥作为农业生产中重要的生产资料，其快速平稳发展具有重要的意义；二是随着化肥工业“十二五”发展规划的出台，国家政策层面上的鼓励和引导将进一步促进化肥工业的结构调整与产业升级；三是伴随着进一步提高粮食单位面积产量，化肥的需求量将进一步增加，自 2010 年以来，我国食品价格上涨过快，粮食价格上涨必然会导致化肥等相关行业产品价格和需求量的上涨。

风险评价标准：对行业按照生命周期、供需状况、国家政策支持程度、产品替代可能性、行业壁垒、与经济周期同步性、议价能力及成本控制能力等 7 个方面进行评分。评分范围为 0.8-1.0，0.9 为平均值，各评分方面权重如下表。化肥行业的综合得分为 0.93 分，为维持类。

支持类：综合评分在 0.95 以上

维持类：综合评分在 0.9-0.95 之间

退出类：综合评分在 0.9 以下

化肥行业各项评级因素判断结果

行业评价指标	行业现状	权重	评分
生命周期	无明显生命周期，受经济周期影响较小	15%	0.91
供需状况、总量预期	产能快速增加，需求较稳定	15%	0.89
国家政策支持程度	十二五规划支持产业结构调整与升级，有利于行业整体发展	15%	0.92
产品替代可能性	较小	12.50%	0.96
行业壁垒	较高	15%	0.96
与经济周期同步性	受经济周期影响较小	12.50%	0.9
厂商议价能力及成本控制能力	行业集中度不高，厂商议价能力较弱，成本控制能力较低	15%	0.87
综合评分	0.92		

化肥行业主要风险因素分析

类别	风险因素	风险特点	影响企业范围
宏观环境风险	宏观经济风险	经济发展增速放慢	所有化肥生产企业
产业政策风险	淘汰落后产能风险	进一步淘汰技术含量低、规模小的部门落后产能	有落后产能的化肥生产企业
	节能减排风险	政策要求减少氮肥、磷肥等生产企业处理其对环境的污染以及防范污染发生	所有化肥生产企业
经营环境风险	原材料成本风险	上游原材料供应商议价能力不断增强	所有化肥生产企业
	兼并重组风险	行业内企业不断整合，淘汰小型企业与部分中型企业	中小化肥生产企业
	价格风险	受成本增加影响，价格不断上涨	所有化肥生产企业
	需求风险	需求比较稳定	所有化肥生产企业
企业风险	工序缺失风险	工序不完整，原材料受限制或缺乏深加工能力	产业链不完整的企业
	区域竞争风险	区域内集中了较多的钢铁企业，竞争激烈	河北、江苏、山东等省钢铁企业
	企业经营管理风险	公司治理存在缺失，管理不善	所有钢铁企业
细分化肥产品风险	氮肥产品	产能过剩，供大于求，投资在不断扩大	氮肥生产企业
	磷肥产品	产能过剩，环境污染严重，受政策管制影响较大	磷肥生产企业
	钾肥	原材料供应紧张，成本不断上涨	钾肥生产企业
	有机肥及微生物肥料	规模较小，替代性较强，施肥技术要求高	有机肥及微生物肥生产企业
	复混肥	市场混乱，产品质量良莠不齐，信誉受影响	复混肥生产企业
原材料风险	原材料供及与价格	部分原材料供应紧张，价格大幅上涨	上游原材料供应商较单一的化肥生产企业

第一节经济环境风险

2012年，国内外经济形势复杂多变。世界经济复苏的不稳定性、不确定性上升，我国经济发展中不平衡、不协调、不可持续的矛盾和问题仍较突出。

在经济周期性变动的压力之下，2011年世界经济增长明显慢于2010年。预计2012年，至少前两三个季度，中国及世界经济减速的局面难以逆转。2012年中国经济增长将“软着陆”，预计GDP增长8.4%，而存款准备金率将在明年上半年下调三次。央行近3年来第一次降低法定存款准备金率，代表货币政策数量型放松的开始，政策重点从“控通胀”转为“保增长”。预计2012年人民币升值3%，货币政策微调，流动性适度宽松。

化肥行业主要用于农业，而农业受国内外经济周期较小，受宏观环境冲击不大，但是外部宏观环境会影响化肥行业的生产成本与采购、销售价格等。

山西阳煤丰喜肥业(集团)有限责任公司
SHANXI YANGMEI FENGXI FERTILIZER INDUSTRY (GROUP) LLC.

第二节 政策环境风险

一、产业政策风险

化肥作为重要的农资生产资料，直接关系到农业生产发展和广大农民的切身利益，被列为国家重点鼓励和发展的产业，因此受政策影响较大，任何相关政策都会给该行业带来有利或不利的影响。

国家出台多项优惠政策鼓励化肥行业发展，包括原料价格优惠、补贴运费、淡季储备、直接补贴、进口配额等政策措施。国家优惠政策的覆盖范围及优惠力度，以及政策的执行情况都将直接影响企业的成本变化和盈利水平；化肥行业存在产业结构不合理、行业集中度低等问题，国家既鼓励行业内优势企业扩大规模，又通过提高行业准入门槛，淘汰落后产能。上述政策既会有利于优势化肥企业增强实力，又会挤压中小型化肥企业的发展空间。

国家通过出口关税调整来调控化肥的出口，相应税率的调整将直接影响化肥企业的盈利水平和化肥产品的需求空间。尤其是国内氮肥和磷肥生产行业的产能已经出现结构性过剩，需要通过出口消化相当部分的产能。

国家对大规模化肥企业的电、天然气等原材料实行优惠价格；国家对大规模化肥企业的化肥铁路运输实行二号运价优惠，并免收铁路建设基金。这些相应政策的变更、政策额度的变动及政策的落实情况都将直接影响到企业的盈利水平，造成现金流的波动。

除此之外，国家对农业实施扶持政策的力度和提高粮食收购价格都将影响到农民种粮的积极性，影响到化肥投入，造成化肥需求的波动。

此外，磷铵生产准入条件的提高，会把大部分技术落后的磷铵生产企业，减少行业内竞争压力，减少资源浪费和重复生产，也促使企业不断提高技术水平，这会使生产水平低的磷铵生产面临被淘汰的风险。规划也指出淘汰氮肥、磷肥等落后产能实现化肥行业产品结构优化，加快企业间兼并重组提高行业内组织结构，合理配置内部资源，又落后产能的中小企业面临被判出局的风险。

二、环保政策风险

化肥行业中的氮肥制造和磷肥制造是两个化肥生产附属排放物会影响环境的两个子行业。我国中小氮肥厂技术装备相对落后，能耗高；小型磷肥厂技术水平落后，资源利用水平低，磷石膏无序堆放对环境影响大。同时，我国化肥企业在产业链中仍局限于生产制造领域，主要依赖资源投入、产能扩张带动发展，造成施肥不科学、肥料利用率低，农业面源污染严重，与发达国家现代化农业生产经营模式相差甚远。

三、税收政策风险

当前，磷矿资源税实行从量计征，不管是高品位矿还是低品位矿，征收标准都是一样的。而高品位的磷矿石价格比低品位矿石价格要高很多，因此，这种征税方式难以限制采富弃贫，造成资源浪费。

四、货币政策风险

我国将继续实施稳健的货币政策的同时，还提出要按照量适度、审慎灵活的要求，兼顾促进经济平稳较快发展、保持物价稳定和防范金融风险。2011年货币政策例会关于信贷的提法均为“保持合理的货币信贷总量和社会融资总规模”，2012年的“引导货币信贷平稳适度增长”是时隔一年后首度出现。这种细微的变化或许意味着管理层将针对当前信贷投放的实际情况，引导商业银行适度加大贷款投放力度支持经济发展。而我国化肥行业企业生产需要大量资金，尤其是企业间兼并重组等也会需要融资支持，货币政策的适度宽松会给化肥行业提供更多的资金，但是也应注意将要面临的通胀压力，物价上涨会增加企业生产与运营成本，影响化肥生产企业竞争力。

第三节 市场供需风险

一、供给过剩风险

自2011年四季度以来，国内氮肥、磷复肥等行业产能过剩问题就逐渐凸显出来，产品价格普遍较低，开工率大幅下降，多停留在70%左右。但并非所有的企业都面临严重亏损，一些技术水平相对先进的企业正开足马力进行生产，他们通过化肥的副产品拓展利润空间。

预计2012年，国内外化肥需求将继续平稳，但因世界乃至我国整个化肥行业供过于求严重，竞争将异常激烈。企业生存困难，整合加剧，生产成本不断增加，而竞争呈白热化程度，致使企业盈利空间越来越小。那些规模小、能耗高、管理水平差的企业可能会在这轮竞争中被迫走关停并转的风险。

二、需求减弱风险

与产能过剩相伴随的是国内需求稳定和国外化肥需求的不断萎缩。金融危机下，全球范围内几乎所有农作物品种面积都出现缩减，导致对化肥需求量的锐减，中国化肥出口将面临较大价格压力。

三、原材料价格风险

从氮肥行业的产业链来看，其上游主要是合成氨，而合成氨的原材料主要包括煤炭、天然气等资源。我国天然气资源较为紧缺，气头类型化肥企业压力增大。随着天然气民用普及化，消费量加大，天然气资源不足，价格上涨压力大，因此，气头类型的化肥企业将面临着巨大的压力，不仅成本高，而且原料供应也难有保障。

煤炭资源供应仍持续偏紧。虽然，随着国家大型煤矿基地的建设和煤气化技术突破，引起化肥用煤种多元化，化肥用煤资源紧张的状况相对有所缓解；但是，我国的能源消耗，80%左右是以煤炭为主，作为煤炭企业要满足火电、冶金、居民等多方面的用煤需求，我国煤资源供应仍持续偏紧。

磷肥生产所需硫资源对外依存度超过60%。我国磷矿资源丰而不富，平均品位仅17%，富矿只占6.6%，且胶磷矿多，采选成本高。我国钾资源相对贫乏，对外依存度近半，国际市场钾肥价格波动不定，影响农业生产。生产磷肥所需进口硫磺价格被国外出口商控制并不断攀升，国内进口企业没有谈判优势无法降低硫磺进口价格，以及国内磷矿石资源价格的上涨都给磷肥的生产带来较大的成本上升压力。钾肥生产所需原材料45%需要进口，近几年这些原材料价格不断上涨，国内钾肥生产商只能提高钾肥价格把高成本转嫁个国内消费者。化肥行业是一个资源导向型行业，原材料价格上涨给化肥行业产业链的稳定性带来威胁。

山西阳煤丰喜肥业(集团)有限责任公司
SHANXI YANGMEI FENGXI FERTILIZER INDUSTRY (GROUP) LLC.

四、企业竞争风险

目前，我国化肥行业企业竞争压力依然很大。具体而言有名牌企业与杂牌企业的竞争，单元肥企业与多元肥企业的竞争，专用肥与通用肥企业生产商之间的竞争，有机肥生产商与无机肥生产商之间的竞争等此外，通用肥企业内的竞争，无机肥内的企业竞争更加激烈，因为目前，我国的化肥主要是通用肥和无机肥。需要注意的是，有机肥和专用肥的发展空间更大。

五、产品价格波动风险

预计2012年由于需求的回升等因素影响，化肥各子行业产品价格都出现了不同程度的上涨。化肥成本价格上涨推动化肥产品价格不断回升，但是后期降价的压力较大，一旦过了消费旺季，进入淡季，化肥生产企业给产品降价将使面临亏损压力。国际盐矿、磷矿等矿产的开发会影响全球化肥市场价格波动情况。目前，我国多家企业赴加拿大开采盐矿，改善我国钾原料紧缺的局势，这些矿类的开采将降低国内乃至全球化肥产品价格。

化肥产品价格受国家政策支持与税收补贴、关税调整的影响也较大，价格会因这些影响因素的变化而波动。

第四节 其他风险

一、技术风险

化肥行业进入门槛高，其中一项就是技术门槛高。化肥行业生产需要技术，包装也需要技术，农民施肥也要注意巧施肥。我国化肥行业低端产品技术成熟，化肥对农作物见效快，但是不持久，目前国家在逐步开展缓控释肥技术的研发与技术使用推广，化肥行业技术门槛会不断提高。随着消费者对农作物口感、营养成分要求的不断提高，对化肥生产技术提出新的挑战，这会淘汰部门落后技术，催生部分高新技术，也会限制甚至淘汰部分技术落后的化肥生产企业，新技术的研发与使用会引起行业内部竞争格局的变化，行业内企业面临较大的技术研发与使用风险。

二、行业整合风险

2012年2月，工信部发布了《化肥工业"十二五"发展规划》，将行业内企业兼并重组定为"十二五"的重点任务，提出到2015年时要逐步形成以大型化肥企业为主导的生产经营格局，鼓励大型企业兼并重组、淘汰落后及建设化肥基地。可见，我国化肥行业已经逐渐步入整合期。目前，我国化肥行业内已逐步形成以大型化肥企业为主导的生产经营格局，基础肥料也正向资源产地和优势企业集中。行业集中度的提高，对行业发展和农民利益都有很大促进——有助于化肥行业健康发展，避免了化肥价格的大幅波动。但同时也应注意，行业内大型企业兼并重组，对中小企业构成威胁，中小企业面临被兼并重组的威胁。

三、人民币汇率风险

2012年，我国人民币汇率风险依然存在，汇率改革以来人民币兑美元升值幅度已经达到了30%。2012年初，我国人民币汇率变动逐渐趋稳，这是由于进出口的情况发生了很大的变化。但未来一段时期，人民币兑美元的汇率走势还不太明确，也有升值的可能。与此形成鲜明对比的是金砖国家的货币对美元在贬值，严重削弱了中国产品的对外竞争力。我国化肥行业在国内化肥需求淡季，多数化肥用于出口；在国内化肥需求旺季，也会需要从国外进口化肥原料及成品，尤其是国内钾肥生产对外依存度较高。人民币汇率风险依然存在，影响我国化肥行业发展，化肥行业内企业要注意防范汇率波动风险。

第十章 2012年化肥行业投资策略

第一节 行业发展趋势要点

化肥是现代农业的物质基础。在全球土地资源有限，耕地面积不断减少，而人口不断增加的大背景下，化肥在农业中的地位日益凸显，被称为粮食的“粮食”，关系到人民的温饱、生存问题。2012年初出台的化肥工业“十二五”规划指出“十二五”期间，我国化肥工业要在提高产品集中度、产品结构优化、技术进步、加快兼并重组等方面取得成效。行业将向规模化、低成本、高效能、环保型、差异化方向发展，基本形成垄断竞争的产业格局。

一、以成本为导向的竞争模式成为主流

化肥企业必须坚持成本领先战略，实施一体化发展模式，不断延伸产业链，才能逐步提高自身的竞争力和生存能力，从而实现可持续发展。主要原因：

一是竞争环境压力。化肥产品特别是基础化肥具有同质性，原料成本在销售收入中占有很高的比例，例如煤、天然气占尿素生产成本中70%以上。在行业整体盈利水平下降的情况下，只有通过降低成本来获得市场竞争优势。

二是未来农村土地制度改革影响。土地流转促进规模化经营，会明显增加化肥、农药的规模化采购，化肥使用者的化肥购买议价能力将明显提高，如同规模采购可以获得更低折扣一样，必然要求化肥出厂价格更便宜。化肥生产企业要维持原有的利润率和市场占有率，必须降低生产成本，如采用低价原料、实现多项产品联产、加强节能降耗，发展循环经济等，以此降低生产成本，增加利润来源。

三是政策变化后成本上升。从长远来看，化肥产业优惠政策逐步取消，天然气、煤炭继续提价是大趋势，煤炭、磷矿石、钾等原料也会因为资源税由从量征收改为从价征收而提价，原料成本上升是必然趋势。企业要在产业结构调整中胜出，就必须从工艺改进、内部管理等方面节约成本，适应未来低成本竞争的潮流。

二、优化产品结构成为必然选择

从当前及未来市场看，以下肥料市场需求增长较快，也是国家鼓励发展的产品，主要包括：高效化肥、复合颗粒肥、液体化肥、添加农药的肥料、专用化肥（小麦、水稻、玉米、果树专用肥等）、节水的全水溶性肥等。从尿素看，包括多肽尿素、智能尿素、涂层尿素、含硫尿素等新型产品。新型肥料品种上，焦点集中在水溶肥和缓控释肥两种新型节肥。相比较而言，二者一种是速效肥料，

山西阳煤丰喜肥业(集团)有限责任公司
SHANXI YANGMEI FENGXI FERTILIZER INDUSTRY (GROUP) LLC.

一种是缓控释肥料，并不具有完全的替代关系，未来发展前景较好。

越来越多的化肥生产企业向产品差异化方面发展，通过优化产品结构提高市场竞争力。主要原因：

一是国家大力推进低碳减排的施肥模式，发展现代生态农业，要求化肥产品向复合化、专业化、精细化转变。因此，控制基础肥料总量，在新型化肥产品上加大开发力度，将是根本出路和未来方向。随着农民科学用肥、平衡施肥意识的增强，国内新型肥料开发正在加快进行，新型肥料将进入一个加速发展的新时期。

二是国家产业政策导向功能增强。化肥工业“十二五”规划确定调整优化品种结构，重点发展高效复合肥、缓控释肥等高端产品，提高钾肥供应能力和高浓度化肥的比例。国家将缓控释肥等环境友好型肥料列入重点发展的高新技术产品，并在财税政策上给予了大力支持。国家战略性新兴产业之一的生物产业中，对生物肥料给予支持。

三是土地集约化经营加快推进，将促进化肥产品结构优化，与需求更紧密对接。规模化种植模式，有利于测土配方施肥，提供农化服务。同时，具有更大化肥消费能力的规模经营者或合作社，对化肥产品的鉴别能力将明显提高，会在市场上选择技术含量更高、价值更大、效果更好的化肥产品。这也要求化肥生产企业必须加强工艺和技术创新，优化产品结构和适应市场需求。

三、企业发展模式向生产经营型转变

化肥生产企业与流通企业加速融合、双向进入，从单一生产、流通型向生产经营型、服务型转变。未来的产业格局将是：生产商——有品牌的综合服务商——土地经营者，即：上游是化肥、农药生产商，中间是生产商自建或现有农资流通企业改造后的综合服务商，下游是直接的农业生产商。分散的纯粹意义上的零售商将逐步减少。主要影响因素是：

一是适应市场竞争日益激烈的需要。化肥行业未来的竞争领域正由单一的化肥生产向产业链上下游环节延伸，形成工商联合的供应链竞争，单一品种生产模式越来越难以生存。成本是生存发展的关键，而生产领域降低成本的空间相对有限，而向上下游延伸并形成产业链则可以最大限度地降低成本，增多盈利点，提升竞争力。

二是适应行业发展的需要。我国工业发展正在进入向服务型经济转型提升的阶段。目前国家政策支持化肥行业集中和整合，未来这一进程将不断加快；伴随生产资源结构的调整，流通领域的变革将加快。生产与流通企业通过重组洗牌，产业集中度进一步提高，工商合作加强，中小企业的生存空间将逐步压缩，单一、分散的零售商将逐步减少甚至被淘汰。

三是适应土地集约化经营的需要。我国土地集约化进程的推进带来农业经营规模扩大，必然使土地经营者提高对降低农资成本与技术、物流、信息等多样化的要求；同时，化肥生产企业能与农场主、农民专业合作社直接见面，实现供需直通，购销渠道通畅，减少中间流通环节和流转成本。这相应带来化肥营销模式的变革，促进化肥生产者向流通领域延伸扩展。

第二节 行业总体投资原则

2011年，我国化肥价格受原材料成本上涨压力支撑而不断提高；化肥生产企业也因化肥价格上涨刺激而不断增加产量；化肥产销率较2010年增加，但是社会需求依然无法消化全部的市场供给，化肥行业产能过剩与消费需求稳定小幅增加的矛盾日益突出。

受煤炭、天然气等能源类价格高位徘徊的影响，2012年的化肥行情应该是维持高位运行，在1-4月份应该维持稳中小涨的态势，4-5月份价格可能会小幅下滑，5月份至年底，预计化肥价格应该是持续上涨的。但是由于2012年化肥价位不断回升，销售形势不容乐观。此外，化肥进出口关税政策规定：化肥出口基准价明确不含关税，对尿素、磷铵来说相当于变相上调基准价格，对进出口有力；二元肥、小包装肥料、氯化铵按淡旺季征收关税，淡季7%，旺季82%，对进出口不利。

2012年，对我国化肥行业总体投资原则是“优选客户，审慎介入，紧跟政策，结构调整”。化肥行业是资源、资金、技术密集型行业，同时受国家政策因素影响较大，对化肥行业增量投资应紧跟政策，集中于大型化肥生产企业升级改造，并择优支持盈利能力良好、清洁环保、技术创新的中小型企业。对技术落后、盈利能力弱、排放超标的企业投资逐步压缩退出，实现资金资源向行业内优秀企业集中。重点关注行业大中型、节能环保的优质企业。化肥销售行业主要支持大型生产厂家销售机构、资金实力强、担保条件好的大中型连锁销售机构既具有区域竞争优势的大中型化肥销售机构。2011年，我国化肥价格受原材料成本上涨压力支撑而不断提高；化肥生产企业也因化肥价格上涨刺激而不断增加产量；化肥产销率较2010年增加，但是社会需求依然无法消化全部的市场供给，化肥行业产能过剩与消费需求稳定小幅增加的矛盾日益突出。

受煤炭、天然气等能源类价格高位徘徊的影响，2012年的化肥行情应该是维持高位运行，在1-4月份应该维持稳中小涨的态势，4-5月份价格可能会小幅下滑，5月份至年底，预计化肥价格应该是持续上涨的。但是由于2012年化肥价位不断回升，销售形势不容乐观。此外，化肥进出口关税政策规定：化肥出口基准价明确不含关税，对尿素、磷铵来说相当于变相上调基准价格，对进出口有力；二元肥、小包装肥料、氯化铵按淡旺季征收关税，淡季7%，旺季82%，对进出口不利。

2012年，对我国化肥行业总体投资原则是“优选客户，审慎介入，紧跟政策，结构调整”。化肥行业是资源、资金、技术密集型行业，同时受国家政策因素影响较大，对化肥行业增量投资应紧跟政策，集中于大型化肥生产企业升级改造，并择优支持盈利能力良好、清洁环保、技术创新的中小型企业。对技术落后、盈利能力弱、排放超标的企业投资逐步压缩退出，实现资金资源向行业内优秀企业集中。重点关注行业大中型、节能环保的优质企业。化肥销售行业主要支持大型生产厂家销售机构、资金实力强、担保条件好的大中型连锁销售机构既具有区域竞争优势的大中型化肥销售机构。

山西阳煤丰喜肥业(集团)有限责任公司
SHANXI YANGMEI FENGXI FERTILIZER INDUSTRY (GROUP) LLC.

第三节 区域投资政策建议

一、中西部地区：资源优势

关注中西部地区化肥行生产企业，我国中西部地区化肥产量较高。此外，国家政策把钾肥和磷肥重点放在西部，因为西部有盐矿和磷矿；中部地区有煤炭等能源优势适合生产化肥。

重点关注和支持青海省、新疆、云南地区。

二、中东地区规模较大：地理位置及管理优势

山东省依然是我国化肥生产规模大省，规模远超其他省份；吉林省、江西省、河南省和安徽省的化肥资产规模快速扩张。中东地区有湖北宜化、鲁西化工等知名化肥生产企业，这些企业化肥产品展示产份额较大，盈利情况较好，在国家提倡化肥行业企业兼并重组的政策支持下，对这些地区的企业发展更有利。

重点关注山东省、湖北省、河南省地区。

三、其他

西部地区化肥生产规模较小，但是效益较好，重点关注青海省。此外，海南省和新疆的资金利用情况非常好，效益也好，值得投资者关注。

第四节 企业投资政策建议

一、重点支持类

1、重点支持行业内资产规模较大的大型企业，尤其是在行业内有影响力的领头企业。国家政策支持化肥行业内兼并重组，大型领头企业的行业地位会更加稳固；重点支持具有能源（石油、天然气、电力）或是占有原材料（矿山）的基础上进行化肥生产的企业；或者支持具有遍布全国营销网络基础上的化肥企业；加大力度支持缓释肥、控释肥和纳米肥企业；

2、支持经营品种多样，产品结构合理的企业，国家淡季储备政策下优选企业；支持具备节能减排与污染处理能力的企业；支持客户群体较多，并且客户信用级别较高的企业，具体而言，是客户信用等级评定在 A+ 级及以上的企业；支持营运能力、盈利能力、偿债能力和发展能力较高的企业，关注他们的财务状况；

3. 支持注册资本不低于 800 万元，近两年净资产收益率不低于 6%，以上年度末净资产余额为基数，每年净资产增长率不低于 3%；

4. 品牌知名度高，市场占有率不低于 50%，位于原料产地并对上游煤、气、矿产等生产所需重要资源有较强控制能力的优秀企业；

5. 氮肥领域具有煤炭（天然气）资源优势的大型尿素企业以及生产煤（气）头尿素的大型煤炭（油气）集团，企业全年尿素规模在 60 万吨以上；

6. 磷肥领域具有资源控制能力和成本优势，年产磷铵肥规模 50 万吨以上龙头企业。

二、适度支持类

1、能源消耗、污染物排放符合环保总局、质检总局及其它相关部门颁布的标准；

2、近两年净资产收益率不低于3%，以上年度末净资产余额为基数，每年净资产增长率不低于2%；

3、品牌知名度较高，市场占有率不低于40%，位于原料产地并对上游煤、气、矿产等生产所需重要资源有较强控制能力的优秀企业；

4、信用等级评定在A+级及以上的企业；

5、财务指标表现较好，高于行业平均水平的企业。

三、维持类

1、能源消耗、污染物排放符合环保总局、质检总局及其它相关部门颁布的标准；

2、近两年净资产收益率不低于1%，以上年度末净资产余额为基数，每年净资产增长率不低于0.5%；

3、品牌知名度较高，市场占有率不低于20%，位于原料产地并对上游煤、气、矿产等生产所需重要资源有较强控制能力的优秀企业；

4、财务指标表现良好的企业，近两年连续盈利的企业。

四、限制类

1、规模较小、没有资源优势、没有技术支持的企业；

2、处于国家政策管制边缘的企业；

3、财务指标表现低于行业平均水平的企业；

4、产业链较短，并且没有独特专长或优势的企业；

5、客户规模较小且信用级别较低的企业。

五、退出类

1、违背国家政策规定，高耗能、高排放、污染环境的企业；

2、企业财务指标明显低于行业平均水平，连续两年亏损，并且不见好转的企业；

3、客户群体单一，并且客户信用级别低于B级别的企业；

4、主营产品受国家政策影响面临被淘汰风险的企业；

5、没有核心技术，产品质量不过关的企业；

6、国家政策调整，已经达不到行业准入条件的企业。

第五节 细分行业投资政策建议

一、支持类

就行业而言，重点支持复混肥料制造和氮肥制造两个子行业，这两个子行业的规模较大并且财务状况较好，销售收入和利润总额较高。

就产品类别而言，生产以下产品的化肥生产企业属于鼓励支持类：

1、氮肥制造行业，重点支持铵态氮肥、硝态氮肥、酰胺态氮肥及长效氮肥产品的生产，支持发展新型氮肥；

山西阳煤丰喜肥业(集团)有限责任公司
SHANXI YANGMEI FENGXI FERTILIZER INDUSTRY (GROUP) LLC.

2、磷肥制造行业，重点支持过磷酸钙、磷酸一铵、磷酸二铵、磷酸二氢钾、磷酸钾复混肥、氢磷钾复合肥的生产。此外，磷肥中的高浓度肥应当重点支持；

3、钾肥制造行业，重点支持氯化钾、硫酸钾、及钾复合肥如钾镁肥、钾钙肥的生产；

4、有机肥料及微生物肥料制造行业，重点支持精制有机肥、有机复混肥和生物有机肥的生产。

二、维持类

氮肥、磷肥的需求量较大，属于维持类的细分行业，但是也应注意区分行业内产品和项目，区别对待；

钾肥和磷肥制造对资源的依赖性较强，有着资源优势的产品生产与项目建设投资者应予以关注；

液态肥生产规模较小，但是有着姣好的发展空间，投资者应适当关注；

有机肥料及微生物肥料制造，技术要求高，规模小，但是环保，值得投资者关注。

三、限制类

氮肥制造行业，投资者对于没有技术含量、资源优势，而只是盲目扩大氮肥产能的项目要限制投资；

磷肥制造行业，投资者对于没有磷矿资源优势，生产经营严重依赖上游资源的细分领域投资要限制；对磷肥含磷元素较少的产品要限制；

复混肥料制造行业，投资者应限制对复混肥比例不合理，参假多，信誉有问题的复混肥料产品进行投资；

钾肥制造行业，投资者对于没有稳定国外原材料供应商的钾肥生产制造应严格限制。

四、退出类

氮肥、磷肥制造行业中，严亘污染环境的工艺和项目属于退出类；

只是进行原材料简单加工，原材料利用率低的化肥产品生产领域会逐步化肥市场，投资者需慎重；

污染严重，高耗能、资源低利用率的化肥制造会逐步被市场淘汰，投资者应停止对这些项目再投资；

技术、规模和生产经营条件已经达不到国家准入条件的化肥产品生产虽然现在还有市场，但是随着后期国家具体执行措施的出台，这些产品将会被市场淘汰，投资者对其增加投资需慎重。

山西阳煤丰喜肥业(集团)有限责任公司
SHANXI YANGMEI FENGXI FERTILIZER INDUSTRY (GROUP) LLC.

第五篇 附录及其他

山西阳煤丰喜肥业(集团)有限责任公司
SHANXI YANGMEI FENGXI FERTILIZER INDUSTRY (GROUP) LLC.

第一章 2012年中央一号文件（全文）

2011年，各地区各部门认真贯彻中央决策部署，同心协力，扎实工作，克服多种困难挑战，农业农村保持了强劲发展势头。粮食生产稳定跃上新台阶，农民增收成效喜人，水利建设明显加速，农村民生持续改善，农村社会安定祥和。农业农村形势好，有力支撑了经济平稳较快发展，有效维护了改革发展稳定大局。

做好2012年农业农村工作，稳定发展农业生产，确保农产品有效供给，对推动全局工作、赢得战略主动至关重要。当前，国际经济形势复杂严峻，全球气候变化影响加深，我国耕地和淡水资源短缺压力加大，农业发展面临的风险和不确定性明显上升，巩固和发展农业农村好形势的任务更加艰巨。全党要始终保持清醒认识，绝不能因为连续多年增产增收而思想麻痹，绝不能因为农村面貌有所改善而投入减弱，绝不能因为农村发展持续向好而工作松懈，必须再接再厉、迎难而上、开拓进取，努力在高起点上实现新突破、再创新佳绩。

实现农业持续稳定发展、长期确保农产品有效供给，根本出路在科技。农业科技是确保国家粮食安全的基础支撑，是突破资源环境约束的必然选择，是加快现代农业建设的决定力量，具有显著的公共性、基础性、社会性。必须紧紧抓住世界科技革命方兴未艾的历史机遇，坚持科教兴农战略，把农业科技摆上更加突出的位置，下决心突破体制机制障碍，大幅度增加农业科技投入，推动农业科技跨越发展，为农业增产、农民增收、农村繁荣注入强劲动力。

2012年农业农村工作的总体要求是：全面贯彻党的十七大和十七届三中、四中、五中、六中全会以及中央经济工作会议精神，高举中国特色社会主义伟大旗帜，以邓小平理论和“三个代表”重要思想为指导，深入贯彻落实科学发展观，同步推进工业化、城镇化和农业现代化，围绕强科技保发展、强生产保供给、强民生保稳定，进一步加大强农惠农富农政策力度，奋力夺取农业好收成，合力促进农民较快增收，努力维护农村社会和谐稳定。

一、加大投入强度和工作力度，持续推动农业稳定发展

1。毫不放松抓好粮食生产。保障农产品有效供给，首先要稳住粮食生产，确保不出现滑坡。要切实落实“米袋子”省长负责制，继续开展粮食稳定增产行动，千方百计稳定粮食播种面积，扩大紧缺品种生产，着力提高单产和品质。继续实施全国新增千亿斤粮食生产能力规划，加快提升800个产粮大县（市、区、场）生产能力。继续实施粮食丰产科技工程、超级稻新品种选育和示范项目。支持优势产区加强棉花、油料、糖料生产基地建设，进一步优化布局、主攻单产、提高效益。深入推进粮棉油糖高产创建，积极扩大规模，选择基础条件好、增产潜力大的县乡大力开展整建制创建。大力支持在关键农时、重点区域开展防灾减灾技术指导和生产服务，加快推进农作物病虫害专业化统防统治，完善重大病虫疫情防控支持政策。

2。狠抓“菜篮子”产品供给。抓好“菜篮子”，必须建好菜园子、管好菜摊子。要加快推进区域化布局、标准化生产、规模化种养，提升“菜篮子”产品整体供给保障能力和质量安全水平。大力发展设施农业，继续开展园艺作物标准园、畜禽水产示范场创建，启动农业标准化整体推进示范县建设。实施全国蔬菜产业发展规划，支持优势区域加强菜地基础设施建设。稳定发展生猪生产，扶持肉牛肉羊生产大县标准化养殖和原良种场建设，启动实施振兴奶业苜蓿发展行动，推进生猪和奶牛规模化养殖小区建设。制定和实施动物疫病防控二期规划，及时处置重大疫情。开展水产养殖生态环境修复试点，支持远洋渔船更新改造，加强渔政建设和管理。充分发挥农业产业化龙头企业在“菜篮子”产品生产和流通中的积极作用。强化食品质量安全监管综合协调，加强检验检测体系和追溯体系建设，开展质量安全风险评估。大力推广高效安全肥料、低毒低残留农药，严格规范使用食品和饲料添加剂。落实“菜篮子”市长负责制，充分发挥都市农业应急保障功能，大中城市要坚持保有一定的蔬菜等生鲜食品自给能力。

3。加大农业投入和补贴力度。持续加大财政用于“三农”的支出，持续加大国家固定资产投资对农业农村的投入，持续加大农业科技投入，确保增量和比例均有提高。发挥政府在农业科技投入中的主导作用，保证财政农业科技投入增幅明显高于财政经常性收入增幅，逐步提高农业研发投入占农业增加值的比重，建立投入稳定增长的长效机制。按照增加总量、扩大范围、完善机制的要求，继续加大农业补贴强度，新增补贴向主产区、种养大户、农民专业合作社倾斜。提高对种粮农民的直接补贴水平。落实农资综合补贴动态调整机制，适时增加补贴。加大良种补贴力度。扩大农机具购置补贴规模和范围，进一步完善补贴机制和管理办法。健全主产区利益补偿机制，增加产粮（油）大县奖励资金，加大生猪调出大县奖励力度。探索完善森林、草原、水土保持等生态补偿制度。研究建立公益林补偿标准动态调整机制，进一步加大湿地保护力度。加快转变草原畜牧业发展方式，加大对牧业、牧区、牧民的支持力度，草原生态保护补助奖励政策覆盖到国家确定的牧区半牧区县（市、旗）。加大村级公益事业建设一事一议财政奖补力度，积极引导农民和社会资金投入“三农”。有效整合国家投入，提高资金使用效率。切实加强财政“三农”投入和补贴资金使用监管，坚决制止、严厉查处虚报冒领、截留挪用等违法违规行为。

4。提升农村金融服务水平。加大农村金融政策支持力度，持续增加农村信贷投入，确保银行业金融机构涉农贷款增速高于全部贷款平均增速。完善涉农贷款税收激励政策，健全金融机构县域金融服务考核评价办法，引导县域银行业金融机构强化农村信贷服务。大力推进农村信用体系建设，完善农户信用评价机制。深化农村信用社改革，稳定县（市）农村信用社法人地位。发展多元化农村金融机构，鼓励民间资本进入农村金融服务领域，支持商业银行到中西部地区县域设立村镇银行。有序发展农村资金互助组织，引导农民专业合作社规范开展信用合作。完善符合农村银行业金融机构和业务特点的差别化监管政策，适当提高涉农贷款风险容忍度，实行适度宽松的市场准入、弹性存贷比政策。继续发展农户小额信贷业务，加大对种养大户、农民专业合作社、县域小型微型企业的信贷投放力度。加大对科技型农村企业、科技特派员下乡创业的信贷支持力度，积极探索农业科技专利质押融资业务。支持农业发展银行加大对农业科技的贷款力度。鼓励符合条件的涉农企业开展直接融资，积极发展涉农金融租赁业务。扩大农业保险险种和覆盖面，开展设施农业保费补贴试点，扩大森林保险保费补贴试点范围，扶持发展渔业互助保险，鼓励地方开展优势农产品生产保险。健全农业再保险体系，逐步建立中央财政支持下的农业大灾风险转移分散机制。

5。稳定和完善农村土地政策。加快修改完善相关法律，落实现有土地承包关系保持稳定并长久不变的政策。按照依法自愿有偿原则，引导土地承包经营权流转，发展多种形式的适度规模经营，

山西阳煤丰喜肥业(集团)有限责任公司
SHANXI YANGMEI FENGXI FERTILIZER INDUSTRY (GROUP) LLC.

促进农业生产经营模式创新。加快推进农村地籍调查，2012 年基本完成覆盖农村集体各类土地的所有权确权登记颁证，推进包括农户宅基地在内的农村集体建设用地使用权确权登记颁证工作，稳步扩大农村土地承包经营权登记试点，财政适当补助工作经费。加强土地承包经营权流转管理和服务，健全土地承包经营纠纷调解仲裁制度。加快修改土地管理法，完善农村集体土地征收有关条款，健全严格规范的农村土地管理制度。加快推进牧区草原承包工作。深化集体林权制度改革，稳定林地家庭承包关系，2012 年基本完成明晰产权、承包到户的改革任务，完善相关配套政策。搞好国有林场、国有林区改革试点。深入推进农村综合改革，加强农村改革试验区工作。

二、依靠科技创新驱动，引领支撑现代农业建设

6。明确农业科技创新方向。着眼长远发展，超前部署农业前沿技术和基础研究，力争在世界农业科技前沿领域占有重要位置。面向产业需求，着力突破农业重大关键技术和共性技术，切实解决科技与经济脱节问题。立足我国基本国情，遵循农业科技规律，把保障国家粮食安全作为首要任务，把提高土地产出率、资源利用率、劳动生产率作为主要目标，把增产增效并重、良种良法配套、农机农艺结合、生产生态协调作为基本要求，促进农业技术集成化、劳动过程机械化、生产经营信息化，构建适应高产、优质、高效、生态、安全农业发展要求的技术体系。

7。突出农业科技创新重点。稳定支持农业基础性、前沿性、公益性科技研究。大力加强农业基础研究，在农业生物基因调控及分子育种、农林动植物抗逆机理、农田资源高效利用、农林生态修复、有害生物控制、生物安全和农产品安全等方面突破一批重大基础理论和方法。加快推进前沿技术研究，在农业生物技术、信息技术、新材料技术、先进制造技术、精准农业技术等方面取得一批重大自主创新成果，抢占现代农业科技制高点。着力突破农业技术瓶颈，在良种培育、节本降耗、节水灌溉、农机装备、新型肥药、疫病防控、加工贮运、循环农业、海洋农业、农村民生等方面取得一批重大实用技术成果。

8。完善农业科技创新机制。打破部门、区域、学科界限，有效整合科技资源，建立协同创新机制，推动产学研、农科教紧密结合。按照事业单位分类改革的要求，深化农业科研院所改革，健全现代院所制度，扩大院所自主权，努力营造科研人员潜心研究的政策环境。完善农业科研立项机制，实行定向委托和自主选题相结合、稳定支持和适度竞争相结合。完善农业科研评价机制，坚持分类评价，注重解决实际问题，改变重论文轻发明、重数量轻质量、重成果轻应用的状况。大力推进现代农业产业技术体系建设，完善以产业需求为导向、以农产品为单元、以产业链为主线、以综合试验站为基点的新型农业科技资源组合模式，及时发现和解决生产中的技术难题，充分发挥技术创新、试验示范、辐射带动的积极作用。落实税收减免、企业研发费用加计扣除、高新技术优惠等政策，支持企业加强技术研发和升级，鼓励企业承担国家各类科技项目，增强自主创新能力。积极培育以企业为主导的农业产业技术创新战略联盟，发展涉农新兴产业。加快农业技术转移和成果转化，加强农业知识产权保护，稳步发展农业技术交易市场。

9。改善农业科技创新条件。加大国家各类科技计划向农业领域倾斜支持力度，提高公益性科研机构运行经费保障水平。支持发展农业科技创新基金，积极引导和鼓励金融信贷、风险投资等社会资金参与农业科技创新创业。继续实施转基因生物新品种培育科技重大专项，加大涉农公益性行业科研专项实施力度。推进国家农业高新技术产业示范区和国家农业科技园区建设。按照统筹规划、共建共享的要求，增加涉农领域国家工程实验室、国家重点实验室、国家工程技术研究中心、科技资源共享平台的数量，支持部门开放实验室和试验示范基地建设。加强市地级涉农科研机构建设，鼓励有条件的地方纳入省级科研机构直接管理。加强国际农业科技交流与合作，加大力度引进消化吸收国外先进农业技术。加强农业气象研究和试验工作，强化人工影响天气基础设施和科技能力建设。

10。着力抓好种业科技创新。科技兴农，良种先行。增加种业基础性、公益性研究投入，加强种质资源收集、保护、鉴定，创新育种理论方法和技术，创制改良育种材料，加快培育一批突破性新品种。重大育种科研项目要支持育繁推一体化种子企业，加快建立以企业为主体的商业化育种新机制。优化调整种子企业布局，提高市场准入门槛，推动种子企业兼并重组，鼓励大型企业通过并购、参股等方式进入种业。建立种业发展基金，培育一批育繁推一体化大型骨干企业，支持企业与优势科研单位建立育种平台，鼓励科研院所、高等学校科研人员与企业合作共享。加大动植物良种工程实施力度，加强西北、西南、海南等优势种子繁育基地建设，鼓励种子企业与农民专业合作社联合建立相对集中稳定的种子生产基地，在粮棉油生产大县建设新品种引进示范场。对符合条件的种子生产开展保险试点，加大种子储备财政补助力度。完善品种审定、保护、退出制度，强化种子生产经营行政许可管理，严厉打击制售假冒伪劣、套牌侵权、抢购套购等违法行为。

三、提升农业技术推广能力，大力发展农业社会化服务

11。强化基层公益性农技推广服务。充分发挥各级农技推广机构的作用，着力增强基层农技推广服务能力，推动家庭经营向采用先进科技和生产手段的方向转变。普遍健全乡镇或区域性农业技术推广、动植物疫病防控、农产品质量监管等公共服务机构，明确公益性定位，根据产业发展实际设立公共服务岗位。全面实行人员聘用制度，严格上岗条件，落实岗位责任，推行县主管部门、乡镇政府、农民三方考评办法。对扎根乡村、服务农民、艰苦奉献的农技推广人员，要切实提高待遇水平，落实工资倾斜和绩效工资政策，实现在岗人员工资收入与基层事业单位人员工资收入平均水平相衔接。进一步完善乡镇农业公共服务机构管理体制，加强对农技推广工作的管理和指导。切实改善基层农技推广工作条件，按种养规模和服务绩效安排推广工作经费。2012 年基层农业技术推广体系改革与建设示范县项目基本覆盖农业县（市、区、场）、农业技术推广机构条件建设项目覆盖全部乡镇。大幅度增加农业防灾减灾稳产增产关键技术良法补助。加快把基层农技推广机构的经营性职能分离出去，按市场化方式运作，探索公益性服务多种实现形式。改进基层农技推广服务手段，充分利用广播电视、报刊、互联网、手机等媒体和现代信息技术，为农民提供高效便捷、简明直观、双向互动的服务。加强乡镇或小流域水利、基层林业公共服务机构建设，健全农业标准化服务体系。扩大农业农村公共气象服务覆盖面，提高农业气象服务和农村气象灾害防御科技水平。

12。引导科研教育机构积极开展农技服务。引导高等学校、科研院所成为公益性农技推广的重要力量，强化服务“三农”职责，完善激励机制，鼓励科研教学人员深入基层从事农技推广服务。支持高等学校、科研院所承担农技推广项目，把农技推广服务绩效纳入专业技术职务评聘和工作考核，推行推广教授、推广型研究员制度。鼓励高等学校、科研院所建立农业试验示范基地，推行专家大院、校市联建、院县共建等服务模式，集成、熟化、推广农业技术成果。大力实施科技特派员农村科技创业行动，鼓励创办领办科技型企业和技术合作组织。

山西阳煤丰喜肥业(集团)有限责任公司
SHANXI YANGMEI FENGXI FERTILIZER INDUSTRY (GROUP) LLC.

13。培育和支持新型农业社会化服务组织。通过政府订购、定向委托、招投标等方式，扶持农民专业合作社、供销合作社、专业技术协会、农民用水合作组织、涉农企业等社会力量广泛参与农业产前、产中、产后服务。充分发挥农民专业合作社组织农民进入市场、应用先进技术、发展现代农业的积极作用，加大支持力度，加强辅导服务，推进示范社建设行动，促进农民专业合作社规范运行。支持农民专业合作社兴办农产品加工企业或参股龙头企业。壮大农村集体经济，探索有效实现形式，增强集体组织对农户生产经营的服务能力。鼓励有条件的基层站所创办农业服务型企业，推行科工贸一体化服务的企业化试点，由政府向其购买公共服务。支持发展农村综合服务中心。全面推进农业农村信息化，着力提高农业生产经营、质量安全控制、市场流通的信息服务水平。整合利用农村党员干部现代远程教育等网络资源，搭建三网融合的信息服务快速通道。加快国家农村信息化示范省建设，重点加强面向基层的涉农信息服务站点和信息示范村建设。继续实施星火计划，推进科技富民强县行动、科普惠农兴村计划等工作。

四、加强教育科技培训，全面造就新型农业农村人才队伍

14。振兴发展农业教育。推进部部共建、省部共建高等农业院校，实施卓越农林教育培养计划，办好一批涉农学科专业，加强农科教合作人才培养基地建设。进一步提高涉农学科（专业）生均拨款标准。加大国家励志奖学金和助学金对高等学校涉农专业学生倾斜力度，提高涉农专业生源质量。加大高等学校对农村特别是贫困地区的定向招生力度。鼓励和引导高等学校毕业生到农村基层工作，对符合条件的，实行学费补偿和国家助学贷款代偿政策。深入推进大学生“村官”计划，因地制宜实施“三支一扶”、大学生志愿服务西部等计划。加快中等职业教育免费进程，落实职业技能培训补贴政策，鼓励涉农行业兴办职业教育，努力使每一个农村后备劳动力都掌握一门技能。

15。加快培养农业科技人才。国家重大人才工程要向农业领域倾斜，继续实施创新人才推进计划和农业科研杰出人才培养计划，加快培养农业科技领军人才和创新团队。进一步完善农业科研人才激励机制、自主流动机制。制定以科研质量、创新能力和成果应用为导向的评价标准。广泛开展基层农技推广人员分层分类定期培训。完善基层农技推广人员职称评定标准，注重工作业绩和推广实效，评聘职数向乡镇和生产一线倾斜。开展农业技术推广服务特岗计划试点，选拔一批大学生到乡镇担任特岗人员。积极发挥农民技术人员示范带动作用，按承担任务量给予相应补助。

16。大力培训农村实用人才。以提高科技素质、职业技能、经营能力为核心，大规模开展农村实用人才培训。充分发挥各部门各行业作用，加大各类农村人才培养计划实施力度，扩大培训规模，提高补助标准。加快培养村干部、农民专业合作社负责人、到村任职大学生等农村发展带头人，农民植保员、防疫员、水利员、信息员、沼气工等农村技能服务型人才，种养大户、农机大户、经纪人等农村生产经营型人才。大力培育新型职业农民，对未升学的农村高初中毕业生免费提供农业技能培训，对符合条件的农村青年务农创业和农民工返乡创业项目给予补助和贷款支持。

五、改善设施装备条件，不断夯实农业发展物质基础

17。坚持不懈加强农田水利建设。加快推进水源工程建设、大江大河大湖和中小河流治理、病险水库水闸除险加固、山洪地质灾害防治，加大大中型灌区续建配套与节水改造、大中型灌溉排水泵站更新改造力度，在水土资源条件具备的地方新建一批灌区，努力扩大有效灌溉面积。继续增加中央财政小型农田水利设施建设补助专项资金，实现小型农田水利重点县建设基本覆盖农业大县。

加大山丘区“五小水利”工程建设、农村河道综合整治、塘堰清淤力度，发展牧区水利。大力推广高效节水灌溉新技术、新设备，扩大设备购置补贴范围和贷款贴息规模，完善节水灌溉设备税收优惠政策。创新农田水利建设管理机制，加快推进土地出让收益用于农田水利建设资金的中央和省级统筹，落实农业灌排工程运行管理费用由财政适当补助政策。发展水利科技推广、防汛抗旱、灌溉试验等方面的专业化服务组织。

18。加强高标准农田建设。加快永久基本农田划定工作，启动耕地保护补偿试点。制定全国高标准农田建设总体规划和相关专项规划，多渠道筹集资金，增加农业综合开发投入，开展农村土地整治重大工程和示范建设，集中力量加快推进旱涝保收高产稳产农田建设，实施东北四省区高效节水农业灌溉工程，全面提升耕地持续增产能力。占用耕地建设重大工程，要积极推行“移土培肥”经验和做法。继续搞好农地质量调查和监测工作，深入推进测土配方施肥，扩大土壤有机质提升补贴规模，继续实施旱作农业工程。加强设施农业装备与技术示范基地建设。加快推进现代农业示范区建设，支持垦区率先发展现代农业。

19。加快农业机械化。充分发挥农业机械集成技术、节本增效、推动规模经营的重要作用，不断拓展农机作业领域，提高农机服务水平。着力解决水稻机插和玉米、油菜、甘蔗、棉花机收等突出难题，大力发展设施农业、畜牧水产养殖等机械装备，探索农业全程机械化生产模式。积极推广精量播种、化肥深施、保护性耕作等技术。加强农机关键零部件和重点产品研发，支持农机工业技术改造，提高产品适用性、便捷性、安全性。加大信贷支持力度，鼓励种养大户、农机大户、农机合作社购置大中型农机具。落实支持农机化发展的税费优惠政策，推动农机服务市场化和产业化。切实加强农机售后服务和农机安全监理工作。

20。搞好生态建设。巩固退耕还林成果，在江河源头、湖库周围等国家重点生态功能区适当扩大退耕还林规模。落实天然林资源保护工程二期实施方案，统筹解决就业困难的一次性安置职工社会保险补贴问题。逐步提高防护林造林投资中央补助标准，加强“三北”、沿海、长江等防护林体系工程建设。抓紧编制京津风沙源治理二期工程规划，扩大石漠化综合治理实施范围，开展沙化土地封禁保护补助试点。构建青藏高原生态安全屏障，启动区域性重点生态工程。适当扩大林木良种和造林补贴规模，完善森林抚育补贴政策。完善林权抵押贷款管理办法，增加贷款贴息规模。探索国家级公益林赎买机制。支持发展木本粮油、林下经济、森林旅游、竹藤等林产业。鼓励企业等社会力量运用产业化方式开展防沙治沙。扩大退牧还草工程实施范围，支持草原围栏、饲草基地、牲畜棚圈建设和重度退化草原改良。加强牧区半牧区草原监理工作。继续开展渔业增殖放流。加大国家水土保持重点建设工程实施力度，加快坡耕地整治步伐，推进清洁小流域建设，强化水土流失监测预报和生产建设项目水土保持监督管理。把农村环境整治作为环保工作的重点，完善以奖促治政策，逐步推行城乡同治。推进农业清洁生产，引导农民合理使用化肥农药，加强农村沼气工程和小水电代燃料生态保护工程建设，加快农业面源污染治理和农村污水、垃圾处理，改善农村人居环境。

六、提高市场流通效率，切实保障农产品稳定均衡供给。

21。加强农产品流通设施建设。统筹规划全国农产品流通设施布局，加快完善覆盖城乡的农产品流通网络。推进全国性、区域性骨干农产品批发市场建设和改造，重点支持交易场所、电子结算、信息处理、检验检测等设施建设。把农产品批发市场、城市社区菜市场、乡镇集贸市场建设纳入土

山西阳煤丰喜肥业(集团)有限责任公司
SHANXI YANGMEI FENGXI FERTILIZER INDUSTRY (GROUP) LLC.

地利用总体规划和城乡建设规划，研究制定支持农产品加工流通设施建设的用地政策。鼓励有条件的地方通过投资入股、产权置换、公建配套、回购回租等方式，建设一批非营利性农产品批发、零售市场。继续推进粮棉油糖等大宗农产品仓储物流设施建设，支持拥有全国性经营网络的供销合作社和邮政物流、粮食流通、大型商贸企业等参与农产品批发市场、仓储物流体系的建设经营。加快发展鲜活农产品连锁配送物流中心，支持建立一体化冷链物流体系。继续加强农村公路建设和管护。扶持产地农产品收集、加工、包装、贮存等配套设施建设，重点对农民专业合作社建设初加工和贮藏设施予以补助。

22。创新农产品流通方式。充分利用现代信息技术手段，发展农产品电子商务等现代交易方式。探索建立生产与消费有效衔接、灵活多样的农产品产销模式，减少流通环节，降低流通成本。大力发展订单农业，推进生产者与批发市场、农贸市场、超市、宾馆饭店、学校和企业食堂等直接对接，支持生产基地、农民专业合作社在城市社区增加直供直销网点，形成稳定的农产品供求关系。扶持供销合作社、农民专业合作社等发展联通城乡市场的双向流通网络。开展“南菜北运”、“西果东送”现代流通综合试点。开展农村商务信息服务，举办多形式、多层次的农产品展销活动，培育具有全国性和地方特色的农产品展会品牌。充分发挥农产品期货市场引导生产、规避风险的积极作用。免除蔬菜批发和零售环节增值税。开展农产品进项税额核定扣除试点，落实和完善鲜活农产品运输绿色通道政策，清理和降低农产品批发市场、城市社区菜市场、乡镇集贸市场和超市的收费。

23。完善农产品市场调控。准确把握国内外农产品市场变化，采取有针对性的调控措施，确保主要农产品有效供给和市场稳定，保持价格合理水平。稳步提高小麦、稻谷最低收购价，适时启动玉米、大豆、油菜籽、棉花、食糖等临时收储，健全粮棉油糖等农产品储备制度。抓紧完善鲜活农产品市场调控办法，健全生猪市场价格调控预案，探索建立主要蔬菜品种价格稳定机制。加强国内外农产品市场监测预警，综合运用进出口、吞吐调剂等手段，稳定国内农产品市场。完善农产品进口关税配额管理，严厉打击走私违法行为。抓紧建立全国性、区域性农产品信息共享平台，加强农业统计调查和预测分析，提高对农业生产大县的统计调查能力，推行重大信息及时披露和权威发布制度，防止各类虚假信息影响产业发展、损害农民利益。

各级党委和政府必须始终坚持把解决好“三农”问题作为重中之重，不断加强和改善对农业农村工作的领导，切实把各项政策措施落到实处，努力形成全社会关心支持“三农”的良好氛围。全面贯彻落实党的十七届六中全会精神，促进城乡文化一体化发展，增加农村文化服务总量，缩小城乡文化发展差距。加快推进社会主义新农村建设，切实保障和改善农村民生，大力发展农村公共事业，认真落实《中国农村扶贫开发纲要（2011-2020 年）》。推进以党组织为核心的农村基层组织建设，完善农村基层自治机制，健全农村法制，加强和创新农村社会管理，确保农村社会和谐稳定。

切实加强农业农村工作，加快推进农业科技创新，持续增强农产品供给保障能力，使命光荣、责任重大、任务艰巨。我们要紧密团结在以胡锦涛同志为总书记的党中央周围，坚定信心，真抓实干，以优异成绩迎接党的第十八次全国代表大会胜利召开！

第二章　中央1号文件连续9年锁定三农涉农产业将获更大发展

科技是第一生产力。2月1日，2012年中央1号文件正式对外发布，文件将发展农业科技摆在了更加突出位置。这是新世纪以来指导“三农”工作的第9个1号文件，中央连续9年将三农工作摆在突出位置，背后折射出了涉农产业巨大的发展机遇。临沂肥料网版权所有临沂肥料网版权所有。

在该文件正式发布之前不足一月，农业领域另一个大事件已经将全社会的目光聚焦于三农之上。1月7日，第四届建设创新型国家大会在北京举行，与往届不同的是本届大会特设了农资分论坛。论坛得到国家科技部、农业部、发改委等政府部门的大力支持，聚集了国内外专家学者、优秀涉农企业家代表、政府官员300余人参会。临沂肥料网版权所有临沂肥料网版权所有

论坛以农资行业的创新、合作、共赢为主题，在政府、科研、企业和行业媒体间进行广泛深入讨论，探寻农业生产资料的创新发展之道，以求最终促进我国现代农业的发展。作为全国优质肥料生产基地，临沂市政府相关领导参加论坛，介绍了临沂市政府采用政策上引导，人才和技术上引进，资金上支持来鼓励企业进行技术创新，打造全国优质肥料产业群的相关情况。从另一层面体现了地方政府在响应中央发展三农工作号召的有力举措。临沂肥料网版权所有临沂肥料网版权所有

针对当前我国农业发展现状，农业部总经济师、新闻发言人陈萌山表示，传统生产方式难以为继，推进农业科技创新是促进现代农业发展重大部署。陈萌山指出，从当前和未来发展看，中国耕地、淡水等资源的刚性约束进一步加剧，生态环境保护的压力越来越大，依靠大量消耗资源的传统生产方式促进农业发展已难以为继；农业劳动力的素质呈结构性下降，用工成本迅速上涨，依靠低成本劳动力支撑现代农业发展的空间逐渐减小。同时，与建设现代农业的新要求和国际先进水平相比，差距仍然较大，突出表现在“三个不足”：一是创新成果供给不足，二是农技推广服务不足，三是农业人才总量不足。换角度分析，这三个方面的不足，也为涉农机构在农业科技创新、农化服务模式创新和基层农技队伍的再教育方面留下了广阔的发展空间，同时也预示着这方面将受到来自政府和行业的更多关注和支持。临沂肥料网版权所有临沂肥料网版权所有

此次发布的1号文件指出，实现农业持续稳定发展、长期确保农产品有效供给，根本出路在科技。农业科技是确保国家粮食安全的基础支撑，是突破资源环境约束的必然选择，是加快现代农业建设的决定力量，具有显著的公共性、基础性、社会性。同样，在第四届建设创新型国家大会首届创新农资分论坛上，多方商讨一致提出了建立农业领域创新研发平台，促进该领域产品、科技、品牌、服务和理论创新，尤其提出以科技创新拉动农业生产资料综合发展，为中国现代农业发展保驾护航的决议。农业科技摆在了农业发展的首要位置。临沂肥料网版权所有临沂肥料网版权所有

科技部表示，目前农村有效劳动力减少，要靠精准性的机械化代替农业操作，特别用粮种粮法这些技术都是非常关键的。没有农业技术的现代化就不可能有农业生产的继续，不可能在世界上保

山西阳煤丰喜肥业(集团)有限责任公司
SHANXI YANGMEI FENGXI FERTILIZER INDUSTRY (GROUP) LLC.

证粮食安全在世界上有农业的竞争，所以农业技术已经是关键性的，所以今年一号文件把农业技术发展作为最重要的主题。临沂肥料网版权所有临沂肥料网版权所有

今年1号文件确定，持续加大财政用于“三农”的支出，持续加大国家固定资产投资对农业农村的投入，持续加大农业科技投入，确保增量和比例均有提高。农业生产资料行业是农业领域科技成分较高的产业，政府此番决定加大农业科技的投入，无疑将在资金方面给予农业生产资料企业的科技创新更大的支持。而首届中国农资创新论坛的承办单位和战略合作单位分别是国内知名创新型农业信息服务、资源整合、产品技术推广和政策分析机构华文文化传媒和优质肥料企业施可丰化工，文化机构和企业积极投身农业科技创新平台的建设，一方面体现了文化尤其是中国厚重的农耕文化在未来农业发展中的方向性和支撑性作用；另一方面也体现出了当前涉农机构社会责任意识的回升，他们开始以主动的姿态看待自身与整个中国大农业发展的关系；社会力量的普遍参与也再次印证了中央连续多年高度关注，并加大财政投入支持三农工作的成效已经充分显现。临沂肥料网版权所有临沂肥料网版权所有

同时，1号文件指出，将不断深化农业科研院所改革，健全现代院所制度，扩大院所自主权，努力营造科研人员潜心研究的政策环境。这为科研机构与涉农企业继续加深产学研合作，加快农业技术在企业的转化，鼓励涉农企业参与科技创新创造了更加有利的条件。而在首届中国创新农资论坛上，俄驻华商务处首席副代表席卓夫·谢尔盖的参与则体现出了发展我国农业过程中，加强对外交流合作，实施“走出去、引进来”，通过国际合作促进中国农业科技进步的开放式思维和主张，这也是讲改革开放思想引入农业，实施创新发展模式的积极有效的实践。临沂肥料网版权所有临沂肥料网版权所有

同时，文件强调，大力推进现代农业产业技术体系建设，以农产品为单元、以产业链为主线、以综合试验站为基点的新型农业科技资源组合模式，培育和支持新型农业社会化服务组织。首届中国创新农资论坛也提出加快农业模式转变。科技部副部长张来武认为，要抓现代农业，必须抓农业科技创新和农业科技创业，提高市场的附加值。而抓现代农业，首先要抓三产，要把农业的产业链拉开。一定要做到三产高附加值，农业物流配送信息化、服务商业模式的创新等等。农业部节水处高祥照处长呼吁各方积极发展节水农业，以实现资源的节约和农业生产资料的充分利用，积极响应国家发展绿色、高效、安全、环保农业的主张。政府农业部门站在全局高度，对当前农业的发展及模式的创新给予了引导，农业职能部门在促进农业发展方面的积极作为，也反映了当前中国农业发展模式转变的紧迫性和重要性，也从另一方面得出产业链打造，农超对接、新型农村合作组织等新兴农业发展模式出现的必然。临沂肥料网版权所有临沂肥料网版权所有

同时，为改善创新条件，中央1号文件，提出了振兴发展农业教育，加快培养农业科技人才，大力培训农村实用人才，落实基层农技人员待遇福利等主张。这一政策的落地将极大的稳定基层农技人才队伍，并将吸引更多高知识层面的人才向基层流动，再次加快农村信息化的发展速度，提升信息化发展的质量；而首届中国创新农资论坛中提出的农化服务模式的创新以及农业科技普及渠道的创新都将网络放在了重要规划范围，网络将成为未来农业发展的重要载体。临沂肥料网版权所有临沂肥料网版权所有不是一月时间，中央、地方、行业和涉农机构分别以不同方式表示了对我国三农工作的关注和支持，这种全社会多层面共同关注三农，支持三农氛围的形成，更有利于我国涉农

产业的创新和发展，也可以预见会有更多资源、人才和企业投身三农领域，为我国三农事业的发展贡献各自力量，这无疑预示着我国三农工作更加美好的未来。

第三章 全国现代农业发展规划（2011–2015 年）

加快发展现代农业，既是转变经济发展方式、全面建设小康社会的重要内容，也是提高农业综合生产能力、增加农民收入、建设社会主义新农村的必然要求。为贯彻落实《中华人民共和国国民经济和社会发展第十二个五年规划纲要》精神，指导全国“十二五”现代农业建设和发展，编制本规划。

一、发展形势

“十二五”是全面建设小康社会的关键时期，是深化改革开放、加快转变经济发展方式的攻坚时期，是加快发展现代农业的重要机遇期。

（一）发展现代农业的基础更加坚实。党的十六大以来，中央坚持把解决好“三农”问题作为全部工作的重中之重，不断深化农村改革，完善强农惠农富农政策，大幅增加农业投入，有力推动了传统农业向现代农业加速转变。农业综合生产能力明显增强，粮食连续八年增产、产量连续五年稳定在 5 亿吨以上，棉、油、糖生产稳步发展，“菜篮子”产品供应充足，农产品质量不断提高。农业结构不断优化，优势农产品区域布局初步形成。物质装备条件显著改善，科技支撑能力稳步提高。经营体制机制不断创新，农业产业化经营水平大幅提高。对外开放迈出新步伐，农业“走出去”取得新进展。农民收入大幅提高，连续八年增幅超过 6%。经过多年努力，我国农业发展取得了长足进步，农业现代化水平显著提升，为满足国内需求、保持国民经济平稳较快发展作出了突出贡献，为应对各种风险挑战、维护改革发展稳定大局发挥了重要作用。

（二）发展现代农业的条件更加有利。“十二五”时期，加快发展现代农业机遇难得。一是工业化、城镇化的引领推动作用将更加明显。工业化快速发展，信息化水平不断提高，为改造传统农业提供了现代生产要素和管理手段；城镇化加速推进，农村劳动力大量转移，为农业实现规模化生产、集约化经营创造了有利时机；城市人口增加和生活水平不断提高，以及扩大内需战略的实施，为扩大农产品消费需求、拓展农业功能提供了更为广阔的空间。二是政策支持将更加强化。随着我国综合国力和财政实力不断增强，强农惠农富农政策力度将进一步加大，支持现代农业发展的物质基础更加牢固。三是科技支撑将更加有力。科技创新孕育新突破，全球绿色经济、低碳技术正在兴起，生物、信息、新材料、新能源、先进装备制造等高新技术广泛应用于农业领域，现代农业发展的动力更加强劲。四是外部环境将更加优化。全党全社会关心农业、关注农村、关爱农民的氛围更加浓厚，形成合力推进现代农业发展的新局面，广大农民的积极性、创造性将得到进一步激发和释放。

（三）发展现代农业的要求更加迫切。国外经验表明，在工业化、城镇化快速推进时期，农业

山西阳煤丰喜肥业(集团)有限责任公司
SHANXI YANGMEI FENGXI FERTILIZER INDUSTRY (GROUP) LLC.

面临着容易被忽视或削弱的风险，必须倍加重视农业现代化与工业化、城镇化的同步推进和协调发展。当前，我国工业化、城镇化快速发展，但农业现代化明显滞后，面临着一系列严峻挑战。自然灾害多发重发，农业基础设施薄弱，抗灾减灾能力低的问题更加凸显；农业生产成本不断上升，产业化水平低，比较效益偏低的矛盾较为突出；农产品市场需求刚性增长，资源环境约束加剧，保障主要农产品供求平衡难度加大；农业劳动力素质有待提高，科技创新和推广应用能力不强，转变农业发展方式的任务极为艰巨；农户生产经营规模小，农业社会化服务体系不健全，组织化程度较低，小生产与大市场的矛盾依然明显；全球粮食能源化、金融化趋势明显，国际农产品市场投机炒作及传导影响加深，我国现代农业发展面临更多的外部不确定性。

“十二五”时期，必须珍惜、抓住、用好难得的历史机遇，坚持用现代物质条件装备农业，用现代科学技术改造农业，用现代产业体系提升农业，用现代经营方式推进农业，用现代发展理念引领农业，用培养新型农民发展农业，着力突破瓶颈制约，努力探索出一条具有中国特色的农业现代化道路。

二、指导思想、基本原则与发展目标

（一）指导思想。

以邓小平理论和“三个代表”重要思想为指导，深入贯彻落实科学发展观，全面贯彻党的十七大和十七届三中、四中、五中、六中全会精神，按照在工业化、城镇化深入发展中同步推进农业现代化的要求，坚持走中国特色农业现代化道路，以转变农业发展方式为主线，以保障主要农产品有效供给和促进农民持续较快增收为主要目标，以提高农业综合生产能力、抗风险能力和市场竞争能力为主攻方向，着力促进农业生产经营专业化、标准化、规模化、集约化，着力强化政策、科技、设施装备、人才和体制支撑，着力完善现代农业产业体系，提高农业现代化水平、农民生活水平和新农村建设水平，为全面建设小康社会和国家现代化建设提供具有决定性意义的基础支撑。

（二）基本原则。

——坚持确保国家粮食安全。坚持立足国内实现粮食基本自给的方针，实行最严格的耕地保护和节约用地制度，加强农业基础设施建设，着力提高粮食综合生产能力，加快构建供给稳定、储备充足、调控有力、运转高效的粮食安全保障体系。

——坚持和完善农村基本经营制度。在保持农村土地承包关系稳定并长久不变的前提下，推进农业经营体制机制创新，坚决防止以发展现代农业为名强迫农民流转土地承包经营权、改变土地农业用途，切实尊重农民意愿，维护农民利益。

——坚持科教兴农和人才强农。加快农业科技自主创新和农业农村人才培养，加快农业科技成果转化与推广应用，提高农业物质技术装备水平，推动农业发展向主要依靠科技进步、劳动者素质提高和管理创新转变。

——坚持政府支持、农民主体、社会参与。强化政府支持作用，加大强农惠农富农力度，充分发挥农民的主体作用和首创精神，引导和鼓励社会资本投入农业，凝聚各方力量，合力推进现代农业发展。

——坚持分类指导、重点突破、梯次推进。进一步优化农业生产力布局，因地制宜地采取有选择、差别化扶持政策，支持主要农产品优势产区建设，鼓励有条件地区率先实现农业现代化，推动其他地区加快发展，全面提高农业现代化水平。

（三）发展目标。

到 2015 年，现代农业建设取得明显进展。粮食等主要农产品供给得到有效保障，农业结构更加合理，物质装备水平明显提高，科技支撑能力显著增强，生产经营方式不断优化，农业产业体系更趋完善，土地产出率、劳动生产率、资源利用率显著提高，东部沿海、大城市郊区和大型垦区等条件较好区域率先基本实现农业现代化。

展望 2020 年，现代农业建设取得突破性进展，基本形成技术装备先进、组织方式优化、产业体系完善、供给保障有力、综合效益明显的新格局，主要农产品优势区基本实现农业现代化。

三、重点任务

从加快转变农业发展方式的关键环节入手，重点加强事关现代农业发展全局、影响长远的八个方面建设。

（一）完善现代农业产业体系。

稳定发展粮食和棉油糖生产。稳定粮食播种面积，优化品种结构，提高单产和品质，加强生产能力建设，确保国家粮食安全。实施全国新增千亿斤粮食生产能力规划，将粮食生产核心区和非主产区产粮大县建设成为高产稳产商品粮生产基地。积极推进南方稻区“单改双”，扩大东北优势区粳稻种植面积，稳步推进江淮等粳稻生产适宜区“籼改粳”。稳定小麦面积，发展优质专用品种。稳定增加玉米播种面积，积极恢复和稳定大豆种植面积，着力提高单产水平。积极开发和选育马铃薯优质专用高产品种，提高脱毒种薯供给能力。继续加强优质棉花生产基地建设，稳定发展油糖生产，多油并举稳定食用植物油自给率，基本满足国内棉花消费需求，实现糖料基本自给。

积极发展“菜篮子”产品生产。加强蔬菜水果、肉蛋奶、水产品等产品优势产区建设，扩大大中城市郊区“菜篮子”产品生产基地规模，建设海南冬季瓜菜生产基地等国家南菜北运重点生产基地。推动苹果、柑橘等优势园艺产品生产，稳定发展生猪和蛋禽，加快发展肉禽和奶牛，稳定增加水产品养殖总量，扶持和壮大远洋渔业。

大力发展农产品加工和流通业。加强主要农产品优势产区加工基地建设，引导农产品加工业向种养业优势区域和城市郊区集中。启动实施农产品加工提升工程，推广产后贮藏、保鲜等初加工技术与装备；大力发展精深加工，提高生产流通组织化程度，培育一批产值过百亿元的大型加工和流通企业集团。强化流通基础设施建设和产销信息引导，升级改造农产品批发市场，支持优势产区现代化鲜活农产品批发市场建设，大力发展冷链体系和生鲜农产品配送。发展新型流通业态，推进订单生产和“农超对接”，落实鲜活农产品运输“绿色通道”政策，降低农产品流通成本。规范和完善农产品期货市场。

（二）强化农业科技和人才支撑。

增强农业科技自主创新能力。明确农业科技的公共性、基础性、社会性地位，加强基础性、前沿性、公益性重大农业科学技术研究，强化技术集成配套，着力解决一批影响现代农业发展全局的重大科技问题。加快农业技术引进消化吸收再创新步伐，加强农业科技领域国际合作。改善农业科研条件，调整优化农业科研布局，加强农业科研基地和重点实验室建设，完善农业科技创新体系和现代农业产业技术体系，启动实施农业科技创新能力建设工程。组建一批产业技术创新战略联盟和国家农业

山西阳煤丰喜肥业(集团)有限责任公司
SHANXI YANGMEI FENGXI FERTILIZER INDUSTRY (GROUP) LLC.

科技园区。完善农业科技评价机制，激发农业科技创新活力。

大力发展现代农作物种业。整合种业资源，培育一批具有重大应用前景和自主知识产权的突破性优良品种，建设一批标准化、规模化、集约化、机械化的良种繁育和生产基地，打造一批育种能力强、生产加工技术先进、市场营销网络健全、技术服务到位的现代种业集团。构建以产业为主导、企业为主体、基地为依托、产学研相结合、育繁推一体化的现代种业体系，提升种业科技创新能力、企业竞争能力、供种保障能力和市场监管能力。实施好转基因生物新品种培育重大专项，加快发展生物育种战略性新兴产业。

加快农业新品种新技术转化应用。加快优质超级稻、专用小麦、高油大豆、耐密玉米、双低油菜、杂交棉花、高产高糖甘蔗等新品种推广，加强小麦"一喷三防"（喷施叶面肥，防病虫害、防早衰、防干热风）、水稻大棚和工厂化育秧、玉米地膜覆盖、棉花轻简育苗移栽、甘蔗健康种苗、机械化深松整地、膜下滴灌、水肥一体化、测土配方施肥、耕地改良培肥、农作物病虫害专业化统防统治、秸秆综合利用、快速诊断检测等稳产增产和抗灾减灾关键技术的集成应用。推进联合育种，加快畜禽水产遗传改良进程。创新农业技术推广机制，大规模开展高产创建，在有条件地区实行整乡整县（场）推进，力争实现优势产区和主要品种全覆盖。大力推动精准作业、智能控制、远程诊断、遥感监测、灾害预警、地理信息服务及物联网等现代信息技术在农业农村的应用。

壮大农业农村人才队伍。以实施现代农业人才支撑计划为抓手，大力培养农业科研领军人才、农业技术推广骨干人才、农村实用人才带头人和农村生产型、经营型、技能服务型人才。围绕农业生产服务、农村社会管理和涉农企业用工等需求，加大农村劳动力培训阳光工程实施力度。大力发展农业职业教育，加快技能型人才培养，培育一批种养业能手、农机作业能手、科技带头人等新型农民。支持高校毕业生和各类优秀人才投身现代农业建设，鼓励外出务工农民带技术、带资金回乡创业。

（三）改善农业基础设施和装备条件。

大规模开展高标准农田建设。按照统筹规划、分工协作、集中投入、连片推进的思路，拓宽资金渠道，加大投入力度，大规模改造中低产田，建设旱涝保收高标准农田。加快大中型灌区、排灌泵站配套改造，新建一批灌区，大力开展小型农田水利建设，增加农田有效灌溉面积。加强新增千亿斤粮食生产能力规划的田间工程建设，开展农田整治，完善机耕道、农田防护林等设施，推广土壤有机质提升、测土配方施肥等培肥地力技术。完善高标准农田建后管护支持政策和制度，延长各类设施使用年限，确保农田综合生产能力长期持续稳定提升。

改善养殖业生产条件。加速培育一大批设施完备、技术先进、质量安全、环境友好的现代化养殖场。加快实施畜禽良种工程，支持畜禽规模化养殖场（小区）开展标准化改造和建设。加大内蒙古、青海、甘肃、新疆、西藏和川西北等牧区草原畜牧业生产建设投入，加快草原围栏、棚圈和牧区水利建设，配套发展节水高效灌溉饲草基地。健全水产原良种体系，开展池塘标准化改造，建设水产健康养殖示范场。加强渔港和渔政执法能力建设。

加快农业机械化。全面落实农机具购置补贴各项管理制度和规定，加强先进适用、安全可靠、节能减排、生产急需的农业机械研发推广，优化农机装备结构。加快推进水稻栽插收获和玉米收获机械化，重点突破棉花、油菜、甘蔗收获机械化瓶颈，大力发展高效植保机械，积极推进养殖业、园艺业、农产品初加工机械化，发展农用航空。加快实施保护性耕作工程。大力发展设施农业。支持农用工业发展，提高大型农机具和农药、化肥、农膜等农资生产水平。

加强农业防灾减灾能力建设。加快构建监测预警、应变防灾、灾后恢复等防灾减灾体系。建设一批规模合理、标准适度的防洪和抗旱应急水源工程，提高防汛抗旱减灾能力。开展应对与适应气候变化、气候资源高效利用等重大技术研发应用，强化气象灾害、草原火灾监测预警预报和信息发布系统建设，加快国家人工影响天气综合基地和重点地区人工增雨抗旱防雹工程建设。加强种子、饲草料等应急救灾物资储备调运条件建设，推广相应的生产技术和防灾减灾措施，提高应对自然灾害和重大突发事件能力。

（四）增强农产品质量安全保障能力。

大力推进农业标准化。以农兽药残留标准为重点，加快健全农业标准体系。以园艺产品、畜产品、水产品等为重点，推行统一的标准、操作规程和技术规范。集中创建一批园艺作物标准园、畜禽养殖标准化示范场和水产健康养殖示范场，加强国家级农业标准化整建制推进示范县（场）建设。加快发展无公害农产品、绿色食品、有机农产品和地理标志农产品。

加强农产品质量安全监管。健全国家、省、市（地）、县（场）四级投入品和农产品质量安全监管体系。完善投入品登记、生产、经营、使用和市场监督等管理制度，完善农产品质量安全风险评估、产地准出、市场准入、质量追溯、退市销毁等监管制度，健全检验检测体系。建立协调配合、检打联动、联防联控、应急处置机制。实行农产品产地安全分级管理。推动农产品生产、加工和流通企业建立诚信制度。

（五）提高农业产业化和规模化经营水平。

推进农业产业化经营跨越式发展。制定扶持农业产业化龙头企业发展的综合性政策，启动实施农业产业化经营跨越发展行动。按照扶优、扶大、扶强的原则，选择一批经营水平好、经济效益高、辐射带动能力强的龙头企业予以重点扶持。依托农产品加工、物流等各类农业园区，选建一批农业产业化示范基地，推进龙头企业集群发展。引导龙头企业采取兼并、重组、参股、收购等方式，组建大型企业集团，支持龙头企业跨区域经营，提升产品研发、精深加工技术水平和装备能力。鼓励龙头企业采取参股、合作等方式，与农户建立紧密型利益联结关系。

强化农民专业合作社组织带动能力。广泛开展示范社建设行动，加强规范化管理，开展标准化生产，实施品牌化经营。加大合作社经营管理人员培训培养力度，加强合作社辅导员队伍建设。支持农民专业合作社参加农产品展示展销活动，与批发市场、大型连锁超市以及学校、酒店、大企业等直接对接，建立稳定的产销关系。鼓励农民专业合作社开展信用合作，在自愿基础上组建联合社，提高生产经营和市场开拓能力。扶持合作社建设农产品仓储、冷藏、初加工等设施。

发展多种形式的适度规模经营。在依法自愿有偿和加强服务基础上，完善土地承包经营权流转市场，发展多种形式的规模化、专业化生产经营。引导土地承包经营权向生产和经营能手集中，大力培育和发展种养大户、家庭农（牧）场。严格规范管理，支持农民专业合作社及农业产业化龙头企业建立规模化生产基地。实施“一村一品”强村富民工程。

（六）大力发展农业社会化服务。

增强农业公益性服务能力。加快基层农技推广体系改革和建设，改善工作条件，保障工作经费，

山西阳煤丰喜肥业(集团)有限责任公司
SHANXI YANGMEI FENGXI FERTILIZER INDUSTRY (GROUP) LLC.

创新运行机制，健全公益性农业技术推广服务体系。加强农业有害生物监测预警和防控能力建设，大力推行专业化统防统治，力争在粮食主产区、农作物病虫害重灾区和源头区实现全覆盖。加强动物防疫体系建设，完善国家动物疫病防控网络和应急处理机制，强化执法能力建设，切实控制重大动物疫情，努力减轻人畜共患病危害。

大力发展农业经营性服务。培育壮大专业服务公司、专业技术协会、农民经纪人、龙头企业等各类社会化服务主体，提升农机作业、技术培训、农资配送、产品营销等专业化服务能力。加强农业社会化服务市场管理，规范服务行为，维护服务组织和农户的合法权益。

（七）加强农业资源和生态环境保护。

加强农业资源保护。继续实行最严格的耕地保护制度，加强耕地质量建设，确保耕地保有量保持在18.18亿亩，基本农田不低于15.6亿亩。科学保护和合理利用水资源，大力发展节水增效农业，继续建设国家级旱作农业示范区。坚持基本草原保护制度，推行禁牧、休牧和划区轮牧，实施草原保护重大工程。加大水生生物资源养护力度，扩大增殖放流规模，强化水生生态修复和建设。加强畜禽遗传资源和农业野生植物资源保护。

加强农业生态环境治理。鼓励使用生物农药、高效低毒低残留农药和有机肥料，回收再利用农膜和农药包装物，加快规模养殖场粪污处理利用，治理和控制农业面源污染。加快开发以农作物秸秆等为主要原料的肥料、饲料、工业原料和生物质燃料，培育门类丰富、层次齐全的综合利用产业，建立秸秆禁烧和综合利用的长效机制。继续实施农村沼气工程，大力推进农村清洁工程建设，清洁水源、田园和家园。

大力推进农业节能减排。树立绿色、低碳发展理念，积极发展资源节约型和环境友好型农业，大力推广节地、节水、节种、节肥、节药、节能和循环农业技术，淘汰报废高耗能老旧农业机械，加快老旧渔船更新改造，推进形成“资源—产品—废弃物—再生资源”的循环农业方式，不断增强农业可持续发展能力。

（八）创建国家现代农业示范区。

加大示范区建设力度。高标准、高起点、高水平创建300个左右国家现代农业示范区。以粮棉油糖、畜禽、水产、蔬菜等大宗农产品及部分地区特色农产品生产为重点，加大示范项目建设投入力度，着力培育主导产业，创新经营体制机制，强化物质装备，培养新型农民，推广良种良法，加快农机农艺融合，大力促进农业生产经营专业化、标准化、规模化和集约化，努力打造现代农业发展的典型和样板。

发挥示范区引领作用。积极探索具有区域特色、顺应现代农业发展规律的建设模式。通过产业拉动、技术辐射和人员培训等，带动周边地区现代农业加快发展。引导各地借鉴示范区发展现代农业的好做法和好经验，推动创建不同层次、特色鲜明的现代农业示范区，扩大示范带动范围，形成各级各类示范区互为借鉴、互相补充、竞相发展的良好格局。

四、重点区域

综合考虑各地自然资源条件、经济社会发展水平和农业发展基础等因素，按照分类指导、突出重点、梯次推进的思路，以“七区二十三带”农业战略格局为核心，着力建设重点推进、率先实现和稳步发展三类区域，引领全国现代农业加快发展。 （下转第二版）

（一）重点推进区域。包括东北平原、黄淮海平原、长江流域、汾渭平原、河套灌区、华南、甘肃新疆等“七区二十三带”的主要区域。该区域地势平坦，水土资源匹配，农业生产技术较为成熟，农业生产条件具有良好基础，是我国粮食生产核心区和棉油糖、畜禽、水产、蔬菜、水果、蚕茧等其他农产品主产区，承担着主要农产品供给保障的主体功能。加快推进该区域现代农业建设，事关全国农业现代化进程和国家粮食安全大局。

——粮食生产核心区。主要指《全国新增1000亿斤粮食生产能力规划（2009-2020年）》确定的24个省（区、市）800个粮食生产大县（市、区、场）。“十二五”期间，继续发挥该区域粮食安全基础保障作用，调动各方发展粮食生产积极性，以建设小麦、玉米、水稻、大豆优势产业带为重点，深入开展粮食稳定增产行动，加强农田水利和高标准农田建设，提高农机装备和作业水平，大力开展高产创建和科技指导服务，推广防灾减灾增产关键技术，加快选育应用优良品种，大幅度提升粮食综合生产能力和现代化生产水平。大力发展粮食精深加工及仓储物流业，完善粮食仓储运输设施，引导龙头企业向优势产区集聚，促进就地加工转化，提高粮食生产综合效益。

——其他主要农产品优势区。主要指《全国优势农产品区域布局规划（2008-2015年）》确定的棉花、油菜、甘蔗、天然橡胶、苹果、柑橘、马铃薯、生猪、奶牛、肉牛、肉羊、出口水产品等12种农产品优势区，以及蔬菜、蚕茧等农产品生产的主体区域。“十二五”期间，以建设区域内各类农产品优势产业带为重点，推动规模化种养、标准化生产、产业化经营、品牌化销售，强化质量安全监管，提高资源利用率和加工转化率。继续巩固棉油糖、水果和蔬菜等产品供给保障地位，着力强化技术装备支撑，突破瓶颈制约，提高现代化生产水平。继续巩固生猪、牛奶等大宗畜产品供给保障区的主体地位，强化出口水产品生产基地功能，加快现代养殖业发展。

（二）率先实现区域。包括环渤海、长江三角洲、珠江三角洲地区和海峡西岸经济区等发达地区，以及沿海地区以外的直辖市、省会城市等大城市郊区和大型集团化垦区。该区域交通、区位、市场和人力资源优势明显，资本、技术等现代化生产要素集约化程度高，是我国集约化农业、规模化农业和多功能农业发展较好地区。加快该区域现代农业建设，对于引领全国现代农业加快发展具有重要意义。

——东部沿海先导农业区。主要指环渤海、长江三角洲、珠江三角洲地区和海峡西岸经济区等发达地区。“十二五”期间，大力发展资本、技术密集型农业，保持耕地面积不减少，稳定发展粮食生产，加快发展以园艺产品、畜产品、水产品为重点的高效农业、精品农业、外向型农业和生态休闲农业，探索企业化、集团化发展模式，大力推进标准化生产和集约化经营，提高信息化、优质化和品牌化水平，提升产品的科技含量和附加值。

——大城市郊区多功能农业区。主要指沿海地区以外的直辖市、省会城市等大城市郊区。“十二五”期间，统筹推进新一轮“菜篮子”工程建设，合理确定大城市郊区“菜篮子”产品生产用地保有数量，大力发展蔬菜、水果、花卉等高效园艺产业和畜禽水产业，提高大城市“菜篮子”产品的自给率。在稳定城市副食品供应保障能力的基础上，进一步挖掘农业的生态涵养、观光休闲和文化传承等多种功能，提高农业效益，增加农民收入。

——农垦规模化农业区。主要指新疆生产建设兵团和黑龙江农垦、广东农垦等19个大型集团化垦区。“十二五”期间，继续发挥规模优势，全面推进机械化、标准化、品牌化、产业化发展，

山西阳煤丰喜肥业(集团)有限责任公司
SHANXI YANGMEI FENGXI FERTILIZER INDUSTRY (GROUP) LLC.

加快农田基础设施和现代农业装备建设，着力建设国家商品粮供给重点保障区，建设天然橡胶、棉花、糖料、牛奶、种子等大型农产品商品生产基地，提升垦区现代农业发展水平，示范带动周边地区发展，并在农业“走出去”方面发挥重要作用。

（三）稳步发展区域。主要指草原生态经济区，包括北方干旱半干旱草原地区和青藏高原草原地区，涉及内蒙古、四川、西藏、甘肃、青海、新疆等13个省（区）。加快该区域现代农业建设，对于保障全国生态安全具有不可替代的战略作用。“十二五”期间，牢固树立生产生态有机结合、生态优先的基本方针，加强草原生态环境保护和建设，稳步推进退牧还草和游牧民定居工程。加强以节水灌溉饲草地为重点的牧区水利建设，建立草原增加碳汇和生态补偿机制。转变畜牧业发展方式，优化生产布局和畜群结构，提高科学饲养和经营水平，加强农牧互补、牧养结合，促进草畜平衡，发展生态畜牧业。

五、重大工程

围绕重点建设任务，以最急需、最关键、最薄弱的环节和领域为重点，组织实施一批重大工程，全面夯实现代农业发展的物质基础。

（一）旱涝保收高标准农田建设工程。完善田间灌排沟渠及机井、节水、小型集雨蓄水、积肥设施、机耕道路及桥涵、农田林网等方面的基础设施。开展土地平整，落实土壤改良、地力培肥等措施，加快先进适用耕作技术推广应用，新建旱涝保收高标准农田4亿亩。

（二）新增千亿斤粮食生产能力建设工程。在全国800个产粮大县（市、区、场）统筹实施水源和渠系工程、田间工程、良种繁育、防灾减灾、仓储物流和粮食加工等工程，逐步建设成为田间设施齐备、服务体系健全、仓储条件配套、区域化、规模化、集中连片的国家级商品粮生产基地。

（三）棉油糖生产基地建设工程。加强新疆、黄淮海地区、长江流域棉花生产基地建设，强化长江流域“双低油菜”和黄淮海地区花生生产基地建设，支持南方甘蔗和北方甜菜生产基地建设，着力改善田间基础设施、良种科研繁育设施等生产条件。

（四）新一轮“菜篮子”建设工程。加强园艺作物标准园建设，扩大畜禽标准化规模养殖场（小区）和水产健康养殖示范场规模，强化质量安全措施。建设一批国家级重点大型批发市场和区域性产地批发市场，引导建设优质农产品物流配送中心，发展农产品电子商务。

（五）现代种业工程。健全农作物种质资源和畜禽遗传资源保存体系，建设动植物基因信息库，研发生物育种技术，建立转基因生物安全保障体系。建设国家级农作物育制种基地，完善农作物品种试验和种子检测设施条件。支持畜禽育种场、原良种场、种公畜站、新品种培育场建设。建设水产遗传育种中心和原良种场。

（六）渔政渔港建设工程。改扩建或新建一批沿海中心渔港、一级渔港、二级渔港、避风锚地和内陆重点渔港，建设一批大型渔政船，加强渔政基地和管理信息系统建设，提高渔政执法能力。

（七）动植物保护工程。健全六级动物疫病防控体系，健全兽药质量安全监管和动物防疫技术支撑体系。建设四级农作物病虫疫情监测防控体系，完善监测、防控、监管等设施设备。

（八）农产品质量安全检验检测能力建设工程。改扩建检验检测实验室，建设部级水产品质量安全研究中心，补充建设一批部级专业质检中心，全方位建设市（地）级综合质检中心和县（场）级综合质检站，构建全国农产品质量安全监测信息预警平台。

（九）乡镇农业公共服务能力建设工程。在健全乡镇或区域性农业技术推广、动植物疫病防控和农产品质量安全监管等公共服务机构基础上，按照整合资源、注重实效、填平补齐、因地制宜、标准适当原则，改善农业技术推广、病虫害防控、农产品检验检测、农民培训等设施设备条件。

（十）农业机械化推进工程。重点支持农民、农民专业合作社购置大型复式和高性能农机具，加大对秸秆机械化还田和收集打捆机具配套的支持力度，改善农机化技术推广、农机安全监理、农机试验鉴定等公共服务机构条件，完善农业、气象等方面的航空站和作业起降点基础设施，扶持农机服务组织发展。

（十一）农业信息化建设工程。建设一批农业生产经营信息化示范基地和农业综合信息服务平台，建立共享化农业信息综合数据库和网络化信息服务支持系统，开展农业物联网应用示范。

（十二）农村沼气工程。加快户用沼气、养殖小区和联户沼气、大中型沼气工程建设，完善沼气服务和科技支撑体系。

（十三）草原保护与建设工程。加大天然草原退牧还草工程实施力度，加强京津风沙源区草地治理，继续加强三江源等地区草原生态建设，开展草原自然保护区建设和南方草地综合治理，加快实施游牧民定居工程。改良草原3亿亩，人工种草1.5亿亩。

（十四）新型农村人才培养工程。改善农业广播电视学校、农业职业院校、农业技术推广机构、农村实用人才培训基地、农业职业技能鉴定机构的设施条件，提高培训服务能力。加强对农民专业合作社、农业龙头企业、农产品加工企业中的经营和管理骨干、农民经纪人、农产品营销大户的经营管理培训，加强对种养能手、农机手、农民信息员和涉农企业从业人员的技术培训。

六、保障措施

在工业化、城镇化深入发展中同步推进农业现代化任务十分艰巨，必须从我国国情和农业发展实际出发，突出重点，加大投入，强化措施，综合施策，建立健全以工促农、以城带乡的长效机制，为现代农业建设取得明显进展提供有力保障。

（一）建立农业投入稳定增长机制。

继续加大投入力度。按照总量持续增加、比例稳步提高的要求，不断增加“三农”投入。中央和县级以上地方财政每年对农业的总投入增长幅度应当高于其财政经常性收入增长幅度。预算内固定资产投资要向重大农业农村建设项目倾斜。耕地占用税税率提高后，新增收入全部用于农业。严格按照有关规定计提和使用用于农业土地开发的土地出让收入，严格执行新增建设用地土地有偿使用费全部用于耕地开发和土地整理的规定。积极推动土地出让收益用于高标准农田建设。继续增加现代农业生产发展资金和农业综合开发资金规模，充分发挥中国农业产业发展基金的引导作用。

改善农村金融服务。加快农村金融组织、产品和服务创新，推动发展村镇银行等农村中小金融机构。进一步完善县域内法人银行业金融机构新吸收存款主要用于当地发放贷款政策，落实和完善涉农贷款税收优惠、农村金融机构定向费用补贴和县域金融机构涉农贷款增量奖励等政策。引导金融机构发放农业中长期贷款，加强考核评价。完善农民专业合作社管理办法，支持其开展信用合作，落实农民专业合作社和农村金融有关税收优惠政策。扶持农业信贷担保组织发展，扩大农村担保品范围。加快发展农业保险，完善农业保险保费补贴政策。健全农业再保险体系，探索完善财政支持下的农业大灾风险分散机制。

山西阳煤丰喜肥业(集团)有限责任公司
SHANXI YANGMEI FENGXI FERTILIZER INDUSTRY (GROUP) LLC.

引导社会资本投入农业。各部门要主动服务“三农”，在制定规划、安排项目、增加资金时切实向农业农村倾斜。积极推动建立城乡要素平等交换关系，鼓励和促进工业与城市资源要素向农业农村配置。进一步加大村级公益事业建设“一事一议”财政奖补力度，调动农民参与农业农村基础设施建设的积极性。通过组织动员和政策引导等多种途径，鼓励各种社会力量与乡村结对帮扶，参与农村产业发展和公共设施建设，努力形成多元化投入新格局。

（二）加大农业支持保护力度。

坚持和完善农业补贴政策。强化农业补贴对调动农民积极性、稳定农业生产的导向作用，建立农业补贴政策后评估机制，完善补贴办法，增强补贴实效。继续实施种粮直补。落实农资综合补贴动态调整机制。研究逐步扩大良种补贴品种和范围，扩大马铃薯原种和花生良种繁育补贴规模；扩大生猪、奶牛、肉牛、牦牛、绵羊、山羊等良种补贴规模。扩大农机具购置补贴规模，加大农机化薄弱环节生产机械补贴力度。加大动物强制免疫补贴力度，研究将布鲁氏菌病、狂犬病和包虫病等人畜共患病纳入免疫补助范围。逐步完善农业生产关键技术应用与服务支持政策，大幅度增加农业防灾减灾稳产增产关键技术良法补助。坚持和完善渔用柴油补贴政策。继续实施农业种子种苗种畜种禽免税进口优惠政策。

建立完善农业生产奖补制度。完善主产区利益补偿机制，提高中央财政对粮食、油料生产大县转移支付水平，继续加大对产粮大县、生猪调出大县的奖励力度，规范粮食主产县涉农投资项目地方资金配套，全面取消主产区粮食风险基金地方资金配套。稳步提高粮食主产区县级人均财力水平。全面实施和完善草原生态保护补助奖励政策。扩大草原生态保护、面源污染防控生态奖补范围和规模，探索实施生物农药、低毒农药使用补助政策。研究建立高耗能老旧农业机械报废回收制度，探索实施报废更新补助。

加大对农业科研和技术推广的支持力度。完善现代农业产业技术体系，继续实施转基因生物新品种培育重大专项、公益性行业科研专项等农业重大科研项目；建立种业发展基金；加大国家重点基础研究发展计划、国家高技术研究发展计划、国家科技支撑计划等在农业领域实施力度，选择部分农业科研院所予以稳定支持。将乡镇或区域性农业技术推广、动植物疫病防控、农产品质量监管等公共服务机构履行职责所需经费纳入地方财政预算，按照种养规模和服务绩效安排工作经费，实现在岗人员工资收入与基层事业单位人员工资收入平均水平相衔接，将基层农业技术推广体系改革与建设示范县项目基本覆盖农业县（市、区、场）、农业技术推广机构条件建设项目覆盖全部乡镇；启动基层农业技术推广特设岗位计划。加大动物疫病防控经费投入，完善病死动物无害化处理补贴制度。建立和完善农作物病虫害专业化统防统治补助政策。扩大粮棉油糖高产创建、园艺作物和畜牧水产养殖产品标准化创建以及农业标准化示范县项目规模。继续向农民免费提供测土配方施肥服务，扩大土壤有机质提升项目实施范围和规模。继续加大农业农村人才培养力度，对大学生涉农创业按规定给予相关政策扶持。

完善农产品市场调控机制。稳步提高稻谷、小麦最低收购价，完善玉米、大豆、油菜籽、棉花等农产品临时收储政策。完善主要农产品吞吐和调节机制，健全重要农产品储备制度，发挥骨干企业稳定市场的作用。继续加强生猪、蔬菜等主要“菜篮子”产品市场监测预警体系建设，完善生猪、棉花、食糖、边销茶等调控预案，制定鲜活农产品调控办法。探索建立以目标价格为核心的反周期补贴制度。

（三）提高农业对外开放水平。

促进农业对外合作。提高农业“引进来”质量和水平。借助多双边和区域合作机制，加强农业科技交流合作，加大引资引智力度，提高农业利用外资水平。继续用好国外优惠贷款和赠款，加大先进适用技术、装备的引进、消化和吸收力度。充分利用政府间合作交流平台，拓宽农业“走出去”渠道。

加强农产品国际贸易。强化多双边和区域农业磋商谈判和贸易促进，做好涉农国际贸易规则制定工作。进一步强化贸易促进公共服务能力，积极推动优势农产品出口。建立符合世界贸易组织规则的外商经营农产品和农业生产资料准入制度。积极应对国际贸易摩擦，支持行业协会为企业维护合法权益。进一步完善农业产业损害监测预警机制。运用符合世界贸易组织规则的相关措施，灵活有效调控农产品进出口。

（四）深化农业农村改革。积极推动种业、农垦等方面改革。加强对国家现代农业示范区、新形势下农村改革试验区工作指导和支持，发挥先行先试作用。统筹城乡产业发展，发展农村服务业和乡镇企业，制定农村二三产业加快发展的鼓励政策，落实和完善有关税收政策。统筹城乡基础设施建设和公共服务，逐步建立城乡统一的公共服务制度。统筹城乡劳动就业，健全城乡平等的就业制度和覆盖城乡的公共就业服务体系，引导农村富余劳动力平稳有序外出务工就业、就地就近转移就业。统筹城乡社会管理，积极稳妥推进户籍制度改革。推进省直接管理县（市）财政体制改革，优先将农业大县纳入改革范围。

（五）强化农业法制保障。完善以农业法为基础的农业法律法规体系，研究起草农业投入等方面的法律法规。加快农业行政执法体制改革，全面推进农业综合执法。深入开展农业普法宣传教育。

（六）加强组织领导。坚持“米袋子”省长负责制和“菜篮子”市长负责制。完善体现科学发展观和正确政绩观要求的干部政绩考核评价体系，把粮食生产、农民增收、耕地保护作为考核地方特别是县（市）领导班子绩效的重要内容，全面落实耕地和基本农田保护领导干部离任审计制度。各有关部门和地方各级人民政府要围绕规划目标任务，明确职责分工，强化协调配合，完善工作机制，研究落实各项强农惠农富农政策，统筹协调推动重大工程的实施，确保规划落到实处，努力开创我国农业现代化发展新局面。

山西阳煤丰喜肥业(集团)有限责任公司
SHANXI YANGMEI FENGXI FERTILIZER INDUSTRY (GROUP) LLC.

第四章 化肥工业“十二五”发展规划

化肥是现代农业的重要生产资料，对于保障粮食安全和促进农民增收具有十分重要的作用，是关系国计民生的重要基础产业。

一、发展现状

（一）取得的成绩

我国是化肥生产和消费大国。经过多年努力，尿素、磷铵等主要化肥产品从大量依赖进口到自给有余，钾肥国内保障能力不断增强，对国民经济和社会发展做出了重要贡献。

1. 产业规模持续增长

据初步统计，2010 年我国化肥产量 6620 万吨（折纯，下同），“十一五”期间年均增长 5.0%。主要产品产量均保持较快增长，尿素、磷铵、氯化钾产量年均增长分别达到 4.7%、16.7% 和 6.3%。2010 年进口化肥 386 万吨，出口化肥 733 万吨，表观消费量约 6273 万吨，较好地保障了农业生产的需要。

表 1“十一五”期间我国主要化肥品种产量单位：万吨

种类	2005 年产量	2010 年产量	年均增长率（%）
合成氨 4597	4963	1.5	
化肥总计（折纯）	5178	6620	5.0
氮肥（折氮 N）	3809	4521	3.5
尿素（折氮 N）	1995	2516	4.7
磷肥（折五氧化二磷 P2O5）	1206	1701	7.1
磷铵（折五氧化二磷 P2O5）	488	1057	16.7
钾肥（折氧化钾 K2O）	159	397	20.1
氯化钾（折氧化钾 K2O）	176	239	6.3

2. 产业结构不断优化

品种结构得到改善。高浓度化肥比重日益提高，整体达 80%。钾肥国内保障能力由 2005 年的 24% 提高到 2010 年的 56%。复混（合）肥、掺混肥、缓控释肥等专用肥料得到快速发展。

表 22010 年我国化肥供需平衡情况单位：万吨

企业大型化进程加快。“十一五”末已形成 24 个百万吨级大型化肥生产企业，其中 3 家企业产能达 500 万吨级，大中型化肥企业产量占总产量的 70% 以上。氮肥行业形成 20 个尿素产能超过百万吨的大型企业集团，占总产能的 68%。磷肥行业形成 2 个磷铵产能超过 200 万吨的大型企业集团。钾肥行业形成 2 个百万吨级大型企业集团。

产业布局逐步合理。原料本地化的合成氨产能比例达到 53%。磷肥生产主要集中在湖北、云南、贵州、四川等磷资源丰富的地区。青海盐湖、新疆罗布泊钾肥规模逐步扩大。化肥产业布局正逐步形成基础肥料向资源地、专用肥料向用肥市场调整的格局。

3. 循环经济初见成效

氮肥企业的废气、废渣综合利用水平不断提高，约 50% 的企业建设了综合利用的热电联产装置，二氧化硫回收利用，冷却水、中水循环利用等逐步得到推广。湿法磷酸精制、硫酸低温位热能回收、磷石膏制石膏板、制砖等大规模综合利用技术取得突破。钾盐伴生资源综合利用水平逐步提高。

种类	产量	进口量	出口量	表观消费量	国内保障能力(%)
化肥总计（折纯）	6620	386	733	6273	106
氮肥（折 N）	4522	26	462	4086	111
磷肥（折 P2O5）	1701	39	265	1475	115
钾肥（折 K2O）	397	321	6	712	56

4. 技术装备取得突破

具有知识产权的水煤浆、粉煤加压气化等先进煤气化技术与装备已成功应用于氮肥行业，30 万吨 / 年合成氨、大颗粒尿素已实现自主化。30 万吨 / 年磷酸、60 万吨 / 年磷酸二铵、80 万吨 / 年硫磺制硫酸、40 万吨 / 年硫铁矿制硫酸装置的设计、制造、安装均基本实现自主化，达到世界先进水平。钾肥生产工艺技术取得重大突破，百万吨钾肥工艺技术达到国际先进水平。

（二）存在问题

能源资源约束大，生产成本较高。2010 年氮肥行业消耗煤炭资源约 8500 万吨、天然气 100 亿立方米。随着能源价格的大幅上涨，氮肥生产成本持续上升，大部分企业一直处于亏损边缘。磷肥生产所需硫资源对外依存度超过 60%。我国磷矿资源丰而不富，平均品位仅 17%，富矿只占 6.6%，且胶磷矿多，采选成本高。我国钾资源相对贫乏，对外依存度近半，国际市场钾肥价格波动不定，影响农业生产。

产业集中度不高，落后产能依然较大。我国合成氨企业 472 家，平均规模仅 14 万吨，小于 8 万吨的企业仍有 249 家。有磷酸装置的磷肥企业 90 多家（其中磷铵企业 80 家），80% 的磷酸生产企业规模不到 10 万吨。取得生产许可证的复混肥生产企业 4400 多家，平均规模不足 5 万吨。中小氮肥厂技术装备相对落后，能耗高。小型磷肥厂技术水平落后，资源利用水平低，磷石膏无序堆放对环境影响大。复混肥企业点多面广，产品质量难以保障。

企业农化服务水平低，行业发展模式尚需完善。我国化肥企业在产业链中仍局限于生产制造领域，主要依赖资源投入、产能扩张带动发展，生产企业农化服务发展滞后，不适应现代农业测土配方、精准施肥发展的需要，造成施肥不科学、肥效利用率低，面源污染严重。

二、发展趋势和需求预测

（一）发展趋势

我国人多地少，通过化肥实现农业稳产、增产是保障国家粮食安全的重要举措，化肥的刚性需求依然存在。随着我国农业现代化步伐加快，以及节能减排和环境保护要求日趋严格，科学施肥，提高化肥利用效率，减少化肥对环境造成的影响将成为未来农化行业发展的重要方向。同时，目前化肥企业仍享受部分优惠政策（包括享受天然气、用电和铁路运输等优惠价格及免征增值税），随

山西阳煤丰喜肥业(集团)有限责任公司
SHANXI YANGMEI FENGXI FERTILIZER INDUSTRY (GROUP) LLC.

着化肥价格形成机制不断完善，优惠政策将逐步取消，化肥企业经营面临着新的机遇和挑战。

（二）需求预测

我国化肥消费 90% 用于农业，10% 用于工业。2010 年我国化肥表观消费量为 6273 万吨，其中农用化肥氮、磷、钾施用比例为 1 ∶ 0.36 ∶ 0.18。根据“十二五”期间农业生产对品质要求和多样化发展等因素预测，2015 年农用化肥氮、磷、钾施用比例按 1 ∶ 0.38 ∶ 0.25 考虑，兼顾工业需求，预计 2015 年我国化肥需求总量及结构见表 3。

表 3 化肥需求预测单位：万吨

三、指导思想和发展目标

（一）指导思想

深入贯彻落实科学发展观，适应现代农业发展的需求，以转变化肥工业发展方式为主线，加快调整产业组织结构，控制氮肥、磷肥产能过快增长，增加钾肥供应和资源保障能力，推进循环经济，发展农化服务业，培育品牌和营销网络，提高化肥利用效率，保护环境，促进化肥行业持续健康发展。

（二）发展目标

总量目标。“十二五”期间，化肥工业在满足农业、工业基本需求和淘汰落后产能的基础上，继续保持产量整体自给有余，其中氮肥、磷肥完全自给并有少量出口，钾肥国内保障能力达到 60% 以上，基本满足科学施肥的需要。

产业集中度。到 2015 年，氮肥、磷肥和复混肥企业数量大幅减少，大中型氮肥企业产能比重达到 80% 以上。大型磷肥企业产能比重达到 70% 以上。2 家大型钾肥企业集团规模进一步壮大。

种类	2010 年消费量	2015 年需求量
化肥总计（折纯）	6273	6610
其中：氮肥（折 N）	4086	4350
磷肥（折 P2O5）	1475	1490
钾肥（折 K2O）	712	770

产品结构。到 2015 年，尿素占氮肥的比重达到 70% 左右，磷铵占磷肥的比重达到 70% 左右，无氯钾肥满足国内需求，单质肥复合化率、大颗粒尿素比重逐步提高。

表 42015 年化肥生产目标单位：万吨

技术进步。积极推广先进煤气化和煤基多联产技术，先进煤气化技术的氮肥产能比例提高到 30%，年产 45 万吨合成氨和 80 万吨尿素装置（或以上规模）实现自主化。不断提高中低品位磷矿石和磷石膏的利用效率和水平。氯化钾生产技术不断提高，盐湖卤水制取硫酸钾技术进一步完善。掺混肥料技术和装备实现产业化。进一步提高农用化肥的质量标准和技术水平。研究制定尿素、磷酸二铵的粒径标准。

节能减排。合成氨综合能耗降至 1350 千克标准煤 / 吨，其中以天然气和焦炉气、无烟块煤、非无烟煤为原料的合成氨单位产品综合能耗分别降至 1150 千克标准煤 / 吨、1300 千克标准煤 / 吨及 1650 千克标准煤 / 吨以下；磷石膏综合利用率提高到 40%。

种类	产能	产量
化肥总计（折纯）	7760	6910
氮肥（折N）	5110	4600
尿素（折N）	3600	3220
磷肥（折P2O5）	2150	1860
磷铵（折P2O5）	1600	1320
钾肥（折K2O）	500	450
氯化钾（折K2O）	380	330

四、重点任务

（一）加快结构调整

优化品种结构。按照适应现代农业发展和环境友好的要求，改进提升尿素、磷铵、氯化钾和硫酸钾（镁）等基础肥料，适度发展硝基肥料、熔融磷钾肥料、液体肥料等多元肥料，鼓励发展按配方施肥要求的复混肥和专用肥，重视发展中、微量元素肥料、缓控释肥料。

加快兼并重组。抓住化肥流通体制改革契机，加快促进基础肥料生产向优势企业集中，逐步形成以大型化肥企业为主导的生产经营格局。鼓励大型企业通过兼并重组、淘汰落后及建设化肥基地，进一步壮大经营规模和实力。引导大型能源企业与氮肥企业联合重组，实现优势互补，提高竞争力。

提升农化服务。鼓励大型化肥企业以生产为基础，以质量为保证，加强质量专业人员培养，着力培育品牌和营销网络，加快建立高效的供销和服务体系，扩大农化服务业务，减少流通环节，降低化肥流通成本。推动地方开展测土配方，实现精准施肥，防止和减少过量施肥，提高肥效，降低面源污染。

（二）优化产业布局

促进基础肥料向资源产地和优势企业集中。结合兼并重组、原料结构调整和上大压小，支持企业在能源产地和有条件的粮棉主产区建设大型尿素生产基地。在云、贵、鄂、川等磷资源产地，依托现有企业完善大型磷肥基地建设。重点依托青海和新疆钾肥资源优势建设大型钾肥基地，青海基地进一步优化资源配置，新增100万吨钾肥产能（实物量），新疆基地力争新增170万吨钾肥产能（实物量）。同时加快境外钾肥基地建设步伐。复混肥和掺混肥料主要在消费区域建立加工、集散、分销和使用服务体系。

（三）推动技术进步

氮肥。开发和推广大型合成氨、尿素国产化技术及装备，研发和推广低阶煤、高硫煤加压气化等新型煤气化技术，高效率、大型化脱硫脱碳、变换、气体精制、氨合成和新型催化剂等先进净化和合成技术，利用造气炉渣、煤末、吹风气等资源，采用循环流化床锅炉，实现热电联产，鼓励提高锅炉压力等级，开展能源梯级利用。

磷肥。重点开发和推广中低品位磷矿制酸及磷酸精制技术，磷矿伴生资源综合利用技术，大型硫酸、磷酸、磷铵装置自主化技术和装备，氟回收和高附加值氟产品生产技术，硫铁矿铁资源回收利用技术，低浓度烟气回收制酸、煤化工硫回收等含硫废弃物回收制酸技术，硫酸余热利用技术，磷石膏低能耗制硫酸联产水泥、制硫酸钾副产氯化铵、制缓凝剂、化学法转化等磷石膏综合利用技术。

钾肥。重点研发钾矿伴生资源综合利用技术，盐湖卤水直接提取硫酸钾技术，难溶性钾资源利

山西阳煤丰喜肥业(集团)有限责任公司
SHANXI YANGMEI FENGXI FERTILIZER INDUSTRY (GROUP) LLC.

用技术，硝酸钾生产新技术，海水提钾技术。

复混肥。重点开发、推广缓控释肥料和掺混肥料生产技术及装备，水溶性肥料、新型包裹材料和制剂生产技术，建立和完善复混肥标准。

（四）提高资源保障能力

鼓励氮肥企业和煤炭企业联合建设化肥用煤生产基地，保障化肥用煤稳定供应。根据国家天然气利用政策及天然气价格调整，引导以天然气为原料的化肥企业调整原料结构。

加强磷矿特别是中低品位磷矿采选能力建设，在云南、贵州等地建成1800万吨磷矿采选能力，新增200万吨硫铁矿采选能力，力争探明6-8亿吨磷矿和1亿吨硫铁矿资源储量。

加快国内钾矿资源勘探，开发利用难溶性钾矿资源，加快钾肥工业“走出去”步伐，力争在境外建成200万吨氯化钾生产基地。

（五）强化安全发展

加强化肥企业安全生产，对位于城区的老装置研究制定搬迁规划，新建装置必须进入化工园区或集聚区，保证与周围居民区的安全距离。加大安全投入，不断利用新工艺、新技术进行安全改造，提高装置本质安全度。鼓励企业对新建的化肥装置进行危险和可操作研究分析（HAZOP）和安全完整性评价（SIL）。鼓励化肥企业开展清洁生产，加强污水处理及循环利用，积极倡导责任关怀。

五、保障措施

（一）加大技术改造力度

继续开展化肥企业技术改造，重点支持氮肥原料和动力结构调整、磷石膏综合利用、中低品位磷矿加工利用、钾肥工业发展、重大技术装备自主化和新品种产业化项目。支持化肥企业提高信息化水平，促进两化融合。

（二）完善行业准入制度

制定合成氨、磷铵、复混肥行业准入条件，通过上优汰劣，产能置换，优化产业结构，逐步建立落后产能退出机制。研究制定化肥行业淘汰落后工艺技术装备目录及配套政策。

（三）鼓励科技创新

通过对国内各种煤气化示范技术进行评估，开展技术试点推广应用，鼓励通过技术创新，不断提高技术的稳定性和优越性，并加强知识产权保护。支持新型肥料的开发和应用。继续研究开发化肥大型化技术及装备。

（四）完善化肥市场调控

以保障化肥行业平稳运行和供应为前提，适时调整化肥进出口政策；完善化肥淡季商业储备制度，推进钾肥国有储备制度建立。

（五）加强行业运行监测

密切跟踪化肥行业经济运行中遇到的问题，定期发布运行分析报告，及时采取切实有效措施防止化肥行业出现供需失衡和价格大幅度波动等情况。

（六）发挥中介组织作用

大力发挥行业协会等中介组织在信息统计、标准化管理、技术交流、人才培训、企业维权等方面的作用，提高行业自律水平，建立诚信体系。

第五章 化肥工业“十二五”发展规划点评

工业和信息化部出台化肥工业“十二五”发展规划。这项规划是为了深入贯彻落实科学发展观，适应现代农业发展的需求，以转变化肥工业发展方式为主线，加快调整产业组织结构，控制氮肥、磷肥产能过快增长，增加钾肥供应和资源保障能力，推进循环经济，发展农化服务业，培育品牌和营销网络，提高化肥利用效率，保护环境，促进化肥行业持续健康发展。

从规划中我们了解到，我国是化肥生产和消费大国。经过多年努力，尿素、磷铵等主要化肥产品从大量依赖进口到自给有余，钾肥国内保障能力不断增强，对国民经济和社会发展做出了重要贡献。产业规模持续增长。“十一五”期间年均增长 5.0%。主要产品产量均保持较快增长，尿素、磷铵、氯化钾产量年均增长分别达到 4.7%、16.7% 和 6.3%。产业结构不断优化。品种结构得到改善。高浓度化肥比重日益提高，整体达 80%。企业大型化进程加快。“十一五”末已形成 24 个百万吨级大型化肥生产企业，其中 3 家企业产能达 500 万吨级，大中型化肥企业产量占总产量的 70% 以上。产业布局逐步合理。原料本地化的合成氨产能比例达到 53%。循环经济初见成效。氮肥企业的废气、废渣综合利用水平不断提高，约 50% 的企业建设了综合利用的热电联产装置，二氧化硫回收利用，冷却水、中水循环利用等逐步得到推广。技术装备取得突破。钾肥生产工艺技术取得重大突破，百万吨钾肥工艺技术达到国际先进水平。

不仅如此，我国的化肥工业还存在着能源资源约束大，生产成本较高；产业集中度不高，落后产能依然较大；企业农化服务水平低，行业发展模式尚需完善这三大问题。

如今，我国人多地少，通过化肥实现农业稳产、增产是保障国家粮食安全的重要举措，化肥的刚性需求依然存在。随着我国农业现代化步伐加快，以及节能减排和环境保护要求日趋严格，科学施肥，提高化肥利用效率，减少化肥对环境造成的影响将成为未来农化行业发展的重要方向。同时，目前化肥企业仍享受部分优惠政策（包括享受天然气、用电和铁路运输等优惠价格及免征增值税）随着化肥价格形成机制不断完善，优惠政策将逐步取消，化肥企业经营面临着新的机遇和挑战。

我国化肥消费 90% 用于农业，10% 用于工业。根据“十二五”期间农业生产的品质要求和多样化发展等因素预测，2015 年农用化肥氮、磷、钾施用比例按 1 ∶ 0.38 ∶ 0.25 考虑，兼顾工业需求，预计 2015 年我国化肥需求总量为 6610 万吨，其中氮肥 4350 万吨、磷肥 1490 万吨、钾肥 770 万吨。

为了满足这些需求。“十二五”期间，化肥工业在满足农业、工业基本需求和淘汰落后产能的基础上，继续保持产量整体自给有余，其中氮肥、磷肥完全自给并有少量出口，钾肥国内保障能力达到 60% 以上，基本满足科学施肥的需要。到 2015 年，氮肥、磷肥和复混肥企业数量大幅减少，大中型氮肥企业产能比重达到 80% 以上。大型磷肥企业产能比重达到 70% 以上。2 家大型钾肥企业集团规模将进一步壮大。到 2015 年，尿素占氮肥的比重达到 70% 左右，磷铵占磷肥的比重达到 70%

山西阳煤丰喜肥业(集团)有限责任公司
SHANXI YANGMEI FENGXI FERTILIZER INDUSTRY (GROUP) LLC.

左右，无氯钾肥满足国内需求，单质肥复合化率、大颗粒尿素比重逐步提高。在提高总量、产业集中度和产业结构的同时，使企业技术进步达到提高产量并能够节能减排也是化肥工业十二五期间的一项重要目标。

为了完成几项发展目标，在化肥工业十二五规划中部署了五项重要任务。

首先要加快结构调整。优化品种结构。按照适应现代农业发展和环境友好的要求，改进提升尿素、磷铵、氯化钾和硫酸钾（镁）等基础肥料，适度发展硝基肥料、熔融磷钾肥料、液体肥料等多元肥料，鼓励发展按配方施肥要求的复混肥和专用肥，重视发展中、微量元素肥料、缓控释肥料。加快兼并重组。抓住化肥流通体制改革契机。加快促进基础肥料生产向优势企业集中，逐步形成以大型化肥企业为主导的生产经营格局。提升农化服务。鼓励大型化肥企业以生产为基础，以质量为保证，加强质量专业人员培养，着力培育品牌和营销网络，加快建立高效的供销和服务体系，扩大农化服务业务，减少流通环节，降低化肥流通成本。推动地方开展测土配方，实现精准施肥，防止和减少过量施肥，提高肥效，降低面源污染。其次是优化产业布局。促进基础肥料向资源产地和优势企业集中。第三点是推动技术进步。将氮肥、磷肥、钾肥、复混肥作为重点开发和推广的化肥品种。再次是提高资源保障能力．鼓励氮肥企业和煤炭企业联合建设化肥用煤生产基地，保障化肥用煤稳定供应。加强磷矿特别是中低品位磷矿采选能力建设．加快国内钾矿资源勘探，开发利用难溶性钾矿资源。最后是强化安全发展。加强化肥企业安全生产，对位于城区的老装置研究制定搬迁规划，新建装置必须进入化工园区或集聚区，保证与周围居民区的安全距离。加大安全投入，不断利用新工艺、新技术进行安全改造，提高装置本质安全度。

为了能够在 2015 年向人民和党中央交出一份满意的答卷，化肥工业“十二五”发展规划采取了六项保障措施：

加大技术改造力度。继续开展化肥企业技术改造，重点支持氮肥原料和动力结构调整、磷石膏综合利用、中低品位磷矿加工利用、钾肥工业发展、重大技术装备自主化和新品种产业化项目。支持化肥企业提高信息化水平，促进两化融合。

完善行业准入制度。制定合成氨、磷铵、复混肥行业准入条件，通过上优汰劣，产能置换，优化产业结构，逐步建立落后产能退出机制。研究制定化肥行业淘汰落后工艺技术装备目录及配套政策。

鼓励科技创新。通过对国内各种煤气化示范技术进行评估，开展技术试点推广应用，鼓励通过技术创新，不断提高技术的稳定性和优越性，并加强知识产权保护。支持新型肥料的开发和应用。继续研究开发化肥大型化技术及装备。

完善化肥市场调控。以保障化肥行业平稳运行和供应为前提，适时调整化肥进出口政策；完善化肥淡季商业储备制度，推进钾肥国有储备制度建立。

加强行业运行监测。密切跟踪化肥行业经济运行中遇到的问题，定期发布运行分析报告，及时采取切实有效措施防止化肥行业出现供需失衡和价格大幅度波动等情况。

发挥中介组织作用。大力发挥行业协会等中介组织在信息统计、标准化管理、技术交流、人才培训、企业维权等方面的作用，提高行业自律水平，建立诚信体系。

化肥十二五规划促进行业兼并重组

核心逻辑：化肥行业十二五规划刚刚公布，行业整合为核心，大三化肥行业基本呈现产能过剩的格局，行业的资源属性增强，而行业体量增大的过程放缓确定确定性较大，未来主要优化行业竞争环境来体现。

一， 重组相关信息与解读

1，化肥行业景气回升，各个子行业资源属性逐渐增强

2，尿素、磷铵为代表的化肥产能迅速扩大，行业总体增速放缓

3，规划更加趋向于复合肥市场的做大整合，集中度提高

信息解读：

1， 氮肥市场供求趋稳，企业开打资源战；磷肥企业产能剩，转型发展是关键；钾肥生产受资源限制，垄断形势明显

2，过去十年是我国化肥行业发展最快速的阶段。在这期间，行业实现了需求、产量、成本、价格、利润、企业总数等方面的持续、稳定增长。但是，近两年随着以尿素、磷铵为代表的化肥产能迅速扩大，这一时期接近尾声。这种行业市场背景是供小于求向供求平衡和供大于求的发展过渡。在化肥企业不断加剧的竞争较量中和生存压力下，行业通向整合抢占市场 3，司尔特公司根据《规划》的出台，对具有品牌优势、大型企业、信誉好的企业都有促进作用。公司的优势就是拥有磷铁矿资源和较低的运输成本，主要是缘于磷复肥市场延续去年以来向好，行业供大于求达到一定程度，往往由〞价格战〞拉开洗牌序幕，第一轮竞争周期淘汰的对象，大多是成本较高的企业，而公司恰好有低成本优势与资源或将成整合者。

二， 拥有上游资源的复合肥成为规划的主要内容，重组加快

2 月 3 日，工信部发布了《化肥工业〞十二五〞发展规划》（简称〞规划〞），《规划》重点是提高产业集中度，提出到 2015 年，氮肥、磷肥和复混肥企业数量要大幅减少，大中型氮肥企业产能比重将达到 80% 以上。

规划提出，到 2015 年时单质肥复合化率、大颗粒尿素比重要逐步提高，鼓励发展按配方施肥要求的复混肥和专用肥，重视发展中、微量元素肥料、缓控释肥料。这种要求的提出对大型复合肥公司有益。

肥行业已进入全新历史时期，进入了供大于求到供求平衡、再到供大于求的不断循环。每一次循环都会成为行业内的一个竞争周期，而每一个竞争周期都会有不同的竞争主题，行业洗牌将长期持续。化肥行业的结构水平、整体实力也将通过每一轮竞争实现不断〞升级〞. 在产能迅速扩大的背景下，行业内的所谓〞竞争〞仅仅是竞争初始阶段，表现形式仅停留在〞摩擦〞和〞冲突〞的层面。换句话说，很少有企业因大环境造成经营困难、亏损严重而被淘汰。

最近两年整个化肥行业将进入整合期、行业集中度将越来越高，已经上市的几个大型企业将迎来跨越式发展，而规模偏小的中小企业将被市场所淘汰。以公司所在地山东临沭举例，该地区的化肥生产厂家已由几年前的 100 多家缩减至目前的 40 多家，行业整合力度可见一斑。以复合肥龙头企业之一的史丹利为例，公司每年的产能是 200 万吨，复合肥总产量在全国居第三、四位，但只拥有全国 5% 的市场份额，行业整合的空间较大。

三， 行业兼并重组带来的投资机会

山西阳煤丰喜肥业(集团)有限责任公司
SHANXI YANGMEI FENGXI FERTILIZER INDUSTRY (GROUP) LLC.

目前化肥业正面临产能过剩的困局，而随着煤、电、气等生产成本的上升，多家化肥生产企业面临利润大幅下降风险。在目前生产成本大幅提高的背景下，拥有上游资源并且具备完整产业链的化肥企业才具有一定的抗风险能力《规划》提出到2015年时要逐步形成以大型化肥企业为主导的生产经营格局，鼓励大型企业通过兼并重组、淘汰落后及建设化肥基地等方式，进一步壮大经营规模和实力。这对拥有整体上市方案的云天化，以及泸天化与川化股份的整合起到了推动作用。

而从刚刚停牌的云天化可以看出一二，云天化的资产注入酝酿已久，也属于大集团小公司的范畴，云天化集团资源丰富，拥有磷矿资源5亿吨左右，6亿吨左右煤炭资源以及在老挝8.5亿吨的钾盐资源。集团年收入在500亿元左右，年净利润高达10亿元以上，因云天化集团磷矿、磷肥等项目资产注入，公司已经在今年2月10日起停牌，估计今年上半年将完成资产注入。根据云天化的运作思路，可参考同样的大集团小公司的泸天化和川化股份泸天化与川化股份：泸天化与川化股份的控股股东是四川化工控股集团，长期以来因主营同质化程度高，造成产能严重过剩，集团下面两公司的亏损和同业竞争现状，四川化工控股集团对二者将实施重组。按照同类资产合并的意向，川化股份和泸天化的重组方案，可能是川化股份大股东将川化股份通过资产置换，将硫酸钾、尿素等资产全部置换出，注入泸天化，同时川化股份将获集团200亿元的磷矿置入。

华鲁恒升：主产尿素和DMF，其化肥收入就占其主营收入的40.7%，虽然公司目前没有大的资源矿，但正在并购煤炭资源向上延伸，公司最大的优势是拥有技术优势，成本低，而公司的大股东是华鲁控股集团有限公司，是上市公司上游原材料供应商，集团产品产品涉及化肥、化工、热电、气体四大系列，未来不排除有资产注入的动作。

新都化工：公司的优势就是产业链一体化，拥有的盐碱矿每年产能100万吨，成本方面将节省很多。高端肥即硝基复合肥与水溶性肥料是公司未来的重要看点冠龙股份：公司参股的罗布泊钾肥项目一期具有120万吨/年硫酸钾产能，等项目整体建成后，钾肥产能将达300万吨/年，公司地处新疆，有较好的钾的丰富资源，控股股东新疆建设兵团国资背景，未来或有向上并购的预期。

四、行为分析［重组股资金流与情绪博弈］

1. 资金流监测（单位：亿元）

日期	净买入	超级机构	机构	大户	中户	散户
2月13日	5.8	-0.03	2.18	1.28	1.74	0.63

2. 资金流结构分布（单位：亿元）

投资主体行为分析：今日市场开盘股指震荡上行，最终收于红盘，重组板块资金呈现净入状态。参与的资金结构中，超级机构流出0.03亿，机构资金净流入2.18亿元，大户资金净流入1.28亿元，中户资金净流入1.74亿元，散户净流入0.63亿元。重组板块资金流向总体呈现净流入状态，对于重组板块，大部分市场主体以净流入为主，市场分歧较小，短期投资者可以适当利用市场回调机会介入，中线投资者继续逢低布局。

3、情绪博弈指标

重组股短期（1个月内）情绪指标提示：重组股短期情绪指标为500. 万隆股票热点跟踪系统提示：短期重组股资金小幅减仓，投资者对于重组股要区别对待，有合适的标的可以逢高适当减仓。

重组股中期（1~3 个月）情绪指标提示：重组股中期情绪指标为 600. 万隆股票热点跟踪系统提示：目前仍有大量中线资金驻扎在重组股内，部分有重组预期的股票中线有跑赢大盘的潜力，中线看好重组板块。

第六章 回顾 2010 年化肥行业大事记

年初西南大旱，肥市旺季不旺；年中天然气等原材料提价，处境雪上加霜；年末行情刚见涨，又遭关税打压。此外，8 月加钾收购案，国际钾肥资源进一步集中，肥企如梗在喉。不过，穷则思变，面对产业困境，上市融资、研发缓释肥等新型肥料逐渐成为业内应对手段。

天然气提价生产成本大增

5 月 31 日，国家发改委下发《关于提高国产陆上天然气出厂基准价格的通知》指出：自 2010 年 6 月 1 日起，适当提高国产陆上天然气出厂基准价格，取消价格“双轨制”。各油气田（含西气东输、忠武线、陕京线、川气东送）出厂（或首站）基准价格每千立方米平均提高 230 元。

天然气在尿素生产成本中所占比例高达 70% 以上，国内每吨尿素约需消耗天然气 600-700 立方米左右。因此，提价后气头尿素成本将约增加 138-161 元 / 吨。与此同时，煤炭价格、运输成本等也都在上涨。据了解，今年氮肥企业用无烟煤平均到厂价已达到 1430 元 / 吨，较去年上涨 50%。这对本来就处在亏损边缘的尿素企业来说无疑是雪上加霜。

点评：事实上，这轮天然气提价并不意外，业内早有传言。提价的背后其实是国家想通过取消优惠政策，达到让低效益小厂关门，淘汰落后产能的目的。因此，从长远来看，化肥产业优惠政策逐步取消，天然气、煤炭继续提价是大趋势。那么企业要在产业结构调整中胜出，就必须从工艺改进、内部管理等方面节约成本。

关税提高肥料出口受限

9 月份起，随着国内外农产品价格大幅上涨，用肥需求增加，化肥市场也跟着回暖。至 11 月份，氮肥、磷肥、钾肥及各类复合肥基本都上涨了 200-300 元 / 吨，肥企以为终于可以舒服喘一口气了。但 11 月 30 日，国务院关税税则委员会下发通知，12 月份，对原本执行淡季出口关税的化肥产品加征高额关税，磷复肥和尿素等主要化肥品种的出口关税由 7% 激增至 110%, 出口的抑制使得化肥涨势嘎然而止，价格急速下滑，相关企业亏损加剧。

点评：“关税调整对肥料市场杀伤力太大了。”关税甫一出台，肥企老总都如斯评价。关税调高的影响不仅是限制了出口，更重要的是严重打击了市场信心。尽管业内反对提高出口关税的声音强烈，但限制出口仍是大势所趋。一方面是由于我国对化肥的定位并不是出口型行业，而主要是保障国内供给，为农业生产服务；只有在保障了国内供给、同时又不会对国内市场产生大的影响下，才可适量出口；另一方面是化肥作为一种资源性产品，适度限制出口是必然的。因此，企业发展战略千万不能寄望于出口，而应立足内需。

山西阳煤丰喜肥业(集团)有限责任公司
SHANXI YANGMEI FENGXI FERTILIZER INDUSTRY (GROUP) LLC.

加钾收购风波钾肥资源进一步集中

如果要评选今年肥市影响最大的事件，非“加钾收购案”莫属。8 月 18 日，必和必拓宣布计划以每股 130 美元作现金收购加拿大钾肥公司的全部已发行的流通普通股。

消息一出，让众多业内人士神经紧绷：加拿大钾肥公司是目前世界上最大的钾肥生产企业，约占全球产能 20% 以上，近几年我国 30% 以上的钾肥从加钾进口，必和必拓又是以铁矿石起家且在这个市场上赚取了巨额垄断利润的公司，中国的铁矿石就时时受制于它，现在如果加钾被它收购，中国无疑会重蹈铁矿石覆辙。不过，收购案持续了近 3 个月，最后以必和比拓失败告终。

点评：值得注意的是，尽管加钾这次没有被收购，但钾肥资源进一步集中的趋势愈加明显。12 月 20 日，占到全球钾肥市场 20% 额的俄罗斯钾肥生产商 Uralkali 和 Silvinit 宣布合并。这无疑会削弱中国在钾肥贸易谈判中的议价权。因此，中国钾肥要不受制于人，就必须提高钾肥的自给率，坚持国产、境外、进口“三条腿”走路战略。要做大要融资企业纷纷谋求上市

今年化肥行业似乎掀起了上市热

9 月 8 日，金正大公司正式在深交所挂牌上市；11 月 22 日，成都市新都化工股份有限公司 IPO 获得通过；安徽司尔特肥业的 IPO 招股说明书正在中国证券监督管理委员会官网上公开披露中。

点评：中国股市发展 20 多年，截至去年末，化肥上市企业只有 23 家，复合肥企业更是只有一家，但今年为何突然多起来了？一个重要原因是行业发展的必然结果。当前肥市竞争日益激烈，产业整合大势所趋，而企业要在这轮行业洗牌中胜出，就必须进行技术创新和设备改造等，这都需要大量的资金支持，而上市无疑是融资最好的手段。值得注意的是，论企业规模或者销售额，金正大、新都化工并不是业内最大的，但前者以缓释肥著称，而水溶性肥是后者重要业务，因此可以看出，有前景的新型肥料生产企业或许更易受资本青睐。

长效肥渐热追逐暴利妨碍推广

多年来，速溶的高塔肥一直都是业内的关注的焦点，高塔线也在全国各地拔地而起。但今年以来，缓释肥、稳定性肥、脲甲醛肥等肥效长的新型肥料得到长足发展，除几家传统生长厂家外，芭田、福利龙、鲁西等企业都生产了长效肥。而第十二届全国肥料双交会及第十届全国磷复肥会议的主题论坛都定格在缓控释肥。据悉，缓释肥与控释肥将成为“十二五”行业重点发展项目。

点评：传统肥料利用率低而造成的环境污染问题日益突出，研发利用率高的肥料无疑是今后肥料的发展方向，而长效肥正好吻合了这个需求，所以商机无限。生产缓释肥著称的金正大的成功上市，是这个行业发展的标志性事件。

不过值得一提的是，当前制约缓释肥推广的仍是昂贵的产品价格。而它的昂贵除了生产成本以外，生产商和经销商的高额利润大大推高了价格。因此，缓释肥要走向大田，厂家和经销商必须放弃暴利，让缓释肥脱下贵族的外衣。

第七章 2011年化肥行业热点

1. 耕地质量建设

耕地是农业生产的基础，是粮食安全的保障。目前，我国人均耕地不足1.4亩，仅为世界人均水平的40%。我国长期重化肥、轻有机肥的施肥模式，导致耕地土壤养分供应失衡比较严重、土壤生物区系失调和土壤生态功能变差。区域性耕地退化问题逐步显现，东北平原耕地黑土层和土壤有机质下降明显，耕层变薄；南方大部分地区土壤酸化愈趋严重。我国耕地基础地力对粮食生产的贡献率仅为50%，低于欧美等发达国家约20个百分点。

提高耕地质量和生产力是弥补我国耕地数量不足的重要方面，也是确保我国农业可持续发展的关键。各方有识之士建言：一是要尽快启动耕地质量保护立法，切实推进耕地质量依法管理；二是要开展一次耕地质量普查，为国家制定农业发展相关政策提供支撑；三是要建立耕地质量监测网络体系，全面掌握耕地质量变化的动态趋势；四是要强化耕地质量科技支撑，提出培肥土壤的新技术途径；五是要加大耕地质量建设投入，统一制定建设规划、建设标准等，科学设计、合理布局推进耕地质量建设，保障国家粮食安全和农产品（11.150.181.64%）质量安全。

2. 测土配方施肥整建制推进

2011年中央财政投入补贴资金8亿元，支持2489个项目县（场、单位）开展测土配方施肥。各级农业部门大力开展测土配方施肥普及行动，采取整村、整乡、整县等整建制推进的方式，在更高层次和更大规模上推进测土配方施肥。

各地在整建制推进试点中，通过组织方式创新、工作机制创新和服务手段创新，吸引了一批大中型化肥企业生产供应配方肥，为技术熟化、物化提供了载体，逐步实现了企业和农民均受益的良性循环，测土配方施肥技术覆盖率、入户率和到位率明显提高，整建制推进的模式和机制初步确立。各地以推动农民“按方施肥”和“施用配方肥”为路径，探索示范了“政府主导合力推进、合作社带动、配方肥直供、定点供销服务、统测统配统供、现场混配供肥”等六大典型模式，带动全国技术推广面积达到12亿亩以上，为1.7亿农户提供了测土配方施肥技术服务，为粮食“八连增”做出了重要贡献。

3. 耕地地力调查与质量评价

2011年耕地地力调查与质量评价扎实推进，利用测土配方施肥补贴项目土壤监测数据，完成657个项目县的耕地地力调查与质量评价工作，采集土样132万个，分析化验1000多万项次，绘制耕地地力等级、土壤养分分布等各类专题图件7000多幅，形成专题报告2000多篇，建立县域耕地资源数据管理信息系统657个，涉及耕地3.2亿亩。

到目前为止，全国已累计完成1857个县（场）的耕地地力调查与质量评价，采集土样370多万个，分析化验3000多万项次，绘制各类专题图件2万余幅，形成专题报告6300余篇，在1857个县（场）

山西阳煤丰喜肥业(集团)有限责任公司
SHANXI YANGMEI FENGXI FERTILIZER INDUSTRY (GROUP) LLC.

建立了县域耕地资源管理信息系统，涉及耕地 14 亿亩。评价成果在土壤改良、科学施肥、种植业结构调整、土壤污染防治、特色产业发展等方面广泛应用，为各地耕地质量管理与可持续利用提供了科学依据。

4. 土壤有机质提升

2011 年中央财政投入补贴资金 7 亿元，支持 545 个县（市、区）开展土壤有机质提升补贴工作。项目区重点实施补贴秸秆还田、绿肥种植、施用商品有机肥、障碍土壤改良等技术模式。截至 2011 年，土壤有机质提升补贴项目已覆盖 30 个省（区、市）的 545 个县，补贴面积 3200 多万亩。

项目实施 6 年来，土壤有机质提升技术模式日益成熟，推广队伍得到锻炼，工作机制逐步完善，培肥改土成效明显。通过使用秸秆腐熟剂，大幅度缩短了农作物秸秆腐熟时间，项目区耕地土壤有机质含量增幅 8% 以上，化肥用量减少 10%，作物产量增加，产品品质改善，农作物单产增幅 8% 左右。通过利用冬闲田推广种植绿肥，有效避免了表土裸露，增加了土壤有机质含量，改善了土壤理化性状，提高了肥料利用率。项目区下茬作物平均减少化肥使用量 10% 以上。通过推广商品有机肥，带动了有机肥的生产使用，对于培肥土壤地力、消纳有机废弃物、改善生态环境都起到了积极的作用。

5. 全膜覆盖集雨保墒

全膜覆盖集雨保墒技术是将“膜面集雨、覆盖抑蒸、垄沟种植”加以集成，在地膜技术的基础上，变半膜为全膜，变平铺为沟垄，变春覆膜为秋覆膜，实现从单纯增温向集雨、保墒和抗旱转变，具有显著的增产效果。2011 年，针对该技术覆膜劳动强度大、中后期追肥难等问题，全国农业技术推广中心集中力量，在三北地区开展技术集成创新和示范推广。

全膜覆盖集雨保墒技术适合年降雨量 250~450mm 的干旱半干旱地区，发展潜力巨大，据初步测算，仅“三北地区”适宜面积在 8000 万亩以上。农业部在陕西、甘肃、宁夏、青海等地实施旱作节水农业项目，开展农田节水示范区建设，集中展示示范全膜覆盖集雨保墒技术。8 月在青海省召开全国农田节水现场观摩会，推动该技术在西北、华北和东北地区大面积推广，带动全国应用面积超过 2000 万亩，增产粮食 30 亿公斤。

6. 膜下滴灌

膜下滴灌是集地膜覆盖、滴灌、施肥为一体的节水农业新技术，通过滴灌大幅度节约灌溉水，地膜覆盖减少蒸发，同时借助滴灌系统，在灌溉的同时将肥料配兑成肥液一起输送到作物根部土壤，为作物生长创造良好的水、肥、气、热环境，具有明显的抗旱、节水、节肥、增产、增效作用。2011 年，针对不少人认为膜下滴灌成本高、易堵管、技术难度大，只适合经济作物、只适合旱区等问题，全国农业技术推广中心组织力量进行重点攻关，集成创新了有中国特色的膜下滴灌水肥一体化模式。

膜下滴灌技术适宜地区非常广泛，尤其适合蒸发量较大的干旱半干旱地区的玉米、小麦、马铃薯、棉花、果蔬等优势作物。据初步测算，仅西北、华北、东北等地适宜面积就在 1 亿亩以上。农业部在内蒙古、吉林、辽宁、黑龙江和新疆等地实施旱作节水农业项目，开展农田节水示范区建设，集中示范展示膜下滴灌技术，带动全国膜下滴灌应用面积达到 2000 万亩，其中 80% 都是玉米、小麦、马铃薯和棉花等大田作物。试验示范取得显著成效，应用膜下滴灌水肥一体化，粮食作物大幅增产 20%~50%，最高增产一倍。

7. 新型肥料

新型肥料成为2011年业内一个温度不降的热词。国家倡导高效节水农业及增产、经济、环保施肥，新型肥料发展迅猛，微量元素肥料、复合型微生物接种剂、复合微生物肥料、缓控释肥料、生物有机肥料、腐殖酸肥料等越来越被农民所接受。

凡能应用新型材料，更新产品形态，转变施用方式，运用新技术手段提高功效、拓展功能的肥料都可称为新型肥料。新型肥料的主要作用是能够直接或间接为植物提供必需的营养养分；调节土壤酸碱度、改良土壤结构、改善土壤理化性质和生物学性质；调节或改善作物的生长机制；改善肥料品质和性质或能提高肥料的利用率。

目前，新型肥料的发展表现出高效化、复合化、长效化的趋势。虽然新型肥料具有众多优点，但是所占的比例只占肥料总量（折纯量）的1%~1.2%，并且品种多样、功能各异、作用效果差异大、市场监管困难，其在农业生产中的作用需要理性看待。

8. 全年产量平稳增长

2011年我国农用化学品保障能力继续提高，化肥产量总体平稳增长，为全年农业生产、农民用肥奠定了充实的基础。

据国家统计局数据，截至2011年11月，化肥产量总计（折纯）5560.89万吨，同比增长11.6%。氮肥（折含N100%）3845.0万吨，同比增长7.7%，其中尿素（折含N100%）2451.8万吨，同比增长4.1%。磷肥（折含P205100%）1355.8万吨，同比增长24.3%。钾肥（折含K20100%）360.0万吨，同比增长12.1%。截至2011年10月，磷酸一铵（实物量）916.4万吨，同比增长30.7%。磷酸二铵（实物量）960.2万吨，同比增长26.6%。

9. 多家肥料企业上市

今年化肥行业一个最大的亮点就是多家肥料企业成功上市。1月18日，成都市新都化工(10.500.323.14%)股份有限公司与安徽省司尔特(22.801.095.02%)肥业股份有限公司同时在深交所中小板挂牌上市，在业界引起轰动。3月2日安徽辉隆农资集团股份有限公司在深交所挂牌。6月10日以高塔肥著称的史丹利（微博）(36.000.361.01%)化肥股份有限公司也在深交所上市。

截至2010年末，化肥上市企业只有24家，其中纯复合肥企业只有芭田与金正大(12.830.241.91%)两家。当前肥料产业整合大势所趋，可以看出在某一细分肥料市场占据领头羊地位的企业或许更具融资资质。

10. 市场高位运行

与2010年极度低迷的化肥市场相比，今年化肥市场最显著的一个特点就是价格比去年同期相比有大幅上升。2010年底，我国与国际钾肥供应商签订的2011年上半年钾肥进口合同价为CFR400美元/吨，比去年的350美元/吨的价格上涨了50美元/吨，这直接为2011年肥料涨价做了铺垫。

自2011年伊始，尿素、磷铵等各种化肥的价格就涨声不断。尿素出厂价由去年的1600元/吨上涨到2100元/吨以上，磷酸一铵出厂价由去年1800元/吨上涨到3000元/吨，氯化铵出厂价由去年500元/吨飙升至1100元/吨。对于尿素价格上涨的原因，除了受煤炭等生产成本影响之外，整个流通环节储肥不足和出口增长也是重要因素。另外，尿素应用于工业市场的比重越来越大以及农民用肥习惯的改变也是其价格高位运行的因素之一。以往农民都习惯提前很久备肥，而现在备肥期缩短很多。

山西阳煤丰喜肥业(集团)有限责任公司
SHANXI YANGMEI FENGXI FERTILIZER INDUSTRY (GROUP) LLC.

今年国内化肥市场全年都处于高价位运行。从整体上看，化肥涨价致使生产企业效益较好。不过由于农产品价格的波动，目前化肥价格已快接近农户能够承受的极限，再涨价将会影响农民投肥积极性。

11. 关税政策稳定

2010 年 12 月，国家出台一系列抑制化肥出口的政策。如将化肥出口窗口期缩短，磷肥产品和尿素产品由 2010 年的 6 个半月、6 个月均缩短至 4 个月。同时还将化肥产品的出口税收基准价下调，其中尿素的离岸征税基准价由去年的每吨 2300 元下调至今年的 2100 元，二铵由每吨 4000 元下调至 3400 元，一铵由每吨 3700 元下调至每吨 2900 元。

出口窗期的缩短旨在控制国内用肥旺季出口。税收基准价的下调意味着如果化肥产品的出口离岸价越高，税率也将逐渐提高，大大降低企业出口的利润，甚至亏损，从而迫使企业不得不减少出口。尽管如此，2011 年的化肥出口量仍大幅上涨。据海关总署统计数据显示，2011 年前三季度化肥累计出口达 1224.0 万吨，同比增长 18.4%。

正是由于今年出口量较大，导致国内市场化肥明显供应偏紧，价格明显高于去年。因此，为保证 2012 年春耕农业生产、稳定国内化肥市场供应及价格，2012 年化肥出口关税政策将比 2011 年更加严格，小品种化肥出口政策收紧将首当其冲。

12. 出口火了小品种

化肥出口关税的高低，直接影响到国内化肥的价格以及供应。历年来，国家都是本着供应国内为主、保护国内资源的原则来制定国内的出口政策。但是受 2010 年二元复合肥等化肥小品种出口量较为理想的影响，导致国内部分化肥产品价格过高。

由于 2011 年政策限制的对象是大品种化肥，因此 2011 年以来，含氮磷两种元素的复合肥、硫酸铵、重过磷酸钙等小品种化肥出口量较大，而这些品类肥低关税或者零关税。近期 2012 年化肥出口关税政策明朗，根据最新的税率，明年大品种化肥的基价已明确不含关税，这在业内看来将有利于企业出口。而 2011 年大放异彩的小品种则将在出口旺季变数增加，仅淡季仍有作为。

13. 肥料营销模式创新

在农资行业面临竞争激烈、利润微薄、赊销严重等诸多瓶颈的今天，什么样的流通方式能更具发展后劲、得到农资消费者的认可？

2011 年肥料营销模式亮点纷呈多有创新。陕西荔民农资连锁公司找准公益农技与农资销售结合点，探索出一条“政府出人、农民点餐、企业买单”的路子，常年面向农民开展近距离免费服务。由四川美丰 (6.300.091.45%) 控股的四川德科公司在射洪县注册开通了“中国农购网”，由政府和企业共同建设起了一条“农资商品直接进村入户，农副产品包装进城入市”的“高速公路”。目前，中国农购网这种经营模式正迅速从射洪辐射到省内 12 个市（州）的 38 个县（区）。今年 9 月，四川省农业厅在西昌市召开四川省测土配方施肥整建制推进工作会，会议高度评价中国农购网的模式和运行机制。中国农购网连锁直配模式正在成为四川省测土配方施肥整建制推进的主要模式。

14. 农资直销遭遇“李鬼”

8 月，贵州开磷集团开通绿色农资供应“直通车”，其生产的磷复肥直达北大荒 (8.66-0.02-0.23%)。与此形似的是，近年来大量“忽悠团”送假劣化肥下乡，如同“李鬼”冒充李逵，让不少农民上当受骗以至于对正规企业直销农资疑虑重重。

目前，我国农资流通环节依次为生产企业、省级（地市级）代理商、县级批发商、零售商，如果减去所有的流通环节，像开磷集团一样直供农户，每吨可以为农民节省开支400多元；如果仅减少零售这一环节，每吨化肥可以为农民节省开支200多元。随着我国土地流转加速，农业经营规模扩大，使得化肥生产企业直供种植大户成为可能，农资直销模式将渐成气候。业内期待更多正规的化肥企业先在土地集约化经营的地区尝试直销，大型农资批发商试着绕开零售商，直接服务种植大户。

15. 市场打假专项治理行动

2011年以来，农业部的农资打假和监管工作按照保障农业生产安全和农产品质量安全的总体要求，坚持标本兼治、打防结合和属地管理原则，严格落实农资监管责任制，狠抓审批、生产、流通和使用等环节监管，积极会同公安、工商、质检等有关部门开展春耕备耕、“三夏”和秋冬种农资打假专项治理行动，强化重大案件查处，严厉打击制售假劣农资和非法生产经营违禁农业投入品行为，推动农资市场秩序持续好转，保障农业生产和农产品质量安全。总体看，各地农资打假工作进展顺利，农资市场秩序总体良好。

据了解，各地农业部门、工商局、质量技术监督局、公安局4个系统的业务环环相扣，形成一张执法大网，让不法分子无处可逃。

16. “拉网式”排查

春耕、“三夏”时节都是肥料等农资产品销售旺季，为了确保农民用上放心肥料，今年各级农业执法部门启动“拉网式”排查，严厉打击制售假劣农资产品的行为，维护农民权益，保障春耕顺利进行。

据不完全统计，今年全国农业系统共出动执法人员210万人次，检查农资企业137万家次，整顿农资市场33万个次，立案查处假劣农资案件3.6万余件，查获假劣农资4.6万余吨，假劣农机具3.7万台件，捣毁制售假窝点120个，为农民挽回直接经济损失9亿元。

17. 放心农资下乡进村

2011年农业部继续大力推进放心农资下乡进村示范县建设，确定了31个放心农资下乡示范单位。目前，全国的示范单位总数达到191个。各地积极探索，逐渐形成农资连锁加盟经营、农资农技“双连锁”、农资行业协会、农资信用监管、农资防伪等成功经验和模式，极大地推动了农资市场秩序持续好转，从源头上保障了农资产品的质量，有效保护了农民的利益。

山西阳煤丰喜肥业(集团)有限责任公司
SHANXI YANGMEI FENGXI FERTILIZER INDUSTRY (GROUP) LLC.

第八章 中国农资行业分析

1、中国农资行业现状及存在的问题

农资产品是指与农业生产有关的产品，包括种子、化肥、农药、农机具、农膜等各种农用生产资料，具有品种规格繁多、技术含量高、季节性和地域性强、产地不一等特点，是一个非常庞大的市场，行业前景无限。

尽管我们已进入到工业社会、后工业社会、信息社会甚至网络社会，而农业仍处于自然经济状态，种植仍受到季节、土地、气候和不可抗力等多种束缚，加之本土农业受到欧美高科技农业和非洲更低成本农业的双重冲击，种植业在中国已成为一个仅够保本却无法赢利的行业；尽管我们已进入到市场经济的中高级阶段，但农业仍处于半计划、半行政的惯性与依赖之中，仍受到政府计划调控；尽管我们已开放了 30 年，但农业仍处于半封闭、半开放之中。农业与主流经济的差距不是在缩小，而是在拉大。处于自然经济、半计划和半封闭下的农业，难以承受解决就业、种植赢利、粮食安全和物价稳定等多种任务之重。

近年来，受国家宏观政策调控和产业政策调整、城市化进程加快和基础设施建设规模的急剧扩大、农民种植和耕作观念的转变、严重的大范围气象及其次生灾害等诸多因素的影响，农资市场特别是农药、化肥以及种子市场，市场低迷，需求不振，库溢价跌，总的形势是主次浑沌，价格行情扑朔迷离，诡异难测，乱象纷呈，走向不明，形势严峻。特别是优良种业（如蔬菜）九成以上的市场被国外进口种子所控制，同比价格高出国产种子 20%，这不仅是中国种业的损失，同时还加大了全体国人的消费负担。产、销双方怨声载道，两败俱伤

随着农作物耕作模式的革新和反季节作物生产规模的快速发展，农膜市场需求较大，但同业之间无序竞争却颇为激烈。市场上“三无”农膜产品横行，劣质薄膜充斥农资市场，农膜质量参差不齐，新料膜市场份额被挤占。各品类供应状况差距极大。

传统的农耕工具已基本淡出市场。各种农业机械工具市场虽有国家兴农倾斜扶持政策的推广激励机制，但没有达到预期的效果，农机产品销售差强人意，旺季不旺，补贴效果不够明显。

假冒伪劣横行，农药、种子、化肥等假冒伪劣产品不断出现在市场上，尤其是农药市场监管不够严格，加上农民本身知识程度不够高，辨别能力有限，导致农民利益严重受损。

随着经济的不断发展，农资行业一体化趋势日益明显，农资产品企业化生产，在这过程中渠道的重要性及信息的作用日益凸显，行业数据库营销势在必行，但也随着这个行业的发展，农资营销人才必将从单一走向综合发展，但是现在国内对农资人才的培养及需求并未得到重视。农资行业整而不合，分而不化，洗牌后玩牌人数甚至在增加，但是经销商的素质及营销人才的技能并没有得到本质上的提高。

从体制上讲，目前的农资流通体制是由计划经济向市场经济变革过渡过程中，打破由基层国营统购统销模式，转向由其职工和一部分农业技术人员分散个体经营户为主的无序竞争分销网络格局，从营销方式上讲，农资市场和其它工业品、消费品市场不同，本身具有独特的五大特性，即购买单位的分散性、购买过程的季节性、差异明显的地域性、价格受农产品价格跌涨影响的抑扬性、供需信息发布接受的不对称性。农民作为其主要消费对象，选购过程当中的跟随性、随意性和价格最低原则等购买特点相当突出。经销商作为连接供需双方的介质，受其所处环境、接触对象以及商家追求利润最大化的本能意识等因素的影响，在开发市场、经营布局、销售策略上首先考虑的是价格和利润最大化，基于此，一些不法厂商大肆制假贩假，用伪劣产品低价冲击扰乱市场。在供求关系上，总的来讲是供大于求，完全进入买方市场。由于国家对农资生产行业缺乏规范的管理制度，重建设，轻研发，使得农资产业进入门槛大幅度降低，加之改革开放初期农资行业有着较高的利润空间，大量资金的流入，使得农资生产企业数量激增、重复建设、产大于需，低端产品多，生产企业之间的竞争进入白炽化阶段。

现在很多农资原材料处于高位，化肥需要进口，种子也要进口，国内自主研发水平低下，好多生产企业，按产能来说，不会出现肥荒，但不可预测的是，有国储任务的还没有大批量的储备，如果都上手来抓货，光大户拿货，势必会在短期内造成货源非常紧，再加上铁路运输的局限，肯定会出现这样一个阶段。目前主流现象是农民的购买力不足，由于农资需求不足，厂家生产过剩，通用名主导产品，常规产品价格竞争在所难免，没有特色、没有个性、没有核心竞争力和机制不灵活的企业将在生死线上徘徊，再加上国家宏观调控、国际国内经济环境、粮食价格、天灾人祸、原材料价格、出口关税、经营模式等等综合到一块，最近这两三年市场因素的影响已经明显地表现出来。

农资生产流通秩序的长期混乱，导致行业内企业间以高额的回扣、大量铺货为主要竞争手段，经销商以价格为主要手段来拉拢顾客。由于行业内竞争手段和竞争层次普遍不高，因此无法带动整个产业经营管理素质的大幅度提升。这也是泱泱农业大国无法孕育出经营能力和资本实力异常突出的名牌农资生产企业和企业集团根本原因。

2、整合振兴农资市场的应对之策

一个农业大国，没有一个健康规范充满活力的农资市场做配套支撑，其产业地位肯定孱弱，可持续性发展的后劲肯定不足，投入产出比肯定不大，从业者的生产经营积极性肯定不高，如果长此以往，农业产业在国家的基础地位必然会萎靡动摇，必然会影响到国家的稳定。因此，从国家稳定的战略高度出发，农资市场乱象纷呈的状况再也不能继续下去了。

1、产需直供方式是打破目前农资市场困窘局面的利器，其基本内涵是：公司（生产厂家）直接与用户 0 距离对接，删除了所有的中间环节（批发商与经销商），通过电子商务确定供货品名、数量、价位、付款方式、供货时间地点等，最后由售服机构现场提供全面的技术服务指导以及各种产品供需信息的通报和收集，不但降低了用户的投资成本，更重要的是杜绝了多龙闹海众僧争粥的混乱场面和假冒伪劣产品对用户利益的损害。在技术培训方面，总公司则专人为办事处提供技术支持，帮助解决现实操作中的疑难问题。在实践上，陕西省渭南高新区促花王科技有限公司，为开创中国农资直销模式作出了优秀的范本，他们利用电子商务平台把把最新研发的高新产品促花王系列、壮蒂灵系列、新高脂膜、果树促控器等科研成果在众多涉农网站上广泛宣传，效果相当明显，该公

山西阳煤丰喜肥业(集团)有限责任公司
SHANXI YANGMEI FENGXI FERTILIZER INDUSTRY (GROUP) LLC.

司产品不但深受广大农民用户青睐，也使各地区办事处工作者获得了丰厚回报。而原有的中间环节（包括经销商、分销商和总代理应注重自身管理、提高内部素质）则依赖自身的素质、能力和商业资源背（挂）靠公司成为公司的专门售服机构——驻外办事处。公司将把裁减推销员的待遇和不可预见的经济损耗，直接发放给驻外办事处工作人员作为丰厚薪酬。

2、根据市场需求和国家产业政策导向，农业种植业内部要加大产业结构调整力度，建立农业技术推广服务体系，保证农业技术推广工作的有序进行。加大技术投入，积极研发新品种。在经营方式上要积极引导从业者有分散经营尽快向产业基地化、规模集约化经营转化，国家及各级政府要从政策上、资源配置上予以倾斜支持，加快和促进大型的粮食基地、棉花基地、蔬菜基地、林果基地、花卉园林基地、药材基地以及各类经济作物生产基地的建设，能有效扩大购买单位的集中性，减少分散性；能较好地体现品牌的价值，降低购买的跟随性和随意性。

农业技术推广部门在从事农业技术推广工作的同时，还要积极参与农业执法和监督管理，包括动植物检疫、种子质量检验、动物防疫及其监督、农资质量监督、农业机械监理、农民负担监督、农业承包合同管理等，有效地预防动植物病虫害传播和假种子坑农害农等事件的发生，切实保护农民的切身利益和人们的身体健康。

3、国家要从长期战略角度出发切实加大（而不是在文件上）对农业及其相关产业的关注重视和倾斜扶持，要坚决克服纠正从上至下的人心浮躁、目光短视、唯利是图、互损互伤的单纯市场经济观念，要在社会主义市场经济的大前提下，根据市场和产业需求导向加大调整力度，激励研发创新体系，严格行业准入门槛，按照清洁农药的标准，淘汰落后产能，进行新一轮行业重组，形成一批产业布局合理、集高端技术研发、环保工艺生产、把握市场走向于一体的企业航母群。

4、在中央的政策制定、体制转型等方面加速启动的前提下，积极推动现代农业的健康发展。，坚持研发植保新技术、突出捍卫农业生产安全，着力服务资源节约型、环保无公害型农业，加速新产品的开发和应用。新技术是现代农业的先导和发展动力，现代农业依赖现代植保支撑，现代植保的多元组成是现代农资、现代推广、现代经营，其核心就是科学化。近年来电子商务发展迅猛，已经成为全球资源配置优势的有效手段。这一模式完全可以整合当前经销模式，推动其向个性化、专业化、区域化、移动化等趋势转化

3、农资行业渠道研究报告

中国政府自始至终高度重视农业和农村经济发展，把加强农业基础，改善农村生产生活条件，增加农民收入作为整个国民经济工作的首要任务。在农业发展进入新阶段后，政府坚持扩大内需的方针政策，坚持发展农业生产力，实施西部农业大开发，启动农村基础设施建设，扩大和培育农村消费市场，成就了农资行业的高速发展，但从农资营销的现状来看，与国内其他行业的营销水平相比，处于较低的水平；农资行业无论是生产厂家，还是流通企业，大多处于推销阶段。农资企业亟待提高营销水平。农资产业政策的调整，我国农作物种植结构的局部改变，使我国的农资市场将出现更强的区域化、个性化。农资市场总的来讲是供大于求，国内众多农资生产企业生死存亡之战即将拉开序幕，农资市场的竞争将达到白热化的程度。同时国家对农资生产行业缺乏规范的管理制度，也使得农资产业进入门槛大幅度降低，加之改革开放初期农资行业有着较高的利润空间，大量的资金流入这一行业，从而使得农资生产企业数量激增、重复建设、产大于需，这是导致农资企业恶性

竞争和市场流通秩序混乱的根本原因。这正应了哈耶克的论断：市场经济的资源配置作用并不是总是有效的，政府管制的缺位必将导致上述恶果。

农资企业的出路何在？

理实顾问认为，农资企业必须首先深刻了解农民消费者的实际需求以及这种需求的变化趋势，制定在特定竞争情况下的发展战略，然后在农资行业的关键成功因素上做文章，在各个方面创造出领先于竞争对手的竞争优势。除了把产品、品牌和渠道做精做透的经营思路外，也需要根据行业实际情况，积极探索创造新的赢利模式和价值提供方式，最终实现农资提供商和农民消费者之间的双赢。

一、农民对农资产品的需求和购买特点研究显示，农民的购买行为特点表现在以下几个方面：

1 价格优先

农民的收入水平普遍较低，这使得他们会倾向于选择价格较低的农资产品。其次，先阶段大部分农资产品如化肥、农药等均属于农民消费的必需品，产品在功能上差异不大，或者农民对这种差异缺乏了解等等，这使得价格成为了重要的考虑因素。据中国消费者协会 2003 年 12 月 26 日公布的农村消费和消费环境状况调查报告，农民购买农资时首要考虑因素的是价格，其次是品牌、质量、购买方便和包装等。2 学习模仿大部分农民消费者并没有掌握足够的农业科技知识，对于特定农作物和土壤、温度情况下农资产品的使用等所知仍然有限，因此在选择农资产品的时候他们会在很大程度上参考“种田能手”、“科学种田模范”等有经验农民的意见，选择和他们一样的农资产品。

3 接受推介

由于种种原因，农民对市面上流通的农资产品总体情况了解不多，对这些产品的功能变化以及农作物适应性的特点了解有限，缺乏品牌意识。因此在购买的过程中，往往根据经销商的介绍来决定选择何种农资产品。理实数据显示，在农资产品的具体购买中，根据店面销售人员介绍选购产品的比例高达 88%。

研究还显示，农民消费者对农资产品的需求还表现在对产品、渠道、品牌等诸多方面。这些特点按照重要性程度从高到低排列如下：

1）货真价实的好产品。

假冒产品坑农害农，使农民深受其害。农民首先就是要有效果的好产品。用他们自己的话说，就是“药要有用，不能是假的。”杀虫剂要打得死虫子、除草剂要除得尽草。同时，价格也要适中，最好能物美价廉，货真价实。近几年来，由于受粮价下调和粮食减产等因素的影响，农民的收入一直提不上来，这在一定程度上挫伤了农民种粮的积极性。农资企业应从保护农民利益的角度出发，尽量以优质的产品、适中的价格供应给农民兄弟。

2）适用实在的科技服务。农资市场特别是终端市场最缺的是科技，农民最盼的也是科技。为了正确使用农资，对症下药，使农资能达到最佳的防效，使庄稼得到安全的防治，就需要有专业人士对他们进行科技指导。农民们希望所有的农资企业都能像克胜等几家大企业那样真正走入农村、走近农民进行科技推广和服务，解答他们在用药、种植方面的难题。特别是入世后，在环境壁垒高筑的新形势下，我们农资企业更有必要为中国的农产品走出国门，多创外汇做出应有的贡献。

3）讲信用有责任心的基层分销商。

山西阳煤丰喜肥业(集团)有限责任公司
SHANXI YANGMEI FENGXI FERTILIZER INDUSTRY (GROUP) LLC.

基层分销商是代表农资企业或经销商最直接和农民打交道的，他们的责任心、信誉度如何直接影响到农民的利益。农民们就希望多一些为他们利益着想，能够坚持卖名企名品、有吃苦耐劳精神的分销商为他们服务。分销商要成为农民的贴心人，要自觉地为农民服务，不做坑农害农的事。有时候，农民到哪一家销售点购买产品，就是冲着他所信任的某一个分销商来的。

4）了解一些名企名品。

农民对农资企业、农资品牌知之甚少。在用药时，往往这一次杀虫用的是这家的产品，下一次除草又用了另一家的产品，又得重新认识一家企业，这让农民很伤脑筋。盼望着多一些的农资企业来农村向农民宣传，使他们能尽可能多的记住这些企业和产品，建立一种亲密的关系。企业产品的品种也不能单一，而应多开发一些各类套餐式的产品，杀虫、杀螨、杀菌、除草……要应有尽有。这样，农民在选择时就可少许多麻烦，不用再挖空心思找企业、找产品了，一下子就能锁定曾经认识的企业和记住的产品。

5）准确识别真假农资的技巧。

农民虽深受假农资之害，然而假冒伪劣在农村还是屡禁不止，这虽与经销商和农民受利益趋动有关，但农民不明白识别真假的方法，才是问题的关键所在。往往是一不小心购买了假冒农资，自己还不知道呢！虽然许多企业采取了一系列的防范措施，例如，克胜就用了电话防伪、滴水防伪等防伪方法，筑起了一道安全网，这些都要向农民解释清楚，提高他们的自卫能力。另处，其它的一些通过看、摸、试等从包装、外观等进行辨别真伪的方法也要教给农民。

6）通俗易懂的商品名。

农民长期处在农村，他们是我国最朴素、最实在的群体。无论对什么事，他们都希望一竿子到底，适用实在，是他们追求的目标。以农药为例，他们希望农药产品名要通俗易懂，让他们一看就明白这是杀虫剂、那是杀螨剂等，不要弄一些文绉绉的难懂的商品名让他们去猜测。商品名只要好懂、好记、琅琅上口就行，如，扫螨净、蚜虱净等。对农民了解外界的媒介工具的使用频繁程度的数据显示，通过电视来了解外界的占到88%。同时，受过不同程度文化教育的农民倾向于选择不同的作物来种植。

数据显示，较低文化程度的农民倾向于种植低风险和较低商业价值的粮食作物，而较高文化程度的农民则倾向于种植较高风险和较高商业价值的经济作物。这个结论有助于农资厂家确定不同细分消费者群体的营销策略。

二、农资生产企业存在的普遍问题

中国农资企业已有3000多家。这些数量庞大、产品各异的农资生产企业往往起点低、底子薄，他们大部分没有长远的发展方向和战术体系。行业专家认为，农资企业在操作中的主要问题如下：1　远离市场。市场观念淡薄，很少或根本不对市场进行科学系统的调研、分析、预测并进行相应的营销策划。主要原因：一是没有意识；二是没有能力；三是部分产品市场紧缺；四是业内认为这种营销成本支出是浪费。2　漠视客户，以我为尊。或认为客户的利益是自己给的，而且客户的水平要低一些，要玩弄客户比较容易；或认为中国市场大得很，即使丢弃了一个客户，重新再拉一个回来就行；或是认为客户趋利性太强，要求过多，难以成为长久的伙伴，所以不需要注入情感价值。这类企业主要是国内一些较大的有一定名气的尿素、碳铵、磷铵生产厂及一些买断重要紧缺农资区域经营权的商家。3　农资企业普遍缺乏战略观念，既无明确的目标、完整的策划，又无面对风险时的应对准备，抱有“哪儿天黑哪儿睡”的观念。4　农资企业普遍品牌意识不强。到目前为止，在农资生产企业中，能称得上全国性强势农资品牌的可以说还没诞生；在农资流通领域，中农集团、中化集团等少数公司虽然年销量还不错，但市场份额也在缩小，其在流通领域的统治地位也面临区域经销商的挑战，加上其致命的体制弊端及网络松散，营销运作力度不够的缺陷，可以估计其前景不佳。5　市场运作水平低，市场竞争平台低。农资行业做市场的老三篇是：广告开路，铺货赠物，价格绝杀。营销人员的主要工作就是铺货，收款和喝酒。农资企业大多在风雨飘摇中生存，企业的业绩全凭运气决定，很少有运作的成分。而且低水平的价格战及风险极大的盲目铺货，打得小企业散架，大的也摇摇欲坠，行业水平的跃进得不到成本的支撑。6　营销队伍形象差，没有文化底蕴。整个行业给人以“傻、大、粗”的直感。行业内的营销队伍，综合素质不高，队伍管理水平不高，运作技巧缺乏，身心投入不够。

4、当前的农资现状

农业生产资料是重要的农业生产要素，直接影响农业生产发展方向和水平，农资市场与“三农”息息相关。近些年，由于农资经营渠道的拓宽，农资市场相对活跃，农资经营已经遍及乡村，给群众提供了方便。农业生产资料的购销体系在市场化改革中大部分已经私营化和个体化了，受利益驱动，农资经营中的各种弊端日益显现出来，农资市场秩序不容乐观，无照经营、生产假冒伪劣农资商品、坑农害农等违法行为屡禁不止。

现今农资经营中主要的违法行为有：

一是无照经营；二是超范围经营（特别是一些杂货店经营农资，食品与农药混放，同时经营）；三是擅自改变经营地址经营；四是缺乏有效管理的挂靠经营和借照经营；五是销售过期、失效、变质和标签不全、不合格以及国家禁用限用的剧毒高毒农药；六是销售无登记证、批准文号、生产许可证的农资产品；七是销售掺杂使假、以次充好、仿冒他人产品包装及商标、厂名厂址的农资产品；八是销售超出登记证范围，作虚假宣传、夸大功效、扩大使用范围的农资产品；

九是农资生产销售中的计量违法行为；十是经营者素质参差不齐，准入门槛形同虚设。

分析存在以上违法行为的原因不外以下几点：

1、农资经营者素质低是最主要的祸根。农资经营放开后，农资经销异军突起，形成庞大的经销队伍，为了谋利，不惜采用不正当的竞争手段。

2、农资生产企业为了谋利，不是下大力研制新的产品，而是走捷径，采用改换商品名称或改变混配比例等途径来冒充新产品占领市场，一药多名现象严重。有的小企业甚至可以根据经销商的要求，生产各种产品。

3、农资监管部门出现执法不严正现象。对经营法制度以罚代管现象严重，农资经营者销售假冒伪劣产品被罚款以后，还可以继续经营，导致其做法是治标不治本。

4、媒体宣传把关不严。经营者为了谋利，常作不适当的宣传，随意扩大农资的使用范围，往往会把农资引入误区，引发农民的购买欲望，从而使农民无故增加成本，减少收入，同时，还可能因误用农药引起蔬菜作物的农药残超标，生产公害，危害人民的生命健康和安全。

5、农民自身原因。由于农民文化水平差异，自我保护意识薄弱，往往人云亦云。缺乏必要的

山西阳煤丰喜肥业(集团)有限责任公司
SHANXI YANGMEI FENGXI FERTILIZER INDUSTRY (GROUP) LLC.

农资常识，甚至有的图便宜而上当受骗。

针对以上情况，为改变面貌现状，规范农资经营市场，特提出以下建议；

1、提高农资经营者素质，抬高农资经营的门槛。

农资经营存在一个经营资格、经营条件的问题，如果谁都可以卖农药，甚至一点销售专业常识都没有，那么市场只会越来越乱，所以，农药等农资经营者应该具备一定条件，包括技术人员、资金、场所、设备设施、经营规章、管理制度和手段等项都应该有相应的规定。从市场的效率上说，经营规模不应该过于细小和过于分散，要抓紧培育有一定规模，有足够技术力量，有经营规范的经营者。要建立常规的培训机制，定期对农资经营人员进行培训，农资经营人员要持证上岗。不经培训不得上岗，以此全面提高农资经营人员的整体素质。

1、农资监管部门要加大执法力度，从根本上杜绝一些违法经营的现象。

⑴、严格农资经营证照管理，对无照、改变经营地址、挂靠、借照及超范围经营的要坚决取缔。

⑵、把好市场准入关，严格农资经营的登记管理，建立健全农资经营者的经济户口，建立信用机制，对制售假劣农资者，要列上黑名单，对给群众造成严重经济损失的，要追究经济、行政甚至法律责任，取消其经营资格。

⑶、规范经营者的经销农资行为。要把好农资商品的进出环节，要求经营者经销农资商品必须索取进货凭证，商品说明书，销售的农资商品必须出具销售凭据，对剧毒、高毒农药要建立销售记录台帐，便于随时掌握农资流向，一旦出现质量问题，以便及时追缴假劣农资和追究责任，减少农民的经济损失。

⑷、加强处罚力度。在农资市场的监管上，农业部门及其基层单位目前的执法难度还比较大。管理部门查到假货，也不能对之进行强力处罚，这源于立法设计不完善，他们的执法权受到限制。这就是要求主管部门从根本上加大农资监管立法，确保农资监管部门执法有据，加大农资经营者的违法成本，让经营者一旦违法，即被该行业淘汰。

⑸、加强农资广告的审查登记、发布的管理、使农资商品的宣传信息真实有效。

⑹、建立先行赔偿制度、样品留存制度、农资经营承诺制度，增强经营者的自我约束力，规范经营者的经营行为，使农民的知情权、求偿权、自主选择权得以实现。

1、整顿农资生产企业，确保源头产品货真价实。

农资生产企业本着为“三农”服务的宗旨，应该着力于开发新产品，而不能为了谋利，苦心于“商品名”大战。农业部在登记农资产品时是否考虑取消商品名，以产品有效成分进行登记，杜绝商品名泛滥而给经营者以可乘之机。恶棍企业不正当地为客户生产所需产品，从源头上截断假冒伪劣产品，确保农资货真价实。

2、加强农资消费者维权机制建设，有效保障农民的合法权益。

⑴、要求经营者公开其联系电话、进货来源、经营地址等信息，以便消费者在购买产品后全面掌握经营者的有关情况，并能在合法消费权益受到侵害时及时追究不法者责任，也有利于行政主管部门溯源倒查。目前仅在种子经营管理中有关于标签的规定，其它农资经营不是很明确。因此，是否考虑所有农资经营都要像农产品安全管理那样，进一步完善其标识管理制度。

⑵、针对农资经营中的不法行为设立必要的保险基金保障制度。农资产品，如种子等涉及面广，

一旦涉及假冒伪劣，农民为此遭受的损失无可估量，后果将非常严重。基于这种情况，对农资经营者设立保险基金赔偿制度有待尝试。可要求每个经营户，在进入市场经营之前，先交一笔钱，作为经营赔偿风险的保险金，以便出现假冒伪劣损害事故后，能够首先保障受损农民能够及时从中获得赔偿，减少社会"陈痛"。

⑶、健全举报网络，把打假维权，打假护农网络延伸到农村千家万户，指导和教育农民消费者，识别假劣农资，利用法律武器维护自身的合法权益。

3、发挥农业技术推广部门的作用。

充分利用农业技术人员专业知识性强的优势，积极发挥他们的作用，使他们掌握农资流通领域的第一信息，通过培训、科技讲座、下乡指导等多种形式，将知识传播到田间地头，将好农资产品介绍给农民，指导农民开展好农事生产。

4、发挥协会作用，规范经营秩序。

目前各种协会的成立在各领域都发挥了很好的积极作用，为规范农资经营秩序，各地农药协会也应运而生，如果协会能切实发挥出它的作用，能够统领农药的购销市场，对规范农资经营秩序将起到很大作用。

5、由于农资市场点多面广，服务质量、安全保障较难落实，因此，通过开展农资商品连锁经营，整顿规范农资市场十分紧迫。实行农资连锁经营，是服务"三农"、加快新农村建设的必然要求，是规范农资市场、抓好农资打假和监管工作的具体前据举措，是保证农资质量、构筑农资安全网络体系的有交途径，是引导农资市场向无公害化、优质化、品牌化方向发展的便捷之路。

当前农资连锁经营已有许多成功例子，他们的具体做法是；实现镇镇有特许连锁加盟店，村村有本着便利店，形成以镇乡、街道、为骨干、村为基础的农村生产资料供应零售网络体系，实现农村生产资料供应领域与"千万"工程网络的接轨。直营连锁店、特许连锁加盟店、配送便利店将实行统一的标识、采购、配关、管理、标价等；营业面积分在 80 平方米以上和仓库 30 平方米以上、50 平方米和 20 平方米和 10 平方米以上；每店配备 2 名以上经农业行政主管部门考核合格的农资商品经营人员；农药、化肥必须做到 100% 配送。

通过农资连锁经营可以保证经营人员经营素质；可以保证技术人员技术指导到位；可以保证农资产品大宗进货，货源正规，价位合理；可以保证经营有序规范；可以避免经营风险。农资连锁经营是今后农资经营的必然之路。

5、农资（化肥）企业经营成败奥秘研究

把目光回溯到 10 年前，我们会感叹，从同一行业时期走来、实力大致相当的农资企业，市场际遇会如此不同。对比 10 年前的农资板块，我们会惊讶，当初处境相似的山东、河南、四川、江苏等地农资企业，现在差距会如此之大。我们不仅要问，是什么决定了农资企业的成功和失败？哪些关键因素成就了成功企业？

在不完全竞争的农资行业，人们对企业的起起落落已习以为常，但这不代表我们能够对企业之间的所有差异安之若泰。当很多相似的农资企业分别走向成功和失败两个极端时，企业截然不同的命运，吸引着我们去破译这个行业的成败密码。

第一部分：农资（化肥）企业外部环境研究

山西阳煤丰喜肥业(集团)有限责任公司
SHANXI YANG MEI FENGXI FERTILIZER INDUSTRY (GROUP) LLC.

一、从所有行业的需求演变规律共性看，农资行业需求一定从低级向高级发展会有三个明显趋势:

1. 技术升级：例如化肥市场单质肥明显减少，复合肥明显上升，未来有机肥也会逐渐在高端市场崛起；高效、低毒化学农药和生物农药市场空间将持续增长：比如杀虫剂中三唑磷；比如生物农药阿维霉素、甲维盐等。灭多威、甲拌磷等高毒性有机磷需求持续下降。

2. 价位升级：原油、煤等上游原料价格不断升高、政府加大对农业的投资力度、农民消费能力和消费意愿的增强，都直接或间接的导致化肥的消费价位的提高，尤其是复合肥，上游单肥成本增加，下游渠道建设和推广费用的增加，都是其价格高居不下。

3. 品类升级：随着需求不断升级，更精细化的品类细分进入到亚品类阶段，针对亚品类定位的品类升级策略逐渐成为行业的潮流，如化肥类亚品类细分：复合肥、双塔肥、高塔肥、缓控释肥、各农作物专用肥等等新兴亚品类。

从历史的经验和教训看，需求变动常常会造成以下陷阱：

技术升级陷阱：对新技术初期效果缺陷和不完善陈见导致了技术创新近似症；

价位升级陷阱：缺乏对价位变迁三个阶段发展规律的研究；

品类升级陷阱：未能利用亚品类区隔建立品牌或未能选准战略性品类并独占细分市场。

二、纵观中国产业渠道变迁史，中国农资行业渠道逃不过以下三大趋势:

1）从时间纵向看：农资渠道会从无序流通走向有序管理；中国农资渠道从80年代供销社系统统销、到90年代省级代理大流通分销、到2000年后渠道扁平化，渠道有序最高阶段实现渠道连锁化、信息化和品牌化，直至通过终端有序经营管理将无序流通彻底挤死！

2）从空间横向看：农资渠道会从单一渠道向多渠道并存方向发展。从主要依赖传统农资公司所属经销渠道向农业三站、终端连锁、厂家直供、邮政物流多渠道分销形态过渡，农资渠道类型得到拓宽，复杂性大大提高。

从时间和空间上来看，中国农资各渠道未来发展方向是以县级为单位公司化农资经销商仍然是市场主体，以商业品牌为主体的农资连锁会成为一个重要力量，区域性厂家深度分销会长期存在。

3）从职能分工看：农资渠道和厂家职能在发展中存在三个分工转移阶段。第一阶段：厂依赖商，厂家只管生产产品，最多管一些品牌广告宣传，商家负责所有销售；第二阶段：厂越过商，厂家通过将商家改造为物流商，越过经销商直接管理下线网络或零售终端，实现对市场掌控和推广；第三阶段：厂商合理分工，厂家负责技术研发、产品制造、品质控制和品牌塑造等战略和营销范畴事务，商家负责一切有关于销售事务；研究得出，目前我国的农资行业处在第二阶段。

总的来说农资渠道的核心是实现渠道成本、渠道效率的平衡发展！农资行业技术性、农资商业地域性决定了农资企业不可能完全依赖经销商；农资终端分散性、农资资金密集性决定了农资企业不可能离开经销商。因此，农资行业厂商分工要反对“完全依赖”和“完全自营”的两个极端方向。

三、任何产业竞争都将是一场马拉松的淘汰赛，农资行业一样会经历竞争壁垒大幅提高的演变规律

1. 农资行业竞争的加剧主要体现在农资推力营销壁垒大幅提高和农资拉力营销壁垒大幅提高两个层面上：

农资推力营销壁垒大幅提高：简单的分销和流通已经无法打开渠道和农户的大门，化肥、农药等农资企业必须采取提升终端形象、强化终端促销、加强农技培训、建立示范田、示范村等大量“深度推广”才能达成农户的接纳，同时渠道深度增加也大大拉升了企业的人力成本负担，推力营销壁垒大幅提高。

农资拉力营销壁垒大幅提高：随着竞争压力的增大，首先企业在品牌传播的载体——产品概念上进行了营销创新，大量经过精心包装的产品概念开始以“农户需求”为核心展开，比如“双胞胎颗粒”饲料、平衡蛋白饲料、环保农药、少农药残留等；其次企业媒体成本大幅增加，形象代言人和媒介工具一再升级，比如西洋复合肥选择赵本山、宋丹丹代言沃夫特、陈佩斯代言史丹利、朱时茂代言金沂蒙，这些都是拉力营销费用大幅飙升的例证。

当农资行业竞争壁垒大幅提高以后，竞争优势将很快从“策略领先竞争优势”转向“资源不对称竞争优势”，以“资源实力”为基础的农资企业会赢得最终战争。

2. 资源竞争时代，资源投入的价值观和模式有明显变化：

资源投入目标——从“平均式投入”转向“目标集中投入”，通过滚动集中投入实现不对称优势；

资源投入模式——从“提升式投入”转向“前置式投入”，通过前置投入时间，大幅度提高“先入为主”的先机优势，获得领先竞争。

作为国内领先的农资、化肥企业，要成为伟大的品牌就更需要具备资源前置性、聚焦性投入的魄力，当然，如何做到投入最有效是企业需要思考的问题。

四、作为高技术含量、规模经济明显的行业，农资行业的资本集中度提高将无可避免，产业整合一定来临！

农资行业属性决定了不同品类可能资本整合路径不尽相同：比如化肥行业因为规模经济更明显，产业容量大是不是横向整合可能性更大？比如农药行业，技术创新高、细分优势强是否是更容易实现纵向整合可能性？比如种子行业，因为品牌关注度高是否意味着品牌整合可能性大？农资企业家必须深刻理解自身所在行业属性差异以及这种差异决定了行业整合方向，提前布局，获得超额资本回报！

第二部分：农资化肥企业内部要素系统研究

一、农资企业商业模式与战略

优智联合研究发现：对于大多数农资化肥企业而言，通常都是从某一战略模式起步，随着企业发展，通常会发展为“差异化＋集中化”模式或者“低成本＋集中化”模式综合体。

丰喜复合肥、双胞胎饲料利用技术差异化、品类差异化实现高壁垒、独占式的差异化竞争，由点突破带动全线；或加大品牌推广力度，多样化的品牌推广模式、前置性的资源投入，形成良好的产品品牌、企业品牌，为销售提供背书；

中化集团采取标准产品的规模化生产、标准产品的不断创新领先，大流通的渠道策略，降低品牌投入，走低成本道路的战略；

湖北鄂中、六和集团采取集中化战略，分割区隔市场、集中资源、各个击破，巨量集中在单一市场所形成的品牌价值得到充分体现，区域市场广度、深度覆盖，做到局部第一，相对垄断。

辽宁西洋采取“集中化＋低成本”的战略，聘请赵本山作为代言人，央视、省卫视、各市县电

山西阳煤丰喜肥业(集团)有限责任公司
SHANXI YANGMEI FENGXI FERTILIZER INDUSTRY (GROUP) LLC.

视台广告的强力支持。同时，选择重点市场（基底市场东北，辐射华北市场）实施广告覆盖，为配合宣传推广，组建团队选择农户进行实证示范，走村串户，张贴标语，决战终端；对网络则扩大利润空间，价格透明。

事实证明，成功化肥企业在市场环境变化的关键时期，总是表现出优秀的战略管理能力，即使是在前一段时期表现欠佳的企业，只要抓住市场环境变化的战略机遇，也能实现大幅度增长，重新占据竞争主动权。在农资领域除了化肥行业，其他行业那些目标远大、战略清晰的农资企业所发挥的战略影响力也超过了常人的想象。虽然近年来农资化肥企业战略水平持续提高，但在优智联合的研究案例中，还是相当多的企业因为战略失误而陷入经营低谷。

二、中国农资企业区域布局

（一）中国农资类企业区域市场布局主要受到以下 3 个要素的严重制约：

1. 消费区域差异大——中国农资市场是世界上最复杂的市场。因为区域土地特征不同，种植的农作物品种不同，不同的农作物、不同时期对农资产品的需求不同，因此农资消费区域差异巨大；

2. 行业集中度低——区域性农资企业数量众多，特别是化肥，几乎是“一县一厂”，然经过几轮市场竞争淘汰掉大部分，但目前还保持“一市一厂”的水平。数量庞大的小规模农资企业分散在各区域，使得各区域市场之间竞争状况完全不同，很难用一两种固化的竞争方法获得全面成功；

3. 渠道变迁迅速——当年大流通渠道体制转换为目前开放性渠道体制，很多企业大区域市场布局遇到了严重的制约。

（二）优智联合对农资企业区域布局建议：

企业在明确自身定位、区域市场定位之后要选择相应的区域市场操作策略：

区域市场类型	产品策略	价格策略	渠道策略
全国性布局	高端优势品种 / 细分品种 / 主流品牌品种	中高以上价位	流通为主的广度分销
板块性布局	多样化丰富产品线布局	全价位覆盖	深度分销的渠道扁平化与代理制相结合
集中化布局	主流产品丰富产品线	中低价位为主、中价位为辅	直供或 1+1 助销模式

全国化布局：高端优势品牌和细分优势品牌适合采用；

板块化布局：区域优势品牌适合在所在根据地市场深度布局，周边市场板块化重点布局；

集中化布局：小型化肥、农药企业主要在一两个地级、县级市场深度集中化布局，或者以经销商机会性布局。

中国农资市场区域差异性明显，企业在把握规律的同时需要尽量做到“一区一策”：根据市场需求、竞争格局、地域属性、人群消费特点等要素制定区域市场操作策略。

三、建立配称一致的营销组合

（一）产品要素

从产品要素看，全国性综合农资企业，从产品要素看，中化集团、中华全国供销合作总社直属中国农资集团（简称中农）都坚守了全品类覆盖产品线原则，通过横向多元化形成涉及农药、种子、化肥等多个农资产品领域，纵向延伸上下游产业链，通过低成本和政府背景信任统领全国市场；区域强势品牌主导产品线都是在化肥、复合肥、农药、种子、饲料等农资产品之中的一到两个，甚至只有一个复合肥，主要是以长和深的产品线设置以及差异化的产品来覆盖更多细分市场，从而在一个有限区域或农资产品大类实现市场深度占有。

关于化肥企业产品策略：

1. 随着我国入关后农业形势的变化，新型的复混肥料品种将进一步得到发展，如添加各种微量元素的作物专用肥、有机－无机复合肥、能与农田喷灌相结合的各种液体肥料、悬浮肥料等将会得到重视和开发；

2. 要不断开展科技创新，将企业的产品努力挖掘差异化：如专用肥、平衡肥、缓释肥、节水肥、绿色肥等；

3. 散装掺混肥料在今后的肥料市场上将占有一席之地；

针对不同的细分市场，选择合适的差异化产品。这对企业提出了很高的要求：首先，要对创造性产品具备良好鉴别能力，才能引领行业潮流。其次，要具备强大的营销整合能力，再好的眼光开发了再好的产品，如果没有迅速的市场推广能力，就难以成为真正的领先者；最后，需要得到销售渠道的高度合作。

（二）价格要素

从价格要素看，全国性综合农资企业产品价格多属于中低价位，通过保持价格刚性的策略塑造自身的价格标杆形象，通过价格调整，影响农资市场，起到调控市场的作用；区域强势农资产品价位多样化，并且集中在中高档价位，其价格体系中预留了更多利润给渠道成员或作品牌推广。

（三）渠道要素

从渠道要素看，全国性综合品牌主要依赖消费者高忠诚度的指名购买，所以中化和中国农资集团都采用重广度分销、轻终端推销的渠道模式，这与其垄断型的品牌地位是一致的；区域强势品牌重视当地市场深度分销和强有力的终端掌控，人员配置更多，终端投入力度更强。

1. 关于农资化肥渠道策略：

（1）降低渠道重心精耕细作——变“机会主义型的猎手”为“精耕细作的农夫”；渠道适度扁平化、贴近消费者做普惠制的服务，进行终端资金和农户拦截。

（2）区域市场滚动发展——通过样板市场或利基市场的建设不断影响周边其它市场，实现以点带面、“中心造势，周边取量”的市场效果。把有效的资源投入到局部市场上去，通过区域市场的动态滚动发展和有机组合，实现营销资源的有效配置。

（3）打造核心经销商队伍——厂家打造核心经销商队伍，要求经销商与厂家一道共同投入资源做市场，要求经销商认同厂家的发展理念和实现这些理念的路径。通过打造核心经销商队伍掌控核心市场，通过核心市场的带动和影响形成连片的“根据地”，进而实现复合肥企业在全国市场的谋篇布局和战略布署。

核心经销商应该具备以下特点：销量比较大；网络覆盖率较高；在当地有一定的人际网络和关系背景；具备人员、车辆和其它优势营销资源；愿意主动配合厂家去开拓市场。

（4）资源聚焦，锁定核心终端——按照市场容量、辐射区域、上年销量、主营品牌等标准进行终端细分，来确定哪些终端是一类核心终端，哪些终端是二类终端等。对核心核心终端重点支持

山西阳煤丰喜肥业(集团)有限责任公司
SHANXI YANGMEI FENGXI FERTILIZER INDUSTRY (GROUP) LLC.

和维护。

企业要先确定核心县级市场，特别是对于成长型的化肥中小企业，市场聚焦是关键。通过市场布局，先锁定核心县市场，然后在核心市场区域内再锁定核心镇（或村）终端。

（5）深度推广和传播——围绕终端有组织地开展贴近地面的广宣、主题传播活动、贴近农户的农化服务以及灵活的消费者、终端促销活动，不断增强抢夺农户的能力。

复合肥企业的推广和传播活动不但要具备打动消费者心智的“深度”，还要确保能够有效地在面上展开，最终形成可执行、可复制、可持续的推广和传播模式。

（6）发育营销队伍的能力——实施深度营销模式，要求业务员成为营销能手、管理能手、农化技术能手，帮助经销商发育营销能力、管理能力和服务农户的能力。

2. 优智联合农资渠道—“盘中盘”模式：

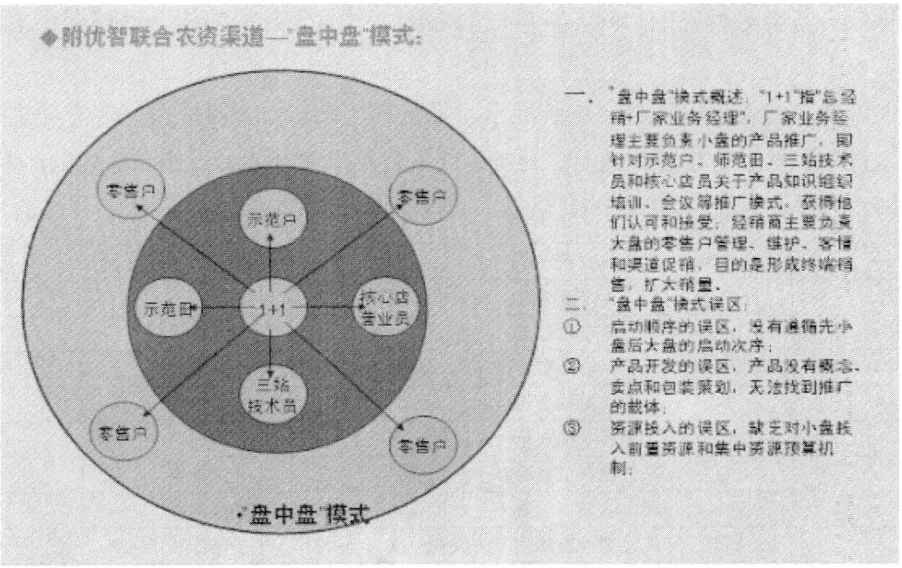

（四）从促销要素看，

全国性综合品牌中化和中农也将作力点用于渠道和网络的建立，而不太注重消费者促销的实施，为的是维护高效的配送网络，累积渠道优势；区域强势主要将资源用于线下的渠道、终端促销，和线上广告形象投入并重。

显而易见，虽然区域强势品牌在4P上和全国性综合品牌中化、中农完全相反，但这并不影响它们取得成功。所以成功农资企业和失败农资企业差异并不表现在4P中某一营销要素的优劣，而在于4P是否与企业经营战略高度一致，4P之间是否更为协同。

四、农资行业品牌塑造策略

1. 品牌塑造

产品形象识别：名称、包装形象是农资企业品牌形象的DNA，由于大部分农民知识文化的欠缺，农资企业必须以包装颜色、文字、设计的家族化为中心塑造自己的形象，占得形象先机。

媒介宣传：农资行业的发展已经进入品牌化阶段，有特色的针对消费诉求、品牌塑造的广告成为启蒙、引导消费者需求必不可少的手段。

终端宣传：企业应当利用“试验田”、“农科员”、“意见领袖”等作为自己品牌宣传的一种行之有效的途径。

2. 化肥品牌传播

农民的消费特点讲究“眼见为实”，是不是好品牌，只有在使用产品体现出效果后才知道，所以，化肥行业是先在经销渠道中树品牌，让经销商乐意经营并推荐给农民消费者，然后才有消费者品牌，化肥行业广告的投放，更多是给经销商看的，在农民没使用品牌的产品之前，广告因素对农民初次购买的影响作用不大，品牌不是依传播的形式存在，而是以产品的形式存在，所以，企业要根据这样的传播特点来考虑电视广告投放策略。

复合肥是一个相对比较特殊的产品，宣传的载体也要根据产品的消费者来进行选择。复合肥品牌也是大量运用墙体广告进行传播，墙体广告的费用相对其他媒体较低，可以做到以低成本致胜。复合肥做墙体广告符合老百姓的口味，能够时时看到，并且看到好的广告语还会在来回的路上作为谈笑的话题。

淡季的宣传推广工作可以从终端包装展示、示范户建设、农技服务讲座等方面进行。终端包装要围绕如何赢得农民的品牌信任来进行，比如：终端店招发布和更新，终端店内的产品或品牌海报，终端授权铜牌发布等。示范户建设和农技巡回讲座等推广手段，都要围绕借助终端的资源来进行。

品牌	广告语	诉求
西洋复合肥	西洋复合肥，种啥啥丰收	丰收
鲁西化工	鲁西复合肥，实在，是好肥	情感
撒可富	丰收三要素：阳光、雨露、撒可富	暗示
施可丰	中国放心肥专家	信任
鄂中	鄂中复合肥，庄稼的牛奶	情感
财鑫	肥料用财鑫，土地生黄金	心理暗示
金正大	苗期不浪费，后期不脱肥	产品卖点
湖北长润	高塔新一代，收成多一袋	心理暗示

化肥企业的品牌塑造已经上升到消费者用途或者品牌形象阶段，现在，品牌传达更多的是针对特定功能的使用价值，更多的是体现高效、丰收、物有所值等希望和经济的附加价值，品牌发展最终的定位应该在信任的感情价值上。

大型企业更易于做品牌形象传播，挑战者品牌更适合以产品品牌为核心；在推广策略上，示范户、示范田建设、农技服务讲座已成为化肥、复合肥类单品生产企业打造品牌，提高产品可信度和忠诚度，终端拦截和启动大盘拉动销售的最有力武器，是市场竞争中大型农资集团比较薄弱的环节，也就是复合肥但品类品牌的机会所在。

五、构建有效组织架构和资源投入模式

首先，从组织架构看，现阶段的农资、化肥企业需要注意以下几点：

1. 要重视营销性部门设置——产品开发规划、品牌落地推广等是关键；

2. 销售部门组织设计要按照市场占有率不断裂变——占有率越高的市场越要划小；

3. 要强化督导、打假部门设置，主要用于管理市场秩序和维权；

同时需要明确，随着行业竞争态势的不断发展，市场竞争层面的重点已经发生倾斜，原来“重生产，轻研发和营销”的组织架构已经不能适应目前行业同质化问题严重的竞争格局；渠道的不断

山西阳煤丰喜肥业(集团)有限责任公司
SHANXI YANGMEI FENGXI FERTILIZER INDUSTRY (GROUP) LLC.

变革和市场的快速变化都要求企业具有快速灵活相应的营销组织；市场的无序竞争和假冒伪劣品的泛滥不仅影响农民消费者一年的收成，更重要的是破坏了企业好不容易建立起来的消费者对品牌产品的信任和忠诚，直接影响产品的再次消费。

其次，在资源配置与投入方面需要导入预算制管理，进行资源预算战略性和前瞻性配置：

1. 明确产品开发、品牌、推广投入刚性，确保企业发展可持续性；

2. 明确战略性市场和战略性品种的投入，保证投入目标战略性；

农资行业竞争壁垒的大幅提高，要求企业具备大量的资源用于竞争。而复合肥既要有上层品牌塑造和传播推广的资源投入，也要有终端促销、加强农技培训、建立示范田、示范村等渠道或终端推动的费用投入。一个企业的资源是有限的，并且是有成本的，一方面要为战略目标实现提供充足的资源保障，又要保证资源的低成本，这就需要企业改变资源投入方式，采用集中投入或前置性投入实现资源不对称的优势。

第三部分：农业发展变化带来化肥产业变革

农资行业是依存于农业产业而存在的，农业的特点、发展水平、发展阶段的不同都会在根本上影响到农资行业的发展，化肥行业自然也不例外。

从世界范围看，农业率先长足发展，突出表现在：①在新型农业发展模式上，当前世界农业发展的趋向是由平面式向立体式、由农场式向公园式、由自然式向设施式、由常规型向生态型、由单向型向综合型、由机械化向自动化、由化学化向生物化发展，高技术农业、信息农业、精准农业、生态农业、工厂化农业等新型发展模式陆续出现，刚性政策措施保护，可持续发展。②农业发展超越了初级生产范围，拓展了纵向、横向与其他经济活动的联系，改变了以往农业产前、产中、产后分割现象，形成了“从田间到餐桌”的完整产业链条。美国，80%农产品供给食品业，荷兰、丹麦2/3的农产品深加工和精加工后进入市场。③高度重视农产品品质、营养和安全，标准化生产普及，食物质量安全成为更为优先的政策目标。发达国家都有规范的管理体系和行之有效的监督机制，确保加工农产品和食品的质量安全。④民间组织发挥重要作用。许多国家鼓励农民组织起来，提高自我服务水平，以期节约交易费用，降低成本和市场竞争风险，增加获利机会。

我国的农业有自己独特的发展规律，但终归逃脱不了世界农业发展的范畴。在我国，最有特色的就是“家庭联产承包责任制”，在当初大大的刺激了农业生产着的积极性和经济的发展，也符合我国“小农思想”的基本国情。随着我国农业的发展以及和世界农业的不断地并轨和融入，土地集约化使用和农业产业化生产已经成为必然，这就造成了化肥消费分散购买和集中购买的并存的局面。

在这种情况下，化肥企业应该怎么做呢？

一、构建渠道网络，创新营销模式

首先提高物流配送能力，缩短供销渠道，扩大营销网络，保证产品快速、及时送到消费者手中，保证农业生。其次，进行深度营销，深耕区域市场，提高农技服务水平。（参考第二部分：农资化肥企业内部要素系统研究）

二、化肥产品升级

（一）从长远看，复合肥仍然是今后我国化肥产业发展的主要方向之一，也是肥料企业参与竞争的资本和生存的关键。

据统计，世界化肥产量中复混肥料的产量约占35%，氮肥中的15%，磷、钾肥中的50%～60%均被加工成复混肥料后使用，而一些发达国家其50%的氮肥80%-90%的磷、钾肥均被加工成复混肥料后使用，复混肥料的比例高达70%-80%。化肥生产从单一肥料过渡到以复合肥料为主，已经成为一个国家化肥工业发展水平和农业发达水平的重要标志。

我国现在复合肥的施用量占化肥消费总量的33%左右，但这个总量与世界上50%的平均水平相比有一定的差距，与发达国家的70%左右的水平差距更大，随着农业现代化水平的不断提高，复合肥所占比重逐步提高是化肥产业发展的必然趋势。

政策方面，农业部下达的农技推广重点仍然是测土配方施肥，全国每年测土施肥面积将在4亿亩以上，所需复合肥实物总量将超过4200万吨/年。如果全国测土配方施肥面积达到总耕地面积的50%，则有40%以上的单质化肥需要加工成复合肥。

（二）国人对饮食健康的持续关注带来有机肥料和农家肥的机会

国际有机农业运动联盟组织进一步扩大、有机农业生产的规模空前增加、全球有机食品的消费出现了大幅度的增长；在国内，国人对饮食健康表现持续关注。这就直接提高了农产品的生产的标准，对农作物生长环境的要求随着苛刻起来。在现代化和商品化生产条件下，为了生产绿色食品，要求各种投入和产后的加工、包装和运输等，也必须是绿色的，即在投入领域，采用包括生物农药、有机肥料、有机饲料、有机兽药等有机农业生产资料。对于国内化肥企业来说研发生产高端有机肥和生物肥等高科技、无污染的肥料可以带来高额的利润。

（三）新的农业生产方式带来肥料的创新

如添加各种微量元素的作物专用肥、有机－无机复合肥，与农田喷灌相结合的各种液体肥料、悬浮肥料等将会得到重视和开发；开发科技含量高的差异化产品：如专用肥、平衡肥、缓释肥、节水肥、绿色肥等。

三、倡导新形式的农业生产合作，扩大产品范围

借鉴国外成熟的农业发展模式，可以为我国农业发展提供经验和指导，其中巴西模式、德国模式、日本模式和荷兰模式最具参考意义。

巴西模式，20世纪90年代后期，巴西政府重新审视农业发展方向、思路、政策，以土地改革为核心出台相关政策，获得极大成功，12年谷物产量翻了一番，农产品出口外贸顺差从100亿美元增长到340亿美元，成为世界第三大农产品出口国。主要措施：①鼓励扶持产业化生产组织。政府在生产信贷、土地税等方面鼓励集中分散农户进行产业化生产组织。巴西农村有两类组织：一是由分散农户组织的合作社，农户自选合作社领导，通过合作社集资办农产品加工厂，产品统一推销或集中加工；二是由企业或财团牵头，与农户签订合同组织生产与收购。这种以组织或合同为基础形成的生产、加工、销售的产业链，密切了农户与市场、生产与销售的有机联系，增强了市场和风险意识。2005年，巴西各类合作社发展到7355家576万人，平均收入是不入社农户的两倍。

德国模式，家庭农场主导模式。①德国农业以家庭农场为主要经营模式，建立农资供销、加工合作社。按德国合作社法，合作社至少要由7名社员组成，以资金参股，企业共有。这种合作社遍布全国，结构完善，法律健全，服务周到，发挥着个体农民和国家都不能替代的作用。平均一个农业劳动力生产的产品的供养能力达到130人。农业机械化水平居欧盟各国之首。②发展生态农业。

山西阳煤丰喜肥业(集团)有限责任公司
SHANXI YANGMEI FENGXI FERTILIZER INDUSTRY (GROUP) LLC.

实施“绿色生态”农业计划，提出用农家肥增加土壤肥力，用生物方法防治作物病虫害，不能使用化肥、化学农药和除草剂，保护土壤和生态措施世人惊叹。③高投入。农业投入每年高于 GDP 增长 10%。

日本模式，农业产业化、规模化、专业化经营。①一村一品模式，是一种在政府引导和扶持下，以行政区和地方特色产品为基础形成的区域经济发展模式，其特点是一个地方（县、乡、村）根据自身的条件和优势，发展 1 种或几种有特色的、在一定的销售半径内名列前茅的拳头产品。②采取多投入劳动和多投入肥料的土地集约型经营方式，改善农田水力设施，推广优良品种，广泛使用化肥，发展以劳动密集和土地密集结合的小型经营耕作技术体系，通过通过资金、技术等的投入解决人均可耕地面积少，农村劳动力不足的问题。日本是世界上最早广泛实行农业化学化的国家。③日本的农业社会化服务主要有日本的农业协同组合（即农协）承担。日本农协是由农民按地域组织起来的合作经济组织，除了经济职能外，还兼有帮助政府贯彻农业政策和代表农民向政府施压的双重职能，具有“准政府机构”和“政治团体”的性质，已经在全国形成庞大的垄断组织体系，覆盖日本整个农村地区。

荷兰模式，以个体农场为主。①农业一体化经营。1. 市场 + 农户。这是荷兰农业一体化经营的重要形式，市场 + 农户模式具体表现为“拍卖市场”与农户连接和超级市场与农户连接两种模式。除“拍卖市场”为中心的一体化经营外，以“超级市场”为中心的农业一体化经营在荷兰也很盛行。2. 合作社 + 农户模式。荷兰的农业合作社不仅存在于农业生产领域，而且广泛存在并发挥作用于农产品加工、销售、贸易和农业信贷、农业生产资料供应等领域。3. 企业 + 农户模式。在这种模式中，一些大的农产品加工企业或贸易企业，直接与农户连接，进行农产品生产、加工和销售的一体化经营。由于拍卖市场的发达，使得这种经营模式未能成为荷兰农业一体化的主要模式。②以节约土地，提高土地劳动生产率为目的调整农业结构和生产布局，使农业生产向产业化、集约化和机械化发展；在全国范围内实行了用资金替代土地，发展高效农业。荷兰温室农业无论是蔬菜或花卉，一般都是专业化生产，多品种经营。③在政府政策的指引下，无机肥料和合成化学杀虫剂的使用量得到了有效的控制，而且逐年大幅减少。相反，使用有机肥料的农作物的面积近 10 年来每年上升的幅度达到 34%。这个做法不但实现了有害物质对土壤和水的零排放，而且极大地提高了农产品在国际市场上的可信度。

在我国，“家庭联产承包”可以由新形式、新面貌的生产合作社联合起来，统购统销，提高产业集中度，在市场竞争中提高话语权。这种由分散到集中的合作社为化肥企业针对特定区域市场提供个性化服务和产品提供平台。首先对土地进行测土配方，研发生产针对性产品，在农作物生长期根据生长情况调制肥料，最后提供大规模的施肥服务，这样产品就从生产销售延伸到前期的测土、配方和后期的施肥、监控，产品附加值大幅提高，而且通过规模化降低了农业生产的成本。这种方式既能满足土地的集约、高效、科学的使用，也是农业机械化、自动化、工业化成为可能。目前，在我国已经出现了新型“合作社”的萌芽，但是还没有发展起来，这并不代表化肥公司无所作为，而是应该一方面积极推动这种“合作社”的发展，另一方面，通过市场手段和影响力，实现土地和肥料的集中规模使用，比如团购、示范村、示范田、组建农场等，对规模土地和农作物提供个性化服务和产品。

日本、荷兰农业通过加大劳动、资金和技术等资源投入以及产业化、集约化、专业化生产解决可耕地面积小的问题，提高单位面积的产量的经营模式对化肥企业来说既是机遇，又是挑战，机遇是肥料的使用量在扩大，总需求在增长。所面临的挑战一是需要企业开发肥效好的产品，迎合市场需求；二是随着农业生产者的联合扩大，他们的议价能力增强；三是可持续、环保农业对企业的产品要求很高。对于我国化肥企业来说，面对这种趋势首先要做好环保产品、高效产品的技术储备；其次积极运作已经规模化、集约化、专业化生产的经济作物肥料市场，积累经验。充分准备，迎接挑战。

四、纵向整合下游产业链

在产业纵向整合方面，饲料企业的发展也许可以给化肥企业带来一些启发。饲料企业在产业链上牢牢占据产业链的上游和下游，把猪仔交给养殖户养殖，提供饲料和饲养技术支持，最后收回生猪，从中抽出猪仔和饲料费用，剩余部分是养殖户的收入，然后深加工猪肉或其制品售出。化肥企业可以和种子公司合作向农民提供种子、施肥以及技术服务支持，农民负责提供土地和劳动，由收回农产品进行深加工。对于农民来说，大大降低了农业生产的风险；对于企业来说，既赚到了化肥的利润，也能赚到农产品深加工带来的新的收入。

在全球农业的背景下，国内化肥企业应该加强产品科技研发，创新营销模式，引导产业整合，在自身成长壮大的基础上带动农业整体发展。

结语：

外部四个环境的变化对有些企业而言是一种危险，企业避之唯恐不及，最终在竞争中被挤压被淘汰；而有些企业则认为变化是一种机会，主动去适应去利用，最终在竞争中掌握先机成为胜出者。任何一个企业都不可能永远成功，也不可能永远失败，成败转换的关键就在于你在变化发生时、机会来临时做出怎样的决策！

成功和失败的农资企业之间的差别，并不完全在于是否洞察了外部 4 大环境变化，更关键在于是否采取了正确行动，并使得企业适应新的经营生态，实现与时俱进。

成功和失败企业经营上的主要差别在于企业内部七大经营要素的变革步骤和内在一致性上。如果农资企业七大经营要素变革步骤有序、内在协同可以保证企业在市场竞争中不犯错误，保持和提升竞争力。反之，则企业各要素反应游离，市场表现散乱，逐步丧失市场主动。

7 大要素的变革和协同，不仅是对企业营销能力的考验，更是对企业家管理艺术的考验。要在变革中达到步骤有序、内在一致性，企业家不仅要调整自身的价值观念，更要让企业各级管理人员和员工认同新价值观。这需要企业家对企业文化和组织能力进行持续的建设和引导，只有在行为和意识上实现了高度趋同，企业才能形成凝聚力，在市场竞争中爆发出无穷的创造性。

我们认为优秀的伟大的农资企业都应该在每个市场环境变化的关键时期，以全局的、系统性的、前瞻性的战略来审视企业当前的营销体系，以战略驱动营销，以营销驱动销售，最终实现健康、可持续的快速发展。优智联合期待用自己的行业经验给企业提供最有效的助力。

6、农资企业打造自主品牌的意义

自 2006 年 2 月 21 日，中央一号文件经新华社正式公布《中共中央国务院关于推进社会主义新

山西阳煤丰喜肥业(集团)有限责任公司
SHANXI YANGMEI FENGXI FERTILIZER INDUSTRY (GROUP) LLC.

农村建设的若干意见》，该文件成为新世纪来的连续第三个农业“一号文件”，这届全国人大、政协两会的重要议题均有“新农村建设”，并明确地对此做了重要部署。“新农村建设”无疑是中国农村改革后的又一重大改革举措，对于改变农村面貌、农民命运和与之相关农业产业产生重大影响。在这种情况下，作为农资的生产厂家、农资经销商，我们也无疑需要面对着新农村需求、新农村营销 FromEMKT.com.cn 形势的改变，就需要在新农村这个阶段有针对性地进行农资企业的品牌管理及建设：

一、根据需求，建立品牌认知

比如砀山地区农民在购买“50% 多菌灵 WP”时，他的脑海里就存在着认知，认识到“新益农药”这个品牌就是好，也许几十年的品牌沉淀，让农民感觉到放心，直接喷雾就是对果树安全周到的防护。农民的需求很简单，就是需要杀虫剂能快速杀虫，杀菌剂能有效保护与杀菌的作用，除草剂就是能保护庄稼杀草，需求就那么简单，这个需要我们农资企业根据农民的需求而来应变产品的功效，才能根据产品的效果让农民感知我们产品就是好，因而我们公司也是好，其他的产品再进行该地区的推广，肯定很快地认识到。这样我们农资企业的品牌就逐步建立起来，让农民朋友相信她，并一想到用时候就保证想到你的产品。

二、根据认知，演义品牌主张

企业品牌是企业的灵魂，具有很强的吸引力和延伸的功能，而产品品牌更多的诉求产品特点和功能，对企业品牌起到互相补充、互相支撑和互相丰富的作用。正常情况下，农民对农资产品的认知提高到一定的程度，就对该企业的认知达到一个新的高度，对该企业的产品熟悉，对企业产品忠诚度很高。

如何进行企业品牌的演义和延伸呢？农资企业都是以企业的身份出现，统领属下产品品牌（有的企业可能有好几个子品牌）或者产品，直接参与市场竞争，农民直接认识了你该企业的产品才接触到你的企业，逐步在心目中建立企业的品牌知名度来。如果企业品牌不能让自己的员工或者农民朋友对品牌有清晰的认知，不能给农民、给员工独特的价值，就会使农民相信企业品牌不好，不完善，或言之不接受该品牌，因而就不能让农民接受你公司的其他产品，使你公司的企业品牌的涨值或升值。

因此，今天的农资企业，需要站在企业长久发展成长的战略高度，结合企业的发展实际情况来演义企业品牌的升值，提升企业品牌的价值内涵，最终体现品牌的独特价值。

三、适应主张，统一品牌视觉识别

作为一个农资企业，在新的历史时期，新的农村环境条件下，就需要根据原先的企业品牌主张，就进行企业品牌的统一管理，统一视觉识别系统，让农民看到的是企业的高度统一性，品牌与产品的高度统一，让农民对企业的认知从而建立在有序的统一形象面前。产品的包装五花八门、没有规章、没有个性、随心所欲，这都是对企业品牌的极大危害，这显然对企业产品整体的识别伤害很大，使得企业的产品无法与企业品牌达到统一，甚至在自己产品间都无法给消费者统一的印象，产生视觉上的识别混淆。

在农资产品高度同质化的今天，尤其当 WTO 之后中国农资市场的全面放开，使我们的国内企业与强势的国外品牌如杜邦、巴斯夫、等相比，在科技含量、品质、剂型上我们暂时可能无法超越它们，就需要我们在产品形象和品牌识别上先农民朋友“混个脸熟”，逐步接受我们主张，我们的品牌，我们的产品，从而我们达成交易。

客观而言，对于农资企业的最直接目标消费者——广大的农民朋友来说，他们整体上受教育的程度还比较低，尤其对农资产品的识别大多凭经验、凭乡亲引导“随大流”和产品“图片防治对象”色彩进行判断。因此，农资农药产品的包装统一有助于提高其对所营销产品的记忆识别

四、建立模范市场，强化市场竞争地位

一个企业如果想成为农资领域的强势品牌，必须要在国内建立几个模范市场，以起到宣传示范的样板工程作用。建立模范市场的作用是：

1、建立模范市场能维持企业的销售量——多数企业都是80%的利润来源于20%市场。模范市场是企业品牌及所涵盖的产品与竞争对手比较后的相对具有较大市场竞争优势地位的市场，能为企业提供清晰的竞争坐标图，产效比较大。

2、模范市场是可具有可复制性的示范模版——一个模范市场的成功经验可以用做其他市场开发时候来借鉴，按照模式进行复制，从而可以快速复制出若干个模范市场。

3、模范市场还具有示范推广的作用——模范市场处于公司产品销售的龙头地位，是业务员介绍客户的资本和成功典范，以起到“XX市场能销售150万，你处市场只要销售我企业的产品，一定也能做到这样的目标！”豪言壮语！

模范市场是农资企业营销的有力模型，就是做深、做透、做强的市场，是展现农资企业品牌优势的强有力的支撑点。

五、根据模范市场，建立统一的品牌诉求点

目前农资企业的很多广告语或产品的诉求点，往往具有两个非常明显的特征：

1、具有随意性：广告传播缺乏一致性，随意传播、突发奇想式的传播很突出，这样造成了品牌没有连续性，没有统一性，造成多主品牌 = 没有品牌！

2、诉求对象不明：产品诉求点应该根据经销商与农民的价值需求来进行，经销商图“利”和“效”，农民“效”和“便宜”，如何有机结合，的确难道产品经理们！！并且产品诉求和企业品牌的诉求缺乏针对性，没有深度挖掘出农资企业品牌的内涵来，结果是人云亦云，品牌没有突出，大伙一样！

如江苏苏化集团新沂农化有限公司的企业品牌“新益农药”，起诉求点为——科技铸造精品，创新成就经典，就能更体现出大厂家，高科技，高技术含量，并且创新一直是企业的追求，更能在模范市场起到重要的作用。

六、根据诉求点，建立企业品牌信任

除了产品质量、产品功能之外，如何使企业的品牌在农友心目中树立一个值得信赖的、愿意沟通的、农民知心朋友的形象是非常重要。也就是，企业要树立品牌的信任，就要让自己成为一个值得农民信任和托付希望的品牌，是一个具有负责任的农资品牌。

根据农民的需求，加强农民的沟通，产生诉求点，进而产生共鸣，在农民心理的“推力”和企业品牌的“拉力”的双重作用下，使农民对本企业的产品产生信赖以至依赖！比如有的农资企业的科技下乡、种植科普讲座、销售抽奖、试验示范田等活动，可以使企业快速树立一个样板性的口碑传播的市场。

山西阳煤丰喜肥业(集团)有限责任公司
SHANXI YANGMEI FENGXI FERTILIZER INDUSTRY (GROUP) LLC.

7、我国农资企业开始凸显亏盈两极分化

随着农资市场体系改革风暴的强悍刺激，我国农资（化肥、农药、农机）凸现出两种营销模式。一种是竞争型企业五花八门的“上门推销方式”；一种是垄断型企业新生的“坐堂迎宾方式”。

“坐堂迎宾方式”是农村基层单位（专业合作社或农民合作社）直接对生产厂家采购研究开发的现代农资产品。这类产品一般是在全国统一定价，计划供应，按需分配，不需要人力推销，生产厂家使用现代电子科学全程技术跟踪，假冒伪劣商品无空子混入。因此，“坐堂迎宾方式”是实现公共植保、绿色植保，实现粮食安全的基础，也是农业生产资料进步的必然。

“上门推销方式”是政府正在积极改造的不规则人力推销方式。对农资市场造成极度混乱和严重危害的传统推广方式。很容易使假冒伪劣商品乘虚而入，大发洪财，坑害用户，严重破坏生态平衡和人类健康生存。因此，人力“上门推销方式”应建立在有严格控制供销网络的基础上，合法运作，公平竞争。

稍微细心的人都会发现，在手机通讯极为普遍的今天，竟有人为发不出“加急电报”而耿耿于怀，这就不排除死脑筋的经销商进了些早已淘汰的过时产品，坐堂等买卖，不赔才怪哩！中国农资市场从产品缺乏到全面过剩，从产品竞争到品牌竞争，从单一要素营销到系统整合，新一轮的洗牌早已开始，竞争全面升级，决定胜负的已不是单纯的市场运作，而是战略思路、运营系统、人力资源、资本实力！在这种环境下，经销商务必要对自身的运营能力做全面评估，切忌急于求成。现实中有很多自有品牌的经销商，因为人力资源跟不上或资金断流，导致品牌夭折，损失惨重！

仅有极少数农资经销商摸索到了品牌的希望，初尝甜头。越来越多的大经理把寻找商机的希望寄托给互联网搜索引擎，百度一下，商机就出现。陕西省渭南高新区促花王科技有限公司一家。其产品是垄断（无竞争对手）市场的产品吧？当然是！中国乃至全世界没有第二家。更为幸运的是：这家公司的市场运作模式与众不同，是公司直接服务用户的“农资直销”模式，中间（代理商）环节全部剔除，各地区的农资批发大户摇身一变成了总公司的“驻外办事处”。该办事处直接执行总公司的营销政策，广告及售后服务经费完全总公司负担，享受总公司的最高待遇。这样，农资批发大户就在当地区轻而易举地坐山为王，滚滚财源如秋风落叶一般进了他们的腰包。精明的老板们再审时度势，抓几个典型作为范本，开些现场会之类，让用户亲眼看到现代科研成果的巨大威力，这个品牌市场的主导权就牢固的把握在开辟者的手中了，其回报不言而喻。

然而有更多的农资经销商却认为自建品牌操作难，难于上青天。拥有一个强大的品牌当然再好不过，但是作为经销商，一定要明白：什么是品牌，其作用何在？很多经销商认为产品名称就是品牌，无疑是对品牌内涵的曲解。品牌是一种文化，好的品牌是给拥有者带来溢价、产生增值的一种无形的资产。增值的源泉是来自于消费者心智中形成的关于其产品本质的印象、投入和产出比。只有将产品独特亮点与目标用户的愿望柜吻合，并通过长期的整合营销运作，才能成就强大的品牌。陕西省渭南市高新区促花王科技有限公司不但能使促花王 2 号闪电般的造福于大江南北用户，而且其他科研成果促花王 3 号、壮蒂灵系列、护树将军、愈伤防腐膜、新高脂膜、果树促控器也独领风潮，独树一帜，不愧“品牌星火”之称。因为这些产品科技含量深受用户的信赖，所以首先加盟的农资经销商无不为之丰厚的回报而感动。该公司驻洛川办事处处长张占民自豪的说：“就这几种产品，不到六十天轻轻松松地赚了 12 万多元人民币，如果操作到品牌效应，再翻 4 倍也不成问题！”

品牌发展不可能一蹴而就。这就要求经销商一定要审时度势，若经商思维确实落后，就不要盲目跟风，做代理商同样是寻找明智的选择。从大环境和发展趋势来看，中国已进入品牌创立从制造商领域向经销商、服务商领域延伸的新阶段，最出色的经销商将是拥有自己强势品牌的经销商，这是大势所趋。经销商自建产品品牌也符合发展趋势。笔者建议：经商不能感情用事，更不能赶时髦，赚钱才是硬道理！品牌只是提高经营能力的重要工具之一，并非企业经营的全部。赢利并且持续赢利才是经销商唯一的经营目标。无智地看重别人已成熟的品牌，并不惜代价的盲目猎取，只能变成“品牌”奴隶！不少经销商就陷入了这个泥潭，为建品牌而建品牌，大把的银子花进去，却连个广告费的本儿都没捞回来。因此，经销商要建立自有品牌，一定要认清品牌的意义，对品牌建设的投入要保持高度理性，决不能为了“品牌”而拼命。

8、中国农资连锁失败的分析

自 1999 年以来，连锁企业开始把目光投向农村市场，北京金色谷、江苏苏农、山东德农、北京德地得、中农集团等，均奏响了进军农村市场的号角。

后续几年，国家有关部门不断出台鼓励发展农资连锁的文件，出台连锁经营方面的规范法规。国家商务部也在用资金支持推行“万村千乡”工程，于是各地各级政府都在大搞“某某工程”，

照这样看，我们的农民朋友不从中受益都不行，要是按照各地连锁店的建设汇报看的话，我们的农资市场已经完全走向了一个成熟的农资连锁市场。

我们看到的却是另一番情形：大多数企业连锁企业如履薄冰、战战兢兢、要么半途抽身草草收场，要么举步维艰勉强度日，虽然最近几年农资连锁企业不再像前几年那样倒闭之快，除了吸收前辈教训，媒体不再盲目炒作也是一个原因。

通过几年的摸索发展，现在的农资连锁各式各样的都有，连锁主体也是多种多样。

下面就笔者个人看法对农资连锁作一些分析，个人观点，不妥之处，请广大读者指正。

一、农资连锁案例：

案例 1：德农农资超市有限公司，动作之初就是把农资市场作为圈钱工具。

1999 年，德隆国际战略投资有限公司开始筹划，该公司的成立预示着德隆正式踏入农村流通领域；2002 年，德隆国际的全资子公司北京德农农资超市有限公司在北京注册；2003 年，同属德隆国际的全资子公司山东德农在济南注册成立。

以山东德农为例。成立 1 年多时间里，德农共在山东建成 600 余家农资超市，其中 387 家为自建店，其余为加盟店。德农在山东市场的累计投入至少为 4 亿元，是一家专注于农业生产资料分销领域的投资和经营，以新型的农资连锁超市和连锁便利店为零售业态，致力于在中国广大农村建立一个庞大的、现代化的、高效运营的农资分销网络的战略投资和管理公司。公司致力于成为中国最大的农资连锁零售企业，成为中国农村的“沃尔玛”。商品范围：化肥、饲料、种子、农药、农膜、农机具等六大类商品。

德农组建了一支优秀的人力资源团队（来自于沃尔玛、伊藤洋华堂、北京华联等知名零售企业的人才以及农资行业的职业经理）。德农超市采用了国内一流的商业信息系统 ERP/MIS 软件系统，实施计算机信息化管理；通过该系统，解决供应商管理、会员管理、商品管理、统一采购管理、销售管理以及库存管理等问题，实现科学化、精细化管理，实现供应链资源整合。

山西阳煤丰喜肥业(集团)有限责任公司
SHANXI YANGMEI FENGXI FERTILIZER INDUSTRY (GROUP) LLC.

对于德农农资超市的失败，很多人都归于德隆集团资金链濒临断裂。其实即使其资金链不断，仍然要退出农资连锁市场。因为从他们的超市建成开始，似乎经营状况就不好，没有盈利。他们失败的原因：一是实际经营没有本土化。德农的建设完全由自己出资，租赁土地，搭建钢结构超市门面，统一招聘人员，超市化管理，虽然看起来管理很科学，但是不符合农资销售实际情况。农资销售需要符合农民需求，比如农药的销售。首先农民喜欢打折，这是一种消费心理，超市就不可以做到；其次农民购买农药、化肥之后都希望销售者告诉其用量及注意事项；最后如今基层农资销售赊账是普遍现象，超市不能做到，影响到农民购买积极性。

二、是公司发展思路有问题，公司成立之初就有考虑从股市套钱，搞他们所谓的资本运作，并没有真正的为农民利益考虑，虽然做了六年的市场调研，但是仍没有搞清楚农资市场特点，只限于理论探讨。

三是人才没有专业化，德农人力资源团队是来自于沃尔玛、伊藤洋华堂、北京华联等知名零售企业的人才以及农资行业的职业经理。但邀请的人才不懂农业，不懂农资，不懂农民。对于农资营销的专家，不应该是营销人员搞一点农资市场信息就复合出来的。对农资市场的了解，不能局限于知道那些泛泛的市场知识，更重要的是真正的了解农业，了解农村，了解农民的人，并且对这个行业有着特殊的感情，当作事业来做的人。只为挣钱的咨询师很难能做出什么成绩。

案例 2：河北百富农资有限公司，发起者出身依然决定他们不可能成功。

河北百富是一家立足河北面向全国，以服务“三农”为主旨的大型民营商贸流通企业，经廊坊市工商局批准注册成立，注册资本 2000 万，自 2005 年 1 月成立后不到半年的时间里，在河北省 11 个地级市开设支公司，以 172 个县级为周转加盟单位，挂牌 4 万村级为销售终端加盟店。该公司只是在 2005 年在大家的眼前滑过，2006 年悄然消失。

其失败的原因主要是公司发起者是一家策划公司，在本地策划行业小有名气，领导成立之初就没有想着是做农资连锁，主要看到了国家对农资连锁的的资金支持，在其加盟的初期，声称每一个店补助 3 万元，当时真是糊弄了不少人。最终不能兑现，没有办法给加盟商交待。这也是少见的由自己做市场调研、自己策划、自己操作的农资连锁，不知道他们的市场调研报告是否真实地反映了实际情况。号称全省 4 万个加盟店的河北百富，在 2005 年秋季销售中只销售化肥 2600 吨。

案例 3：烟台桃村农资市场。

桃村农资市场是由佳隆集团投资开发的，是以农用物资批发、零售为一体的专业化市场。共占地 220 亩，项目分三期进行，建筑面积 15 万平米，总投资 2．5 亿元，拥有黄金铺位 1200 套。目前是项目一期工程，占地 5．4 万平米，拥有商铺 465 套。位于 204 国道与烟凤路交汇处，并与文三公路、蓝烟铁路和桃威铁路形成了巨大的交通网络，承载力大，发展空间更让人无法估量，是胶东半岛唯一，山东省最大的农用物资集散地。据称，该公司作农资连锁法，目标就是冲着商务部的“万村千乡”工程。在运营不到一年的时间后，宣告农资连锁不做了。

由以上两家公司失败可以看出，农资连锁的操作要避免几方面的思想问题。一是进入农资连锁行业不是挣国家的钱，二是不要急功近利求快速发展，经不住时间考验。三是农资连锁经营不是简单的规模采购，农资产品的使用有很明显的区域型，并不是一个店卖多少，乘上店铺总数这么简单的数学问题。我们从事农资连锁就要遵循商业发展规律，踏踏实实的做，做好了得到政府的认可是好事；但决不能为了得到政府的支持去做这件事情。

案例 4：沈阳蒲公英商贸有限公司。盲目乐观，没有成本概念。

辽宁省法库县有 44．5 万人口，其中农业人口 38 万。沈阳蒲公英商贸有限公司（以下简称“蒲公英”）的“总部”现在就位于县城边一间不足 80 平方米的民宅里。谁能想到，两年前的“蒲公英”是何等辉煌：拥有 3300 家加盟店、两个配送中心，还有一个农产品加工企业。其失败的原因除了资金、经验、人才等中小型民营企业普遍存在的困难外，还有配送成本太高的特殊原因——辽西北地广人稀，村屯之间的距离少则十几公里。而且，当时只顾在农村铺摊子，“蒲公英”在城市的经营网络没有建立起来，双向流通变成了“单腿蹦”。对有些媒体对于“蒲公英”只是“松散式连锁”的质疑，蒲公英商贸总经理王景权解释说：“这也是没有办法，统一经营势必增加运营成本，‘松散式连锁’是比较务实的做法。”

因此对于农资连锁并不是全国都可以做，需要考虑运营成本的问题，做公司就是赢利的，不赢利的公司是没有必要存在的。农资连锁是公司经营模式，是公司行为，农资连锁赢利是首先考虑的。包括上面提到的河北百富农资连锁公司，在河北的张家口，承德等地建立分公司，发展村级加盟店，是不科学的，这些地区农资消费不确定，农民种植靠天，并且运营成本非常大，不考虑实际运营情况，盲目建立加盟店，结果只有失败，公司不是福利机构。

案例 5：北京德地得农药营销有限公司，理念先进，问题重重。

北京德地得农化产品营销有限公司是由中国最大除草剂生产厂家河北宣化农药有限公司发起，联合有实力、有信誉的上百家县级经销商，以及国际专业从事连锁经营管理的顾问公司共同组建成。于 2002 年实现了第一阶段规划——“联合”，招募加盟商 125 家；2003 年完成了第二阶段规划——“联营”，组建了 40 家直营店；2004 年进入了第三阶段规划——“连锁“，在目标市场中继续招募加盟商，发展直营店、乡镇级特许店。

德地得农药连锁在理论上应该是没有什么问题的，但是德地得之所以失败，其原因如下：一、没有资金，是在为宣化农药销售另寻出路，操作连锁的动机也是看好资本市场。二、德地得的领导一直不稳，频频更换，最初制定的目标不能贯彻到底。三、项目策划者被市场调研人员所欺骗，其在第一步联合阶段，并没有将真正的操作农药连锁的思路告诉加盟商，最后出现加盟商感觉上当，甚至一个县城招收两家加盟商，导致给以后的发展埋下一枚炸弹。

案例 6：河南某农资连锁公司。该农资连锁企业，其做法涉嫌违法。

第一，用伟人头像装饰店铺，用伟人语录布置店铺。我看到的某些家连锁公司在店铺张贴 ***** 像，张贴 ***** 语录。口口声声告诉经销商，农民相信 *****，他的公司就是要踏踏实实做生意，不卖假货。实际上在他店里随手抓起一个肥料增效产品就值得怀疑。根据国家工商总局前不久下发的《关于对广告中使用党和国家领导人名义的违法行为进行检查的通知》中明确规定：各类商场、专卖店、特许经营店、餐饮店及其他销售点摆放领导同志题词、照片，以及其他在广告中使用党和国家领导同志名义的行为属于违法，要依法严厉查处。

第二，其经营模式有传销嫌疑。传销，是指组织者或者经营者发展人员，通过对被发展人员以其直接或者间接发展的人员数量或者销售业绩为依据计算和给付报酬，或者要求被发展人员以交纳一定费用为条件取得加入资格等方式牟取非法利益，扰乱经济秩序，影响社会稳定的行为。该农资

山西阳煤丰喜肥业(集团)有限责任公司
SHANXI YANGMEI FENGXI FERTILIZER INDUSTRY (GROUP) LLC.

连锁机构采用发展科技示范户的幌子，发展下一级客户，再由下一级客户继续发展，并收取 1000 元保证金，再交纳 3000-5000 元的流动经费。每发展 5 户，自己升一级，自己手下的五户，再各自发展五户，再升一级。现在几乎所有的农资公司都害怕自己的销售网络成员没有农资行业经验而不敢合作。他们偏偏找没有经营过农资的人员来经销，值得怀疑。

第三，农民协会的性质值得怀疑。行业协会是根据生产技术的进步和发展需要由同行业中的企业自愿组合起来的一种组织形式；有的认为，行业协会是同行业的企业联合起来的服务性组织，是建立在企业自愿参加基础上的非盈利性的社会经济团体。农民协会是一种行业协会。不管对行业协会如何理解，但是作为非盈利组织，服务于会员是其最基本的。有些公司在经营的同时注册农民协会，借助农民协会发展网络。实际就是一协会的名义运作公司，这与协会的非盈利性组织不符。另外，表面看他的会员是自愿的，但实际是在一种利润的驱使下造成的，这与传销非常类似，希望与之加盟的经销商认真分析。

二、案例给我们的警示

综合以上农资连锁失败案例，我们可以看到现在农资连锁存在一些共同的特点。

第一，农资连锁忌讳非本土化

农资连锁经营一定实现本土化，要改造当地有实力，理念和总部一致的现有经营户，农资行业所需的专家服务也以当地土专家为主，更利于交流。农资连锁的本土化还包括连锁经营的专业化，要把当地农资流通市场搞明白。比如农资连锁是否缩短了流通环节，答案是否定的，缩短是理论推断。现阶段农资销售已有规模，各自都有自己的渠道，省、县，乡（村）三级网络较多。如果在原来的基础上改造，吸收成为加盟商，就要替上一级加盟商考虑它们的商圈如何稳固的问题。

例如，某县级农资公司加盟了一家连锁机构，要向下发展加盟店，每个村，每个乡只能有一家吧，可是原来的销售每个村可能不止一家两家。那其它的销售客户怎么办，该不该吸收呢？矛盾的后果就是转向销售其他经销商的产品，失去自己的客户资源。假如某连锁不设立县乡加盟，直接做到村级，试想你的产品利润能有多大，能永远都保证利润最大吗？原来的村级经销商可以赊账拿到货物，干吗要现款操作呢？不找原有的经销户，另外找一家做农资，你能提供多少服务，让他迅速提高销售量呢？你敢保证原来销售户对他没有威胁吗？

第二，农资连锁忌讳思想错误

一是连锁企业过于盲目，对前景过分看好，在对待加盟者时只说连锁优势，不谈或者少谈连锁的劣势，对加盟商的承诺超出能力范围。尤其在农资连锁行业，加盟者对连锁认识并不深刻，某些公司为了得到快速发展，必然胡乱承诺，以吸收更多的加盟商。如前面案例中德农、百富，桃村等其操作连锁并不是在寻求液态的更新，而是指望国家的补助和资本运作，对于农资行业连锁发展就是最可怕的思想错误。

二是加盟者加盟动机不纯。再优秀的连锁体系也不可能保证所有的加盟店都能百分之百地经营成功。如果以为一旦加盟了连锁店，就能轻松地拥有增值利润，就未免过于天真。千万不能等待着总部给什么样的成功模式，因为我国农资连锁还没有发展成熟，只是处在初步探索时期。部分农资连锁企业往往委托某些咨询公司，闭门造车、埋头苦干一个月就撰写出几十本的标准作业手册。这些手册都不是在企业经营中积累的经验或改善的过程中所凝聚出来的。这样的手册读者拿到手里又能做什么？一点不实用，不如主动收集自己经营中的经验，在连锁网络内部互相学习。

以日本的摩斯汉堡（Mosburger）为例，日本人相当自豪其 95% 的高成功率，但即使如此，也表示有 5% 的失败率。该公司从一年间的 1000 位加盟应征者中严加挑选，最后缔结契约的仅是其中的 5%，即 50 人。尽管这 50 人具备了强烈的创业意愿，和总公司具有同样的经营理念，最后的结果也有 5% 的不成功率。

连锁总部是拥有若干的成功实例，但其他地区经营成功的例子，并不表示在本地由你和总部经营就会成功。认为加盟就可以躺着什么也不干，一切由总部来管理。这种思想少不得的，必须牢记，总部和加盟店是两个完全不同的事业体，总部提供（销售）给你的，只是一套加盟营运组合，你必须按照它的经验和指导，按部就班而切切实实地去执行，才有可能获得成功，换句话说，该加盟要获得成功，你和总部均需付出努力，否则，即使总部所提供的加盟营运组合是放之四海而皆准的，即使总部努力在发挥指导、督促的功效，假若你不作相对的投入，那最后就只有站到失败者的队列中了。

至于总部，其努力扶持你成功，固然是基于加盟契约；但另一方面，你的成功也代表了它的成功，除了你可帮其促销产品拓展市场外，也有利于招募新的投资加盟者。所以你（加盟后）和连锁总部固然是两个事业体，但是在某种意义来说，却又是“命运共同体”。

第三，农资连锁忌讳盲目发展

一是连锁企业的发展要有步骤，理智发展。即使在操作之初，希望吸收更多的加盟商，也要有所选侧，有门槛才被看好。一旦遇到不适合自己连锁发展的加盟商，一定要尽快让他退出连锁网络，避免出现一块臭肉坏了满锅汤的情况。

二是加盟者对待农资连锁也要理智，首先需要学习一定的连锁知识，学会辨认连锁企业实力，分析自己市场是否适合加盟，加盟前后可能会有何变化等。

第四，农资连锁忌讳照搬连锁理论

谈到农资连锁，都会提到“六统一“，实际上这是从连锁经营的要求拿过来的，并没有在农资行业得到发展。在我国的国情下，“六统一“中统一价格在农资行业就值得商榷。日用消费品实行全国统一价格尚且很难，农资行业怎么可能价格统一呢？尤其化肥这种产品，利润低，运输成本大，只要在某一定的区域价格统一，保证店铺利润就可以了，全国搞统一价格，可以说纯粹就是形式主义。

据悉，前段日子，麦当劳公开表示在我国不同的地区，在同一地区，不同区域实行差别价格。实际上他们就有差异了。难道价格不统一就不是连锁吗？还有家乐福，不同地区价格差异是大家都知道的，那为何所谓的“行家”还要口口声声喊着农资连锁要做到价格统一呢？

对于加盟者，也不一定盲目听信总部给与的连锁培训，要结合实际情况，探索自己的经营方式，然后将自己的成功经验反馈给总部，并在其他区域验证，只有这样，各个加盟店从实际操作中积累的经验才能促使总部连锁的健康发展，看看肯德基、麦当劳等连锁的管理手册，都是由各加盟店总结来的，没有哪个是总部请人撰写的。

第五，农资连锁忌讳一头沉

从案例可以看到，连锁企业为了迅速发展，只要有人想加盟，就吸收进来。不知道总部是不是想过连锁加盟也要设置门槛，农资连锁是在思想统一基础上发展出来的一种经营模式，不是扎堆。

山西阳煤丰喜肥业(集团)有限责任公司
SHANXI YANGMEI FENGXI FERTILIZER INDUSTRY (GROUP) LLC.

对于一个优秀的连锁企业，要对加盟者深入的考察，分析，然后结合自己的发展需要再做出决定。决不是现在的情况，只要有人加入，马上就挂牌。不管连锁企业还是加盟商，我想在选择对方的时候要多一些理智，按照《商业特许经营管理条例》，多一些分析鉴定，也许会使我们的加盟更有意义，获得更大的回报。凡事都有两面性，面对连锁需要清楚是吸收还是放弃，需要清楚是加盟还是不加盟。

第六，农资连锁还有其最头疼的事情，就是产品

上面几个连锁企业对连锁理解都是在打造流通航母。笔者认为，实际上是在搞产品垄断，让加盟者只销售总部的产品，这样做充其量叫个专卖，有什么意义呢？农资消费市场多种多样，怎么可能就一、两家企业的产品来满足呢？要是不限于几家企业的话，资金自然是很紧张的了？对于连锁的理解应该是整体店铺，总部提供的是店铺品牌，连锁是在销售店铺，销售管理，销售服务，这样才不会有太多的资金压力，相对人员素质，管理水平，服务水平都有更高的要求。看看家乐福，难道必须是自己的产品吗？必须是总部帮着采购吗？农资连锁不要把思维锁死，产品竞争如此激烈的时代，还不转变观念，寻找新盈利点，连锁不做也罢。

综上所述，农资连锁工程的关键是思想，有了正确的思想，引进得力的人才，针对本土化做好文章，对于资金、产品等问题，都可以从其他优势中得到弥补。

另外，媒体的理智报道，中介机构客观咨询也必将使农资连锁发展更加理性。

农资连锁操作要注意以上出现问题以外，还要设身处地的为加盟者考虑，站在加盟者的立场上，这样才能把农资连锁业务做强做大。农资连锁总部要考虑能为加盟者提供什么，最容易提供什么，不能做到的不要承诺，容易做到的就一定要做好。

三、农资连锁发展之路

现阶段的农资连锁虽然有了几年的发展经验，但是还不是复制成功模式的时代，仍然是在当地探索合适的经营模式的时代。对于农资连锁的发展，建议企业遵循事物发展规律，采用四步走，即铺、捡、推、合。根据连锁经营的历史、连锁体系的内涵、特点，在美国把连锁经营分成三代：第一代的连锁：商品、商标型的连锁经营；第二代的连锁：成功的商业模式的连锁经营；第三代的连锁：成功的伙伴模式的连锁经营。事物的发展是有时空顺序的，不分析连锁的发展历史，只分析现阶段的连锁形式，就不能客观和全面的了解农资连锁的发展历程。具体来说。

铺，在现有的销售网络中寻找有潜力的乡镇级经销商，把连锁招牌挂上，统一标识，营造氛围，把自身生产的名牌产品提供给这些客户，使他们从产品销售中得到利润，厂家不但从产品中得到利润，同时得到较好的社会效益。比如，某一化肥生产厂家，生产的产品，已经获得国家免检、中国名牌、中国驰名商标，他就可以利用这个契机，把这一品牌做大，设立自己的连锁经营店，用产品联系厂家和经销商，共分享产品和品牌带来的社会及经济效益。

捡，在这些统一标示的“连锁店”中寻找可以深入合作的商家，双方共同摸索寻求一种以农化服务为主的服务模式，将此模式制作标准，成为下一步推的主体。现阶段农资行业的现状所决定，不可能做到，像其他行业一样可以总结出一套标准的经营管理模式，但是对于服务标准相对要容易，以服务模式为突破口，切入农资连锁经营的实质。

推，就是把在第二阶段提炼的服务模式推广开来，用服务模式吸引新的客户，吸引加盟商，逐步实现区域性的统一管理、统一价格、统一经营的连锁要求的特征。所有的连锁店要拥有统一的的

连锁理念。这里提出推广的模式不是农资连锁经营的整套经营模式，而是农资连锁经营的服务模式。

合，就是指完成第三步之后，再对农资连锁经营体系进行完善，进行垂直和水平整合，使农资连锁品牌具有较强的市场竞争能力。

农资连锁的发展有着自己的成长过程，不会因为连锁经营发展成熟了，就可以操作成熟的农资连锁模式，那是不现实的。

农资连锁的成长势必按照当初连锁经营发展的路子。现阶段农资连锁经营者无不例外将农资连锁的出现视为连锁经营发展过程中出现的一个事物，而不去分析农资连锁经营的发展的规律。应该抛弃现阶段连锁经营的定论而又过时的东西，重新摸索。在我国的国情里，农资连锁经营四部曲的发展思路是切合实际的。

在完成以上四步之后，农资连锁进入相对成功的状态，可扩大规模，把市场做细。以后连锁的发展必将遵循 S 曲线，即公司扩张 --- 管理提升 --- 公司扩张 --- 管理升华。经过这么几个周期的发展，农资连锁才走向成功。

加盟不是终身制，是契约。要不断地检查自己的连锁体系，将不合时宜的加盟商请出去，把合适自己的加盟商请进来，提高自己的加盟门槛，收取加盟费、权利金、保证金，这时候农资连锁才可以说是成功的。但是在我国仍然不可作为是一种可以复制财富的工具，这是复杂国情决定的。

最后，建议农资连锁应该以现在的农资流通渠道为主进行提升改造，在基层农资销售必然是重复的，想吃独食，自己垄断流通渠道就是痴人做梦。遵循社会分工需要，生产企业就做最好的供货商，流通企业做最好的流通渠道。未来我们的农资连锁行业将是在某区域内由适合本地的农业服务部门、供销社部门、农资公司、个体农资经营者以及部分有实力的厂家组成，形成全国范围内的农资连锁网络，还需要整个行业经过更长时间的探索。

9、农资投诉的几点意见

随着新农村建设的发展，农业生产在国家政策推动下快速发展，然而，群体性的农资投诉也不断出现，且呈现增长趋势。我们海门市消协自 9 月份以来就受理了多起复混肥的投诉，涉及 8 个乡镇近 300 户农户，受害农田面积达到 900 多亩。在农资类投诉案件的调处过程中，由于农资商品和农业生产的特殊性，此类农资投诉存在一些特点和难点。

一、农资投诉的特点

1．范围广。一是农业生产的范围决定了消费客体的多样性。农业生产包括农、林、牧、副、渔各个方面，所涉及的农业生产资料种类繁多。二是农业生产的特点决定了消费主体的群体性。农作物需要的养分、抗虫抗病的性质较为相似，尤其传统农作物的大面积种植，使农资类的投诉往往是群体投诉，涉及的消费主体范围较广。

2．受害重。农业生产的季节性强，农业生产资料直接作用于农作物、动物或耕地，问题农资将直接影响作物、动物的正常生长和耕种、养殖环境，给农民造成巨大的经济损失，有时甚至对以后的生产构成潜在威胁，埋下隐患，严重影响生产的连续性。

3．专业化。农业生产的专业性较强，如何播种、如何用药、如何施肥，播种和使用方式、用量、方法；生长的环境控制、气候变化等都要注意，需要一定的经验和掌握一定的技术。

4．复杂性。动植物的生产过程较为复杂，气候、土壤和环境因素、培管情况、农资质量、农

山西阳煤丰喜肥业(集团)有限责任公司
SHANXI YANGMEI FENGXI FERTILIZER INDUSTRY (GROUP) LLC.

资的使用方法等都可能引起生长异常，影响收成。

二、农资类投诉解决难点

1．无证无照的流动摊贩。在一些交通不便的边远乡村或远离集镇的辖区接合部，无证无照流动摊贩利用农民贪图便宜的心理，走乡串户上门推销，等到农民发现问题时早已无影无踪。但是近年来，随着消费宣传和取缔无证无照经营力度的加大，农民维权意识的增强，这种投诉已基本消失。

2．问题农资的取证困难。一是种子的培育和生长需要经过一段时间后才能发现问题，而在这段时间内有自然气候的变化、培管及使用量、作用方法等许多不确定因素；二是农民不注意保存证据，如购物凭证、包装等，剩余的农资不符合抽样基数的要求，销售商销售的又不是同一批次的农资商品，难以检测；三是农林部门的专业人员进行田间鉴定和分析时，虽可初步作出一定的推断，但由于生产过程的复杂性，无法出具确切的分析报告。

3．检测、鉴定报告存在盲区。从很多农资产品的检测报告甚至其他消费品的检测报告来看，检测中的数据不能完全反映事实情况，通常因为某种原因而存在检测盲区，从而造成鉴定结果和实际产品存在问题的偏差。如海门消费者协会近期受理的复混肥群体投诉，农民反映油菜等作物施用后，出现“烧苗”、“死棵”的情况。经检测，主要检测数据符合标准，鉴定为合格产品。据业内人士透露，可能是复混肥在生产过程中添加的某些成分杂质过多或含有某些有害成分所致。另外，检测、鉴定费用高昂、损失赔偿难以到位等都成为农资类投诉调处困难的因素。

三、处理农资消费投诉的要点

一是建立维权协作机制。农资的群体投诉，由市消协牵头，请政府协调农林、工商、质监、农资公司或供销等部门和当地乡镇政府，从使用方法、土壤分析、有毒有害成分检测、同步取样试验等角度进行综合鉴定分析，形成结论后进行处理，避免矛盾激化。二是建立农村消费维权体系。依托农村消费维权联络点，大力发展农村维权义务监督员队伍，广泛开展农资知识、农资法规和维权知识的宣传教育培训。出现农资消费纠纷时，由当地村委会出面先行调查调解，利用人员情况熟、信息反馈快的优势，有效处理一些简易纠纷。三是建议有关部门加大农资监管力度。联合工商、农林、质监等部门对农资产品进行检查，引导农资经营户落实“两账、两票、一书、一卡”制度，自觉把好农资入市关，做到农资质量监管“关口前移”。四是要建议完善检测标准。在政府加大扶持农业发展力度的同时，进一步完善农资产品的检测体系，增加有毒有害物质检测的内容，更加全面地保护农民的利益。

1. 完美解决农资投诉的五个方法

农民朋友在购买农资时，买到假劣农资的事时有发生。如何才能使农资投诉取得圆满的效果？专家提醒要注意以下五个问题：

一是先同生产者或经营者协商。在向当地消费者协会投诉前，先向生产者或经营者反映问题，广大经营者中守法经营、注重商业信誉的毕竟占多数，一般问题可以得到解决。

二是投诉要求要合理合法。投诉假劣农资一定要根据自己的实际情况投诉，切不可夸大事实，也不该隐瞒自己在使用中的不当行为，否则会使问题难以及时解决。

三是投诉动作要迅速。如果同经营者协商不成，要及时向工商部门投诉，切不可拖延。因法律规定：消费者知道或者应该知道自己的权益受到侵害超过一年的，其申请不予受理或者终止受理。

农民朋友的利益可能会受到一定的损害。

四是进行权威的技术检测。最好在投诉前向当地农业主管部门设置的种子管理机构申请鉴别一下质量问题，其他农资的质量问题可以请质量监督检验部门鉴定。

五是投诉材料要齐全、完整。投诉时要书写投诉书，内容包括姓名、住址、邮政编码、联系电话、购买农资日期、价格、销售者或生产者、农资出现质量问题的具体时间、因农资质量问题带来的损失、投诉要求和目的等。还要附上有效证明材料，如购买农资的发票或复印件。同时对赔偿金额的计算，不仅包括农民朋友的购买农资费，还包括假劣农资造成的减产损失。

2. 农资投诉四大注意事项要谨记

近几年来，不法商贩坑农、害农事件时有发生。农民朋友万一不慎买到了假冒伪劣农资产品，应立即向有关部门投诉，365 农资总管总结的农资投诉四大注意事项要谨记！

一、投诉要及时。根据我国有关法律规定，消费者权益受到侵害超过一定时间未投诉举报的，其权利将不再受法律保护。

二、做好权威检验检测。发现所购农资有质量问题时，应向当地农业、质监等部门申请质量鉴别，以备依法维权时提供依据。

三、投诉内容要完整齐全。要将生产、经销农资的单位、地址、购买农资产品的日期、价格和质量问题，及因农资质量问题带来的损失、投诉要求等写清楚，同时还要附上有效证明材料，如购买的农资实物、发票等。

四、投诉要合理合法。依据法律程序，实事求是，不可夸大事实，也不要隐瞒自己在使用中的不当行为。

相信农资人看到这篇文章之后，对于农资投诉有了一个全面的科学解决方法，希望农资人在以后的维权活动中能够做到最好！

山西阳煤丰喜肥业(集团)有限责任公司
SHANXI YANGMEI FENGXI FERTILIZER INDUSTRY (GROUP) LLC.

第九章 肥料百问基本知识

1、什么叫做肥料？凡是施于土中或喷洒于作物地上部分，能直接或间接供给植物吸收的（植物的粮食或奶）营养养分，增加作物产量，改善产品品质或能改良土壤性状，培养地力的物质，都叫肥料。直接供给作物必需营养的那些肥料称为直接肥料，如氮肥、磷肥、钾肥、微量元素和复合肥料都属于这一类。而另一些主要是为了改善土壤物理性质、化学性质和生物性质，从而改善作物的生长条件的肥料称为间接肥料，如有机肥、石灰、石膏和细菌肥料等就属于这一类。

2、肥料有哪些种类？按化学成分：有机肥料、无机肥料、有机无机肥料；1；按养分分类：单质肥料、复混（合）肥料（多养分肥料）；2；按肥效作用方式分类：速效肥料、缓效肥料；3；按肥料物理状况分类：固体肥料、液体肥料、气体肥料；4；按肥料的化学性质分类：碱性肥料、酸性肥料、中性肥料，养分高低分为；高浓度肥料、中浓度肥料、低浓度肥料。

3、什么是化学肥料？从狭义来说，化学肥料是指用化学方法生产的肥料；从广义讲，化学肥料是指工业生产的一切无机肥及缓效肥。所以一些人只把氮肥叫做化肥是不全面的。化肥是氮、磷、钾、复合的总称，还有中量微量营养元素、低量微量营养元素。

4、什么叫有机肥料？有机肥料是农村利用各种来源于动植物残体或人、禽、畜排泄物等有机物料，就地积制或直接耕埋施用的一类自然肥料，习惯上称作农家肥料。

5、有机肥料分为多少类？有机肥料大致可归纳为以下七类：（1）粪尿肥：包括人畜粪尿及厩肥、禽粪、海鸟粪以及蚕沙等。（2）堆沤肥：包括堆肥、沤肥、秸秆以及沼气肥料。（3）绿肥：包括栽培绿肥和野生绿肥。（4）杂肥：包括泥炭及腐殖酸类肥料。(5) 油枯饼粕类、(6) 泥土类肥料。(7) 海泥肥等。

6、有机肥料与化学肥料有什么差别？（1）有机肥料含有大量的有机质，具有明显的改土培肥作用；化学肥料只能提供作物无机养分，长期施用会对土壤造成不良影响，土地板结，地肥下降，病虫害增多，农产品质低劣。使土壤“越种越馋”。(2) 有机肥料含有多种养分，所含养分全面平衡。而化肥所含养分种类单一，造成土壤和食品中的养分不平衡。（3）有机肥料养分含量低，需要大量施用。而化学肥料养分含量高，施用量少。（4）有机肥料肥效时间长；化学肥料肥效期短而猛，容易造成养分流失，污染环境，危害人民身体健康。（5）有机肥料来源于自然，肥料中没有任何化学合成物质，长期施用可以改善农产品品质；化学肥料属纯化学合成物质，施用不当能降低农产品品质。(6) 有机肥料在生产加工过程中，只要经过充分的腐熟处理，施用后便可提高作物的抗旱、抗病、抗虫能力，减少农药的使用量。长期施用化肥，由于降低了植物的免疫力，往往需要大量的化学农药维持作物生长，容易造成食品中有害物质增加。（7）有机肥料中含有大量的有益微生物，可以促进土壤中的生物转化过程，有利于土壤肥力的不断提高；长期大量施用化学肥料可抑制土壤微生物的活动，导致土壤的自动调节能力下降，甚至绝收。

7、什么是BB肥？ BB肥名称来源于英文BulkBlendingFertilizer，又称掺混肥，它是把单质肥料（或多元肥料）按一定比例掺混而成。

8、BB 肥特点是什么？BB 肥特点是氮磷钾及微量元素的比例容易调整，可以根据用户需要生产出各种规格的专用肥，比较适合测土配方施肥的需要。

9、常用的氮肥品种分为哪几类？常用的氮肥品种大至分为铵态、硝态、铵态硝态和酰胺态氮肥四种类型。近 20 年来又研制出长效氮肥（或缓效氮肥）新品种。长效氮肥包括全成有机氮肥和包膜氮肥两类。

10、氮肥主要有哪些品种？各类氮肥主要品种如下：(1) 铵态氮肥：有硫酸铵、氯化铵、碳酸氢铵、氨水和液体氨；(2) 硝态氮肥：有硝酸钠、硝酸钙；(3) 铵态硝态氮肥：有硝酸铵、硝酸铵钙和硫硝酸铵；(4) 酰胺态氮肥：有尿素、氰氨化钙（石灰氮）。

11、常用的磷肥品种分为哪几类？（1）水溶性磷肥。主要有普通过磷酸钙、重过磷酸钙和磷酸铵（磷酸一铵、磷酸二铵）。（2）混溶性磷肥。指硝酸磷肥，也是一种氮磷二元复合肥料。（3）拘溶性磷肥。包括钙镁磷肥、磷酸氢钙、沉淀磷肥和钢渣磷肥等。（4）难溶性磷肥。如磷矿粉、骨粉和磷质海鸟粪等，只溶于强酸，不溶于水。

12、常用的磷肥品种特性如何？（1）水溶性磷肥适合于各种土壤、各种作物，但最好用于中性和石灰性土壤。其中磷酸铵是氮磷二元复合肥料，且磷含量高，为氮的 3 ～ 4 倍，在施用时，除豆科作物外，大多数作物直接施用必须配施氮肥，调整氮、磷比例，否则，会造成浪费或由于氮磷施用比例不当引起减产。（2）混溶性磷肥最适宜在旱地施用，在水田和酸性土壤施用易引起脱氮损失。（3）拘溶性磷肥不溶于水，但在土壤中能被弱酸溶解，进而被作物吸收利用。而在石灰性碱性土壤中，与土壤中的钙结合，向难溶性磷酸方向转化，降低磷的有效性，因此，适用于在酸性土壤中施用。（4）难溶性磷肥施入土壤后，主要靠土壤的酸使它慢慢溶解，变成作物能利用的形态，肥效很慢，但后效很长。适用于酸性土壤，用作基肥，也可与有机肥料堆腐或与化学酸性、生理酸性肥料配合施用，效果较好。

13、什么是缓效肥料？养分所呈的化合物或物理状态，能在一段时间内缓慢释放供植物持续吸收利用的肥料。缓释是指化学物质养分释放速率远小于速效性肥料施入土壤后转变为植物有效态养分的释放速率。

14、什么是包膜肥料？为改善肥料功效和性能，在其颗粒表面涂以其他物质薄层制成的肥料。

15、什么是肥料品位？以百分数表示的肥料养分含量的高低。

16、什么是单一肥料？氮、磷、钾三种养分中，有一种养分标明的氮肥、磷肥或钾肥的通称。

17、什么是复合肥？在一种化学肥料中，同时含有 N、P、K 等主要营养元素中的两种或两种以上成分的肥料，称为复合肥料。含两种主要营养元素的叫二元复合肥料，含三种主要营养元素的叫三元复合肥料，含三种以上营养元素的叫多元复合肥料或叫大三元复合肥。

18、复合肥的养分含量如何表示？复合肥料习惯上用 N-P205-K20 相应的百分含量来表示其成分。若某种复合肥料中含 N10％，含 P20520％，含 K2010％，则该复合肥料表示为 10-20-10。有的在 K20 含量数后还标有 S，如 12-24-12（S），即表示其中含有 K2S04。三元复合肥料中每种养分最低不少于 4%，一般总含量在 25% ～ 60% 范围内。总含量在 25% ～ 30% 的为低浓度复合肥，30% ～ 40% 的为中浓度复合肥，大于 40% 的为高浓度复合肥。

山西阳煤丰喜肥业(集团)有限责任公司
SHANXI YANGMEI FENGXI FERTILIZER INDUSTRY (GROUP) LLC.

19、复混肥与复合肥如何区别？（1）执行标准不同：国家质量技术监督法律规定，生产复混肥执行的标准是《复混肥料》强制性国家标准。而生产复合肥执行的都是由生产企业起草完成后送省级质量技术监督局备案的企业标准。（2）生产工艺不同：复混肥的生产工艺比较简单，通常是将尿素、过磷酸钙、氯化钾或硫酸钾通过机械混匀加工，一般不需要利用昂贵化学生产设备。而复合肥却是生产过程中利用化学反应制成的，完成这一过程需要复杂的技术和价值昂贵的化工设备。（3）监督管理形式不同：由于生产复混肥一般无须昂贵的化工设备，以次充好，以假充真较容易。为保护农民的利益，国家质量技术监督部门实行《国务院工业产品生产许可证》监督管理。而复合肥生产无须此证。

20．复合肥料有哪些特点？复合肥料的优点：有效成分高，养分种类多；副成分少，对土壤不良影响小；生产成本低；物理性状好。复合肥料的缺点：养分比例固定，很难适于各种土壤和各种作物的不同需要，常要用单质肥料补充调节。

21、什么是微生物肥料？微生物肥料是指用特定微生物菌种培养生产的具有活性微生物的制剂。无毒无害、不污染环境，通过特定微生物的生命活力能增加植物的营养或产生植物生长激素，促进植物生长，能活化蔬松土壤，有益微生物杀死有害微生物，达到少喷农药的目地。

22、作物必需哪些营养元素？凡是植物正常生长发育必不可少的元素，叫做必需营养元素。现在在植物体中已发现了 70 种以上的元素，但并不都是植物必需营养元素。根据研究，必需营养元素有 16 种，它们是：碳 (C)、氢 (H)、氧 (O)、氮 (N)、钾 (K)、磷（P）、钙 (Ca)、镁 (Mg)、硫 (S)、铁 (Fe)、锰 (Mn)、锌 (Zn)、硼 (B)、钼 (Mo)、铜 (Cu)、氯 (Cl)。

23、哪些营养元素叫做大量营养元素？植物生长发育必需上述 16 种元素，但对其需要量有很大差别，习惯上把碳、氢、氧、氮、磷、钾称为大量元素。

24、哪些营养元素叫做中量营养元素？植物生长发育必需上述 16 种元素中，把需要量中等的钙、镁、硫称做中量元素。

25、哪些营养元素叫做低量营养微量元素？把需要量少的，含量在 0.01% 以下的其余 7 种元素称为微量元素。

26、哪些营养元素叫做“肥料三要素”？植物对氮、磷、钾需要较多，而土壤又往往不能满足农作物的需要，经常要通过施肥来供应作物的需要，故称它们为“肥料三要素”。

27、什么是生物肥？以有机溶液或草木灰等有机物为载体接种有益微生物而形成的一类肥料。主要功能成分为微生物菌。国际要求生物数量不低于 2 亿个 / 克。它本身不能直接作为肥料提供养分。

28、生物肥的类型有哪些？按作用机理分两大类：一类是微生物菌施入土壤后，在土壤环境中大量繁殖，成为作物根区优势菌株，增加土壤矿物养分的分解、释放，提高土壤养分供应能力。另一类是微生物施入土壤后，通过微生物区系的变化或分泌物的影响，改变作物根区环境，促进作物根系发育，提高作物吸收利用养分能力。

29、什么是生物有机肥？在有机肥上接种有益微生物而成的肥料。兼具精制有机肥和生物肥的特点。

30、什么是精制有机肥？一般由农作物秸秆或禽畜粪便经腐熟、发酵、灭菌、混拌、粉碎等工艺加工而成。原料多来自于农业废弃物。主要功能成分为有机质，含量多在 30-70% 以上。

31、什么是有机无机复合肥？在充分腐熟、发酵好的有机质肥中加入一定比例的化肥，充分混匀并经工艺造粒而成的复混肥料。主要功能成分为有机质、氮、磷、钾养分。一般有机质含量20%以上，氮、磷、钾总养分20%以上。

32、什么是叶面肥？在作物生长期间施于作物叶面的肥料。一般分为大量元素叶面肥、微量元素叶面肥、腐殖酸叶面肥、氨基酸叶面肥。

33、叶面肥有那些特点？叶面直接吸收见效快、养分利用率高、能迅速改善作物养分供应状况。腐殖酸类、氨基酸类叶面肥还能增强作物抗逆性，明显改善产品品质。

34、什么是绿肥和绿肥作物？主要的绿肥作物有那些？凡以植物的绿色部分翻入土中作为肥料的均称绿肥。作为肥料而栽培的作物，叫绿肥作物。主要的绿肥作物有：紫云英，苕子，紫花苜蓿，草木樨，萝卜菜，田菁，绿萍，水花生等。

35、绿肥的特点有哪些？（1）经济易得。绿肥可利用休闲地、空隙地以及不同茬口进行间种、套种，生产成本低。还可适当减少化肥用量。（2）施用方便。绿肥就地种植，就地施用，无需调运。对于改良边、远低产田地，提高作物产量有着特殊的意义。

（3）供作饲料。绿肥含有丰富的蛋白质、维生素和各种营养元素，是家畜的优良饲料。绿肥先作饲料，然后以厩肥施入地里，一举两得。

36、什么是控释肥？控释肥是施入土壤中养分释放速度较常规化肥大大减慢，肥效期延长的一类肥料。“控释”是指以各种调控机制使养分释放按照设定的释放模式（释放时间和释放率）与作物吸收养分的规律相一致。

37、什么是有益元素？有些元素虽然是必需元素，但它们对植物有一定的营养作用，这些元素被称为有益元素，如钴（Co），它是非必需元素，但它是豆科作物根瘤菌固氮时必需的元素，因此它对豆科的生长有良好的影响。钠（Na）、硅（Si）、碘（I）、硒（Se）、锶（Sr）镍（Ni）、钒（V）等也是有益元素。

38、什么是超微量元素？超微量元素是指那些在植物体中含量很少很少的（在十万分之几以下）非必需元素，其中有些是有益元素，如硒、镁、硼等元素。

39、作物的必需营养元素从哪里来？植物所需的碳、氢、氧来自空气和水，氮素主要来自空气，经过根瘤菌的固定作用进入土壤，其余元素来自土壤。所以除了碳、氢、氧外，植物主要靠根系从土壤中吸收这些养分。

40、作物主要从土壤中吸收什么形态的养分？作物主要是吸收土壤中的无机态离子，如：K+、NH4+、NO3-、Ca2+等等；但也能吸收某些可溶性有机物，如尿素、氨基酸、酰胺、核酸和磷酸甘油酸等。化肥主要供给无机态离子养分，容易溶在水中的，肥效就快；有机肥既能供给离子态养分（分解后）又能供给部分有机态养分。

41、什么叫做合理施肥？合理施肥就是要求施肥能达到下列三方面的目的：①施肥能使植物获得高产和优质；②以最少的投入获得最好的经济效益；③改善土壤条件为高产稳产创造良好的基础，即要用地与养地相结合。

42、合理施肥主要依据是什么？首先，要考虑作物的营养特性。不同作物或作物在不同的生育时期对营养元素的种类、数量及其比例都有不同的要求。其次，施肥必须根据土壤性质来进行，其

山西阳煤丰喜肥业(集团)有限责任公司
SHANXI YANGMEI FENGXI FERTILIZER INDUSTRY (GROUP) LLC.

中，着重要考虑的是土壤中各养分的含量、保肥供肥能力和是否存在障碍因子等情，再次，就是考虑气候与施肥的关系。气候影响施肥效果，施肥影响作物对气候条件的适应与利用。此外，施肥必须考虑与其他农业技术措施的配合。

43、什么叫做作物营养临界期？临界值和营养最大效率期？营养临界期是指作物在某一个生育时期对养分的要求虽然数量不多，但如果缺少或过多或营养元素间不平衡，对作物生长发育造成显著不良影响的那段时间。对大多数作物来说，临界期一般出现在生长初期，磷的临界期出现较早，氮次之，钾较晚。临界值是作物体内养分低于某一浓度时，它的生长量或产量显著下降，并表现出养分缺乏症状，此时的养分浓度称为“营养临界”值。在不同时期所施用的肥料对增产的效果有很大的差别，其中有一个时期肥料的营养效果好，这个时期称为营养最大效率期。

44、什么叫做肥料利用率？肥料利用率是指当季作物从所施肥料中吸收的养分占肥料中该种养分总量的百分数。利用率可通过田间试验和室内化学分析，按下列公式求得；在目前栽培技术管理水平下，化肥的利用率大致在以下范围：氮肥为30—50%，磷肥10—15%，钾肥40—70%。

45、什么叫做最小养分律？最小养分率是德国化学家李比西提出来的。他曾说过：如果土壤中某一种必需养分不足，或者缺乏的时候，即使其他养分都存在，这种土壤仍将成为不毛之地。也就是说，在某种土壤中限制产量的因子是其中最为不足的一种养分。最小养分律提醒我们，在施肥时应找出最影响作物产量的缺乏养分，以及各种必须养分之间的适当比例的关系。最小养分不是固定的，解决了某种最小养分之后，另外某种养分可能上升为最小养分。

46、购买肥料应注意些什么？（1）包装材料：外袋为塑料编织袋，内袋为薄膜袋，也可用二合一复膜袋，碳铵不用复合袋包装。凡包装材料不符上述要求都可能是假冒伪劣产品。（2）包装袋上的标志：包装袋上应标明有肥料名称、养分含量、等级、净重、执行标准号、生产企业、地址、质量合格证，肥料临时或正式登记证书编号、生产许可证编号等。如果上述标志没有或不完整，可能是假冒伪劣产品。

（3）养分含量：养分含量主要指氮、磷、钾含量，如果产品中添加中量元素（硫、钙、镁、钠）或微量元素（铜、锌、铁、锰、钼、硼），应分别单独标明各个中量元素的含量及总含量、各个微量元素的含量及总含量。不能出现氮＋磷＋钾＋硫＋钙＋镁＋钠＋铜＋锌＋铁＋锰＋钼＋硼≥58%、85%等标法。（4）产品中有添加物时，必须与原物料混合均匀，不能以小包装形式放入包装袋中。（5）应注意保留购肥凭证，购肥凭证是发票或小票，票中应注明所购肥料的名称、数量、等级或含量、价格等内容。如果经销单位拒绝出具购肥凭证，农民可向农业行政执法部门或工商管理部门举报。（6）如果购肥半吨以上，最好留有一袋不开封作为样品，等待当季作物收获后没有出现问题再自行处理。

47、怎样正确的购买肥料？（1）尽量购买大型企业的、市场占有率大的产品；（2）认清外包装标识，认清氮（N）—磷（P205）—钾（K20）各养分含量，购买时你算好，每吨一个养分45元左右，包装上氮磷钾以外的中微量元素只做购肥时的对比参考，不必计算。（3）尽量不要购买企业标准的产品。n肥料是商品，所以按照标准化法的要求，每种产品都要有自己的产品执行标准。标准分四个水平：国、行、地、企业，标准又分国家强制性标准和推荐性标准，标准分类分别为：国家标准（GB），行标（NY或HG），地标（DB/），企标（Q/）。

48、标准肥料应有哪些标示标注？肥料包装一般由商标、产品名称、养分含量标识、执行标准、生产许可证号、产品登记证号、生产厂家、使用方法等组成，有的厂家还加上其他诸如产品效果、产品技术荣誉之类的带广告性质的词汇。

49、肥料包装中有那些误导成分？（1）肥料养分标识的误导成分，许多厂家出现诸如“45%NPKCaMgS”“N15K15CaMgSBCnZnFeMn15”的养分标识。厂家向外宣传这是”3 个 15”的肥料，这是典型误导消费者的行为。这种肥料其实只有 30% 的标识养分。（2）包装中常见的带误导性质的词汇除了“引进…国家技术”、“国内领先”等广告语外，在肥料的先进性、肥料的效果方面的误导成分普遍存在，尤其是新型肥料。如含微生物的复混肥料标上“含有益微生物”等类似的词汇。（3）叶面肥料中的误导成分，a 产品标有生产许可证。叶面肥料目前还没有建立类似复合肥料所具有的“三证制度，该类产品加上生产许可证是“画蛇添足”。b“高倍数稀释”的叶面肥料。喷施时施用浓度太低，如何会有效果。c 效果描述不切实际：如“叶面肥可代替施肥”，“可抗病 / 抗虫”，等等。

50、如何鉴别尿素的真假？一查；查包装的生产批号和封口。真尿素一般包装袋上生产批号清楚且为正反面都叠边的机器封口。假尿素包装上的生产批号不清楚或没有，而且大都采用单线手工封口。二看；真尿素是一种半透明且大小一致的白色颗粒。若颗粒表面颜色过于发亮或发暗，或呈现明显反光，即可能混有杂质，这时要当心买到假尿素。三闻；正规厂家的尿素正常情况下无挥发性气味，只是在受潮高温后才能产生氨味。若正常情况下挥发味较强，则尿素中含有杂质。四摸；真颗粒尿素大小一致，不容易结块，因而手感较好，而假尿素手摸时有灼烧感和刺手感。五烧；正规厂家生产的尿素放在火红的木炭上（或烧红的铁片上）迅速熔化，冒白烟，有氨味。如在木炭上出现剧烈燃烧，发强光，且带有“嗤嗤声”，或熔化不尽，则其中必混有杂质。六称；正规厂家生产的尿素一般与实际重量相差都在 1% 以内，而以假充真的尿素则与标准重量相差很大。

51、如何鉴别磷酸二铵？磷酸二铵呈弱碱性，pH 为 7.5—8.5，颗粒均匀，表面光滑，美国产磷酸二铵多为灰褐色或灰色颗粒，颗粒坚硬，断面细腻，有光泽，国产磷酸二铵为白色或灰白色颗粒。近几年，市场上出现了许多假冒磷酸二铵的肥料，对磷酸二铵真假的鉴别可通过如下方法进行；（1）仔细观看包装的标志，如有“复合肥料”的字样，就可以确定不是磷酸二铵。比如，有的肥料在包装袋上印有“XXX 二铵”几个大字，下面用小字标出“复混肥料”，它肯定是假货。（2）在木炭或烟头上灼烧，如果颗粒几乎不熔化且没有氨味，就可以确定它不是磷酸二铵。（3）取少许肥料颗粒放入容器中用水熔解，向溶液中加入少量碱面，立刻冒出大量气泡的多为磷酸一铵、硝酸磷肥等酸性肥料；而磷酸二铵为弱碱性，加入少量碱面后，等一小会儿方能冒出气泡。

52、如何识别钾肥的真假？目前市场上销售的钾肥主要有两种，一种是氯化钾，另一种是硫酸钾；此外，磷酸二氢钾作为一种磷、钾复合肥，作跟外追肥，使用量也很大。现将识别真假钾肥的简易方法介绍如下；一看包装。化肥包装袋上必须注明产品名称、养分含量、等级、商标、净重、生产单位、地址、标准代号、肥料登记证、生产许可证号码。如上述标识没有或不完整，则可能是假钾肥或劣质品。二看外观。国产氯化钾为白色结晶体，其含有杂质时呈淡黄色。进口氯化钾多为白色结晶体或红白相间结晶体。硫酸钾为白色结晶体，含有杂质时呈淡黄色或灰白色。三看水溶性。取氯化钾或硫酸钾、硫酸二氢钾 1 克，放入干净的玻璃杯或白瓷碗中，加入干净的凉开水 10 毫升，充分搅拌均匀，看其溶解情况，全部溶解无杂质的是钾肥，不能迅速溶解，呈现粥状或有沉淀的是

山西阳煤丰喜肥业(集团)有限责任公司
SHANXI YANGMEI FENGXI FERTILIZER INDUSTRY (GROUP) LLC.

劣质钾肥或假钾肥。四木炭试验。取少量氯化钾或硫酸钾放在烧红的木炭或烟头上，应不燃、不熔，有“劈啪”爆裂声。无此现象则为假冒伪劣产品。五石灰水试验。有的厂商用磷铵加入少量钾肥，甚至不加钾肥，混合后假冒磷酸二氢钾。质量好的磷酸二氢钾为白色结晶，加入石灰水（或草木灰水）后，闻不到氨味，外表观察如果是白色或灰白色粉末，加石灰水（或草木灰水）后闻到一股氨味，那就是假冒磷酸二氢钾。六铜丝试验。用根干净的铜丝或电炉丝蘸取少量的氯化钾或硫酸钾，放在白酒火焰上灼烧，通过兰色玻璃片，可以看到紫红色火焰。无此现象，则为伪劣产品。

53、如何区分硫酸钾和氯化钾？硫酸钾外观呈白色结晶或带颜色的结晶颗粒，特点是吸湿小，贮藏时不易结块，易溶于水。氯化钾外观呈白色或浅黄色结晶，有时含有铁盐呈红色，易溶于水，是一种高浓度的速效钾肥。要正确区别这两种肥料，首先用眼看，外观是否符合上述解释；其二看袋子标识执行标准，硫酸钾执行的化工部颁布的HG/T3279—1990，氯化钾执行的国标GB6549—86，所以在工艺上，检测方法就不同。

54、如何鉴别硫酸铵？农用硫酸铵为白色或浅色的结晶，氮含量≥ 20.8%（二级品）。易吸潮，易溶于水，在火上加热时，可见到缓慢地熔化，并伴有氨味放出。

55、如何鉴别硝酸铵？硝酸铵外观为白色，无肉眼可见的杂质，可能带微黄色。总氮含量≥ 34.4%（Ⅱ级）。具有很强的吸湿性和结块性，大量的硝酸铵受热易分解。把化肥样品直接放在烧红的铁板上，熔化迅速，出现沸腾状。熔化快结束时可见火光，冒大量白烟，有氨味、鞭炮味，是硝酸铵。

56、如何鉴别氯化铵？氯化铵为白色或微黄色晶体，易溶于水，吸水性强，易结块。将少量氯化铵放在火上加热，可闻到强烈的刺激性气味，并伴有白色烟雾，迅速熔化并全部消失。在熔化的过程中可见到未熔部分呈黄色。

57、如何鉴别碳酸氢铵？外观为白色或微灰色结晶，有氨气味。吸湿性强，易溶于水，用手指拿少量样品进行磨擦，即可闻到较强的氨气味。把化肥样品直接放在烧红的铁板上，不熔化，直接分解，发生大量白烟，有强烈的氨味。

58、如何鉴别过磷酸钙？外观为深灰色、灰白色、浅黄色等疏松粉状物，块状物中有许多细小的气孔，俗称“蜂窝眼”。有效五氧化二磷含量≥ 12.0%（合格品Ⅱ）。一部分能溶于水，水溶液呈酸性。加热时不稳定，可见其微冒烟，并有酸味。

59、如何鉴别钙镁磷肥？外观为灰白色、灰绿色或灰黑色粉末，看起来极细，在阳光的照射下，一般可见到粉碎的、类似玻璃体的物体存在，闪闪发光。有效五氧化二磷含量≥ 12.0%（合格品）。不溶于水，不吸潮，在火上加热时，看不出变化。

60、怎样选用复合肥？一看包装。合格产品双层包装，防湿防潮。包装物外表有三证号码：即生产许可证号码、经营许可证号码，产品质量合格登记证号码，有氮、磷、钾三大营养元素含量标识，有生产厂家、地址等。打开外包装，袋内要有产品使用说明书。二看复合肥的物理性状。产品质量好的复合肥，颗粒大小均匀一致，不结块、不碎粉。三要购买正规厂家生产的复合肥。正规厂家生产设备和生产技术都较先进，生产出的产品质量可靠，信誉有保证。四要选适合本地的复合肥。本地生产的复合肥大多是根据本地区及周边地区的土壤养分含量情况、作物需肥规律和肥料效应生产的复合肥，针对性强。五忌连年使用“双氯”复合肥。“双氯”复合肥是以氯化铵、氯化钾为原料生产的复合肥。如果连年施用“双氯”复合肥，氯离子在土壤中存留量大，作物过量吸收会发生“氯害”，同时土壤也会发生“盐害”。

61、如何鉴别复混肥的优劣？一看：优质复混肥颗粒一致，无大硬块，粉末较少。可见红色细小钾肥颗粒，或白色尿素颗粒。含氮量较高的复混肥，存放一段时间肥粒表面可见许多附着的白色微细晶体；劣质复混肥没有这些现象。二搓：用手搓揉复混肥，手上留有一层灰白粉末，并有粘着感的为优质复混肥。破其颗粒，可见细小白色晶体的也是优质的。劣质复混肥多为灰黑色粉末，无粘着感，颗粒内无白色结晶。三烧：取少许复混肥置于铁皮上放在明火中灼烧，有氨臭味说明含氮，出现紫色火焰表示含钾。氨味愈浓，紫色火焰越长的是优质复混肥。反之，为劣质品。四溶：优质复混肥在水中会溶解，即使有少量沉淀，也较细小。劣质复混肥粗糙而坚硬，难溶于水。五闻：复混肥料一般来说无异味（有机无机复混肥除外），如果具有异味，说明含有碳铵或有毒物质三氯乙醛（酸）等。

62、如何根据农作物特点及土壤性质选购化肥？（1）氮肥：水稻宜选用铵态氮化肥，尤以氯化铵、尿素效果较好。玉米、小麦等禾谷类作物施用铵态氮化肥（如碳铵、硫铵、氯铵、尿素）或硝态氮化肥（如硝酸铵）同样有效。马铃薯、甘薯也宜用铵态氮化肥。硝酸铵能改善烟草的品质，其中的铵态氮能有助烟草的燃烧性。而含氯的化肥（如氯化铵）却降低烟草的燃烧性，应避免使用。酸性土壤，宜选用化学碱性或生理碱性氮素化肥。在盐碱土地区，不宜选购施用含氯离子较多的氯化铵。碱性土壤中，铵态氮化肥虽然易被作物吸收利用，但要注意防止铵态氮的分解挥发。（2）磷肥：豆科作物（大豆、花生）、糖料作物（甜菜、甘蔗）、纤维作物（棉花）、薯类作物（马铃薯、甘薯）以及瓜类、果树需磷较多，增施磷肥有较好的肥效。在磷肥用量较多的地块，无须连年施用磷肥．以免浪费。（3）钾肥：烟草、马铃薯、甘薯、甜菜、西瓜、果树等需钾量均较大，但这些喜钾作物都忌氯，不宜施用氯化钾。氯化钾也不宜在盐碱地上长期施用，在非忌氯作物上可做基肥、追肥，但不宜做种肥。而硫酸钾适用于各种土壤、作物，可用做基肥、种肥、追肥及根外追肥。（4）硫肥和钠肥：马铃著、大豆、花生、油菜也是喜硫作物，使用普钙的效果好于″重钙″。因为″重钙″中不含硫酸钙。甜菜是喜钠作物，硝酸钠是甜菜的好肥料。氯化铵忌氯作物禁用，但适用于棉、麻等作物，因氯能增加纤维的韧性及拉力。

63、化肥储存应注意那些事项？防返潮变质：如炭酸氢铵易吸湿，造成氮挥发损失；硝酸铵吸湿性很强，易结块、潮解；石灰氮和过磷酸钙吸湿后易结块，影响施用效果。因此，这些化肥应存放在干燥、阴凉处，尤其碳酸氢铵贮存时包装要密封牢固，避免与空气接触。防火避日晒：氮素化肥经日晒或遇高温后，氮的挥发损失会加快；硝酸铵遇高温会分解氧化，遇火会燃烧，已结块的切勿用铁锤重击，以防爆炸。氮素化肥贮存时应避免日晒、严禁烟火，不要与柴油、煤油、柴草等物品堆放在一起。防挥发损失：氨水、碳酸氢铵极易挥发损失，贮存时要密封。氮素化肥、过磷酸钙严禁与碱性物质（石灰、草木灰等）混合堆放，以防氮素化肥挥发损失和降低磷肥的肥效。防腐蚀毒害：过磷酸钙具有腐蚀性，防止与皮肤、金属器具接触；氨水对铜、铁有强烈腐蚀性，宜贮存于陶瓷、塑料、木制容器中。此外，化肥不能与种子堆放在一起，也不要用化肥袋装种子，以免影响种子发芽。

64、如何运输和存放生物有机肥？为了避免在运输和存放生物有机肥过程中造成不必要的损失，

山西阳煤丰喜肥业(集团)有限责任公司
SHANXI YANGMEI FENGXI FERTILIZER INDUSTRY (GROUP) LLC.

必须做到：（1）运输和存放时应避免和碳酸氢铵、钙镁磷肥等碱性肥料混淆；（2）生物有机肥遇水容易导致养分损失，在运输过程中应避免淋雨，存放则要在干燥通风的地方；（3）生物有机肥内含有益微生物，阳光中的紫外线会影响有益微生物的正常生长繁殖，在运输存放过程中注意遮荫。

65、如何预防化肥中毒？由于缺乏正确使用化肥的科学知识，化肥中毒事件时有发生。农忙时做好预防化肥中毒尤为重要，应注意以下几点，（1）严禁赤身露体搬扛运送化肥。化肥具有一定的腐蚀性，化肥袋外常沾附有大量化肥粉末颗粒和溶化的卤汁液体物质。赤裸着臂膀扛运化肥势必污染皮肤。因此，搬运工运送化肥时应穿好长袖衣服。（2）化肥储存应用专仓分类，并设醒目标志。农家储肥时，化肥不得与瓜果、蔬菜及粮食等混放于一起，以防污染或误食中毒，更不宜用化肥袋盛装粮食等。具有较强挥发性的化肥应放置在阴凉通风安全处，以防有害气体外溢。（3）注意安全使用化肥。使用化肥时，不可用汗手直接抓取。喷施粉雾或泼洒溶液都要站在上风口。使用粉剂还须加戴口罩及防护眼镜。在炎热烈日曝晒下不可进行施肥。另外施肥后要及时清洗手脸并洗澡、更衣。患有气管炎、皮肤病、眼疾及对化肥有过敏反应者不宜从事施肥操作。

66、肥料使用常识、那些肥料不可混用？(1) 尿素不能与草木灰、钙镁磷肥及窑灰钾肥混用。(2) 碳铵不能与草木灰、人粪尿、硝酸磷肥、磷酸铵、氯化钾、鳞矿粉、钙镁磷肥、氯化铵及尿素混用。（3）过磷酸钙不能和草木灰、钙镁磷肥及窑灰钾肥混用。（4）磷酸二氢钾不能和草木灰、钙镁磷肥及窑灰钾肥混用。（5）硫酸铵不能与碳铵、氨水、草木灰及窑灰钾肥混用。（6）氯化铵不能和草木灰、钙镁磷肥及窑灰钾肥混用。（7）硝酸铵不能与草木灰、氨水、窑灰钾肥、鲜肥及堆肥混用。(8) 氨水不能与人粪尿、草木灰、钾氮混肥、磷酸铵、氯化钾、磷矿粉、钙镁磷肥、氯化铵、尿素、碳铵及过磷酸钙混用。（9）硝酸磷肥不能与堆沤肥、草肥、厩肥、草木灰混用。（10）磷矿粉不能和磷酸铵混用。（11）人畜粪尿不能和草木灰、窑灰钾肥混用。

67、蔬菜喷施微肥时需要注意那些问题？(1) 浓度：微肥喷施浓度适宜才能收到良好效果，浓度过高不但无益反而有害。（2）时间：为减少微肥在喷施过程中的损失，最好选择阴天喷施，晴天则宜在傍晚喷施，以尽可能延长肥液在作物茎叶上的湿润时间，以利吸收。（3）用量：蔬菜所需微量元素的量很小，且各种微量元素从缺乏到过量的临界范围很窄，稍有缺乏或过量就可能造成危害。（4）次数：根据蔬菜生长发育而定，一般 2-4 次。（5）混喷：微肥之间合理混合喷施，或与其他肥料或农药混喷，可起到“一喷多效”的作用，但要弄清肥料和农药的理化性质，防止发生化学反应而降低肥（药）效。

68、生物肥料使用应注意哪些问题？(1) 注意产品质量。检查液体肥料的沉淀与否、浑浊程度；固体肥料的载体颗粒是否均匀，是否结块；生产单位是否正规，有否合格证书等。(2) 注意贮存环境。不得阳光直射、避免潮湿、干燥通风等。（3）注意及时使用。生物肥料的有效期较短，不宜久存，一般可于使用前 2 个月内购回，若有条件，可随购随用。（4）注意合理施用。要根据生物肥料的特点并严格按说明书要求施用，必须严格操作规程。（5）注意与其他药、肥分施。在没有弄清其它药、肥的性质以前，最好将生物肥料单独施用。（6）注意施用的连续性。喷施生物肥时，效果在数日内即较明显，微生物群体衰退很快，因此，应予及时补施，以保证其效果的连续性和有效性。

69、施用尿素最需要注意那些问题？第一、尽量避免单独施用。理想的施用方法是，先施有机肥，然后将尿素、过磷酸钙、氯化钾诸肥合理配方施用。第二、不能与碳铵混用。碳铵和尿素混施，会使尿素转化成氨的速度大大减慢，容易造成尿素的流失和挥发损失。第三、不能在地表撒施。尿素撒施在地表，常温下要经过 4~5 天转化过程才能被作物吸收，大部分氮素在铵化过程中被挥发掉，利用率只有 30% 左右。第四、施用尿素后不能马上灌水。尿素是酰胺态氮肥，施后必须转化成氨态氮才能被作物吸收利用。若尿素施后马上灌水或旱地在大雨前施用，尿素就会立刻流失。

70、施用复合肥应注意那些问题？（1）注意复合肥不宜用于苗期肥和中后期肥，以免作物贪青徒长。复合肥肥效长，宜作底肥。（2）注意与单质氮肥配合使用。作物幼苗期需要氮肥量较少，因此，对播种施用复合肥做底肥的作物，应根据不同作物的需肥规律，在追肥时补充速效氮肥，以满足作物营养需要。（3）注意选择合适的浓度。市场上有高、中、低浓度系列复合肥，一般低浓度总养分在 25%~30% 之间，中浓度在 30%~40% 之间，高浓度在 40% 以上。要根据地域、土壤、作物不同，选择使用经济、高效的复合肥。（4）注意避免种子与肥料直接接触或种肥混合使用。复合肥若与种子或幼苗根系直接接触，会影响出苗甚至烧苗、烂根。播种时，种子要与复合肥相距 5~10 厘米左右。（5）应注意养分成分的使用范围。根据土壤类型和作物种类选择使用。含硝酸根的复合肥，不要在叶菜类和水田里使用；含氨离子的复合肥，不宜在盐碱地上施用；含氯化钾的复合肥不要在忌氮作物或盐碱地上使用；含硫酸钾的复合肥，不宜在水田和酸性土壤中使用。

71、含氯复混（合）肥施用中应注意那些问题？（1）适用于耐氯力强及耐氯力中等的作物上，如水稻、高粱、谷子、棉花、菠菜、黄瓜、茄子等属于耐氯力强的作物；而小麦、玉米、花生、大豆等属于耐氯力中等的作物。（2）广泛用于含氯低的土壤，特别适合渗透性好、具有浇水条件、降雨量较大的土壤。（3）在耐氯力低的作物上不宜施用，或有条件的谨慎施用。主要是烟草、甘薯、马铃薯、白菜、辣椒、莴笋、苋菜、苹果、葡萄、茶、西瓜等，这些作物通常称为忌氯作物。（4）不宜施在含氯高的盐土、盐化土、渗水不好的粘土地、涝洼地、托水性强的石灰性土壤及多年棚栽条件下的土壤。

72、化肥、农药、激素混用应遵循哪些原则？

第一、混合后，能保持原有的理化性状，其肥效、药效、激素均得以发挥；第二、混合物之间不发生酸碱中和、沉淀、水解盐析等化学反应；第三、混合物不会对农作物产生毒害作用；第四、混合物中各组分在药效时间、施用部位及使用对象都较一致，能充分地发挥各自的功效。第五、在没有把握的情况下，先在小范围内进行试验，证明无不良影响时才能混用。73、化肥和农药不能混合施用的有哪些？（1）碱性农药如波尔多液、石硫合剂、松脂合剂等不能与碳酸铵、硫酸铵、硝酸铵、氯化铵等铵态氮肥或过磷酸钙混合，否则易产生氨挥发或产生沉淀，从而降低肥效；（2）碱性化肥如氨水、石灰、草木灰不能与敌百虫、乐果、速灭威、甲胺磷、托布津、岗井霉素、多菌灵、叶蝉散、杀虫菊脂类杀虫剂等农药混合使用，因为多数有机磷农药在碱性条件下会易发生分解失效。（3）化肥不能与微生物农药混合，因为化学化肥挥发性、腐蚀性强，若与微生物农药如杀螟杆菌、青虫菌等混用，易杀死微生物，降低防治效果。（4）含砷的农药不能与钾盐、钠盐等混合使用，例如砷酸钙、砷酸铝等若与钾盐、钠盐混合，则会产生可溶性砷，从而发生药害。在所有的肥药混合使用中，以化肥与除草剂混合最多，杀虫剂次之，而杀菌剂较少。

74、为什么过磷酸钙不能与草木灰、石灰氮、石灰等碱性肥料混用？过磷酸钙与草木灰、石灰氮、石灰等碱性肥料混用会降低磷肥有效性，磷矿粉、骨粉等难溶性磷肥，也不能与草木灰、石灰氮、

山西阳煤丰喜肥业(集团)有限责任公司
SHANXI YANGMEI FENGXI FERTILIZER INDUSTRY (GROUP) LLC.

石灰等碱性肥料混用。这是因为混用会中和土壤内的有机酸类物质，使磷肥更难溶解，作物无法吸收利用。

75、为什么钙镁磷肥等碱性肥料不能与铵态氮肥混施？碱性肥料若与铵态氮肥料如碳酸氢铵、硫酸铵、硝酸铵、氯化铵等混施，则会增加氨的挥发损失、降低肥效。

76、为什么化学肥料不能与细菌性肥料混用？化学肥料有较强的腐蚀性、挥发性和吸水性，若与根瘤菌等细菌性肥料混合施用，会杀伤或抑制活菌体，使细菌性肥料失效。

77、哪些化肥不宜作种肥？（1）含有害氯离子的肥料。氯化铵、氯化钾等化肥含有氯离子，施入土壤后，会产生水溶性氯化物，对种子发芽和幼苗生长不利。硝酸铵和硝酸钾等肥料中含有硝酸根离子，也不宜用作种肥。（2）对种子有腐蚀作用的肥料。碳酸氢铵具有腐蚀性和挥发性，对磷酸钙含有游离态的硫酸和碳酸，两者对种子都有强烈的腐蚀作用。如必须用作种肥，应避免与种子接触，可将碳酸氢铵施在播种沟之下或与种子相隔一定的土层，或将过磷酸钙与土杂肥混合施用。（3）对种子有毒害作用的肥料。尿素在生产过程中，常产生少量的缩二脲，含量超过 2%时，对种子和幼苗会产生毒害。

78、怎样合理施用叶面肥？（1）品种选择要有针对性，如在基肥施用充足时，可以选用以微量元素为主的叶面肥。（2）叶面肥的溶解性要好。由于叶面肥是直接配成溶液进行喷施的，所以叶面肥必须溶于水。（3）叶面肥的酸度要适宜，一般要求 pH 值在 5 ～ 8。（4）叶面肥的浓度要适当，应根据作物种类而定。（5）叶面肥要随配随用，不能久存。（6）叶面肥喷施时间要合适，叶肥的喷施时间最好选在晴朗无风的傍晚前后。（7）在作物生长关键时期喷施，如小麦、水稻等禾本科作物生长后期，根系吸收能力减弱，叶面施肥可以补充营养，增加粒数和粒重。

79、施用化学肥料需注意哪些问题？（1）尿素用后不宜立即浇水。（2）碳铵不宜施在土壤表面。（3）碳铵不宜在温室和大棚内施用。（4）铵态氮化肥勿与碱性肥料混施。（5）硝态氮化肥勿在稻田施用。（6）硫酸铵不宜长期施用。（7）磷肥不宜分散施用。（8）钾肥不宜在作物后期施用。（9）含氯化肥忌长期单独施用，并避免在忌氯作物施用。（10）含氮复合肥不宜大量用于豆科作物。

80、如何正确使用农家肥？（1）堆肥：以杂草、垃圾为原料积压而成的肥料，可因地制宜使用，最好结合春、秋耕做底肥。（2）绿肥：最好做豆科作物的底肥或追肥，利用根瘤菌固氮作用来提高土壤肥力。（3）羊粪：属热性肥料，宜和猪粪混施，适用于凉性土壤和阴坡地。（4）猪粪：有机质和氮、磷、钾含量较多，腐熟的猪粪可施于各种土壤，尤其适用于排水良好的热潮土壤。（5）马粪：有机质、氮素、纤维素含量较高，含有高温纤维分解细菌，在堆积中发酵快，热量高，适用于湿润粘重土壤和阴坡地及板结严重的土壤。（6）牛粪：养分含量较低，是典型的凉性肥料，将牛粪晒干，掺入 3 － 5%的草木灰或磷矿粉或马粪进行堆积，可加速牛粪分解，提高肥效，最好与热性肥料结合使用，或施在沙壤地和阳坡地。（7）人粪尿：发酵腐熟后可直接使用，也可与土掺混制成大粪土作追肥。（8）家禽肥：养分含量高，可作种肥和追肥，最适用于蔬菜。

81、为什么粪便类有机肥要充分腐熟后施用？未经腐熟粪便类有机肥中，携带有大量的致病微生物和寄生性蛔虫卵，施入农田后，一部分附着在作物上造成直接污染，一部分进入土壤造成间接污染。另外，未经腐熟的粪便类有机肥施入土壤后，要经过发酵后才能被作物吸收选用，一方面产生高温造成烧苗现象，别一方面还会释放氨气，使植株生长不良，因此，在施用粪便类有机肥时一定要充分腐熟。

82、施用有机肥应注意那些问题？（1）有机肥所含养分不是万能的。有机肥料所含养分种类较多，与养分单一的化肥相比是优点，但是它所含养分并不平衡，不能满足作物高产优质的需要。（2）有机肥分解较慢，肥效较迟。有机肥虽然营养元素含量全，但含量较低，且在土壤中分解较慢，在有机肥用量不是很大的情况下，很难满足农作物对营养元素的需要。（3）有机肥需经过发酵处理。许多有机肥带有病菌、虫卵和杂草种子，有些有机肥中有不利于作物生长的有机化合物，所以应经过堆沤发酵、加工处理后才能施用，生粪不能下地。（4）有机肥的使用禁忌。腐熟的有机肥不宜与碱性肥和硝态氮肥混用。

83、怎样区分生物有机肥和精制有机肥？（1）肉眼鉴别。生物有机肥在有益微生物作用下，发酵腐熟充分，外观呈褐色或黑褐色，色泽比较单一；而其他有机肥因生产操作不同，产品颜色各异，如精制有机肥为粪便发酵和生物有机肥一样，农家肥露天堆制，颜色变化较大。

（2）水浸闻味。将不同的有机肥分别放在盛有水的杯子内，精制有机肥和农家肥因为经发酵或发酵不彻底，散发出较浓的臭味，而生物有机肥、精制有机肥则不会发生这种现象。

84、复合肥的施用方法有哪些？复合肥的施用方法主要有以下几种：做底肥施用：在播种前，整地时，撒到地表，翻到犁底，一般在耕层下 10 ～ 20 厘米为最。做种肥施用：一定要注意种、肥隔离 8 ～ 10 厘米为好。做冲施：在作物生长的后期，将肥料溶化后结合浇水，冲施效果更佳。作叶面肥：用鲁西硫酸钾复合肥按 0.5% 比例溶化后，取上清液在下午 4 点后喷洒在叶子的正反面，24 小时就能吸收完，隔 5 ～ 7 天喷一次见效快。

85、肥料混合施用需要注意哪些问题？（1）肥料混合后，肥料的物理性状不能变坏，为的是便于施用。（2）混合后肥料中的养分不能损失。

（3）如果混合时肥料颗粒大小悬殊，使得肥料在贮运和施肥过程中发生颗粒大小不匀而造成养分不均的现象，就不能混合。（4）肥料混合后要有利于提高肥效和工效。

86、微生物肥料有那些作用？（1）通过这些有益微生物的生命活动，固定转化空气中不能利用的分子态氮为化合态氮，解析土壤中不能利用的化合态磷、钾为可利用态的磷、钾，并可解析土壤中的 10 多种中、微量元素。（2）通过这些有益微生物的生命活动，分泌生长素、细胞分裂素、赤霉素、吲哚酸等植物激素，促进作物生长，调控作物代谢，按遗传密码建造优质产品。（3）通过有益微生物在根际大量繁殖，产生大量多糖，与植物分泌的粘液及矿物胶体、有机胶体相结合，形成土壤团粒结构，增进土壤蓄肥、保水能力。质量好的微生物肥料能促进农作物生长，改良土壤结构，改善作物产品品质和提高作物的防病、抗病能力，从而实现增产增收。

87、微生物肥料推广使用应注意哪些问题？（1）没有获得国家登记证的微生物肥料不能推广。（2）有效活菌数达不到标准的微生物肥料不要使用。（3）存放时间超过有效期的微生物肥料不宜使用。（4）存放条件和使用方法须严格按规定办。

88、叶面喷施尿素应注意那些问题？（1）不要在暴热的天气或下雨前喷施，以免烧苗或损失肥分。喷施时间以每天清晨或午后进行为宜，喷后隔 7-10 天再喷一次。（2）对禾谷类作物或叶面光滑的作物喷施时，要加入 0.1% 的粘着剂（如洗衣粉、洗洁净）等。否则，效果不好。（3）用于喷施的尿素，缩二脲的含量不能高于 0.5%，含量高容易伤害叶片。（4）作物种类不同，要求喷施

山西阳煤丰喜肥业(集团)有限责任公司
SHANXI YANGMEI FENGXI FERTILIZER INDUSTRY (GROUP) LLC.

尿素溶液的浓度也不同，一般禾谷类作物要求喷施浓度为 1.5-2%，在花期喷施时，浓度还要低一些。叶菜类的蔬菜和黄瓜的喷施浓度为 1-1.5%。苹果、梨、葡萄等果树以 0.5% 为宜。番茄以 0.3% 为宜。

89、化肥与农家肥配施应注意哪些问题？（1）施用时间。农家肥见效慢，应早施，一般在播前一次性底施；而化肥用量少，见效快，一般应在作物吸收营养高峰期前 7 天左右施入。（2）施用方法。农家肥要结合深耕施入土壤耕层，或结合起垄扣入垄底。与农家肥搭配的氮素化肥，30% 作底肥，70% 作追肥。磷肥和钾肥作底肥一次性施入。（3）施用数量。化肥与农家肥配合施用，其用量可根据作物和土壤肥力不同而有所区别，如在瘠薄的地上种玉米，每亩可施农家肥 4 立方米、尿素 24 公斤、磷肥 13 公斤，或施 15-15-15 的复合肥 13 公斤。中等肥力的土壤可施农家肥 3 立方米、尿素 20 公斤，或施 15-15-15 的复合肥 12 公斤。高肥力土壤可施农家肥 2.5 立方米、尿素 15 公斤。尿素在追肥时使用效果更佳。复合肥以底肥为佳。

90、如何施用底肥效果更好？从肥料的用量上看，各种肥料作底肥的具体用量可参照当地多年田间肥效试验结果及目标产量等综合因素确定，一般高肥力土壤上氮肥总用量的 30% 左右作底施，中、低肥力土壤则有 50%～70% 的氮肥作为底肥，而磷、钾肥及微肥尽可能一次全部底施。

从肥料品种上看，氮肥中的碳铵，磷肥中的普钙、二铵、钙镁磷肥、三料，钾肥中氯化钾、硫酸钾、草木灰，微肥中的锌肥、锰肥等，都适宜作底肥。

从深度方面讲，一般底肥应施到整个耕层之内，即 15～20 厘米的深度。对于有机肥、氮肥、钾肥、微肥，可以混合后均匀地撒在地表，随即耕翻入土，做到肥料与全耕层土壤均匀混合。磷肥由于移动性差，在底施时应分上下两层施用，即下层施至 15～20 厘米的深度，上层施至 5 厘米左右的深度。

91、施用微量元素肥料有那些方法？（1）土壤施肥。即做基肥、种肥或追肥时把微量元素肥料施入土壤。这种施法虽然肥料的利用率较低，但有一定的后效。含微量元素的工业废弃物和缓效性微肥常采用这种施肥方法。（2）种子处理。包括浸种和拌种两种方法。浸种时将种子浸入微量元素溶液中，种子吸收溶液而膨胀，肥料随水进入。常用的浓度是 0.01%~0.1%，时间是 12~24 小时。拌种是用少量水将微量元素肥料溶解，将溶液喷洒于种子上，搅拌均匀，使种子外面沾上溶液后阴干播种，一般每千克种子用 2~6 克肥料。（3）根外追肥。即将微量元素肥料溶液用喷雾器喷施到植株上，通过叶面或气孔吸收而运转到植株体内。常用的溶液浓度是 0.01%~0.1%。（4）蘸秧根。这是水稻的特殊施肥法，其它需要移栽的农作物也可以采用蘸秧根的方法施肥。

92、如何提高作物施肥效率？（1）要在光照条件好的地方适当多施氮肥，促进作物的营养生长与生殖生长；在光照条件差的地方，要少施氮肥，严防作物贪青晚熟。（2）要在光照强时，深施肥料，防止光解、挥发，要多施磷、钾肥，提高水分利用率。（3）要随着作物叶面积系数的增加，适当增施叶面肥，但应于早晨和下午 4 时后施用，以减少损失。（4）在多雨季节不应过量施用氮肥，一防作物疯长，二防肥料流失，三防污染水源。（5）在干旱少雨时，应适量增施磷、钾肥，增施钾肥可以提高抗旱能力，增施磷肥可以提高对水分的利用率，并能发挥以磷增氮的作用。（6）在操作方法上应注意，土壤含水最较高时，宜重肥轻施，即肥料浓度较高，但用量宜少，且要与作物植株保持一定距离。天气干旱时，宜轻肥重施，或者说肥少水多，增加浇水次数。

93、施用化肥常见错误有那些？1、磷酸二铵随水撒施。磷酸二铵随水撒施后，很容易造成氮素的挥发损失，磷素也只停留在地表，不容易送至作物的根部。2、碳铵地表浅施，覆土不严密，导致肥料利用率低。3、尿素表土撒施后急于灌水，甚至用大水漫灌造成尿素损失。

4、过磷酸钙直接拌种。过磷酸钙中含有3.5%-5%的游离酸，腐蚀性强，如用过磷酸钙直接拌种，很容易对种子产生腐蚀作用，降低种子发芽率和出苗率。

94、如何正确施用硅肥？（1）施用范围。土壤供硅能力是确定是否施用硅肥的重要依据。土壤缺硅程度越大，施肥增产的效果越好，因此，硅肥应优先分配到缺硅地区和缺硅土壤上。不同作物对硅需求程度不同，喜硅作物施用硅肥效果明显，施硅效果显著的作物主要有水稻、小麦、玉米等禾本科作物，其中水稻属于典型的喜硅作物。由于硅肥具有改良土壤的作用，硅肥应施用在受污染的农田以及种植多年的保护地上。（2）施用方法。硅肥不易结块、不易变质、稳定性好，也不会有下渗、挥发等损失，具有肥效期长的特点。因此，硅肥不必年年施，可隔年施用。其施用方法可以与有机肥、氮、磷、钾肥一起作基肥施用；养分含量高的水溶态的硅肥既可以作基肥也可作追肥，但追肥时期应尽量提前些。例如，在水稻生产中应在水稻孕穗之前施用。（3）用量。应根据不同地块土壤有效硅的含量与硅肥水溶态硅的含量确定硅肥施用量。严重缺硅的土壤可适量多施，而轻度缺硅的土壤应少施。有效硅含量达到50-60%的水溶态硅肥，每亩可施用6-10公斤；有效硅含量为30-40%的钢渣硅肥，每亩可施用30-50公斤；有效硅含量低于30%的，每亩可施用50-100公斤。

95、菌肥使用中应注意那些问题？（1）有效期。存放时间超过有效期的微生物肥料不要使用。（2）温度。施用菌肥的最佳温度是25-37摄氏度，低于5摄氏度，高于45摄氏度，施用效果较差。同时还应掌握固氮菌最适温度土壤的含水量是60%-70%。（3）地点。对含硫高的土壤和锈水田，不宜施用生物菌肥。对于翻浆的水田，一般不用撒施，用喷雾的方法效果会好些。（4）菌数。有效活菌数达不到标准的微生物肥料不能购买，国家规定微生物菌剂有效活菌数≥2亿/克（颗粒1亿/克），复合微生物肥料和生物有机肥有效活菌数≥2000万/克。（5）时期。生物菌肥不是速效肥，在作物的营养临界期和营养大量吸收期前7-10天施用，效果最佳。（6）混合。应注意，不应将菌肥与杀菌剂、杀虫剂、除草剂和含硫的化肥（如硫酸钾等）以及稻草灰混合用，因为这些药、肥，很容易杀死生物菌。（7）用量。对于已多年施用化肥的田块，施用生物菌肥时不能大量减少化肥和有机肥的施用量。

96、作物肥害如何识别？作物发生肥害的特征主要有如下几种：

（1）脱水：施化肥过量，或土壤过旱，施肥后引起土壤局部浓度过高，导致作物失水并呈萎蔫状态。（2）灼伤：烈日高温下，施用挥发性强的化肥（如碳铵等），造成作物的叶片或幼嫩组织被灼伤（烧苗）。（3）中毒：尿素中“缩二脲”成分超过2%，或过磷酸钙中的游离酸含量高于5%，施入土壤后引起作物的根系中毒腐烂；（4）滞长：施用较大量未经腐熟的有机肥，因其分解发热并释放甲烷等有害气体，造成对作物种子或根系的毒害。

97、怎样预防作物肥害？（1）选施标准化肥。（2）追肥适量。碳铵每次每亩不宜超过25公斤，并注意深施，施后覆土或中耕；尿素每次亩施量控制在10公斤以下；施用叶面肥时，各种微量元素的适宜浓度，一般在0.01%-0.1%之间，大量元素（如氮等）在0.3%-1.5%之间，应严格按规定浓度适时适量喷施。（3）种肥隔离。旱作物播种时，宜先将肥料施下并混入土层中，避免与种子直接接触。（4）合理供水。旱地土壤过于干旱时，宜先适度灌水后再行施肥，或将肥料兑水浇施；水田施用挥发性强的化肥时，宜保持田间适当的浅水层，施后随即进行中耕耘田。（5）

山西阳煤丰喜肥业(集团)有限责任公司
SHANXI YANGMEI FENGXI FERTILIZER INDUSTRY (GROUP) LLC.

化肥匀施。撒施化肥时，注意均匀，必要时，可混合适量泥粉或细沙等一起撒施。（6）适时施肥。一般宜掌握在日出露水干后，或午后施肥，切忌在烈日当空中进行。此外，必须坚持施用经沤制的有机肥，在追施化肥过程中，注意将未施的化肥置放于下风处，防止其挥发出的气体被风吹向作物，以免造成伤害（7）若不慎使作物发生前述肥害时，则宜迅速采取适度灌、排水，或摘除受害部位等相应措施，以控制其发展，并促进长势恢复正常。

肥料及施用技术

98、碳酸氢铵的施用技术有哪些？可作基肥和追肥，不能做种肥。作基肥时，旱地每亩 50 公斤，结合耕地进行；作追肥时，每亩 20—30 公斤在植株旁 7—10 厘米挖 7—10 厘米深穴或沟覆土盖严。碳酸氢铵适合于任何土壤和作物，但不能与石灰、草木灰、碱性磷肥等混施。

99、硝酸铵的施用方法有哪些？宜在旱地上作追肥施用，一般每亩 10—15 公斤，采取沟或穴深施至 10 厘米左右，覆土盖严。硝酸铵适用于一切作物，但最宜在烟草等经济作物上施用；不能与新鲜的有机物混合堆沤和混施，也不能与草木灰等碱性物质混合施用。

100、怎样科学合理施用尿素？尿素适用于各种土壤和作物，可作基肥和追肥，一般不作种肥。旱地作基肥时每亩 20 公斤撒施田面，随即翻耕；水田作基肥时每亩 15—20 公斤在灌水前 5—7 天撒施，耕翻入土。旱地作追肥时每亩 10 公斤沟施或穴施于 7—10 厘米深处；水田作追肥时先排水，再将尿素每亩 8 公斤施于表土后随即灌水。尿素作追肥时一般比其它氮肥提前 3—5 天。尿素也适宜作根外追肥，喷施浓度因作物而异。一般大田作物常用 1.0% 左右，不良或幼苗期可适当降低；露地蔬菜较大田作物浓度低；桑、茶、果树和温室蔬菜，应在低些。每亩应喷液 50—75 公斤，隔 7—10 天喷一次。喷 2 一 3 次

101、怎样提高尿素追肥效果？（1）根据肥力确定追肥数量。就玉米而言，在高肥力的土壤上，每亩追施 20 公斤，中等肥力土壤每亩追施 23 公斤，低产土壤则应追施 27 公斤。（2）在作物营养盛期追肥。尽量做到在作物的营养盛期追肥：玉米应在拔节至大喇叭口期，高粱应在拔节至孕穗期，小麦在三叶期，大豆在初花期。（3）做到深施覆土。用尿素给旱田作物追肥时，最好是刨坑或开沟深施 10 厘米以下，这样才能使尿素处于潮湿土中，有利于尿素的转化，也有利于氨态肥被土壤所吸附，减少挥发损失。（4）与作物要保持一定距离。在追肥时，要防止把尿素施在作物根系附近，更不能把尿素掉进作物的心叶里，以免烧伤幼苗，影响生长，要与作物保持一定距离。（5）比其它氮肥提前施用。用尿素给作物追肥时应比其它氮肥提前 7 天左右施用。（6）切忌与碱性肥料混施。尿素属于中性肥料，追肥时切忌与碱性化肥混合施用，以防降低肥效。（7）追施后不宜马上灌水。尿素施入土壤后，在未被分解转化前，不能被土壤所吸附。如果在追肥后马上灌水，会造成尿素流失。（8）做根外追肥。尿素对作物叶片损伤较小，又易溶于水，扩散性强，易被叶片吸收，进入叶片后不易引起质壁分离现象，因此很适于根外追肥。禾本科作物根外追肥的浓度为 1．5% -2%；用于双子叶作物根外追肥的浓度为 1%。一般每亩用尿素根外追肥数量为 0.5 公斤 -1.5 公斤即可。喷施的时间在下午 4 时后进行为宜。

102、什么是缓效性氮肥？现在应用情况如何？目前常用的氮肥多是速效氮肥，速效氮肥的利用率较低，常有大量氮素损失。所以近 20 年来研制出缓效肥（长效肥）。所谓缓效肥，就是指在水中的溶解度较小，慢慢地不断地释放出或转变为有效性速效氮的肥料。优点在于：①减少氮素的

淋失、挥发、固定及反硝化作用所引起的损失；②满足作物整个生育期对氮素的需要；③一次大量施肥时，不致引起烧苗现象，故可不必分次施肥，节省劳力。

但由于缓效肥的成本较高，在农作物上应用少。国外在公园草地、观赏植物及某些果树上施用尿素甲醛较普遍。我国在生产实践上施用缓效肥的还没有，还处在试验阶段。

103、碳酸氢铵能与钙镁磷肥、草木灰、氯化钾、过磷酸钙等肥料混合吗？碳铵不能与钙镁磷肥或草林灰混合，因为后两种肥料都是碱性的，混合后会加速碳铵分解为氨挥发而损失氮素。碳铵也不宜与氯化钾混合放置过久，因氯化钾吸湿性大，碳铵在潮湿的条件下容易分解而加速氨的挥发。碳铵可以与过磷酸钙混合，因过磷酸钙一般是酸性的，而且混合后有部分转变为磷酸铵，可减少氨的挥发，但是如果该种过磷酸钙含酸较高，容易吸湿，混合后堆放过久也会有氨的挥发，所以混合后以尽快施用为宜。

104、水稻追施碳铵要注意什么？水稻追施碳铵必需在稻叶上的露水干后才能撒施，否则碳铵沾在叶片上，会灼伤叶片。另外，在追施碳铵时田里要有浅水层（约 2-3 厘米），施后立即耘田使肥料被土壤吸收，如田里没有水，或水层太浅，稻叶易被挥发的氨气熏伤变黄。如出现这种情况应立即灌水，稻苗还会还青。

105、硫酸铵和氯化铵的性质怎样？如何施用？它们的肥效是否相同？硫酸铵简称硫铵，白色结晶，含氮 21%，易溶于水，不易吸湿，便于贮存和施用，但潮湿多雨季节也常吸湿结块，所以贮存时，要注意通风干燥。氯化铵也是白色结晶，含氮 24-25%，吸湿性稍大于硫铵，易溶于水，肥效迅速。两者都属生理酸性肥料。

硫铵和氯化铵可作基肥和追肥，硫铵还可作种肥，而氯化铵不宜作种肥和幼苗施肥。硫铵每亩施肥量一般为 20-30 公斤，氯化铵为 15-25 公斤。在石灰性土壤上施用这两种肥料应深施和立即盖土，否则会造成氨的挥发而大量损失氮素。

硫铵和氯化铵的肥效一般很接近，在水田施用，氯化铵稍优于硫铵；但对于忌氯的作用，如烟草、葡萄、块根块茎类作物，以及甘蔗和柑桔，硫铵则优于氯化铵。

106、哪种氮肥最适宜作根外施肥？各种作物容许喷施的尿素浓度是多少？氮肥根外追肥的效果，其顺序为尿素大于硝态氮大于铵态氮。各作物容许尿素喷施浓度列表如下（不是最佳浓度）：

作物喷施浓度作物喷施浓度

香蕉 0.6-1.2% 菠萝 2.4-6.0%

柑桔 0.6-1.2% 葡萄 0.5-0.7%

苹果 0.5-0.7% 桃梨 0.6-2.4%

甘蔗 1.2-2.4% 烟草 0.4-1.2%

玉米 0.6-2.4% 水稻 0.5-2.0%

小麦 2.4-9.0% 棉花 2.4-6.0%

黄瓜 0.4-0.6% 番茄 0.5-0.7%

白菜 0.7-1.4% 甜玉米 0.5-0.7%

107、某些作物如经常喷尿素，为什么会出现叶尖发黄？尿素中通常含有少量的对植物有毒害的缩二脲，作根外追肥的尿素，缩二脲含量不得超过 0.5%，但由于一些产品含的缩二脲超过 0.5%,

山西阳煤丰喜肥业(集团)有限责任公司
SHANXI YANGMEI FENGXI FERTILIZER INDUSTRY (GROUP) LLC.

或者多次喷施尿素，植物体中积累一定的缩二脲，因缩二脲在植物体中不易分解而使植物中毒。中毒的症状是叶尖黄化，这是永久性的，只有新生叶片才没有黄化，如柑桔经常喷尿素往往出现黄尖病。叶尖黄化面积大时，会影响光合作用。菠萝、柠檬、马玲薯、烟草和咖啡对缩二脲较敏感，容易中毒受害。

108、氨水的性质怎样？如何贮存运输？氨水为无色液体肥料，含氮 15-17%。氨在水中成不稳定的结合状态，一部分是氨的水合物（NH3•H20），另一部分以分子状态溶于水中，只有少量氨与水化合成氢氧化铵。因此，氨水易于挥发，具有刺激臭气。当氨气达到一定浓度时会烧伤作物茎叶。氨水浓度越大，温度越高，氨气挥发越多，烧苗也越严重。氨水为碱性反应，有强烈的腐蚀性，对铜、铝、铁等金属腐蚀性强，氨水对眼睛和呼吸道等人体粘膜有强列的刺激损害作用，因此在运输、施用过程中，要注意安全。

氨水在贮存运输中要注意三防，即防挥发、防渗漏和防腐蚀。装氨水的容器可以用塑料桶、瓦坛、胶袋，如用铁桶或木箱，其内壁须涂上沥青或桐油等防腐剂。长期大量贮存氨水，可采用砖、水泥等砌成水窖。

109、施用氨水时，应注意什么？怎样施用？施用氨水最重要的是防挥发损失，防熏伤作物。所以施用时要做到〞一不离水，二不离土〞。即施用时要加水稀释氨水，一般是稀释 20—30 倍，因为氨水越浓，挥发越多；不离土就是深施盖土，一般要求盖土 7 厘米以上。如果在田间稀释氨水，必须在下风处调配，以免氨气扩散熏伤作物。

氨水可作基肥和追肥，但不宜作种肥或幼苗追肥。在水田施用时，可稀释数倍后直接泼入田中，立刻匀耙。如作追肥。不要泼在叶片上，要用氨水施肥器插入土层 7-8 厘米深处注入浓氨水。旱地施用时可在播种沟下或在作物两边开深沟，用胶管把适当稀薄释后的氨水施入 7-8 厘米深处，立即盖土。施用氨水最好选在阴天的清早或傍晚气温较低的时候进行。一般用量为每亩施浓氨水 25-30 公斤。

110、如何合理施用过磷酸钙？过磷酸钙适合各种作物和中性土壤，可作基肥、追肥和种肥，但作种肥时不能与种子直接接触，可掺 2—5 倍干细腐熟的有机肥拌匀后与浸湿的种子拌匀。作基肥和追肥时要集中将其施于作物根系密集处；也可将用量的 2/3 作基肥深施，1/3 作面肥或追肥施用；施用时要与有机肥料混用或与石灰配合施用。根外追肥时一般小麦、水稻、大麦等单子叶作物用 1—2% 的浓度，棉花、油菜、果蔬可用 0.5—1% 的浓度喷施；喷前先将过磷酸钙加水

111、钙镁磷肥怎样施用？可作基肥、追肥和种肥，但最宜作基肥。作基肥每亩 50—75 公斤结合耕地撒施；作追肥应施于作物根际，越早越好；作种肥可施于播种沟或穴内，也可蘸秧根、作种子催芽肥或秧面肥。

112、怎样施用氯化钾？可作基肥和追肥，不宜作种肥。每亩 10—15 公斤。不宜在盐碱地上施用，也不宜用于烟草、茶树、马铃薯、甜菜等忌氯作物；适宜于棉花、黄麻等纤维作物。

113、怎样施用硫酸钾？可作基肥和追肥，还可用作种肥和根外追肥。基肥每亩 15—20 公斤，深施覆土，作种肥时每亩 1.5—2.5 公斤；作根外追肥时浓度以 2—3% 为宜。适用于各种作物，尤其是忌氯作物和十字花科等需硫作物的施用效果更好；施于酸性土壤时要配施石灰；水田一般不施用硫酸钾。

114、草木灰的施用方法有哪些？可作基肥和追肥，最适宜作育苗床的盖种肥。作基肥时每亩50—75公斤与湿细土拌匀撒后耕地；作追肥时每亩50公斤左右拌少量湿土或洒少许水后集中沟施或穴施；根外追肥用1%草木灰浸出液喷洒叶面。草木灰不能与铵态氮肥、人粪尿和过磷酸钙。

115、磷酸一铵和磷酸二铵的施用要点是什么？适用于所有土壤和作物，可作基肥、追肥和种肥。追肥应早施，作种肥时不能与种子直接接触。要避免与碱性肥料混施，但作基肥和追肥时要配合施用尿素或碳铵等氮肥。

116、怎样合理施用硝酸磷肥？可作基肥、种肥和追肥。一般基肥每亩15—30公斤，作种肥每亩5—10公斤，但不能与种子直接接触。水田不宜施用；石灰性土壤上也不宜单独使用，应与水溶性磷肥配合施用。

117、怎样经济合理的施用磷酸二氢钾？可作基肥、追肥和种肥。因其价格贵，多用于根外追肥和浸种。喷施浓度0.1—0.3%，在作物生殖生长期开始时使用；浸种浓度为0.2%。

118、硝酸钾的施用要点是什么？一般用于旱地而不用于水田；宜作薯类、烟草、甜菜等喜钾忌氯作物的追肥；做叶面肥的喷施浓度为0.6—1.0%；贮运时要防燃防爆。

119、怎样科学施用微肥？（1）施微肥不要过量。喷洒微肥溶液或撒施微肥颗粒，一定要均匀，并避免重复施用；浓度要不高出规定浓度，如确需要高浓度时，以不超过规定浓度的20%为限。

（2）增施有机肥料。增施有机肥料对施用微肥的好处有：一是增加土壤的有机酸，使微量元素呈可利用状态；二是在微肥过量时，能减少微肥的毒性：三是有机肥本身就有数量多、种类全的微量元素。（3）配施大量元素肥料。微肥必须在氮、磷、钾等大量元素满足的条件下，才会表现出明显的促熟增产作用；如微量元素充足，而大量元素将成为促熟增产的因素。

（4）因地制宜。施用微肥要有针对性，须因地因作物施用。对多年生植物（果树等）和多年连作的地块（保护地蔬菜等），要注意缺素的表现。（5）防止对土壤污染。连年施用微量元素可能积累过多，难于从土壤中去掉，以致毁坏良田，应特别注意。

120、硼肥有那些种类？怎样施用？硼肥品种有硼砂、硼酸、硼镁肥等。硼砂、硼酸为常用硼肥，土施每亩0.5-0.75kg，叶面喷施浓度0.1%-0.3%，浸种浓度0.01%-0.1%，拌种每公斤种子0.2-0.5g。

121、锰肥有那些种类？怎样施用？锰肥品种有硫酸锰、碳酸锰、氯化锰、氧化锰等。硫酸锰是常用的锰肥，土施每亩1-2kg，叶面喷施浓度0.05%-0.2%，浸种浓度0.05%-0.1%，拌种每公斤种子4-8g。

122、铜肥有那些种类？怎样施用？铜肥品种有硫酸铜、氧化铜、螯合态铜、含铜矿渣等。硫酸铜为常用铜肥，土施亩0.8-1.5Kg，叶面喷施浓度0.01%-0.05%，浸种浓度0.01%-0.05%，拌种为每公斤种子300毫克。

123、铁肥有那些种类？怎样施用？铁肥：品种有硫酸亚铁、硫酸亚铁铵、铁的螯合物等。硫酸亚铁为常用品种，土施每亩5公斤，叶面喷施浓度0.5%-0.3%。

124、锌肥有那些种类？怎样施用？锌肥：品种有硫酸锌、氧化锌、氯化锌等。硫酸锌为常用锌肥，土施每亩1-2Kg，叶面喷施浓度0.01%-0.05%浸种浓度0.02%-0.05%，拌种为每公斤种子1-3g。

125、钼肥有那些种类？怎样施用？钼肥：品种有钼酸铵、钼酸钠、三氧化钼等。钼酸铵是常用的钼肥，土施每亩50-150g，喷施浓度0.01%-0.1%，浸种浓度0.05%-0.1%，拌种每公斤种子2-5g。

山西阳煤丰喜肥业(集团)有限责任公司
SHANXI YANGMEI FENGXI FERTILIZER INDUSTRY (GROUP) LLC.

126、钙肥有那些种类？怎样施用？含钙的肥料有石灰、石膏、硝酸钙、石灰氮、过磷酸钙等。石灰是酸性土壤上常用的含钙肥料，在土壤 PH5.0-6.0 时，石灰每公顷适宜用量为粘土地 1100-1800 公斤，壤土地 700-1100 公斤，砂土地 400-800 公斤；土壤酸性大可适当多施，酸性小可适当少施．石膏是碱性土常用的含钙肥料，石膏每公顷用量 1500 公斤或含磷石膏 2000 公斤左右。硝酸钙、氯化钙、氢氧化钙可用于叶面喷施，浓度因肥料作物而异，在果树、蔬菜上硝酸钙喷施浓度为 0.5%-1.0%。

127、镁肥有那些种类？怎样施用？含镁的肥料有硫酸镁、水镁矾、泻盐、氯化镁、硝酸镁、氧化镁。钙镁磷肥等。质地偏轻土。酸性土、高淋土及大量施磷肥的地块，易缺镁。镁肥施用量因土壤作物而异，一般每公顷施纯镁 15-25 公斤。硫酸镁、硝酸镁可叶面喷施，在蔬菜上，硫酸镁为 0.5%-1.5%，硝酸镁为 0.5%-10.%.

128、硫肥有那些种类？怎样施用？含硫的肥料有石膏、硫磺、硫酸镁、硫酸铵、硫酸钾、过磷酸钙等。谷类和豆科作物，在土壤有效硫低于 12ppm 时就会发生缺硫，对硫敏感的作物有十字花科、豆科作物及葱、蒜、韭菜等。硫肥每公顷用量石膏为 150-300 公斤，硫磺为 30 公斤。

129、家禽粪的性质如何？怎样施用？家禽粪主要指鸡、鸭、鹅等家禽的排泄物。家禽的排泄量不多，但禽粪含水分少、养分浓度高。鸡和鸭以虫、鱼、谷、草等为食，而且饮水少，因此鸡、鸭粪中有机质和氮、磷、钾的含量比家畜和鹅粪高。禽粪中的氮素以尿酸态为主，作物不能直接吸收。新鲜禽粪本身带有各种各样的病原菌、传染病毒、若施用新鲜禽粪还能招来地下各种害虫、病菌、病毒。大量增加农药的用量，还造成地下缺氧，严重还造成减产或绝收。所以禽粪必须严格经过腐熟后方能施用。禽粪积存一般是将干细壳粉或碎秸秆与发酵功能菌种均匀铺在地面，定期清扫积存。禽粪养分浓度高，容易腐熟并产生高温，造成氨的挥发损失。应选择阴凉干燥处堆积存放，加入其他材料混合制成堆肥或厩肥后，施用效果较好。腐熟的家禽粪是一种优质速效的有机肥。常常作为蔬菜或经济作物的追肥。不仅能提高产量，而且能改善品质。家禽粪中的氮素对当季作物的肥效相当于氮素化肥的 50%，且有明显的后效。

130、秸秆直接还田有啥好处？农作物秸秆富含有机物质以及钾、硅等营养元素．通过多种形式直接还田，能有效节约肥料施用量，取得和施用传统有机肥料同样的增产效果。秸秆直接还田后，土壤水、肥、气、热条件适宜，可迅速分解，增加土壤有机质含量，改良土壤理化性状，增强土壤中有益微生物活性，活化土壤潜在养分，提高土壤肥力。

131、秸秆直接还田的方法有哪些？秸秆还田的主要方式有：墒沟埋草、粉碎还田、反转灭茬、留高茬、宽行作物田间铺草覆盖、草育菇渣还田、过腹还田、堆肥、沤肥、沼肥还田等，直接还田时应尽量切碎，增加与土壤接触面，以便秸秆吸收水分，加速腐烂分解。要使土壤保持适宜的含水量，在土壤水分充足的条件下，秸秆宜浅埋，以加速分解。秸秆还田最好是边收获、边切碎、边耕翻人土。以延长耕埋至播种或插秧之间的时间。此外，及时翻埋的秸秆含水量高，有利于腐烂分解。一般情况下，旱地要在播种前 15 ～ 45 天，水田要在插秧前 7 ～ 10 天就将秸秆深翻入土。一般稻草、麦秸用量，每亩 150 ～ 200 公斤，具有大动力机械的地方可实行麦草深翻全量还田。秸秆直接还田时，应加入适量的化学氮肥或腐熟的人畜粪尿等含氮多的物质，用来调节碳氮比，使秸秆干物质的含氮量提高到 1.5%～ 2.0%为宜。

132、秸秆还田的技术要点有哪些？（1）掌握还田的时期和方法。水田秸秆还田时间越早越好；旱地在播前１５－４５天还田为宜；林、桑、果园可利用冬闲季节在株行间铺草或翻埋。（2）还田数量。稻草、麦秸每亩用量１５０－２００公斤；玉米、高梁等秸秆可全部还田，增加土壤有机物或有机质含量。（4）配合施用其它肥料。秸秆还田的同时应加入适量的氮肥或腐熟的人粪尿等；玉米秸秆还田每亩应施碳铵１５公斤。（5）避免有病秸秆还田。带有水稻白叶枯病、小麦霉病和根腐病、玉米黑穗病、油菜菌核病等的秸秆，均不宜直接还田。

133、沼气肥的性质如何？怎样施用？沼气发酵的主要原料是各种作物秸秆、人畜禽粪肥、杂草树叶、生活污泥等。经过沼气发酵后形成沼气肥。沼气发酵池的残渣和发酵液可分别施用。也可混合施用，做基肥和追肥均可，发酵液适宜作追肥。二者混合作基肥时，每亩用量 1600 公斤，作追肥时每亩 1200 公斤，发酵液作追肥时每亩施 2000 公斤。沼气发酵肥应深施覆土，深施 6 ～ 10 厘米时效果最好。沼气发酵肥的肥效优于沤肥。除提供养分外，还有明显的培肥改土效果。

134、人粪尿的无害化处理方法有那些？(1)加盖沤制。将人粪尿贮于粪池或粪缸之中，加盖密封。（2）密封堆制。把人粪尿与作物秸杆、垃圾、马粪等混合制成高温堆肥，利用堆肥产生的高温杀虫灭菌。（3）药物处理。用敌百虫、石灰氮或农村中有毒的野生植物（如苦楝、枫杨、桐子饼等）处理人粪尿。

135、怎样正确施用人粪尿？叶菜类（如白菜、甘蓝、菠菜等）、纤维作物（如麻类等）均适宜施用人粪尿；而瓜果、甜菜、烟草、薯类等忌氯作物不宜施用人粪尿。

136、怎样使用农家肥？一般做基肥，每亩施3000—4000公斤，结合翻地深施。高度腐熟的厩肥(即圈肥）也可作追肥，追后盖土，有灌溉条件要结合灌水。

137、什么是冷性肥料和热性肥料？（1）热性肥料：纤维素含量高，疏松多孔，水分易蒸发，含水少，同时粪中含有纤维细菌很多，能促进纤维素分解，在堆放过程中能产生高于50℃以上的高温，这一类肥料统称为热性肥料。如：马粪、羊粪、纯猪粪、蚕粪、禽粪、秸杆堆肥等。（2）冷性肥料：也叫凉性肥料。凡是堆制过程中不能产生高温，温度低于 50℃者，统称为冷性肥料。如：土粪、各种泥土粪、牛粪、人粪尿（或粪稀）等。

138、瓜果疏菜类作物不宜施用哪些有机肥？所有的瓜果疏菜类作物均不宜施用牛粪肥及含有牛粪肥的发酵肥料，蘑菇下脚料也严禁施用。

139、怎样合理施用根瘤菌肥料？施用的主要方法是拌种。具体步骤是：播种豆科作物前将菌种加适量新鲜米汤或清水拌成糊状，再与种子拌匀，置于阴凉处，稍干后拌少量泥浆裹种，最后每亩用过磷酸钙 2.5 公斤拌匀，立即播种。

140、怎样根据土壤的砂粘性施肥？（1）砂土通气性好，施肥后肥效猛而短，保肥性差，容易漏水漏肥。作物往往“早发”、“早衰”，因此应分次施肥，以防养分流失和后期早衰。（2）粘土通气透水能力差，早春土温上升慢。因此，化肥一次用量多一些也不致造成“烧苗”或养分流失。但是，后期施用氮肥过多，容易引起作物贪青迟熟，造成减产。所以应重施基肥，适时追肥。在粮食作物上，一般用 70% 左右氮肥作底肥，30% 左右作追肥比较适宜。（3）壤土砂粘适中，耕性好，通气透水和保水保肥能力强，作物生长表现既发小苗，也发老苗。所以，在生产中一般采用均衡施肥，底肥与追肥并重。

山西阳煤丰喜肥业(集团)有限责任公司
SHANXI YANGMEI FENGXI FERTILIZER INDUSTRY (GROUP) LLC.

141、大棚内增施有机肥能否起到二氧化碳施肥的作用？大棚里的二氧化碳（CO2），除了来自空气外，还来自作物呼吸释放的二氧化碳和土壤微生物分解有机质时产生并跑到地面上来的二氧化碳。大棚地多施有机肥，在土壤温度、湿度、透气性都适合于微生物活动的情况下，有机质便可分解而产生大量的二氧化碳。据测定，在施有大量稻草堆肥的苗床里，稻草分解所放出的二氧化碳，可使床内空气中二氧化碳浓度高达500ppm40天后，床内二氧化碳浓度仍在2000ppm。可见，多施有机肥在一定时期内对提高大棚内二氧化碳浓度作用是十分明显的。多施有机肥虽然可以提高大棚内的二氧化碳浓度，如果大棚内作物生长繁茂，叶面积指数较大，光合作用对二氧化碳消耗量大，加之大棚处于密闭状态，空气中二氧化碳含量常来不及依靠土壤释放的二氧化碳进行补充。所以，多施有机肥代替人工补施二氧化碳有它的局限性，作用也往往是有限的。为了获得大棚蔬菜高产高效，因时、因菜适量人工补施二氧化碳还是十分必要的。

142、土壤“肥瘦”怎样进行判别？一看土壤颜色。肥土土色较深，而瘦土土色浅。二看土层深浅。肥土土层一般都大于60厘米，而瘦土相对较浅。三看土壤适耕性。肥土土层疏松，易于耕作；瘦土土层黏犁，耕作费力。四看土壤淀浆性及裂纹。肥土不易淀浆，土壤裂纹多而小；瘦土极易淀浆，易板结，土壤裂纹少而大。五看土壤保水能力。水分下渗慢，灌一次水可保持6～7天的为肥土地；不下渗或沿裂纹很快下渗的为瘦土。六看水质。水滑腻、黏脚，日照或脚踩时冒大泡的为肥土；水质清淡无色，水田不起泡，或气泡小而易散的为瘦土。七看夜潮现象。有夜潮，干了又湿，不易晒干晒硬的为肥土；无夜潮现象，土质板结硬化的为瘦土。八看保肥能力。供肥力强，供肥足而长久，或潜在肥力大的土壤均属肥土。九看植物。生长红头酱、鹅毛草、荠草等的土壤为肥土；长牛毛草、鸭舌草、三棱草、野兰花、野葱等的土壤均为瘦土。十看动物。有田螺、泥鳅、蚯蚓、大蚂蝗等为肥土；有小蚂蚁、大蚂蚁多的为瘦土。

143、新型控释肥；什么是新型控释肥？新型控释肥料也称智能肥，是指以各种调控机制使养分释放按照设定的释放模式（包括释放时间和释放速度）与作物吸收养分的规律相一致的肥料。

144、控释肥料有哪些标准？控释肥料有如下几个标准：（1）在25℃温度下，肥料中养分在24小时（即一天）之内的养分释放率（肥料中的化学物质形态转变为植物可利用的有效形态）不超过15%；（2）在28天或者一个月之内的养分释放率不超过75%；（3）在规定时间内，养分释放率不低于75%；（4）专用控释肥料的养分释放曲线与相应的作物的养分吸收曲线相吻合。

145、控释肥料与普通化学肥料有何区别？施入到农田中的化学肥料很大部分被地表径流或者其他方式损失到环境中导致环境的恶化。如氮素的挥发导致酸雨，可直接损害植被或者酸化湖泊而使鱼类和植被铝中毒；地表水体的富营养化，使水体中海藻大量繁殖而使鱼类窒息死亡；有的进入地下水使地下水水质变坏，而使人类产生很多疾病如甲状腺肿以及心脏病和胃病等等。而新型控释肥料就能够最大限度的降低污染，提高作物的利用率。由于新型控释肥料具有一定的协调和按照设定的模式进行释放，满足作物生长发育所需，一季作物一次施肥，省工省时。因此其又称为智能肥、傻瓜肥、环保肥或绿色肥料。

146、施用新型控释肥料有哪些好处？市场情况怎样？控释肥料能够在减少肥料施用量一半的情况下还能比普通化肥增产，并且一次施肥满足作物的生长所需，省时省工，效益高，损失少，同时还能够减少环境污染。在目前对农业清洁生产、食品品质安全和生态环境越来越重视的情况下，控释肥料将逐渐受到农民朋友的欢迎和喜爱，因此控释肥料的市场前景非常广阔。

147、新型控释肥料质量如何鉴定？取少量的控释肥料样品放到自来水或者温水中，根据产品提供的释放天数，仔细观察此样品中的可溶性养分是否能够真正的缓慢和控制释放出来，真正的控释肥料可溶性养分控制释放的时间至少要在一个月以上，否则还没有几分钟的功夫已经全部溶化，则根本就不是控释肥料产品。因为真正的控释肥料产品的释放速率一般只是受到温度和水分的影响。

148、新型控释肥料的应用范围有哪些？新型控释肥料的施用范围是非常广泛的。不仅可以应用于非农业方面，如景观花卉、景观草坪以及苗圃和园艺，而且在农业上的应用更广，在粮食作物如水稻、小麦、玉米，经济和油料作物如棉花、花生、油菜、大豆，蔬菜瓜果如番茄、黄瓜、西瓜和果树等上都可以应用。

149、施用新型控释肥对作物产量和肥料利用率有何影响？可提高氮肥利用率 30 － 50%，在获得作物相同产量和品质的情况下，可减少 1/3 到一半的施用量。一季作物一次施肥，省工省时，经济效益高。同时减少了挥发、淋失及反硝化作用等肥的损失，减少了对地下水硝态氮的污染，降低了施肥对环境的污染程度，不仅具有显著的经济效益，而且具有明显的社会和生态效益。

150、新型控释肥料的施用技术有哪些？新型控释肥料用途非常广泛，同时它的施用技术也非常简单，既可以作为基肥、追肥施用，还可以作为种肥施用。具体的施用方法可以进行撒施、条施和穴施以及拌种、盖种施肥等等。另外还可以进行穴盘育苗，尤其是在水稻育苗上。

151、怎样合理施用控释肥？对于水稻、小麦等根系密集且分布均匀的作物，可以在插秧或播种前按照推荐的专用包膜控释肥施用量一次性均匀撒施于地表，耕翻后种植，生长期内可以不再追肥。对于玉米、棉花等行距较大的作物，按照推荐的专用控释肥施用量一次性开沟基施于种子侧部，注意种肥隔离，以免烧种或烧苗。对于花生、大豆自身能够固氮的作物，配方以低氮高磷高钾型为好。作为底肥条沟施用，施用量因产量、地力不同而异，一般亩施用量为 20 － 40 公斤。对于大棚蔬菜的底肥，适用硫酸钾型控释肥，注意减少 20% 的施用量，以防止氮肥的损失，提高利用率，同时能减轻因施肥对土壤造成次生盐碱化的影响，防止氨气对蔬菜幼苗的伤害。对于马铃薯或甘薯用于底肥，适用硫酸钾型控释肥，每亩用肥 75 － 90 公斤，集中条沟施。

对于苹果、桃、梨等果树，可在离树干 1 米左右的地方呈放射状或环状沟施，深 20 － 40 厘米左右，近树干稍浅，树冠外围较深，然后将控释肥施入后埋土。另外，还应根据控释肥的释放期，决定追肥的间隔时间。施用量，一般情况下，结果果树每株 0.5 － 1.5 公斤，未结果果树 50 公斤 / 亩。施用控释肥注意事项。一定要注意种（苗）肥隔离，至少 8 － 10 厘米，以防止烧种、烧苗。作为底肥施用，注意覆土，以防止养分流失。

152、玉米如何合理施肥？每生产 100 公斤玉米籽粒，需纯氮 2 ～ 4 公斤；磷 0.7 ～ 1.5 公斤；钾 1.5 ～ 4.0 公斤。玉米的需肥规律是苗期占整个生育期需肥总量的 2%，穗期占 85%，粒期占 13%。玉米需肥的高峰期是拔节至大喇叭口期，一般进行二次追肥，第一次在拔节开始，亩追尿素 10 公斤，或硝酸铵 15 公斤，在抽雄前 7—10 天追第二遍肥，每亩追尿素 12 公斤或硝酸铵 17 公斤，如果土壤有机质含量高、底肥、种肥足，玉米长势好，追一次肥也可，追肥方法结合二遍铲趟进行，也可用追肥器，或用镐刨坑穴（埯）追，但追肥深度一定在 10 厘米以上，这样才能提高化肥利用率。

153、水稻如何合理施肥？一般每生产稻谷和稻草各 500 公斤，需吸收纯氮 6.7 ～ 15.8 公斤；

山西阳煤丰喜肥业(集团)有限责任公司
SHANXI YANGMEI FENGXI FERTILIZER INDUSTRY (GROUP) LLC.

纯磷 3.9 ～ 8.1 公斤；纯钾 9.6 ～ 26.7 公斤。水稻是需氮素较多的肥料，对氮的吸收是从返青后开始逐渐增加的，分蘖盛期达到需肥高峰期，为促进早生快发，提高有效分蘖力，应早施重施分蘖肥，促进分蘖。水稻追肥的原则是少吃多餐，即追施分蘖肥和穗粒肥，分蘖肥的追施时间是在插秧后 7—10 天，每公顷追施硫酸铵 230 公斤左右，抽穗前进入 8—10 叶期，幼穗开始分化，开始追施穗肥，穗肥可分两次施用，第一次在倒 3 叶刚刚露尖时，施穗肥总量的 60% 左右，促进穗、枝梗、一次颖花数分化，增加一次枝梗数，争取大穗；第二次在剑叶露尖时施用其余穗肥；后期还可喷施磷酸二氢钾，提高成熟度和千粒重。

154、大豆如何合理施肥？每生产 100 公斤大豆籽粒，需纯氮 7.0 ～ 9.5 公斤；纯磷 1.3 ～ 1.9 公斤；纯钾 2.5 ～ 3.0 公斤。基肥以农家肥为主，混施磷、钾肥。一般亩施农家肥一吨，尿素 2.5 公斤，过磷酸钙 20 ～ 25 公斤，氯化钾或硫酸钾 10 公斤，与堆肥堆沤约半月，并配施 0.5 ～ 1 公斤硫酸锌，充分拌匀，开沟条施或穴施。种肥在未施基肥或基肥数量较少条件下施用，一般每亩施磷酸铵 5 公斤左右。施肥深度 8 ～ 10 厘米，距离种子 6 ～ 8 厘米为好。每亩 10 克钼酸铵加水溶解与磷酸铵或农家肥混合作种肥沟施或穴施。大豆是否追施氮肥，取决于前期的施肥情况。如果基肥种肥均未施而土壤肥力水平又较低时，可在初花期施少量氮肥，一般每亩施尿素 4 ～ 5 公斤或硝铵 5 ～ 10 公斤，追肥时应与大豆植株保持距离 10 厘米左右。土壤缺磷时在追肥中还应补施磷肥，磷铵是大豆理想的氮磷追肥。在土壤肥力水平较高的地块，不要追施氮肥。根外追肥可在盛花期或终花期。多用尿素和钼酸铵。尿素亩施 1 ～ 2 公斤，磷酸二氢钾 75 ～ 100 克，加水 40 ～ 50 公斤。

155、小麦如何合理施肥？（1）高、中产麦田；高产麦田地力水平高，生产条件好，连年氮肥投入量过大，但钾肥投入相对不足。在施肥上要增加有机肥的投入，全面实施秸杆还田，按照控氮稳磷增钾补微的原则，高产麦田（500kg/ 亩以上）亩施有机肥 4 方、纯氮（N）14-17kg、磷（P205）8-10kg、钾（K20）8-10kg；施肥方式上磷肥一次底施，氮肥 30% 底施、60% 拔节期追施，10% 于小麦孕穗期追施，钾肥 70% 底施、30% 拔节期追施。中产麦田亩施有机肥 3.5 方、纯氮（N）12-15kg、磷（P205）7-8kg、钾（K20）5-8kg；施肥方式上氮肥 40% 底施、60% 拔节期追施，钾肥 70% 底施、30% 拔节期追施，磷肥一次底施。微肥施用上可选用硫酸锌或硫酸锰拌种，每公斤种子用肥 2-4g。小麦生长中后期喷施磷酸二氢钾，以增加小麦千粒重。（2）晚播麦田；晚播麦田因腾茬晚，播种后延，冬前积温不足，要重肥促苗，以达到冬前苗壮，春季转化快的目的。高产田亩施有机肥 3 方以上、纯氮（N）14-15kg、钾（K20）6-7kg、磷（P205）8-9kg；中产田亩施有机肥 3 方以上、纯氮（N）12-14kg、磷（P205）6-7kg，钾（K20）5-6kg。(3) 施肥方式；上氮肥 40%-50%，底施、60%-50% 拔节期追施，磷钾肥一次底施为宜。中后期针对性叶面喷施多元微肥。另外，麦棉套作区由于钾消耗量较大，可适当增加钾肥用量。

156、瓜菜如何合理施肥？一看类型施肥：豆类有根瘤菌固氮，需氮肥少，需磷肥较多；根菜类、薯芋类需要较多的钾肥；叶菜类则需要较多的氮肥；果菜类在施足氮肥的基础上，还需搭配磷、钾肥。二看土壤施肥：不同的土质，施肥方法也不一样。轻壤土团粒结构，保肥供肥性能好，可以多施、重施。砂壤土则多次少施，防止肥料浪费。目前不少菜农忽视农家肥和磷钾肥，导致蔬菜营养比例失调，应及时改进。三看气候施肥：夏季气温高，肥料分解快，雨水多，肥料易流失。施肥时，应采取少量、多施的方式，腐熟的农家肥适时施、分散施。晴天多施，雨天少施。相反，冬季气温低，雨水少，腐熟的农家肥应早施多施，化肥应开沟水施。四看苗情施肥：看苗情施肥一般掌握“苗期少、花期稳、果期重”的原则，前期以氮肥为主，中后期氮、磷、钾配合。但品种熟性不同，施肥也有差异。早熟品种营养生长期短，早期要侧重于促，为丰产打下基础；晚熟品种营养生长期长，早期侧重于控促结合，使苗期稳健生长。五看肥类施肥：农家肥肥效长，养分全，不易引起徒长，一般用作底肥，生育期长的品种可采用埋肥方法。化肥肥效快，养分不全，肥浓易引起徒长，只宜作追肥和少量配底肥。碳酸氢铵易挥发，多作底肥深施；如用于追肥，应在作物根系 10 厘米以外开沟适量施入，并及时盖土，以免熏坏作物。尿素一般作追肥用，应提前 4-6 天施入，才能发挥肥效。磷肥移动性小，一般作种肥、追肥用。作追肥用要开沟集中施到根系层。六看肥性施肥：硫酸氢铵、人粪尿等氮肥属于酸性，不能与草木灰等碱性肥混用，以免降低肥效。过磷酸钙等不能与酸性肥混合。硫酸氢铵、尿素与种、茎、叶接触，易造成灼伤。尿素作根外追肥，其浓度不能超过 1%。氯化铵、氯化钾不能在土豆等忌氯作物上使用。

157、大棚蔬菜如何合理施肥？（1）增施有机肥；最好施用纤维素多即碳氮比高的有机肥，以增强土壤缓冲能力，防止盐分积聚，延缓土壤盐渍化过程。（2）深耕土壤；在蔬菜收获后，深翻土壤，把富含盐分的表土翻到下层，把含盐相对较少的下层土壤翻到上面，减轻盐害。（3）溶盐洗盐；夏熟菜收获结束后，利用换茬空隙，揭去薄膜，遇雨季经数十天日晒雨淋，便能消除土壤盐渍化影响。或者在高温季节，大水浸灌后在地面上盖膜，使膜下温度升高，不仅可以洗盐，而且可以灭菌。（4）深施基肥巧追肥；用化肥做基肥要深施，追肥时尽量“少吃多餐”。最好将化肥与有机肥混合后施于地面，然后耕翻，追肥一般很难深施，应严格控制每次施肥量，不可一次施肥过多，否则会提高土壤溶液浓度。（5）地面覆盖；用地膜进行地面覆盖，对于抑制土表积盐有明显作用。

158、马铃薯如何合理施肥？每生产 1000 公斤马铃薯，需氮 3.1 公斤、磷 1.5 公斤、钾 4.4 公斤

（1）基肥：马铃薯吸收的肥料，80%以上来自基肥，在栽培上要特别重视基肥的施用。基肥用量一般每亩施厩肥 2500~3000 千克，多者达 5000 千克。基肥不足或耕地前来不及施肥时，常于播种时，以优质堆肥每亩 1000 千克，并配合尿素 3 千克，过磷酸钙 15~20 千克，草木灰 30~50 千克，做为种肥进行沟施或穴施，厩肥要充分腐熟。（2）追肥：马铃薯的幼苗期短，却是扎根、发棵的奠基时期。出齐苗后要抓紧早追肥，每亩施用速效氮肥 15~20 千克，可撒于行间，然后中耕、浇水。当马铃薯进入发棵期，并见到花蕾时，每亩可施草木灰 100 千克，或硫酸钾 20 千克，这样可防止薯秧早衰。在开花后进入结薯盛期，可视植株情况，决定是否追肥，如茎叶过早黄落，可少量追施氮肥，以延长茎叶的生长期。也可将草木灰、过磷酸钙和水，按 1:10:10 的比例配制，过滤后叶面喷施。一般在封垄后不再追肥。

159、白菜如何合理施肥？（1）施足基肥。白菜生长期长，需要大量肥效长的优质有机肥，因此大量施用厩肥作基肥十分重要。一般亩地厩肥不少于 5000 公斤。在耕地前先将 60%的厩肥撒在地里深翻入土，耙地前把 40%的厩肥撒在地面耙入浅土中，然后起垄。过磷酸钙或复合肥料宜在施厩肥时一并条施，每亩用量 50-70 公斤。（2）播种施好提苗肥。为了保证幼苗期得到足够养分，需要追施速效性肥料为“提苗肥”。每亩用硝酸铵 4 公斤或硫铵 5 ～ 8 公斤，于直播前施于播种穴、沟内与土壤充分拌匀，然后浇水播种。（3）发棵肥。莲座期生长的莲座叶是将来在结球期大量制

山西阳煤丰喜肥业(集团)有限责任公司
SHANXI YANGMEI FENGXI FERTILIZER INDUSTRY (GROUP) LLC.

造光合产物的器官，充分施肥浇水是保证莲座叶强壮生长的关键，但同时还要注意防止莲座叶徒长而导致延心结球。“发棵肥”应在田间有少数植株开始团棵时施入，一般亩施入粪尿 800 ～ 1500 公斤，草木灰 50 ～ 100 公斤，或硝铵 10 ～ 15 公斤，磷、钾肥各 7 ～ 10 公斤。直播白菜施肥应在植株边沿开 8 ～ 10 厘米的小沟施入肥料并盖土。移栽的白菜则将肥料施入沟穴中，与土壤拌匀再栽苗。若莲座后期有徒长现象，则须采取“蹲苗”措施。（4）结球肥；结球期是形成产品的时期，同化作用最强盛，因此，需肥水量大。在包心前 5 ～ 6 天施用结球肥，用大量肥效持久的完全肥料，特别是要增加施钾肥。一般亩施硝铵 20 公斤，过磷酸钙及硫酸钾肥各 10 ～ 15 公斤、粪干 1600 ～ 2500 公斤，草木灰 50 ～ 100 公斤作结球肥。使养分持久，最好将化肥与腐熟的厩肥混合，在行间开 8 ～ 10 厘米深沟条施为宜。追肥有充实叶球内部、促进“灌水”的作用，因此又称“灌心肥”。

160、水稻田怎样追肥？（1）分蘖期的氮肥施用。第一次蘖肥，在水稻 4 叶前开始追施，能使分蘖叶位见肥效；第二次蘖肥是在 6 叶前追施，控制无效分蘖的发生。分蘖肥控制量是施全生育期氮肥总量的 30%，计量是亩用尿素 3-4.5 公斤，施用的方法是先施计划用量的 80%，过几天再施其余的 20%。浅水层施肥，施肥后不灌不排，待肥水渗到土中，再转入正常的灌溉。（2）水稻生育期转换的接力肥。水稻分蘖末期，追施接力肥，控制无效分蘖的发生，增强水稻叶片的光合能力，结实力强盛。接力肥的数量是亩施尿素 1-1.5 公斤，施肥时，可掺土撒施于田间。（3）穗肥的追施。施用穗肥的目的是为了增加颖花数，提高结实率。适宜施穗肥的时间是在倒数 2 叶生长出一半左右时追施。施穗肥可在倒 1 叶露尖时看苗势施肥。穗肥的施量是，氮肥用全生育期总量的 20%，钾肥为全生育期的 30-40%。

161、种植向日葵如何追肥？一般氮肥和钾肥是在 7 ～ 8 对叶时追施效果较好。但播种时没施肥的土地，必须早追肥。生产上采用穴施法，如密植也可采用条施法。一般是在距向日葵根茎基部 10 ～ 15 厘米处刨小坑施肥，随即覆土。施肥深度，视追肥种类及土壤墒情而定，碳酸氢铵、氨水等容易挥发的肥料应深施，天旱土干的情况下也应深施。如利用中耕和早期追肥时，可结合第一次中耕，耕深 8 ～ 10 厘米，必须离苗 15 厘米左右。晚期追肥时，可结合最后一次中耕，肥料可以施于行间，耕深仍然为 8 ～ 10 厘米。

在花期或灌浆期，发现向日葵植株缺乏某种元素，根际追肥已来不及的情况下，采用叶面喷施。喷施微量元素锰、钼、锌等，可提高产量和含油率。微量元素溶液浓度要控制在 0.005%左右。叶面喷施 0.1%的尿素溶液也有明显的增产效果

162、水稻缺钾施氯化钾好，还是施硫酸钾好？水稻是较适宜施用含氯化肥的作物。水稻耐氯的临界值较高，即使土壤含氯浓度达到此范围，水稻的产量品质也不受影响。因为水稻是属于耐氯性很强的作物。水稻茎秆中较多的氯可使水稻基部茎节缩短、增强水稻抗倒伏能力，有助于水稻抗倒伏和抗病虫害。从营养生态条件看，稻田处于湿润状态，氯离子活性很强、移动快，氯在稻田土壤剖面中向下移动的几率高，不容易在土壤中积累。而氯化钾中钾离子除了植株吸收外，剩余的钾可被土壤保存，供稻株后期吸收利用。然而，如果稻田连续施用大量硫酸钾或含硫化肥，根要还原成硫化氢附着于水稻根表，这对于水稻根系生长和吸收养分都不利，而且还要降低水稻对铁的有效吸收。所以说，水稻施钾肥选择氯化钾优于硫酸钾。

163、AA 级绿色食品生产允许使用那些肥料种类？（1）有益菌种发酵杀菌腐熟的有机堆肥、沤肥、

厩肥、沼气肥、绿肥、作物秸秆肥、泥肥、饼肥等。(2)aaa级绿色食品生产资料中规定的肥料类产品。(3)在上述肥料不能满足绿色食品生产需要的情况下，必须使用商品有机肥、腐植酸类肥料、微生物肥料、有机复合菌肥、无机（矿质）肥料、有机叶面肥料、等商品肥料。

164、AA 级绿色食品生产肥料使用遵循那些原则？（1）必须选用上述肥料种类，禁止使用任何化学合成肥料。(2)禁止使用城市垃圾和污泥、医院的粪便垃圾和含有害物质（如毒气、病原微生物、重金属等）的工业垃圾。（3）各地可因地制宜采用秸秆还田、过腹还田、直接翻压还田、覆盖还田等形式。（4）利用覆盖、翻压、堆沤等方式合理利用绿肥。绿肥应在盛花期翻压，翻埋深度为 15 厘米左右，盖要严，翻后耙匀。压青后 15-20 天才能进行播种或移苗。（5）腐熟的沼气液、残渣及人畜粪尿可用作追肥。严禁施用未腐熟的人粪尿。（6）饼肥优先用于水果、蔬菜等。（7）叶面肥料按使用说明稀释，在作物生长期内，喷施 2 次或 3 次。（8）微生物肥料可用于拌种，也可作基肥和追肥使用。

165、A级绿色食品生产允许使用哪些肥料种类？(1)aa级绿色食品生产允许使用的肥料种类。(2)a级绿色食品生产资料中规定的肥料。(3)在上述两种肥料不能满足a级绿色食品生产需要的情况下，允许使用在有机肥、微生物肥、无机（矿质）肥、腐值酸肥中按一定比例掺入化肥，并通过机械混合而成的掺合肥（有机氮与无机氮之比不超过 1：1）。

166、A 级绿色食品生产肥料使用遵循那些原则？(1）必须选用上述肥料种类，禁止使用硝态氮肥。（2）化肥必须与有机肥配合施用，对叶菜类最后一次追肥必须在收获前 30 天进行。（3）化肥也可与有机肥、复合微生物肥配合施用，最后一次追肥必须在收获前 30 天进行。（4）城市生活垃圾一定要经过无害化处理，质量达到技术要求才能使用，每年每公顷农田限制用量，粘性土壤不超过 4．5 万公斤，砂性土壤不超过 3 万公斤。（5）秸秆还田允许用少量氮素化肥调节碳氮比。（6）其他使用原则同 aa 级绿色食品生产肥料使用原则中的第 4 条至第 6 条的要求相同。

167、蔬菜安全施肥应注意那些问题？

（1）叶菜类蔬菜忌施硝铵

（2）蔬菜忌施用尿素后浇水

（3）蔬菜忌反复施用硫铵

（4）菜地缺水时不能施用碳铵

（5）叶菜类蔬菜忌喷施高浓度氮肥

（6）大棚蔬菜忌用浓度较高的铵态氮肥

168、如何防止施肥不当引起黄瓜畸形？

（1）施肥比例要适当。黄瓜需要氮、磷、钾的比例，苗期为 4.5:1:5.5，盛瓜期为 2.5:1:3.7，氮钾的比例大于磷，钾的需要量大于氮，所以钾肥施用不能忽视。

（2）要控制好施肥量。施肥量过大，土壤盐分浓度高，阻碍黄瓜吸收水分和养分。这不仅影响黄瓜植株生长，而且结瓜畸形。因此，黄瓜施肥要适量，一般每生产 1000 千克黄瓜需要 N2.8-3.2 千克，P2051.2-1.8 千克，K203.6-4.4 千克。

（3）要注意后期施肥。后期忽视追肥，黄瓜因缺肥而早衰，黄瓜产量下降，而且弯曲瓜等畸形瓜增多。为了保证后期养分的需要，一般黄瓜定植后需要追肥 8-10 次，还要结合有机肥的施用。

山西阳煤丰喜肥业(集团)有限责任公司
SHANXI YANGMEI FENGXI FERTILIZER INDUSTRY (GROUP) LLC.

169、氮的生理功能有哪些？缺氮时作物有哪些症状？生理功能：①氮是蛋白质、核酸、磷脂的主要成分，而这三者又是原生质、细胞核和生物膜等细胞结构物质的重要组成部分。②氮是酶、ATP、多种辅酶和辅基（如 NAD+、NADP+、FAD 等）的成分，它们在物质和能量代谢中起重要作用。③氮还是某些植物激素如生长素和细胞分裂素、维生素如 B1、B2、B6、PP 等的成分，它们对生命活动起调节作用。④氮是叶绿素的成分，与光合作用有密切关系。缺氮病症：①植株瘦小。缺氮时，蛋白质、核酸、磷脂等物质的合成受阻，影响细胞的分裂与生长，植物生长矮小，分枝、分蘖很少，叶片小而薄，花果少且易脱落。②黄化失绿。缺氮时影响叶绿素的合成，使枝叶变黄，叶片早衰，甚至干枯，从而导致产量降低。③老叶先表现病症。因为植物体内氮的移动性大，老叶中的氮化物分解后可运到幼嫩的组织中去重复利用，所以缺氮时叶片发黄较多，并由下部叶片开始逐渐到中部大面积向上发展。

170、磷的生理功能有哪些？缺磷时作物有哪些症状？生理功能：①磷是核酸、核蛋白和磷脂的主要成分，并与蛋白质合成、细胞分裂、细胞生长有密切关系。②磷是许多辅酶如 NAD+、NADP+ 等的成分，也是 ATP 和 ADP 的成分。③磷参与碳水化合物的代谢和运输，如在光合作用和呼吸作用过程中，糖的合成、转化、降解大多是在磷酸化后才起反应的。④磷对氮代谢有重要作用，如硝酸还原有 NAD 和 FAD 的参与，而磷酸吡哆醛和磷酸吡哆胺则参与氨基酸的转化。⑤磷与脂肪转化有关，脂肪代谢需要 NADPH、ATP、CoA 和 NAD+ 的参与。缺磷病症：①植株瘦小。缺磷影响细胞分裂，使分蘖分枝减少，幼芽、幼叶生长停滞，茎、根纤细，植株矮小，花果脱落，成熟延迟。②叶呈暗绿色或紫红色。缺磷时，蛋白质合成下降，糖的运输受阻，从而使营养器官中糖的含量相对提高，这有利于花青素的形成，故缺磷时叶子呈现不正常的暗绿色或紫红色。③老叶先表现病症。磷在体内易移动，能重复利用，缺磷时老叶中的磷能大部分转移到正在生长的幼嫩组织中去。因此，缺磷的症状首先在下部老叶出现，直接出现在中部叶片，

171、钾的生理功能有哪些？缺钾时作物有哪些症状？生理功能：①酶的活化剂。钾在细胞内可作为 60 多种酶的活化剂，如丙酮酸激酶、果糖激酶、苹果酸脱氢酶、淀粉合成酶、琥珀酰 CoA 合成酶、谷胱甘肽合成酶等。因此钾在碳水化合物代谢、呼吸作用以及蛋白质代谢中起重要作用。②钾能促进蛋白质的合成，与糖的合成也有关，并能促进糖类向贮藏器官运输。③钾是构成细胞渗透势的重要成分，如对气孔的开放有着直接的作用。缺钾病症：①抗性下降。缺钾时植株茎杆柔弱，易倒伏，抗旱、抗寒性降低。②叶色变黄叶缘焦枯。缺钾叶片失水，蛋白质、叶绿素被破坏，叶色变黄而逐渐坏死；缺钾有时也会出现叶缘焦枯，生长缓慢的现象，但由于叶中部生长仍较快，所以整个叶子会形成杯状弯曲，或发生皱缩。③老叶先表现病症。钾也是易移动而可被重复利用的元素，故缺素病症首先出现在下部老叶。

172、钙的生理功能有哪些？缺钙时作物有哪些症状？钙是植物细胞壁胞间层中果胶酸钙的成分，因此，缺钙时，细胞分裂不能进行或不能完成，而形成多核细胞。钙离子能作为磷脂中的磷酸与蛋白质的羧基间联结的桥梁，具有稳定膜结构的作用。钙对植物抗病有一定作用。钙也是一些酶的活化剂，如由 ATP 水解酶、磷脂水解酶等酶催化的反应都需要钙离子的参与。缺钙初期顶芽、幼叶呈淡绿色，继而叶尖出现典型的钩状，随后坏死。钙是难移动，不易被重复利用的元素，故缺素症状首先表现在上部幼茎幼叶上。如大白菜缺钙时心叶呈褐色。

173、镁的生理功能有哪些？缺镁时作物有哪些症状？镁是叶绿素的成分，又是RuBP羧化酶、5-磷酸核酮糖激酶等酶的活化剂，对光合作用有重要作用；镁又是葡萄糖激酶、果糖激酶、丙酮酸激酶、乙酰CoA合成酶、异柠檬酸脱氢酶、α 酮戊二酸脱氢酶、苹果酸合成酶、谷氨酰半胱氨酸合成酶、琥珀酰辅酶A合成酶等酶的活化剂，因而镁与碳水化合物的转化和降解以及氮代谢有关。镁还是核糖核酸聚合酶的活化剂，DNA和RNA的合成以及蛋白质合成中氨基酸的活化过程都需镁的参加。镁在核酸和蛋白质代谢中也起着重要作用。缺镁最明显的病症是叶片贫绿，其特点是首先从下部叶片开始，往往是叶肉变黄而叶脉仍保持绿色，这是与缺氮病症的主要区别。

174、硫的生理功能有哪些？缺硫时作物有哪些症状？

含硫氨基酸，如胱氨酸，半胱氨酸和蛋氨酸，是蛋白质的组成成分，所以硫是原生质的构成元素。辅酶A和硫胺素、生物素等维生素也含有硫，且辅酶A中的硫氢基(-SH)具有固定能量的作用。硫还是硫氧还蛋白、铁硫蛋白与固氮酶的组分，因而硫在光合、固氮等反应中起重要作用。另外，蛋白质中含硫氨基酸间的-SH基与-S-S-可互相转变，这不仅可调节植物体内的氧化还原反应，而且还具有稳定蛋白质空间结构的作用。硫不易移动，缺乏时一般在幼叶表现缺绿症状，且新叶均衡失绿，呈黄白色并易脱落。缺硫情况在农业植物上很少遇到，因为大多土壤中有足够的硫基本能满足植物需要。

175、铁的生理功能有哪些？缺铁时作物有哪些症状？铁是许多酶的辅基，如细胞色素、细胞色素氧化酶、过氧化物酶和过氧化氢酶等。在呼吸电子传递中起重要作用。细胞色素也是光合电子传递链中的成员(Cytf和Cytb559、Cytb563)，光合链中的铁硫蛋白和铁氧还蛋白都是含铁蛋白，它们都参与了光合作用中的电子传递。铁是合成叶绿素所必需的，其具体机制虽不清楚，但催化叶绿素合成的酶中有两三个酶的活性表达需要Fe2+。豆科植物根瘤菌中的血红蛋白也含铁蛋白，因而它还与固氮有关。铁是不易重复利用的元素，因而缺铁最明显的症状是幼芽幼叶缺绿发黄，甚至变为黄白色，而下部叶片仍为绿色。土壤中含铁较多，一般情况下植物不缺铁。但在碱性土或石灰质土壤中，铁易形成不溶性的化合物而使植物缺铁。

176、铜的生理功能有哪些？缺铜时作物有哪些症状？铜为多酚氧化酶、抗坏血酸氧化酶、漆酶的成分，在呼吸的氧化还原中起重要作用。铜也是质蓝素的成分，它参与光合电子传递，故对光合有重要作用。铜还有提高马铃薯抗晚疫病的能力，所以喷硫酸铜对防治该病有良好效果。植物缺铜时，叶片生长缓慢，呈现蓝绿色，幼叶缺绿，随之出现枯斑，最后死亡脱落。另外，缺铜会导致叶片栅栏组织退化，气孔下面形成空腔，使植株即使在水分供应充足时也会因蒸腾过度而发生萎蔫，在补充缺铜农作物时，一定要注意不能补充太多，避免产生铜超标。

177、硼的生理功能有哪些？缺硼时作物有哪些症状？硼与花粉形成、花粉管萌发和受精有密切关系。硼能参与糖的运转与代谢。硼能提高尿苷二磷酸葡萄糖焦磷酸化酶的活性，故能促进蔗糖的合成。尿苷二磷酸葡萄糖(UDPG)不仅可参与蔗糖的生物合成，而且在合成果胶等多种糖类物质中也起重要作用。硼还能促进植物根系发育，特别对豆科植物根瘤的形成影响较大，因为硼能影响碳水化合物的运输，从而影响根对根瘤菌碳水化合物的供应。硼对蛋白质合成也有一定影响。缺硼时，受精不良，籽粒减少。小麦出现的“花而不实”和棉花上出现的“蕾而不花”等现象也都是因为缺硼的缘故。缺硼时根尖、茎尖的生长点停止生长，侧根侧芽大量发生，其后侧根侧芽的生长点

山西阳煤丰喜肥业(集团)有限责任公司
SHANXI YANGMEI FENGXI FERTILIZER INDUSTRY (GROUP) LLC.

又死亡，而形成簇生状。甜菜的干腐病、花椰菜的褐腐病、马铃薯的卷叶病和苹果的缩果病等都是缺硼所致。

178、锌的生理功能有哪些？缺锌时作物有哪些症状？锌是合成生长素前体—色氨酸的必需元素，因锌是色氨酸合成酶的必要成分，锌是碳酸酐酶（carbonicanhydrase,CA）的成分，此酶催化 $CO_2+H_2O=H_2CO_3$ 的反应。由于植物吸收和排除 CO_2 通常都先溶于水，故缺锌时呼吸和光合均会受到影响。锌也是谷氨酸脱氢酶及羧肽酶的组成成分，因此它在氮代谢中也起一定作用缺锌时就不能将吲哚和丝氨酸合成色氨酸，更不能合成生长素（吲哚乙酸），因此导致植物生长受阻，所以通常所说的“小叶病”如苹果、桃、梨、脐橙、柑、柚等果树缺锌时叶片小而脆，且丛生在一起，叶上还出现黄色斑点北方果园在春季易出现此病。

179、锰的生理功能有哪些？缺锰时作物有哪些症状，锰是光合放氧复合体的主要成员，缺锰时光合放氧受到抑制。锰为形成叶绿素和维持叶绿素正常结构的必需元素。锰也是许多酶的活化剂，如一些转移磷酸的酶和三羧酸循环中的柠檬酸脱氢酶、草酰琥珀酸脱氢酶、α－酮戊二酸脱氢酶、苹果酸脱氢酶、柠檬酸合成酶等，都需锰的活化，故锰与光合和呼吸均有关系。锰还是硝酸还原的辅助因素，缺锰时硝酸就不能还原成氨，植物也就不能合成氨基酸和蛋白质。缺锰时植物不能形成叶绿素，叶脉间失绿褪色，但叶脉仍保持绿色，此为缺锰与缺铁的主要区别。

180、钼的生理功能有哪些？缺钼时作物有哪些症状？钼是硝酸还原酶的组成成分，缺钼则硝酸不能还原，呈现出缺氮病症。豆科植物根瘤菌的固氮特别需要钼，因为氮素固定是在固氮酶的作用下进行的，而固氮酶是由铁蛋白和铁钼蛋白组成的。缺钼时叶较小，叶脉间失绿，有坏死斑点，且叶边缘焦枯，向内卷曲。十字花科植物缺钼时叶片卷曲畸形，老叶变厚且枯焦。禾谷类作物缺钼则籽粒皱缩或不能形成籽粒。

181、氯的生理功能有哪些？缺氯时作物有哪些症状？在光合作用中 Cl^- 参加水的光解，叶和根细胞的分裂也需要 Cl^- 的参与，Cl^- 还与 K^+ 等离子一起参与渗透势的调节，如与 K^+ 和苹果酸一起调节气孔开闭。缺氯时，叶片萎蔫，失绿坏死，最后变为褐色；同时根系生长受阻、变粗，根尖变为棒状。

182、如何制造固体型生物有机肥料？（1）取普通页岩 1000 千克，麦麸 50 千克，红糖 10 千克，玉米淀粉 5 千克，微生物复合菌种（固体、干重）20 千克，加水约 100 千克左右，充分拌匀，建堆高 1～1.5 米，宽 2～3 米、长度不限，待堆温升至 45～50℃时翻堆，连翻 3-5 次堆，摊开晾干，包装待用。施用量以每 667 平方米计：大棚蔬菜 600 千克，速生蔬菜 1000 千克，绿化草坪及花卉 800 千克。（2）玉米秸、麦秸等（任何作物秸秆均可）5000 千克，麦麸 200 千克，红糖 30 千克，玉米淀粉 30 千克，微生物复合菌种 100 千克，秸秆可长可短，最好铡至 5～10 厘米长，加水并共同拌匀后，建堆高 1.5 米、宽 2～3 米、长度不限，测料下 30 厘米温度 50～55℃时进行第一次翻堆，此后测料温达最高峰时，维持 24 小时再翻堆，共翻堆 6～8 次，而后拌匀即可直接作基肥使用，也可晾干后贮存备用。一般每 667 平方米施入 5000 千克（湿重），并迅速翻入土壤，以防阳光直射杀死菌体。

183、如何制备液体型生物有机肥料？（1）新鲜作物秸秆如青食玉米的秸秆、地瓜秧蔓或新鲜牧草以及鲜嫩杂草 500 千克，麦麸 15 千克，红糖 10 千克，玉米淀粉 5 千克，黄豆粉 2 千克，过磷酸钙 12 千克，微生物复合菌种 15 千克。将秸秆或杂草铡碎，共同混匀，置于深 0.8 ～ 1 米、约 6 立方溶积的水泥池中，也可临时挖土坑垫塑膜应急使用。将混匀后的草料、菌种等摊于池底，上覆 1 ～ 2 层遮阳网，再压数根木棒，然后灌水至没过草料 30 厘米左右，并将池沿进行遮阳处理。气温 25℃以上时，数日后即有气泡冒出水面，去掉水中覆盖物后，用铁叉类工具将草料等边抖边翻一次，继续令其发菌。约 20 天后，即可取其菌液作追肥用。以每 667 平方米计，大棚蔬菜 2000 千克，速生蔬菜 3000 千克，大田作物 1500 千克，果树 1600 千克，绿化草坪及花卉等 2500 千克。条施、穴施均可，注意压土或者压水，使肥液深入根际及其以下部位。（2）取干鸡粪 5 千克，麦麸 2 千克，豆饼粉 1.8 千克，红糖 0.5 千克，淀粉 0.2 千克，水 30 千克，微生物复合菌种 1 千克。充分混匀后置于普通水缸类容器或小型水泥池，上覆遮阳网或草苫遮阳即可，注意每天搅拌 1 ～ 2 次以增氧。气温 25℃时，10 天即可使用。施用方法：将菌液过滤，对入清水用于喷施：大棚菜 300 倍，速成蔬菜 200 倍，果树 150 倍，其它作物 120 倍左右草坪花卉 120 倍，喷施操作同市售生物有机肥料。

184、如何制备追施型生物肥料？（1）木粉生物肥：配方为：木屑 1000 千克，麦麸 100 千克，豆饼 20 千克，鸡粪 200 千克，微生物复合菌种 13 千克。鸡粪粉碎后，与木屑等全部拌匀，加水淋湿，使含水率约为 55% ～ 65%，建堆，每周翻一次，连续翻 4 ～ 6 次，晾干备用。生产要点：遮阴、防雨、防虫。施用：用于高产出作物如大棚蔬菜作基肥时每个配方一次性施入，作追肥分 3 次沟施或穴施，随即覆土，施入 3 天后再浇水。用于果树，可挖穴施入。（2）鸡粪生物肥：配方为：鸡粪 1000 千克，麦糠 200 千克，麦麸 50 千克，微生物复合菌种 15 千克。生产方法基本同上。施用：作基肥时每 667 平方米只需该配方的一半，作追肥时应分 2 ～ 3 次沟施条施，方法上述相同。

185、冬季如何积造优质农家肥？（1）选择好积肥地点首先选择离粪源较近，背风向阳和运输方便的地方。（2）计划好粪堆占地面积，粪堆形状最好是圆形，粪堆高度一般在 1.5 米以上，否则不易保温。堆肥时要将堆制的各种农家肥打碎混合、拌匀。（3）要增加热性肥料的比例冬季积造农家肥要适当增加大牲畜粪等热性肥料。这样不但肥料发酵快，而且质量好。此外，还应当减少水和土的用量，以提高粪堆温度，加快发酵。（4）堆制方法在确定好粪堆底面后，先铺一层黄粪或各种乱草，再逐层堆放混合均匀的各种农家肥，一直达到要求高度止。（5）注意加大粪堆冬季寒冷，粪堆如果太小，易被冻结，不能发酵，影响质量。而加大粪堆后，热量散发慢，有利于发酵。（6）最好采取封泥保温为了保持粪堆温度，防止养分损失，可在粪堆周围用玉米叶或乱草覆盖，使之形成一个 30—50 厘米的保温层，外围再铺上旧稻草秆，然后抹泥封闭。与不加保温层相比，有机质含量提高 1.96%，速效氮和速效磷也有很大的提高。（7）加快冻粪发酵在粪堆中刨一个坑，坑内堆放草，然后点火发烟，慢慢熏闷。但应注意的是，点火发烟不是明火烧草，以免粪肥过热失效。另外，为防止寒潮侵袭，粪堆上应盖一层薄土或乱草。有条件的还应覆盖旧塑料布。粪堆化冻后，堆闷 10 余天，使内外上下都腐熟，倒后备用。

186、怎样配制蔬菜育苗营养土？育苗营养土要求质地疏松，透气性好，养分充足，保水保肥性强。一般配制育苗营养土的方法为：用熟化、肥沃、没有种过茄果类的菜园土 60%、细沙 20%、生物有机肥 20%，混合均匀后过筛，并加入适量的氮磷钾速效养分。速效养分的添加量控制在：速效氮 150 ～ 300 毫克 / 千克、五氧化二磷 200-500 毫克 / 千克、氧化钾 400 ～ 600 毫克 / 千克。育苗土中添加化肥的量可根据其有效养分含量推算，一般 100 千克育苗土中加过磷酸钙 3 千克、硫酸钾 0.2

山西阳煤丰喜肥业(集团)有限责任公司
SHANXI YANGMEI FENGXI FERTILIZER INDUSTRY (GROUP) LLC.

千克、硫酸铵 0.5 千克。如果采用床土育苗，一般每平方米苗床土用生物有机肥 2 千克，撒施后结合翻地与 15 厘米耕层内的土壤混合均匀后播种。

187、如何制作秸秆肥？秸秆肥制作方法：用干秸秆 7 份、人粪尿 1 份、畜禽粪尿 2 份及适量马粪、碎柴。于 3 月份，把准备好的秸秆切碎或粉碎成 3 厘米左右的碎块，按体积比 1:2:7 的比例将人粪尿、畜禽粪尿和粉碎好的秸秆充分混拌均匀，浇足水（材料含水量以 60% ～ 70% 为宜，即当水加到手握成团，触之即散的状态为宜）。再把准备好的碎柴堆成一堆，选背风向阳之处点燃，把畜禽粪用热水浇透抖好（温度在 40℃以上），盖在点燃的碎柴上，做个暖心（发热点），然后把已混好的秸秆一层层盖在畜禽粪上，堆高不应低于 1.5 米，堆好后要注意管理，防止人畜践踏，并观察堆温，把堆温控制在 50℃～ 60℃，最高温度不能超过 70℃。因为此温度范围有利于微生物的活动，可加快秸秆的分解速度，同时又可杀死病菌、虫卵，减少氨的挥发。这样堆腐 7 ～ 10 天，温度达 60℃～ 65℃，此时可以进行倒粪，然后每隔 7 天左右倒一次，共倒 3 ～ 4 次，大约需 35 ～ 45 天就可以发酵好。发酵好的秸秆肥具有黑、乱、臭的特点，有黑色汁液和氨臭味，湿时柔软、有弹性，干时很脆，容易破碎。

188、在秸秆肥制作过程中要注意那些问题？一是如果 3 月底或 4 月初造秸秆肥，为了在种地前发酵腐熟好，应采取加大暖心，堆顶用塑料薄膜覆盖和适当多加些人粪尿与畜禽粪的办法促使秸秆尽快发酵。二是在堆制过程中，人不可上去踩，更不能往秸秆肥里掺土和用土压堆，否则不易发酵。三是堆好后应注意观察，发现肥堆冒气挂霜时，及时用拌好的秸秆覆盖上，利于保温。四是秸秆肥不要发过劲或发不好就用，以免影响其肥效。秸秆肥一般做基肥或者种肥，一段每亩用量 1500 ～ 2000 公斤。

189、怎样用树叶制造有机肥？秋天树叶开始下落后，开始收集树叶，把它投入已挖好的坑中（30 厘米深，长、宽根据树叶量多少而定）。以后按照一层树叶（10 厘米厚，树叶上要洒适量水，始终保持湿润）一层湿土（5 厘米厚）堆积，直到树叶落完。最上层为落叶，一般准厚 50-60 厘米。翌年 3-4 月份，树叶已相互黏连成块，有臭味，内部深褐色。在该树叶作肥用之前 1 周，让上层树叶晾晒至可以燃烧时点燃。因下部落叶潮湿，大部分树叶不能充分燃烧，灰呈黑色，只有小部分燃烧充分，灰呈灰白色。等火熄灭后，把下层树叶翻上来晾晒至可以点燃，重复第 1 次燃烧步骤。一般需进行 2-3 次晾晒燃烧，才没有大的树叶剩余。处理的最终结果是烧成灰的树叶与土混成一体，色深浅适中，有烧味，质地松软适宜。此时即可作有机肥使用。

190、怎样用树落花制造有机肥？杨树是雌雄异株树种，每年 3 月份雌株上的花序有相当一部分花序落地。这不但影响了卫生而且影响了美观。若把蕾期的落花序收集起来稍加沤制，即是一种不错的肥源。一般的沤制方法如下：

把地上的杨花花序扫成一堆，洒入适量水，掺入 1% 尿素，外加厚塑料膜覆盖，堆沤 15-20 天即可使用。若把其中的花序轴清除掉，可以作无土栽培基质。因为杨花花蕾个体很小，外观上和土壤中的团粒结构极相似，若掺入少量细沙，作无土栽培基质效果更好。此种制作肥料的优点在于材料幼嫩，沤制腐熟快；大小与形态和土壤团粒相似，可更好地改良土壤，如增加黏地土壤的通透性。

191、农村制作堆肥的材料都有哪些？制作堆肥的材料，按其性质一般可大概分为三类第一类：基本材料　即不易分解的物质，各种作物秸杆、杂草、落叶、藤蔓、泥炭、垃圾等。

第二类：促进分解的物质一般为含氮较多和富含高温纤维分解细菌的物质，人畜类尿、污水、蚕砂、马粪、羊粪、老堆肥及草木灰、石灰等。第三类：吸收性强的物质在堆积过程中加入少量泥炭、细泥土及少量的过磷酸钙或磷矿粉，可防止和减少氨的挥发，提高堆肥的肥效。

192、制作堆肥前不同的材料都应做哪些处理？为了加速腐解，在堆制前，不同的材料要加以处理。（1）城市垃圾要分选，选去碎玻璃、石子、瓦片、塑料杂物等。特别要防止重金属和有毒和无机物质进入。（2）各种堆积材料，原则上要粉碎为好，增大接触面积利于腐解，但要多消耗能源和人力，难以推广。一般是将各种堆积材料，切成2—5寸长为好。（3）对于质硬、含腊质较多的材料，如玉米和高粱杆吸水较低，最好将材料粉粹后用污水或2%石灰水浸泡，破坏秸杆表面蜡质层，利用吸水促进腐解。（4）水生杂草，含水过多，应稍微凉干再进行堆积。

193、如何选择堆肥堆制地点？应选择地势较高、背风向阳、离水源较近、运输施用方便的地方为堆制地点。为了运输施用方便，堆积地点可适当分散。堆制地点选择好后将地面平整。

194、堆肥时怎样设置通气孔道？在已平整夯实的场地上，开挖“十”字形或“井”字形沟，深宽各15—20厘米左右，在沟上纵横铺满硬坚的作物秸秆，作为堆肥底部的通气沟，并在两条小沟交叉处，与地面垂直安放木棍或捆扎成束的长条状粗硬秸杆，作为堆肥上下通气孔道。

195、堆肥中的各种堆制材料怎样配比？一般堆积材料配合比例是：各种作物秸杆、杂草、落叶等1000斤左右，加入粪尿200—300斤，水100—200斤（加水多少随原材料干湿而定），石灰15—30斤，或磷矿粉50—60斤，过磷酸钙10—15斤，氮素化肥8—10斤。为了加速腐熟，每层可接种高湿分解纤维细菌（如酵素菌），若缺乏时，可加入适量骡马粪或老堆肥、深层暗沟泥和肥沃泥土，促进腐解。但泥土不宜过多，以免影响腐熟和堆肥质量。所以农谚讲：草无泥不烂，泥无草不肥。这充分说明，加入适量的肥土，不但有吸肥保肥的作用，也有促进有机质分解的效果。

196、如何进行堆肥的制作？在堆积场的通气沟上铺上一层厚约20cm的污泥、细土或草皮土作为吸收下渗肥分的底垫。然后将已处理好的材料（充分混匀后）逐层堆积、踏实。并在各层上泼撒粪尿肥和水后，再均匀的撒上少量石灰、磷矿粉或其它磷肥（堆积材料已用石灰水处理者可不用），以及羊马粪、老堆肥或接种高温纤维分解细菌。每层需“吃饱、喝足、盖严”。所谓“吃饱”是指秸秆和调节碳氮比的尿素或土杂肥及麦麸要按所需求的量加足，以保证堆肥质量。“喝足”就是秸秆必须被水浸透，加足水是堆肥的关键。“盖严”就是成堆后用泥土密封，可起到保温保水作用。

如此一层一层地堆积，直至高达4—6尺为止。每层堆积极其的厚度，一般是1—2尺，上层宜薄，中、下层稍厚，每层加入的粪尿肥和水的用量，要上层多，下层少，方可顺流而下，上下分布均匀。堆宽和堆长，可视取材料的多少和操作方便而定。堆形做成馒头形或其它形状均可。堆好后及时用2寸厚的稀泥、细土和旧的塑料薄膜密封，有利保温、保水、保肥。随后并在四周开环形沟，以利排水。

197、堆积后的堆肥如何管理？一般堆后3—5天，有机物开始被微生物分解释放出热量，堆内温度缓慢上升，7—8天后堆内温度显著上升，可达60—70℃，高温容易造成堆内水分缺乏，使微生物活动减弱，原料分解不完全。所以在堆制期间，要经常检查堆内上、中、下各个部位的水份和温度变化的情况。检查方法，可用堆肥温度计测试。若没有堆肥温度计，可用一根长的铁棍插入堆中，停放5分钟后，拔出用手试之。手感觉发温约30℃，感觉发热约40—50℃，感觉发烫约60℃以上。

山西阳煤丰喜肥业(集团)有限责任公司
SHANXI YANGMEI FENGXI FERTILIZER INDUSTRY (GROUP) LLC.

检查水份可观察铁棍插入部分表面的干湿状况。若成湿润状态，表示水分适量；若呈干燥状态，表示水分过少，可在堆顶打洞加水。如果堆内水分、通气适应，一般堆后头几天温度逐渐上升，一个星期左右可达到最高，维持高温阶段，不得少于 3 天，10 天以后温度缓慢下降。在这种正常情况下，经 20—25 天内进行翻堆一次，把外层翻到中间，把中间翻到外边，根据需要加适量粪尿水重新堆积，促进腐熟。重新堆积后，再过 20—30 天，原材料已近黑、烂、臭的程度，表明已基本腐熟。就可以使用了，或压紧盖土保存备用。

198、如何判断堆肥腐熟程度？堆肥腐熟的好坏，是鉴别堆肥质量的一个综合指标。可以根据其颜色、气味、秸秆硬度、堆肥浸出液、堆肥体积、碳氮比及腐质化系数来判断。

（1）从颜色气味看，腐熟堆肥的秸秆变成褐色或黑褐色，有黑色汁夜，具有氨臭味，用铵试剂速测，其铵态氮含量显著增加。（2）秸秆硬度，用手握堆肥，温时柔软而有弹性；干时很脆，易破碎，有机物失去弹性。（3）堆肥浸出液，取腐熟堆肥，加清水搅拌后（肥水之例 1：5-10），放置 3—5 分钟，其浸出液呈淡黄色。（4）堆肥体积，比刚堆时缩小 2/3—1/2。（5）碳氮化，一般为 20—30：1（6）腐殖化系数，为 30% 左右。达到上述指标的堆肥，是肥效较好的优质堆肥，可施于各种土壤和作物。坚持长期施用，不仅能获得高产，对改良土壤，提高地力，都有显著的效果。

199、怎样制造水田深施的球肥？所谓球肥深施，是指把铵态氮肥特别是碳铵与泥炭或泥炭土，或碳铵与肥泥及腐熟有机肥制成球状施到水田耕作层深处。

水田深施的球肥制作时可加入磷肥，各种物质的比例大致是〞碳铵：碳铵过磷酸钙：泥炭土=6:3:8，然后用水调匀，压成重 10-15 克的圆开或卵开的球，随制随用，不要放置过久，以免氨的挥发。一般在水稻插后回春时施用，可每 4 株间压入一颗，深度一般为 6-10 厘米。这样可大大减少按的挥发和反硝化的作用所造成的氮素损失。

200、如何配制肥料杀虫剂？（1）尿洗合剂：每亩用尿素 250 至 500 克与洗衣粉 100 克混合，加水 50 升，搅匀后喷施，可防治菜园和花园中的红蜘蛛和蚜虫等害虫。

（2）肥药混合剂：肥料和农药混合施用，治虫效果更好。如用 1% 的尿素液，加 0.1% 浓度的 50% 的敌敌畏乳油或 40% 亚硫磷乳油，混合后进行喷雾，可杀灭棉花、花卉上的红蜘蛛和蚜虫，且可兼治其他害虫。（3）草木灰浸出液：用 10 千克草木灰加水 50 升，浸泡 1 昼夜，用过滤液喷施，可有效地防治蚜虫，且能起到增施钾肥的作用，增强植株抗倒伏能力。（4）硅钙肥：硅钙肥是一种新型肥料植物吸收后，硅元素便会积聚在表皮细胞中，形成非常坚硬的表皮层，使害虫很难侵入，从而增强抗虫能力。例如每亩施硅钙肥 30 至 40 千克，可大大减轻蚜虫对菜豆的危害。（5）氮素化肥治虫：尿素、碳酸氢铵和氨水这三种氮素化肥，可挥发出具有刺激性气味的气体，对害虫具有一定的刺激、腐蚀和熏蒸作用，尤其对红蜘蛛、叶螨和蚜虫等一些体形小、耐药力弱的害虫，效果尤佳。在害虫发生时，用 0.2% 的尿素溶液，或 1% 的碳酸氢铵溶液，或 0.5% 的氨水溶液喷雾，7 天左右喷一次，连喷 2 至 3 次，效果显著。

（部份资料来自农业部技术推广中心）

山西阳煤丰喜肥业(集团)有限责任公司
SHANXI YANGMEI FENGXI FERTILIZER INDUSTRY (GROUP) LLC.

第六篇 企业篇

第一章 中国化肥企业百强系列排行榜

第一节 2010 中国化肥企业 100 强排行榜

1 湖北宜化集团有限责任公司
2 云天化集团有限责任公司
3 山东鲁北企业集团总公司
4 云南煤化工集团有限公司
5 瓮福（集团）有限责任公司
6 贵州西洋肥业有限公司
7 兖矿集团有限公司煤化分公司
8 四川化工控股（集团）有限责任公司
9 鲁西化工集团股份有限公司
10 四川宏达股份有限公司
11 山东联盟化工集团有限公司
12 江苏德邦化学工业集团有限公司
13 湖北新洋丰肥业有限公司
14 青海盐湖工业集团股份有限公司
15 贵州开磷（集团）有限公司
16 铜陵化学工业集团有限公司
17 四川省开元集团有限公司
18 中国石化湖北化肥分公司
19 山西天脊化工集团有限公司
20 山西阳煤丰喜肥业（集团）有限责任公司
21 中化重庆涪陵化工有限公司
22 瑞星集团有限公司
23 辽宁北方煤化工（集团）股份有限公司
24 施可丰化工股份有限公司
25 湖北祥云（集团）化工有限公司
26 四川美丰化工股份有限公司
27 河北凯跃化工集团有限公司
28 山西兰花科技创业股份有限公司
29 中盐安徽红四方股份有限公司
30 江苏中东集团有限公司
31 史丹利化肥有限公司
32 四川龙蟒集团有限责任公司
33 辽宁华锦化工（集团）有限责任公司
34 江苏恒盛化肥有限公司
35 河南心连心化肥有限公司
36 河南晋开化工投资控股集团有限责任公司
37 湖北三宁化工股份有限公司
38 山西天泽煤化工集团股份有限公司
39 江西开门子肥业集团有限公司
40 重庆建峰化工股份有限公司
41 金正大生态工程股份有限公司
42 中国－阿拉伯化肥有限公司
43 柳州化学工业集团有限公司
44 山东省舜天化工集团有限公司
45 江苏瑞和化肥有限公司
46 绿源生态科技发展有限公司
47 山西晋丰煤化工有限责任公司
48 河北沧州大化集团有限责任公司
49 四川金象化工产业集团股份有限公司
50 成都市新都化工股份有限公司
51 四川省川投化学工业集团有限公司
52 江西贵溪化肥厂有限责任公司
53 江苏华昌化工股份有限公司
54 山东恒通化工股份有限公司
55 黑龙江神农农业生产资料连锁有限公司
56 河北新化股份有限公司
57 四川高宇集团有限责任公司
58 安徽淮化集团有限公司

59 青上化工（佛山）有限公司
60 安徽晋煤中能化工股份有限公司
61 云南祥丰化肥股份有限公司
62 贵州赤天化集团有限责任公司
63 石家庄中嘉化肥有限公司
64 烟台五洲施得富肥料有限公司
65 自贡鸿鹤化工股份有限公司
66 河南煤业化工集团安化公司
67 湖北鄂中化工有限公司
68 河北绿宝复合肥有限责任公司
69 当阳市华强化工有限公司
70 中平能化集团飞行化工有限公司
71 河南金山化工有限责任公司
72 中海石油天野化工股份有限公司
73 陕西渭河煤化工集团有限责任公司
74 河北正元化工集团股份有限公司
75 江苏绿陵化工集团有限公司
76 河南煤化集团中原大化公司
77 内蒙古辽中京化工有限责任公司
78 湖北大峪口化工有限责任公司
79 甘肃瓮福化工有限责任公司
80 陕西兴化化学股份有限公司
81 湖北黄麦岭化工有限公司
82 云南省宣威市恒邦磷化工业有限公司
83 四川蓥峰实业有限公司
84 益阳双强化工有限公司
85 双赢集团有限公司
86 石家庄市双联复合肥有限责任公司
87 陕西华山化工集团有限公司
88 山西天脊中化高平化工有限公司
89 内蒙古天润化肥股份有限公司
90 江西双强化工有限公司
91 江苏新港金源化肥有限公司
92 中化山东肥业有限公司
93 江苏阿波罗复合肥有限公司
94 湖南省邵阳宝兴科肥有限公司
95 固源肥料（福建）有限公司
96 湖北南国化工有限公司
97 黑龙江省沃必达农业科技开发有限公司
98 安徽中元化肥股份有限公司
99 重庆华强化肥有限公司
100 连云港市苏维达肥料科技发展有限公司

2010 中国化肥企业综合实力 100 强

云天化集团有限责任公司
湖北宜化集团有限责任公司
山东鲁北企业集团总公司
青海盐湖工业集团股份有限公司
大连金州重型机器有限公司
四川化工控股（集团）有限责任公司
中国农业生产资料集团公司
山西丰喜化工设备有限公司
瓮福（集团）有限责任公司
辽宁华锦化工（集团）有限责任公司
贵州开磷（集团）有限公司
鲁西化工集团股份有限公司
陕西陕化化肥股份有限公司
中海石油化学股份有限公司
武汉日清生物科技有限公司
昊华骏化集团有限公司
铜陵化学工业集团有限公司
四川省金河磷矿化工厂
金沂蒙集团有限公司
山东联盟化工集团有限公司
山西焦化集团有限公司
兖矿集团有限公司煤化分公司
山东华鲁恒升集团有限公司
江苏恒盛化肥有限公司
河南金鼎化工有限公司
山西天脊中化高平化工有限公司
江苏德邦化学工业集团有限公司
福建三钢（集团）三明化工有限责任公司
邯郸冀南化工股份有限公司
金正大生态工程股份有限公司

山西阳煤丰喜肥业(集团)有限责任公司
SHANXI YANGMEI FENGXI FERTILIZER INDUSTRY (GROUP) LLC.

四川美丰化工股份有限公司
晋煤金石投资集团有限公司
河北凯跃化工集团有限公司
山东阿斯德化工有限公司
山东晋煤明水化工有限公司
中化平原化工有限公司
佳木斯市亚格立农业技术开发有限公司
江苏绿陵化工集团有限公司
沈阳兴昊脲醛泡沫开发有限公司
山东普金肥料有限公司
河南心连心化肥有限公司
辽宁北方煤化工（集团）股份有限公司
河北阳煤正元化工集团股份有限公司
内蒙古齐华矿业有限责任公司
安徽三星化工有限责任公司
玖源生态农业科技（集团）有限公司
云南昆明神农汇丰化肥有限公司
洛阳隆华传热科技股份有限公司
湖北当阳华强化工有限公司
云南云峰化学工业有限公司
广东湛化股份有限公司
山东德众化工股份有限公司
江苏灵谷化工有限公司
河南金山化工有限责任公司
山东瑞星化工有限公司
河北省东光化工有限责任公司
山西安盛化肥发展有限公司
贵州中化开磷化肥有限公司
国投新疆罗布泊钾盐有限责任公司
陕西华山化工集团有限公司
山西瑞丰化工有限公司
广西鹿寨化肥有限责任公司
福建省三明市浩伦园艺植保有限公司
广西河池化工股份有限公司
广东绿洲肥业有限公司
乌海联昌工贸有限公司
云南江城泰裕钾肥有限公司
九禾股份有限公司
河北三高农业开发集团有限公司
云浮广业硫铁矿集团有限公司
广西富满地农资股份有限公司
湖北华丰生物有限公司
吉林润丰肥业有限责任公司
山东明瑞化工集团肥城分公司
四川荣龙生化肥料有限公司
山东淄博博丰复合肥有限公司
新疆新化化肥有限公司
广西北海喷施宝有限责任公司
江苏劲力化肥有限责任公司
成都市施得利复合化肥实业有限公司
石家庄华帝化肥有限公司
鄂尔多斯市巨能煤碳经营有限公司
山东欧化化工有限公司
辽宁津大肥业有限公司
安徽晋煤中能化工股份有限公司
重庆华强化肥有限公司
山东禹城中农润田化工有限公司
重庆兴龙化肥有限公司
嘉兴市禾绿丰有机肥公司
北京市谷丰化工制品有限公司
汉中远东化肥有限责任公司
江苏天补生态肥业有限公司
石家庄市中嘉化肥有限公司
随州市新神农峰肥业有限公司
江苏太仓汇丰化学肥料有限公司
河北邢台绿洲农肥有限责任公司
河南莲花味精股份有限公司
安徽徽皇肥业集团有限公司
山东金雷肥业科技有限公司
陕西鼎天济农腐殖酸制品有限公司

2010 各省、自治区、直辖市化肥企业 10 强

天津市
名次企业名称
1 天津芦阳化肥股份有限公司
2 天津市福升肥料有限公司
3 天津市施易得肥料有限公司
4 天津农乐制肥有限公司
5 天津市宝园肥料厂
6 天津市中天化肥有限公司
7 天津市天润生物肥有限公司
8 天津裕丰肥料有限公司
9 天津市津南化肥实验有限公司
10 天津沃发肥料科技有限公司

重庆市
名次企业名称
1 中化重庆涪陵化工有限公司
2 重庆建峰工业集团有限公司
3 重庆裕龙化肥有限公司
4 重庆江北化肥有限公司。
5 双赢集团有限公司

河北省
名次企业名称
1 晋煤金石投资集团有限公司
2 河北凯跃化工集团有限公司
3 河北沧州大化集团有限责任公司
4 河北新化股份有限公司
5 中国阿拉伯化肥有限公司
6 河北正元化工集团股份有限公司
7 石家庄市中嘉化肥有限公司
8 石家庄双联化工有限责任公司
9 河北冀衡集团有限公司
10 河北绿宝复合肥有限责任公司

山西省
名次企业名称
1 山西焦化集团有限公司
2 山西阳煤丰喜肥业（集团）有限责任公司
3 山西天脊煤化工集团有限公司
4 山西兰花科技创业股份有限公司
5 山西天泽煤化工集团股份公司
6 山西晋丰煤化工有限责任公司
7 山西天脊中化高平化工有限公司
8 山西富邦肥业有限公司
9 山西蓝马肥业有限公司
10 山西运城永昌化工有限公司

内蒙古
名次企业名称
1 中海石油天野化工股份有限公司
2 内蒙古乌拉山化肥有限责任公司
3 内蒙古天润化肥股份有限公司
4 内蒙古齐华矿业有限责任公司
5 内蒙古辽中京化工有限责任公司

江苏省
名次企业名称
1 江苏中东集团有限公司
2 江苏恒盛化肥有限公司
3 江苏瑞和化肥有限公司
4 江苏华昌（集团）有限公司
5 江苏灵谷化工有限公司
6 江苏绿陵集团
7 江苏阿波罗复合肥有限公司
8 江苏新港金源化肥有限公司
9 江苏连云港苏维达肥料科技有限公司
10 江苏省红阳化肥有限公司

安徽省
名次企业名称
1 铜陵化学工业集团有限公司
2 安徽六国化工股份有限公司
3 安徽昊源化工集团有限公司
4 中盐安徽红四方股份有限公司
5 安徽淮化集团有限公司

山西阳煤丰喜肥业(集团)有限责任公司
SHANXI YANGMEI FENGXI FERTILIZER INDUSTRY (GROUP) LLC.

6 安徽晋煤中能化工股份有限公司
7 安徽宁国司尔特化肥有限公司
8 安徽徽皇肥业有限公司
9 蚌埠龙晨肥业有限公司
10 安徽莱姆佳肥业有限公司

福建省
名次企业名称
1 福建省顺昌富宝实业有限公司
2 厦门厦化实业有限公司
3 福建中化智胜化肥有限公司
4 福建正和肥料有限公司
5 漳州三本肥料工业有限公司

江西省
名次企业名称
1 江西贵溪化肥有限责任公司
2 江西昌九生物化工股份有限公司
3 江西昌昱实业有限公司
4 江西开门子肥业集团有限公司
5 江西奇佳肥业有限公司

山东省
名次企业名称
1 山东鲁北企业集团总公司
2 兖矿集团有限公司煤化分公司
3 山东联盟化工集团有限公司
4 山东聊城鲁西化工集团有限责任公司
5 史丹利化肥有限公司
6 金沂蒙集团有限公司
7 山东华鲁恒升集团有限公司
8 施可丰化工股份有限公司
9 山东瑞星化工有限公司
10 绿源生态科技发展有限公司

河南省
名次企业名称
1 河南中原煤业化工集团有限责任公司
2 昊华骏化集团有限公司
3 河南心连心化肥有限公司
4 河南晋开化工投资控股集团有限责任公司
5 河南金山化工有限责任公司
6 河南煤化集团安化公司
7 中平能化集团飞行化工有限公司
8 河南煤化集团中原大化公司
9 河南延化化工有限责任公司
10 河南莲花味精股份有限公司

湖北省
名次企业名称
1 湖北宜化集团有限责任公司
2 湖北新洋丰肥业股份有限公司
3 晋煤湖北三宁化工股份有限公司
4 当阳市华强化工有限公司
5 湖北大峪口化工有限责任公司
6 湖北东圣化工集团有限公司
7 湖北黄麦岭磷化工有限责任公司
8 湖北祥云集团化工股份有限公司
9 湖北鄂中化工有限公司
10 襄樊天舜化工集团有限公司

湖南省
名次企业名称
1 中盐湖南株洲化工集团有限公司
2 湖南智成化工有限公司
3 湖南金信复合肥有限公司
4 湖南省邵阳宝兴科肥有限公司
5 湖南首玉生物科技有限公司

广东省
名次企业名称
1 广东湛化股份有限公司
2 深圳芭田生态工程股份有限公司
3 广东福利龙复合肥有限公司
4 青上（佛山）化工股份有限公司
5 广州良田肥业有限公司

广西省
名次企业名称
1 柳州化学工业集团有限公司
2 广西鹿寨化肥有限责任公司
3 广西河池化工股份有限公司

4 广西北海喷施宝有限责任公司
5 广西易多收生物科技有限公司

四川省
名次企业名称
1 四川化工控股（集团）有限责任公司
2 四川宏达股份有限公司
3 四川省开元集团有限公司
4 四川美丰化工股份有限公司
5 昊华西南化工有限责任公司
6 四川龙蟒集团有限责任公司
7 四川金象化工产业集团股份有限公司
8 四川省川投化学工业集团有限公司
9 成都市新都化工股份有限公司
10 四川高宇集团有限责任公司

贵州省
名次企业名称
1 瓮福（集团）有限责任公司
2 贵州开磷（集团）有限公司
3 贵州西洋肥业有限公司
4 贵州中化开磷化肥有限公司
5 贵州赤天化集团有限责任公司

云南省
名次企业名称
1 云天化集团有限责任公司
2 云南煤化工集团有限公司
3 云南云维集团有限公司
4 云南云峰化学工业有限公司
5 云南三环中化嘉吉化肥有限公司
6 云南祥丰化肥有限公司
7 云南解化集团有限公司
8 云南金星化工有限公司
9 神农汇丰化肥有限公司
10 玉溪银河化工有限公司

陕西省
名次企业名称
1 陕西华山化工集团有限公司
2 陕西渭河煤化工有限责任公司
3 陕西兴化化学股份有限公司
4 陕西鼎天济农腐殖酸制品有限公司
5 陕西巨川富万钾股份有限公司

甘肃省
名次企业名称
1 甘肃金昌化学工业集团有限公司
2 甘肃刘化（集团）有限公司
3 甘肃瓮福化工有限责任公司
4 甘肃张掖农友化工（集团）有限责任公司
5 兰州远东化肥有限责任公司

青海省
名次企业名称
1 青海盐湖工业集团股份有限公司
2 青海省滨地钾肥股份有限公司
3 青海西部化肥有限责任公司
4 青海中信国安科技发展有限公司
5 青海瀚海集团有限公司

新疆自治区
名次企业名称
1 新疆农资集团.
2 新疆生产建设兵团农资生产资料供应公司
3 新疆罗布泊钾盐有限责任公司
4 阿克苏锦化肥有限责任公司
5 新疆新化化肥有限责任公司

2010 中国化肥最具市场影响力畅销品牌 100 大

◆天津芦阳化肥有限公司
◆成都市新都化工股份有限公司
◆山东省舜天化工集团有限公司
◆济源市丰田肥业有限公司
◆吉林云天化云升农业发展有限公司
◆阜新豪森生物科技有限公司
◆深圳市芭田生态工程股份有限公司
◆蚌埠市龙晨肥业有限公司

山西阳煤丰喜肥业(集团)有限责任公司
SHANXI YANG MEI FENGXI FERTILIZER INDUSTRY (GROUP) LLC.

◆云南红磷化工有限公司
◆中化山东肥业有限公司
◆山东德州艳阳天化工有限公司
◆自贡鸿鹤化工（集团）有限责任公司
◆云南云叶化肥股份有限公司
◆江苏益农肥料有限公司
◆山东阿斯德化工有限公司
◆四川美丰化工股份有限公司
◆四川凯基化工集团有限公司
◆湖北双环科技股份有限公司
◆山东谷丰源化肥有限公司
◆安徽金可达肥业有限公司
◆陕西渭河重化工有限责任公司
◆潍坊昌大肥料有限公司
◆潍坊巴夫特肥料有限公司
◆黑龙江爱农复合肥料有限公司
◆福建省福农农资集团有限公司
◆江苏省威力磷复肥有限公司
◆安徽省凤阳县金星复合肥有限公司
◆江苏绿陵化工集团有限公司
◆江苏巨丰化肥有限公司
◆营口三征肥业有限公司
◆天脊煤化工集团有限公司
◆山东天山生态工程有限公司
◆山东盛大生态肥业有限公司
◆江苏心实肥业集团有限公司
◆贵州赤天化股份有限公司
◆山东远洋肥业有限公司
◆兖矿集团煤化分公司
◆四川省德阳天元化工总厂
◆青海盐湖钾肥股份有限公司
◆内蒙古祥苑生态农业发展有限公司
◆河南省欧凯肥业有限公司
◆山东红日阿康化工股份有限公司
◆江西瑞和化肥有限公司
◆合肥养正农业科技有限公司
◆北京澳佳肥业有限公司
◆江苏禾友化工有限公司
◆安徽美加山都肥业有限公司
◆荆门市雄丰肥业有限公司
◆湖北东圣化工集团有限公司
◆云南云天化股份有限公司
◆陕西巨川富万钾股份有限公司
◆内蒙古沃绿康高科技生物肥有限公司
◆江苏苏农农资连锁集团股份有限公司
◆金沂蒙集团有限公司
◆湖北世龙化工有限公司
◆大丰市劲力化肥有限责任公司
◆成都玉龙化工有限公司
◆江苏瑞和化肥有限公司
◆湖北华丰生物有限公司
◆中农新肥科技股份有限公司
◆无锡市太平洋化肥有限公司
◆江西贵溪化肥有限责任公司
◆江苏中东集团有限公司
◆江苏阿波罗化肥有限公司
◆北京金太龙高科技有限公司
◆安徽六国化工股份有限公司
◆安徽莱姆佳肥业有限公司
◆宜兴申利化工有限公司
◆天津市施易得肥料有限公司
◆广西北海喷施宝有限责任公司
◆山东华鲁恒升化工股份有限公司
◆辽宁津大肥业有限公司
◆河北冀衡集团有限公司
◆苍山中农化肥贸易有限公司
◆江苏浩伦农业科技有限公司
◆吉林省隆源化肥有限公司
◆成都天杰有机农业发展有限公司
◆成都富田化工有限公司
◆江苏双昌肥业有限公司
◆吉林省北方肥业有限公司
◆徐州沃尔地化工有限公司
◆北京科蕊复合肥有限公司
◆双赢集团有限公司
◆佳玛驰国际（中国）有限公司
◆黑龙江北大荒农业股份有限公司浩良河化肥分公司
◆四川鎣峰实业有限公司
◆杭州利时化肥有限公司
◆江苏龙腾化工有限公司
◆湖北源丰化工有限公司
◆安徽省宁国司尔特化肥有限公司

◆河北高盛化肥有限公司
◆石家庄市华阳肥业有限公司
◆湖南金叶肥料有限责任公司
◆重庆华强化肥有限公司
◆北京金土地复合肥有限公司
◆陕西宝氮化工集团有限公司
◆天津市津南化肥实验有限公司
◆太仓汇丰化学肥料有限公司
◆湖北宜化集团有限责任公司
◆四平天丰肥料科技发展有限公司
◆齐齐哈尔富尔农艺有限公司
◆江苏华昌化工股份有限公司
◆山西阳煤丰喜肥业（集团）股份有限公司
◆石家庄金元肥料有限公司
◆山东金卡诺肥业有限公司
◆山东富士化肥有限公司

2010 中国化肥最具市场竞争力企业 100 强

1 天津芦阳化肥股份有限公司
2 德阳昊华清平磷矿有限公司
3 山东欧化化工有限公司
4 黑龙江北大荒农业股份有限公司浩良河化肥分公司
5 河南裕丰复合肥有限公司
6 河北永兴生物科技有限公司
7 石家庄市翔宇肥料有限公司
8 大化集团大连瑞霖有限公司
9 云南光明化工有限公司
10 中农新肥科技股份有限公司
11 重庆江北化肥有限公司
12 天津市嘉都化肥有限公司
13 青岛东方化工股份有限公司
14 山西美邦腐植酸科技有限公司
15 四川凯基化工集团有限公司
16 安徽天叶肥料有限公司
17 福建中农高塔肥料有限公司
18 河北新世纪周天生物科技有限公司
19 山东德州阳光生物科技有限公司
20 保定县民得富新型肥料有限公司
21 安徽新天地生物肥业有限公司
22 佳木斯亚格立农业技术开发有限公司
23 吉林长山化肥集团三江肥业有限公司
24 河北大粮仓肥业有限公司
25 河北大地肥业有限公司
26 邯郸冀南化工股份有限公司
27 济源市丰田肥业有限公司
28 石家庄市华阳肥业有限公司
29 吉林信达生物工程有限公司
30 上海联业生物技术有限公司
31 天津丰裕肥料有限公司
32 江苏苏阳化肥有限公司
33 山东远东国际化工有限公司
34 山东天山生态工程有限公司
35 江苏润丰生化有限公司
36 山东喜丰田生态肥业有限公司
37 山西富邦肥业有限公司
38 邢台大正化工有限公司
39 四川绵竹川润化工有限公司
40 北京阳光国农化工有限公司
41 宁夏天瑞鸣钟农化有限公司
42 保定万国生物化学有限公司
43 山东金乡德华化工有限公司
44 江西江磷磷肥有限责任公司
45 河北保定康帝生态有机肥
46 伊春市永丰生物有机复合肥厂
47 湖北潜江华润化肥有限公司
48 成都天杰有机农业发展有限公司
49 河北隆润生态科技发展有限公司
50 云南磷联化肥联合营销有限公司
51 陕西城化股份有限公司
52 安徽瑞磷化肥有限公司
53 江苏美乐肥料有限公司
54 云南云叶化肥股份有限公司
55 河北唐山正宝硅钙肥有限责任公司
56 南通海陵肥料有限公司
57 济南巴顿化肥有限公司
58 福建正和肥料有限公司
59 河南神州大化肥业有限公司
60 安徽省文胜肥业有限责任公司

山西阳煤丰喜肥业(集团)有限责任公司
SHANXI YANGMEI FENGXI FERTILIZER INDUSTRY (GROUP) LLC.

61 滨州金秋肥业有限公司
62 江苏益农肥料集团有限公司
63 江苏心实肥业集团有限公司
64 寿光丽水肥料有限公司
65 福建省农化工业有限公司
66 成都富田化工有限公司
67 北京市谷丰化工制品有限公司
68 宜昌禾友化工有限责任公司
69 内蒙古天保丰肥业有限公司
70 河南省欧凯肥业有限公司
71 山西花王集团新绛花王有机化工厂
72 河南昊邦肥业科技有限公司
73 河北创富肥业有限公司
74 智胜化工股份有限公司
75 湖北金源化工股份有限公司
76 河南雄壮肥业有限公司
77 广东拉多美化肥有限公司
78 湖南吐绿化工有限公司
79 山西年撒丰肥业有限责任公司
80 河南天宇肥业有限公司
81 福建顺昌富宝实业有限公司
82 石嘴山市润丰化工有限公司
83 黑龙江倍福肥业有限公司
84 河北金腾富肥业有限公司
85 四川省德阳天元化工总厂
86 河北百诺肥业有限公司
87 吉林省佳绩肥业有限公司
88 山东方正化学工业有限公司
89 成都玉龙化工有限公司
90 石家庄中吉化肥有限公司
91 山东吉利丰生物科技有限公司
92 石家庄伟龙科技开发中心
93 深圳市喜耕田生物科技有限公司
94 无锡市丰谷特种复合肥有限公司
95 大庆市硕丰复合肥有限公司
96 河南骏化宏福实业股份有限公司
97 四川兴乐化工有限公司
98 吉林邦农肥料有限公司
99 陕西宝氮化工集团有限公司
100 山东米阳肥业科技有限公司

2010 中国化肥设备制造企业 100 强

1 大连金州重型机器有限公司
2 山西丰喜化工设备有限公司
3 中航黎明锦西化工机械（集团）有限责任公司
4 天津天大天久科技股份有限公司
5 烟台荏原空调设备有限公司
6 天华化工机械及自动化研究院
7 洛阳隆华传热科技股份有限公司
8 江西昌昱实业有限公司
9 威海化工机械有限公司
10 邯郸锅炉制造有限责任公司
11 湖南湘东化工机械有限公司
12 石家庄正元高效塔器开发公司
13 江苏新宏大石化机械有限公司
14 南京大化机经济技术有限公司
15 扬州庆松化工设备有限公司
16 湖北省风机厂有限公司
17 杭州林达化工技术工程有限公司
18 陕西华祥能源科技集团有限公司
19 襄樊五二五泵业有限公司
20 四川大川压缩机有限责任公司
21 扬州金圆化工环保设备有限公司
22 杭州快凯高效节能新技术有限公司
23 宁波远东化工科技有限公司
24 荆门万泰机械有限公司
25 河北威力制冷设备有限公司
26 山东汇丰机械集团总公司
27 山东潍坊三恩沃地化工有限公司
28 呼和浩特市纳顺设备制造有限责任公司
29 天津华能能源设备有限公司
30 南京三普造粒装备有限公司
31 常州市优力干燥设备有限公司
32 杭州华纳塔器分离工程有限公司
33 江苏瑞安特机械集团有限公司
34 河南省巩义市富邦工程机械厂
35 湖南安淳高新技术有限公司
36 泰安市东方干燥设备制造有限公司

37 成都天立化工有限责任公司
38 北京广厦环能科技有限公司
39 安徽滁州金三角重工机械有限公司
40 昆明嘉和科技开发有限公司
41 中明（湛江）化机工程有限公司
42 山东博山新海化工设备有限公司
43 衡水隆昌肥料造粒机有限公司
44 长沙鼓风机厂有限责任公司
45 北京晨光兴业机械有限公司
46 抚顺机械设备制造有限公司
47 湖北双剑鼓风机制造有限公司
48 温州市东欧微孔过滤有限公司
49 岳阳筑盛阀门管道有限责任公司
50 南京河大机械有限责任公司
51 沁阳市华美有限公司
52 河南开封得胜锅炉有限公司
53 山东鑫瑞特机械制造有限公司
54 重庆江北机械有限责任公司
55 合肥通用机械研究院泵业公司
56 山东路达机械有限公司复合肥设备厂
57 西安亚星泵阀制造有限责任公司
58 邳州市兴亚炉箅有限公司
59 安国市罗茨鼓风机修理厂
60 沈阳远方石油化工设备有限公司
61 天津市博隆塔器新技术开发有限公司
62 新乡市威远化工新技术有限公司
63 靖江市玉泉阀门厂
64 山东宏发重型机械有限公司
65 浙江同力重型机械制造有限公司
66 上海申江化肥成套设备公司
67 淄博新鹏化工有限公司
68 哈尔滨锅炉厂工业锅炉公司
69 北京天达京丰技术开发有限公司
70 山东祥友化工机械有限公司
71 唐山天元科技有限公司
72 上海迎风机械制造有限公司
73 邳州东方化工机械有限公司
74 河南九州防腐工程有限公司
75 荥阳市鼎程翔机械厂
76 石家庄市伟龙科技开发中心
77 石家庄天人化工设备集团公司
78 浙江温岭市泽国化工机械有限公司
79 无锡市雪浪化工填料有限公司
80 湖南仪峰永信节能环保技术有限公司
81 南京国昌化工科技装备有限公司
82 安徽三元工业自动化设备有限公司
83 杭州余杭工程环保设备厂
84 温岭市环球造粒喷射设备有限公司
85 河南省封丘县轴瓦厂
86 河北科技大学德隆公司
87 旅顺长城化工泵厂
88 衢州新前程塔器技术有限公司
89 景县安德润干燥设备厂
90 安徽信远包装科技有限公司
91 江阴市化工机械有限公司
92 秦皇岛三农现代化机械设备有限公司
93 靖江市苏净电化设备有限公司
94 无锡港晖电子有限公司
95 营口市耐酸泵有限公司
96 滁州市伟创机械制造有限公司
97 无锡锦豪化工设备工程公司
98 河北长佳液压机电有限公司
99 上海青浦挤压造粒设备厂
100 沈阳盛京防腐设备厂

2010 中国化肥诚信百佳供应商企业

北京科普基业精细化工科技有限公司
三河市香丰肥业有限公司
武汉农施乐科技有限公司
四川长城协和钢管有限公司
河北邢化化肥有限公司
乐斯化学有限公司
山东国昌催化剂有限公司
福建中农高塔肥料有限公司
山东大自然化肥有限公司
石家庄市和合化工化肥有限公司
云南安宁金地化工有限公司
上海圣风科技开发有限公司
济南市佐田氏肥料有限公司

山西阳煤丰喜肥业(集团)有限责任公司
SHANXI YANGMEI FENGXI FERTILIZER INDUSTRY (GROUP) LLC.

宁德市开源生物工程有限公司
柳州柳益化工有限公司
什邡市长江化工实业有限公司
四川天一科技股份有限公司
青州市华通催化剂厂
福建农资集团公司泉州公司
建平县荣田矿业有限公司
湖北双雄催化剂有限公司
自贡市鸿康实业有限公司
湖北省化学研究院化肥催化剂研制开发中心
临沂远大化肥助剂有限公司
石家庄开发区德赛化工有限公司
山东恩宝生物科技有限公司
山西中太钾盐化工有限公司
什邡川西兴达化工有限公司
湖北省枣阳市中兴农业有限公司
河北省秦皇岛云冠栲胶有限公司
大连科联新技术开发公司
潍坊雨晨实业有限公司
公主岭国家农业科技园区三剂化工厂
上海花王有限公司
鸿达实业发展有限公司
云南光明化工有限公司
江西省萍乡富云腐植酸开发有限公司
上海昕狮化工有限公司
滨州金秋肥业有限公司
郑州市安泰科技有限公司
云南盛泽化肥有限公司
石家庄大丰肥料有限公司
山东省平原永恒化工有限公司
山西农资集团化肥经营有限公司
美高（山东）国际化工有限公司
宁阳润丰复合肥防结块厂
山东施可丰日照化肥有限公司
安徽美加山都肥业有限公司
山西农资集团农药农膜有限公司
安徽省禾源磷化工制造有限公司
山西科灵催化净化技术发展公司
湖北登丰化工有限公司
四川省什邡市聚鑫泰化工有限公司
安徽省化肥联合公司
潍坊德众化工股份有限公司
老河口荆洪化工有限责任公司
菏泽庆元经贸公司
江西瑞博特复合肥有限公司
武汉万邦化肥有限公司
长春东狮科贸实业有限公司
齐齐哈尔富尔农艺有限公司
长春谷源贸易有限公司
日照金键嘉佑肥业有限公司
什邡泰来化工有限公司
运城市天华化工有限公司
凤阳县洪武包装有限公司
宁阳常胜复合肥防结块粉厂
山东沃蓝生物集团有限公司
盘锦南方化学辽河催化剂有限公司
吴江市博霖实业有限公司
广东湛江市绿源化工有限公司
天津广冠公司
四川省什邡金大化工有限公司
无锡市稼绿化工有限公司
天津凯盟国际贸易有限公司
长春市新瑞科贸有限责任公司
湖北双剑催化剂有限公司
盘锦恒兴化工有限责任公司
四川广宇化工股份有限公司
重庆国昌源复合肥有限公司

2010 中国化肥诚信明星流通标兵单位

黑龙江北大荒农垦集团农业生产资料有限公司
江苏苏农农资连锁集团股份有限公司
黑龙江倍丰农业生产资料集团有限公司
安徽辉隆农资集团
安徽省裕安集团复合肥原料有限公司
衡水佳禾农资有限公司
安徽恒源农资有限公司
惠多利农资有限公司
重庆市云阳县永丰农资有限责任公司

黑龙江北大荒（种业）集团农业生产资料有限公司
山东省农业生产资料有限责任公司
庆丰集团辽宁宇丰农资有限公司
山西农资集团有限责任公司
广东天禾农资股份有限公司
河北省农业生产资料有限公司
绥芬河市龙生经贸有限责任公司
烟台市农业生产资料总公司
四川川北邦力达农资连锁有限公司
寿光东方誉源农资有限公司
冠县汇丰农业生产资料有限公司
重庆国昌源复合肥有限公司
汇丰年农资连锁超市股份有限公司
湖北省农业生产资料集团有限公司
山西正林农资连锁超市有限公司
浙江惠多利农资连锁有限公司
安徽徽商农家福有限公司
中国农业生产资料广州公司
华农农资连锁股份有限公司
巴彦淖尔市兴农农牧业生产资料有限公司
江苏省泰兴市惠农农业生产资料有限公司
吉林云天化农业发展有限公司
甘肃省农资化肥有限责任公司
安徽瑞丰化肥贸易有限公司
烟台众德集团有限公司
中农工贸有限责任公司
山东金旺农业开发有限公司
河南新乡县农业生产资料有限公司
山西年丰农资有限公司
广西南宁市金桂兰化肥有限公司
吉林晶辉农业生产资料有限公司
济宁市天力农业生产资料有限公司
新疆兵团农三师农业生产资料公司
江苏润禾农资有限公司
广西中农调运化肥有限公司
沧州市成福农资有限公司
金丰裕农资有限责任公司
广西富岛农业生产资料有限公司
安徽辉隆集团皖淮农资有限责任公司
山东铁农集团有限公司
吉林倍丰农业生产资料有限公司

商丘市进军农业生产资料有限公司
山西斯瑞杰农资有限公司
黑龙江省丰华农业生产资料有限公司
重庆市万植巨丰生态肥业有限公司
河北金桥农资有限公司
安徽喜洋洋农资连锁有限公司
桂林市中林农资有限公司
广西新胜利农业生产资料有限责任公司
山西农资集团进出口分公司
围场县广天宇农业生产资料有限公司
滨州市金牛农业生产资料有限公司
湖北长丰兴农农资有限公司
营口港务股份有限公司第一分公司
焦作市鹏宇农资连锁有限公司
锡山县沃福农业发展有限公司
常熟市农业生产资料有限公司
山西农资集团临汾分公司
河北省南宫市朝阳农资公司
北京永盛丰农资有限公司
绍兴市农资料有限公司
广西富满地农资股份有限公司
黄山新安农业生产资料有限公司
河南许昌市绿洲农业生产资料有限公司
江苏惠多利农资连锁有限公司
辽宁丰禾农业生产资料连锁有限公司
湖南郴州市三湘农资有限公司
山东倍丰农资有限公司
江西惠多利农资有限公司
黑龙江瑞丰农业生产资料有限公司
昌吉回族自治州昌农农资有限公司
湖南安邦农资连锁有限公司
衢州惠多利农资连锁有限公司
北京佳农永兴农资有限责任公司
浙江农资集团金泰贸易有限公司
江苏苏农农资连锁集团淮海有限公司
浙江省台州市农资有限公司
深圳市潮农生产资料有限公司
江苏苏农农资连锁集团宁海有限公司
赤峰市农业生产资料公司
广东芬记农资有限公司
镇江伟民农资有限公司

山西阳煤丰喜肥业(集团)有限责任公司
SHANXI YANGMEI FENGXI FERTILIZER INDUSTRY (GROUP) LLC.

湛江经济技术开发区湛帆农资有限公司
杭州市农业生产资料有限公司
杭州萧山农业生产资料有限公司
邳州市苏农农资连锁分公司
黑龙江哈尔滨天硕有限公司
重庆多来利化肥有限公司
江苏苏农农资连锁集团黄海有限公司
黑龙江倍丰哈尔滨双丰农资有限公司
湖南省惠多利农资有限公司
十堰金满园农资有限公司
辽宁锦禾农资有限责任公司
江苏苏农农资连锁集团江海有限公司
山东枣庄贵诚农资有限公司
黑龙江金地阳光农资有限公司
安庆市盛丰农资有限公司
安徽惠多利农资有限公司
衡水佳禾农资有限公司
青州市茂源农资销售有限公司
浙江农资集团浙北惠多利销售有限公司
新疆农四师农资公司
潍坊撒可富化肥销售有限公司
陕西省榆林市生产资料公司
德州瑞兴农业生产资料有限公司
廊坊绿园农资有限公司
邹平县农业生产资料有限责任公司
东台市农业生产资料有限公司
安徽定兴肥业有限公司
四川和美农资有限公司
江苏苏农测土配方肥料有限公司
安徽辉隆集团瑞美福农化有限公司
淄博众得利农业生产资料连锁有限公司
邢台新合作威远农资集团有限公司
安徽新中远化工股份有限公司
济南惠利源农业生产资料有限公司
惠州市天禾农资配送有限公司
嘉兴金禾农资有限责任公司
湛江市天年红农资有限公司
安徽中农化工国际贸易有限公司
新疆沙湾县家家乐农资有限责任公司
安徽省文胜肥业有限责任公司
黑龙江倍丰哈尔滨雨青农资有限公司
浙江中冠农资有限公司
浙江农资集团宁波惠多利销售有限公司
益阳市旺农肥业有限公司
江苏和盛农资连锁有限公司
宣城裕田农资有限责任公司
黑龙江旭丰农资有限公司
浙江农资集团临安惠多利有限公司
泰安市富源农资有限公司
广州增城民合农资专业合作社
台州浙农惠多利农资有限公司
江西省农资集团南昌兴农有限公司
北京富特来复合肥料有限公司
黑龙江农垦隆泽农资有限公司
浙江东阳方圆农资连锁总公司
漳州市龙益农业生产资料有限公司
辽宁惠多利农资有限公司
嘉祥县农业生产资料公司
广州市中农农科生产资料有限公司
藁城市丰田农资有限公司
北京绿得利工贸有限公司
重庆市万植农资连锁有限公司
江西上高县供销社农资有限公司
江西省萍乡市丰农农资连锁经营有限公司
高密市高农生产资料连锁有限公司
沈阳金秋实农资有限公司
利辛县凯亿农业生产资料有限公司
莱阳恒丰农资有限公司
青州市中嘉农业生产资料有限公司
安徽徽皇肥业集团有限公司
云南农业生产资料股份有限公司
温州市惠多利农资有限公司
安徽天禾农业科技股份有限公司
内蒙古农牧业生产资料股份有限公司
永年县西沿村供销社农资联营部
南乐县农业生产资料公司
胶南市绿洲农资油业有限公司
济南锦绣千村农资有限公司
菏泽新东方农资有限公司
大丰市浩伦农资超市有限责任公司
运城市安青农资销售有限公司
隆尧县丰田农化有限公司

海宁市农业生产资料有限公司
滁州标禾农资有限公司
渭南市农业生产资料有限责任公司
沃福农业发展有限公司
汕头市供销社天盟农资配送有限公司
北京农业生产资料有限公司
宁夏中农金合农业生产资料有限责任公司
宁夏富荣农信有限公司
新疆农一师供销合作有限责任公司
辉隆集团黑龙江瑞美丰贸易有限公司
陕西惠多利农资连锁有限公司
黑龙江吉农农业生产资料连锁有限公司
无锡市天信农资有限公司
陕西盛农农资有限公司
吉林省农业生产资料经营有限公司
山东佳运多农业发展有限公司
青岛平度市宏业农业生产资料有限公司
吉林省盛华农业生产资料有限公司
河南运全农资有限公司
安义兴农农资连锁有限公司化肥分公司
淄博沂河源生产资料连锁有限公司
新余市合作农资连锁有限公司
许昌天人农资有限公司
招远市太阳农资连锁经营有限公司
辽宁港兴农业生产资料有限公司
许昌天脊化肥销售有限公司
广州市绿合益农资连锁有限公司
枣庄朝洪农资有限公司
北京顺万兴农业生产资料有限公司
肇庆市省农生产资料配送有限公司
徐州玖源化肥有限公司
泰州市新纪元农资有限公司
内黄县正大农业生产资料有限公司
辽宁海城奥丰农资有限公司
金鹰农化经营部
湖北楚丰农资连锁有限公司
河北天强农化经营有限公司
海南浩伦农业科技有限公司
甘肃磐业农用化工有限公司
当阳市方进农资有限责任公司
巴彦淖尔市利泽农业生产资料有限责任公
安丘市供销农资有限责任公司
河北省固安县丰顺化肥销售有限公司
禹城市富泰农业生产资料有限公司
清远市天禾农资配送有限公司
浙江省安吉县农业生产资料有限公司
山西省临猗县农业生产资料公司
山东中农农业科技有限公司
广饶县联盟农资有限责任公司
苍溪县金地农业开发有限责任公司
潍坊市志军化肥销售有限公司
浙江省常山县金太阳供销农资有限公司
山东潍坊市阳光化工有限公司
芜湖丰谷农资有限公司
山东中天化国际进出口有限公司
莒县新宇农资有限公司
沈阳丰鼎农业科技有限公司
西安市长安区丰润农资有限公司
松滋市绿源生产资料有限责任公司
莘县天润农业生产资料有限公司
潍坊昌邑市大姜研究所
二连浩特市吉达国际贸易有限公司
新民市新联农资有限公司
吴江苏农农资连锁有限公司
汕头市潮阳区和平农资合作社
山东开元农业生产资料有限公司
蕲春县农资总公司化肥公司
齐河县锦绣千村植保有限责任公司
湖北农家富农资股份有限公司
河北昶泰农业科技有限公司
蚌埠市淮上农资批发部
安徽省亳州市洪杰农资有限责任公司
青岛润地丰科技有限公司
四川省武胜县农资有限责任公司
重庆石柱县农资有限公司
禹城市农丰化肥有限公司
青冈县天丰农资有限公司
温州市佳篮农资有限公司
洛阳丰鼎农资有限公司
福建省农资集团邵武龙源有限公司
高密市盛丰农业生产资料有限公司
定陶双联农资有限公司

山西阳煤丰喜肥业(集团)有限责任公司
SHANXI YANGMEI FENGXI FERTILIZER INDUSTRY (GROUP) LLC.

枣庄联盟农业生产资料有限公司
郑州宏丰农贸有限责任公司
银川市汇杰农资商贸有限公司
峡江县化肥农药经营有限公司
辛集市农业生产资料公司
云南崟农达农资连锁有限公司
伊通满族自治县吉星农资有限公司
信阳市天一农业生产资料有限公司
武汉市鸿吉农资经营有限公司
苏州市东吴农业生产资料有限公司
石家庄兆丰农资公司
陕西三原惠丰农资有限责任公司
蒲城县中惠农业科技有限公司
南宁瑞丰源工贸有限责任公司
梨树县泽农农资有限公司
开平市德信农资经营部
河南省邓州市乡村农资有限公司
河北省衡水志清农资有限公司
广东省惠来县照耀农资有限公司
德州禹城瑞丰农资
大冶市吉华实业有限公司
安阳市宏福农化有限责任公司
安徽瑞麟现代农业科技有限公司
唐河县田园科技服务有限公司
清苑县硕丰农资服务中心
大连农家乐农资配送有限公司
云南省红河州农科所农技推广服务部
吉安市沃尔得农资连锁有限公司
北京中农金键农资连锁经营有限公司
沈阳天泽农业生产资料有限公司
环县稼丰农资有限责任公司
贵州福泉市农业生产资料公司
洛阳乐农农业生产资料有限公司
沧州市玖玖农资有限公司
信丰县南山农业生产资料有限公司
唐山市中化玉农农业生产资料有限公司
青海省大通县农资有限公司
洛阳市雅良农业有限公司
乐山市原野农资有限公司
昌图供销农资有限公司
塔城市兴农农资有限责任公司

寿光博宇天隆农业生产资料有限公司
青岛德地得农化产品营销有限公司
来安县禾源农资有限公司
金乡县龙诚科技有限公司
惠州市田丰农业生产资料有限公司
黑龙江佳木斯佳泰化肥有限公司
福建省邵武市农资有限公司
番禺灵山农业生产资料部
东乡县农业生产资料有限责任公司
昌邑市农业生产资料有限公司建云分公司
江苏省太仓市佳嫁农业生产资料有限公司
南通华泰化肥有限公司
山东芬化星宝生之道化肥进出口有限公司
北京市平谷大华山农业技术推广站
驻马店市国丰农资有限公司
河南驻马店鼎原商贸有限公司
四川省雅安富达农资有限责任公司
山西农资集团开发有限公司
精河县精农农资有限责任公司
六安稼友富田农业科技有限公司
纳雍县供销社新合农资有限责任公司
泰和县农业科技有限公司
镇雄万吉农资商务有限公司
湖南宁乡县沙河种业营销部
固镇县安超化肥经营部
东港市马家岗供销合作社
山西省平定县农业生产资料公司
江西省信丰县丰裕农资有限公司
诸城市粮龙农业生产资料有限公司
宜城五条路湖北农资连锁店
丹阳市皇塘农业服务公司
宜昌撒可富农资有限公司
沂水县杜府化肥经营部
宿州市奋发农资有限责任公司
山东日照凌云农业生产资料有限公司
曲阜市万村千乡农资超市
鹿邑县农资专业合作社
江西省万安县万供农资批发中心
吉林市中德农业生产资料有限公司
黑龙江五常市山河供销社
菏泽市新集镇生产资料公司

河南省中牟县恒伟农资有限公司
河南省唐河县红太阳新农资服务有限公司
河北定州丰元农资有限公司农资经销处
甘肃省泾川县丰农农资有限责任公司
福建省平和县农资公司山格经营部
北京京东思雨商贸有限公司
北京鼎合农业生产资料有限公司
河南阳光枫林农业有限公司
中牟县牟春农资有限公司
茌平县民生农业生产资料有限公司
河北省肥乡县百富农资有限公司
永胜县兴农供销有限责任公司
许昌县农资公司第二化肥门市部
青岛同波农业生产资料有限公司
黑龙江神农农业生产资料连锁有限公司
定远县丰谷农资有限公司
重庆市南川区大土地农资专业合作社
太原市农业生产资料公司
永城市龙辉种植农民专业合作社
呼伦贝尔嘉浮经贸有限公司
浙江省舟山禾丰农业生产资料有限公司
延津县宏福农业有限公司

2010 中国化肥质量信誉先进标兵单位

贵州西洋肥业有限公司
长沙旺农生物有机肥料有限公司
山东德州艳阳天化工有限公司
福建省邵武化肥厂
福建省顺昌富宝实业有限公司
武汉日清生物科技有限公司
山东阳谷县宝丰生物肥有机肥料厂
上海利江有机肥有限公司
大庆市硕丰复合肥有限公司
江阴市长青肥业有限公司
吉田化工有限公司
山东金山国际肥业有限公司
湖南湘珠湘北化工有限公司
江山市振雄化工有限公司
合肥四方磷复肥有限责任公司
河北绿宝复合肥有限责任公司
湖北源丰化工有限公司
河北三高农业开发集团有限公司
河北肥尔得肥料科技开发有限公司
河南煤化集团中原大化集团公司
郓城县鲁发化工有限公司
湖南金宏泰肥业有限公司
武安市谷丰王化肥有限公司
济南波利农肥业有限公司
上海联业生物技术有限公司
山东喜丰田生态肥业有限公司
黑龙江北大荒农业股份有限公司浩良河化肥分公司
湖北东圣化工集团有限公司
湖北华农生物科技有限公司
湖北金明珠化工有限公司
河北肥乡春兴生态肥业有限公司
安阳奥健丰微肥研发有限责任公司
湖北三宁化工股份有限公司
湖北新洋丰肥业股份有限公司
湖北禹晖化工有限公司
湖北中原磷化有限公司
湖南金叶肥料有限责任公司
湖南永利化工股份有限公司
江苏新港金源化肥有限公司
辽宁东北丰专用肥有限公司
吉林长山化肥集团三江肥业有限公司
江西开门子肥业集团有限公司
连云港市苏维达肥料科技发展有限公司
齐齐哈尔富尔农艺有限公司
绿源生态科技发展有限公司
内蒙古农牧业生产资料股份有限公司
青上化工（佛山）有限公司
山东邦能生物科技有限公司
山东省舜天化工集团有限公司
山西晋丰煤化工有限责任公司
山西天泽煤化工集团股份公司
施可丰化工股份有限公司
石家庄华帝化肥有限公司

山西阳煤丰喜肥业(集团)有限责任公司
SHANXI YANGMEI FENGXI FERTILIZER INDUSTRY (GROUP) LLC.

石家庄市华阳肥业有限公司
石家庄双联复合肥有限责任公司
石家庄中嘉化肥有限公司
四川金象化工产业集团股份有限公司
天门市富源化工有限责任公司
荆门市雄丰肥业有限公司
保定千禧复合肥有限公司
四川省高宇集团有限公司
宜昌禾友化工有限责任公司
宜昌兴发集团有限责任公司
云南磷联化肥联合营销有限公司
云南煤化工集团有限公司
云南盛泽化肥有限公司
云南祥丰化肥股份有限公司
云天化集团有限责任公司
中国石化湖北化肥分公司
山东齐鲁化工有限公司阳谷齐鲁化工厂
新疆硝石钾肥有限公司
河北沃土生态肥业有限公司
山西农资集团化肥分公司
河北绿宝复合肥有限公司

第二节 2011中国化肥企业100强排行榜

1 湖北宜化集团有限责任公司
2 云天化集团有限责任公司
3 北方华锦化学工业集团有限公司
4 山东鲁北企业集团总公司
5 云南煤化工集团有限公司
6 瓮福（集团）有限责任公司
7 兖矿集团有限公司煤化公司
8 鲁西化工集团股份有限公司
9 湖北新洋丰肥业有限公司
10 中海石油化学股份有限公司
11 四川化工控股（集团）有限责任公司
12 贵州开磷（集团）有限责任公司
13 四川龙蟒集团有限责任公司
14 昊华骏化集团有限公司
15 青海盐湖工业集团股份有限公司
16 四川省开元集团有限公司
17 山西兰花科技创业股份有限公司
18 山东金正大生态工程股份有限公司
19 山西天脊化工集团有限公司
20 瑞星集团有限公司
21 山西阳煤丰喜肥业（集团）有限公司
22 铜陵化学工业集团有限公司
23 山东华鲁恒升集团有限公司
24 晋煤金石化工投资集团有限公司
25 贵州西洋肥业有限公司
26 河南煤业化工集团中原大化公司
27 湖北三宁化工股份有限公司
28 四川美丰化工股份有限责任公司
29 安徽淮化集团有限公司
30 江苏晋煤恒盛化工有限公司
31 江苏华昌化工股份有限公司
32 山东联盟化工集团有限公司
33 史丹利化肥有限公司
34 沧州大化集团有限责任公司
35 贵州赤天化集团有限责任公司
36 施可丰化工股份有限公司
37 中农兴泰控股集团有限公司
38 安徽昊源化工集团有限公司
39 河南心连心化肥有限公司
40 山东绿源化工集团有限公司
41 四川金象化工产业集团股份有限公司
42 中盐安徽红四方股份有限公司
43 中化重庆涪陵化工有限公司
44 河南晋开化工投资控股集团有限责任公司
45 安徽六国化工股份有限公司
46 江苏中东化肥股份有限公司
47 金沂蒙集团有限公司
48 湖北鄂中化工有限公司
49 平煤蓝天化工股份有限公司
50 云南祥丰化肥股份有限公司
51 成都市新都化工股份有限公司
52 山东中化平原化工有限公司
53 湖北祥云集团化工股份有限公司
54 四川高宇集团有限公司
55 河北凯跃化工集团有限公司

56 自贡鸿鹤化工（集团）有限公司
57 柳州化工股份有限公司
58 山东阿斯德化工有限公司
59 重庆建峰化工股份有限公司
60 山西天泽煤化工集团有限公司
61 山西晋丰煤化工有限责任公司
62 山东恒通化工股份有限公司
63 安徽晋煤中能化工股份有限公司
64 陕西陕化集团有限公司
65 青上化工（佛山）有限公司
66 烟台五洲施得富肥料有限公司
67 双赢集团有限公司
68 湖北大峪口化工有限责任公司
69 深圳市芭田生态工程股份有限公司
70 中国阿拉伯化肥有限公司
71 石家庄双联复合肥有限责任公司
72 甘肃金昌化工集团有限责任公司
73 河北冀衡集团有限公司
74 江苏绿陵化工集团有限公司
75 陕西渭河煤化工有限公司
76 湖北华强化工集团股份有限公司
77 湖北南国化工有限公司
78 四川金圣赛瑞化工有限责任公司
79 杨凌博迪森生物科技发展股份有限公司
80 湖北省黄麦岭磷化工有限责任公司
81 石家庄中嘉化肥有限公司
82 山西天脊中化高平化工有限公司
83 黑龙江神农农业科技集团有限公司
84 福建三钢（集团）三明化工有限责任公司
85 河北绿宝复合肥有限责任公司
86 甘肃瓮福化工有限责任公司
87 江苏新港金源化肥有限公司
88 连云港市苏维达肥料科技发展有限公司
89 山东金山化肥有限公司
90 山东远东国际化工有限公司
91 河北三高农业开发集团有限公司
92 四川凯基化工集团有限公司
93 石家庄华帝化肥有限公司
94 山西凯盛肥业有限公司
95 河北天人化工股份有限公司
96 山东丽水实业集团有限公司
97 河北根多收肥业有限公司
98 中农舜天化工集团有限公司
99 山东锦鸿源生态农业公司
100 沧州胜得肥业有限公司

2011 中国化肥企业经济效益 100 强

1 青海盐湖工业股份有限公司
2 山西焦化股份有限公司
3 国投新疆罗布泊钾盐有限责任公司
4 通化化工股份有限公司
5 山西德山化工有限公司
6 禹城中农润田化工有限公司
7 山东谷丰源化肥有限公司
8 山东金山化肥有限公司
9 兖矿集团有限公司煤化公司
10 江苏绿陵化工集团有限公司
11 中海石油天野化工股份有限公司
12 大化集团大连瑞霖有限公司
13 山东红日阿康化工股份有限公司
14 山西富邦肥业有限公司
15 辽宁西洋特肥有限责任公司
16 江苏双昌肥业有限公司
17 成都富田化工有限公司
18 内蒙古兆远农业高新技术产品有限公司
19 伊春永丰生物有机复合肥厂
20 山西安盛化肥有限公司
21 宜昌市金隆农业生产资料有限责任公司
22 河北隆尧县田村化工厂
23 乌海市联昌工贸有限公司
24 云南江城泰裕钾肥有限公司
25 江苏科邦生态肥业有限公司
26 山东绿源化工集团有限公司
27 四川省川投化学工业集团有限公司
28 山东润和肥业有限公司
29 湖南湘珠湘北化工有限公司
30 山东农棵源生物科技有限公司
31 江西贵溪化肥有限责任公司

山西阳煤丰喜肥业(集团)有限责任公司
SHANXI YANGMEI FENGXI FERTILIZER INDUSTRY (GROUP) LLC.

32 湖北嘉辉化工集团有限公司
33 中盐湖南珠洲化工集团有限公司
34 江西昌九生物化工股份有限公司
35 山东三方化工集团有限公司
36 湖北东圣化工集团有限公司
37 固源肥料（福建）有限公司
38 佳玛驰国际（中国）有限公司
39 美高（山东）国际化工有限公司
40 贵州中化开磷化肥有限公司
41 中国平煤神马能源化工集团飞行化工有限公司
42 德州瑞兴农业生产资料有限公司
43 上海利江有机肥有限公司
44 江苏开元化工有限公司
45 湖北中孚化工集团有限公司
46 赤峰市玉龙农业有限公司
47 山东明瑞化工集团总公司
48 天津市嘉禾复合肥厂
49 北京正开天力肥业有限公司
50 鄂尔多斯巨能煤炭经营有限公司
51 都江堰惠农生物技术有限责任公司
52 新疆博硕思化肥有限公司
53 湖北嘉诚化工有限公司
54 包头市大西北科技发展有限责任公司
55 佛山市新新叶面素厂
56 合肥养正农业科技有限公司
57 陕西中农化肥有限公司
58 河北大地肥业有限公司
59 广西新方向化学工业有限公司
60 辽宁津大盛源集团肥业有限公司
61 广西鹿寨化肥有限责任公司
62 山东农大肥业科技有限公司
63 昆山锦港实业集团公司
64 山西世纪亚科丰肥业有限公司
65 江苏亚圣化工有限公司
66 山西富一方肥业有限公司
67 湖北丰源化工有限公司
68 福建省三明市浩伦园艺植保有限公司
69 安丘市四季旺农化有限公司
70 辽宁东北丰专用肥有限公司
71 东莞市大众农业科技有限公司
72 河北萌帮水溶肥料有限公司
73 石家庄华阳肥业有限公司
74 广西长源生态工程股份有限公司
75 南阳市王振方矿物质制品有限公司
76 南京云台山集团恒康有限公司
77 河南雄壮肥业有限公司
78 海城富民微量元素科技发展有限公司
79 营口同鑫化工有限公司
80 山东大化肥业有限责任公司
81 陕西兴化化学股份有限公司
82 龙口市龙丰田力宝肥料有限公司
83 亚洲新能源控股（信阳）有限公司
84 淮安华尔润化工有限公司
85 石家庄中农兴泰生物科技有限公司
86 四川蓥峰实业有限公司

2011 中国化肥设备制造企业 100 强

1 大连金州重型机器有限公司
2 山西丰喜化工设备有限公司
3 中航黎明锦西化工机械（集团）有限责任公司
4 天华化工机械及自动化研究院
5 洛阳隆华传热科技股份有限公司
6 天津天大天久科技股份有限公司
7 烟台荏原空调设备有限公司
8 湖南湘东化工机械有限公司
9 宁波远东化工科技有限公司
10 威海化工机械有限公司
11 南京大化机经济技术有限公司
12 江苏飞翔泵业制造有限公司
13 石家庄正元高效塔器开发公司
14 扬州庆松化工设备有限公司
15 江西昌昱实业有限公司
16 湖北省风机厂有限公司
17 杭州林达化工技术工程有限公司
18 陕西欣豪机械制造有限公司
19 襄樊五二五泵业有限公司
20 天津华能能源设备有限公司
21 扬州金圆化工环保设备有限公司
22 河北威力制冷设备有限公司
23 杭州快凯高效节能新技术有限公司

24 山东汇丰机械集团总公司
25 湖南安淳高新技术有限公司
26 成都天立化工有限责任公司
27 荆门万泰机械有限公司
28 山东潍坊三恩沃地化工有限公司
29 湖北三盟机械制造有限公司
30 江苏瑞安特机械集团有限公司
31 北京广厦环能科技有限公司
32 常州市优力干燥设备有限公司
33 杭州华纳塔器分离工程有限公司
34 四川大川压缩机有限责任公司
35 南京三普造粒装备有限公司
36 河南省复合肥设备研究院
37 四平市立山机械制造有限责任公司
38 泰安市东方干燥设备制造有限公司
39 中明（湛江）化机工程有限公司
40 重庆江北机械有限责任公司
41 山东博山新海化工设备有限公司
42 衡水隆昌肥料造粒机有限公司
43 长沙鼓风机厂有限责任公司
44 昆明嘉和科技开发有限公司
45 北京晨光兴业机械有限公司
46 阜阳市节能化工工程有限公司
47 南京河大机械有限责任公司
48 核工业烟台同兴实业有限公司
49 温州市东欧微孔过滤有限公司
50 漳州科龙伟特电子有限公司
51 邳州市兴亚炉箅有限公司
52 秦皇岛北斗自控设备有限公司
53 河南农大迅捷测试技术有限公司
54 福建漳州力展电子科技有限公司
55 山东宏发重型机械有限公司
56 无锡市金地河机械设备有限公司
57 山东鑫瑞特机械制造有限公司
58 合肥通用机械研究院泵业公司
59 山东祥友化工机械有限公司
60 大连松海石化检修工程有限公司
61 新乡市威远化工新技术有限公司
62 天津市博隆塔器新技术开发有限公司
63 河南九州防腐工程有限公司
64 洛阳国奥重工机械有限公司
65 沈阳远方石油化工设备有限公司
66 浙江同力重型机械制造有限公司
67 石家庄大能控制技术有限公司
68 山东临沭金盛化工机械制造厂
69 大连跃龙硫酸钾设备有限公司
70 北京睿信龙电子技术研究所
71 荥阳市鼎程翔机械厂
72 四川天人化学工程有限公司
73 上海迎风机械制造有限公司
74 南京天强化工机械设备有限公司
75 石家庄海阔捷能科技有限公司
76 湖南仪峰优化控制技术有限公司
77 杭州余杭工程环保设备厂
78 石家庄市伟龙科技开发中心
79 景县安德润干燥设备厂
80 无锡市雪浪化工填料有限公司
81 河北衡水化肥干燥设备厂
82 兰州西禹泵业有限公司
83 青岛华捷透平动力有限公司
84 浙江温岭市泽国化工机械有限公司
85 温岭市环球造粒喷射设备有限公司
86 河南省封丘县轴瓦厂
87 南京国昌化工科技装备有限公司
88 安徽信远包装科技有限公司
89 焦作鑫豫风机有限公司
90 安徽三元工业自动化设备有限公司
91 荆州市金威石化配件有限公司
92 潍坊鑫福复合肥设备制造有限公司
93 无锡市天地自动化设备厂
94 滁州鑫源机械制造有限责任公司
95 无锡锦豪化工设备工程公司
96 河北长佳液压机电有限公司
97 上海青浦挤压造粒设备厂
98 沈阳盛京防腐设备厂
99 旅顺长城化工泵厂
100 营口市耐酸泵有限公司

山西阳煤丰喜肥业(集团)有限责任公司
SHANXI YANGMEI FENGXI FERTILIZER INDUSTRY (GROUP) LLC.

2011 中国农民最信赖化肥流通标兵企业

山东省农业生产资料有限责任公司
黑龙江省齐齐哈尔市齐农农资连锁有限公司
黑龙江北大荒种业生产资料有限公司
黑龙江倍丰农资集团哈尔滨天硕有限公司
衡水佳禾农资有限公司
黑龙江北大荒农业股份有限公司浩良河化肥分公司
黑龙江金事达农业科技开发有限公司
魏县三农农化有限公司
烟台市农业生产资料总公司
山东广星化工集团
黑龙江农垦龙泽农资有限公司
固安县丰顺化肥销售有限公司
黑龙江力圣农资有限公司
章丘市供销兴达农资有限公司
庆丰农业生产资料集团有限责任公司
衡水瑞达农资有限公司
黑龙江农垦哈尔滨农业生产资料有限公司
苍山中农化肥贸易有限公司
天津市中嘉农业生产资料有限责任公司
黑龙江北大荒（农垦）集团农业生产资料有限公司
黑龙江省沃必达集团有限公司
建昌中农化肥有限责任公司
盖州市嘉吉农资有限责任公司
青海格尔木富尔农资销售有限公司
施可丰日照化肥有限公司
山东网联肥业科技有限公司
山东中天化国际化肥进出口有限公司
安徽英莱达农资连锁有限公司
阜阳市诚信农资有限公司
陕西盛农农资有限公司
辽宁丰禾农业生产资料连锁有限公司
西安金谷农资连锁有限公司
西安市长安区丰润农资有限公司
台州浙农惠多利农资有限公司
沈阳金秋时农资有限公司
金华市农业生产资料有限公司
乌兰察布市天宇农业生产资料有限责任公司
内蒙古农牧业生产资料股份有限公司
辽宁天顺农业生产资料有限公司
济宁市以涛农业科技有限公司
来安县永阳农资有限公司
绍兴县农业生产资料有限公司
安徽恒源农资有限公司
甘肃磐业农用化工有限公司
山东祥禾农业生产资料有限公司
黑龙江宝泉镇岭垦区诚志农资有限公司
江苏泰兴农业生产资料有限公司
浙江省安吉县农业生产资料有限公司
重庆市万州区顺丰农资有限责任公司
山西农资集团有限公司
河北南宫市朝阳农资公司
廉江市绿润农业生产资料有限公司
河北永兴生物科技有限公司
新疆阿拉尔绿洲农资有限责任
河南农业生产资料总公司
南宁久福农资有限公司
大连中盛美瑞国际贸易有限公司
秦皇岛市金瑞农业生产资料有限公司
柳州市三江县温氏农林科技示范园
五大连池市植保服务中心
唐山市芦台经济开发区吉丰农资公司
江苏金湖县金谷农资有限责任公司
河北安平县东星屯供销社农资部
八一六农资有限公司
湖南湘农农资贸易有限公司
连云港恒裕农资有限公司
成都世纪浪潮农资公司
青州市茂源农资销售有限公司
山东东明绿宝珠生物肥业有限公司
山东康田化肥有限公司
洛阳市丰硕农业生产资料有限公司
盐城苏农农资连锁有限公司
庆丰集团辽宁宇丰农资有限公司
广西田园生化股份有限公司
河南尉氏县农业生产资料公司
武汉新农基农资发展有限公司

佛山市大兴生物有限公司
四川省元丰农资连锁有限责任公司
北京瑞泽星科技有限公司
信阳市新鑫农业生产资料有限公司
厦门和翔农资有限公司
宝泉岭垦区航联生产资料有限责任公司
洛阳乐农农业生产资料有限公司
寿光沃润德农资连锁有限公司
辽宁锦禾农资有限责任公司
黑龙江富尊农业综合服务连锁有限公司
齐河县锦绣千村植保有限公司
黑龙江倍丰农资集团哈尔滨双丰农资有限公司
沈丘县连农农资有限公司
绵阳和美农资有限公司
北京威而廉生物技术有限公司
天盟农资连锁有限责任公司
甘肃三丰农业生产资料有限公司
滕州市丰谷农资有限责任公司
四川达州腾龙恒能实业发展有限公司
大连中天农业生产资料有限公司
张家口绿农科技服务有限公司
金湖县盐金农业生产资料有限公司
沧州市供销社第一农资公司
陕西惠友农资连锁股份有限公司
山西文渊农资有限公司
安徽省瑞丰化肥贸易有限公司
广西中林农资有限公司
河北肥乡县百富农资连锁有限公司
河南滑县新科农化有限责任公司
新余市新合作农资连锁有限公司
邢台市威远农资有限公司
黑龙江倍丰农业生产资料集团有限公司
长春市科农业生产资料有限公司
安徽辉隆集团皖江农资有限公司
湖南浩伦农业科技有限公司
海城丰禾农业生产资料有限公司
宁夏中农金合农业生产资料有限责任公司
嵩明鸿胜农业科技有限公司
围场县广田宇农业生产资料有限公司
安徽泗县民丰农资有限公司
安徽农满忆农化有限公司
邯郸市农业生产资料总公司
青海农牧生产资料股份有限公司
山东金谷农业发展有限公司
吉林省升华农业生产资料有限公司
黑龙江农垦迎春物资经销有限公司
河北晋州市农资公司
宿州市奋发农资有限责任公司
冠县汇丰农业生产资料有限公司
北京农业生产资料有限公司
长春中农化农资有限公司
浙江中冠农资有限公司
丹阳市皇塘农业服务公司
济南赛普实业有限公司
青州市撒可富化肥销售有限公司
山东青州化肥市场
通辽市恒通农资有限公司
四川省兴丰农化有限公司
广西九合植保化学有限公司
湖北武汉华翔农资有限公司
沈阳绿色春天科技农资中心
浙江农资集团有限公司
山西年丰农资有限公司
玉彬农资有限公司
吉林信达生物工程有限公司
安徽辉隆集团瑞美福农化有限公司
莫旗华富农业生产资料有限公司
北京诚禾佳信农资贸易有限公司
广西幸福农业科技集团有限公司
常熟农业生产资料有限公司
山东浩伦兴鲁农资连锁有限公司
湖南安邦农资连锁有限公司
四川成都市新朝阳农资公司
渭南市农业生产资料有限责任公司
山东鲁西生产资料供应中心
安徽辉隆集团皖淮农资有限责任公司
甘肃云兰磷复肥有限责任公司
宝鸡市兴农农资有限公司
江苏苏农农资连锁集团股份有限公司
广西富满地农资股份有限公司
湖北省农业生产资料有限公司
沧州市成福农资有限公司

山西阳煤丰喜肥业(集团)有限责任公司
SHANXI YANG MEI FENGXI FERTILIZER INDUSTRY (GROUP) LLC.

北京顺万兴农业生产资料有限公司
江苏浩伦农业科技有限公司
广东天禾农资股份有限公司
金丰裕农资有限责任公司
寿光市巨兴农业技术服务有限公司
魏县富田农资经销有限责任公司
黑龙江红兴隆农垦通江农业生产资料公司
广西川岛农资有限公司
森六（上海）贸易有限公司
泰安市泰山现代农业科技有限公司
湖南省湘农农业生产资料集团有限公司
吉林省农业生产资料股份有限公司
黑龙江省丰华农业生产资料公司
江西省萍乡市丰农农资连锁经营有限公司
河南佳农农资有限公司
烟台众德集团有限公司
淄博沂河源生产资料连锁有限公司
河北省农业生产资料有限公司
浙江东阳方园农资总公司
沈阳天泽农业生产资料有限公司
北京绿色风农业生产资料科技有限公司
内蒙古吉达农业生产资料有限责任公司
台州市丰保农资有限公司
建德市新安植保有限责任公司
陕西稼丰农资集团有限公司
岳阳市田园牧歌农业综合服务有限公司
重庆云阳县永丰农资有限责任公司
杭州市农业生产资料有限公司
江苏太仓市佳嫁农业生产资料有限公司
河北金桥农资有限公司
绥中佳盈农业生产资料有限公司
寿光东方誉源农资有限公司
河北济泰农业服务有限公司
柳河县金源农业生产资料有限公司
宝坻区劝宝农业生产资料公司
武汉中垦化肥有限公司
贵州拜斯特农业有限公司
德州齐河宣章忠栋农资供销处
陕西农科化肥有限公司
惠州中联农资有限公司
河南农业大学康拓科贸公司
淄博众得利农业生产资料连锁有限公司
河北藁城市木连城供销合作社
吉林市成金农业生产资料有限责任公司
富裕县双丰农资连锁有限公司
金华金穗农资连锁有限公司
山东大地宏琳农资有限公司
浙江宁丰惠多利农资有限公司
广西富岛农业生产资料有限公司
北京兆丰年农业生产资料有限公司
福建浩伦农业科技集团有限公司
江西沃尔得农资连锁有限公司
玉田县供销社农业生产资料购销中心
湖北农家富农资股份有限公司
莘县天润农业生产资料有限公司
九江市新浔农资连锁有限公司
北京市丰硕达农业生产资料有限责任公司
保定市宝林农业新技术推广服务有限公司
四川南充市穗丰农资连锁公司
湘潭市湘农农资连锁有限公司
张家口润田农业有限公司
大连广达农业生产资料有限公司
唐山市丰润区禹舜农业生产资料有限公司
泰安市富源农资有限公司
宁波泰达进出口有限公司
南通华泰化肥有限公司
江西金色时代农资有限公司
河北河间市百富农业生产资料公司
浙江松阳县绿农农资有限公司
河北金诚信农业有限公司
杭州市余永农资服务有限公司
陕西富田农资有限公司
延边绿洲农业生产资料有限公司
红太阳农资有限公司
大丰市浩伦农业科技有限公司
汇丰年农资连锁超市股份有限公司
甘肃农资化肥有限责任公司
招远市太阳农资连锁经营有限公司
漳州市龙益农业生产资料有限公司
山西斯瑞杰农资有限公司
北京中农金键农资连锁经营有限公司
大庆农资石化有限公司

江苏惠多利农资有限公司
青海威毅化肥有限公司
渭南兆丰农业生产资料有限公司
邦力达宜宾农资连锁有限公司
唐山市中化玉农农业生产资料有限公司
哈尔滨瑞丰农业生产资料有限公司
镇江伟民农资有限公司
安徽辉隆农资集团股份有限公司
山西中太基业物贸有限公司
内蒙古永业生物技术有限责任公司
广州市文力源物资有限公司
北京安达禾欣科技发展有限公司
山东浩伦农业科技有限公司
北京恒元丰科技发展有限公司
河南晋开集团武陟绿宇化工有限公司复合肥销售部
浙江杭州萧山农业生产资料有限公司
衢州市新禾农业生产资料有限责任公司
重庆市万州区兴业农资有限公司
陕西康泰农资有限公司
桂林市昌泰农资有限责任公司
湖南隆科农业生产资料有限公司
烟台市九州农业生产资料有限公司
甘肃金硕农业生产资料有限公司
伊犁金禾科技发展有限责任公司
安徽好又多农业科技有限公司
吴忠市农林科技咨询有限公司
湖北金海桥肥业有限公司
四川川北邦力达农资连锁有限公司
四川绵阳市农业生产资料公司
北京万邦威化化工有限公司
高密市高农生产资料连锁有限公司
许昌绿州农业生产资料有限公司
焦作市鹏宇农资连锁有限公司
许昌天脊化肥销售有限公司
山西晋农贸易有限公司
广西新胜利农业生产资料有限责任公司
常德浩伦农业科技有限公司
邹平县农业生产资料有限责任公司
邦力达农资连锁有限公司西安分公司
甘肃庆阳市西峰区金丰裕农资有限责任公司
华农农资连锁股份有限公司

新乡农业生产资料有限公司
新疆生产建设兵团农二师天润农业生产资料有限责任公司
贵州福泉市农业生产资料有限公司
华容县农友化肥农药有限责任公司
新疆农资集团有限责任公司
北京佳农永兴农资有限公司
锦绣千村农资连锁（北京）有限公司
洛阳市雅良农业有限公司
四川泸州市惠达农资公司
石家庄市诚信农业生产资料有限公司
连云港市兴达农资有限公司
诸城天和汇丰农资有限公司
新乡县农业生产资料有限公司
福建省农资集团公司
驻马店市国丰农资有限公司
河北天强农化经营有限公司
江苏徐州丰县诚信农资有限公司
山西农资集团进出口分公司
江苏泰兴市惠农农业生产资料有限公司
酒泉恒运农业生产资料公司
黑龙江凯威农业科技有限公司
安徽黄山新安农资有限公司
大连瑞扬贸易有限公司
名特农业生产资料有限公司
江西省赣州大丰肥料有限公司
大理市旺隆农资有限公司
烟台原瑞农业生产资料有限公司
山西正林农资连锁超市有限公司
陕西荔民农资连锁有限公司
四川省农业生产资料集团有限公司
九禾农资股份有限公司
山东枣庄贵诚农资有限公司
陕西农业生产资料化肥有限公司
河南省安阳市丰源农资有限责任公司
济南牧禾商贸有限公司
北京绿得利工贸有限公司
哈尔滨龙志农资化工有限公司
台州市黄岩琦佳农资有限公司
泰安市信丰农业生产资料有限公司
河南福瑞农农资销售有限公司

山西阳煤丰喜肥业(集团)有限责任公司
SHANXI YANGMEI FENGXI FERTILIZER INDUSTRY (GROUP) LLC.

万年县久丰农资有限责任公司
砀山县世杰肥业有限公司
山西年撒丰肥业有限责任公司
诸城市天益供销发展有限公司
河北肥乡县农业开发公司
山西农资集团农药农膜有限公司
银川市田野农业科技服务有限公司
新疆兵团农三师农业生产资料公司
吉林省益丰农业技术科技有限公司
福建省农资集团公司泉州公司
广西南宁市金桂兰化肥有限公司
湖北仙桃市丰联农业生产资料有限公司
山西运城市安青农资销售有限公司
滨州盛世兴农农资连锁有限公司
获嘉县天福农资有限公司
安徽喜洋洋农资连锁有限公司
甘肃中瑞盛邦农资有限公司
济宁市天力农业生产资料有限公司
山东瑞福园农资连锁有限公司
山东金旺农业开发有限公司

2011 中国农民喜爱的化肥品牌

四川高宇化工有限公司
中化重庆涪陵化工有限公司
湖北鄂中化工有限公司
湖北宜化化工股份有限公司
湖北三宁化工股份有限公司
瓮福（集团）有限责任公司
江苏晋煤恒盛化肥有限公司
山西晋丰煤化工有限责任公司
四川龙蟒集团有限责任公司
云南煤化工集团有限公司
云南云天化国际化工股份有限公司
河北绿风肥业集团有限公司
山东金正大生态工程股份有限公司
江苏龙腾化工有限公司
安徽省禾源磷化工制造有限公司
辽宁北方煤化工（集团）股份有限公司
河南煤业化工集团中原大化公司
云南三环中化嘉吉化肥有限公司
四川金叶化肥有限公司
广西北海喷施宝有限责任公司
山东阿斯德化工有限公司
吉林邦农肥料有限公司
永济中农化工有限公司
盐城市华润化工有限公司
阿鲁科尔沁旗复合化肥厂
广西新方向化学工业有限公司
山东澳力发生态肥业有限公司
龙口市龙丰田力宝肥料有限公司
建平县荣田矿业有限公司
山东田丰生物科技有限公司
青海联宇钾肥有限公司
贵州天峰磷化工有限公司
山东春雨肥业有限公司
赤峰金化复合肥有限责任公司
江阴市长青肥业有限公司
新疆罗布泊钾盐有限公司
徐州耀德化工有限公司
广东拉多美化肥有限公司
中信国安科技发展有限公司
江苏扬州展鹏肥业有限公司
天津市施易得肥料有限公司
湖北喜来丰肥业有限公司
河北晶龙丰利化工有限公司
山东金雷肥业科技有限公司
济南乐喜施肥料有限公司
三河市香丰肥业有限公司
山东潍坊市阳光化工有限公司
焦作市宗源生态产业有限公司
潍坊市裕丰化肥有限公司
广东廉江市山果宝复合肥厂
东海县奔牛肥料有限公司
陕西神农高科肥业有限公司
昆山锦港实业集团公司
中港化肥（山东）有限公司
焦作市地丰肥业有限公司
潍坊昌大肥料有限公司

青岛海利丰肥业有限公司
吉林省隆源化肥有限公司
杨凌博迪森生物科技发展股份有限公司
大庆市兴农钾肥有限公司
江苏东方红肥业有限公司
陕西渭南拜尔生物科技有限公司
江苏嘉佳肥业有限公司
河南武陟中石化肥业有限公司
兖矿鲁南化肥厂
淄博齐鲁第一化肥有限公司
江苏科邦生态肥业有限公司
文通钾盐集团有限公司
安徽兴隆复合肥有限公司
内蒙古通辽市农泰复合肥有限公司
山东三明生物科技有限公司
福建中农高塔肥料有限公司
宁夏鲁西化工化肥有限公司
青州市中嘉农业生产资料有限公司
齐齐哈尔市富尔农艺有限公司
郓城鲁发化工有限公司
荆门市雄丰肥业有限公司
淮安华尔润化工有限公司
湖北沃裕化工有限公司
江苏亚圣化工有限公司
天津市福升肥料公司
汉枫缓释肥料（黑龙江）有限公司
河北保定民得富新型肥料有限公司
山东红日阿康化工股份有限公司
淄博田野肥料有限公司
茂名市信澳混合肥有限公司
济宁市康甲肥业有限公司
山东鑫联化工有限公司
河北迁安化肥股份有限公司
山东开元化肥有限公司
河北新世纪周天生物科技有限公司
山东盛大生态肥业有限公司
广西多得乐生物科技有限公司
南京农资进出口贸易公司
新疆新化化肥有限责任公司
格尔木丰谷农业生产资料有限公司
安徽六国化工股份有限公司
本溪鲍斯生物有机肥制造有限公司
河北邢台大正有限公司
唐山冀滦化肥有限公司
山东远洋肥业有限公司
青海专用肥料厂
石家庄双联复合肥有限责任公司
山东亿丰源生物科技有限公司
河北亿佳肥业有限公司
中农新肥科技股份有限公司
山东宁津永兴化工有限公司
山东旭洋肥业有限公司
河南省汤阴豫星化工有限责任公司
山东芬化星宝生之道化肥进出口有限公司
南京云台山集团恒康有限公司
云南金星化工有限公司
龙岩市龙盛肥业有限公司
青海圆泰盐湖开发有限公司
安徽蚌埠市龙晨肥业有限公司
中国石化湖北化肥有限公司
山东金卡诺肥业有限公司
湖南省邵阳宝兴科肥有限公司
山西兰花科技创业股份有限公司
山东嘉元肥料有限公司
安徽莱姆佳肥业有限公司
鞍山顺达复合肥厂
济南鑫茂化肥有限公司
河北三高农业开发集团有限公司
山东乐义化工有限公司
重庆市众力生物工程有限公司
江苏益农肥料集团有限公司
天津市中天化肥有限公司
北京昆龙伟业格尔木有限公司
凤阳县金星化肥有限公司
四川金圣赛瑞化工有限责任公司
河南天宇肥业有限公司
徐州嘉利丰肥料有限公司
寿光市利丰化工有限公司
黑龙江庆东肥业有限公司
郑州那威高肥业有限公司
潍坊沃力奇复合肥有限公司
临沂康沃特生态肥业有限公司

山西阳煤丰喜肥业(集团)有限责任公司
SHANXI YANGMEI FENGXI FERTILIZER INDUSTRY (GROUP) LLC.

昆山丰迪复合肥有限公司
贵州天地福肥业有限责任公司
河北三洋化肥有限公司
山东迈金农生态肥业有限公司
天津市天正天农业科技有限公司
武汉日清生物科技有限公司
山西晨雨科技开发连锁经营有限公司
山西钾肥有限责任公司
河北中石肥业有限公司
山东天山生态工程有限公司
天津市嘉都化肥有限公司
河北金桥农资有限公司
山东金键化工集团有限公司
辽宁芦田肥业有限公司
江苏新嘉铵化肥有限责任公司
四川元丰化工股份有限公司
天门福临化工有限责任公司
保定千禧复合肥有限公司
山东福瑞化工有限公司
江苏双昌肥业有限公司
四川省广汉市蜀峰化工有限公司
四川绵竹川润化工有限公司
江西开门子肥业集团有限公司
漳州三本肥料工业有限公司
格尔木藏铬钾肥有限公司
内蒙古宁城县施达化肥有限公司
黑龙江爱农复合肥料有限公司
兖矿峄山化工有限公司
邯郸冀南化工股份有限公司
无锡巨丰化肥有限公司
云南云叶化肥股份有限公司
山东德宝生态肥业有限公司
上海星花化肥有限公司
徐州神州化工有限公司
青海铁源钾镁有限责任公司
四平天丰化肥科技发展有限公司
陕西鼎天济农腐植酸制品有限公司
黑龙江倍福肥业有限公司
元和农业（德州）科技开发有限公司
河南财鑫实业化工有限责任公司
安徽省砀山沃福农业发展有限公司
大连玖源农资产品连锁有限公司
江苏绿陵化工集团有限公司
成都天杰有机农业发展有限公司
原平平康磷化有限公司
济宁三环化工有限公司
沧州胜得肥业有限公司
山东菏泽开发区曹州农用化学有限公司
湖北金明珠化工有限公司
北京东方腾达商贸有限公司济南分公司
北京谷田肥业有限公司
内蒙古齐华矿业有限责任公司
湖北源丰化工有限公司
江西金绿州化肥有限公司
青海省茫崖康泰钾肥开发有限责任公司
湖南首玉生物科技有限公司
山西阳煤丰喜肥业（集团）有限公司
石家庄希星肥业科技有限公司
河南心连心化肥有限公司
寿光市绿之源肥业有限公司
廊坊绿农生化工程有限公司
石家庄华阳肥业有限公司
山东烟台丰农集团
江阴市联业生物科技有限公司
湖北祥云集团化工股份有限公司
中农兴泰控股集团有限公司
内蒙古丹路生物工程有限公司
安阳化学工业集团有限责任公司
山东正和化肥有限公司
宜兴申利化工有限公司
无锡保利化肥有限公司
云南祥丰化肥股份有限公司
河北邢台绿洲农肥有限责任公司
河北武安市谷丰王化肥有限公司
山东齐化化工有限公司
河北肥尔得肥料科技开发有限公司
石家庄市三元复混肥厂
山东沂源县亿利农资有限公司
河北天人化工股份有限公司
山东普金肥料有限公司
江苏瑞和化肥有限公司
福建省顺昌富宝实业有限公司

乌海市联昌工贸有限公司
河北冀衡集团有限公司
山东吉地尔（集团）有限公司
广西灵山县骄丰化工有限公司
北京澳佳肥业有限公司
内蒙古辽中京化工有限责任公司
重庆华强化肥有限公司
昊华骏化集团有限公司
山东淄博博丰复合肥有限公司
美盛化肥（烟台）有限公司
湖北新洋丰肥业有限公司
山东德众农业科技有限公司
江苏省威力磷复肥有限公司
江苏美乐肥料有限公司
四川川恒化工股份有限公司
山东德州艳阳天化工有限公司
吉林省德惠市大清咀镇供销合作社
宝鸡市渭滨区源远生物有机肥厂
双赢集团有限公司
石家庄华帝化肥有限公司
山东喜丰田生态肥业有限公司
吉林绿优肥料开发有限责任公司
河北绿宝复合肥有限责任公司
山东金秋肥业有限公司
重庆江北化肥有限公司
河南省格诺金农肥业有限公司
寿光市联盟磷复肥有限公司
安徽天叶肥料有限公司
安徽文胜肥业有限公司
辽宁永丰肥业有限公司
河南省漯效王生物科技有限公司
安徽省天享肥业有限公司
辽宁津大肥业有限公司
广东凯米瑞化肥有限公司
江苏湛蓝科技开发有限公司
广西易多收生物科技有限公司
河北新化股份有限公司
山东三方化工集团有限公司
河北省永年县化肥厂
驻马店宏盛源肥业有限公司
绥芬河市石英经贸有限公司
通化化工股份有限公司
江苏禾友化工有限公司
陕西绿桥肥业有限公司
西安兰心有机肥有限公司
杭州利时化肥有限公司
吉林兴旺肥业北方有限公司
湖北鄂东肥业有限公司
大连金谷肥料有限公司
山东嘉农生物工程有限公司
山东莱芜同心生物工程有限公司
赛诺肥料（烟台）有限公司
山东靠山生物科技有限公司
安徽中远英特尔肥业有限公司
安徽新天地生物肥业有限公司
吉林润丰肥业有限责任公司
江苏心实肥业集团有限公司
苏州嘉丰肥业有限责任公司
河南欧凯肥业有限公司
上海惠尔利农资有限公司
陕西合阳盼多肥业有限公司
河南莲花味精股份有限公司
遂溪县杨柑农兴颗粒海肥厂
河北滦南县新源有机肥厂
湖北登丰化工有限公司
山西鼎立化工有限公司
辽宁兴城美嘉复合肥有限公司
随州市新神农峰肥业有限公司
临沂中粮化肥有限公司
南宫市惠农 BB 肥厂
山东万川农业开发有限公司
青海滨地钾肥股份有限公司
江苏开元化工有限公司
云南神农汇丰化肥有限公司
河南豫兴复合肥有限公司
威海恒邦化工有限公司
青岛东方化工股份有限公司
湖北中原磷化有限公司
日照市鲁东生物肥有限公司
长沙市旺农生物有机肥料有限公司
苍山中农化肥贸易有限公司
苏州市东洋化肥有限公司

山西阳煤丰喜肥业(集团)有限责任公司
SHANXI YANGMEI FENGXI FERTILIZER INDUSTRY (GROUP) LLC.

济南农博士绿色肥料有限公司
陕西中农化肥有限公司
丹东鑫隆农业科技有限公司

（排名不分先后）

2011中国化肥百强优质供应商企业

长春东狮科贸实业有限公司
山东国昌催化剂有限公司
福建省三明市浩伦园艺植保有限公司
四川蜀泰化工科技有限公司
山东住商国际化肥进出口有限公司
中农舜天化工集团有限公司
金堆城钼业科技有限责任公司催化剂事业部
郑州市安泰科技有限公司
淄博新鹏化工有限公司
山西科灵催化净化技术发展公司
湖北双剑催化剂有限公司
东圣达（河南）绿色科技发展公司
江西省萍乡富云腐植酸开发有限公司
上海花王有限公司
广东湛江市绿源化工有限公司
河北省秦皇岛云冠栲胶有限公司
长春谷源贸易有限公司
衡阳市化工研究所有限公司
西农集团格尔木有限公司
宁阳润丰复合肥防结块厂
凤阳县洪武包装有限公司
自贡市鸿康实业有限公司
山东万川农业开发有限公司
武汉市施达科学技术研究所
石家庄开发区德赛化工有限公司
安徽裕安集团复合肥原料有限公司
东阿县创新化工有限公司
广西农业机械研究所
盘锦南方化学辽河催化剂有限公司
北京吉士丰化工科技有限公司
浙江工业大学化工厂
临朐大祥精细化工有限公司
斯科沃肥业（山东）有限公司
无锡市中远化工有限公司
天门市天宝化工科技有限公司
石家庄金太阳生物有机肥有限公司
北京博源恒升高科技有限公司
湖南催化剂制造有限责任公司
藁城化肥总厂助剂分厂
鸿达实业发展有限公司
天津广冠公司
淄博鲁源工业催化剂有限公司
四川长城协和钢管有限公司
临沂远大化肥助剂有限公司
河北富华康土特环保有限公司
长春市新瑞科贸有限责任公司
遵义市昶旭肥料厂
浙江富阳大田化工厂
德阳昊华清平磷矿有限公司
公主岭国家农业科技园区三剂化工厂
重庆兴龙化肥有限公司
广东浮云硫集团公司
福建福大催化剂厂
宁阳常胜复合肥防结块粉厂
临朐泰丰化工有限公司
沈阳兴昊脲醛泡沫开发有限公司
青海西部化肥有限公司
青海国泰盐湖开发有限公司
汉中远东化肥有限责任公司
云南光明化工有限公司
贵州胜境化建有限公司
河南中原大化集团公司工贸公司
云南澄江东泰磷肥有限公司
河北西马仑生物肥料有限公司
绿友微生物产业有限公司
辽宁恒新生物科技开发有限公司
佳木斯绿洲酵素有限公司
河北农丰生物有机肥有限公司
佳木斯三兴农业技术服务有限公司
宁夏天瑞鸣钟农化有限公司
山东金乡德华化工有限公司
临沂市乡村季风生物工程有限公司

嘉威化肥（青岛）有限公司
山东东方誉源生物工程有限公司
日照市东港良丰农资有限公司
临沂沃夫特复合肥有限公司
内蒙古蒙肥生物科技有限公司
辽宁普天科技有限公司
山西洪洞县赵城丰瑞有机肥料加工厂
太原美邦腐植酸发展有限公司
吉林诚泽裕丰集团有限公司
南京肥特肥生态农业发展有限公司
江苏阳光肥业有限公司
山西淮龙腐植酸有限公司
包头市固阳县富禾腐植酸厂
湖北华农生物科技有限公司
山西运城永昌化工有限公司
河北大众肥料有限公司
淄博希望肥料有限公司
湖南金叶肥料有限责任公司
大庆市硕丰复合肥有限公司
山东潍坊金亿丰化肥有限公司
福建农化工业有限公司
莱洲市金兴化工有限公司
吉林晶辉肥料有限公司
河南莲味宝肥业有限公司
南通海陵肥料有限公司
河北沧州乐农肥业有限责任公司
青岛三农富康肥料有限公司
安徽徽皇肥业集团有限公司

2011 中国化肥企业最受信任的设备制造企业

山西丰喜化工设备有限公司
秦皇岛北斗自控设备有限公司
唐山市天元化工设备有限公司
河南省封丘县轴瓦厂
河南省巩义富邦工程机械厂
大连金州重型机器有限公司
湖南湘东化工机械有限公司
中航黎明锦西化工机械（集团）有限责任公司
天华化工机械及自动化研究院
天津天大天久科技股份有限公司
洛阳隆华传热科技股份有限公司
烟台荏原空调设备有限公司
重庆江北机械有限责任公司
宁波远东化工科技有限公司
威海化工机械有限公司
南京大化机经济技术有限公司
江苏飞翔泵业制造有限公司
石家庄正元高效塔器开发公司
扬州庆松化工设备有限公司
江西昌昱实业有限公司
湖北省风机厂有限公司
杭州林达化工技术工程有限公司
陕西欣豪机械制造有限公司
襄樊五二五泵业有限公司
天津华能能源设备有限公司
扬州金圆化工环保设备有限公司
河北威力制冷设备有限公司
杭州快凯高效节能新技术有限公司
山东汇丰机械集团总公司
湖南安淳高新技术有限公司
成都天立化工有限责任公司
荆门万泰机械有限公司
山东潍坊三恩沃地化工有限公司
湖北三盟机械制造有限公司
江苏瑞安特机械集团有限公司
北京广厦环能科技有限公司
常州市优力干燥设备有限公司
杭州华纳塔器分离工程有限公司
山东临沭金盛化工机械制造厂
南京三普造粒装备有限公司

2011 中国化肥质量诚信单位

山东禹城市远大化肥有限公司
河北金腾富肥业有限公司
河北根多收肥业有限公司
山西德山化工有限公司

山西阳煤丰喜肥业(集团)有限责任公司
SHANXI YANGMEI FENGXI FERTILIZER INDUSTRY (GROUP) LLC.

安徽省禾源磷化工制造有限公司
山东天山生态工程有限公司
河南武陟中石化肥业有限公司
云南盛泽化肥有限公司
陕西撒可丰复合肥有限公司
齐齐哈尔市富尔农艺有限公司
山东寿光丽天化工有限公司
武汉日清生物科技有限公司
贵州嘉丰有机多元复合肥有限公司
安阳化学工业集团有限责任公司
宜昌斯帕尔化工有限责任公司
江苏润禾化肥有限公司
山东枣庄贵诚农资有限公司
山西兰花科技创业股份有限公司
云南安宁化肥有限责任公司
玖源化工（集团）有限公司
山西凯盛肥业有限公司
栖霞市宏翔微生物肥有限公司
桂林正丰生态科技有限公司
陕西渭南拜尔生物科技有限公司
日照市华茂农业技术服务有限公司
河北凯跃化工集团有限公司
晋煤金石化工投资集团有限公司
四川省金河磷矿化工厂
佳木斯市亚格立农业技术开发有限公司
江苏牛郎肥业有限公司
河南豫兴复合肥有限公司
德州威嘉化肥有限公司
山东绿源化工集团有限公司
淮安家和万事肥业有限公司
茂名市信澳混合肥有限公司
禹城中农润田化工有限公司
烟台巨力化肥有限公司
云天化集团有限责任公司
建昌县化肥有限责任公司
中石化股份巴陵分公司
通辽市北方 BB 肥有限责任公司
石家庄中嘉化肥有限公司
桂林市金满地农资有限公司
河南益田肥业有限公司
北京永盛丰农资有限公司
青岛众乐化工有限公司
中国海洋大学生物工程开发有限公司
河北迁安化肥股份有限公司
河南裕丰复合肥有限公司
建昌中农化肥有限责任公司
河北大地肥业有限公司
日照市鲁东生物肥有限公司
陕西陕化集团有限公司
山东红磷肥业有限公司
山东富士化肥有限公司
南京邦禾肥料有限公司
山东欧化化工有限公司
江苏益农肥料集团有限公司
海南国营八一复合肥厂
宜都联创化肥有限责任公司
湖北茂盛生物有限公司
石家庄希星肥业科技有限公司
成都市施得利复合化肥实业有限公司
吉林民益科技开发有限公司
山东中盛化肥有限公司
菏泽京九肥料化工有限公司
荣成市胜利化工有限公司
四川省广汉市蜀峰化工有限公司
河北保定民得富新型肥料有限公司
湖北香青化肥有限公司
江苏禾友化工有限公司
河北天人化工股份有限公司
湖南肥力高有限公司
山西丰喜华瑞煤化工有限公司
泰安国泰民安生物科技有限公司
重庆华强化肥有限公司
中农兴泰控股集团有限公司
安徽帝元生物科技有限公司
山东金山化肥有限公司
烟台嘉吉肥料有限公司
山东菏泽开发区曹州农用化学有限公司
河北武安市谷丰王化肥有限公司
江苏湛蓝科技开发有限公司
河北三高农业开发集团有限公司
阜丰集团
重庆市万州区顺丰农资有限责任公司

上海联一磷酸化工有限公司
哈尔滨季可得化肥有限公司
吉林云天化农业发展有限公司
施可丰日照化肥有限公司
无锡保利化肥有限公司
山东友邦肥业科技有限公司
河北晶龙丰利化工有限公司
河北冀衡集团有限公司
河南亿丰肥业有限公司
山东凯特肥业有限公司
山东谷丰源化肥有限公司
西安兰心有机肥有限公司
四川元丰化工股份有限公司
青岛地恩地生物科技有限公司
连云港新磷矿化有限公司
青上化工（佛山）有限公司
郓城鲁发化工有限公司

2011 中国市场放心肥料单位

陕西宝氮化工集团有限公司
保定市沃森肥料制造有限公司
河北诚成肥业有限公司
徐州金太阳肥业有限公司
山东金龙珠生物肥业有限公司
宁夏丰友化工有限公司
黑龙江鑫洋肥业有限公司
甘肃新川肥料有限公司
山东瀚海化工肥料有限责任公司
山西昌鑫生物农业科技有限公司
山东菏泽泰龙化工有限公司
江西瑞博特复合肥有限公司
内蒙古天润化肥股份有限公司
陕西世纪景源化工有限公司
深圳市芭田生态工程股份有限公司
陕西康泰农资有限公司
菏泽三和农化有限公司
安徽金农生物技术有限公司

上海绿油油化工有限公司
石家庄雨晖肥料有限公司
兰州富强微量元素厂
大丰劲力化肥有限公司
天津芦阳化肥股份有限公司
武汉万邦化肥有限公司
益阳双强化工有限公司
山东沃地丰生物肥料有限公司
辽宁翠龙肥业有限公司
山东爱福地生物科技有限公司
红河锦东化工有限公司
焦作市宗源生态产业有限公司
山东奥宝化工集团有限公司
济南沃中沃肥料有限公司
河北藁城市化肥总厂
吉林长山化肥集团长达有限公司
福建正和肥料有限公司
石家庄滕达有机肥料有限公司
西安绿洲肥业有限责任公司
怀仁中安化工有限责任公司
四川荣龙生化肥料有限公司
内蒙古察右前旗永胜化肥有限责任公司
安徽岳西撞钟化肥公司
安阳奥健丰微肥研发有限公司
贵州化肥厂有限责任公司
云南富瑞化工有限公司
徐州神州化工有限公司
山东嘉安磷化肥有限公司
湖北潜江金华润化肥有限公司
甘肃昊洲肥业有限公司
石家庄双联复合肥有限责任公司
冀州市银海化肥有限责任公司
济南农博士绿色肥料有限公司
济南鑫茂化肥有限公司
铁岭创奇专用肥有限公司
邳州苏北肥料有限公司
郑州神雨生物制品有限公司
山东鲁北企业集团总公司
厦门厦化实业有限公司
山西瑞丰化工有限公司
四川天华股份有限公司

山西阳煤丰喜肥业(集团)有限责任公司
SHANXI YANGMEI FENGXI FERTILIZER INDUSTRY (GROUP) LLC.

青岛凯地农业有限公司
河北大粮仓肥业有限公司
辽宁华锦化工（集团）有限责任公司
湖北富驰化工医药股份有限公司
阜新豪森生物科技有限公司
莒南县供销农资有限公司
茂名新东方徽肥业有限公司
山东久丰源有限公司
河北金源化工股份有限公司
四川兴乐化工股份有限公司
湖南金宏泰肥业有限公司
山东省宁阳县华阳肥料有限公司
黑龙江嘉喜肥料有限公司
安徽文胜肥业有限公司
浙江顶农有机肥制造有限公司
通辽市维尔公司生态有机肥厂
本溪鲍斯生物有机肥制造有限公司
广东湛化股份有限公司
德州阳光生物科技有限公司
建昌县化肥有限责任公司
内蒙古通辽市农泰复合肥有限公司
湖南吐绿化工有限公司
玉溪银河化工有限公司
常德胜利化工有限公司
抚顺盛世肥业有限公司
武汉合缘绿色生物工程有限公司
聊城市瑞佳农资有限公司
柳泉有机化学肥料厂
江山市振雄化工有限公司
上海联业农业科技有限公司
广西绿州肥业有限公司
山东农棵源生物科技有限公司
三门峡金茂化工有限公司
张家口双环化肥有限责任公司
济源市丰田肥业有限公司
瑞星集团有限公司
辽宁隆翔肥业有限公司
山东聚丰肥料厂
山西沃土生物有限公司
内蒙古包头万得福多元稀土复合肥厂
芬兰凯米拉长之道公司
吉林邦农肥料有限公司
山东金旺农业开发有限公司

第二章 中国化肥排头兵企业排行榜

第一节 2010 中国化肥工业支农排头兵企业排行榜

2010 年中国氮肥工业支农排头兵企业

安徽淮化集团有限公司
沧州大化集团有限公司
河北凯跃化工集团有限公司
河南煤业化工集团中原大化公司
河南心连心化肥有限公司
湖北宜化集团有限责任公司
湖南省邵阳宝兴科肥有限公司
山东鲁西化工集团有限责任公司
山西天泽煤化工集团股份公司
阳煤丰喜肥业（集团）有限责任公司
顺昌富宝实业有限公司
四川化工控股（集团）有限责任公司
四川玖源生态农业集团公司
四川美丰化工股份有限公司
山东郓城县鲁发化工有限公司
天脊中化高平化工公司
新疆新化化肥有限责任公司
云南煤化工集团有限公司
中国石化湖北化肥有限公司
湖北潜江金华润化肥有限公司

（排名不分先后）

2010 年中国磷肥工业支农排头兵企业排行榜

甘肃瓮福化工有限责任公司
广东湛化股份有限公司
贵州开磷集团有限公司
贵州西洋肥业有限公司
汉中远东化肥有限责任公司
河南中原大化集团公司工贸公司
湖北黄麦岭磷化工有限责任公司
湖北三宁化工股份有限公司
湖北祥云（集团）化工股份有限公司
江西江磷磷肥有限责任公司
连云港新磷矿化有限公司
四川绵竹川润化工有限公司
四川省高宇化工有限公司
翁福（集团）有限责任公司
宣威市恒邦磷化工业有限公司
云南三环中化嘉吉化肥有限公司
云南祥丰化肥股份有限公司
云南云天化国际化工股份有限公司
中化重庆涪陵化工有限公司
中盐安徽红四方股份有限公司

（排名不分先后）

2010 年中国钾肥工业支农排头兵企业排行榜

青海盐湖工业集团有限公司
青上集团
中信国安科技发展有限公司
云南江城泰裕钾肥有限公司
绥芬河市石英经贸有限公司
青海联宇钾肥有限公司

山西阳煤丰喜肥业(集团)有限责任公司
SHANXI YANGMEI FENGXI FERTILIZER INDUSTRY (GROUP) LLC.

米高集团有限公司
盲崖康泰钾肥开发有限责任公司
国投新疆布泊钾盐有限公司
成都天杰有机农业发展有限公司

（排名不分先后）

2010年中国复合肥、复混肥工业支农排头兵企业排行榜

成都富田化工有限公司
福建省中农高塔肥料有限公司
福建正和肥料有限公司
河北三高集团安增肥业集团有限公司
河南省裕丰复合肥有限公司
安徽中远英特尔肥业有限公司
江苏阿波罗复合肥有限公司
江苏心实肥业集团有限公司
内蒙古包头万得福多元稀土复合肥厂
山东远东国际化工有限公司
安徽莱姆佳肥业有限公司
石家庄市华帝肥业有限公司
石家庄双联复合肥有限责任公司
四川广汉蜀峰化工有限公司
四川金象化工产业集团股份有限公司
随州市新神农峰肥业有限公司
天脊煤化工集团股份有限公司
邢台大正化工有限公司
郑州那威高肥业有限公司
广东廉江市山果宝复合肥厂
广州市凯米瑞化肥有限公司
河北沧州乐农肥业有限责任公司
湖北源丰化工有限公司
山东德宝生态肥业有限公司
山东盛大生态肥业有限公司
宜都联创化肥有限责任公司
湖南金叶肥料有限责任公司
山东红日阿康化工股份有限公司
中化山东肥业有限公司
江苏中东集团有限公司

（排名不分先后）

2010年中国微量元素肥料支农排头兵企业排行榜

安徽岳西撞钟化肥公司
安阳奥健丰微肥研发有限公司
包头市大西北科技发展有限责任公司
贵州省天地福肥业有限责任公司
河北富华康土特环保有限公司
河北省隆尧县田村化工厂
济南富万家农资有限公司
南阳市王振方矿物质制品有限公司
荣成市胜利化工有限公司
佛山市新新叶面素厂

（排名不分先后）

2010年中国生物肥支农排头兵企业排行榜

上海绿油油化工有限公司
广西北海喷施宝有限责任公司
贵州嘉丰有机多元复合肥有限公司
合阳盼多肥业有限公司
河北富华康土特环保有限公司
上海联业生物技术有限公司
绿友微生物产业有限公司
内蒙古丹路生物工程有限公司
内蒙古永业生物技术有限责任公司
栖霞市宏翔微生物肥有限公司
荣成市胜利化工有限公司
山东久丰源有限公司
山东沃地丰生物肥料有限公司
山西富邦肥业有限公司
山西沃土生物有限公司
石家庄滕达有机肥有限公司

通辽绿农生化工程有限公司
武汉合缘绿色生物工程有限公司
武汉日清生物科技有限公司
宜昌市金旺达生物科技研究所

（排名不分先后）

2010年中国腐殖酸肥料支农排头兵企业排行榜

包头市固阳县富禾腐植酸厂
北京肥田肥业有限公司
鄂尔多斯市巨能煤炭经营有限公司
江西省萍乡富云腐植酸开发有限公司
内蒙古蒙肥生物科技有限公司
山东普金肥料有限公司
山西花王集团新绛花王有机化工厂
山西淮龙腐植酸有限公司
陕西鼎天济农腐植酸制品有限公司
太原美邦腐植酸发展有限公司

（排名不分先后）

2010年中国新型肥料支农排头兵企业排行榜

安徽美加山都肥业有限公司
安徽文胜肥业有限责任公司
包头兆远高新技术产品有限公司
河北萌帮水溶肥料有限公司
湖北随州市源丰化工有限公司
焦作市宗源生态产业有限公司
开封埃尔夫液体化肥有限公司
内蒙古阜丰生物科技有限公司
内蒙古辽中京化工有限责任公司
齐齐哈尔富尔农艺有限公司
陕西土肥新技术研究开发有限公司
深圳芭田生态工程股份公司
遂溪县杨柑农兴颗粒海肥厂
新天地肥业有限公司
新乡大地肥料厂
宜昌市夷陵区环美生物有机肥料厂
郑州那威高肥业有限公司
山西世纪亚科丰肥业有限公司
山东菏泽华强生物科技有限公司
山东谷丰源化肥有限公司

（排名不分先后）

2010年中国化肥工业设备制造排头兵企业排行榜

大连金州重型机器有限公司
山西丰喜化工设备有限公司
湖南湘东化工机械有限公司
南京大化机经济技术有限公司
北京天达京丰技术开发有限公司
河南省封丘县轴瓦厂
洛阳隆华传热科技股份有限公司
邳州市兴亚炉箅有限公司
青岛鸿源换热器有限公司
青岛华捷透平动力有限公司
山东祥友化工机械有限公司
上海氟峰防腐设备有限公司
石家庄市德隆机电设备厂
石家庄正元高效塔器开发公司
福建漳州力展电子科技有限公司
泰安盛通化工设备有限公司
天津华能能源设备有限公司
潍坊鑫福复合肥设备制造有限公司
唐山市天元化工设备有限公司
南京河大机械有限责任公司

（排名不分先后）

2010年中国化肥工业支农农资流通排头兵企业排行榜

山西阳煤丰喜肥业(集团)有限责任公司
SHANXI YANG MEI FENGXI FERTILIZER INDUSTRY (GROUP) LLC.

镇江伟民农资有限公司
烟台原瑞农业生产资料有限公司
烟台华海国际贸易有限公司
新疆农资集团
四川美丰农资化工有限公司
陕西农科化肥有限公司
山西斯瑞杰农资有限公司
山西农资集团有限公司
酒泉恒运农业生产资料公司
湖南隆科农业生产资料有限公司
黑龙江倍丰农资集团
河南新乡县农业生产资料有限公司
河南省滑县新科农化有限责任公司
河南农业生产资料总公司
河北金桥农资有限公司
广西南宁市金桂兰化肥有限公司
常熟市农业生产资料有限公司
安徽辉隆农资集团股份有限公司
石家庄市诚信农业生产资料有限公司
陕西富田农资有限公司

（排名不分先后）

2010年中国化肥工业供应商排头兵企业排行榜

北京博源恒升高科技有限公司
长春东狮科贸实业有限公司
长春市新瑞科贸有限责任公司
广东浮云硫集团公司
广东省农业机械研究所
广西农业机械研究所
湖北双剑催化剂有限公司
湖北双雄催化剂有限公司
湖北禹晖化工有限公司
盘锦南方化学辽河催化剂有限公司
山西科灵催化净化技术发展公司
上海花王有限公司
石家庄开发区德赛化工有限公司
四川亚连凯特化工有限公司
苏州市开元化工有限公司
武汉农施乐科技有限公司
武汉市时达科学技术研究所
浙江工业大学化工厂
郑州大学磷肥与复肥研究所
郑州市安泰科技有限公司

（排名不分先后）

2010年引领中国化肥市场支农畅销品牌榜名单

安徽六国化工股份有限公司
包头市大西北科技发展有限责任公司
甘肃翁福化工有限公司
河南煤业化工集团中原大化公司
河南省裕丰复合肥有限公司
河南中原大化集团公司工贸公司
中石化湖北化肥厂
湖北宜化化工股份有限公司
江苏阿波罗复合肥有限公司
江苏心实肥业集团有限公司
内蒙古辽中京化工有限责任公司
南京河大机械有限公司
青海盐湖钾肥股份有限公司
山东远东国际化工 有限公司
山西富邦肥业有限公司
山东郓城县鲁发化工有限公司
山西天脊煤化工集团股份有限公司
山西阳煤丰喜肥业（集团）有限责任公司
西洋集团
中化重庆涪陵化工有限公司

第二节 2011 中国支农排头兵企业排行榜

2011 中国氮肥支农排头兵企业

安徽淮化集团有限公司
安徽晋煤中能化工股份有限公司
安徽三星化工有限责任公司
河北金源化工股份有限公司
沧州大化集团有限公司
大庆石化公司化肥厂
华强化工集团股份有限公司
福建省三钢（集团）三明化工有限责任公司
福建顺昌富宝实业有限公司
甘肃刘化集团有限责任公司
贵州赤天化集团有限责任公司
贵州化肥厂有限责任公司
昊华鸿鹤化工有限责任公司
河北藁城市化肥总厂
河北凯跃化工集团有限公司
河北新化股份有限公司
河北永年县化肥厂
河南煤业化工集团中原大化公司
河南心连心化肥有限公司
黑龙江北大荒农业股份有限公司浩良河化肥分公司
红河锦东化工有限公司
湖北潜江金华润化肥有限公司
湖北宜化集团有限责任公司
湖南金宏泰肥业有限公司
湖南邵阳宝兴科肥有限公司
湖南吐绿化工有限公司
湖南智成化工有限公司
怀仁中安化工有限责任公司
冀州市银海化肥有限责任公司
江苏华昌化工股份有限公司
江苏晋煤恒盛化肥有限公司
江西昌九生物化工股份有限公司
晋煤金石化工投资集团有限公司
辽宁北方煤化工（集团）股份有限公司
辽宁华锦化工（集团）有限责任公司
柳州化学工业集团公司
内蒙古察右前旗永胜化肥有限责任公司
内蒙古天润化肥股份有限公司
内蒙古乌拉山化肥有限责任公司
宁夏丰友化工有限公司
平煤集团飞行化工有限责任公司
青岛碱业股份有限公司天拄化肥分公司
瑞星集团有限公司
三门峡金茂化工有限公司
四川金象化工产业集团股份有限公司
山东阿斯德化工有限公司
山东瀚海化工肥料有限责任公司
山东菏泽泰龙化工有限公司
山东联盟化工集团有限公司
山东聊城鲁西化工集团有限责任公司
山东郓城县鲁发化工有限公司
山西焦化股份有限公司
山西兰花科技创业股份有限公司
山西天泽煤 化工集团股份公司
山西阳煤丰喜肥业（集团）有限责任公司
山西永济中农化工有限公司
陕西华山化工集团有限公司
陕西渭河煤化工集团有限责任公司
陕西兴化化学股份有限公司
邵阳宝兴科肥有限公司
四川广宇化工股份有限公司
四川化工控股（集团）有限责任公司
玖源化工（集团）有限公司
四川美丰化工股份有限公司
四川天华股份有限公司
四川兴乐化工股份有限公司

山西阳煤丰喜肥业(集团)有限责任公司
SHANXI YANG MEI FENGXI FERTILIZER INDUSTRY (GROUP) LLC.

常德胜利化工有限公司
通化化工股份有限公司
新疆新化化肥有限责任公司
亚洲新能源控股（信阳）有限公司
兖矿集团有限公司煤化分公司
云南煤化工集团有限公司
云天化集团有限责任公司
张家口双环化肥有限责任公司
山东晋煤日月化工有限公司
中国石化湖北化肥有限公司
中海石油化学股份有限公司
中石化股份巴陵分公司
重庆建峰化工股份有限公司
重庆江北化肥有限公司
江西第二化肥厂
兰州化学工业公司化肥厂
陕西宝氮化工集团有限公司
益阳双强化工有限公司
玉溪银河化工有限公司

（排名不分先后）

2011 中国磷肥支农排头兵企业

安徽禾源磷化工制造有限公司
甘肃金昌化学工业集团有限公司
甘肃瓮福化工有限责任公司
甘肃云兰磷复肥有限责任公司
广东湛化股份有限公司
广西灵山县骄丰化工有限公司
广西鹿寨化肥有限公司
四川川恒化工股份有限公司
贵州开磷集团有限公司
贵州天峰磷化工有限公司
北京永盛丰农资有限公司
汉中远东化肥有限责任公司
河北大地肥业有限公司
湖北东圣化工集团有限公司
湖北富驰化工医药股份有限公司
湖北黄麦岭磷化工有限责任公司
湖北金明珠化工有限公司
湖北三宁化工股份有限公司
湖北沃裕化工有限公司
湖北祥云（集团）化工股份有限公司
湖北中原磷化有限公司
淮安家和万事肥业有限公司
江苏龙腾化工有限公司
江苏美乐肥料有限公司
江西江磷磷肥有限责任公司
连云港新磷矿化有限公司
山东鲁北企业集团总公司
上海联一磷酸化工有限公司
双赢集团有限公司
四川高宇化工有限公司
四川金河磷矿化工厂
四川龙蟒集团有限公司
四川绵阳川银（集团）有限公司
四川绵竹川润化工有限公司
四川什邡金大化工有限公司
天门福临化工有限责任公司
铜陵化学工业集团有限公司
威海恒邦化工有限公司
翁福（集团）有限责任公司
厦门厦化实业有限公司
新沂市新港化肥有限公司
宣武市恒邦磷化工业有限公司
宜昌禾友化工有限责任公司
宜都大江化工有限公司
云南澄江东泰磷肥有限公司
云南富瑞化工有限公司
云南光明化工有限公司
云南金星化工有限公司
云南三环中化嘉吉化肥有限公司
云南祥丰化肥股份有限公司
云南云天化国际化工股份有限公司
中海石油化学股份有限公司
中盐安徽红四方股份有限公司
重庆华强化肥有限公司
贵州胜境化建有限公司
河南中原大化集团公司工贸公司

（排名不分先后）

2011 中国钾肥支农排头兵企业

北京昆龙伟业格尔木有限公司
成都天杰有机农业发展有限公司
济宁市康甲肥业有限公司
青海圆泰盐湖开发有限公司
甘肃新川肥料有限公司
格尔木丰谷农业生产资料有限公司
国投新疆罗布泊钾盐有限责任公司
湖北香青化肥有限公司
盲崖康泰钾肥开发有限责任公司
米高集团有限公司
青海国泰盐湖开发有限公司
青海联宇钾肥有限公司
青海铁源钾镁有限责任公司
青海西部化肥有限公司
青海盐湖工业股份有限公司
青上化工（佛山）有限公司
山西钾肥有限责任公司
四川成都天杰有机农业发展有限公司
绥芬河市石英经贸有限公司
文通钾盐集团有限公司
武汉中垦化肥有限公司
云南江城泰裕钾肥有限公司
中信国安科技发展有限公司
大庆市兴农钾肥有限公司
青海滨地钾肥股份有限公司

（排名不分先后）

2011 中国复合肥、复混肥支农排头兵企业

安徽蚌埠市龙晨肥业有限公司
安徽凤阳县金星复合肥有限公司
安徽徽皇肥业集团有限公司
遵义市昶旭肥料厂
安徽莱姆佳肥业有限公司
安徽司尔特肥业股份有限公司
安徽兴隆复合肥有限公司
河北亿佳肥业有限公司
河南益田肥业有限公司
宁夏鲁西化工化肥有限公司
山东临沭县丰收化肥厂
徐州嘉利丰肥料有限公司
山东沃力奇化工有限公司
驻马店宏盛源肥业有限公司
河南天宇肥业有限公司
安徽天叶肥料有限公司
中海石油化学股份有限公司
中化重庆涪陵化工有限公司
安徽新天地生物肥业有限公司
安徽中远英特尔肥业有限公司
河南莲味宝肥业有限公司
保定千禧复合肥有限公司
滨州金秋肥业有限公司
河南省汤阴豫星化工有限责任公司
成都富田化工有限公司
成都新都化工股份有限公司
赤峰金化复合肥有限责任公司
大化集团大连瑞霖有限公司
大连金谷肥料有限公司
大庆市硕丰复合肥有限公司
福建农化工业有限公司
福建正和肥料有限公司
福建中农高塔肥料有限公司
甘肃昊洲肥业有限公司
广东拉多美化肥有限公司
广州市凯米瑞化肥有限公司
邯郸冀南化工股份有限公司
汉枫缓释肥料（黑龙江）有限公司
昊华骏化集团股份有限公司
河北沧州乐农肥业有限责任公司
河北大粮仓肥业有限公司
河北大众肥料有限公司
河北肥尔得肥料科技开发有限公司
山东丽水实业集团有限公司
河北复混肥厂

山西阳煤丰喜肥业(集团)有限责任公司
SHANXI YANGMEI FENGXI FERTILIZER INDUSTRY (GROUP) LLC.

河北冀衡磷肥股份有限公司
河北金腾富肥业有限公司
河北绿宝复合肥有限责任公司
河北三高集团安增肥业集团有限公司
河北石家庄华阳肥业有限公司
河北邢台大正有限公司
河北邢台绿洲农肥有限责任公司
河南财鑫实业化工有限责任公司
河南农资总公司武陟复合肥厂
河南欧凯肥业有限公司
河南亿丰肥业有限公司
河南裕丰复合肥有限公司
黑龙江爱农复合肥料有限公司
黑龙江金事达农业科技开发有限公司
湖北登丰化工有限公司
湖北鄂中化工有限公司
湖北华农生物科技有限公司
湖北茂盛生物有限公司
湖北南国化工有限公司
湖北喜来丰肥业有限公司
湖北新洋丰肥业股份有限公司
湖北源丰化工有限公司
湖南金叶肥料有限责任公司
吉林长山化肥集团三江肥业有限公司
吉林晶辉肥料有限公司
吉林兴旺肥业北方有限公司
吉林云天化农业发展有限公司
济源市丰田肥业有限公司
建平县荣田矿业有限公司
江苏阿波罗复合肥有限公司
江苏嘉佳肥业有限公司
江苏绿陵化工集团有限公司
江苏邳州苏北肥料有限公司
北京市谷丰化工制品有限公司
江苏心实肥业集团有限公司
江苏新港金源化肥有限公司
江苏益农肥料集团有限公司
江西开门子肥业集团有限公司
江西瑞博特复合肥有限公司
金沂蒙集团有限公司
荆门市雄丰肥业有限公司
莱洲市金兴化工有限公司
辽宁翠龙肥业有限公司
辽宁兴城美嘉复合肥有限公司
青海专用肥料厂
绿源生态科技发展有限公司
贵州嘉丰有机多元复合肥有限公司
山东普金肥料有限公司
茂名市信澳混合肥有限公司
内蒙古宁城县施达化肥有限公司
南宫市惠农 BB 厂
陕西合阳盼多肥业有限公司
南通海陵肥料有限公司
秦丰化工有限责任公司
青岛三农富康肥料有限公司
三河市香丰肥业有限公司
山东奥宝化工集团有限公司
山东春雨肥业有限公司
山东德众化工股份有限公司
桂林正丰生态科技有限公司
山东德州艳阳天化工有限公司
保定市沃森肥料制造有限公司
山东芬化星宝生之道化肥进出口有限公司
山东福瑞化工有限公司
山东富士化肥有限公司
山东红日阿康化工股份有限公司
山东金键化工集团有限公司
山东金卡诺肥业有限公司
山东金雷肥业科技有限公司
山东金沂蒙生态肥业有限公司
山东临沂市河东区农家富有机肥料厂
山东迈金农生态肥业有限公司
山东齐鲁化工有限公司阳谷齐鲁化工厂
山东润和肥业有限公司
吉林绿优肥料开发有限责任公司
山东盛大生态肥业有限公司
山东潍坊金亿丰化肥有限公司
山东喜丰田生态肥业有限公司
山东远东国际化工有限公司
山东中农新肥料有限公司
山东中盛化肥有限公司
山东住商国际化肥进出口有限公司

山东淄博博峰复合肥有限公司
山西鼎立化工有限公司
山西瑞丰化工有限公司
山西运城永昌化工有限公司
陕西撒可丰复合肥有限公司
陕西世纪景源化工有限公司
上海惠尔利农资有限公司
施可丰化工股份有限公司
山东旭阳肥业有限公司
石家庄市华帝肥业有限公司
石家庄市三元复混肥厂
石家庄市中嘉化肥有限公司
石家庄双联复合肥有限责任公司
石家庄中吉化肥有限公司
史丹利化肥股份有限公司
四川广汉蜀峰化工有限责任公司
四川金叶化肥有限公司
四川凯基化工集团有限公司
四川荣龙生化肥料有限公司
四川蓥峰实业有限公司
苏洋化肥有限公司
苏州嘉丰肥业有限责任公司
随州市新神农峰肥业有限公司
天脊煤化工集团股份有限公司
天津市天正天农业科技有限公司
天津芦阳化肥股份有限公司
天津市福升肥料有限公司
天津市嘉都化肥有限公司
田福肥业有限公司
铁岭创奇专用肥有限公司
潍坊市裕丰化肥有限公司
无锡市红俄罗肥料制造有限公司
徐州耀德化工有限公司
烟台五洲施得富肥料有限公司
宜昌斯帕尔化工有限责任公司
宜都联创化肥有限责任公司
宜兴申利化工有限公司
原平平康磷化有限公司
云南安宁化肥有限责任公司
云南盛泽化肥有限公司
云南云叶化肥股份有限公司
山东广星化工集团
郑州那威高肥业有限公司
中化山东肥业有限公司
重庆兴龙化肥有限公司
淄博希望肥料有限公司
河北富华康土特环保有限公司
贵州天地福肥业有限责任公司
重庆昌源复合肥有限公司
河北滦南县新源有机肥厂
通辽市北方BB肥有限责任公司
武安市金谷丰王化肥有限公司
湛江市广港化工有限公司
阿鲁科尔沁旗复合化肥厂
成都市施得利复合肥化肥实业有限公司
广东廉江市山果宝复合肥厂
哈尔滨季可得化肥有限公司
海南国营八一复合肥厂
河南莲花味精股份有限公司
湖北鄂东肥业有限公司
吉林润丰肥业有限责任公司
佳木斯市亚格立农业技术开发有限公司
江苏新嘉铵化肥有限责任公司
柳泉有机化学肥料厂
日山东德宝生态肥业有限公司
照金键嘉佑肥业有限公司
荣成市胜利化工有限公司
遂溪县杨柑农兴颗粒海肥厂

（排名不分先后）

2011 中国微量元素肥料
支农排头兵企业

安徽岳西撞钟化肥公司
安阳奥健丰微肥研发有限公司
海城富民微量元素科技发展有限公司
包头市大西北科技发展有限责任公司
山西富邦肥业有限公司
佛山市新新叶面素厂
河北唐山正宝硅钙肥有限公司
黑龙江嘉喜肥料有限公司

山西阳煤丰喜肥业(集团)有限责任公司
SHANXI YANGMEI FENGXI FERTILIZER INDUSTRY (GROUP) LLC.

黑龙江鑫洋肥业有限公司
江山市振雄化工有限公司
兰州富强微量元素厂
茂名新东方徽肥业有限公司
浙江富阳大田化工厂
内蒙古包头万得福多元稀土复合肥厂
河北隆尧县田村化工厂

（排名不分先后）

2011 中国生物肥支农排头兵企业

北京东方腾达商贸有限公司济南分公司
本溪鲍斯生物有限公司
辽宁恒新生物科技开发有限公司
广西北海喷施宝有限责任公司
上海联业农业科技有限公司
安徽好又多农业科技有限公司
河北西马仑生物肥料有限公司
青岛凯地农业有限公司
黑龙江庆东肥业有限公司
阜丰集团
天脊中化高平化工公司
广西多得乐生物科技有限公司
湖北茂盛生物有限公司
广西易多收生物科技有限公司
河北农丰生物有机肥有限公司
河北希星牌有机肥料生产厂
河北新世纪周天生物科技有限公司
河北永兴生物科技有限公司
黑龙江沃必达农业科技开发有限公司
吉林信达生物工程有限公司
佳木斯三兴农业技术服务有限公司
江西绿悦生物工程有限公司
江阴市联业生物科技有限公司
绿友微生物产业有限公司
内蒙古丹路生物工程有限公司
内蒙古永业生物技术有限责任公司
宁夏天瑞鸣钟农化有限公司
山东德州阳光生物科技有限公司
山东久丰源有限公司
山东沃地丰生物肥料有限公司
山西沃土生物有限公司
石家庄金太阳生物有机肥有限公司
石家庄滕达有机肥料有限公司
廊坊绿农生化工程有限公司
通辽市维尔公司生态有机肥厂
武汉合缘绿色生物工程有限公司
武汉日清生物科技有限公司
西安绿洲肥业有限责任公司
徐州金太阳肥业有限公司
郑州神雨生物制品有限公司
安徽帝元生物科技有限公司
北京肥田肥业有限公司
河南省漯效王生物科技有限公司
长沙市旺农生物有机肥料有限公司
湖南肥力高有限公司
吉林民益科技开发有限公司
佳木斯绿洲酵素有限公司
南京邦禾肥料有限公司连云港分公司
栖霞市宏翔微生物肥有限公司
上海绿油油化工有限公司

（排名不分先后）

2011 中国腐植酸肥料支农排头兵企业

合肥养正农业科技有限公司
南京肥特肥生态农业发展有限公司
吉林诚泽裕丰集团有限公司
西安兰心有机肥有限公司
江西萍乡富云腐植酸开发有限公司
辽宁普天科技有限公司
内蒙古蒙肥生物科技有限公司
山西淮龙腐植酸有限公司
陕西鼎天济农腐植酸制品有限公司
太原美邦腐植酸发展有限公司
乌海市联昌工贸有限公司
山西洪洞县赵城丰瑞有机肥料加工厂

山西花王集团新绛花王有机化工厂
包头市固阳县富禾腐植酸厂

（排名不分先后）

2011 中国新型肥料支农排头兵企业

朝阳市千越生物科技有限公司
安徽金农生物技术有限公司
丹东鑫隆农业科技有限公司
黑龙江裕丰农业科技开发有限公司
襄樊泰和科技开发有限公司
郑州先科实业有限公司
山东禹城中农润田化工有限公司
保定县民得富新型肥料有限公司
邳州金成肥业有限公司
郑州瑞基科研农化有限公司
襄樊泰和科技开发有限公司
沈阳中科新型肥料公司
南阳市王振方矿物质制品有限公司
安徽文胜肥业有限责任公司
包头市万得福复合肥厂
芬兰凯米拉长之道公司
大丰劲力化肥有限公司
阜新豪森生物科技有限公司
河北萌帮水溶肥料有限公司
河南雄壮肥业有限公司
黑龙江倍福肥业有限公司
湖北随州市源丰化工有限公司
江苏牛郎肥业有限公司
焦作市宗源生态产业有限公司
开封埃尔夫液体化肥有限公司
连云港市苏维达肥料科技发展有限公司
辽宁东北丰专用肥有限公司
美高（山东）国际化工有限公司
内蒙古辽中京化工有限责任公司
邳州苏北肥料有限公司
齐齐哈尔田雨绿色农业工程有限公司
青岛奥尔斯特肥料有限公司
山东大自然化肥有限公司
山东谷丰源化肥有限公司
山东菏泽华强生物科技有限公司
山东金秋肥业有限公司
山东金山化肥有限公司
山东农大肥业科技有限公司
山东欧化化工有限公司
山东天山生态工程有限公司
山东潍坊市阳光化工有限公司
山西富一方肥业有限公司
山西世纪亚科丰肥业有限公司
上海利江有机肥有限公司
深圳市芭田生态工程股份有限公司
深圳市喜耕田生物科技有限公司
沈阳丰鼎农业科技有限公司
沈阳兴昊脲醛泡沫开发有限公司
唐山冀滦化肥有限公司
天津市嘉禾复合肥厂
武汉万邦化肥有限公司
新疆博硕思化肥有限公司
新天地肥业有限公司
伊春永丰生物有机复合肥厂
宜昌市夷陵区环美生物有机肥料厂
营口同鑫化工有限公司
内蒙古兆远农业高新技术产品有限责任公司
固源肥料（福建）有限公司
佳玛驰国际（中国）有限公司
山东金旺农业开发有限公司

（排名不分先后）

2011 中国化肥设备制造排头兵企业

安徽金三角重工机械有限公司
北京晨光兴业机械有限公司
北京广厦环能科技有限公司
北京天达京丰技术开发有限公司
常州优力干燥设备有限公司

山西阳煤丰喜肥业(集团)有限责任公司
SHANXI YANGMEI FENGXI FERTILIZER INDUSTRY (GROUP) LLC.

成都天立化工科技有限公司
滁州市伟创机械制造有限公司
滁州鑫源机械制造有限责任公司
大连金州重型机器有限公司
哈尔滨锅炉厂工业锅炉公司销售有限公司
邯郸锅炉制造有限责任公司
杭州华纳塔器分离工程有限公司
杭州余杭工程环保设备厂
河北长佳液压机电有限公司
河北科技大学德隆公司
河北威力制冷设备有限公司
河南封丘县轴瓦厂
衡水隆昌肥料造粒机械有限公司
湖北风机厂有限公司
安国市罗茨鼓风机修理厂
湖南安淳高新技术有限公司
湖南湘东化工机械有限公司
湖南仪峰优化控制技术有限公司
山东华屹重工有限公司
江苏瑞安特机械集团有限公司
江苏新宏大石化机械有限公司
江西昌昱实业有限公司
昆明嘉和科技开发有限公司
兰州西禹泵业有限公司
旅顺长城化工泵厂
洛阳隆华传热科技股份有限公司
南京大化机经济技术有限公司
南京河大机械有限责任公司
徐州奥力恒化工科技有限公司
邳州市兴亚炉箅有限公司
山东宏发重型机械有限公司
山东威海化工机械有限公司
山东祥友化工机械有限公司
山西阳煤丰喜化工设备有限公司
上海青浦挤压造粒设备厂
上海迎风机械制造有限公司
沈阳远方石油化工设备有限公司
石家庄天人化工设备集团有限公司
石家庄正元高效塔器开发公司
四川大川压缩机有限责任公司
泰安盛通化工设备有限公司
唐山市天元化工设备有限公司
天华化工机械及自动化研究设计所
天津创举科技发展有限公司
天津华能能源设备有限公司
温岭市环球造粒喷射设备有限公司
无锡市雪浪化工填料有限公司
西安亚星泵阀制造有限责任公司
荥阳鼎程翔机械厂
岳阳筑盛阀门管道有限责任公司
浙江同力重型机械制造有限公司
上海申江化肥成套设备公司
重庆江北机械有限责任公司
新乡市威远化工新技术有限公司
南京国昌化工科技装备有限公司
天津天大天久科技股份有限公司
宁波远东化工科技有限公司
杭州林达化工技术工程有限公司
扬州金圆化工环保设备有限公司
杭州快凯高效节能新技术有限公司
荆门万泰机械有限公司
山东汇丰机械集团总公司
山东潍坊三恩沃地化工有限公司
南京三普造粒装备有限公司
中明（湛江）化机工程有限公司
湖北双剑鼓风机制造有限公司
山东鑫瑞特机械制造有限公司
山东路达机械有限公司复合肥设备厂
河南省复合肥设备研究院
天津博隆塔器新技术开发有限公司
扬州永纪化工设备有限公司
浙江温岭市泽国化工机械有限公司
安徽三元工业自动化设备有限公司
无锡力马化工机械有限公司
靖江市苏净电化设备有限公司
重庆市蜀东空气冷却器厂
淄博昊科机械有限公司
漳州科龙伟特电子有限公司
中意机电鼓风机制造有限公司
烟台荏原空调设备有限公司
西宁赛德环保技术服务有限公司
温州市东瓯微孔过滤有限公司

无锡港晖电子有限公司
武汉科恒工控工程有限责任公司
安徽信远包装科技有限公司
北京睿信龙电子技术研究所
大连干燥设备厂
大连旅顺长城不锈钢有限公司
大连松海石化检修工程有限公司
大连跃龙硫酸钾设备有限公司
福建漳州力展电子科技有限公司
阜阳市节能化工工程有限公司
河北衡水化肥干燥设备厂
河南农大迅捷测试技术有限公司
核工业烟台同兴实业有限公司
湖北三盟机械制造有限公司
济南腾众立方科技发展有限公司
江苏飞翔泵业制造有限公司
焦作鑫豫风机有限公司
荆州市金威石化配件有限公司
景县安德润干燥设备厂
临沂市风机厂
洛阳国奥重工机械有限公司
南京南大射海科技研究所有限公司
南京天强复合肥技术研究所
南京天强化工机械设备有限公司
南京优悦科技有限公司
南宁市腾科轻工机械制造有限责任公司
秦皇岛北斗自控设备有限公司
青岛鸿源换热器有限公司
青岛华捷透平动力有限公司
陕西华祥能源科技集团有限公司
陕西欣豪机械制造有限公司
上海国利机电工程有限公司
上海田昌化工装备技术研究所
沈阳盛京防腐设备厂
石家庄大能控制技术有限公司
石家庄海阔捷能科技有限公司
石家庄市伟龙科技开发中心
四川广汉市敬业环保有机化工机械厂
四川天人化学工程有限公司
四平市立山机械制造有限责任公司
泰安市东方干燥设备制造有限公司
潍坊鑫福复合肥设备制造有限公司
无锡市长庆化工防腐设备厂
无锡市金地河机械设备有限公司
无锡市天地自动化设备厂

（排名不分先后）

2011 中国化肥工业供应商排头兵企业

自贡市鸿康实业有限公司
淄博鲁源工业催化剂有限公司
郑州市安泰科技有限公司
浙江工业大学化工厂
长春市新瑞科贸有限责任公司
长春谷源贸易有限公司
无锡市稼绿化工有限公司
长春东狮科贸实业有限公司
天津广冠公司
四川长城协和钢管有限公司
上海花王有限公司
山西科灵催化净化技术发展公司
盘锦南方化学辽河催化剂有限公司
宁阳润丰复合肥防结块厂
宁阳常胜复合肥防结块粉厂
临沂远大化肥助剂有限公司
临朐泰丰化工有限公司
临朐大祥精细化工有限公司
江西省萍乡富云腐植酸开发有限公司
湖北双剑催化剂有限公司
鸿达实业发展有限公司
河北省秦皇岛云冠栲胶有限公司
广东湛江市绿源化工有限公司
凤阳县洪武包装有限公司
大连科联新技术开发公司
北京吉士丰化工科技有限公司
北京博源恒升高科技有限公司
安徽裕安集团复合肥原料有限公司
德阳昊华清平磷矿有限公司
东阿县创新化工有限公司
东圣达（河南）绿色科技发展公司

山西阳煤丰喜肥业(集团)有限责任公司
SHANXI YANGMEI FENGXI FERTILIZER INDUSTRY (GROUP) LLC.

福建福大催化剂厂
藁城化肥总厂助剂分厂
公主岭国家农业科技园区三剂化工厂
广东浮云硫集团公司
广东农业机械研究所
广西农业机械研究所
衡阳市化工研究所有限公司
湖南催化剂制造有限责任公司
金堆城钼业科技有限责任公司催化剂事业部
山东国昌催化剂有限公司
石家庄开发区德赛化工有限公司
四川亚连凯特化工有限公司
苏州市开元化工有限公司
天门市天宝化工科技有限公司
无锡市中远化工有限公司
武汉市施达科学技术研究所
西农集团格尔木有限公司
郑州亿龙催化技术有限公司
淄博新鹏化工有限公司

（排名不分先后）

2011 中国农资十大优秀企业

北京艾比蒂研究开发中心
北京正开天力肥业有限公司
河北金桥农资有限公司
江苏中东集团有限公司
辽宁西洋特肥有限责任公司
山东亿丰源生物科技有限公司
上海联业农业科技有限公司
中化重庆涪陵化工有限公司
中农舜天生态肥业有限公司
盖州市嘉吉农资有限责任公司

2011 中国农资十大优秀企业家企业

北京绿奥科技有限公司
赤峰玉龙农业有限公司
江苏中东集团有限公司
锦秀千村农资连锁（北京）有限公司
山东丽水实业集团有限公司
山东亿丰源生物科技有限公司
山东远东国际化工有限公司
山西天泽煤化工集团股份有限公司
西安市长安区丰润农资有限公司
瓮福集团有限公司

2011 中国农资十大诚信企业

安徽喜洋洋农资连锁有限公司
常熟市农业生产资料有限公司
成都天杰有机农业发展有限公司
桂林市金满地农资有限公司
河北省肥乡县百富农资连锁
建昌县中农化肥有限责任公司
江苏泰兴市惠农农业生产资料有限公司
内蒙古齐华矿业有限责任公司
齐齐哈尔市富尔农艺有限公司
云南磷联化肥联合营销有限公司

2011 中国农资十大诚信企业家企业

安徽好又多农业科技有限公司
安徽恒源农资有限公司
大连中盛美瑞国际贸易有限公司
盖州市嘉吉农资有限责任公司
固安县丰顺化肥销售有限公司
江苏新港金源化肥有限公司
宁夏中农金合农业生产资料有限责任公司
山西阳煤丰喜肥业集团
云南煤化工集团有限公司
湖北宜化集团有限责任公司

2011 中国农资支农排头兵企业

连云港市兴达农资有限公司
安徽辉隆农资集团股份有限公司
浙江农资集团有限公司
黑龙江北大荒农垦集团农业生产资料有限公司
江苏苏农农资连锁集团股份有限公司
黑龙江倍丰农业生产资料集团有限公司
安徽恒源农资有限公司
宝坻区劝宝农业生产资料公司
北京农业生产资料有限公司
大连中盛美瑞国际贸易有限公司
砀山县世杰肥业有限公司
富裕县双丰农资连锁有限公司
哈尔滨瑞丰农业生产资料有限公司
河南尉氏县农业生产资料公司
洛阳市丰硕农业生产资料有限公司
秦皇岛市金瑞农业生产资料有限公司
山西晋农贸易有限公司
寿光东方誉源农资有限公司
双城市心农农资商店
四川达州腾龙恒能实业发展有限公司
绥中佳盈农业生产资料有限公司
唐山市芦台经济开发区吉丰农资公司
吴忠市农林科技咨询有限公司
厦门和翔农资有限公司
诸城市天益供销发展有限公司
北京中农金键农资连锁经营有限公司
北京市丰硕达农业生产资料有限责任公司
新疆农资集团有限责任公司
天盟农资连锁有限责任公司
内蒙古吉达农业生产资料有限责任公司
沧州市成福农资有限公司
四川省农业生产资料集团有限公司
山东省农业生产资料公司
福建省农资集团公司
烟台市农业生产资料总公司
河北省农业生产资料有限公司
四川成都市新朝阳农资公司
湖北省农业生产资料有限公司
山西农资集团有限公司
湖南隆科农业生产资料有限公司
吉林省农业生产资料股份有限公司
浙江宁丰惠多利农资有限公司
内蒙古农牧业生产资料股份有限公司
辽宁锦禾农资有限责任公司
安徽辉隆集团皖江农资有限公司
江苏浩伦农业科技有限公司
安徽省瑞丰化肥贸易有限公司
山东浩伦农业科技有限公司
吉林省升华农业生产资料有限公司
湖南浩伦农业科技有限公司
安徽辉隆集团皖淮农资有限责任公司
广西富岛农业生产资料有限公司
四川美丰农资化工有限责任公司
九禾农资股份有限公司
湖南湘农农资贸易有限公司
黑龙江省丰华农业生产资料公司
山东金谷农业发展有限公司
新疆兵团农三师农业生产资料公司
陕西盛农农资有限公司
青海农牧生产资料股份有限公司
金华市农业生产资料有限公司
广西新胜利农业生产资料有限责任公司
四川泸州市惠达农资公司
江西金色时代农资有限公司
冠县汇丰农业生产资料有限公司
陕西稼丰农资集团有限公司
浙江杭州萧山农业生产资料有限公司
绍兴县农业生产资料有限公司
江西沃尔得农资连锁有限公司
湖北金海桥肥业有限公司
福建省三明市浩伦园艺植保有限公司
沈阳天泽农业生产资料有限公司
山东淄博众得利农业生产资料连锁有限公司
四川省元丰农资连锁有限责任公司
邹平县农业生产资料有限责任公司
唐山市丰润区禹舜农业生产资料有限公司
山东浩伦兴鲁农资连锁有限公司

山西阳煤丰喜肥业(集团)有限责任公司
SHANXI YANGMEI FENGXI FERTILIZER INDUSTRY (GROUP) LLC.

惠州中联农资有限公司
湖南安邦农资连锁有限公司
黑龙江倍丰农资集团哈尔滨双丰农资有限公司
邦力达宜宾农资连锁有限公司
青州市撒可富化肥销售有限公司
安徽黄山新安农资有限公司
衡水瑞达农资有限公司
福建省农资集团公司泉州公司
安徽辉隆集团瑞美福农化有限公司
烟台市九州农业生产资料有限公司
邢台市威远农资有限公司
台州浙农惠多利农资有限公司
江西省萍乡市丰农农资连锁经营有限公司
漳州市龙益农业生产资料有限公司
新余市新合作农资连锁有限公司
南昌市沃尔得农资连锁有限公司
河北天强农化经营有限公司
北京绿得利工贸有限公司
黑龙江农垦迎春物资经销有限公司
大理市旺隆农资有限公司
高密市高农生产资料连锁有限公司
北京兆丰年农业生产资料有限公司
玉田县供销社农业生产资料购销中心
江西省赣州大丰肥料有限公司
魏县富田农资经销有限责任公司
山东铁农集团有限公司
成都世纪浪潮农资公司
广西富满地农资股份有限公司
湘潭市湘农农资连锁有限公司
贵州福泉市农业生产资料有限公司
浙江省安吉县农业生产资料有限公司
浙江东阳方园农资总公司
九江市新浔农资连锁有限公司
华容县农友化肥农药有限责任公司
福建浩伦农业科技集团有限公司
北京绿色风农业生产资料科技有限公司
广西川岛农资有限公司
甘肃三丰农业生产资料有限公司
新疆生产建设兵团农二师天润农业生产资料有限责任公司
邦力达农资连锁有限公司
获嘉县天福农资有限公司
五大连池市植保服务中心
甘肃金硕农业生产资料有限公司
驻马店市国丰农资有限公司
衢州市新禾农业生产资料有限责任公司
齐齐哈尔市齐农农资连锁有限公司
四川绵阳市农业生产资料公司
江苏金湖县金谷农资有限责任公司
建德市新安植保有限责任公司
北京顺万兴农业生产资料有限公司
莘县天润农业生产资料有限公司
盐城苏农农资连锁有限公司
湖北仙桃市丰联农业生产资料有限公司
常德浩伦农业科技有限公司
四川南充市穗丰农资连锁公司
柳河县金源农业生产资料有限公司
河北金诚信农业有限公司
桂林市昌泰农资有限责任公司
宝泉岭垦区航联生产资料有限责任公司
宿州市奋发农资有限责任公司
宝鸡市兴农农资有限公司
大丰市浩伦农业科技有限公司
洛阳乐农农业生产资料有限公司
绵阳和美农资有限公司
甘肃中瑞盛邦农资有限公司
阿拉尔绿洲农资有限责任公司
安徽恒源农资有限公司
安徽喜洋洋农资连锁有限公司
八一六农资有限公司
沧州市供销社第一农资公司
长春市科农业生产资料有限公司
大连中天农业生产资料有限公司
大庆农资石化有限公司
丹阳市皇塘农业服务公司
二连浩特市吉达国际贸易有限责任公司
福建三明市浩伦园艺植保有限公司
甘肃农资化肥有限责任公司
甘肃磐业农用化工有限公司
广西南宁市金桂兰化肥有限公司
广西中林农资有限公司
广州市文力源物资有限公司

海城丰禾农业生产资料有限公司
邯郸市农业生产资料总公司
杭州市农业生产资料有限公司
杭州市余永农资服务有限公司
河北安平县东星屯供销社农资部
河北肥乡县百富农资连锁有限公司
河北肥乡县农业开发公司
河北藁城市木连城供销合作社
河北晋州市农资公司
河北南宫市朝阳农资公司
河南滑县新科农化有限责任公司
河南农业生产资料总公司
河南新乡县农业生产资料有限公司
河南许昌市绿洲农业生产资料有限公司
黑龙江宝泉镇岭垦区诚志农资有限公司
黑龙江倍丰农资集团哈尔滨天硕有限公司
黑龙江红兴隆农垦通江农业生产资料公司
黑龙江农垦隆泽农资有限公司
黑龙江神农农业生产资料连锁有限公司
湖北武汉华翔农资有限公司
华农农资连锁股份有限公司
汇丰年农资连锁超市股份有限公司
济宁市天力农业生产资料有限公司
江苏太仓市佳嫁农业生产资料有限公司
江苏泰兴市惠农农业生产资料公司
焦作市鹏宇农资连锁有限公司
金丰裕农资有限责任公司
金湖县盐金农业生产资料有限公司
酒泉恒运农业生产资料公司
连云港恒裕农资有限公司
辽宁丰禾农业生产资料连锁有限公司
莫旗华富农业生产资料有限公司
南宁久福农资有限公司
南通华泰化肥有限公司
宁夏中农金合农业生产资料有限责任公司
庆丰集团辽宁宇丰农资有限公司
山东施可丰日照化肥有限公司
山东枣庄贵诚农资有限公司
山东中天化国际进出口有限公司
山西安盛化肥发展有限公司
山西年丰农资有限公司
山西年撒丰肥业有限责任公司
山西农资集团进出口分公司
山西农资集团农药农膜有限公司
山西斯瑞杰农资有限公司
山西文渊农资有限公司
山西运城市安青农资销售有限公司
山西正林农资连锁超市有限公司
山西中太基业物贸有限公司
陕西富田农资有限公司
陕西农科化肥有限公司
石家庄市诚信农业生产资料有限公司
四川川北邦力达农资连锁有限公司
嵩明鸿胜农业科技有限公司
台州市丰保农资有限公司
唐山市中化玉农农业生产资料有限公司
万年县久丰农资有限责任公司
围场县广田宇农业生产资料有限公司
渭南市农业生产资料有限责任公司
渭南兆丰农业生产资料有限公司
新疆阿拉尔绿洲农资有限责任
新乡农业生产资料有限公司
新乡县农业生产资料有限责任公司
许昌市绿洲农业生产资料有限公司
许昌天脊化肥销售有限公司
烟台华海国际贸易有限公司
烟台原瑞农业生产资料有限公司
烟台众德集团有限公司
浙江安吉县农业生产资料有限公司
浙江中冠农资有限公司
镇江伟民农资有限公司
重庆云阳县永丰农资有限责任公司
安徽农满忆农化有限公司
安徽泗县民丰农资有限公司
保定市宝林农业新技术推广服务有限公司
保定市科胜邦植物保护有限公司
北京安达禾欣科技发展有限公司
北京诚禾佳信农资贸易有限公司
北京恒元丰科技发展有限公司
北京绿禾宝生态农业科技开发中心
北京瑞泽星科技有限公司
北京万邦威化化工有限公司

山西阳煤丰喜肥业(集团)有限责任公司
SHANXI YANGMEI FENGXI FERTILIZER INDUSTRY (GROUP) LLC.

北京威而廉生物技术有限公司
长春中农化农资有限公司
大连广达农业生产资料有限公司
佛山市大兴生物有限公司
广东天禾农资股份有限公司
广西九合植保化学有限公司
广西田园生化股份有限公司
广西幸福农业科技集团有限公司
贵州拜斯特农业有限公司
哈尔滨龙志农资化工有限公司
河北闳瑞农药化工有限公司
河北济泰农业服务有限公司
河南福瑞农农资销售有限公司
河南农业大学康拓科贸公司
黑龙江富尊农业综合服务连锁有限公司
黑龙江凯威农业科技有限公司
湖北农家富农资股份有限公司
湖南省湘农农业生产资料集团有限公司
华鲁农资有限公司
慧禾国际贸易有限公司
吉林君达农药经销有限公司
吉林力生农化农药有限公司
吉林省农资农药有限责任公司
吉林省益丰农业技术科技有限公司
吉林市成金农业生产资料有限责任公司
济南牧禾商贸有限公司
济南瑞兴农业生产资料有限公司
济南赛普实业有限公司
济宁瑞兴农业生产资料有限公司
济宁市以涛农业科技有限公司
江苏徐州丰县诚信农资有限公司
金华金穗农资连锁有限公司
金坛市宏恒纺织原料有限公司
锦绣千村农资连锁（北京）有限公司
廊坊市康正农药有限公司
柳州市三江县温氏农林科技示范园
洛阳市雅良农业有限公司
名特农业生产资料有限公司
宁波泰达进出口有限公司
宁波中化化学品有限公司
齐河县锦绣千村植保有限公司
青岛威美特生物科技有限公司
青岛约克生化有限公司
青海青农农药有限公司
森六（上海）贸易有限公司
山东博兴民丰药业有限公司
山东大地宏琳农资有限公司
山东荣达生物科技有限公司
山东新农科技农化有限公司
陕西荔民农资连锁有限公司
沈阳朗农科技有限公司
沈阳绿色春天科技农资中心
石家庄锦绣农药营销有限公司
寿光市同兴农业技术服务有限公司
四川省兴丰农化有限公司
台州市黄岩琦佳农资有限公司
泰安市泰山现代农业科技有限公司
武汉新农基农资发展有限公司
献县西关无公害农药推广中心
延边绿洲农业生产资料有限公司
伊犁金禾科技发展有限责任公司
宜城市梅绿农资商贸有限责任公司
银川市田野农业科技服务有限公司
玉彬农资有限公司
岳阳市田园牧歌农业综合服务有限公司
张家口绿农科技服务有限公司
张家口润田农业有限公司
张家口市科胜邦农化有限公司
浙江松阳县绿农农资有限公司
中诚国联农业科技（北京）有限公司
中农立华生物科技股份有限公司

2011 中国农民最信赖的农资品牌

四川省开元集团有限公司
西安兰心有机肥有限公司
山东金正大生态工程股份有限公司
昊华西南化工责任有限公司
内蒙古齐华矿业有限责任公司

江阴市长青肥业有限公司
安徽六国化工股份有限公司
广西金燕子发展有限公司
四川龙蟒集团有限责任公司
赤峰玉龙农业有限公司
河南煤业化工集团中原大化公司
河南心连心化肥有限公司
常熟市农业生产资料有限公司
中盐湖南株洲化工集团有限公司
贵州西洋肥业有限公司
安徽砀山胜龙精细化工有限公司
安徽兴隆复合肥有限公司
北京中科民丰生物农业科技有限公司
山东沃力奇化工有限公司
北京中农植奥公司
大连玖源农资产品连锁有限公司
丹东鑫隆农业科技有限公司
合肥四方磷复肥有限公司
合肥养正农业科技有限公司
河北河间市百富农业生产资料公司
河北凯迪农药化工集团有限公司
河北绿宝复合肥有限责任公司
河北新化股份有限公司
河南省南阳卧龙农药厂
湖北蕲农化工有限公司
湖南永州广丰农化有限公司
吉林省德惠市大清咀镇供销合作社
济宁市康甲肥业有限公司
江苏快达农化股份有限公司
江苏新港金源化肥有限公司
科瑞特化工（潍坊）有限公司
辽宁北方煤化工（集团）股份有限公司
南京农资进出口贸易公司
宁夏开元集团
宁夏鲁西化工化肥有限公司
青海圆泰盐湖开发有限公司
山东阿斯德化工有限公司
山东恒通化工股份有限公司
山东开元化肥有限公司
山东乐义化工有限公司
山东侨昌化学有限公司
山东天山生态工程有限公司
山东沂源县亿利农资有限公司
山西天泽煤化工集团股份有限公司
陕西绿桥肥业有限公司
陕西神农高科肥业有限公司
陕西省邦田化工有限公司
陕西宇丰农业科技有限公司
石家庄中吉化肥有限公司
四川川恒化工股份有限公司
四川高宇化工有限公司
四川利尔化学有限公司
四川民生化工有限公司
苏州市开元化工有限公司
天津市恒源伟业生物科技发展有限公司
威海恒邦化工有限公司
沃尔集团浚县绿宝农药厂
厦门和翔农资有限公司
新沂市奔克化工有限公司
徐州嘉利丰肥料有限公司
盐城市华润化工有限公司
兖矿鲁南化肥厂
兖矿峄山化工有限公司
浙江升华拜克生物股份有限公司
镇江伟民农资有限公司
中国石化湖北化肥有限公司
诸城市天益供销发展有限公司
驻马店宏盛源肥业有限公司
宝鸡市渭滨区源远生物有机肥厂
中国－阿拉伯化肥有限公司
石家庄金石化肥有限责任公司
甘肃省民勤县科倍种业有限公司
湖北祥云（集团）化工股份有限公司
江西开门子肥业集团有限公司
山东欧化化工股份有限公司
黑龙江省鑫洋肥业有限公司
郑州那威高肥业有限公司
齐齐哈尔富尔农艺有限公司
内蒙古兆远农业高新技术产品有限责任公司
安徽省天享肥业有限公司
河北三洋化肥有限公司
鄂尔多斯巨能煤炭经营有限公司

山西阳煤丰喜肥业(集团)有限责任公司
SHANXI YANGMEI FENGXI FERTILIZER INDUSTRY (GROUP) LLC.

新疆罗布泊钾盐有限公司
保定千禧复合肥有限公司
云南云叶化肥股份有限公司
湖北金源化工股份有限公司
鞍山顺达复合肥厂
通化化工股份有限公司
天津市福升肥料公司
山东舜天化工集团有限公司
中港化肥（山东）有限公司
河北大地肥业有限公司
云南磷联化肥联合营销有限公司
山东远东国际化工有限公司
朝阳市千越生物科技有限公司
河北晶龙丰利化工有限公司
山东农棵源生物科技有限公司
辽宁永丰肥业有限公司
福建省顺昌富宝实业有限公司
中国农资集团有限公司
唐山冀滦化肥有限公司
绥芬河市石英经贸有限公司
石家庄华帝化肥有限公司
四川凯基化工集团有限公司
北京澳佳肥业有限公司
大化集团大连瑞霖有限公司
武汉日清生物科技有限公司
山东亿丰源生物科技有限公司
双赢集团有限公司
辽宁西洋特肥有限责任公司
贵州开磷（集团）有限责任公司
云南云天化国际化工有限公司
中农新肥科技股份有限公司
鲍斯生物有机肥制造有限公司
苏州市东洋化肥有限公司
江苏省威力磷复肥有限公司
昆山丰迪复合肥有限公司
山东大自然化肥有限公司
山东远洋肥业有限公司
河北绿风肥业集团有限公司
焦作市地丰肥业有限公司
山东农大科技肥业有限公司
陕西鼎天济农腐植酸制品有限公司
吉林省隆源化肥有限公司
山西农资集团有限公司
山东烟台丰农集团
四平天丰化肥科技发展有限公司
潍坊昌大肥料有限公司
安徽莱姆佳肥业有限公司
杭州利时化肥有限公司
湖南首玉生物科技有限公司
天津市施易得肥料有限公司
凤阳县金星化肥有限公司
格尔木藏铬钾肥有限公司
广西北海喷施宝有限责任公司
天津市中天化肥有限公司
山东吉地尔（集团）有限公司
江苏双昌肥业有限公司
湖南省邵阳宝兴科肥有限公司
黑龙江金事达农业科技开发有限公司
广东青上（佛山）化工有限公司
江西绿悦生物工程有限公司
上海星花化肥有限公司
茂名市信澳混合肥有限公司
广东拉多美化肥有限公司
山东澳力发生态肥业有限公司
山东潍坊市阳光化工有限公司
四川广汉市蜀峰化工有限责任公司
四川广宇化工股份有限公司
新疆新化化肥有限责任公司
元和农业（德州）科技开发有限公司
甘肃瓮福化工有限责任公司
山东淄博博丰复合肥有限公司
黑龙江爱农复合肥料有限公司
新沂市新港化肥有限公司
湖北中原磷化有限公司
辽宁津大肥业有限公司
天津芦阳化肥股份有限公司
宜都大江化工有限责任公司
成都富田化工有限公司
重庆江北化肥有限公司
山东迈金农生态肥业有限公司
宜昌禾友化工有限责任公司
内蒙古辽中京化工有限责任公司

山东金秋肥业有限公司
河北三高集团安增肥业有限公司
云南神农汇丰化肥有限公司
江苏扬州展鹏肥业有限公司
山东金雷肥业科技有限公司
三河市香丰肥业有限公司
河北迁安化肥股份有限公司
山东中天化国际进出口有限公司
山东盛大生态肥业有限公司
山东福瑞化工有限公司
山东谷丰源化肥有限公司
建平县荣田矿业有限公司
江苏新嘉铵化肥有限责任公司
山东普金肥料有限公司
南宫市惠农 BB 肥厂
漳州三本肥料工业有限公司
河北省永年县化肥厂
黑龙江倍福肥业有限公司
武汉天力化工股份有限公司
石家庄市三元复混肥厂
山东芬化星宝生之道化肥进出口有限公司
贵州天峰磷化工有限公司
福建中农高塔肥料有限公司
北京谷田肥业有限公司
江西金绿州化肥有限公司
江山市振雄化工有限公司
东海县奔牛肥料有限公司
山东喜丰田生态肥业有限公司
河南省格诺金农肥业有限公司
江苏东方红肥业有限公司
广东东莞市瑞德丰生物科技有限公司
广东湛江春江化工有限公司
广西桂林五丰化学农药有限公司
广西灵山县逢春化工有限公司
广西自主化工有限公司
邯郸凯米克化工有限公司
河北冀州市凯明农药有限责任公司
河北军星生物化工有限公司
河北生物龙生化技术有限公司
河北威远生物化工股份有限公司
河北邢台市农药有限公司
河南开封克灵丰药业有限公司
河南信尔农化有限公司
湖南海利常德农药化工有限公司
湖南农大海特农化有限公司
湖南湘阴县金雁化工有限公司
济南绿邦化工有限公司
江苏常熟市农药厂有限公司
江苏福达农化有限公司
江苏耕耘化学有限公司
江苏好收成韦恩农化股份有限公司
江苏溧化化学有限公司
江苏绿利来股份有限公司
江苏南京常丰农化有限公司
江苏南通宝叶化工有限公司
江苏南通金陵农化有限公司
江苏启东亚太化工有限公司
江苏天容集团股份有限公司
江苏新河农用化工有限公司
江苏新沂市永诚化工有限公司
江西贵溪市海利化工农药有限公司
江西田友生化有限公司
江西新瑞丰生化有限公司
连云港市东金化工有限公司
柳州市惠农化工有限公司
内蒙古中农大生化科技有限责任公司
南通飞天化学实业有限公司
宁夏三喜科技有限公司
青海省京科生物技术开发有限公司
山东德乐化工有限公司
山东金农华药业有限公司
山东康尔特生物科技有限公司
山东鲁抗生物农药有限责任公司
山东绿鹤农用药业有限公司
山东青岛东生药业有限公司
山东神星药业有限公司
山东天成农药有限公司
山东田丰生物科技有限公司
山东祥隆化工有限公司
山东一诺农药有限公司
山东亿嘉农化有限公司
山东中石药业有限公司

山西阳煤丰喜肥业(集团)有限责任公司
SHANXI YANGMEI FENGXI FERTILIZER INDUSTRY (GROUP) LLC.

山东淄博天力农化有限公司
山西省运城精化农药有限公司
商河县东方化工有限公司
安阳市全丰农药化工有限责任公司
常州康美化工有限公司
海南正业中农高科股份有限公司
红太阳集团有限公司
湖北沙隆达股份有限公司
湖南临湘市化学农药厂
吉林省吉丰农药有限公司
济南绿德地生物科技有限公司
江苏春江农化有限公司
江苏利民化工有限公司
江苏太仓鲍利葛化工有限公司
江苏宜兴市兴农化工制品有限公司
江苏灶星农化有限公司
江西日上化工有限公司
锦州硕丰农药集团有限公司
山东东营胜利绿野农药化工有限公司
山东海利信农化有限公司
山东巨野县麒麟农化有限公司
山东信邦生物化学有限公司
陕西秦乐药业化工有限公司
天津农药股份有限公司
武汉科诺生物农药有限公司
邢台宝波农药有限公司
邢台市农药有限公司
重庆市众力生物工程有限公司

（排名不分先后）

第三节 2012 中国化肥工业排头兵企业

2012 中国氮肥工业排头兵企业

河北迁安化肥股份有限公司
湖北潜江金华润化肥有限公司
山西金象煤化工有限责任公司
山西晋丰煤化工有限责任公司
山西兰花科技创业股份有限公司
山西天泽煤化工集团股份有限公司
大化集团有限责任公司
陕西宝氮化工集团有限公司
四川美丰化工股份有限公司
云南煤化工集团有限公司
山西阳煤丰喜肥业（集团）有限责任公司
四川九禾股份有限公司
天脊集团高平化工有限公司
安徽淮化集团有限公司
沧州大化集团有限公司
贵州赤天化集团有限责任公司
河北凯跃化工集团有限公司
河北新化股份有限公司
江苏华昌化工股份有限公司
江苏晋煤恒盛化肥有限公司
晋煤金石化工投资集团有限公司
郓城县鲁发化工有限公司
宁夏丰友化工有限公司
湖南省邵阳宝兴科肥有限公司
瑞星集团有限公司
陕西渭河煤化工集团有限责任公司
陕西兴化集团有限公司
通化化工股份有限公司
新疆新化化肥有限责任公司
中国石化湖北化肥有限公司
山东聊城鲁西化工集团有限公司

2012 中国磷肥工业排头兵企业

山东鲁北企业集团总公司
湖北东圣化工集团有限公司
湖北祥云（集团）化工股份有限公司
江苏龙腾化工有限公司
江苏美乐肥料有限公司
江西江磷磷肥有限责任公司
双赢集团有限公司
四川龙蟒磷化工有限公司
四川省金河磷矿化工厂
铜陵化学工业集团有限公司
瓮福（集团）有限责任公司
厦门厦化实业有限公司
新沂新港化肥有限公司
云南祥丰化肥股份有限公司
中化重庆涪陵化工有限公司
中盐安徽红四方股份有限公司
湖北三宁化工股份有限公司
甘肃瓮福化工有限责任公司
广东湛化股份有限公司
广西鹿寨化肥有限公司

2012 中国钾肥工业排头兵企业

青上化工（佛山）有限公司
国投新疆罗布泊钾盐有限责任公司
米高集团有限公司
青海滨地钾肥股份有限公司
青海国泰盐湖开发有限公司
山西钾肥有限责任公司

山西阳煤丰喜肥业(集团)有限责任公司
SHANXI YANGMEI FENGXI FERTILIZER INDUSTRY (GROUP) LLC.

云南江城泰裕钾肥有限公司
四川省开元集团有限公司
文通钾盐集团有限公司
成都天杰有机农业发展有限公司

2012 中国复合肥、复混肥工业排头兵企业

四川金象化工股份有限公司
吉林兴旺肥业有限公司
江西瑞博特肥业有限公司
安徽徽皇肥业集团有限公司
安徽司尔特肥业股份有限公司
成都富田化工有限公司
赤峰金化复合肥有限责任公司
大庆市硕丰复合肥有限公司
福建奥利高塔复合肥有限公司
贵州西洋肥业有限公司
哈尔滨季可得化肥有限公司
河北城成肥业有限公司
河北金源化工股份有限公司
河北绿宝复合肥有限责任公司
河北邢台绿洲农肥有限责任公司
河南财鑫实业化工有限责任公司
河南天宇肥业有限公司
黑龙江爱农复合肥料有限公司
青岛众乐化工有限公司
湖北华农生物科技有限公司
湖北潜江金华润化肥有限公司
湖南金信复合肥有限公司
湖南金叶肥料有限责任公司
吉林长山化肥集团三江肥业有限公司
吉林晶辉肥料有限公司
吉林润丰肥业有限责任公司
吉林省扶余县伟鑫复合肥料有限公司
佳木斯亚格立农业技术开发有限公司
江苏益农肥料集团有限公司
江西开门子肥业集团有限公司
金沂蒙集团有限公司
辽宁翠龙肥业有限公司
辽宁津大肥业有限公司
内蒙古包头万得福多元稀土复合肥厂
内蒙古宁城县施达化肥有限公司
齐齐哈尔今鼎丰麦饭石肥业有限公司
山东奥宝化工集团有限公司
山东春雨肥业有限公司
山东福瑞化工有限公司
山东丽水实业集团有限公司
山东远东国际化工有限公司
山东淄博博峰复合肥有限公司
云南祥丰化肥股份有限公司
河北三高集团安增肥业有限公司
河北卓峰化肥有限公司
四川美丰复合肥有限责任公司
四川绵竹川润化工有限公司
齐齐哈尔市富尔农艺有限公司
湖北三得利肥业有限公司
砀山县沃福农业发展有限公司
石家庄市华帝肥业有限公司
四川广汉蜀峰化工有限责任公司
天津市福升肥料有限公司
通辽市北方 BB 肥有限责任公司
云南云叶化肥股份有限公司
江苏和友化工有限公司
江苏亚圣化工有限公司

（排名不分先后）

2012 中国生物肥排头兵企业

本溪鲍斯生物有机肥制造有限公司
广西润鑫农业新科技有限公司
河北新世纪周天生物科技有限公司
马鞍山科技生态肥有限公司
青岛润地丰科技有限公司
山西凯盛肥业有限公司
上海联业农业科技有限公司
沈阳丰鼎农业科技有限公司
石家庄开发区春雨生物工程有限公司

沃地丰生物肥料有限公司
山东亿丰源生物科技股份有限公司
淅川县绿新生物科技有限公司
安徽思福农业科技有限公司
保定华星生物工程有限公司
保定先锋生物有机肥有限公司
辽宁亿源肥料生产有限公司
广西北海喷施宝有限责任公司
武汉日清生物科技有限公司
吉林信达生物工程有限公司
佳木斯三兴农业技术服务有限公司
绿友微生物产业有限公司
内蒙古永业生物技术有限责任公司
南京肥特肥生态农业发展有限公司
山东德州阳光生物科技有限公司
山东利嘉生物肥料有限公司
山西富邦肥业有限公司
上海绿油油化工有限公司
通辽绿农生化工程有限公司
烟台百瑞特生物化肥有限公司
烟台富家豪生物科技有限公司

2012 中国腐殖酸肥料排头兵企业

包头市固阳县富禾腐植酸厂
北京肥田肥业有限公司
东阿县创新化工有限公司
鄂尔多斯市巨能煤炭经营有限公司
吉林诚泽裕丰集团有限公司
江西萍乡富云腐植酸开发有限公司
内蒙古蒙肥生物科技有限公司
山西洪洞县赵城丰瑞有机肥料加工厂
太原美邦腐植酸发展有限公司
乌海市联昌工贸有限公司

2012 中国化肥工业设备制造排头兵企业

大连金州重型机器有限公司
山西丰喜化工设备有限公司
山东威海化工机械有限公司
洛阳隆华传热科技股份有限公司
北京晨光兴业机械有限公司
成都天立化工科技有限公司
烟台荏原空调设备有限公司
福州三龙喷码科技有限公司
哈尔滨杰泰机电设备有限公司
杭州华纳塔器分离工程有限公司
河南省封丘县轴瓦厂
湖南安淳高新技术有限公司
湖南湘东化工机械有限公司
江苏瑞安特机械集团有限公司
广东科进尼龙管道制品有限公司
南京大化机经济技术有限公司
杭州余杭工程环保设备厂
江西昌昱实业有限公司
重庆江北机械有限责任公司
四平市立山机械制造有限责任公司
唐山市天元化工设备有限公司

2012 中国新型肥料排头兵企业

安徽文胜肥业有限责任公司
包头市兆远高新技术产品有限责任公司
芬兰凯米拉长之道公司
阜新豪森生物科技有限公司
固源肥料（福建）有限公司
河北萌帮水溶肥料有限公司
河南南阳市王振才矿物制品有限公司
黑龙江变地神农业技术有限公司
辽宁丹东施泽丰农业科技有限公司
辽宁东北丰专用肥有限公司
内蒙古阜丰生物科技有限公司
山东金旺农业开发有限公司
深圳市喜耕田生物科技有限公司
黑龙江庆东肥业有限公司
安徽天之野生物科技有限公司

山西阳煤丰喜肥业(集团)有限责任公司
SHANXI YANGMEI FENGXI FERTILIZER INDUSTRY (GROUP) LLC.

辽宁绿源农业生物科技有限公司
连云港市苏维达肥料科技发展有限公司
沈阳兴昊脲醛泡沫开发有限公司
邢台绿洲农肥有限责任公司

2012 中国化肥诚信供应商企业

北京博源恒升高科技有限公司
长春东狮科贸实业有限公司
长春市新瑞科贸有限公司
广东科进尼龙管道制品有限公司
藁城化肥总厂助剂分厂
公主岭国家农业科技园区三剂化工厂
航天长征化学工程股份有限公司
河北省秦皇岛市云冠栲胶有限公司
湖北双雄催化剂有限公司
洛阳隆华传热科技股份有限公司
金堆城钼业科技公司催化剂事业部
临朐大祥精细化工有限公司
盘锦南方化学辽河催化剂有限公司
山东国昌催化剂有限公司
山西科灵催化净化技术发展公司
上海花王有限公司
郑州大学磷肥与复肥研究所
淄博鲁源工业催化剂有限公司
淄博新鹏化工有限公司
自贡市鸿康实业有限公司

2012 中国农资流通排头兵企业

大连中盛美瑞国际贸易有限公司
二连浩特吉达国际贸易有限责任公司
甘肃磐业农用化工有限公司
广西富满地农资股份有限公司
广西南宁市金桂兰化肥有限公司
海城丰禾农业生产资料有限公司
邯郸市农业生产资料总公司
河北肥乡县百富农资连锁有限公司
河北金桥农资有限公司
河北南宫市朝阳农资公司
河南许昌绿洲农业生产资料有限公司
黑龙江北大荒种业集团农业生产资料有限公司
黑龙江神农农业生产资料连锁公司
湖南湘农农业生产资料集团有限公司
江苏金华农资有限公司
江苏泰兴市惠农农业生产资料公司
辽宁丰禾农业生产资料连锁有限公司
山东新天化肥进出口有限公司
山西年丰农资有限公司
石家庄市诚信农业生产资料有限公司
四川汇力农资连锁有限公司
赵县丰源农资有限公司
济南兆龙科技有限公司
绥芬河市龙生经贸有限公司
湖北三得利肥业有限公司
广州增城民合农资专业合作社
河南阳光枫林农业公司
建昌县中农化肥有限责任公司
固安县丰顺化肥销售有限公司
新民市新联农资有限公司

2012 全国优秀农化服务中心

航天长征化学工程股份有限公司
贵州开磷集团有限公司
山东鲁北企业集团总公司
广东拉多美化肥有限公司
江苏心实肥业集团有限公司
施可丰化工股份有限公司
天津芦阳化肥股份有限公司
山东联盟化工集团有限公司
重庆建峰化工股份有限公司
山东齐化化工有限公司
齐齐哈尔市富尔农艺有限公司
河南心连心化肥有限公司
福建三钢（集团）三明有限公司
河南煤业化工集团中原大化公司
史丹利化肥股份有限公司

云南云天化国际化工股份有限公司
中化重庆涪陵化工有限公司
烟台五洲施得富肥料有限公司
四川化工控股（集团）有限责任公司
兖矿集团有限公司煤化分公司
湖北宜化集团有限责任公司
辽宁北方煤化工（集团）股份有限公司
云天化集团有限责任公司
中海石油化学股份有限公司
青海盐湖工业集团有限公司
成都新都化工股份有限公司
天脊煤化工集团股份有限公司

2012 中国优秀农资经销商企业

河北省肥乡县百富农资连锁有限公司
八一六农资有限公司
北京永盛丰农资有限公司
常熟市农业生产资料有限公司
高密市高农生产资料连锁有限公司
固安县丰顺化肥销售有限公司
广东天禾农资股份有限公司
新疆农一师供销（集团）有限公司
汇丰年农资连锁超市股份有限公司
西安长安区丰润农资公司
安徽年年富现代农业有限公司
齐齐哈尔市富尔农艺有限公司
西安金谷农资连锁有限公司
河南阳光枫林农业公司
广州增城民合农资专业合作社
辽宁丰元天利农业生产资料有限公司
黑龙江农垦隆泽农资有限公司
黑龙江神农农业生产资料连锁有限公司
湖北省农业生产资料有限公司
湖南浩伦农业科技有限公司
济宁市天力农业生产资料有限公司
江苏连云港六国农资有限公司
江苏苏农连锁集团股份有限公司
金华市金土地农资连锁有限公司
青州市农业生产资料有限公司
庆丰集团辽宁宇丰农资有限公司
山东新天化肥进出口有限公司
山西晋农贸易有限公司
无锡市天信农资有限公司
黑龙江省沃必达农业科技开发有限公司
四川省开元集团有限公司
辽宁丹东施泽丰农业科技有限公司
营口田园农资有限公司
赵县丰源农资有限公司
镇江伟民农资有限公司
诸城市天益供销发展有限公司
南阳谷帝农资有限公司
四川汇力农资连锁有限公司

2012 中国农资十大优秀企业家

江苏亚圣化工有限公司
新民市新联农资有限公司
四川高宇化工有限公司
湖北华丰生物化工有限公司
山西凯盛肥业有限公司
无锡市天信农资有限公司
襄阳三色源生物工程有限公司
四川绵阳川银（集团）有限公司
瓮福（集团）有限责任公司
云南祥丰化肥股份有限公司

2012 中国农资十大诚信企业家

四川和美农资有限公司
湖北三得利肥业有限公司
河北三高集团安增肥业有限公司
河北卓峰化肥有限公司
山东亿丰源生物科技股份有限公司
江苏和友化工有限公司
湖北源丰化工有限公司
河北迁安化肥股份有限公司

山西阳煤丰喜肥业(集团)有限责任公司
SHANXI YANGMEI FENGXI FERTILIZER INDUSTRY (GROUP) LLC.

四川绵竹川润化工有限公司
四川龙蟒磷化工有限公司

2012 中国农资十大优秀企业

镇江伟民农资有限公司
福建省三明市浩伦园艺植保有限公司
南京邦禾肥料（集团）有限公司
山西凯盛肥业有限公司
上海联业农业科技有限公司
四川川北邦力达农资连锁有限公司
江苏和友化工有限公司
河南天宇肥业有限公司
北京永盛丰农资有限公司
青上化工（佛山）有限公司

2012 中国农资十大诚信企业

青上化工（佛山）有限公司
钟祥市春祥化工有限公司
本溪鲍斯生物有机肥制造有限公司
湖北三宁化工股份有限公司
建昌县中农化肥有限责任公司
中化重庆涪陵化工有限公司
山东亿丰源生物科技股份有限公司
大连中盛美瑞国际贸易有限公司
江西瑞博特肥业有限公司
山东金旺农业开发有限公司

第三章 优秀企业篇

（山东华屹重工有限公司　周洪亮　总工程师）

1 复合肥料结块的机理

目前对于复合肥料结块现象，人们从不同的角度提出了一些理论，归纳起来有以下几种。

1-1 毛细粘合作用

肥料组成成分大多数具有较强的吸湿性，当其临界相对湿度低于空气湿度时，肥料就会从空气中吸收水分，在肥料颗粒表面形成饱和的溶液膜。由于表面张力的作用在以表面相接触的颗粒间形成凹液面，使得饱和溶液中的离子向颗粒接触处移动，导致相邻颗粒间形成交联和粘结成团块。团块的形成程度及形成能力取决于颗粒的大小和颗粒间的接触面积。增大颗粒的粒径，减小颗粒间的接触面积有利于降低颗粒间的粘附力。

1-2 晶桥理论

当复合肥颗粒吸收空气中的水分，或颗粒内部的水分扩散到颗粒表面，就会在颗粒的表面形成溶液膜，这种溶液的浓度取决于颗粒的温度。温度的波动会使得溶液和结晶过程交替进行。有些肥料组分的溶解度随温度的升高而增大，当环境温度降低时，颗粒间的溶液膜将变成过饱和溶液而析出结晶体。或者当颗粒吸收的水分被蒸发或被其它干颗粒吸收时，这种溶液膜也会变成过饱和溶液而有新的结晶体产生。随着时间的推移，这种晶体之间彼此结合形成晶桥，将肥料颗粒粘合在一起，逐渐形成大的团块。晶桥的强度取决于新生成的晶体的形状、厚度、和等轴程度。

1-3 化学反应理论

当空气湿度较大，或复合肥在造粒过程中不同组分间的化学反应没来得及完成，在储存过程中会发生复分解反应或生成复盐。这些反应发生在颗粒表面组分之间以及不同颗粒表面之间，伴随着放热与释放水分，可能引起颗粒表面之间的重结晶，形成晶桥而导致复合肥料结块。此外，随着热效应的产生，复盐组分可能发生变化，导致颗粒产品膨胀和收缩，从而使产品出现崩裂粉化和结块现象。

1-4 塑性变形理论

该理论认为，结块伴随着形变，形变又会因受压而使结块加剧；没经彻底冷却的复合肥料的残余热量会从颗粒中心向外转移，如果这时复合肥料颗粒受到挤压就会导致变形，从而结块。在储存过程中，如果储存的压力过大，复合肥料颗粒的塑性变形就越大，颗粒间的接触面积也越大，晶粒之间的距离变小，分子引力增大，这就为其反应及重结晶创造了有利条件，使肥料很容易发生结块。

山西阳煤丰喜肥业(集团)有限责任公司
SHANXI YANGMEI FENGXI FERTILIZER INDUSTRY (GROUP) LLC.

归纳起来，肥料的结块是由粒子的接触点形成的，主要有三种不同的接触点：相接触点、附着接触点、液体接触点。

2 影响复合肥料结块的因素

2-1 内在因素

肥料结块的内在因素是肥料本身的物理化学性质和结块，重要的是肥料的粒度、粒度分布、物料组成、水分等。

2-1-1 化学组成

复肥生产，原材料的化学组成是影响复合肥料结块的内在因素。复合肥料生产所使用的原材料主要包括：尿素、硫酸铵、磷酸一铵、磷酸二铵、重钙、普通过磷钙、氯化钾、硫酸钾、添加剂等，这些原料都有不同的吸湿性。而且当不同原料混合后，混合物的临界吸湿点与单体物质相比会明显降低，变的更易吸湿（即吸收外界的水分）。对于复合肥料，如果原材料选择不当，就会导致吸湿点降低，吸湿性增强。所以，为了达到减少复合肥料成品结块的目的，在设计复肥生产工艺配方时，应考虑原料的物理性质、化学性质，合理搭配，尽量降低因吸湿降低出现结块的现象。

2-1-2 比表面积

复合肥料的结块趋势与肥料颗粒的粒径和形态直接相关。相同质量的肥料组合颗粒越小，其表面积越大，就容易在空气中吸潮并结块。小粒径肥料及圆润度差的粒肥在储运过程中颗粒间直接触紧，磨擦多，颗粒易破碎起尘，发生不均匀的离散，易产生结块。颗粒不均匀、细粒过多、圆润度差的肥料，其抗压强度、耐磨性、抗冲击强度也比较差，颗粒脆弱易散，在储运中易粉化或受压变形，分离度升高。这些细粉添满了粗粒间得空隙，颗粒直接触点与接触面积成倍增加，很容易造成肥料结块。所以，必须十分重视生产过程中的成型和筛分，是肥料颗粒尽可能的均匀。

2-1-3 水分含量

肥料含水量（这里是指形成溶液相的游离含水量，不包括结晶水在内）对其在储存中的结块影响很大。生产复肥时允许的水分含量对肥料储存过程中的结块趋势有很大的影响：一方面水分的存在会导致毛细粘合，并产生晶桥；另一方面水分的存在会导致肥料颗粒软化，在外界压力作用下肥料颗粒发生变形，使颗粒间接触面积增大，加大了颗粒间结合的强度。颗粒的水分含量越少，肥料结块的可能性就越小，颗粒的水分含量越高（在一定温度下包装后的产品，在自然冷却过程中析出的结晶就越多）肥料结块的可能性就越大，因此，肥料的结块就会很严重。一般而言，含氮量高的肥料需要的干燥程度也较高，这对于尿基复合肥料尤其重要。在尿基复合肥料系列中：当N / P205 ＞ 1 时，水分含量应小于 1%；当 N / P205 ＜ 1 时，水分含量应小于 1，5 %；其他系列：当 N / P205 ＞ 1 时，水分含量应小于 2%；不含氮或含氮量很少时，水分含量可大于 2 %；

2-2 外部因素

肥料结块的外部因素是肥料在装卸和储存中接触的环境，如空气湿度、储存温度、储存时间、储存压力等。

2-2-1 空气湿度

外部的水分即空气湿度也会影响复合肥料的结块。当空气湿度较大时，肥料颗粒吸湿使得水分含量增加，导致肥料容易结块。

2-2-2 储存温度

肥料的储存温度越高，越容易发生结块。温度对结块的影响主要体现在包装时的产品温度和储存时的环境温度两方面。包装时如果产品温度过高，在以后的缓慢冷却过程中，原来溶解在残余水分中的肥料盐就结晶析出，形成盐桥，从而导致结块。在储存过程中，因环境温度的波动，在水分存在的情况，会引起盐的溶解，致使结晶重复发生，促使晶桥生成。如果储存的环境温度过高，肥料的临界相对湿度降低，其吸湿性将增强，导致结块容易发生。

2-2-3 储存时间

储存时间越长，肥料表面盐溶液重结晶——溶解过程进行的次数越多，长期处于一定压力下，肥料产生的变形越大，结块的趋势越明显。因此，要尽量缩短肥料的储存时间。

2-2-4 储存压力

提高储存压力就会增加颗粒变形的可能性和颗粒间的接触面积，使晶体交联的可能性加大，从而增加结块的可能性，一般易结块的肥料应避免堆积得过高。

3 防止复合肥料结块的措施

复合肥料结块的原因多种多样，通常采用的措施主要有以下几种。

3-1 在选择原料方面，采用不易结块的原材料，如磷酸二铵等，在添加剂中加入一些氧化钙、凹凸棒粉等。尽可能的使得系统物料的 PH 值提高。

3-2 控制产品粒度。在造粒过程中要严格控制原材料的粒度及水分含量。因为原材料的粒度分布与成品肥料的颗粒度密切相关，而原料的水分含量也会影响成品的含水率。所以要根据不同原材料严格控制造粒机中增湿的程度，严格控制返料比。返料量过少，会给造粒带来一定的困难；返料量过大，系统内部物料循环量过大，使干燥、冷却和筛分的负荷增加。另外，生产中适当加入一些调理剂，可改变颗粒的圆润度。在颗粒的控制方面，在满足要求的基础上尽可能地采取大颗粒生产，以减少接触面积降低结块现象的发生。也就是说：尽可能的生产均匀的大颗粒，以降低结块的发生。

3-3 降低包装温度。在肥料颗粒干燥后，只有经过充分的冷却后才能进行包装储存，一般情况下高氮、高养分复合肥料的储存温度低于 45 度后进行包装；一般养分的复合肥料储存温度低于 50 度后进行包装。根据五星公司现有情况，在包裹机的尾部和成品输送带上可以采取强制冷却的办法对肥料颗粒进行冷却，以降低温度防止结块（如在包裹机的尾部安装通风扇；在成品输送带上安装长型通风管等）。今后如果条件允许的话，可以考虑在包装称得上面建造一个冷却储存循环仓对颗粒肥料进行冷却，以确保物料间的化学反应反映完毕和包装温度降低，防止肥料结块。

3-4 降低堆放高度，可以防止颗粒破碎。通常采用每垛 10—16 层堆包为易，堆放时还应注意要定距堆放（每包装袋之间要保持 50—100 ㎜的距离）以确保货物的通风，快速降温，防止结块。

3-5 在复合肥料的外表面包裹一层如含石蜡很多的重油等疏水性的有机物，以防止颗粒表面接触发生化学反应，同时也会降低颗粒吸收水分的速度，，此外，还可以减慢母液中的水分向粒子表面迁移，降低在颗粒表面发生溶解与再结晶变化的可能性。

3-6 在复合肥颗粒的表面包裹一层惰性的无机粉末，如高龄土、滑石粉等。这些惰性物质的特点是能良好的粘附于复合肥料的表面上，不吸水，对产品完全惰性，因而降低复合肥料颗粒的吸湿性。此措施可在包裹机中进行。用量范围为 0，5%—1% 质量

山西阳煤丰喜肥业(集团)有限责任公司
SHANXI YANGMEI FENGXI FERTILIZER INDUSTRY (GROUP) LLC.

3-7 采用复合肥料专用防结块剂进行防结块处理。为了保持肥料的松散性，国内外对颗粒肥料防结块进行了大量的研究，出现了多种类型的防结块剂，并被广泛地应用于颗粒肥料生产中，从而大大地提高了复合肥的质量和应用效果。对于复合肥料防结块剂的选择，最好通过实验的方法来进行进一步的确定。因为，现在市场的复合肥料防结块剂品种比较多，性能各有各的特点，只有选择得当，才会有好的效果。

下面介绍一下常用肥料防结块剂：

3-7-1 惰性粉末。惰性粉末是世界上使用最早的防结块剂。一般为高岭土、滑石等细小粉末，这些粉末可以通过脂肪酸处理后使用。他们的作用是防止肥料吸湿，使接近颗粒保持一定的距离。用量范围一般为 1%——4%（质量）。但缺点是对易结块的高分解肥料一般无效，同时增加肥料的含尘量合适的肥料的有效成份降低。

3-7-2 表面活性剂。表面活性剂是当前广泛使用的一种防结块剂，它能改变固体和液体之间张力。表面活性剂的作用是防止吸潮、改善结晶习性、抑制结晶的融结合在结晶、减弱颗粒间的粘结力核扩散液膜。

3-7-3 非表面活性剂。非表面活性剂主要是有机疏水剂，他不具有表面活性，但能在肥料表面形成防水层，阻碍肥料颗粒的进一步吸水，从而阻止因毛细吸附而引起的结块。

国内外已生产和使用的复合肥防结块剂的商品名称和生产厂家推荐如下：

国家	商品名称	使用对象	生产厂家
中国	复合肥防结块剂 1#、2#、3#	NPK 复肥	远东肥料防结块剂研究所
中国	花王肥料防结块剂	NPK 复肥	西班牙中国公司
德国	Isco 90	NPK 复肥	Otto Schmidt Koalinwerk
法国	Argiec	NPK 复肥	BMP
美国	Anticake17、tallowamine	NPK 复肥	Exxon Chemical Amercan

3-8 选择最佳的发货时间，以减少结块。一般的情况下产品入库后储存一段时间（5 到 10 天）后在发出，这样物料的温度已接近环境温度，物料间的化学反应已基本完成，再结块的可能性会明显地降低。

我想，通过以上的工作可以解决复合肥料结块的问题。以上建议仅供参考，希望大家能在肥料防结块技术方面有广泛的交流，对我们的工作提出宝贵的意见。

一个倾心于中国有机肥事业的人

-----访山东亿丰源生物科技股份有限公司董事长　朱述尧

历尽艰辛，饱经沧桑，商海浮沉几十载，依然耿直如松，依然执着不改，依然情若赤子，依然奋斗如初，这样的人是值得敬佩的。这是生命抵达幸福的心态，也是事业步入巅峰的境界。

热爱的温度基于责任的轻重，发展有机肥事业，打造绿色农业是他追求一生而不倦不悔的梦想。从最初的意识萌发，到现在的激情开拓，他对有机肥事业的热爱由于那份责任和使命而变得如此的炽热如火。他就是全国最大的生物有机肥专业制造企业——山东亿丰源生物科技股份有限公司董事长朱述尧。种过地、当过兵、做过官，身份的迥异和命运的多变，让他谦和内敛间蕴含坚毅和力量，沉静从容中彰显乐观和执着。就如同一匹久经沙场的战马，安详的外表中奔腾着不屈的梦想和灵魂。

农民的勤劳朴实，军人的坚韧果敢，政治家的大局胸襟，当三种人生的智慧特质戏剧性地凝于一身，也成就了这位肩负绿色低碳使命的企业领导人传奇的一生。

心怀远大　缔造亿丰源绿色传奇

人言：心有多大 舞台就有多大。朱述尧心中从不曾把做有机肥当做赚钱的生意，在他心中这是一份事业，一个梦想，一种责任。一个企业引领一个产业，一个产业报效一个国家。正是这种宽阔的胸怀和高尚的视野，成就了亿丰源广阔的舞台和无限的未来。

朱述尧对有机肥事业的专注用“倾心”、“醉心”形容毫不为过。他把所有的心力倾注在做专做精生物有机肥产业的本身。在忘我地奋力攀岩中，忘记了有机肥事业的水涨船高，没有注意到山顶与自我位置之间的微妙变化。付出的最高境界便是“忘我”，不计个人得失，无谓路途艰辛，这种对有机肥事业无悔的追求，对绿色梦想不断的冲击，让亿丰源在中国绿色有机肥产业里走出了一片天地。当亿丰源从起步到快速成长，从建设搬迁到快速发展，前后十余年的点滴累积中，一步步迎来了亿丰源股权改造、挂牌上市，成为国内第一家有机肥上市公司这个质的飞跃。这是一段创业传奇，只有心怀远大，心无旁骛者方能缔造。

为人之至，心怀远大，经营之至，产业报国。朱述尧的人生境界和事业追求，造就了鲜明的企业性格，也在潜移默化地影响着亿丰源人以毅力、自信、悟性披荆斩棘，用足够专注的凝聚力，精化着产品、细化着经营、优化着服务与管理。理悟着“服务三农、回报社会”的宗旨，坚守着质量第一、信誉第一的原则，历经数年不懈追寻，倾其一身为提高有机肥的使用意识而努力，在很多地区提高了对有机肥认知度的同时构筑了稳定的销售体系。技术强硬的产品质量、完善宽泛的市场网络、快捷强大的物流体系、及时细致的售后服务都在渐进中滋长。

朱述尧董事长说：“上市是做强做大的需要；自我加压规范管理的需要；是整合社会力量支撑有机肥产业发展的需要，是人生价值和企业社会责任意识的体现。”这是一位深思熟虑的企业领导人在企业走向成熟的阶段性思考和价值性抉择。

山西阳煤丰喜肥业(集团)有限责任公司
SHANXI YANGMEI FENGXI FERTILIZER INDUSTRY (GROUP) LLC.

不为己活　始终坚挺的责任脊梁

时刻禀赋社会责任感的人总会灵敏地嗅到社会的需求，百姓的期盼。在上世纪七八十年代提高化肥产量解决温饱是大问题，而随着人们饮食档次的箭步提升，绿色健康、环保、无公害逐渐成为消费需求。特别是目前国内化肥用量已经超标，土质正在下降，食品质量走入人们关注视野，农业环境恶化已成我国农业可持续发展的桎梏。朱述尧董事长正是强烈地捕捉到生物有机肥需求的迫切信号，于是满腹热血，于2003年下定决心提前内退创办了山东亿丰源生物科技有限公司，大力推广生物有机肥，立志服务三农，让中国的农业走一条绿色之路。

责任一旦担起，就要挺直脊梁一担到底，其中的得失、进退朱述尧甘苦自知。为了加快推广，他大胆采取由经销商定价格、农民使用效果好再给钱的促销策略，推广赊销的600多万元欠款至今还未收回。面对这些，朱述尧都会坦然面对，个人的得失与中国有机肥产业长远发展相比，一切都无需计较，因为他看得很远。得失一念之间却冰火两重天，领导人高度直接影响着一个企业发展格局。竭诚为农民增收、农业发展、人类健康、生态和谐服务是亿丰源达至的最高发展境界。

载着这样的价值体悟与经营逻辑，亿丰源生产的产品也会无欲则刚。这也成为了亿丰源多年积累的优势：过硬的产品品质让企业连续四年在山东省政府采购有机肥项目中成为最大中标供应商；2004年‘亿丰园’牌肥料被农业部评为“国家无公害农产品生产指定专用肥料”，2011年被中国化工学会专业委员会评为“中国农民最信赖的农资品牌”等品质保证；公司为了提高产品品质的检测力度，先后成立了山东省最大的有机肥研发中心和省级重点实验室，与山东省农科院等多家科研院所合作，不断进行产品研发和技术创新。公司自主研制生产的药肥双效型芝麻粕系列产品，在获得专利的同时，被国家五部委列入“重点推广新产品”；亿丰源紧紧抓住品质不放松，充分发挥企业核心竞争优势，积极寻找自身产品与同行的差异和卖点，着力打造引领中国肥料潮头的最佳肥料品牌。

止于至善　海纳志同道合

《老子》说：“上善若水，水善利万物而不争”，朱述尧董事长给人最大的感受就是“善”，面善、心善、性善融于一身。他表情稍带凝重地表达对自己的评价：最大优点是“善”，最大缺点是“太善”，这种评价的背后一定埋藏着些许心底的感悟与善的进退中难以言辞的无奈，当善已成为他生命中无法摆脱的因子时，有快乐也会有酸楚，但即使如此，他仍然会选择“从善如流”。

曾经与现在，朱述尧一直用这份“善心”积极参与社会公益事业，担负起社会责任，不仅解决了600余人的就业问题，连续四年成为当地纳税大户，而且每年拿出很多善款资助贫困大学生和参与当地所有敬老院的捐赠并无偿为当地企事业单位的绿化工程提供有机肥。

“下一步还要建立两个高规格的敬老院”，朱述尧清楚自己老了的年代将是中国老龄化比例最高的时候，等到那时他希望能在自己建设的敬老院里招待曾经与自己并肩奋斗的战友们、同事们，还有当地普通老百姓，不以营利为目的，保证这里的老人们健康快乐得安享晚年。“老吾老以及人之老，幼吾幼以及人之幼”，古人为善不过如此。

风雨无阻，岁月不改。在道德流失、行善不得的年代，朱述尧的坚持让我们感动，更让我们庆幸身边还有这样的人，我们能感受到他内心的执着、美好和博大，与这样的同道中人并肩而行，共同追求一份伟大的事业，这其中的幸福和温暖必将铭刻于心。

胆略过人　把控未来乾坤

岁月打磨，时光滋润，朱述尧的人生羽翼是丰满且坚强的，经得起风雨苦难。在企业发展的冲浪中，他曾遭遇过经济危机的困境，在人生的跌宕中也遭遇过两次车祸一次抢劫的窘境，但都顽强挺过，他的福来自于他的善、他的胆略、更来自他对这份事业无法割舍的情怀。他纯净的笑容如同肩负的绿色使命一样温暖，诠释着他内心精神的富足，那是梅花香自苦寒来的豁达，绽放着他的感性，解构着他的情商。

同时，朱述尧董事长对于有机肥产业的发展时常有自我理性地分析和见地。首先，公众认识问题亟待解决，有的省份或地区对有机肥的认识不到位，如果认识统一，上下一起努力，有机肥的使用量将会有所提升；其次，有机肥企业良莠不齐，产品质量难以保证；有机肥生物肥的标准还应再加强规范，建立国家标准。同时需要整个有机肥行业在原料选用和生产工艺上，严格把关，精益求精。另外，需要国家在政策、财政上加大支持力度。现在有机肥已经免收增值税，但是铁路运输上的政策还需加大优惠力度。

车到山前必有路，在朱述尧心中，能够遇见到未来10年坎坷路不可避免，但心态决定状态，责任决定坚守，目标决定方向。带领亿丰源上市的朱述尧甚至没有停脚一歇，他又出征了：2012年朱述尧将在东北、西部、南方地区建立三个分厂，完成企业全国战略布局，打造相对完善的有机行业全产业链，为企业未来发展提供持续支撑，在快速发展、回报股东的同时，力争3-5年实现主板上市。

“心怀远大”的博大境界力保有机肥发展的至高至远，“止于至善”的做人境界力保亿丰源发展的大爱动力，“不为己活”的经营境界力保亿丰源的品牌无欲则刚，“奋斗不息”的生命力保亿丰源发展的历久弥坚。如此心境，我们更加坚定：向善是朝阳，亿丰源的未来将被点燃，如同一枚来自夜空的星火，穿越苍穹，照亮三农，永远闪亮在中国农资无垠的天空。

他把杨凌农业科技推广到大江南北

他是一个地地道道的农家子弟，热情开朗，和朋友在一起有说有笑，工作起来一丝不苟的人；他是一个对农业饱含深情，把农业科学技术推广当成自己应尽责任的人；他组织的农业科技推广、科技下乡小分队的足迹踏遍三秦大地、大江南北，培训农民数万人次。他就是杨凌示范区农业科技示范推广先进个人、第四届杨凌优秀青年、杨陵区政协常委 一杨凌博迪森生物科技发展股份有限公司董事长兼总裁王琳先生。

建立示范基地　推广农业科技

“马铃薯施肥以基肥为主，一般占总用肥量的60%—70%；生在过程中吸收钾肥最多，氮肥次之，磷肥最少….”

2012年3月中旬，中原大地，万物萌动。杨凌博迪森公司组织的科技乡下、服务“三农” 小分队，赶赴河南省通许县、尉氏县、杞县等地，深入田间地头，宣传、讲解科学施肥新观念，让农科城的

山西阳煤丰喜肥业(集团)有限责任公司
SHANXI YANG MEI FENGXI FERTILIZER INDUSTRY (GROUP) LLC.

科技春风吹遍中原大地。在通许县朱砂乡陈寨村，博迪森公司董事长兼总裁王琳现场给农户讲解马铃薯如何科学施肥。该公司组织的科技小分队所到之处，受到农民朋友的热烈欢迎。

王琳始终认为：产品质量是企业的生命线，科技服务更是连接企业和农民之间的纽带和桥梁。公司成立10多年来，王琳每年都组织科技小分队下乡，深入生产一线，实地指导农民科学管理、科学施肥。特别是2010年至今，博迪森公司先后组织科技小分队下乡近20次，赶赴山东、山西、河南、甘肃、新疆、内蒙、江苏等16个省区以及陕西省内各地市，培训指导农户3万人次，切实帮助农户解决生产中的施肥、管理等方面存在的问题。把杨凌的农业科技送到了大江南北，田间地头。

除了现场指导农户，还有什么更好的办法使更多的农户通过学习农业实用技术而提高农作物的产量和品质？这是王琳一直思考的一个问题。经过与相关专家和技术人员商议，王琳决定建立科技示范基地，以此为平台，示范、辐射、带动。近几年来，王琳亲自组织带队，不辞辛苦，忍饥挨饿，冒酷暑，耐严寒，走东北，访内蒙，赴新疆，到中原。几乎跑遍全国各地，与各地农科技推广中心、农民专业合作社、农技站联合建立农业科技示范推广基地42个。基地涉及到黑龙江、内蒙、河北、山东、江西、河南、陕西、甘肃、山西、宁夏、新疆等地，面积累计达53.7万亩，受益农民达数万人。在推广农业科技的同时，也使得“博帝森”系列农资产品家喻户晓，促使各地小麦、玉米、棉花、大豆、水稻、苹果、桃树、梨树、土豆、红薯等作物提高了品质，增加了产量。

合理追求利益　兼顾社会责任

2011年3月，陇东大地“乍暖还寒”，不久前的一场春雪还没有融化。对于甘肃省镇原县南部三个乡镇（平泉镇、中原乡、新城乡）的农民朋友来说，这个春天的阳光似乎比往年都要明媚，因为在当地各级政府部门和杨凌科技人员的共同关注下，镇原县“南三镇”农业科技推广协会、平原种植专业合作社正式挂牌成立。许多合作社成员高兴地说：“感谢杨凌专家和技术人员，大老远赶来指导我们科学种植，合理施肥。正是因为有政府和杨凌农业科技的支持，我们的农业发展才能日新月异。

王琳应邀参加了这个合作社的揭牌仪式，他也是唯一受邀的农资企业。接到通知后，王琳非常高兴。他说这是农民对“博帝森”品牌的信任。做为涉农企业，在合理追求利益的同时，更要兼顾社会责任。

“我们认为，推广农业科技，不仅仅是政府部门的责任。”王琳说，“所以我们将一如既往，加大农技推广的工作力度，投入一定的人力财力，为农户‘传经送宝’，答疑解惑。”2010年上半年，肥料市场在年初小幅反弹后一路下滑，持续低迷，给广大经销商带来了前所未有的困难。面对严峻的市场形势，杨凌博迪森公司从贴近市场出发，在公司经营无利的情况下，先后三次赠肥答谢用户，共赠送复肥485.95吨，液肥653件，确保了客户利益不受损失，让农户得到更多的实惠。

王琳说，早在五六年前，中央提出建设社会主义新农村的宏伟目标，其中首要任务是“发展生产”，因为只有生产发展好了，农民的生活才能宽裕，乡风才能文明，村容才能整洁，管理才能民主。而广大的农民要发展生产，就离不开政府部门的引导，专业合作社的组织，就离不开品牌农资企业的服务。王琳的这一观点在陕西省土壤肥料工作大会上，得到了农业厅领导和许多同行的认可。连续多年，杨凌博迪森公司被陕西省土肥站评定为“测土配方施肥”定点生产企业。王琳本人被评为杨凌示范区农业科技示范推广先进个人；当选杨凌示范区“工商联执委”、杨陵区政协常委；被工商、质检、公安等部门聘为“行风监督员”；同时还被聘为 “中国化肥工业年鉴常务理事” 和“《农药研究与应用》杂志社常务理事”。公司在王琳管理经营下，“博帝森”牌系列产品严把产品质量关，多年来得到了广大经销商和用户的一致认可，在全国20多个省、市、自治区已形成网络销售。产品先后获得“中国驰名品牌”、“中国优质名牌产品”、“中国无公害绿色环保肥料”、 曾获得“国家产品质量免检证书”，获得“陕西省著名商标” ，2011年被中国化工学会化肥专业委员会评为“中国化肥行业100强”、 “中国农民喜爱的化肥品牌”、 “陕西省化肥企业5强”等二十多项荣誉。

王琳告诉记者，博迪森的发展，离不开示范区和杨陵区领导及相关部门的帮助与支持。我们将以科学发展观为指导思想，把服务“三农”作为工作的重中之重， “想农民之想、急农民之急、帮农民之需”，依托杨凌得天独厚的地理优势、科技优势和人才力量，为农民提供优质的农资产品，提供更多优质的服务。以此向示范区成立十五周年献礼，向党的十八大献礼。

电耗小于0.36KwH/m3纯氧新型两段法变压吸附制氧技术

作者：宋宇文 张健

摘要：本文阐述了变压吸附发展历史及新型制氧技术开发及其应用……。

关键词：变压吸附制氧

变压吸附技术的发展

变压吸附分离技术被发明以来，广泛地应用于气体混合物的分离精制。

1958 年，Skarstorm 申请专利并应用此技术分离空气。同时， Gerin de Montgareuil 和 Domine 也在法国申请专利。两者的差别是，Skarstorm 循环在床层吸附饱和后，用部分低压的轻产品组分冲洗解吸，而Gerin-Domine 循环采用抽真空的办法解吸。

1960 年大型变压吸附法空气分离的工业化装置建成。

1961 年用变压吸附分离工艺从石脑油中回收高纯度的正构烷溶剂，并命名为Isosiv 过程，1964年完善了从煤油馏分中回收正构烷烃的工艺。

1966 年利用变压吸附技术提氢的四塔流程装置建成，20 世纪70 年代后采用四塔以上的多塔操作，并向大规模、大型化发展。

1970 年又建成分离和回收氧的工业化装置，用于环保工业污水处理生化的需要。同时被广泛用于从石脑油中提取正构烷烃，再经异构化，将异构化产物加入汽油馏分中，以提高其辛烷的Hysomer过程。

1975 年试制成医用富氧浓缩器，1976 年开发了用碳分子筛变压吸附制氮的工艺并工业化，随后采用5A 沸石分子筛抽真空制氮工艺。到1983 年德国推出性能优良的制氮用碳分子筛。到1979 年为止，约有一半的空气干燥器采用Skarstrom 的变压吸附工艺。变压吸附用于空气或工业气体的干燥比变温吸附更为有效。1980 年开发了快速变压吸附工艺（又称为参数泵变压吸附）。

山西阳煤丰喜肥业(集团)有限责任公司
SHANXI YANG MEI FENGXI FERTILIZER INDUSTRY (GROUP) LLC.

从 20 世纪 90 年代起，由于电能紧张，变压吸附制氧又在炼钢等领域占有了一席之地。

我国对变压吸附制氧技术的研究

目前，利用空气分离氧气方法主要有三种：变压吸附法（PSA）、膜分离法和深冷法。前两种方法为非低温法。深冷法可制得纯度 99.5% ～ 99.9% 的氧，但投资高，劳动强度大，而且需设置在与用户相近的地方。产品氧气必须液化或充钢瓶后运输，给使用带来不便。非低温法生产的气体纯度一般低于深冷法，O2 纯度为 93% 左右，但投资和成本低于低温法，一般适用于对气体纯度要求不是特别高的领域。非低温法的开发应用虽然较低温法晚，但随着其技术的不断进步和工艺过程的完善，在许多应用领域具有很高的竞争能力。

非低温变压吸附制氧（Pressure Swing Adsorption）是利用气体在不同的压力下在吸附剂上的吸附能力不同，对空气中各种气体进行分离的一种非低温空气分离技术。空气中的主要组份是氮和氧，因此可选择对氮和氧具有不同吸附选择性的吸附剂，设计适当的工艺过程，使氮和氧分离制得氧气。氮和氧都具有四极矩，但氮的四极矩（0.31）比氧的（0.10 ）大得多，因此氮气在沸石分子筛上的吸附能力比氧气强（氮与分子筛表面离子的作用力强，如图 1 所示）。因此，当空气在加压状态下通过装有沸石分子筛吸附剂的吸附床时，氮气被分子筛吸附，氧气因吸附较少，在气相中得到富集并流出吸附床，使氧气和氮气分离获得氧气。当分子筛吸附氮气至接近饱和后，停止通空气并降低吸附床的压力，分子筛吸附的氮气可以解吸出来，分子筛得到再生并重复利用。两个以上的吸附床轮流切换工作，便可连续生产出氧气。

我国对变压吸附制氧技术的开发起步较早，从 1966 年开始研究沸石分子筛分离空气制氧技术；20 世纪 70 年代 PSA 分离空气制氧在钢铁、冶炼和玻璃窑等工业领域已经得到了广泛的应用。20 多年来，由于技术力量分散，相互之间缺少联络，我国的变压吸附制氧技术发展缓慢，同国外的差距越来越大。

20 世纪 70 年代是我国 PSA 分离空气制氧技术发展的鼎盛时期，全国部分单位相继开展了变压吸附制氧技术的实验研究，建立了数套工业试验设备。这个时期开发的变压吸附制氧设备的共同点有以下几个方面：

（1） 大多采用高于大气压吸附、常压解吸流程，吸附塔有两个到四个；

（2）空气进入吸附塔前，经过脱水预处理；

（3）设备可靠性差，不能连续稳定运行，导致大部分设备报废；

（4）技术、经济指标落后。

20 世纪 80 年代，原来从事变压吸附制氧装备研制单位的开发项目相继中止，我国变压吸附制氧技术的开发再次进入低谷。20 世纪 90 年代是我国变压吸附制氧技术突飞猛进向前发展的时期，变压吸附制氧技术逐渐成熟，有些产品的综合技术经济指标已经接近国外先进水平。多年的实践表明，我国变压吸附制氧技术已经走出实验室步入实用化阶段。在近十年内，通过不断地技术更新和研究开发，我国变压吸附制氧技术日新月异，发展迅速，与世界先进水平之间的差距正在不断缩小。成都天立化工科技有限公司近年来致力于节能环保的变压吸附气体分离高新技术研究和开发。在变压吸附空气分离制氧开发出了两段变压吸附装置从空气中分离氧气方法，于 2006 年 4 月获得国家知识产权局专利授权，专利号为：ZL 2004 1 00464599.9，与国内外同类产品相比具有相当的优势。

该技术产品质量稳定、工作可靠、结构新颖、成本和能耗低。启动时间更短，稳定性更好，而成本仅为同类产品的 80% 左右。

变压吸附法制氧与深冷空分方法制氧具有如下特点:

类别项目	深冷空分制氧装置	变压吸附制氧装置
分离原理	将空气液化，根据氧和氮沸点不同达到分离	加压吸附，抽真空解吸，利用氧氮吸附能力不同达到分离
装置主要特点	工艺流程复杂，设备较多，包括空气压缩系统，空气预冷系统，空气纯化系统，膨胀机组，换热系统和精馏塔等。	工艺流程简单，设备少，包括鼓风机、真空泵和吸附塔等
工艺特点	-160～-190℃低温下操作	常温操作
操作特点	启动时间长，一般在 15～40 小时，必须连续运转，不能间断运行，短暂停机，恢复工况时间长。	启动时间短，一般≤ 30min，可连续运行，也可间断运行。
维护特点	设备结构复杂，加工精度高，维修保养技术难度大，维护保养费用高。	设备结构简单，维护保养技术难度低，维护保养费用低。
土建占安装特点	占地面积大，厂房和基础要求高，工程造价高安装周期长，技术难度大，安装费用高。	占地面积小，厂房无特殊要求，造价低。
制造成本	中小型制氧电耗高，约为 0.5～1.0KW/Nm3	制氧电耗低，约为 0.32～0.51KW/Nm3
安全性	设备受压力容器规范控制。可造成碳氢化合物局部聚集，存在爆炸的可能性。	操作压力低，不会造成碳氢化合物的局部聚集

变压吸附法生产的氧气产品纯度可以在一定范围内任意调节。吸附装置在常温下运行，不涉及绝热问题；氧气纯度在 50% ～ 93% 之间可以任意调整， 生产负荷可在 30% ～ 110% 范围内任意变化等。可以用于氧化反应，造纸漂白；氧气顶吹转炉炼钢、高炉富氧喷煤炼铁和有色金属的冶炼；环境保护，污水生化处理；医疗保健、家庭氧疗、室内环境、高原补氧、科研氧源以及养殖业用氧等许多领域。

4．变压吸附空分制氧现状

目前国内外有很多公司在研究开发和在市场上出售 PSA 制氧系统。由于新型吸附剂的研制开发和工艺流程的不断改进，使得产品纯度提高，产品回收率增加，能耗和装置投资降低，装置适用的范围也不断扩大。大型 PSA 氧气装置用于电炉炼钢、富氧造气、纸浆工业，而小型 PSA 氧气装置主要用于臭氧发生器和家用及医院供氧。在国内目前主要流行的 PSA 制氧流程均为抽真空流程，受制于现有吸附剂和抽真空流程，其收率只能在 40~55% 之间。

5．我公司变压吸附空分制氧进展

成都天立化工科技有限公司凭借着对变压吸附的深刻理解，完成了变压吸附尿素脱碳、提氢领域的技术革新和市场领先后，潜心对变压吸附吸附剂分子筛和制氧流程技术进行了再次开发和创新，其中一项重要的成果是新型制氧分子筛性能取得了重大突破。我公司从 2003 年投入了大量人员和资金，开始新型制氧分子筛的研究开发，经过多年的不懈努力，吸取国际国内的实际经验，开发研制出一种新型空气分离制氧专用分子筛，与传统的制氧分子筛相比，新型分子筛吸附性能大幅度提高，达到国际最先进水平，其性能特点如下：

山西阳煤丰喜肥业(集团)有限责任公司
SHANXI YANGMEI FENGXI FERTILIZER INDUSTRY (GROUP) LLC.

（1）．氮气吸附量大，常温常压下达到了 20ml/g，是传统分子筛的 3-4 倍。

（2）．氧氮分离系数高，其氧氮的分离系数达到了 7~10 倍。

（3）．强度及耐磨性能好，使用寿命得到大幅提高。

另一方面在流程上，我公司摒弃了传统一段法 VPSA 流程，成功开发出了真正小于 0.36 度电（每标方纯氧）新型两段法变压吸附制氧工艺并已应用于工业生产。此工艺采用两段法吹扫技术，去掉了真空泵，仅有进装置鼓风机，节约了大量的动力设备投资和动力设备消耗。采用此工艺，同时采用新型 Li 系分子筛，其产品氧回收率可达 70~80%，这样，大幅度减少需处理的原料空气量，降低了动力设备负荷，使得制氧电耗大幅降低。

我们对传统一段法和我公司两段法进行对比分析如下：

对一套典型的传统 PSA 制氧装置进行分析：

某 1500Nm3/h 左右 PSA 制氧装置已建成投产 6 年，2009 年运行状况如下。装置简介：两塔工作，其中间歇式产氧，冲洗步序原料气经风机、真空泵运行旁路。装填载锂分子筛。动力设备配置：罗茨鼓风机　出口压力 57.3Kpa，流量　318m3/min，最大轴功率 900Kw，一台；罗茨鼓风机，流量 415m3/min，吸入压力 -57.7Kpa，电机功率 900Kw，一台；氧压机　流量　24m3/min，出口压力 0.2Mpa，轴功率 80Kw，装置运行情况如下：

（1）、操作工况：

风机气量：17500Nm3/h（进气温度 35℃，常压）；

吸附步序有效进气量：16000Nm3/h

操作压力（G）0.046Mpa；

产品氧气纯度：81%

产品氧气流量度：1800 Nm3/h

循环时间：52 秒

（2）、分析数据

成分（v%） 样品名	O2	N2
空气	21.0	79.0
产品气	81.0	19.0
真空气解吸气	13.3	86.6

（3）、装置物料流程：

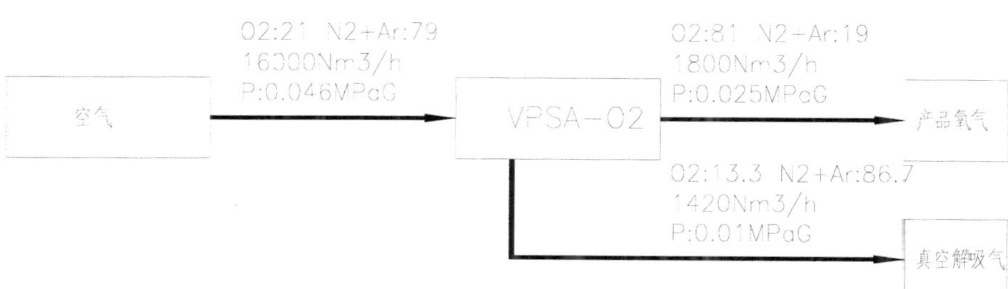

（4）、电耗及氧气回收率：

按实际运行数据计算其供氧压力 25KPa 下

电耗为：(900×0.9)/(1800×0.81)=0.55(Kwh/Nm3 O2)

氧气回收率为：(1800×0.81)/(16000×0.21)=43.4%

根据对国内多套一段法装置分析情况看，其实际消耗均在 0.55~0.61(Kw/Nm3 O2) 之间，主要原因在于：一、装置氧气回收率低，普遍在 40~55%，导致吸入空气量偏大，增加了进装置加压设备的消耗；二、工艺流程简单，完全靠高真空度解析氮气，浪费了能量；三、动力设备数量多，随着运行时间增长动力设备磨损后效率下降，电耗增加。

成都天立公司新型两段法 PSA 制氧装置及高效载 Li 分子筛应用情况：

山东瑞星的 10000Nm3 制氧装置于 2012 年 6 月 3 日建成投产，装置配置如下：采用两段法工艺，第一段为脱氮段，设计为 13-6-4 流程，即十三台吸附塔六塔同时吸附四次均压降，装填我公司自行研发生产的载锂型分子筛；第二段称为制氧段，设计为 8-4-1-P 流程，即八台吸附塔四塔同时吸附一次均压顺放吹扫；动力设备配置：空气鼓风机二台，出口压力 201Kpa，单台风机流量 640Nm3/min，装置因试车不久，目前为单机运行阶段，运行情况如下：

（1）、操作工况：

鼓风机气量：38400Nm3/h（吸入口温度 23℃，按缓冲罐实际测试打气量）；

操作压力（G）0.2Mpa；

产品氧气纯度：85%

产品氧气流量：6800 Nm3/h

循环时间：提浓段循环时间 156s；精制段循环时间 128s

（2）、分析数据

成分（v%） 样品名	O2	N2
空气	21	79
中间气	56	44
精制段产品气	85	15
精制段逆放气	35.3	64.7
放空气	7.3	92.7

（3）、装置物料流程：

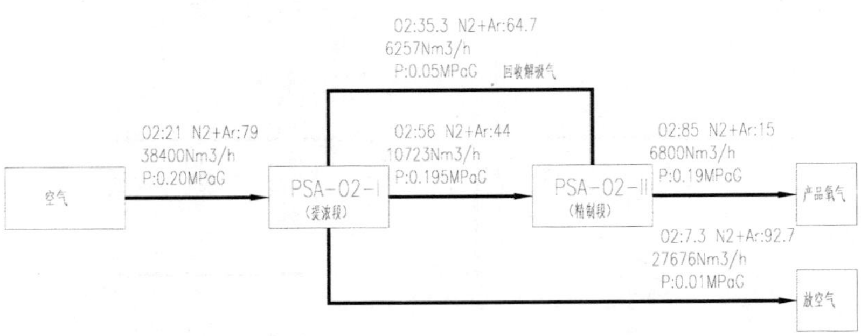

山西阳煤丰喜肥业(集团)有限责任公司
SHANXI YANGMEI FENGXI FERTILIZER INDUSTRY (GROUP) LLC.

（4）、电耗及氧气回收率：

目前空气压缩机在吸入状态为大气压时，吸入量为 41000m3。依据电机压缩时的绝热功耗公式：

N 轴功率＝N 绝热 /(η 机械 × η 绝热) Kw

$$N_{绝热}=1.63\times P_1V_1\frac{k}{k-1}\left(\gamma_1^{\frac{k-1}{k}}-1\right)\ \mathrm{kW}$$

对离心风机，其中 η 机械取 0.85， η 绝热取 0.8

压缩比 γ ＝ (2.98+0.98)/0.98=3.04

因此空气压缩机的轴功率为：

N 轴功率＝ 1.63×1×41000/60×(1.4/(1.4-1)) ×(3.04(1.4-1)/1.4 － 1)/0.85/0.85=2231Kw

按 190KPa 供氧

电耗为： 2231/6800/0.85=0.385 Kwh/Nm302

按 25KPaG 压力下供氧

6800Nm3/ 氧气由 25KPa 升至本装置 190KPaG 所耗电为

N 轴功率＝ 1.63×6200/60×(1.4/(1.4-1)) ×(1.74(1.4-1)/1.4 － 1)/0.95/0.95=319Kwh

实际电耗为：(2231-319)/ 6800/0.85=0.33Kw/Nm302

氧气回收率为：(6800×0.85)/(38400×0.21)=71.7%

6. 新型两段法变压吸附空分制氧优势及应用

从目前已投用装置看，制氧实际电耗已降至 0.385Kwh/Nm3 02，（压力 190KPaG 供氧）具备了以下方面明显优势：

（1）两段法工艺及新型 Li 系分子筛应用，使装置氧气回收率得到了提高，达到了 72 % 左右，减少了原料空气处理量，降低了进装置加压设备的消耗；

（2）工艺流程配置合理，去掉真空泵及氧气压缩机后简化了动力设备配置，降低了设备工常维护费用；

（3）产品氧气供氧压力为 150KPaG，可在该压力下直接使用，无需再加氧压机；

（4）动力设备类型及数量减少，增强了装置可靠性，同时减缓了因动力设备磨损带来装置性能随运行时间加长而下降影响因素。

（5）就投资而言，在用氧纯度小于 93% 装置中，以 10000Nm302/h 装置为例，新型两段法变压吸附制氧工艺总投资较深冷空分总投资节约 15~25% 左右。

目前，采用新型两段法变压吸附制氧工艺的装置已经建成投产 2 套，其中山东瑞星化工有限公司的有 2 套 10000Nm302/h 装置，一套于 2012 年 6 月 3 日投产，另一套 10000Nm302/h 装置在建设当中，预计 2012 年 8 月份投产。另，成发集团水钢项目，有 2 套 15000Nm302/h 装置，预计 2012 年 9 月份投产。在未来一段时间，该技术可望在富氧领域得到广泛应用，在节能降耗及国民经济可持续发展中发挥积极作用。

福州三龙喷码科技有限公司简介

福州三龙喷码科技有限公司是一家集设计开发；生产销售服务于一体的专业喷码机及耗材生产企业，吸收和融合国内外先进的制造技术，拥有150多位员工。目前拥有3000多平方米的喷码机油墨工厂和福州2600多平方米的大中华营销总部，上海分公司及全国各地的办事处。为客户提供可靠全面的标识解决方案。经过十余年的努力，建立起了完善的研发及客户服务体系，可为广大客户提供最合适的标识解决方案。公司自行研发的EAGLE系列大字符喷码机在水泥、化工等行业占据了领先地位。水泥行业专用计数器更是解决了困扰众多国内水泥厂的计量问题。

目标：零缺点；基本：身正，不令而行；核心：仁、义、理、智、信；是同仁推进“保姆”式服务的原动力和道德规范，造就一代吃苦耐劳，忠厚诚恳，自强不息的三龙人。因此深得客户信赖、支持，为企业纵横稳健发展提供了坚实的后盾。

中国包装标识领域已与国际接轨，在这个舞台上，我们激情奉献。尽心尽力，不断完善品质与服务，在此真切感谢帮助三龙走来的新老用户，更请不断进言，追求品质服务，攀升完美而努力.

企业大事记：

2000年4月18日，福州三龙机电设备有限公司成立于鼓山下院鼓山花苑别墅B4座，创始人陆华，钟志新，陈文仪，从事包装材料贸易。

2001年，公司销售第一台Willett450与福建茶叶进出口公司。

2002年，公司售出第一台英国Willtte3150大字机与山东界河鲁南水泥厂，该项目由陈惠平主战。

2003年，公司自行研发生产喷码机油墨，并向国家商贸注册局申请注册商标“SQUID”（俗称：墨斗鱼）。

2004年6月18日，公司正式更名为福州三龙喷码科技有限公司，从此公司金融专营喷码机时代。

2005年，在武夷山生态创业园区购入57亩工业用地，成立武夷山泰华实业有限公司，注册资金伍佰万元，建立企业未来二十年的生产科研基地。

2007年，第一代老鹰牌喷码机研制成功，命名为Eagle-II，在实验室和客户中试运行，公司员工由创业之初的五名到五十名左右。平整土地，建起近六千平方米的泰华实业综合楼。

2008年，国家知识产权局颁发喷头外观设计专利证书（证号：936827），国家工商局颁发泰山实业注册的“陆鼎记”商标注册证，（证号：4808495. 文字）（证号：5105243. 图案），为泰华实业下一步向旅游休闲，生态有机食品行业发展打下伏笔。

2009年，工商产销喷码机一千多台，鹰系列喷码机得到了广大客户的认可。

2009年5月，福州成立中华营运总部大楼，位于国家AAAA级鼓山风景区下院山麓，占地四亩，面积2700平方米，美其名曰“鹰巢”。

2010年，历经十年的风风雨雨，我们冷静沉淀过滤，在静思中憧憬未来，向专业化、产业化进军，为了梦想，向更好、更强再度扬风起航

山西阳煤丰喜肥业(集团)有限责任公司
SHANXI YANGMEI FENGXI FERTILIZER INDUSTRY (GROUP) LLC.

三龙地址：福建省福州市晋安区福马路 998 号石鼓琴湾 47 座
邮箱：sanlong8810@163.com
联系方式：陆先生 18905913555 电话：0591-87897001 传真：0591-87897009

江苏永丰生态农业科学有限责任公司

“谷粒庄”江苏永丰生态农业科学有限责任公司成立于 2011 年 03 月 01 日。是以产、学、研、销为一体的高科技公司，致力于解决农、牧、渔生物增产高品质、病毒病、真菌病以及土壤改良等，是史上最有效、最全面、功能最强大的系列解决方案。公司的标志性产品为纯植物源生物诱导素（商品名为：谷粒庄永丰生物诱导素），系列产品有生物生长诱导素、高端生物有机肥、生物农药、病毒伴侣等。完全契合政府政策导向，是国内第一批高端生物农业“130 项目”。生产厂房占地面积 869 平方米，工厂园林展示面积 1300 平方米，在全国 27 个省市都有实验展示基地。

“谷粒庄”江苏永丰生态农业科学有限责任公司旨在推崇“高效农业、低碳农业，修复生态链”，以及生物高科技高品质有机肥的研发、高标准的生产，集科研、生产、经营、服务为一体的高科技企业，目前公司诱导素年产能 10000 吨；高端生物有机肥年计划 500 万吨。

“谷粒庄”江苏永丰生态农业科学有限责任公司拥有教授、园艺师、工程师等实力雄厚的科技人员；同时，我们的营销队伍由高素质高学历的人员构成，积累了丰富的一线处理个案的经验与方法；建立了强大的专家顾问组；由农业、环保、生物科技、国家战略等方面的资深专家；随时为客户提供最先进理念最科学实用的解决方案，为产品形成规模化的生产营销提供可靠的保证。今后公司将致力于新产品的研发，为农业生产提供更好的产品，为更多餐桌提供绿色安全、生态的高品质农产品，在全体永丰人共同努力下，我们会有更长足的进步、蓬勃的发展。

产品介绍

“纯有机生物生长诱导素技术”是在中国著名生物科学家李永丰教授科研成果，也是世界最顶尖的生物科学应用技术，德国巴斯夫、瑞士先正达等世界一流的农化企业也正在进行同类课题的研究，但都尚未达到本项目技术、应用水准。目前，国内农业部门还未建立“诱导素”登记规范，但英国大不列颠百科全书已将本技术以其发明人李永丰的名义收录到其“诱导素”词条下。

永丰生物诱导素选用豌豆、蚕豆、绿豆和玉米等植物蛋白为原料，经过水解、脱色、脱盐、浓缩获得。主要成分：

1、18 种复合氨基酸，其中必须氨基酸相对含量占 36% 以上，支链氨基酸占 25% 以上，这一类氨基酸是作物获取营养和合成植物体蛋白质的关键氨基酸；

2、活性多肽，提供能量、诱导蛋白质合成；

3、游离有机质含量 45% 以上，提供生物能源，通过酵解途径获取 ATP 高能量。

主要功效及机理

（一）和化肥协同使用可提高化肥元素的 N.P.K. 的利用率，单位面积使用总量可减少化肥用量 20%--30%。

1、本诱导素注入土壤后，好似一种优良的培养基，能促使土壤中微生物大量繁殖、活性提高，对含 N.P.K. 的化合物有效分解，形成游离的 N.P.K. 供农作物吸收；

2、诱导素注入土壤后可使土壤中的 PH 值调整到作物生长最适宜的 PH 值，一般调节幅度至 PH6.5--7.5，从而使 N.P.K. 的利用率大大提高，节省了化肥的用量并有效地减少温室气体一氧化二氮和二氧化碳的产生与排放。

（二）注入土壤后可使农作物获得更多更丰富的营养。

1、本诱导素本身就是非常优良的一种营养素，含有丰富的有机氮、有机质和活性物质，又是获取其他各种营养素的促进剂，如：土壤中的微量元素，只有 20% 是有效的，可被作物吸收。土壤中其他的 80% 的微量元素是无效的，极不易被农作物吸收。而注入本诱导素之后，诱导素中活性成分和这一类微量元素螯合，形成水溶性的微量元素，直接被农作物吸收。

2、多种丰富的营养元素，又促进土壤微生物的大量繁殖，排泄出大量的有机质，从而大大提高肥效。

（三）通过本诱导素对土壤中 PH 值的调节，微量元素的利用率大幅提高，对农作物的生长和品质的提高提供更好的条件。

诱导素提升盐渍化土壤的种植效果，提高土地资源利用。

目前我国可耕种田地盐渍化土壤要占到 20% 以上，土地资源浪费严重。我国是人口众多的大国，因此提高种植土地的质地、提高农作物的产量和品质更值得高度关注。当诱导素施入土壤后有利的

山西阳煤丰喜肥业(集团)有限责任公司
SHANXI YANGMEI FENGXI FERTILIZER INDUSTRY (GROUP) LLC.

提升了土壤的种植效果，农作物的产量大幅增加，品质显著改善，种植水平可达到和超过常规的种植工艺。主要机理：盐渍化土壤一般PH值较高，通常PH值均在8以上，促使土壤当中的水分和多种养份“水势”下降，农作物的根系不易吸收而影响生长。本诱导素注入土壤后，PH值可调到6.5--7.0，使“水势”提高，有利作物的吸收和利用。

（四）减少农田重金属对农作物的污染。目前国内一些农作物中的重金属如汞、铅、砷、铬和镉等含量在很多农作物中明显超标，对人类的健康和产品的出口造成不良影响，在

这类土壤中注入本诱导素后，通过诱导素的活性基团和有害的重金属螯合，形成一个水溶性复合物，随水流的渗透和流动逐步排出土壤，减少对农作物的污染。

（五）减少农药用量和农药残留量。

1、诱导素的核心成份都是小分子的营养素，因此具备了营养免疫功能的作用，其中一些因子对农作物形成一种天然的防护剂，故农药用量可相对减少。

2、诱导素活性基团和农药形成复合物使极性降低，易使部分农药渗透进入细胞有效杀死病菌，上述因素综合作用，可使农药用量减少30%以上。

3、同时小分子的营养促使植物体的细胞和土壤中的微生物增速繁殖，分泌了一系列的有关酶系，增强了对农药残留的降解能力，从而有效的降低了农药残留量。

本产品性能稳定，不受外界因素的制约，除自身的肥效要高，同时又提供作为土壤中的优良培养基，使土壤中的有益微生物加速繁殖，从一定意义上讲，这才是一种真正意义上的生物有机肥，方便安全高效。

它取自于自然，又还原于自然，施用于农作物，他们之间有高度的同源性和同质性，通过诱导产生了功能性的转移，增强了植物体自身的康复功能，增强了抗病、抗自然灾害的能力。几年来在粮食、蔬菜和果树等作物上得到了广泛的应用，产量明显增加，品质大幅改善，食品安全及生态环境得到了更充分的保障。

本产品应用于农业领域，具有以下八大功效

第一功效：降低农产品农药残留，特别是能降低硝酸盐、亚硝酸盐残留。

第二功效：减少农田重金属污染、蓬松土壤的作用。

第三功效：调整土壤的PH值至最适合农作物吸收土壤养分的范围。

第四功效：减少尿素及农药田间使用量。

第五功效：减少农业二氧化碳及一氧化二氮的排放量。

第六功效：有抗寒，抗涝，抗逆、抗虫、抗病毒等作用。

第七功效：大幅提高农作物、畜养殖物的产量。

第八功效：能够提高农作物品质、养殖物品质以及改善口感。

使　用　案　例

河北白菜

永丰生物诱导素在白菜上的肥效试验

一、试验目的

本试验的目的就是为验证永丰生物诱导素在白菜上的增产效果，

为其登记和示范推广提供依据

二．试验地点和作物

1、供试品种：津青 75

2、试验地点：枣强镇西关村贺永林承包的蔬菜地

3、执行单位：河北省枣强土肥站

4、供试土壤：土壤质地为轻壤质褐土化潮土，肥力中上等。前茬作物为茄子、豆角黄瓜。

5、试验处理：本试验采取配对设计，设两个处理、四个重复，小区面积 40 平方米，宽 4 米。

试验处理：处理 1：常规施肥 + 等量清水

处理 2：常规施肥 + 氨基酸植物营养液

6、使用方法：稀释 2500 倍液，共喷三次，间隔 10 天。本试验首次喷施 9 月 30 日，第二次喷施于 10 月 10 日，第三次喷施于 10 月 20 日

7、田间管理：播前造墒，底肥投入为：磷酸二铵每亩 40 公斤，有机肥 4 方。8 月 7 日播种，播量 150 克每亩，亩留苗 2500 株，结合浇水每亩追施尿素 30 公斤。

三．试验结果分析

1、田间调查　通过调查飞蛾先，喷施永丰生物诱导素的菜田植株较对照长势旺盛，夜色浓绿，叶片肥厚。

2、产量结果分析　该实验于 11 月 16 日收获，对照田收获 4 个 4 平方米，实验田收获 4 个 4 平方米。

产量结果如下：

项目处理	重复 1	重复 2	重复 3	重复 4	平均	增产	增产率
喷施有机肥	55.6	55.9	55.95	55.86	55.82	7.52	15.6
对照	48	48.3	48.5	48.3	48.3		

折合亩产量

喷施	对照
9265	8000
9300	8050
9325	8075
9310	8050

对上述结果进行 t 检验 t 值 =19.9　t0.05=2.447，处理同差异显著，说明氨基酸植物营养液增产效果显著

四．试验结论

试验结果表明，白菜喷施永丰生物诱导素增产效果显著，平均比对照

亩增产 1256 公斤，增产率为 15.6%

资料整理 顾明德

靖江水稻

水稻喷施永丰生物诱导素试验总结

江苏省靖江市土肥站

为探索叶面肥“永丰生物诱导素”对水稻生长的增产效果，特进行本试验。

试验设计

1.1 试验基本情况

试验田设在西来镇创新村六组王卫泉家责任田内，地力中等，淤泥土土种，有机质 19.6g/

山西阳煤丰喜肥业(集团)有限责任公司
SHANXI YANGMEI FENGXI FERTILIZER INDUSTRY (GROUP) LLC.

kg，速效磷 7.8mg/kg，速效钾 72mg/kg，前茬为扬麦 13，供试品种为宁梗 1 号，栽培方式为水播。常规施肥亩施纯氮 22.34kg、五氧化二磷 8kg、氧化钾 12kg，各处理其农艺措施一致，小区单打单收计实产。

1.2 试验处理

1.2.1 小区试验共设四个处理

1、常规施肥

2、常规施肥每亩减 8kg 纯氮 + 喷施永丰生物诱导素

3、常规施肥每亩 4kg 纯氮 + 喷施永丰生物诱导素

4、常规施肥 + 喷施永丰生物诱导素

小区面积 0.03 亩，重复三次，随即排列，喷施分别在育苗期、分蘖期、灌浆期各喷施 1 次，每次亩用 6g 对水 12kg 喷施。

1.2.2 处理 1 和处理 4 采用大区对比，面积为 1 亩，品种为五梗七号，栽培方式抛栽。

二、试验结果与分析

2.1 不同处理对产量的影响

表一、各小区实产

处理方式	各小区实产				折亩产
	1育苗期	1分蘖期	3灌浆期	平均	
1常规施肥	17.5	17.3	16.3	17.71	590.3
2常规施肥每亩8g纯氮+喷施永丰生物诱导素	16.5	15.4	16	15.97	532.3
3常规施肥每亩4g纯氮+喷施永丰生物诱导素	17.6	17.4	18.3	17.77	592.3
4常规施肥+喷施永丰生物诱导素	19.3	18.5	19.6	19.13	637.7

产量反差分析表

处理	均值	5%显著水平	1%极显著水平
4	26.765	a	A
3	25.148	Ab	AB
1	25.672	B	AB
2	23.757	c	B

处理产量由低到高一次为处理（2）532.32kg/ 亩，处理（1）590.3kg/ 亩，处理 (3)592.3kg/ 亩，处理（4）637.7kg/ 亩。在不考虑磷钾肥等其他因素的影响下，处理 1 每公斤纯氮亩贡献率是 26.4kg，处理 3）每公斤纯氮亩贡献率是 32.3kg，高 5.9kg，由于处理 1 月处理 3 产量相方，处理 3 亩少用纯氮 4kg，说明喷施“永丰生物诱导素”能有效提高氮肥利用率，提高 18..1%。处理 4 与

处理1亩施氮肥一致，增产达显著水平，亩增47.4kg，增产8%。

从大区对比试验来看，常规施肥亩产628.2kg，常规施肥加喷施“永丰生物诱导素亩产676.4kg，增产48.2kg，增7.7%。说明喷施“永丰生物诱导素能有效提高水稻产量，增幅达8%左右。

2．2不同处理对植株性状的影响

表二、各处理植株性状　　单位：cm、cm。

处理	株高	穗长	剑叶		倒二叶		倒三叶		上三叶总面积
			长	宽	长	宽	长	宽	
1	83.7	16.1	20.1	1.52	24.8	1.41	29.2	1.31	103.8
2	79.5	15.7	18.9	1.44	22.4	1.35	27.9	1.27	92.9
3	83.6	16.2	19.8	1.54	25.6	1.41	28.8	1.32	103.2
4	84.2	16.3	20.8	1.56	25.1	1.45	29.9	1.34	110.3

从表二可以看出，处理2各植株性状最低，处理1与处理3株高、穗长、上三叶总面积相仿，处理4植株性状各项指标均高于处理1，说明水稻在氮肥同水平下喷施“永丰生物诱导素” 能有效增大穗、提高上三叶总面积，有利于后期光合作用产物的形成与积累。

2．3产量结构

表三、各处理成熟期考察汇总

处理	基本苗（万）	有效穗（万）	每穗总粒（粒	结实率%	千粒重（g	理论产量（kg
1	10	25.3	102.3	85.6	27.64	612.3
2	10	23.45	97.3	86.5	27.65	545.7
3	10	24.56	103.1	86.8	27.71	609
4	10	25.61	105	87.2	27.82	652.1

从表三可以看出，喷施永丰生物诱导素处理2、3、4比处理1水稻结实率、千粒重都高，每穗总粒数处理3、4比处理1高，处理1、4有效穗比处理2、3高。说明喷施永丰生物诱导素在氮肥减少的情况下不能增加水稻有效穗，但能有效增加水稻结实率、千粒重。

2．4效益分析

处理3产量与处理1相仿，处理3亩减4公斤纯氮，按每公斤纯氮3．7元计，节本1 4．8元，扣除永丰生物诱导素成本1 0元，亩增效4．8元，增效不显著。处理4与处理1施用氮肥水平相同，亩增产4 7．4kg，按水稻1．5元／kg计，增收7 1．1元，扣除永丰生物诱导素成本1 0元，净增6 1．1元，效益显著。

3、结论

1、喷施“永丰生物诱导素”能有效提高水稻千粒重和结实率。

2、喷施“永丰生物诱导素”能提高氮肥利润率。

3、本试验条件下，亩施纯氮22kg以上，喷施永丰生物诱导素能有效提高产量，增产7%以上，亩增效益60元以上

资料整理 顾明德

山西阳煤丰喜肥业(集团)有限责任公司
SHANXI YANGMEI FENGXI FERTILIZER INDUSTRY (GROUP) LLC.

上海西瓜

永丰生物诱导素在西瓜上的试验小结

为证实永丰生物诱导素在西瓜上使用的效果，达到应用目的，提供可借鉴的依据。

一、试验材料与方法

试验田的基本情况

1、试验时间与地点：2004 年 4 月 26 日~2004 年 7 月 21 日，地点：金山园艺场：

2、肥料提供：永丰生物诱导素

3、执行单位：上海市农业科学院土肥所

4、试验田的基本情况：

有机质 (%)	N (g/kg)	P205 (g/kg)	K20 (g/kg)	速效 N (mg/kg)	速效 P205 (mg/kg)	速效 K20 (mg/kg)	PH
4.3	1.9	28.9	21.4	250.8	85.5	260.3	6.1

5、试验品种：8424 型，密度 500 株 / 亩（667m2），4 月 26 日移栽，7 月 21 日收获。

6、试验田施肥情况：

基肥：商品有机肥 100kg，尿素 7.5kg，过磷酸钙 25kg

追肥：座瓜期追尿素 22.5kg

7、试验方法：

小区：每小区面积宽 4.62m，长 14.43m，计 66.67m2

每小区 50 株，以两处理三重复试验。

8、使用方法：

试验用帅丰可溶有机肥稀释 2000 倍，移栽活株后喷一次，团棵期、初花期、座瓜期、膨大期各喷一次，对照用清水喷施。

二、试验结果

永丰生物诱导素对西瓜生长、发育都有良好促进作用。

1、长势旺而健壮

试验均比照长势旺，叶色深，光泽性好，总叶数多，主茎长，增产幅度大。

表 1　西瓜试验产量

处理	小区产量（Kg/66.7M²）				亩产量	
	1	2	3	平均	Kg/66.7M²	增产±%
对照区	73.5	90	88.5	84	840	
试验区	115	110	100.5	108.5	1085	29.2

表 2　单瓜重提高

处理	小区瓜量kg				
	1	2	3	平均	最大瓜重
对照区	2.55	2.8	2.6	2.65	5.5
试验区	2.95	3.15	2.93	3.01	7

从以上两表可见，使用永丰生物诱导素在产量、单个瓜重对比显著，且目测观察西瓜表皮光泽、色泽鲜、叶深、西瓜爆裂少、水分充足。经济价值尤为明显。

三、结论:

试验与对照区比，使用永丰生物诱导素，西瓜产量增加了245kg/66.7M2，增产幅度为29.2%，且品质好，说明使用永丰生物诱导素具有良好的增产增收提质的效果。

资料整理 顾明德

山西阳煤丰喜肥业(集团)有限责任公司
SHANXI YANGMEI FENGXI FERTILIZER INDUSTRY (GROUP) LLC.

四川省高宇化工有限公司

四川省高宇化工有限公司是四川省高宇集团下属的一家以磷化工循环经济产业集群为核心的专业化工企业，是成都市最大的磷化工生产基地。公司位于四川省邛崃市羊安工业园区，占地600余亩，员工600余人，资产逾20亿元。

公司主营业务为磷化工及磷化工相关矿山资源开发，终端产品为磷铵系列产品、高中低档复合肥以及高效有机生态复合肥等。公司自有矿山的磷矿储量近1亿吨，硫铁矿储量达8000万吨。公司下游磷石膏资源综合利用产业的磷石膏纸面石膏板系列产品，为西南地区规模最大。

公司先后被评为四川省化工优秀民营企业、四川化工行业“十一五”发展先进单位、中国工业企业最大规模500强、中国化工500强、中国化肥企业100强等荣誉称号。

高宇磷铵产品获“四川省名牌产品”称号，国内主要销往黑龙江、山东、新疆等地及省内市场；国外曾出口印度、缅甸、老挝、泰国、塔吉克斯坦等国家。

董事长：胡成高

地 址：四川省邛崃羊安镇
邮 编：611535
电 话：028—88751698
传 真：028—88751045
邮 箱：gyhggsbgs@163.com

云南江城泰裕钾肥有限公司

云南江城泰裕钾肥有限公司位于中国、越南、老挝三国交界处的云南省普洱市江城县宝藏乡境内。泰裕公司的前身为国营江城钾肥厂，公司于2005年8月12日在国企转民营的过程中注册成立，2010年初又进行了战略重组，合肥市港润投资顾问有限公司等成为其主要股东。公司注册资本2000万元，经营范围为：氯化钾、氯酸钾、硫酸钾、高硫酸钾、氢氧化钾、聚氯乙稀树脂、高分子聚合物及加工产品、盐酸、次氯酸钠，兼营机械加工、电气设备安装、修理等。

泰裕公司拥有我国目前唯一发现的大型可溶性古代固体钾盐矿，已探明的氯化钾储量（表内）达1650万吨，已探明的氯化纳（盐）资源储量达12亿吨。据《普洱府志》记载，早在清朝雍正三年（1726年），泰裕公司所属的江城勐野井就已经投入盐矿开采。经过国企时期的早期开采、国企转民营后的恢复性开采至今，公司现主要以钾石盐矿浮选法生产农用乙三类氯化钾，年产“双象”牌氯化钾三万吨，产品主要销往云南省境内。

2010年，泰裕公司实现销售收入5300万元，利润3100万元，上交国家税收突破1200万元。2010年，泰裕公司被中国化工学会化肥专业委员会评定为中国化肥企业综合实力100强企业。

鉴于我国是缺钾的国家，60%的钾肥靠进口，泰裕公司拥有的战略资源的地位日益突显，因此，泰裕公司正在进行年采300万吨矿石、年产22.33万吨氯化钾、综合利用尾矿生产150万吨工业盐项目的立项、设计工作，该项目建成后，公司将实现年销售收入68467万元，年利润24253万元，年为国家创造税收11223万元，泰裕公司将步入一个快速发展的时期。

展望未来、任重道远、锐意开拓，前景无限！董事长李先阳，总经理田泽黎愿与社会各界同仁携手并进，共谋发展大业！

地址：云南省普洱市江城县宝藏乡　　邮编：665904

电话：0879-3831008　　传真：0879-3831017

E-mail：Ynjctyjf@163.com

浮选车间一角

产品分析室一角

产品库一角

云南江城泰裕钾肥有限公司生产区一角

山东金旺农业开发有限公司

Jin Wang Shangdong agricultural development CO.,LTD

华夏金旺

公司简介

山东金旺农业开发有限公司位于美丽的江北水城聊城市凤凰经济技术开发区工业园，京九、济邯铁路贯穿东西南北，地理环境优越，公司现有固定资产1.5亿远，占地面积45万平方米，员工500余人，是集科研开发、生产销售、物流仓储服务于一体的现代化高新化先锋经营企业，公司成立于2000年4月，下辖聊城市三名事业公司，聊城市酵素菌科技开发有限公司，公司生产经营的产品检验达标率100%，销售为客户服务是金旺农业不懈的追求，客户的需求是金旺农业发展的原动力，产品好，服务好，优先满足需求，发展市场，改革创新，提升客户竞争力和赢利能力，持续管理变革，，实现高校的流程货运作是我们的风格，与友商共同发展，既是竞争对手，也是合作伙伴，共同创造良好的生存空间，共享价值的利益是金旺遵循的市场法则。

金旺农业的追求是在中国农化领域实现农民丰收、克服赢利、并依靠点点滴滴、锲而不舍的艰苦追求，使我们成为领先企业，为了为了推动“三农”事业发展、构建和谐社会、为了使金旺农业成为我国的一流的农化企业，我们将永不懈怠，始终坚持“质量第一、信誉至上”的经营宗旨，竭诚为广大客户和农民朋友服务。

金旺人以品格、品质、品牌做人，做产品，做市场，立足科技，以人为本，与时俱进，争创一流。

经营的99%是人性
品牌的99%是文化
资源的99%是整合
成功的99%是选择
同心山成玉
协力土变金

营销观念

个性化：

依据市场需求导向设计产品的包装宣传

依据市场消费导向制定科学的销售方案及终端销售模式，降低经营风险，更显个性化特性。

利　润：

超前的市场预测能力和新产品技术领先优势为您巨大的利润空间提供了保证，持久的市场生命力使利润盈利源源不断。厂商银一体化联盟会员制给利润带来了安全锁，锁住财富的口袋。

合作是一种精神，是铺向成功的基石，是开往成功的列车，让我们拥有合作，拥有成功，把淡季炒旺、把旺季炒火。选择合作是您的权利，销售运作好是我们的责任。做有文化的企业，创有思想的品牌。

山东金旺农业开发有限公司
地址：聊城市凤凰经济技术开发区工业园
电话：0635-8573288　8573290

远东国际化工

山东远东国际化工有限公司

Shandong Yuandong International Chemical Industry Co.,Ltd.

山东远东国际化工有限公司，位于山东省临沂市苍山县尚岩镇工业园区，系中俄合资企业。占地面积200余亩，投资4亿多元，产值逾20亿元。公司主要生产滚筒造粒、高塔、喷浆造粒等各种复合肥。

公司现有年产量46万吨高塔造粒及高塔硫基复合肥、20万吨双烘双冷滚筒造粒、15万吨BB肥、20万吨氨化硫基复合肥生产线，目前已达到年产100多万吨的生产能力。公司拥有目前亚洲最高的双高塔熔体喷浆造粒复合肥生产线，塔高120米，在国内高塔造粒同行业中产量最大。2007年3月，与中国农科院签订共同研发多肽复合肥协议，成功推出新型高效复合肥料--多肽复合肥。公司本着"用心造好肥，好肥施天下"的宗旨，以科技为先导，树立服务先行、绿色、环保、节能的发展理念，竭诚为国家"新三农"的和谐发展贡献力量。

施天下®

文峰山 Wenfengshan®

多肽 五代复合肥

80>100

十一五国家科技支撑计划执行单位

中国第一家高效多肽复合肥产业化单位

国家新型高效多肽复合肥研制与产业化实施单位

与中国农科院签订多肽复合肥研发合作协议

高塔最先进DCS集散远程控制系统

中国农科院高塔多肽复合肥全国唯一指定生产企业

地址：山东远东国际化工有限公司 电话：0539-5288888 全国免费服务电话：400-618-7788

朝阳千越生物科技发展有限责任公司

厚德至善塑造千越人　诚信利民铸就千越牌

朝阳千越生物科技发展有限责任公司辖朝阳市千越生物精制有机肥厂始建于2005年8月，位于朝阳市西部产业新区(龙城新区)，注册资金：500万元。是一家集科研、生产、销售、服务于一体的企业。企业设备先进，技术力量雄厚，实验示范基地广泛。研发生产的玉米、高粱、谷子、豆类、杂粮等大田作物和西瓜、甜菜、烟叶、中草药等经济作物及水果等生物有机肥，有机--无机复混肥、掺混肥系列，温室大棚蔬菜冲（滴）灌系列肥，共五大类39个产品。年产系列生物有机肥10万吨，掺混肥及复合肥5万吨。产品远销黑龙江、吉林、内蒙古、河北、辽宁等省区。

企业自成立至今，遵循“厚德至善、诚信利民”的理念，注重产品质量、品牌建设、服务三农，“生产明白肥，农民得实惠”：“千越肥效好，农田丰收宝”——是我们的追求。企业经国家质量监督检验检疫总局和辽宁省农村经济委员会土肥工作总站严格检查验收颁发准字证，通过了ISO9001质量管理体系认证。先后荣获朝阳市工商行政管理局“守合同重信用企业”，朝阳市质量技术监督局、朝阳市产品质量监督检验局“质量检验合格单位”、朝阳地方名牌产品、朝阳市农业产业化重点龙头企业，辽宁省“质量服务信誉AAA企业”、“辽宁市场信誉知名企业”、辽宁省发展绿色产业示范企业、辽宁省政府生物有机肥定点采购单位、中国科学院沈阳应用生态研究所农业新产品产学研基地、北京中科众合生物技术研究院辽宁朝阳分院。荣获中国中轻产品质量保障中心“千越、力源”牌有机——无机复混肥、掺混肥料“中国著名品牌”，科技部“国家及星火计划项目证书”，“全国产品质量监督抽查合格单位”。

企业十分重视产品研发工作，目前“一种腐植酸生物有机水肥及专用菌种制备”和“全营养高效生物复混肥及专用菌种制备”已申报国家专利。千越生物有机肥有利于农业可持续发展：一是富含氮磷钾、活性菌、腐植酸、氨基酸、黄腐酸、活性钙、生根剂及钙、镁、硫、锌、铁、锰、钼、硼中微量元素。养分齐全，配方科学合理；二是具有固氮、解磷、解钾作用。千越生物肥能够分解和激活这些固定元素后，重新被作物吸收利用，使土壤变的松软透气，地力增强；三是产品加入了多种菌种，大量的有益菌群能够以有益菌抑制有害菌，降残留、活化土壤，减少病害发生；四是对根腐病、枯萎病、茎枯病、炭疽病、病毒病等有抑制和预防效果；刺激作物根系发达，使作物生长健壮，叶片厚亮、果实饱满、座果率高。提高光合作用，增加叶绿素；五是抗寒、耐旱、抗倒伏、抗早衰；六是具有无机肥的速效，有机肥的长效和微生物肥的增效。提高产量，增产可达15-30%以上；改善农产品品质，提高产品等级；七是提高作物的品质、改善果实的口感、减少病害的发生、降低有害物质的残留。

企业研发生产的“具有防寒、保温、降解作用的液态地膜”和“生物降解液态地膜粉”等两项技术也已向国家申报专利。生物有机全降解液态地膜，利用水溶性高分子聚合物，腐植酸、微生物菌，经系列工艺处理后，与水稀释成糊状，用喷雾器喷洒在田间的一种液态地膜粉。研发这种新型材料一改国内腐植酸液态地膜经雨淋后，表面被冲刷掉而失去膜的粘结性、韧性和拉力，以满足不同耕作方式的地膜需求，使之达到保温、保墒、保苗的效果。液体地膜是一种能够自动降解的液体地膜，不仅替代了传统的塑料地膜，根除了“白色污染”，实现人与自然的和谐发展；同时增加各种农作物的产量，提高农产品的品质，达到绿色、有机、安全无公害，使农业步入绿色、高效、良性循环的正轨，使农民体验增产、增收的良效，实现农村低碳、生态、健康、持续发展。经田间不同作物的喷膜试验，实验效果明显。一是土壤团粒增加，水分保持85%不蒸发；土壤中20cm内的温度比不喷液态膜的土壤温度高3—9℃；二是种子萌发快，比常规种植法提前3—5天出苗；三是生长期的苗株粗壮，叶绿繁茂，病虫害减少；四是生长中后期，液态膜逐步降解，转化为生物肥料；五是适应玉米、高粱、谷子、大豆、土豆、向日葵、花生、烤烟及胡萝卜、大白菜、苹果、葡萄等各种作物和果树；六是比常规种植法平均增产10—20%。

厚德至善塑造千越人，诚信利民铸就千越牌。绿色环保的生态环境需要有机肥料和液态地膜与之相伴衍生，造福人类惠泽子孙的大业成就着如日中天快速扩张的企业，千越与绿色环保相伴而生，与殷殷福祉而行，正在崛起于朝阳大地。

朝阳千越生物科技发展有限责任公司　网址：www.cyqianyue.com　地址：辽宁省朝阳市高新技术产业园区
总经理：邵映辉 手机：15042122212　电话：0421-3812968 8085288　传真：0421-3812968

福州三龙喷码科技有限公司

SUNLONG

福州三龙喷码科技有限公司是一家集设计开发；生产销售服务于一体的专业喷码机及耗材生产企业，吸收和融合国内外先进的制造技术，拥有150多位员工。目前拥有3000多平方米的喷码机油墨工厂和福州2600多平方米的大中华营销总部，上海分公司及全国各地的办事处。为客户提供可靠全面的标识解决方案。经过十余年的努力，建立起了完善的研发及客户服务体系，可为广大客户提供最合适的标识解决方案。公司自行研发的Condor系列大字符喷码机在水泥、化工等行业占据了领先地位。水泥行业专用计数器更是解决了困扰众多国内水泥厂的计量问题。

目标：零缺点；基本：身正，不令而行；核心：仁、义、理、智、信；是同仁推进“保姆”式服务的原动力和道德规范，造就一代吃苦耐劳，忠厚诚恳，自强不息的三龙人。因此深得客户信赖、支持，为企业纵横稳健发展提供了坚实的后盾。

中国包装标识领域已与国际接轨，在这个舞台上，我们激情奉献。尽心尽力，不断完善品质与服务，在此真切感谢帮助三龙走来的新老用户，更请不断进言，追求品质服务，攀升完美而努力.

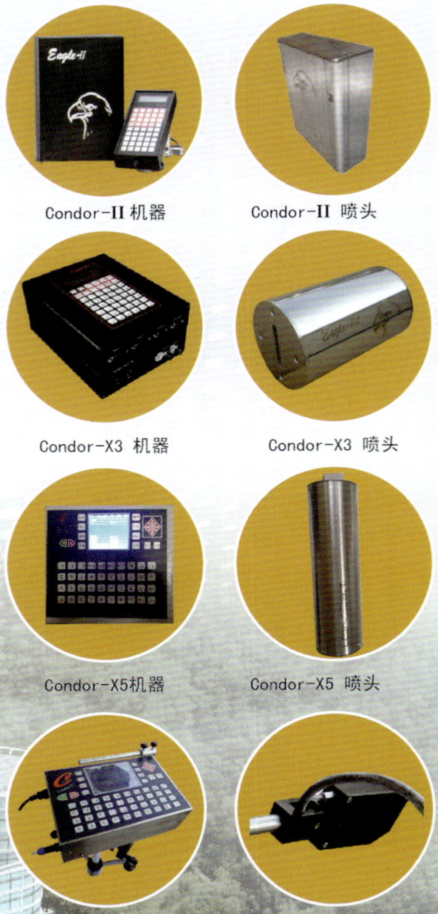

Condor-II 机器　Condor-II 喷头

Condor-X3 机器　Condor-X3 喷头

Condor-X5机器　Condor-X5 喷头

高解析 机器　高解析 喷头

喷样　喷样　喷样

环境管理体系认证证书

三龙地址：福建省福州市晋安区福马路998号石鼓琴湾47座
邮　　箱：sanlong8810@163.com
监督热线：陆先生 18905913555
客服总监：张小姐 13358287966
电　　话：0591-87897001
传　　真：0591-87897009
网　　址：www.condor-printer.com

24小时客户服务热线
400-8870-560

【铁岭二期总部研发大楼 鸟瞰图】

齐齐哈尔今鼎丰麦饭石肥业有限公司

董事长

曹延庆

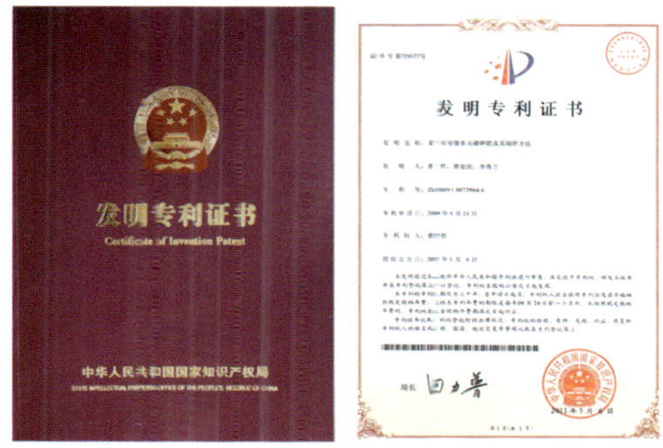

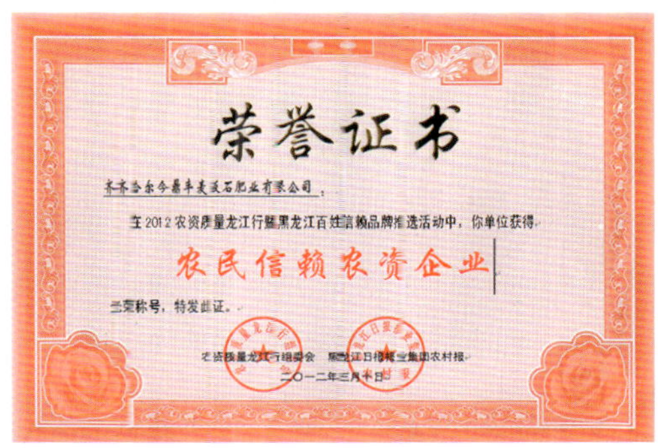

齐齐哈尔今鼎丰麦饭石肥业有限公司是在2008年建立的一家民营创新型绿色生态农业高科技新型肥料企业，是齐齐哈尔市农业产业化重点龙头企业。2009年在多年实践的基础上，本公司董事长曹延庆创造发明了十六项利用本市矿产资源麦饭石制造的肥药双效肥料产品和生物农药产品技术，并申报通过了国家发明专利。本公司现拥有多项目自主知识产权，并领先于世界肥料行业的创新型专利技术产品。生产厂址位于齐齐哈尔市铁锋区曙光工业园，占地16000平方米，生产经营建筑面积5700平方米，专利产品生产线二条，主导产品8种，年生产能力十万吨左右。本公司现开发生产的产品有麦饭石肥药双效多元有机肥料、磷钾肥、硅钙肥、有机无机复混肥、掺混肥和专用肥及冲施肥、叶面肥等四大系列十五个品种的麦饭石绿色环保型多功能高效增产的高分子聚能聚合离子螯合缓控释新型肥料。本公司产品现已通过了ISO9001国际质量管理体系认证和有机肥料产品认证。目前，本公司已在7个省100多个市场区域进行了本公司产品的市场营销推广和产品示范，并且产品特殊的功能和效果赢得广大经销商的认可和用户的赞誉，在市场上形成了产品大规模销售推广之势。

我公司是我国目前为数不多的拥有多项创新的专利技术和自主知识产权的高新技术肥料企业。

本产品不仅具有化肥的速效性、有机肥的 长效性、微量元素肥的增效性和生物肥的生物活性与功能，而且还具有生物农药的药用功效和对土壤的活化调理 恢复地力的功效。

电话：0452-6184278　0452-2512346
18645227888　13946275536

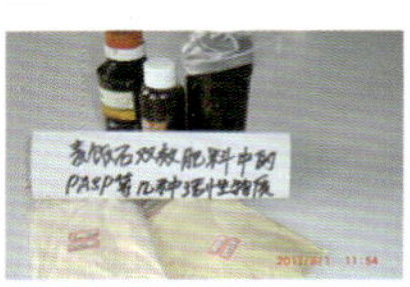

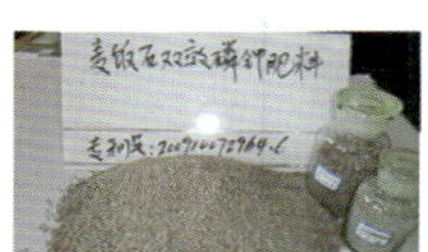

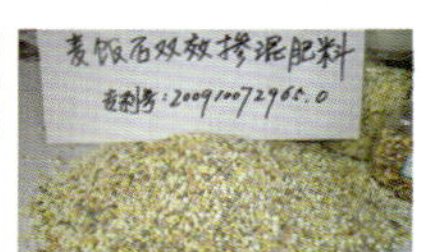

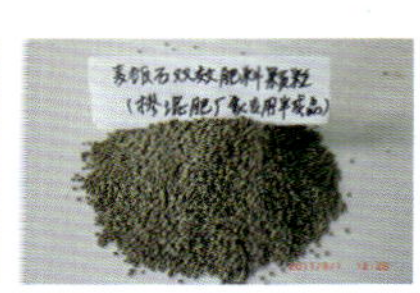

山西富邦肥业有限公司

山西富邦肥业有限公司前身为昔阳县磷肥厂，始建于70年代，2004年改制后成立了本公司。公司占地面积100050m2，注册资本金518万元，全部资产总额达6000万元，拥有员工150人，其中生产工程技术人员12人，大专毕业生以上员工27名，是集无公害肥料研发、生产、销售和农化服务于一体的民营企业。

我县燃料充足，钾长石、石灰岩、白云岩资源丰富，硅、钙、镁、钾含量高，品质优良、储量可观。目前，在国内我公司是唯一利用钾长石与石灰岩为原料，采用煤气进行高温煅烧的先进工艺项目，公司投资2200多万元，土壤调理剂生产能力达到了3万吨/年。现公司正在筹建年产土壤调理剂5万吨生产线，预计2012年年底投产，建成后预计年年产土壤调理剂8万余吨。

企业体制及组织机构：山西富邦肥业有限公司属于独资控股企业，独立经营、自付盈亏。下设生产部、销售部、财务部、行政科、总工办、工程研发中心、质检中心、煅烧车间、造粒车间、有机-无机复混肥车间。

生产班制，实行三班倒八小时制，生产工作目标300天/年计。生产员工120余人。产品生产规模：有机肥设备生产能力2万吨/年，有机—无机复混肥设备生产能力2万吨/年，掺混肥生产能力5万吨/年，土壤调理剂设备生产能力8万吨/年，综合肥料设备生产能力达17万吨/年。

地址：山西省西阳县城郊西路18号
邮编：045300
电话：0354-4211177
传真：0354-4211991
邮箱：sxfbfy@126.com

奥瑞根™ 微生物菌剂

原浆原粉·三株地衣芽孢杆菌

奥瑞根系列专用产品（粉剂·水剂）

1、化肥搭档：专业解决施用化肥带来的问题
2、根际专家：专业解决根系土壤微生态环境问题
3、重茬无踪：重茬病害最佳解决良方
4、滴灌公主：专为现代农业滴灌喷灌设施而研制
5、降解农残：专业解除农药、除草剂在土壤中的残留危害

◎三株一体
◎纯正原浆
◎降毒解害
◎润地生根

奥瑞根系列专用产品之一化肥搭档（粉剂、颗粒剂）十大功效：

1、化肥配菌肥，效果能翻倍；
2、解除磷钾固化问题，提高磷钾利用率；
3、抑制脲酶分解，减缓氮元素挥发；
4、降解氯离子及重金属离子的危害；
5、增加土壤有益菌群，疏松肥沃土壤；
6、强力解除各种重茬病、土传病害（根腐病、枯萎病、立枯病等病害）
7、破除土壤板结，解除土壤盐碱及酸化问题；
8、有效减轻土壤中根结线虫的发生及危害；
9、提高种子发芽率，促进作物根系深植发达；
10、促进作物平衡生长、稳健不旺长、提质增产。

诚招全国各县级代理商

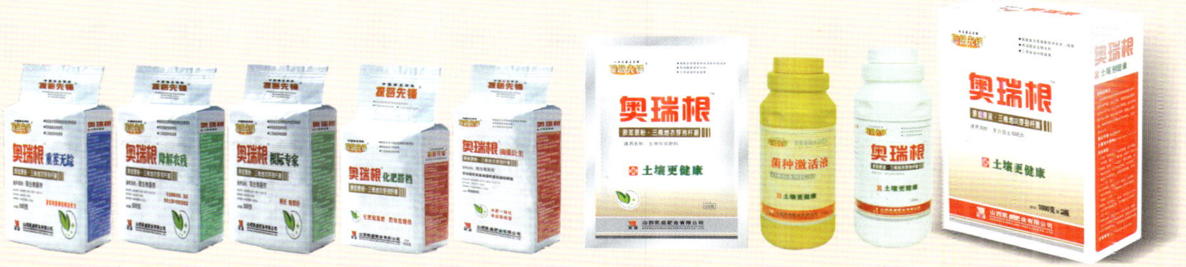

本公司可提供微生物菌剂原粉，活菌含量有100亿/g，400亿/g，600亿/g，1000亿/g等

KINGSHINE 凯盛
山西凯盛肥业有限公司
SHANXI KINGSHINE FERTILIZER CO.,LTD.
地址：山西运城盐湖工业园区
网址：http://www.kaisheng.com.cn
电话：0359-6368555 6368999
E-mai :yckingsun@163.com

江苏连云港市苏维达肥料科技发展有限公司

公司简介

总经理:张万资

江苏连云港市苏维达肥料科技发展有限公司。2003年1月登记注册，注册资金100万元人民币，现已发展为有固定资产700万元，流动资金500万元的中型企业。企业年产能力10万吨，年实际生产能力3万吨，年销售3万吨，生产的商品有机肥销往全国各地，主要销售区域为江苏省、山东省、安徽省和河南省等等省。商品有机肥品种齐全，主要品种有“苏维达”纯天然有机肥、生物有机肥、螯合有机肥、氨基酸生态肥、黄腐植酸、钾、钠、铵、氨基酸营养液及晶体液体、膏体、冲施肥料等。是我省目前生产规模较大的有机肥系列产品企业之一。

公司以努力走向农业高端科技型发展之路，坚持“诚信为本、服务农业”的管理思路，坚持“求实创业，跟踪服务，保证质量，开拓创新，争创一流”的企业精神。通过长期的田间实践和推广，深受广大经销商和农民朋友的信赖与认可，产品畅销全国各省、市、自治区等各地。公司进一步向多元化发展，提高科学技术水平，真诚为农民服务的宗旨，将公司创建成一流的科技化企业。

公司荣誉

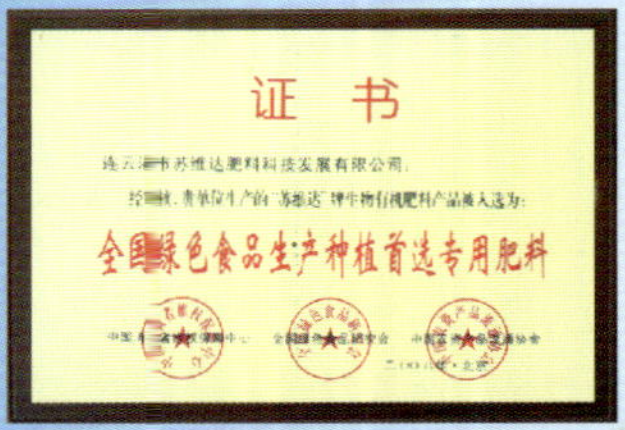

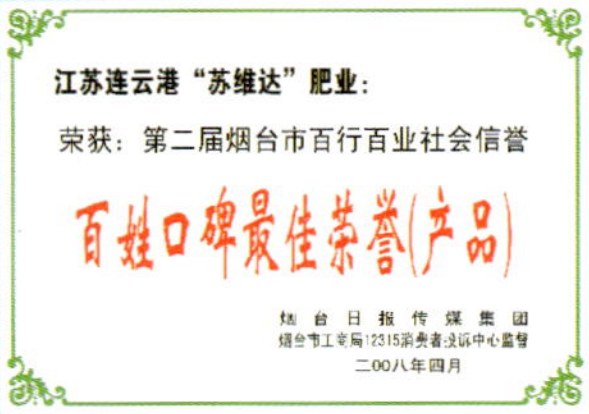

公司部分产品

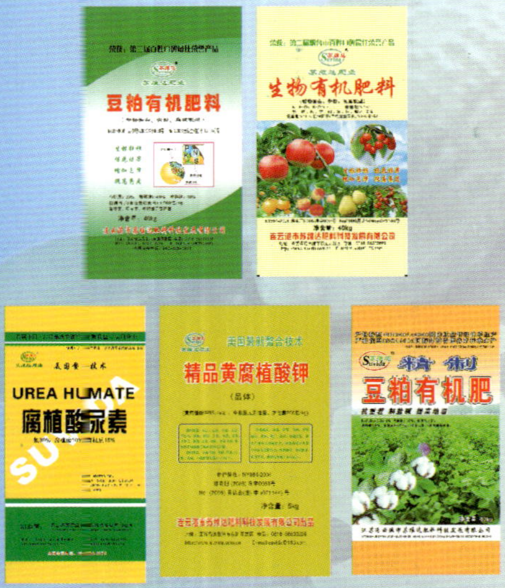

联系方式

连云港市苏维达肥料科技发展有限公司
地址：:江苏连云港市东进开发区
电话：0518——86530229
传真：0518——86532030
手机：（0）15161338800
全国免费电话：800—8283878
邮箱：suvida@163.com
网址:http// www.suvida.com.cn

螯合肥料吸收好　根好苗好果实好

LOMON®

四川龙蟒磷化工有限公司

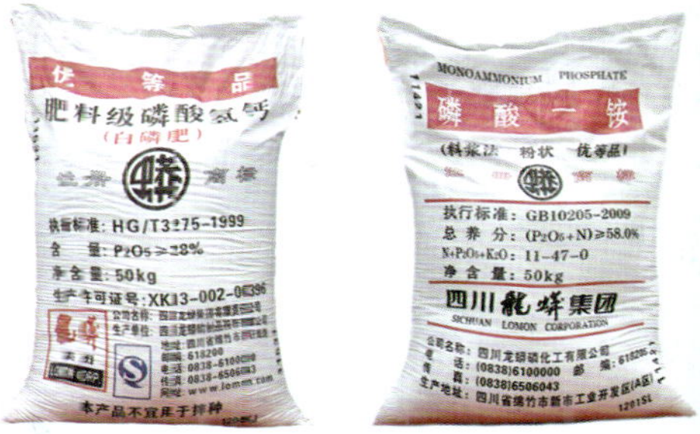

四川龙蟒磷化工有限公司是龙蟒集团旗下的控股子公司，是集磷矿石采选及各类精细磷酸盐产品研发、生产、销售为一体的大型专业化公司。作为龙蟒集团的传统优势产业，现已形成四川德阳、湖北襄阳两大产业基地，达到磷矿石开采150万吨/年、饲料磷酸盐50万吨/年、肥料级磷酸氢钙20万吨/年（产品涵盖22%、25%、28%、30%等多种规格），磷酸一铵80万吨/年（产品涵盖粉状、粒状；55%、58%等多种规格）、工业磷铵1万吨/年。配套合成氨12万吨/年、硫酸210万吨/年。饲料级磷酸盐是位居全球第二的专业供应商。由公司首创的“肥盐结合”的产业模式，是中国磷化工四大发展模式之一。“蟒”牌商标现已成为“中国驰名商标”。

龙蟒人携手各界朋友，全力聚焦于“人才、技术、环保、成本、资源”，“做专、做精、做强、做大”磷化工产业，创新突破，引领行业；龙蟒人努力以优质的产品，精准的服务，尽心为客户创造最大价值。

龙蟒人虔诚面对资源，责任面对环境；龙蟒人深怀感恩之心，感恩各级领导的关怀与帮助，感恩各位客户的信任与厚爱，感恩各界朋友的支持与鼓励。“做最受尊敬的企业”是龙蟒人始终追求的使命！

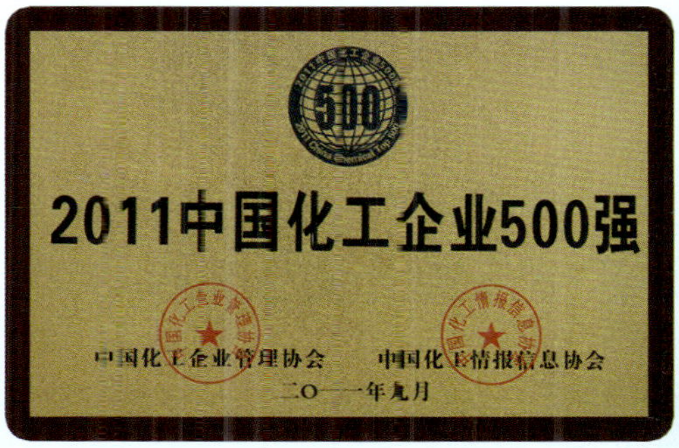

湖北生产基地鸟瞰图

唐山市天元化工设备有限公司

唐山市天元化工设备有限公司是一家以自身拥有的专利技术为依托，专业生产机械设备的综合性科技企业，公司拥有长期从事设计和制造的专业团队，集研发、设计、制造、销售和安装为一体，专门解决生产企业设备低效、易损、寿命短等问题，可根据工况需要进行设计和制造。

公司新址位于唐山市南堡开发区，南邻渤海湾、西邻天津港、东邻京唐港，与曹妃甸深水港连成一片。环渤海公路、唐曹高速纵贯全境，区内拥有亚洲第一大碱厂及众多冶金、化工、陶瓷等大企业。便利的交通，完善的电力通讯设施为经济发展提供了良好的基础条件。

本公司生产的设备已被全国众多化工企业所应用并取得了良好的经济效益和社会效益。

产品特点：高效率、节能、寿命长。技术和设备已被众多大、中、小化肥企业应用，并得到了广泛的赞誉。

DJM型套管式显热回收器（套管式废热锅炉）（专刊号：ZL02 2 09481.4）

永不积灰 经久耐用

DJM型造气炉耐压水夹套（专刊号：ZL2005 2 0001891.9）

DJM型无返混板式塔（专刊号：ZL2005 2 0001890.4）

增大生产能力 高板效 最经济的投入

DJM型高效旋风除尘器

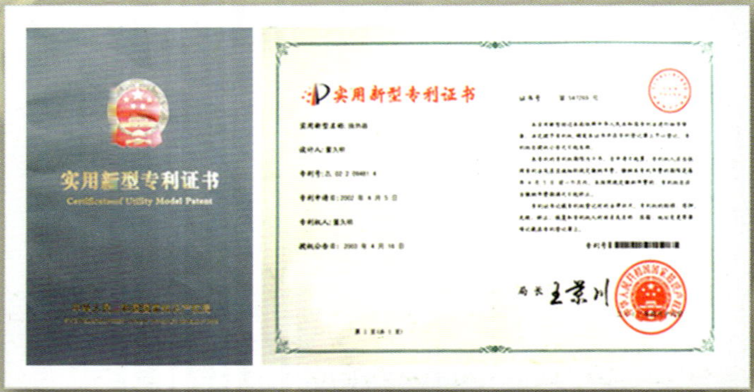

地址：唐山市南堡开发区希望西路

邮 编：063305　　法人代表：董久明

电话/传真0315—5656599　　邮箱：tstyhg@163.com

联系人：武斌 13831502146　　郑国丰 15930580605

董久明13931566719

武汉市时达科学技术研究所

张秀琪 所长，毕业于西南大学化学化工学院，从事科研兼高校教学，高级工程师、教授。从事磷酸盐和肥料科研四十余年，为湖北省磷化工产品填补三项空白（磷酐、六偏磷酸钠、磷酸二氢钾），是我国三元素复合肥的创始人之一，在省内外扶持创建复肥厂七个，又是"七巧宝"的发明人。

电话：027-87544259　　手机：15002748338

80年代末，她在下乡扶持乡镇企业的过程中，发现棉花存在着严重的落花落桃，高达70～80%而震惊，出于同情与责任感，驱使她从肥料角度，来解决棉花在栽培中存在的这一严重问题。联想到是否可将人体的医学应用到植物上，开始了尝试，发明"七巧宝"，创办了武汉市时达科学技术研究所。

在各地农业部门和各级领导的支持下,经历了千辛万苦,克服了重重困难,终于拿出了"七巧宝"的第一代产品,投入田间试用，获得了很好的效果，鼓励了大家的信心和克服困难的勇气，经多年反复改进，研制至今，诞生了"七巧宝"的第四代产品系列如有：棉花型、油菜型、蔬菜型、水果型、水稻型、柑桔型等。

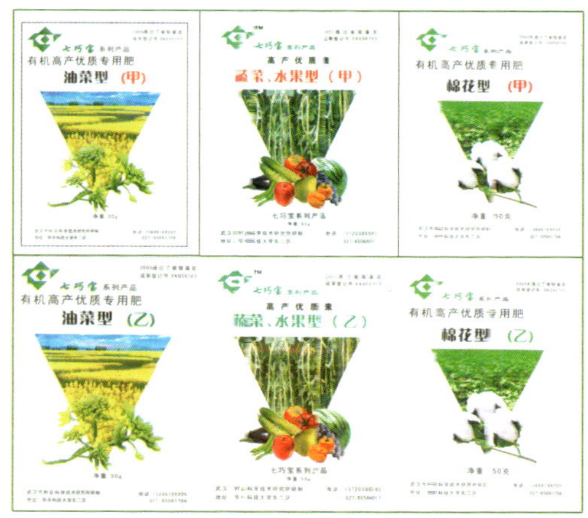

（七巧宝系列产品）

经湖北省农科院，省农垦局的八大农场，西南农业大学，武汉市新洲双柳蔬菜基地等全国数十个地区和单位进行大田试用示范，均获得明显效果，大大提高农作物的产量和质量，深受广大农民欢迎，众农称:"七巧宝"新颖、独特、效果好，具有四大突出优点：

（1）大大提高农作物的产量和质量，使蔬菜水果香、甜、鲜、嫩、口味好，卖相好。使棉花增加单株成桃数，单玲重，棉纤维长度可达32mm；衣份率，強度，伸长度均增加，棉质好。能使油菜、王米、小麦、水稻、芝麻等各种结果作物，增加穗粒穗数和千粒重，增产率一般为8～30%。使油菜籽的出油率提高15～30%；

（2）使农作物早熟7～10天，延长结果期10～20天；

（3）增強农作物抗旱、寒、病虫、倒伏，防止水稻的卷叶虫、钻心虫和白叶病；

（4）效果稳定，无毒无激素无任何副作用，安全健康，对生产绿色食品具有重要价值。

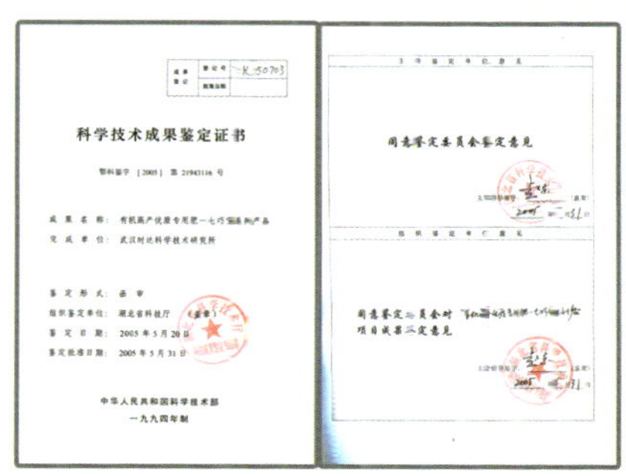

（鉴定证书）

技术水平：

通过湖北省省级技术鉴定，评委专家一致评为："七巧宝的研制，思路新颖、功能多、成效显著、对生产绿色食品有重要价值，具有国内先进水平。"深受广大农民欢迎。新洲双柳蔬菜基地，用了几十种叶面肥，其结果：七巧宝均领先，市场前景广阔。

www.qiqiaobao.cn
地址:华中科技大学东二区　E-mail:qiqiaobao@163.com

郑州市安泰科技有限公司

高效节能氨合成催化剂

球形氨合成催化剂产品：HA202Q、HA310Q、A110-MQ

无定形氨合成催化剂产品：HA202W、HA310W、A110-MW

采用独特专利工艺和优化配方生产（国家发明专利号：ZL 93 1 00955.5.3、ZL 97 100106.5）。

产品特点：

◆ 宽温区---催化剂活性温区范围比普通催化剂宽40-50℃。

◆ 高活性---氨净值比普通催化剂可提高1%—2%。

◆ 高稳定性---催化剂独特的生产工艺和配方结构赋予它耐高温和抗毒的稳定性。

◆ 低阻力低能耗---吨氨节电 20-30KW.h。比普通氨合成催化剂可提高生产能力 10%-30%。

◆ 还原时间短。适合各种形式合成反应器。

◆ 用户遍布全国近二百家氮肥厂。

典型使用厂家：

天津碱厂、黑龙江浩良河化肥厂、阳煤集团山西临猗化肥厂、云维集团沾益化肥厂、云天化集团、山西晋煤集团闻喜化肥厂、高平化肥厂、成都玉龙公司、永煤集团安徽涡阳化肥厂、晋开集团开封化肥厂、湖北宜化集团、广西河池化工。

典型使用效果：

和普通合成催化剂比较，在同等条件下氨净可提高 1%-2%，系统压力可降低 1-3MPa，平均每吨催化剂日产氨最高达 19 吨。

郑州市安泰科技有限公司向广大用户提供优良的产品和完善的服务。并同时供给变换及其它多种催化剂。

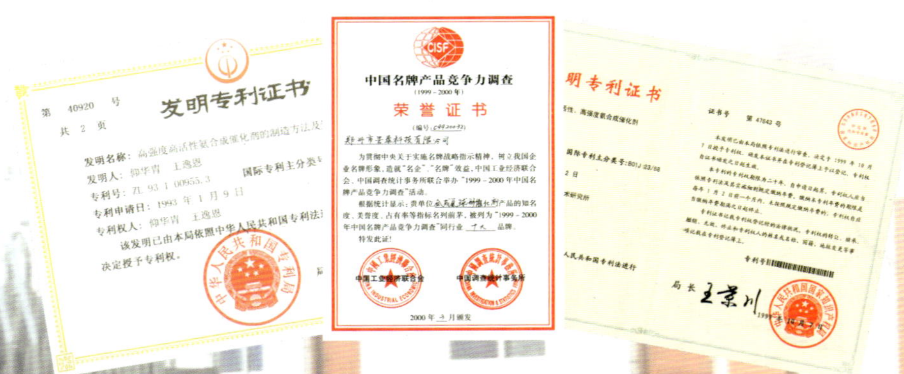

地　址：郑州市丰产路21号21世纪大厦东7楼B座
电　话：0371-63730693 63820104 13803714704 13838001962
Email: hua@zzat.com
联系人：仰华胄、王东民
传　真：0371-63730693、63847933
网　址：www.zzat.com

福建三钢(集团)三明化工有限责任公司

福建三钢(集团)三明化工有限责任公司成立于1958年，坐落在山清水秀的全国文明城市——三明市的中心地段，鹰厦电气化铁路、205国道和闽江支流沙溪河沿厂区而过。2000年10月经省政府批准,从工厂制改为公司制。

三化公司是福建省最大的化肥生产企业，是以生产基本化工原料和化肥为主的国家大型一档企业。公司主要产品生产能力为：年产总氨32万吨、加工尿素45万吨、三聚氰胺1.5万吨、精甲醇15万吨、甲醛5万吨、年发电2.5亿千瓦时、供热310万吉焦耳、年机械加工能力2000吨，具有一、二类压力容器制造许可资质。公司“斑竹牌”尿素、“聚星牌”三聚氰胺获得福建省名牌产品称号。

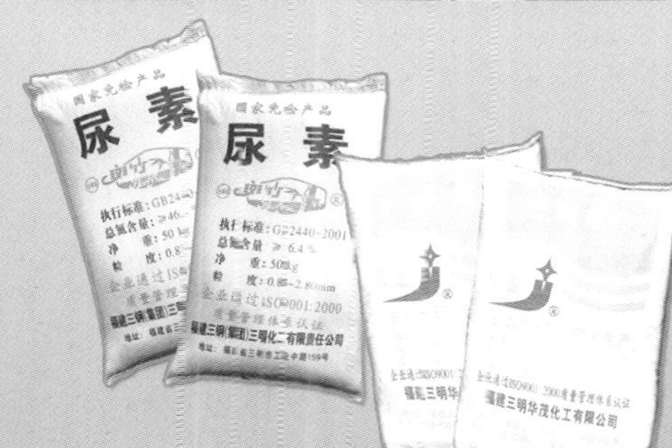

三化公司曾获得过全国“五一”奖状、“全国设备管理优秀单位”、“国家一级计量单位”、“国家一级档案单位”、“清洁文明工厂”、“全国环境优美工厂”等称号，连续9届被评为“福建省文明单位”，连续8年保持“全国思想政治优秀企业”的荣誉。

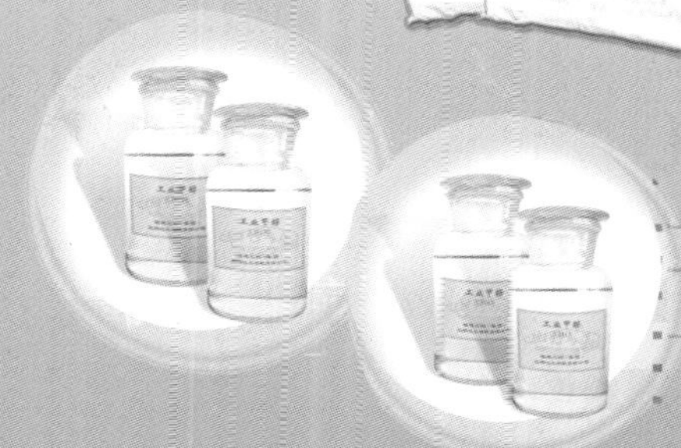

地址：福建省三明市工业中路159号　电话：0598—8208114（总机）　传真：8203998　邮编：365000

E-mail:sh@fjsmhg.com　　http://www.fjsmhg.com

青上化工(佛山)有限公司

Green On

质量保证

亚洲第一

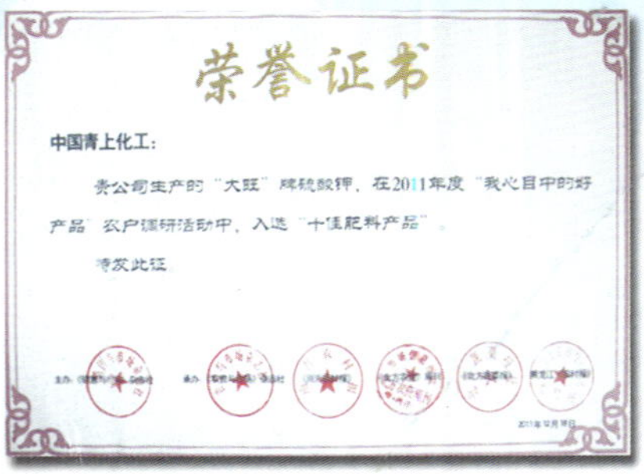

公司简介

青上化工(佛山)有限公司是2004年7月28日在佛山三水白坭镇进港工业区依法注册成立的台商独资经营企业，是创业多年业绩颇佳的台湾青上化工股份有限公司自1992年以来在大陆投资建立的第16家公司，主要生产优质化工硫酸钾、高塔复合肥和工业基础原盐酸。公司总投资2950万美元，注册资本1450万美元，占地面积达100亩。

青上化工(佛山)有限公司于2005年7月1日正式投产，采用国际上最先进的曼海姆生产技术，专门从事硫酸钾及（副产品）工业盐酸的研制、生产与销售，年产规模为硫酸钾8万吨，盐酸9.6万吨。复合肥20万吨，是采用台湾的复合肥生产工艺结合国内最先进的高塔喷浆造粒工艺生产的，已于2008年10月份正式投产。

台湾青上总公司创立至今已有三十年历史，在硫酸钾及复合肥的研制、生产与销售方面积累了丰富的经验，在该行业享有盛誉。青上总公司自1992年起投资大陆至今，已在台北、天津、上海、开封、厦门、佛山、株州、四川、青岛、惠州、莒南、贵州、吉林等地建起了十多家独资和合资企业，总投资已超过8亿美元。

青上集团总裁陈怡全先生，十几年来奔波在海峡两岸，不辞劳苦为祖国的硫酸钾及复合肥事业做出极大的贡献，受到原国务院总理朱镕基和时任国务院副总理吴邦国的接见及至国内工厂视察，并给予高度的评价，青上化工（佛山）有限公司生产的"大旺"牌硫酸钾，在2011年度"我心目中的好产品"农户调研活动中，入选"十佳肥料产品"；公司连续三年被中国化工情报信息协会评为"中国化工企业500强" "中国化肥企业100强"等多项光荣称号。

本公司位于广东省佛山市三水区白坭镇进港工业开发区，紧邻3000吨级码头，水陆运输方便，工厂二十四小时全天候运作，奉行质量第一、客户至上的经营宗旨，竭诚为顾客提供一流的产品和一流的服务，欢迎广大新老客户光临。

地址：广东省佛山市三水区白坭镇进港大道　　邮编：528131
电话：0757-87560976　　传真：0757-87560972
网址：http://www.chinagreenon.com　　邮箱：greenonfs@126.com